Manfred Wandt | Gesetzliche Schuldverhältnisse

Gesetzliche Schuldverhältnisse

Deliktsrecht · Schadensrecht
Bereicherungsrecht · GoA

Von
Manfred Wandt
o. Professor an der Universität Frankfurt am Main

9., neu bearbeitete Auflage 2019
des von Günter Schwarz begründeten Werkes

Verlag Franz Vahlen

Zitiervorschlag: *Wandt* Gesetzl. Schuldverhältnisse § Rn.

www.vahlen.de

ISBN 978 3 8006 5778 0

© 2019 Verlag Franz Vahlen GmbH
Wilhelmstraße 9, 80801 München

Satz: Jung Crossmedia Publishing GmbH
Gewerbestraße 17, 35633 Lahnau

Druck und Bindung: Nomos Verlagsgesellschaft mbH & Co. KG
In den Lissen 12, 76547 Sinzheim

Umschlaggestaltung: Martina Busch, Grafikdesign, Homburg Kirrberg

Gedruckt auf säurefreiem, alterungsbeständigem Papier
(hergestellt aus chlorfrei gebleichtem Zellstoff)

Vorwort

Das Werk ist als Lehr- und Lernbuch gleichermaßen für die Einführung und Vertiefung konzipiert. Es unterscheidet zu diesem Zweck deutlich zwischen dem Grundwissen sowie darauf aufbauend dem Vertiefungs- und Examenswissen, das durch drucktechnische Hervorhebungen am Ende des jeweiligen Abschnitts besonders herausgestellt wird. Diese Konzeption erleichtert dem Anfänger die Aneignung des Grundwissens und dem Fortgeschrittenen die gezielte Vertiefung und Wiederholung. Für Examenskandidaten ist von besonderem Nutzen, dass die aktuelle Rechtsprechung im systematischen Zusammenhang dargeboten wird. Der erlernte Stoff wird jeweils anhand von grundsätzlich umfassend gelösten Fallbeispielen wiederholt, die in aller Regel BGH-Entscheidungen nachgebildet sind. Zusammenfassungen in Form von Aufbauschemata und Hinweise auf Problemschwerpunkte sowie speziell auf die Ausbildung ausgerichtete Literaturhinweise runden die einzelnen Kapitel ab. Das Lehrbuch kann so den Leser durch sein Studium bis zum Examen begleiten.

Für die Arbeit mit diesem Buch mögen die folgenden Hinweise hilfreich sein: Entscheidungen des BGH, die in der Amtlichen Sammlung veröffentlicht sind, haben einen besonderen Stellenwert für die Rechtsentwicklung. Um ihre besondere Bedeutung kenntlich zu machen, wird in diesem Buch die Fundstelle aus BGHZ zitiert. Es ist für den Erfolg des Studiums ratsam, diese wichtigen Entscheidungen auch zu lesen, und zwar zur Gänze. Deshalb wird meist auch nur die Anfangsseite der Entscheidung angegeben. Kernaussagen der Entscheidungen sind bisweilen bewusst wörtlich übernommen, weil das Gericht sie mit Bedacht häufig exakt in dieser Weise formuliert hat, um bestimmten Einordnungen und Abgrenzungen gerecht zu werden.

Die Neuauflage berücksichtigt die aktuelle Rechtsprechung und Literatur bis Juli 2018. Die Rechtsprechung des BGH ist möglichst umfassend eingearbeitet. Dies geschieht nicht in der Erwartung, dass der Leser auch jedes Urteil liest. Es geht vielmehr darum, dem Leser durch die – häufig als Beispiele für inhaltliche Aussagen – mitgeteilten Gerichtsentscheidungen Anschaulichkeit und ein Gespür dafür zu geben, in welchen Lebenssachverhalten die im Buch behandelten Rechtsfragen in der aktuellen Gerichtspraxis bedeutsam werden.

Jeweils nach der Literaturübersicht zu den einzelnen Teilen des Buches sind Übungsfälle aus Ausbildungszeitschriften ab 2011 aufgelistet.

Bei der Neuauflage habe ich wertvolle Hilfe durch meine Mitarbeiter erfahren. Mein herzlicher Dank gilt Nikklas Biller-Bomhardt, Kevin Bork, Robin Ettl, Christian Helfrich, Fabian Kunz, Nina Pietruschka, Steven Schindler, Fabio Schulze, Rebecca Sippel, Dr. Marcel Straub, Lisa Weitzel, Lisa Wohlert und Laura Wolfram.

Den Lesern der Vorauflagen danke ich für den äußerst positiven Zuspruch, den ich erhalten habe. Kritik und Anregungen erreichen mich über die E-Mail-Anschrift wandt-lehrstuhl@jur.uni-frankfurt.de.

Frankfurt am Main, im September 2018   *Manfred Wandt*

Aus dem Vorwort der 1. Auflage

Das Lehrbuch schließt eine Lücke. Sie ist dadurch entstanden, dass die juristischen Fakultäten mittlerweile eine selbstständige Vorlesung »Gesetzliche Schuldverhältnisse« anbieten. Das Lehrprogramm ist damit von dem klassischen Aufbau des Schuldrechts des BGB abgewichen, an dem die Lehrbücher mit ihrer Unterteilung in Allgemeines und Besonderes Schuldrecht aber üblicherweise noch festhalten. Dass ein Lehrbuch – schon seinem Titel nach – die Vorlesung abbilden sollte, darauf haben mich die Hörer meiner Vorlesung »Gesetzliche Schuldverhältnisse« aufmerksam gemacht. Sie haben ein Lehrbuch vermisst, das sich ausschließlich den gesetzlichen Schuldverhältnissen widmet und auch so heißt.

Das Lehrbuch soll zum einen diesem Bedürfnis der Anfangssemester Rechnung tragen; es soll das notwendige Grundwissen, die Systematik der gesetzlichen Schuldverhältnisse und deren Anwendung anhand von Beispielen vermitteln. Zum anderen soll es durch zusätzliche Falllösungen der Vorbereitung auf die Abschluss- und Zwischenprüfungsklausuren sowie auf die Vorgerücktenübung dienen. Die Fälle werden grundsätzlich vollständig gelöst und nicht nur das jeweilige Problem. Zugleich soll das Buch fortgeschrittene Studenten und Examenskandidaten in die Lage versetzen, den wesentlichen Stoff zu wiederholen und zu kontrollieren, ob das erforderliche Grundlagenwissen präsent ist. Hierzu dienen die Übersichten und Zusammenfassungen am Ende der einzelnen Kapitel. Anhand der zahlreichen Vertiefungshinweise kann der Stoff schließlich – vor allem für die Examensvorbereitung – vertieft werden.

Würzburg, im September 2003   *Günter Christian Schwarz*

Inhaltsübersicht

Inhaltsverzeichnis

XV

XXI

Abkürzungsverzeichnis

a. F.	alte Fassung
Anm.	Anmerkung
Aufl.	Auflage
Bd.	Band
BR-Drs.	Bundesratsdrucksache
BT-Drs.	Bundestagsdrucksache
ders., dies.	derselbe, dieselbe(n)
ebd.	ebenda
EBV	Eigentümer-Besitzer-Verhältnis
EFZG	Entgeltfortzahlungsgesetz
f. (ff.)	folgende Seite oder Paragraph (mehrere folgende Seiten oder Paragraphen)
FS	Festschrift
GoA	Geschäftsführung ohne Auftrag
GS	Großer Senat/Gedächtnisschrift
h. M.	herrschende Meinung
i. S.	im Sinne
i. V. m.	in Verbindung mit
l. Sp.	linke Spalte
Lit.	Literatur
LS	Leitsatz
m. w. N.	mit weiteren Nachweisen
n. F.	neue Fassung
P	Problem (nur in den Zusammenfassungen)
r. Sp.	rechte Spalte
RegBegr.	Regierungsbegründung
SEPA	Single Euro Payments Area
st. Rspr.	ständige Rechtsprechung
vgl.	vergleiche
z. B.	zum Beispiel

Paragraphen ohne Gesetzesangabe sind solche des BGB.
Vgl. im Übrigen *Kirchner,* Abkürzungsverzeichnis der Rechtssprache, 8. Aufl. 2015.

Schrifttum

– Verzeichnis der abgekürzt zitierten Literatur –

Baur/Stürner, SachenR . . . . Baur/Stürner, Sachenrecht, 18. Aufl. 2009

BeckOK BGB/*Bearbeiter* . . . . Bamberger/Roth/Hau/Poseck, Beck'scher Online-Kommentar BGB, Edition: 46, Stand: 1.5.2018

Beuthien/Weber . . . . Beuthien/Weber, Schuldrecht II – Ungerechtfertigte Bereicherung und Geschäftsführung ohne Auftrag, 2. Aufl. 1987

BHHJJ/*Bearbeiter* . . . . Burmann/Heß/Hühnermann/Jahnke/Janker, Straßenverkehrsrecht, 25. Aufl. 2018

Brand, Schadensersatzrecht . . . . . . Brand, Schadensersatzrecht, 2. Aufl. 2015

Brox/Walker, SchuldR BT . . . . Brox/Walker, Besonderes Schuldrecht, 42. Aufl. 2018

Buck-Heeb, BS 2 . . . . Buck-Heeb, Examens-Repetitorium – Besonderes Schuldrecht 2: Gesetzliche Schuldverhältnisse, 6. Aufl. 2017

Dauner-Lieb/Heidel/Lepa/Ring/Bearbeiter . . . . Dauner-Lieb/Heidel/Lepa/Ring, Das neue Schuldrecht, 1. Aufl. 2002

Deutsch, Allgemeines Haftungsrecht . . . . Deutsch, Allgemeines Haftungsrecht, 2. Aufl. 1996

Deutsch/Ahrens . . . . Deutsch/Ahrens, Deliktsrecht, 6. Aufl. 2014

Ellger . . . . Ellger, Bereicherung durch Eingriff, 2002

ErfK/*Bearbeiter* . . . . Dietrich u. a. (Hrsg.), Erfurter Kommentar zum Arbeitsrecht, 18. Aufl. 2018

Erman/*Bearbeiter* . . . . Erman, Handkommentar zum Bürgerlichen Gesetzbuch, 15. Aufl. 2017

Esser/Weyers, SR II/2 . . . . Esser/Weyers, Schuldrecht, Band 2. Besonderer Teil, Teilband 2: Gesetzliche Schuldverhältnisse, 8. Aufl. 2000

Fikentscher/Heinemann, SR . . . . . . Fikentscher/Heinemann, Schuldrecht Allgemeiner und Besonderer Teil, 11. Aufl. 2017

Fritzsche . . . . Fälle zum Schuldrecht II – Gesetzliche Schuldverhältnisse, 4. Aufl. 2016

Fuchs/Pauker/Baumgärtner . . . . . . Fuchs/Pauker/Baumgärtner, Delikts- und Schadensersatzrecht, 9. Aufl. 2017

Grigoleit/Auer . . . . Schuldrecht III – Bereicherungsrecht, 2. Aufl. 2016

Hentschel/König/Dauer/*Bearbeiter* Hentschel/König/Dauer, Straßenverkehrsrecht, 44. Aufl. 2017

Huber/Faust/*Bearbeiter* . . . . Huber/Faust, Schuldrechtsmodernisierung, 2002

Jauernig/*Bearbeiter* . . . . Jauernig, Bürgerliches Gesetzbuch, 17. Aufl. 2018

Koppensteiner/Kramer . . . . Koppensteiner/Kramer, Ungerechtfertigte Bereicherung, 2. Aufl. 1988

Kötz/Wagner . . . . Kötz/Wagner, Deliktsrecht, 13. Aufl. 2016

Lange/Schiemann . . . . Lange/Schiemann, Schadensersatz, 3. Aufl. 2003

Larenz, SR I; II/1 . . . . Larenz, Lehrbuch des Schuldrechts, Erster Band: Allgemeiner Teil, 14. Aufl. 1987; Zweiter Band: Besonderer Teil, 1. Halbband, 13. Aufl. 1986

Larenz/Canaris, SR II/2 . . . . Larenz/Canaris, Lehrbuch des Schuldrechts, Zweiter Band: Besonderer Teil, 2. Halbband, 13. Aufl. 1994

Loewenheim . . . . Loewenheim, Bereicherungsrecht, 3. Aufl. 2007

Looschelders, SR AT . . . . Looschelders, Schuldrecht – Allgemeiner Teil, 15. Aufl. 2017

Looschelders, SR BT . . . . Looschelders, Schuldrecht – Besonderer Teil, 13. Aufl. 2018

Lorenz/Riehm . . . . Lorenz/Riehm, Lehrbuch zum neuen Schuldrecht, 2002

Medicus, Gesetzliche Schuldverhältnisse . . . . Medicus, Gesetzliche Schuldverhältnisse: Delikts- und Schadensrecht, Bereicherung, Geschäftsführung ohne Auftrag, 5. Aufl. 2007

Medicus/Lorenz, SR-BT . . . . Medicus/Lorenz, Schuldrecht II: Besonderer Teil, 17. Aufl.
2014
Medicus/Petersen, BR . . . . Medicus/Petersen, Bürgerliches Recht, 26. Aufl. 2017
Mugdan II . . . . Mugdan, Die gesamten Materialien zum Bürgerlichen Gesetz-
buch für das Deutsche Reich, II. Band. Recht der Schuld-
verhältnisse, 1899
MüKoBGB/*Bearbeiter* . . . . Münchener Kommentar zum Bürgerlichen Gesetzbuch,
Band 1: 7. Aufl. 2015; Band 2, 3, 4: 7. Aufl. 2016; Band 5/2, 6,
7, 8, 10: 7. Aufl. 2017
Musielak/Hau, GK BGB . . . . Musielak/Hau, Grundkurs BGB, 15. Aufl. 2017
NK-StGB/*Bearbeiter* . . . . Kindhäuser/Neumann/Paeffgen, Strafgesetzbuch, 5. Aufl.
2017
Palandt/*Bearbeiter* . . . . Palandt, Bürgerliches Gesetzbuch, 77. Aufl. 2018
Prölss/Martin/*Bearbeiter* . . . . Prölss/Martin, Versicherungsvertragsgesetz, 30. Aufl. 2018
Reinicke/Tiedtke, Kaufrecht . . . . . . Reinicke/Tiedtke, Kaufrecht, 8. Aufl. 2009
Reuter/Martinek . . . . Reuter/Martinek, Ungerechtfertigte Bereicherung: 2. Teil-
band, 2016
Rolland . . . . Rolland, Produkthaftungsrecht, 1990
Schaub/*Bearbeiter*, ArbR-HdB . . . . Schaub (Begr.), Arbeitsrechts-Handbuch, 17. Aufl. 2017
Schlechtriem, SBT . . . . Schlechtriem, Schuldrecht Besonderer Teil, 6. Aufl. 2003
Soergel/*Bearbeiter* . . . . Soergel, Bürgerliches Gesetzbuch mit Einführungsgesetz und
Nebengesetzen, Band 10: 13. Aufl. 2012; Band 11/3: 13. Aufl.
2012; Band 12: 13. Aufl. 2005
Staake . . . . Staake, Gesetzliche Schuldverhältnisse, 1. Aufl. 2014
Staudinger/*Bearbeiter* . . . . v. Staudingers Kommentar zum Bürgerlichen Gesetzbuch mit
Einführungsgesetz und Nebengesetzen, Neubearbeitung:
§§ 241–243 (2015); §§ 249–254 (2017); §§ 433–480 (2013);
§§ 662–675b (2017); §§ 675c–676c (2012); §§ 677–704 (2015);
§§ 823 E-I, 824, 825 (2009); §§ 826–829, §§ 1–19 ProdHaftG
(2018); §§ 812–822 (2007); §§ 830–838 (2018); §§ 840–853
(2015); §§ 985–1011 (2012)
Wandt, Versicherungsrecht . . . . Wandt, Versicherungsrecht, 6. Aufl. 2016
v. Westphalen/*Bearbeiter* . . . . v. Westphalen (Hrsg.), Produkthaftungshandbuch, Band I,
3. Aufl. 2012
Wilburg . . . . Wilburg, Die Lehre von der ungerechtfertigten Bereicherung
nach österreichischem und deutschem Recht. Kritik und Auf-
bau, 1934
Wollschläger, GoA . . . . Wollschläger, Die Geschäftsführung ohne Auftrag: Theorie
und Rechtsprechung, 1. Aufl. 1976

1. Teil. Einführung

§ 1. Einleitung

A. Vertragliche und gesetzliche Schuldverhältnisse

Nach § 241 Abs. 1 verpflichtet jedes Schuldverhältnis den Schuldner zu einer Leistung. **1** Grundlage eines Schuldverhältnisses kann ein Rechtsgeschäft oder das Gesetz sein. Die rechtlichen Grundlagen für die rechtsgeschäftlichen und die gesetzlichen Schuldverhältnisse befinden sich vor allem im 2. Buch des BGB (Recht der Schuldverhältnisse), aber auch in den anderen Büchern des BGB sowie in Sondergesetzen.

Die **rechtsgeschäftlichen Schuldverhältnisse** werden grundsätzlich durch einen Vertrag (übereinstimmende Willenserklärungen zweier Beteiligter), ausnahmsweise durch ein einseitiges Rechtsgeschäft (nur eine Willenserklärung, z. B. § 657: Auslobung) oder durch ein mehrseitiges Rechtsgeschäft (z. B. § 705: Gesellschaftsvertrag) begründet (vgl. § 311 Abs. 1). Sie haben die Gemeinsamkeit, dass sie unmittelbar oder mittelbar auf einem Rechtsgeschäft und damit auf einem auf Rechtsfolgen gerichteten autonomen Willen beruhen. Die **gesetzlichen Schuldverhältnisse** sind von einem autonomen Willen, der auf die Herbeiführung bestimmter Rechtsfolgen gerichtet ist, unabhängig; sie entstehen, wenn ein bestimmter (gesetzlicher) Tatbestand erfüllt ist. **2**

Die wichtigsten gesetzlichen Schuldverhältnisse sind (in der Reihenfolge des BGB)[1]: **3**
- **Geschäftsführung ohne Auftrag** (§§ 677 ff.): Wer ohne Auftrag oder sonstige Berechtigung fremde Geschäfte für einen anderen besorgt (sich also in dessen Angelegenheiten einmischt), begründet das gesetzliche Schuldverhältnis der Geschäftsführung ohne Auftrag zwischen sich als Geschäftsführer und dem Geschäftsherrn.
- **Ungerechtfertigte Bereicherung** (§§ 812 ff.): Vermögensverschiebungen ohne einen rechtlichen Grund (z. B. ohne einen gültigen Vertrag) werden nach den §§ 812 ff. ausgeglichen.
- **Unerlaubte Handlungen** (u. a. §§ 823 ff.) und **Gefährdungshaftung** (u. a. § 833 S. 1, §§ 7 ff. StVG): Wer einen anderen durch eine schuldhafte unerlaubte Handlung oder durch eine gefährliche (wenn auch erlaubte und schuldlose) Verhaltensweise verletzt, ist dem Geschädigten zum Schadensersatz verpflichtet.

---

1 Das in den §§ 987 bis 1003 geregelte sog. »Eigentümer-Besitzer-Verhältnis« ist ebenfalls ein wichtiges gesetzliches Schuldverhältnis, das regelmäßig in den Lehrbüchern zum Sachenrecht behandelt wird. Es wird daher in diesem Buch ebenso wenig behandelt wie beispielsweise das gesetzliche Schuldverhältnis aus Fund (§§ 965 ff.). *Staake*, Gesetzliche Schuldverhältnisse, 2014, behandelt auch diese gesetzlichen Schuldverhältnisse. Nicht behandelt wird wegen des sachlichen Zusammenhangs mit der sachenrechtlichen Regelung des § 906 auch der nachbarrechtliche Ausgleichsanspruch nach § 906 Abs. 2 S. 2 analog; vgl. dazu *BGH* NJW 2018, 1542; *Wandt*, VersR 2017, 1109; *Klöpfer/Meier*, NJW 2018, 1516.

B. Konkurrenz von Ansprüchen

4 In einem Lebenssachverhalt können gesetzliche mit vertraglichen Schuldverhältnissen zusammentreffen. Ebenso können aus einem Lebenssachverhalt mehrere gesetzliche Schuldverhältnisse (z. B. aus GoA und § 823 Abs. 1) entstehen. Fraglich ist dann,
   - ob nur ein einziger Anspruch besteht, der auf mehreren Anspruchsgrundlagen beruht (die sog. Anspruchsnormenkonkurrenz, vgl. → Rn. 5), oder ob mehrere unabhängige Ansprüche bestehen (die sog. echte Anspruchskonkurrenz, vgl. → Rn. 6 ff.),
   - wie sich die Regelungen, die für die einzelnen Anspruchsgrundlagen gelten, zueinander verhalten (vgl. → Rn. 7, 8 ff.) und
   - welche von mehreren in Betracht kommenden Anspruchsgrundlagen zur Anwendung gelangen (Problem der Konkurrenzen, vgl. → § 7 Rn. 1 ff., § 12 Rn. 65 ff., § 15 Rn. 15 ff.).[2]

I. Anspruchs- und Anspruchsnormenkonkurrenz

5 Ein bestimmter Lebenssachverhalt kann häufig unter verschiedene anspruchsbegründende Normen subsumiert werden, die den gleichen Anspruchsinhalt (Rechtsfolge) haben.[3]

Der Gläubiger hat dann
   - entweder nur einen einzigen Anspruch gegen den Schuldner, der sich nur auf verschiedene Anspruchsnormen stützt (**Anspruchsnormenkonkurrenz**)[4]
   - oder er hat verschiedene Ansprüche (**echte Anspruchskonkurrenz**). Bei einer echten Anspruchskonkurrenz sind mehrere materiellrechtliche Ansprüche vorhanden, die eine selbstständige Bedeutung im Rechtsverkehr (Verfügungsgegenstand) und Prozess (Streitgegenstand) haben können. Jeder Anspruch wird nach seinen Voraussetzungen, seinem Inhalt und seiner Durchsetzung selbstständig beurteilt und folgt (grundsätzlich) seinen eigenen Regeln (sog. **Unabhängigkeitsregel**).

Vertragliche und deliktische Ansprüche stehen nach h. M. in echter Anspruchskonkurrenz, da Vertrag und Delikt als gleichrangige (eigenständige) Haftungsgründe erachtet werden.[5]

6 Sowohl bei der echten Anspruchs- als auch bei der Anspruchsnormenkonkurrenz kann der Gläubiger *denselben* Schaden nur einmal ersetzt verlangen. Mit der Schadensersatzleistung erlöschen sämtliche Ansprüche (sog. **Erfüllungsgemeinschaft**).

7 **Fall:** B, Berufskraftfahrer beim Unternehmer S, kommt infolge Unvorsichtigkeit von der Straße ab. Dabei wird die Ladung, die im Eigentum des G steht, beschädigt. Ansprüche des G?

---

2 Instruktiv zur Prüfungsreihenfolge *Fritzsche,* S. 1 ff.; allgemein zum Anspruchsaufbau und zur Prüfungsreihenfolge *Medicus/Petersen,* BR, Rn. 1 ff.

3 Vgl. *Wolf/Neuner,* Allgemeiner Teil des Bürgerlichen Rechts, 11. Aufl. 2016, § 21 Rn. 5 ff.

4 *BGH* NJW 2012, 3241 (bloße Anspruchsnormenkonkurrenz bei einem Unterlassungsanspruch bezogen auf dasselbe Verhalten, einerseits wegen Wettbewerbswidrigkeit und andererseits wegen Eingriffs in den eingerichteten und ausgeübten Gewerbebetrieb).

5 BGHZ 66, 315; 67, 359; *BGH* VersR 2005, 282.

Lösung:

I. **Ansprüche des G gegen B**
  1. Aus § 18 Abs. 1 i.V.m. § 7 Abs. 1 StVG (Haftung des Fahrzeugführers für vermutetes Verschulden) (–).
     Zwar ist beim Betrieb eines Kfz eine Sache beschädigt worden (§ 7 Abs. 1 StVG). Jedoch gilt § 7 StVG nicht, wenn eine Sache beschädigt wird, die durch das Kfz befördert worden ist (§ 8 Nr. 3 StVG).
  2. Aus § 823 Abs. 1 (Eigentumsverletzung) (+).

II. **Ansprüche des G gegen S**
  1. Anspruch des G gegen S aus Pflichtverletzung des Beförderungsvertrages zwischen G und S (§§ 280, 631[6] i.V.m. § 278 S. 1).
     Der Anspruch ist begründet. Zwar trifft den S kein eigenes Verschulden, er muss sich aber das fremde Verschulden seines Erfüllungsgehilfen B wie eigenes Verschulden zurechnen lassen (§ 278 S. 1).[7]
  2. Die Halterhaftung des S aus § 7 Abs. 1 StVG ist wegen § 8 Nr. 3 StVG (I. 1.) nicht begründet.[8]
  3. Anspruch aus § 831 Abs. 1 (+), da der Sachverhalt keine Anhaltspunkte für eine Exkulpation enthält.
  4. Anspruch aus § 823 Abs. 1 (Eigentumsverletzung)
     Eine Haftung des S aus § 823 Abs. 1 scheidet aus. Zwar ist durch den Unfall das Eigentum des G rechtswidrig verletzt worden. Die Eigentumsverletzung führt jedoch nicht der S, sondern sein angestellter Fahrer (B) herbei. S muss sich das Verschulden des B nicht nach § 278 zurechnen lassen: § 278 setzt ein bestehendes Schuldverhältnis voraus. Das gesetzliche Schuldverhältnis des § 823 Abs. 1 kommt aber erst durch die schädigende Handlung des B zustande und besteht nicht schon vorher.
  5. Verhältnis der Ansprüche:
     G kann seinen gesamten Schaden von S ersetzt verlangen, aber insgesamt nur einmal. Dies scheint für die Anspruchsnormenkonkurrenz (also nur ein einziger Anspruch) zu sprechen.[9] Jedoch beruhen die Ansprüche auf verschiedenen, gleichrangigen Haftungsgründen (Vertrag und Delikt), erfüllen unterschiedliche Funktionen, haben unterschiedliche Tatbestandsvoraussetzungen und können Unterschiede bei der Gehilfenhaftung, dem Haftungsmaßstab, der Beweislast, der Verjährung und dem Umfang der Schadensersatzhaftung aufweisen. Deshalb geht die h. M. von einer **echten Anspruchskonkurrenz** aus.[10] Der Gläubiger kann sich also auf alle im konkreten Fall einschlägigen Anspruchsgrundlagen berufen. Jeder dieser nebeneinander bestehenden, konkurrierenden Ansprüche wird grundsätzlich nach seinen eigenen Regeln behandelt (Unabhängigkeitsregel) und folgt diesen hinsichtlich seiner Voraussetzungen, Inhalt und Verwirklichung, also auch hinsichtlich der Gehilfenhaftung, Haftungsmaßstab, Beweislast, Verjährung und Anspruchsumfang.

III. **Ergebnis:**
  S und B haften als Gesamtschuldner (§§ 840 Abs. 1, 421). Die anzuwendenden arbeitsrechtlichen Grundsätze über den innerbetrieblichen Schadensausgleich (vgl. → § 19 Rn. 27 f.) betreffen nur das Innenverhältnis zwischen S und B und lassen die Schadensersatzpflicht gegenüber G unberührt.

---

6 Bei (leistungsbezogenen) Nebenpflichtverletzungen kommt § 280 – unabhängig von §§ 633, 634 – zur Anwendung (vgl. Palandt/*Sprau*, § 634 Rn. 7).

7 Bei diesem vertraglichen Schadensersatzanspruch sind folgende Besonderheiten zu berücksichtigen: (1) Das Vertretenmüssen des S und auch das Verschulden des Fahrers B werden vermutet (§ 280 Abs. 1 S. 2 [i.V.m. § 278]). (2) Der Anspruch aus Pflichtverletzung verjährt nach § 195 in 3 Jahren. (3) Der Anspruch ist auch auf Schmerzensgeld gerichtet (vgl. § 253 Abs. 1 und 2), was im Fall aber nicht einschlägig ist.

8 Vgl. zur Kfz-Halterhaftung → § 22.

9 Vgl. *Medicus*, Gesetzliche Schuldverhältnisse, S. 6.

10 BGHZ 66, 315; 67, 359; *BGH* VersR 2005, 282.

II. Durchbrechung der Unabhängigkeit konkurrierender Ansprüche

8   In der Rechtsprechung ist anerkannt, dass **in bestimmten Ausnahmefällen** die Regel von der Unabhängigkeit mehrerer konkurrierender Ansprüche **durchbrochen** werden muss.[11] Ein bestimmtes (Schuldner-)Privileg, wie z. B. eine Haftungsmilderung oder kurze Verjährung, die nach dem Gesetzeswortlaut nur für einen bestimmten Anspruch gilt, wird dann auch auf den konkurrierenden anderen Anspruch angewendet, »schlägt also auf diesen durch«. Dies muss sich aber aus dem (gesetzlichen) Zweck der privilegierenden Norm rechtfertigen lassen.[12] Bei vertraglich vereinbarten Haftungsmilderungen ist die Reichweite eine Frage der Auslegung der vertraglichen Vereinbarung (§§ 133, 157).

9   **Fall (BGHZ 47, 53):** K vermietet dem B kurz vor dessen dem K nicht bekannten 18. Geburtstag ein Kfz. Das Kfz ist dem S sicherungsübereignet (§§ 929 S. 1, 930). Bei einem von B verschuldeten Unfall wird das Kfz zerstört. K verlangt von B erst 8 Monate nach Rückgabe des zerstörten Kfz Ersatz. B beruft sich auf »Zeitablauf«. Zu Recht?

Lösung:

1. Anspruch aus §§ 546 Abs. 1, 280 Abs. 1 und 3, 283?
   Bei einem wirksamen Mietvertrag wäre B zum Schadensersatz verpflichtet (§§ 280 Abs. 1 und 3, 283), weil ihm die Rückgabe der Mietsache (mietvertragliche Nebenpflicht) schuldhaft (Vermutung des § 280 Abs. 1 S. 2) unmöglich ist (§ 275 Abs. 1). Jedoch ist der Mietvertrag wegen Minderjährigkeit des B nichtig (§§ 107 f.). Im Übrigen wäre der Anspruch verjährt, weil seit der Rückgabe mehr als 6 Monate verstrichen sind (§ 548 Abs. 1).
2. Anspruch aus §§ 990 Abs. 1 S. 1, 989 (–), weil K kein Eigentümer ist.
3. Anspruch aus § 823 Abs. 1?
   a) Ein Vorrang des EBV (§§ 987 ff.) kommt nicht in Frage, da zwischen K und B kein Eigentümer-Besitzer-Verhältnis vorliegt.
   b) Es liegt eine Verletzung eines sonstigen Rechts i. S. des § 823 Abs. 1 vor, da K auf Grund der schuldrechtlichen Sicherungsabrede mit dem Sicherungseigentümer S berechtigter Besitzer ist und durch die Sachbeschädigung in seinem Recht zum Besitz verletzt ist (vgl. → § 16 Rn. 42). Kausalität der Verletzungshandlung des B, Rechtswidrigkeit, Verschuldensfähigkeit (§ 828 Abs. 2, 3) und Verschulden sind zu bejahen.
   c) Fraglich ist, ob der Anspruch verjährt ist.
      aa) Konkurrierende Ansprüche werden grundsätzlich nach ihren eigenen Regeln beurteilt (Unabhängigkeitsregel). Die kurze Verjährungsfrist des mietvertraglichen Anspruchs (§ 548) gilt deshalb grundsätzlich nicht für den Deliktsanspruch. Der Anspruch aus § 823 Abs. 1 verjährt nach § 195 in 3 Jahren. Die Frist beginnt mit Ende des Jahres, in dem der Anspruch entsteht und K Kenntnis von den Anspruch begründenden Umständen und der Person des Schädigers hat (vgl. § 199 Abs. 1 und Abs. 3).
      bb) Es könnte jedoch die mietvertragliche Verjährungsvorschrift des § 548 Abs. 1 S. 1 auf § 823 Abs. 1 entsprechend anzuwenden sein (»durchschlagen«). Das setzt voraus, dass die besondere Verjährungsvorschrift auch außerhalb des Mietrechts gilt (unten 1) und dass der unwirksame Vertrag (Minderjährigkeit des B) dem nicht entgegensteht (unten 2).
      (1) Der Zweck der privilegierenden Norm (kurze Verjährung des § 548) müsste es erfordern, dass auch konkurrierende Schadensersatzansprüche dieser kurzen Verjährung unterliegen. Dies bejahte der BGH. Nach dem Normzweck des § 548 soll nach Beendigung des Miet-

---

11 Vgl. BGHZ 47, 53.
12 Vgl. BGHZ 162, 306 (§ 37a WpHG gilt auch für deliktische Schadensersatzansprüche aus fahrlässiger Informationspflichtverletzung); BGHZ 170, 226.

vertrages eine »rasche Auseinandersetzung der Beteiligten« herbeigeführt werden.[13] Mit dem mietvertraglichen Anspruch konkurriert in aller Regel ein deliktischer Anspruch aus § 823 Abs. 1 (Eigentumsverletzung), weil der Vermieter regelmäßig zugleich der Eigentümer der Mietsache ist. Wenn der deliktische Anspruch einer längeren Verjährung unterläge, dann würde der Normzweck des § 548 vereitelt. Die kurze Verjährungsfrist des § 548 würde dem Mieter nichts nutzen. Deshalb erfasst die kurze vertragliche Verjährung auch den Deliktsanspruch.

(2) Der Normzweck des § 548 (erwünschte schnelle Abwicklung von Schadensersatzansprüchen) ist aber auch bei solchen Gebrauchsüberlassungen sinnvoll und geboten, deren vertragliche Grundlage fehlgegangen ist. Auch in diesem Fall besteht die Gefahr, dass Schaden und Schädiger an der – u. U. in schneller Folge wechselnden Interessenten zugänglich gemachten – Sache nach längerer Zeitdauer mit hinreichender Sicherheit nicht mehr auszumachen sind.[14] Der Wirksamkeit des Mietvertrages kommt für den Normzweck des § 548 dabei keine entscheidende Bedeutung zu. Der vorrangige Schutz Minderjähriger wird dabei nicht tangiert.[15]

cc) Daraus folgt, dass auch ein Schadensersatzanspruch aus § 823 Abs. 1 wegen des Rechtsgedankens aus § 548 Abs. 1 verjährt ist.

4. Ergebnis: Die Ansprüche des K sind unbegründet.

Beispiele: 10

- Die **kurzen Verjährungsfristen der entgeltlichen und unentgeltlichen Gebrauchsüberlassungen** der Miete (§ 548), der Pacht (§ 581 Abs. 2), der Leihe (§ 606) und des Nießbrauchs (§ 1057) schlagen grundsätzlich[16] durch. Dazu der BGH (BGHZ 61, 227): B hat einen Teil des Grundstücks des K gemietet und dort einen Verkaufsanhänger (für Speisen und Getränke) aufgestellt. Durch ausströmendes Gas, das sich in Flaschen in dem Verkaufsanhänger befindet, kommt es zu einer Explosion und damit zu Schäden am Grundstück des K. Der BGH wendete § 548 (= § 558 a. F.) auf alle in Betracht kommenden Schadensersatzansprüche (§§ 535, 280 Abs. 1 [Nebenpflichtverletzung] und § 823 Abs. 1) an. »Beschädigt der Mieter eines Hausgrundstücks unter Verletzung seiner vertraglichen Obhutspflicht sowohl die von ihm gemieteten Grundstücks- und Gebäudeteile als auch solche, die nicht Gegenstand des Mietvertrages sind, so verjähren sämtliche hieraus entstehenden Ersatzansprüche des Vermieters einheitlich innerhalb von 6 Monaten, und zwar auch dann, wenn die Schäden an den nicht vermieteten Gegenständen überwiegen« (BGHZ 61, 227 [LS 1]; vgl. auch BGHZ 116, 293).
- Keine Erstreckung der vertraglichen Verjährungsregelung findet dagegen bei einer Haftung des Werkunternehmers aus Werkvertrag (§§ 634 Nr. 4, 280 ff.) und aus Delikt statt. Die Verjährung deliktischer Ansprüche richtet sich also nach §§ 195, 199 und nicht nach § 634a. Der Grund: Anders als bei entgeltlichen und unentgeltlichen Gebrauchsüberlassungen ist es für Werkvertragsverhältnisse keineswegs typisch, dass vertragliche Schadensersatzansprüche wegen eines Mangels an dem herzustellenden Werk mit Ansprüchen aus unerlaubter Handlung, insbesondere aus Eigentumsverletzungen, konkurrieren (vgl. BGHZ 55, 392, 395 ff. zu § 638 a. F.; vgl. zum weiterfressenden Mangel → § 16 Rn. 19 ff.).

Eine andere Fallgruppe der Erstreckung eines Schuldnerprivilegs auf einen konkurrierenden Anspruch sind **gesetzliche Beschränkungen der Vertragshaftung auf Vorsatz und grobe Fahrlässigkeit** (z. B. §§ 521, 599; vgl. → § 27). Auch sie schlagen auf eine deliktische Haftung aus derselben Handlung mit dem Ergebnis durch, dass auch 11

---

13 Vgl. BGHZ 47, 53. Zu § 548 ebenso *BGH* NJW 2011, 1866 für außervertragliche Ansprüche des Mieters wegen von ihm durchgeführter Schönheitsreparaturen und *BGH* NJW 2012, 3031 für einen Bereicherungsanspruch des Mieters wegen Zahlung eines Abgeltungsbetrages aufgrund unwirksamer Schönheitsreparaturklausel.
14 So BGHZ 47, 53.
15 Vgl. BGHZ 47, 53.
16 Ausnahme: Nicht auf einen Anspruch aus § 826, *BGH* NJW 2001, 2253.

aus Delikt nicht strenger gehaftet wird.[17] Ein weiteres Beispiel sind gesetzliche **Haftungsprivilege wie § 680** (vgl. → § 5 Rn. 67ff.).[18] Die Vorschrift soll zur Hilfeleistung bei dringenden Gefahren ermutigen (z. B. Erste Hilfe bei einem Verkehrsunfall) und privilegiert deshalb den Geschäftsführer, indem sie die Haftung auf Vorsatz und grobe Fahrlässigkeit beschränkt und so das Haftungsrisiko mindert. Die Haftungsbeschränkung gilt auch für einen konkurrierenden Anspruch des Geschäftsherrn, z. B. aus Delikt,[19] weil der Zweck der Ermutigung des Geschäftsführers sonst nicht erreicht würde.

Beispiel (vgl. auch → § 5 Rn. 59): Der Unfallhelfer U leistet dem verunglückten Autofahrer A Erste Hilfe. Dabei behandelt er ihn leicht fahrlässig falsch und fügt ihm eine weitere Körperverletzung zu. Rechtslage?
(1) Der Unfallhelfer haftet nicht aus Geschäftsführung ohne Auftrag (§ 677 i.V.m. § 280 [Pflichtverletzung]), sog. Ausführungsverschulden (vgl. → § 5 Rn. 57ff.), weil er nicht für die leichte Fahrlässigkeit einzustehen hat (§ 680).
(2) Zwar hat der Unfallhelfer aus § 823 Abs. 1 (Körperverletzung) grundsätzlich für jede Fahrlässigkeit einzustehen, weil eine entsprechende Haftungsmilderung im Deliktsrecht nicht vorgesehen ist. Der Normzweck des § 680 erfordert aber eine analoge Anwendung auch auf deliktische Ansprüche, sodass der Unfallhelfer aus dem konkurrierenden Deliktsanspruch bei leichter Fahrlässigkeit ausnahmsweise nicht haftet. Denn der Normzweck des § 680 würde vereitelt, wenn der Helfende bei leichter Fahrlässigkeit aus einem konkurrierenden Deliktsanspruch haften müsste.

III. Zusammenfassung

12

Echte Anspruchskonkurrenz

1. Echte Anspruchskonkurrenz
   – Mehrere Ansprüche (nicht nur Anspruchsgrundlagen) bestehen nebeneinander
   – Keine bloße Anspruchsnormenkonkurrenz (→ § 1 Rn. 5ff.)
2. Unabhängigkeitsregel
   – Die konkurrierenden Ansprüche folgen ihren eigenen Regeln und sind unabhängig voneinander (→ § 1 Rn. 7)
   – Deshalb können unterschiedliche Vorschriften bzgl. Gehilfenhaftung, Haftungsmaßstab, Beweislast und Verjährung anwendbar sein
3. Ausnahme: Durchbrechung der Unabhängigkeitsregel entsprechend dem Zweck einer privilegierenden Norm
   – Entsprechende Anwendung eines Schuldnerprivilegs auf den konkurrierenden Anspruch (→ § 1 Rn. 8ff.)

C. Unterschiede zwischen vertraglichen und gesetzlichen Schuldverhältnissen

13 Vertragliche und gesetzliche Schuldverhältnisse unterliegen grundsätzlich ihren eigenen Regeln. Diese Regeln weisen in einigen Punkten wesentliche **Unterschiede** auf.

---

17 BGHZ 46, 140; 46, 313; 55, 392; 93, 23; *BGH* VersR 1992, 1145.
18 Ebenso § 968 (Fund).
19 Vgl. *BGH* NJW 1972, 475; *BGH* NJW 2018, 2723.

I. Haftung für Gehilfen

Das BGB regelt die **Haftung des Schuldners für seine Hilfspersonen** an zwei Stellen: **14**
- § 278: Haftung für Erfüllungsgehilfen bei Pflichtverletzung im Rahmen eines Schuldverhältnisses;
- § 831: Haftung für Verrichtungsgehilfen bei Delikt.

§ 831 stellt eine selbstständige Anspruchsgrundlage dar. § 278 ist dagegen ausschließlich Zurechnungsnorm (vgl. → § 18 Rn. 4). Sowohl § 278 als auch § 831 lassen eine Eigenhaftung des Gehilfen unberührt.

§ 278 erfasst die Haftung des Schuldners für ein Verschulden seines Gehilfen, soweit es **15** um die Verletzung einer Pflicht aus einem Schuldverhältnis geht. Voraussetzung ist, dass ein Schuldverhältnis im Zeitpunkt des Verhaltens, das einen Schadensersatzanspruch begründet (Schädigung), schon besteht. Es reicht nicht aus, dass das Schuldverhältnis erst durch das (schadensbegründende) Ereignis (z. B. unerlaubte Handlung) zustande kommt. Das bestehende Schuldverhältnis kann vertraglicher oder gesetzlicher Natur sein. § 278 und § 831 lassen sich deshalb nicht nach der vertraglichen und gesetzlichen Natur des Schadensersatzanspruchs abgrenzen.

Beispiel: S beschädigt beim Einparken den Gartenzaun seines Nachbarn N. Dadurch entsteht zwischen S und N ein gesetzliches Schuldverhältnis aus § 823 Abs. 1 (unerlaubte Handlung). S ist dem N zur Reparatur des Zaunes (§ 249 Abs. 1, Naturalrestitution) verpflichtet.
Mit der Reparatur beauftragt S den Unternehmer U, der bei den Reparaturarbeiten Pflanzen des N zerstört. Zurzeit der schädigenden Handlung des U (Zerstören der Pflanzen) besteht zwischen S und N bereits ein Schuldverhältnis (§ 823 Abs. 1 bezüglich des Gartenzaunes). § 278 kommt deshalb zur Anwendung, unabhängig davon, dass dieses bestehende Schuldverhältnis ein gesetzliches ist. S muss sich das schuldhafte Zerstören der Pflanzen wie eigenes Verschulden zurechnen lassen (§ 278 S. 1). U wird in Erfüllung der bestehenden Verpflichtung des S tätig und nicht nur bei Gelegenheit. Eine etwaige Haftung des S aus § 831 Abs. 1 – abhängig von einer Exkulpation des S (vgl. → § 18 Rn. 12 ff.) – schließt die Haftung des U aus § 823 Abs. 1 nicht aus. Beide haften als Gesamtschuldner (vgl. §§ 840 Abs. 1, 421).

Der Schuldner hat innerhalb eines bestehenden Schuldverhältnisses für ein Verschulden **16** seines Erfüllungsgehilfen und gesetzlichen Vertreters wie für eigenes Verschulden einzustehen (§ 278). Der Schuldner haftet also für fremdes Verschulden.

Beispiel: Bei Reparaturarbeiten lässt der Arbeiter des Werkunternehmers einen Gegenstand vom Gerüst fallen, der die Fensterscheibe des Bestellers zerstört. Für dieses schuldhafte Verhalten des Arbeiters hat der Werkunternehmer dem Besteller gegenüber einzustehen (§ 278 S. 1).

Demgegenüber regelt § 831 die Haftung für den Verrichtungsgehilfen ohne das Erfor- **17** dernis eines (schon) bestehenden Schuldverhältnisses. Der Geschäftsherr haftet nur dann für einen Schaden, den sein Verrichtungsgehilfe in Ausführung der Verrichtung verursacht hat, wenn der Geschäftsherr eigene Sorgfaltspflichten verletzt hat. Dem Geschäftsherrn wird also nicht ein fremdes Verschulden zugerechnet, sondern er haftet für ein eigenes (vermutetes) Verschulden.[20]

§ 278 und § 831 können nebeneinander zur Anwendung kommen. Der Geschäftsherr **18** haftet dann aus Vertrag (z. B. § 280 und sonstiges Leistungsstörungsrecht) und aus unerlaubter Handlung. Es besteht Anspruchskonkurrenz. Wenn der Anspruchsgegner

---

20 Vgl. zu § 831 → § 18 Rn. 3 ff., insbesondere zum Entlastungsbeweis (→ § 18 Rn. 12) und dem Organisationsverschulden (→ § 18 Rn. 16).

einen Gehilfen eingeschaltet hat, dann ist für die vertragliche Haftung des Schuldners auf § 278 und für seine Deliktshaftung auf § 831 abzustellen.

19 **Vertiefungshinweis: § 31 als Zurechnungsnorm**
Die dritte Vorschrift, die eine Haftung für Dritte regelt, ist § 31. Diese Norm ist – wie § 278 – keine selbstständige Anspruchsgrundlage, sondern ausschließlich Zurechnungsnorm. Der juristischen Person (und anderen rechtsfähigen Gesellschaften [z. B. OHG, GbR]) werden durch § 31 (analog) die zum Schadensersatz verpflichtenden Handlungen ihrer verfassungsmäßig berufenen Vertreter zugerechnet. Voraussetzung ist eine zum Schadensersatz verpflichtende Handlung (§§ 280 ff., 823 ff.) eines verfassungsmäßig berufenen Vertreters. Ein Schuldverhältnis braucht – wie bei § 831 – nicht schon zu bestehen.[21]

20

Erfüllungsgehilfe § 278	Verrichtungsgehilfe § 831
• Zurechnungsnorm	• Selbständige Anspruchsgrundlage
• Haftung für fremdes Verschulden	• Haftung für eigenes vermutetes Verschulden
• Bereits bestehendes Schuldverhältnis	• Schuldverhältnis nicht erforderlich
• Mit Wissen und Wollen für den Schuldner tätig	• Weisungsabhängigkeit
• Keine Entlastungsmöglichkeit	• Entlastungsmöglichkeit (§ 831 Abs. 1 S. 2)

Merksatz: § 278 ist eine **Zurechnungsnorm** für fremdes Verschulden bei bestehendem Schuldverhältnis. § 831 ist eine **Anspruchsgrundlage** für vermutetes eigenes Verschulden bei deliktischem (tatbestandsmäßigem und rechtswidrigem [nicht notwendig auch schuldhaftem]) Handeln des Verrichtungsgehilfen.

II. Haftungsmaßstab

21 Der Schuldner eines vertraglichen oder gesetzlichen Schuldverhältnisses haftet nach § 276 für Vorsatz und (jede) Fahrlässigkeit **(Haftungsmaßstab).** Die Vorschrift gilt sowohl für vertragliche als auch für gesetzliche Schuldverhältnisse. Dies ergibt sich aus der systematischen Stellung der Vorschrift im allgemeinen Schuldrecht.

22 Abweichend davon wird jedoch bei einigen vertraglichen Schuldverhältnissen diese Haftung gemildert. Dies gilt insbesondere für die Haftung einer Partei, die unentgeltlich handelt (Schenkung, § 521: Vorsatz und grobe Fahrlässigkeit; Leihe, § 599: Vorsatz und grobe Fahrlässigkeit; unentgeltliche Verwahrung, § 690: Sorgfalt in eigenen Angelegenheiten).[22]

23 Im Recht der unerlaubten Handlungen wird grundsätzlich für jede Verschuldensform gehaftet, und zwar unabhängig davon, ob der Schädiger entgeltlich oder unentgeltlich tätig wird. Das Verschulden wird in einigen Tatbeständen vermutet (Haftung für ver-

---

21 Vgl. im Einzelnen BeckOK BGB/*Schöpflin*, § 31 Rn. 1 ff. m. w. N.

22 Zur umstrittenen Erstreckung auf deliktische Ansprüche (in echter Anspruchskonkurrenz) BGHZ 46, 140; *BGH* VersR 1992, 1145.

mutetes Verschulden; vgl. → § 18 Rn. 1 ff.). Dies hat vor allem beweisrechtliche Bedeutung. Bei der Gefährdungshaftung (vgl. → § 22 Rn. 1 ff.) kommt es auf Verschulden (überhaupt) nicht an.[23]

III. Beweislast bei Schadensersatzansprüchen

Vertragliche und gesetzliche Schuldverhältnisse unterscheiden sich in der Frage, wer das **24** Verschulden des Schädigers im Prozess darlegen und beweisen muss **(Darlegungs- und Beweislast).** Nach dem allgemeinen Grundsatz der Darlegungs- und Beweislast muss jeder die für ihn günstigen Tatsachen darlegen und beweisen. Der Geschädigte als Kläger muss also ein Verschulden des Beklagten (Schädigers) im Prozess nachweisen.

Vertiefungshinweis: Beweislast **25**
Die Beweislast ist entscheidend für die objektiven Folgen der Beweislosigkeit einer Tatsache im Zivilprozess. Gegenstand der objektiven Beweislast ist die Frage, zu wessen Gunsten oder Ungunsten eine misslungene Beweisaufnahme zu berücksichtigen ist.[24] Anerkannt ist folgendes Prinzip der Beweislast: Diejenige Partei, deren Prozessbegehren ohne die Anwendung eines bestimmten Rechtssatzes keinen Erfolg haben kann, trägt die Beweislast dafür, dass die Merkmale des Rechtssatzes im tatsächlichen Geschehen verwirklicht sind. Sie trägt also die Beweislast für die Voraussetzungen des anzuwendenden Rechtssatzes.[25] Die Verteilung der Rollen im Prozess ist dabei ohne Bedeutung.[26]

Für Ansprüche auf Schadensersatz wegen Pflichtverletzung normiert § 280 Abs. 1 S. 2 **26** eine **Beweislastumkehr.** Diese betrifft das (anspruchsbegründende) Verschulden (Ausnahme: § 619a). Die Beweislastumkehr ist aus der Fassung der Vorschrift abzuleiten (»Dies gilt nicht, wenn [...].«). Stehen Pflichtverletzung, Schaden und Kausalität fest, so muss der an sich beweispflichtige Gläubiger (Anspruchsteller) nicht auch das Verschulden beweisen, sondern der Schuldner (Anspruchsgegner) muss sich entlasten und beweisen, dass er die Pflichtverletzung nicht zu vertreten hat. Das Gleiche gilt bei der Haftung für Erfüllungsgehilfen (§ 278). Bei der **Fallbearbeitung** hat dies zur Folge, dass ein Anspruch aus Pflichtverletzung (§ 280) zu bejahen ist, wenn Pflichtverletzung, Schaden und Kausalität feststehen und der Sachverhalt keine Anhaltspunkte zum Verschulden gibt. Begründet werden muss nur ein fehlendes Verschulden. Wenn der Sachverhalt hinreichende Anhaltspunkte für die Bejahung des Verschuldens gibt, empfiehlt es sich in einer Klausurbearbeitung[27], klarzustellen, dass das Verschulden gemäß § 280 Abs. 1 S. 2 vermutet wird, und gleichwohl das Verschulden mit Blick auf den konkreten Sachverhalt positiv festzustellen.

Bei dem gesetzlichen Schuldverhältnis aus unerlaubter (schuldhafter) Handlung muss **27** derjenige, der sich auf einen Verschuldenstatbestand beruft, das Verschulden des Schädigers nachweisen. Dies gilt insbesondere bei den Grundvorschriften der Deliktshaftung (§§ 823 bis 826).

---

23 Aber Ausschluss der Haftung nach § 7 Abs. 2 StVG bei höherer Gewalt. Ein (fehlendes) Verschulden ist im Verhältnis mehrerer Kfz-Halter nach § 17 Abs. 3 StVG von Bedeutung.

24 *Rosenberg/Schwab/Gottwald*, Zivilprozessrecht, 17. Aufl. 2010, § 114 I 2, 3, S. 780 f.

25 So schon *Rosenberg*, Die Beweislast, 5. Aufl. 1965, S. 12; *Rosenberg/Schwab/Gottwald*, Zivilprozessrecht, 17. Aufl. 2010, § 114 II 1, S. 781 f. m. w. N.

26 *Rosenberg*, Die Beweislast, 5. Aufl. 1965, S. 173; *Rosenberg/Schwab/Gottwald*, Zivilprozessrecht, 17. Aufl. 2010, § 114 III 2 c, S. 788.

27 Siehe jeweils nach der Literaturübersicht zu Beginn der einzelnen Teile dieses Buches die Auflistung von Übungsfällen aus Ausbildungszeitschriften ab 2011.

Dies gilt jedoch nicht für die Fälle der Haftung für ein vermutetes Verschulden (§§ 831 bis 838 – nicht aber der Gefährdungshaftungstatbestand des § 833 S. 1 –, § 18 StVG), in denen wie bei § 280 Abs. 1 S. 2 die Beweislast umgekehrt ist: Der Schädiger muss sich entlasten (»exkulpieren«). Besonderheiten hinsichtlich der Beweislast gelten bei den von der Rechtsprechung entwickelten Grundsätzen der Produkthaftung (vgl. → § 22 Rn. 51 ff., 55). Bei bestimmten Produktfehlern ist eine Umkehr der Beweislast anerkannt. Beweiserleichterungen, ggf. bis hin zu einer Beweislastumkehr, bejaht die Rechtsprechung auch in anderen Bereichen, z. B. bei der Arzthaftung (vgl. → § 16 Rn. 8).[28]

IV. Verjährung

28 Die **Verjährung** berechtigt den Schuldner, die Leistung zu verweigern (§ 214 Abs. 1). Die regelmäßige Verjährungsfrist beträgt 3 Jahre (§ 195). Sie gilt grundsätzlich für vertragliche und gesetzliche Schuldverhältnisse.

29 Im besonderen Schuldrecht finden sich einige Sondervorschriften über die Dauer der Verjährungsfrist (und deren Beginn). Für vertragliche (Mängel-)Ansprüche bestehen teilweise spezielle Verjährungsfristen. Diese sind im jeweiligen Sachzusammenhang des Besonderen Teils des Schuldrechts geregelt (Verjährung der Mängelansprüche im Kaufrecht: § 438; im Werkvertragsrecht: § 634 a; im Mietrecht: § 548). Im Deliktsrecht ist § 852 S. 2 für die (deliktische) Bereicherungshaftung zu beachten (vgl. → § 20 Rn. 18).

30 Grundsätzlich beginnt die Verjährungsfrist mit dem Schluss des Jahres, in dem der Anspruch entstanden ist (fällig geworden ist) und der Gläubiger von den Umständen, die den Anspruch begründen, und der Person des Schuldners Kenntnis erlangt hat oder ohne grobe Fahrlässigkeit erlangen musste (§ 199 Abs. 1, sog. subjektives System). § 199 Abs. 2 bis 5 enthalten für bestimmte Ansprüche abweichende Bestimmungen für die Verjährungsfrist und den Fristbeginn. Differenziert wird nach dem Anspruchsinhalt (Schadensersatz, andere Ansprüche, Unterlassungsanspruch) sowie innerhalb der Schadensersatzansprüche nach der Art der Rechtsgutverletzung, nicht aber nach der vertraglichen oder gesetzlichen Natur des Anspruchs.

Der Beginn der Verjährungsfrist vertraglicher Ansprüche ist zum Teil speziell und damit abweichend von § 199 geregelt (Beginn mit Übergabe bzw. mit Ablieferung: § 438 Abs. 2; Beginn mit der Abnahme: § 634 a Abs. 2; Beginn mit der Rückgabe der Mietsache: § 548).

V. Umfang des Schadensersatzes

31 Nach § 253 Abs. 2 kann für einen Nichtvermögensschaden eine »**billige Entschädigung in Geld**« (üblich, wenngleich unpräzise ist der Begriff **Schmerzensgeld**) verlangt werden, wenn wegen einer Verletzung des Körpers, der Gesundheit, der Freiheit oder

---

28 *BGH* NJW 2017, 2108 (Grundsatz: Wer eine besondere Berufs- oder Organisationspflicht, die dem Schutz von Leben und Gesundheit anderer dient, grob vernachlässigt hat, muss die Nichtursächlichkeit festgestellter Fehler beweisen, die allgemein als geeignet anzusehen sind, einen Schaden nach Art des eingetretenen herbeizuführen).

der sexuellen Selbstbestimmung Schadensersatz zu leisten ist. Diese Regelung im allgemeinen Teil des Schuldrechts ist **unabhängig vom Haftungsgrund** (vgl. → § 24 Rn. 37 ff., 41). Nach früherer Rechtslage konnte Schmerzensgeld dagegen grundsätzlich nur bei der Haftung nach BGB-Deliktsrecht (vgl. § 847 a. F.), nicht aber bei anderen Haftungstatbeständen (insbesondere Gefährdungshaftungen außerhalb des BGB) verlangt werden. Diese Besonderheit ist mit dem Zweiten Schadensersatzrechtsänderungsgesetz vom 19.7.2002[29] weggefallen. Die Gefährdungshaftung des StVG ist aber nach wie vor summenmäßig durch Höchstbeträge begrenzt (§§ 12 ff. StVG).

VI. Zusammenfassung

Unterschiede zwischen vertraglichen und gesetzlichen Schuldverhältnissen	32

1. Haftung für Gehilfen
   - § 278: nur bei bestehendem Schuldverhältnis (Zurechnungsnorm)
   - § 831: auch ohne bestehendes Schuldverhältnis (Anspruchsgrundlage)
2. Haftungsmaßstab
   - Bei vertraglichen und gesetzlichen Schuldverhältnissen grundsätzlich § 276
   - Ausnahmen: Haftungsmilderungen im Vertragsrecht (→ § 1 Rn. 22)
   - Ausnahmen: Haftungsmilderungen in gesetzlichen Schuldverhältnissen (vgl. z. B. → § 5 Rn. 70)
3. Beweislast bei Schadensersatzansprüchen
   Allgemeiner Grundsatz: Jede Partei muss die für sie günstigen Tatsachen darlegen und beweisen.
   - Ausnahme: Generelle Beweislastumkehr zu Gunsten des Geschädigten bei vertraglichem Schadensersatzanspruch (vgl. § 280 Abs. 1 S. 2)
   - Ausnahme: Bei gesetzlichem Schadensersatzanspruch erfolgt eine Beweislastumkehr zu Gunsten des Geschädigten nur in besonderen Fällen, z. B.:
     - Haftung für vermutetes Verschulden (z. B. § 831 Abs. 1)
     - Produkthaftung
     - Arzthaftung
4. Verjährung
   - Verjährungsfrist (§ 195) und Beginn der Verjährungsfrist (§ 199) bei vertraglichen und gesetzlichen Schuldverhältnissen grundsätzlich gleich
   - Spezialvorschriften im besonderen Schuldrecht (→ § 1 Rn. 29)
5. Kein Unterschied bei Ersatz für einen Nichtvermögensschaden (Schmerzensgeld)
   § 253 ist unabhängig vom Haftungsgrund anwendbar (anders noch § 847 a. F.)

---

29 Zweites Gesetz zur Änderung schadensersatzrechtlicher Vorschriften vom 19.7.2002, BGBl. I S. 2674.

2. Teil. Geschäftsführung ohne Auftrag

Literatur: *Bamberger,* Grundfälle zum Recht der Geschäftsführung ohne Auftrag im öffentlichen Recht, JuS 1998, 706; *Bartels,* Zum Rückgriff nach eigennütziger Zahlung auf fremde Schuld – Anleihen bei DCFR und common law für das deutsche Recht, RabelsZ 78 (2014) 479; *Batsch,* Aufwendungsersatzanspruch und Schadensersatzpflicht des Geschäftsführers im Falle berechtigter und unberechtigter Geschäftsführung ohne Auftrag, AcP 171 (1971), 218; *Benöhr,* Anmerkung zu LG Karlsruhe NJW 1975, 1420, NJW 1975, 1970; *Berg,* Ansprüche aus dem Eigentümer-Besitzer-Verhältnis, JuS 1972, 193; *ders.,* Hauptprobleme der GoA, JuS 1975, 681; *ders.,* Ansprüche aus dem Eigentümer-Besitzer-Verhältnis, JuS 1972, 193; *Beuthien,* Leistung und Aufwendung im Dreiecksverhältnis, JuS 1987, 841; *ders.,* Die unberechtigte Geschäftsführung ohne Auftrag im bürgerlichrechtlichen Anspruchssystem, FS Söllner, 2000, S. 125; *v. Caemmerer,* Bereicherung und unerlaubte Handlung, FS Rabel, 1954, S. 333; *Canaris,* Notstand und Selbstaufopferung im Straßenverkehr, JZ 1963, 655; *ders.,* Risikohaftung bei schadensgeneigter Tätigkeit in fremdem Interesse, RdA 1966, 41; *ders.,* Anmerkung zu BGH NJW 1985, 2403, NJW 1985, 2404; *Dietrich,* Auftraglose Hilfeleistung in gefährlichen Situationen, JZ 1974, 535; *Dornis,* Das Dilemma der Erbensucher, JZ 2013, 592; *ders.,* Das Kollisionsrecht der auftragslosen Geschäftsführung, AcP 80 (2016), 543; *Einsele,* Geschäftsführung ohne Auftrag bei nichtigen Verträgen?, JuS 1998, 401; *Falk,* Von Titelhändlern und Erbensuchern – Die GoA-Rechtsprechung am Scheidewege, JuS 2003, 833; *Frank,* Die Selbstaufopferung des Kraftfahrers im Straßenverkehr, JZ 1982, 737; *Franzen/Blatt,* Ersatzansprüche aus Geschäftsführung ohne Auftrag beim Feuerwehreinsatz, NJW 2012, 1031; *Fricke,* Anmerkung zu OLG Frankfurt MDR 1976, 1021, MDR 1977, 315; *Friedrich,* Das Ende der Selbstaufopferung für Minderjährige im Straßenverkehr?, VersR 2005, 1660; *Früh,* Bürgerliches Recht in der Fallbearbeitung, JuS 1995, 419; *Genius,* Risikohaftung des Geschäftsherrn, AcP 173 (1973), 517; *Giesen,* Das Recht der fremdnützigen Geschäftsbesorgung, Jura 1996, 225, 288, 344, 352; *Grigoleit,* Unentgeltliche Verträge und Gefälligkeitsverhältnisse – Die Perspektive des Haftungsrechts, VersR 2018, 769; *Gsell,* Anmerkung zu BGHZ 181, 233, ZJS 2009, 572; *Gursky,* Der Tatbestand der Geschäftsführung ohne Auftrag, AcP 185 (1985), 13; *Hassold,* Die Verweisungen in § 682 BGB – Rechtsfolgeverweisung oder Rechtsgrundverweisung?, JR 1989, 358; *Henssler,* Grundfälle zu den Anspruchsgrundlagen im Recht der Geschäftsführung ohne Auftrag, JuS 1991, 924; *Hoffmann,* Grundfälle zum Recht der Stellvertretung, JuS 1970, 570; *Huneke,* Abschleppen vom Supermarktparkplatz – Selbsthilfe oder Abzocke?, Jura 2010, 852 (Examensklausur); *Imhof,* Hilfsbereitschaft und Haftung, DAR 1974, 253; *Jansen,* Gesetzliche Schuldverhältnisse, AcP 216 (2016), 112; *Klauser,* Verwendungsersatz und Bereicherungsanspruch, NJW 1958, 47; *Koch,* Abschleppen vom Privatparkplatz: geklärte und ungeklärte Fragen, NZV 2010, 336; *Koller,* Die Verteilung des Risikos einer unsorgfältigen Schadensbeseitigung zwischen Schädiger und Geschädigtem, NJW 1971, 1776; *Land,* Grundfälle zur Geschäftsführung ohne Auftrag, JuS 1998, 479; *Lange,* Geschäftsführung ohne Auftrag bei nicht geschuldeten Schönheitsreparaturen?, NZM 2007, 785; *Lent,* Wille und Interesse bei der Geschäftsbesorgung, 1938; *Linke,* Privatrechtliche Geschäftsführung ohne Auftrag durch die Ordnungsbehörden?, DVBl. 2006, 148; *Looschelders,* Die Mitverantwortlichkeit des Geschädigten im Privatrecht, 1999; *S. Lorenz,* Gescheiterte Vertragsbeziehungen zwischen Geschäftsführung ohne Auftrag und Bereicherungsrecht: Späte Einsicht des BGH?, NJW 1996, 883; *ders.,* Privates Abschleppen – Besitzschutz oder »Abzocke«?, NJW 2009, 1025; *ders.,* Geschäftsführung ohne Auftrag und Bereicherungsausgleich bei Vornahme nicht geschuldeter Schönheitsreparaturen, NJW 2009, 2576; *Loyal,* Die »entgeltliche« Geschäftsführung ohne Auftrag, 2011; *Martinek/Theobald,* Grundfälle zum Recht der Geschäftsführung ohne Auftrag, JuS 1997, 612, 805, 992; 1998, 27; *Marx,* Rettungsobliegenheit und Rettungskostenersatz im Versicherungsvertragsrecht, 2008; *Mayer-Maly,* Vertrag und Einigung, FS Wilburg, 1965, S. 129; *Otto,* Ausgleichsansprüche des Geschäftsführers bei berechtigter Geschäftsführung ohne Auftrag, JuS 1984, 684; *Peters,* Zum Haftungsumfang der Bürgschaft für Ansprüche aus bankmäßiger Geschäftsverbindung, WM 1992, 597; *Pöschke/Sonntag,* Fortgeschrittenenklausur – Zivilrecht: Besitzschutz durch Abschleppen vom Privatparkplatz, JuS 2009, 711; *Reichard,* Negotium alienum und ungerechtfertigte Bereicherung, AcP 193 (1993), 567; *Rödder,* Grundzüge der GoA, JuS 1983, 930; *Schildt,* Konkurrenzprobleme im Bereicherungsrecht, JuS 1995, 953; *Schoch,* Die Verwaltung 38, 91; *Schöne/Fröschle,* Unbestellte Waren und

Dienstleistungen, 2001; *Schreiber,* Die Anwendbarkeit der Regeln der Geschäftsführung ohne Auftrag bei zugleich eigenem und fremdem Geschäft, DB 1979, 1397; *ders.,* Das »auch-fremde« Geschäft bei der Geschäftsführung ohne Auftrag, Jura 1991, 155; *Schröder/Bär,* Geschäftsführung ohne Auftrag, Eigentümer-Besitzer-Verhältnis und Bereicherungsrecht bei der Abwicklung nichtiger Werkverträge, Jura 1996, 449; *Schubert,* Der Tatbestand der Geschäftsführung ohne Auftrag, AcP 178 (1978), 425; *ders.,* Grenzen der Geschäftsführung ohne Auftrag, NJW 1978, 687; *Schwarz,* § 241a BGB als Störfall für die Zivilrechtsdogmatik: Zu den systemwidrigen Folgen der Umsetzung der EG-Fernabsatz-Richtlinie, NJW 2001, 1449; *Schwarz/Ernst,* Ansprüche des Grundstücksbesitzers gegen »Falschparker«, NJW 1997, 2550; *Schwarz/ Pohlmann,* Der Umfang des Anspruchsausschlusses bei unbestellter Warenlieferung gem. § 241a I BGB: Die Umsetzung der EG-Fernabsatzrichtlinie als methodisches Problem, Jura 2001, 361; *Schwerdtner,* GoA, Jura 1982, 593, 642; *Seiler,* Grundfälle zum Recht der Geschäftsführung ohne Auftrag, JuS 1987, 368; *Staake,* Die Polizei als Geschäftsführer ohne Auftrag?, JA 2004, 800; *Stern,* Die Haftungsmilderung des § 680 BGB beim Schadensersatzanspruch aus § 2 Nr. 8 Abs. 1 S. 3 VOB/B, ZfBR 1988, 252; *Stoll,* Rechtsfragen bei Hilfeleistung in vermeintlicher Not, Privatautonomie, Eigentum und Verantwortung: Festgabe für Hermann Weitnauer zum 70. Geburtstag, 1980, S. 411; *Tachau,* Berechtigte Geschäftsführung ohne Auftrag als unbestellte Leistung? Zur Konkurrenz von § 683 BGB und § 241a BGB, Jura 2006, 889; *Thole,* Die Geschäftsführung ohne Auftrag auf dem Rückzug – Das Ende des »auch fremden« Geschäfts? NJW 2010, 1243; *Wandt,* Die Geschäftsführung ohne Auftrag im Internationalen Privatrecht, 1989, S. 155; *ders.,* Versicherungsrecht, 6. Aufl. 2016; *Wendlandt,* »Ein bisschen über den Rubikon« – Der BGH und die GoA des vertraglich pflichtengebundenen Geschäftsführers, NJW 2004, 985; *Wittmann,* Begriff und Funktionen der Geschäftsführung ohne Auftrag, 1981, S. 18 Fn. 3; *Wolf,* Die aufgedrängte Bereicherung, JZ 1966, 467; *ders.,* Die Verwendungsersatzansprüche des Besitzers im Anspruchssystem, AcP 166 (1966), 188; *Wollschläger,* Grundzüge der GoA, JA 1979, 57 (1. Teil), 126 (2. Teil), 182 (3. Teil); *Zöller,* Ansätze zur Bekämpfung des Abmahnvereinunwesens, WRP 1994, 156.

Übungsfälle aus Ausbildungszeitschriften ab 2011: *Scherpe-Blessing/Guillaume,* JuS 2017, 859; *Hopf,* Jura 2016, 75; *Sagan/Wieg,* JA 2016, 173; *Hoffmann,* Jura 2015, 506; *Homeier,* JuS 2015, 230; *Hörnig,* JA 2015, 893; *Kaiser,* JA 2015, 534; *Hesse/Rapp/Thönissen,* JA 2014, 251; *Anzinger,* JA 2013, 650; *Dornis/Sturm,* Jura 2013, 1167; *Dubovitskaya/Gehlen,* JuS 2013, 528; *Homeier/Kleemann,* JA 2012, 96; *Lemmerz/Woitge,* Jura 2011, 132; *Steinbeck/Block,* Jura 2011, 943; *Zimmermann/Otto,* JuS 2011, 1100.

§ 2. Einführung und Überblick

A. Begriff

1 Die Regelungen zur privatrechtlichen[1] »Geschäftsführung ohne Auftrag« (GoA) finden sich in den §§ 677 bis 687. Erfasst werden mehrere gesetzliche Schuldverhältnisse mit unterschiedlichen Grundlagen, Inhalten und Schutzrichtungen. Dies macht den ersten Zugang insbesondere für den Studienanfänger schwierig. Als Hauptkategorien werden unterschieden die **echte GoA** (§§ 677–686) und die **unechte GoA** (§ 687). Gemeinsam ist beiden, (1.) dass jemand (der Geschäftsführer) ein Geschäft besorgt, (2.) dass dieses Geschäft für ihn fremd ist, d. h. dass es das Geschäft eines anderen, nämlich des Geschäftsherrn, ist und (3.) dass der Geschäftsführer weder durch einen Auftrag noch auf andere Art und Weise gegenüber dem Geschäftsherrn zur Besorgung dessen Geschäfts berechtigt ist.

2 Die amtliche **Überschrift** des Titels über die §§ 677–687 (»Geschäftsführung ohne Auftrag«) ist **zu eng.** Für die GoA ist nämlich erforderlich, dass der Geschäftsführer

---

1 Zur Abgrenzung zur öffentlich-rechtlichen GoA vgl. → § 8 Rn. 8 ff.

im Verhältnis zum Geschäftsherrn **weder** durch einen **Auftrag noch durch sonst ein** – vertragliches oder gesetzliches – **Rechtsverhältnis berechtigt** ist. Eine gesetzliche Rechtsbeziehung zwischen Geschäftsherrn und Geschäftsführer wird bezüglich der Geschäftsführung erst durch die §§ 677 ff. hergestellt. Das gesetzliche Schuldverhältnis der GoA wird also ohne darauf abzielende Willenserklärungen der Beteiligten allein durch die Tatsache begründet, dass eine Person (der Geschäftsführer) für einen anderen (den Geschäftsherrn) ein Geschäft besorgt (vgl. § 677). Hierfür ist bereits die Übernahme der Geschäftsführung ausreichend. Die Art und Weise der Durchführung des übernommenen Geschäftes ist für das Entstehen eines gesetzlichen Schuldverhältnisses aus GoA nicht erheblich, nahe liegender Weise aber für den konkreten Inhalt des Schuldverhältnisses.

B. Regelungsbedürfnisse und -prinzip

Auch ohne dass der Studierende die einzelnen Regelungen der GoA schon kennt, er-   **3**
schließt sich bei einigem Nachdenken, dass sich aus dem dargelegten Grundtatbestand (Rn. 1) verschiedene **gesetzgeberische Regelungsbedürfnisse** ergeben: Welche Pflichten hat der Geschäftsführer gegenüber dem Geschäftsherrn bei oder nach der Übernahme der Geschäftsführung? Welche Ansprüche hat der Geschäftsherr gegen den Geschäftsführer bei Pflichtverletzungen? Kann der Geschäftsherr vom Geschäftsführer herausverlangen, was dieser durch die Geschäftsführung erlangt? Soll der Geschäftsführer für Aufwendungen zum Zwecke der Geschäftsführung oder für Schäden, die er im Zusammenhang mit der Geschäftsführung erleidet, Ersatz erhalten?

Der den §§ 677 ff. zugrunde liegende Rechtsgedanke, also das sie prägende **Regelungs-**   **4**
prinzip, ist umstritten.[2] Weit verbreitet ist die **Theorie der Menschenhilfe**[3]. Danach soll den §§ 677 ff. der Gedanke des altruistischen Einsatzes für den Mitmenschen zugrunde liegen. Vertreten werden eine rein objektive Theorie, die den Grundgedanken der GoA allein in der objektiven Führung fremder Geschäfte sieht,[4] sowie die Quasivertragstheorie, nach der eine Willensübereinstimmung zwischen Geschäftsführer und Geschäftsherrn die §§ 677 ff. prägt.[5] Diese Theorien sind bei der Falllösung wenig hilfreich, weil sie nur Teilbereiche aus dem Anwendungsbereich der GoA erfassen. Tragfähiger ist der Gedanke, dass die §§ 677 ff. eine **besondere Ausgleichs- und Lastenordnung** normieren,[6] wenn jemand (der Geschäftsführer) die Angelegenheiten eines anderen (des Geschäftsherrn) wahrnimmt, sich also in seine Angelegenheiten einmischt. Gemeint sind Fälle, in denen der Geschäftsführer ein Geschäft des »Herrn des Geschäftes« (also desjenigen, der eigentlich für das Geschäft zuständig ist) besorgt. In diesem Fall werden – bei Erfüllung weiterer Voraussetzungen – besondere Verpflichtungen des Geschäftsführers und Geschäftsherrn begründet.

---

2 Vgl. dazu *Wollschläger*, GoA, S. 24 ff.; kritisch MüKoBGB/*Schäfer*, Bd. 5/2, § 677 Rn. 1 ff.; vgl. auch *Loyal*, Die »entgeltliche« Geschäftsführung ohne Auftrag, 2011, S. 27; *Jansen*, AcP 216 (2016), 112, 166 ff., 231 (GoA sei ein Relikt des römischen Rechts, das neben dem lückenlosen Vertragsrecht und dem Deliktsrecht zu einem Störfaktor geworden sei).

3 Grundlegend hierzu vor Inkrafttreten des BGB *Kohler*, JherJb 25 (1887), 1, 42 ff.; hierzu kritisch: *Wollschläger*, GoA, S. 28 ff.; vgl. auch *Schubert*, AcP 178 (1978), 425, 428 f.

4 Vgl. zur objektiven Theorie die Nachweise bei *Wollschläger*, GoA, S. 43, Fn. 8.

5 Vgl. *Mayer-Maly*, FS Wilburg, 1965, S. 129, 141.

6 Vgl. *Wollschläger*, GoA, S. 319.

5 **Vertiefungshinweis:** Regelungsprinzip[7]
Durch die GoA wird folgender Interessenkonflikt geregelt: Grundsätzlich kann jeder seine Angelegenheiten selbst erledigen. Man muss es sich nicht gefallen lassen, dass sich ein anderer einmischt oder dass man gar von einem anderen bevormundet wird. Allerdings ist manchmal auch ungebetene Hilfe willkommen oder erforderlich, z. B. wenn man in Not ist (wie bei einem Verkehrsunfall). Für diese Fälle soll die GoA eine angemessene Verteilung von Lasten und Risiken herbeiführen. Einerseits wird der Geschäftsführer aus spontaner Hilfsbereitschaft tätig, weil er dem Geschäftsherrn eine Gefälligkeit erweisen oder ihn vor Schaden bewahren will. Diesen guten Willen des Geschäftsführers hat das Gesetz zu achten. Andererseits kann die auftraglose Geschäftsführung eine Einmischung in die Angelegenheiten des Geschäftsherrn sein, mit der dieser nicht einverstanden ist. Vor dieser Gefahr hat das Gesetz den Geschäftsherrn zu schützen.

C. Systematik

6 Die **gesetzliche Einordnung der GoA im Anschluss an das vertragliche Schuldverhältnis Auftrag** erklärt sich aus der Vorstellung, dass unter bestimmten Voraussetzungen ein nicht beauftragter Geschäftsführer Rechte und Pflichten wie ein Beauftragter hat. Anders ordnete noch der Erste Entwurf des BGB die GoA hinter dem Bereicherungsrecht im Abschnitt »Schuldverhältnisse aus anderen Gründen« ein.

I. Echte und unechte GoA

7 Das **Unterscheidungsmerkmal** zwischen der echten und der unechten GoA ist der Inhalt des Geschäftsführerwillens: Bei der **echten GoA** (§§ 677 bis 686) handelt der Geschäftsführer mit **Fremdgeschäftsführungswillen,** bei der **unechten GoA** mit **Eigengeschäftsführungswillen** (§ 687). Es überrascht nicht, dass je nach der Willensrichtung des Geschäftsführers für die Beteiligten unterschiedliche Rechte und Pflichten begründet werden. Es ist eben etwas völlig anderes, ob jemand das Geschäft eines anderen für diesen besorgen will (echte GoA) oder ob er das Geschäft des anderen für sich selbst als eigenes besorgen will (unechte GoA).

8

Systematik der GoA

§§ 677–687

Echte GoA
Wille des Geschäftsführers,
das fremde Geschäft für den
Geschäftsherrn zu führen
(sog. Fremdgeschäftsführungswillen)
§§ 677–686

Unechte GoA
Wille des Geschäftsführers,
das fremde Geschäft als sein
eigenes zu führen
(sog. Eigengeschäftsführungswillen)
§ 687

---

7 Soergel/*Beuthien*, Vor § 677 ff. Rn. 4; *Larenz*, SR II/1, Vorb § 57 I, S. 436 f.

Der **Begriff »unechte GoA«** aus der amtlichen Überschrift des § 687 ist für das Verständnis wenig hilfreich, aber gleichwohl weithin gebräuchlich. Immerhin macht er deutlich, dass es um etwas völlig anderes geht als bei der echten GoA. Dies gilt insbesondere für die bewusst unerlaubte Eigengeschäftsführung des **§ 687 Abs. 2.** Es handelt sich hierbei um eine Erweiterung des Schutzes gegen vorsätzliche Eingriffe Dritter in geschützte Rechtspositionen, also **funktionell** um **Deliktsrecht.** Die Erste Kommission zur Ausarbeitung des Entwurfs des BGB regelte diesen Tatbestand deshalb auch im Deliktsrecht, um den Begriff der Geschäftsführung ohne Auftrag nicht zu denaturieren.[8] Die Zweite Kommission ist dem allein aus Gründen der »Zweckmäßigkeit« nicht gefolgt.[9]

II. Unterteilung der echten GoA in die berechtigte und die unberechtigte GoA

Die h. M. unterteilt die echte GoA – also die mit Fremdgeschäftsführungswillen übernommene – in die **berechtigte und die unberechtigte GoA.**[10] Entscheidendes **Abgrenzungskriterium** ist das **Interesse und der Wille des Geschäftsherrn bezüglich der Übernahme** der Geschäftsführung. Berechtigt, d. h. rechtlich erwünscht, ist die GoA, wenn die Übernahme (das Ob) der Geschäftsführung dem Interesse und dem wirklichen oder dem mutmaßlichen Willen des Geschäftsherrn entspricht. Der berechtigte Geschäftsführer kann nach § 683 S. 1 wie ein Beauftragter Aufwendungsersatz verlangen.[11] Der unberechtigte Geschäftsführer ohne Auftrag haftet nach § 678 für Übernahmeverschulden und kann nur nach Bereicherungsgrundsätzen Ersatz seiner Aufwendungen verlangen (§ 684 S. 1).[12] Die Unterscheidung zwischen berechtigter und unberechtigter GoA ergibt sich nicht aus § 677, sondern erst aus den §§ 683 S. 1, 684 S. 1 in Verbindung mit den §§ 678 bis 680. Das Gesetz gliedert nicht nach diesen Untergruppen der echten GoA, von denen die heutige Dogmatik ausgeht. Das Gesetz knüpft aber an die interessen- und willensgemäße sowie die interessen- oder willenswidrige Übernahme einer Geschäftsbesorgung durch den Geschäftsführer unterschiedliche Rechtsfolgen. Mit Rücksicht auf diese unterschiedlichen Rechtsfolgen lässt sich die begriffliche Unterteilung in berechtigte und unberechtigte GoA rechtfertigen.

Die **Terminologie** »berechtigte« und »unberechtigte« GoA ist inzwischen allgemein üblich und wird herkömmlicherweise gebraucht. Die Begriffe »berechtigte« und »unberechtigte« GoA sind aber missverständlich. Die »berechtigte« GoA darf nicht mit einer »sonstigen Berechtigung« zur Geschäftsführung verwechselt werden, die nach § 677 die Anwendung der §§ 677 ff., d. h. jegliche GoA ausschließt.[13] Diese Begriffe dürfen also nicht im Hinblick auf die in § 677 enthaltenen Worte (»ohne […] dazu berechtigt zu sein«) missverstanden werden.

---

8 § 761 Abs. 1 Ziff. 2, vgl. Motive zu dem Entwurfe eines Bürgerlichen Gesetzbuches für das Deutsche Reich, Bd. II (Amtliche Ausgabe), 1888, S. 870 f.

9 Vgl. Protokolle der Kommission für die zweite Lesung des Entwurfs des Bürgerlichen Gesetzbuchs, Bd. II, S. 743.

10 Palandt/*Sprau*, Einf v § 677 Rn. 4; siehe auch den Rechtsvergleich zum europäischen Umfeld bei *Beuthien*, FS Söllner, 2000, S. 125, 133 ff.

11 Vgl. *Wollschläger*, GoA, S. 32: Die Praxis der GoA werde durch den Aufwendungsersatzanspruch des Geschäftsführers bestimmt, auf den 70–80 % aller Urteile fallen. § 683 S. 1 sei die praktisch wichtigste Norm des ganzen Rechtsinstitutes der GoA.

12 Nachweise → § 5 Rn. 5.

13 *Medicus*, Gesetzliche Schuldverhältnisse, S. 171 Fn. 9.

9

10

11

»Ohne Auftrag« oder sonstige Berechtigung müssen nämlich sowohl die berechtigte wie auch die unberechtigte GoA sein. Dies gehört zum Grundtatbestand der GoA. Die »Berechtigung« i. S. der Übereinstimmung der Übernahme der Geschäftsführung mit dem Interesse und dem (mutmaßlichen) Willen des Geschäftsherrn ist dagegen nur Anspruchsvoraussetzung des Aufwendungsersatzanspruchs nach § 683 S. 1.

Um Missverständnisse zu vermeiden, ist es besser, statt von Berechtigung zur Geschäftsführung von Übereinstimmung mit Interesse und Willen des Geschäftsherrn (§ 683 S. 1) zu sprechen.

III. Unterteilung der unechten GoA in die irrtümliche Eigengeschäftsführung und die bewusst unerlaubte Eigengeschäftsführung

12 Die unechte GoA wird in die irrtümliche Eigengeschäftsführung (§ 687 Abs. 1)[14] und in die bewusst unerlaubte Eigengeschäftsführung, auch Geschäftsanmaßung genannt, unterteilt (§ 687 Abs. 2).[15] § 687 Abs. 1 stellt für die **irrtümliche Eigengeschäftsführung** klar, dass die §§ 677 ff. nicht anwendbar sind. Anwendbar sind vielmehr, ohne dass dies in § 687 Abs. 1 ausdrücklich gesagt würde, die allgemeinen Bestimmungen, also die §§ 987 ff. sowie die §§ 812 ff. und §§ 823 ff., so weit sie nicht durch die §§ 987 ff. verdrängt werden. Bei der **bewusst unerlaubten Eigengeschäftsführung (Geschäftsanmaßung)** des § 687 Abs. 2 kann der betroffene Geschäftsherr sich für die modifizierte Anwendung der Vorschriften der echten GoA entscheiden (oder es bei der Anwendung der allgemeinen Vorschriften der §§ 987 ff., §§ 812 ff. und §§ 823 ff. belassen).

D. Anwendung in Praxis und Studium

13 Rechtsprechung und h. L. haben der »Geschäftsführung ohne Auftrag« einen **weiten Anwendungsbereich** gegeben.[16] Die GoA wird als eine Art »Generalregressinstitut«[17] charakterisiert und es wird ihr eine Tendenz zu einem Sammeltatbestand zugeschrieben.[18]

14 Die GoA ist bei Falllösungen deshalb häufig zu erörtern. Die dabei gerade **für Studienanfänger regelmäßig bestehenden Schwierigkeiten** ergeben sich vor allem aus Folgendem:[19] Die **Systematik der gesetzlichen Regelungen** ist nicht leicht zu durchschauen.[20] Anders als im Bereicherungs- und Deliktsrecht stehen die wichtigsten Anspruchsgrundlagen der GoA nicht in den Eingangsvorschriften des sie betreffenden

---

14 *Medicus/Petersen*, BR, Rn. 416; *Martinek/Theobald*, JuS 1997, 612, 613.

15 So bereits *Mugdan* II, S. 869 (Motive).

16 Die Rechtsprechung macht von der GoA häufig Gebrauch. Das hat ihr den Vorwurf eingetragen, die GoA »als eine Art Generalregressinstitut« zu vereinnahmen (*Martinek/Theobald*, JuS 1997, 612). *Seiler*, JuS 1987, 368, 370, charakterisiert sie als »vielseitig und flexibel anwendbares Regressinstrument mit einem ausgedehnten Anwendungsbereich«.

17 *Martinek/Theobald*, JuS 1997, 612.

18 *Henssler*, JuS 1991, 924.

19 *Martinek/Theobald*, JuS 1997, 612: Die Angst vor dem Rechtsgebiet GoA werde nur noch von dem studentischen Horror vor dem Bereicherungsrecht übertroffen. Dies liege an der irritierenden subjektivistischen Fassung wichtiger Tatbestandsmerkmale und Anspruchsvoraussetzungen wie z. B. dem Fremdgeschäftsführungswillen.

20 *Henssler*, JuS 1991, 924.

Titels des BGB. Die Eingangsvorschrift des § 677, die den Geschäftsführer zu einer in- teressen- und willensgemäßen Geschäftsführung verpflichtet, wirkt wie aus dem Zu- sammenhang gerissen.[21] Verständnisschwierigkeiten bereitet auch die Unterscheidung zwischen echter und unechter GoA auf der ersten Ebene sowie die Aufspaltungen auf zweiter Ebene einerseits der echten GoA in die berechtigte und unberechtigte GoA und andererseits der unechten GoA in die irrtümliche Eigengeschäftsführung und die bewusst unerlaubte Eigengeschäftsführung. Auch innerhalb der echten GoA spiegelt die Abfolge der Vorschriften nicht die gängig vertretene Unterscheidung von berechtig- ter und unberechtigter GoA wider.[22] Die Vorschriften über die berechtigte und die un- berechtigte GoA sind vielmehr über den Gesamtbereich der §§ 677 bis 686 verstreut. So regelt § 678 den Schadensersatz bei unberechtigter GoA und § 680 den Sorgfaltsmaßstab sowohl für die berechtigte als auch für die unberechtigte GoA und § 684 wiederum den Aufwendungsersatz bei unberechtigter GoA. Zusätzliche Probleme bereiten schließlich die **Feststellung der subjektiven Tatbestandsmerkmale** des Fremdgeschäftsführungs- willens (echte GoA) und des Eigengeschäftsführungswillens (unechte GoA). Festzustel- len ist auch: Die GoA ist wegen ihres weiten Anwendungsbereichs zwar häufig zu prü- fen, es gibt aber viele Gründe, ihr Eingreifen im Einzelfall abzulehnen, ohne dass diese Gründe dem Gesetzeswortlaut so ohne Weiteres zu entnehmen sind.[23] Dies alles führt zu der Empfehlung, sich bei einem wissenschaftlichen Gutachten (einer Klausur)[24] an die Anspruchsgrundlagen zu halten und die jeweiligen Tatbestandsmerkmale – wie stets – sorgfältig zu prüfen.

E. Überblick

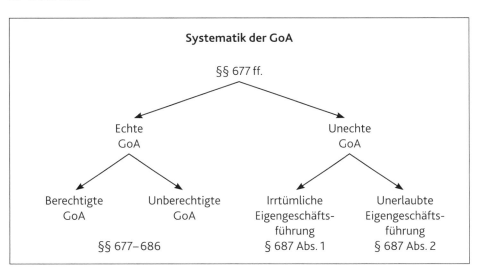

Systematik der GoA   15

§§ 677 ff.

Echte GoA   Unechte GoA

Berechtigte GoA   Unberechtigte GoA   Irrtümliche Eigengeschäfts- führung   Unerlaubte Eigengeschäfts- führung

§§ 677–686   § 687 Abs. 1   § 687 Abs. 2

---

21 *Seiler,* JuS 1987, 368.
22 *Larenz,* SR II/1, Vorb. § 57 I, S. 437; *Seiler,* JuS 1987, 368.
23 *Medicus,* Gesetzliche Schuldverhältnisse, S. 165.
24 Siehe jeweils nach der Literaturübersicht zu Beginn der einzelnen Teile dieses Buches die Auflistung von Übungsfällen aus Ausbildungszeitschriften ab 2011.

16

1. **Echte GoA (§§ 677– 686)**
   a) Zwei Arten der echten GoA:
      (1) Berechtigte GoA (§§ 677 Hs. 1, 683)
      (2) Unberechtigte GoA (§§ 677 Hs. 1, 684 S. 1 Hs. 1)
   b) Unterscheidungsmerkmal:
      Interesse und Wille des Geschäftsherrn bezüglich der Übernahme der Geschäftsführung
   c) Gesetzliche Systematik:
      – §§ 677–682: Pflichten des Geschäftsführers
      – §§ 683–686: Pflichten des Geschäftsherrn
2. **Unechte GoA (§ 687 Abs. 1 und 2)**
   zu unterscheiden sind:
   (1) Irrtümliche Eigengeschäftsführung (§ 687 Abs. 1)
   (2) Unerlaubte Eigengeschäftsführung (§ 687 Abs. 2), sog. Geschäftsanmaßung
3. Unterscheidungsmerkmal zwischen echter und unechter GoA: Fremdgeschäftsführungswille
   Bei der unechten GoA fehlt der Fremdgeschäftsführungswille und damit ein Grundtatbestandsmerkmal der GoA.

17

Echte GoA, §§ 677–686

1. Geschäftsbesorgung
2. Fremdheit des Geschäfts
3. Fremdgeschäftsführungswille (»für einen anderen«)
4. Ohne Auftrag oder sonstiges zur Geschäftsführung berechtigendes Rechtsverhältnis [1.– 4. = Grundtatbestand der GoA vgl. → § 4 Rn. 45]
5. Geschäftsübernahme entsprechend dem Interesse und dem Willen des Geschäftsherrn (§ 683 Abs. 1)?

(+)   (–)

Geschäftsübernahme **entspricht**
dem Interesse und dem Willen
des Geschäftsherrn,
oder Sonderfall des § 679,
oder Genehmigung (§ 184 Abs. 1)
einer unberechtigten GoA

= *berechtigte* GoA

Geschäftsübernahme **entspricht**
nicht dem Interesse und dem Willen
des Geschäftsherrn,
kein Anwendungsfall des § 679,
keine Genehmigung

= *unberechtigte* GoA

| Unechte GoA, § 687 | 18 |

1. Objektiv fremdes Geschäft
2. **Kenntnis** der objektiven Fremdheit des Geschäfts

(+)   (–)

Geschäftsführer weiß,   Geschäftsführer denkt,
dass er ein fremdes Geschäft führt   er besorgt sein eigenes Geschäft

3. Eigengeschäftsführungswille
4. Ohne Auftrag oder sonstige Geschäftsführungsberechtigung

= ***Geschäftsanmaßung,***   = ***irrtümliche Eigengeschäftsführung,***
§ 687 Abs. 2   § 687 Abs. 1

§ 3. Anwendbarkeit der GoA

A. Grundsatz

Die §§ 677 ff. haben einen großen **Anwendungsbereich.** Sobald es an einer abschlie- 1
ßenden besonderen vertraglichen oder sonstigen gesetzlichen Regelung zwischen
zwei Parteien fehlt, können die §§ 677 ff. zur Anwendung kommen. Diese Vorschriften
sind z. B. einschlägig, wenn jemand, ohne dazu vertraglich oder gesetzlich verpflichtet
bzw. berechtigt zu sein, fremde Schulden tilgt, einem anderen Hilfe leistet, als Schein-
eigentümer eine fremde Wohnung vermietet, fremde Sachen veräußert usw.

B. Ausnahmen

Unanwendbar ist die GoA, wenn sie kraft einer Konkurrenzregel ausgeschlossen 2
wird (vgl. zum Verhältnis der GoA zu anderen gesetzlichen Schuldverhältnissen → § 7
Rn. 1 ff.).[1]

Außerdem kann die GoA im Interesse der Widerspruchsfreiheit der Rechtsordnung
ausgeschlossen sein, wenn ihre Anwendung zu Ergebnissen führen würde, die mit gesetzlichen Wertungen anderer Rechtsbereiche (Normkomplexe) in Widerspruch stün-
den.[2] Dabei handelt es sich aber um Ausnahmefälle, die restriktiv zu handhaben sind.

---

1 Vgl. zu den Konkurrenzen MüKoBGB/*Schäfer*, Bd. 5/2, § 677 Rn. 82 ff.
2 *BGH* VersR 2017, 232 (Formnichtigkeit eines Heil- und Kostenplans wegen Verstoßes gegen das
   Schriftformerfordernis aus § 2 Abs. 3 S. 1 GOZ schließt Ansprüche aus GoA und ungerechtfertigter
   Bereicherung aus).

Die folgenden Fallgruppen sind als **Ausnahmen vom Anwendungsbereich der GoA** (überwiegend) anerkannt.

I. Gesetzliche Haftungsordnung

3 Bei **Selbstaufopferung im Straßenverkehr** (ausführlich dazu → § 8 Rn. 15 f.) entsteht einem Kfz-Fahrer regelmäßig dadurch ein Schaden, dass er sein Kfz zur Vermeidung einer Schädigung eines Dritten spontan vom Straßenverlauf abbringt.

Beispiel: F reißt das Steuer seines LKW herum, um einen Zusammenstoß mit dem auf der falschen Fahrbahnseite mit einem Fahrrad fahrenden 8-jährigen H (beachte § 828 Abs. 2) zu verhindern. Dadurch wird der LKW erheblich beschädigt.

Nach Rechtsprechung[3] und h. L.[4] ist ein Aufwendungsersatzanspruch (§§ 677, 683 S. 1, 670) des ausweichenden Kfz-Fahrers gegen den gefährdeten Dritten ausgeschlossen, wenn der Entlastungsbeweis (§ 7 Abs. 2 StVG [höhere Gewalt] und § 17 Abs. 3 StVG [unabwendbares Ereignis, im Verhältnis zu dem Halter oder Fahrer eines anderen Kfz]) nicht geführt werden kann. Denn dann hat der Kfz-Fahrer nach dem StVG für den Fremdschaden und erst Recht für den Eigenschaden (Schaden am eigenen Kfz und eigenen Körperschaden) einzustehen und kann diesen nicht aus GoA ersetzt verlangen. Denn es entstünde ein widersprüchliches Ergebnis, wenn einerseits der Geschäftsführer mittels Aufwendungsersatzanspruches aus GoA Ersatz des Eigenschadens erlangen könnte, aber andererseits das Gesetz (§ 7 Abs. 1 StVG) ihm den Fremdschaden zurechnet (§ 7 Abs. 2 StVG). Dogmatisch zweifelhaft ist aber, ob in dieser Fallkonstellation die Anwendbarkeit des Rechtsinstituts der GoA abzulehnen ist, oder ob es nicht allein um das Nichtvorliegen des Tatbestandsmerkmals »fremdes Geschäft« geht.

4 Kann der Kfz-Fahrer den Entlastungsbeweis dagegen führen, so steht die gesetzliche Wertung aus dem StVG der Anwendbarkeit der GoA nicht entgegen. Die einzelnen Tatbestandsmerkmale der GoA sind dann zu prüfen (vgl. → § 8 Rn. 15).

II. Grundsätze der Vertragsrechtsordnung

5 Entsprechend der Privatautonomie und der Vertragsrechtsordnung des bürgerlichen Rechts können durch einen (Werk-, Dienst- oder Geschäftsbesorgungs-)Vertrag Vergütungsansprüche begründet werden. Jede Partei trägt aber das Risiko, dass die **Vertragsverhandlungen scheitern** und ein vertraglicher Vergütungsanspruch nicht begründet wird. Dies umfasst das Risiko, dem gescheiterten Vertragsschluss vorgelagerte Aufwendungen nicht ersetzt zu bekommen. Der Privatrechtsordnung ist darüber hinaus eine Pflicht zur Vergütung ungefragt überlassener, nicht durch ein Ausschließlichkeitsrecht geschützter Informationen unbekannt. Ein Entgelt ist nur auf vertraglicher Grundlage zu zahlen. Diese gesetzlichen Wertungen würden unterlaufen, wenn eine Partei für ungefragt überlassene Informationen (vgl. § 241a) oder bei Scheitern eines Vertragsschlusses Ersatz aus GoA (§ 683 S. 1 oder 684 S. 1) für die Aufwendun-

---

3 BGHZ 38, 270; *OLG Hamm* DAR 2001, 127; *OLG Oldenburg* VersR 2005, 807, 808 f.
4 Palandt/*Sprau*, § 677 Rn. 6 sowie § 683 Rn. 9.

gen verlangen könnte, die ihr bei der Informationsbeschaffung oder bei der Vorbereitung und Anbahnung von Vertragsverhandlungen entstanden sind.[5]

Zur Nichtanwendbarkeit der GoA wegen Vorrang des Vertrages, wenn ein mit einem Dritten geschlossener Vertrag Rechte und Pflichten des Geschäftsführers und insbesondere die Entgeltfrage abschließend regelt, → § 8 Rn. 1 ff.

Fall (*BGH* NJW 2000, 72 »Erbensucher«-Fall): G ermittelt aufgrund der im Bundesanzeiger ver- 6
öffentlichten Aufforderung des Nachlassgerichts zur Anmeldung von Erbrechten (§ 1965) A und B als
gesetzliche Erben des verstorbenen E und gibt ihnen unaufgefordert einige Informationen. Das Angebot vollständiger Information gegen Honorarzahlung lehnen A und B ab. Sie ermitteln mit Hilfe der
von G schon erhaltenen Informationen den Nachlass selbst und machen daraufhin das ihnen bisher
unbekannte Erbrecht geltend. G verlangt Vergütung, weil A und B Informationen von ihm erhalten hätten. Zu Recht?

Lösung:
I. Ein vertraglicher Anspruch scheidet mangels Vertragsschlusses aus.
II. Anspruch auf Aufwendungsersatz aus §§ 683 S. 1, 670?
   1. Anwendbarkeit der §§ 677 ff.
     Unabhängig von der Frage, ob die Voraussetzungen der GoA im Einzelnen vorliegen, müssten die
     Vorschriften der §§ 677 ff. überhaupt anwendbar sein. Nach der Ansicht des BGH und der herrschenden Lehre scheidet aufgrund der Risikozuordnung des Privatrechts eine Anwendung der echten GoA auf derartige Fallgestaltungen von vornherein aus: Aus den Grundsätzen des bürgerlichen
     Rechts folge die Risikoverteilung, nach der Aufwendungen zur Vorbereitung und Anbahnung von
     Vertragsverhandlungen unvergütet bleiben, wenn es nicht zu einem Vertragsschluss kommt. Jede
     Seite trägt das Risiko, dass ein Vertragsschluss scheitert. Die Privatrechtsordnung kennt auch
     grundsätzlich keine Pflicht, ungefragt überlassene, nicht durch Ausschließlichkeitsrechte (z. B. Patentrechte) geschützte Informationen zu vergüten.[6]
   2. Folgt man der herrschenden Meinung, sind die §§ 677 ff. nicht anwendbar, sodass ein Aufwendungsersatzanspruch aus echter GoA von vornherein ausscheidet. – Eine gut begründete andere
     Auffassung hält den generellen Ausschluss der Anwendbarkeit der §§ 677 ff. im Falle der Erbensuche wegen der Spezifika dieser Fallgruppe für nicht gerechtfertigt: im Zeitpunkt der Übernahme
     der Erbensuche bestehe für den Erbensucher keine Möglichkeit eines Vertragsschlusses mit dem
     unbekannten Erben; deshalb werde die dem Vertragsrecht grundsätzlich zugrunde liegende Risikoverteilung hinsichtlich von Aufwendungen für einen noch unsicheren Vertragsschluss nicht
     unterlaufen.[7] Auch § 241a schließt Ansprüche aus GoA nicht aus: richtig ist zwar, dass die Erteilung der Information über die Erbschaft eine unbestellte Leistung an den Erben im Sinne von
     § 241a ist; der Schutzzweck dieser Vorschrift, der sich gegen wettbewerbswidriges Verhalten richtet, ist aber nicht betroffen[8] (siehe → Rn. 9).[9]
III. Folgt man der herrschenden Meinung zur Nichtanwendbarkeit der §§ 677 ff., sind Ansprüche des G
    aus §§ 687 Abs. 2 S. 2, 684 S. 1, 818 (angemaßte Eigengeschäftsführung) oder §§ 684 S. 1, 818 (un-

---

5 *BGH* NJW 2000, 72 (»Erbensucher«-Fall); bestätigt in *BGH* NJW-RR 2006, 656; vgl. auch *BGH*
   NJW-RR 2008, 683, 685.
6 *BGH* NJW 2000, 72 f. (»Erbensucher«-Fall).
7 Vgl. *Dornis*, JZ 2013, 592. Auch österreichische und französische Gerichte bejahen die Anwendbarkeit der GoA-Vorschriften; vgl. *BGH* NJW-RR 2006, 656 und *Dornis*, JZ 2013, 592.
8 *Loyal*, Die »entgeltliche« Geschäftsführung ohne Auftrag, 2011, S. 280 ff.; *Dornis*, JZ 2013, 592; Palandt/*Grüneberg*, § 241a Rn. 4; a. A. Staudinger/*Olzen*, § 241a Rn. 42.
9 Nach *Loyal*, Die »entgeltliche« Geschäftsführung ohne Auftrag, 2011, S. 283 f. scheitern Ansprüche
   des gewerblichen Erbensuchers jedoch daran, dass es an der fremdnützigen Geschäftsbesorgungsabsicht fehle; a. A. *Dornis*, JZ 2013, 592.

berechtigte GoA) oder §§ 812 Abs. 1 S. 1 Alt. 1 bzw. S. 2 Alt. 2, 818 Abs. 2 oder §§ 311 Abs. 2 Nr. 3, 241 Abs. 2, 280 Abs. 1 (cic) ebenfalls ausgeschlossen.[10]

III. Nichtiger Vertrag

7 Die **Rechtsprechung** wendet die GoA auch dann an, wenn der zwischen dem Geschäftsherrn und dem Geschäftsführer geschlossene **Vertrag oder ein Vertragsteil,** z. B. die Endrenovierungsklausel eines Mietvertrags[11], (unerkannt) **nichtig** ist.[12] Sie stellt dabei allein auf das – wegen der Vertragsnichtigkeit – fehlende Recht des Geschäftsführers zur Geschäftsführung ab (d. h. »ohne sonstige Berechtigung«). Sie lässt dabei, soweit es um die grundsätzliche Anwendbarkeit der GoA geht, die hinter den §§ 812 ff. stehenden Wertungen, insbesondere der §§ 814, 817 S. 2, 818 Abs. 3 außer Acht. Um die bereicherungsrechtlichen Wertungen nicht zu unterlaufen, werden aber zunehmend strenge Anforderungen an die einzelnen Tatbestandsvoraussetzungen der GoA-Regelungen gestellt. Ein Beispiel gibt die Verneinung eines fremden Geschäfts bei Vornahme von Schönheitsreparaturen durch einen Mieter auf Grund einer unerkannt unwirksamen Renovierungsklausel.[13] Auch soll der Geschäftsführer Tätigkeiten, die gegen ein gesetzliches Verbot verstoßen, nicht für erforderlich halten dürfen (§ 670, vgl. → § 5 Rn. 34), sodass insoweit ein Aufwendungsersatzanspruch aus §§ 677, 683 S. 1, 670 tatbestandlich ausscheidet.[14]

Die **überwiegende Literatur** lehnt dagegen die Anwendbarkeit der §§ 677 ff. beim Handeln aufgrund eines nichtigen Vertrages von vornherein ab.[15] Zur Begründung wird angeführt, dass die §§ 812 ff. speziellere Vorschriften für die Rückabwicklung rechtsgrundloser Leistungen darstellen, welche die §§ 677 ff. verdrängen.[16]

8 **Fall (*BGH* NJW 1993, 3196):** K kauft vom Bauträger B durch notariell beglaubigten Vertrag ein Grundstück zum Preis von 100.000 €. In einem privatschriftlichen Vertrag vereinbaren sie, dass B darauf ein schlüsselfertiges Wohnhaus für 250.000 € errichten und der Gesamtpreis von 350.000 € sowie die Übereignung erst mit dessen Fertigstellung fällig sein bzw. erfolgen soll. Als K die Unzuverlässigkeit des B befürchtet, kündigt er den Bauvertrag nach anwaltlicher Beratung »wegen Formnichtigkeit«. B verlangt 25.000 €, was seinen bisherigen Aufwendungen an Arbeitslohn und Baumaterialien ent-

---

10 Vgl. *BGH* NJW 2000, 72, 73 (»Erbensucher«-Fall).

11 BGHZ 181, 188; dazu *S. Lorenz,* NJW 2009, 2576.

12 St. Rspr.; BGHZ 55, 128 (»Flugreise«-Fall); BGHZ 101, 393, 399 (Treuhandvertrag); BGHZ 111, 308, (Schwarzarbeitsvertrag); BGHZ 201, 1 (Schwarzarbeitsvertrag); *BGH* NJW 1997, 47; BGHZ 157, 168 (mangels kommunalaufsichtsrechtlicher Genehmigung unwirksames Rechtsgeschäft einer Gemeinde); *BGH* WM 2004, 2441; *BGH* NJW 2008, 3069; *BGH* NJW 2012, 3366 (nichtiger Auftrag im Zusammenhang mit einem Schenkkreis); *BGH* NJW 2015, 1020 (Verweigerung der Genehmigung des Rechtsgeschäfts eines Betreuten, für dessen Vermögensangelegenheiten ein Einwilligungsvorbehalt angeordnet worden ist); *Benöhr,* NJW 1975, 1970; *Berg,* JuS 1972, 193, 195; *Hoffmann,* JuS 1970, 570. Abweichend *BGH* NJW 1995, 727.

13 BGHZ 181, 188; dazu *S. Lorenz,* NJW 2009, 2576; *Thole,* NJW 2010, 1243, 1246.

14 BGHZ 37, 258; BGHZ 118, 142; BGHZ 201, 1; *BGH* NJW-RR 1997, 564.

15 MüKoBGB/*Schäfer,* Bd. 5/2, § 677 Rn. 88; Jauernig/*Mansel,* § 677 Rn. 6; *Wollschläger,* GoA, S. 207 ff.; *Larenz,* SR II/1, § 57 I a, S. 441; *Medicus/Petersen,* BR, Rn. 412; *Fikentscher/Heinemann,* SR, Rn. 1265; *Brox/Walker,* SchuldR BT, § 36 Rn. 21; *Gursky,* AcP 185 (1985), 13, 31; *Canaris,* NJW 1985, 2404, 2405; *S. Lorenz,* NJW 1996, 883. Differenzierend nach Kenntnis des Geschäftsführers: *Martinek/Theobald,* JuS 1997, 992, 993 Fn. 8; Palandt/*Sprau,* § 677 Rn. 11.

16 MüKoBGB/*Schäfer,* Bd. 5/2, § 677 Rn. 88; Jauernig/*Mansel,* § 677 Rn. 6; *Brox/Walker,* SchuldR BT, § 36 Rn. 21; *S. Lorenz,* NJW 1996, 883; *Martinek/Theobald,* JuS 1997, 992 f.

spricht. K erwidert, die Arbeiten seien tatsächlich nur 12.500 € wert, weil B viel zu umständlich gebaut habe, was für diesen auch erkennbar war. Hätte K nach dem neuesten Stand der Technik gebaut, hätte – was auch zutrifft – die Bauleistung in der halben Zeit erbracht werden können. Was kann B von K verlangen?

Lösung nach der Rechtsprechung:

I. B könnte 25.000 € aus § 631 Abs. 1 verlangen. Voraussetzung ist ein wirksamer (Bau-)Werkvertrag. Der Vertrag ist aber gemäß §§ 311b Abs. 1 S. 1, 125 S. 1, 139 formnichtig.[17] Vom Formbedarf erfasst sind alle Abreden, die eine rechtliche Einheit bilden, die also miteinander »stehen und fallen« sollen. Der Grundstückskauf und Werkvertrag sind hier als eine derartige Einheit aufzufassen. Dafür spricht der Wille der Parteien sowie, dass der Preis für beide Leistungen einheitlich nach Fertigstellung des Wohnhauses fällig ist. Eine Heilung nach § 311b Abs. 1 S. 2 ist bislang noch nicht erfolgt.

II. B könnte von K Aufwendungsersatz in Höhe von 25.000 € aus §§ 677, 683 S. 1, 670 verlangen.
  1. Der BGH ist der Ansicht, dass auch bei einer nichtigen vertraglichen Verpflichtung auf die GoA (§§ 677 ff.) zurückgegriffen werden kann. (Dagegen sind nach Ansicht der Literatur [vgl. → Rn. 7] die §§ 812 ff. die für die Rückabwicklung rechtsgrundloser Leistung vorrangigen Sonderregelungen. Wenn man dieser Ansicht folgt, scheidet die Anwendung der §§ 677 ff. von vornherein aus.)
  2. Die bisher erbrachten Bauleistungen sind als Geschäftsbesorgung anzusehen.
  3. Weil K noch nicht Eigentümer des Grundstücks ist und B auf eigenem Grund und Boden baut, liegt insoweit kein objektiv fremdes Geschäft, sondern zunächst ein Eigengeschäft des B vor. Dies kann dadurch zu einem fremden Geschäft werden, dass B mit nach außen erkennbarem Fremdgeschäftsführungswillen (vgl. 4.) handelt (sog. subjektiv fremdes Geschäft).
  4. Im Fall handelt B mit Fremdgeschäftsführungswillen, der dadurch erkennbar wird, dass B in Erfüllung eines (vermeintlich wirksamen) Vertrages Leistungen für K erbringt.[18]
  5. Ein Auftrag oder sonstige Berechtigung fehlt, weil der Bauvertrag nichtig ist.
  6. Wenn man darauf abstellt, dass K mit der Werkleistung tatsächlich – ungeachtet der (unerkannt gebliebenen) Unwirksamkeit des Vertrages – einverstanden ist, kann die Berechtigung i. S. des § 683 S. 1 angenommen werden.
  7. Nach §§ 677, 683 S. 1, 670 könnte B Aufwendungsersatz verlangen soweit er die Aufwendungen für erforderlich halten durfte. Maßgeblich ist ein subjektiv-objektiver Maßstab: Situation des Geschäftsführers zurzeit der Geschäftsbesorgung (subjektives Kriterium) vom Standpunkt eines nach verständigem Ermessen Handelnden (objektives Kriterium). Es ist danach zu fragen, was der Geschäftsführer nach sorgfältiger Prüfung der ihm bekannten Umstände des Falles vernünftigerweise aufgewendet hätte. Im Fall sind für die Geschäftsbesorgung Aufwendungen in Höhe von 12.500 € ausreichend. B kann deshalb nur 12.500 € verlangen, wenn ein sorgfältiger Bauträger in der Situation des B die Tätigkeit dem neuesten Stand der Technik entsprechend ausgeführt hätte, wovon auszugehen ist.[19]
  8. Ergebnis: B hat einen Anspruch in Höhe von 12.500 € aus §§ 677, 683 S. 1, 670.

III. Ein Anspruch des B gegen K auf Herausgabe aus ungerechtfertigter Bereicherung (Wertersatz) gemäß §§ 812 Abs. 1 S. 1 Alt. 1, 818 Abs. 2 scheidet aus, weil die berechtigte GoA Rechtsgrund i. S. des § 812 Abs. 1 ist (vgl. → § 7 Rn. 6).
Zur GoA bei nichtigen Verträgen vgl. *Einsele,* JuS 1998, 401 – Rezension zu *BGH* NJW 1997, 47.

---

17 Vgl. *BGH* NJW 1993, 3196.
18 Die irrige Meinung, eine eigene Verbindlichkeit zu erfüllen, ist ohne Bedeutung (vgl. zu Recht MüKoBGB/*Seiler,* 6. Aufl. 2012, § 677 Rn. 4 und 9).
19 Vertretbar ist es auch, einen Aufwendungsersatzanspruch auf 25.000 € anzunehmen; dann hat K aber einen Schadensersatzanspruch in Höhe von 12.500 € aus §§ 677, 280 Abs. 1 (Ausführungsverschulden), weil B zu umständlich gebaut hat. Bei Aufrechnung können auch nur 12.500 € herausverlangt werden.

IV. Unbestellte Leistungen (§ 241a)

9 Durch (die Lieferung unbestellter Waren oder durch) die Erbringung **unbestellter** sonstiger **Leistungen** durch einen Unternehmer an einen Verbraucher wird ein Anspruch gegen diesen nicht begründet (§ 241a Abs. 1[20]). Die halbzwingende Vorschrift ist umfassend und schließt alle vertraglichen und gesetzlichen Ansprüche des Unternehmers gegen den Verbraucher aus.[21] Davon erfasst werden auch Ansprüche aus GoA, etwa aus §§ 677, 683 S. 1, 670 auf Aufwendungsersatz.

10 **Fall:** Der findige Unternehmer U hat sich eine Geschäftsidee ausgedacht: Er reinigt die zur Straße gerichteten Fenster der Anwohner in der Innenstadt und verlangt anschließend von den Bewohnern Vergütung. Zu Recht?

Lösung:
1. In Frage kommt ein Anspruch aus §§ 677, 683 S. 1, 670 auf Aufwendungsersatz.
   a) Das Reinigen der Fenster ist eigentlich ein Geschäft der Anwohner und damit für U objektiv fremd.
   b) Der Fremdgeschäftsführungswille wird (bei einem objektiv fremden Geschäft) vermutet (vgl. → § 4 Rn. 32).
   c) Ein Auftrag oder sonstige Berechtigung zwischen U und den Anwohnern fehlt.
   d) Die Arbeiten entsprechen dem (objektiven) Interesse (weil objektiv nützlich). Im Zweifel stimmt der mutmaßliche Wille des Geschäftsherrn mit dem objektiven Interesse überein (vgl. → § 5 Rn. 8 ff., 14).[22] Bei (aufgedrängten) Leistungen, die ein Geschäftsherr nach allgemeiner Verkehrsanschauung regelmäßig selbst ausführt oder sich selbst um die Durchführung durch Dritte kümmert, ist jedoch grundsätzlich anzunehmen, dass der mutmaßliche Wille nicht darauf gerichtet ist, dass eine solche Leistung im Wege der GoA mit der Folge eines Aufwendungsersatzanspruchs des Geschäftsführers ausgeübt wird. Im konkreten Fall scheitert ein Vergütungsanspruch aus § 670 (vgl. § 1835 Abs. 3 und → § 5 Rn. 42 f.) gegen die Anwohner deshalb bereits an der Nichtübereinstimmung der Geschäftsübernahme mit dem mutmaßlichen Willen der Anwohner.
2. Selbst wenn man die Willensgemäßheit der Geschäftsübernahme bejahen wollte, wäre ein Anspruch aus GoA gemäß § 241a Abs. 2 ausgeschlossen. Denn es liegt eine Leistung eines Unternehmers (U) an Verbraucher vor, die unbestellt ist. Dies erfüllt den Tatbestand des § 241a Abs. 1. Ein Ausnahmefall des § 241a Abs. 2 greift nicht ein.
3. Deshalb hat U keinen Vergütungsanspruch.

11 Es ist in diesen Fällen aber genau zu prüfen, ob **§ 241a Abs. 1** einschlägig ist oder nicht ausnahmsweise eine **teleologische Reduktion** in Betracht kommt. Letzteres ist dann der Fall, wenn § 241a Abs. 1 seinem Wortlaut nach zwar einen Anspruchsausschluss begründet, nach dem Gesetzeszweck aber ein Anspruchsausschluss nicht gerechtfertigt ist, sich Gesetzeswortlaut und Normzweck also nicht decken.[23] Dies kann bei der Rettung Hilfsbedürftiger der Fall sein.[24]

---

20 Neugefasst durch das Gesetz zur Umsetzung der Verbraucherrechterichtlinie und zur Änderung des Gesetzes zur Regelung der Wohnungsvermittlung v. 20.9.2013 BGBl. I S. 3642 mit Wirkung ab 13.6.2014.
21 Das gilt auch nach der Vollharmonisierung durch die Verbraucherrechterichtlinie, die sich nur auf vertragliche Rechtsbehelfe bezieht; MüKoBGB/*Finkenauer*, Bd. 2, § 241a Rn. 1; BeckOK BGB/*Sutschet*, § 241a Rn. 9; *Jäckel/Tonikidis*, JuS 2014, 1064; a. A. *Köhler*, JuS 2014, 865. Für die unbestellte Warenlieferung vgl. auch *Schwarz*, NJW 2001, 1449; *Schwarz/Pohlmann*, Jura 2001, 361.
22 *BGH* VersR 2016, 996 (Abschleppen eines unbefugt abgestellten Fahrzeugs); *BGH* NJW-RR 1989, 970.
23 Vgl. das Fallbeispiel bei *Schöne/Fröschle*, Unbestellte Waren und Dienstleistungen, 2001, S. 51 ff.
24 Siehe zur umstrittenen Anwendbarkeit von § 241a auf die Erbensuche → Rn. 6.

Fall: Bei einem Sportfest fällt der Besucher B plötzlich um und bleibt reglos liegen. Der zufällig anwesende Arzt A diagnostiziert einen Kreislaufkollaps und leistet erfolgreich Erste Hilfe. Für diese verlangt er Vergütung und für die dabei verschmutzte Kleidung Ersatz der Reinigungskosten. Zu Recht? (Auf sozialversicherungsrechtliche Gesichtspunkte ist nicht einzugehen.) **12**

Lösung: A könnte von B Aufwendungsersatz aus §§ 677, 683 S. 1, 670 verlangen.

1. Das Leisten von Erster Hilfe stellt für A ein fremdes Geschäft (des B) dar. Dieses führt A mit Fremdgeschäftsführungswillen und ohne Auftrag durch. Es entspricht dem objektiven Interesse und mutmaßlichen Willen des B. Deshalb kann A Aufwendungsersatz aus § 670 verlangen, und zwar die übliche Vergütung (vgl. → § 5 Rn. 42) sowie den Ersatz von risikotypischen Begleitschäden (Verschmutzung der Kleidung während der Hilfeleistung, vgl. → § 5 Rn. 37 ff.).
2. Jedoch könnte aus § 241a Abs. 1 ein (umfassender) Anspruchsausschluss folgen.
   a) A handelt in Ausübung einer selbständigen beruflichen Tätigkeit und ist damit Unternehmer i. S. der §§ 241a, 14 Abs. 1.[25] B ist Verbraucher (i. S. des § 13). Die Leistung von Erster Hilfe stellt eine unbestellte sonstige Leistung dar. Ein Ausschlussgrund nach § 241a Abs. 2 kommt nicht in Betracht. Deshalb sind nach § 241a Abs. 1 eigentlich alle Ansprüche des Unternehmers A ausgeschlossen.
   b) Jedoch wird diese Rechtsfolge nicht vom Normzweck des § 241a gedeckt, der deshalb teleologisch zu reduzieren ist.
      aa) **Zweck des § 241a** ist – zum Schutz des Verbrauchers – die präventive Sanktionierung des Wettbewerbsverstoßes eines Unternehmers.[26] Der Unternehmer handelt wettbewerbs- und sittenwidrig, wenn er dem Verbraucher unbestellt Waren oder Dienstleistung aufdrängen will. Dieses wettbewerbs- und sittenwidrige Verhalten soll verhindert bzw. sanktioniert werden.
      bb) Ein derartiger (objektiver)[27] Sitten- oder Wettbewerbsverstoß liegt aber dann nicht vor, wenn der Unternehmer aus Rechtsgründen (vgl. § 323c StGB) oder sonstigen sittlichen Gründen (Hilfe gegenüber in Not geratenen Personen) Leistungen erbringt. Dieser Fall ist vom Normzweck des § 241a nicht erfasst.[28]
      cc) Weil A als Arzt Erste Hilfe gegenüber einem Verletzten leistet, liegt kein wettbewerbs- oder sittenwidriges Verhalten vor. Der vorliegende Fall liegt damit außerhalb des Schutzzwecks des § 241a. Eine teleologische Reduktion ist gerechtfertigt und § 241a Abs. 1 deshalb ausnahmsweise nicht anzuwenden.
3. Der Anspruch des A gegen B aus §§ 677, 683 S. 1, 670 ist damit begründet.

V. Geschäftsführung aus Gefälligkeit (Nicht-Schuldverhältnis)

Ansprüche aus GoA sind auch dann ausgeschlossen, wenn die Tätigkeit als **Gefälligkeit im außerrechtlichen Bereich** (Nicht-Schuldverhältnis) zu qualifizieren ist. Die Abgrenzung zwischen der Gefälligkeit im außerrechtlichen Bereich (auch Geschäftsführung aus Gefälligkeit genannt) und dem gesetzlichen Schuldverhältnis der GoA erfolgt nach denselben Kriterien, die zur Abgrenzung zwischen außerrechtlicher Gefäl- **13**

---

25 Das Handeln als Unternehmer lässt sich verneinen, wenn nicht mit Entgeltabsicht und nur mit Aufwendungsersatzabsicht gehandelt wird; § 14 ist auch auf die Anbahnung rechtsgeschäftlicher Kontakte und (analog) auf die nicht rechtsgeschäftliche Leistungserbringung anwendbar. Vgl. *Loyal*, Die »entgeltliche« Geschäftsführung ohne Auftrag, 2011, S. 270 ff.; MüKoBGB/*Finkenauer*, Bd. 2, § 241a Rn. 30.

26 Vgl. BT-Drs. 14/2658, S. 46 und BT-Drs. 14/3195, S. 32.

27 Auf die subjektive Einstellung des Unternehmers kommt es bei § 241a nicht an (vgl. die Wertung des § 241a Abs. 2).

28 MüKoBGB/*Finkenauer*, Bd. 2, § 241a Rn. 30; *Loyal*, Die »entgeltliche« Geschäftsführung ohne Auftrag, 2011, S. 274.

ligkeit und – Rechtsbindungswillen voraussetzenden – Auftrag herangezogen werden. Maßgeblich ist, wie sich die Tätigkeit dem objektiven Beobachter – nach Treu und Glauben unter Berücksichtigung der Umstände des Einzelfalls mit Rücksicht auf die Verkehrssitte – darstellt. Die Abgrenzung erfolgt unter Berücksichtigung unter anderem der Art der Tätigkeit, ihrem Grund und Zweck, ihrer wirtschaftlichen und rechtlichen Bedeutung für den »Geschäftsherrn«, der Umstände, unter denen sie erbracht wird, und der dabei entstehenden Interessenlage der Parteien.

Beispiel (BGHZ 206, 254): Minderjährige Mitglieder eines Amateursportvereins werden von ihren Eltern oder Großeltern oder von Angehörigen anderer Vereinsmitglieder zu Sportveranstaltungen gefahren.

14   Die **dogmatische Begründung** für die einhellige Ansicht, dass eine **Gefälligkeit im außerrechtlichen Bereich** keine Ansprüche aus GoA begründet, ist umstritten.[29] Eine Ansicht verneint das Vorliegen eines »Geschäfts« im Sinne von § 677;[30] nach anderer Ansicht fehlt es am Fremdgeschäftsführungswillen (Geschäftsführungsabsicht).[31] Beide Begründungsansätze können sich bei isolierter Betrachtung als problematisch erweisen. Denn die h. M. versteht den Begriff der Geschäftsbesorgung sehr weit (vgl. → § 4 Rn. 1) und vermutet den Fremdgeschäftsführungswillen abhängig von der Art des Geschäfts (vgl. → § 4 Rn. 30 ff.).

Hinweis: Für die Klausurbearbeitung[32] ist – im Rahmen der Prüfung eines in Betracht kommenden Anspruchs aus GoA – zu empfehlen, die Anwendbarkeit der Vorschriften über die GoA vor den einzelnen Tatbestandsmerkmalen der geprüften Anspruchsgrundlage zu problematisieren. Dies kann mit dem Hinweis erfolgen, dass zwischen der GoA als gesetzlichem Schuldverhältnis und einer Geschäftsführung aus Gefälligkeit als Nicht-Schuldverhältnis zu unterscheiden ist und die Abgrenzung für den Einzelfall entsprechend der Kriterien vorgenommen wird, die anerkanntermaßen der Abgrenzung zwischen Auftrag und Gefälligkeit zu Grunde gelegt werden. Diese Abgrenzung ist dann nach den aufgezeigten Kriterien vorzunehmen. Dabei kann ausdrücklich offen gelassen werden, ob die maßgeblichen Wertungen aus dogmatischer Sicht besser im Rahmen eines normativen Verständnisses des Begriffs des »Geschäfts« im Sinne des § 677 oder im Rahmen des »Geschäftsübernahmewillens« zu berücksichtigen wären.

15   Die Gefälligkeit im außerrechtlichen Bereich ist nicht mit der Konstellation zu verwechseln, dass der Geschäftsführer lediglich ohne die Absicht handelt, vom Geschäftsherrn Ersatz zu verlangen. In dieser Konstellation entsteht das **gesetzliche Schuldverhältnis der GoA,** allerdings mit der Maßgabe des **§ 685,** dass Ansprüche des Geschäftsführers (und nur diese) ausgeschlossen sind (vgl. → § 5 Rn. 45).

16   Noch nicht abschließend geklärt ist, ob eine Gefälligkeit im außerrechtlichen Bereich eine **Schadensersatzpflicht des Gefälligen aus §§ 311 Abs. 2 Nr. 3, 241 Abs. 2 i. V. m. § 280** begründen kann;[33] wobei es wegen des begrenzten Schutzzwecks von § 241 Abs. 2 stets nur um Schutz- und Obhutspflichten hinsichtlich (bereits bestehender) Rechts- und Interessenspositionen des »Geschäftsherrn« (Schutz des status quo) gehen würde.[34] Ausschlaggebend ist die – in Einzelheiten umstrittene – Auslegung des Be-

---

29 Vgl. BGHZ 206, 254 m. w. N.; *Mäsch,* JuS 2016, 70.
30 Vgl. Staudinger/*Bergmann,* Vor §§ 677 ff. Rn. 111.
31 Palandt/*Sprau,* Einf. § 677 Rn. 2 m. w. N.
32 Siehe jeweils nach der Literaturübersicht zu Beginn der einzelnen Teile dieses Buches die Auflistung von Übungsfällen aus Ausbildungszeitschriften ab 2011.
33 Vgl. Staudinger/*Bergmann,* Vor §§ 677 ff. Rn. 112.
34 Palandt/*Grüneberg,* § 241 Rn. 6.

griffs »ähnlicher geschäftlicher Kontakt« im Sinne von § 311 Abs. 2 Nr. 3. Nach Sinn und Zweck der Regelung ist eine Gefälligkeit allenfalls dann als »ähnlicher geschäftlicher Kontakt« wie die Aufnahme von Vertragsverhandlungen oder die Anbahnung eines Vertrages einzustufen, wenn der Geschädigte dem Gefälligen die Gefährdung seiner Rechtsgüter aufgrund freiwilliger Entscheidung in gleicher Weise ermöglicht, wie es bei einem Rechtsgeschäft der Fall wäre.[35] Diese Voraussetzung wird in Fällen, in denen eine Gefälligkeit von einem Auftrag abzugrenzen ist, und vor allem in den Fällen regelmäßig zu verneinen sein, in denen eine Geschäftsführung aus Gefälligkeit (Nicht-Schuldverhältnis) von einer Geschäftsführung ohne Auftrag abzugrenzen ist.

C. Zusammenfassung

Keine Anwendbarkeit der GoA	17

Keine Anwendbarkeit der §§ 677 bis 687 aufgrund gesetzlicher Wertungen oder Gesetzes:
1. Vorrang der gesetzlichen Haftungsordnung
   Beispiel: Selbstaufopferung im Straßenverkehr und §§ 7 Abs. 2, 17 Abs. 3 StVG (→ § 3 Rn. 3 f.)
2. Grundsätze der Vertragsrechtsordnung
   Beispiel (str.): »Erbensucher«-Fall (→ § 3 Rn. 6)
3. Nichtiger Vertrag (str.) (→ § 3 Rn. 7)
4. Unbestellte Leistung (§ 241a Abs. 1)
   P: Teleologische Reduktion des § 241a bei Handeln aus Rechtsgründen oder anderen sittlichen
     Gründen (→ § 3 Rn. 11)
5. Gefälligkeit im außerrechtlichen Bereich (Nicht-Schuldverhältnis)
   Beispiel: Familienangehörige fahren Minderjährigen zu Vereinssport (→ § 3 Rn. 13)	

§ 4. Grundtatbestand der GoA

A. Besorgung eines Geschäfts

I. Begriff: Geschäftsbesorgung

Geschäftsbesorgung ist wie bei § 662 weit auszulegen. Sie umfasst jede Tätigkeit, die 1
für einen anderen erledigt werden kann, also nicht nur rechtsgeschäftliches, sondern auch rein tatsächliches Handeln.[1] Sie ist jede Tätigkeit, die Gegenstand eines Dienst-, Werkvertrages oder Auftrags sein kann.[2] Erforderlich ist ein willensgesteuertes Tun. Ein bloßes Dulden oder einfaches Unterlassen genügt nicht. Anders als einem Geschäftsbesorgungsvertrag nach § 675 ist keine selbständige wirtschaftliche Tätigkeit erforderlich (vgl. zur Abgrenzung zur Geschäftsführung aus Gefälligkeit → § 3 Rn. 13 ff.).

---

35 Staudinger/*Olzen,* § 241 Rn. 406.
 1 Allgemeine Meinung: BGHZ 38, 270 (Ausweichmanöver im Straßenverkehr); *BGH* NJW 1984, 1461; Palandt/*Sprau,* § 677 Rn. 2; MüKoBGB/*Schäfer,* Bd. 5/2, § 677 Rn. 31; BeckOK BGB/*Gehrlein,* § 677 Rn. 10.
 2 *Seiler,* JuS 1987, 368, 370.

Beispiele:

- Ausweichmanöver im Straßenverkehr[3]
- Anhalten eines Fahrzeugs[4]
- Übernahme einer Bürgschaft für einen Dritten[5]
- Beerdigung eines Verstorbenen.[6]

2 Entgegen einer früher verbreiteten Ansicht,[7] nach der die GoA eine geschäftsähnliche Handlung ist, für welche die §§ 104ff. (Geschäftsfähigkeit) entsprechend gelten, lehnt die h. M. die entsprechende Anwendung der §§ 104ff. auf die GoA ab.[8] **Im Verhältnis zum Geschäftsherrn** ist die GoA stets ein **tatsächliches, nicht aber rechtsgeschäftliches Handeln** des auftraglosen Geschäftsführers (vgl. zur fehlenden Geschäftsfähigkeit → Rn. 4, 25 und → § 5 Rn. 88ff.).

II. Geschäftsführer

1. Person des Geschäftsführers

3 **Geschäftsführer** ist derjenige, der ein Geschäft ausführt. Er muss das fremde Geschäft aber nicht notwendig selbst besorgen, sondern kann sich zur Ausführung des Geschäfts eigener Leute oder Dritter bedienen (sog. Geschäftsführungsgehilfen). Auch wenn der **Gehilfe** das Geschäft tatsächlich ausführt, wird er dadurch nicht zum Geschäftsführer. Vielmehr wird dem »Geschäftsführer« das Handeln des Gehilfen (nach allgemeinen Zurechnungsregeln [Organe bei juristischer Person, Vertretung, etc.]) zugerechnet.

Beispiele:

- Die freiwillige Feuerwehr handelt für die Gemeinde, welche die Feuerwehr unterhält und der diese eingegliedert ist.[9]
- Der Kapitän eines Schiffes, der Rettungsmaßnahmen unter Einsatz des ihm anvertrauten Schiffs durchführt, repräsentiert den Reeder auch bei Handlungen tatsächlicher Art. Deshalb ist der Reeder Geschäftsführer.[10]
- Organe oder Bedienstete einer juristischen Person handeln kraft ihrer Rechtsstellung (grundsätzlich) für diese.[11]
- Das Abschleppunternehmen, das aufgrund eines Rahmenvertrages mit einem Grundstückseigentümer unbefugt abgestellte Kfz entfernt, handelt (insoweit) als Geschäftsführungsgehilfe für den Grundstückseigentümer als Geschäftsherrn.[12]

---

3 BGHZ 38, 270.
4 BGHZ 43, 188.
5 *BFH* NJW-RR 2009, 550.
6 BGHZ 191, 325.
7 *LG Aachen* NJW 1963, 1252 m.w.N.; vgl. auch *Mugdan* II, S. 860 (Motive).
8 *Larenz*, SR II/1, § 57 I a, S. 446; MüKoBGB/*Schäfer*, Bd. 5/2, § 682 Rn. 3; Palandt/*Sprau*, § 682 Rn. 1; *Brox/Walker*, SchuldR BT, § 36 Rn. 40; *Schlechtriem*, SBT, Rn. 703.
9 BGHZ 40, 28.
10 BGHZ 67, 368.
11 BGHZ 65, 384.
12 Vgl. *BGH* NJW 2016, 2407.

2. Geschäftsfähigkeit des Geschäftsführers

Der Geschäftsführer muss nicht **geschäftsfähig** sein (vgl. § 682). Fehlende oder beschränkte Geschäftsfähigkeit stehen der Geschäftsführer-Eigenschaft also nicht entgegen. Erforderlich und ausreichend ist die Gestionsfähigkeit, also die Fähigkeit, rein tatsächlich fremde Interessen wahrnehmen zu können.[13] Für den Fall, dass der Geschäftsführer nicht oder nicht voll geschäftsfähig ist (§§ 104 bis 107), enthält § 682 eine Sonderregelung, die seine Haftung gegenüber dem Geschäftsherrn auf Ansprüche aus unerlaubter Handlung und aus ungerechtfertigter Bereicherung begrenzt (vgl. → § 5 Rn. 89f.). Seine Geschäftsführer-Eigenschaft bleibt davon unberührt. **4**

B. Fremdheit des Geschäfts

Das vom auftraglosen Geschäftsführer besorgte Geschäft muss ein **fremdes Geschäft** sein.[14] Fremd ist ein Geschäft, wenn es nicht ausschließlich eine Angelegenheit des Geschäftsführers beinhaltet, sondern (zumindest auch) in den Interessenbereich eines anderen fällt. Der Fremdheit des Geschäfts steht deshalb nicht entgegen, dass der Geschäftsführer mit der Handlung auch – sogar vornehmlich – eigene Belange und Pflichten wahrnimmt.[15] Geschäfte, die lediglich den eigenen Rechtskreis des Handelnden betreffen, sind nicht fremd, selbst wenn sie als Reflex für Dritte nützlich sind. Ein fremdes Geschäft ist also **abzugrenzen von dem ausschließlich eigenen Geschäft des Geschäftsführers.** **5**

Die h. M.[16] nimmt bei der Bestimmung der Fremdheit des Geschäftes eine Unterscheidung zwischen drei Arten von fremden Geschäften vor:
– objektiv fremdes Geschäft,
– subjektiv fremdes Geschäft (= objektiv eigenes oder objektiv neutrales Geschäft),
– objektiv auch-fremdes Geschäft (Handeln im Doppelinteresse).

Vertiefungshinweis: Gegenständliche Fremdheit des Geschäfts oder (nur) Fremdgeschäftsführungswille? **6**
Umstritten ist, ob für den Grundtatbestand der GoA die Führung eines Geschäfts mit Fremdgeschäftsführungswillen ausreicht, oder ob neben dem Fremdgeschäftsführungswillen auch die gegenständliche Fremdheit des Geschäftes erforderlich ist.[17]
Nach der Minderheitsmeinung ist für den Tatbestand der GoA i. S. des § 677 nicht die gegenständliche Fremdheit des Geschäfts, sondern der Fremdgeschäftsführungswille[18] entscheidend. »Ein Geschäft für

---

13 Vgl. Staudinger/*Bergmann*, § 682 Rn. 1.
14 Der Wortlaut des § 677 erwähnt das »fremde« Geschäft nicht (mehr). Vgl. § 233 und § 238 des Vorentwurfs zum BGB von *v. Kübel* (in: Schubert, Die Vorlagen der Redaktoren für die erste Kommission zur Ausarbeitung des Entwurfs eines Bürgerlichen Gesetzbuches, Recht der Schuldverhältnisse Teil 2 Besonderer Teil, 1980, S. 929f.): »Geschäft[es] eines Anderen«. Vgl. *Schlechtriem*, SBT, Rn. 693 Fn. 10. Gegen die hier zugrunde gelegte Auffassung *Reichard*, AcP 193 (1993), 567, 568f.
15 St. Rspr., vgl. nur BGHZ 181, 188; *Schlechtriem*, SBT, Rn. 694.
16 BGHZ 181, 188 m.w.N.; MüKoBGB/*Schäfer*, Bd. 5/2, § 677 Rn. 43 und 46; Palandt/*Sprau*, § 677 Rn. 4ff.; *Medicus/Petersen*, BR, Rn. 408f.
17 Nach der einen Ansicht ist für den Tatbestand der GoA i. S. des § 677 entscheidend die gegenständliche Fremdheit des Geschäfts (so *Wollschläger*, GoA, S. 52ff.), nach der anderen der Fremdgeschäftsführungswille (so Soergel/*Beuthien*, § 677 Rn. 3; *Wittmann*, Begriff und Funktionen der Geschäftsführung ohne Auftrag, 1981, S. 18 Fn. 3; *Gursky*, AcP 185 [1985], 13, 14ff.; *Brox/Walker*, SchuldR BT, § 36 Rn. 2).
18 Soergel/*Beuthien*, § 677 Rn. 3; *Wittmann*, Begriff und Funktionen der Geschäftsführung ohne Auftrag, 1981, S. 18 Fn. 3; *Gursky*, AcP 185 (1985), 13, 14ff.; *Brox/Walker*, SchuldR BT, § 36 Rn. 2.

einen anderen« i. S. des § 677 besorgt daher nicht derjenige, der ein fremdes Geschäft mit Geschäftsführungswillen besorgt,[19] sondern nur wer »ein Geschäft mit Fremdgeschäftsführungswillen« besorgt.[20] Schon der für die GoA entscheidende Fremdgeschäftsführungswille mache das Geschäft i. S. des § 677 zur Angelegenheit eines anderen. Die Fremdheit des Geschäfts sei im Rahmen des § 677 kein besonders zu prüfendes Tatbestandsmerkmal. Es wäre auch nutzlos, zunächst die Fremdheit des Geschäfts zu prüfen, um sich damit beim Fremdgeschäftsführungswillen erneut zu beschäftigen. Weiter führt diese Ansicht an, dass der Wortlaut des § 677 anders als § 687 Abs. 2 nicht verlange, dass das Geschäft »fremd« ist, sondern dass es »für einen anderen« besorgt wird. Bei der Geschäftsanmaßung i. S. des § 687 Abs. 2 komme es darauf an, dass der Geschäftsführer unerlaubt in einen fremden Rechts- oder Interessenbereich eingreift. Das sei nur der Fall, wenn das Geschäft schon nach Gegenstand und Inhalt rechtlich einer anderen Person als dem Geschäftsherrn zuzuordnen sei. Einen solchen Eingriffscharakter habe die gewöhnliche GoA i. S. der §§ 677 ff. nicht stets. Vielmehr könne der Geschäftsführer dort auch Geschäfte für Rechnung eines anderen vornehmen, mit denen dieser, abgesehen von der Fremdgeschäftsführung, rechtlich nichts zu tun habe.

Nach ganz herrschender und zutreffender Ansicht[21] gehört dagegen zum Tatbestand der GoA, dass das vom auftraglosen Geschäftsführer für einen anderen besorgte Geschäft auch fremd ist. Das ergibt sich aus der Gesamtheit der §§ 677 ff., die Ansprüche des Geschäftsherrn gegen den Geschäftsführer anordnen und umgekehrt.

Im praktischen Ergebnis liegen beide Ansichten allerdings nicht weit auseinander. Dies liegt daran, dass die Rechtsprechung die Rechtsfigur des sog. **subjektiv fremden Geschäfts** zulässt: das objektiv eigene Geschäft und das objektiv neutrale Geschäft werden dadurch zu einem (subjektiv) fremden Geschäft, dass der Fremdgeschäftsführungswille im Zeitpunkt der Geschäftsführung hinreichend deutlich nach außen in Erscheinung tritt.[22] Der Fremdgeschäftsführungswille erlangt hier eine (zusätzliche) konstitutive Bedeutung auch für das Vorliegen eines fremden Geschäfts: Erst durch diesen wird das Geschäft zu einem fremden. Diese Ansicht ist für das **objektiv neutrale Geschäft** unbedenklich. Dagegen ist die Annahme, ein objektiv eigenes Geschäft könne allein durch einen nach außen erkennbar gewordenen Fremdgeschäftsführungswillen, zu einem (subjektiv) fremden Geschäft werden, einzuschränken. Richtigerweise ist der Grundtatbestand der GoA abzulehnen, wenn jemand als Geschäftsführer ein Geschäft besorgt, für das er objektiv ausschließlich allein zuständig ist (**objektiv ausschließlich eigenes Geschäft**).[23] Ein solches objektiv ausschließlich eigenes Geschäft kann der Geschäftsführende auch nicht dadurch zu einem fremden Geschäft machen, dass er subjektiv mit Fremdgeschäftsführungswillen handelt. Einzuräumen ist aber, dass die exakte Abgrenzung zwischen einem objektiv ausschließlich eigenen Geschäft (keine GoA), einem objektiv neutralen Geschäft (GoA falls Fremdgeschäftsführungswille nach außen in Erscheinung getreten ist) und einem objektiv auch-fremden Geschäft im Einzelfall schwierig sein kann. Da der Begriff der Geschäftsbesorgung nach herrschender Meinung sehr weit verstanden wird, genügen nämlich auch mittelbare (wirtschaftliche) Vorteile für einen Dritten (den Geschäftsherrn), um ein ausschließlich eigenes Geschäft zu einem auch-fremden Geschäft zu machen.[24] Die Rechtsprechung stellt deshalb (regelmäßig) objektiv eigene Geschäfte und objektiv neutrale Geschäfte gleich (ohne die Fälle eines objektiv ausschließlich eigenen Geschäfts auszugrenzen).

---

19 So *Wollschläger*, GoA, S. 53 f.

20 *Wittmann*, Begriff und Funktionen der Geschäftsführung ohne Auftrag, 1981, S. 18 Fn. 3; *Gursky*, AcP 185 (1985), 13, 14 ff.

21 MüKoBGB/*Schäfer*, Bd. 5/2, § 677 Rn. 36.; Palandt/*Sprau*, § 677 Rn. 3; *Medicus/Petersen*, BR, Rn. 407 f.; *ders.*, Gesetzliche Schuldverhältnisse, S. 166; *Thole*, NJW 2010, 1243; vgl. dazu auch *Mugdan* II, S. 478 (Motive).

22 *BGH* NJW 2009, 1879; vgl. auch *BSG* VersR 2015, 479 Tz. 20.

23 *Medicus*, Gesetzliche Schuldverhältnisse, S. 166 f.

24 Vgl. *BGH* NJW 2009, 1879 (einerseits wird ausgeführt, dass ein bloßer mittelbarer Reflexvorteil für den Dritten nicht genüge; andererseits wird darauf abgestellt, dass ein Fremdgeschäftsführungswille, der ein eigenes Geschäft zu einem subjektiv fremden Geschäft machen könne, nicht hinreichend deutlich nach außen in Erscheinung getreten sei).

I. Objektiv fremdes Geschäft

Objektiv fremd sind solche Geschäfte, die nach ihrem Gegenstand und Erscheinungs-   **7**
bild nicht zum Rechtskreis des Handelnden, sondern zum Rechtskreis eines anderen
gehören.[25]

Beispiele:

– Verfügung über fremde Gegenstände,
– eigenmächtige Benutzung eines fremden Grundstücks als Lagerplatz,[26]
– Hilfeleistung gegenüber Verletzten,[27]
– Ausweichmanöver im Straßenverkehr, um einen Minderjährigen nicht zu verletzen,[28]
– Warnung vor der von einem unbeleuchteten Fahrzeug ausgehenden Gefahr,[29]
– Zahlung auf fremde Schulden, wenn diese dadurch getilgt werden (§§ 362, 267),[30]
– Erfüllung einer fremden Verpflichtung, z. B. zur Beseitigung einer Störung,[31]
– Beerdigung eines Verstorbenen durch ein Bestattungsunternehmen,[32]
– Abschleppen eines Fahrzeugs, das unbefugt auf einem Privatgrundstück in verbotener Eigenmacht ab-
  gestellt ist.[33]

Es kann im Einzelfall schwierig sein zu bestimmen, wann ein Geschäft eine Angele-   **8**
genheit einer anderen Person ist, also zu dessen Geschäftskreis gehört. Zur genauen
Qualifizierung und Abgrenzung ist dazu auf die **güter- und lastenzuweisenden gesetzlichen Regelungen** zurückzugreifen. Das Gesetz enthält zahlreiche Regelungen,
denen entnommen werden kann, welche Person zur Ausführung einer Tätigkeit zuständig ist, in wessen Zuständigkeit die Vornahme eines Geschäftes also fällt.

Beispiele: Eigentumsrecht (§ 903), Verwendungen (§§ 994 ff.), Verkehrssicherungspflichten i. S. des § 823
Abs. 1,[34] elterliche Sorge (§§ 1626 ff.).

Auch gewohnheitsrechtliche Grundsätze können anwendbar sein.

Beispiel: Nach gewohnheitsrechtlichen Grundsätzen steht den nächsten Angehörigen das Recht der To-
tenfürsorge zu.[35] Hierzu subsidiär kann sich die Bestattungspflicht auch aus den öffentlich-rechtlichen
(Landes-)Bestattungsgesetzen ergeben.

In Betracht kommen auch **vertragliche Regelungen,** welche eine Partei zur Ausfüh-   **9**
rung bestimmter Geschäfte verpflichten. Die vertragliche Verpflichtung kann dann
Grundlage dafür sein, ein »fremdes Geschäft«, nämlich ein Geschäft des vertraglich
Verpflichteten, anzunehmen (vgl. → Rn. 22).

---

25 Objektiv fremd sind solche Geschäfte, die »an und für sich der Sorge eines anderen obliegen«; RGZ
   97, 61 und 65 f.; *BGH* BB 1969, 194; MüKoBGB/*Schäfer*, Bd. 5/2, § 677 Rn. 36; Soergel/*Beuthien*,
   § 677 Rn. 6.
26 BGHZ 39, 186.
27 BGHZ 33, 251 (vollständig abgedruckt).
28 BGHZ 38, 270.
29 BGHZ 43, 188.
30 BGHZ 28, 359; 70, 389 (Mängelbeseitigung durch Bauträger statt des eigentlich verpflichteten Bau-
   handwerkers).
31 Vgl. die Beispiele → § 5 Rn. 23; vgl. auch die allgemeinen Ausführungen in BGHZ 179, 157 (dort allerdings fremde Verpflichtung verneint: Gefahrabwendungspflicht des Herstellers von Pflegebetten
   mit Sicherheitsmängeln umfasst nicht Nachrüstung der Betten; dazu *Thole*, NJW 2010, 1243, 1246).
32 BGHZ 191, 325.
33 *BGH* VersR 2016, 996.
34 Siehe dazu → § 16 Rn. 111 ff.
35 BGHZ 191, 325.

Beispiel: (Miet-)Vertragliche Pflicht zur Vornahme von Hausarbeiten (wie Streuen vor dem Mietshaus).

10 **Fall:** E muss an seinem Haus umfangreiche Reparaturen vornehmen lassen. Er möchte für die Reparaturkosten zumindest teilweise den wohlhabenden Mieter M und seine kraft Testamentes eingesetzte Tochter T in Anspruch nehmen, weil die Reparatur schließlich auch diesen zugute käme. Zu Recht?

Lösung:

I. Der Anspruch des E auf Ersatz der Aufwendungen aus §§ 677, 683 S. 1, 670 setzt voraus, dass die Hausreparatur ein objektiv fremdes Geschäft ist. Für die Erhaltung einer Sache ist deren Eigentümer grundsätzlich (allein) zuständig (vgl. § 903). Das gilt auch im Verhältnis zum Mieter, da der Vermieter die Mietsache nach § 535 Abs. 1 S. 2[36] im vertragsmäßigen Zustand zu erhalten hat.[37] Deshalb hat E keinen Aufwendungsersatzanspruch gegen M. – Dass der T die Reparatur (vielleicht zukünftig) zugute kommt, stellt allenfalls einen rechtlich unbeachtlichen Reflex dar. Eine gesetzliche Wertung, welche der potenziellen Erbin das vorgenommene Geschäft (die Reparaturarbeiten) zuweist, ist nicht vorhanden. Für die Annahme eines subjektiv fremden Geschäftes – hier in Form der Besorgung eines eigenen Geschäfts mit dem Willen, es auch für einen anderen zu besorgen – fehlt es an dem nach außen erkennbaren Fremdgeschäftsführungswillen (vgl. → Rn. 12).[38] Deshalb ist auch T nicht zum Aufwendungsersatz verpflichtet.

II. Auch § 684 S. 1 kommt mangels fremden Geschäftes nicht in Betracht.

11 **Fall (BGHZ 28, 359):** D begleicht die Rechnung des S, welche dieser beim Gastwirt G noch offen hat. Er verlangt Aufwendungsersatz. Zu Recht?

Lösung: D kann nach § 683 S. 1 Ersatz von Aufwendungen verlangen. Die Tilgung einer fremden Forderung stellt ein fremdes Geschäft dar (vgl. § 267). Nach der vertraglichen Beziehung zwischen G und S ist S zur Tilgung verpflichtet. Indem D die Forderung tilgt, erfüllt er eine Verpflichtung des S und besorgt damit ein fremdes Geschäft. Anders wäre dies, wenn durch die Zahlung die Schuld des S nicht erfüllt worden wäre, etwa bei einer Zahlung unter Vorbehalt.

II. Subjektiv fremdes Geschäft

12 Fehlt eine objektive Zuweisung zum Rechtskreis eines anderen, dann handelt es sich um ein objektiv neutrales oder um ein objektiv eigenes Geschäft. Das objektiv neutrale und das objektiv eigene Geschäft können zu einem fremden werden, nämlich zu einem sog. **subjektiv fremden Geschäft.** Das setzt voraus, dass der Geschäftsführer das Geschäft für einen anderen mit dem Willen führt, (auch) die Interessen eines anderen wahrzunehmen, und sein **Fremdgeschäftsführungswille hinreichend deutlich erkennbar nach außen in Erscheinung tritt** (vgl. → Rn. 6, 30 f.).[39]

Der typische Fall ist der Abschluss eines Rechtsgeschäftes, insbesondere eines Verpflichtungsgeschäftes, weil ein Vertragsschluss in die Zuständigkeit jeder Person fallen kann, ohne dass er nach objektiven Kriterien einer bestimmten Person zugewiesen werden könnte.

---

36 = § 536 a. F.

37 Anders wäre es, wenn der Mieter kraft Mietvertrages zur Vornahme von Erhaltungsreparaturen verpflichtet wäre.

38 Im Übrigen liegt keine Mitbesorgung eines fremden Geschäfts vor, wenn die Erledigung eines eigenen Geschäfts sich für einen anderen lediglich mittelbar als Reflex oder Vorteil auswirkt; → Rn. 18.

39 BGHZ 32, 332; 40, 28; 62, 186; 82, 323; *BGH* NJW 2007, 63; BGHZ 181, 188. Der bloß innere Wille des Geschäftsführers ist ungenügend; vgl. *Mugdan* II, S. 478 (Motive) und → Rn. 30 f.

Beispiel: G kauft für seinen Freund F, der ein eifriger Briefmarkensammler ist, eine Marke, die F schon immer haben wollte, aber bisher noch nicht zum Kauf gefunden hat. Seinen Fremdgeschäftsführungswillen bringt G dadurch zum Ausdruck, dass er im Namen des F handelt oder seine Erwerbsabsicht für F dem Verkäufer gegenüber auf andere Weise zum Ausdruck bringt.

III. Auch-fremdes Geschäft (Handeln im Doppelinteresse)

Als objektiv **auch-fremd** werden solche Geschäfte bezeichnet, bei denen der Ge- **13** schäftsführer die Angelegenheit eines anderen und zugleich eine eigene Angelegenheit wahrnimmt. Dies sind Fälle, in denen der Geschäftsführer im **Doppelinteresse** handelt. Für die Anwendung der §§ 677 ff. genügt ein solches auch-fremdes Geschäft (Handeln im Doppelinteresse).[40] Denn die GoA setzt nur voraus, dass das Geschäft nicht ausschließlich in die eigene Zuständigkeit fällt. Der auftraglose Geschäftsführer muss also nicht ausschließlich ein fremdes Geschäft führen, sondern er kann zugleich ein eigenes erledigen.

Beispiele:
- Der Mieter löscht den Zimmerbrand, um seinen eigenen Hausrat und zugleich das Haus des Vermieters zu retten.
- Der vom Mieter beauftragte Installateur erfüllt zum einen den Werkvertrag mit dem Besteller M und besorgt zugleich für den verreisten Wohnungsnachbarn G ein fremdes Geschäft, indem er in der Wohnung des G einen Rohrbruch repariert (sog. pflichtgebundener Geschäftsführer, vgl. → § 8 Rn. 1 ff.).
- Die Feuerwehr einer Gemeinde löscht den infolge Funkenfluges ausgelösten Brand und erfüllt damit zum einen eine eigene (öffentlich-rechtliche) Verpflichtung und besorgt zum anderen das Geschäft der vor der Brandgefahr bewahrten benachbarten Eigentümer und der Deutschen Bahn AG (vgl. § 1 HPflG) (vgl. zur GoA im öffentlichen Recht → § 8 Rn. 8 ff.).[41]

Vertiefungshinweis: Einschränkung der objektiven Fremdheit **14**
Vertreten wird eine Einschränkung der objektiven Fremdheit:[42] Die objektive Fremdheit des Geschäfts soll voraussetzen, dass der Geschäftsherr das Geschäft jederzeit übernehmen und den auftraglosen Geschäftsführer verdrängen kann (vgl. § 681 S. 1: Der Geschäftsherr ist »Herr des Verfahrens«). Dieser Gedanke kann in den Fällen zum Tragen kommen, in denen der Geschäftsführer kraft öffentlichen Rechts zum Einschreiten verpflichtet ist (z. B. BGHZ 40, 18 [»Funkenflug«], vgl. → § 8 Rn. 10). Diese Ansicht ist aber abzulehnen, da sie Tatbestand und Rechtsfolgen (§ 681 S. 1) der GoA vermengt.

Fall (BGHZ 110, 313): K hat eine Lagerhalle an T vermietet, der dort für B Milchpulver einlagert. Spä- **15** ter bricht dort ein Brand aus. Dem K wird von der Ordnungsbehörde aufgegeben, das durch den Brand unbrauchbare, milchpulverhaltige Gemisch aus dem Lagerraum und dem Keller zu entfernen. Für die ausgeführten Räumarbeiten verlangt K von B Ersatz der Kosten. Zu Recht?

Lösung: K könnte von B Aufwendungsersatz aus §§ 677, 683 S. 1, 670 verlangen.
1. Das Entfernen des verdorbenen Milchpulvers stellt eine Geschäftsbesorgung dar.
2. Fraglich ist aber, ob es sich dabei um ein fremdes Geschäft im Sinne der GoA handelt.
   a) Hier liegt zunächst ein Eigengeschäft vor, weil K der gegen ihn ergangenen Polizeiverfügung nachkommt.
   b) Die Beseitigung ist aber zugleich ein Geschäft des B: (1.) Dieser ist nach § 1004 Abs. 1 S. 1 zur Beseitigung verpflichtet, weil er das Milchpulver auf das Grundstück des K gebracht hat. Hierdurch

---

40 BGHZ 16, 12; 54, 157; 110, 313. Sog. Auch-Gestion; vgl. *Mugdan* II, S. 485 (Motive). Zur Entwicklung der Rechtsprechung zum auch-fremden Geschäft vgl. *Thole*, NJW 2010, 1243.
41 BGHZ 40, 28.
42 *Beuthien/Weber*, S. 154.

hat er einen Beitrag für die Störung geleistet und ist deshalb Störer i. S. des § 1004. Die Störung durch B ist auch nicht dadurch ausgeschlossen, dass der Brand nicht von dem Milchpulver herrührt. (2.) Eine Duldungspflicht aus dem Mietvertrag mit T entfällt, weil dieser entweder mit dem Brand erlischt – bei völliger Zerstörung des Mietobjekts – oder im Falle des Fortbestehens keine Pflicht zur Duldung der Lagerung gesundheitsgefährlicher Stoffe (Milchpulvergemisch) enthält. (3.) Dass K damit gleichzeitig ein eigenes Geschäft besorgt, weil er den gegen ihn ergangenen Polizeiverfügungen nachkommt, steht der Annahme eines fremden Geschäftes nicht entgegen.[43] Es handelt sich um ein auch-fremdes Geschäft. Unerheblich ist, ob eine Beseitigungsverfügung auch an B, der das Milchpulver einlagert, hätte gerichtet werden können.

3. Der Fremdgeschäftsführungswille wird nach h. M. beim auch-fremden Geschäft vermutet (vgl. → Rn. 35).

4. Ein Auftrag oder sonstige Berechtigung des K gegenüber B, das Milchpulver zu beseitigen, fehlt.

5. Der nach § 683 S. 1 erforderliche Wille des B ist hier wegen § 679 nicht erforderlich (vgl. § 683 S. 2), weil die Beseitigung einer Pflicht des Geschäftsherrn B (§ 1004 Abs. 1 S. 1) entspricht, die im öffentlichen Interesse liegt.

6. Ergebnis: Der Anspruch des K ist begründet. Allerdings ist der Aufwendungsersatzanspruch des K entsprechend dem Rechtsgedanken des § 254 zu kürzen (vgl. → § 5 Rn. 46 ff., 44).

16 **Fall (vgl. BGHZ 181, 188):** Mieter M renoviert wegen einer (von ihm und vom Vermieter V für wirksam gehaltenen) Endrenovierungsklausel des Mietvertrages vor dem Auszug die Mietwohnung. Der Formularmietvertrag enthält außer der Renovierungsklausel unter der Überschrift »Sonstige Vereinbarungen« den handschriftlichen Eintrag: »Die Wohnung wird dem Mieter renoviert übergeben (Erstbezug). Bei Beendigung des Mietverhältnisses erfolgt die Übergabe in renoviertem Zustand [...].« Nach dem Auszug erlangt M Kenntnis von der Unwirksamkeit der Renovierungsklausel und verlangt von V Ersatz für die getätigten Aufwendungen. Zu Recht?

Lösung:

I. M könnte einen Schadensersatzanspruch nach §§ 280 Abs. 1, 241 Abs. 2, 311 Abs. 2 haben. Der Vermieter hat gegenüber dem Mieter die vorvertragliche Rücksichtnahmepflicht, keine unwirksame Renovierungsklausel zu verwenden. Die objektive Pflichtverletzung ist kausal für den Schaden des M, der in den Aufwendungen für die Renovierung liegt. Die Verschuldensvermutung des § 280 Abs. 1 S. 2 ist vorliegend widerlegt. Jedenfalls auf Grund des handschriftlichen Zusatzes musste V nicht damit rechnen, dass M nicht zur Renovierung verpflichtet ist.

II. M könnte von V Aufwendungsersatz aus § 539 Abs. 1 i. V. m. §§ 677, 683 S. 1, 670 verlangen.

  1. § 539 Abs. 1 spricht für Aufwendungen des Mieters auf die Mietsache, die der Vermieter nicht nach § 536a Abs. 2 zu ersetzen hat, eine Rechtsgrundverweisung auf die Vorschriften der GoA aus. Die Renovierungsbedürftigkeit der Mietwohnung fällt nicht unter § 536a Abs. 2, sodass § 539 Abs. 1 anwendbar ist.

  2. Die Renovierung der Mietwohnung stellt eine Geschäftsbesorgung i. S. von § 677 dar.

  3. Fraglich ist aber, ob es sich dabei um ein fremdes Geschäft im Sinne der GoA handelt.

    a) Hier liegt jedenfalls ein Eigengeschäft vor, weil M auf Grund vermeintlicher vertraglicher Verpflichtung Schönheitsreparaturen in der Mietwohnung vornimmt.

    b) Die Renovierung könnte aber zugleich ein Geschäft des V sein, weil die Renovierungsmaßnahmen zu einer Verbesserung der Mietsache führen und damit dem Vermögen des Vermieters zugute kommen (Auch-fremdes-Geschäft). Mit der Vornahme von Schönheitsreparaturen will der Mieter jedoch eine Leistung erbringen, die rechtlich und wirtschaftlich als Teil des von ihm für die Gebrauchsüberlassung an der Wohnung geschuldeten Entgelts anzusehen ist. Eine dadurch bewirkte Vermögensmehrung auf Vermieterseite stellt ebenso wenig wie die Zahlung

---

43 Vgl. BGHZ 65, 354; 65, 384.

der Miete eine Wahrnehmung von Vermieterinteressen und damit eine Geschäftsführung dar, welche eine Anwendung der Vorschriften über die GoA rechtfertigt.[44]

III. M könnte einen Anspruch auf Herausgabe einer ungerechtfertigten Bereicherung nach § 812 Abs. 1 S. 1 Alt. 1 (Leistungskondiktion) i. V. m. § 818 Abs. 2 haben. M hat die Renovierungsarbeiten ohne vertragliche Verpflichtung und damit ohne Rechtsgrund erbracht. Da die rechtsgrundlos erbrachte Leistung von V nicht in Natur herausgegeben werden kann, schuldet V Wertersatz nach § 818 Abs. 2. Zur Wertbemessung siehe → § 12 Rn. 11.[45]

IV. Geschäftsherr

1. Person des Geschäftsherrn

Der Gesetzeswortlaut lässt offen, wer der **Geschäftsherr** der auftraglosen Fremd- 17 geschäftsführung ist und wie diese Person zu bestimmen ist. Den Bestimmungen lässt sich nur entnehmen, dass Geschäftsherr und Geschäftsführer personenverschieden sein müssen, weil das Geschäft »für einen anderen« geführt werden muss. Für die Bestimmung des »Geschäftsherrn« stellt man auf das Tatbestandsmerkmal »fremdes Geschäft« ab, wobei man zwischen dem objektiv und subjektiv fremden Geschäft unterscheidet.

a) Objektiv fremdes Geschäft

Der Geschäftsherr eines objektiv fremden Geschäftes ist derjenige, dessen Angelegenhei- 18 ten im konkreten Fall besorgt werden. Das ist derjenige, der eigentlich für die Ausführung des Geschäftes zuständig ist. Entscheidend sind – wie bei der Bestimmung des objektiv fremden Geschäftes – die **güter- und lastenzuweisenden Regelungen aus dem Gesetz und aus Verträgen** (vgl. auch → Rn. 22). Nach der gesetzlichen oder vertraglichen Bestimmung muss der Geschäftsherr gerade für das Geschäft zuständig sein, das der Geschäftsführer ausgeführt hat. Eine bloß mittelbare Beziehung reicht nicht aus. Wenn die Erledigung eines eigenen Geschäfts sich für einen anderen lediglich mittelbar als Reflex oder Vorteil auswirkt, so liegt keine Mitbesorgung eines fremden Geschäfts vor.[46] Der »Reflexvorteil« ist keine Aufgabenwahrnehmung zugunsten des Begünstigten.

Fall (BGHZ 55, 207): Der Arbeitnehmer A hilft seinem im Betrieb verunglückten Kollegen K und ver- 19 langt von der Berufsgenossenschaft Ersatz von Aufwendungen, die bei den Maßnahmen entstanden sind, welche die ärztliche Behandlung vorbereitet haben. Zu Recht?

Lösung: Der Aufwendungsersatzanspruch gegen die Berufsgenossenschaft aus §§ 677, 683 S. 1, 670 ist unbegründet. Voraussetzung wäre nämlich, dass A eine Aufgabe erfüllt, die der Berufsgenossenschaft nach den Bestimmungen des SGB (früher RVO) obliegt. Zwar stellt das Herbeiholen von Mitteln zur Ersten Hilfe kein eigenes Geschäft des A dar; die Sorge um das eigene Wohl ist grundsätzlich ein eigenes Geschäft eines Gefährdeten (hier des K). Das Herbeiholen von Erster Hilfe, um den Verunglückten zum Arzt bringen zu können, stellt vielmehr ein Geschäft des Betriebes gegenüber dem Verunglückten dar. Je-

---

44 Ein objektiv fremdes Geschäft bejaht *Lange*, NZM 2007, 785, 787 (unter Hinweis auf die gesetzlich den Vermieter treffende Instandhaltungspflicht aus § 535 Abs. 1 S. 2), es fehle aber am Fremdgeschäftsführungswillen, sodass § 687 Abs. 1 greife. Im Ergebnis ebenso *Thole*, NJW 2010, 1243, 1246.

45 Zur entsprechenden Anwendung der kurzen Verjährungsfrist des § 548 Abs. 2 auf Bereicherungsansprüche im Zusammenhang mit den mietvertraglichen Beziehungen, BGHZ 108, 256.

46 BGHZ 54, 157; 72, 151; BGHZ 82, 323; Staudinger/*Bergmann*, Vor § 677 ff. Rn. 132.

doch ist nicht die Berufsgenossenschaft für dieses Geschäft (Herbeiholen von Mitteln der Ersten Hilfe) zuständig. Eine derartige Pflicht obliegt ihr nicht.[47] Soweit die Berufsgenossenschaft nur Kosten zu erstatten hat, reicht diese mittelbare Beziehung zur Begründung der Geschäftsherren-Eigenschaft nicht aus.[48]

20 Aus der Besorgung eines objektiv fremden Geschäfts wird stets der **wahre Geschäftsherr** verpflichtet, dem das Geschäft nach Gesetz oder Vertrag objektiv zugewiesenen ist. Dies gilt auch dann, wenn der Geschäftsführer über die Person des Geschäftsherrn im **Irrtum** ist (§ 686; zur Nichtanwendung dieser Vorschrift bei einem subjektiv fremden Geschäft siehe Rn. 21 f.). Im Ergebnis kommt es so zu einer GoA für den, den es angeht (siehe auch Rn. 34).[49]

21 **Fall:** Ein Passant P verhindert das Entflammen von Benzin, das aus einem Pkw des E tropft, und damit eine Beschädigung des Eigentums anderer Parkender. Der Pkw ist in dem Parkhaus des G abgestellt. Von wem kann P Aufwendungsersatz verlangen?

Lösung: P hat einen Anspruch aus §§ 677, 683 S. 1, 670.

1. Gegen G als Betreiber des Parkhauses, in welches das Fahrzeug eingestellt ist. Seine Eigenschaft als Geschäftsherr folgt aus der Verkehrssicherungspflicht gegenüber anderen Parkenden als Verhaltenspflicht i. S. des § 823 Abs. 1 sowie aus dem Vertrag zwischen ihm und anderen Benutzern des Parkhauses. Der Umfang der Verkehrssicherungspflicht bestimmt und begrenzt die Geschäftsherreneigenschaft des Parkhausbetreibers.
2. E als Eigentümer des Pkw ist ebenfalls Geschäftsherr, weil er vor der Zerstörung seines Pkw bewahrt wird, außerdem weil er gegenüber Dritten nach § 1004 Abs. 1 S. 1 zur Beseitigung der Störung verpflichtet wäre und nach § 823 Abs. 1 auf Schadensersatz haften könnte.
3. Geschäftsherren können auch die unmittelbar gefährdeten anderen Pkw-Eigentümer sein, da die Sorge um ihr Eigentum deren Angelegenheit ist.[50]
4. Alle Geschäftsherren haften als Gesamtschuldner (§ 421).

22 **Vertiefungshinweis:** Geschäftsherren-Eigenschaft aufgrund eines Vertrages
Vertragliche Verpflichtungen können den Verpflichteten zum Geschäftsherrn machen.
Beispiel: Wenn in einem Vertrag eine Partei zur Vornahme des Geschäftes verpflichtet ist, so könnte diese Verpflichtung ihn zum Geschäftsherrn machen, wenn ein Dritter das Geschäft besorgt.[51]
Um eine Ausuferung der GoA zu verhindern, ist folgende Einschränkung vorzunehmen: Es kommen von vornherein nur solche vertragliche Verpflichtungen in Betracht, die eine Partei zu einer Tätigkeit oder einem Geschäft verpflichten, welches der Geschäftsführer im Einzelfall auch tatsächlich ausführt. Es scheiden die Fälle aus, in denen eine Vertragspartei nur zur Tragung der Kosten der Geschäftsbesorgung verpflichtet ist, die der Geschäftsführer ausführt. Derartige, mit der Geschäftsbesorgung mittelbar zusammenhängende vertragliche Verpflichtungen können den Verpflichteten nicht zum Geschäftsherrn machen.
Beispiel: Dem Mieter obliegt vertraglich die Kostenlast für die Treppenhausreinigung, ohne dass er aber zur Reinigung selbst verpflichtet ist. Durch die von einem Dritten vorgenommenen Reinigungsarbeiten des stark verschmutzten Treppenhauses wird der Mieter nicht zum Geschäftsherrn.
Die Problematik liegt darin, dass es um relative Beziehungen zwischen (regelmäßig) zwei Personen geht, an denen der Geschäftsführer als Dritter nicht beteiligt ist.[52] Es stellt sich die Frage, ob die sich aus der

---

47 Der *BGH* (BGHZ 55, 207) stützte sich auf (die damals geltenden) § 546 Abs. 1 RVO (Unfallverhütung und Erste Hilfe) und § 721 RVO (Erste Hilfe) und die einschlägigen Unfallverhütungsvorschriften.
48 Vgl. BGHZ 72, 151.
49 *Lange,* NZM 2007, 785, 786.
50 Dies kann – zugegebenermaßen – weitreichende Folgen haben.
51 Vgl. → Rn. 9 f.
52 Vgl. das »Dachpfannen«-Beispiel Rn. 22 a. E.

relativen Beziehung ergebende Verpflichtung »Außenwirkung« hat, und ob der Geschäftsherr sich diese von einem Dritten (Geschäftsführer) entgegenhalten lassen muss. Es geht auch um die Frage, ob der Letztverpflichtete (der Haftende) ausschließlich Geschäftsherr ist und ob ein Innenregress zwischen den beiden vertraglich Verpflichteten verhindert werden soll. Soll die GoA eine endgültige Vermögenszuordnung und Haftungsverteilung erzielen?

Dies ist eine offene Wertungsfrage, die mit Argumenten in beiderlei Weise beantwortet werden kann. Vorzugswürdig ist anzunehmen, dass eine vertragliche Verpflichtung eine Person zum Geschäftsherrn macht, dass dies aber die Geschäftsherren-Eigenschaft der anderen Person nicht ausschließen kann, wenn diese Person (aufgrund der oben entwickelten Kriterien, vgl. → Rn. 8 f.) weiterhin als Geschäftsherr anzusehen ist. Eine vertragliche Verpflichtung kann also die Geschäftsherren-Eigenschaft einer Person begründen, die einer anderen Person aber nicht ausschließen. Dafür spricht vor allem folgender Gesichtspunkt: Eine vertragliche Vereinbarung kann nicht mit Wirkung gegenüber Dritten die Geschäftsherreneigenschaft beseitigen. Anderenfalls würde es sich um einen »Vertrag zu Lasten Dritter« handeln. Die (potenziellen) Geschäftsherren könnten sonst untereinander bestimmen, wer gegenüber dem Geschäftsführer haftet. Dies ist aber nur eine Frage des Innenverhältnisses ohne (belastende) Außenwirkung.

Beispiel: Vom Mietshaus drohen Dachpfannen herunterzufallen. Der Eigentümer des Hauses ist Geschäftsherr, was aus § 1004 Abs. 1 S. 1 sowie seiner Verkehrssicherungspflicht (§ 823 Abs. 1) abgeleitet werden kann. Auch der Mieter ist Geschäftsherr, wenn er aufgrund des Mietvertrages zur Instandhaltung des Hauses oder nach § 838 verpflichtet ist. Der Geschäftsführer handelt dann auch zum Vorteil des Mieters, indem er eine Verpflichtung des Mieters gegenüber dem Vermieter erfüllt.

b) Subjektiv fremdes Geschäft

Für die Bestimmung des subjektiven Geschäftsherrn ist allein der Fremdgeschäfts-   **23**
führungswille maßgeblich. Der Geschäftsherr wird durch den auf eine bestimmte Person konkretisierten, nach außen erkennbaren Fremdgeschäftsführungswillen bestimmt.[53] § 686, nach dem der Irrtum über den Geschäftsherrn unbeachtlich ist und der wahre Geschäftsherr berechtigt und verpflichtet wird, ist beim subjektiv fremden Geschäft nicht anwendbar (str.; vgl. auch → Rn. 24).

Beispiel: Der (nicht beauftragte) Vertreter macht denjenigen zum Geschäftsherrn, für den er erkennbar (in seinem Namen) ein Geschäft abschließt.

Vertiefungshinweis: Bestimmung des Geschäftsherrn beim subjektiv fremden Geschäft – Anwendungs-   **24**
bereich des § 686

1. **Subjektiv fremde Geschäfte** sind objektiv eigene oder objektiv neutrale Geschäfte, die erst durch den nach außen erkennbaren Fremdgeschäftsführungswillen zu einem fremden Geschäft i. S. der §§ 677 ff. werden. Das Besondere an diesen Geschäften ist, dass sie nach objektiv rechtlichen Kriterien nicht einer bestimmten Person als ihr Geschäft zugeordnet werden, sondern grundsätzlich das Geschäft jeder Person sein können. Erst der nach außen erkennbare Fremdgeschäftsführungswille macht das Geschäft überhaupt zu einem fremden Geschäft.

   So wie sich die Fremdheit des Geschäftes aus dem nach außen erkennbaren Fremdgeschäftsführungswillen ergibt, so kommt es auch für die Bestimmung des Geschäftsherrn allein auf den Fremdgeschäftsführungswillen des Geschäftsführers an. Geschäftsherr ist derjenige, für den das Geschäft nach dem nach außen erkennbaren Fremdgeschäftsführungswillen geführt wird.

2. § 686 setzt einen **Irrtum** über die Person des Geschäftsherrn voraus. Ein Irrtum als Abweichung der (objektiv) tatsächlichen von der (subjektiv) angenommenen Sachlage kann aber nur gegeben sein, wenn eine objektive Sachlage (Person des Geschäftsherrn) tatsächlich vorliegt. Das ist aber gerade beim subjektiv fremden Geschäft nicht der Fall. Deshalb erfasst § 686 das subjektiv fremde Geschäft nicht.

---

53 BGHZ 155, 342; *BGH* NJW-RR 2004, 81.

2. Geschäftsfähigkeit des Geschäftsherrn

25 Die **Geschäftsfähigkeit** des Geschäftsherrn ist für die Geschäftsherreneigenschaft unerheblich. Der Geschäftsherr kann also beschränkt geschäftsfähig oder geschäftsunfähig sein. Soweit es im Tatbestand eines Anspruchs auf den Willen eines geschäftsunfähigen oder nur beschränkt geschäftsfähigen Geschäftsherrn ankommt (Wille i. S. der § 683 S. 1 und §§ 677, 679, 681, 684; vgl. → § 5 Rn. 11 ff., 58 ff., 76), ist auf den Willen der gesetzlichen Vertreters abzustellen.[54] Es kommt eine Zurechnung entsprechend dem Rechtsgedanken des § 166 Abs. 1 in Betracht. Sind höchstpersönliche Interessen des Geschäftsherrn betroffen, so kommt es unter den Voraussetzungen des § 828 Abs. 3 nur auf den Willen des Geschäftsherrn selbst an.[55]

C. Fremdgeschäftsführungswille

I. Grundsätzliches

26 Der Geschäftsführer muss wissen und wollen, dass er die Angelegenheit eines anderen (mit-)besorgt.[56] Er muss den Erfolg des Geschäfts dem Geschäftsherrn zugute kommen lassen wollen.[57] Der **Fremdgeschäftsführungswille** hat also zwei Bestandteile:

– **Fremdgeschäftsführungsbewusstsein:** Der Geschäftsführer muss wissen, dass das Geschäft ein fremdes ist (kognitives Element, vgl. § 687 Abs. 1).
– Finaler **Fremdgeschäftsführungswille (i. e. S.):** Der Geschäftsführer muss mit dem Willen handeln, im Interesse des Geschäftsherrn tätig zu werden.[58] Er muss das Geschäft als fremdes führen wollen (finales oder voluntatives Element, vgl. § 687 Abs. 2).[59]

27 **Fall:** Student S nimmt vom Paketzusteller ein Paket entgegen in der Überzeugung, es sei für Hausmitbewohner A. Als S später feststellt, dass das Paket an den mit ihm verfeindeten B gerichtet ist, verweigert er die Herausgabe. Anspruch des B gegen S (vgl. → § 5 Rn. 66)?

Lösung:
I. Ein Anspruch aus § 985 scheidet aus, weil B (noch) nicht Eigentümer des Pakets ist.
II. Infrage kommt ein Anspruch aus §§ 677, 681 S. 2, 667 auf Herausgabe.
   1. Die Entgegennahme und Aufbewahrung des Paketes stellt eine Geschäftsbesorgung dar. Weil das Paket an B und nicht an ihn selbst adressiert ist, liegt ein Geschäft des B vor, das damit für S objektiv fremd ist.
   2. Fremdgeschäftsführungswille: S weiß, dass es sich bei der Entgegennahme um die Angelegenheit eines anderen handelt (Fremdgeschäftsführungsbewusstsein). S will auch ein fremdes Geschäft führen (Fremdgeschäftsführungswille i. e. S.). Dass er es für seinen Nachbarn A führen will, er sich also über den Geschäftsherrn irrt, lässt die Geschäftsbesorgung für den B nicht entfallen. Ein Irr-

---

54 Allg. Meinung; vgl. BGHZ 55, 128; MüKoBGB/*Schäfer*, Bd. 5/2, § 683 Rn. 18; Jauernig/*Mansel*, § 682 Rn. 3.
55 BGHZ 29, 33; Staudinger/*Wittmann*, 13. Aufl. 1995, § 682 Rn. 5.
56 *BGH* NJW 2000, 72; *Brox/Walker*, SchuldR BT, § 36 Rn. 3 ff.
57 *Gursky*, AcP 185 (1985), 13, 29 m. w. N.
58 *Martinek/Theobald*, JuS 1997, 612, 613; *Henssler*, JuS 1991, 924, 926.
59 Dagegen plädiert Staudinger/*Bergmann*, Vor §§ 677 ff. Rn. 31 für ein rein normatives Verständnis des Fremdgeschäftsführungswillens, der ausschließlich nach dem sozialen Sinn der Tätigkeit des Geschäftsführers zu bestimmen sei.

tum über die Person des Geschäftsherrn ist nämlich unbeachtlich. Nach § 686 entsteht das Rechtsverhältnis der GoA mit dem wirklichen Geschäftsherrn. Der spätere Wegfall des Fremdgeschäftsführungswillens lässt die einmal aus der GoA entstehenden Rechte und Pflichten nicht entfallen, da der Zeitpunkt der Geschäftsführung maßgebend ist (vgl. → § 5 Rn. 66).

3. Ein Auftrag oder sonstige Berechtigung fehlt.
4. Eine Übereinstimmung mit dem Interesse und dem Willen des Geschäftsherrn ist nicht Voraussetzung des Anspruchs aus §§ 677, 681 S. 2, 667.
5. Der Anspruch auf Herausgabe ist begründet.

III. Ein Anspruch aus § 823 Abs. 1 scheidet mangels Eigentums des B aus.

Vertiefungshinweis: Gesetzliche Ableitung des Fremdgeschäftsführungswillens   **28**
Dass der Fremdgeschäftsführungswille ein notwendiges Erfordernis der GoA ist und zu dessen Grundtatbestand gehört, kann den §§ 677, 687 entnommen werden. Nach § 677 muss das Geschäft »für einen anderen« geführt werden. Gemeint ist die Absicht, fremde Interessen wahrnehmen zu wollen. § 687 Abs. 2 S. 1 bestimmt, dass die §§ 677 ff. nur unter Modifikationen zur Anwendung kommen, wenn der Geschäftsführer das Geschäft als eigenes besorgt, obwohl er weiß, dass er dazu nicht berechtigt ist. Der missverständliche Wortlaut meint damit, dass »jemand ein fremdes Geschäft in rechtswidriger Absicht als eigenes behandelt«,[60] also nicht den Willen hat, fremde Interessen wahrzunehmen, ihm also der Fremdgeschäftsführungswille i. e. S. fehlt. Wenn der Geschäftsführer nicht positiv weiß, dass er ein fremdes Geschäft führt (kein Fremdgeschäftsführungsbewusstsein), so sind die §§ 677 ff. nicht anwendbar, so unmissverständlich § 687 Abs. 1.

Der Fremdgeschäftsführungswille muss im **Zeitpunkt der Geschäftsbesorgung** (vgl. **29** §§ 677, 687) vorliegen. Er kann als tatsächliches Wissen und Wollen nicht von einer Bedingung abhängig gemacht werden, weshalb es nicht denkbar ist, dass der Geschäftsführer aufschiebend oder auflösend bedingt mit Fremdgeschäftsführungswillen handelt.[61] Handelt es sich bei dem Geschäftsführer um eine juristische Person, so hängt der Fremdgeschäftsführungswille vom Willen der Mitglieder des geschäftsführenden Organs ab.[62]

II. Fremdgeschäftsführungswille bei den verschiedenen Arten des fremden Geschäfts

Der **Fremdgeschäftsführungswille**[63] muss (im Prozess) festgestellt und bewiesen **30** werden. Das kann auf Schwierigkeiten stoßen, weil er rein subjektiver Natur ist. Ist der Fremdgeschäftsführungswille nicht in irgendeiner Form nach außen erkennbar in Erscheinung getreten, so ist er nicht beweisbar und deshalb im Bestreitensfall (prozessrechtlich) unbeachtlich.[64] Es müssen also regelmäßig Anhaltspunkte vorliegen, die den Fremdgeschäftsführungswillen äußerlich erkennbar machen. Dafür ist zwi-

---

60 Vgl. § 761 Abs. 1 Nr. 2 Erster Entwurf (E I): »Die Vorschriften der §§ 749–758 finden keine Anwendung: […] 2. Wenn Jemand ein fremdes Geschäft in rechtswidriger Absicht als eigenes behandelt hat.«

61 Anders insoweit Soergel/*Beuthien*, § 677 Rn. 4 (der Fremdgeschäftsführungswille könne von einer Bedingung abhängig gemacht werden) mit Verweis auf BGHZ 28, 359. Der Fall behandelt eine Zahlung unter Vorbehalt, bei dem ein fremdes Geschäft deshalb nicht vorlag, weil die Zahlung unter Vorbehalt auf eine fremde Schuld nicht zur endgültigen Erfüllung der Schuld führt, so die Rechtsprechung des *BGH* (ebd. S. 364), und nur bei Tilgung fremder Schuld ein fremdes Geschäft in Betracht kommen kann.

62 BGHZ 30, 162.

63 Zum Meinungsstreit beim Fremdgeschäftsführungswillen vgl. *Martinek/Theobald*, JuS 1997, 805 ff.

64 Vgl. BGHZ 40, 28.

schen dem objektiv fremden, nur subjektiv fremden und auch-fremden Geschäft zu unterscheiden.[65]

31 **Vertiefungshinweis:** Erkennbarkeit des Fremdgeschäftsführungswillens
Der Fremdgeschäftsführungswille ist an sich ein rein subjektives Tatbestandsmerkmal (wie der [Tat-bestands-]Vorsatz im Strafrecht). Unter materiell-rechtlichen Gesichtspunkten ist eine **Erkennbarkeit** nach außen nicht erforderlich. Der Fremdgeschäftsführungswille ist auch keine Willenserklärung. Deshalb scheidet die Anwendung des § 116 oder dessen Rechtsgedanke ebenfalls aus. Indem der Gesetzgeber,[66] Rechtsprechung und Literatur die Erkennbarkeit des Fremdgeschäftsführungswillens nach außen verlan-gen,[67] stellen sie eigentlich ein beweis- und prozessrechtlich relevantes Erfordernis auf, das aber mate-riellrechtlich ohne Bedeutung ist. Wenn der Fremdgeschäftsführungswille nicht auf irgendeine Weise nach außen (durch besondere Indizien) erkennbar geworden ist, kann er insoweit nicht bewiesen werden und hat damit (als rein interner) Wille keine rechtliche Bedeutung. Es ist deshalb – streng dogmatisch – zwischen dem rein materiellrechtlichen Erfordernis des Fremdgeschäftsführungswillens und den beweis-rechtlichen Anforderungen (äußere Erkennbarkeit) zu unterscheiden.

1. Fremdgeschäftsführungswille beim objektiv fremden Geschäft

32 Anhaltspunkte, die auf den Fremdgeschäftsführungswillen schließen lassen, können sich aus der Natur des Geschäftes ergeben. Ist das Geschäft seinem Wesen nach (aus-schließlich) **objektiv fremd,** so wird der Fremdgeschäftsführungswille (widerlegbar) **vermutet,**[68] und es ist Sache desjenigen, der ihn leugnet, den Gegenbeweis zu führen. Der nachgewiesene äußere Geschehensablauf deutet aufgrund der Lebenserfahrung typischerweise auf ein Handeln für einen Fremden hin: Wer ein objektiv fremdes Ge-schäft führt, weiß dies regelmäßig und führt das Geschäft im Interesse eines Dritten (Fremdgeschäftsführungswille i. e. S.).

Beispiele:
- F bemerkt, dass im Haus seines Nachbarn, der sich im Skiurlaub befindet, ein Wasserrohr gebrochen ist. Um das Schlimmste zu verhindern, kümmert er sich um die Abdichtung der schadhaften Stelle. Es liegt ein objektiv fremdes Geschäft vor, bei dem der Fremdgeschäftsführungswille vermutet wird.
- Schließt jemand für sein Kfz eine Insassenunfallversicherung ab, so ist die Vermutung als widerlegt an-gesehen worden, ein Geschäft für die Insassen führen zu wollen. Es wird kein Geschäft für die Mitfah-rer geführt, die von dieser Versicherung im Falle eines Unfalls profitieren.[69]

33 **Fall (BGHZ 37, 258):** Wirtschaftsberater W soll für H eine Schuldensanierung durchführen. W ist al-lerdings bekannt, dass er damit gegen das Gesetz über außergerichtliche Rechtsdienstleistungen (RDG; früher: Rechtsberatungsgesetz)[70] verstößt. Nach Abschluss der zu voller Zufriedenheit des H durch-geführten Schuldensanierung verlangt W von H das vereinbarte Honorar. Zu Recht?

---

65 Kritisch MüKoBGB/*Seiler,* 6. Aufl. 2012, § 677 Rn. 13 ff. m. w. N.
66 *Mugdan* II, S. 478 (Motive).
67 Vgl. BGHZ 40, 28: »Ist er [der Fremdgeschäftsführungswille] nicht in irgendeiner Form nach außen in Erscheinung getreten, so ist er, wie regelmäßig im Rechtsleben, unbeachtlich.«; MüKoBGB/*Seiler,* 6. Aufl. 2012, § 677 Rn. 6 m. w. N.
68 BGHZ 181, 188; BGHZ 191, 325; *BGH* NJW 2007, 63; Palandt/*Sprau,* § 677 Rn. 4.
69 BGHZ 64, 260.
70 Das Rechtsberatungsgesetz wurde am 1. Juli 2008 durch das Gesetz über außergerichtliche Rechts-dienstleistungen (RDG) abgelöst.

Lösung:

I. Ein vertraglicher Anspruch des W gegen H gemäß §§ 675 Abs. 1, 611 scheidet aus, weil der zustande gekommene Vertrag nach § 134 i.V.m. § 3 RDG (früher: Art. 1 § 1 RBerG) nichtig und ein Ausnahmetatbestand nach § 5 RDG (früher: § 5 Nr. 2 und 3 RBerG) nicht gegeben ist.

II. Anspruch auf Aufwendungsersatz gemäß §§ 677, 683 S. 1, 670?

    1. Nach der Rechtsprechung sind die Vorschriften der GoA grundsätzlich auch bei Erfüllung eines nichtigen Vertrages anwendbar. Anders die h. L.: Derjenige, der aufgrund eines – wenn auch – nichtigen Vertrages tätig werde, führe ein eigenes Geschäft, weil er ein (vermeintlich) eigenes Geschäft erfüllen wolle. Die GoA werde bei Zugrundelegung der Rechtsprechung zu einem gefährlich weiten Mittel des Lastenausgleichs aus Billigkeitsgründen und zu einem Auffangtatbestand ausgeweitet, durch den speziellere Regelungen, wie z. B. der §§ 812 ff., aufgeweicht werden könnten.[71] Die §§ 817 S. 2, 818 Abs. 2 dürften nicht über die §§ 683 S. 1, 670 umgangen werden (vgl. → § 3 Rn. 7).

    2. Folgt man der Rechtsprechung, liegt ein fremdes Geschäft vor: Die Regulierung von Schulden und die Schuldensanierung sind grundsätzlich Aufgabe des Schuldners. Insoweit liegt für W ein fremdes Geschäft vor. Weil der Vertrag nichtig ist und W insoweit nicht in Erfüllung eines Vertrages handelt, liegt (objektiv) ein auch-fremdes Geschäft nicht vor.

    3. Fremdgeschäftsführungswille?

    Dieser wird vermutet. Nach Ansicht der Rechtsprechung kann ein Fremdgeschäftsführungswille auch dann vorliegen und vermutet werden, wenn der Schuldner handelt, um eine vermeintliche Verpflichtung (aus einem nichtigen Vertrag) zu erfüllen,[72] also auch Eigengeschäftsführungswillen hat.

    4. »Ohne Auftrag oder sonstige Berichtigung«, da der Vertrag nichtig ist.

    5. Der Tatbestand des § 683 Abs. 1 S. 1 ist erfüllt: die Übernahme der Geschäftsführung entspricht dem Interesse und dem (wirklichen) Willen des Geschäftsherrn.

    6. Zur Anwendung kommt daher über die Verweisung des § 683 Abs. 1 S. 1 die Regelung des § 670. Die Rechtsprechung kommt im vorliegenden Fall jedoch nicht zu einem Anspruch, weil eine gegen ein Verbotsgesetz verstoßende Leistung nicht für erforderlich i. S. des § 670 gehalten werden darf.[73]

III. Einem Anspruch aus § 812 Abs. 1 S. 1 Alt. 1 (condictio indebiti) steht § 817 S. 2 entgegen (vgl. → § 10 Rn. 34 ff.).[74]

IV. Ein Schadensersatzanspruch aus §§ 311 Abs. 2 Nr. 3, 280 Abs. 1 scheidet mangels schuldhafter Pflichtverletzung des H aus.

2. Fremdgeschäftsführungswille beim subjektiv fremden Geschäft

Beim subjektiv fremden Geschäft fehlen Anhaltspunkte, die für sich allein auf den Fremdgeschäftsführungswillen schließen lassen. Der **Fremdgeschäftsführungswille muss** deshalb nach außen kundgegeben werden bzw. **nach außen zur Genüge offenbart werden,** da der bloß intern gebliebene Wille nicht ausreicht.[75] Anhaltspunkte   **34**

---

71 Vgl. *Medicus/Petersen,* BR, Rn. 412. Dagegen befürworten aber auch Vertreter des Schrifttums das weite Verständnis der Rechtsprechung von der GoA als Auffangtatbestand für alle Fälle, die durch Vertrag oder Gesetz bezogen auf den Regelungsgehalt der GoA nicht abschließend geregelt sind; vgl. Staudinger/*Bergmann,* Vor §§ 677 ff. Rn. 40 und 187 m. w. N.

72 BGHZ 181, 188; BGHZ 101, 393; *BGH* NJW 1997, 47, 48, dazu *Einsele,* JuS 1998, 401 ff.; vgl. auch *Medicus/Petersen,* BR, Rn. 411.

73 Kritisch *Medicus/Petersen,* BR, Rn. 412: Die Vergütung dürfe nicht vom Fahrlässigkeitsmaßstab des § 670 abhängen.

74 Vgl. *Medicus/Petersen,* BR, Rn. 412; vgl. aber zu § 817 BGHZ 50, 90: Die Vorschrift ist unanwendbar auf nicht verbotene Nebenleistungen, auch wenn der ganze Vertrag einschließlich dieses Teils wegen Verstoßes gegen ein gesetzliches Verbot nichtig ist.

75 BGHZ 181, 188; BGHZ 82, 323; 114, 248; 138, 281; BGHZ 155, 342; *BGH* NJW-RR 2004, 81; vgl. auch *Mugdan* II, S. 478 (Motive).

können sich etwa aus einer Korrespondenz zwischen dem Geschäftsherrn und Geschäftsführer vor Ausführung des Geschäftes ergeben.[76] Beim Abschluss eines Rechtsgeschäftes als Standardfall eines neutralen Geschäftes wird der Fremdgeschäftsführungswille durch den Geschäftsführer dadurch zum Ausdruck gebracht, dass er offen legt, für einen Dritten zu handeln. Dafür können Indizien genügen, etwa eine erkennbar vom Geschäftsherrn rührende Anzahlung.[77]

Beispiel: Wenn jemand in einer Auktion einen Gegenstand ersteigert, müssen besondere Anzeichen dafür vorliegen, dass er für einen Dritten erwerben will, um den Fremdgeschäftsführungswillen beweisen zu können. Ausreichend wäre etwa eine vorherige Anzeige gegenüber dem Versteigerungspersonal oder ein Handeln im fremden Namen. Andernfalls kann weder er von einem Dritten Ersatz des gezahlten Kaufpreises fordern (§§ 677, 683 S. 1, 670), noch kann ein Dritter von ihm den ersteigerten Gegenstand herausverlangen (§§ 677, 681 S. 2, 667), wenn es an einem Auftrag fehlt.

3. Fremdgeschäftsführungswille beim auch-fremden Geschäft (bei dem Handeln im Doppelinteresse)

35 Der BGH[78] sowie ein beträchtlicher Teil des Schrifttums[79] **vermuten** beim **auch-fremden Geschäft** (bei dem Handeln im Doppelinteresse) den Fremdgeschäftsführungswillen. Anhaltspunkt für die Vermutung ist – wie beim objektiv (nur) fremden Geschäft – die Fremdheit des Geschäftes. Das mag im Einzelfall (z. B. wenn der Mieter einen Zimmerbrand löscht) zutreffen, ist aber darüber hinaus zweifelhaft.[80]

Beispiel: Die Feuerwehr löscht einen Brand, der durch Funkenflug der Bahn entstanden ist. Damit erfüllt die Gemeinde, der die Feuerwehr eingegliedert ist, zum einen die ihr auferlegte öffentlich-rechtliche Pflicht (Brandbekämpfung). Zugleich führt sie ein Geschäft derjenigen, die durch die Feuergefahr bedroht sind und durch die Ausbreitung des Feuers Schaden erleiden könnten. Das Löschen ist auch ein Geschäft der Bahn, die aus Gefährdungshaftung (§ 1 Abs. 1 HPflG) für den Brandschaden haftet und der an der Verringerung des Schadens gelegen ist (Schadensbeseitigung und Schadensverringerung ist Geschäft des Schädigers). Wegen des objektiv (auch-) fremden Geschäftes vermutet die Rechtsprechung den Fremdgeschäftsführungswillen. Um der Haftung aus §§ 677, 683 S. 1, 670 zu entgehen, hätte der Geschäftsherr (Bahn) die Vermutung des Fremdgeschäftsführungswillens widerlegen müssen (BGHZ 40, 28 [»Funkenflug«-Fall], vgl. → § 8 Rn. 10).

III. Fremdgeschäftsführungswille und Geschäftsherr

36 Ob der Geschäftsführer den **Geschäftsherrn** kennt, ist beim objektiv fremden Geschäft gleichgültig. Erforderlich und ausreichend ist, dass der Geschäftsführer für (irgend)einen anderen handeln will. Dafür genügt ein nicht auf eine Person bezogener,

---

76 Vgl. RGZ 149, 205, 208 f. für das Fremdgeschäftsführungswissen.
77 BeckOK BGB/*Gehrlein*, § 677 Rn. 14.
78 BGHZ 38, 270 (Selbstaufopferung im Straßenverkehr); 40, 28 (Löschen eines durch Bahn verursachten Waldbrandes durch Feuerwehr); 63, 167 (Aufrichten eines umgestürzten Tanklastwagens durch Feuerwehr); 65, 384 (Bergen von Schiffsgegenständen aus Kanal durch Sicherungspflichtigen); 110, 313 (Beseitigung von durch Feuer verdorbenem Milchpulver durch polizeipflichtigen Grundstückseigentümer); *BGH* NJW 1979, 598 (Kosten für Besuch eines Angehörigen im Krankenhaus); NJW 2000, 72 (»Erbensucher«-Fall); NJW 2007, 63 (Verkäufer bestellt eine Sicherheit für ein Darlehen des Käufers, durch das der Kaufpreis aufgebracht werden soll; kritisch hierzu *Falk*, JuS 2003, 833 m. w. N.). Vgl. auch BGHZ 181, 188 (Schönheitsreparaturen durch Mieter; hier verneint der *BGH* allerdings ein objektiv fremdes Geschäft).
79 Palandt/*Sprau*, § 677 Rn. 6; Jauernig/*Mansel*, § 677 Rn. 4.
80 Kritisch *Looschelders*, SR BT, Rn. 849 ff.

abstrakter Fremdgeschäftsführungswille. Daher ist der Irrtum des Geschäftsführers über die Person des Geschäftsherrn ohne Bedeutung. Berechtigt und verpflichtet wird dann der wirkliche Geschäftsherr (§ 686)[81] (**Geschäftsführung für den, den es angeht**).[82] Der Fremdgeschäftsführungswille muss sich also nur auf das zu besorgende Geschäft beziehen. Beim subjektiv fremden Geschäft dagegen macht der auf eine bestimmte Person bezogene Fremdgeschäftsführungswille diese Person erst zum Geschäftsherrn (vgl. zur Anwendung des § 686 → Rn. 23 f.).

> **Fall:** G ist längere Zeit verreist. Ein heftiger Sturm beschädigt das Dach des von G bewohnten Hauses. Der Nachbar S sorgt für die Reparatur. Nach der Rückkehr des G fordert S von G Kostenerstattung. Erst jetzt erfährt S zu seinem Erstaunen, dass G bloß Mieter ist und das Haus nicht dem G gehört, sondern dem D. Wer muss die Kosten ersetzen? **37**

Lösung:

1. S kann von D Aufwendungsersatz aus §§ 677, 683 S. 1, 670 verlangen. Er hat mit der Durchführung ein Geschäft besorgt, für das er nicht selbst zuständig ist, sondern der D als Eigentümer (§ 903). Zwar will S für G handeln, jedoch ist nach § 686 der Irrtum des Geschäftsführers über die Person des Geschäftsherrn unbeachtlich. Verpflichtet wird der wahre Geschäftsherr, also der D. Da das besorgte Geschäft objektiv (ausschließlich) fremd ist, wird der Fremdgeschäftsführungswille des S i. S. der §§ 677, 687 vermutet. S handelt ohne Auftrag sowie im Interesse und mit mutmaßlichem Willen des D.
2. S könnte auch von G Aufwendungsersatz verlangen, wenn er dessen Geschäft besorgt hätte. Das wäre der Fall, wenn G etwa kraft Mietvertrages zur Instandhaltung des Mietshauses verpflichtet sein würde. Dann wäre auch er Geschäftsherr.

IV. Abgrenzung

Die GoA ist von der irrtümlichen Eigengeschäftsführung (§ 687 Abs. 1) und der sog. Geschäftsanmaßung (§ 687 Abs. 2) **abzugrenzen.** **38**

1. Irrtümliche Eigengeschäftsführung (§ 687 Abs. 1)

Besorgt jemand ein fremdes Geschäft in der Meinung, es sei sein eigenes, dann liegt eine irrtümliche Eigengeschäftsführung bzw. eine vermeintliche Eigengeschäftsführung vor. Wenn jemand nur sein eigenes Geschäft zu führen glaubt, auch wenn es objektiv ein fremdes Geschäft ist, dann **fehlt das Fremdgeschäftsführungsbewusstsein.** Die §§ 677 ff. gelten dann nicht (§ 687 Abs. 1; vgl. zu den weiteren Rechtsfolgen → § 6 Rn. 3). Eine irrtümliche Eigengeschäftsführung kann nur bei einem objektiv fremden Geschäft in Betracht kommen (vgl. § 687 Abs. 1: »fremdes Geschäft«). Hingegen ist bei einem objektiv-neutralen Geschäft ein Irrtum i. S. des § 687 Abs. 1 nicht möglich, weil eine Abweichung der objektiven von der subjektiven Lage nicht denkbar ist (vgl. → Rn. 24). **39**

> **Fall:** D stiehlt den Pkw des H und verkauft das Fahrzeug an den gutgläubigen F. F lässt den Pkw reparieren. Als der Diebstahl aufgeklärt wird, gibt F den Pkw an H zurück, fordert aber von H die Erstattung der Reparaturkosten. Zu Recht? **40**

---

81 *Mugdan* II, S. 856 (Motive); BGHZ 1, 57; 43, 188; MüKoBGB/*Seiler*, 6. Aufl. 2012, § 677 Rn. 7.
82 *Martinek/Theobald*, JuS 1997, 612, 615: abstrakter Fremdgeschäftsführungswille.

Lösung:

I. F kann von H nicht nach §§ 677, 683 S. 1, 670 Aufwendungsersatz verlangen. (1.) Zwar stellt die Reparatur des Pkw eine Geschäftsbesorgung dar. (2.) Es handelt sich für F auch um ein objektiv fremdes Geschäft, weil die Instandhaltung und Reparatur von Sachen Aufgaben des Eigentümers sind (vgl. §§ 903, 994 ff.). Eigentümer ist H und nicht F, der wegen § 935 Abs. 1 trotz seiner Gutgläubigkeit kein Eigentum erwerben kann. Jedoch fehlt dem F der Fremdgeschäftsführungswille. Dieser setzt u. a. das Fremdgeschäftsführungsbewusstsein voraus. Der gutgläubige F hielt sich jedoch für den Eigentümer. Ihm fehlte damit das Wissen, ein fremdes Geschäft zu führen (vgl. § 687 Abs. 1). Ansprüche aus GoA kommen deshalb nicht in Frage (§ 687 Abs. 1). Das Konkurrenz-Problem zum EBV ist deshalb nicht entscheidungserheblich.

II. Weil H Eigentümer und F Besitzer des Kfz ist und F kein Recht zum Besitz hat, insbesondere nicht aus berechtigter GoA (vgl. vorstehend), liegt ein EBV vor. Der gutgläubige F kann deshalb aus § 994 Abs. 1 Verwendungsersatz verlangen. Jedoch erlischt dieser Anspruch nach Herausgabe an den Eigentümer mit Ablauf eines Monats (§ 1002 Abs. 1).

III. Ein Anspruch aus § 812 Abs. 1 S. 1 Alt. 2 (Verwendungskondiktion) wird durch die vorrangigen Regelungen der §§ 994 ff. ausgeschlossen (vgl. § 993 Abs. 1 a. E.).

2. Geschäftsanmaßung (§ 687 Abs. 2 S. 1)

41 Zum Fremdgeschäftsführungswillen gehört auch der Wille, die Ergebnisse der Geschäftsführung dem anderen zukommen zu lassen, also im fremden Interesse zu handeln **(Fremdgeschäftsführungswille i. e. S.).** Der Fremdgeschäftsführungswille fehlt demnach – so die umständliche Formulierung des Gesetzes –, wenn »jemand ein fremdes Geschäft als sein eigenes besorgt, obwohl er weiß, dass er dazu nicht berechtigt ist« (§ 687 Abs. 2 S. 1). Das ist der Fall der **angemaßten (bzw. unerlaubten) Eigengeschäftsführung.** Der Geschäftsführer hat erkannt, dass das Geschäft ihn nichts angeht, aber er will sich dem Geschäftsherrn (dem Zuständigen) nicht unterordnen und nicht in dessen Interesse handeln (vgl. zu den Rechtsfolgen → § 6 Rn. 7 ff.).

42 **Fall:** Fall wie → Rn. 40. Kann F Ersatz der Aufwendungen verlangen, wenn F von dem Diebstahl Kenntnis hatte?

Lösung:

I. Ein Anspruch aus §§ 677, 683 S. 1, 670 scheidet aus, weil es am Fremdgeschäftsführungswillen fehlt. F weiß zwar, dass er nicht der Eigentümer ist und mit der Reparatur ein objektiv fremdes Geschäft führt (Fremdgeschäftsführungsbewusstsein). Das genügt aber nicht für den Fremdgeschäftsführungswillen (»für einen anderen« i. S. des § 677). Zum Fremdgeschäftsführungswillen gehört auch der Wille, die Ergebnisse der Geschäftsführung dem anderen zukommen zu lassen (Fremdgeschäftsführungswille i. e. S.). Daran fehlt es hier. F will den Pkw selbst (weiter) benutzen.

II. Anspruch aus § 687 Abs. 2 auf Aufwendungsersatz?
§ 687 Abs. 2 S. 2 (Geschäftsanmaßung) gewährt einen Anspruch auf Aufwendungsersatz nach Bereicherungsrecht (§§ 684 S. 1, 818 ff.) nur dann, wenn der Geschäftsherr Ansprüche aus § 687 Abs. 2 S. 1 geltend macht (vgl. → § 6 Rn. 10 ff., 15). Da dies hier nicht der Fall ist, kann F keine Aufwendungen nach § 687 Abs. 2 S. 2 ersetzt verlangen.

III. Ein Anspruch aus § 994 Abs. 1 scheitert an der Bösgläubigkeit des F. F weiß, dass er zum Besitz nicht berechtigt ist.

IV. F kann Verwendungsersatz nach § 994 Abs. 2 verlangen. Die Reparatur stellt eine notwendige Verwendung im Sinne der Vorschrift dar (im Unterschied zu bloß nützlichen Verwendungen, vgl. § 996, oder nicht erstattungsfähigen Luxusaufwendungen). F weiß zurzeit der Reparatur von dem Diebstahl. Daher ist er unredlicher Besitzer (§ 994 Abs. 2). Für notwendige Verwendungen verweist § 994 Abs. 2

auf das Recht der GoA; es handelt sich um einen teilweisen Rechtsgrundverweis auf die §§ 683, 684.[83] Für den Aufwendungsersatz des F folgt:

- F erhält Ersatz der Reparaturkosten nach §§ 683 S. 1, 670, wenn die Verwendungen dem Interesse und Willen des Geschäftsherrn H entsprechen (z. B. H will den Pkw repariert weiterhin nutzen).
- Andernfalls sind die Reparaturkosten nur nach §§ 684 S. 1, 818 Abs. 2 ersatzfähig, also wenn H etwas erlangen würde, etwa wenn er bei einem Verkauf des Pkw wegen des guten Zustands der Bremsen einen höheren Erlös erzielt (ansonsten § 818 Abs. 3).

V. Ein Anspruch aus § 812 Abs. 1 S. 1 Alt. 1 (Leistungskondiktion) scheitert schon an einer fehlenden Leistung: F verfolgt gegenüber H keinen Leistungszweck.

VI. § 812 Abs. 1 S. 1 Alt. 2 (Verwendungskondiktion) wird durch die vorrangigen Regelungen der §§ 994 ff. ausgeschlossen.

D. Ohne Auftrag oder sonstige Berechtigung (Geschäftsführungsberechtigung)

Die Geschäftsführung ohne Auftrag verlangt eine Geschäftsbesorgung für einen ande- **43** ren, »ohne von ihm beauftragt oder ihm gegenüber sonst dazu berechtigt zu sein« (§ 677).

I. Grundsatz

Nach der Rechtsprechung des BGH handelt der Geschäftsführer **ohne Auftrag oder** **44** **sonstige Berechtigung,** wenn (überhaupt) kein, ein beendeter, nichtiger oder unwirksamer Vertrag zwischen Geschäftsführer und Geschäftsherrn vorliegt oder solche aus einem Vertrag erwachsende Befugnisse überschritten werden.[84] Unter Auftrag ist ein Vertrag i. S. der §§ 662 ff. zu verstehen. Ein sonstiges Geschäftsführungsrecht kann sich aus anderen Rechtsverhältnissen, insbesondere aus Dienst-, Werk- oder Geschäftsbesorgungsvertrag ergeben (§§ 611, 631, 675). Wie der Wortlaut des § 677 zeigt, darf eine Verpflichtung oder sonstige Berechtigung des Geschäftsführers **nicht gegen-** **über dem Geschäftsherrn bestehen.**[85] Gegenüber Dritten kann eine solche Berechtigung bestehen, ohne dass damit die GoA schon deswegen ausgeschlossen wird (sog. pflichtgebundener Geschäftsführer, vgl. → § 8 Rn. 1 ff.).

Vertiefungshinweis: Auftrag i. S. des § 677 **45**
1. Ein sonstiges Geschäftsführungsrecht kann sich auch aus fehlerhaft wirksamen Vertragsverhältnissen, aus verbandsrechtlicher Organstellung (Mitglied des Vorstands eines Vereins), aus der Stellung als Amtswalter (Insolvenz- oder Nachlassverwalter, Testamentsvollstrecker) oder aus familienrechtlicher Stellung (Ehegatten[86], Eltern) ergeben.[87]

---

83 Es liegt ein teilweiser Rechtsgrundverweis vor, weil nicht im vollen Umfang auf den Tatbestand (und die Rechtsfolgen) der GoA verwiesen wird. Es wird auf §§ 683, 684 S. 1 und 2 verwiesen, nicht aber auf § 687. Der Fremdgeschäftsführungswille ist ohne Bedeutung.

84 BGHZ 39, 87; 101, 393; BGHZ 157, 168; *BGH* NJW-RR 1993, 200; NJW 1997, 47; WM 2004, 2441; *BGH* NJW 2012, 3366 (nichtiger Auftrag); kritisch hierzu MüKoBGB/*Schäfer,* Bd. 5/2, § 677 Rn. 87 ff. sowie *Einsele,* JuS 1998, 401.

85 Vgl. *BGH* VersR 2010, 1228, 1229 (keine GoA für Sicherungsmaßnahme eines Energieversorgers, da Zahlungspflicht des Kunden vertraglich abschließend geregelt).

86 *BGH* NJW-RR 2015, 641.

87 MüKoBGB/*Schäfer,* Bd. 5/2, § 677 Rn. 66 f.; *Erman,* NJW 1965, 421 ff.; a. A. *Dorn,* NJW 1964, 799 ff., der auf faktische Schuldverhältnisse das Recht der GoA anwendet.

2. Ein Rechtfertigungsgrund wie **Notwehr** (§ 227) berechtigt zwar zum Handeln (z. B. Grundeigentümer entfernt ein die Einfahrt versperrendes Fahrzeug), begründet aber keine Berechtigung zur Geschäftsbesorgung i. S. des § 677.[88] Keine Berechtigung in diesem Sinne stellen auch **öffentlich-rechtliche Pflichten** dar, die nur gegenüber der Allgemeinheit und nicht spezifisch gegenüber dem Geschäftsherrn bestehen. Auch die aus § 323 c StGB folgende Rechtspflicht zur Hilfeleistung schließt die GoA nicht aus, da die Vorschrift nur die strafrechtlichen Folgen einer unterlassenen Hilfeleistung regelt, ohne damit eine die GoA ausschließende Berechtigung i. S. des § 677 zu geben.[89] Die Rechtspflicht aus § 323 c StGB ändert grundsätzlich auch nichts daran, dass die strafrechtlich gebotene Hilfeleistung ein (jedenfalls auch) fremdes Geschäft ist (vgl. → § 4 Rn. 13 ff.). Aus § 323 c StGB folgt allerdings, dass die Hilfeleistung eine im öffentlichen Interesse liegende Pflicht und damit eine berechtigte GoA i. S. der §§ 683 S. 2, 679 ist.[90] Außerdem kommt dem Geschäftsführer das Haftungsprivileg des § 680 zugute, so dass er nicht für einfache Fahrlässigkeit haftet (vgl. → § 4 Rn. 46 ff.).

II. Nichtiger Vertrag

46 Die Rechtsprechung wendet die GoA auch dann an, wenn der zwischen dem Geschäftsherrn und dem Geschäftsführer geschlossene Vertrag nichtig ist. Die überwiegende Literatur lehnt dies ab (vgl. → § 3 Rn. 7 f.).

E. Zusammenfassung

47

Grundtatbestand der GoA (§ 677 Hs. 1)

Vorfrage: Anwendbarkeit der §§ 677 ff.; vgl. → § 3 Rn. 3.
1. Geschäftsbesorgung
   a) »Geschäft« weit auslegen (→ Rn. 1)
   b) Geschäftsführer P: Geschäftsfähigkeit, beachte: § 682 (→ Rn. 4)
2. Fremdheit des Geschäfts
   nicht ausschließlich eine Angelegenheit des Geschäftsführers; auch Interessenbereich eines anderen (des Geschäftsherrn)
   a) Arten des fremden Geschäfts
      (1) Objektiv fremdes Geschäft
          ausschließlich zum Rechtskreis eines anderen gehörend
      (2) Objektiv auch-fremdes Geschäft
          fremde und eigene Angelegenheit (Handeln im Doppelinteresse)
      (3) Subjektiv fremdes Geschäft
          Geschäftsführer will objektiv neutrales Geschäft für einen anderen führen.
   b) Geschäftsherr
      Wer ist für das Geschäft an sich zuständig? (→ Rn. 17 ff.)
      P: Mehrere Geschäftsherren (→ § 5 Rn. 93)
3. Fremdgeschäftsführungswille (»für einen anderen«)
   a) Bestandteile:
      – Fremdgeschäftsführungsbewusstsein: Das Geschäft als fremdes erkennen (bei Eigengeschäftsführungsbewusstsein: § 687 Abs. 1)
      – (Finaler) Fremdgeschäftsführungswille (i. e. S.): Ein anderer (Geschäftsherr) soll die Vorteile erhalten (bei Eigengeschäftsführungswillen – Geschäftsanmaßung: § 687 Abs. 2).

---

88 MüKoBGB/*Schäfer*, Bd. 5/2, § 677 Rn. 66 gegen *van Venroy*, JuS 1979, 102, 104.
89 Staudinger/*Bergmann*, Vor §§ 677 ff. Rn. 40; MüKoBGB/*Schäfer*, Bd. 5/2, § 677 Rn. 67.
90 Allgemeine Ansicht: RGZ 167, 88; Palandt/*Sprau*, § 677 Rn. 11.; Jauernig/*Mansel*, § 677 Rn. 7.

b) Probleme:
- Abstrakt – für »irgendeinen« anderen
- § 686 – Geschäftsführung für den, den es angeht (→ Rn. 36)
c) Fremdgeschäftsführungswille bei:
- Objektiv-fremdem Geschäft: widerlegbar vermutet (→ Rn. 32)
- Auch-fremdem Geschäft: widerlegbar vermutet (h. M.) (→ Rn. 35)
- Subjektiv-fremdem Geschäft: vom Geschäftsführer zu beweisen (→ Rn. 34)
4. Ohne Auftrag oder sonstiges zur Geschäftsführung berechtigendes Rechtsverhältnis und zwar gerade gegenüber dem Geschäftsherrn.
Keine sonstige Berechtigung in diesem Sinne gegenüber dem Geschäftsherrn bei öffentlich-rechtlicher Pflicht oder einer Hilfeleistung gemäß § 323c StGB) (→ Rn. 45)
P: Nichtiger Vertrag (→ Rn. 46)

§ 5. Ansprüche aus GoA

Ist der Grundtatbestand der GoA erfüllt (vgl. → § 4 Rn. 1 ff.), so werden Ansprüche des **1** Geschäftsherrn und des Geschäftsführers begründet. Diese setzen – je nach Anspruch – noch zusätzliche Tatbestandsmerkmale voraus.

A. GoA als gesetzliches Schuldverhältnis

Die interessen- und willensgemäße, die sog. **berechtigte GoA** begründet ein **gesetz-** **2** **liches Schuldverhältnis** nach §§ 677 ff. mit besonderen Rechten und Pflichten für den Geschäftsführer und Geschäftsherrn. Damit wird ein relatives, auftragsähnliches Rechtsverhältnis zwischen dem Geschäftsführer und dem Geschäftsherrn geschaffen (Innenverhältnis zwischen dem Geschäftsführer und dem Geschäftsherrn), welches das Außenverhältnis (zwischen dem Geschäftsherrn bzw. Geschäftsführer und einem Dritten) nicht betrifft.

Beispiel: G kauft im Namen des S bei dem Dritten D ohne Vertretungsmacht einen Gegenstand. Liegen die Voraussetzungen der (interessen- und willensgemäßen sog. berechtigten) GoA vor, so bestimmt sich das Rechtsverhältnis zwischen G und S nach den §§ 677 ff. Das Außenverhältnis zwischen dem Geschäftsherrn S bzw. dem Geschäftsführer G und dem Dritten D wird durch die §§ 177 ff. geregelt: D hat gegenüber S keine Ansprüche, weil G ohne Vertretungsmacht gehandelt hat (vgl. § 164 Abs. 1). D hat Ansprüche gegen G nach § 179.

Auf die Abwicklung der Ansprüche des auftragsähnlichen, gesetzlichen Schuldverhält- **3** nisses der GoA sind grundsätzlich die allgemeinen schuldrechtlichen Vorschriften, insbesondere über Unmöglichkeit der Leistung (§§ 275 ff., 280 ff.) anwendbar. §§ 320 ff. sind mangels gegenseitigen Vertrages nicht einschlägig. Die Rechte des Geschäftsherrn und des Geschäftsführers stellen keine gegenseitigen, synallagmatischen Verpflichtungen dar.

Auch bei **unberechtigter GoA** entsteht zwischen den Parteien ein **gesetzliches** **4** **Schuldverhältnis,** das allerdings nicht ganz so auftragsähnlich ausgestaltet ist[1] wie die

---

1 *Looschelders,* SR BT, Rn. 877; MüKoBGB/*Schäfer,* Bd. 5/2, § 677 Rn. 13; Soergel/*Beuthien,* Vor § 677 ff. Rn. 5; BeckOK BGB/*Gehrlein,* § 677 Rn. 1; *Wollschläger,* GoA, S. 45 ff. Gegen die Charakte-

sog. berechtigte GoA (vgl. § 684 S. 1). Wie bei der berechtigten GoA begründen die §§ 677 ff. besondere Rechte und Pflichten für den Geschäftsführer und Geschäftsherrn.

5 **Vertiefungshinweis:** Bedeutung der Unterscheidung zwischen berechtigter und unberechtigter GoA – Anwendung der §§ 677 ff. auf die sog. unberechtigte GoA

Die Bedeutung der **Unterscheidung zwischen berechtigter und unberechtigter GoA** ist problematisch. Die früher h. M. nahm an, dass von den §§ 677 ff. nur die §§ 678, 684 S. 1 auf die unberechtigte GoA anzuwenden sind: Für die Rechtsbeziehung zwischen unberechtigtem Geschäftsführer und Geschäftsherrn seien – abgesehen von § 678 und § 684 S. 1 – die §§ 812 ff.[2] und §§ 823 ff. maßgeblich. Insbesondere sollten die § 677 und § 681 auf die unberechtigte GoA nicht anwendbar sein.[3] Dies wird damit begründet, dass der unberechtigte Geschäftsführer nicht zur ordnungsgemäßen Geschäftsführung, sondern insgesamt zur Unterlassung der Geschäftsführung verpflichtet ist. Diese Meinung geht (unzutreffenderweise) von der berechtigten GoA als Grundtatbestand der §§ 677 ff. statt von der bloßen GoA (mit seinem Grundtatbestand) aus (vgl. → § 4 Rn. 1 ff.).

Dagegen **sind nach heute herrschender und zutreffender Meinung grundsätzlich alle GoA-Vorschriften auf die unberechtigte GoA anzuwenden,**[4] **soweit sie nicht gerade voraussetzen, dass die Übernahme dem Interesse und Willen des Geschäftsherrn entspricht.** Auch bei der unberechtigten GoA wird zwischen Geschäftsführer und Geschäftsherrn ein gesetzliches, auftragsähnliches Schuldverhältnis begründet. Insbesondere sind die §§ 677, 681 auch bei unberechtigter Geschäftsführung anwendbar.[5] Begründung:

– Die Differenzierung zwischen berechtigter und unberechtigter GoA findet im Wortlaut des § 677 und § 681 keine Stütze. Der Grundtatbestand ist gerade unabhängig von der Berechtigung (i. S. des § 683 S. 1) zur Geschäftsführung.

– Der berechtigte Geschäftsführer darf nicht schlechter stehen als der unberechtigte.

– Der unberechtigte Geschäftsführer handelt zwar rechtswidrig und ist verpflichtet, die Geschäftsführung zu unterlassen. Wenn er sich aber schon unerlaubt einmischt, dann ist auch der unberechtigte Geschäftsführer verpflichtet, die Ausführung (das »Wie«) des Geschäfts entsprechend dem Interesse mit Rücksicht auf den wirklichen oder mutmaßlichen Willen des Geschäftsherrn vorzunehmen, andernfalls haftet er auf Schadensersatz.

Dem entsprechend trifft auch den unberechtigten Geschäftsführer eine Schadensersatzpflicht, wenn er im Anschluss an die unberechtigte Geschäftsübernahme die Geschäftsführung interessen- und willenswidrig ausführt (§§ 677, 280). Er unterliegt den Pflichten des § 681, insbesondere ist er zur Herausgabe des durch die unberechtigte Fremdgeschäftsführung Erlangten (§ 681 S. 2 i. V. m. § 667) verpflichtet. Auch auf die unberechtigte GoA finden die §§ 680, 682 Anwendung. Auf der Grundlage der heute h. M. behandelt das Gesetz den unberechtigten Geschäftsführer damit zweifach strenger als den berechtigten Geschäftsführer ohne Auftrag. (1.) Der unberechtigte Geschäftsführer haftet verschärft auf Schadensersatz (§ 678) und (2.) er bekommt seine Aufwendungen nur nach Bereicherungsrecht – und nicht nach Auftragsrecht (§ 670) – ersetzt (§ 684 S. 1).

---

risierung als dem Auftrag ähnliches gesetzliches Rechtsverhältnis *Larenz*, SR II/1, § 57, S. 437 und 446; vgl. auch *Fikentscher/Heinemann*, SR, Rn. 1260, mit dem Argument, dass sonst die Genehmigungsmöglichkeit nach § 684 S. 2 ihren Sinn verliere. Vgl. zum Stand der Meinungen und deren Folgen *Schlechtriem*, SBT, Rn. 710 ff.

2 So könnte bei unterbliebener Genehmigung eine condictio ob rem vorliegen, so die Motive (*Mugdan* II, S. 484 [Motive]).

3 Dazu aber Staudinger/*Bergmann*, Vor §§ 677 ff. Rn. 97 f., 681 Rn. 2; *Larenz*, SR II/1, § 57, S. 437, der auch § 681 S. 1 bei unberechtigter GoA anwenden will.

4 *Looschelders*, SR BT, Rn. 877; MüKoBGB/*Schäfer*, Bd. 5/2, § 677 Rn. 107 und § 681 Rn. 3 ff.; BeckOK BGB/*Gehrlein*, § 677 Rn. 7 und § 681 Rn. 1; Palandt/*Sprau*, Einf v § 677 Rn. 5; *Beuthien*, FS Söllner, 2000, S. 125.

5 So MüKoBGB/*Schäfer*, Bd. 5/2, § 681 Rn. 6; Palandt/*Sprau*, § 681 Rn. 1 und Einf v § 677 Rn. 5; *Wollschläger*, GoA, S. 45. Vgl. auch *BGH* NJW 1984, 1461, 1462.

B. Ansprüche des Geschäftsführers: Aufwendungsersatz

Die Ansprüche des Geschäftsführers beschränken sich auf Aufwendungs- und Berei- **6** cherungsansprüche. Sie sind in §§ 683 f. geregelt. Für diese und nur für diese hat die Unterscheidung zwischen berechtigter und unberechtigter GoA (vgl. → Rn. 5 und → § 2 Rn. 10 f., 12) eine Bedeutung. Entspricht die Übernahme der Geschäftsführung dem Interesse und Willen des Geschäftsherrn (sog. berechtigte GoA), so wird ein **Aufwendungsersatzanspruch** nach Auftragsrecht begründet (§§ 683 S. 1, 670), andernfalls (sog. unberechtigte GoA) wird nach Bereicherungsrecht abgewickelt – abgesehen von den Fällen des § 683 S. 2 und § 684 S. 2.

I. Aufwendungsersatz nach § 670 (bei berechtigter GoA)

1. Tatbestand

Der Anspruch aus § 683 S. 1 setzt – neben dem Grundtatbestand der GoA – voraus, **7** dass die Übernahme der Geschäftsführung dem Interesse und dem wirklichen oder mutmaßlichen Willen des Geschäftsherrn entspricht (§ 683 S. 1) oder dass ein Fall des § 683 S. 2 oder § 684 S. 2 vorliegt.

a) Interesse und Wille des Geschäftsherrn (§ 683 S. 1)

Nach § 683 S. 1 Hs. 1 muss »die Übernahme der Geschäftsführung dem **Interesse und** **8** **dem wirklichen oder mutmaßlichen Willen** des Geschäftsherrn« entsprechen. Die Vorschrift stellt – anders als § 677 – nicht auf die Aus- bzw. Durchführung, sondern auf die Übernahme der Geschäftsführung ab: Nur wenn die Geschäftsführung am Anfang der Geschäftsbesorgung dem wirklichen oder mutmaßlichen Willen und dem Interesse[6] entspricht (oder die Voraussetzungen der §§ 683 S. 2, 679 gegeben sind), besteht ein Anspruch auf Aufwendungsersatz nach § 683 S. 1 (und macht sich der Geschäftsführer nicht nach § 678 schadensersatzpflichtig).[7] Unter »**Übernahme der** **Geschäftsführung**« ist der Beginn der Ausführung zu verstehen (vgl. → Rn. 76).[8] Maßgeblicher Zeitpunkt für die Beurteilung der Interessen- und Willensgemäßheit ist also der Beginn der Ausführung.[9]

§ 683 S. 1 folgt dem streng subjektiven Prinzip im Interesse und zum Schutz des Ge- **9** schäftsherrn vor der unerwünschten Aufdrängung eines Geschäftes: Nur wenn die Übernahme des Geschäftes dem Interesse und Willen des Geschäftsherrn entspricht, ist er wie ein Auftraggeber (§ 670) zum Aufwendungsersatz verpflichtet, andernfalls haftet er nur nach Bereicherungsgrundsätzen (§ 684 S. 1). Dass der Geschäftsführer irrtümlicherweise annimmt, seine Geschäftsführung sei berechtigt und entspreche dem Interesse und Willen des Geschäftsherrn, genügt nicht.[10] Vielmehr muss sie objektiv interessen- und willensgemäß sein.

---

6 Vgl. → Rn. 59 ff.
7 § 678 regelt einen Schadensersatzanspruch, wenn die Übernahme der Geschäftsführung dem wirklichen oder dem mutmaßlichen Willen des Geschäftsherrn widerspricht. Das Interesse hat insoweit keine Bedeutung (vgl. → Rn. 76).
8 *Larenz*, SR II/1, § 57 I a, S. 443.
9 *Larenz*, SR II/1, § 57 I a, S. 443.
10 *Larenz*, SR II/1, § 57 I a, S. 444 m. w. N.

Beispiele:

– Abschleppen eines Fahrzeugs, das unbefugt auf einem Privatgrundstück in verbotener Eigenmacht abgestellt ist, im Wege der berechtigten Selbsthilfe entspricht dem Interesse und dem (wirklichen oder) mutmaßlichen Willen von Fahrer und Halter (dieser als Zustandsstörer); da die sofortige Beseitigung geschuldet ist, ist das Abschleppen nur dann interessenwidrig, wenn der Fahrer des Fahrzeugs sich in dem maßgeblichen Zeitpunkt der Geschäftsübernahme bei dem Fahrzeug befindet oder binnen kürzester Zeit ermittelt werden könnte und vor Ort wäre (vgl. *BGH* VersR 2016, 996). Vgl. zum Schadensersatzanspruch aus § 823 Abs. 2 i. V. m. § 858 Abs. 1 → § 17 Rn. 8.

– Es entspricht weder dem Interesse noch dem (wirklichen oder) mutmaßlichen Willen eines Kfz-Halters, als Adressat einer Unterlassungsaufforderung wegen verbotswidrigen Parkens ermittelt zu werden (*BGH* NJW 2016, 863; unter Aufgabe von *BGH* VersR 2013, 911).

– Dagegen kann die Kfz-Halterermittlung dem Interesse und (wirklichem oder) mutmaßlichen Willen des Halters entsprechen, wenn sein unbefugt abgestelltes Fahrzeug abgeschleppt wird und ihm der neue Standort unbekannt ist (vgl. *BGH* NJW 2016, 863 unter Hinweis auf *BGH* NJW 2012, 528 Tz. 11).

– Eine (wettbewerbliche) Abmahnung entspricht dem Interesse und dem (wirklichen oder) mutmaßlichen Willen des Abgemahnten, wenn sie begründet und berechtigt ist und dem Abgemahnten die Möglichkeit bietet, eine gerichtliche Auseinandersetzung auf kostengünstigere Weise abzuwenden (BGHZ 149, 371, 375; NJW 2010, 1208); vgl. zum Vorrang der spezialgesetzlichen Regelungen des § 12 Abs. 1 UWG und des § 97 a UrhG → § 8 Rn. 25.

aa) Interesse des Geschäftsherrn

10 Dem **Interesse** des Geschäftsherrn entspricht die Geschäftsführung, wenn ihm die Geschäftsführung bei objektiver Betrachtung nützlich und von Vorteil ist.[11] Dabei sind auch nichtvermögensrechtliche Vorteile zu berücksichtigen.[12] Nicht nützlich sind unsachgemäße oder überflüssige Maßnahmen.[13, 14]

bb) Wille des Geschäftsherrn

11 § 683 S. 1 und § 678 unterscheiden zwischen dem wirklichen und dem mutmaßlichen **Willen** des Geschäftsherrn. Bezugspunkt des Willens ist die Übernahme der Geschäftsführung durch den Geschäftsführer (vgl. → Rn. 9).

12 **(1) Wirklicher Wille des Geschäftsherrn.** Der wirkliche Wille ist der beim Geschäftsherrn **tatsächlich vorhandene Wille** im Zeitpunkt der Übernahme der Geschäftsführung. Ob der Geschäftsführer den Willen kennt, ist unerheblich.[15] Die Übernahme der Geschäftsführung muss gerade auf die Geschäftsführung durch den konkreten Geschäftsführer gerichtet sein.[16]

---

11 Vgl. *BGH* WRP 2010, 258 (Abmahnung nach sog. Schubladenverfügung ist nicht im Interesse des Abgemahnten); *BGH* VersR 2016, 996 (Abschleppen eines Fahrzeug, das unbefugt auf einem Privatgrundstück in verbotener Eigenmacht abgestellt ist, im Auftrag des Grundstücksbesitzers im Wege der berechtigten Selbsthilfe).

12 BGHZ 33, 251 (insoweit nicht abgedruckt).

13 MüKoBGB/*Schäfer*, Bd. 5/2, § 683 Rn. 8 m. w. N.

14 Bei körperlichem Einsatz zur Rettung gefährdeter Personen oder Sachen dürfen die dem Geschäftsherrn drohenden Verluste und die Gefahren, denen sich der Geschäftsführer aussetzt, nicht außer Verhältnis stehen. Vgl. BGHZ 79, 35 (Versuch der Rettung aus Bergnot durch ungeübte Person, keine berechtigte GoA); *LG Düsseldorf* VersR 1973, 826 (Bergung eines Modellflugzeugs aus einem Baum, wenn mit Gefahr für Leib und Leben verbunden, keine berechtigte GoA); MüKoBGB/*Schäfer*, Bd. 5/2, § 683 Rn. 8 und 10; Palandt/*Sprau*, § 683 Rn. 4.

15 *OLG Karlsruhe* VersR 1977, 936f. (»Banküberfall«), vgl. → Rn. 18.

16 *Martinek/Theobald*, JuS 1997, 612, 616; *Gursky*, AcP 185 (1985), 13, 44.

Um den wirklichen Willen bei Übernahme des Geschäftes feststellen zu können, muss dieser ausdrücklich oder konkludent zum Ausdruck gebracht worden sein oder sich aus anderen Umständen ergeben (Frage der Beweisbarkeit, vgl. → § 4 Rn. 31). Dies muss nicht gegenüber dem Geschäftsführer, sondern kann auch gegenüber einem Dritten oder auf andere Weise geschehen. Nur bei Erkennbarkeit kann ein wirklicher Wille festgestellt werden.

> **Fall (vgl. *Brox/Walker,* SchuldR BT, § 36 Rn. 1 und 26):** S schreit während des Schwimmens im **13** Strandbad zum Scherz laut hörbar um Hilfe. R, der dem S zur Hilfe eilt, beschädigt beim eiligen Ablegen die Schraube seines Motorbootes. Er verlangt von S Ersatz der Reparaturkosten. Zu Recht?

Lösung:
I. Infrage kommt ein Anspruch auf Aufwendungsersatz aus §§ 677, 683 S. 1, 670.
  1. Die Rettung stellt kein objektiv fremdes Geschäft dar, weil sich S nicht tatsächlich in Not befindet. Es liegt aber ein subjektiv fremdes Geschäft vor, weil der Fremdgeschäftsführungswille des R durch sein auf S bezogenes Handeln nach außen genügend erkennbar wird. Ein Auftrag oder eine sonstige Berechtigung gegenüber S fehlt.
  2. Fraglich ist jedoch, ob die Rettung dem wirklichen Willen des S entspricht (§ 683 S. 1). Entscheidend ist der tatsächliche Wille. Hier besteht aber die Besonderheit, dass der tatsächliche subjektive Wille (keine Rettung) und der vom Geschäftsherrn S gegenüber dem Geschäftsführer R geäußerte Wille (Rettung) voneinander abweichen. Es stellt sich die Frage, ob auf den tatsächlichen (subjektiven) oder den vom Geschäftsherrn geäußerten Willen abzustellen ist. Vorzugswürdig ist es in diesem Fall, auf den geäußerten Willen abzustellen. Der innere Vorbehalt des S ist deshalb – wie sonst auch im Privatrecht (vgl. § 116) – unbeachtlich. Weil die Rettung dem (maßgebenden) geäußerten Willen des S entspricht, kommt es – entgegen dem Wortlaut der Vorschrift (vgl. → Rn. 17) – auf das objektive Interesse (keine objektive Nützlichkeit der »Rettungsaktion« für S) nicht mehr an.[17]
  3. Ein Aufwendungseratzanspruch aus §§ 677, 683 S. 1, 670 ist begründet.
II. § 823 Abs. 1 (Eigentumsverletzung)? Unter Annahme der psychisch vermittelnden Kausalität kann eine Eigentumsverletzung und damit ein Schadensersatzanspruch aus §§ 823 Abs. 1, 249 Abs. 2 bejaht werden (»Herausforderungsfall«, vgl. → § 16 Rn. 150 ff.).

(2) Mutmaßlicher Wille des Geschäftsherrn. Nur wenn der wirkliche Wille nicht **14** vorliegt oder mangels erkennbarer äußerer Umstände nicht feststellbar ist, ist der **mutmaßliche Wille** zu ermitteln (Subsidiarität).[18] Zu fragen ist, ob der Geschäftsherr die Geschäftsübernahme bei objektiver Berücksichtigung aller Umstände gewollt und ihr zugestimmt hätte.[19] Dies ist vom Standpunkt eines objektiven Betrachters zum Zeitpunkt der Übernahme des Geschäftes zu ermitteln. Der mutmaßliche Wille des Geschäftsherrn ist regelmäßig aus dem objektiven Interesse zu erschließen.[20] Im Zweifel, d. h. mangels anderer Anhaltspunkte, deckt sich der mutmaßliche Wille mit dem Interesse des Geschäftsherrn.[21]

> **Fall (BGHZ 43, 188):** G befährt mit seinem Pkw eine dunkle Landstraße und bemerkt erst im letzten **15** Augenblick einen vor ihm fahrenden, unbeleuchteten Traktor. Er überholt den Traktor und veranlasst

---

17 *Brox/Walker,* SchuldR BT, § 36 Rn. 28.
18 Vgl. *Martinek/Theobald,* JuS 1997, 612, 614.
19 *BGH* NJW-RR 1988, 1013, 1015.
20 BGHZ 47, 370; 55, 128 (»Flugreise«-Fall); *BGH* NJW 1971, 609, 612; *Larenz,* SR II/1, § 57 I a, S. 444; *Medicus/Petersen,* BR, Rn. 423.
21 *BGH* VersR 2016, 996 (Abschleppen eines unbefugt abgestellten Fahrzeugs); *BGH* NJW-RR 1989, 970.

> ihn zum Anhalten, um den Fahrer T auf die mangelhafte Beleuchtung aufmerksam zu machen. Gerade in diesem Augenblick fährt der Autofahrer A auf den unbeleuchteten Traktor auf und schiebt diesen auf den davor stehenden G, der durch die Stoßstange des Traktors erhebliche Verletzungen erleidet. G fordert von A die Übernahme seiner Heilbehandlungskosten. Zu Recht?

Lösung:

I. Infrage kommen Ansprüche aus § 7 Abs. 1 StVG sowie aus § 823 Abs. 1 (vgl. → Rn. 72).

II. G könnte den erlittenen Schaden als Aufwendungsersatz nach §§ 677, 683 S. 1, 670 ersetzt verlangen.

1. G führt ein Geschäft (des T und) des A, weil sein Handeln den nachfolgenden Verkehr vor der Gefahr des unbeleuchteten Traktors bewahren soll.[22] Dass G den A nicht kennt, ist unbeachtlich. A ist derjenige, den es angeht (vgl. → § 4 Rn. 36). Unerheblich ist auch, dass die Geschäftsübernahme erfolglos ist, die Gefahr also nicht abgewendet wird. Denn § 683 setzt nicht voraus, dass das Eingreifen den mit ihm bezweckten Erfolg auch erreicht.

2. Der Fremdgeschäftsführungswille wird beim objektiv fremden Geschäft vermutet.

3. Ein Auftrag oder sonstige Berechtigung fehlt.

4. Fraglich ist, ob die Übernahme der Geschäftsführung dem Interesse und Willen des A entspricht.[23] Ein wirklicher Wille des A liegt hinsichtlich der konkreten Geschäftsübernahme durch G nicht vor. Es kommt auf den mutmaßlichen Übernahmewillen an und damit darauf, ob der Geschäftsherr der Übernahme des Geschäftes bei objektiver Beurteilung der Gesamtumstände zugestimmt hätte. Das Eingreifen des G (Übernahme des Geschäftes) dient der Gefahrbeseitigung und entspricht damit dem mutmaßlichen Willen und Interesse des A. Die Erwägung, dass im Fall des Nichteinschreitens des G die Gefahr eventuell bereits beseitigt gewesen wäre, weil T die Fahrbahn in kurzer Entfernung verlassen hätte und dass das Risiko, auf ein stehendes Fahrzeug aufzufahren, größer ist als das Risiko, auf ein in gleicher Fahrtrichtung fahrendes aufzufahren, steht dieser Beurteilung nicht entgegen. Denn der Erfolg der Ausführung des Geschäftes ist für die »Berechtigung« der Übernahme der Geschäftsführung (§ 683 S. 1) ohne Bedeutung.

5. Deshalb ist ein Anspruch aus §§ 677, 683 S. 1, 670 begründet.

6. Zur Frage einer Anspruchskürzung wegen Mitverschuldens des G vgl. → Rn. 72.

16 **Beachte:** Die berechtigte GoA kann auch gegenüber einem geschäftsunfähigen oder **beschränkt geschäftsfähigen Geschäftsherrn** vorliegen.[24] Soweit es auf den Willen des Geschäftsherrn ankommt (§§ 683, 684, Genehmigung), ist der Wille des gesetzlichen Vertreters maßgebend (vgl. → § 4 Rn. 25 und 91 f.).

cc) Verhältnis von Wille und Interesse

17 § 683 S. 1 gewährt einen Aufwendungsersatzanspruch nur dann, wenn die Übernahme der Geschäftsführung dem Interesse und dem Willen des Geschäftsherrn (nach dem Wortlaut kumulativ) entspricht. Problematisch ist jedoch, was gelten soll, wenn (wirklicher) Wille und Interesse **nicht übereinstimmen.**

Entspricht die Übernahme des Geschäftes zwar dem Interesse, aber nicht dem Willen des Geschäftsherrn, so kommt ein Aufwendungsersatzanspruch nach § 683 S. 1 nicht infrage. Dies folgt eindeutig aus dem Wortlaut der Vorschrift. Im umgekehrten Fall

---

22 Als Geschäftsherren kommen neben T der Fahrer und Halter des auffahrenden Kfz in Betracht. Letztere sind die zur Zeit der Übernahme der Geschäftsführung (zeitlich und räumlich) unmittelbar Gefährdeten.

23 Der BGH urteilte über die Frage des Mitverschuldens des G (§ 254) und in diesem Rahmen über die Haftungsprivilegierung des § 680. Die Frage, ob die Geschäftsübernahme dem Interesse und Willen des Geschäftsherrn entsprach, wurde nicht ausdrücklich geprüft.

24 *Mugdan* II, S. 865 (Motive); *Mugdan* II, S. 739 (Protokolle); *Brox/Walker*, SchuldR BT, § 36 Rn. 38.

aber, dass die Übernahme des Geschäftes dem Interesse widerspricht, dem Willen des Geschäftsherrn aber entspricht (etwa Ansicht eines eigenartigen Sonderlings), ist die Rechtslage mit Rücksicht auf die Ratio der Vorschrift (Schutz des Geschäftsherrn vor der Aufdrängung eines Geschäftes) fraglich. Nach h. M. hat der wirkliche Wille Vorrang und zwar entgegen dem Wortlaut des § 683 (»Interesse und […] Willen«),[25] soweit er nicht nach § 679 unbeachtlich ist. Begründung:

- Die Privatautonomie wird bei der GoA nur durch § 679 eingeschränkt.[26]
- Aus dem Schutzzweck des § 683 ergibt sich, dass entgegen dem Gesetzeswortlaut auch die unvernünftige (d. h. interessenwidrige, aber vom Geschäftsherrn gewollte) Geschäftsführung dem § 683 S. 1 unterfällt.[27] Denn wenn die Geschäftsführung dem Willen des Geschäftsherrn entspricht, liegt eine unerwünschte Einmischung gerade nicht vor, vor der die Vorschrift den Geschäftsherrn eigentlich schützen soll.

Der Wortlaut des § 683 S. 1 ist daher teleologisch dahin zu beschränken, dass **das Interesse des Geschäftsherrn ohne Bedeutung ist, wenn dessen wirklicher Wille feststeht.** Das Interesse dient somit nur dazu, den mutmaßlichen Willen zu ermitteln.[28] Das bedeutet: Auch die unvernünftige und interessenwidrige, aber vom Geschäftsherrn gewollte Geschäftsführung ist eine berechtigte Geschäftsführung.

Beispiel: Der Fußballfanatiker S will das Weltmeisterschaftsendspiel, für das er keine Karte mehr bekommen konnte, auf jeden Fall besuchen und ist bereit, dafür jeden Preis zu zahlen. Dessen Freund weiß davon und kann eine Karte für einen weit überteuerten Preis kaufen. Nach h. M. ist die GoA berechtigt, auch wenn sie unvernünftig und damit interessenwidrig ist.

Fall (*OLG Karlsruhe* VersR 1977, 936 »Banküberfall«): Der Bankräuber D bedroht im Schalterraum   18
der Bank G Kassierer und Kunden mit einer Waffe und fordert Geld. Der Kunde S springt den D von hinten an, um ihn zu überwältigen.
Bei dem Handgemenge wird S verletzt. Die Bank hat ihre Angestellten angewiesen, einen drohenden Geldverlust nicht unter Gefährdung von Leib oder Leben zu verhindern. Ansprüche des S gegen G?

Lösung:

I. S könnte von G Aufwendungsersatz (Heilungskosten) aus §§ 677, 683 S. 1, 670 verlangen.
   1. Das Handeln des S zur Verhinderung des Überfalls stellt eine Geschäftsbesorgung dar. Weil S zum Schutz (auch) der Bank tätig wird, liegt ein auch-fremdes Geschäft vor. Der Fremdgeschäftsführungswille wird vermutet. Ein Auftrag oder eine sonstige Berechtigung fehlt.
   2. Fraglich ist aber die Berechtigung i. S. des § 683 S. 1.
      a) Die Verhinderung eines Banküberfalls ist für die Bank und ihre Angestellten objektiv nützlich und entspricht damit dem Interesse der G.
      b) Jedoch steht dem der wirkliche Wille der Bank entgegen: Der wirkliche Wille ist der vom Geschäftsherrn tatsächlich (ausdrücklich oder konkludent) zum Ausdruck gebrachte Wille. Der wirkliche Wille muss erkennbar geworden sein. Aus der Weisung der Bank an ihre Angestellten,

---

25 BGHZ 138, 287; *Looschelders,* SR BT, Rn. 861; Jauernig/*Mansel,* § 683 Rn. 5; *Brox/Walker,* SchuldR BT, § 36 Rn. 28; *Musielak/Hau,* GK BGB, Rn. 997; *Fikentscher/Heinemann,* SR, Rn. 1267; *Medicus/Petersen,* BR, Rn. 422; MüKoBGB/*Schäfer,* Bd. 5/2, § 683 Rn. 15; a. A. mit Berufung auf den Wortlaut *Larenz,* SR II/1, § 57 I a, S. 444; wohl auch *Schlechtriem,* SBT, Rn. 701.

26 *Medicus,* Gesetzliche Schuldverhältnisse, S. 172 Fn. 12; *ders.,* BR, Rn. 422.

27 BGHZ 69, 235; *LG Frankfurt/Main* NJW 1977, 1925; *Medicus/Petersen,* BR, Rn. 422.

28 Ebenso *Fikentscher/Heinemann,* SR, Rn. 1267; *Medicus/Petersen,* BR, Rn. 423; *Brox/Walker,* SchuldR BT, § 36 Rn. 27; a. A. *Larenz,* SR II/1, § 57 I a, S. 444. – Da der unvernünftige Geschäftsherr im Zweifel die Geschäftsführung genehmigen (§ 684 S. 2) und damit die Rechtsfolgen des § 683 S. 1 herbeiführen kann, sind die praktischen Unterschiede des Meinungsstreits häufig gering.

gegen Überfälle nicht unter Gefährdung von Leib und Leben einzuschreiten, ergibt sich ihr erkennbarer, wirklicher Wille, Leib und Leben nicht in gefährlicher Weise bei Überfällen einzusetzen. Ob der Geschäftsführer den Willen kennt, ist unbeachtlich. Deshalb muss auch der Bankkunde S, der den Banküberfall trotz Gefahr für Leib und Leben verhindern will, die Weisung der Bank an ihre Angestellten gegen sich gelten lassen.[29] Der gute Glaube an eine Berechtigung ist ohne Bedeutung (vgl. → Rn. 19). Die Geschäftsführung des S entspricht nicht dem Willen des Geschäftsherrn G.

   c) Weil der wirkliche Wille Vorrang vor dem Interesse hat, ist ein Anspruch aus § 683 S. 1 nicht begründet.

II. Ein Bereicherungsanspruch aus unberechtigter GoA gemäß §§ 684 S. 1, 818 scheidet aus, weil die Bank durch die Geschäftsführung des S nichts erlangt hat (str., ob Rechtsgrund- oder Rechtsfolgenverweisung, vgl. → Rn. 52).

> **Hinweis:** Nach § 2 Abs. 1 Nr. 13 lit. c SGB VII (früher § 539 Abs. 1 Nr. 9c RVO) ist S kraft Gesetzes versichert. Denn er hat sich »zum Schutz eines widerrechtlich Angegriffenen persönlich« eingesetzt. S erhält von der Unfallversicherung diejenigen Leistungen, die sonst bei einem Arbeitsunfall zu erbringen sind.[30]

dd) Guter Glaube an die berechtigte Geschäftsführung?

19 Der **gute Glaube** des Geschäftsführers an eine Berechtigung zur Geschäftsführung (Übernahmewillen des Geschäftsherrn) begründet keine berechtigte GoA. Der Geschäftsführer trägt das Risiko der Fehleinschätzung. Der gutgläubige Geschäftsführer hat keinen Aufwendungsersatzanspruch.[31]

20   **Fall (nach *Martinek/Theobald*, JuS 1998, 27, 32):**[32] M macht mit seinen beiden Studienkollegen J und U während eines gemeinsamen Skiurlaubs in einer Berghütte Quartier. Am Tag der Abreise möchte M noch einmal auf die Piste. Er teilt seinen beiden Freunden mit, dass er bei Einbruch der Dunkelheit zum geplanten Abfahrtszeitpunkt wieder zurück sein werde, damit man am nächsten Morgen rechtzeitig im Büro sein könne. Auf der Piste lernt M aber die attraktive C kennen, mit der er die folgende Nacht in der Disco verbringt. Als M bei Einbruch der Dunkelheit noch nicht zurückgekehrt ist, verschieben J und U die Abfahrt, um nach M zu suchen. Während der nächtlichen Suche rutscht J aus und bricht sich ein Bein. Als M am nächsten Morgen wohlbehalten zurückkehrt, verlangt J Ersatz der Behandlungskosten. Zu Recht?

Lösung: Anspruch des J gegen M auf Ersatz der Behandlungskosten

1. Ein Anspruch aus §§ 677, 683 S. 1, 670 scheidet aus.
   a) Fraglich ist schon, ob die Suche nach M und Rettung aus einer Gefahrensituation ein fremdes Geschäft darstellt. Ein objektiv fremdes Geschäft ist zu verneinen, weil sich M objektiv nicht in einer gefährlichen Lage befindet, in der er Hilfe brauchen würde. Es liegt damit zunächst ein neutrales Geschäft des J und U vor. Jedoch macht der äußerlich erkennbare Wille des J und U, dem (vermeintlich verunglückten) M zu Hilfe zu kommen, das Geschäft zu einem subjektiv fremden Geschäft. Damit kann die Fremdgeschäftsführung bejaht werden.[33] Fremdgeschäftsführungswille ist zu bejahen.
   b) Jedoch entspricht die Suche nach M – unter Würdigung aller Umstände – eindeutig nicht dem wirklichen Willen des M. Dass dieser Wille für J und U nicht erkennbar ist, spielt keine Rolle. Der

---

29 *OLG Karlsruhe* VersR 1977, 936f. (»Banküberfall«).
30 *Medicus*, Gesetzliche Schuldverhältnisse, S. 170ff.; *ders.*, BR, Rn. 431.
31 *Medicus/Petersen*, BR, Rn. 424; *Martinek/Theobald*, JuS 1997, 612, 614.
32 Vgl. zu einem ähnlichen Fall aus der Schweiz *Stoll*, FS Weitnauer, 1980, S. 411, und *Wandt*, Die Geschäftsführung ohne Auftrag im Internationalen Privatrecht, 1989, S. 155.
33 Das wird von *Martinek/Theobald*, JuS 1998, 27, 32f. nicht geprüft.

gute Glaube von J und U, die Geschäftsübernahme würde dem Willen des M entsprechen, ist rechtlich ohne Bedeutung. Dem gutgläubigen Geschäftsführer kommt auch § 680 nicht zugute. Die Vorschrift reduziert den Haftungsmaßstab für das Übernahmeverschulden (§ 678) oder das Ausführungsverschulden (§ 677). Sie ersetzt aber nicht einen fehlenden Übernahmewillen des M.[34]

2. Ein Anspruch aus § 684 S. 1 i. V. m. §§ 818 ff. scheidet aus, weil M durch die Geschäftsführung nichts erlangt hat.

3. Begründet ist ein Anspruch aus § 823 Abs. 1 unter dem Gesichtspunkt der »Herausforderung« (vgl. → § 16 Rn. 150 ff.).[35]

Weitere Fallbeispiele bei *Medicus,* Gesetzliche Schuldverhältnisse, S. 172 f. (vgl. auch *Medicus/Petersen,* BR, Rn. 424).

b) Unbeachtlichkeit eines entgegenstehenden Willens des Geschäftsherrn (§§ 683 S. 2, 679)

§ 679 ersetzt den entgegenstehenden Willen des Geschäftsherrn.[36] Ein entgegenstehen- **21** der Wille des Geschäftsherrn ist gemäß § 679 **unbeachtlich,** wenn (1.) eine Pflicht des Geschäftsherrn besteht, deren Erfüllung im öffentlichen Interesse liegt, oder eine gesetzliche Unterhaltpflicht besteht und (2.) ohne die Geschäftsbesorgung diese Pflicht nicht rechtzeitig erfüllt werden würde. Das Selbstbestimmungsrecht des Geschäftsherrn wird dem öffentlichen Interesse an der rechtzeitigen Erfüllung bestimmter Rechts- oder Unterhaltpflichten untergeordnet. In diesem Fall kommt es nur darauf an, dass die Übernahme des Geschäftes dem Interesse des Geschäftsherrn entspricht, was aber regelmäßig zu bejahen ist.

Nach der systematischen Stellung ist § 679 als Einschränkung des § 677 (Haftung für Ausführungsverschulden) und § 678 (Haftung für Übernahmeverschulden) zu verstehen. § 679 ist aber kraft Verweisung durch § 683 S. 2 ausdrücklich auch beim Aufwendungsersatzanspruch des Geschäftsführers anzuwenden.

aa) Pflicht

Pflicht in diesem Sinne ist nur eine (öffentlich- oder privatrechtliche) Rechtspflicht,[37] **22** nicht dagegen eine bloße sittlich-moralische Pflicht (str.).[38] Meist wird es sich um Rechtspflichten zum Schutze von Leben, Körper, Gesundheit oder wichtigen Sachgütern handeln.

Beispiel: Öffentlich-rechtliche Pflichten (Polizeipflichten) wie die Pflicht zur Beseitigung einer Störung,[39] oder zur Bestattung von verstorbenen Angehörigen.[40]

---

34 *Martinek/Theobald,* JuS 1998, 27, 33.

35 Vgl. den (zweifelhaften) Ansatz von *Stoll,* FS Weitnauer, 1980, S. 419, 423, der diese Fälle über eine analoge Anwendung des § 829 lösen will.

36 Unanwendbar ist § 679, wenn der Geschäftsführer die Voraussetzungen des § 679 irrtümlicherweise als gegeben ansieht (RGZ 106, 350; 149, 205, 207).

37 *Mugdan* II, S. 737 ff. (Protokolle); BGHZ 16, 12; 40, 18; RGZ 92, 197, 201; 167, 55, 59.

38 Denn anderenfalls würden – so die überwiegende Ansicht (vgl. etwa Palandt/*Sprau,* § 679 Rn. 2) – rechtlich nicht erzwingbare sittliche Pflichten über die GoA mittelbar (gemäß § 683 S. 2) doch durchsetzbar und damit den Rechtspflichten gleichgesetzt. Zur Entstehungsgeschichte RGZ 92, 197, 201; *Larenz,* SR II/1, § 57 I a, S. 445.

39 Dabei ist aber zu beachten, dass die Erfüllung öffentlich-rechtlicher Pflichten nicht etwa schon wegen ihres öffentlich-rechtlichen Charakters stets im öffentlichen Interesse liegt (*Mugdan* II, S. 737 [Protokolle]).

40 BGHZ 191, 325.

bb) Öffentliches Interesse an der Erfüllung

23 Für das öffentliche Interesse genügt nicht das allgemeine Interesse der Rechtsgemeinschaft an der Erfüllung bestehender Rechtspflichten.[41] Erforderlich ist vielmehr ein **gesteigertes Interesse der Rechtsgemeinschaft** an der Erfüllung gerade der in Frage stehenden Verpflichtung.[42] Nicht nur die Erfüllung der fremden Rechtspflicht, sondern gerade auch das Eingreifen des Fremdgeschäftsführers muss im öffentlichen Interesse liegen.[43, 44] Folgende Fallgruppen können gebildet werden:

– Gefahrenabwehr und Verkehrssicherung anstelle des privat- oder öffentlich-rechtlich Verpflichteten: Abreißen einer einsturzgefährdeten Giebelmauer;[45] Kennzeichnung einer Gefahrenstelle;[46] Brandbekämpfung (allerdings nur bis zum Eintreffen der öffentlichen Feuerwehr);[47] Beseitigung verkehrsgefährdender Straßenverschmutzung;[48] Streuen bei Glatteis;[49] Bergen eines umgestürzten Tankwagens;[50] Abwenden von Gefahren, die von einem unfallgeschädigten[51] oder unbeleuchteten[52] oder infolge Trunkenheit des Fahrers führerlosen[53] Pkw ausgehen; Beseitigung verdorbenen Milchpulvers;[54] Beseitigung eines unzulässig geparkten Pkw bei Gefährdung;[55] Errichtung einer Kfz-Stellplatzanlage.[56]

– Kranken- und Sozialfürsorge: Krankentransport anstelle des zuständigen Sozialversicherungsträgers[57] oder Bergen Verunglückter von öffentlichen Straßen und Plätzen anstelle der Polizei.[58]

– Die Tilgung fremder Steuerschulden liegt grundsätzlich im öffentlichen Interesse (§ 679), da das Allgemeinwohl durch die Vielzahl der Fälle, in denen einzelne ihre Steuern nicht rechtzeitig zahlen, nicht nur unwesentlich, sondern erheblich beeinträchtigt wird (str.).[59]

---

41 *Mugdan* II, S. 737 (Protokolle); MüKoBGB/*Schäfer*, Bd. 5/2, § 679 Rn. 7.

42 Vgl. Soergel/*Beuthien*, § 679 Rn. 5.

43 Grundlegend *Lent*, Wille und Interesse bei der Geschäftsbesorgung, 1938, S. 29ff.; *BGH* VersR 1956, 235, 236; NJW 1978, 1258.

44 Letzteres steht zwar nicht ausdrücklich im Gesetz, folgt aber daraus, dass die vom Geschäftsherrn unerwünschte Geschäftsbesorgung anderweitig (eben durch das Allgemeininteresse) legitimiert sein muss.

45 BGHZ 16, 12.

46 BGHZ 65, 384 (verlorener Anker, Lukendeckel und sonstige Schiffsgegenstände); *BGH* NJW 1964, 1365; RGZ 75, 188, 189 (gesunkenes Schiff).

47 RGZ 98, 195, 199; *LG Braunschweig* DVBl. 1973, 227.

48 BGHZ 65, 354.

49 *RG* JW 1923, 78.

50 BGHZ 63, 167.

51 *LG Limburg* MDR 1965, 742.

52 BGHZ 43, 188.

53 *AG Lübbecke* MDR 1975, 228.

54 BGHZ 110, 313.

55 *LG München* DAR 2006, 217 (Feuerwehranfahrtszone); str., ob stets oder nur unter besonderen Voraussetzungen (z. B. unberechtigtes Parken auf einem Kundenparkplatz); vgl. *Koch*, NZV 2010, 336, 340; *S. Lorenz*, NJW 2009, 1025, 1027; zu Recht gegen eine generelle Bejahung des öffentlichen Interesses i. S. von § 679 *Gsell*, ZJS 2009, 572, 573.

56 *BGH* NJW-RR 2008, 683.

57 BGHZ 33, 251; *BGH* VersR 1956, 235.

58 *RG* JW 1910, 186.

59 BGHZ 7, 346; 41, 30; RGZ 82, 390, 395; *OLG München* WM 1991, 1415; *Peters*, WM 1992, 597. A. A. *OLG Hamburg* HansRGZ 1933 B 139; MüKoBGB/*Schäfer*, Bd. 5/2, § 679 Rn. 13; Palandt/*Sprau*, § 679 Rn. 3; *Wollschläger*, GoA, S. 151.

– Rücktransport mittelloser Pauschalurlauber aus dem Ausland anstelle der nicht leistungswilligen oder -fähigen Fluggesellschaft.[60]
– Bergen einer Leiche sowie Übernahme der Bestattungskosten (vgl. §§ 1968, 1615 Abs. 2, 1615 m, 1615 n).[61]

§ 679 greift dagegen nicht ein, wenn die Maßnahme des Geschäftsführers zwar eine **24** Gefahr mindert, es aber an einer entsprechenden (Verkehrssicherungs-)Pflicht des Geschäftsherrn fehlt:

– Der Wegeunterhaltpflichtige ist nicht verpflichtet, Straßen durch Zäune einzufrieden, um Weidetiere fernzuhalten.[62]
– Aufwendungen der Justizverwaltung für die Zwangsernährung oder Heilbehandlung eines Untersuchungsgefangenen werden nicht aufgrund fremder, sondern eigener Rechtspflicht gemacht.[63] Daher liegt bereits der Grundtatbestand der GoA nicht vor.[64]
– Lässt eine Privatperson verbotswidrig geparkte Fahrzeuge ohne behördlichen Auftrag abschleppen, so greift § 679 nur ein, wenn ein über das abstrakte Interesse der Allgemeinheit an der Einhaltung der Verkehrsvorschriften hinausgehendes besonderes öffentliches Interesse am Entfernen des Fahrzeugs, etwa bei Gefahr oder Notlage, besteht (vgl. → § 8 Rn. 21 f.).[65]

cc) Unterhaltspflicht

Unterhaltspflichten i. S. des § 679 sind nur gesetzliche Pflichten, wie die familien- **25** rechtlichen Unterhaltspflichten (z. B. §§ 1360 ff., 1569 ff. [Ehegatten und Geschiedene], §§ 1601 ff. [Verwandte in gerader Linie]). Nicht dazu zählen Unterhaltspflichten aus Delikt (z. B. § 844)[66] oder solche, die ausschließlich auf Vertrag beruhen.

dd) Nicht rechtzeitige Pflichterfüllung

Weitere Voraussetzung beider Alternativen des § 679 ist, dass ohne das Eingreifen des **26** Geschäftsführers die Pflicht nicht rechtzeitig erfüllt worden wäre.[67] Es muss anzunehmen sein, dass der Verpflichtete so spät erfüllt hätte, dass das öffentliche Interesse bzw. der Unterhalt gefährdet worden wäre, wenn der Geschäftsführer diese Gefahr nicht verhindert hätte.[68] Erst recht gilt § 679, wenn die Pflicht des Geschäftsherrn ohne das Dazwischentreten des Geschäftsführers überhaupt nicht erfüllt würde.[69]

Vertiefungshinweis: Polizeirechtliche Gefahrenabwehr **27**
Besonderheiten ergeben sich bei der Erfüllung öffentlich-rechtlicher Verpflichtungen, vor allem im Zusammenhang mit der **polizeirechtlichen Gefahrenabwehr**. Der Verpflichtete darf durch das Eingreifen

---

60 *LG Frankfurt/Main* NJW 1983, 52.
61 MüKoBGB/*Schäfer*, Bd. 5/2, § 679 Rn. 12 unter Hinweis auf *Mugdan* II, S. 864 (Motive); siehe ferner *Mugdan* II, S. 738 (Protokolle). Vgl. auch *BGH* VersR 2012, 499 (Kostentragungslast für die Beerdigung ist von der Frage zu unterscheiden, wer das Recht und ggf. die Pflicht hat, die Beerdigung vorzunehmen).
62 *BGH* MDR 1963, 922.
63 BGHZ 109, 354; *LG Frankfurt/Main* NJW 1977, 1924; *Schubert*, NJW 1978, 687.
64 Vgl. BGHZ 109, 354.
65 *AG Schöneberg* NJW 1984, 2954; vgl. auch *LAG Düsseldorf* MDR 1989, 1027.
66 BGHZ 4, 153.
67 Verzug des Geschäftsherrn ist nicht erforderlich; es genügt, dass die Verpflichtung zur Zeit der Übernahme fällig ist; vgl. *BGH* NJW 1978, 1258.
68 MüKoBGB/*Schäfer*, Bd. 5/2, § 679 Rn. 5.
69 *Mugdan* II, S. 864 f. (Motive).

des privaten Geschäftsführers nicht schlechter gestellt werden als er bei pflichtgemäßem, insbesondere ermessensfehlerfreiem Tätigwerden des zuständigen Verwaltungsträgers (vornehmlich der Polizei) stünde.[70] Grundsätzlich darf die Geschäftsbesorgung in solchen Fällen also erst ausgeführt werden, wenn auch die unmittelbare Ausführung (sofortiger Vollzug) einer entsprechenden Verwaltungsmaßnahme zulässig wäre.

c) Genehmigung der Geschäftsführung (§ 684 S. 2)

28 Mit der **Genehmigung** (§ 684 S. 2) erklärt sich der Geschäftsherr nachträglich mit der Übernahme der Geschäftsführung einverstanden. Eine Genehmigung kann ausdrücklich oder konkludent durch empfangsbedürftige Willenserklärung erklärt werden (§§ 182, 184) und wird regelmäßig im Herausgabeverlangen des Geschäftsherrn nach §§ 681 S. 2, 667 liegen. Eine Pflicht zur Genehmigung besteht freilich nicht.

29 § 684 S. 2 bestimmt, dass der Geschäftsherr wie im Fall der berechtigten GoA (§ 683 S. 1) auf Aufwendungsersatz haftet, indem auf die §§ 683, 670 verwiesen wird.

2. Rechtsfolgen

30 Sind die Anspruchsvoraussetzungen des § 683 S. 1 oder S. 2 oder § 684 S. 2 erfüllt, so wird Aufwendungsersatz nach § 670 geschuldet. Der Geschäftsherr ist verpflichtet, dem Geschäftsführer die Aufwendungen zu ersetzen, die dieser für erforderlich halten durfte (§§ 683 S. 1, 670).

a) Aufwendungen

31 Aufwendungen sind in erster Linie freiwillige Vermögensopfer, die der Geschäftsführer zum Zweck der Ausführung auf sich nimmt oder die sich als notwendige Folge der Geschäftsführung ergeben (zu risikotypischen Begleitschäden vgl. → Rn. 37).[71]

32 **Vertiefungshinweis:** Aufwendungsbegriff

1. Unter einer Aufwendung i. S. von § 670 wird üblicherweise die freiwillige Aufopferung von Vermögenswerten verstanden – im Gegensatz zum Vermögensschaden als unfreiwilliges Vermögensopfer.[72] Freiwillig sind auch Einbußen, die als notwendige (Auftrags-)Folgen eintreten.[73] Selbst auf ausdrückliches Geheiß des Auftraggebers (Geschäftsherrn) gemachte, zur Erfüllung des Auftrages dienende Leistungen des Beauftragten sind freiwillig i. S. des § 670 und damit Aufwendungen.[74] Der Aufwendungszweck (vgl. § 670: »zum Zweck der Ausführung des Auftrags«) muss in der vertragsgerechten Erfüllung gerade dieses Auftrages liegen, was bei allgemeinen fixen Betriebskosten des Geschäftsführers bzw. Beauftragten (Gemeinkosten für Büromiete, Telefongrundgebühr, Versicherungen) nicht der Fall ist.[75] Kosten, die der Vorbereitung der Geschäftsführung (Auftragsausführung) dienen (z. B. Reisekosten), sind Aufwendungen i. S. des § 670,[76] ebenso Kosten eines durch die Geschäftsführung (Auftragsausführung) hervorgerufenen Rechtsstreites.[77]

---

70 So zu Recht *Wollschläger*, GoA, S. 157.

71 Vgl. Staudinger/*Martinek/Omlor*, § 670 Rn. 7 m. w. N.

72 Vgl. § 22 Rn. 4 f. Verlangt wird zusätzlich die Zweckgerichtetheit des Vermögensopfers (so *BGH* NJW 1989, 1284, 1285). Die Zweckgerichtetheit gehört aber nicht zum Begriff der Aufwendung. Insofern liegt es anders als bei der Leistung i. S. des § 812 Abs. 1. Die Zweckgerichtetheit ist nur Voraussetzung für die Erstattungsfähigkeit der Aufwendungen nach § 670 (»zum Zweck der Ausführung des Auftrags«).

73 BGHZ 8, 222; RGZ 75, 208, 212 (zur Umsatzsteuerpflicht); RGZ 122, 298, 303.

74 RGZ 95, 51, 53.

75 A. A. MüKoBGB/*Schäfer*, Bd. 5/2, § 670 Rn. 11 und 20 a. E. m. w. N.

76 RGZ 75, 208, 213.

77 BGHZ 92, 123; *RG* WarnR 1929 Nr. 160; vgl. auch BGHZ 69, 235 (Prozesskosten des Testamentsvollstreckers zur Durchsetzung des Erblasserwillens gegen die Erben).

2. Die Aufwendungen müssen nicht notwendig in Geld bestehen. Sie können auch rechtlicher (Eingehung von Verbindlichkeiten,[78] Bestellung einer dinglichen Sicherheit an eigenen Sachen für Schulden des Geschäftsherrn)[79] oder tatsächlicher Art (z. B. Verbrauch oder übermäßige Abnutzung eigener Sachen) sein.

3. Aufwendungen setzen einen Vermögensverlust beim Geschäftsführer voraus. Setzt dieser bloß fremde Vermögenswerte ein (Fahrzeug eines Dritten, das der Fahrer [i. E. der Geschäftsführer] bei der Selbstaufopferung im Straßenverkehr bei einem Ausweichmanöver beschädigt), die durch die Geschäftsführung verlustig gehen, so sind dem Geschäftsführer grundsätzlich keine Aufwendungen entstanden, die er ersetzt verlangen könnte.[80] Erst eine sich daraus ergebende Schadensersatzverpflichtung des Geschäftsführers gegenüber einem Dritten kann Aufwendungen beim Geschäftsführer begründen.

4. Vom Geschäftsführer **aufgewendete Geldbeträge** sind gemäß § 256 zu verzinsen. Der Geschäftsführer kann vom Geschäftsherrn die **Befreiung von den Verbindlichkeiten** verlangen, die er im Zuge der Geschäftsführung eingegangen ist (§ 257 i. V. m. § 670). Schließt der Geschäftsführer im pflichtgemäßen Ermessen namens des Geschäftsherrn ohne Vertretungsmacht einen Vertrag, kann er daher Freistellung von den ihn daraus gemäß § 179 treffenden Verpflichtungen beanspruchen. Nicht hingegen besteht aus §§ 677, 683 S. 1, 670 ein Anspruch auf Genehmigung des gemäß § 177 schwebend unwirksamen Vertrages,[81] auch nicht in den Fällen des § 679.[82] Umstritten ist, ob der Geschäftsführer bei einer Notgeschäftsführung einen Anspruch auf Genehmigung hat.[83]

Hinweis: Der Anspruch auf Freistellung von einer Verbindlichkeit wandelt sich in einen Zahlungsanspruch, wenn er von dem Geschäftsführer an den Gläubiger des Anspruchs abgetreten wird (vgl. *BGH* VersR 2016, 996).

Aufwendungen können nur insoweit ersetzt verlangt werden, als sie durch die Geschäftsführung verursacht worden, also in Ausführung der Geschäftsführung entstanden sind. Es kommt also darauf an, den Umfang des besorgten Geschäftes genau zu bestimmen (vgl. zum Handeln im Doppelinteresse → Rn. 44). **33**

b) »für erforderlich halten darf« (§ 670)

Erstattet werden nur solche Aufwendungen, die der Geschäftsführer (Beauftragte) für **erforderlich** halten darf. Ersatzfähig sind objektiv erforderliche Aufwendungen und – bei fehlender objektiver Notwendigkeit[84] – solche Aufwendungen, die der Geschäftsführer nach sorgfältiger, den Umständen nach gebotener Prüfung für erforderlich halten durfte. Der Geschäftsführer (Beauftragte) hat unter Berücksichtigung der konkreten Umstände nach pflichtgemäßem Ermessen zu entscheiden, ob die Aufwendungen notwendig und angemessen sind oder nicht, insbesondere ob der Aufwand in einem angemessenen Verhältnis zur Bedeutung des Geschäfts für den Geschäftsherrn (Auf- **34**

---

78 BGHZ 60, 14; *BGH* NJW 1981, 1502, 1503.
79 *BGH* MDR 1955, 283, 285.
80 A. A. *Beuthien/Weber*, S. 163: Aufwendungen i. S. des § 670 können auch der Einsatz fremder Vermögenswerte sein. Wie sich der aufwendende Geschäftsherr im Innenverhältnis mit dem Eigentümer auseinander setze, sei Sache des Geschäftsherrn. Das gelte auch für risikotypische Begleitschäden.
81 *BGH* NJW 1951, 398 (Verpachtung eines Bäckereibetriebes während Kriegsgefangenschaft des Betreibers); *BGH* LM Nr. 2 zu § 683 (Vermietung von Kellerräumen durch Hausverwaltungsgesellschaft im Namen des Eigentümers).
82 So aber – ohne weitere Begründung – *BGH* NJW 1951, 398. Wie hier MüKoBGB/*Schäfer*, Bd. 5/2, § 677 Rn. 27 sowie § 683 Rn. 25; Staudinger/*Bergmann*, § 683 Rn. 49.
83 Bejahend *BGH* NJW 1951, 398; a. A. Staudinger/*Bergmann*, § 683 Rn. 49 m. w. N.
84 Beispiel: BGHZ 95, 375 (Zahlung des Bürgen, obwohl der Hauptverbindlichkeit die Einrede der Verjährung entgegenstand, kein Ersatzanspruch).

traggeber) und zum erwarteten Erfolg steht[85] (vernünftige Prognose[86] eines verständigen Geschäftsführers zum Zeitpunkt der Ausführung des Geschäftes[87]). Unerheblich ist, ob der mit den Aufwendungen verfolgte Zweck auch tatsächlich wie erwartet eintritt.[88]

Beispiele:
- Eine mit einem Kfz-Abschleppunternehmen vertraglich vereinbarte Pauschalvergütung ist nur insoweit erforderlich, als die am Ort der Besitzstörung üblichen Kosten für das Abschleppen fremder Fahrzeuge und die Kosten für vorbereitende Maßnahmen nicht überschritten werden.[89]
- Nicht erforderlich sind ersichtlich nutzlose Aufwendungen, Aufwendungen für weisungswidrige Geschäftsbesorgungen sowie Aufwendungen, mit denen der Geschäftsführer (Beauftragte) nur eigene Belange wahrt.[90]
- Nicht erforderlich sind weiterhin Aufwendungen, die in einer vom Gesetz verbotenen Tätigkeit liegen und sich daher nicht im Rahmen der Rechtsordnung halten.[91] Denn selbst die ausdrückliche Weisung des Auftraggebers, sie zu zahlen, wäre wegen § 134 oder § 138 unbeachtlich.

35 Ohne Bedeutung ist, ob die Aufwendungen ihren Zweck erreicht haben (»für erforderlich halten«). Das Erfolgsrisiko trägt nicht der Geschäftsführer, sondern der Geschäftsherr. § 683 S. 1 ist weiter als ein Bereicherungsanspruch, der sonst in Betracht kommen würde. § 683 umfasst auch den Ersatz (nicht ersichtlich) nutzloser Aufwendungen, die also den Geschäftsherrn nicht bereichert haben, wenn der Geschäftsführer sie nur für nötig halten durfte.[92]

36 In Fällen der Notgeschäftsführung ist bei der Beurteilung, ob der Geschäftsführer die Aufwendungen für erforderlich halten darf, § 680 entsprechend anzuwenden.[93]

Fall: H kollabiert nach einer gerade durchgeführten ärztlichen Behandlung unmittelbar nach dem Verlassen der Arztpraxis. Taxifahrer G entdeckt den auf dem Bürgersteig liegenden und nicht ansprechbaren H und fährt ihn mit seinem Taxi in das nächstgelegene, aber ca. 20 Kilometer entfernte Krankenhaus. G hat in der Eile leicht fahrlässig nicht beachtet, dass sich H unmittelbar vor einer Arztpraxis befand, in der problemlos hätte geholfen werden können. H verlangt Ersatz der Taxikosten. Zu Recht?

Lösung: Infrage kommt ein Anspruch aus §§ 677, 683 S. 1, 670. Der Tatbestand (der berechtigten GoA) ist erfüllt. Deshalb ist H zum Ersatz der Aufwendungen verpflichtet (§ 670).
1. Die Fahrtkosten stellen Aufwendungen i. S. des § 670 dar (zum Ersatz auch für die Arbeitskraft des Gewerbetreibenden vgl. → Rn. 42 f.).
2. Fraglich ist, ob G diese Aufwendungen für erforderlich halten durfte. Dies wäre eigentlich zu verneinen, weil er trotz der gebotenen Eile hätte erkennen können, dass sich H unmittelbar vor einer Arztpraxis befand.

---

85 *BGH* NJW 1989, 1285; RGZ 149, 205, 207.
86 In diesem Sinn schon *Mugdan* II, S. 541 (Motive).
87 *BGH* NJW 1989, 1285; RGZ 149, 205, 207.
88 *BGH* ZIP 1991, 862, 863.
89 *BGH* VersR 2016, 996; NJW 2014, 3727.
90 *BGH* NJW 1960, 1568, 1569; *BGH* LM Nr. 42 zu § 683; RGZ 149, 205, 209.
91 BGHZ 201, 1 (Verstoß gegen § 1 Abs. 2 Nr. 2 SchwarzArbG); BGHZ 118, 142; *BGH* NJW 2008, 3069 (unerlaubte Rechtsberatung).
92 Kritisch *Medicus/Petersen*, BR, Rn. 412 zur Rechtsprechung, die § 683 zu einem »gefährlich weiten Mittel des Lastenausgleichs aus Billigkeitsgründen« gemacht habe, insbesondere bei der wettbewerblichen Abmahnung.
93 *BGH* DB 1972, 721; *Medicus/Petersen*, BR, Rn. 427; str.

3. Anders ist dies jedoch dann, wenn G die leicht fahrlässige Fehlbeurteilung nicht zum Vorwurf gemacht werden kann. Dies könnte sich aus einer analogen Anwendung von § 680 ergeben. Die Vorschrift enthält den allgemeinen Rechtsgedanken, dass der Geschäftsführer nur Vorsatz und grobe Fahrlässigkeit zu vertreten hat, wenn die Geschäftsführung die Abwendung einer dem Geschäftsherrn drohenden dringenden Gefahr bezweckt.[94] Weil dies im Fall zutrifft, durfte G die Aufwendungen für erforderlich halten (Zur anders gelagerten Problematik der Scheingefahr vgl. → Rn. 69).

c) Risikotypische Begleitschäden

Der Gesetzgeber hat die Frage bewusst offen gelassen, ob Zufallsschäden ersatzfähige **37** Aufwendungen sind.[95] Nach der üblichen Aufwendungsdefinition sind Vermögensschäden grundsätzlich keine Aufwendungen, da sie unfreiwillige Vermögensopfer darstellen.

Beispiel: G fährt das Unfallopfer H ins Krankenhaus. Dabei beschmutzt der blutende H die Autositze des G.

Der fremdnützig tätige Geschäftsführer (Beauftragte) soll über den unentgeltlichen Einsatz seiner Arbeitskraft hinaus nicht auch noch anstelle des durch die Geschäftsführung begünstigten Geschäftsherrn (Auftraggebers) das typische Geschäftsrisiko tragen. Deshalb müssen **risikotypische Begleitschäden** grundsätzlich ersatzfähig sein, so im Ergebnis übereinstimmend die allgemeine Meinung. Daher sind nicht nur freiwillige Vermögensopfer, sondern auch die unfreiwilligen Nachteile in Form von Risikobegleitschäden aus einer gefährlichen Geschäftsführung Aufwendungen i. S. des § 670.[96] Der auftraglose Geschäftsführer kann – wie ein Beauftragter – nach § 670 außer den freiwilligen Vermögensopfern auch risikotypische Vermögensbegleitschäden (Körper- und Sachschäden) ersetzt verlangen.

Dies ist aber nur unter folgenden Voraussetzungen der Fall: Der Schaden muss aus **38** einer risikotypischen Begleitgefahr erwachsen. Risikotypisch sind die Gefahren, die mit der Art der Tätigkeit oder den Umständen, unter denen sie auszuführen sind, erkennbar und mit einer gewissen Wahrscheinlichkeit verbunden sind.[97] Diese Schäden werden nach den Grundsätzen der Herausforderung (vgl. → § 16 Rn. 152) bestimmt.[98] Erforderlich ist ein erhöhtes, der Geschäftsbesorgung eigentümliches Risiko.[99] Ein bloß adäquater Ursachenzusammenhang zwischen Geschäftsbesorgung und Schaden genügt nicht. Nicht ersetzt werden deshalb alle auf dem allgemeinen Lebensrisiko des Beauftragten beruhenden Schäden (z. B. Verkehrsunfall des zur Rettung herbeieilenden Geschäftsführers).[100]

Beispiel: Bei Arbeiten auf seinem Hof verursacht S fahrlässig einen Brand, den die Feuerwehr löscht. Nach dem Löschen des Brandes knickt der Feuerwehrmann F beim Zusammenräumen des Löschgerätes um. Er verlangt von S Ersatz der Heilungskosten. Wie bei der Zurechnung des Schadens bei § 823 Abs. 1 in den Herausforderungsfällen (vgl. → § 16 Rn. 150) erfordert der Anspruch aus §§ 683 S. 1, 670, dass der entstandene Schaden auf einer tätigkeitsspezifisch gesteigerten Gefahr beruht. Weil der Brand gelöscht

---

94 Vgl. BGHZ 43, 188.
95 *Mugdan* II, S. 541 (Motive) (»[…] kann wegen Verschiedenheit der in Betracht kommenden Fälle eine Entscheidung durch das Gesetz nicht gegeben werden.«); *Mugdan* II, S. 367, 369 (Protokolle).
96 BGHZ 38, 270; BGHZ 89, 153 (ehrenamtlich tätiges Vereinsmitglied).
97 Vgl. BGHZ 52, 115; *BGH* NJW 1993, 2234, 2235; *Medicus/Petersen*, BR, Rn. 428.
98 So ausdrücklich *BGH* NJW 1993, 2234, 2235.
99 *BGH* NJW 1993, 2234, 2235: »tätigkeitsspezifische gesteigerte Gefahr«.
100 MüKoBGB/*Schäfer*, Bd. 5/2, § 683 Rn. 29; *Medicus/Petersen*, BR, Rn. 428 f.; *Otto*, JuS 1984, 684, 687.

ist, liegt keine Situation der Anspannung, Hektik oder sonstiger Gefahrsteigerung vor. Nicht ausreichend ist, dass F noch unter dem Kommando der Einsatzleitung steht. Das durch den Feuerwehreinsatz zur Brandbekämpfung gesteigerte Verletzungsrisiko ist mit der Löschung des Brandes und damit im Zeitpunkt der Verletzung des F bereits beendet (*BGH* NJW 1993, 2234).

39 Hinsichtlich des **Umfangs der Schadensersatzpflicht** gelten die allgemeinen Regeln (vgl. → § 24 Rn. 1 ff.). Auszugehen ist daher zunächst vom Grundsatz der Totalreparation.[101] Eine volle Entschädigung scheidet nicht schon deshalb aus, weil keine Verschuldenshaftung vorliegt.[102] Die Rechtsprechung gewährt für risikotypische Begleitschäden über § 670 analog jedoch nur eine angemessene, nach Billigkeit zu bemessende Entschädigung[103] (vgl. → § 8 Rn. 15 f. [»Selbstaufopferung im Straßenverkehr«]). Ein Anspruch des Geschäftsführers auf Schmerzensgeld lässt sich seit der Novellierung des § 253 (vgl. → § 24 Rn. 37 ff.) auch aus §§ 683, 670 ableiten, wenn ein risikotypischer Begleitschaden vorliegt.[104]

Den Hinterbliebenen eines tödlich verunglückten Lebensretters steht gegen den Geretteten ein Entschädigungsanspruch aus §§ 683 S. 1, 670 unter entsprechender Ergänzung durch die §§ 844, 845 zu.

40 **Fall (RGZ 167, 85):** Bei einem Wendemanöver rutscht das (voll besetzte) Auto des A in einen Fluss. Alle Fahrzeuginsassen außer der S können sich selbst aus dem sinkenden Auto retten. Der Passant G kommt S zu Hilfe. Bei dem Rettungsversuch ertrinkt er. Die Hinterbliebenen des G verlangen Unterhaltsleistung von der geretteten S. Zu Recht?

Lösung:

I. Infrage kommt ein Anspruch aus §§ 677, 683 S. 1, 670 auf Aufwendungsersatz.

1. Die Maßnahmen zur Lebensrettung der S stellen für G ein fremdes Geschäft dar, das er mit Fremdgeschäftsführungswillen im Interesse und Willen der S ohne Auftrag besorgt. Der Tatbestand des § 683 S. 1 ist damit erfüllt.

2. Deshalb kann er Aufwendungsersatz nach § 670 verlangen. Problematisch ist aber, dass G nicht Ersatz der eigenen Aufwendungen verlangt, sondern die Aufwendungen im Einsatz seines Lebens bestehen und die Hinterbliebenen einen Unterhaltsanspruch geltend machen. Diese Frage hat der Gesetzgeber der Rechtsprechung und Wissenschaft überlassen.[105] Die bestehende Gesetzeslücke ist durch analoge Anwendung der §§ 844 f. zu schließen. Wenn der Geschäftsherr dem (bloß) Geschädigten zum Ersatz seines (risikotypischen Begleit-) Schadens verpflichtet ist, so muss er auch (erst recht) Ersatz für das größere Opfer des Lebens leisten. Andernfalls würde sich ein sinnwidriges Ergebnis ergeben, zumal der Kreis der insoweit Ersatzberechtigten in den §§ 844 f. sachgemäß abgegrenzt ist.[106]

3. Der Anspruch der Hinterbliebenen auf Ersatz der Unterhaltsleistung ist damit begründet (§ 844 Abs. 2).

---

101 A. A. Soergel/*Mühl,* 11. Aufl. 1980, § 670 Rn. 22, da es sich um einen von Billigkeitserwägungen geprägten Ausgleichsanspruch handele.

102 So aber BGHZ 38, 229; *OLG Celle* NJW 1965, 2350. Vgl. Staudinger/*Martinek/Omlor,* § 670 Rn. 28: Es bedürfe stets besonderer Umstände, um vom Grundsatz der Totalreparation abgehen zu können.

103 BGHZ 38, 270.

104 Anders die alte Rechtslage, nach der auch bei risikotypischen Begleitschäden ein Schmerzensgeldanspruch aus §§ 677, 683 S. 1, 670 nicht hergeleitet werden konnte, weil insoweit § 253 a. F. entgegenstand und § 847 a. F. auf deliktische Ansprüche beschränkt war (vgl. BGHZ 52, 115; *Beuthien/Weber,* S. 141).

105 Vgl. *Mugdan* II, S. 541 (Motive); *Mugdan* II, S. 369 (Protokolle).

106 Vgl. RGZ 167, 85, 89 f.; *Beuthien/Weber,* S. 142.

II. In Betracht kommt ein Anspruch aus §§ 823 Abs. 1, 844 Abs. 2 unter dem Gesichtspunkt der Herausforderung (vgl. zu den Herausforderungsfällen → § 16 Rn. 150 ff.).

Streitig ist die rechtsdogmatische Grundlage für die Ersatzfähigkeit risikotypischer **41**
Begleitschäden. Die Rechtsprechung setzt risikotypische (Zufalls-)Begleitschäden und
freiwillige Vermögensopfer gleich.[107] Die Literatur verweist auf die allgemeine Risikohaftung bei gefährlicher Tätigkeit im fremden Interesse[108] wie sie in § 110 Abs. 1 Alt. 1
HGB zum Ausdruck kommt.[109]

d) Ersatz der Arbeitskraft (Dienstleistung)

Ein Verdienstausfall stellt als anderweitig aufgeopferter Erwerb (vgl. § 252 S. 2) eine **42**
Aufwendung i. S. des § 670 dar, für die der Geschäftsführer Aufwendungsersatz verlangen kann, wenn die Tätigkeit zum Gewerbe oder Beruf des Geschäftsführers gehört.[110] Dann kann der Geschäftsführer für die Geschäftsführung die tarifmäßige oder
sonst übliche Vergütung verlangen.[111] Kein Geschäftsherr kann erwarten, dass ihm berufliche oder gewerbliche **Dienstleistungen,** die am Markt nur gegen Entgelt zu erhalten sind, umsonst erbracht werden.[112] In der Übernahme der GoA liegt – im Gegensatz
zum unentgeltlichen Auftrag (§ 662) – kein Entgeltverzicht des Geschäftsführers (vgl.
§ 685). Der Verweis des § 683 S. 1 auf das Auftragsrecht (Unentgeltlichkeit des Auftrages, § 662) ist insoweit missverständlich.[113] Im Schrifttum wird auf eine Analogie zu
§ 1835 Abs. 3 verwiesen.[114] Nach dieser Vorschrift gelten als Aufwendungen des Vormunds auch Dienste, die zu seinem Gewerbe oder Berufe gehören.[115]

Es gibt aber keinen Aufwendungsersatz für bloß aufgeopferte Zeit und Arbeitskraft **43**
durch eine Person, für welche die Hilfstätigkeit nicht mit ihrer beruflichen oder gewerblichen Tätigkeit identisch ist.[116]

---

107 BGHZ 33, 251 (vollständig abgedruckt); BGHZ 38, 270; 52, 115; 92, 270; *BGH* NJW 1993, 2234,
2235; RGZ 167, 85, 89. Abweichend Staudinger/*Martinek/Omlor,* § 670 Rn. 23, wonach sich die
Anwendbarkeit des § 670 aus einer Analogie ergeben soll.

108 *Beuthien/Weber,* S. 10 f.; *Larenz,* SR II/1, § 56 III, S. 418 im Anschluss an *Canaris,* RdA 66, 41; *Genius,* AcP 173 (1973), 481; Jauernig/*Mansel,* § 670 Rn. 8 f.; Palandt/*Sprau,* § 670 Rn. 12. Vgl. BGHZ
89, 153.

109 *Beuthien/Weber,* S. 141.

110 BGHZ 33, 251 (vollständig abgedruckt); *BGH* NJW 1971, 609, 612 (in BGHZ 55, 128 [»Flugreise«-Fall] insoweit nicht abgedruckt); BGHZ 65, 384 (Bergung eines verlorenen Ankers durch
Wasser- und Schifffahrtsverwaltung); *BGH* NJW-RR 1989, 970 (Verwaltungstätigkeit für eine
Wohnanlage durch Wohnungsverwaltungsgesellschaft); *Beuthien/Weber,* S. 141; Anfängerklausur
Zivilrecht: *Homeier* JuS 2015, 230.

111 BGHZ 143, 9; *BGH* NJW-RR 2005, 639, 641 (Vergütungsanspruch bei Scheitern des Wechsels des
Stromversorgers). Vgl. auch BGHZ 191, 325 (bei entgegenstehendem Willen eines nicht leistungsfähigen Geschäftsherrn ist der Vergütungsanspruch des Beerdigungsunternehmers begrenzt auf den
nach § 74 SGB XII übernahmefähigen Betrag für eine einfache Beerdigung).

112 *Beuthien/Weber,* S. 142; vgl. auch MüKoBGB/*Schäfer,* Bd. 5/2, § 683 Rn. 27 f.

113 Vgl. dazu kritisch MüKoBGB/*Schäfer,* Bd. 5/2, § 683 Rn. 28, der auf ein Redaktionsversehen hinweist.

114 BGHZ 65, 384; 69, 36; RGZ 149, 124; *Beuthien/Weber,* S. 142; Staudinger/*Bergmann,* § 683 Rn. 58
m. w. N.

115 BGHZ 65, 384; *Medicus/Petersen,* BR, Rn. 430.

116 H. M.; Staudinger/*Bergmann,* § 683 Rn. 58; *Medicus/Petersen,* BR, Rn. 430; *Beuthien/Weber,* S. 142.
A. A. MüKoBGB/*Schäfer,* Bd. 5/2, § 683 Rn. 28; *Wollschläger,* GoA, S. 311 ff.; *Otto,* JuS 1984, 684,
685. Vgl. *Esser/Weyers,* SR II/2, § 46 II 4 b, S. 22 gegen das Erfordernis einer Analogie zu § 1835
Abs. 3.

Beispiel: In ihrer Freizeit leisten der Arzt P und der Architekt S am Unfallort Erste Hilfe. Weil das Leisten von Erster Hilfe zum Beruf des P gehört, hat er einen Aufwendungsersatzanspruch nach §§ 677, 683 S. 1, 670. Dagegen trifft dies für S nicht zu. Für S ist die Erste Hilfe nur aufgeopferte Freizeit, sodass er keinen Aufwendungsersatz nach GoA verlangen kann.

e) Aufwendungsersatz beim Handeln im Doppelinteresse

44 Wenn der Geschäftsführer im **Doppelinteresse** handelt, wenn also das Geschäft zugleich im eigenen und fremden Interesse besorgt wird, dann sind die Aufwendungen nur anteilig zu erstatten. Soweit der Geschäftsführer Eigeninteressen verfolgt, muss er die getätigten Aufwendungen selbst tragen.[117]

Beispiele:

- Beseitigung einer gemeinsamen Giebelmauer, die einsturzgefährdet ist und den Straßenverkehr bedroht.[118]
- Inanspruchnahme eines Zustandsstörers trotz gleichzeitiger Pflichtigkeit des Verhaltensstörers.[119]
- Infolge eines Brandes wird Milchpulver, das der Mieter für dessen Eigentümer in den Mieträumen berechtigterweise lagerte, unbrauchbar und vom Grundstückseigentümer beseitigt. Der Brand war auf dem Grundstück außerhalb der Mieträume ausgebrochen. Der Eigentümer des Grundstücks kann Aufwendungsersatz vom Eigentümer des Milchpulvers nur insoweit verlangen, als Aufwendungen für den Abtransport des Milchpulvers vom Grundstück entstanden sind, die auch erforderlich gewesen wären, wenn das Milchpulver in unbeschädigtem Zustand vom Grundstück hätte entfernt werden müssen. Denn insoweit wäre der Mieter aus § 1004 Abs. 1 (§ 254 Abs. 1) verpflichtet gewesen. Nicht ersatzpflichtig ist der Geschäftsherr für (1.) Kosten, die zusätzlich durch die Entfernung des Löschwassers, das sich mit Milchpulver vermischt hat, und des Löschmittels aus den Kellerräumen und Zisternen des Grundstückseigentümers durch gebotene Entsorgungsmaßnahmen erforderlich sind, sowie (2.) Aufwendungen, die der Beseitigung des Milchpulvers nicht zugute kommen und die ausschließlich wegen des Brandes notwendig wurden, für die nur der Geschäftsführer (Grundstückseigentümer) einen Verursachungsbeitrag gesetzt hat (BGHZ 110, 313, 317 f.; vgl. → § 4 Rn. 15).

f) Anspruchsausschluss nach § 685

45 Handelt der Geschäftsführer in freigiebiger Absicht, so kann er **keinen Aufwendungsersatz** nach § 683 S. 1 verlangen. § 685 begründet eine rechtshindernde Einwendung, welche Ansprüche des Geschäftsführers aus §§ 683 f. ausschließt.[120] Die Absicht des Geschäftsführers, vom Geschäftsherrn Ersatz zu verlangen, ist also keine Anspruchsvoraussetzung für die berechtigte GoA, sondern die Verzichtsabsicht begründet einen Ausschlusstatbestand. Voraussetzung dafür ist, dass der Geschäftsführer bei Übernahme der Geschäftsführung seinen Verzichtswillen nach außen – wenn auch nur unvollkommen – ausdrücklich oder aus den Umständen irgendwie erkennbar zum Ausdruck bringt. Diese Absichtsäußerung (Verzichtswille) stellt zwar keine Willenserklärung – aber eine Willensbetätigung – dar, sodass die §§ 104 ff. (insbesondere §§ 107, 111) anwendbar sind.[121] § 685 Abs. 2 normiert eine Auslegungsregel (»im Zweifel«).

---

117 BGHZ 110, 313; vgl. Soergel/*Beuthien*, § 683 Rn. 12.
118 BGHZ 16, 12.
119 BGHZ 98, 235.
120 BGHZ 197, 110.
121 MüKoBGB/*Seiler*, 6. Aufl. 2012, § 685 Rn. 5.

g) Kürzung der Aufwendung nach § 254 analog

Im Hinblick auf den Rechtsgedanken des § 254 kann eine **Kürzung des Aufwen-** 46
dungsersatzanspruchs in Betracht kommen. Dies ist der Fall, wenn der Geschäftsführer die Entstehung eines (aufwendungsgleichen) Schadens mitverursacht hat, wenn
etwa ein Begleitschaden zwar risikotypisch, aber vom Geschäftsführer (durch unnötig
starke Selbstgefährdung) mitverschuldet ist. Begründung:

– Der Geschäftsführer darf sich nur insoweit Gefahren aussetzen, als er dies den Umständen nach für erforderlich halten darf (vgl. § 670).[122] Der Geschäftsführer darf
  einen mitverschuldeten Risikobegleitschaden nicht »für erforderlich« halten.
– Da es der Sache nach um Schadensausgleich geht, ist das Ergebnis (je nach Rechts-
  standpunkt) aus § 254 unmittelbar oder entsprechend ableitbar.[123]

Für die Aufteilung im Einzelfall ist von Bedeutung, ob den Geschäftsführer ein Ver- 47
schulden trifft und inwieweit die entstandenen Aufwendungen (in Form des risikotypischen Begleitschadens) durch das Verschulden des Geschäftsführers mitverschuldet wurden.

Beispiel: F hält den ohne Rückbeleuchtung bei Nacht fahrenden Traktorfahrer T an, um ihn auf die von
seinem Gefährt ausgehende Gefahr aufmerksam zu machen. Kurz danach rast ein nachfolgendes Auto in
den stehenden Traktor und verletzt den F. F kann vom Fahrer des nachfolgenden Autos Aufwendungsersatz für den entstandenen Schaden aus §§ 677, 683 S. 1, 670 verlangen. Jedoch muss er sich aufwen-
dungsmindernd anrechnen lassen, dass er durch sein Verhalten die Gefahr eines stehenden Hindernisses
geschaffen hat (§ 254 Abs. 1). Dies ist allerdings nur dann der Fall, wenn dem F Vorsatz oder grobe Fahrlässigkeit zur Last fällt (§ 680) (BGHZ 43, 188; vgl. → Rn. 15, 72).

Soweit eine gegenständliche Abgrenzung der Aufwendungen nicht möglich ist, sind 48
für die Ermittlung der Anspruchshöhe die dem Geschäftsführer durch die Geschäftsführung entstandenen Kosten nach dem Maß der Verantwortlichkeit und dem Gewicht der Interessen der Beteiligten zu verteilen.

Vertiefungshinweis: In BGHZ 38, 270 hat der BGH die ersatzfähigen Aufwendungen im Fall einer für 49
Geschäftsführer und Geschäftsherrn schuldlos (zufällig) entstandenen Gefahrenlage ermittelt. Der BGH
gewährte Aufwendungsersatz nur zum Teil.[124]
Begründung:

– Ein derartiger Fall sei aus dem Recht der Haverei (§ 700 HGB) bekannt.
– So wie der Geschäftsherr ohne Verschulden allein aufgrund der Verursachung des Unfalls auf Aufwendungsersatz nach §§ 677, 683 S. 1, 670 hafte, müsse auch bei der Verteilung des Schadens der Verursachungsbeitrag des Geschäftsführers berücksichtigt werden.
– Es entstehe ein unbilliges Ergebnis, wenn man dem Kraftfahrer bei misslungenem Rettungsversuch
  einen vollen Aufwendungsersatzanspruch zubilligte.
– Es handele sich nicht um einen echten Schadensersatzanspruch, sondern dem Retter sei nur eine angemessene Entschädigung zu gewähren, bei deren Bemessung die verschiedenartigen Umstände des
  Einzelfalles zu berücksichtigen seien.

---

122 *Beuthien/Weber*, S. 144.
123 Vgl. auch *Genius*, AcP 173 (1973), 517.
124 Im Fall konnte der Geschäftsführer (selbstaufopfernder Kfz-Fahrer) deshalb Aufwendungsersatz
    verlangen, weil er den Entlastungsbeweis nach § 7 Abs. 2 StVG a. F. führte und damit feststand,
    dass der Unfall auf einem für diesen unabwendbaren Ereignis beruhte (vgl. § 3 Rn. 3 f., § 8
    Rn. 15 f.). – Zur Nichtanwendbarkeit von § 254 vgl. *Looschelders*, Die Mitverantwortlichkeit des
    Geschädigten im Privatrecht, 1999, S. 277.

3. Zusammenfassung

50

Aufwendungsersatz bei berechtigter GoA (§§ 677, 683, 670)

I. Tatbestand
Ziffer 1. bis 4. siehe Grundtatbestand der GoA (→ § 4 Rn. 47)
  5. Berechtigung zur Übernahme der Geschäftsführung (berechtigte GoA)
    a) § 683 S. 1
       beachte Vorrang des geäußerten wirklichen Willens (h. M.) (→ Rn. 17)
    b) §§ 683 S. 2, 679
    c) Genehmigung des Geschäftsherrn (§ 684 S. 2)
II. Rechtsfolgen: Ersatz der Aufwendungen (§ 670)
  1. Aufwendungen
     – freiwillige Vermögensopfer des Geschäftsführers (in Abgrenzung zum Schaden) (→ Rn. 32)
     – P: Risikotypische Begleitschäden (erhöhtes, mit der Geschäftsbesorgung verbundenes Risiko) (→ Rn. 37 ff.)
     – P: Ersatz für aufgeopferte Zeit und Arbeitskraft nur bei Tätigkeit, die zum Gewerbe oder Beruf des Geschäftsführers gehört (→ Rn. 42 f.)
  2. »für erforderlich halten«
     – Prognoseentscheidung eines verständigen Geschäftsführers (→ Rn. 34)
     – Erfolg der Aufwendungen (Zweckerreichung) ohne Bedeutung
  3. Anteiliger Aufwendungsersatz
     – bei Handeln im Doppelinteresse: Abzug der (anteiligen) im Eigeninteresse getätigten Aufwendungen (→ Rn. 44)
     – bei Mitverschulden gemäß § 254 analog (→ Rn. 46 ff.)
  4. Anspruchsausschluss (§ 685) bei Verzichtsabsicht

II. Aufwendungsersatz nach Bereicherungsrecht (§ 684 S. 1, sog. unberechtigte GoA)

51 Nach § 684 S. 1 ist der Geschäftsherr verpflichtet, alles, was er aus der Geschäftsführung erlangt hat, nach den Vorschriften über die Herausgabe einer ungerechtfertigten Bereicherung herauszugeben. Diese Vorschrift regelt – nach der Rechtsprechung und h. L. – die sog. unberechtigte GoA (vgl. → § 2 Rn. 10). Es handelt sich um einen besonderen **Bereicherungsanspruch,** der aber im Ergebnis auf einen Aufwendungsersatzanspruch hinausläuft, da die Bereicherung des Geschäftsherrn meist darin besteht, dass der Geschäftsführer Aufwendungen oder Verwendungen getätigt hat, die sich beim Geschäftsherrn wertsteigernd niederschlagen.[125] Der Geschäftsherr hat dadurch eigene Aufwendungen erspart (vgl. → § 10 Rn. 6, § 12 Rn. 17 f.). Zweck der Vorschrift ist es, dem Geschäftsführer das Risiko einer erfolglosen unberechtigten GoA aufzulegen, weil er Herausgabe nur verlangen kann, wenn der Geschäftsherr (noch) bereichert ist (§ 818 Abs. 3). Ein Anspruch aus § 684 S. 1 scheidet aus, wenn die Voraussetzungen des § 685 erfüllt sind (vgl. → Rn. 45).

---

125 *Martinek/Theobald*, JuS 1997, 612.

Strittig ist, ob der Verweis auf die Bereicherungshaftung ein Rechtsgrund-[126] oder – so **52**
die wohl überwiegende Ansicht – ein **Rechtsfolgenverweis**[127] ist (vgl. → § 5 Rn. 55).
Der Meinungsstreit hat nur eine geringe praktische Bedeutung (vgl. den Vertiefungshinweis Nr. 3).[128]

Der Umfang des Bereicherungsanspruchs richtet sich nach §§ 818 f. Insbesondere kann **53**
sich der Geschäftsherr auf den Wegfall der Bereicherung (§ 818 Abs. 3) berufen. Es
kommt nicht darauf an, ob der Geschäftsführer entreichert ist, also Aufwendungen getätigt hat (vgl. → Rn. 55).

Fall (*OLG Düsseldorf* NJW-RR 1996, 913): Die Eigentümergemeinschaft einer Wohnanlage be- **54**
schließt, eine anstehende Dachreparatur zurückzustellen. Der Verwalter V beauftragt dennoch einige
Zeit später einen Handwerker mit der Reparatur und bezahlt diesen. Er verlangt von der Eigentümergemeinschaft Ersatz.

Lösung:

1. Infrage kommt ein Anspruch aus §§ 677, 683 S. 1, 670 auf Aufwendungsersatz. V hat mit der Reparatur wissentlich und willentlich ein objektiv fremdes Geschäft der Eigentümergemeinschaft mit Fremdgeschäftsführungswillen ohne Auftrag geführt. Ein Aufwendungsersatzanspruch nach Auftragsrecht
   (§ 670) kann nur unter den weiteren Voraussetzungen der §§ 683 S. 1 und 2, 684 S. 2 vorliegen. (1.)
   Die Übernahme der Geschäftsführung widerspricht dem ausdrücklichen Willen (§ 683 S. 1). Auch
   wenn der von der Eigentümergemeinschaft geäußerte Wille möglicherweise für den Zeitpunkt der Erteilung des Auftrages mit Rücksicht darauf, dass eine Gesamtsanierung des Daches nach den Angaben
   des Dachdeckers dringend notwendig war, nicht mehr vernünftig war, weil er den objektiven Erforder-
   nissen nicht mehr entsprach, ist dieser Wille weiterhin maßgebend im Sinne des § 683 S. 1. (2.) Eine
   Genehmigung liegt nicht vor (§ 684 S. 2). Deshalb besteht kein Anspruch aus §§ 677, 683 S. 1, 670.
2. Infrage kommt nur ein Anspruch aus §§ 684 S. 1, 818 ff. Nach § 684 S. 1 muss die Eigentümergemeinschaft dem V die Aufwendungen ersetzen, die er im Zuge der Sanierung des Daches gemacht hat. Dies
   gilt auch dann, wenn die Reparatur des Daches nicht werterhöhend, sondern »nur« werterhaltend
   war. Denn auch eine lediglich werterhaltende Verwendung führt zu einer Bereicherung des Geschäftsherrn, wenn er dadurch Aufwendungen erspart hat, die er später selbst mit Sicherheit gehabt hätte.

(Weiteres Beispiel zu § 684 S. 1 und dessen Bezüge zum Bereicherungsrecht bei *Martinek/Theobald*,
JuS 1997, 612, 616 – Fall 5)

Vertiefungshinweis: § 684 S. 1 **55**
Im Zusammenhang mit § 684 S. 1 stellen sich mehrere Probleme.

1. Streitig ist die Frage, ob der Anspruch aus § 684 S. 1 auf die durch §§ 683 S. 1, 670 ersatzfähigen Aufwendungen zu beschränken ist[129] oder nicht[130] **(Umfang der Bereicherungshaftung).** Bei dieser Frage
   geht es darum, ob es sich bei § 684 S. 1 um einen Aufwendungsersatzanspruch handelt, der auf Ersatz
   der dem Geschäftsführer entstandenen Aufwendungen gerichtet ist und in seiner Höhe durch die Bereicherung beim Geschäftsherrn beschränkt ist (Ansicht 1), oder um einen bloßen Bereicherungsanspruch, bei dem es auf die tatsächlich getätigten Aufwendungen des Geschäftsführers nicht ankommt, sondern allein auf die Bereicherung beim Geschäftsherrn und allein diese herauszugeben ist
   (Ansicht 2).

---

126 MüKoBGB/*Schäfer*, Bd. 5/2, § 684 Rn. 6; *Gursky*, AcP 185 (1985), 13, 40 ff.; *Henssler*, JuS 1991, 924,
    928.
127 *BGH* WM 1976, 1056, 1060; *OLG Hamm* NJW 1974, 951; Staudinger/*Bergmann*, § 684 Rn. 5; Pa-
    landt/*Sprau*, § 684 Rn. 1; *Martinek/Theobald*, JuS 1997, 612, 617 m.w.N.
128 So zutreffend *Medicus/Petersen*, BR, Rn. 947.
129 So Jauernig/*Mansel*, § 684 Rn. 1; Staudinger/*Bergmann*, § 684 Rn. 3; *Wolf*, JZ 1966, 467, 470.
130 So MüKoBGB/*Seiler*, 6. Aufl. 2012, § 684 Rn. 9.

Nach der Meinung 2 normiert § 684 S. 1 einen besonderen Bereicherungsanspruch, bei dem der Geschäftsherr die Bereicherung herauszugeben hat. Es wird deshalb nicht geprüft, in welcher Höhe der Geschäftsführer aus seinem Vermögen Aufwendungen gemacht hat, die er jetzt ersetzt verlangen könnte. Es muss vielmehr ermittelt werden, ob und in welcher Höhe der Geschäftsherr bereichert ist, also selbst Aufwendungen erspart hat, weil der Geschäftsführer statt seiner tätig geworden ist (zur Ersparnis von Aufwendungen vgl. → § 10 Rn. 6, § 12 Rn. 17f.). Der Anspruch aus §§ 684 S. 1, 818 ersetzt dem Geschäftsführer also nicht seine Aufwendungen. Vielmehr muss der Geschäftsherr ihm den Wert der ersparten Aufwendungen (des Geschäftsherrn) auszahlen. Dagegen normiert nach der Ansicht 1 § 684 S. 1 einen Anspruch, aus dem der Geschäftsführer Ersatz seiner gemachten Aufwendungen nur insoweit verlangen kann, als der Geschäftsherr bereichert ist. (Im Gegensatz dazu ist der Geschäftsherr bei berechtigter GoA verpflichtet, dem Geschäftsführer die Aufwendungen zu ersetzen, die dieser für erforderlich halten durfte [§§ 683, 670], unabhängig davon, ob der Geschäftsherr durch die Geschäftsführung bereichert ist oder nicht.)

Nach beiden Ansichten ist § 818 Abs. 3 die bzw. eine Grenze für den Anspruch des Geschäftsführers. Nur nach der Ansicht 1 treten als weitere Voraussetzung (Grenze) die eigenen Aufwendungen des Geschäftsführers hinzu. Während für die Ansicht 1 die Systematik der §§ 683f. spricht, spricht für die Ansicht 2 der Wortlaut. Geht man davon aus, dass der Geschäftsherr davor geschützt werden soll, ungewollte Aufwendungen erstatten zu müssen, so reicht der Schutz des § 818 Abs. 3 aus (Ansicht 2), und es ist das Erfordernis eigener Aufwendungen durch den Geschäftsführer verzichtbar.

2. Aufgedrängte Bereicherung: Bei der unberechtigten GoA widerspricht es dem Willen und Interesse des Geschäftsherrn, überhaupt etwas zu erhalten. Ein aus der Geschäftsführung erlangter Vorteil ist immer aufgedrängt. Insoweit stellt sich das Problem der **aufgedrängten Bereicherung** (vgl. → § 12 Rn. 61f.).[131]

3. Anwendung der §§ 814, 815, 817 S. 2 im Rahmen des § 684 S. 1 bei Annahme einer Rechtsgrundverweisung: Eine Anwendung des § 814 hat zur Folge, dass ein Bereicherungsanspruch des Geschäftsführers ausgeschlossen ist, wenn der Geschäftsführer zum Zweck der Erfüllung einer Verbindlichkeit leistet und er die Nichtschuld kannte (Alt. 1) oder eine Anstands- oder Sittenpflicht bestand (Alt. 2). Da § 814 aber nicht für alle Leistungskondiktionen, sondern nur für die condictio indebiti gilt, die im Falle des § 684 nicht gegeben ist, ist auch bei einer Qualifikation des § 684 als Rechtsgrundverweisung nur die 2. Alternative der Anstands- oder Sittenpflicht anwendbar. Ein Bereicherungsanspruch ist nach § 815 ausgeschlossen, wenn die Erteilung einer Genehmigung (§ 684 S. 2) von Anfang an unmöglich ist oder der Geschäftsführer die Genehmigung wider Treu und Glauben verhindert (praktisch bedeutungslos). § 817 S. 2 regelt den Fall, dass dem Geschäftsführer ein Verstoß gegen ein gesetzliches Verbot oder die guten Sitten zur Last fällt.[132]

56	**Aufwendungskondiktionsanspruch bei unberechtigter GoA (§ 684 S. 1)**

I. Tatbestand
    Ziffer 1. bis 4. siehe Grundtatbestand der GoA (→ § 4 Rn. 47)
    5. Keine Berechtigung zur Übernahme der Geschäftsführung
        a) § 683 S. 1 (beachte: Vorrang des wirklichen Willens; h. M.): (–)
        b) §§ 683 S. 2, 679: (–)
        c) Genehmigung des Geschäftsherrn (§ 684 S. 2): (–)
II. Rechtsfolgen: §§ 818ff.
    1. Rechtsfolgeverweisung (h. M.)
    2. Herausgabe der Bereicherung des Geschäftsherrn
        – Ersparte Aufwendungen des Geschäftsherrn (→ Rn. 51)
        – Wertzuwachs
        P: Aufgedrängte Bereicherung (→ Rn. 54)

---

131 *Klauser,* NJW 1958, 47, 49: Ermittlung der Höhe der Bereicherung nicht auf der Grundlage des objektiven Wertes, sondern des Vorteils, den der Geschäftsherr subjektiv erlangt hat.

132 Vgl. *RG* WarnR 1910 Nr. 286: Kein Anspruch auf Ersatz der Unterhaltskosten, wenn der Geschäftsführer ein Kind der Gewalt des Vaters entzieht.

C. Ansprüche des Geschäftsherrn

I. Schadensersatzpflicht bei Ausführungsverschulden (§§ 677, 280)

§ 677 normiert die Anforderungen an eine pflichtgemäße Ausführung einer Geschäfts- **57**
besorgung. Danach hat der Geschäftsführer bei Übernahme der Geschäftsbesorgung –
zu der er nicht verpflichtet ist – das fremde Geschäft so zu führen, wie das Interesse des
Geschäftsherrn mit Rücksicht auf dessen wirklichen oder mutmaßlichen Willen es erfordert (§ 677). Relevant ist diese Pflicht, wenn der Geschäftsführer sie verletzt. Dann
macht er sich bei Verschulden schadensersatzpflichtig (Sekundärpflicht). Anspruchsgrundlage ist §§ 677, 280 (sog. **Ausführungsverschulden**).

1. Pflichtenmaßstab

Pflichtenmaßstab ist das »Interesse des Geschäftsherrn mit Rücksicht auf dessen **58**
wirklichen oder mutmaßlichen Willen«. Unter Interesse ist der objektive Nutzen des
Geschäftsherrn zu verstehen.[133] Der Wille ergibt sich aus den subjektiven Vorstellungen des Geschäftsherrn.[134] Die Tatbestandsmerkmale »Interesse« und »Wille« sind an
sich wie bei § 683 S. 1 auszulegen. Im Kollisionsfall ist aber das Interesse vorrangig; der
Wille ist nur nachrangig zu berücksichtigen (vgl. → Rn. 61).

Zu trennen sind der Übernahmewille (§§ 683 S. 1, 678) und der Aus- bzw. **Durch- 59
führungswille** des Geschäftsherrn (§ 677) für die konkrete Durchführung der berechtigten GoA. Die Übernahme der Geschäftsführung kann dem Übernahmewillen des
Geschäftsherrn entsprechen, während die (konkrete) Ausführung des Geschäfts dem
Durchführungswillen widersprechen kann.

Beispiel: Der nach einem Verkehrsunfall bewusstlose O wird von dem zufällig vorbeikommenden Arzt N
behandelt. Dabei unterläuft diesem grob fahrlässig ein Behandlungsfehler. Es entspricht dem Willen des
O, dass N ihm zu Hilfe kommt (Übernahmewille). Deshalb kann N nach § 683 S. 1 Aufwendungsersatz
verlangen und haftet nicht nach § 678 für ein Übernahmeverschulden. Aber: O ist nicht mit dem Behandlungsfehler einverstanden. Damit widerspricht die Ausführung der Geschäftsführung dem Ausführungs-
willen des O (»Grundsätzlich ja, aber nicht so!«). Deshalb kann N nach §§ 677, 280 (Ausführungsverschulden) zum Schadensersatz verpflichtet sein. Eine Haftungsprivilegierung nach § 680 scheidet wegen
grober Fahrlässigkeit aus.[135]

Es kann im Einzelfall schwierig sein, den (anfänglichen) Übernahmewillen (»Ob«) zu **60**
ermitteln und vom (späteren) Durchführungswillen (»Wie«) abzugrenzen.[136] Dies liegt
daran, dass die Ausführung schon in die Entscheidung über die Übernahme einbezogen wird.

Vertiefungshinweis: »Interesse mit Rücksicht auf [...] Willen« **61**
Fraglich ist das **Rangverhältnis von Interesse und Willen** bei § 677. Relevant wird diese Frage, wenn sich
Interesse und Wille widersprechen und zu entscheiden ist, ob das Interesse oder der Wille vorrangig ent-
scheidungserheblich ist. Im Gegensatz zum Wortlaut des § 683 S. 1 (»Interesse und [...] Willen«) stehen

---

133 MüKoBGB/*Schäfer*, Bd. 5/2, § 677 Rn. 114 sowie § 683 Rn. 8.
134 MüKoBGB/*Schäfer*, Bd. 5/2, § 677 Rn. 114 sowie § 683 Rn. 5 f.
135 Ob die Haftungsprivilegierung des § 680 auch für professionelle Nothelfer wie einen Notarzt anwendbar ist, ist streitig; vgl. *BGH* NJW 2018, 2723 m. w. N. (verneint jedenfalls für eine in Ausübung eines öffentlichen Amtes vorgenommene Gefahrenabwehr).
136 Näher dazu *Martinek/Theobald*, JuS 1998, 27, 28.

Interesse und Wille bei § 677 nicht gleichrangig nebeneinander (»Interesse des Geschäftsherrn mit Rücksicht auf dessen [...] Willen«). Nach dem Wortlaut kommt es bei § 677 vorrangig auf das Interesse an, der Wille ist nur nachrangig zu berücksichtigen. Diesem Unterschied misst eine Meinung[137] in der Literatur keine Bedeutung bei und legt § 677 und § 683 gleich aus (vgl. → Rn. 17 f.): Vorrangig komme es auf den Willen an, selbst wenn das Interesse entgegenstehe. Dafür spreche die Privatautonomie und das Selbstbestimmungsrecht des Geschäftsherrn sowie die Regelung des § 681 S. 1, wonach der Geschäftsführer möglichst die Entschließung des Geschäftsherrn abwarten und deshalb vorrangig der Wille des Geschäftsherrn und nicht ein davon abweichendes objektives Interesse gelten solle (vgl. → Rn. 76).

Zutreffend legt aber die wohl überwiegende Meinung[138] in der Literatur die Vorschriften – entsprechend dem Gesetzeswortlaut – unterschiedlich aus. Die unterschiedliche Auslegung des § 677 und § 683 S. 1 geht konform mit der Ansicht des historischen Gesetzgebers, wonach die Ansprüche des Geschäftsherrn und des Geschäftsführers an unterschiedliche Voraussetzungen geknüpft seien.[139] Beide Vorschriften erfüllen unterschiedliche Funktionen: Während § 677 den Haftungsmaßstab festlegt, normiert § 683 S. 1 den Tatbestand zur Erschwerung des Aufwendungsersatzes. Der Wille ist bei § 677 weniger zu berücksichtigen, weil der Geschäftsführer einer berechtigten GoA bei der Ausführung freier gestellt sein soll als bei der Übernahme.

62 Auch bei der sog. **unberechtigten GoA** (vgl. → § 2 Rn. 10) kann eine Haftung für Ausführungsverschulden (§§ 677, 280 Abs. 1) in Betracht kommen. Das ist der Fall, wenn der Geschäftsführer das Geschäft dem Interesse mit Rücksicht auf den Willen des Geschäftsherrn zuwider besorgt (ausgeführt) hat. Die interessen- und willenswidrige Übernahme der Geschäftsführung ist insoweit ohne Bedeutung. Der an sich konkurrierende Anspruch aus §§ 677, 280 Abs. 1 wird aber neben § 678 (vgl. → Rn. 75 ff.) kaum eine Rolle spielen, weil § 678 eine verschärfte und für den Geschäftsherrn günstigere Haftung des Geschäftsführers normiert und gerade nicht voraussetzt, dass der Schaden durch Verschulden des Geschäftsführers eingetreten ist (vgl. § 678 a. E.).

2. Verletzung der Pflicht zur ordnungsgemäßen Geschäftsführung

63 Handelt der Geschäftsführer bei Ausführung der GoA entgegen dem Interesse mit Rücksicht auf den wirklichen oder den (mit dem Interesse übereinstimmenden) mutmaßlichen Willen des Geschäftsherrn, so begeht er eine Pflichtverletzung (Verletzung eines gesetzlichen Schuldverhältnisses, § 280).

Beispiele:

– Haftung einer Stadt nach §§ 677, 278 wegen fahrlässiger Schadensverursachung bei Bergung eines Öltankwagens durch Feuerwehr.[140]
– Haftung nach §§ 677, 276 für Übernahme des Steuers eines Pkw durch Betrunkenen.[141]
– Dagegen ist der Geschäftsführer, der ohne Auftrag – und deshalb vorübergehend – ein Mietgrundstück verwaltet, grundsätzlich nicht verpflichtet, gegenüber dem Mieter ein Mieterhöhungsverlangen auszusprechen.[142]

---

137 Soergel/*Beuthien*, § 677 Rn. 26; *Medicus*, Gesetzliche Schuldverhältnisse, S. 173 f.; MüKoBGB/*Schäfer*, Bd. 5/2, § 677 Rn. 114.
138 BeckOK BGB/*Gehrlein*, § 677 Rn. 19; Palandt/*Sprau*, § 677 Rn. 12; Jauernig/*Mansel*, § 677 Rn. 9; *Brox/Walker*, SchuldR BT, § 36 Rn. 42; so wohl auch Staudinger/*Bergmann*, § 677 Rn. 16 f.
139 *Mugdan* II, S. 481 (Motive): »Die Voraussetzungen der actio directa und der contraria sind hiernach verschieden.«
140 BGHZ 63, 167.
141 *BGH* NJW 1972, 475.
142 *BGH* NJW-RR 2008, 759.

Vertiefungshinweis: Durchführungspflicht?   64

Der Geschäftsführer ist grundsätzlich nicht (aus § 677) verpflichtet, ein begonnenes Geschäft fortzuführen **(Durchführungspflicht)**[143] und kann sich insoweit nicht schadensersatzpflichtig machen (§§ 677, 280 und § 678). Etwas anderes kann ausnahmsweise dann gelten, wenn dem Geschäftsherrn aufgrund des Abbruchs der Geschäftsbesorgung ein Schaden droht, der nicht entstehen würde, wenn der Geschäftsführer sich nicht eingemischt hätte.[144] Aber auch dann besteht keine gerichtlich durchsetzbare Pflicht des Geschäftsführers zur Fortführung des Geschäfts, sondern nur eine Obliegenheit zur Vermeidung eines Schadensersatzanspruchs. Aus § 242 kann sich eine ausnahmsweise Fortführungspflicht ergeben.

3. Verschulden

Eine Schadensersatzhaftung für interessen- und willenswidrige Ausführung einer Geschäftsbesorgung kommt nur bei **Verschulden** in Betracht (vgl. § 280 Abs. 1 S. 2). Der Geschäftsführer muss also schuldhaft entgegen dem Interesse mit Rücksicht auf den Willen des Geschäftsherrn gehandelt haben. Deshalb kommt es – anders als bei § 683 S. 1 (vgl. → Rn. 8 ff., 19) – bei § 677 auf die Erkennbarkeit des wirklichen oder mutmaßlichen Willens des Geschäftsherrn aus der Sicht des Geschäftsführers an.[145] Als Verschuldensmaßstab für das Ausführungsverschulden gelten grundsätzlich die §§ 276 ff.   65

Fall: Student S nimmt vom Paketzusteller ein Paket entgegen, wobei er – infolge unsorgfältiger Beachtung des Adressatenschildes auf dem Paket – annimmt, es sei für den Hausmitbewohner A. Als S später feststellt, dass das Paket an den mit ihm verfeindeten B gerichtet ist, der sich derartige Hilfeleistungen seitens des S schon früher verboten hat, wirft er das Paket weg. Anspruch des B gegen S auf Schadensersatz (vgl. auch → § 4 Rn. 27)?   66

Lösung:

I. Ein vertraglicher Schadensersatzanspruch kommt mangels Vertrages nicht in Betracht.

II. Anspruch auf Schadensersatz nach §§ 677, 280 Abs. 1?

1. Die Entgegennahme und Aufbewahrung des Pakets stellt eine Geschäftsbesorgung dar. Weil das Paket an B und nicht an ihn selbst adressiert ist, liegt ein Geschäft des B vor und ist damit für S objektiv fremd.

2. Fremdgeschäftsführungswille?

a) S will ein fremdes Geschäft führen (Fremdgeschäftsführungswille i. e. S.). Er weiß auch, dass es sich bei der Entgegennahme um die Angelegenheit eines anderen handelt (Fremdgeschäftsführungsbewusstsein). Dass er es für seinen Nachbarn A führen will und er sich über den Geschäftsherrn irrt, lässt die Geschäftsbesorgung für den B nicht entfallen. Denn ein Irrtum über die Person des Geschäftsherrn ist unbeachtlich. Nach § 686 entsteht das Rechtsverhältnis der Geschäftsführung ohne Auftrag mit dem wirklichen Geschäftsherrn.

b) Dass der Fremdgeschäftsführungswille nach Entdeckung des Irrtums wegfällt, ist unbeachtlich, weil bereits entstandene Ansprüche des Geschäftsherrn durch den Wegfall des Fremdgeschäftsführungswillens nicht beeinträchtigt werden.

3. Ein Auftrag oder eine sonstige Berechtigung fehlt.

4. Es kommt für §§ 677, 280 nicht darauf an, ob die Übernahme des Geschäfts dem Interesse und dem Willen des B entspricht (ob eine berechtigte oder unberechtigte GoA vorliegt).

---

143 Vgl. *OLG Hamm* OLGR 2009, 65 (nicht veranlasste Pfändung bei Nichtigkeit eines Geschäftsbesorgungsvertrages zu einer Forderungsrealisierung); *Mugdan* II, S. 859 (Motive); RGZ 63, 280, 283.

144 Vgl. *Mugdan* II, S. 859 (Motive).

145 *Martinek/Theobald*, JuS 1998, 27, 28.

   5. Indem S aber das Paket wegwirft, handelt er entgegen dem Interesse mit Rücksicht auf den Willen des B und begeht damit eine Pflichtverletzung i. S. des § 677 (§ 280 Abs. 1 S. 1). Dies tut S vorsätzlich, weshalb ihn ein Verschulden i. S. der §§ 280 Abs. 1 S. 2, 276 Abs. 1 trifft.

   6. Deshalb haftet S auf Schadensersatz (§ 249 Abs. 2).

III. § 678 (Übernahmeverschulden)?

   1. Die Übernahme der Geschäftsführung durch den verfeindeten S widerspricht dem tatsächlichen Willen des B.

   2. S müsste ein Verschulden diesbezüglich treffen (Übernahmeverschulden). Weil er den Adressaten des Paketes aus Unachtsamkeit nicht richtig erkennt, ist Fahrlässigkeit (§ 276 Abs. 2) anzunehmen.

   3. Deshalb haftet S wegen aller Schäden, die mit der Übernahme in ursächlichem Zusammenhang stehen, also auch für die Vernichtung des Paketes.

IV. §§ 677, 681 S. 2, 667, 280 Abs. 1 und 3, 283 S. 1?

   1. Der Grundtatbestand der GoA ist erfüllt (vgl. vorstehend).

   2. Deshalb ist S zur Herausgabe des Paketes verpflichtet. Diese Verpflichtung macht er sich schuldhaft (§ 280 Abs. 1 S. 2) unmöglich (§ 275 Abs. 1) und haftet deshalb aus §§ 280 Abs. 3, 283 auf Schadensersatz statt der Leistung.

V. §§ 989, 990 Abs. 1?

   Weil B kein Eigentümer ist, kommt ein Anspruch aus EBV nicht in Betracht.

VI. § 823 Abs. 1 setzt voraus, dass ein absolutes Recht oder Rechtsgut i. S. des § 823 Abs. 1 verletzt worden ist. Da B noch nicht Eigentümer ist, scheidet ein Schadensersatzanspruch mangels Eigentumsverletzung aus.

4. Haftungsprivileg des § 680

67   § 680 beschränkt das Haftungsrisiko des zur Abwehr einer drohenden dringenden Gefahr handelnden Geschäftsführers. Bei Notfällen hat der Geschäftsführer deshalb nur Vorsatz und grobe Fahrlässigkeit zu vertreten **(Haftungsprivileg)**. Dadurch soll die Bereitschaft gefördert werden, in akuter Gefahr Hilfe zu leisten. Die Regelung geht davon aus, dass dem Geschäftsführer regelmäßig nicht viel Zeit zu ruhigem Überlegen bleibt, weil die dem Geschäftsherrn drohende Gefahr dringend ist. Der Geschäftsherr soll daher eine (leichte) Fahrlässigkeit seines Geschäftsführers hinnehmen und muss die dadurch entstandenen Schäden selbst tragen.[146]

a) Tatbestand

68   Eine dem Geschäftsherrn drohende **dringende Gefahr** besteht, wenn der Eintritt eines Schadens an seiner Person oder seinem Vermögen[147] mit großer Wahrscheinlichkeit unmittelbar bevorsteht und die Hilfeleistung daher keinen Aufschub duldet. Die h. M. wendet § 680 auch an, wenn die Gefahr nicht dem Geschäftsherrn selbst, sondern seinen Angehörigen oder ihm sonst nahe stehenden Personen droht.[148] Diese Ausdehnung entspricht weder dem Willen des Gesetzgebers,[149] noch ist sie nötig, da der unmittelbar Gefährdete selbst Geschäftsherr der ihn betreffenden Hilfeleistung sein kann. Vielfach wird die Nothilfe jedoch zugleich den Rechtskreis weiterer Personen betreffen, also mehrere Geschäftsherren haben.

---

146 *Mugdan* II, S. 858 (Motive); BGHZ 43, 188; BGHZ 63, 167; *BGH* NJW 1972, 475, 476; *BGH* NJW 2018, 2723.
147 *BGH* VersR 1970, 620, 622.
148 Palandt/*Sprau*, § 680 Rn. 2; vgl. abweichend Staudinger/*Bergmann*, § 680 Rn. 10.
149 *Mugdan* II, S. 728 (Protokolle).

Die Geschäftsführung muss die Abwendung einer dringenden Gefahr bezwecken. Erforderlich ist ein entsprechend zweckbestimmtes Handeln des Nothelfers. Ob es gelingt, die Gefahr tatsächlich abzuwenden, ist unerheblich.[150]

§ 680 gilt bei der berechtigten und unberechtigten GoA, setzt also nicht voraus, dass die Übernahme der Geschäftsführung dem Interesse und Willen des Geschäftsherrn entspricht.[151]

Vertiefungshinweis: Scheingefahr (vermeintliche Notlage)   69

Umstritten ist die Geltung des § 680 bei irrtümlicher Annahme einer drohenden Gefahr durch den Geschäftsführer. Der überwiegende Teil der Literatur[152] und verschiedene Instanzgerichte[153] wenden § 680 mit Rücksicht auf die Interessen des Geschäftsherrn nur an, wenn die Gefahr tatsächlich besteht, während es andere – zutreffenderweise – genügen lassen, dass der Geschäftsführer die Gefahrenabwehr bezweckt. Die vom Gesetz geforderte Finalität der Hilfeleistung verlangt die Haftungsbeschränkung auch bei erfolgloser Geschäftsführung. Dass § 680 darüber hinaus auch bei jeder Scheingefahr gilt, fordert der Gesetzeswortlaut zwar nicht.[154] Für eine weite Gesetzesauslegung spricht jedoch der Zweck des § 680, rasche und damit zwangsläufig fehlergeneigte mitmenschliche Hilfe zu begünstigen. Dem liefe es zuwider, dem Hilfswilligen das volle, durch § 678 sogar noch verschärfte Irrtumsrisiko aufzubürden, zumal es nicht nur um das Erkennen der Gefahr, sondern auch um die oft unsichere Beurteilung der Dringlichkeit der Hilfeleistung geht. Daher gilt § 680 auch für Geschäftsführer, welche die tatsächliche Gefahrenlage unverschuldet[155] oder jedenfalls nicht grob fahrlässig[156] verkennen. Auch eine solche Gefahr stellt eine Gefahr i. S. des § 680 dar. Geschäftsführer haften dem nur vermeintlich Gefährdeten trotz unberechtigter Geschäftsführung weder nach § 678 noch nach damit konkurrierenden Vorschriften, insbesondere nicht nach § 823.

b) Rechtsfolge

Liegen die Voraussetzungen des § 680 vor, so hat der Geschäftsführer gegenüber dem   70 Geschäftsherrn – anders gegenüber Dritten! – **nur Vorsatz und grobe Fahrlässigkeit zu vertreten.** § 680 betrifft nur das Innenverhältnis zwischen Geschäftsführer und Geschäftsherrn. § 680 beschränkt also nicht die Ersatzansprüche Dritter, die durch den Nothelfer geschädigt werden. Denn die mildere Haftung des Geschäftsführers ist nur gegenüber dem Nutznießer der Hilfeleistung, also dem Geschäftsherrn, gerechtfertigt.[157] Der persönlich auf Ersatz in Anspruch genommene Nothelfer ist jedoch auch in solchen Fällen geschützt: Er kann gemäß §§ 677, 683 S. 1, 670 i. V. m. § 257 vom Geschäftsherrn Freistellung von einer Schadensersatzverpflichtung gegenüber Dritten verlangen, wenn im Verhältnis zu diesem die Voraussetzungen des § 680 vorgelegen haben.

---

150 Allgemeine Meinung: BGHZ 43, 188; *BGH* VersR 1970, 620, 621; Palandt/*Sprau*, § 680 Rn. 2; MüKoBGB/*Schäfer*, Bd. 5/2, § 680 Rn. 8.

151 BGHZ 43, 188; *OLG München* WM 1999, 1878; Staudinger/*Bergmann*, § 680 Rn. 6; vgl. aber auch *Grigoleit*, VersR 2018, 769, der die berechtigte GoA auf Gefahrenlagen reduzieren möchte.

152 MüKoBGB/*Schäfer*, Bd. 5/2, § 680 Rn. 7; Staudinger/*Bergmann*, § 680 Rn. 13; Erman/*Dornis*, § 680 Rn. 4; *Berg*, JuS 1975, 681, 686; *Wollschläger*, GoA, S. 282; zwischen berechtigter und unberechtigter GoA differenzierend *Martinek/Theobald*, JuS 1997, 612, 618.

153 *OLG Koblenz* NJW 1962, 1515 mit abl. Anm. *Weitnauer* (dagegen *Imhof*, DAR 1974, 253, 255); *OLG Bamberg* VersR 1976, 997; *OLG Frankfurt* MDR 1976, 1021 mit abl. Anm. *Fricke*, MDR 1977, 315. Die Rechtsprechung des BGH ist – entgegen MüKoBGB/*Schäfer*, Bd. 5/2, § 680 Rn. 7 – insoweit noch offen, als diese Frage bisher nicht entscheidungserheblich gewesen ist. So zu Recht *Stern*, ZfBR 1988, 252, 253.

154 So zu Recht MüKoBGB/*Schäfer*, Bd. 5/2, § 680 Rn. 7; *Berg*, JuS 1975, 681, 686; a. A. Staudinger/*Bergmann*, § 680 Rn. 12 f.; Palandt/*Sprau*, § 680 Rn. 2.

155 *BAG* NJW 1976, 1229, 1230; *Batsch*, AcP 171 (1971), 218, 222 Fn. 11; *Dietrich*, JZ 1974, 534, 539.

156 So *Martinek/Theobald*, JuS 1997, 612; Jauernig/*Mansel*, § 680 Rn. 2; Palandt/*Sprau*, § 680 Rn. 2; Staudinger/*Bergmann*, § 680 Rn. 13.

157 *BGH* NJW 1972, 475.

71 Der mildere Haftungsmaßstab gilt sowohl für die Übernahme (§ 678) als auch für die Ausführung (§ 677) der auf Gefahrenabwehr zielenden Geschäftsbesorgung.[158] Die Rechtsprechung wendet § 680 als »Ausdruck eines allgemeinen Rechtsgedankens« entsprechend auch auf **begleitende Ansprüche des Geschäftsherrn aus unerlaubter Handlung (§§ 823 ff.)** an, damit die Haftungsprivilegierung des § 680 nicht über das Deliktsrecht leer läuft.[159]

Beispiele:

- Jogger J sieht, wie ein um Hilfe schreiendes Kind und ein laut und aggressiv bellender Hund wild auf einer Wiese raufen. J eilt herbei und kann den Hund bändigen; dabei verletzt er den Hund. Es stellt sich heraus, dass das Kind mit seinem Hund nur gespielt hat und im Übermut des Spielens das Eingreifen des J nicht verhindern konnte. Weil J hier allenfalls leicht fahrlässig verkennt, dass die Übernahme der Geschäftsführung (Hilfeleistung) dem Willen des Kindes bzw. seiner Eltern nicht entspricht (§ 680), haftet er nicht aus § 678.
- Jogger J wehrt einen wilden Hund von dem Passanten P ab. Er beschädigt dabei leicht fahrlässig die Kleidung des P. Wegen § 680 haftet J nicht auf Schadensersatz nach §§ 677, 280 Abs. 1.

72   **Fall (BGHZ 43, 188):** Fall nach Rn. 15.

Lösung:

I. G hat einen Anspruch aus § 7 Abs. 1 StVG, weil A als Halter beim Betrieb seines Kfz den Körper des G verletzt hat und keine höhere Gewalt (§ 7 Abs. 2 StVG) vorliegt.
Fraglich ist aber, ob der zu ersetzende Schaden nach § 9 StVG i. V. m. § 254 zu kürzen ist.[160] Das setzt voraus, dass den G an der Entstehung des Schadens ein Mitverschulden trifft. Zu vertreten hat G grundsätzlich Vorsatz und Fahrlässigkeit (§ 276 Abs. 1 S. 1). Jedoch könnte das Haftungsprivileg des § 680 eingreifen. Das setzt voraus, dass ein fremdes Geschäft mit Fremdgeschäftsführungswillen ohne Auftrag (Grundtatbestand der GoA) geführt wird und die Geschäftsführung die Abwendung einer dem Geschäftsherrn drohenden dringenden Gefahr bezweckt.

1. § 680 ist im Verhältnis Geschäftsführer zum Geschäftsherrn anwendbar, gleichgültig wer Anspruchssteller ist. Die Norm bestimmt auch das vom Geschäftsführer zu vertretende Verschulden im Rahmen des Mitverschuldens (§ 254). Es ist Ausdruck eines allgemeinen Rechtsgedankens, dass der zur Abwendung einer dringend drohenden Gefahr handelnde Geschäftsführer nur für Vorsatz und grobe Fahrlässigkeit haftet. Gerade in dringenden Notlagen ist ein ruhiges überlegtes Abwägen nicht möglich und die Verschuldensgefahr besonders groß.
2. G führt ein Geschäft (des T und) des A (vgl. → Rn. 15).[161] Dass die Geschäftsübernahme erfolglos ist, die Gefahr also nicht abgewendet werden kann, hat dagegen keine rechtliche Bedeutung, weil § 680 nicht voraussetzt, dass das Eingreifen den mit ihm bezweckten Erfolg auch erreicht.
3. Der Fremdgeschäftsführungswille wird beim objektiv fremden Geschäft vermutet.
4. Ein Auftrag oder sonstige Berechtigung fehlt.
5. § 680 gilt bei der berechtigten und unberechtigten GoA, setzt also nicht voraus, dass die Übernahme der Geschäftsführung dem Interesse und Willen des A entspricht.
6. Die Geschäftsführung bezweckt die Abwendung der dem A durch den unbeleuchteten Traktor drohenden dringenden Gefahr.

---

158 BGHZ 43, 188; *BGH* NJW 1972, 475.
159 *BGH* NJW 2018, 2723; *BGH* VersR 1970, 620; *BGH* NJW 1972, 475; *OLG München* VersR 1966, 1167. Vgl. *Stern*, ZfBR 1988, 252 f. zu § 680 und Ersatzanspruch aus Pflichtverletzung wegen eigenmächtigen Abweichens eines Werkunternehmers vom Vertrag.
160 Es ist nicht § 17 Abs. 2 StVG anzuwenden. Zwar ist auch G Kfz-Halter, jedoch ist der entstandene Schaden nicht unmittelbar durch das Kfz des G verursacht worden (vgl. § 17 Abs. 1 StVG).
161 Als Geschäftsherren kommen neben T nur die zur Zeit der Übernahme des Geschäftes Gefährdeten in Betracht. Dies ist der (zeitlich und räumlich) unmittelbar nachfolgende Verkehr.

7. G haftet deshalb nur für grobe Fahrlässigkeit und Vorsatz (§ 680). Grobe Fahrlässigkeit kann aber im vorliegenden Fall beim Anspruchsteller G nicht festgestellt werden. Deshalb scheidet eine Anspruchskürzung nach § 9 StVG i.V.m. § 254 aus. G kann vollen Schadensersatz verlangen.

II. Ein Anspruch aus § 823 Abs. 1 setzt ein Verschulden des A voraus, welches G beweisen muss. Für das Mitverschulden des G gilt das oben Gesagte.

III. In Betracht kommt auch ein Anspruch aus §§ 677, 683 S. 1, 670 (vgl. → Rn. 15).

5. Umfang der Ersatzpflicht

Die Ersatzpflicht nach §§ 677, 280 wegen eines Ausführungsverschuldens umfasst **nur** **ausführungsbedingte Schäden.** Nachteile aufgrund sachgerechter, aber erfolgloser Geschäftsführung werden nicht ersetzt, da der auftraglose Geschäftsführer keinen Leistungserfolg schuldet. Im Übrigen gelten die §§ 249 ff.   73

6. Zusammenfassung

Schadensersatz bei Ausführungsverschulden (§§ 677, 280)	74
Ziffer 1. bis 4. siehe Grundtatbestand der GoA (→ § 4 Rn. 1 ff.) 5. Pflichtverletzung Pflichtmaßstab: Vorrang des Interesses (anders § 683 S. 1: Vorrang des wirklichen Willens) (→ Rn. 58, 61) 6. Verschulden – Grundsätzlich: § 276 – Haftungsprivileg des § 680 (→ Rn. 67 ff.)	

II. Schadensersatzhaftung bei Übernahmeverschulden (§ 678)

Nach § 678 haftet der (unberechtigte) Geschäftsführer für ein **Übernahmeverschulden.**   75 Die Vorschrift bezweckt den Schutz des Geschäftsherrn, indem sie den Geschäftsführer allein wegen Übernahmeverschuldens einer strengen Haftung für alle aus der Geschäftsführung entstehenden Schäden unterwirft. Der Haftungtatbestand setzt bereits bei der (unberechtigten) Übernahme der Geschäftsführung an und erfordert keine schuldhafte Pflichtverletzung bei der Ausführung des Geschäfts. Die Haftung des Geschäftsführers aus § 678 ist gegenüber der Deliktshaftung in zweifacher Hinsicht strenger:

– Der Geschäftsführer haftet für einen (primären) Vermögensschaden (zur Abgrenzung vom sog. sekundären Vermögensschaden vgl. → § 16 Rn. 100 f.); der Verletzung eines absoluten Rechts oder Rechtsgutes bedarf es nicht.

– Die deliktsrechtlich haftungsbegründende Rechts-(gut-)verletzung braucht – ebenso wenig wie der Schaden – nicht vom Verschulden umfasst zu sein (vgl. dagegen zum Deliktsrecht → § 16 Rn. 179).

1. Haftungsvoraussetzungen

Der Geschäftsführer muss die Besorgung des Geschäfts übernommen haben. **Über-**   76 **nahme der Geschäftsführung** ist die Handlung, durch die der Geschäftsführer seinen Willen, ein Geschäft für einen anderen zu führen, zum Ausdruck bringt.[162] Das ist

---

162 Vgl. Staudinger/*Bergmann*, § 678 Rn. 6 f.

regelmäßig mit Beginn der Ausführungshandlung der Fall. Es kommt also nicht auf die vollständige Ausführung des Geschäftes an.

Die Übernahme muss im Widerspruch zum wirklichen oder mutmaßlichen **Willen** des Geschäftsherrn stehen. Entscheidend ist der Wille des Geschäftsherrn. Es kommt – im Gegensatz zu § 683 S. 1 und § 677 – nicht auf das **Interesse** des Geschäftsherrn an (vgl. → Rn. 59). Bedeutung hat das Interesse nur dazu, um den mutmaßlichen Willen zu ermitteln (vgl. → Rn. 14).

77 Der Anspruch setzt **Verschulden** voraus. Gegenstand des Verschuldens ist der Widerspruch der Übernahme mit dem Willen des Geschäftsherrn. Dagegen muss sich das Verschulden nicht auf die Art und Weise der Ausführung des Geschäfts und den eingetretenen Schaden beziehen (vgl. § 678 a. E.). Verschulden trifft den Geschäftsführer jedenfalls dann, wenn er bei Beachtung der im Verkehr erforderlichen Sorgfalt hätte erkennen müssen (fahrlässige Unkenntnis), dass die Übernahme der Geschäftsführung dem Willen des Geschäftsherrn widerspricht. Erst recht ist es – obwohl im Gesetz nicht ausdrücklich genannt – ausreichend, dass der Geschäftsführer dies positiv weiß.[163]

Die Haftungsmilderung nach § 680 ist auch im Rahmen von § 678 anwendbar (vgl. → Rn. 67 ff.).[164] Unter den Voraussetzungen des § 680 haftet der Nothelfer nur bei positiver Kenntnis oder grob fahrlässiger Unkenntnis des entgegenstehenden Willens des gefährdeten Geschäftsherrn.[165]

2. Rechtsfolge

78 Der Geschäftsführer ist dem Geschäftsherrn zum **Ersatz des aus der Geschäftsführung entstandenen Schadens** verpflichtet. Davon erfasst sind alle Schäden, die bei Ausführung des Geschäfts (Geschäftsführung) adäquat kausal entstehen. Der Geschäftsführer haftet auch für solche Schäden, die trotz sorgfältiger und sachgemäßer Ausführungshandlung (zufällig) entstehen, aber nicht eingetreten wären, wenn er das Geschäft nicht besorgt hätte, die Geschäftsübernahme also unterblieben wäre.[166] Die Art und Weise des Schadensersatzes bestimmt sich nach §§ 249 ff.

79 **Fall (*BGH* NJW 1972, 475):** A und B nehmen an einem Betriebsfest teil, bei dem Alkohol in Strömen fließt. Als die Feier weit nach Mitternacht endet, will der schwer betrunkene A (Blutalkoholkonzentration von 2,24 Promille) mit seinem Pkw nach Hause fahren. Alles gute Abraten und Zureden der Kollegen nützt nichts. Den Zündschlüssel herauszugeben und ein Taxi zu nehmen, lehnt A entschieden ab. Als der völlig fahruntüchtige A den Motor anlassen will, drängt ihn sein Arbeitskollege B (Blutalkoholkonzentration von 1,5 Promille), um Unheil zu verhüten, gewaltsam auf den Beifahrersitz, setzt sich selbst ans Steuer und fährt los, um A nach Hause zu bringen. Bei der anschließenden Fahrt verursacht B fahrlässig einen Unfall, bei dem A getötet wird. Die Erben des A verlangen Ersatz für das zerstörte Kfz. Zu Recht?

---

163 *Mugdan* II, S. 858 (Motive).
164 Vgl. *BGH* NJW 1972, 475.
165 BGHZ 43, 188; *BGH* NJW 1972, 475.
166 *BGH* NJW 1972, 475; RGZ 158, 302, 313; *OLG Hamburg* NJW-RR 2003, 857.

Lösung:

I. Anspruch der Erben aus § 678 i. V. m. § 1922 Abs. 1

1. Die Heimfahrt des A mit seinem Pkw ist eine Angelegenheit des A und damit für B ein objektiv fremdes Geschäft. Der Fremdgeschäftsführungswille wird deshalb vermutet. B handelt ohne Auftrag oder sonstige Berechtigung gegenüber A.

2. Indem sich B an das Steuer setzt und losfährt, übernimmt er die Geschäftsführung.

3. Fraglich ist, ob die Übernahme der Geschäftsführung dem (wirklichen oder mutmaßlichen [vgl. § 678]) Willen des A entspricht. Der an sich vorrangige wirkliche Wille des A, nicht von B nach Hause gefahren zu werden, ist gemäß § 105 Abs. 2 analog unbeachtlich. Deshalb kommt es auf den mutmaßlichen Willen des A an. Die Heimfahrt durch einen ebenfalls absolut Fahruntüchtigen stimmt nicht mit dem mutmaßlichen Willen des A überein. Damit steht die Übernahme der Geschäftsführung mit dem mutmaßlichen Willen des A in Widerspruch.

4. Den B müsste ein Übernahmeverschulden treffen. B ist nicht verschuldensunfähig (§§ 276 Abs. 1 S. 2, 827 S. 1 und 2).

   a) Fraglich ist, für welches Verschulden der B einzustehen hat. Unter den Voraussetzungen des § 680 könnte B nur für Vorsatz und grobe Fahrlässigkeit haften. Das setzt voraus, dass die Geschäftsführung einer vom Geschäftsherrn drohenden dringenden Gefahr bezweckt. Die Haftungserleichterung gilt nicht nur für die Ausführung (§§ 677, 280), sondern auch für die Übernahme der Geschäftsbesorgung (§ 678).[167] Im vorliegenden Fall bezweckt die Geschäftsbesorgung die Abwendung einer dem A drohenden dringenden Gefahr, weil A den Wagen in völlig betrunkenem Zustand fahren will. Ein beachtliches Übernahmeverschulden trifft den B also nur dann, wenn er bei der Übernahme des Wagens grob fahrlässig handelt.

   b) Wer sich nach Alkoholgenuss in fahruntüchtigem Zustand an das Steuer eines Kraftfahrzeuges setzt, handelt in aller Regel grob fahrlässig, nicht aber unter den besonderen Umständen des Falles des B, der es in diesem Augenblick an dem notwendigen selbstkritischen Prüfen seiner eigenen Fahrtüchtigkeit fehlen lässt. Denn B hat keinerlei Zeit zum ruhigen Überlegen. Die drohende Gefahr ist ungewöhnlich groß (Gefährdung des A und anderer Verkehrsteilnehmer), andere Möglichkeiten (Wegnahme des Zündschlüssels, Benachrichtigung der Polizei) hätten gegebenenfalls die Anwendung von Gewalt erfordert und die Begleiter des B drängen ihn zum Handeln.[168]

   c) Weil B nur einfache Fahrlässigkeit vorzuwerfen ist, fehlt es hier an einem relevanten Übernahmeverschulden.

5. B haftet nicht aus § 678.

II. Anspruch aus §§ 677, 280 Abs. 1 i. V. m. § 1922 Abs. 1?
Ein Schadensersatzanspruch wegen Ausführungsverschuldens setzt voraus, dass der Geschäftsführer das Geschäft schuldhaft den Interessen und dem Willen des Geschäftsherrn zuwider ausführt. Die gleichen Gründe, die gegen ein grobes Verschulden bei Übernahme der GoA sprechen, sollen auch für das Verschulden bei ihrer Ausführung gelten, so der BGH.[169] Danach scheidet ein Schadensersatzanspruch aus §§ 677, 280 Abs. 1 i. V. m. § 1922 Abs. 1 mangels beachtlichen Verschuldens aus.

III. Anspruch aus §§ 989, 990 i. V. m. § 1922 Abs. 1
Fraglich ist, ob die hierfür erforderliche Vindikationslage vorliegt oder der B gemäß § 855 als Besitzdiener einzuordnen ist und damit der Anspruch bereits mangels Vorliegens einer Vindikationslage scheitert. B übt als Fahrer während der Fahrt die tatsächliche Gewalt über das Fahrzeug für den A aus, dem das Fahrzeug gehört und den er nach Hause fahren will. Die für die Einordnung als Besitzdiener erforderliche Weisungsgebundenheit kann sich nach § 855 aus der Zugehörigkeit zum Haushalt oder Erwerbsgeschäft des Besitzers (Besitzherrn) sowie aus einem »ähnlichen Verhältnis« ergeben. In Betracht kommt jedes (Rechts-)Verhältnis, das sich durch eine Subordination (unter den Willen des Besitzherrn) auszeichnet.[170] Auch die GoA kann ein solches Subordinationsverhältnis sein, wie sich

---

167 BGHZ 43, 193; *BGH* NJW 1972, 475.

168 Vgl. *BGH* NJW 1972, 475, 476f.

169 *BGH* NJW 1972, 475, 477 unter 3.

170 Auch rein tatsächliche Verhältnisse genügen, wenn sich der Besitzdiener dem Besitzherrn in Ausführung seiner Tätigkeit auch tatsächlich unterordnen will, vgl. Palandt/*Herrler*, § 855 Rn. 2.

aus § 681 ergibt, der auf die berechtigte und die unberechtigte GoA anwendbar ist.[171] B übt als Geschäftsführer ohne Auftrag die tatsächliche Gewalt über die Sache des A für diesen als Geschäftsherrn aus. Generell ordnet sich jemand, der aus Hilfsbereitschaft einen Freund oder Arbeitskollegen in dessen Auto fährt, auch ohne Weiteres den Weisungen des Fahrzeughalters und des -eigentümers im Sinne von § 855 unter, sodass er als Besitzdiener (und nicht als Mitbesitzer) einzustufen ist. Die für die Einordnung von Besitzverhältnissen maßgebliche Verkehrsanschauung[172] spricht dafür, die Einordnung als Besitzdiener auch dann zu bejahen, wenn in dieser Fallkonstellation der Besitzer – wie der A – ausnahmsweise nicht in der Lage ist, Weisungen zu erteilen, vorausgesetzt der Chauffeur handelt – wie der B – als Helfer, der den Besitzer nicht aus seiner Besitzstellung verdrängen möchte. Da B demgemäß als Besitzdiener, nicht jedoch als Besitzer einzustufen ist, fehlt es schon an einer Vindikationslage, sodass ein Schadensersatzanspruch aus §§ 989, 990 i.V.m. § 1922 Abs. 1 ausscheidet.

IV. Ansprüche wegen Besitzstörung aus § 823 Abs. 1 und aus § 823 Abs. 2 i.V.m. § 858[173], jeweils i.V.m. § 1922 Abs. 1

Auch für Ansprüche aus §§ 823 ff. ist das Haftungsprivileg des § 680 anzuwenden, um den Zweck der Privilegierung (gesteigerte Bereitschaft zur Nothilfe in einer dringenden Gefahrsituation) zu sichern.[174]

V. Eine Ersatzpflicht des Fahrzeugführers B nach §§ 18 Abs. 1 S. 1, 7 Abs. 1 StVG scheidet aus, da der Eigentümer des geführten Kfz hinsichtlich seines Sachersatzinteresses von der StVG-Haftung nicht geschützt wird (vgl. → § 22 Rn. 45).

80 **Vertiefungshinweis:** Haftung für Übernahmeverschulden (§ 678) und Genehmigung (§ 684 S. 2) Vertreten wird, dass § 678 unanwendbar ist und damit eine Haftung für Übernahmeverschulden entfällt, wenn der Geschäftsherr die zunächst unwillkommene Geschäftsführung **genehmigt** (§ 684 S. 2), da dann die unberechtigte Geschäftsführung rückwirkend zu einer berechtigten werde.[175] Diese Ansicht kann sich auf den Wortlaut des Ersten Entwurfs berufen.[176] Sie missachtet jedoch, dass die Genehmigung den (der Übernahme der Geschäftsführung entgegenstehenden) Willen des Geschäftsherrn nicht für unbeachtlich erklärt. Die Genehmigung ersetzt nur für den (Aufwendungsersatz-)Anspruch des Geschäftsführers den (entgegenstehenden) Willen des Geschäftsherrn durch dessen nachträgliche Genehmigung. Deshalb ist § 678 auch neben § 684 S. 2 grundsätzlich anwendbar. Zutreffenderweise lässt daher die Genehmigung nach § 684 S. 2 die Haftung für ein Übernahmeverschulden (§ 678) und für ein Ausführungsverschulden (§§ 677, 280 Abs. 1) nicht generell entfallen. Schon die Motive bestätigen dies. Sie sehen die Reichweite einer Genehmigung im Hinblick auf die Befreiung des Geschäftsführers von einer Schadenshaftung als Tatfrage an, da sie sich die Genehmigung auf die Übernahme oder auf die Art und Weise der Ausführung oder auf beides beziehen könne.[177] Die 2. Kommission hat dementsprechend den Wortlaut der Vorschrift geändert und damit zum Ausdruck gebracht, dass eine Schadenshaftung nur dann entfällt, wenn das Verhalten des Geschäftsherrn im Einzelnen gebilligt werde und dass die Genehmigung den Geschäftsherrn von Schadensersatzansprüchen nicht schon befreit, wenn nicht eine Beschränkung ersichtlich ist.[178] Die Genehmigung stellt den Geschäftsführer nicht schlechthin und generell von einer (Übernahme- oder Ausführungs-)Schadensersatzhaftung frei, da es vielmehr eine Frage der Auslegung der Genehmigungserklärung (§§ 133, 157) im Einzelfall ist, ob und inwieweit der Geschäftsführer hinsichtlich eines Übernahme- oder Ausführungsverschuldens freigestellt werden soll.[179]

---

171 Str.; vgl. *BGH* NJW 1984, 1461; Palandt/*Sprau*, § 681 Rn. 1.

172 Vgl. *OLG Köln* NZV 2006, 260 (der Kaufinteressent ist bei einer Probefahrt als Besitzdiener anzusehen).

173 Eine Haftung aus § 823 Abs. 2 i.V.m. § 248b StGB scheitert mangels Vorsatzes hinsichtlich der »Unbefugtheit« des Gebrauchs, da B glaubte, er sei trotz des genossenen Alkohols noch so fahrtüchtig, dass A mit dieser Heimfahrt einverstanden ist.

174 BGHZ 40, 140; 46, 313; *BGH* NJW 1972, 475.

175 Staudinger/*Bergmann*, § 678 Rn. 11.

176 Vgl. § 758 E I a. E.: »[…] genehmigt wird, erlangt der Geschäftsführer […] auch Befreiung von den Ansprüchen des Geschäftsherrn auf Schadensersatz wegen mangelhafter Geschäftsbesorgung«.

177 *Mugdan* II, S. 484 f. (Motive).

178 Vgl. *Mugdan* II, S. 1202 (Protokolle).

179 Vgl. dazu Staudinger/*Bergmann*, § 684 Rn. 23 ff.; MüKoBGB/*Schäfer*, Bd. 5/2, § 684 Rn. 16.

3. Zusammenfassung

Schadensersatzanspruch bei Übernahmeverschulden gemäß § 678	81

I. Tatbestand
    Ziffer 1. bis 4. siehe Grundtatbestand der GoA (→ § 4 Rn. 47)
    5. Widerspruch zum wirklichen oder mutmaßlichen Willen des Geschäftsherrn (anders: § 677 und § 683 S. 1)
    6. Übernahmeverschulden
        d. h. Kenntnis oder Erkennbarkeit des entgegenstehenden Willens des Geschäftsherrn
        – Vorsatz oder Fahrlässigkeit (§ 276)
        – Haftungsprivilegierung bei Nothilfe (§ 680): Vorsatz oder grobe Fahrlässigkeit (→ Rn. 77, 67)
II. Rechtsfolgen
    1. Schaden
    2. (Adäquater) Kausalzusammenhang zwischen Übernahme der Geschäftsführung und Schaden (→ Rn. 78)	

III. (Neben-)Pflichten nach § 681

§ 681 ist auf die sog. berechtigte und unberechtigte GoA anwendbar (vgl. → Rn. 4 f.). **82** Die Vorschrift setzt nicht voraus, dass die Übernahme der Geschäftsführung dem Interesse und Willen des Geschäftsherrn entspricht. Sie normiert die Nebenpflichten des Geschäftsführers.

1. Anzeigepflicht (§ 681 S. 1)

Nach § 681 S. 1 hat der Geschäftsführer dem Geschäftsherrn die Übernahme des Geschäftes so bald wie möglich anzuzeigen und, wenn möglich, dessen Entschließung abzuwarten.[180] Der Geschäftsführer soll den Willen des Geschäftsherrn feststellen, damit er das Geschäft so weit wie möglich dem Willen des Geschäftsherrn nach ausführen kann. **83**

2. Auskunftspflicht (§§ 681 S. 2, 666)

Der Geschäftsführer hat Auskunft über den Stand des Geschäfts zu geben und Rechenschaft abzulegen (§§ 681 S. 2, 666, **Auskunftspflicht**). Zweck dieser Verpflichtung ist es, dem Geschäftsherrn die Feststellung der Tatsachen zu ermöglichen, die erforderlich sind, um weitere Ansprüche gegen den Geschäftsführer durchzusetzen. **84**

3. Herausgabepflicht (§§ 681 S. 2, 667)

Der Geschäftsführer hat das aus der Geschäftsführung Erlangte herauszugeben **85** (§§ 681 S. 2, 667).[181] Erlangt ist jeder Vorteil, den der Geschäftsführer aufgrund eines inneren Zusammenhangs mit dem geführten Geschäft erhält (z. B. auch bespielte Interviewbänder oder vom Geschäftsführer angefertigte Unterlagen, die nicht nur für ihn bedeutsam sind). Die **Herausgabepflicht** erstreckt sich auch auf den erzielten Ge-

---

180 Die Anzeigepflicht entfällt auch in den Fällen des § 679 nicht (BGHZ 65, 354).
181 Bei nichtigem Auftrag entscheidet die getroffene Abrede ungeachtet ihrer Nichtigkeit über die Frage, ob der Geschäftsführer die Verwendung erlangten Geldes gegen sich gelten lassen muss (*BGH* NJW 2012, 3366).

winn.[182] Herauszugebendes Geld ist, wenn der Geschäftsführer es für sich verwendet, zu verzinsen (§§ 681 S. 2, 668).

4. Verletzung der (Neben-)Pflichten

86 Die Folgen der **Verletzung der Nebenpflichten** ergeben sich aus den allgemeinen schuldrechtlichen Regeln (Pflichtverletzung, §§ 280ff.).[183] §§ 680, 682 sind auch auf diese Ansprüche anwendbar.

Im Fall des Schadensersatzes ist der Geschäftsherr so zu stellen, wie er stünde, wenn der Geschäftsführer rechtzeitig angezeigt,[184] abgewartet oder unterrichtet hätte.[185] Die GoA wird durch die Nebenpflichtverletzung nicht unberechtigt. Deshalb behält der Geschäftsführer seinen Aufwendungsersatzanspruch aus § 683 S. 1.[186]

87 **Fall (*LG Stuttgart* VersR 1973, 517f.):** Ein Abschleppunternehmer schleppt im Auftrag der Polizei einen gestohlenen Pkw ab und verwahrt diesen anschließend fast ein Jahr lang auf einem Stellplatz im Freien, ohne sich um die Ermittlung des Fahrzeughalters zu kümmern. Dadurch erleidet der Wagen einen Wertverlust von 750 €.

Lösung: Das LG erkannte dem Kasko-Versicherer einen Schadensersatzanspruch aus §§ 681 S. 1, 280 Abs. 1 (früher: pVV der GoA) zu. Der Unternehmer hätte den Geschäftsherrn (den Kfz-Halter bzw. den Versicherer, auf den das Eigentum an dem entwendeten Pkw mit Ablauf eines Monats nach Eingang der Schadensanzeige übergeht, wenn die Gegenstände bis zum Ablauf der Frist nicht wieder zur Stelle gebracht werden [§ 13 Abs. 7 Allgemeine Bedingungen für die Kraftfahrtversicherung in der damaligen Fassung]) umgehend benachrichtigen müssen.[187] Diese Pflicht hat der A schuldhaft verletzt (§ 280 Abs. 1 S. 2). Deshalb hat er den infolge Pflichtverletzung entstandenen Schaden (Wertverlust des Pkw infolge der Witterungseinflüsse) zu ersetzen.

D. Rechtsfolgen bei mangelnder Geschäftsfähigkeit des Geschäftsführers (§ 682) und des Geschäftsherrn

88 Entgegen einer früher verbreiteten Ansicht,[188] nach der die GoA eine geschäftsähnliche Handlung ist, für welche die §§ 104ff. entsprechend gelten, lehnt die heute h. M. die entsprechende Anwendung der Vorschriften über die Geschäftsfähigkeit (§§ 104ff.) auf die GoA im Grundsatz ab.[189] Begründet wird dies damit, dass die GoA

---

182 Staudinger/*Bergmann*, § 681 Rn. 10; MüKoBGB/*Schäfer*, Bd. 5/2, § 681 Rn. 17; *Henssler*, JuS 1991, 924, 926.

183 *LAG Düsseldorf* MDR 1989, 1027 zur Anzeigepflicht; *LG Stuttgart* VersR 1973, 517f. zur Rechnungslegungspflicht.

184 Vgl. *LG Stuttgart* VersR 1973, 517f.: Es sind die Schäden zu ersetzen, die durch die zu späte oder unterlassene Anzeige entstanden sind.

185 BGHZ 65, 354; *BGH* NJW-RR 2005, 1425, 1426; Palandt/*Sprau*, § 681 Rn. 4.

186 Jauernig/*Mansel*, § 681 Rn. 1.

187 Das *LG Stuttgart* (VersR 1973, 517, 518) stellt – unzutreffenderweise – auf die Pflicht ab, die Verwahrung des Kfz so durchzuführen, wie es dem mutmaßlichen Willen des Geschäftsherrn entspricht, also das Kfz so aufzubewahren, dass es nicht über einen langen Zeitraum im Freien abgestellt wird, dort ungeschützt jeglicher Witterung ausgesetzt ist und überdurchschnittlich beeinträchtigt wird. Diese Pflichtverletzung ist im Rahmen der §§ 677, 280 Abs. 1 (Ausführungsverschulden), nicht aber des § 681 S. 1 von Bedeutung. Vgl. zu diesem Fall *Henssler*, JuS 1991, 924, 926.

188 *LG Aachen* NJW 1963, 1252 m.w.N. des älteren Schrifttums; vgl. auch *Mugdan* II, S. 860 (Motive).

189 *Larenz*, SR II/1, § 57 I a, S. 446; MüKoBGB/*Schäfer*, Bd. 5/2, § 682 Rn. 3; Palandt/*Sprau*, § 682 Rn. 1; *Brox/Walker*, SchuldR BT, § 36 Rn. 40.

im Verhältnis zum Geschäftsherrn stets tatsächliches, nicht aber rechtsgeschäftliches Handeln ist. Das (Außen-)Rechtsverhältnis zu Dritten, denen gegenüber der Geschäftsführer bei der Besorgung von Rechtsgeschäften Willenserklärungen abgibt, nehmen die §§ 677 ff. nicht in den Blick. Strittig ist allerdings die Reichweite des Ausschlusses der §§ 104 ff.

I. Fehlende Geschäftsfähigkeit des Geschäftsführers

Bei fehlender **Geschäftsfähigkeit des Geschäftsführers** ist § 682 zu beachten. § 682 **89** dient dem Schutz des geschäftsunfähigen und beschränkt geschäftsfähigen Geschäftsführers. Seine Haftung aus GoA wird beschränkt.[190] Seine Rechte aus GoA (Aufwendungsersatzanspruch) bleiben davon aber unberührt. Dies gilt nach wohl h. M. unabhängig davon, ob der Geschäftsführer mit oder ohne Billigung seines gesetzlichen Vertreters gehandelt hat.[191]

Vertiefungshinweis: § 682 **90**
Dem § 682 liegt die Ansicht der 1. Kommission zugrunde, nach der die Vorschriften über Rechtsgeschäfte entsprechend gelten sollten.[192] Diese Vorschrift wird heute anders, als es ursprünglich gewollt und durch den Wortlaut bestimmt war, verstanden.
Sie wird von einer Ansicht als eine bloße Rechtsfolgenverweisung verstanden.[193] Das heißt, dass die Rechte und Pflichten des Geschäftsführers aus §§ 677 ff. bestehen bleiben. Jedoch bestimmen sich die Rechtsfolgen der Schadenszufügung sowie die Herausgabeverpflichtung eingeschränkt nach Delikts- und Bereicherungsrecht. Deshalb haftet der minderjährige Geschäftsführer nach §§ 677, 280 Abs. 1 oder § 678 nur unter den Voraussetzungen der §§ 827 f. auf Schadensersatz und nach den Vorschriften der §§ 682, 818 Abs. 3 auf Herausgabe des Erlangten (§§ 681 S. 2, 667).[194] Sein Anspruch auf Aufwendungsersatz bleibt von § 682 unberührt.
Nach anderer Ansicht stellt § 682 eine Rechtsgrundverweisung dar.[195] Der Regelungszweck des § 682 besteht darin, den geschäftsunfähigen oder nur beschränkt geschäftsfähigen (aber grundsätzlich zur GoA befähigten) Geschäftsführer vor einer zu strengen Haftung zu bewahren. Dieser soll (insbesondere aus Gründen des Minderjährigenschutzes) als auftragsloser Geschäftsführer nicht schärfer haften, als er nach allgemeinen Vorschriften haften würde, vor allem nicht nach § 678 auf Schadensersatz auch für Zufallsschäden. Das bedeutet, dass der nicht voll geschäftsfähige Geschäftsführer ausschließlich nach den §§ 823 ff. auf Schadensersatz und den §§ 812 ff. auf Herausgabe des Erlangten haftet. Die §§ 677 ff. sind insoweit ausgeschlossen.
Unterschiede zwischen beiden Ansichten sind im Ergebnis nicht vorhanden, weil es nach beiden Ansichten auf der Rechtsfolgenseite zu einer zweifachen Haftungsbeschränkung kommt:
– Die Schadenshaftung erfolgt nur unter den Voraussetzungen der §§ 827, 828, 829.
– Die Herausgabepflicht ist auf das beschränkt, um das der Geschäftsführer noch bereichert ist (§ 818 Abs. 3).

---

190 Ob die Grundpflicht aus § 677 erhalten bleibt, ist umstritten. Dafür *Larenz*, SR II/1, § 57 I a, S. 446. Manche unterscheiden danach, ob der Geschäftsführer tatsächliche oder rechtsgeschäftliche Maßnahmen ergreift. Dazu im Einzelnen MüKoBGB/*Seiler*, 6. Aufl. 2012, § 682 Rn. 4 f.; vgl. auch Staudinger/*Bergmann*, § 682 Rn. 3.

191 Palandt/*Sprau*, § 682 Rn. 1; Jauernig/*Mansel*, § 682 Rn. 2.

192 Vgl. *Mugdan* II, S. 860 (Motive).

193 *Schulien*, NJW 1963, 1878, 1879.

194 Für die bereicherungsrechtliche Herausgabepflicht sind § 818 Abs. 3 sowie die Streitfrage von Bedeutung, wie sich die Kenntnis des nicht voll Geschäftsfähigen im Rahmen des § 819 auswirkt (vgl. → § 12 Rn. 47, 59).

195 *Hassold*, JR 1989, 358; BeckOK BGB/*Gehrlein*, § 682 Rn. 1; vgl. auch Palandt/*Sprau*, § 682 Rn. 2 m. w. N.

II. Fehlende Geschäftsfähigkeit des Geschäftsherrn

91 Das Fehlen der **Geschäftsfähigkeit des Geschäftsherrn** hat auf das Entstehen des gesetzlichen Schuldverhältnisses der GoA keinen Einfluss. Soweit es auf den Willen, die Entschließung (§ 681 S. 1) und die Genehmigung (§ 684 S. 2) des Geschäftsherrn ankommt, ist auf den Willen des gesetzlichen Vertreters abzustellen (Rechtsgedanke des § 166 Abs. 1). Ausgenommen sind die Fälle, in denen der Geschäftsführer höchstpersönliche Interessen des nicht voll geschäftsfähigen Geschäftsherrn wahrnimmt.[196]

92 **Fall (BGHZ 55, 128 »Flugreise«-Fall):**[197] Der fast 18-jährige M fliegt mit einem gültigen Flugschein mit einer Maschine der Lufthansa (L) von München nach Hamburg. Von dort gelingt ihm, nun ohne gültigen Flugschein, der Weiterflug mit derselben Maschine nach New York. Als ihm dort die Einreise in die USA verweigert wird, befördert ihn L noch am selben Tag zurück, nachdem M sich zur Zahlung für den Rückflug schriftlich verpflichtet hat. M verweigert die Zahlung. Seine Eltern billigen weder den Flug noch die Zahlungsverpflichtung. L besteht auf Zahlung für den Rückflug. Zu Recht (vgl. zum Hinflug → § 10 Rn. 6, → § 11 Rn. 22, → § 12 Rn. 59)?

Lösung:

A. Anspruch L gegen M
  I. Ein vertraglicher Zahlungsanspruch besteht wegen der Minderjährigkeit und der unterbliebenen Genehmigung der Eltern (§§ 107 f.) nicht.
  II. Infrage kommt ein Aufwendungsersatzanspruch aus §§ 677, 683 S. 1, 670.
      1. Der Rücktransport stellt eine Geschäftsführung (i. S. des § 677) für den M dar. Zwar ist L gegenüber den US-Behörden zum Rücktransport verpflichtet. §§ 677 ff. erfassen aber auch das »auch-fremde Geschäft«. Der Fremdgeschäftsführungswille beim auch-fremden Geschäft wird vermutet. Fremd- und Eigengeschäftsführungswille schließen sich nicht aus.
      2. Ein Auftrag oder eine sonstige Berechtigung für den Rücktransport fehlen. Der Beförderungsvertrag ist nach §§ 107 f. unwirksam.
      3. Der Rücktransport entspricht dem Interesse des Geschäftsherrn M, weil mangels Visums die Einreise nicht möglich und der Rückflug für ihn deshalb objektiv nützlich ist. Er müsste jedoch auch dem Willen des M entsprochen haben. Fraglich ist, ob es auf den Willen des Minderjährigen oder den (mutmaßlichen) Willen der Erziehungsberechtigten ankommt. Es ist aus Gründen des Minderjährigenschutzes auf den Willen der Eltern abzustellen.[198] Dass die Eltern, auf deren Willen es ankommt, mit der Zahlungsverpflichtung nach Abschluss der Geschäftsführung nicht einverstanden sind, hat keine (unmittelbare) Bedeutung. Da es auf den Willen bei Übernahme ankommt und ein solcher in erkennbarer Form bei den Eltern nicht vorliegt, ist der mutmaßliche Wille zur Zeit der Übernahme der Geschäftsführung zu ermitteln. Die schnellstmögliche Rückkehr des M entspricht dem mutmaßlichen Willen der Eltern. Das ist aus dem objektiv gegebenen Interesse ihres Sohnes an einem baldigen Heimflug zu folgern (vgl. §§ 1626 Abs. 2, 1631 Abs. 1, §§ 1601, 1602). Der Rückflug des M liegt im objektiven Interesse der Eltern.[199]
      4. L kann Aufwendungsersatz von M verlangen. Davon erfasst sind grundsätzlich die entstandenen freiwilligen Vermögensopfer, hier also die infolge des Transportes entstandenen Mehrkosten. Es ist anerkannt, dass der berufstätige oder gewerbliche Geschäftsführer entsprechend

---

196 Vgl. Staudinger/*Wittmann*, 13. Aufl. 1995, § 682 Rn. 5.
197 Zu der vom BGH übergangenen kollisionsrechtlichen Frage nach dem auf den Sachverhalt mit Auslandsberührung anwendbaren Recht vgl. *Wandt*, Die Geschäftsführung ohne Auftrag im Internationalen Privatrecht, 1989, S. 49, 247.
198 Dagegen stellen *Beuthien/Weber*, S. 156 auf den Willen des minderjährigen M ab.
199 Selbst wenn man sagt, dass die Eltern generell mit der Eingehung von Zahlungsverpflichtungen nicht einverstanden sind und dieser Wille schon bei Übernahme der Geschäftsführung erkennbar ist, ist dieser Wille wegen § 679 unbeachtlich.

§ 1835 Abs. 3 einen Anspruch auf die übliche Vergütung für seine gewerblich erbrachte Leistung hat, hier also den tariflichen Flugpreis.

5. Der Anspruch ist nicht durch § 241a Abs. 1 ausgeschlossen, da diese Regelung in den Fällen einer gesetzlichen Verpflichtung zur Hilfeleistung infolge teleologischer Reduktion nicht anwendbar ist (vgl. → § 3 Rn. 12).

III. Ein Anspruch aus §§ 812 Abs. 1 S. 1 Alt. 1, 818 Abs. 2 scheidet aus, weil die berechtigte GoA einen Rechtsgrund i. S. des § 812 Abs. 1 S. 1 darstellt (vgl. → § 7 Rn. 6).

B. Ansprüche gegen die Eltern des M aus §§ 683 S. 1, 677, 670
Der Rücktransport stellt zugleich ein Geschäft der Eltern dar, dies folgt aus der elterlichen Sorge (§§ 1626 ff.). Der Fremdgeschäftsführungswille wird vermutet. Ein Auftrag oder anderweitige Berechtigung fehlt. Der Rücktransport (Übernahme der Geschäftsführung) entspricht dem mutmaßlichen Willen und objektiven Interesse der Eltern (vgl. vorstehend).[200] Die Eltern und M haften als Gesamtschuldner (§ 421).

E. Sonstiges

I. Mehrere Geschäftsherren oder Geschäftsführer

Die Geschäftsbesorgung kann für **mehrere Geschäftsherren** übernommen und ausgeführt werden. Besorgt der Geschäftsführer ein Geschäft, das die Angelegenheit von mehreren anderen darstellt, so haften die Geschäftsherren (auf Aufwendungsersatz) nach § 427 entsprechend wie Gesamtschuldner.[201]   **93**

Beispiele:

- Abwendung einer Gefahr ist Geschäftsführung für all diejenigen, die durch die Fortdauer der Gefahr Schaden erleiden würden.[202]
- Bergung eines in Miteigentum stehenden Schiffes.[203]
- Rettung von Seeleuten aus Seenot ist zugleich eine GoA für den zur Rettung verpflichteten Reeder.[204]
- Unfallhilfe gegenüber einem Verletzten ist zugleich eine GoA für den Schädiger und dessen Haftpflichtversicherer.[205]

Mehrere Geschäftsführer können als Gesamtschuldner nach allgemeinen Grundsätzen (auf Schadensersatz) haften (§§ 421 ff.).[206] Bei gemeinschaftlicher Geschäftsbesorgung gilt § 427 entsprechend, bei selbständiger Tätigkeit der Geschäftsführer § 420.[207] Die Herausgabeverpflichtung (§§ 681 S. 2, 667) richtet sich danach, welcher Geschäftsführer etwas erlangt hat.   **94**

II. Verjährung

Ansprüche aus GoA **verjähren** nach § 195 in drei Jahren. Das gilt bei berechtigter GoA auch dann, wenn der Geschäftsführer den Geschäftsherrn von einer Verbindlichkeit   **95**

---

200 *Beuthien/Weber,* S. 156 stellen auf §§ 683 S. 2, 679, 677, 670 ab.
201 *BGH* LM Nr. 26 zu § 426.
202 BGHZ 40, 28; 63, 167.
203 *BGH* MDR 1967, 111.
204 BGHZ 67, 368.
205 *LG Hamburg* VersR 1971, 926.
206 Vgl. *Mugdan* II, S. 858 a. E. (Motive) für die Anwendbarkeit der allgemeinen Regeln über Schuldner- und Gläubigermehrheiten auf die GoA.
207 Staudinger/*Bergmann,* Vor §§ 677 ff. Rn. 235.

befreit, die ihrerseits einer kürzeren Verjährungsfrist unterliegt.[208] Für Schadensersatz-verpflichtungen (§§ 677, 678) sind § 199 Abs. 2 und 3 zu beachten.

§ 6. Unechte GoA

1   Die sog. **unechte GoA** ist in § 687 geregelt. Sie ist eigentlich keine GoA, weil es an einem Merkmal des Grundtatbestands, dem Fremdgeschäftsführungswillen, fehlt. Abs. 1 regelt die Besorgung eines fremden Geschäftes in der irrtümlichen Meinung, es sei ein eigenes (irrtümliche Eigengeschäftsführung), Abs. 2 die Geschäftsanmaßung (bewusste unerlaubte Eigengeschäftsführung). Eine unechte Geschäftsführung ohne Auftrag ist nur bei einem objektiv fremden Geschäft möglich, da bei einem objektiv neutralen Geschäft bei fehlendem Fremdgeschäftsführungswillen ohne Weiteres eine Eigengeschäftsführung vorliegt.[1]

A. Irrtümliche Eigengeschäftsführung (§ 687 Abs. 1)

I. Tatbestand

2   Eine **irrtümliche Eigengeschäftsführung** liegt vor, wenn jemand ein fremdes Ge-schäft in der Meinung besorgt, es sei sein eigenes. Entscheidend ist das fehlende Fremdgeschäftsführungsbewusstsein: Der Geschäftsführer kennt die Fremdheit des Geschäfts, das er führt, nicht. Wenn der Handelnde nur über die Person des Geschäfts-herrn irrt, dann handelt er mit Fremdgeschäftsführungswillen. § 687 Abs. 1 gilt dann nicht, sondern § 686 regelt diesen Irrtumsfall vorrangig: Es wird der wahre Geschäfts-herr verpflichtet.

II. Rechtsfolgen

3   § 687 Abs. 1 stellt ausdrücklich klar, dass bei der irrtümlichen Eigengeschäftsführung die §§ 677 ff. (überhaupt) nicht gelten. Vielmehr sind die allgemeinen Bestimmungen anzuwenden, also die §§ 987 ff. sowie die §§ 812 ff. und 823 ff., soweit sie nicht durch die §§ 987 ff. verdrängt werden.

B. Geschäftsanmaßung – Unerlaubte Eigengeschäftsführung (§ 687 Abs. 2)

I. Überblick

4   Behandelt jemand ein fremdes Geschäft als sein eigenes, obwohl er weiß, dass er dazu nicht berechtigt ist, so liegt ein vorsätzlicher Eingriff in einen fremden Rechtskreis vor (unerlaubte Eigengeschäftsführung, angemaßte Eigengeschäftsführung oder **Ge-schäftsanmaßung**). In diesem Fall hat der Geschäftsführer zwar das Fremdgeschäfts-

---

208 BGHZ 47, 370; 115, 210. Zu den Ausnahmen von diesem Grundsatz vgl. BGHZ 115, 210.
  1 *Medicus/Petersen*, BR, Rn. 416; *Berg,* JuS 1975, 681, 682; *Rödder,* JuS 1983, 930, 933.

führungsbewusstsein. Er will aber trotz dieser Kenntnis das Geschäft nicht als fremdes, sondern als eigenes führen. Daher fehlt ihm der Fremdgeschäftsführungswille i. e. S. In diesem Fall kommen die §§ 677 ff. nur durch Wahl des Geschäftsherrn und nur modifiziert zur Anwendung (§ 687 Abs. 2 S. 1 und S. 2).

II. Tatbestand

Der Geschäftsführer muss ein objektiv fremdes Geschäft ohne Auftrag oder sonstige **5** Berechtigung führen. Bei einem objektiv neutralen Geschäft kann § 687 Abs. 2 nicht zur Anwendung kommen, weil ein objektiv neutrales Geschäft nur durch den Fremdgeschäftsführungswillen zu einem (auch-)fremden Geschäft gemacht werden kann, was aber gerade bei irrtümlicher Eigengeschäftsführung nicht der Fall ist.

Erforderlich ist positives Wissen von der Fremdheit des Geschäfts. Bei fahrlässiger **6** Unkenntnis liegt ein Fall des § 687 Abs. 1 vor.

Weitere und wesentliche Voraussetzung ist, dass der Geschäftsführer ein Geschäft als eigenes führt, obwohl er weiß, dass er dazu nicht berechtigt ist. Mit dieser unklaren Formulierung drückt das Gesetz aus, dass dem Geschäftsführer der Fremdgeschäftsführungswille i. e. S. fehlt (vgl. → § 4 Rn. 26): Der Geschäftsführer muss das Geschäft als eigenes führen wollen **(Eigengeschäftsführungswille).** Er darf nicht die Absicht haben, fremde Interessen wahrzunehmen. Das ist der Fall, wenn er nach außen erkennbar zum Ausdruck bringt, dass er das Geschäft im eigenen Interesse (z. B. auf eigene Rechnung) besorgt.

Beispiele:

- Der Nachbar N nimmt eine für A bestimmte Warenlieferung (Paket) entgegen, um sie auf eigene Rechnung zu verkaufen. Der Eigengeschäftsführungswille wird (spätestens) durch den Verkauf im eigenen Interesse erkennbar.
- Kein Fall der Geschäftsanmaßung ist die unberechtigte Untervermietung durch den Mieter. Es fehlt schon an dem (fremden) Geschäft des Vermieters, weil die Untervermietung kein Geschäft des Vermieters ist (vgl. → § 11 Rn. 13, 37).[2]

III. Rechtsfolgen

1. Wahlrecht des Geschäftsherrn

Im Hinblick auf die Rechtsfolgen hat der Geschäftsherr eine **Wahlmöglichkeit:** Der **7** Geschäftsherr kann die Ansprüche aus GoA geltend machen. Er kann aber auch Ansprüche nach den allgemeinen Vorschriften (§§ 987 ff., 812 ff., 823 ff.) geltend machen. Nach der vom Geschäftsherrn getroffenen Wahl richten sich die dem Geschäftsführer zustehenden Ansprüche.

---

2 BGHZ 59, 51; *BGH* NJW 1964, 1853; *Brox/Walker,* SchuldR BT, § 38 Rn. 2; a. A. *Berg,* JuS 1975, 681, 688 ff.

2. Wahl zugunsten der GoA-Vorschriften

a) Rechte des Geschäftsherrn

8 Der Geschäftsherr kann sich für die GoA entscheiden und mittels des Rechtsfolgenverweises[3] des § 687 Abs. 2 S. 1 die Rechte aus §§ 677,[4] 678, 681, 682 geltend machen, insbesondere den Herausgabeanspruch nach §§ 681 S. 2, 667 und den Anspruch auf Schadensersatz für vom Geschäftsführer unverschuldete Folgen (Übernahmeverschulden, §§ 687 Abs. 2 S. 1, 678). Die Beschränkungen der §§ 679, 680 gelten nicht. Diese bei einer Geschäftsanmaßung offensichtlich unpassenden Vorschriften sind vom Verweis des § 687 Abs. 2 S. 1 gerade ausgenommen.

Bedeutsam ist der Verweis, weil der Geschäftsherr nach §§ 687 Abs. 2 S. 1, 681 S. 2, 667 einen Anspruch auf Auskehrung des Verletzergewinns hat.

9 Die angemaßte Eigengeschäftsführung ist insbesondere bei der Verletzung gewerblicher Schutzrechte (Patente, Marken usw.), des Urheber- und des Persönlichkeitsrechts (z. B. durch unbefugte Bildverwertung) von Bedeutung. Nach der ständigen Rechtsprechung kann der Verletzte bei einer schuldhaften Verletzung seiner Rechte von dem Verletzer den Gewinn herausverlangen, den der Verletzer durch die unerlaubte Verwendung des geschützten Immaterialgüterrechts erlangt hat (Verletzergewinn).[5] Der bereicherungsrechtliche Anspruch ist auf die Zahlung einer angemessenen Lizenzgebühr beschränkt.

b) Rechte des Geschäftsführers

10 Wählt der Geschäftsherr den Weg über die GoA, so haftet er seinerseits (lediglich) nach Bereicherungsrecht (§§ 687 Abs. 2 S. 2, 684 S. 1). Der Geschäftsanmaßer kann Aufwendungsersatz verlangen, zwar nicht nach § 670, aber doch nach Bereicherungsrecht, soweit die Aufwendungen des Geschäftsanmaßers den Geschäftsherrn (noch) bereichern (§§ 687 Abs. 2 S. 2, 684 S. 1, 818 Abs. 3).[6] Das bedeutet: Wenn der Geschäftsherr vom Geschäftsführer dessen Gewinn aus der Geschäftsführung herausverlangt, muss er umgekehrt dem Geschäftsführer dessen Aufwendungen nach Bereicherungsrecht ersetzen.[7]

11 Die durch sinnhafte Auslegung zu lösende Problematik des § 687 Abs. 2 S. 2 liegt darin, dass § 684 S. 1 eine Herausgabepflicht des Geschäftsherrn bestimmt, während § 687 Abs. 2 S. 1 diesem gerade einen Herausgabeanspruch auf denselben Gegenstand gewähren könnte. Der Geschäftsherr hat dem Geschäftsführer indes nicht dasjenige, was der Geschäftsführer über §§ 681 S. 2, 667 herausgeben muss, wieder zurückzuerstatten. Dies führte in ein »juristisches Karussell«.[8] Vielmehr stellt der Anspruch aus § 684 S. 1 eine Art Aufwendungskondiktion dar. Verlangt der Geschäftsherr vom Ge-

---

3 BeckOK BGB/*Gehrlein*, § 687 Rn. 1; Staudinger/*Bergmann*, § 687 Rn. 10.

4 Der Verweis auf § 677 meint nicht den in § 677 normierten Primäranspruch (auf Ausführung des Geschäftes im Interesse mit Rücksicht auf den Willen des Geschäftsherrn), sondern den Sekundäranspruch auf Schadensersatz wegen Ausführungsverschuldens (§§ 677, 280).

5 BGHZ 20, 353 (»Paul Dahlke«); 44, 372; 57, 116; 60, 206; RGZ 35, 63, 71.

6 RGZ 138, 45, 50.

7 *Medicus/Petersen*, BR, Rn. 419.

8 So *Medicus/Petersen*, BR, Rn. 419.

schäftsführer Herausgabe des Gewinns, muss er umgekehrt dem Geschäftsführer die Aufwendungen ersetzen.

Der Weg über die GoA hat für den Geschäftsherrn folgende Vorzüge: **12**

– Da das Übernahmeverschulden i. S. des § 678 stets vorliegt,[9] kann er Schadensersatz nach §§ 687 Abs. 2 S. 1, 678 für sämtliche durch die vorsätzliche Geschäftsanmaßung verursachten Folgen fordern, also auch für primäre Vermögensschäden. Über die Geschäftsanmaßung hinaus muss sich das Verschulden nicht auf die Rechtsgutverletzung oder – wie bei § 826 – auf den Schaden beziehen. § 823 Abs. 1 ist dagegen auf die Verletzung bestimmter Rechte und Rechtsgüter beschränkt und verlangt eine hierauf bezogene rechtswidrige und schuldhafte Verletzungshandlung (vgl. → § 16 Rn. 2, 154).

– Der Herausgabeanspruch aus §§ 687 Abs. 2 S. 1, 681 S. 2, 667 erstreckt sich auf den vom Geschäftsführer erzielten Erlös. Der Geschäftsanmaßer muss den Gewinn herausgeben, und zwar unabhängig davon, ob der Geschäftsherr den Gewinn auch erzielt hätte (sog. Gewinnhaftung). Bei § 816 kommt eine Herausgabepflicht des Erlangten (Gewinnes) nur bei einer Verfügung eines Nichtberechtigten infrage, die dem Berechtigten gegenüber wirksam wird (vgl. → § 11 Rn. 34 und 37, → § 12 Rn. 8).[10]

Der Geschäftsführer kann seine Aufwendungen nach §§ 687 Abs. 2 S. 2, 684 S. 1, 818 nur nach Bereicherungsrecht und nur dann geltend machen, wenn der Geschäftsherr sein Wahlrecht dahin ausgeübt hat, seine Ansprüche aus den §§ 687 Abs. 2 S. 1, 677, 678, 681, 682 geltend zu machen, insbesondere das durch die Geschäftsführung Erlangte vom Geschäftsführer herausfordert (§§ 681 S. 2, 667). Fordert der Geschäftsherr das durch die Geschäftsführung Erlangte vom Geschäftsführer dagegen nach den allgemeinen Vorschriften (Bereicherungsrecht), dann kann der Geschäftsführer wegen Nichtvorliegens der Voraussetzungen des § 687 Abs. 2 S. 2 auch nach den allgemeinen Vorschriften keinen Aufwendungsersatz verlangen (vgl. → Rn. 15).

Fall (vgl. *Medicus/Petersen*, BR, Rn. 417)[11]: E ist Eigentümer eines Ferienhauses, zu dem sein Nachbar N einen Hausschlüssel besitzt, damit dieser ab und zu nach dem Rechten sehen kann. N vermietet ohne Wissen und Willen des E das Ferienhaus an den nichts ahnenden U für vier Wochen zu 500 € pro Woche, Frühstück inklusive. Die ortsübliche Miete, inklusive Frühstück, für vergleichbare Häuser beträgt 400 € pro Woche, für das Frühstück hat N Aufwendungen in Höhe von 50 € pro Woche. Am letzten Urlaubstag setzt das fünfjährige Kind des U, das trotz hinreichender Beaufsichtigung mit Streichhölzern spielt, das Ferienhaus in Brand. Das Ferienhaus brennt bis auf die Grundmauern ab. Ansprüche des E gegen N? **13**

Lösung:

A. Ansprüche auf Herausgabe der Miete
  I. Anspruch des E gegen N auf Herausgabe der 2.000 € (erzielte Miete von 500 € pro Woche für 4 Wochen) gemäß §§ 687 Abs. 2 S. 1, 681 S. 2, 667?
      1. Die Vermietung des Ferienhauses war für N ein objektiv fremdes Geschäft ohne Auftrag, da hierzu nur der Eigentümer E befugt ist. Er vermietete das Haus des E an U wissentlich (Fremd-

---

9 Staudinger/*Bergmann*, § 687 Rn. 44.
10 BGHZ 29, 157; a. A. *v. Caemmerer*, FS Rabel I, 1954, S. 333; *Fikentscher/Heinemann*, SR, Rn. 1474: Gewinnhaftung nur bei vorsätzlich handelnden Nichtberechtigten.
11 Vgl. auch *BGH* NJW 2002, 60.

geschäftsführungsbewusstsein) und in der Absicht, die damit erzielten Einnahmen für sich zu behalten (fehlender Fremdgeschäftsführungswille i. e. S.).

2. Gemäß §§ 687 Abs. 2 S. 1, 681 S. 2, 667 hat er alles herauszugeben, was er aus der Geschäftsbesorgung erlangt hat. Damit kann E den gesamten Erlös des N in Höhe von 2.000 € beanspruchen, nicht etwa den objektiven Wert in Höhe von 1.600 €.

3. Wenn N aber seinerseits einen Anspruch aus §§ 687 Abs. 2 S. 2, 684 S. 1 hat, könnte E sich diesen möglicherweise entgegenhalten lassen müssen.

   a) Fraglich ist, ob N die Aufwendungen für das Frühstück in Höhe von 200 € (50 € mal 4 Wochen) ersetzt verlangen kann. Nach §§ 687 Abs. 2 S. 2, 684 S. 1 muss der Geschäftsherr seine Bereicherung herausgeben. Das heißt nicht, dass E alles herausgeben muss, was er von N erlangt hat oder beanspruchen kann (also 2.000 €). Damit soll nur gesagt werden, dass der E dem N Aufwendungsersatz nur bis zu dem Betrag schuldet, zu dem er durch die Geschäftsanmaßung des N selbst bereichert ist. Voraussetzung ist also, dass E um diesen Betrag noch bereichert ist (vgl. §§ 687 Abs. 2 S. 2, 684 S. 1, 818 Abs. 1 und 3). E hätte Aufwendungen für das Frühstück in Höhe von 200 € gehabt. E hat Aufwendungen erspart (N hat diese bezahlt), und insoweit ist E bereichert.

   b) Diese Bereicherung (200 €) wird zum Abzugsposten des vom Geschäftsherrn zu beanspruchenden Betrags (2.000 €) (§ 242: »dolo facit, qui petit, quod statim redditurus est«).

4. Ergebnis: Der Herausgabeanspruch des E besteht in Höhe von 1.800 €.

II. Anspruch des E gegen N auf Herausgabe von 2.000 € aus §§ 990 Abs. 1 S. 1, 987 Abs. 1?

1. Nach der Rechtsprechung stellt die Umwandlung des Fremdbesitzes (Besitz des Hauses, um nach dem Rechten zu sehen) in Eigenbesitz (Besitz des Hauses, um es im eigenen Interesse zu vermieten) einen Besitzerwerb i. S. des § 990 Abs. 1 S. 1 dar.[12]

2. Fraglich ist aber, ob N gegenüber E zum Besitz nicht berechtigt ist (fehlendes Besitzrecht als Voraussetzung des EBV). N war zunächst dem E gegenüber zum (Fremd-)Besitz berechtigt (Abrede zwischen N und E, um nach dem Rechten zu schauen). Mit der Umwandlung des Fremdbesitzes in Eigenbesitz könnte die Besitzberechtigung entfallen sein. Das ist hier aber nicht der Fall, da N nur sog. nicht so berechtigter (Fremd-)Besitzer ist, nicht aber nichtberechtigter Besitzer.[13] Damit ist er weiterhin zum Besitz berechtigt.

3. Ein Anspruch aus §§ 990 Abs. 1 S. 1, 987 Abs. 1 scheidet aus.

III. Anspruch des E gegen N auf Herausgabe der 2.000 € aus § 816 Abs. 1 S. 1 (–)
Die Vermietung stellt keine Verfügung i. S. des § 816 Abs. 1 S. 1 dar, die dem Berechtigten gegenüber wirksam sein kann (vgl. zur unberechtigten Untervermietung[14] → § 11 Rn. 37).

IV. Anspruch des E gegen N auf Herausgabe von 2.000 € gemäß § 812 Abs. 1 S. 1 Alt. 2 (Eingriffskondiktion)?

1. Ein vorrangiges EBV liegt nicht vor. N hat die Miete als tatsächlich gezogene Nutzung (vgl. *BGH* NJW 2002, 60) durch Nichtleistung auf Kosten des E (Eingriff in den Zuweisungsgehalt des Eigentumsrechts des E) erlangt (anders dagegen die Fälle der unberechtigten Untervermietung; vgl. → § 11 Rn. 37).

2. N haftet auf Herausgabe des Erlangten. Auf den Wegfall der Bereicherung (§ 818 Abs. 3) in Höhe der Frühstücksaufwendungen kann er sich zwar grundsätzlich nicht berufen, weil er den Mangel des rechtlichen Grundes (sein fehlendes Nutzungsrecht) bei Empfang der Miete i. S. des

---

12 Vgl. BGHZ 31, 129 (»Feldbahnlokomotiven«).

13 Allein die Aufgabe des Fremdgeschäftsführungswillens durch den Geschäftsführer würde zum Wegfall der GoA als Rechtsgrund führen und ist der einzig denkbare Fall, in dem die Umwandlung des bisherigen berechtigten Fremdbesitzes in Eigenbesitz das Besitzrecht entfallen lässt und damit der Weg für die Anwendung der §§ 987 ff. eröffnet ist (Staudinger/*Gursky*, § 990 Rn. 29 f.; *ders.*, Vor §§ 987–993 Rn. 16 a. E.).

14 Vgl. *Larenz/Canaris*, SR II/2, § 69 II 1 d, S. 182. *Medicus/Petersen*, BR, Rn. 717, macht die analoge Anwendung von § 816 Abs. 1 S. 1 von der Nichtanwendbarkeit der §§ 987 ff. abhängig, bejaht sie also insbesondere, wenn der Sachnutzer keinen Besitz erhalten hat.

§ 819 Abs. 1 kannte (vgl. zu den Rechtsfolgen des § 819 Abs. 1 → § 12 Rn. 52 ff.). Die Frühstücksaufwendungen sind gleichwohl abzuziehen, da sie im Sinne einer notwendigen Aufwendung Voraussetzung für die Bereicherung waren (→ A.I.3).

3. N ist zur Herausgabe von 1.800 € verpflichtet.

V. Ergebnis: E kann 1.800 € herausverlangen.

B. Anspruch auf Ersatz des Brandschadens

I. Anspruch des E gegen N auf Ersatz des Brandschadens aus §§ 687 Abs. 2 S. 1, 678 für das zerstörte Ferienhaus?

1. Die Voraussetzungen des § 687 Abs. 2 S. 1 liegen vor. Danach haftet der Geschäftsführer nach § 678.

2. Die Vermietung widerspricht dem Willen des E.

3. Gemäß § 678 ist ein rechtlicher Kausalzusammenhang zwischen der Geschäftsführung und dem Schadenseintritt ausreichend. Der Geschäftsführer haftet wegen des vorverlagerten Übernahmeverschuldens auch für solche Schäden, an deren Entstehung ihn kein Verschulden trifft. Ein Ausführungsverschulden ist also nicht erforderlich (vgl. § 678 a. E.).

4. E kann daher von N Ersatz des Brandschadens verlangen. Da E einen Anspruch i. S. v. § 687 Abs. 2 S. 2 geltend macht, steht N der Gegenanspruch aus § 687 Abs. 2 S. 2 i. V. m. § 684 S. 1 zu. Die Voraussetzungen von § 684 S. 1 liegen jedoch nur vor, wenn E die Mietzahlung erlangt (also nicht bei bloßem Ersatz des Brandschadens).

II. Anspruch aus §§ 990 Abs. 1 S. 1, 989 auf Schadensersatz (–), vgl. oben.

III. Anspruch aus § 823 Abs. 1?

1. Der Anspruch besteht unter dem Gesichtspunkt der Sachentziehung (vgl. → § 16 Rn. 16). Diese geschieht rechtswidrig und mit Verschulden.

2. Deshalb ist N zum Ersatz des daraus entstandenen Schadens (Brandschaden) verpflichtet. Dies gilt unabhängig davon, ob der Brandschaden adäquat kausal durch die Sachentziehung verursacht wurde (§ 848).

IV. Ergebnis: E hat einen Anspruch aus §§ 687 Abs. 2 S. 1, 678 und aus § 823 Abs. 1.

3. Wahl zugunsten der allgemeinen Vorschriften

a) Rechte des Geschäftsherrn

Der Geschäftsherr kann nach den allgemeinen Vorschriften (§§ 987 ff., 812 ff., 823 ff.) **14** vorgehen.

b) Rechte des Geschäftsführers

Bei angemaßter Geschäftsführung hat der Geschäftsführer einen Aufwendungsersatz-**15** anspruch nach § 687 Abs. 2 S. 2 nur dann, wenn der Geschäftsherr sein Wahlrecht zugunsten der GoA-Vorschriften ausübt, also einen Anspruch aus § 687 Abs. 2 S. 1 geltend macht. Wenn der Geschäftsherr dagegen nur nach den allgemeinen Vorschriften vorgeht, ist er dem Geschäftsführer nicht zum Aufwendungsersatz verpflichtet.[15] Denn § 687 Abs. 2 hat den Regelungszweck, dem Geschäftsführer einen Aufwendungsersatzanspruch generell zu versagen.[16] § 687 Abs. 2 S. 2 stellt eine abschließende Regelung dar und schließt Ansprüche aus § 812 aus.[17]

---

15 BGHZ 29, 186; *Henssler*, JuS 1991, 924, 929; *Wollschläger*, GoA, S. 142; *Martinek/Theobald*, JuS 1997, 612, 616 f.: Diese die Bösgläubigkeit des Geschäftsführers sanktionierende Rechtsfolge erfährt nur bei § 994 Abs. 2 eine Ausnahme, weil nach dieser Vorschrift auch der bösgläubige Besitzer einen Verwendungsersatzanspruch nach § 683 oder § 684 hat.

16 BGHZ 39, 186; MüKoBGB/*Schäfer*, Bd. 5/2, § 687 Rn. 26 sowie 41.

17 BGHZ 39, 186.

16   **Fall (BGHZ 39, 186):** Während der Bauarbeiten auf dem eigenen Grundstück nutzt N das Nachbargrundstück des E als Lagerplatz für Baugeräte. Dafür hatte N einen Teil der auf dem Grundstück des E lagernden Trümmer abtransportieren lassen. E hatte auf Anfrage des N ausdrücklich seine Erlaubnis zur Nutzung seines Grundstückes als Lagerplatz verweigert. E verlangt Nutzungsentschädigung. N rechnet mit »seinem Aufwendungsersatzanspruch« auf. Zu Recht?

Lösung: E könnte einen Anspruch aus §§ 987 Abs. 1, 990 Abs. 1 S. 1 auf Nutzungsentschädigung haben.

1. E ist Eigentümer und N nicht-berechtigter Besitzer (EBV). N weiß bei Besitzerwerb, dass er zum Besitz nicht berechtigt ist. Weil die unmittelbare Herausgabe der gezogenen Gebrauchsvorteile nicht möglich ist, ist N zum Wertersatz in Gestalt einer angemessenen Nutzungsentschädigung in Geld verpflichtet.

2. Einwendungsweise kann N einen Aufwendungsersatzanspruch nicht entgegenhalten.

   a) § 994 Abs. 1 ist ebensowenig wie § 996 anwendbar, da beide Vorschriften voraussetzen, dass der Besitzer gutgläubig im Hinblick auf das Recht zum Besitz ist. Aus § 994 Abs. 2 kann der bösgläubige Besitzer dagegen nur Ersatz der notwendigen Verwendungen verlangen. Die Aufwendungen für die Enttrümmerung stellen aber keine notwendigen Verwendungen dar, weil sie zur Erhaltung der Sache nach objektiven Maßstäben nicht erforderlich sind.

   b) Ein Anspruch aus §§ 687 Abs. 2 S. 2, 684 S. 1 scheidet aus. Zwar erledigt N durch die Enttrümmerung ein objektiv fremdes Geschäft des E. Er handelt auch in der Absicht, eigene Interessen (Nutzung des Grundstückes als Lagerplatz) zu verfolgen. Eine unerlaubte Eigengeschäftsführung liegt deshalb vor. Jedoch kommt diese Anspruchsgrundlage nur in Betracht, wenn der Geschäftsherr Ansprüche aus § 687 Abs. 2 S. 1 geltend macht, sein Wahlrecht also zugunsten der GoA-Vorschriften ausübt. Daran fehlt es im vorliegenden Fall, weil E keine Ansprüche aus §§ 677, 678, 681, 682 geltend gemacht hat.

   c) Ansprüche aus § 812 Abs. 1 S. 1 Alt. 2 (Verwendungskondiktion) sind ebenfalls nicht begründet. Die §§ 994 ff., 687 Abs. 2 stellen – mit Rücksicht auf ihren Gesetzeszweck – eine vorrangige Sonderregelung dar, welche die allgemeinen Bereicherungsansprüche verdrängt.[18]

IV. Zusammenfassung

17

Geschäftsanmaßung (§ 687 Abs. 2)
I. Voraussetzungen
1. Objektiv fremdes Geschäft
2. Kenntnis der objektiven Fremdheit des Geschäfts
3. Eigengeschäftsführungswille
4. Ohne Auftrag oder sonstige Geschäftsführungsberechtigung
II. Rechtsfolgen
1. Ansprüche des Geschäftsherrn
Grundsätzlich Wahlrecht (→ Rn. 7 ff.) zwischen
– § 687 Abs. 2 S. 1 (d. h. alle Ansprüche aus §§ 681, 677, 678, insbesondere Verletzergewinn nach §§ 687 Abs. 2 S. 1, 681 S. 2, 667) und
– §§ 987 ff., §§ 812 ff., §§ 823 ff.
2. Ansprüche des Geschäftsführers
je nach Wahlrecht des Geschäftsherrn
– Gegenanspruch auf Aufwendungskondiktion gemäß §§ 687 Abs. 2 S. 2, 684 S. 1, 818 Abs. 3 oder
– Kein Aufwendungsersatz bei Vorgehen des Geschäftsherrn nur nach den allgemeinen Vorschriften (→ Rn. 15)

---

18 BGHZ 39, 186.

§ 7. Konkurrenzen: andere gesetzliche Schuldverhältnisse

Ansprüche aus den §§ 677 ff. treffen regelmäßig mit anderen außervertraglichen Ansprüchen[1] zusammen **(Anspruchskonkurrenz)**. Es stellt sich dann die Frage, ob die Ansprüche nebeneinander bestehen oder der eine Anspruch den anderen verdrängt. Diese Frage ist auch wichtig für die Reihenfolge, in der Ansprüche zweckmäßigerweise geprüft werden.[2] Bei der Bestimmung des Konkurrenzverhältnisses gehen die Rechtsprechung und die h. L. von der Unterscheidung zwischen berechtigter und unberechtigter GoA aus. 1

A. Berechtigte und unberechtigte GoA

Ansprüche aus GoA können mit Ansprüchen aus EBV, Bereichungsrecht und Deliktsrecht zusammentreffen. 2

Grundsätzlich schließt die **berechtigte GoA** Kondiktions-, Delikts- und Vindikationsansprüche aus (vgl. nachfolgend). Deshalb ist es zweckmäßig, die GoA in einem Rechtsgutachten (in der Klausur) vor dem EBV, Bereicherungsrecht und Deliktsrecht zu prüfen.

I. Eigentümer-Besitzer-Verhältnis

Das Verhältnis von Ansprüchen aus GoA zu solchen aus **EBV** (§§ 987 ff., 994 ff.) ist nicht vollends geklärt.[3] Bei **berechtigter GoA** scheiden derartige Nebenansprüche des Eigentümers jedenfalls aus, solange der Geschäftsführer berechtigt besitzt. Dies ist solange der Fall, bis der Geschäftsherr seinen Anspruch aus § 985 bzw. den Herausgabeanspruch aus § 681 S. 2, § 667 geltend macht.[4] Mit der Geltendmachung des Herausgabeverlangens des Eigentümers (Geschäftsherrn) endet das Besitzrecht aus berechtigter GoA. In Betracht kommt dann aber ein Zurückbehaltungsrecht des Geschäftsführers wegen Gegenansprüchen; umstritten ist, ob dieses Zurückbehaltungsrecht ein Recht zum Besitz gibt (allerdings mit der eingeschränkten Rechtsfolge einer Zug-um-Zug-Verurteilung[5]) oder nicht.[6] 3

---

1 Zum speziellen Fall der Mitverpflichtung eines Ehegatten gem. § 1357 (sog. Schlüsselgewalt), deren dogmatische Einordnung umstritten ist (vgl. *Medicus/Petersen*, BR, Rn. 88 f.) siehe BGHZ 163, 42 (die sich aus dem – in erster Linie haftungserweiternden – § 1357 ergebenden Haftungseinschränkungen dürfen nicht über eine Anwendung der Regeln über die GoA zu Lasten des anderen Ehegatten überspielt werden). Vgl. auch *BGH* NJW 2009, 1879 (die Regelung des § 767 Abs. 2 über die Haftung des Bürgen für Rechtsverfolgungskosten des Gläubigers verdrängt die GoA).
2 Instruktiv zur Prüfungsreihenfolge *Fritzsche*, S. 1 ff.; allgemein zum Anspruchsaufbau und zur Prüfungsreihenfolge *Medicus/Petersen*, BR, Rn. 1 ff.
3 Offen gelassen in BGHZ 39, 186.
4 So BeckOK BGB/*Gehrlein*, § 677 Rn. 21; Palandt/*Sprau*, Einf v § 677 Rn. 12 unter Hinweis auf BGHZ 31, 129. Hinweis: der aufgrund berechtigter GoA unmittelbar besitzende Geschäftsführer ist Besitzmittler des Geschäftsherrn (*BGH* WM 1956, 1279, 1281).
5 *BGH* BB 2002, 475; NJW 1995, 2627. Der *BGH* nimmt allerdings an, dass ein Recht zum Besitz aus § 273 die ergänzende Anwendbarkeit der §§ 987 ff. nicht ausschließt, soweit das Rechtsverhältnis, welches das Besitzrecht begründet, eine Regelung der Ansprüche auf Nutzungsherausgabe und Verwendungsersatz nicht enthält.
6 So die herrschende Lehre; vgl. Staudinger/*Gursky*, § 986 Rn. 28 m. w. N.

4 Die **unberechtigte GoA** begründet kein Recht zum Besitz im Sinne der §§ 985 ff. Ansprüche aus EBV können also tatbestandlich entstehen und mit §§ 678, 684 S. 1, 677 i. V. m. § 280 konkurrieren.[7] In diesem Fall greift nach Ansicht der Rechtsprechung und Teilen der Literatur[8] die allgemeine Konkurrenzregel zum EBV ein: Die §§ 987 bis 1003 stellen eine Sonderregelung dar, welche andere gesetzliche Vorschriften (auch die §§ 677 ff.) verdrängt. Die h. M. hält an der allgemeinen Konkurrenzregel fest, um die in den §§ 987 ff. enthaltenen Wertungen und Differenzierungen (nach Gutgläubigkeit, Rechtshängigkeit, notwendigen und nützlichen Verwendungen, etc.) nicht zu umgehen (zum Bereicherungsrecht vgl. → § 11 Rn. 64).[9]

5 Dem widerspricht ein Teil der Lehre mit dem Hinweis, bei den §§ 677 ff. handele es sich, unabhängig von der Konstellation, um ein **spezielles gesetzliches Schuldverhältnis**.[10] Allein daraus sei auf einen Vorrang vor den §§ 987 ff. zu schließen.[11]

II. Bereicherungsrecht

6 Die §§ 812 ff. finden neben den Vorschriften über die **berechtigte GoA** keine Anwendung.[12] Eine berechtigte GoA stellt nämlich einen Rechtsgrund dar,[13] sodass eine mit der Geschäftsführung verbundene Vermögensverschiebung mit Rechtsgrund erfolgt.

7 Die **unberechtigte GoA** ist nach der Rechtsprechung und h. L.[14] kein Rechtsgrund i. S. des § 812 Abs. 1. Ansprüche aus §§ 812 ff. sind deshalb nicht ausgeschlossen, wie der Verweis des § 684 S. 1 bestätigt (vgl. → § 5 Rn. 51 ff.).

Sieht man jedoch auch die unberechtigte GoA als spezielles besonderes Schuldverhältnis an, so kommen die §§ 812 ff. nur über die Verweisung des § 684 S. 1 zur Anwendung, im Übrigen sind die §§ 812 ff. durch die GoA (etwa §§ 681 S. 2, 667) ausgeschlossen.[15]

III. Deliktsrecht

8 Die **berechtigte GoA** schafft bei ordnungsgemäßer Ausführung nach h. M. einen Rechtfertigungsgrund i. S. des **Deliktsrechts,** auch wenn durch sie eines der durch §§ 823 ff. geschützten Rechtsgüter beeinträchtigt wird.[16] Ein mit der Geschäftsführung

---

7 MüKoBGB/*Schäfer,* Bd. 5/2, § 677 Rn. 83 f. m. w. N., der die Berechtigung der Geschäftsführung mit Kriterien des guten Glaubens unterscheidet.

8 BGHZ 41, 157, 162; BGHZ 56, 73; *BGH* NJW 1952, 257; WM 1956, 1279; NJW 1963, 1249; BeckOK BGB/*Gehrlein,* § 677 Rn. 21; Palandt/*Sprau,* Einf v § 677 Rn. 12.

9 Vgl. BGHZ 41, 157.

10 Staudinger/*Bergmann,* Vor § 677 Rn. 241. So auch MüKoBGB/*Seiler,* 6. Aufl. 2012, Vor § 677 Rn. 18.

11 MüKoBGB/*Seiler,* 6. Aufl. 2012, Vor § 677 Rn. 18; *Köbl,* Das Eigentümer-Besitzer-Verhältnis im Anspruchssystem des BGB, 1971, S. 181 ff., 193; *Berg,* JuS 1971, 636; *ders.,* JuS 1972, 193; *Wolf,* AcP 166 (1966), 188, 214 ff.

12 *BGH* NJW 1969, 1205, 1207; NJW 1993, 3196; Staudinger/*Lorenz,* Vor §§ 812 ff. Rn. 45.

13 *BGH* NJW 1993, 3196; Palandt/*Sprau,* Einf v § 677 Rn. 10.

14 Vgl. Staudinger/*Wittmann,* 13. Aufl. 1995, § 684 Rn. 2.

15 MüKoBGB/*Seiler,* 6. Aufl. 2012, Vor § 677 Rn. 15 a. E. für die Haftung des Geschäftsführers.

16 Grundlegend *Zitelmann,* AcP 99 (1906), 1 sowie *Lent,* Wille und Interesse bei der Geschäftsbesorgung, 1938, S. 6 ff. und 24 ff. Anders *Wollschläger,* GoA, S. 275 (Rechtfertigung nach allgemeinem Notstandsprinzip der Güter- und Pflichtenabwägung). Ebenso MüKoBGB/*Seiler,* 6. Aufl. 2012,

verbundener Eingriff in absolute Rechte oder Rechtsgüter i. S. der §§ 823 ff. ist deshalb nicht rechtswidrig.

Beispiele:
– Der Geschäftsführer reißt eine einsturzgefährdete Mauer ein. Mangels Widerrechtlichkeit liegt keine zum Schadensersatz führende Eigentumsverletzung i. S. des § 823 Abs. 1 vor.
– Der Passant P wehrt den Angriff eines herumstreunenden Hundes von Frau D ab, indem er den Hund mit dem Regenschirm der D vertreibt. Der Regenschirm geht dabei zu Bruch. P verletzt damit zwar das Eigentum der D, aber diese Verletzung ist nicht rechtswidrig.

Trotz Vorliegens einer berechtigten GoA kommen Ansprüche des Geschäftsherrn aus §§ 823 ff. (neben solchen aus Pflichtverletzung [§ 280]) jedoch dann in Betracht, wenn der Geschäftsführer seine Sorgfaltspflicht aus § 677 verletzt (z. B. Geschäftsführer reißt einsturzgefährdete Mauer ein und beschädigt dabei unnötig den angrenzenden Zaun).[17]

Vertiefungshinweis: Berechtigte GoA als strafrechtlicher Rechtfertigungsgrund   9
Die berechtigte GoA stellt einen Rechtfertigungsgrund im Sinne des Strafrechts dar. Handlungen im Zusammenhang mit einer berechtigten GoA sind nicht rechtswidrig und deshalb nicht strafbar.
Beispiel: Das Betreten des Hauses zur Brandbekämpfung ist kein Hausfriedensbruch (§ 123 Abs. 1 StGB).

Die **unberechtigte GoA** ist kein Rechtfertigungsgrund i. S. des § 823. Zwischen dem   10 Schadensersatzanspruch aus § 678 und einem solchen aus §§ 823 ff. kann Anspruchskonkurrenz bestehen, wenn in der unberechtigten Geschäftsbesorgung zugleich eine unerlaubte Handlung liegt. Wegen der Privilegierung des Notgeschäftsführers durch § 680, die auch für den deliktischen Schadensersatzanspruch gilt (vgl. → § 5 Rn. 69), sind die §§ 677 ff. vor den deliktischen Ansprüchen zu prüfen.

IV. Zusammenfassung

Konkurrenzen zur berechtigten und unberechtigten GoA	11
1. Die berechtigte GoA ist – Rechtsgrund i. S. der §§ 812 ff., – Rechtfertigungsgrund i. S. der §§ 823 ff., soweit kein Ausführungsverschulden vorliegt – und begründet ein Recht zum Besitz (§§ 986 ff.) für den Geschäftsführer. 2. Die unberechtigte GoA ist – kein Rechtsgrund i. S. der §§ 812 ff. (h. M.), – kein Rechtfertigungsgrund i. S. der §§ 823 ff. (Haftungsmaßstab des § 680 gilt) – und begründet kein Recht zum Besitz (§§ 986 ff.) für den Geschäftsführer (h. M.).	

Vor § 677 Rn. 17, der die §§ 677 ff. nur als eine eigene schuldrechtliche Ausgleichsregelung begreift. Soergel/*Beuthien*, Vor § 677 Rn. 11, wonach diese Rechtfertigung weniger aus der sachlich berechtigten GoA folge, als darin zu sehen sei, dass der Geschäftsherr schlüssig in die Rechtsgutsverletzung einwillige, sobald er Ansprüche aus berechtigter GoA geltend mache.

17 Vgl. für Ansprüche aus Gefährdungshaftung BGHZ 142, 227.

B. Unechte GoA

I. Irrtümliche Eigengeschäftsführung (§ 687 Abs. 1)

12 Nach § 687 Abs. 1 sind auf die **irrtümliche Eigengeschäftsführung** die Regeln des EBV, Bereicherungs- und Deliktsrechts anwendbar. Die §§ 677 ff. sind unanwendbar. Ein Konkurrenzproblem kann also nicht entstehen.

II. Angemaßte Eigengeschäftsführung (§ 687 Abs. 2)

13 § 687 Abs. 2 (**angemaßte Eigengeschäftsführung**) ist neben den §§ 987 ff.[18] und den §§ 823 ff.[19] anwendbar. Macht der Geschäftsherr allerdings von der Option des § 687 Abs. 2 Gebrauch, ist ein Rückgriff auf die §§ 987 ff. ausgeschlossen.[20]

§ 687 Abs. 2 – mit Ausnahme des Aufwendungsersatzanspruchs des Geschäftsführers – ist neben Bereicherungsansprüchen (insbes. neben § 816 Abs. 1) anwendbar und gilt neben der sog. verschärften Bereicherungshaftung aus §§ 819, 818 Abs. 4, 292, 987 ff.

Vertiefungshinweis: Übungsfälle zum Konkurrenzverhältnis GoA – Bereicherungsrecht: *Martinek/Theobald,* JuS 1997, 992.

III. Zusammenfassung

14

Konkurrenzen zur unechten GoA

I. Irrtümliche Eigengeschäftsführung (§ 687 Abs. 1): allgemeine Vorschriften uneingeschränkt anwendbar
II. Geschäftsanmaßung (§ 687 Abs. 2)
   – §§ 987 ff., 812 ff., 823 ff. uneingeschränkt anwendbar
   – Ausnahme: Aufwendungsersatzanspruch des Geschäftsführers nur unter den Voraussetzungen des § 687 Abs. 2 S. 2 (→ § 6 Rn. 14 f.)

§ 8. Sonderfragen der GoA

A. Vertrag des Geschäftsführers mit einem Dritten (pflichtgebundener Geschäftsführer)

1 Ein Geschäftsführer (F) kann zwar im fremden Interesse eines Geschäftsherrn (H) handeln, aber einem (anderen) Dritten (D) gegenüber zur Vornahme der Geschäftsführungsmaßnahme verpflichtet sein (**sog. pflichtgebundener Geschäftsführer**). Dann handelt der Geschäftsführer im eigenen Interesse, nämlich zur Erfüllung seiner vertraglichen Verpflichtung, und zugleich im fremden Interesse (auch-fremdes Geschäft).

---

18 BGHZ 39, 186; Palandt/*Herrler,* Vorb v § 987 Rn. 18; a. A. MüKoBGB/*Schäfer,* Bd. 5/2, § 677 Rn. 83 f. sowie § 687 Rn. 37, der die Berechtigung der Geschäftsführung mit Kriterien des guten Glaubens unterscheidet.

19 MüKoBGB/*Schäfer,* Bd. 5/2, § 687 Rn. 39.; *Henssler,* JuS 1991, 924, 930.

20 Staudinger/*Bergmann,* § 687 Rn. 59.

Beispiele:

- D beauftragt den Abschleppdienst F, das auf seinem Grundstück ohne Erlaubnis abgestellte Kfz des H zu entfernen.
- D lässt sein von H geleastes Kfz in der Werkstatt des F reparieren.

Zu beachten ist, dass der Dritte seinerseits als Geschäftsführer ohne Auftrag für H handeln kann. Die Frage des Bestehens des gesetzlichen Schuldverhältnisses der GoA ist entsprechend der Relativität von Schuldverhältnissen für das Verhältnis F-H und D-H getrennt zu prüfen.   2

Was das Rechtsverhältnis des pflichtengebundenen Geschäftsführers zum Geschäftsherrn (F-H) betrifft, stellen sich die Fragen: 3

- ob die §§ 677 ff. überhaupt anwendbar sind und
- ob tatbestandlich eine Geschäftsführung für einen anderen mit Fremdgeschäftsführungswillen ohne Auftrag in Frage kommen kann. Es geht darum, ob der Geschäftsführer auch dann im Doppelinteresse handeln kann, wenn er kraft Vertrages mit einem Dritten (oder öffentlich-rechtlich, → Rn. 8) zum Tätigwerden verpflichtet ist.

Vertiefungshinweis: Während im Ersten Entwurf zum BGB dieses Rechtsproblem noch geregelt war, wurden die vorgesehenen Vorschriften in der zweiten Kommission gestrichen und die Fragen wegen ihrer angeblich geringen praktischen Bedeutung der Wissenschaft überlassen.[1]   4

Nach der Rechtsprechung des BGH und einem Teil der Lehre wird auch beim Bestehen eines Vertrages mit einem Dritten grundsätzlich ein auch-fremdes Geschäft angenommen und der Fremdgeschäftsführungswille vermutet.[2] Die **neuere Rechtsprechung** des BGH **verneint dagegen die Anwendbarkeit der GoA** unter Hinweis auf den aus der Parteiautonomie folgenden Vorrang des Vertrages, wenn der mit dem Dritten geschlossene **Vertrag** Rechte und Pflichten des Geschäftsführers und insbesondere die **Entgeltfrage abschließend regelt**.[3] Ausreichend ist, dass in dem Vertrag die Entgeltlichkeit im Sinne einer umfassenden Vergütungspflicht vereinbart ist.[4] Ein Teil der   5

---

1 Nach § 760 Entwurf I sollte die Annahme einer GoA bei Bestehen eines Rechtsverhältnisses mit einem Dritten grundsätzlich nicht möglich sein, »es sei denn, dass er (der Geschäftsführer) zugleich in der Absicht gehandelt hat, als Geschäftsführer des Geschäftsherrn das Geschäft zu besorgen.« Nach den Motiven II, S. 869 sollte zu vermuten sein, dass der Geschäftsführer, wenn er ein fremdes Geschäft im Auftrage des Geschäftsherrn, sondern eines Dritten besorge, nur das Mandat erfülle, sodass Rechtsbeziehungen nur zwischen ihm und dem Auftraggeber entstehen könnten. Möglich sei allerdings, dass der Geschäftsführer in der Absicht gehandelt habe, nicht allein das Mandat zu erfüllen, sondern zugleich als Geschäftsführer des Geschäftsherrn diesem sich und sich denselben aus der Geschäftsführung zu verpflichten. Diese Absicht bedürfe aber des besonderen Nachweises. Die 2. Kommission beschloss, § 760 Entwurf I zu streichen, da die Klarstellung des Verhältnisses, welches entstehe, wenn jemand ein fremdes Geschäft im Auftrage eines Dritten besorge und welches allerdings zu Zweifeln Anlass geben könne, bei der geringen praktischen Bedeutung der Frage zweckmäßig der Wissenschaft überlassen werden könne (*Mugdan* II, S. 741 [Protokolle]). Nachweise auch bei *Mugdan* II, S. 485f. (Motive) und *Mugdan* II, S. 1202 (Protokolle).
2 St. Rspr.; BGHZ 16, 12; 61, 354; 87, 274; MüKoBGB/*Schäfer*, Bd. 5/2, § 677 Rn. 38 m.w.N.; *Gursky*, AcP 185 (1985), 13, 36ff.
3 *BGH* VersR 2013, 1538; *BGH* NJW-RR 2004, 81; NJW-RR 2004, 956; vgl. auch Anm. *Wendlandt*, NJW 2004, 985. Parallele bei Leistungserbringung an einen gesetzlich Krankenversicherten: BGHZ 140, 102 (Ausschluss der Regeln über die GoA im Verhältnis Leistungserbringer-Versicherter infolge des Vergütungsanspruchs des Leistungserbringers gegen die Krankenkasse).
4 *BGH* VersR 2013, 1538 (einer Abrede über die konkrete Bemessung der geschuldeten Vergütung bedarf es wegen § 632 Abs. 2 nicht).

Lehre wählt einen anderen dogmatischen Weg[5] und verneint die Fremdheit des Geschäftes oder den Fremdgeschäftsführungswillen,[6] da der Geschäftsführer hier ausschließlich seine Vertragspflichten erfüllen wolle.[7]

Für das Ergebnis spricht im Falle des entgeltlich pflichtgebundenen Geschäftsführers, dass die GoA nicht dazu dient, dem einen Partner eines gegenseitigen Vertrages einen zusätzlichen Vergütungsanspruch gegen einen Dritten zu verschaffen.[8] Grundsätzlich muss jede Partei das Insolvenzrisiko des Vertragspartners tragen, den sie sich selbst ausgesucht hat. Dieses Prinzip würde über eine Anwendung der GoA umgangen. Im speziellen Fall der privatrechtlichen Verpflichtung des Geschäftsführers durch die öffentliche Hand, die ihrerseits öffentlich-rechtlich zur Geschäftsführung verpflichtet ist, besteht auch die Gefahr, dass ein durch das öffentliche Recht bezweckter Schutz des Bürgers mittels Beauftragung eines Privaten umgangen wird.[9] Auch die Rechtsfolgen der GoA werden in der Konstellation eines privatrechtlich pflichtengebundenen Geschäftsführers als sachwidrig und unpassend angesehen.[10] Der Geschäftsherr müsste mit doppelter Beanspruchung aus §§ 677, 683 S. 1, 670 rechnen, nämlich durch beide Geschäftsführer (beauftragter Dritter und Auftraggeber), ohne dass eine Gesamtgläubigerschaft (§ 428) vorläge.[11] Der werkvertraglich an die Anweisungen des Bestellers gebundene Werkunternehmer (vgl. § 645 Abs. 1 S. 1) müsste gemäß § 681 S. 1, wenn nicht mit dem Aufschub Gefahr verbunden ist, die Entschließung des Eigentümers abwarten. Er wäre diesem gegenüber gemäß §§ 681 S. 2, 666 auskunfts- und rechenschaftspflichtig. Außerdem müsste er diesem nach §§ 681 S. 2, 667 den aus der Geschäftsbesorgung erlangten Werklohn (§ 631) herausgeben. Das alles wären völlig sachwidrige Ergebnisse.[12]

6　**Fall (AG Wiesbaden NJW-RR 1988, 531):** In der Wohnung des Mieters M ist ein Abflussrohr verstopft. M beauftragt daher den Handwerker H mit der Reparatur. Da M knapp bei Kasse ist und H mittlerweile erfahren hat, dass die Wohnung dem V gehört, verlangt H nun seinen Werklohn von V. Zu Recht?

5　Die Begründung des BGH, dass der Vertrag mit einem *Dritten* die Anwendbarkeit der GoA generell ausschließe, weil der Vertrag kraft Parteiautonomie vorrangig sei, ist nicht ohne weiteres einleuchtend.

6　*OLG Saarbrücken* NJW 1998, 828; *OLG Koblenz* NJW 1992, 2367 (unwirksamer Behandlungsvertrag, kein Aufwendungsersatzanspruch eines Krankenhausträgers gegen den Sohn einer Patientin für erbrachte Leistungen); *Esser/Weyers*, SR II/2, § 46 II 2 d, S. 14; *Schubert*, AcP 178 (1978), 425, 433 ff.; *Medicus/Petersen*, BR, Rn. 414; BeckOK BGB/*Gehrlein*, § 677 Rn. 16; grundsätzlich auch *Gursky*, AcP 185 (1985), 13, 38 ff.; MüKoBGB/*Schäfer*, Bd. 5/2, § 677 Rn. 64 f. differenzierend nach vertraglicher Verpflichtung gegenüber Dritten und Verpflichtung aufgrund gesetzlicher oder anderer Bestimmungen; *Falk*, JuS 2003, 833, 836. Überblick von *Thole*, NJW 2010, 1243, der bei pflichtengebundener Geschäftsführung eine positive Feststellung des Fremdgeschäftsführungswillens verlangt.

7　*Medicus*, Gesetzliche Schuldverhältnisse, S. 175 f.; *Beuthien*, JuS 1987, 841; *Brox/Walker*, SchuldR BT, § 36 Rn. 13; *Medicus/Petersen*, BR, Rn. 414; *Martinek/Theobald*, JuS 1997, 992.

8　Gegen die Vermutung des Fremdgeschäftsführungswillens im Falle des pflichtengebundenen Geschäftsführers: *OLG Koblenz* NJW 1992, 2367 f.; wohl auch *OLG Hamm* NJW-RR 1992, 1105 f.; *BayObLG* MDR 1968, 920; *LG Frankfurt/Main* NJW 1977, 1924 f.; *LG München I* NJW 1978, 48; *Larenz*, SR II/1, § 57 I a, S. 442 f.; *Medicus/Petersen*, BR, Rn. 412; ferner MüKoBGB/*Schäfer*, Bd. 5/2, § 677 Rn. 65; *Schwark*, JuS 1984, 325 f.; *Beuthien*, JuS 1987, 847 f. (mit Hinweis auf die Entstehungsgeschichte).

9　Vgl. *BGH* VersR 2013, 1538.

10　*Medicus/Petersen*, BR, Rn. 414.

11　*Seiler*, JuS 1987, 368, 373.

12　Vgl. auch den abweichenden Ansatz von *Beuthien*, JuS 1987, 841.

Lösung:

I. Kein vertraglicher Anspruch des H gegenüber V

II. §§ 677, 683 S. 1, 670?

1. Fraglich ist, ob die §§ 677 ff. überhaupt anwendbar sind. Folgt man der neuen Rechtsprechung des BGH, so ist dies nicht der Fall, wenn der Vertrag, den der Geschäftsführer mit dem Dritten geschlossen hat, die Rechte und Pflichten des Geschäftsführers, insbesondere die Entgeltfrage, umfassend regelt. Für die Frage, ob ein Anspruch des H gegenüber V aus GoA in Frage kommt, sind somit die Regelungen des Vertrages zwischen V und M ausschlaggebend.

2. Nach Meinung einiger Instanzgerichte und von Teilen der Literatur ist die Fremdheit des Geschäftes und der Fremdgeschäftsführungswille zu verneinen, da der Geschäftsführer hier ausschließlich seine Vertragspflichten erfüllen will.[13]

   Für die Nichtanwendung der §§ 677 ff. im Falle der vertraglichen Gebundenheit des Geschäftsführers sprechen die Entstehungsgeschichte sowie die Überlegung, dass grundsätzlich jede Partei das Insolvenzrisiko ihres Vertragspartners tragen muss. Dieses Prinzip würde durch eine Anwendung der GoA umgangen. Darüber hinaus hat der vertraglich verpflichtete Geschäftsführer bereits einen vertraglichen Zahlungsanspruch. Ein weiterer Regressanspruch aus GoA ist nicht erforderlich.

   Dass M gegebenenfalls zahlungsunfähig ist, ist ein Risiko, dass H freiwillig übernommen hat. H wird sowohl aus seiner Sicht wie aus der Sicht des M und des V aufgrund des mit M geschlossenen Vertrages tätig, welcher auch die Entgeltpflicht des M regelt. H handelt deshalb nur in Erfüllung dieser dem M gegenüber bestehenden Pflicht.[14]

   Ergebnis: Kein Aufwendungsersatzanspruch des H gegenüber V aus GoA.

3. Nach der bisherigen Rechtsprechung des BGH und Teilen der Literatur:

   a) Es liegt ein auch-fremdes Geschäft vor: H führt mit der Reparatur nicht nur ein eigenes Geschäft, nämlich Erfüllung des Werkvertrages mit M, sondern auch ein fremdes Geschäft, ein Geschäft des Eigentümers und Vermieters V. Denn V als Vermieter und Eigentümer ist verpflichtet, die Wohnung in ordnungsgemäßem Zustand zu halten und Mängel zu beseitigen (§§ 535 Abs. 1 S. 2, 536 ff.).

   b) Fremdgeschäftsführungswille: Da das Geschäft objektiv (auch-)fremd ist, ist der Geschäftsführungswille zu vermuten (so die Rechtsprechung und Teile der Lehre).

   c) Des Weiteren ist die Geschäftsbesorgung dem V objektiv nützlich (Befreiung von einer Verbindlichkeit gegenüber dem Mieter), liegt damit in seinem Interesse und ist mit dem mutmaßlichen Willen des V vereinbar.

   d) Der Anspruch ist begründet. Zu ersetzen ist der übliche Werklohn (vgl. → § 5 Rn. 42 f.).

III. § 812 Abs. 1 S. 1 Alt. 2 (–)

Ein Anspruch des H gegen V aus § 812 Abs. 1 S. 1 Alt. 2 (Nichtleistungskondiktion) ist nicht gegeben, wenn man im Verhältnis H zu V eine berechtigte GoA bejaht (vgl. 2.). Denn die berechtigte GoA bildet einen Rechtsgrund für die Vermögensverschiebung.[15]

Verneint man im Verhältnis H zu V eine berechtigte GoA (vgl. 1.), dann scheitert ein Anspruch des H gegen V aus § 812 Abs. 1 S. 1 Alt. 2 (Nichtleistungskondiktion) daran, dass aus Sicht des V eine Leistung des M vorliegt, die dieser mit Rechtsgrund, nämlich auf der Grundlage einer berechtigten GoA, erbringt.

Vertiefungshinweis: Geschäftsführer handelt als Vertreter ohne Vertretungsmacht   7

Wenn der Geschäftsführer im Rahmen der GoA im Namen des Geschäftsherrn einen Vertrag mit einem Dritten abschließt, so handelt er nicht nur ohne Vertretungsmacht, wenn eine unberechtigte GoA vorliegt, sondern auch wenn eine berechtigte GoA gegeben ist. Denn auch sie begründet keine Vertretungsmacht im Außenverhältnis.

---

13 Nachweise → § 8 Fn. 4.

14 So auch das *AG Wiesbaden* NJW-RR 1988, 531.

15 Dass H an M leistet, schließt eine Nichtleistungskondiktion des H gegen V nicht aus. Der Grundsatz des Vorrangs der Leistungs- vor der Nichtleistungskondiktion gilt nur bezüglich desselben Bereicherungsgegenstandes und desselben Bereicherungsschuldners (vgl. → § 9 Rn. 18 ff., → § 13 Rn. 6 ff.).

- Der vollmachtlos Vertretene (Geschäftsherr) kann den Vertragsschluss durch den Geschäftsführer genehmigen (§ 177 Abs. 1). Im Verhältnis des Vertretenen zu seinem Vertragspartner kommt dann wegen des bestehenden Vertrages eine GoA nicht in Betracht.
- Wenn der vollmachtlos Vertretene den Vertragsschluss nicht genehmigt, stellt sich die Frage, ob in seinem Verhältnis zum Dritten eine GoA vorliegt. Der BGH und ein Teil der Lehre bejahen dies, unabhängig davon, dass sich der Dritte (der nach dieser Ansicht also ebenfalls Geschäftsführer ist) zur Übernahme der von ihm erbrachten Leistungen für verpflichtet gehalten hat (vgl. → § 3 Rn. 7).[16] Nach dieser Ansicht konkurrieren Ansprüche des Dritten aus GoA mit Ansprüchen gegen den vollmachtlosen Vertreter aus § 179.[17] Insoweit gilt nichts anderes als für die mögliche Konkurrenz zwischen Ansprüchen aus § 179 und Bereicherungsansprüchen gegen den Vertretenen.[18]

Zu Fällen der sog. gestuften Nothilfe vgl. *Martinek/Theobald*, JuS 1997, 992, 993 sowie *Köhler*, JuS 1987, 220 ff.

B. Verpflichtung des Geschäftsführers kraft öffentlichen Rechts

I. Problemkonstellation

8 Sehr problematisch und heftig umstritten sind die Fälle, in denen ein Geschäftsführer **kraft öffentlichen Rechts** tätig wird. Dabei handelt der Geschäftsführer für die öffentliche Hand oder als Verwaltungsträger aufgrund öffentlichen Rechts und verlangt aufgrund bürgerlich-rechtlicher GoA vom Störer oder Verursacher (i. S. des Polizei- und Ordnungsrechts) Kostenerstattung für sein Einschreiten, zu dem er öffentlich-rechtlich verpflichtet war.[19]

Beispiele: Die Polizei lässt das im öffentlichen Verkehrsraum widerrechtlich geparkte und andere Verkehrsteilnehmer gefährdende Kfz abschleppen; die Feuerwehr löscht einen Brand;[20] Sicherungsmaßnahmen bei einem Ölunfall;[21] Beseitigung einer Straßenverunreinigung;[22] Erschließung von Bauland[23].

Vorrangig stellt sich in diesen Fällen – bei Fehlen einer ausdrücklichen gesetzlichen Rechtswegzuweisung – die Frage, ob gemäß § 13 GVG der **Rechtsweg** zu den ordentlichen Gerichten oder gemäß § 40 VwGO der Rechtsweg zu den Verwaltungsgerichten[24] eröffnet ist. Maßgebend hierfür ist ausgehend von Sachvortrag des Klägers die wahre Natur des Rechtsverhältnisses; unerheblich ist also, ob der Kläger eine zivil- oder öffentlich-rechtliche Anspruchsgrundlage für einschlägig hält. Demgemäß kommt es nach h. M. für die Abgrenzung zwischen öffentlich-rechtlicher und privatrechtlicher GoA nicht auf die Rechtsnatur der vom Geschäftsführer ergriffenen Maßnahmen, sondern darauf an, welchen Charakter das Geschäft gehabt hätte, wenn es vom Geschäftsherrn selbst ausgeführt worden wäre.[25] Wäre die Vornahme des Geschäfts durch den Geschäftsherrn dem Privatrecht zuzurechnen, dann ist auch die Ausführung durch den kraft öffentlichen Rechts verpflichteten (hoheitlichen) Ge-

---

16 BGHZ 37, 258; 101, 393; *BGH* NJW-RR 1989, 970.
17 *BGH* NJW-RR 1989, 970; 2004, 81; MüKoBGB/*Schäfer*, Bd. 5/2, § 677 Rn. 81.
18 Vgl. dazu BGHZ 36, 30; *BGH* NJW-RR 1989, 970.
19 Vgl. zu den unterschiedlichen Fallgruppen MüKoBGB/*Schäfer*, Bd. 5/2, § 677 Rn. 98 ff.
20 BGHZ 40, 28.
21 BGHZ 54, 157.
22 BGHZ 65, 354; siehe dazu *Medicus*, Gesetzliche Schuldverhältnisse, S. 175 f. (»Bimsgrube«).
23 BGHZ 61, 359.
24 Vgl. *BVerwG* NJW 1989, 922 (mangels spezieller Vorschriften des öffentlichen Rechts sind »die Vorschriften des BGB über eine Geschäftsführung ohne Auftrag [...] entsprechend anwendbar«).
25 *BGH* VersR 2016, 209; vgl. auch BeckOK BGB/*Gehrlein*, § 677 Rn. 24.

schäftsführer eine **bürgerlich-rechtliche Streitigkeit im Sinne von § 13 GVG** und deshalb der **Rechtsweg zu den ordentlichen Gerichten** gegeben. Die §§ 677 ff. sind dann unmittelbar anwendbar.

Beispiel: Nach polizeilicher Beschlagnahme eines Leichnams zur Klärung der Todesart (vgl. § 159 StPO) veranlasst die Polizei die Erstversorgung des Leichnams; das Land verlangt Aufwendungsersatz von demjenigen Angehörigen, der (auch) kraft öffentlich-rechtlicher Verpflichtung für die Bestattung des Leichnams zu sorgen hat. Die »wahre Rechtsnatur« der Bestattung nächster Angehöriger wird – unabhängig von einer parallelen öffentlich-rechtlichen Verpflichtung eines Angehörigen – entscheidend durch das privatrechtliche Totenfürsorgerecht veranlasst und bestimmt. Deshalb ist der Rechtsweg zu den ordentlichen Gerichten und die unmittelbare Anwendbarkeit der §§ 677 ff. gegeben.[26]

Bejaht man die Anwendbarkeit der §§ 677 ff., so ist immer noch zu prüfen, ob die Tatbestandsmerkmale im Einzelnen vorliegen.

II. Streitstand

Nach der (zivilgerichtlichen) Rechtsprechung sind die bürgerlich-rechtlichen Bestimmungen über die Geschäftsführung ohne Auftrag (§§ 677 ff.) grundsätzlich auch im Verhältnis zwischen Verwaltungsträgern und Privatpersonen anwendbar.[27] Die §§ 677 ff. sind allerdings nur anwendbar, wenn das öffentliche Recht die Frage, wer ein bestimmtes Geschäft vorzunehmen und für die Geschäftsführung die Kosten zu tragen hat, nicht abschließend beantwortet (insbesondere wenn sie die Aufgabenerfüllung nicht ausschließlich in die Zuständigkeit und das Ermessen einer Behörde legen).[28]

Fehlt eine solche abschließende Regelung des öffentlichen Rechts, gehen Rechtsprechung und Teile der Literatur von einem objektiv auch-fremden Geschäft aus und vermuten den Fremdgeschäftsführungswillen.[29] Dem (hoheitlichen) Geschäftsführer werden, obgleich es sich kraft öffentlichen Rechts um ein auch-eigenes Geschäft des Geschäftsführers handelt, die Aufwendungen voll ersetzt.

Ein großer Teil der Literatur verneint dagegen die generelle Anwendbarkeit der GoA oder jedenfalls die Fremdheit des Geschäftes oder den Fremdgeschäftsführungswillen.[30] Begründung:

9

---

26 *BGH* VersR 2016, 209.
27 Vgl. BVerfGE 18, 429, 436; *BGH* VersR 2016, 209; BGHZ 156, 394; vgl. für die entsprechende Anwendung im öffentlichen Recht BVerwGE 80, 170, 172 ff. m. w. N.; *BVerwG* DÖV 2003, 732.
28 *BGH* VersR 2013, 1538 (§ 15 Abs. 1 S. 1 Hs. 2 HStrG enthält eine abschließende Sonderregelung); BGHZ 191, 325 m. w. N. ([Landes-]Bestattungsgesetze nicht abschließend); BGHZ 156, 394 (abschließender Regelungsgehalt bejaht für die Regelungen des bayerischen Polizeirechts über die unmittelbare Ausführung einer Maßnahme [Art. 9 PAG] und die Ersatzvornahme [Art. 55 PAG] einschließlich der dazugehörigen Bestimmungen über die Erhebung von Kosten; vgl. hierzu auch *BVerfG* NJW 2011, 3217); *BGH* VersR 2007, 200 (Leistungsbescheid aufgrund einer städtischen Satzung wegen des Feuerwehreinsatzes); *BGH* VersR 2007, 1707 (kein Anspruch des THW, das auf Anforderung der zuständigen [rheinland-pfälzischen] Ordnungsbehörde zur Gefahrenabwehr tätig geworden ist, gegen den Verursacher aus GoA neben dem Kostenerstattungsanspruch der Ordnungsbehörde); BGHZ 109, 354 (Kosten zur Behandlung eines Häftlings nach Selbstmordversuch, keine Ansprüche des Trägers einer Justizvollzugsanstalt aus GoA, JVA erfüllt nur den gegen sie bestehenden öffentlich-rechtlichen Anspruch des Häftlings auf Fürsorge). Vgl. hierzu auch *Linke*, DVBl. 2006, 148 ff.; sowie *Schoch*, Die Verwaltung 38 (2005), 91 ff.
29 BGHZ 40, 28; 63, 167; 65, 354.
30 MüKoBGB/*Schäfer*, Bd. 5/2, § 677 Rn. 100; BeckOK BGB/*Gehrlein*, § 677 Rn. 27 für Maßnahmen der Gefahrabwehr; *Brox/Walker*, SchuldR BT, § 36 Rn. 11 f.; *Medicus/Petersen*, BR, Rn. 410 ff.; *Me-*

- Für die GoA sei bei Tätigkeiten, die bereits durch Steuern oder Gebühren abgegolten sind, kein Raum. Ob für Dienstleistungen einer Behörde von dem Verantwortlichen (z. B. Störer) Kostenersatz geleistet werden muss (oder aus dem Steueraufkommen ohne weitere Kostenbelastung finanziert wird), müsse das öffentliche Recht entscheiden. Diese Vorfrage dürfe nicht durch die (undifferenzierte) Anwendung der GoA übergangen werden.[31]
- Der Fremdgeschäftsführungswille der Behörde, der nach der Rechtsprechung vermutet wird, sei eine Fiktion.[32]
- Die Anwendung der GoA sei nicht sachgerecht: Die Behörde wolle nicht die Entschließung des privaten Geschäftsherrn abwarten (§ 681 S. 1). Dem Willen des Geschäftsherrn oder gar dessen Weisungen wollten sich Polizei oder Feuerwehr selbst in den Grenzen des § 679 nicht unterwerfen.

10 **Fall (BGHZ 40, 28 »Funkenflug«-Fall):** Die Feuerwehr der Gemeinde G löscht einen Waldbrand, der durch Funkenflug aus einer Lokomotive der Bundesbahn verursacht wurde. Kann G von der Deutsche Bahn AG Ersatz der Löschkosten verlangen?

Lösung: Vorbemerkung: Es handelt sich um eine bürgerlich-rechtliche Streitigkeit im Sinne von § 13 GVG und deshalb ist der Rechtsweg zu den ordentlichen Gerichten gegeben (→ Rn. 8). Die Vornahme des Geschäfts durch den Geschäftsherrn, die Deutsche Bahn AG, wäre dem Privatrecht zuzurechnen. Die Deutsche Bahn AG bemüht sich als haftpflichtiger Schädiger um Schadensgeringhaltung.

Anspruch der Gemeinde G gegen die Deutsche Bahn AG (früher: Bundesbahn) auf Ersatz der Einsatzkosten für die Feuerwehr

I. §§ 677, 683 S. 1, 670?
1. Fraglich ist, ob die Vorschriften der privatrechtlichen GoA (§§ 677 ff.) überhaupt anwendbar sind, wenn ein Verwaltungsträger Maßnahmen trifft, um Gefahren oder Schäden von Privaten abzuwenden. Insoweit könnte nämlich das öffentliche Recht eine vorrangige Sonderregelung darstellen.
   a) Argument der unzulässigen Kostenbegründung für einen privaten Geschäftsherrn: Die Anwendbarkeit der §§ 677 ff. wird zum Teil mit der Begründung abgelehnt, der Grundsatz der Gesetzmäßigkeit der Verwaltung lasse nicht zu, mithilfe der GoA neue Abgabenlasten der Bürger zu begründen.[33] Dieser Einwand überzeugt nur, wenn die Behörde eine öffentlich-rechtliche Pflicht des Geschäftsherrn erfüllt und diese nach den öffentlich-rechtlichen Vorschriften grundsätzlich ohne Kostenerstattung zu erbringen ist. Handelt es sich jedoch um eine privatrechtliche Pflicht, kann der Geschäftsherr nicht allein dadurch begünstigt sein, dass ein öffentlicher Verwaltungsträger und nicht eine Privatperson für ihn tätig wird.
   Wenn die Behörde eine privatrechtliche Pflicht des Geschäftsherrn (Deutsche Bahn AG) erfüllt, dann trägt das Argument der unzulässigen Kostenbelastung nicht. Die DB ist privatrechtlich verpflichtet, das Feuer zu löschen (§ 1 HPflG, §§ 823 Abs. 1, 249).
   b) Argument des Vorrangs öffentlich-rechtlicher Kostenerstattungsvorschriften: Die Brandbekämpfung durch die Feuerwehr ist eine öffentlich-rechtliche Angelegenheit. Daher kann die Anwendung der §§ 677 ff. zu Überschneidungen mit Vorschriften des öffentlichen Rechts führen, hier mit landesrechtlichen Vorschriften über Brandschutz und Feuerwehr im Hinblick auf die Möglichkeit, den Begünstigten oder Brandverursacher in Anspruch zu nehmen.[34] Diese Vor-

---

dicus, Gesetzliche Schuldverhältnisse, S. 176 f.; *Martinek/Theobald,* JuS 1997, 992; *Staake,* JA 2004, 801; *Staake,* § 15 Rn. 26.

31 *Medicus,* Gesetzliche Schuldverhältnisse, S. 175.

32 *Medicus,* Gesetzliche Schuldverhältnisse, S. 176; *Staake,* JA 2004, 801; *Staake,* § 15 Rn. 27.

33 *Wollschläger,* GoA im öffentlichen Recht und Erstattungsanspruch, 1977, S. 79 ff.

34 Nur der vorsätzlich handelnde Brandstifter kann zur Verantwortung gezogen werden: Art. 28 Abs. 2 BayFuG; § 36 nrwFSHG; § 41 Abs. 1 S. 1 Nr. 1 bwFWG; auch der grob fahrlässige Brandstifter: § 42 Abs. 2 hessBrSHG; § 26 ndsBrSchG.

schriften würden umgangen, wenn zugleich privatrechtliche Aufwendungsersatzansprüche aus GoA abgeleitet werden. Insoweit stellt das öffentliche Recht aber nur dann eine vorrangige Sonderregelung dar, welche die §§ 677ff. verdrängt, wenn die Kostenfrage abschließend geregelt ist.

Ist dies nicht der Fall, so ist wie folgt weiterzuprüfen:

2. Geschäftsbesorgung durch die Gemeinde G: Die Feuerlöscharbeiten stellen eine Geschäftsbesorgung dar. Geschäftsführer ist die Gemeinde G, die sich der Feuerwehr als sog. (unselbständigen) Geschäftsführungsgehilfen[35] bedient.

3. Fremdes Geschäft: Die Brandbekämpfung ist für die Gemeinde ein (auch-) fremdes Geschäft. Das Löschen ist auch ein Geschäft des Brandverursachers als Geschäftsherrn,[36] d.h. des verantwortlichen Schadensstifters. Das ergibt sich aus § 1004 Abs. 1 oder seiner Schadensersatzpflicht.[37] Gemäß § 1 HPflG ist die Deutsche Bahn AG für den Brandschaden verantwortlich, sodass die Feuerwehr ein Geschäft der Deutschen Bahn AG führt.[38] Zugleich kommt die Gemeinde einer eigenen öffentlich-rechtlichen Pflicht nach und erledigt damit auch ein eigenes Geschäft. Mit dem Löschen führt sie deshalb ein auch-fremdes Geschäft (Handeln im Doppelinteresse).

Dem wird von Teilen der Literatur widersprochen: Es liege kein auch-fremdes Geschäft, d.h. kein Handeln im Doppelinteresse vor. Begründung:

– Die Feuerwehr sei zur Brandbekämpfung öffentlich-rechtlich verpflichtet und führe kein fremdes Geschäft.[39] Dem ist entgegenzuhalten, dass das eigene Interesse des Geschäftsführers die Besorgung eines fremden Geschäfts grundsätzlich nicht ausschließt.

– Die objektive Fremdheit des Geschäfts soll voraussetzen, dass der Geschäftsherr das Geschäft jederzeit übernehmen und den auftraglosen Geschäftsführer verdrängen könne, was sich aus § 681 S. 1 (Der Geschäftsherr ist »Herr des Verfahrens«.) ableiten lasse. Diese Befugnis habe der Brandverursacher gegenüber der Feuerwehr nicht.[40] Dem ist entgegenzuhalten, dass § 681 S. 1 eine Rechtsfolge der GoA normiert, aber nicht seinen Tatbestand regelt. Der Einwand setzt außerdem voraus, dass das öffentliche Recht eine unbedingte Handlungspflicht des Verwaltungsträgers auch gegenüber einer privatrechtlichen Wahrnehmung der Geschäftsführung statuiert.

4. Fremdgeschäftsführungswille: Der Fremdgeschäftsführungswille wird nach h. M. bei einem auch-fremden Geschäft vermutet.[41]

In der Literatur wird entgegen gehalten, dass der Fremdgeschäftsführungswille der Feuerwehr bzw. der Gemeinde G fehle, weil die öffentlich-rechtliche Pflicht der Feuerwehr die für die GoA notwendige »privatrechtliche Unterwerfung« unter den Willen des Geschäftsherrn verhindere.[42] Auch dieser Einwand setzt voraus, dass das öffentliche Recht eine unbedingte Handlungspflicht des Ver-

---

35 BGHZ 40, 28; 65, 384; 67, 368.

36 Der *BGH* (BGHZ 40, 28) bejahte die Geschäftsherreneigenschaft aller potenziell Bedrohten (aller von der Schadensabwehr Begünstigten). Bei Maßnahmen der Schadensbekämpfung werde regelmäßig auch ein Geschäft dessen besorgt, von dem der Schaden abgewendet wird (kritisch dazu *Beuthien/Weber*, S. 146f.).

37 *Beuthien/Weber*, S. 147: Die Pflicht zur Naturalrestitution (§ 249 Abs. 1) beginnt mit dem Eintritt des schädigenden Ereignisses und gilt nicht nur für den Ausgleich bereits eingetretener Schäden, sondern auch für die Verhinderung sich weiterfressender Schäden. Die Schadensersatzpflicht soll verhindern, dass künftig Schäden eintreten bzw. dass sich bereits eingetretene Schäden noch vergrößern. Entsprechendes gilt für die Begründung des auch-fremden Geschäfts bei einer Gefährdungshaftung (z.B. aufgrund der Betriebsgefahr) sowie einer haftungsrechtlichen Zurechnung aufgrund einer Verkehrssicherungspflicht (siehe dazu *Martinek/Theobald*, JuS 1997, 992, 997).

38 Sofern sie dazu nicht selbst in der Lage ist, hat sie sich der dafür zuständigen Einrichtung (z.B. öffentliche Feuerwehr) zu bedienen.

39 *Schubert*, AcP 178 (1978), 425, 445; *ders.*, NJW 1978, 688; *Esser/Weyers*, SR II/2, § 46 II 2d, S. 13f.; vgl. hierzu auch *Schreiber*, DB 1979, 1397ff.

40 So *Beuthien/Weber*, S. 154 und 157.

41 BGHZ 63, 167; str.

42 *Medicus/Petersen*, BR, Rn. 412; *Larenz*, SR II/1, § 57 I a, S. 440f.

waltungsträgers auch gegenüber einer privatrechtlichen Wahrnehmung der Geschäftsführung statuiert. Im Übrigen kann die Maßgeblichkeit des Willens des Geschäftsherrn auch im Rahmen der privatrechtlichen GoA relativiert sein (vgl. §§ 679, 680) und gegebenenfalls wären die Rechtsfolgen der GoA im einzelnen Fall zu verneinen, wenn die Vermutung des Fremdgeschäftsführungswillens aufgrund konkreter Anhaltspunkte widerlegt wäre.

5. Ohne Auftrag oder sonstige Berechtigung: Die Gemeinde G ist gegenüber der Deutschen Bahn AG nicht i. S. des § 677 zum Löschen des Feuers berechtigt oder verpflichtet, da zwischen diesen Beteiligten kein besonderes Rechtsverhältnis besteht.

6. Interesse und Wille (sog. berechtigte GoA): Die Übernahme der Geschäftsführung (Löscharbeiten) entspricht dem mutmaßlichen Willen und dem Interesse der Deutschen Bahn AG.

7. Ergebnis nach h. M.: Voller Aufwendungsersatzanspruch für alle Kosten der Brandlöschung (auch für nutzlose Aufwendungen, weil das Risiko fehlgeschlagener Aufwendungen den Geschäftsherrn trifft).[43]

II. § 812 Abs. 1 S. 1 Alt. 1 (Leistungskondiktion)?
Ein Bereicherungsanspruch der Gemeinde G gegen die Deutsche Bahn AG scheidet allein deshalb aus, weil eine berechtigte GoA i. S. des § 683 S. 1 (so jedenfalls die h. M., vgl. → § 7 Rn. 6) vorliegt. Diese stellt einen Rechtsgrund i. S. von § 812 dar.

III. § 812 Abs. 1 S. 1 Alt. 2 (Aufwendungskondiktion)?
Auch der Aufwendungskondiktion steht die berechtigte GoA als die Vermögensverschiebung rechtfertigender Rechtsgrund entgegen.

C. Gesamtschuld

11   Tilgt einer von mehreren Gesamtschuldnern die Schuld, so stellt sich die Frage, ob er von dem anderen Gesamtschuldner Aufwendungsersatz verlangen kann. Dabei ist zu unterscheiden zwischen echter und unechter Gesamtschuld. Im Fall der echten Gesamtschuld, bei der mehrere Schuldner gleichrangig bzw. gleichstufig haften,[44] erfolgt der Rückgriff vorrangig über § 426, und zwar nach Abs. 1 im Wege eines originären Ausgleichsanspruchs und nach Abs. 2 im Wege einer (bestärkenden) Legalzession. Daneben kommt als dritter Regressweg die Anwendung der Regeln über die GoA in Betracht.[45]

12   Im Falle der »unechten« oder scheinbaren **Gesamtschuld** haften mehrere Gesamtschuldner (im Innenverhältnis) nicht gleichrangig, sondern einer von diesen trägt im Ergebnis die Schuld.

Unechte Gesamtschuldner sind zum Beispiel:
– der wegen eines Schadens Haftende und ein nicht aus schadensrechtlichen Grundsätzen leistungspflichtiger Versicherer (wegen Innenregress) oder
– Arbeitgeber und Arbeitnehmer (vgl. Grundsätze über den innerbetrieblichen Schadensausgleich unter → § 19 Rn. 28).

13   Der im Innenverhältnis primär verantwortliche »Gesamtschuldner« muss das in der Leistung des anderen »Gesamtschuldners« liegende Opfer im Ergebnis allein und end-

---

43   Nach der überwiegenden Literatur kein Aufwendungsersatzanspruch mangels fremden Geschäfts oder Fremdgeschäftsführungswillens (MüKoBGB/*Schäfer*, Bd. 5/2, § 677 Rn. 99; *Brox/Walker*, SchuldR BT, § 36 Rn. 11ff.; *Medicus/Petersen*, BR, Rn. 410ff.; *Martinek/Theobald*, JuS 1997, 992).

44   Vgl. dazu *Medicus/Petersen*, BR, Rn. 916ff.

45   Vgl. *BGH* VersR 2009, 1668, 1669; MüKoBGB/*Seiler*, 6. Aufl. 2012, § 677 Rn. 28 (der regelmäßig begründete Anspruch aus §§ 683, 670 habe praktisch nur geringe Bedeutung); gegen Anwendbarkeit der GoA aber ein Teil der Literatur, vgl. *Medicus/Petersen*, BR, Rn. 415f.

gültig tragen.[46] Streitig ist jedoch die dogmatische Begründung für dieses Ergebnis. Das RG[47] und einzelne Stimmen der Literatur[48] wollen dem zahlenden (nachrangigen) »Gesamtschuldner« einen Aufwendungsersatzanspruch gemäß §§ 677, 683 S. 1, 670 gegen den Letztverantwortlichen gewähren, da der Dritte zumindest auch ein Geschäft des Letztverantwortlichen führe. Die ganz h. L. lehnt eine Anwendung der GoA dagegen ab, weil der Letztverantwortliche durch die Leistung des Dritten auf der Grundlage des normativen Schadensbegriffs nicht von seiner Ersatzpflicht befreit werde. Der Dritte erfülle daher ausschließlich eine eigene Verpflichtung,[49] sodass der Innenausgleich über § 255 (analog) oder über § 426 durch Verzicht auf die den Tatbestand des § 421 einschränkenden Merkmale (also durch Verzicht auf Gesamtschuldkriterien) zu suchen sei. Eine ausdrückliche Stellungnahme des BGH liegt noch nicht vor.[50]

Fall (RGZ 82, 206 »Dombrand«-Fall): Bei einem Stadtfest soll der Dom der Stadt durch ein Feuerwerk festlich illuminiert werden. Dies gelingt auch, allerdings anders als beabsichtigt: Das Feuerwerk löst einen Brand aus, der zur teilweisen Zerstörung des Bauwerks führt. Die baulastpflichtige Stadt lässt zunächst Reparaturarbeiten durchführen und verlangt anschließend vom fahrlässig handelnden Feuerwerker F Ersatz ihrer Aufwendungen. Zu Recht?   14

Lösung:
I. Anspruch aus § 426 Abs. 1
   Ein Regressanspruch aus § 426 Abs. 1 setzt voraus, dass eine Gesamtschuld i. S. des § 421 zwischen F und der Stadt besteht.
   1. Schuldnermehrheit: F schuldet Schadensersatz aus Vertragsrecht (§§ 631, 633, 634 Nr. 4, 636, 280 Abs. 1) und Delikt (§ 823), die Stadt aufgrund ihrer Baulast Wiederherstellung.
   2. Dasselbe Leistungsinteresse? Schadensersatz und Wiederherstellung betreffen dasselbe Leistungsinteresse (vgl. § 249 Abs. 1 und Abs. 2 S. 1).
   3. Es liegt keine Teilschuld vor. Vielmehr schuldet jeder Schuldner die ganze Leistung. Ebenso wenig liegt eine kumulative Schuld vor.
   4. Ungeschriebenes Tatbestandsmerkmal des § 421 ist die Gleichstufigkeit, d. h. es darf keine Rangfolge (z. B. aufgrund Letztverantwortlichkeit) vorliegen. Daran fehlt es hier nach überwiegender Ansicht deshalb, weil die Baulast keine Regelung endgültiger Verantwortlichkeit darstellt, sondern nur die umgehende und kompetente Durchführung der erforderlichen Baumaßnahmen sichert. Deshalb liegt keine echte Gesamtschuld i. S. des § 421 vor.
   § 426 Abs. 1 kann deshalb (direkt) nicht zur Anwendung kommen.
II. Gleiches gilt für den Anspruch aus § 426 Abs. 2 i. V. m. §§ 280 Abs. 1, 631 oder § 823 Abs. 1.
III. Anspruch aus GoA gemäß §§ 677, 683 S. 1, 670
   1. Fremdes Geschäft: Die Rechtsprechung bejaht hier trotz der eigenen Verpflichtung der Stadt ein auch-fremdes Geschäft, weil auch der F aus §§ 280 Abs. 1, 631 oder § 823 Abs. 1 i. V. m. § 249 Abs. 1 zu den Maßnahmen verpflichtet sei.
   2. Der Fremdgeschäftsführungswille wird vermutet. Die Literatur lehnt dies wiederum ab. Kritisiert wird, es werde der Fremdgeschäftsführungswille nur fingiert.
   3. Kein Auftrag seitens des F, keine Berechtigung der Stadt gegenüber F.
   4. Willens- und Interessengemäßheit (§ 683 S. 1) sind zu bejahen.
   5. Ergebnis: Anspruch auf Aufwendungsersatz gemäß § 670.

---

46 Vgl. zur unechten Gesamtschuld *Medicus/Petersen*, BR, Rn. 415, 916 ff.
47 RGZ 82, 206, 214; kritisch Palandt/*Grüneberg*, § 421 Rn. 9 (regelmäßig fehle der Fremdgeschäftsführungswille).
48 MüKoBGB/*Schäfer*, Bd. 5/2, § 677 Rn. 62.
49 *Brox/Walker*, SchuldR BT, § 36 Rn. 14; *Medicus/Petersen*, BR, Rn. 415; *Martinek/Theobald*, JuS 1997, 805, 810 f.; *Wendlandt*, Jura 2004, 334.
50 Vgl. MüKoBGB/*Schäfer*, Bd. 5/2, § 677 Rn. 62.

IV. Ein Anspruch aus § 812 Abs. 1 S. 1 Alt. 2 (Verwendungskondiktion) besteht nicht, da eine berechtigte GoA als Rechtsgrund vorliegt (vgl. → § 7 Rn. 6).[51]

V. § 255 analog

Folgt man der Literatur, kann die S analog § 255 von der Kirche Abtretung des Schadensersatzanspruches gegen den F verlangen und dann aus diesem abgetretenen Recht gegen ihn vorgehen.

D. Selbstaufopferung im Straßenverkehr

15 Oft erörtert (vgl. → § 3 Rn. 3 f.) worden ist, inwieweit die sog. **Selbstaufopferung im Straßenverkehr** zu Entschädigungsansprüchen führt. Dabei geht es um Fälle, in denen ein Kraftfahrzeugführer den Zusammenstoß mit einem anderen Verkehrsteilnehmer durch ein Ausweichmanöver vermeidet, dadurch selbst einen Schaden erleidet und diesen vom Geretteten ersetzt verlangt (vgl. das Beispiel → § 3 Rn. 3).[52] Auf die GoA hat die Rechtsprechung in solchen Fällen zurückgegriffen, weil der Geschäftsherr dem Geschäftsführer nicht aus einem anderen Grund für den erlittenen Schaden verantwortlich war (Vermeidung eines Zusammenstoßes mit einem schuldlos Handelnden).

16 Die erste Frage, die sich in diesen Fällen stellt, ist, ob ein objektiv-fremdes Geschäft geführt wird. Dies ist zu verneinen, wenn der Kraftfahrzeugführer ohne das Ausweichmanöver für den fremden Schaden zur Gänze haften würde. Er führt dann ausschließlich ein eigenes Geschäft, weil er nur seine eigene Haftpflicht vermeidet.

17 Ein objektiv-fremdes Geschäft liegt jedoch vor, wenn der Ausweichende für den Unfall, falls dieser nicht vermieden worden wäre, nicht haften würde.[53] In diesem Fall bejaht die Rechtsprechung einen Aufwendungsersatzanspruch aus §§ 677, 683 S. 1, 670 mit folgenden Erwägungen: Das Herumreißen des Steuers stelle als tatsächliche Handlung eine Geschäftsbesorgung dar. Daraus folge ein objektiv-fremdes Geschäft, weil Belange des gefährdeten Dritten wahrgenommen würden, indem er vor Verletzungen oder dem Tod bewahrt werde. Für den Fremdgeschäftsführungswillen spreche in diesen Fällen eine Vermutung. Jedoch sei der Aufwendungsersatzanspruch insoweit zu kürzen, als der ausweichende Kfz-Fahrer durch die vom Kfz ausgehende Gefahr eine Ursache für den Unfall gesetzt habe.[54]

18 Die bisher von der Rechtsprechung entschiedenen Fälle der Selbstaufopferung im Straßenverkehr (vgl. z. B. BGHZ 38, 270) betrafen Fälle, in denen der Geschäftsführer für

---

51 Die Leistungsbeziehung zwischen der Stadt und der Kirche schließt eine Nichtleistungskondiktion der Stadt gegen F nicht aus. Der Grundsatz der Subsidiarität der Nichtleistungskondiktion steht nicht entgegen (vgl. → Rn. 6 Fn. 14).

52 Bei dem Heranziehen von älterer Rechtsprechung und Literatur ist zu beachten, dass nach § 7 Abs. 2 StVG a. F. die Haftung nach Abs. 1 der Vorschrift bereits durch ein unabwendbares Ereignis ausgeschlossen war. Nach Änderung der Vorschrift durch das Zweite Gesetz zur Änderung schadensersatzrechtlicher Vorschriften vom 9.7.2002 (BGBl. I, S. 2674) befreit im Verhältnis zu einem nicht motorisierten Geschädigten nur noch das Vorliegen von höherer Gewalt (vgl. → § 21 Rn. 16 ff.).

53 Grundlegend zur alten Rechtslage BGHZ 38, 270 (ordnungsgemäß fahrender Kfz-Führer weicht plötzlich einem ausscherenden nicht schuldfähigen Kind aus). In der Literatur ist demgegenüber vorgeschlagen worden, entsprechend den Grundsätzen der Güterabwägung im Notstand eine Entschädigung nur zu gewähren, wenn dem Fahrzeugführer das Ausweichmanöver an sich unzumutbar war (so insbesondere *Canaris*, JZ 1963, 655; ihm folgend *Wollschläger*, GoA, S. 306 ff.). Kritisch zum Ganzen *Frank*, JZ 1982, 737.

54 Grundlegend BGHZ 38, 270.

den vermiedenen Unfall nicht gehaftet hätte, weil der Unfall für ihn ein unabwendbares Ereignis dargestellt hätte (§ 7 Abs. 2 StVG a. F.). Unter Geltung von § 7 Abs. 2 StVG n. F. kann ein Fall der Selbstaufopferung im Straßenverkehr nur dann gegeben sein, wenn der Geschäftsführer für den vermiedenen Unfall aufgrund höherer Gewalt nicht gehaftet hätte.[55] Das Vorliegen von höherer Gewalt ist jedoch nur in sehr außergewöhnlichen Fällen denkbar, vgl. → § 22 Rn. 16.

Außerhalb des Anwendungsbereichs des § 7 Abs. 2 StVG kann die Fallkonstellation der Selbstaufopferung weiterhin praktisch werden. **19**

Beispiel: Ein sich verkehrsgemäß verhaltender Radfahrer erleidet einen Schaden, weil er einem 6-jährigen Kind ausweicht, das trotz ordnungsgemäßer Beaufsichtigung plötzlich auf die Fahrbahn läuft.

E. Selbsthilfeaufwendungen (Abschleppfälle)

Selbsthilfeaufwendungen liegen dann vor, wenn der Geschäftsführer sich eine ihm **20** vom Geschäftsherrn geschuldete Leistung selbst beschafft bzw. das vom Geschäftsherrn geschuldete Verhalten selbst vornimmt, um diesem dann die Kosten dafür nach § 683 in Rechnung zu stellen.[56]

Beispiele:
- Verlegen eines Abwasserkanals durch Grundstückseigentümer für die zur Erschließung verpflichtete Gemeinde.[57]
- Neuanlage eines Deichuferdeckwerks durch Tanklagerfirma für die eigentlich zur Uferbefestigung Verpflichteten (Deichverband und BR Deutschland).[58]
- Abschleppen eines Falschparkers.[59]

Bestehen zwischen den Beteiligten Vertragsbeziehungen, so sind die §§ 677 ff. durch die Vorschriften über Leistungsstörungen ausgeschlossen, die Selbsthilfe nur ausnahmsweise gestatten (z. B. in §§ 536 a Abs. 2, 637[60]).[61] Das Gleiche gilt für Schadensersatzansprüche, bei denen dem Verletzten die Möglichkeiten der §§ 249 ff. zustehen.[62] Fehlt es an einer Vertragsbeziehung, so können Ansprüche aus §§ 677 ff. in Betracht kommen, insbesondere bei Maßnahmen zur Verhinderung drohender oder zur Beseitigung eingetretener Störungen.[63]

---

55 Vgl. *OLG Oldenburg* VersR 2005, 807 sowie *Friedrich*, VersR 2005, 1660.
56 *Wollschläger*, GoA, S. 163 ff.; *ders.*, GoA im öffentlichen Recht und Erstattungsanspruch, 1977, S. 96.
57 *VGH BW* NJW 1977, 1843.
58 BVerwGE 80, 170.
59 *BGH* NJW 2016, 2407; BGHZ 181, 233 bejaht einen Schadensersatzanspruch aus § 823 Abs. 2 i. V. m. § 858 Abs. 1 und geht auf Ansprüche aus GoA nicht ein (ebenso *BGH* NJW 2014, 3727; NJW 2012, 528); vgl. zur GoA S. *Lorenz*, NJW 2009, 1025; *Koch*, NZV 2010, 336; *Gsell*, ZJS 2009, 572; *Huneke*, Jura 2010, 852 (Examensklausur).
60 *BGH* NJW 2008, 1218.
61 *BGH* NJW 2005, 3211 (Verdrängung der Regeln der GoA durch den abschließende Charakter der in den §§ 437 ff. normierten Rechte des Käufers bei Mängeln); vgl. auch MüKoBGB/*Schäfer*, Bd. 5/2, § 677 Rn. 69 m. w. N.
62 MüKoBGB/*Schäfer*, Bd. 5/2, § 677 Rn. 69 im Anschluss an *Koller*, NJW 1971, 1776, 1779.
63 *BGH* NJW 2005, 1366 (Selbstbeseitigung einer vom Nachbargrundstück ausgehenden Bodenkontamination).

21 **Fall:** E ist Eigentümer eines mit einer Garageneinfahrt bebauten und mit einem »Parkverbotsschild« versehenen Grundstücks. Auf der Garageneinfahrt hat S unberechtigt seinen Pkw abgestellt, sodass dem E eine Wegfahrt mit seinem in der Garage geparkten Pkw unmöglich ist. E beauftragt den Abschleppunternehmer U, der den Pkw des S gegen Vorkasse vom Abstellplatz des E entfernt. E verlangt von S Erstattung der Abschleppkosten (Umsetzkosten). Zu Recht?

Lösung:

I. Ein vertraglicher Anspruch besteht nicht. Zwischen E und U ist ein Werkvertrag zustande gekommen, der den E zur Bezahlung der Vergütung verpflichtet. Ob U – statt gegen E vorzugehen – von S Kostenersatz über die GoA fordern kann, ist ein Problem des pflichtgebundenen Geschäftsführers (vgl. → Rn. 1 ff.). Davon unabhängig ist aber, inwieweit der Störer dem selbstabhelfenden Geschäftsführer die Kosten der Selbsthilfemaßnahme ersetzen muss.

II. §§ 677, 683 S. 1, 670?

1. E besorgt durch das Abschleppenlassen mittels des Abschleppunternehmens (Geschäftsführungsgehilfe) zumindest ein auch-fremdes Geschäft. Fremd ist das Geschäft insofern, als S als unberechtigt Parkender zur Störungsbeseitigung verpflichtet ist: Verschuldensabhängig[64] gem. § 823 Abs. 1 (Eigentum bzw. berechtigter Besitz) sowie gem. § 823 Abs. 2 i. V. m. § 858[65]; verschuldensunabhängig gem. § 862 bzw., wenn das Parken als teilweise Besitzentziehung qualifiziert wird, gemäß § 861 Abs. 1, sowie gem. § 1004 betreffend die Eigentumsverletzung (vgl. III. sowie → § 16 Rn. 43).[66] Die Besorgung des (auch) fremden Geschäfts liegt in der Befreiung des Falschparkers von der Beseitigungspflicht. U ist dabei Gehilfe des E.

2. Bei einem auch-fremden Geschäft wird der Fremdgeschäftsführungswille vermutet.[67] Ein Auftrag oder eine Berechtigung besteht nicht.

3. Die Übernahme entspricht dem Interesse (Nützlichkeit wegen Beseitigung seiner Pflicht, das Kfz zu entfernen) des Geschäftsherrn. Grundsätzlich folgt der mutmaßliche Wille dem objektiv zu bestimmenden Interesse. Der BGH lässt für die Bejahung des mutmaßlichen Willens genügen, dass die Entfernung des Fahrzeuges im objektiven Interesse des Verpflichteten liegt; er werde durch die Geschäftsführung von seiner Verpflichtung zur sofortigen Störungsbeseitigung befreit, die nur durch ein Umsetzen des Fahrzeugs bewirkt werden konnte.[68] Dies ist jedenfalls dann unbedenklich, wenn die durch die widerrechtliche Benutzung drohenden Schäden (insbesondere mögliche Taxikosten) höher liegen als die Abschleppkosten selbst.[69]

---

64 Gegen einen Halter, wenn dieser mit dem Fahrer nicht identisch ist, bestehen diese Ansprüche regelmäßig mangels Verschuldens nicht. Vgl. *BGH* VersR 2016, 871.

65 Vgl. zum Umfang der ersatzfähigen Abschleppkosten, insbesondere hinsichtlich der Kosten der Parkplatzüberwachung, als Problem der haftungsausfüllenden Kausalität *BGH* NJW 2012, 528; → § 25 Rn. 3.

66 *BGH* NJW 2016, 2407. Diese verschuldensunabhängigen Ansprüche bestehen auch gegen den Halter als Zustandsstörer, wenn dieser mit dem Fahrer nicht identisch ist. Zum Zustandsstörer siehe → § 21 Rn. 4.

67 Kritisch *Looschelders*, SR BT, Rn. 849 ff.

68 *BGH* NJW 2016, 2407.

69 Vgl. *Baldringer/Jordans*, NZV 2005, 75, 77; *Martinek/Theobald*, JuS 1997, 805, 808 f. Nimmt man an, dass der mutmaßliche Wille des Parkenden nicht auf ein Abschleppen seines Kfz gerichtet ist, wenn für den Geschädigten ansonsten nur Taxikosten in geringerer Höhe entstehen, ist weiter zu prüfen, ob der dann entgegenstehende Wille durch § 679 überwunden werden kann. Ein besonderes öffentliches Interesse an der Beseitigung der Störung ist jedenfalls dann anzunehmen, wenn Fahrzeuge im absoluten Halteverbot oder in Feuerwehranfahrtszonen abgestellt werden; vgl. *S. Lorenz*, NJW 2009, 1025, 1027; *Pöschke/Sonntag*, JuS 2009, 711, 713; zu Recht gegen eine generelle Bejahung des öffentlichen Interesses i. S. von § 679 *AG Frankfurt/Main* NJW 1990, 917; *Gsell*, ZJS 2009, 572, 573.

4. E durfte die gemachten Aufwendungen (Zahlung an den Abschleppunternehmer[70]) für erforderlich halten, soweit die am Ort der Besitzstörung üblichen Kosten für das Abschleppen fremder Fahrzeuge und die Kosten für vorbereitende Maßnahmen nicht überschritten werden.[71]

5. Ergebnis: Dem Parkplatzbesitzer steht ein Anspruch auf Ersatz der Abschleppkosten aus GoA zu.

III. Schadensersatz aus § 823 Abs. 1 (Eigentumsverletzung am Grundstück und am eingeschlossenen Pkw, außerdem Verletzung des berechtigten Besitzes), § 823 Abs. 2 i.V.m. § 858[72] (unabhängig von der Einordnung als Besitzentzug der Teilfläche (§ 861) bzw. als Besitzstörung der Gesamtfläche (§ 862) des Grundstücks)[73] sowie i.V.m. § 12 Abs. 3 Nr. 3 StVO: Die Abschleppkosten stellen einen ersatzfähigen Schaden dar. Insbesondere ergibt sich für E aus § 859 Abs. 3 bzw. aus seiner Schadensminderungspflicht gemäß § 254 keine Pflicht, eine gewisse Zeit auf S zu warten oder sich nach dessen Aufenthalt zu erkundigen. Auch fallen die Abschleppkosten unter Berücksichtigung der Wertung des § 859 als Schaden unter den Schutzzweck der Norm. Würde man dem Geschäftsführer einen Rückgriff versagen, liefe das Selbsthilferecht aus § 859 praktisch leer.[74]

IV. Hinweis: Gegeben ist zudem ein Anspruch aus §§ 812 Abs. 1 S. 1 Alt. 2, 818 Abs. 2 in Bezug auf die gezogene Nutzung, deren Wert mangels objektiven Mietwerts der Grundstücksfläche nach den ersparten Parkplatzaufwendungen des S bemessen werden kann.[75]

F. Bezahlung fremder Schulden

Die Erfüllung einer fremden Pflicht (§ 267 Abs. 1) stellt einen typischen Fall für die GoA dar.[76]   22

Beispiel: Leistet ein Unterhaltspflichtiger an einen durch einen Dritten geschädigten Unterhaltsberechtigten, so führt er ein Geschäft des Schädigers.[77]

Die **Bezahlung fremder Schulden** ist ein objektiv fremdes Geschäft, weil die Erfüllung einer Schuld grundsätzlich Sache des Schuldners ist (vgl. § 362 Abs. 1). Ob dies

---

70 Wenn der Geschäftsführer die vertragliche Verbindlichkeit gegenüber einem Dritten (hier: dem Abschleppunternehmer) noch nicht erfüllt hat, kann er gemäß § 257 S. 1 nur Freistellung von der Verbindlichkeit verlangen. Wenn dieser Freistellungsanspruch an den Gläubiger der eingegangenen Verbindlichkeit (hier: den Abschleppunternehmer) abgetreten wird (§ 398), wandelt er sich in einen Zahlungsanspruch um. Vgl. *BGH* NJW 2016, 2407 m.w.N.

71 *BGH* NJW 2016, 2407 (reine Abschleppkosten zuzüglich Vorbereitungskosten für das Abschleppen); die Kosten einer allgemeinen – der Störungsbeseitigung vorgelagerten – Parkraumüberwachung sind – auch schadensersatzrechtlich – nicht erstattungsfähig, *BGH* NJW 2012, 528; Kosten für die Ermittlung des Halters sind aus GoA nur ausnahmsweise ersatzfähig, wenn die Ermittlung des Halters auch dem Interesse und mutmaßlichen Willen des Halters entspricht; dies kommt beispielsweise in Betracht, wenn der Halter nicht weiß, wo sich sein Fahrzeug nach dem Abschleppen befindet und er den Standort erst aufgrund der durch die Halteranfrage ermöglichten Kontaktaufnahme des Anspruchstellers erfährt (*BGH* NJW 2016, 2407).

72 Vom Schutzumfang dieses Schadensersatzanspruchs sind auch die Kosten der äußeren Sichtung des abzuschleppenden Fahrzeugs und der Protokollierung umfasst, die der Beweissicherung dienen; vgl. *BGH* VersR 2015, 466.

73 Palandt/*Herrler*, § 858 Rn. 3; § 859 Rn. 4.

74 BGHZ 181, 233; *BGH* NJW 2012, 528 (nicht erstattungsfähig sind dagegen sonstige Kosten, die nicht der Beseitigung der Besitzstörung dienen); *Schwarz/Ernst*, NJW 1997, 2550.

75 *Baldringer/Jordans*, NZV 2005, 75, 80 ziehen §§ 812 I 1 2. Alt, 819 I, 292, 987 heran. Zutreffend erscheint als Anspruchsgrundlage §§ 812 Abs. 1 S. 1 Alt. 2, 818 Abs. 2, da durch Eingriff die Nutzung als solche (primärer Bereicherungsgegenstand) erlangt ist; da diese Nutzung nicht in Natur herausgegeben werden kann, ist nach § 818 Abs. 2 Wertersatz geschuldet.

76 BGHZ 70, 389; Beispielsfall dazu bei *Martinek/Theobald*, JuS 1997, 805, 809f. Kritisch *Bartels*, RabelsZ 78 (2014) 479.

77 RGZ 82, 206, 214 (»Dombrand«-Fall [obiter dictum]); *Wollschläger*, GoA, S. 113; MüKoBGB/*Seiler*, 6. Aufl. 2012, § 677 Rn. 29; a. A. *Larenz*, SR II/1, § 57 I a, S. 441.

im Interesse und mit Willen des Geschäftsherrn (also als berechtigte GoA nach § 683 S. 1) geschieht, ist jedoch oft fraglich. Zwar erlangt der Geschäftsherr durch die Geschäftsführung zunächst Befreiung von einer Verbindlichkeit. Im Ergebnis werden jedoch nur seine Gläubiger ausgewechselt. Allerdings erhält der Schuldner durch die Maßnahme des Geschäftsführers zumindest eine Stundung, und er wird gerade von einer Inanspruchnahme durch den Gläubiger befreit, was vielfach in seinem Interesse liegen kann und wird.

Eine berechtigte GoA ist aber zu verneinen, wenn dem Schuldner durch die Zahlung des auftraglosen Geschäftsführers Einreden gegen den Gläubiger verloren gehen, die er gegen die ursprüngliche Forderung hätte geltend machen können. In diesem Fall widerspricht die Zahlung auf fremde Schuld dem Interesse und Willen des Schuldners (des Geschäftsherrn). Gleiches gilt, wenn der Geschäftsherr zum Ausdruck gebracht hat, mit einer Schuldentilgung nicht einverstanden zu sein (»wirklicher Wille«), z. B. weil er lieber dem ursprünglichen Gläubiger als dem Geschäftsführer etwas schulden will.

23 **Fall (Bürgenregress):** Der Bürge B zahlt an den Gläubiger bei Fälligkeit der Hauptverbindlichkeit des Hauptschuldners S. Anschließend verlangt er vom Hauptschuldner Regress. Zu Recht?

Lösung: B hat einen Anspruch aus §§ 677, 683 S. 1, 670.

1. Der für den persönlichen Schuldner S bürgende B zahlt an den Gläubiger und erfüllt damit seine eigene Verbindlichkeit aus der Bürgschaft (§§ 765, 767). Diese Zahlung bringt die Hauptverbindlichkeit des Schuldners nicht zum Erlöschen, sondern der Bürge wird Inhaber der Forderung (Legalzession, § 774 Abs. 1 S. 1) Insoweit liegt kein fremdes Geschäft vor.
2. Indem der Bürge den Schuldner aber von der Inanspruchnahme durch den Gläubiger freistellt und weil der Hauptschuldner der Letztverpflichtete ist (Bürgenregress), führt er (insoweit) ein Geschäft des Hauptschuldners. Fehlt es an einem besonderen Rechtsverhältnis zwischen Hauptschuldner und Bürgen (etwa Schenkung, Auftrag), so wird das Innenverhältnis durch die §§ 677 ff. bestimmt (vgl. auch → § 11 Rn. 66 ff.).[78]

24 **Fall (BGHZ 43, 188):** D bestellt für die Kaufpreisverbindlichkeit des G gegen S eine Hypothek auf seinem Grundstück. Bei Fälligkeit zahlt D an G den der Verbindlichkeit entsprechenden Betrag. Rechte des D gegen S?

Lösung:

I. D kann gegen S nach §§ 1143 Abs. 1 S. 1, 433 Abs. 2 vorgehen. Durch die Zahlung des D auf die Hypothek[79] ist die gesicherte Verbindlichkeit des S nicht erloschen (vgl. § 362 Abs. 1), sondern kraft Legalzession auf den Hypothekenschuldner D übergegangen.[80]

II. Besteht im (Innen)Verhältnis zwischen D und S eine rechtliche Grundlage, so kann sich aus dieser ein Regressanspruch ergeben. In Frage kommt etwa ein Auftrag (§§ 662, 670).

III. Andernfalls kommt ein Anspruch aus §§ 677, 683 S. 1, 670 in Frage.

1. Die Tilgungsleistung stellt ein fremdes Geschäft dar, weil S dadurch vor der Inanspruchnahme durch seinen Gläubiger G bewahrt wird. D führt auch ein eigenes Geschäft aus. Zwar ist er nach § 1147 nur zur Duldung der Zwangsvollstreckung und nicht zur Zahlung verpflichtet, jedoch wird zur Abwendung der eigenen Inanspruchnahme durch den Gläubiger aus § 1147 gezahlt.

---

78 MüKoBGB/*Schäfer*, Bd. 5/2, § 677 Rn. 60.
79 Möglich ist auch, dass der Eigentümer auf die persönliche Schuld zahlt. Dann erlischt diese (§§ 362 Abs. 1, 267) und die Hypothek wird zur Eigentümergrundschuld (§§ 1163 Abs. 1 S. 2, 1177 Abs. 1 S. 1).
80 Die Fremdhypothek wird dann zur Eigentümerhypothek (§ 1177 Abs. 2).

2. Der Fremdgeschäftsführungswille wird beim auch-fremden Geschäft vermutet.
3. Ein Auftrag oder sonstige Berechtigung fehlt.
4. Die Zahlung entspricht dem mutmaßlichen Willen des S (ein wirklicher Wille ist nicht erkennbar) und seinem Interesse, weil die Zahlung durch D für ihn eine Stundung seiner Schuld herbeiführt, für ihn vorteilhaft ist und somit auch seinem mutmaßlichen Willen entspricht.
5. Deshalb ist S nach § 670 zum Aufwendungsersatz, also zur Erstattung des an G gezahlten Betrages, verpflichtet.

IV. § 812 Abs. 1 S. 1 Alt. 2 (Rückgriffskondiktion) scheidet aus, weil die berechtigte GoA einen Rechtsgrund i. S. des § 812 Abs. 1 darstellt.

G. Abmahnungen

Bei **Abmahnungen im Wettbewerb** meint ein Konkurrent, gegen einen anderen einen **25** Anspruch auf Unterlassung einer bestimmten Werbemaßnahme oder Geschäftsaktion zu haben (vgl. § 8 UWG mit Auflistung weiterer Anspruchsberechtigter). Er mahnt den Konkurrenten deshalb ab und fordert ihn zur Abgabe einer strafbewehrten Unterlassungserklärung auf. Diese Unterlassungserklärung enthält regelmäßig eine Kostenklausel, nach der sich der Abgemahnte verpflichtet, die durch die Abmahnung entstandenen (Rechtsanwalts-)Kosten des Abmahnenden zu ersetzen. Gibt der Konkurrent die geforderte Unterlassungserklärung nicht ab, dann stellt sich die Frage, ob der Abmahnende gleichwohl **Ersatz der Abmahnkosten** verlangen kann. Diese Frage ist inzwischen durch § 12 Abs. 1 S. 2 UWG[81] (und für das Urheberrecht durch § 97 a UrhG[82]) geregelt, der bei berechtigter Abmahnung einen Anspruch auf Ersatz der erforderlichen Aufwendungen gibt. Die Regelung geht in ihrem Anwendungsbereich als *lex specialis* vor und schließt die Anwendbarkeit der Vorschriften über die GoA aus.[83] Vor Inkrafttreten von § 12 Abs. 1 UWG 2004 hatte die Rechtsprechung die Vorschriften über die GoA angewandt.[84]

Außerhalb der speziellen Regelungen des § 12 Abs. 1 S. 2 UWG und § 97 a UrhG bleibt **26** die (umstrittene) Anwendbarkeit der Vorschriften über die GoA relevant (beispielsweise bei Abmahnung einer **Markenverletzung**[85]). Der Abmahnende kann nach der Rechtsprechung die (erforderlichen)[86] vorprozessualen Abmahnkosten vom Störer aus §§ 677, 683 S. 1, 670 ersetzt verlangen. Begründung: Der Störer habe die Verletzungshandlung zu unterlassen. Die Abmahnung diene der Beseitigung der störenden Handlung und sei insofern ein Geschäft des Störers. Da die berechtigte Abmahnung der Prozessvermeidung diene, erspare sie auch dem Abgemahnten Zeit und Geld und

---

81 Das UWG wurde neugefasst durch B. v. 3.3.2010, BGBl. I S. 254. Die Regelung des § 12 Abs. 1 S. 2 UWG wurde 2004 eingeführt, um die Rechtsprechung nachzuvollziehen, die zuvor einen Aufwendungsersatzanspruch des Abmahnenden über die Vorschriften der GoA gegeben hatte (BT-Drs. 15/1487, S. 25).
82 Mit Wirkung zum 9.10.2013; vgl. BGHZ 200, 76. Zur Anwendbarkeit der Vorschriften über die GoA auf eine Abmahnung einer Verletzungshandlung vor Inkrafttreten von § 97 a UrhG *BGH* VersR 2016, 1255 (Urheberrechtsverletzung durch Teilnahme eines Minderjährigen an einer Internettauschbörse).
83 MüKoBGB/*Schäfer*, Bd. 5/2, § 677 Rn. 57.
84 Grundlegend BGHZ 52, 393. Anwaltskosten sollen Abmahnvereine indes nur verlangen können, wenn die Hinzuziehung eines Anwalts erforderlich war, was für typische und nur durchschnittlich schwer zu verfolgende Wettbewerbsverstöße verneint wird (*BGH* NJW 1984, 2525).
85 *BGH* GRUR 2012, 759; ablehnend *Bärenfänger*, GRUR 2012, 461.
86 *BGH* GRUR 2012, 759.

liege damit in seinem mutmaßlichen Willen und Interesse. Ein etwa entgegenstehender Wille des Störers sei unbeachtlich, da die Beseitigung von Wettbewerbsverstößen im öffentlichen Interesse liege (§§ 683 S. 2, 679).[87] Diese Rechtsprechung, die der Gesetzgeber durch Einführung von § 12 Abs. 1 S. 2 UWG 2004 allerdings ausdrücklich nachvollzogen hat,[88] ist im Schrifttum teilweise auf erhebliche Kritik gestoßen. Es wird generell das Vorliegen eines fremden Geschäftes bzw. eines Fremdgeschäftsführungswillens bezweifelt.[89] Die vorprozessuale Abmahnung diene in erster Linie den Interessen des Abmahnenden, der bei Klageerhebung ohne vorangegangene Abmahnung das Kostenrisiko des § 93 ZPO auf sich nehme.

H. Rettung eines Selbstmörders

27 Nach ganz h. M. hat der Lebensretter Ansprüche gegen den geretteten **Selbstmörder** aus berechtigter GoA.[90] Über die Begründung streitet man.[91] Eine Ansicht wendet § 679 analog[92, 93] an mit dem Argument, der entgegenstehende Wille sei sittenwidrig und daher entsprechend dem Rechtsgedanken der §§ 134, 138 unbeachtlich.[94] Auf diese Weise soll vor allem die Verhinderung des Selbstmordes als Fall der berechtigten GoA erfasst werden.[95] Nach a. A. ist es dagegen widersprüchlich, einerseits eine sittliche Pflicht für § 679 nicht ausreichen zu lassen, andererseits die Vorschrift bei bloß sittlicher Pflicht analog anzuwenden. Da es keine moralische Pflicht gibt, am Leben zu bleiben, könne § 679 auch nicht entsprechend angewendet werden.[96] Nach dieser Ansicht ist zu differenzieren und die Selbstmordfälle wie folgt angemessen zu lösen:[97]

1. Der Wille des geistig gestörten Lebensmüden ist unbeachtlich (analog §§ 104 Nr. 2, 105). An seine Stelle tritt dessen mutmaßlicher Wille, der dem Interesse (an der Rettung) entspricht.
2. Der wirkliche Wille des sog. Appellselbstmörders zielt auf Rettung, steht also einer GoA ebenfalls nicht entgegen.

---

87 *LG Düsseldorf* NJW 1982, 239, 240.
88 BT-Drs. 15/1487, S. 25.
89 Palandt/*Sprau*, § 683 Rn. 6; *Medicus/Petersen*, BR, Rn. 412; MüKoBGB/*Schäfer*, Bd. 5/2, § 677 Rn. 57; *Staake*, § 15 Rn. 45 (für analoge Anwendung von § 12 Abs. 1 UWG).
90 Vgl. nur Erman/*Dornis* § 679 Rn. 3; a. A. *Wollschläger*, GoA, S. 311 gegen die Anwendung der GoA zugunsten des Lebensretters. Dagegen zu Recht *Beuthien/Weber*, S. 139: Diese Auffassung widerspricht dem Normzweck der §§ 677 ff., fremdnütziges Verhalten grundsätzlich fördern zu wollen, und führt praktisch zu einer Bestrafung des Hilfswilligen, der fremdes Leben retten will.
91 Letztlich geht es um die Frage, ob die Weigerung des geretteten Selbstmörders, seinem Retter die Aufwendungen zu erstatten, mit den guten Sitten vereinbar ist (*Beuthien/Weber*, S. 140).
92 So *Berg*, JuS 1975, 681, 686. Aber auch anhand einer Analogie zu § 679 darf man sittliche Gebote nicht mittelbar (über §§ 683 S. 2, 679, 670) unter Rechtszwang setzen.
93 Dieses Ergebnis wird aus der in § 138 zum Ausdruck kommenden rechtlichen Wertung abgeleitet (so Soergel/*Mühl*, 11. Aufl. 1980, § 679 Rn. 8; Staudinger/*Bergmann*, § 679 Rn. 32). Vgl. aber Staudinger/*Wittmann*, 13. Aufl. 1995, § 679 Rn. 10 mit Hinweis darauf, dass die Erklärung des Geschäftsherrn, dass er die Erfüllung einer sittlichen Pflicht verbiete, nicht stets gegen die guten Sitten (§ 138) verstoße, vgl. auch Staudinger/*Bergmann*, § 679 Rn. 24.
94 Jauernig/*Mansel*, § 679 Rn. 2.
95 *BayObLG* MDR 1968, 920.
96 *Beuthien/Weber*, S. 139.
97 *Beuthien/Weber*, S. 139; MüKoBGB/*Schäfer*, Bd. 5/2, § 679 Rn. 13 m. w. N. sowie § 683 Rn. 20.

3. Ist durch einen Appell-Selbstmordversuch eine gefährliche Rettungshandlung herausgefordert worden, so kommt ein Schadensersatzanspruch des Retters nach § 823 Abs. 1 in Betracht.[98]
4. Jedenfalls wird der Helfende durch sozialversicherungsrechtliche Ansprüche (Unfallversicherungsschutz) nach § 13 i. V. m. § 2 Abs. 1 Nr. 13 c SGB VII (früher §§ 539 Abs. 1 Nr. 9, 547, 765 a RVO) geschützt.[99]

Bei einem Suizid(versuch) eines uneingeschränkt Selbstverantwortlichen begründet **28** § 323 c StGB nach h. L. keine Hilfeleistungspflicht, da es an einem Unglücksfall im Sinne der Vorschrift fehlt.[100] Konsequent greift dann der strenge § 678: Danach haftet der Retter (Geschäftsführer) für alle zufälligen Rettungsschäden, z. B. wenn sich der Lebensmüde infolge der Rettungshandlung eine Lähmung zuzieht.[101] Allerdings kommt dem Geschäftsführer das Haftungsprivileg des § 680 zugute, so dass er nicht für einfache Fahrlässigkeit haftet.

I. Verwendungen auf fremde Sachen

In den Fällen, in denen auf eine fremde Sache wertsteigernde Aufwendungen getätigt **29** werden (**Verwendungen auf fremde Sachen**), begehrt der Geschäftsführer regelmäßig Aufwendungsersatz vom Eigentümer. Es ist zu unterscheiden: (1.) Ist der Verwendende dem Eigentümer gegenüber (vermeintlich) vertraglich[102] oder gesetzlich[103] zur Verwendung (auf eigene Kosten) verpflichtet, so führt der Geschäftsführer nur ein eigenes Geschäft (und will auch nur ein eigenes Geschäft führen). (2.) Besteht eine Verwendungspflicht zwischen dem Eigentümer und einem Dritten, so führt der Verwendende regelmäßig ein Geschäft des Eigentümers, wohingegen er in Fällen, in denen er dem Besitzer gegenüber zur Verwendung verpflichtet ist, im Zweifel nichts für den Eigentümer aufwenden, sondern nur an den Besitzer leisten will.[104] (3.) Vorrangig sind vertragliche oder gesetzliche Bestimmungen zwischen den Parteien (vgl. § 539, § 601, § 1049, jeweils mit einer Rechtsgrundverweisung auf die GoA[105]). Vgl. die Beispielsfälle → § 11 Rn. 59 ff.

J. Versicherungsfälle

Bei Maßnahmen zum Schutze einer versicherten Sache oder wenn Aufwendungen **30** zur Vermeidung eines Haftpflichtschadens getätigt werden, stellt sich die Frage, ob der Aufwendende von dem Versicherer Ersatz nach §§ 677, 683 S. 1, 670 verlangen

---

98 MüKoBGB/*Seiler*, 6. Aufl. 2012, § 679 Rn. 13.
99 Dazu *Medicus/Petersen*, BR, Rn. 431.
100 NK-StGB/*Gaede*, § 323 c Rn. 5.
101 Soergel/*Beuthien*, § 679 Rn. 15 will § 678 teleologisch reduzieren, da diese Vorschrift nicht den Schutz von Willensentschließungen bezwecke, die sich gegen das Gebot von Treu und Glauben (§ 242) richten. Die Anwendbarkeit von § 242 folge daraus, dass auch bei unberechtigter GoA ein besonderes Rechtsverhältnis entstehe.
102 BGHZ 181, 188 (Mieter nimmt aufgrund vermeintlicher vertraglicher Verpflichtung Schönheitsreparaturen in der Mietwohnung vor).
103 Durch Gebäudeabriss waren Stützungsmaßnahmen auf dem Nachbargrundstück erforderlich (vgl. *OLG Düsseldorf* MDR 1972, 948). Diese Pflicht folgt schon aus § 909, sodass eine GoA zutreffend abgelehnt wird.
104 Vgl. im Übrigen MüKoBGB/*Schäfer*, Bd. 5/2, § 677 Rn. 63 ff. m. w. N.
105 BGHZ 181, 188 zu § 539 (str.).

kann.[106] Voraussetzung dafür ist, dass ein **Geschäft des Versicherers** vorliegt, dieser also Geschäftsherr i. S. der §§ 677 ff. ist.

Dies richtet sich grundsätzlich danach, ob und inwieweit der Versicherer kraft Versicherungsvertrages oder Gesetzes leistungspflichtig ist.[107] Die **Eintrittspflicht eines Privatversicherers** für sog. Rettungskosten »bei Eintritt des Versicherungsfalles [...] für die Abwendung und Minderung des Schadens« ist spezialgesetzlich in §§ 82, 90 VVG (auftragsähnlich) geregelt.[108] Insoweit scheidet eine Anwendung der §§ 677 ff. aus. Im Übrigen ist die Anwendbarkeit aber gegeben.

Beispiele:

– Eigener Unfallschaden des Versicherten infolge Ausweichens mit dem Kfz vor einem Reh als Rettungsmaßnahme im Rahmen der Teilkaskoversicherung (*OLG Koblenz* VersR 2007, 831).
– K kommt der um Hilfe rufenden und verletzten F zu Hilfe und stürzt dabei. Den infolge Krankheit erlittenen Verdienstausfall kann K von der Krankenkasse der F aus §§ 677, 683 S. 1, 670 ersetzt verlangen. K führt ein (für ihn objektiv fremdes) Geschäft der Krankenkasse, die nicht nur zur Kostentragung verpflichtet ist, sondern auch zur Krankenpflege und zu den sie erst ermöglichenden Leistungen (Aufsuchen des Verletzten zur Vorbereitung der ärztlichen Behandlung) durch Sachleistung in Natur. Fremdgeschäftsführungswille liegt vor. Ein Auftrag fehlt. Übereinstimmung mit Interesse und Willen der Krankenkasse sind anzunehmen, jedenfalls ist § 679 (i. V. m. § 683 S. 2) einschlägig. Der Verdienstausfall fällt als risikotypischer Begleitschaden unter § 670 (BGHZ 33, 251).

31 – Eine Krankenkasse erbringt die einer anderen Krankenkasse obliegende gesetzliche Leistungspflicht (Familienhilfe). Sie hat gegen die (eigentlich verpflichtete) andere Krankenkasse einen Anspruch aus §§ 677, 683 S. 2, 679 entsprechend (öffentlich-rechtliche GoA) auf Erstattung ihrer Aufwendungen (*BSG* NJW 1958, 886).
– Der zahlende Kfz-Versicherer kann von dem außerhalb des Versicherungsverhältnisses stehenden Mitschädiger keinen Aufwendungsersatz für geleistete Schadensersatzzahlungen aus §§ 677, 683 S. 1, 670 verlangen. Der Versicherer führt allenfalls ein Geschäft des Versicherungsnehmers und des Mitversicherten und damit kein Geschäft des dritten Mitschädigers. Ein fremdes Geschäft unter dem Gesichtspunkt der Tilgung fremder Schulden (§ 267) liegt mangels (erforderlicher) Fremdtilgungsabsicht des Versicherers nicht vor (vgl. → § 11 Rn. 68). Es fehlt der Fremdgeschäftsführungswille (BGHZ 32, 331, 337 f.).

32 In einer anderen Kategorie geht es um die Frage, ob der Versicherungsnehmer ein Geschäft eines Dritten (Versicherten) ausgeführt hat, indem er ihm durch Abschluss eines Versicherungsvertrages Versicherungsschutz verschafft hat (**Versicherung für fremde Rechnung**, Vertrag zugunsten des Dritten).[109] Dann nämlich könnte der Dritte (Versicherte) nach §§ 677, 681 S. 2, 667 Herausgabe der ausgezahlten Versicherungssumme vom Versicherungsnehmer bzw. dessen Erben als Geschäftsführer verlangen. Der Versicherungsnehmer könnte seinerseits den auf die Fremdversicherung entfallenden Prämienanteil als Aufwendung ersetzt verlangen. Die Rechtsbeziehungen zwischen dem Versicherungsnehmer und dem Versicherten sind teilweise spezialgesetzlich in §§ 43 ff. VVG geregelt. Diese speziellen Regelungen schließen aber eine Geschäftsführung ohne Auftrag nicht aus.[110]

---

106 Vgl. BGHZ 33, 251; 54, 157; 55, 207; 72, 151.
107 Vgl. *Martinek/Theobald*, JuS 1997, 612, 615; *Seiler*, JuS 1987, 367, 372.
108 Hierzu *Wandt*, Versicherungsrecht, Rn. 956 ff.; *Marx*, Rettungsobliegenheit und Rettungskostenersatz im Versicherungsvertragsrecht, 2008, S. 18 ff. (mit Hinweisen auch zu den Parallelen zu § 254 BGB und zur Geschäftsführung ohne Auftrag).
109 Vgl. BGHZ 32, 44; 64, 260; *BGH* NJW 1973, 1368.
110 Vgl. Prölss/Martin/*Klimke*, § 46 VVG Rn. 1.

Beispiel: G (Versicherungsnehmer) schließt für sein Kfz eine Insassenunfallversicherung ab. Bei einem Unfall wird der Insasse I (Versicherter) geschädigt. Der Versicherer zahlt an G. I verlangt von G Herausgabe der erlangten Versicherungssumme aus §§ 681 S. 2, 667.

Den für §§ 681 S. 2, 667 erforderlichen Fremdgeschäftsführungswillen hatte der BGH im Beispielsfall in früherer Rechtsprechung noch bejaht.[111] Er folge aus Rechtsgründen, nämlich daraus, dass der Versicherungsnehmer eine solche Versicherung ohne Einwilligung der dritten Gefahrsperson gar nicht im eigenen Interesse, sondern nur im Interesse der Gefahrsperson abschließen könne[112] und ein davon abweichender Wille des Versicherungsnehmers rechtlich nicht in Betracht komme, wenn die Versicherung rechtsgültig abgeschlossen werden solle. In einer späteren Entscheidung entschied der BGH[113] entgegengesetzt und lehnte den Fremdgeschäftsführungswillen ab, weil der Versicherungsnehmer offenkundig eigene Beweggründe habe und nur im eigenen Interesse handele. Daraus, dass das versicherte Interesse ohne Einwilligung der Gefahrsperson nicht beim Versicherungsnehmer liegen dürfe (vgl. § 179 VVG), folge kein Fremdgeschäftsführungswille. Insoweit wird der Fremdgeschäftsführungswille wohl »subjektiver« als in der ersten BGH-Entscheidung verstanden. In anderen Fallkonstellationen kann bei Abschluss einer Versicherung für fremde Rechnung aber durchaus der erforderliche Fremdgeschäftsführungswille gegeben sein.

Vertiefungshinweis: Sozialversicherungsrechtliche Rechtslage[114]

33

Der Nothelfer steht bei seiner Nothilfe nach § 2 Abs. 1 Nr. 13 lit. a SGB VII unter dem Schutz der gesetzlichen Unfallversicherung. Er hat einen Anspruch auf Heilbehandlung für Körperschäden (§ 26 SGB VII) und auf Ersatz seiner Aufwendungen und Schäden, die infolge der Hilfeleistung an in seinem Besitz befindlichen Sachen entstanden sind (§ 13 SGB VII). Daneben hat der Nothelfer einen Anspruch gegen den Geschäftsherren aus §§ 677, 683, 670. Eine Zession dieses Anspruchs auf den Sozialversicherungsträger nach § 116 SGB X findet aber nach herrschender Meinung nicht statt. Zum einen handelt es sich nicht um einen Schadensersatzanspruch, sondern um einen Aufwendungsersatzanspruch. Zum anderen soll durch die sozialrechtlichen Vorschriften der Nothelfer geschützt werden und nicht der Sozialversicherungsträger eine weitere Regressmöglichkeit erhalten. Der beim Nothelfer verbleibende Anspruch aus §§ 677, 683, 670 ist allerdings begrenzt auf die Aufwendungen bzw. Schäden, die nicht über die Unfallversicherung gedeckt werden. Damit wird eine Doppelbefriedigung des Nothelfers vermieden. Davon unberührt bleibt der Schmerzensgeldanspruch des Nothelfers.

---

111 BGHZ 32, 44.
112 Eine Versicherung gegen den Unfall eines anderen (Gefahrsperson) kann für eigene Rechnung ohne Einwilligung der Gefahrsperson nicht genommen werden (vgl. § 179 Abs. 2 und 3 VVG).
113 BGHZ 64, 260.
114 Vgl. BGHZ 92, 270; *BGH* NJW 1981, 760; *Frank*, JZ 1982, 737, 743; MüKoBGB/*Schäfer*, Bd. 5/2, § 683 Rn. 31; Erman/*Dornis*, § 683 Rn. 17.

3. Teil. Ungerechtfertigte Bereicherung

Literatur: *Armgardt,* Der Kondiktionsausschluss des § 817 S. 2 BGB im Licht der neuesten Rechtsprechung des BGH, NJW 2006, 2070; *Bartels,* Zum Rückgriff nach eigennütziger Zahlung auf fremde
Schuld – Anleihen bei DCFR und common law für das deutsche Recht, RabelsZ 78 (2014), 479; *Beuthien,*
Zuwendender und Leistender, JZ 1968, 323; *Beuthien/Weber,* Schuldrecht II: Ungerechtfertigte Bereicherung und Geschäftsführung ohne Auftrag, 2. Aufl. 1987, S. 1–135; *v. Caemmerer,* Bereicherung und unerlaubte Handlung, FS Rabel I, 1954, S. 333; *Canaris,* Atypische faktische Arbeitsverhältnisse, BB 1967,
165; *ders.,* Der Bereicherungsausgleich im Dreipersonenverhältnis, FS Larenz, 1973, S. 799; *ders.,* Der
Vorrang außerbereicherungsrechtlicher, insbesondere dinglicher Wertungen gegenüber der Saldotheorie
und dem Subsidiaritätsdogma, JZ 1992, 1114; *ders.,* Das Verhältnis der §§ 994 ff. BGB zur Aufwendungs-
kondition nach § 812 BGB, JZ 1996, 344; *Ehmann,* Die Funktion der Zweckvereinbarung bei der Erfüllung,
JZ 1968, 549; *Ellger,* Bereicherung durch Eingriff, 2002; *Enneccerus/Lehmann,* Recht der Schuldverhältnisse, 14. Aufl. 1954; *Fervers/Gsell,* Bereicherungsrechtliche Verpflichtung zur Herausgabe von Nutzungen, NJW 2013, 3607; *Gernhuber/Coester-Waltjen,* Familienrecht, 6. Aufl. 2010; *Giesen,* Grundsätze der
Konfliktlösung im Besonderen Schuldrecht: Die ungerechtfertigte Bereicherung (Teil 1: Leistungskondiktionen), Jura 1995, 169; (Teil 2: Nichtleistungskondiktionen), Jura 1995, 234; (Teil 3: Der Bereicherungs-
umfang), Jura 1995, 281; *Grunewald,* Saldotheorie und neues Rücktrittsrecht, FS Walther Hadding, 2004,
S. 33; *Hadding,* Münchener Kommentar zum HGB, 3. Aufl. 2014, C. Lastschriftverkehr; *Halfmeier,* Inhalt
des Kondiktionsanspruchs und Wegfall der Bereicherung, JA 2007, 492; *Heyers,* Verhaltenssteuerung
durch Privatrecht am Beispiel sog. Schwarzarbeit – zivil-, steuerrechtliche und ökonomische Aspekte,
Jura 2014, 936; *Hombrecher,* Bereicherungshaftung mit gesetzlichem Eigentumserwerb im Mehrpersonenverhältnis – Der Jungbullenfall (BGHZ 55, 176), Jura 2003, 333; *ders.,* Die verschärfte Haftung Minderjähriger nach § 819 Abs. 1 BGB – Der Flugreisefall (*BGH* NJW 1971, 609 = BGHZ 55, 128), Jura 2004, 250;
Hüffer, Die Eingriffskondition, JuS 1981, 263; *Jansen,* Gesetzliche Schuldverhältnisse, AcP 216 (2016),
112; *Jülch,* Der Bereicherungsausgleich im 3-Personen-Verhältnis nach § 816 II BGB, JA 2013, 324;
Kiehnle, Fehlüberweisungen und Bereicherungsausgleich nach der Zahlungsdiensterichtlinie, Jura 2012,
895; *Kleinheyer,* Rechtsgutsverwendung und Bereicherungsausgleich, JZ 1970, 471; *Kohler,* Dritthaftung
gem. § 816 I 2 BGB oder § 822 BGB nach Rücktritt, JuS 2013, 769; *Koppensteiner/Kramer,* Ungerechtfertigte Bereicherung, 2. Aufl. 1988; *Kupisch,* Ungerechtfertigte Bereicherung: geschichtliche Entwicklungen,
1987; *Larenz/Canaris,* Lehrbuch des Schuldrechts. Band II. Besonderer Teil. Halbband 2, 13. Aufl. 1994,
§§ 67 bis 74; *Linardatos,* Die Bereicherungshaftung gem. § 822 BGB, JuS 2017, 816; *ders.,* Die Kondikti-
onstatbestände des § 816 BGB, JA 2018, 102 (Teil I), JA 2018, 184 (Teil II); *Lorenz,* Grundwissen – Zivilrecht: Die besonderen Eingriffskondiktionen nach § 816 BGB, JuS 2018, 654; *ders.,* Brauchen Sie eine
Rechnung?: Ein Irrweg und seine gutes Ende, NJW 2013, 3132; *Lorenz/Cziupka,* Grundwissen – Zivilrecht:
Bereicherungsrecht – Grundtypen der Kondiktionen, JuS 2012, 777; *v. Lübtow,* Beiträge zur Lehre von der
Condictio nach römischem und geltendem Recht, 1952; *Medicus,* Die verschärfte Haftung des Bereicherungsschuldners, JuS 1993, 705; *ders.,* »Geld muß man haben«, AcP 188 (1988), 489; *Möller,* Leistungskondiktion trotz beiderseitiger Sittenwidrigkeit? – Die Einschränkung des § 817 S. 2 BGB durch den BGH,
NJW 2006, 268; *Müller/Eckel,* Grundfälle zur Rückabwicklung sittenwidriger »Schenkkreise«, JuS 2013,
966; *Müller/Ham,* Topfverkäufer kocht vor Wut, JA 2006, 602; *Musielak,* Zum Inhalt und Umfang des Be-
reicherungsanspruches, JA 2017, 1; *v. Proff,* Der Ausgleich unentgeltlicher Leistungen an die Eltern der Lebensgefährtin, NJW 2015, 1482; *Reymann,* Überweisung und SEPA-Zahlungsdienste – Basiswissen,
JuS 2012, 781; *Roth,* Ist eine Genehmigung bei § 816 II BGB möglich?, JZ 1972, 150; *Savigny,* System des
heutigen römischen Rechts, Bd. V, 1841; *Schildt,* Konkurrenzprobleme im Bereicherungsrecht, JuS 1995,
953; *K. Schmidt,* Rechtsprechungsübersicht, JuS 1987, 142; *Schmidt-Recla,* Von Schneebällen und Dreh-
krankheiten – Vergleichende Überlegungen zur Restitutionssperre des § 817 S. 2 BGB, JZ 2008, 60; *Schubert,* Die Vorlagen der Redaktoren für die erste Kommission zur Ausarbeitung des Entwurfs eines Bürgerlichen Gesetzbuches, Recht der Schuldverhältnisse Teil 3 Besonderer Teil II, Nachdruck 1980; *Schwarz,*
Die Grundlage der Condictio im klassischen römischen Recht, 1952; *ders.,* Zum Schuldnerschutz bei der
Aufrechnung abgetretener Forderungen, AcP 203 (2003), 241; *Serick,* Eigentumsvorbehalt und Siche-

rungsübereignung, Band IV, 1976; *Thier,* Grundprobleme der bereicherungsrechtlichen Rückabwicklung gegenseitiger Verträge, JuS-L 1999, 9; *ders.,* Rücktrittsrecht und Bereicherungshaftung: Zur Reichweite von § 346 Abs. 3 S. 1 Nr. 3 BGB und seinen Wirkungen für die bereicherungsrechtliche Rückabwicklung gegenseitiger Verträge, FS Heldrich, 2005, S. 339; *Tiedtke,* Baubetreuungsvertrag und Schwarzarbeit, NJW 1983, 713; *ders.,* Die gegenseitigen Ansprüche des Schwarzarbeiters und seines Auftraggebers, DB 1990, 2307; *ders.,* Güterrechtlicher Ausgleich bei Zuwendungen von Ehegatten untereinander und Wegfall der Geschäftsgrundlage bei Scheidung der Ehe, JZ 1992, 334; *Tommaso/Weinbrenner,* Bereicherungsrechtliche Mehrpersonenverhältnisse nach § 822 BGB, Jura 2004, 649; *E. Ulmer,* Akkreditiv und Anweisung, AcP 126 (1926), 129; *Vollkommer,* Die verschärfte Bereicherungshaftung des Geldleistungsschuldners, NJW 2018, 510; *Wandt,* Zur Wertersatzpflicht des verschärft haftenden Bereicherungsschuldners, MDR 1984, 535; *ders.,* Die Geschäftsführung ohne Auftrag im Internationalen Privatrecht, 1989; *Weimar,* Zweifelsfragen bei Leistung eines gutgläubigen Schuldners an den Zedenten, JR 1966, 461; *Welker,* Bereicherungsausgleich wegen Zweckverfehlung?, 1974; *Weyer,* Leistungskondiktion und Normzweck des Verbotsgesetzes, WM 2002, 627; *Wieling,* Bereicherungsrecht, 4. Aufl. 2007; *Wilckens,* Ist der Rückgriff des Bestohlenen auf den Veräußerungserlös notwendig endgültiger Verzicht auf das Eigentum?, AcP 157 (1958), 399; *Wilhelm,* Ersitzung als Rechtsgrund?, NJW 2017, 193.

Übungsfälle aus Ausbildungszeitschriften ab 2011: *Lenz/Ott,* JuS 2017, 653; *Schultheiß,* JuS 2017, 142; *Hopf,* Jura 2016, 75; *Hoffmann,* Jura 2015, 506; *Kaiser,* JA 2015, 534; *Kopp/Spengler,* JuS PE (Probeexamen – Beilage) 2015, 22; *Maties/Haberl,* JuS 2015, 149; *Wiggerich,* JuS PE (Probeexamen – Beilage) 2015, 30; *Büstgens/Nietner,* Jura 2014, 1275; *Boosfeld,* JuS 2013, 709; *Lübke,* JuS 2013, 914; *Picker,* Jura 2012, 560; *Lemmerz/Woitge,* Jura 2011, 132; *Paal,* JuS 2011, 246; *Steinbeck/Block,* Jura 2011, 943; *Unterreitmeier,* JuS 2011, 345.

§ 9. Einführung und Überblick

1   Die Ansprüche aus ungerechtfertigter Bereicherung sind in den §§ 812 ff. geregelt.[1] Sie dienen der (privatrechtlichen[2]) Rückgängigmachung von Vermögensverschiebungen, die nach dem Gesamturteil der Rechtsordnung[3] »ohne rechtlichen Grund« geschehen sind.[4] Die bereicherungsrechtlichen Ansprüche nennt man auch Kondiktionen.[5]

2   Das Bereicherungsrecht hebt sich von anderen Rechtsgebieten durch seine schwierige Dogmatik ab. Die bereicherungsrechtliche Dogmatik hat in der geschichtlichen Entwicklung des Privatrechts seit dem klassisch römischen Recht[6] eine weitreichende Ent-

---

1   Zur dogmengeschichtlichen Entwicklung des Bereicherungsrechts und seiner Kodifikation im BGB vgl. *Reuter/Martinek,* 1. Aufl. 1983, § 1, S. 4 ff.

2   Der öffentlich-rechtliche Erstattungsanspruch ist ebenfalls auf die Rückgewähr rechtsgrundloser Vermögensverschiebungen gerichtet und bildet die öffentlich-rechtliche Parallele zum privatrechtlichen Bereicherungsanspruch. Die Abgrenzung zwischen zivilrechtlichem Bereicherungsrecht und dem öffentlich-rechtlichen Erstattungsanspruch erfolgt bei einem erkennbaren Leistungsmotiv nach dem intendierten Rechtsgrund. Bei Bereicherungen, die mangels Leistung »in sonstiger Weise« erfolgen, erfolgt die Abgrenzung nach der grundsätzlichen Rechtsnatur der erbrachten, aber fehlgeleiteten hoheitlichen Vergünstigung oder mittels der Frage, ob die Beteiligten der rechtsgrundlosen Vermögensverschiebung in einer öffentlich-rechtlichen Beziehung zueinander stehen. Vgl. *BGH* VersR 2016, 209 m.w.N.

3   Zu der Abhängigkeit des Bereicherungsrechts von Wertungen aus anderen Rechtsgebieten vgl. *Grigoleit/Auer,* Rn. 4.

4   Nach der Rechtsprechung (BGHZ 36, 232, 234 f.; 132, 198, 215) beruht das Bereicherungsrecht in besonderem Maße auf Gründen der Billigkeit.

5   Vgl. *Reuter/Martinek,* 1. Aufl. 1983, § 1 I 1 b, S. 6, insbesondere zum Ursprung des Wortes »Kondizieren«.

6   Vgl. *Schwarz,* Die Grundlage der Condictio im klassischen römischen Recht, 1952; *v. Lübtow,* Beiträge zur Lehre von der Condictio nach römischem und geltendem Recht, 1952.

wicklung durchgemacht.[7, 8] Wenn auch (Klausur-[9])Fälle auf Grundlage der modernen Dogmatik[10] zu lösen sind, ist die dogmengeschichtliche Entwicklung nicht ganz ohne Bedeutung: Zum einen weichen die Ansicht des BGB-Gesetzgebers von 1900, die sich im Wortlaut der §§ 812ff. niedergeschlagen hat,[11] und die heute herrschende Meinung zum Teil voneinander ab; zum anderen tauchen in Rechtsprechung und Lehre alte Theorieansätze auf, die aus der heutigen Sicht wenig verständlich erscheinen. Wenn auch an einigen (wenigen) Stellen auf die dogmengeschichtliche Entwicklung hingewiesen werden muss, so ist Schwerpunkt der Darstellung das Bereicherungsrecht nach aktuellem und herrschendem Verständnis (Dogmatik).

A. Unterschiede zwischen Bereicherungs- und Deliktsrecht

Bereicherungsrecht und **Deliktsrecht** sind nach modernem Verständnis grundlegend verschieden:[12]   **3**

- Dem Deliktsrecht geht es um den Ausgleich eines »Weniger«, d. h. eines Schadens des Anspruchsinhabers (Geschädigten). Dagegen kommt es auf eine Vermögensmehrung oder einen Vorteil des Anspruchsgegners (Schädigers) nicht an. Der Deliktsschuldner haftet nicht, weil er einen Vorteil erlangt hat, sondern weil er einen anderen geschädigt, diesem einen Nachteil (Weniger) zugefügt hat. Dieser Schaden soll ausgeglichen werden.
- Das Bereicherungsrecht dient dazu, ein Mehr, also eine Bereicherung beim Anspruchsgegner (Bereicherungsschuldner), auszugleichen (abzuschöpfen). Ob der Anspruchsinhaber (Kondiktionsgläubiger) eine Vermögensminderung (Schaden) erlitten hat, spielt dagegen grundsätzlich keine Rolle.[13] Es soll die (ungerechtfertigte) Vermögensmehrung beim Bereicherten wieder beseitigt werden. Das Bereicherungsrecht verpflichtet den Bereicherungsschuldner also, weil sein Vermögen zu Unrecht vermehrt worden ist, und zwar unabhängig von einem Verschulden[14].

---

7 Vgl. zur dogmengeschichtlichen Entwicklung in jüngerer Zeit *Ellger*, S. 1–248; *Kupisch,* Ungerechtfertigte Bereicherung: geschichtliche Entwicklungen, 1987.

8 Im Zusammenhang mit der historischen Entwicklung des Bereicherungsrechts wäre z. B. die sog. actio in rem verso (Versionsklage) zu nennen. Diese actio, mit der der Leistende direkt auf einen Dritten »durchgreifen« konnte, hat keinen Eingang ins BGB gefunden (Motive II, S. 871f.), wird heute aber immer noch bei bereicherungsrechtlichen und geschäftsführungsrechtlichen (GoA) Problemen erörtert.

9 Siehe jeweils nach der Literaturübersicht zu Beginn der einzelnen Teile dieses Buches die Auflistung von Übungsfällen aus Ausbildungszeitschriften ab 2011.

10 Grundlegend für die moderne Dogmatik sind die Arbeiten von *Wilburg* (Die Lehre von der ungerechtfertigten Bereicherung nach österreichischem und deutschem Recht. Kritik und Aufbau, 1934) und *v. Caemmerer* (FS Rabel I, 1954, S. 333–401).

11 Der BGB-Gesetzgeber folgte im Wesentlichen der traditionellen Bereicherungslehre, die auf *Savigny* (System des heutigen römischen Rechts, Bd. V, 1841, S. 503ff.) zurückgeht.

12 Vgl. z. B. BGHZ 68, 90; BGHZ 145, 52 (echte Anspruchskonkurrenz).

13 Die traditionelle Bereicherungslehre nach *Savigny* (System des heutigen römischen Rechts, Bd. V, 1841, S. 525ff.) machte den Bereicherungsanspruch noch von einer unmittelbaren Vermögensverschiebung aus dem Vermögen des Bereicherungsgläubigers in das Vermögen des Bereicherungsschuldners abhängig. So auch noch die Motive (*Mugdan* II, S. 463 [Motive]); in einem weiteren Verständnis dagegen schon die Protokolle (*Mugdan* II, S. 1170f. [Protokolle]).

14 Vgl. dazu *Grigoleit/Auer*, Rn. 1f.

	Vermögen des Anspruchstellers	Vermögen des Anspruchsgegners
Deliktsrecht	Ausgleich eines »Weniger«	
Bereicherungsrecht		Ausgleich eines »Mehr«

4 **Fall:** A wirft mit einem Projektor eine Werbeaufschrift auf die weiße und große Wand des Nachbarhauses, dessen Eigentümer der N ist. N verlangt »Ausgleich«.

Lösung:

1. Schadensersatz nach Deliktsrecht (§ 823 Abs. 1) kann N (überhaupt) nur verlangen, wenn er in einem geschützten Recht oder Rechtsgut verletzt ist und (damit) einen Schaden erlitten hat, etwa wenn die Bestrahlung mit dem Projektor das Haus beschädigt hat (Schaden durch Eigentumsverletzung) oder wenn die Werbung den Ruf des N beeinträchtigt hat (Verletzung des Persönlichkeitsrechts).
2. Bereicherungsansprüche (§ 812 Abs. 1 S. 1 Alt. 2 [Eingriffskondiktion]) stehen dem N dann zu, wenn A etwas (durch Eingriff ohne rechtlichen Grund) erlangt, etwa die kostenlose Nutzung einer Wand als Werbefläche, die er sonst hätte anmieten müssen.

5

Bereicherungsrecht (§§ 812 ff.)

Zweck: Ausgleich einer ungerechtfertigten Vermögensverschiebung

Deliktsrecht	**Bereicherungsrecht**
Ausgleich eines Schadens (Weniger) des Anspruchsinhabers	Ausgleich der Bereicherung (Mehr) des Anspruchsgegners

B. Einheits- und Trennungstheorie

6 § 812 Abs. 1 S. 1 unterscheidet zwei Arten der Bereicherung: Das »etwas«, dessen Herausgabe verlangt wird, kann »durch Leistung« oder »in sonstiger Weise auf dessen Kosten« erlangt worden sein. Dem § 812 Abs. 1 S. 1 liegen damit zwei Grundtatbestände zugrunde, nämlich die Bereicherung »durch die Leistung eines anderen« (Leistungskondiktion) und die Bereicherung »in sonstiger Weise auf dessen Kosten« (Nichtleistungskondiktion). Von dieser Trennung zwischen der Leistungs- und Nichtleistungskondiktion geht die heute herrschende **Trennungstheorie** aus.[15] Beide Kondiktionen erfüllen unterschiedliche Funktionen (vgl. → Rn. 10 f., 13) und sind tatbestandlich verschieden zu definieren. Im Gegensatz dazu war früher die **Einheitstheorie** herrschend. Sie sah in § 812 Abs. 1 einen einheitlichen Tatbestand, in der Leistungs- und Nichtleistungskondiktion nur besondere Ausprägungen dieses einheitlichen Anspruchs.

---

15 Die Trennungslehre geht im Wesentlichen auf die Arbeiten von *Wilburg* (Die Lehre von der ungerechtfertigten Bereicherung nach österreichischem und deutschem Recht. Kritik und Aufbau, 1934, S. 25 ff.) und *v. Caemmerer* (FS Rabel I, 1954, S. 333) zurück.

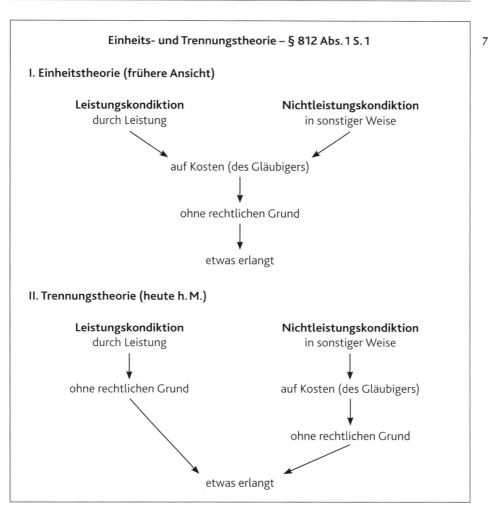

Einheits- und Trennungstheorie – § 812 Abs. 1 S. 1   7

I. Einheitstheorie (frühere Ansicht)

Leistungskondiktion   Nichtleistungskondiktion
durch Leistung   in sonstiger Weise

auf Kosten (des Gläubigers)

ohne rechtlichen Grund

etwas erlangt

II. Trennungstheorie (heute h. M.)

Leistungskondiktion   Nichtleistungskondiktion
durch Leistung   in sonstiger Weise

ohne rechtlichen Grund   auf Kosten (des Gläubigers)

ohne rechtlichen Grund

etwas erlangt

Vertiefungshinweis: Einheits- und Trennungstheorie[16]   8
Die heute h. M. geht von der **Trennungstheorie** aus. Sie unterscheidet zwischen zwei Alternativen in § 812 Abs. 1 S. 1, trennt dementsprechend die Leistungskondiktion von der Nichtleistungskondiktion und macht sie von unterschiedlichen Voraussetzungen abhängig. Begründung:

– Die §§ 813, 814, 815, 817, 819 Abs. 2 und 820 Abs. 1 nehmen ausdrücklich auf eine »Leistung« Bezug. Sie enthalten also Sonderregeln für die Leistungskondiktion.

– Aus der Systematik der §§ 812 ff. ergibt sich, dass es keinen einheitlichen Tatbestand der ungerechtfertigten Bereicherung gibt.

Die Trennungstheorie hat zur Folge, dass »auf dessen Kosten« nur noch für die Nichtleistungskondiktion von Bedeutung ist[17] und »ohne rechtlichen Grund« bei Leistungs- und Nichtleistungskondiktion – trotz

---

16 Vgl. *Larenz/Canaris*, SR II/2, § 67 I 2, S. 129 ff.; *Looschelders*, SR BT, Rn. 1012 f.
17 Aus BGHZ 82, 299 (»Der Zuweisungsgehalt der Rechtsposition ersetzt [...]«) könnte folgen, dass das Tatbestandsmerkmal »auf dessen Kosten« auch bei der Eingriffskondiktion überflüssig ist; dies andeutend *Ellger*, S. 214.

gleichen Wortlautes – unterschiedlich zu definieren sind (vgl. → § 10 Rn. 22 f., → § 11 Rn. 18 f.; vgl. zum Unmittelbarkeitserfordernis → § 11 Rn. 14).

Die heute kaum mehr vertretene **Einheitslehre** sieht in § 812 Abs. 1 S. 1 einen einheitlichen Tatbestand. Die Fälle der Leistung und »in sonstiger Weise« unterscheiden sich danach nur dadurch, dass im ersten Fall etwas mit Willen des Bereicherungsgläubigers, im anderen Fall ohne dessen Willen in das Vermögen des Bereicherungsschuldners gelangt ist. Im Übrigen werden die Tatbestandsmerkmale »auf dessen Kosten« und »ohne rechtlichen Grund« gleich definiert.

9   Während das Bereicherungsrecht im Gegensatz zum Deliktsrecht steht, weist es gewisse Ähnlichkeiten mit dem **Rücktrittsrecht** (§§ 346 ff.) auf, das ebenfalls auf die Rückgängigmachung von Vermögensverschiebungen gerichtet ist. Jedoch liegt den §§ 346 ff. grundsätzlich die Umwandlung eines bestehenden Schuldverhältnisses in ein Rückgewährschuldverhältnis zugrunde; dagegen begründen die §§ 812 ff. ein originäres Schuldverhältnis, bei dem sich ein von den Parteien angestrebtes Synallagma von Leistung und Gegenleistung nur in der Saldotheorie auswirkt (vgl. → § 12 Rn. 32 ff.). Unterschiede zwischen Rücktrittsrecht und Bereicherungsrecht bestehen auch im Umfang der Herausgabepflicht: Ein bereicherungsrechtlicher Anspruch steht grundsätzlich unter dem Vorbehalt der fortbestehenden Bereicherung des Bereicherungsschuldners (§ 818 Abs. 3), während das Rücktrittsrecht bei Verletzung der Herausgabepflicht eine Schadensersatzhaftung anordnet (§ 346 Abs. 4).

Bei einem wegen Irrtums oder arglistiger Täuschung anfechtbaren **Verbrauchervertrag** hat der Verbraucher ein **Wahlrecht,** ob er den Vertrag mit den Rechtsfolgen der §§ 355 Abs. 3 S. 1, 357 ff. widerruft oder ob er den Vertrag anficht und sich damit für eine bereicherungsrechtliche Rückabwicklung nach §§ 812 ff. entscheidet. Dies gilt auch bei Nichtigkeit des Vertrages.[18] Grundlage dieses Wahlrechts ist der Sinn des Widerrufsrechts, dem Verbraucher ein an keine materiellen Voraussetzungen gebundenes, einfach auszuübendes Recht zur einseitigen Loslösung vom Vertrag in die Hand zu geben, das neben und unabhängig von den allgemeinen Rechten besteht, die jedem zustehen, der einen Vertrag schließt.[19]

C. Grundtatbestände: Leistungs- und Nichtleistungskondiktion

10   Der Gesamtheit der Bereicherungsansprüche liegt nach der modernen Trennungstheorie **kein** alle Ansprüche erfassendes **einheitliches Prinzip** zugrunde.[20] Vielmehr stellen Leistungs- und Nichtleistungskondiktion zwei grundsätzlich verschiedene Tatbestände mit eigenständigen Funktionen dar. Die Leistungskondiktion ist ein Annex des Vertragsrechts und in das Güterbewegungsrecht eingebettet, während die Nichtleistungskondiktion, deren wichtigster Unterfall die Eingriffskondiktion ist,[21] als An-

---

18 BGHZ 183, 235 (wegen beiderseitiger Sittenwidrigkeit nichtiger Fernabsatzvertrag über den Kauf eines Radarwarngeräts).

19 BGHZ 183, 235 m. w. N.

20 Früher wurde das Bereicherungsrecht als Ausfluss des Billigkeitsrechts oder des Gedankens, dass sich niemand mit dem Schaden eines anderen bereichern dürfe, angesehen. Vgl. zu dieser Maxime und ihrem Ursprung *Reuter/Martinek*, 1. Aufl. 1983, § 1 I 1 c, S. 9 f.

21 In der Literatur wird teilweise an Stelle von Nichtleistungskondiktion von »Eingriffskondiktion« gesprochen, obwohl die Eingriffskondiktion nur den Haupt- und Grundfall der Nichtleistungskondiktion darstellt. Zur Typologie vgl. → Rn. 17.

nex des fortwirkenden Eigentumsrechts gilt und dem Güterschutzrecht zugeordnet wird.[22]

I. Grundgedanke der Leistungskondiktion

Bei der **Leistungskondiktion** geht es darum, eine Leistung, die ohne ein wirksames Kausalgeschäft (Verpflichtungsgeschäft) erbracht worden oder die sonst fehlgeschlagen ist, wieder rückgängig zu machen. Die Leistungskondiktion ist das notwendige schuldrechtliche Korrektiv zum Abstraktionsprinzip:[23] Wegen der rechtlichen Abstraktheit – also der Unabhängigkeit von kausalem (schuldrechtlichem) und abstraktem (sachenrechtlichem) Geschäft – kann das Verfügungsgeschäft (z. B. die Übereignung einer Sache) gültig sein, während das Kausalgeschäft (Verpflichtungsgeschäft, z. B. Kaufvertrag) nicht wirksam ist. Mittels des Herausgabeanspruches aus § 985 (der sog. Vindikation) kann die Sache nicht zurückverlangt werden, weil der Anspruchsteller wegen der Wirksamkeit des (abstrakten) Verfügungsgeschäftes sein Eigentum verloren hat.[24] Hier greift die Leistungskondiktion als schuldrechtliche Korrektur dinglicher Rechtsfolgen, die bei der Durchführung fehlerhafter Schuldverhältnisse entstanden sind.

11

Fall: V verkauft und übereignet dem K gegen Barzahlung des Kaufpreises einen Ring, den er für vergoldet hält, der aber tatsächlich ein echt goldener Ring ist. Wenige Tage später zeigt K den Ring in Gegenwart von V einem Sachverständigen, der die Echtheit des Ringes feststellt. V ficht den Kaufvertrag wegen Irrtums über eine verkehrswesentliche Eigenschaft an und verlangt seinen Ring zurück.

12

Lösung:
I. Ansprüche des V auf Rückverschaffung des Ringes?
1. Kaufvertragliche Ansprüche scheiden aus, weil der Kaufvertrag nach §§ 142 Abs. 1, 119 Abs. 2 als von Anfang an nichtig anzusehen ist.
2. Ein Eigentumsherausgabeanspruch nach § 985 scheidet aus, weil nicht mehr V, sondern K Eigentümer des Ringes ist. Denn die Nichtigkeit des Kaufvertrages ergreift nicht die Übereignung als (wertneutrales) Erfüllungsgeschäft (Abstraktionsprinzip).
3. Anspruch aus § 812 Abs. 1 S. 1 Alt. 1 auf Rückübereignung (Verschaffung des Eigentums).[25]
   a) K erlangt durch Übereignung (§ 929 S. 1) Eigentum und unmittelbaren Besitz am Ring und damit einen vermögenswerten Vorteil (»etwas« i. S. des § 812 Abs. 1 S. 1).
   b) Die Übereignung und Übergabe durch V an K erfolgt bewusst und zum Zweck der Erfüllung des vermeintlich wirksamen Kaufvertrages. Damit liegt eine Leistung von V an K vor.
   c) Infolge Anfechtung ist der die Vermögensverschiebung rechtfertigende Rechtsgrund (Kaufvertrag) entfallen (§ 142 Abs. 1).[26] Es fehlt damit der Rechtsgrund, aufgrund dessen K Eigentum und Besitz verlangen kann. Die Leistung ist damit rechtsgrundlos.

---

22 *Wilburg,* Die Lehre von der ungerechtfertigten Bereicherung nach österreichischem und deutschem Recht. Kritik und Aufbau, 1934, S. 11 ff.; *v. Caemmerer,* FS Rabel I, 1954, S. 333, 342 ff. Vgl. auch *Reuter/Martinek,* 1. Aufl. 1983, § 2 II 1, S. 27 und § 7 I 1, S. 234 jeweils m.w.N.
23 Die Bedeutung des Abstraktionsprinzips heben die Motive (*Mugdan* II, S. 463 [Motive]) hervor.
24 Nach der traditionellen Bereicherungslehre (vgl. *Savigny,* System des heutigen römischen Rechts, Bd. V [1841], S. 518 und 565 f.) stehen Vindikation und Kondiktion in einem Ausschlussverhältnis.
25 Zur Anwendbarkeit der condictio indebiti im Falle der Anfechtung vgl. → § 10 Rn. 24.
26 Zum Konkurrenzverhältnis zwischen Anfechtung (§ 119 Abs. 2) und Sachmängelhaftung (§§ 434 ff., 280 ff.) vgl. Palandt/*Weidenkaff,* § 437 Rn. 53. Im vorliegenden Fall sind die Sachmängelvorschriften aber nicht einschlägig, weil die Ist- nicht von der Sollbeschaffenheit zum Nachteil des Käufers abweicht, sondern zu seinem Vorteil. Deshalb ist in diesem Fall eine Anfechtung auch nach Gefahrübergang möglich.

Mit diesen drei Voraussetzungen ist der Tatbestand der Leistungskondiktion gegeben. V hat gegen K einen Anspruch auf Herausgabe des Ringes gemäß § 812 Abs. 1 S. 1 Alt. 1 und kann Rückübereignung und Besitzverschaffung verlangen.

II. Ansprüche des K auf Rückzahlung des Kaufpreises?

1. § 985 ist nicht einschlägig, weil V durch Übereignung (§ 929 S. 1) Eigentümer des Geldes geworden ist.

2. Einschlägig ist aber § 812 Abs. 1 S. 1 Alt. 1. Das Kausalgeschäft ist aufgrund Anfechtung nichtig, sodass es an dem Rechtsgrund für die Verschaffung des Eigentums und Besitzes an den Geldscheinen und Geldmünzen fehlt. Deshalb kann K Rückzahlung des Kaufpreises aus § 812 Abs. 1 S. 1 Alt. 1 verlangen.

> **Hinweis:** Hier zeigt sich die Funktion der Leistungskondiktion. Eine rechtsgeschäftliche Leistung (die Übereignung) hat ihren Zweck, nämlich die Erfüllung des Kaufvertrages, verfehlt und ist deshalb rückgängig zu machen.

II. Grundgedanke der Nichtleistungskondiktion (Bereicherung in sonstiger Weise)

13 Die Bereicherung in sonstiger Weise erfasst ganz verschiedenartige Tatbestände. Sie haben gemeinsam, dass die Bereicherung nicht auf einer Leistung des Bereicherungsgläubigers beruht, der Bereicherungsschuldner also etwas ohne den Willen des Bereicherungsgläubigers erlangt. Die Nichtleistungskondiktion steht in erster Linie im Zusammenhang mit dem **Schutz von Gütern.** Sie ergänzt sachenrechtliche und deliktische Ansprüche. Die Vermögensverschiebung, die ohne rechtlichen Grund und damit ungerechtfertigt ist (genauer zur Rechtsgrundlosigkeit bei der Nichtleistungskondiktion vgl. → § 11 Rn. 18 ff.), wird durch die Nichtleistungskondiktion ausgeglichen.

14   **Fall:** Die Kühe des Landwirts S dringen in die benachbarte Wiese des Landwirts G ein und grasen sie ab. G verlangt von S Ersatz. Zu Recht?

Lösung:

1. Anhaltspunkte für eine Geschäftsführung ohne Auftrag fehlen (§§ 677 ff.).

2. Ein Anspruch aus § 823 Abs. 1 scheidet auch aus. Das Verhalten der Kühe verletzt zwar das Eigentum des G. Diese Eigentumsverletzung beruht aber nicht auf einem haftungsrechtlich relevanten Verhalten des S. Denn Anhaltspunkte für ein pflichtwidriges Unterlassen der Beaufsichtigung der Kühe (Verletzung einer Verkehrssicherungspflicht) fehlen.

3. Ein Schadensersatzanspruch aus Tierhalterhaftung nach § 833 S. 1 scheidet ebenfalls aus, wenn sich S gem. § 833 S. 2 exkulpieren kann (Haustiere mit Zweckbestimmung, vgl. → § 18 Rn. 33).

4. Eine Leistungskondiktion (§ 812 Abs. 1 S. 1 Alt. 1) kommt nicht in Betracht. G hat die Nutzung seiner Weide dem S nicht willentlich zugewendet und deshalb nicht geleistet.

5. Einschlägig ist die Nichtleistungskondiktion in Form der allgemeinen Eingriffskondiktion (§ 812 Abs. 1 S. 1 Alt. 2): S hat die Nutzung »in sonstiger Weise« auf Kosten des G ohne rechtlichen Grund erlangt.

> **Hinweis:** Hier zeigt sich die Funktion der Nichtleistungskondiktion, nämlich eine Vermögensverschiebung, die nicht auf einer Leistung beruht, auszugleichen.

D. System der §§ 812 ff.

I. Gesamtüberblick

Der Titel über die »**Ungerechtfertigte Bereicherung**« normiert in den §§ 812, 813, **15** 816, 817 S. 1 und 822 Anspruchsgrundlagen, in den §§ 814, 815 und § 817 S. 2 besondere Ausschlussgründe (Einwendungen) und in § 821 die sog. Bereicherungseinrede. Der Inhalt und Umfang bereicherungsrechtlicher Ansprüche werden in den §§ 818, 819 und 820 geregelt.

II. Ansprüche aus Leistungskondiktion

Die verschiedenen Leistungskondiktionen haben folgendes Charakteristikum gemein- **16** sam: Der Zweck der Leistungskondiktion besteht darin, die Vermögensverschiebung, die auf einer Leistung beruht, wieder rückgängig zu machen, weil für die Leistung kein rechtlicher Grund besteht. Die einzelnen **Tatbestände** der Leistungskondiktion unterscheiden sich voneinander durch die Art des fehlenden Rechtsgrundes. Die Unterscheidung ist bedeutsam für die Ausschlussgründe (§§ 814 f., 817 S. 2) und die verschärfte Bereicherungshaftung (§§ 819 f.) (vgl. → § 12 Rn. 43 ff.).

1. § 812 Abs. 1 S. 1 Alt. 1: Der rechtliche Grund für die Leistung fehlt von Anfang an – condictio indebiti;
2. § 812 Abs. 1 S. 2 Alt. 1: Der rechtliche Grund für die Leistung fällt später weg – condictio ob causam finitam;
3. § 812 Abs. 1 S. 2 Alt. 2: Der mit einer Leistung nach dem Inhalt des Rechtsgeschäftes bezweckte Erfolg tritt nicht ein – condictio causa data causa non secuta oder condictio ob rem;
4. § 813 Abs. 1 S. 1: Dem Anspruch auf Leistung steht eine dauernde Einrede entgegen;
5. § 817 S. 1: Die Annahme der Leistung verstößt gegen ein Gesetz oder gegen die guten Sitten – condictio ob turpem vel iniustam causam.

III. Ansprüche aus Nichtleistungskondiktion

Bei der Nichtleistungskondiktion geht es um die Rückabwicklung einer rechtsgrund- **17** losen Vermögensverschiebung, die nicht auf einer Leistung beruht. Zu unterscheiden sind folgende **Ansprüche (Kondiktionen)**:

1. § 812 Abs. 1 S. 1 Alt. 2: Bereicherung in sonstiger Weise (Grundfall);
2. § 816 Abs. 1 S. 1: Wirksame entgeltliche Verfügung eines Nichtberechtigten;
3. § 816 Abs. 1 S. 2: Wirksame unentgeltliche Verfügung eines Nichtberechtigten;
4. § 816 Abs. 2: Dem Berechtigten gegenüber wirksame Leistung an einen Nichtberechtigten (wirksame Leistungsannahme);
5. § 822: Unentgeltliche Weitergabe der Bereicherung durch Berechtigten.

IV. Verhältnis von Leistungs- und Nichtleistungskondiktion

Das Verhältnis von Leistungs- zur Nichtleistungskondiktion wird bestimmt durch den **18** **Vorrang der Leistungskondiktion** bzw. den Grundsatz der **Subsidiarität** der Nichtleistungskondiktion:[27] Eine Nichtleistungskondiktion kommt nur in Betracht, wenn der Bereicherungsgegenstand dem Empfänger überhaupt nicht, also von niemandem »geleistet« worden ist; die Leistungskondiktion schließt hinsichtlich desselben Bereicherungsgegenstandes eine Bereicherung in sonstiger Weise grundsätzlich aus.[28] Deshalb muss in der Fallbearbeitung immer zuerst geprüft werden, ob eine Bereicherung durch Leistung vorliegt.

19 In Zweipersonenverhältnissen[29] wäre es zutreffender, statt von Subsidiarität von Alternativität zu sprechen. Denn beide Kondiktionstypen schließen sich wegen der unterschiedlichen Funktionen und Anknüpfungspunkte der Leistungs- und Nichtleistungskondiktion (vgl. → Rn. 10 f., 13) gegenseitig aus.[30]

20 Zu den Mehrpersonenverhältnissen, die rechtlich wie dogmatisch schwierige Probleme aufwerfen, vgl. → § 13 Rn. 1 ff.

21 **Beispiel:** Lieferungskette
– Verkäufer A schließt mit dem Erstkäufer B einen Kaufvertrag über einen Pkw. B selbst verkauft den gleichen Pkw an den Zweitkäufer C weiter. A übergibt und übereignet den Pkw an B und B seinerseits an C (sog. **Lieferungskette**). Später stellt sich heraus, dass der Kaufvertrag zwischen A und B nichtig ist. Ansprüche des A?
(1) A kann den Pkw nicht von C nach § 812 Abs. 1 S. 1 Alt. 1 (Leistungskondiktion) herausverlangen. A hat nicht an C geleistet (vgl. zum Leistungsbegriff → § 10 Rn. 9 ff.). (2) A könnte von C Herausgabe aus § 812 Abs. 1 S. 1 Alt. 2 (Eingriffskondiktion) verlangen. Dem steht aber der Vorrang des Leistungsverhältnisses entgegen: C hat den Pkw durch eine Leistung des B erhalten. Dies schließt es (grundsätzlich) aus, dass A das Geleistete mittels Nichtleistungskondiktion von C herausverlangen kann. (3) A kann deshalb nur von B aus § 812 Abs. 1 S. 1 Alt. 1 (Leistungskondiktion) Wertersatz für den Pkw (§ 818 Abs. 2) verlangen, weil dem B die Herausgabe des Pkw nicht möglich ist (vgl. zur Lieferungskette → § 13 Rn. 9 ff.).

V. Zusammenfassung

22

System der §§ 812 ff.

I. Bereicherungsrechtliche Grundsätze
  1. Trennungstheorie (→ Rn. 6 ff.)
  2. Vorrang der Leistungskondiktion: Subsidiarität der Nichtleistungskondiktion gegenüber der Leistungskondiktion (→ Rn. 18 ff.)
II. Bereicherungsrechtliche Anspruchsgrundlagen

Leistungskondiktionen	Nichtleistungskondiktionen
1. § 812 Abs. 1 S. 1 Alt. 1	1. § 812 Abs. 1 S. 1 Alt. 2
2. § 812 Abs. 1 S. 2 Alt. 1	2. § 816 Abs. 1 S. 1
3. § 812 Abs. 1 S. 2 Alt. 2	3. § 816 Abs. 1 S. 2
4. § 813 Abs. 1 S. 1	4. § 816 Abs. 2
5. § 817 S. 1	5. § 822

---

27 Der Grundsatz vom Vorrang der Leistungskondiktion gilt nicht uneingeschränkt; er wird in der Literatur auch immer häufiger angezweifelt (vgl. *Larenz/Canaris,* SR II/2, § 70, S. 197 ff., insbesondere § 70 III 2 d, S. 216 m. w. N.).
28 So für Dreipersonenverhältnisse BGHZ 40, 272; 56, 228; 69, 186.
29 Vgl. nur *Medicus/Petersen*, BR, Rn. 727.
30 Vgl. *Reuter/Martinek*, 1. Aufl. 1983, § 4 I, S. 79 f.

§ 10. Leistungskondiktion

A. Grundtatbestand des § 812 Abs. 1 S. 1 Alt. 1

Der Grundtatbestand der Leistungskondiktion ist § 812 Abs. 1 S. 1 Alt. 1. Dieser setzt **1** voraus, dass jemand (1) etwas erlangt hat, (2) durch die Leistung eines anderen, (3) ohne rechtlichen Grund. Diese Leistungskondiktion bezeichnet man auch – in Anlehnung an das römische Recht – als condictio indebiti (Zurückforderung des Nichtgeschuldeten). Der hinter § 812 Abs. 1 S. 1 Alt. 1 stehende Grund ist, dass einer Güterbewegung der erforderliche Rechtsgrund fehlt.[1]

Vertiefungshinweis: Terminologie – condictio sine causa   **2**
Die **Terminologie** zu § 812 Abs. 1 S. 1 Alt. 1 ist noch immer nicht ganz einheitlich. Teilweise wird neben der condictio indebiti (Rückforderung wegen Leistung einer Nichtschuld) auch die condictio sine causa (Rückforderung wegen grundlosen Habens) zu § 812 Abs. 1 S. 1 Alt. 1 gerechnet.[2] Der Begriff der **condictio sine causa** ist heute jedoch – nicht nur im Rahmen des § 812 Abs. 1 S. 1 Alt. 1 – entbehrlich.[3]
Die condictio sine causa ist historisch ein Verlegenheitsprodukt.[4] Sie stand früher für gewisse bereicherungsrechtliche Auffangtatbestände mit Rücksicht auf die Billigkeit[5] und im ALR für die (allgemeine) Versionsklage.[6] *Franz von Kübel*[7] regelte sie im Vorentwurf am Schluss des Kondiktionsrechts und darunter Fälle, die heute der Leistungs- und Nichtleistungskondiktion zugeordnet werden; die Motive[8] erwähnen sie im Zusammenhang mit der Nichtleistungskondiktion (§ 748 E I). Mit Rücksicht auf den nicht klaren Anwendungsbereich der condictio sine causa und der heute – im Gegensatz zur Zeit um 1900 – anerkannten Unterscheidung zwischen Leistungs- und Nichtleistungskondiktion (Trennungstheorie) sollte nur die Leistungskondiktion (condictio indebiti) in der Bedeutung der Leistung auf eine Nichtschuld von § 812 Abs. 1 S. 1 Alt. 1 erfasst werden.

---

1 Nach *Medicus/Petersen* (BR, Rn. 689) soll der hinter der Leistungskondiktion stehende Grund der Nichteintritt der mit der Leistung bezweckten Befreiung von einer (einredefreien) Forderung sein. Diese Anschauung rückt die Leistungskondiktion (§ 812 Abs. 1 S. 1 Alt. 1) – nach heutiger Auffassung wohl unzutreffender Weise – in die Nähe der Zweckverfehlungskondiktion (§ 812 Abs. 1 S. 2 Alt. 2). Vgl. die Motive (*Mugdan* II, S. 464 und 472 [Motive]), wonach die allgemeine Leistungskondiktion (condictio indebiti) und die Kondiktion wegen Wegfall des rechtlichen Grundes (§ 812 Abs. 1 S. 2 Alt. 1) als Unterfall der Zweckverfehlungskondiktion (§ 812 Abs. 1 S. 2 Alt. 2) bezeichnet werden könnten.
2 So *Loewenheim*, S. 57; *Reuter/Martinek*, 1. Aufl. 1983, § 5 I 1, S. 128.
3 So auch *Medicus/Petersen*, BR, Rn. 702 und *Schlechtriem*, SBT, Rn. 733; a. A. noch *Enneccerus/Lehmann*, Recht der Schuldverhältnisse, 14. Aufl. 1954, § 222 I 1c; nach wie vor anerkannt ist die actio sine causa in Österreich (§ 877 ABGB) und der Schweiz (Art. 62 OR); *Wieling* scheint den Terminus als Synonym für den Begriff der »Nichtleistungskondiktion« zu sehen (Bereicherungsrecht, S. 4).
4 So *Medicus/Petersen*, BR, Rn. 702.
5 Vgl. *Reuter/Martinek*, 1. Aufl. 1983, § 5 I 1, S. 128.
6 Vgl. *v. Kübel*, Vorentwurf zu Schuldverhältnissen aus ungerechtfertigter Bereicherung, S. 79, abgedruckt bei *Schubert*, Die Vorlagen der Redaktoren für die erste Kommission zur Ausarbeitung des Entwurfs eines Bürgerlichen Gesetzbuches, Recht der Schuldverhältnisse Teil 3 Besonderer Teil II, Nachdruck 1980, S. 739.
7 Vorentwurf zu Schuldverhältnissen aus ungerechtfertigter Bereicherung, S. 80, abgedruckt bei *Schubert*, Die Vorlagen der Redaktoren für die erste Kommission zur Ausarbeitung des Entwurfs eines Bürgerlichen Gesetzbuches, Recht der Schuldverhältnisse Teil 3 Besonderer Teil II, Nachdruck 1980, S. 655, 740.
8 *Mugdan* II, S. 475 f. (Motive).

I. Tatbestand

3 Das Tatbestandsmerkmal »auf dessen Kosten« ist für die Leistungskondiktion bedeutungslos (vgl. zur sog. Trennungstheorie der h. M. → § 9 Rn. 6 ff.). § 812 Abs. 1 S. 1 ist also so zu lesen, dass sich »auf dessen Kosten« ausschließlich auf die Bereicherung in sonstiger Weise bezieht. (Bei der Nichtleistungskondiktion bestimmt dieses Merkmal u. a. die Parteien des Bereicherungsverhältnisses [Bereicherungsgläubiger und Bereicherungsschuldner; vgl. → § 11 Rn. 10 ff.].)

1. Etwas erlangt (Bereicherungsgegenstand)

4 § 812 Abs. 1 S. 1 verpflichtet den Bereicherungsschuldner, das erlangte Etwas **(Bereicherungsgegenstand)** herauszugeben. Der Begriff »erlangtes Etwas« ist weit auszulegen, sodass möglichst jede ungerechtfertigte Vermögensverschiebung gegenständlicher und nichtgegenständlicher Art ausgeglichen werden kann. Erfasst wird alles, was dem Empfänger durch Leistung verschafft werden kann. Jede vorteilhafte Rechtsposition genügt. Auf einen Vermögenswert kommt es nicht an.[9] Auch persönliche (und vermögensmäßig wertlose) Briefe können Gegenstand der Leistungskondiktion sein.

Wegen der genauen Ausgestaltung der Rechtsfolgen von Bereicherungsansprüchen (vgl. → § 12 Rn. 2 ff.) ist es gleichwohl erforderlich, das »erlangte Etwas« sachenrechtlich oder schuldrechtlich genau zu qualifizieren (gegenstandsorientierte, konkrete Betrachtungsweise). Dies ist in der Fallbearbeitung unbedingt zu beachten.

Beispiele:

– Erwerb von Rechten (dinglichen oder persönlichen Rechten): Wie z. B. Forderungen, Eigentum, Anwartschaftsrechte, Besitz[10], Buchpositionen (wie etwa die Eintragung als Eigentümer im Grundbuch gemäß § 891; Eintragung als Inhaber eines Domainnamens in einer Datenbank ohne materielle Berechtigung[11]); Erlangung der Stellung eines Hinterlegungsbeteiligten (§ 372)[12].

– Befreiung von einer Verbindlichkeit: Das Vermögen wird nicht nur dadurch verbessert, dass ein Aktivposten hinzukommt, sondern auch dadurch, dass ein Passivposten verschwindet oder verkleinert wird (z. B. die Schulden werden getilgt oder reduzieren sich).

5 Auch ein **Schuldanerkenntnis** kann geleistet werden. Dies stellt § 812 Abs. 2 klar. § 812 Abs. 2 meint das sog. abstrakte Schuldanerkenntnis (§ 781).[13] Wird ein (abstraktes) Anerkenntnis abgegeben, ohne dass ein Rechtsgrund vorhanden ist (vgl. zum Rechtsgrund → Rn. 25), so besteht ein Anspruch auf Befreiung von der (abstrakten) Schuldverpflichtung. Wenn der Gläubiger aus dem Schuldanerkenntnis vorgeht, kann der Schuldner die Bereicherungseinrede erheben (§ 821; vgl. → § 12 Rn. 63).

---

9 Die traditionelle Bereicherungslehre (vgl. *Savigny*, System des heutigen römischen Rechts, Bd. V, 1841, S. 503 ff.) knüpfte die Bereicherungshaftung an eine unmittelbare Vermögensverschiebung an und erforderte eine (regelmäßig) gegenständliche Verschiebung zwischen Bereicherungsgläubiger und Bereicherungsschuldner. Diese Ansicht versteht die Bereicherungshaftung rein bereicherungs-/vermögensorientiert (Nachweise bei *Reuter/Martinek*, § 5 III 1 a, S. 192 f.).

10 BGHZ 198, 381 (Besitz an Geld aus einem Schließfach).

11 BGHZ 192, 204.

12 BGHZ 35, 165; BGHZ 109, 240; BGHZ 143, 122; *BGH* NJW 2008, 2702.

13 Vgl. BGHZ 177, 345. Zur Abgrenzung des abstrakten/konstitutiven vom kausalen/deklaratorischen Schuldanerkenntnis und von der schlichten Bestätigungserklärung/Beweiserleichterung vgl. *Palandt/Sprau*, § 781 Rn. 2 ff.

Gebrauchs- und Nutzungsvorteile (vgl. §§ 99, 100) können ein erlangtes Etwas sein: Dienstleistungen, Nutzung von Gegenständen.

Fall (BGHZ 55, 128 »Flugreise«-Fall):[14] Der Minderjährige A fliegt als blinder Passagier mit der Lufthansa von Hamburg nach New York. Es stellt sich die Frage, was A erlangt.

6

Lösung: (1) Der BGH prüft im Tatbestand, ob eine Bereicherung (der Bereicherte muss eine echte Vermögensmehrung – und sei es allein durch eine Ersparnis von Aufwendungen – erfahren haben) vorliegt, und versteht die Bereicherungshaftung damit vermögensorientiert.[15] Danach würde A die eigenen Aufwendungen für die Flugreise ersparen, wenn es sich nicht um Luxusaufwendungen handelte. Weil dies der Fall ist, ist A bei diesem Ansatz eigentlich von Anfang an nicht bereichert. Der BGH prüft aber die Vorschriften der §§ 818 Abs. 3, 819 Abs. 1 im Rahmen des erlangten Etwas und bejaht einen Bereicherungsanspruch (vgl. zu § 818 Abs. 3 → § 12 Rn. 14 ff.). (2) Die heute herrschende Lehre unterscheidet streng zwischen dem erlangten Etwas i. S. des § 812 Abs. 1 S. 1 und der Bereicherung i. S. des § 818 Abs. 3.[16] Danach erlangt A die tatsächliche Nutzung des Flugzeuges (Flugreise) als nichtgegenständliches Etwas.[17] Erst im Zusammenhang mit der Rechtsfolge stellt sich die Frage einer (in diesem speziellen Fall: anfänglichen) Entreicherung (§ 818 Abs. 3). (3) Zuzustimmen ist der Auffassung der h. L. Gebrauchsvorteile sowie geleistete Dienste sind als erlangtes Etwas anzusehen, unabhängig von ihrem vermögensmäßigen Wert. Ob Aufwendungen erspart werden, spielt erst beim Umfang des Bereicherungsanspruchs (§ 818), also auf der Rechtsfolgenseite des Bereicherungsanspruchs, eine Rolle. Die h. L. unterscheidet deutlich zwischen dem erlangten Etwas auf der Tatbestandsseite und dem Gegenstand der Herausgabe auf der Rechtsfolgenseite. Für den Prüfungsaufbau bei der Fallbearbeitung bedeutet dies: Jeder Gebrauchsvorteil stellt ein erlangtes Etwas dar. Ob Aufwendungen erspart werden, ist im Rahmen des § 818 (Umfang der Bereicherung) zu prüfen.

Auch die Befreiung von einer Verbindlichkeit kann Gegenstand einer Kondiktion sein. **7**

Beispiel: A parkt sein Auto unzulässig auf dem Parkplatz des B. B lässt das Auto des A abschleppen. Bereicherungsanspruch des B gegen A?
(1) B hat einen Anspruch aus § 812 Abs. 1 S. 1 Alt. 2 (Rückgriffskondiktion, vgl. → § 11 Rn. 66 ff.) auf Ersatz der Abschleppkosten. Bereicherungsgegenstand ist die Befreiung von einer Verbindlichkeit: A erlangt Befreiung von seiner Verbindlichkeit aus §§ 1004, 862, weil er zur Beseitigung des verbotswidrig abgestellten Autos verpflichtet war. (2) Aus §§ 812 Abs. 1 S. 1 Alt. 2, 818 Abs. 2 (Eingriffskondiktion) kann A außerdem Ersatz für die erlangten Nutzungen (Nutzung des Parkplatzes) verlangen.

Vertiefungshinweis: Gegenstand der Bereicherungshaftung (dogmatischer Wandel) **8**
In der umstrittenen Frage, worauf die Bereicherungshaftung gerichtet ist, was also **Gegenstand des Bereicherungsanspruchs** ist,[18] spiegelt sich ein dogmatischer Wandel wider, den das Bereicherungsrecht seit der Entstehung des BGB (und auch schon vorher) durchgemacht hat. Mit dieser Frage hängt nämlich die dogmatische Einordnung des § 818, insbesondere dessen Absatz 3, in das System der Bereicherungshaftung zusammen (vgl. → § 12 Rn. 13 und passim).
In Anknüpfung an die traditionelle Bereicherungslehre, nach der ein Bereicherungsanspruch eine unmittelbare Vermögensverschiebung zwischen Bereicherungsgläubiger und Bereicherungsschuldner voraussetzte,[19] wurde der Bereicherungsgegenstand vermögensrechtlich bestimmt; erforderlich war ein ver-

---

14 Für eine ausführliche Fallbearbeitung siehe: *Hombrecher*, Jura 2004, 250. – Zu der vom BGH übergangenen kollisionsrechtlichen Frage nach dem auf den Sachverhalt mit Auslandsberührung anwendbaren Recht vgl. *Wandt*, Die Geschäftsführung ohne Auftrag im Internationalen Privatrecht, 1989, S. 49, 247.
15 BGHZ 55, 128.
16 Vgl. etwa *Giesen*, Jura 1995, 169, 171 f.
17 Vgl. MüKoBGB/*Schwab*, Bd. 6, § 812 Rn. 4.
18 Vgl. den rechts- und dogmengeschichtlichen Hinweis bei Staudinger/*Lorenz*, § 818 Rn. 1 f.
19 Vgl. *Savigny*, System des heutigen römischen Rechts, Bd. V, 1841, S. 523 ff.

mögenswerter Vorteil. Die heute herrschende Auffassung versteht den Bereicherungsgegenstand dagegen gegenstandsorientiert: Erlangtes Etwas kann alles sein, was dem Bereicherungsschuldner geleistet werden kann.[20]

Auf der Grundlage der traditionellen vermögensorientierten Auffassung prüft der BGH im Flugreisefall, ob der (geleistete) Gegenstand einen Vermögenswert hat.[21] Dies wird im Zusammenhang mit dem »erlangten Etwas« geprüft. Hat das Erlangte für den »Bereicherungsschuldner« keinen Wert (Luxusaufwendungen), so hat er nach diesem Ansatz nichts erlangt, sodass der Tatbestand des § 812 Abs. 1 S. 1 nicht erfüllt ist. Es stellte sich dann aber die Frage, wie der bösgläubige Bereicherungsschuldner haftet, wenn er von Anfang an keinen Vermögensvorteil erlangt hat.[22] Während der bösgläubige Bereicherungsschuldner, der nachträglich entreichert wird, nach § 819 Abs. 1 haftet und sich auf § 818 Abs. 3 nicht berufen kann, würde der Bereicherungsschuldner, der von Anfang an keinen Vermögensvorteil erlangt hat (Luxusgegenstand), im Gegensatz dazu eigentlich überhaupt nicht haften, weil er von Anfang an keinen Vermögensvorteil erlangt hat und §§ 818 Abs. 3, 819 Abs. 1 nur den nachträglichen Wegfall der Bereicherung erfasst. Um dieses unverständliche Ergebnis zu vermeiden, hat der BGH bereits im Rahmen des »erlangten Etwas« und der Prüfung eines Vermögensvorteils die §§ 818, 819 angewandt.

Die heute h. L. geht von einer gegenstandsorientierten Bereicherungshaftung aus.[23] Es wird zwischen dem erlangten Etwas im Tatbestand der §§ 812 ff. und der Bereicherung in der Rechtsfolgenbestimmung der §§ 818 ff. unterschieden. Die Frage der anfänglichen oder nachträglich wegfallenden Bereicherung (etwa bei Luxusaufwendungen) spielt danach erst auf der Rechtsfolgenseite (§§ 818 ff.) eine Rolle.

2. Leistung

a) Begriff

9 Ein Kernbegriff – nicht nur der Leistungskondiktion, sondern wegen der Subsidiarität der Nichtleistungskondiktion (vgl. → § 9 Rn. 18 ff.) – des gesamten Kondiktionsrechts ist der **Leistungsbegriff.** Leistung ist jede bewusste, zweckgerichtete Mehrung fremden Vermögens.[24] Erforderlich ist (1) eine Mehrung fremden Vermögens, (2) die Zweckrichtung dieser Mehrung sowie (3) das Bewusstsein des Leistenden um die Vermögensmehrung und den Zweck (genauer Leistungsbewusstsein und Leistungswille). Liegt eine Leistung mangels bewusster oder zweckgerichteter Mehrung fremden Vermögens nicht vor, scheidet eine Leistungskondiktion aus und es kommt eine Nichtleistungskondiktion in Betracht.

10 Abzugrenzen ist die Leistung von der **Zuwendung.** Mit Zuwendung ist eine bloße Vermögensverschiebung gemeint, welche nicht die Anforderungen an den Leistungsbegriff erfüllt (keine Zweckrichtung oder kein Leistungsbewusstsein). Es ist jedoch ausreichend, wenn eine Zuwendung als Leistung »zugerechnet« werden kann (vgl. → § 13 Rn. 45 ff.). In Mehrpersonenverhältnissen sind Zuwendung und Leistung regelmäßig nicht deckungsgleich (vgl. → § 13 Rn. 5). Auch wenn ein Eigentumserwerb des Bereicherungsschuldners kraft Gesetzes erfolgt,[25] kann dem eine Leistung des Berei-

---

20 Vgl. *Reuter/Martinek*, § 5 III 1 a, S. 193 ff.; MüKoBGB/*Schwab*, Bd. 6, § 812 Rn. 1 ff.

21 BGHZ 26, 349 »Herrenreiter«-Fall; 55, 128 »Flugreise«-Fall.

22 Das erlangte Etwas fällt im Zeitpunkt des Erlangens sofort wieder weg.

23 *Brox/Walker*, SchuldR BT, § 40 Rn. 5; *Looschelders*, SR BT, Rn. 1020 m. w. N.

24 St. Rspr.: BGHZ 58, 184; *BGH* NJW 2004, 1169; vgl. *Larenz/Canaris*, SR II/2, § 67 II d, S. 132 f. Zur Kritik am modernen Leistungsbegriff zusammenfassend MüKoBGB/*Lieb*, 4. Aufl. 2004, § 812 Rn. 26 ff. und Rn. 72 f. Vgl. BGHZ 122, 46: »[…] die Ableitung aus dem Leistungsbegriff allein nicht immer überzeugend erscheint […]«.

25 Zum Bereicherungsausgleich nach gesetzlichem Eigentumserwerb vgl. den Überblick von *Buchwitz*, JuS 2016, 1067 sowie *Grigoleit/Auer*, Rn. 124 ff.

cherungsgläubigers zu Grunde liegen,[26] die in der Duldung der zum Eigentumserwerb führenden Realakte zum Ausdruck kommt.

b) Bestimmung des Leistungsverhältnisses

Wegen des Vorrangs der Leistungskondiktion (vgl. → § 9 Rn. 18 ff. und → § 13 Rn. 6 ff.) **11** muss zunächst immer ermittelt werden, zwischen welchen Personen ein Leistungsverhältnis besteht; es müssen der Leistende und der Leistungsempfänger bestimmt werden. Mehrpersonenverhältnisse müssen dazu in Zweipersonenverhältnisse untergliedert werden. Ein Leistungsverhältnis kann, muss aber nicht zwingend zwischen Personen bestehen, zwischen denen eine Verbindlichkeit besteht.

> **Fall:** A erteilt seiner Bank B den Überweisungsauftrag, dem Konto des C 1.000 € gutzuschreiben, die A **12** dem C aus einem Kaufvertrag schuldet. Die Bank B führt diesen Überweisungsauftrag aus. Wer leistet?

Lösung:
1. Bank B als Leistender im Verhältnis B-C? Bank B hat zwar bewusst das Vermögen des C vermehrt, indem sie ihm 1.000 € überweist. Sie nimmt aber dem C gegenüber keine zweckgerichtete Vermögensmehrung vor. Sie will keine Verbindlichkeit gegenüber C erfüllen. Deshalb fehlt es insoweit an einer Leistung (es liegt eine bloße Zuwendung vor).
2. A als Leistender im Verhältnis A-C? (a) Die Zweckrichtung der Vermögensmehrung liegt darin, dass A seine Kaufpreisschuld gegenüber C erfüllen will. A bedient sich hierbei seiner Bank B als sog. Leistungsmittlerin (Zahlungsdienstleister im Sinne des § 675f Abs. 1[27]), welche die Tilgungsbestimmung (vgl. §§ 362 Abs. 1, 366 Abs. 1) als Botin an C überbringt. Es macht insoweit keinen Unterschied, ob A persönlich zahlt oder ob er eine Bank in den Zahlungsvorgang einschaltet. A ist also Leistender gegenüber C. (b) Das Bewusstsein einer Vermögensverschiebung liegt ebenfalls vor. (c) Das Leistungsverhältnis besteht zwischen A und C.
3. B als Leistende im Verhältnis B–A? Es liegt eine Leistung der Bank B an A vor. (a) Mit der Durchführung des Überweisungsauftrages will die Bank B ihren Girovertrag mit A erfüllen (Zweckrichtung) und tätigt dazu bewusst eine Zuwendung. (b) Die Vermögensmehrung liegt darin, dass A von einer Verbindlichkeit (gegenüber C) befreit worden ist. Die Bank B hätte auch 1.000 € an A auszahlen können, und A hätte dann diesen Betrag direkt dem C aushändigen können. Der Zahlungsvorgang ist durch Überweisung also nur vereinfacht worden.
4. Ergebnis: Es liegt (trotz der unmittelbaren Zuwendung von B an C) eine Leistung »übers Eck« vor. B leistet an A, und A leistet an C.

Um festzustellen, ob überhaupt eine Leistung vorliegt, welche Personen Leistender **13** und Leistungsempfänger sind und welchen Leistungszweck eine Vermögensverschiebung hat, kommt es darauf an, welchen Zweck die Beteiligten im Zeitpunkt der Zuwendung nach ihrem zum Ausdruck kommenden (übereinstimmenden) Willen verfolgt haben (Leistungszweck). Stimmen die Vorstellungen von Zuwendenden und Zuwendungsempfänger nicht überein, so ist nach der Rspr. und h. M. eine objektive Betrachtungsweise aus der Sicht des Zuwendungsempfängers entscheidend (sog. **Empfängerhorizont**): Leistender ist derjenige, den der Leistungsempfänger aus seiner (objektivierten) Sicht als Leistenden ansehen darf[28] (Maßgeblichkeit des Empfängerhorizonts als Grundsatz, vgl. → § 13 Rn. 5, 9 ff. und zur – umstrittenen – Ausnahme im

---

26 Ebenso *Grigoleit/Auer*, Rn. 128.
27 Vgl. zum Zahlungsdienstevertrag *Reymann*, JuS 2012, 781; *Kiehnle*, Jura 2012, 895.
28 *BGH* NJW 1999, 1393, 1394 m. w. N.; BeckOK BGB/*Wendehorst*, § 812 Rn. 49 m. w. N.; Staudinger/ *Lorenz*, § 812 Rn. 61; vgl. *Medicus/Petersen*, BR, Rn. 687 f. mit abweichendem Lösungsvorschlag.

neuen Zahlungsverkehrsrecht → § 13 Rn. 43). Dazu werden die allgemeinen Auslegungsgrundsätze herangezogen. Es ist also entscheidend, ob eine vernünftige Person in der Position des Empfängers die Zuwendung nach Treu und Glauben und mit Rücksicht auf die Verkehrssitte als Leistung ihres Schuldners verstehen musste und durfte.[29]

14 Diese Grundsätze gelten grundsätzlich auch für den Bereicherungsausgleich in Mehrpersonenverhältnissen.[30] Stimmen die Vorstellungen des Zuwendenden und des Zuwendungsempfängers nicht überein, so stellt sich weiter die Frage, wem die **Zuwendung als Leistung zuzurechnen** ist. Für die Zurechnung als Leistung reicht aber allein der Glaube des Zuwendungsempfängers (objektivierter Empfängerhorizont), eine bestimmte Person sei Leistender (Glaube an eine Leistung [Leistungszweck und Leistungsbewusstsein] dieser Person), nicht aus.[31] Es muss außerdem eine Veranlassung der Zuwendung durch den Leistenden hinzukommen, um diesem die Zuwendung als Leistung zurechnen zu können. Die zurechenbare Hervorrufung eines Rechtsscheins genügt[32] (vgl. → § 13 Rn. 46 f.). Zur umstrittenen Ausnahme im neuen Zahlungsverkehrsrecht vgl. → § 13 Rn. 43.

c) Leistungszweck

aa) Zweckbestimmung

15 Der Leistungszweck ergibt sich aus der **Zweckbestimmung**.[33] Diese ist nach h. M. eine einseitige, empfangsbedürftige Willenserklärung. Sie wird durch den Leistenden bei der Leistung ausdrücklich oder – wie wohl regelmäßig – konkludent erklärt, kann aber auch vorher oder nachher (vgl. zu den Fällen der nachträglichen Tilgungsbestimmung bei § 267 → § 11 Rn. 72 und → § 13 Rn. 24 f.) abgegeben werden. Auf die Zweckbestimmung finden grundsätzlich alle Vorschriften über Willenserklärungen (§§ 104 ff., 119 ff., 164 ff. und Botenrecht, Rechtsscheinsgrundsätze [§§ 170 ff. analog]) Anwendung.

16 **Vertiefungshinweis:** Zweckbestimmung als Rechtsgeschäft oder rechtsgeschäftsähnliche Erklärung
Es ist strittig, ob die Zweckbestimmung als rechtsgeschäftlich oder rechtsgeschäftsähnlich zu qualifizieren ist.[34] Für die Anwendung der allgemeinen Vorschriften über Willenserklärungen hat es jedoch keine Bedeutung, ob die Zweckbestimmung ein Rechtsgeschäft (Eintritt einer Rechtsfolge kraft autonomen Willens) oder eine rechtsgeschäftsähnliche Erklärung (Eintritt einer Rechtsfolge kraft Gesetzes) ist **(Rechtsnatur der Zweckbestimmung)**. Zwar tritt bei einer rechtsgeschäftsähnlichen Erklärung eine Rechtsfolge kraft Gesetzes ein, wenn ein bestimmter Tatbestand erfüllt ist. Jedoch stehen geschäftsähnliche Erklärungen den Willenserklärungen insofern nahe, weil auch sie in dem Bewusstsein der eintreten-

---

29 Vgl. *BGH* NJW 2005, 60 f. (Dirnenlohn).
30 *BGH* NJW 2016, 3027; *BGH* NJW 2002, 2871.
31 BGHZ 147, 145 mit Verweis auf die allgemeine Erkenntnis der Rechtsscheinslehre; BGHZ 152, 307; *Schlechtriem*, SBT, Rn. 774.
32 *BGH* NJW 2011, 66, 69; *BGH* NJW 2005, 3213, 3214 f. (»FlowTex 2«-Urteil).
33 Vgl. BGHZ 151, 127. Die bereicherungsrechtliche Zweckbestimmung und die erfüllungsrechtliche Tilgungsbestimmung (vgl. §§ 362 Abs. 1, 366 Abs. 1 a. E.) sind dogmatisch verschiedene Rechtsinstitute, aber grundsätzlich gleich zu behandeln. Dies entspricht dem Bestreben, bereicherungsrechtliche Leistung und schuldrechtliche Erfüllung zu harmonisieren (vgl. *Reuter/Martinek*, 1. Aufl. 1983, § 4 II 3 a, S. 91 ff.; *Welker*, Bereicherungsausgleich wegen Zweckverfehlung?, 1974, S. 53: schuldrechtliche und bereicherungsrechtliche Leistungshandlung seien identisch).
34 Vgl. *Reuter/Martinek*, 1. Aufl. 1983, § 4 II 3 a, S. 92 m. w. N. Zu den Rechtsfolgen *dies.*, § 4 II 3 d, S. 99 ff.; *Larenz/Canaris*, SR II/2, § 67 II 1 e, S. 133 f.

den Rechtsfolgen und sogar in der Absicht, sie hervorzurufen, vorgenommen werden.[35] Dass sie tatsächlich kraft Gesetzes eintreten, ist insofern nicht entscheidend. Deswegen finden die Vorschriften über Willenserklärungen auch auf geschäftsähnliche Willensäußerungen entsprechende Anwendung.

Beispiele:

– Der Minderjährige M schließt mit dem Verkäufer V ohne Einwilligung der Eltern einen Vertrag über ein (sehr teures) Fahrrad. M zahlt sofort den Kaufpreis durch Übergabe von Geldscheinen, das Fahrrad soll später ausgeliefert werden. Nun verlangt M Rückzahlung. Zu Recht?
(1) Anspruch auf Rückgabe der Geldscheine aus § 985 (+), weil Übereignung (§ 929 S. 1) rechtlich nachteilig und damit mangels Genehmigung der Eltern nach §§ 107 f. unwirksam ist, vorausgesetzt die Geldscheine sind noch unvermischt bei V vorhanden.[36] (2) § 812 Abs. 1 S. 1 Alt. 1 (Leistungskondiktion)?[37] (a) V erlangt den Besitz (nicht Eigentum) an den Geldscheinen rechtsgrundlos (§§ 107 f. bezüglich des Verpflichtungsgeschäftes; wegen des hohen Preises des Rades nicht § 110). (b) Fraglich ist, ob er leistet. Leistung ist die bewusste und zweckgerichtete Mehrung fremden Vermögens. M könnte den Leistungszweck »Erfüllung des Kaufvertrages« erklären. Die Zweckerklärung ist eine einseitig empfangsbedürftige Willenserklärung oder rechtsgeschäftsähnliche Erklärung, auf die §§ 107, 111 S. 1 (analog) anwendbar sind. Ein ohne Zustimmung des gesetzlichen Vertreters vorgenommenes einseitiges Rechtsgeschäft ist unwirksam; eine Ausnahme besteht bei lediglich rechtlich vorteilhaften Geschäften.[38] Die Zweckbestimmung, die ein Minderjähriger mit dem Inhalt »Erfüllung einer Verbindlichkeit« abgibt, ist grundsätzlich lediglich rechtlich vorteilhaft, weil sie zum Erlöschen der Verbindlichkeit führen kann (str.).[39] (c) Es liegt eine wirksame Leistungsbestimmung und damit eine Leistung des Minderjährigen vor. (d) Der Anspruch aus Leistungskondiktion (§ 812 Abs. 1 S. 1 Alt. 1) ist begründet. (3) Eine Nichtleistungskondiktion (§ 812 Abs. 1 S. 1 Alt. 2) scheidet wegen Vorranges des Leistungsverhältnisses aus (vgl. → § 9 Rn. 18 ff.).[40]

– Zahlt der Inhaber eines Telefonanschlusses seine Telefongebühren gemäß Rechnung an den eigenen Netzanbieter und werden dabei Gelder vom Netzanbieter an Dritte (sog. Verbindungsnetzbetreiber) aufgrund gewählter Mehrwertrufnummern abgeführt, so ist hierin mangels Zweckbestimmung durch den Telefonanschlussinhaber keine Leistung an diese Dritten, sondern nur eine solche an seinen eigenen Netzanbieter als Vertragspartner zu sehen, wenn nicht gezielt ein bestimmter Verbindungsnetzbetreiber (z. B. durch das call-by-call-Verfahren) angewählt wird.[41]

bb) Zweckinhalt

Leistungszweck[42] kann grundsätzlich jeder von der Rechtsordnung erlaubte Zweck sein. Der Zweck der Vermögensmehrung liegt beim Grundtatbestand des § 812 Abs. 1 S. 1 regelmäßig darin, eine Verbindlichkeit zu erfüllen (§ 362 Abs. 1). Der Schuldner mehrt das Vermögen des Gläubigers, weil er sich von einer Verbindlichkeit befreien

17

---

35 Vgl. BGHZ 106, 163 zur Tilgungsbestimmung i. S. des § 366 Abs. 1.
36 Im Falle der Vermischung nach § 948 entsteht nach h. M. Miteigentum mit Bruchteilsgemeinschaft der Miteigentümer (vgl. *BGH* NJW 2006, 990; siehe umfassend MüKoBGB/*Füller*, Bd. 7, § 948, Rn. 7 f.), die nach §§ 749, 752 durch Teilung in Natur aufzuheben ist. Eine Mindermeinung bejaht einen Ausgleichsanspruch aus § 951 Abs. 1 S. 1 auf den Geldwert des Anteils (siehe *OLG Frankfurt* NJW-RR 1987, 310).
37 Die Frage nach dem Kondiktionstyp (Leistungs- oder Nichtleistungskondiktion) wird in diesem Problemzusammenhang in der Literatur fast kaum gestellt.
38 Vgl. BeckOK BGB/*Wendtland*, § 111 Rn. 5.
39 Die Wirksamkeit der Zweck- (und Tilgungs-)bestimmung und die Wirksamkeit der (zur Erfüllung einer Forderung stattgefundenen) sachenrechtlichen Verfügung (z. B. Übereignung des Geldes) sind im Hinblick auf §§ 107, 111 (rechtlicher Vorteil) unabhängig voneinander zu beurteilen.
40 Der Geschäftsunfähige bleibt grundsätzlich auf eine Nichtleistungskondiktion beschränkt (vgl. *Reuter/Martinek*, 1. Aufl. 1983, § 4 II 3 d, S. 102; einschränkend *Larenz/Canaris*, SR II/2, § 67 II 1 e, S. 134).
41 *BGH* NJW 2005, 3636 ff.
42 Mit dem Leistungszweck wird das hinter der Vermögensverschiebung stehende wirtschaftliche Ziel dogmatisch typisiert und formalisiert (so *Reuter/Martinek*, 1. Aufl. 1983, § 4 II 2a, S. 86).

will (solvendi causa). Leistungszweck kann auch eine Schenkung sein (Leistung schenkungsweise, Leistung donandi causa). Schließlich kann der Zweck auch darin liegen, den Leistungsempfänger zu einem Verhalten zu veranlassen, auf das der Leistende keinen Anspruch hat (Leistung causa data causa non secuta oder ob rem, § 812 Abs. 1 S. 2 Alt. 2, vgl. → Rn. 54 ff.). Diese Typologie der Leistungszwecke ist nicht abschließend und nur beschreibender Natur.

18 **Fall (BGHZ 66, 372; 111, 382):** S nimmt bei seiner Bank B ein Darlehen über 1.000 € auf und weist B durch Überweisungsauftrag an, dieses Geld statt an ihn selbst auf das Konto seines Gläubigers D zu überweisen. Wegen eines Versehens eines Angestellten der B wird das Geld jedoch auf das Konto des G transferiert. Ist an G geleistet worden?
Fallabwandlung: Das Geld wird weisungsgemäß an den Gläubiger D ausgezahlt. Später stellt sich aber heraus, dass S bereits zum Zeitpunkt der Kreditaufnahme geschäftsunfähig war. Leistung an D?

Lösung:
I. Grundfall
  1. Leistung der B an G? B leistet nicht an G, weil selbst aus der Sicht des Empfängers der Überweisung (G) kein Leistungszweck der B zugrunde liegt. Deshalb kommt ein Anspruch des B gegen G aus § 812 Abs. 1 S. 1 Alt. 1 nicht in Betracht.
  2. Leistung des S an G? Gegenüber G verfolgt der S keinen Leistungszweck; seine Anweisung bezieht sich allein auf den D. S veranlasst die Zuwendung an G nicht zurechenbar als Leistung, weil seine Anweisung auch für G eindeutig ist. Es fehlt auch an einem schutzwürdigen Vertrauen des G. Es liegt deshalb keine Leistung des S vor.
  Vgl. auch → § 13 Rn. 50.
II. Lösung der Fallabwandlung:
  1. Leistung der B an D (–), weil kein eigener Leistungszweck.
  2. Leistung des S an D? Es kommt nur eine Leistung des S an D in Betracht, bei der die Bank Leistungsmittlerin ist. Fraglich ist jedoch, ob S hier in Anbetracht seiner Geschäftsunfähigkeit überhaupt zu einer zweckgerichteten Vermögensmehrung in der Lage ist. Die Zweck- bzw. Tilgungsbestimmung ist eine Willenserklärung oder geschäftsähnliche Handlung; die Regeln über Willenserklärungen und insbesondere § 105 Abs. 1 sind (unmittelbar oder analog) anwendbar. Nach § 105 Abs. 1 ist die Zweckbestimmung des S unwirksam; deshalb fehlt es an einer Leistung des S an D (so auch der BGH). Der Schutz des Geschäftsunfähigen (aber auch des beschränkt Geschäftsfähigen) hat damit Vorrang vor dem Verkehrsschutz.
  Vgl. auch → § 13 Rn. 51.

19 **Vertiefungsfall (BGHZ 61, 289):** Zwecks Begleichung einer Kaufpreisforderung übergibt S dem G einen auf die Bank B gezogenen Scheck über 80.000 €. Da S jedoch wegen der rechtlich komplizierten Geschäftsbeziehungen zu G befürchtet, mehrfach auf die Forderung zahlen zu müssen, sperrt er den Scheck durch Schreiben an die B. Dem G, der von dem Widerruf keinerlei Kenntnis hat, wird gleichwohl aufgrund eines Versehens eines Angestellten der B nach Vorlage des Schecks der volle Betrag ausgezahlt, und zwar obwohl die Vorlagefrist gemäß Art. 29 ScheckG bereits verstrichen ist. Liegt eine Leistung vor?
Fallabwandlung: Wie ist zu entscheiden, wenn G vom Widerruf Kenntnis hatte?

Lösung:
1. Leistung der B an G? Nein. Es fehlt der Leistungszweck. Der Widerruf ändert nichts daran, dass die B mit der Zuwendung keinen Leistungszweck gegenüber G verfolgte.
2. Leistung des S an G? Beim Scheck, einem Sonderfall der Anweisung, trifft der Aussteller selbst (hier S) schon durch die Übergabe, also nicht erst bei der Zahlung durch die angewiesene Bank als Botin, die Zweckbestimmung, die sein Leistungsverhältnis mit dem Dritten (hier G) betrifft. Weil G vom Wider-

ruf des Schecks, der nach Art. 29, 32 ScheckG wirksam ist, und dem damit verbundenen Widerruf der Tilgungsbestimmung nichts weiß, darf G die Zahlung aufgrund der vom Aussteller mit der Übergabe des Schecks getroffenen Zweckbestimmung auch als Leistung des S an sich auffassen (Maßgeblichkeit des Empfängerhorizontes). Rechtsfolge: Leistung des S aus der Sicht des G trotz Widerrufs (+).

3. Leistung der B an S? Wird auch für die Leistung des B an S auf den Empfängerhorizont des G abgestellt, so stellt sich aus der Sicht des (gutgläubigen) Zuwendungsempfängers G die Zuwendung der B an G als eine Leistung zur Erfüllung der (Scheck-)Anweisung dar. Der Widerruf (vgl. Art. 29, 32 ScheckG) hat wegen der Maßgeblichkeit des Empfängerhorizontes grundsätzlich keine Bedeutung. Stellt man auf die Zuwendende B ab (Mindermeinung), so liegt ebenfalls eine Leistung der B an S vor, weil B lediglich eine Leistung an ihren Kunden (hier S) erbringen will.

Lösung der Fallabwandlung: In diesem Fall ergibt sich aus dem Empfängerhorizont (unter Hinzurechnung des Sonderwissens), dass keine vorrangige Leistungsbeziehung vorliegt. Es liegt keine Leistung an G vor. Vgl. zur BGH-Entscheidung → § 13 Rn. 55.

d) Bewusste Vermögensmehrung (Leistungsbewusstsein)

Eine Leistung liegt nicht vor, wenn fremdes Vermögen unbewusst vermehrt wird. Eine Leistung setzt also eine **bewusste** Vermögensmehrung voraus.　**20**

Beispiel:[43] A füttert mit – in Wirklichkeit – eigenem Futter das Vieh des B in der irrigen Annahme, das Futter gehöre dem B. Es fehlt an der Leistung des A, weil dieser unbewusst fremdes Vermögen mehrt. In Betracht kommt also nur eine Bereicherung »in sonstiger Weise« (§ 812 Abs. 1 S. 1 Alt. 2).

Bestimmte Anforderungen an den Inhalt und Umfang des Leistungsbewusstseins stellt　**21** das Gesetz nicht auf. Ein **generelles Leistungsbewusstsein** des Leistenden reicht aus (z. B. Bewusstsein der **Leistung »ad incertas personas«** [an unbestimmten Personenkreis]). Das Leistungsbewusstsein braucht sich nicht zwingend auf eine bestimmte Person oder Gegenstand zu beziehen. Inhalt und Umfang des Leistungsbewusstseins (z. B. Eigenschaften oder Anzahl von Personen, an die geleistet wird) sind vielmehr eine Frage des Einzelfalles und müssen im Streitfall von dem Beweispflichtigen – etwa durch Indizien – bewiesen werden.

Beispiele:

– S steigt ohne gültigen Fahrausweis in die Straßenbahn. Die Straßenbahngesellschaft G will ihre Beförderungsleistungen an alle Fahrgäste erbringen, die eine Fahrkarte gelöst haben (was der Beweispflichtige im Prozess im Streitfall beweisen müsste). Deshalb erbringt G dem S gegenüber keine Leistung.

– Ob eine Fluggesellschaft die Beförderungsleistung an alle an Bord befindlichen Passagiere[44] oder nur an diejenigen, die einen gültigen Flugschein haben, erbringt, ist eine Frage des Einzelfalles (vgl. auch BGHZ 55, 128 »Flugreise«-Fall → Rn. 6).

Zur Zurechnung einer Zuwendung als Leistung bei Auseinanderfallen der Vorstellungen der Parteien (auch) über das Leistungsbewusstsein vgl. → Rn. 14.

3. »ohne rechtlichen Grund«

a) Grundsatz

Die Leistungskondiktion setzt voraus, dass die Leistung ohne rechtlichen Grund voll-　**22** zogen worden ist.[45] Rechtlicher Grund meint den **Rechtsgrund,** aufgrund dessen die

---

43 Nach *Brox/Walker*, SchuldR BT, § 40 Rn. 8.

44 So *Beuthien/Weber*, S. 58 zu BGHZ 55, 128 »Flugreise«-Fall.

45 Ein Rechtsgrund liegt vor, wenn die Grundsätze der fehlerhaften Gesellschaft greifen (vgl. *BGH* NJW 2011, 66); vgl. auch *Grigoleit/Auer*, Rn. 405 ff.

Leistung vorgenommen wurde. Es wird mit Rechtsgrund geleistet, wenn der Leistungsempfänger gegen den Leistenden einen Anspruch auf die konkrete Leistung hat. Es kann sich dabei um einen vertraglichen oder gesetzlichen Rechtsgrund handeln. Der Rechtsgrund fehlt, wenn die Verbindlichkeit, die mit der Leistung erfüllt werden soll, nicht besteht.[46]

Beispiele:

– V übereignet die Kaufsache an K. Damit will er einen Kaufvertrag (genauer den Anspruch aus § 433 Abs. 1 S. 1) erfüllen, der Vertrag ist aber nichtig und der Lieferungsanspruch nicht entstanden. Es wird somit ohne Rechtsgrund übereignet.

– A beschädigt beim Einparken seines Autos den Zaun des Nachbarn B und zahlt Schadensersatz an B (§ 823 Abs. 1), den er irrtümlicherweise für den Eigentümer des Zaunes hält. In Wirklichkeit ist B bloß Feriengast des Eigentümers und E als wahrer Eigentümer anspruchsberechtigt. Es wird an B Schadensersatz geleistet, obwohl keine Verpflichtung zum Schadensersatz gegenüber B, sondern gegenüber E besteht. Deshalb fehlt für die Schadensersatzleistung der Rechtsgrund.

– S überweist den geschuldeten Betrag auf das Konto des G bei der A-Bank, obwohl ausdrücklich das Konto bei der B-Bank als Leistungskonto vereinbart war. Hier bestand die Verbindlichkeit zwar, jedoch nicht in der konkret erbrachten Art und Weise. Die Überweisung entfaltet keine Tilgungswirkung. Ein Rechtsgrund für die konkret erbrachte Leistung fehlt daher.[47]

23 **Vertiefungshinweis:** Objektiver und subjektiver Rechtsgrundbegriff – Erfüllung eines Anspruchs und Behaltensgrund

1. Rechtsgrund: Was mit »ohne rechtlichen Grund« genau gemeint ist, ist im Bereicherungsrecht umstritten. Die wohl herrschende Ansicht versteht unter Rechtsgrund das – in der Regel schuldrechtliche – Kausalverhältnis, auf das zum Zweck der Erfüllung geleistet wird; allein das Fehlen eines objektiven Rechtsgrundes begründet die Kondiktion **(objektiver Rechtsgrundbegriff)**. Die andere (neuere) Ansicht prüft nicht die Existenz eines Kausalverhältnisses, sondern ob der mit der Leistung bezweckte Erfolg eingetreten ist oder der Leistungszweck erreicht wird **(subjektiver Rechtsgrundbegriff)**.[48] Rechtsgrundlosigkeit ist Zweckverfehlung, bei § 817 S. 1 Zweckmissbilligung.[49] Weil die neuere Ansicht eher auf die Zweckverfehlungskondiktion (§ 812 Abs. 1 S. 2 Alt. 2) zugeschnitten ist und die Zweckverfehlungskondiktion wohl – unzutreffender Weise – als bereicherungsrechtlichen Grundtatbestand voraussetzt, ist der subjektive Rechtsgrundbegriff abzulehnen und dem objektiven Rechtsgrundbegriff zuzustimmen.[50] Es kommt deshalb entscheidend auf den Rechtsgrund zur Zeit der Geltendmachung des Bereicherungsanspruchs an. Bei der Leistungskondiktion fehlt der Rechtsgrund schon im (früheren) Zeitpunkt der Leistung, bei der Kondiktion wegen Wegfalls des rechtlichen Grundes (§ 812 Abs. 1 S. 2 Alt. 1) fällt er erst später weg.

---

46 Nach *BGH* NJW 2016, 3162 trägt der Erwerb durch Ersitzung (§ 900) seinen Rechtsgrund in sich und schließt Ansprüche gegen den Erwerber aus ungerechtfertigter Bereicherung aus; vgl. auch → § 11 Rn. 21.

47 *BGH* NJW 1985, 2700; *BGH* NJW-RR 2008, 1512; MüKoBGB/*Schwab*, Bd. 6, § 812 Rn. 415; der Schuldner kann gegen den weiterhin bestehenden Leistungsanspruch des Gläubigers regelmäßig mit seinem Bereicherungsanspruch aufrechnen, *OLG Hamburg* JuS 2012, 169 (str. offen gelassen von *BGH* NJW-RR 2008, 1512).

48 Nachweise bei MüKoBGB/*Schwab*, Bd. 6, § 812 Rn. 396ff. Vgl. *Mugdan* II, S. 1174 (Protokolle) zum Leistungsgeschäft, Rechtsgrund, Zweckbestimmung, Erreichung des Zweckes.

49 *Reuter/Martinek*, 1. Aufl. 1983, § 4 II 4b, S. 110.

50 Vgl. MüKoBGB/*Schwab*, Bd. 6, § 812 Rn. 397: Entscheidend sei der objektive Rechtsgrund. Die Unmöglichkeit der Erfüllung des Leistungszwecks, die aus dem Fehlen des objektiven Rechtsgrundes resultiert, ist insoweit nur eine vom Gesetzgeber bereits mitgedachte, für sich selbst – mit Ausnahme der Zweckverfehlungskondiktion (§ 812 Abs. 1 S. 2 Alt. 2) – tatbestandsmäßig nicht mehr relevante Folge. Wie hier auch *Looschelders*, SR BT, Rn. 1031.

2. Anspruch und **Behaltensgrund:** Es kann unterschieden werden zwischen dem Rechtsgrund für ein Leistungsverlangen (Anspruch auf Erfüllung des Vertrages) und dem Rechtsgrund dafür, dass der Gläubiger das Geleistete (weiterhin) behalten kann.

a) Rechtsgrund für das Erfüllungsbegehren ist der vertraglich (oder gesetzlich) begründete Anspruch des Gläubigers gegen den Schuldner (z. B. § 433 Abs. 1 S. 1). Das Bestehen dieses Rechtsgrundes ist für den Bereicherungsanspruch aus Leistungskondiktion entscheidend.

b) Rechtsgrund für das Behaltendürfen des Geleisteten und Behaltensgrund für den Leistungsempfänger: Wird geleistet, so erlischt der Anspruch (§ 362 Abs. 1). Der Rechtsgrund für das (zukünftige) Behaltendürfen der gelieferten Sache ist das Schuldverhältnis i. e. S. bzw. der erfüllte (§ 362 Abs. 1) Anspruch.

Vertiefungshinweis: Beweislast

Wer einen Anspruch gerichtlich geltend macht, muss grundsätzlich alle anspruchsbegründenden Tatsachen behaupten und diese im Bestreitensfalle auch beweisen. Daher trägt grundsätzlich der Kläger (Bereicherungsgläubiger) die Beweislast dafür, dass die herausverlangte Vermögensmehrung ohne Rechtsgrund besteht.[51] Allerdings kann der Beklagte (Bereicherungsschuldner) gehalten sein, die Umstände darzulegen, aus denen er ableitet, das Erlangte behalten zu dürfen.[52]

b) Sonderfall: Anfechtung

Umstritten ist, ob nach wirksamer **Anfechtung** § 812 Abs. 1 S. 1 Alt. 1 (ohne Rechts-   **24** grund) oder § 812 Abs. 1 S. 2 Alt. 1 (späterer Wegfall des rechtlichen Grundes) angewendet werden soll.[53] Die h. L. sieht die Anfechtung als einen Fall des § 812 Abs. 1 S. 1 Alt. 1 an.[54]

Für die Anwendung des Grundtatbestandes spricht, dass die Anfechtung nach § 142 Abs. 1 ex tunc wirkt. Bei Berücksichtigung dieser Rechtsfolge(-fiktion) liegt die Einordnung der Anfechtung bei § 812 Abs. 1 S. 1 Alt. 1 nahe. Stellt man jedoch mehr auf das Wesen der Anfechtung als Gestaltungsrecht ab, so lässt sich vertreten, die Anfechtung als einen Fall des § 812 Abs. 1 S. 2 Alt. 1 anzusehen (vgl. zur Anfechtung → Rn. 31).

Vertiefungshinweis: Rechtsgrund und § 812 Abs. 2

Fraglich ist, welches der (fehlende) Rechtsgrund i. S. des § 812 Abs. 2 bei Erteilung eines **Schuldaner-**   **25** **kenntnisses** ist. Nach einer Meinung ist Rechtsgrund dasjenige Schuldverhältnis, dessen Bestehen oder Nichtbestehen anerkannt wurde,[55] nach h. M.[56] dagegen eine eigenständige kausale Abrede der Parteien, aufgrund der das Anerkenntnis abgegeben wurde (Versprechensabrede). Die anerkannte Schuld hat für den Rechtsgrund (Versprechensabrede) nur mittelbare Bedeutung und bildet regelmäßig mit dieser Abrede eine Geschäftseinheit (§ 139) oder ist deren Geschäftsgrundlage (§ 313). Im Zusammenhang mit § 812 Abs. 2 sind also drei Rechtsgeschäfte zu unterscheiden: Kausalforderung – (kausale) Versprechensabrede – Schuldanerkenntnis.

---

51 *BGH* NJW 1999, 2887; *BGH* NJW 1995, 727, 728.
52 BGHZ 169, 377.
53 Die Motive (*Mugdan* II, S. 473 [Motive], vgl. auch ebd. S. 465) erörtern die Anfechtung im Zusammenhang mit der Kondiktion wegen Wegfalls des rechtlichen Grundes (§ 812 Abs. 1 S. 2 Alt. 1).
54 *Larenz/Canaris*, SR II/2, § 68 I 1, S. 146; Staudinger/*Lorenz*, § 812 Rn. 88 m. w. N. auf die Motive und Literatur, aber nicht auf Rspr.; a. A. Palandt/*Sprau*, § 812 Rn. 26.
55 Auf diese Gesetzesauslegung deuten die Protokolle (*Mugdan* II, S. 1177 [Protokolle]) hin.
56 Grundlegend *Zeiss*, AcP 164 (1964), 50, 71 ff.; MüKoBGB/*Lieb*, 4. Aufl. 2004, § 812 Rn. 375 m. w. N. Vgl. aus der Rechtsprechung *BGH* NJW 2000, 2501, 2502; NJW-RR 1999, 573, 574; vgl. aber auch BGHZ 177, 345 (Personalsicherheiten wie ein vollstreckbares Schuldversprechen tragen ihren Rechtsgrund in sich selbst; dies bedeutet, es besteht ein Behaltensgrund, solange die gesicherte Verbindlichkeit besteht).

4. Zusammenfassung

26

§ 812 Abs. 1 S. 1 Alt. 1 – Grundtatbestand der Leistungskondiktion

Voraussetzungen:

1. Etwas erlangt
= Jeder (auch nicht geldwerte Vermögens-)Vorteil des Bereicherungsschuldners
   – Auch (abstraktes) Schuldanerkenntnis (§ 812 Abs. 2)
   – P: Gebrauchs- und Nutzungsvorteile als Bereicherungsgegenstand (h. L.) oder nur die dadurch ersparten Aufwendungen (Rspr.) (→ Rn. 4, 6)
2. Durch Leistung (des Bereicherungsgläubigers)
   – Leistung = bewusste und zweckgerichtete Mehrung fremden Vermögens
   – Auslegung aus der Sicht eines (objektivierten) Zuwendungsempfängers
   – Bestimmung des Leistungszwecks als rechtsgeschäfts-(ähn-)liche Erklärung
   – Leistungszweck: In aller Regel Erfüllung einer Verbindlichkeit
   – P: Bestimmung des Leistungsverhältnisses bei Mehrpersonenverhältnissen (→ Rn. 11 ff.)
3. Ohne rechtlichen Grund
   – Kein Anspruch auf Erlangen oder Behalten des erhaltenen Etwas
   – P: Anfechtung (→ Rn. 24)

II. Ausschluss des Grundtatbestands der Leistungskondiktion

27 Die Leistungskondiktion nach § 812 Abs. 1 S. 1 Alt. 1 (condictio indebiti) ist in zwei Fällen **ausgeschlossen:** § 814 und § 817 S. 2 (entsprechend). In besonderen Einzelfällen kommt – wie stets – auch ein Ausschluss gemäß § 242 in Betracht.

1. § 814

28 Dieser Ausschluss gilt nur für den Grundtatbestand (condictio indebiti) und seine Erweiterung durch § 813 (vgl. → Rn. 42 ff., 46), nicht für die anderen Arten der Leistungskondiktion (vgl. die Übersicht → § 9 Rn. 22) und nicht für die Nichtleistungskondiktion[57]. § 814 regelt zwei Fälle. (1.) Der Leistende weiß, dass er zur Leistung nicht verpflichtet ist. (2.) Die Leistung entspricht einer sittlichen Pflicht oder einer auf den Anstand zu nehmenden Rücksicht.

29 Der erste Fall von § 814 (Alt. 1) erfordert **positive Kenntnis** von der Nichtverpflichtung im Zeitpunkt der Leistung. Grobe Fahrlässigkeit schadet nicht. Der Leistende muss nicht nur die Tatumstände kennen, aus denen sich ergibt, dass er nicht verpflichtet ist, sondern er muss auch wissen, dass er nach der Rechtslage nichts schuldet.[58] Eine Parallelwertung in der Laiensphäre genügt. Zweifel oder ein Irrtum über das Bestehen der Schuld schließen die erforderliche Kenntnis aus.[59] Ein Verschulden ist ohne Bedeutung. Kennt der Kondizierende zwar die Umstände, aus denen die Nichtigkeit folgt, liegt keine Kenntnis vor, wenn er diesen rechtlichen Schluss von den Umständen auf

---

57 *BGH* NJW 2018, 1079 (auch nicht bei einer Nichtleistungskondiktion in Anweisungsfällen).
58 BGHZ 113, 62 m. w. N.; *BGH* NJW-RR 2008, 824, 825.
59 Bei bloßen Zweifeln kann der Anspruch gemäß § 242 ausgeschlossen sein, insbesondere wenn der Empfänger aus dem Verhalten des Leistenden schließen durfte, dieser wolle die Leistung unabhängig vom Schuldgrund gegen sich gelten lassen; *BGH* VersR 2016, 661; *BGH* WM 2014, 1325.

deren Rechtsfolgen nicht zieht.[60] Die Norm, die auch beweisrechtliche Bedeutung hat,[61] ist Ausdruck des allgemeinen Rechtsgedankens der Unzulässigkeit widersprüchlichen Verhaltens (venire contra factum proprium):[62] Wer wissentlich auf eine Nichtschuld leistet, ist nicht schutzbedürftig[63] und kann das Geleistete deshalb nicht zurückfordern.

§ 814 greift nicht, wenn die Leistung ausdrücklich »unter Vorbehalt« gezahlt wird.[64] Dann liegt der Grund für einen Ausschluss (ein venire contra factum proprium) nicht vor.

Fall (nach *Medicus*, Gesetzliche Schuldverhältnisse, S. 124f.): Der Vermieter V verlangt von den Mietern seines Mehrfamilienhauses für die Benutzung der von ihm im Waschkeller aufgestellten elektrischen Waschmaschinen ein besonderes Entgelt. Mieter M meint zwar, das Verlangen des V sei unbegründet, zahlt aber trotzdem, um mit V keinen Streit zu bekommen. Es stellt sich schließlich heraus, dass die Benutzung der Waschmaschinen schon mit dem Mietzins abgegolten ist. M verlangt von V Rückzahlung. Zu Recht?   30

Lösung: Anspruchsgrundlage ist § 812 Abs. 1 S. 1 Alt. 1 (Grundtatbestand).

1. V erlangt das Geld als vermögenswerten Vorteil. M zahlt zur Tilgung einer Verbindlichkeit (solvendi causa). Für den Zahlungsempfänger V muss sich diese Leistung so darstellen, nämlich als Zahlung auf eine Verbindlichkeit; damit leistet M. Da keine Verpflichtung hierzu besteht, zahlt M auf eine Nichtschuld. Es liegt also eine Zahlung ohne Rechtsgrund vor. Somit wäre an sich der Anspruch gemäß § 812 Abs. 1 S. 1 Alt. 1 gegeben.

2. Die Kondiktion ist aber nach § 814 Alt. 1 ausgeschlossen. M ist der Auffassung, die Forderung sei unbegründet. M besitzt deshalb positive Kenntnis davon, dass er zur Leistung nicht verpflichtet ist. Ein Kondiktionsanspruch ist deshalb ausgeschlossen (Einwendung). Hinweis: M hätte seinen Rückforderungsanspruch wahren können, wenn er »**unter Vorbehalt** seiner Rechte« gezahlt hätte. Dann ist § 814 nämlich nicht anwendbar.[65]

§ 814 ist wegen der Fiktion des § 142 Abs. 2 auch erfüllt, wenn der Leistende im Zeitpunkt der Leistung weiß, dass er anfechtungsberechtigt ist. Die Leistung in Kenntnis des eigenen Anfechtungsrechts stellt ein typisches widersprüchliches Verhalten dar. Wer in Kenntnis eines eigenen Anfechtungsrechts leistet, bringt genügend zum Ausdruck, dass er trotz des Irrtums an dem Rechtsgeschäft festhalten will.[66] Dies führt zum Ausschluss des Kondiktionsrechts nach § 814 Alt. 1. Regelmäßig wird in dieser Konstellation jedoch bereits kein Anspruch gemäß § 812 Abs. 1 S. 1 Alt. 1 gegeben sein, weil in der Leistung eine (konkludente) Bestätigung des Geschäfts vorliegt (§ 144). Auf die (nachrangige) Frage des § 814 als Einwendung kommt es dann nicht mehr an.   31

---

60 Vgl. Staudinger/*Lorenz*, § 814 Rn. 4; MüKoBGB/*Schwab*, Bd. 6, § 814 Rn. 16.

61 Vgl. Motive II S. 833.

62 MüKoBGB/*Schwab*, Bd. 6, § 814 Rn. 2.

63 Staudinger/*Lorenz*, § 814 Rn. 2.

64 BGHZ 83, 278. Ein ausdrücklicher Vorbehalt ist dann entbehrlich, wenn der Schuldner erkennbar unter Druck oder Zwang (unfreiwillig) zur Vermeidung eines drohenden Nachteils leistet (vgl. *BGH* NJW 1995, 3052, 3054).

65 BGHZ 83, 278. Vgl. auch *BGH* NJW 1995, 3052, 3054 sowie die Erläuterung in der vorigen Fn.

66 Vgl. *Mugdan* II, S. 473 (Motive): Es liege eine Genehmigung des anfechtbaren Rechtsgeschäftes vor, sodass die Kondiktion ausgeschlossen sei.

Ist dagegen nur der Leistungsempfänger zur Anfechtung berechtigt, so kommt § 814 mit Rücksicht auf seine ratio – trotz Kenntnis der Anfechtbarkeit – nicht zur Anwendung: Zur Zeit der Leistung ist der Schuldner (noch) zur Leistung verpflichtet.[67] Somit ist bereits der von § 814 objektiv vorausgesetzte Umstand, das Fehlen einer (für den Leistenden uneingeschränkten) Leistungspflicht, nicht gegeben.[68] Eine tatsächliche Leistung kann ihm nicht zum Vorwurf gemacht werden, welche eine Kondiktion nach erfolgter Anfechtung ausschließt.[69]

Vertiefungshinweis: Anfechtung (§ 142 Abs. 2) und Rückabwicklung (§§ 812, 814)
Es stellt sich die Frage, ob § 812 Abs. 1 S. 1 Alt. 1 (condictio indebiti) oder § 812 Abs. 1 S. 2 Alt. 1 (Kondiktion wegen späteren Wegfalls des rechtlichen Grundes) die richtige Anspruchsgrundlage für den Fall der **Anfechtung**[70] ist. Diese Frage scheint für die Anwendbarkeit des § 814 Alt. 1 entscheidend zu sein, weil § 814 Alt. 1 auf § 812 Abs. 1 S. 1 Alt. 1, nicht aber auf § 812 Abs. 1 S. 2 Alt. 1 anwendbar ist.[71]
Selbst die Ansicht, welche im Falle der Anfechtung § 812 Abs. 1 S. 2 Alt. 1 – nicht wie die h. M. § 812 Abs. 1 S. 1 Alt. 1 (vgl. → Rn. 24) – bejaht, wendet aber ausnahmsweise gleichwohl § 814 an.[72]

32 Im zweiten von § 814 geregelten Fall (**Alt. 2**) nimmt der Leistende irrtümlich an, zur Leistung verpflichtet zu sein und ist daher an sich schutzwürdig. Gleichwohl wird ihm die Kondiktion versagt, wenn die Leistung einer **sittlichen Pflicht oder einer auf den Anstand zu nehmenden Rücksicht** entsprach. Der Tatbestand dieser Alternative ist rein objektiv zu bestimmen. Standardbeispiel für § 814 Alt. 2 ist die Zahlung von Unterhalt an einen Angehörigen, dem gegenüber keine Unterhaltspflicht besteht, wenn der Leistende irrig annimmt, zum Unterhalt verpflichtet zu sein.

Beispiel: Nach § 1601 sind nur Verwandte in gerade Linie einander zum Unterhalt verpflichtet. Bruder und Schwester sind nicht in gerader Linie, sondern in Seitenlinie verwandt (§ 1589 S. 1 und 2), und deshalb gegenseitig nicht unterhaltspflichtig. Zahlt die Schwester gleichwohl an den bedürftigen Bruder Unterhalt, in der irrtümlichen Annahme einer Unterhaltspflicht, so fehlt für die Leistung zwar ein Rechtsgrund (§ 812 Abs. 1 S. 1 Alt. 1), die Rückforderung kann aber wegen § 814 Alt. 2 (sittliche Pflicht) ausgeschlossen sein.

33 **Vertiefungshinweis:** Zuvielzahlung von Ehegattenunterhalt (§ 1360b)
Nach § 1360b kann der Unterhalt leistende **Ehegatte** eine **Zuvielzahlung** grundsätzlich nicht zurückfordern. Während § 814 eine Einwendung darstellt, normiert § 1360b eine widerlegbare Vermutung (Auslegungsregel). § 1360b stellt jedoch einen besonderen Ausschlussgrund auch für Kondiktionsansprüche dar.[73] Eine Rückforderung objektiv zuviel geleisteter Beträge findet nur bei positiv nachweisbarer Rückforderungsabsicht statt.[74]
Im Fall einer (überhöhten) Unterhaltsleistung kann auf ein Rückzahlungsbegehren sowohl § 814 als auch § 1360b zur Anwendung kommen. Dass eine überhöhte Unterhaltsleistung einer sittlichen Pflicht oder auf den Anstand zu nehmenden Rücksicht entspricht (§ 814 Alt. 2), kann sich (allenfalls) mit den Umständen des Einzelfalles rechtfertigen lassen. Hat ein Ehegatte positive Kenntnis davon, dass er zur (überhöhten) Unterhaltszahlung nicht verpflichtet ist, so kann ein Kondiktionsanspruch wegen § 814 Alt. 1

---

67 RGZ 151, 361, 370; *BGH* NJW 2008, 1878f.; MüKoBGB/*Schwab*, Bd. 6, § 814 Rn. 20.
68 *BGH* NJW 2008, 1878f.
69 Vgl. *Mugdan* II, S. 473 (Motive).
70 Durch die Anfechtung eines Rechtsgeschäftes fällt grundsätzlich der Rechtsgrund mit ex-tunc-Wirkung aus (§ 142 Abs. 1). Das zur Erfüllung der Verbindlichkeit Geleistete kann zurückgefordert werden. § 142 Abs. 2 fingiert – unter bestimmten weiteren Voraussetzungen – die Kenntnis von der Nichtigkeit des Rechtsgeschäftes.
71 So die h. L., vgl. MüKoBGB/*Schwab*, Bd. 6, § 814 Rn. 3 m. w. N.
72 So wohl MüKoBGB/*Schwab*, Bd. 6, § 812 Rn. 229ff. und § 814 Rn. 20.
73 BGHZ 50, 266; MüKoBGB/*Weber-Monecke*, Bd. 8, § 1360b Rn. 4.
74 So MüKoBGB/*Weber-Monecke*, Bd. 8, § 1360b Rn. 8 Fn. 32.

ausgeschlossen sein. Hält er sich irrtümlich für verpflichtet, verhindert der spezielle Kondiktionsausschlussgrund des § 1360b eine Rückforderung aus § 812, es sei denn, der zahlende Ehegatte kann seine (bei Zahlung bestehende) Rückforderungsabsicht nachweisen.[75]

2. § 817 S. 2 (analog)

Die Leistungskondiktion ist zudem ausgeschlossen, wenn dem Leistenden ein **Verstoß** **34** **gegen ein gesetzliches Verbot oder die guten Sitten** zur Last fällt (§ 817 S. 2). Nach Wortlaut und Systematik ist diese Vorschrift nur auf die Leistungskondiktion aus § 817 S. 1 (condictio ob turpem vel iniustam causam) anwendbar. Nach allgemeiner Meinung stellt sie aber einen allgemeinen **Grundsatz für alle Leistungskondiktionen** dar (»nemo auditur turpitudinem suam allegans« – niemand wird gehört, der aus seiner eigenen Schändlichkeit [vorteilige Rechtsfolgen] herleiten will) und gilt deshalb auch für die Leistungskondiktion nach § 812 Abs. 1 S. 1 Alt. 1.[76] Erforderlich ist ein bewusster Gesetzes- oder Sittenverstoß bzw. ein leichtfertiges Sichverschließen vor der entsprechenden Erkenntnis.

Beispiel: Keine Rückforderung des Kaufpreises für ein defektes Kfz-Radarwarngerät (*BGH* NJW 2005, 1490).

§ 817 S. 2 behandelt dem Wortlaut nach (»wenn dem Leistenden gleichfalls«) nur den **35** Fall, dass sowohl dem Leistenden als auch dem Empfänger ein solcher Sitten- oder Gesetzesverstoß zur Last fällt. Man ist sich aber darüber einig, dass diese Vorschrift **auch anzuwenden ist, wenn nur der Leistende verwerflich handelt.** Mit anderen Worten: Das Wort »gleichfalls« im Gesetzeswortlaut entfällt bei der analogen Anwendung, weil der Leistende nicht besser stehen soll, wenn nur er verwerflich handelt.[77]

Die Kondiktion ist nach **§ 817 S. 2 Hs. 1** (»es sei denn, dass […]«) nicht ausgeschlossen, **36** wenn die Leistung in der Eingehung einer (noch nicht erfüllten) Verbindlichkeit bestand (abstraktes Schuldversprechen → Rn. 5). Die Bindung an das bloße Versprechen soll auch im Falle eines Sittenverstoßes nicht aufrechterhalten werden.[78]

Der Rückforderungsausschluss durch § 817 S. 2 Hs. 1 bezieht sich (nur) auf das, was auf dem vom Gesetz missbilligten Vorgang beruht.[79] Bei Überlassung auf Zeit verhindert § 817 S. 2 nur die Rückforderung während dieser Zeit. Hinsichtlich der Vergütungspflicht für eine wucherische Leistung vertritt die h. M. eine rigorose Ansicht: Bei sittenwidrigen und deshalb nichtigen Darlehensgeschäften kann der Darlehensgeber über § 818 nicht die Verzinsung der nach Ablauf der (unwirksam) vereinbarten Zeit zurückzugewährenden Darlehensvaluta verlangen. Die h. M. billigt dem Darlehensgeber auch nicht einen Wertersatzanspruch auf einen angemessenen, am Kapitalmarkt orientierten Zins zu,[80] um das Risiko des Wucherers nicht zu vermindern.

---

75 MüKoBGB/*Weber-Monecke*, Bd. 8, § 1360b Rn. 8f.; a. A. *OLG Stuttgart* FamRZ 1981, 36 für den Fall der Rückforderung eines unberechtigt gezahlten Prozesskostenvorschusses (§ 1360a Abs. 4); *Gernhuber/Coester-Waltjen*, Familienrecht, 6. Aufl. 2010, § 21 III 4, S. 248f. Fn. 5.

76 *BGH* VersR 2017, 240; *Brox/Walker*, SchuldR BT, § 41 Rn. 11, 2. Nicht anwendbar ist § 817 S. 2 hingegen auf Nichtleistungskondiktionen (siehe beispielsweise BGHZ 152, 307).

77 BGHZ 201, 1; BGHZ 50, 90.

78 Näher zur ratio legis Staudinger/*Lorenz*, § 817 Rn. 24.

79 *BGH* VersR 2017, 240 (Beschränkung des Rückforderungsausschlusses auf Gegenleistung gerade für die steuerverkürzende Abrede, trotz Totalnichtigkeit der vertraglichen Vereinbarung).

80 So aber *Medicus/Petersen*, BR, Rn. 700 m. w. N.

37 **Fall (vgl. BGHZ 99, 333):** Die Bank K gewährt dem A einen Kredit in Höhe von 50.000 € für 18 Monate zu einem effektiven Jahreszins von 55%. Zum Fälligkeitszeitpunkt verweigert A die Rückzahlung mit der Begründung, der Vertrag sei wegen Wuchers nichtig und er dürfe das Geld behalten. Außerdem verweigert A jede weitere Zinszahlung und verlangt die schon gezahlten Zinsen zurück. Zu Recht?

Lösung:

I. Anspruch der Bank K gegen A auf Rückzahlung der Darlehensvaluta?
   1. § 812 Abs. 1 S. 1 Alt. 1?
      a) Die Darlehenssumme ist rechtsgrundlos von K an A geleistet worden. Der Darlehensvertrag (§ 488) ist nach § 138 Abs. 2 nichtig, wenn K die Zwangslage des A ausgebeutet hat. Das ist Tatfrage. Bei derart hohen Zinssätzen nimmt die Rspr. aber schon Nichtigkeit nach § 138 Abs. 1 an.[81] Der Grundtatbestand des § 812 Abs. 1 S. 1 Alt. 1 ist erfüllt.
      b) Hier kann der Rückforderungsausschluss nach § 817 S. 2 in Betracht kommen, der auf alle Fälle der Leistungskondiktion und nicht nur auf § 817 S. 1 anzuwenden ist. Dem Wortlaut nach greift § 817 S. 2 allerdings nicht ein, weil nur der Bank K, nicht aber beiden Parteien ein Gesetzes- bzw. Sittenverstoß zur Last fällt, was nach dem Wortlaut des § 817 S. 2 (»gleichfalls«) aber eigentlich erforderlich wäre. Die h. M. erweitert diese Vorschrift aber auf Fälle, in denen nicht beiden Parteien, sondern nur dem Leistenden ein Gesetzes- oder Sittenverstoß zur Last fällt. Der Kondiktionsanspruch der K gegen A ist nach § 817 S. 2 ausgeschlossen, weil der leistenden Bank ein Sittenverstoß zur Last fällt. K kann das Geleistete nicht zurückfordern. Fraglich ist aber, ob dies zur Folge hat, dass A das gesamte Darlehen für immer behalten darf.[82] Ausgeschlossen wird durch § 817 S. 2 nur die Rückforderung des Geleisteten. Leistungsgegenstand ist aber nach dem Darlehensvertrag nicht das überlassene Geld schlechthin, sondern die Kapitalnutzung auf Zeit. A muss also das Darlehen nicht vor dem vereinbarten Fälligkeitszeitpunkt zurückzahlen. Deshalb schließt § 817 S. 2 auch nur die Kondiktion des Leistungsgegenstandes auf Zeit aus. Da aber das Darlehen selbst zurückverlangt werden kann, ist die Kondiktion nach Zeitablauf möglich.
      c) Ergebnis: A darf die Darlehensvaluta auf Zeit (hier 18 Monate) behalten und ist erst nach Ablauf dieser Zeit zur Rückzahlung verpflichtet.[83]
   2. § 817 S. 1? Tatbestand (–); jedenfalls auch wegen § 817 S. 2 (–), siehe oben 1.
II. Anspruch der Bank K gegen A auf fortwährende Zinszahlung?
   1. § 488 Abs. 1 S. 2 (–) wegen Nichtigkeit des Vertrages.
   2. § 812 Abs. 1 S. 1 Alt. 1, 818 Abs. 1?
      Der gegebene Bereicherungsanspruch auf Rückgewähr der Darlehensvaluta (I. 1.) umfasst nicht gem. § 818 Abs. 1 Zinsen in angemessener, am Kapitalmarkt orientierten Höhe. Würde man den Leistungsempfänger für verpflichtet halten, wenigstens einen angemessenen Zinssatz zu zahlen, dann könnte der Leistende (der Wucherer) risikolos arbeiten, denn den üblichen Zinssatz würde er erhalten. Um dies zu verhindern, scheidet ein Anspruch auf Zinszahlung im Wege teleologischer Reduktion (nach h. M.) aus.[84]
III. Anspruch des A gegen Bank K auf Rückzahlung der schon gezahlten Zinsen?
   1. § 812 Abs. 1 S. 1 Alt. 1?
      a) K erlangt die Zinszahlung. A leistet zum Zweck der Erfüllung eines Darlehensvertrages. Der Darlehensvertrag (§ 488) ist wegen des hohen Zinssatzes nach § 138 Abs. 1 nichtig. Die Leistung ist also rechtsgrundlos. Ein Kondiktionsausschluss nach § 817 S. 2 kommt nicht in Frage, weil dem Leistenden A kein Gesetz- oder Sittenverstoß zur Last fällt.

---

81 Beispiele aus der Rechtsprechung bei Palandt/*Ellenberger*, § 138 Rn. 67 f.
82 So ursprünglich das Reichsgericht: RGZ 151, 70.
83 BGHZ 99, 333.
84 Eine vermittelnde Meinung nimmt demgegenüber an, dass der Darlehensnehmer entsprechend § 818 Abs. 1 zumindest die tatsächlich erwirtschafteten Zinsen bis zur Obergrenze des angemessenen Zinses herauszugeben hat (MüKoBGB/*Lieb*, 4. Aufl. 2004, § 817 Rn. 17).

b) A kann also wegen der Nichtigkeit des Darlehensvertrages den schon gezahlten Zins, den er rechtsgrundlos gezahlt hat, zurückverlangen.

2. § 817 S. 1?
Ein Rückzahlungsanspruch kann auch auf § 817 S. 1 gestützt werden (vgl. → Rn. 78 ff.).

Vertiefungsfall zu § 817 S. 2 (Schwarzarbeit): A beauftragt S, der nicht in die Handwerksrolle ein- **38** getragen ist und keinen Gewerbebetrieb angemeldet hat, für ihn in größerem Umfang Handwerksarbeiten »schwarz« durchzuführen. A leistet dem S eine Anzahlung, von der dieser weder Steuern noch Sozialversicherungsbeiträge abführt. Als S nach ordnungsgemäß[85] verrichteter Arbeit den Restwerklohn fordert, verweigert A die Zahlung. Zu Recht?

Lösung:

1. Anspruch aus Werkvertrag gemäß § 631 Abs. 1 (–) Der beiderseitige Verstoß gegen § 8 Abs. 1 Nr. 1 lit. d, e und § 8 Abs. 1 Nr. 2 **SchwArbG**[86] führt zur Nichtigkeit gemäß § 134.[87]
2. Anspruch aus §§ 677, 683 S. 1, 670 (–) Eine gesetzlich verbotene Tätigkeit darf nicht »für erforderlich [ge]halten« werden (§ 670).[88]
3. Anspruch aus § 812 Abs. 1 S. 1 Alt. 1?
   a) A erlangt die Handwerksarbeiten durch Leistung des S rechtsgrundlos.
   b) Ein Anspruchsausschluss nach § 814 Alt. 1 kommt nicht in Frage, wenn S keine positive Kenntnis der Nichtschuld hat (Parallelwertung in der Laiensphäre würde allerdings schon genügen, um den Ausschluss zu bejahen).
   c) § 817 S. 2? Dem leistenden S fällt ein Verstoß gegen ein gesetzliches Verbot (SchwArbG) zur Last. Der Tatbestand (in seiner grundsätzlichen Auslegung durch die h. M.) ist eigentlich erfüllt. Fraglich ist die Anwendbarkeit des § 817 S. 2 jedoch vor dem Hintergrund einer einschränkenden teleologischen Auslegung.[89] Nach § 242 darf bei der Anwendung des den Gläubiger hart treffenden Rückforderungsausschlusses des § 817 S. 2[90] nicht außer Betracht bleiben, welchen Zweck das in Frage stehende Verbotsgesetz verfolgt. Dem Leistenden kann daher trotz § 817 S. 2 ein Bereicherungsanspruch zustehen, wenn Sinn und Zweck des Verbotsgesetzes die Gewährung eines solchen Anspruchs zwingend erfordern, insbesondere wenn das Verbotsgesetz vor allem zum Schutz des Leis-

---

85 Bei Werkmängeln steht dem Besteller, der den Werklohn bereits gezahlt hat, gem. § 817 S. 2 Hs. 1 kein Bereicherungsanspruch zu, BGHZ 206, 69.

86 SchwArbG, BGBl. I 2004, S. 1842. § 8 Abs. 1 Nr. 1 SchwArbG: »Ordnungswidrig handelt, wer […] der Verpflichtung zur Anzeige vom Beginn des selbständigen Betriebes eines stehenden Gewerbes (§ 14 der Gewerbeordnung) nicht nachgekommen ist […] [lit. d] oder ein zulassungspflichtiges Handwerk als stehendes Gewerbe selbständig betreibt, ohne in die Handwerksrolle eingetragen zu sein (§ 1 der Handwerksordnung) [lit. e].« § 8 Abs. 1 Nr. 2 SchwArbG: »Ordnungswidrig handelt, wer Dienst- oder Werkleistungen in erheblichem Umfang ausführen lässt, indem er eine oder mehrere Personen beauftragt, die diese Leistungen unter vorsätzlichem Verstoß gegen eine in Nummer 1 genannte Vorschrift erbringen.«.

87 BGHZ 201, 1; *BGH* NJW 2017, 1808 (auch wenn erst eine nachträgliche Vertragsänderung gegen das Schwarzarbeitsverbot verstößt). Nach BGHZ 198, 141 führt auch der *einseitige* Verstoß des Leistungserbringers gegen § 1 Abs. 2 Nr. 2 SchwArbG zur Gesamtnichtigkeit, wenn der Besteller den Gesetzesverstoß kennt und bewusst zu seinem eigenen Vorteil ausnutzt; siehe dazu *Lorenz* NJW 2013, 3132. Mängelgewährleistungsansprüche sind danach auch nicht über § 242 durchsetzbar. Vgl. dagegen zur früheren Fassung des SchwArbG BGHZ 176, 198 (Bestimmung des Umfangs der Nichtigkeit bei »Ohne-Rechnung-Abrede« unter Anwendung von § 139 und Durchsetzbarkeit von Gewährleistungsansprüchen gemäß § 242).

88 Vgl. zum Problem der Anwendbarkeit der GoA beim nichtigen Vertrag → § 3 Rn. 7 f.

89 Eine einschränkende teleologische Auslegung ablehnend BGHZ 201, 1; vgl. auch BGHZ 198, 141; dagegen früher bejahend BGHZ 111, 308, 311 (Schwarzarbeit). Kritisch zur neuen BGH-Rechtsprechung *Heyers*, Jura 2014, 936, 949.

90 BGHZ 50, 90. Zur Notwendigkeit der Berücksichtigung des Zweckes der einzelnen Verbotsgesetze: *Weyer*, WM 2002, 627.

tenden erlassen worden ist. Diese Voraussetzungen sind bei einem Verstoß des Unternehmers gegen § 1 Abs. 2 Nr. 2 SchwarzArbG jedoch nicht erfüllt. Die Zulassung eines bereicherungsrechtlichen Anspruchs im Wege teleologischer Reduktion des § 817 S. 2 widerspräche der ordnungspolitischen Zielsetzung des SchwarzArbG, generalpräventiv erhöhte Arbeitslosigkeit und Steuerausfälle zu unterbinden.[91] Auch der durch den Regressausschluss eintretende Vorteil des Bestellers ändert daran nichts,[92] selbst wenn eine einseitige Sanktionierung des Schwarzarbeiters wegen der Gesetzesuntreue auch des Auftraggebers kritisch gesehen werden kann.

    d) Ergebnis: Ein Anspruch auf Wertersatz ist nicht gegeben.

4. Anspruch aus § 951 Abs. 1, § 812 Abs. 1 S.1 Alt. 1 (–) Vorrang der Leistungskondiktion greift auch bei Ausschluss der Leistungskondiktion gem. § 817 S. 2.[93]

39   **Vertiefungshinweis:** Keine Anwendung von § 817 S. 2 bei sog. Schenkkreisen

In jüngerer Zeit war der BGH mit einer ähnlichen Problematik, den so genannten Schenkkreisen, befasst.[94] Diese Schenkkreise, eine Art »Schneeballsystem« werden nach Art einer Pyramide organisiert und bestehen häufig aus vier Stufen. An der Spitze steht ein Mitglied auf der »Empfängerposition«. Auf der zweiten Stufe stehen zwei Mitspieler, auf der Dritten vier und auf der vierten Stufe acht Mitspieler, die die »Schenkerposition« einnehmen. Der an der Spitze stehende Mitspieler, der »Empfänger«, erhält von jedem der acht Teilnehmer der vierten Stufe einen bestimmten Geldbetrag. Daraufhin scheidet der Spieler der ersten Stufe aus. Alle weiteren Mitspieler rücken eine Stufe nach oben. Die Mitspieler der zweiten Stufe stehen nun auf der ersten Stufe und erhalten nun ihrerseits von neu angeworbenen Mitspielern auf der vierten Stufe den Geldbetrag. Die Anwerbung neuer Teilnehmer ist Sache der auf der untersten Stufe stehenden Mitspieler. In absehbarer Zeit wird durch das Aufrücken der Mitspieler eine immer größer werdende Zahl von »Schenkern« notwendig, weshalb das System dann in sich zusammenbricht, da nicht mehr genügend neue Teilnehmer geworben werden können. Der BGH sieht solche Schenkkreise als sittenwidrig im Sinne des § 138 Abs. 1 an, da die große Masse der Mitspieler – im Gegensatz zu den Initiatoren, die meist sichere Gewinne erzielen – zwangsläufig keinen Gewinn macht und ihren Einsatz verliert und das gesamte Schenkkreissystem lediglich darauf abzielt, zu Gunsten einiger weniger Mitspieler leichtgläubige und unerfahrene Personen auszunutzen.[95] Einem Kondiktionsanspruch des »Schenkers« aus § 812 Abs. 1 S. 1 Alt. 1 gegen den »Beschenkten«[96] könnte aber § 817 S. 2 entgegenstehen. Der BGH schließt jedoch die Anwendbarkeit des § 817 S. 2 aus, da bei einem Eingreifen des Rückforderungsausschlusses die von § 138 Abs. 1 angeordnete Nichtigkeit der Vereinbarung zwischen den Mitspielern konterkariert und die Initiatoren solcher Schenkkreise geradezu zum Weitermachen eingeladen würden.[97] Somit steht einem Anspruch des »Schenkers« gegen den »Beschenkten« aus § 812 Abs. 1 S. 1 Alt. 1 der Rückforderungsausschluss des § 817 S. 2 nicht entgegen.[98]

---

91 BGHZ 201, 1. Vgl. BT-Drs. 2/1111 (Entwurf eines Gesetzes zur Bekämpfung der Schwarzarbeit) und 9/192 (Entwurf eines Gesetzes zur Änderung des Gesetzes zur Bekämpfung der Schwarzarbeit).

92 BGHZ 201, 1. § 817 S. 2 steht umgekehrt auch einem Ausgleichsanspruch des Bestellers entgegen, vgl. *Stadler,* JA 2014, 623, 625.

93 BGHZ 201, 1.

94 *BGH* NJW 2006, 45 f.; *BGH* NJW 2008, 1942 f.; zur Fallbearbeitung vgl. *Müller/Eckel,* JuS 2013, 966.

95 *BGH* NJW 2006, 45.

96 Es besteht kein Leistungsverhältnis zwischen dem »Schenker« und einem Boten oder Stellvertreter, der aufgrund nichtigen Auftrags die Zuwendung an den »Beschenkten« vollzieht, *BGH* NJW 2012, 3366.

97 *BGH* NJW 2006, 45; *BGH* NJW 2009, 984; zustimmend *Möller,* NJW 2006, 268, 269; differenzierend *Schmidt-Recla,* JZ 2008, 60 ff.; zur Anwendung des § 817 S. 2 in der jüngeren BGH-Rechtsprechung vgl. *Armgardt,* NJW 2006, 2070 ff.

98 Mittlerweile hat der *BGH* diese Grundsätze auch auf solche Bereicherungsschuldner ausgedehnt, die nicht zu den Initiatoren der Schenkkreise gehören (Mitspieler der zweiten und dritten Stufe), wodurch die Kondiktionssperre des § 817 S. 2 bei Schenkkreisen generell entfällt, vgl. *BGH* NJW 2008, 1942. Auf eine einzelfallbezogene Prüfung der Geschäftsgewandtheit und der Erfahrenheit des betroffenen Gebers oder Empfängers kommt es also nicht an. Zur Verjährung vgl. *BGH* NJW 2009, 984. Fraglich bleibt indes, ob auch die Schenkkreisfälle entsprechend der geänderten Rechtsprechung des BGH zur Schwarzarbeit in absehbarer Zeit einer abweichenden Beurteilung anheimfallen: vgl. *BGH* VersR 2014, 1013.

Vertiefungshinweis: Anwendung von § 817 S. 2 analog außerhalb des Bereicherungsrechts   40
Eine analoge Anwendung des § 817 S. 2 außerhalb des Bereicherungsrechts lehnt die Rechtsprechung ab.[99] Zwar wendet die Gegenmeinung[100] ein, dass der Anspruchsausschluss des § 817 S. 2 im Ergebnis leer laufen kann, wenn auch ein nicht bereicherungsrechtlicher Anspruch begründet ist und § 817 S. 2 auf diesen nicht angewendet wird. Dem ist jedoch entgegenzuhalten, dass § 817 S. 2 eine Ausnahmevorschrift darstellt und mit Rücksicht auf ihren Normzweck (früher: Strafzweck, heute: Rechtsschutzverweigerung) eng auszulegen und anzuwenden ist. Der Anwendungsbereich des § 817 S. 2 ist deshalb auf bereicherungsrechtliche Ansprüche beschränkt.

3. Zusammenfassung

<table>
<tr><td colspan="1" style="text-align:center">Ausschluss des Anspruchs aus § 812 Abs. 1 S. 1 Alt. 1</td><td>41</td></tr>
<tr><td>

1. § 814
   - § 814 Alt. 1: Positive Kenntnis der Nichtschuld
   - P: Anfechtung und § 814 Alt. 1 (→ Rn. 31)
   - § 814 Alt. 2: Leistung entsprach einer sittlichen Pflicht oder Anstand
2. § 817 S. 2 analog
   - Nicht nur auf § 817 S. 1, sondern auf alle Leistungskondiktionen entsprechend anzuwenden
   - »Gleichfalls« bei anderen LK als § 817 S. 1 ohne Bedeutung, d. h. Sitten- oder Gesetzesverstoß nur des Leistenden genügt (→ Rn. 35)
   - P: Bereicherungsrechtlicher Anspruch des Schwarzarbeiters (→ Rn. 38)

</td><td></td></tr>
</table>

B. § 813 – dauerhafte Einrede

§ 813 Abs. 1 S. 1 ist eine selbständige Anspruchsgrundlage. Sie setzt – abweichend von   42
dem Grundtatbestand der Leistungskondiktion (§ 812 Abs. 1 S. 1 Alt. 1) – voraus, dass eine dauernde Einrede besteht. Insoweit erweitert die »Kondiktion wegen Bestehens einer dauernden Einrede« die Leistungskondiktion, indem sie dem anfänglichen Fehlen des rechtlichen Grundes (§ 812 Abs. 1 S. 1 Alt. 1) das Bestehen einer **dauernden Einrede** gleichstellt.[101]

I. Tatbestand

Erfasst werden nur dauernde (peremptorische) Einreden im Gegensatz zu vorüber-   43
gehenden (dilatorischen) Einreden.[102] Nur eine Einrede, die die Durchsetzbarkeit eines bestehenden Anspruchs auf Dauer hindert, steht der Rechtsgrundlosigkeit gleich.

Beispiele für dauernde Einreden:
- Einrede der Nichtigkeit eines Vertrages;[103]
- Bereicherungseinrede (§ 821);

---

99 BGHZ 63, 365; Staudinger/*Lorenz*, § 817 Rn. 15.
100 BeckOK BGB/*Wendehorst*, § 817 Rn. 13 m. w. N.; differenzierend MüKoBGB/*Schwab*, Bd. 6, § 817 Rn. 15 ff.
101 *Mugdan* II, S. 465 (Motive): Bei erhobener Einrede sei die Forderung so anzusehen, als ob sie rechtlich nie bestanden hätte. Vgl. auch BeckOK BGB/*Wendehorst*, § 813 Rn. 1; MüKoBGB/*Schwab*, Bd. 6, § 813 Rn. 1.
102 Vorübergehende Einreden sind: § 273, § 320, Stundung, Einrede des Bürgen aus § 770 Abs. 2.
103 BGHZ 174, 334 (nichtiger Kaufvertrag; bei einem Finanzierungskredit als verbundenem Geschäft steht die Einrede wegen § 359 S. 1 (früher: § 9 Abs. 3 S. 1 VerbrKrG a. F.) auch dem Anspruch des

- Einrede des Bürgen aus § 768 Abs. 1 S. 1 wegen Unwirksamkeit einer Sicherungsvereinbarung zwischen Gläubiger und Hauptschuldner;[104]
- Einrede der unerlaubten Handlung (§ 853);
- Einrede aus § 1166;
- Einrede der Arglist oder aus § 242;
- Erbrechtliche Einreden (§§ 1973, 1975, 1990 f., 2083, 2318 Abs. 1, 2345).

44 Wichtige **Ausnahmen:** Die Verjährungseinrede begründet keinen Bereicherungsanspruch, obwohl die **Verjährungseinrede** eine dauernde Einrede ist (§§ 813 Abs. 1 S. 2, 214 Abs. 2). Wird freiwillig[105] auf eine verjährte Forderung geleistet, so kann das Geleistete nicht zurückgefordert werden. Keine Anwendung findet § 813 auch bei der Sachmängeleinrede (§ 433 Abs. 1 S. 2 oder § 633 Abs. 1 i. V. mit § 320),[106] weil die §§ 434 ff. und 634 ff. für eine Rückabwicklung speziellere Vorschriften enthalten, die durch § 813 nicht umgangen werden sollen. Zur **Sachmängeleinrede** nach § 438 Abs. 4 S. 2 vgl. den folgenden Fall.

45 **Fall:** V liefert an K am 1.4.2002 eine mangelbehaftete Waschmaschine aus. K begleicht sofort den vereinbarten Kaufpreis. Zwar entdeckt K den Mangel sofort, lässt aber aufgrund mangelnder Entschlussfreudigkeit die Sache zunächst auf sich beruhen. Erst später entschließt er sich zum Handeln und ruft am 2.4.2004 bei V an, erklärt den Rücktritt und verlangt Rückzahlung des Kaufpreises. V beruft sich auf »Zeitablauf«. Zu Recht?

Lösung:

1. Anspruch aus §§ 433, 434 Abs. 1 S. 1, 437 Nr. 2, 323 Abs. 1, 346 Abs. 1 (–)
   Zwar liegt ein Rücktrittsgrund vor (§ 434 Abs. 1 S. 1). Der Rücktritt ist auch erklärt worden (§§ 133, 157). Der Rücktritt ist aber unwirksam (§§ 438 Abs. 4 S. 1, 218 Abs. 1 S. 1).[107] Das Recht auf Nacherfüllung (§§ 434, 437 Nr. 1, 439 Abs. 1) ist nach § 438 Abs. 1 Nr. 3 verjährt. Es gilt die zweijährige Frist des § 438 Abs. 1 Nr. 3 (in Abweichung von der allgemeinen Frist des § 195). Diese beginnt – in Abweichung von § 199 – mit der Ablieferung der Sache zu laufen (§ 438 Abs. 2), also am 2.4.2002, 0 Uhr (§ 187 Abs. 1: sog. Ereignisfrist) und endet am 1.4.2004, 24 Uhr (§ 188 Abs. 2 Alt. 1). V hat sich auf Verjährung berufen (§§ 133, 157).
2. Anspruch aus § 813 Abs. 1 S. 1?
   a) V erlangt den Kaufpreis durch Leistung des K.
   b) Es müsste aber eine dauerhafte Einrede bestehen. Infrage kommt die sog. Mängeleinrede (§ 438 Abs. 4 S. 2). Danach kann der Käufer trotz der Unwirksamkeit des Rücktritts nach § 218 Abs. 1 die Zahlung des Kaufpreises insoweit verweigern, als er aufgrund des Rücktritts dazu berechtigt sein

---

104 *BGH* NJW 2018, 458.

Kreditgebers aus dem Finanzierungskredit entgegen; der Verbraucher kann daher geleistete Kreditraten vom Kreditgeber nach § 813 Abs. 1 S. 1 i. V. mit § 812 Abs. 1 S. 1 zurückverlangen). – Ein Rückforderungsdurchgriff nach § 813 Abs. 1 S. 1 gegenüber dem Kreditgeber scheidet dagegen aus, wenn es sich bei dem verbundenen finanzierten Geschäft um die Beteiligung an einem Fonds handelt, von der sich der Anleger nach den Grundsätzen über die fehlerhafte Gesellschaft mit seinem Widerruf allenfalls für die Zukunft lösen kann, vgl. BGHZ 183, 112.
104 *BGH* NJW 2018, 458.
105 *BGH* NJW 2013, 3243 (Kein Ausschluss, wenn wegen einer verjährten Forderung vollstreckt wurde, oder wenn der Schuldner zahlt, um einer drohenden Zwangsvollstreckung zuvorzukommen).
106 Vgl. zur Mängeleinrede *Lorenz/Riehm*, Rn. 500 ff.
107 Das Rücktrittsrecht als Gestaltungsrecht verjährt nicht, da gem. § 194 nur Ansprüche der Verjährung unterliegen. Um eine einheitliche Abwicklung der Rechte aus § 437 zu ermöglichen, verweist § 438 Abs. 4 auf § 218. Nach dieser Norm ist der Rücktritt wegen nicht oder nicht vertragsgemäß erbrachter Leistung unwirksam, wenn der Anspruch auf die Leistung oder der Nacherfüllungsanspruch verjährt ist und der Schuldner sich hierauf beruft.

würde. Voraussetzung des Rücktritts ist aber auch die Nachfristsetzung (§ 323 Abs. 1 und 2), die bisher nicht gesetzt worden ist.[108]

c) Unabhängig davon erfasst § 813 Abs. 1 die Sachmängeleinrede überhaupt nicht. Die kurze Verjährungsfrist (§ 438 Abs. 1) soll im Interesse der Rechtssicherheit bald möglichst klare Verhältnisse schaffen. Davon macht § 438 Abs. 4 S. 2 (und § 215) Ausnahmen und gewährt eine Einrede gegen den Kaufpreisanspruch; ein darüber hinausgehender Anspruch aus § 813 würde dem Zweck des § 438 Abs. 1 widersprechen.[109]

Ob der bereits gezahlte Kaufpreis (z. B. Anzahlung) zurückgezahlt werden kann, ist auch in § 438 Abs. 4 S. 3 speziell geregelt: Nur wenn der Verkäufer zurücktritt, entsteht ein Rückgewährschuldverhältnis (§§ 346 ff.), aufgrund dessen auch der Käufer seine Leistung zurückfordern kann. Ein Rückforderungsrecht des Käufers aus § 813 würde diese vorgehende Regelung, welche die Rückforderung vom Verhalten des Verkäufers abhängig macht, umgehen und scheidet deshalb aus.[110]

d) Der Anspruch aus § 813 Abs. 1 S. 1 ist unbegründet.

II. Ausschlussgründe

Es gelten die Ausschlussgründe der allgemeinen Leistungskondiktion (§§ 814, 817 S. 2 analog). Ein Anspruch aus § 813 Abs. 1 S. 1 ist darüber hinaus ausgeschlossen, wenn eine gestundete Forderung vorzeitig erfüllt wird (§ 813 Abs. 2). **46**

Fall: V spiegelt dem K vor, ein neuer dreibändiger BGB-Kommentar sei schon jetzt vollständig lieferbar. K bestellt und bezahlt den vergünstigten Kaufpreis im Voraus und erhält einen schon erschienenen Band. Bald darauf erfährt er, dass sich das Erscheinen der übrigen Bände noch über etliche Jahre hinziehen wird, unternimmt aber nichts. Nach zwei Jahren verlangt V von K, die nun erschienenen Kommentarbände abzunehmen. K lehnt dies »wegen der Täuschung von vor zwei Jahren« ab; V verweist auf die versäumte Anfechtungsfrist des § 124. K möchte wissen, ob er die Zahlung herausverlangen kann. **47**

Lösung:

1. § 812 Abs. 1 S. 1 Alt. 1 (Leistungskondiktion)?
   V erlangt den Kaufpreis, den K zum Zweck der Erfüllung des Kaufvertrages leistet. Der Kauf ist zwar nach § 123 wegen arglistiger Täuschung anfechtbar. Da K nicht anficht und auch nicht mehr anfechten kann (wegen Versäumung der Anfechtungsfrist des § 124), ist und bleibt der Kauf als Rechtsgeschäft wirksam. K zahlt daher auf eine bestehende Verbindlichkeit, also mit Rechtsgrund. Ein Anspruch aus § 812 Abs. 1 S. 1 Alt. 1 scheidet deshalb aus.

2. Anspruch aus § 813 Abs. 1 S. 1?
   a) Voraussetzung ist, dass K auf eine Forderung zahlt, der eine dauernde Einrede entgegensteht. K hätte die Kaufpreiszahlung (und die Abnahme) verweigern können, denn V erlangt seine Forderung durch unerlaubte Handlung gemäß § 823 Abs. 2 i. V. m. § 263 StGB (Betrug). Dies begründet die Arglisteinrede nach § 853. Die Vorschrift gilt zwar ausdrücklich nur für den Fall, dass »der Anspruch auf Aufhebung der Forderung verjährt ist«, gemeint ist die deliktisch erlangte Forderung. Die h. M. wendet die Vorschrift aber auch auf andere Fälle der Fristversäumung an, z. B. auf die Versäumung der Anfechtungsfrist nach § 124.[111]

---

108 Vgl. zum Meinungsstand Staudinger/*Matusche-Beckmann*, § 438 Rn. 134. Nach *Lorenz/Riehm*, Rn. 560 soll der Käufer auch bei verjährtem Nacherfüllungsanspruch eine Nachfrist setzen müssen, wenn diese nicht entbehrlich ist (§§ 323 Abs. 2, 326 Abs. 5, 440); so auch *v. Olshausen*, JZ 2002, 385, 386 ff. Anders BeckOK BGB/*Faust*, § 438 Rn. 53: Vor Ablauf der Frist sei der Käufer dadurch geschützt, dass er zur Zahlung nur Zug um Zug gegen Nacherfüllung verurteilt werden könne.

109 Vgl. RGZ 144, 93, 95 f. zu §§ 478 f. a. F.

110 Vgl. auch *Lorenz/Riehm*, Rn. 560; Huber/Faust/*Huber*, § 13 Rn. 186 f.

111 BGHZ 42, 37; RGZ 79, 194, 197; MüKoBGB/*Wagner*, Bd. 6, § 853 Rn. 4.

    b) Das bedeutet: Der Verbindlichkeit aus § 433 Abs. 2 steht die dauernde Einrede des § 853 entgegen. K kann also den Kaufpreis zurückfordern (gegen Rückgabe des schon gelieferten Kommentarbandes [§ 242]; vgl. → Rn. 48).

    c) Die Verjährungsfrist nach §§ 195, 199 Abs. 1 ist noch nicht abgelaufen.

3. Als weitere Anspruchsgrundlage kommt § 823 Abs. 2 i.V.m. § 263 StGB (Schutzgesetz) in Betracht.

48 **Vertiefungshinweis:** Rückabwicklung bei Arglisteinrede (§ 853) und gegenseitiger Vertrag

In bestimmten Fallkonstellationen liegt ein gegenseitiger Vertrag vor, der entweder von beiden Vertragsparteien vollständig oder nur vom Verkäufer erfüllt worden ist. Stellt sich nachträglich heraus, dass der Kaufvertrag durch eine unerlaubte Handlung des Verkäufers (z.B. Betrug) zustande gekommen ist, so kann der Geschädigte die Erfüllung seiner Verpflichtung unter Berufung auf § 853 **(Arglisteinrede)** verweigern bzw. das Geleistete nach §§ 813 Abs. 1 S. 1, 853 zurückfordern.[112] Das setzt voraus, dass der Geschädigte die Auflösung des Vertrages insgesamt begehrt; andernfalls verstößt der nach §§ 813 Abs. 1 S. 1, 853 zurückfordernde Geschädigte gegen Treu und Glauben, wenn er die Einrede dazu benutzt, sich seiner vertraglichen Verpflichtung zu entziehen, ohne seinerseits die Pflicht zur Rückgewähr des aufgrund des Vertrages bereits erlangten Vorteils anzuerkennen; dies würde die (Gegen-)Einrede der Arglist (§ 242) begründen.[113] Es stellt sich die Frage, aufgrund welcher Rechtsgrundlage der Geschädigte das seinerseits vom Schädiger Erhaltene diesem zurückgeben muss.

Nach RGZ 60, 294, 296[114] braucht der Geschädigte sich nicht zur Rückgabe des Empfangenen zu erbieten, sondern es ist Sache des Gegners, seine Leistung im Wege der Klage zurückzufordern. Ob dieser Ansicht beizupflichten ist, ist zweifelhaft. Folgt man dem RG kommt als Anspruchsgrundlage § 813 Abs. 1 S. 1 in Betracht; verlangt der Geschädigte Rückgabe der eigenen Leistung, so widerspricht es Treu und Glauben, wenn er das seinerseits Erlangte nicht zurückgeben muss (§ 242); dies setzt aber ein entsprechendes Verhalten des Geschädigten voraus. Zu prüfen ist dann aber § 817 S. 2 (vgl. → Rn. 34ff.).

Denkbar ist eine Anwendung der Saldotheorie (vgl. → § 12 Rn. 32ff.). Der Geschädigte kann von vornherein nur den Saldo herausverlangen. Handelt es sich um ungleichartige Leistungen, so kann der Geschädigte das seinerseits Geleistete nur zurückfordern, wenn er von sich aus die Rückgewähr der ungleichartigen Leistung Zug um Zug gegen Zahlung anbietet (vgl. → § 12 Rn. 35). Kommt die Saldotheorie ausnahmsweise nicht zur Anwendung, so ist nach der Zweikondiktionentheorie abzuwickeln (vgl. → § 12 Rn. 31). Der Schädiger kann dann einen Anspruch aus § 813 Abs. 1 S. 1 haben (vgl. vorstehend).

III. Zusammenfassung

49

§ 813 – Kondiktion bei dauerhafter Einrede

I. Tatbestand
  1. Etwas erlangt
  2. Durch Leistung auf eine bestehende Verbindlichkeit
  3. Dauerhafte Einrede gegen die Verbindlichkeit
    a) Beispiele: § 821 (Bereicherungseinrede), § 853 (Einrede der unerlaubten Handlung), § 242 (Arglisteinrede)
    b) Nicht erfasst sind:
      (1) Verjährungseinrede nach §§ 813 Abs. 1 S. 2, 214 Abs. 2
      (2) Sachmängeleinreden nach § 320 i.V.m. § 433 Abs. 1 S. 2 bzw. § 633 Abs. 1 (→ Rn. 44f.)

---

112 Dies betrifft Fälle, in denen eine Anfechtung wegen Ablaufs der Anfechtungsfrist (§ 124) nicht mehr in Betracht kommt. Solange Gestaltungsrechte (Anfechtung, Rücktritt) erhoben werden können und geltend gemacht werden können, kommt eine Rückabwicklung nach § 812 Abs. 1 S. 1 Alt. 1 oder S. 2 Alt. 1 oder nach Rücktrittsrecht in Frage.

113 Vgl. RGZ 60, 294, 295f.; 130, 215, 216.

114 Mit Verweis auf die auf Grundlage des gemeinen Rechts ergangene Entscheidung RGZ 26, 185, 187f.

II. Ausschlussgründe
  1. § 813 Abs. 2 (Erfüllung einer gestundeten Forderung)
  2. § 814
  3. § 817 S. 2 entsprechend

C. § 812 Abs. 1 S. 2 Alt. 1 – späterer Wegfall des Rechtsgrundes

Die Leistungskondiktion nach § 812 Abs. 1 S. 2 Alt. 1 (späterer Wegfall des Rechts- **50**
grundes – condictio ob causam finitam) erfasst Fälle, in denen der rechtliche Grund
zur Zeit der Leistung zunächst vorhanden ist, aber später endgültig wegfällt.

I. Tatbestand

Die condictio ob causam finitam (§ 812 Abs. 1 S. 2 Alt. 1) unterscheidet sich vom **51**
Grundtatbestand des § 812 Abs. 1 S. 1 Alt. 1 nur dadurch, dass der Rechtsgrund bei
Leistung besteht und erst **nach der Leistung wegfällt.**

Beispiele: Eintritt einer auflösenden Bedingung (§ 158 Abs. 2); Eintritt eines Endtermins (§§ 163, 158
Abs. 2); einverständliche Vertragsaufhebung (§ 311); Kündigung[115] (vgl. § 314); Anfechtung (§ 142; nur
bei Zugrundelegung der Mindermeinung, vgl. → Rn. 24).

Der Rechtsgrund kann später durch Parteivereinbarung in Form eines Aufhebungs-
vertrages oder einseitig durch Willenserklärung einer Partei wegfallen (z. B. Widerruf
der Schenkung gemäß §§ 530f.).[116]

Im Fall der Bedingung oder Befristung ist das Geleistete nach Bereicherungsrecht zu-
rückzugewähren, wenn die Bedingung bzw. der Endtermin eintritt. Die Parteien können allerdings auch vertraglich die strengere Haftung nach den Rücktrittsvorschriften
der §§ 346 ff. vereinbaren; in diesem Fall ist nach §§ 346 ff. und nicht nach Bereicherungsrecht zurückabzuwickeln.[117]

II. Ausschlussgründe

Diese Leistungskondiktion wird nach § 817 S. 2 entsprechend **ausgeschlossen** (vgl. **52**
→ Rn. 34 ff.). § 814 gilt dagegen nicht, weil die Kenntnis i. S. des § 814 sich auf das Fehlen des Rechtsgrundes im Zeitpunkt der Leistung bezieht, nicht aber auf einen späteren
eventuellen Wegfall. Dieser Ausschlussgrund (§ 814) gilt nur für den Grundfall der

---

115 *BGH* NJW-RR 2000, 382 (Nutzungsberechtigter nutzt die Sache über die vertragliche Laufzeit
    hinaus).
116 § 531 Abs. 2 ist ein Rechtsgrundverweis (Tatbestandsverweis) im Gegensatz zu § 527.
117 Der Wegfall des rechtlichen Grundes ist zu unterscheiden von dem Rücktritt gem. §§ 346 ff. Der
    Rücktritt lässt den rechtlichen Grund nicht entfallen, sondern wandelt das Schuldverhältnis (z. B.
    Kaufvertrag, von dem zurückgetreten wird) in ein Rückgewährschuldverhältnis um. Dieses regelt
    die Rückabwicklung speziell. Der Anspruch aus dem inzwischen aufgehobenen § 3 HWiG wurde
    als besonders ausgestalteter Bereicherungsanspruch qualifiziert (BGHZ 131, 82), der als lex specia-
    lis die Anwendung der §§ 812 ff. grundsätzlich ausschloss (*BGH* NJW 2007, 361).

Leistungskondiktion (§ 812 Abs. 1 S. 1 Alt. 1) sowie dessen Erweiterung durch § 813.[118]

III. Zusammenfassung

53

§ 812 Abs. 1 S. 2 Alt. 1 – Kondiktion wegen Wegfalls des rechtlichen Grundes

I. Tatbestand
  1. Etwas erlangt
  2. Durch Leistung
  3. Zunächst vorhandener rechtlicher Grund fällt später weg
    – Beispiele: Auflösende Bedingung (§ 158 Abs. 2), Aufhebungsvertrag
    – P: Anfechtung (§ 142 Abs. 1) (→ Rn. 24, 51)
II. Ausschlussgründe
  1. § 817 S. 2 entsprechend
  2. Nicht jedoch § 814 (→ Rn. 52)

D. § 812 Abs. 1 S. 2 Alt. 2 – Zweckverfehlungskondiktion

I. Normzweck und Abgrenzung zur (allgemeinen) Leistungskondiktion

54 Die Zweckverfehlungskondiktion liegt vor, wenn der mit der Leistung nach dem Inhalt des Rechtsgeschäfts bezweckte Erfolg nicht eintritt (§ 812 Abs. 1 S. 2 Alt. 2).[119] Diese Kondiktion wird auch condictio ob rem (= wegen eines Zwecks) oder condictio ob causam datorum genannt.[120]

Beispiele:

– Leistung zum Zweck der Verwendung als Mitgift; später kommt es nicht zur Heirat.
– Erteilung eines Schuldscheines vor Erhalt der Zahlung; später bleibt die Zahlung aus.

55 Funktional ist die Zweckverfehlungskondiktion (condictio ob rem) der Regelung von Leistungsstörungen im gegenseitigen Vertrag vergleichbar.[121]

---

118 § 815 ist auf die Kondiktion wegen Wegfalls des rechtlichen Grundes (§ 812 Abs. 1 S. 2 Alt. 1) nicht entsprechend anwendbar, weil die Vorschrift Strafcharakter hat und deshalb eng auszulegen ist: so BGHZ 29, 171; *BGH* JZ 1968, 381 mit zust. Anm. *Lorenz;* a. A. Soergel/*Schmidt-Kessel/Hadding,* § 815 Rn. 1.

119 Die Zweckverfehlungskondiktion (condictio ob rem, § 812 Abs. 1 S. 2 Alt. 2) gilt als historisches Überbleibsel vor allem aus der Behandlung der alten (römisch-rechtlichen) Innominatskontrakte, also Verträge, die nicht zu einem klagbaren Anspruch führten; vgl. *v. Caemmerer,* FS Rabel I, 1954, S. 333, 346; *Ellger,* S. 189. Mit deren Wegfall habe diese condictio ihre wesentliche Bedeutung eingebüßt, ihre Bedeutung habe sie für das moderne Rechtsleben aber nicht ganz verloren, so die Protokolle (*Mugdan* II, S. 1175 [Protokolle]). Zum römischrechtlichen Ursprung vgl. auch *Giesen,* Jura 1995, 169, 179.

120 Sie trägt – im Vulgärlatein der Spätantike – auch die Bezeichnung »condictio causa data causa non secuta« (vgl. *Reuter/Martinek,* 1. Aufl. 1983, § 5 III 1a, S. 147 m. w. N.). Vgl. zur Zweckverfehlungskondiktion *Welker,* Bereicherungsausgleich wegen Zweckverfehlung?, 1974.

121 *Kupisch,* Ungerechtfertigte Bereicherung: Geschichtliche Entwicklungen, 1987, S. 36; *Larenz/Canaris,* SR II/2, § 68 I 3a, S. 151: Parallelvorschrift zu den §§ 323 Abs. 3, 325 Abs. 1 S. 3 a. F. (= §§ 323 ff.).

Es gibt zwei **Anwendungsfälle** der Zweckverfehlungskondiktion (§ 812 Abs. 1 S. 2 **56** Alt. 2):

1. Bewusste Leistung ohne Verpflichtung: Es wird bewusst geleistet, ohne dass überhaupt eine Verpflichtung dazu besteht. Der Leistende bezweckt damit, dass der Leistungsempfänger etwas tut oder unterlässt, wozu er nicht verpflichtet ist.
2. Ein über die Erfüllung der Verbindlichkeit hinausgehender Zweck (»Zweckanstaffelung«, str.). Hier besteht – im Unterschied zur vorherigen Fallgruppe – eine Verpflichtung. Soll mit der Leistung auch eine Verbindlichkeit erfüllt werden, dann ist nach h. M. die Zweckverfehlungskondiktion nur dann anwendbar, wenn ein über die Erfüllung der Verbindlichkeit hinausgehender Zweck verfolgt wird.[122]

Im zweiten Anwendungsfall ist der Grundtatbestand der Leistungskondiktion (§ 812 Abs. 1 S. 1 Alt. 1) tatbestandlich ausgeschlossen, weil (auch) auf eine Verbindlichkeit geleistet wird. Im ersten Anwendungsfall ist § 812 Abs. 1 S. 1 Alt. 1 durch § 814 ausgeschlossen. Die allgemeine Leistungskondiktion (§ 812 Abs. 1 S. 1 Alt. 1) und die Zweckverfehlungskondiktion schließen sich also gegeneinander aus.

II. Tatbestand

§ 812 Abs. 1 S. 2 Alt. 2 setzt voraus, dass der mit der Leistung nach dem Inhalt des **57** Rechtsgeschäftes bezweckte Erfolg nicht eintritt. Es muss (1) ein besonderer Erfolg vorliegen, der (2) nach dem Inhalt des Rechtsgeschäftes mit der Leistung bezweckt war und (3) durch die Leistung nicht eingetreten ist.

Die Zweckverfehlungskondiktion ist eine Leistungskondiktion. Deshalb müssen auch die Merkmale »etwas erlangt« (Bereicherungsgegenstand) und »durch Leistung« wie bei den anderen Leistungskondiktionen geprüft werden.

1. Erfolg

Es muss ein besonderer **Erfolg** vorliegen, der mit der Leistung erreicht werden soll. **58** Die Erfüllung einer Verbindlichkeit als (Leistungs-)Erfolg ist nicht von dieser Zweckverfehlungskondiktion erfasst; denn die Erfüllung der Verbindlichkeit wird durch § 812 Abs. 1 S. 1 Alt. 1 geregelt. Die Zweckverfehlungskondiktion kann nur in den zwei oben (vgl. → Rn. 56) genannten Fällen eingreifen, in denen ein anderer Zweck als die Erfüllung oder ein über die Erfüllung hinausgehender Zweck verfolgt wird.

a) 1. Fallgruppe: »Leistung ohne Verpflichtung« (Vorleistungs- und Veranlassungsfälle)

In diesen Fällen besteht (noch) **keine Verpflichtung** zur Leistung und Gegenleistung. **59** Es wird zu dem Zweck geleistet, den Empfänger der Leistung zu einem bestimmten, rechtlich nicht erzwingbaren Verhalten und damit zu einer freiwilligen Gegenleistung zu veranlassen, zu der sich der Empfänger rechtlich nicht verpflichten kann oder will (Veranlassungsfälle). Oder es wird in der Erwartung geleistet, den Empfänger zum Ab-

---

122 Vgl. *BGH* NJW 2013, 3364; *Medicus/Petersen*, BR, Rn. 691; a. A. *Brox/Walker*, SchuldR BT, § 40 Rn. 34.

schluss eines Rechtsgeschäftes und zur Gegenleistung zu bewegen (Vorleistungs-fälle).[123]

Beispiele:

– Der Käufer eines formnichtigen Grundstückskaufvertrages zahlt den Kaufpreis, um den Verkäufer zur Erfüllung zu bewegen und damit die Heilungswirkung des § 311b Abs. 1 S. 2 herbeizuführen (Veranlassungsfall).
– Geldzahlung, um den Empfänger von einer (später doch erstatteten) Strafanzeige abzuhalten (Veranlassungsfall).
– Der Käufer zahlt an den Verkäufer einen Teil des angedachten Kaufpreises, um diesen zum Abschluss des Kaufvertrages zu bewegen (Vorleistungsfall).
– Freistellung von der Arbeit und Übernahme der Fortbildungskosten eines Mitarbeiters (zum Steuerberater) zum Zweck einer gemeinsamen Sozietätsgründung (*BGH* NJW 2004, 512, 513).

60   **Fall (nach *Loewenheim*, S. 59):** Grundstückseigentümer E errichtet auf seinem Grundstück ein Wohnhaus. Er beabsichtigt, bestimmte Arbeiten dem Bauhandwerker B zu übertragen. Aufgrund der Vorbesprechungen beginnt B bereits mit der Ausführung der Arbeiten. Später kommt es aber nicht zum Vertragsschluss, weil E und B sich über Einzelheiten nicht einigen können. B verlangt Ersatz für die bereits ausgeführten Arbeiten.

Lösung:

1. Anspruch aus § 311 Abs. 2 i. V. m. § 280 Abs. 1 (»cic«) (–), kein Anhalt im Sachverhalt (z. B. Veranlassung von Vertrauen auf Vertragsschluss).
2. § 812 Abs. 1 S. 1 Alt. 1 ist tatbestandlich und wegen § 814 Alt. 1 ausgeschlossen.
3. § 812 Abs. 1 S. 2 Alt. 2 (Zweckverfehlungskondiktion) greift ein. B beginnt mit seinen Leistungen (Ausführungen der Arbeiten) ohne eine bestehende Verpflichtung (Werkvertrag), und zwar in der dem E erkennbaren Erwartung, eine Gegenleistung zu erhalten, nämlich die Zahlung des (Werk-)Lohnes. Diese Zahlung ist aber noch nicht rechtlich erzwingbar, weil ein Werkvertrag noch nicht besteht. B kann daher mit der Zweckverfehlungskondiktion in Verbindung mit § 818 Abs. 2 Wertersatz für die geleistete Arbeit verlangen.

Hinweis: Dieser Fall zeigt zugleich, worin sich die Zweckverfehlungskondiktion von dem Grundtatbestand der Leistungskondiktion unterscheidet (vgl. → Rn. 56). Bei der Leistungskondiktion geht der Leistende irrtümlich davon aus, dass für seine Leistung ein Rechtsgrund besteht (arg. § 814 Alt. 1). Falls er aber weiß, dass kein Rechtsgrund besteht, also bewusst rechtsgrundlos leistet, wird nach § 814 der Kondiktionsanspruch ausgeschlossen. Bei der Zweckverfehlungskondiktion befindet sich der Leistende hingegen nicht in einem Irrtum: B weiß, dass er zunächst ohne einen rechtlich erzwingbaren Anspruch auf die Gegenleistung seine Werkleistungen erbringt.

b) 2. Fallgruppe: Leistung mit Verpflichtung – Verfolgung eines über die Vertragserfüllung hinausgehenden Zwecks (sog. Zweckanstaffelung)

61   Umstritten ist die Anwendbarkeit des § 812 Abs. 1 S. 2 Alt. 2 in den Fällen, in denen zur Erfüllung einer Verbindlichkeit geleistet und mit der Leistung ein darüber hinausgehender Zweck (sog. »angestaffelter« Zweck) verfolgt wird.[124] Die Rechtsprechung und Teile der Literatur bejahen auch hier eine Zweckverfehlungskondiktion.[125] Für diese Ansicht kann geltend gemacht werden, dass in diesen Fällen eine vorrangige

---

123 Typisierung nach *Reuter/Martinek*, 1. Aufl. 1983, § 5 III 1c, S. 151ff.
124 *Larenz/Canaris*, SR II/2, § 68 I d, S. 153.
125 *BGH* NJW 1973, 612, 613; 1984, 233 (Zweckschenkung); vgl. auch *BGH* NJW 1992, 2690f. für die Anwendung der Grundsätze der Störung der Geschäftsgrundlage.

Rückabwicklung nach Vertragsrecht nicht in Betracht kommen kann, weil über diesen Zusatzzweck gerade keine vertragliche Vereinbarung erzielt wurde.[126] Überschneidungen mit dem Rechtsinstitut der »Störung der Geschäftsgrundlage« (§ 313) können nicht entstehen, weil beide tatbestandlich verschieden sind.

Die Problematik besteht darin, ob nicht die (Rück-)Abwicklung vorrangig durch ergänzende Vertragsauslegung (§§ 133, 157) oder durch das Institut der Störung der Geschäftsgrundlage (§ 313) gelöst werden muss.

> **Fall (vgl. *BGH* NJW 1965, 1224; BGHZ 41, 282; 53, 152; *BAG* NJW 1970, 1701):** Die Haushälterin   **62**
> H leistet dem Witwer W 20 Jahre lang Dienste als Haushaltshilfe, ohne dafür – außer dem gewährten
> Unterhalt (Unterkunft, Verpflegung und Taschengeld) – Lohn zu erhalten. Die Dienste werden von H in
> der dem W bekannten und von ihm akzeptierten Erwartung geleistet, W werde die H entweder durch
> Erbeinsetzung, Vermächtnis oder durch eine anderweitige Vergütung noch besonders entschädigen.
> Kurz vor seinem Tode ändert W sein Testament und setzt seinen Neffen D zum Alleinerben ein; H bekommt nichts. H verlangt von den Erben Zahlung. Zu Recht?
> Abwandlung: Wie ist zu entscheiden, wenn die Erbeinsetzung der H von W versprochen worden ist?

Lösung:

A. Ausgangsfall

  I. §§ 611, 612 Abs. 2

    Nach der Rspr.[127] kann H Entgelt aufgrund eines Arbeitsvertrages gemäß § 611 i. V. m. § 612 Abs. 2
    verlangen.[128]

    Der Großteil der Literatur lehnt das Zustandekommen eines Arbeitsverhältnisses mit der Begründung ab, dass die versprochene »Gegenleistung« nicht der Arbeitslohn, sondern die Erwartung der
    Erbeinsetzung sei und eine Vergütungspflicht gekünstelt wirke.[129]

  II. § 812 Abs. 1 S. 2 Alt. 2 (bei Ablehnung eines vertraglichen Anspruchs)

    1. W hat Dienstleistungen durch Leistung der H erhalten.

    2. Der mit der Leistung bezweckte Erfolg ist nicht eingetreten.

      a) Es besteht zwar ein wirksamer Dienstvertrag. Die Dienstleistungen erbringt H aber nicht
        nur, um die unmittelbare Gegenleistung (nämlich Kost, Wohnung und Taschengeld) zu erhalten, sondern in der Erwartung einer weitergehenden »Gegenleistung«, nämlich einer
        Erbeinsetzung. Es geht um einen über die Erfüllung des Dienstvertrages hinausgehenden
        Zweck (Zweckanstaffelung).

      b) Darüber liegt zwischen H und W eine Zweckvereinbarung i. S. des § 812 Abs. 1 S. 2 Alt. 2
        vor.

      c) H ist nicht zur Erbin eingesetzt worden. Weil damit der vereinbarte Zweck nicht eingetreten ist, kann H aus §§ 812 Abs. 1 S. 2 Alt. 2, 818 Abs. 2 Wertersatz für die geleisteten
        Dienste verlangen.

---

126 Nach den Motiven (*Mugdan* II, S. 470 [Motive]) ist die condictio ob rem (§ 812 Abs. 1 S. 2 Alt. 2) bei
    der Leistung aus einem gegenseitigen Vertrage nicht gänzlich ausgeschlossen. A. A. *Brox/Walker,*
    SchuldR BT, § 40 Rn. 34.

127 Zur fehlgegangenen Vergütungserwartung: *BGH* NJW 1965, 1224; BAGE 14, 291, 292; BFHE 176,
    48, 51.

128 Nach der Rspr. des BAG ist der Anspruch konkludent gestundet bis zum Tode des Arbeitgebers
    bzw. bis zu einer Testamentseröffnung (*BAG* NJW 1970, 1701) bzw. bis zu einem Widerruf der Zusage einer Erbeinsetzung (*BAG* NJW 1978, 444).

129 *Canaris,* BB 1967, 165; vgl. MüKoBGB/*Schwab,* Bd. 6, § 812 Rn. 460ff.; Staudinger/*Lorenz,* § 812
    Rn. 107; a. A. MüKoBGB/*Müller-Glöge,* Bd. 2, § 612 Rn. 13f.; ErfK/*Preis,* § 612 Rn. 23.

B. Abwandlung des Falles

    I. §§ 611, 612 Abs. 2 (Lösung der Rechtsprechung)? § 612 Abs. 2 gilt nicht nur, wenn es an einer Entgeltabsprache von vornherein fehlt, sondern auch (wie hier) wenn eine nach § 2302 ungültige Entgeltabsprache (Versprechen der Erbeinsetzung) getroffen worden ist.

        1. Der mit der Dienstleistung bezweckte Erfolg, nämlich die Erbeinsetzung der H, ist nach § 2302 nichtig.

        2. In Betracht kommt deshalb ein faktisches Arbeitsverhältnis.[130] Auf dieses wird § 612 Abs. 2 angewendet.

        3. Die Literatur äußert dagegen Bedenken: Nach §§ 611, 612, 2302, 139 sei der gesamte Arbeitsvertrag nichtig. Auf einen nichtigen Arbeitsvertrag könne § 612 Abs. 2 nicht angewendet werden. Denn durch diese Vorschrift sollen nur wirksame, aber unvollständige Dienst- und Arbeitsverträge ergänzt, nicht aber nichtige Lohnabreden ersetzt werden.[131]

    II. Zweckverfehlungskondiktion (§ 812 Abs. 1 S. 2 Alt. 2)[132]

    Es wird eine Zweckverfehlungskondiktion (§ 812 Abs. 1 S. 2 Alt. 2) angenommen; vgl. dazu vorstehend.

2. »Erfolg« als Inhalt des Rechtsgeschäfts

a) Zweckvereinbarung

63 Nach dem Wortlaut des § 812 Abs. 1 S. 2 darf der nach dem **Inhalt des Rechtsgeschäfts** bezweckte Erfolg nicht eintreten. Dies erfordert eine rechtsgeschäftliche **Zweckvereinbarung** (Zweckabrede); der besondere Zweck muss vereinbart sein.[133] Die Parteien müssen sich über den Zweck – oder mehrere besondere Zwecke[134] – zumindest stillschweigend verständigt haben. Es genügt eine tatsächliche Willensübereinstimmung[135] in dem Sinne, dass der Empfänger die Erwartung des Leistenden kennt und durch die Annahme zu verstehen gibt, dass er die Zweckbestimmung billigt. Erforderlich (und ausreichend) ist positive Kenntnis und konkludente Billigung (Kennen und Billigen).

64 **Vertiefungshinweis:** Zweckvereinbarung und Zweckbestimmung
Dogmatisch ist die Zweckvereinbarung i. S. des § 812 Abs. 1 S. 2 Alt. 2 von der einseitig durch den Leistenden erfolgenden **Zweckbestimmung** i. S. des Leistungsbegriffs (vgl. → Rn. 15 f.) zu unterscheiden.[136] Beide sind rechtlich verschieden. Nicht etwa ersetzt die Zweckvereinbarung zwischen Leistungsempfänger und Leistenden die Zweckbestimmung durch den Leistenden.
Die Zweckvereinbarung kann vor der Zuwendung getroffen werden; die Zweckbestimmung durch den Leistenden (Leistungsbegriff) nimmt dann (regelmäßig) auf diese Zweckvereinbarung Bezug. Regelmäßig wird die Zweckvereinbarung aber erst im Zeitpunkt der Zuwendung vorgenommen und damit mit der (einseitigen) Zweckbestimmung zeitlich zusammenfallen.

b) Abgrenzungen

65 Die Zweckvereinbarung ist abzugrenzen vom einseitigen Motiv auf der einen Seite und der vertraglichen Verpflichtung auf der anderen Seite. Sie stellt eine zwischen einseitigem Motiv und rechtsgeschäftlicher Verpflichtung anzusiedelnde Rechtsgrundabrede

---

130 Vgl. BGHZ 53, 152; *BGH* ebd. S. 153 (LS 2); *Grigoleit/Auer*, Rn. 398 ff.
131 So *Beuthien/Weber*, S. 45.
132 So die Lit.; vgl. *Medicus/Petersen*, BR, Rn. 692.
133 So die ganz h. M., vgl. nur BGHZ 183, 242; nach anderer Ansicht soll eine einseitige finale Zwecksetzung des Leistenden genügen, so MüKoBGB/*Finkenauer*, Bd. 2, § 313 Rn. 179.
134 BGHZ 197, 110.
135 BGHZ 197, 110; *BGH* NJW 2013, 3364.
136 Vgl. *Reuter/Martinek*, 1. Aufl. 1983, § 4 II 3 d, S. 100 f. und § 5 III 1 b, S. 150.

dar.[137] Geschäftsgrundlage (§ 313) und Rechtsgrundabrede (§ 812 Abs. 1 S. 2 Alt. 2) haben einen unterschiedlichen Tatbestand und schließen sich gegenseitig aus.

aa) Abgrenzung vom einseitigen Motiv

Eine bloß einseitige Erwartung (**einseitiges Motiv**) bei einer Partei begründet keine   66
Zweckabrede i. S. der Zweckverfehlungskondiktion. Für die Zweckabrede muss der
Zweck dem Empfänger bekannt sein und von ihm zumindest konkludent gebilligt
werden.

bb) Abgrenzung von vertraglicher Verpflichtung

Das »Rechtsgeschäft« darf nicht voll rechtsgeschäftlich ausgebildet und forderungs-   67
bewehrt sein; eine **vertragliche Vereinbarung** über den Leistungszweck und ein er-
zwingbarer Anspruch auf Herbeiführung des bezweckten Erfolges muss fehlen.
Wurde hingegen auf eine vertragliche Verpflichtung geleistet, kommen bei Wirksamkeit des Vertrages ggf. Ansprüche nach den §§ 280 ff., 323 ff. und bei Unwirksamkeit
des Vertrages eine Leistungskondiktion in Betracht. Für die Zweckverfehlungskondiktion (§ 812 Abs. 1 S. 2 Alt. 2) ist dann kein Raum.[138] Auch wenn ein Rückgewähranspruch aus ergänzender Vertragsauslegung abgeleitet werden kann (§§ 133, 157), ist
für die Zweckverfehlungskondiktion kein Raum und das vertragliche Rückgewährleis-
tungsrecht vorrangig.[139]

cc) Abgrenzung zur Geschäftsgrundlage (§ 313)

Während bei § 812 Abs. 1 S. 2 Alt. 2 eine Zweckvereinbarung vorliegen muss, wird bei   68
der **Geschäftsgrundlage** (§ 313) der bezweckte Erfolg lediglich von beiden Parteien
vorausgesetzt, aber nicht vereinbart. Der Unterschied zu den Fällen der Geschäftsgrundlage liegt also darin, dass bei der Geschäftsgrundlage gerade keine rechtsgeschäftliche Zweckvereinbarung zwischen den Parteien getroffen wird. Insoweit
schließen sich Zweckverfehlungskondiktion (§ 812 Abs. 1 S. 2 Alt. 2) und Geschäftsgrundlage (§ 313) tatbestandlich aus.[140] Allerdings kann die Abgrenzung in der praktischen Rechtsanwendung fließend sein, insbesondere wenn keine ausdrückliche, sondern nur eine konkludente Zweckvereinbarung getroffen worden ist.[141]

Fall (BGHZ 115, 261[142]): A ist Alleineigentümer eines ca. 840 qm großen unbebauten Grundstücks,   69
auf dem ein großzügiges Einfamilienhaus mit Einliegerwohnung errichtet wird. Während der Bauzeit,
als A und B bereits verlobt sind, tragen beide mit Ersparnissen und Arbeitsleistungen zu dem Bauvorhaben bei. B, welche die Erwartung hegt, A werde ihr nach der Eheschließung hälftiges Miteigentum
einräumen, wendet für Baumaterialien und Handwerkerrechnungen insgesamt 54.000 € auf. A bleibt
auch nach der Eheschließung infolge Gütertrennung Alleineigentümer des bebauten Grundstücks, in

---

137 So *Reuter/Martinek*, 1. Aufl. 1983, § 5 III 1 b, S. 149 f.
138 *Larenz/Canaris*, SR II/2, § 68 I 3 a, S. 150 f. (fehlende vertragliche Verpflichtung als ungeschriebenes
     negatives Tatbestandsmerkmal); *Looschelders*, SR BT, Rn. 1046.
139 *BGH* WM 1972, 888 f. m. w. N.
140 Vgl. *Welker*, Bereicherungsausgleich wegen Zweckverfehlung?, 1974, S. 112; MüKoBGB/*Finken-
     auer*, Bd. 2, § 313 Rn. 177 ff. m. w. N.
141 Palandt/*Grüneberg* § 313 Rn. 15; *Grigoleit/Auer*, Rn. 311.
142 Vgl. auch *BGH* NJW 2013, 3364 (Aufwendungen eines Pächters in der begründeten Erwartung
     künftigen Eigentumserwerbs); *BGH* NJW 2013, 2187 (nichteheliche Lebensgemeinschaft: Aus-
     gleichsansprüche wegen finanzieller Zuwendungen [Darlehensraten] des einen Partners für das im
     Alleineigentum des anderen Partners stehende Wohnhaus nur soweit die Leistungen deutlich über
     die Miete für vergleichbaren Wohnraum hinausgehen).

das die Eheleute einziehen. Nach einiger Zeit gibt es Eheprobleme. B zieht aus dem Familienheim aus und verlangt 54.000 € nebst Zinsen wegen ihrer Mitwirkung an dem Hausbau in der Zeit vor der Eheschließung. Zu Recht?

Lösung:

I. Ansprüche wegen Widerrufs einer Schenkung (§§ 530 Abs. 1, 531 Abs. 2, 812 Abs. 1 S. 2 Alt. 1[143]) bestehen mangels Schenkung nicht. Ein Schenkungsvertrag liegt mangels Einigung über eine unentgeltliche Zuwendung nicht vor.[144]

II. In Frage kommen Ansprüche nach den Vorschriften über die bürgerlich-rechtliche Gesellschaft (§§ 730 f.).

Voraussetzung ist, dass A und B ausdrücklich oder durch schlüssiges Verhalten einen Gesellschaftsvertrag in Bezug auf die Errichtung des Hauses geschlossen haben. Dabei ist zwischen Verlobten (und Partnern einer nichtehelichen Lebensgemeinschaft) nicht erforderlich, dass sie einen über den typischen Rahmen ihrer Gemeinschaft hinausgehenden Zweck verfolgen (wie dies im Verhältnis von Ehegatten zueinander erforderlich ist).[145] Wenn die Partner keinen über den typischen Rahmen ihrer Gemeinschaft hinausgehenden Zweck verfolgen, kann allerdings nicht ohne weiteres von dem für den Abschluss eines Gesellschaftsvertrages erforderlichen Rechtsbindungswillen ausgegangen werden.[146]

Der vertragliche Konsens ist nach neuer Rechtsprechung unverzichtbar. In BGHZ 165, 1, 10,[147] wurde die frühere Rechtsprechung[148] ausdrücklich aufgegeben, nach der die gesellschaftsrechtlichen Vorschriften schon dann Anwendung finden sollten, wenn zwar *kein* Gesellschaftsvertrag geschlossen wird, die Parteien aber in faktischer Willensübereinstimmung die Absicht verfolgen, mit dem Erwerb eines Vermögensgegenstandes einen – wenn auch nur wirtschaftlich – gemeinschaftlichen Wert zu schaffen, der von ihnen für die Dauer der Partnerschaft nicht nur gemeinsam genutzt, sondern ihnen nach ihrer Vorstellung auch gemeinsam gehören sollte. Im vorliegenden Falle wurde der stillschweigende Abschluss eines Gesellschaftsvertrages mangels Anhaltspunkte verneint.[149]

III. Anspruch aus § 812 Abs. 1 S. 2 Alt. 2 (Zweckverfehlungskondiktion)?[150]

Der BGH ist früher davon ausgegangen, dass neben dem gesellschaftsrechtlichen Ausgleich (siehe unter II.) Ansprüche aus ungerechtfertigter Bereicherung oder aus Wegfall der Geschäftsgrundlage grundsätzlich nicht gegeben sind. Von dieser Rechtsprechung ist er in BGHZ 177, 193[151] ausdrücklich abgekehrt (als funktioneller Ausgleich für die durch BGHZ 165, 1, 10 geänderte Rechtsprechung, nach der der gesellschaftsrechtliche Ausgleich nicht schon – wie nach der aufgegebenen Rechtsprechung – aufgrund faktischer Willensübereinstimmung bejaht werden könne).

1. A erlangt von B Zuwendungen im Wert von 54.000 € durch Leistung.

2. Fraglich ist, ob mit der Leistung ein nach dem Inhalt des Rechtsgeschäfts bezweckter Erfolg nicht eingetreten ist.

---

143 § 531 Abs. 2 spricht eine Rechtsgrundverweisung aus, vgl. BGHZ 132, 105 (str.).

144 Vgl. für eine nichteheliche Lebensgemeinschaft BGHZ 177, 193 (keine Schenkung bei Zuwendung zwecks Ausgestaltung einer nichtehelichen Lebensgemeinschaft); vgl. aber auch BGHZ 184, 190 (Zuwendungen von Eltern an das [künftige] Schwiegerkind um der [künftigen] Ehe ihres Kindes Willen sind nicht als unbenannte Zuwendung, sondern als Schenkung zu qualifizieren (Aufgabe der bisherigen Rechtsprechung).

145 Vgl. BGHZ 177, 193; BGHZ 183, 242.

146 BGHZ 177, 193; BGHZ 183, 242.

147 Bestätigt durch BGHZ 177, 193 (nichteheliche Lebensgemeinschaft).

148 Z. B. *BGH* NJW 1992, 906; *BGH* NJW 1997, 3371.

149 Ebenso in BGHZ 177, 193.

150 Ein Anspruch aus § 812 Abs. 1 S. 1 Alt. 1 (Leistungskondiktion) scheitert jedenfalls daran, dass B weiß, dass sie nicht zu Leistungen verpflichtet ist (§ 814 Alt. 1).

151 Noch offen gelassen in *BGH* NJW 2008, 443 (betreffend Ausgleichsansprüchen des Erben gegen den überlebenden Partner einer nichtehelichen Lebensgemeinschaft, die bis zum Tod des Erblassers bestanden hat).

a) Es muss ein besonderer Zweck vorliegen. Die Leistung muss final auf einen nicht erzwingbaren Erfolg ausgerichtet sein. Dies ist regelmäßig nur für Leistungen anzunehmen, die über das hinausgehen, was das tägliche Zusammenleben erst ermöglicht.[152] Dieser besondere Zweck könnte hier in der Erwartung liegen, dass die B Miteigentümerin des Hauses werden würde.

b) Weiter müsste eine Vereinbarung über diesen Zweck vorliegen (konkrete Zweckabrede[153], die mehr ist als eine bloße Geschäftsgrundlage). Eine solche Vereinbarung zwischen A und B verneint der BGH im vorliegenden Fall. Bloßes »Kennenmüssen« der Erwartung des Leistenden (B) genügt nicht, vielmehr ist erforderlich, dass der Empfänger (A) von der Zweckvorstellung des anderen Teils positive Kenntnis hat.[154] Konkludentes Einverständnis mit der Zwecksetzung, insbesondere durch widerspruchslose Entgegennahme genügt. Vorliegend fehlt es bereits an der positiven Kenntnis des A.

c) Selbst wenn man im Fall annähme, dass Leistungserfolge i. S. des § 812 Abs. 1 S. 2 Alt. 2 das Zustandekommen der Ehe und die Benutzung des Hauses als Familienheim wären, scheiterte ein Anspruch aus Zweckverfehlungskondiktion. Denn diese Zwecke sind erreicht worden.[155]

IV. Ausgleichsanspruch wegen Störung der Geschäftsgrundlage (Vertragsanpassung gemäß § 313 Abs. 2 i. V. m. Abs. 1)?

B könnte aber einen Ausgleichsanspruch gem. § 313 entsprechend den Grundsätzen über den Wegfall (Störung) der Geschäftsgrundlage haben.

1. Anwendbarkeit der Grundsätze über die Störung der Geschäftsgrundlage? Besondere familienrechtliche Ausgleichsansprüche (Zugewinnausgleich), die die subsidiäre Anwendbarkeit der Grundsätze über die Störung der Geschäftsgrundlage ausschließen würden, kommen nicht in Betracht; es besteht Gütertrennung (außerdem geht es um den Ausgleich vorehelicher Zuwendungen). Die für den Ausgleich zwischen Ehegatten entwickelten Grundsätze über den Wegfall der Geschäftsgrundlage bei unbenannten Zuwendungen[156] werden auf Leistungen unter Verlobten (und nichtehelichen Lebenspartnern oder Partnern anderer Formen des gemeinschaftlichen Lebens und Wirtschaftens, beispielsweise unter verwitweten Geschwistern, sonstigen Verwandten oder Freunden[157]) übertragen.[158] Es muss sich um gemeinschaftsbezogene Zuwendungen im weitesten Sinne (einschließlich Arbeitsleistungen, siehe dazu den Vertiefungshinweis) handeln, die über die Erbringung einer bloßen Gefälligkeit oder über das, was das tägliche Zusammenleben erfordert, erheblich hinausgehen.

2. Geschäftsgrundlage? Zwischen den Verlobten besteht ein besonderes familienrechtliches Rechtsverhältnis (stillschweigend zustande gekommener Kooperationsvertrag).[159] Der Bestand der künftigen Ehe gehört zu den Umständen, die zur Grundlage des Vertrages geworden sind. Mit dem Scheitern der Eheschließung ändern sich diese Umstände schwerwiegend. Die Parteien hätten das Rechtsverhältnis bei Kenntnis nicht so begründet. B ist das Festhalten am Vertrag nicht mehr

---

152 BGHZ 183, 242; *BGH* NJW-RR 2009, 1142, 1143.
153 BGHZ 177, 193.
154 BGHZ 115, 261; BGHZ 184, 190.
155 Vgl. BGHZ 84, 361.
156 BGHZ 115, 261. Vgl. auch *BGH* NJW 2014, 2638 (Sparbrief als unbenannte Zuwendung).
157 Vgl. BGHZ 177, 193.
158 Vgl. dazu Staudinger/*Lorenz*, § 812 Rn. 100; MüKoBGB/*Schwab*, Bd. 6, § 812 Rn. 469, 500 ff.
159 Vgl. BGHZ 177, 193; BGHZ 84, 362; vgl. dagegen *BGH* NJW 2015, 1523 (kein Kooperationsvertrag mit Eltern der nichtehelichen Lebensgefährtin bei Arbeitsleistungen mit Wertsteigerung für das im Eigentum der Eltern stehende Haus, wenn die Arbeitsleistung der Verbesserung der eigenen Wohnverhältnisse diente. – Ein Ersatzanspruch aus Leihe gemäß § 601 Abs. 2 S. 1 i. V. m. den Vorschriften über die Geschäftsführung ohne Auftrag verneint der BGH mit Hinweis auf § 685 Abs. 1, da der Leistende im maßgeblichen Zeitpunkt der Bauausführung nicht die Absicht hatte, von dem Geschäftsherrn Ersatz zu verlangen. Ein Anspruch aus § 812 Abs. 1 S. 2 Alt. 2 (condictio ob rem) wird wegen Fortbestehens des Leihverhältnisses verneint. Kritisch insbesondere gegen die Anwendung von § 685 *v. Proff*, NJW 2015, 1482).

zumutbar. Damit ist die Geschäftsgrundlage des familienrechtlichen Rechtsverhältnisses weggefallen.[160]

3. Rechtsfolge: B kann grundsätzlich Anpassung des besonderen familienrechtlichen Vertrages verlangen. Eine Anpassung soll jedoch nur insoweit erfolgen, als dem Leistenden die Beibehaltung der durch die Leistungen geschaffenen Vermögensverhältnisse nach Treu und Glauben nicht zuzumuten ist. Insofern hält es der BGH für sachgerecht, auf den Maßstab zurückzugreifen, die für den Ausgleich von Zuwendungen unter Ehegatten gilt, die im Güterstand der Gütertrennung leben.[161] Die Anpassung wird durch Ausgleich der Aufwendungen für eine zwecklos gewordene Leistung vollzogen.[162]

Vertiefungshinweise:

70 **Arbeitsleistungen,** die ein Partner zugunsten des anderen erbringt, sind begrifflich keine Zuwendungen, weil es nicht zu einer Übertragung von Vermögenssubstanz kommt[163] Wirtschaftlich betrachtet stellen Arbeitsleistungen aber ebenso eine geldwerte Leistung dar wie die Übertragung von Vermögenssubstanz. Deshalb sind auch insoweit die **Zweckverfehlungskondiktion** nach §812 Abs. 1 S. 2 Alt. 2 sowie die Grundsätze über den **Wegfall der Geschäftsgrundlage** (§313) grundsätzlich anwendbar.[164] Wie beim Ausgleich von Zuwendungen unter Ehegatten, die im Güterstand der Gütertrennung leben, setzt allerdings sowohl eine Zweckabrede als auch die Qualifikation als Geschäftsgrundlage regelmäßig voraus, dass die Beibehaltung der durch die Leistungen geschaffenen Vermögensverhältnisse nach Treu und Glauben nicht zuzumuten (unbillig) ist, was grundsätzlich nur bei erheblich bedeutsamen Leistungen gegeben ist. **Rechtsfolge:** Als Ausgleich für Arbeitsleistungen kann nur eine angemessene Beteiligung an dem gemeinsam Erarbeiteten verlangt werden. Der Ausgleichsanspruch ist in zweifacher Weise begrenzt: zum einen durch den Betrag, um den das Vermögen des anderen (zur Zeit der Geltendmachung des bereicherungsrechtlichen Anspruchs bzw. des Wegfalls der Geschäftsgrundlage) noch vermehrt ist, zum anderen durch die ersparten Kosten einer fremden Arbeitskraft.

Gesetzlicher Zugewinnausgleich und Ansprüche aus §313 oder §812: Das Vermögen wird im Fall der Scheidung grundsätzlich nach den besonderen gesetzlichen Regeln des familienrechtlichen Güterrechts zwischen den Ehegatten ausgeglichen. Vor allem die Bestimmungen über den **gesetzlichen Zugewinnausgleich** (§§ 1372 ff.; vgl. § 6 Abs. 2 S. 4 LPartG für die Lebenspartnerschaft) regeln den Ausgleich unter den Ehegatten grundsätzlich abschließend.[165] In bestimmten Konstellationen kann sich die Frage (und das Bedürfnis) stellen, ob und inwieweit allgemeine Ansprüche aus WGG (§313), §812 Abs. 1 S. 2 Alt. 2 oder den Regeln der (sog. Ehegatten-Innen-)Gesellschaft (§§ 730 ff.) in Betracht zu ziehen sind, um eine Vermögensverschiebung zwischen sich scheidenden Ehegatten zurückabzuwickeln.[166] Ein solcher (Ausnahme-)Fall ist zu bejahen, wenn das Ergebnis des Zugewinnausgleichs schlechthin unangemessen und unzumutbar ist,[167] wenn ein besonderes Interesse an der Rückgewähr eines bestimmten Gegenstandes besteht oder andere Umstände einen Rückgriff auf die Grundsätze des Wegfalls der Geschäftsgrundlage (§313) gebieten. § 426 kann im Fall gemeinsamer Schulden zur Anwendung kommen.[168] Ein Vermögensausgleich nach den allgemeinen Bestimmungen kommt auch bei Gütertrennung (§ 1414) und nichtehelicher Lebensgemeinschaft in Betracht.

---

160 *BGHZ* 115, 261: »Aufgrund der tatsächlichen Feststellungen des Berufungsgerichts ist davon auszugehen, dass das Verhalten der Parteien rechtsgeschäftliche Qualität hatte, weil die von der Kl. und ihrem Vater erbrachten Leistungen über bloße Gefälligkeiten weit hinausgingen. Diesen Leistungen lag mithin ein besonderes familienrechtliches Rechtsverhältnis zugrunde, zu dessen Geschäftsgrundlage der Bestand der künftigen Ehe zählte.«

161 *BGH* NJW 1997, 2747; BGHZ 177, 193.

162 Vgl. zu den Rechtsfolgen des Wegfalls der Geschäftsgrundlage Palandt/*Grüneberg*, § 313 Rn. 40 ff.

163 *BGH* NJW 2013, 2187; BGHZ 177, 193; BGHZ 127, 48; BGHZ 84, 361.

164 Vgl. BGHZ 184, 190.

165 BGHZ 184, 190. Anders dagegen bei Zuwendungen von Schwiegereltern an ihr Schwiegerkind BGHZ 184, 190 (Aufgabe der bisherigen Rechtsprechung).

166 Vgl. BGHZ 115, 261; 115, 132; *Tiedtke*, JZ 1992, 334.

167 BGHZ 115, 132; vgl. auch BGHZ 184, 190.

168 BGHZ 87, 265; *BGH* NJW 1995, 652.

Ausgleichsanspruch der Erben nach Tod des Zuwendenden: Bei Versterben des Zuwendenden fehlt es regelmäßig an einer Zweckverfehlung i. S. des § 812 Abs. 1 S. 2 Alt. 2, wenn der Zweck darin bestand, an dem erworbenen oder geschaffenen Gegenstand im Rahmen der Gemeinschaft zu Lebzeiten partizipieren zu können.[169] Auch die Geschäftsgrundlage fällt regelmäßig nicht dadurch weg, dass die Lebensgemeinschaft durch den Tod des Zuwendenden ein natürliches Ende findet. Ein vererblicher Anspruch besteht jedoch, wenn die Zweckvereinbarung bei Verwendungen auf einem fremden Grundstück darin liegt, dass der Zuwendende zu einem späteren Zeitpunkt das Eigentum an dem Grundstück erwirbt. Wenn der Eigentumserwerb erst mit dem Tod des Empfängers eintreten soll, entsteht der Anspruch des Erben des Zuwendenden allerdings erst im Zeitpunkt des Todes des Empfängers.[170]

Das Verhältnis von Zweckverfehlungskondiktion und Ansprüchen aus Wegfall der Geschäftsgrundlage ist umstritten. Die jüngste BGH-Rechtsprechung geht von der grundsätzlichen Anwendbarkeit beider Anspruchsgrundlagen aus.[171] Dies geschieht unter dezidierter Ablehnung[172] der Ansicht, dass die Grundsätze über den Wegfall der Geschäftsgrundlage, insbesondere wegen deren größeren Anwendungsflexibilität, die Anwendbarkeit der Zweckverfehlungskondiktion ausschließen (verdrängender Vorrang).[173]

> **Fall (*BGH* NJW 1984, 233):** A und B sind Miterben der verstorbenen M. A überträgt dem B schenkungshalber seinen Anteil an einem Nachlassgrundstück;[174] B sichert zu, dass er das Grundstück bzw. das Haus selbst bewohnen werde. Nachdem er entgegen seiner Zusage das Haus weitervermietet hat, verlangt A von B Rückübertragung des Eigentums an die Erbengemeinschaft. Zu Recht?

71

Lösung:

I. Anspruch aus §§ 311 Abs. 1, 280 Abs. 1 auf Schadensersatz wegen Pflichtverletzung (–), weil kein Vermietungsverbot vereinbart wurde und insoweit keine Pflichtverletzung in Frage kommt.

II. §§ 525, 527 Abs. 1 (–), weil ein Vermietungsverbot als schenkungsrechtliche Auflage nicht vertraglich vereinbart ist.

III. § 812 Abs. 1 S. 2 Alt. 1 (–), weil keine auflösende Bedingung (§ 158 Abs. 2: Nachlassgrundstück wird nicht mehr durch Miterben bewohnt) vereinbart ist, die mit Weitervermietung eingetreten sein könnte.

IV. § 812 Abs. 1 S. 2 Alt. 2 (+). B erlangt durch Leistung Alleineigentum am Grundstück. Der nach dem Inhalt des Rechtsgeschäftes mit der Leistung bezweckte Erfolg ist weggefallen: Es liegt eine bloße Zweckschenkung vor, bei der – im Gegensatz zur Schenkung unter Auflage – keine vertragliche Einigung über eine einklagbare Verpflichtung getroffen wird.[175] Das Vermietungsverbot ist Gegenstand einer tatsächlichen Willenseinigung zwischen A und B geworden. Deshalb ist der Anspruch auf Rückübereignung begründet.

---

169 BGHZ 183, 242.

170 BGHZ 197, 110.

171 BGHZ 184, 190; BGHZ 177, 193. – Für (tatbestandlichen) Vorrang des Wegfalls der Geschäftsgrundlage MüKoBGB/*Finkenauer*, Bd. 2, § 313 Rn. 178.

172 Vgl. *BGH* NJW 1992, 2690 (Vorrang von § 313 bei vertraglicher Grundlage); Palandt/*Brudermüller*, Einl v § 1297 Rn. 32 für den Ausgleich nach nichtehelicher Lebensgemeinschaft.

173 Vgl. dazu *Grigoleit/Auer*, Rn. 311 m. w. N.

174 Nach § 2033 Abs. 1 kann der Erbe über seinen Miterbenanteil verfügen, nicht aber über seinen Anteil an einem einzelnen Nachlassgegenstand (§ 2033 Abs. 2). Eine Verfügung über einen einzelnen Nachlassgegenstand erfolgt grundsätzlich durch alle Miterben gemeinschaftlich (§ 2040). Eine Ausnahme besteht dann, wenn ein Miterbe an den/die anderen Miterben verfügt (BayObLGZ 1957, 370, 374; MüKoBGB/*Gergen*, Bd. 10, § 2040 Rn. 20).

175 Unklar *BGH* NJW 1984, 233: Die Zweckschenkung bleibe vielmehr Geschäftsgrundlage der Schenkungsabrede, wofür eine tatsächliche Willensübereinstimmung ausreiche.

72 **Vertiefungshinweis:** Zweckschenkung

Schenkungen (§§ 516 ff.) können zu einem bestimmten Zweck vorgenommen werden (sog. **Zweckschenkung**). Dieser »Zweck« kann rechtlich unterschiedliche Bedeutungen haben.[176] (1) Es kann sich dabei um ein bloßes einseitiges (Schenkungs-)Motiv und damit um einen (regelmäßig) nicht nach außen in Erscheinung tretenden einseitigen Willen des Schenkenden handeln (»Wunschschenkung«), der grundsätzlich keine Rechtsfolgen hat. (2) Möglich ist eine Auflage (§§ 525 ff.); sie setzt eine vertragliche Vereinbarung zwischen Schenker und Beschenktem voraus. (3) Wird eine vertragliche Vereinbarung über eine einklagbare Verpflichtung nicht getroffen, so kann der Zweck ein »nach dem Inhalt des Rechtsgeschäfts bezweckte[r] Erfolg« i. S. des § 812 Abs. 1 S. 2 Alt. 2 oder (4) Geschäftsgrundlage (§ 313) des Schenkungsvertrages sein. Vgl. zur Abgrenzung der Zweckabrede i. S. des § 812 Abs. 1 S. 2 Alt. 2 und der Geschäftsgrundlage (§ 313) → Rn. 68 f. Welche Bedeutung eine sog. Zweckschenkung im Einzelfall hat, ist eine Frage der Auslegung der Parteierklärungen (§§ 133, 157) sowie der Interessenlage.

3. Nichteintritt des bezweckten Erfolges

73 Der Kondiktionsanspruch auf Rückgewähr der Leistung entsteht nur und erst dann, wenn der bezweckte Erfolg nicht eintritt. Der Empfänger darf das Geleistete so lange behalten, bis endgültig feststeht, dass der bezweckte Erfolg nicht mehr eintreten wird.[177]

Beispiel: Wird die Haushälterin H (vgl. den Fall → Rn. 62) nicht als Erbin eingesetzt, kann H die geleisteten Dienste dem Werte nach (§ 818 Abs. 2) im Wege der Zweckverfehlungskondiktion (§ 812 Abs. 1 S. 2 Alt. 2) herausverlangen. Denn der mit den Dienstleistungen bezweckte Erfolg (Erbeinsetzung der H) ist nicht eingetreten, weil eine andere Person als H Erbe des W geworden ist.

4. Zusammenfassung

74

§ 812 Abs. 1 S. 2 Alt. 2 – Anwendungsfälle der Zweckverfehlungskondiktion (condictio ob rem)

1. Erfüllung einer Verbindlichkeit kein Erfolg i. S. der § 812 Abs. 1 S. 2 Alt. 2, weil von § 812 Abs. 1 S. 1 Alt. 1 erfasst.
2. Daher – in Abgrenzung zur allgemeinen Leistungskondiktion – zwei Anwendungsfälle der Zweckverfehlungskondiktion:
  a) Leistung ohne Verpflichtung
    – Leistung bewusst ohne Rechtsgrund (vgl. § 814 Alt. 1), aber mit anderem (als auf Erfüllung einer Verbindlichkeit gerichteten) Zweck (→ Rn. 56, 58 f.)
    – Bsp.: Erhalten einer rechtlich nicht erzwingbaren Gegenleistung
  b) Leistung mit weitergehendem Zweck
    – Leistung zum Zweck der Erfüllung einer Verbindlichkeit mit Rechtsgrund, aber mit über Erfüllung einer Verbindlichkeit hinausgehendem Zweck – sog. Zweckanstaffelung (→ Rn. 56, 61 f.)
    – Bsp.: Zweckschenkung (→ Rn. 72)

---

176 Vgl. MüKoBGB/*Koch*, Bd. 3, § 525 Rn. 8 m. w. N.
177 Vgl. MüKoBGB/*Schwab*, Bd. 6, § 812 Rn. 376.

III. Ausschluss der Zweckverfehlungskondiktion

1. § 815

Der **Ausschlusstatbestand** des § 815 gilt nur für die Zweckverfehlungskondiktion, 75 nicht für die anderen Leistungskondiktionen.[178] Geregelt werden zwei Fälle: (1) Der Eintritt des Erfolges ist von Anfang an unmöglich und der Kondiktionsgläubiger hat Kenntnis davon (§ 815 Alt. 1). Diese Alternative entspricht dem Ausschlusstatbestand des § 814 Alt. 1 für § 812 Abs. 1 S. 1 Alt. 1. (2) Der Kondiktionsgläubiger verhindert den Eintritt des Erfolges wider Treu und Glauben (§ 815 Alt. 2). Diese Alternative ist Ausfluss des Rechtsgedankens des § 162. Für sie soll – über den Wortlaut hinaus – erforderlich sein, dass dem Leistenden subjektiv die Tatsachen bewusst waren, aus denen sich der Verstoß gegen Treu und Glaube ergibt.[179] Nicht erforderlich ist hingegen, dass der Leistende in der Absicht handelt den Erfolg zu verhindern. Vielmehr reicht es aus, wenn er ohne zwingenden Grund eine Handlung vornimmt, die für ihn ersichtlich zur Erfolgsverhinderung führt.[180]

Beispiel:[181] Der Käufer eines formnichtigen Schwarzkaufs[182] über ein Grundstück (§§ 311b Abs. 1 S. 1, 117 Abs. 2 und 1) zahlt den Kaufpreis, um den Verkäufer zur Übereignung zu bewegen. Später löst er sich von dem Vertrag, weil das Grundstück durch mangelhafte Ausführung eines von ihm selbst veranlassten Umbaus entwertet worden ist, und verlangt Rückzahlung des Kaufpreises Zug um Zug gegen Rückgabe des Grundstücks (*BGH* NJW 1980, 451).
Dem Bereicherungsanspruch des Käufers aus § 812 Abs. 1 S. 2 Alt. 2 (Zweckverfehlungskondiktion) steht die Einwendung des § 815 Alt. 2 entgegen: Der Käufer ist nicht schutzwürdig, wenn er die Formnichtigkeit nur zum Vorwand nimmt, sich dem Vertrag zu entziehen, um auf diese Weise die Nachteile (Wertverlust des Grundstücks) zu vermeiden, die er selbst durch Umgestaltung des Kaufobjektes nach Vertragsschluss verursacht hat. Der Käufer darf die gemeinsame, von ihm herbeigeführte Erwartung (Verwirklichung des formungültigen Vertrages) nicht zunichte machen.

2. § 817 S. 2 analog

Der Ausschlusstatbestand des § 817 S. 2 gilt bei allen Leistungskondiktionen und somit 76 auch bei der Zweckverfehlungskondiktion entsprechend (vgl. → Rn. 34 ff.).

---

178 BGHZ 29, 171; a. A. (betreffend der condictio ob causam finitam) Soergel/*Schmidt-Kessel/Hadding*, § 815 Rn. 1.
179 Vgl. BeckOK BGB/*Wendehorst*, § 815 Rn. 5 m. w. N.
180 Siehe Palandt/*Sprau*, § 815 Rn. 3.
181 Auf den Anspruch aus § 1301 ist § 815 entsprechend anwendbar; die Rückforderung der Geschenke ist ausgeschlossen, wenn der schenkende Teil (der Schenker) die Eheschließung wider Treu und Glauben verhindert hat (BGHZ 45, 258).
182 Bei einem sog. Schwarzkauf wird ein Grundstückskaufvertrag (vgl. § 311b Abs. 1) über einen anderen Kaufpreis notariell beurkundet, als zwischen Käufer und Verkäufer vereinbart worden ist. Der notariell beurkundete Kaufvertrag über den nicht gewollten Kaufpreis ist nichtig (§ 117 Abs. 1), der Kaufvertrag über den gewollten Kaufpreis ist formnichtig (§ 117 Abs. 2 i. V. m. § 311b Abs. 1).

IV. Zusammenfassung

77

§ 812 Abs. 1 S. 2 Alt. 2 – Zweckverfehlungskondiktion

I. Tatbestand
  1. Etwas erlangt
  2. Durch Leistung
  3. Nichteintritt des mit der Leistung bezweckten Erfolges
    a) Besonderer Zweck (nicht die Erfüllung einer Verbindlichkeit) (→ Rn. 58)
    b) Zweckvereinbarung (»nach dem Inhalte des Rechtsgeschäfts«)
      (1) Leistungsempfänger muss die Erwartung des Leistenden positiv kennen und (zumindest durch Annahme der Leistung konkludent) billigen (→ Rn. 63)
      (2) Abgrenzung zu (→ Rn. 65 ff.)
        – einseitigem Motiv
        – vertraglicher Vereinbarung
        – Geschäftsgrundlage (Zweckvoraussetzung)
          z. B. bei der Zweckschenkung
    c) Nichteintritt des bezweckten Erfolges
II. Ausschluss
  1. § 815
  2. § 817 S. 2 entsprechend

E. § 817 S. 1 – Leistungskondiktion wegen verwerflichen Empfangs

78 § 817 S. 1 enthält nach h. M. einen eigenen, selbständigen Tatbestand der Leistungskondiktion,[183] der den Fall regelt, dass durch die Annahme einer Leistung gegen ein Gesetz oder gegen die guten Sitten verstoßen wird (§ 817 S. 1, Leistungskondiktion wegen verwerflichen Empfangs – condictio ob turpem vel iniustam causam).

I. Tatbestand

79 Der Zweck der Leistung muss **gegen ein gesetzliches Verbot oder gegen die guten Sitten verstoßen.** Das Rechtsgeschäft selbst muss nicht wegen Gesetzes- oder Sittenverstoßes nichtig sein.

Beispiele:

– Versprechen oder Gewährung eines als Darlehen getarnten Schweigegeldes zur Vermeidung einer Strafanzeige;[184]
– Vorteilsannahme durch einen Amtsträger (§ 331 StGB).

Die h. M. verlangt, dass der Empfänger positive Kenntnis von dem Gesetzesverstoß bzw. das Bewusstsein hat, sittenwidrig zu handeln; fahrlässige oder grob fahrlässige Unkenntnis des Verbotes bzw. des Handelns gegen das Verbot reicht nicht aus.[185]

80 § 817 S. 1 wird ausgeschlossen durch den Ausschlusstatbestand des § 817 S. 2 (vgl. → Rn. 34 ff.).

---

183 Zum Streitstand siehe MüKoBGB/*Schwab*, Bd. 6, § 817 Rn. 4 ff.
184 RGZ 58, 204.
185 Vgl. Palandt/*Sprau*, § 817 Rn. 8 m. w. N. auch zur abweichenden Ansicht.

II. Anwendungsfälle

Bei einem Verstoß gegen ein gesetzliches Verbot oder gegen die guten Sitten ist das **81** Verpflichtungsgeschäft in aller Regel bereits nach den §§ 134, 138 nichtig; dann besteht bereits ein bereicherungsrechtlicher Anspruch nach § 812 Abs. 1 S. 1 Alt. 1. Die Bedeutung der Kondiktion aus § 817 S. 1 ist deshalb gering. § 817 S. 1 hat insbesondere in zwei **Anwendungsfällen** Bedeutung, in denen eine allgemeine Leistungskondiktion nach § 812 Abs. 1 S. 1 Alt. 1 nicht in Betracht kommt.

1. Verstoß gegen ein Gesetz oder gegen die guten Sitten nur durch Empfänger

Die h. M. geht davon aus, dass die §§ 134, 138 grundsätzlich nur bei beiderseitigen Ge- **82** setzesverstößen in Betracht kommen. Bei einem **einseitigen Gesetzesverstoß** des Empfängers ist das Kausalgeschäft deshalb grundsätzlich wirksam, sodass § 812 Abs. 1 S. 1 Alt. 1 nicht erfüllt ist.

Beispiele:

- Vorteilsannahme durch einen Beamten gem. § 331 StGB. Hier ist das Verpflichtungsgeschäft nicht nach §§ 134, 138 nichtig, denn die Vorteilsannahme ist nur für den Amtsträger strafbar. Der Schenkungsvertrag ist also wirksam.
- Bei der Schutzgelderpressung ist das Kausalgeschäft wirksam, weil den Leistenden kein Vorwurf trifft, aber Rückforderung nach § 817 S. 1.[186] Der Leistende kann in diesem Fall auch anfechten (§§ 123f.) und dann nach § 812 Abs. 1 S. 1 Alt. 1 zurückfordern. § 814 steht der Rückforderung durch den Erpressten nicht entgegen, wenn man die Vorschrift als Ausprägung treuwidrigen Verhaltens deutet: Der Erpresste, der die Leistung zurückverlangt, handelt nicht treuwidrig.

2. Kondiktion trotz § 814

Nach § 814 ist die Rückforderung (§ 812 Abs. 1 S. 1 Alt. 1) ausgeschlossen, wenn der **83** Leistende **gewusst hat,** dass er zur Leistung nicht verpflichtet war. In diesem Fall kann aber § 817 S. 1 einschlägig sein, auf den der Ausschlussgrund des § 814 nicht anwendbar ist.

Fall (*BAG* NJW 1983, 783): Der Auszubildende A steht bei dem Unternehmer U in einem Ausbil- **84** dungsverhältnis. Für den Abschluss des Ausbildungsvertrages hat U 2.000 € verlangt, die der Vater des A (V) aufgrund einer Zahlungsabsprache zwischen ihm und U auch zahlte, obwohl er wusste, dass er dazu nicht verpflichtet werden kann. Nach Ausbleiben des Ausbildungserfolges verlangt der Vater Rückzahlung der 2.000 €. Zu Recht?

Lösung: § 812 Abs. 1 S. 1 Alt. 1?
V zahlt ohne Rechtsgrund; denn die Zahlungsabrede ist nach § 134 i. V. m. § 12 Abs. 2 Nr. 1 BBiG[187] nichtig. Jedoch steht dem Anspruch die Einwendung aus § 814 entgegen: V weiß, dass er zur Leistung nicht verpflichtet ist.

1. Mit dem Empfang des Geldes verstößt U gegen ein gesetzliches Verbot: § 12 Abs. 2 BBiG erfasst nicht nur die Vereinbarung über eine Ausbildungsentschädigung, sondern auch die Vermögensverschiebung an sich.

---

186 *Medicus/Petersen*, BR, Rn. 694 f.
187 § 12 Abs. 2 Nr. 1 BBiG: »Nichtig ist eine Vereinbarung über 1. die Verpflichtung Auszubildender, für die Berufsausbildung eine Entschädigung zu zahlen, 2. […]«.

2. Dem Anspruch aus § 817 S. 1 steht die Einwendung aus § 817 S. 2 nicht entgegen. Zweck des BBiG ist es, eine Vermögensverschiebung zu verhindern. Deshalb ist § 817 S. 2 mit Rücksicht auf den Gesetzeszweck des BBiG in diesem Fall einzuschränken und nicht anzuwenden.

3. Der Anspruch aus § 817 S. 1 ist begründet.

§ 11. Nichtleistungskondiktion

1 Unter Nichtleistungskondiktion versteht man die Bereicherung »in sonstiger Weise« (vgl. § 812 Abs. 1 S. 1 Alt. 2). Dazu gehören alle Bereicherungtatbestände, die keine Leistungskondiktion darstellen (vgl. den Überblick → § 9 Rn. 22).

A. Einführung und Überblick

2 Der Begriff »Nichtleistungskondiktion« kennzeichnet mehrere unterschiedliche Kondiktionsansprüche, denen allen gemeinsam ist, dass es an einer Leistung und damit an der Grundvoraussetzung für eine Leistungskondiktion fehlt (zum Verhältnis von Leistungs- und Nichtleistungskondiktion vgl. → § 9 Rn. 18 ff.). Die verschiedenen **Arten** der Nichtleistungskondiktion unterscheidet man nach dem Zustandekommen der Bereicherung:

1. Die **allgemeine Eingriffskondiktion** (§ 812 Abs. 1 S. 1 Alt. 2) betrifft Fälle, in denen sich die Vermögensverschiebung nicht durch eine Handlung des Bereicherungsgläubigers vollzieht. Regelmäßig greift eine Person (der Bereicherungsschuldner) in Rechtspositionen des Bereicherungsgläubigers ein.

2. Die **Rückgriffskondiktion** (§ 812 Abs. 1 S. 1 Alt. 2) betrifft die Tilgung einer fremden Schuld. Jemand (der Bereicherungsgläubiger) befreit einen anderen (den Schuldner der getilgten Forderung/Bereicherungsschuldner) gegenüber einem Dritten von einer Verbindlichkeit (ohne ihm [dem Schuldner] eine Leistung zu erbringen) und verlangt hierfür Ersatz.

3. Die **Verwendungskondiktion** (§ 812 Abs. 1 S. 1 Alt. 2) betrifft Fälle, in denen der Bereicherungsgläubiger Verwendungen auf fremde Sachen macht (z. B. Reparaturen durchführt) und diese Verwendungen vom Eigentümer (Bereicherungsschuldner) ersetzt verlangt.

3 Diese **Einteilung ist nicht abschließend** und hat nur systematische Bedeutung. Zur allgemeinen Eingriffskondiktion (§ 812 Abs. 1 S. 1 Alt. 2) gibt es drei Spezialtatbestände in § 816 und einen Spezialtatbestand in § 822:

1. § 816 Abs. 1 S. 1: Entgeltliche Verfügung eines Nichtberechtigten;
2. § 816 Abs. 1 S. 2: Unentgeltliche Verfügung eines Nichtberechtigten;
3. § 816 Abs. 2: Leistung an einen Nichtberechtigten;
4. § 822: Unentgeltliche Verfügung eines Berechtigten.

4 Die allgemeine Eingriffskondiktion (§ 812 Abs. 1 S. 1 Alt. 2) hat ihrerseits vier Anwendungsfälle, die sich aus der Art und Weise des Erlangens der Bereicherung ergeben:[1]

1. Der Bereicherte greift durch eine Handlung in das Recht eines anderen ein, ohne die Befugnis zum Eingriff in fremde Rechte zu haben, und mehrt so sein Vermögen

---

[1] Fallgruppen nach Staudinger/*Lorenz*, § 812 Rn. 25 ff.

(z. B. Verbrauch oder Nutzung fremder Sachen). Möglich ist auch, dass ein Dritter (etwa durch staatlichen Hoheitsakt) zugunsten des Bereicherten in die fremde Rechtsposition eingreift.

2. Die Bereicherung wird durch den Entreicherten selbst herbeigeführt, z. B. durch irrtümliche Verwendung eigener Sachen für einen anderen. Dann liegt eine Leistungskondiktion nicht vor, weil die Zweckgerichtetheit der Vermögensvermehrung i. S. des Leistungsbegriffs fehlt (vgl. → § 10 Rn. 15 ff.).

3. Bereicherung durch ein Naturereignis, z. B. Kühe grasen auf einer fremden Wiese.

4. Bereicherung durch Vorgänge, an die das Gesetz eine Rechtsänderung knüpft (§§ 946 f., 932 ff., 955, 973 ff.), wenn das Gesetz mit dem gesetzlichen Erwerbsvorgang nicht zugleich einen Rechtsgrund für das Behaltendürfen bereitstellt.

Arten der Nichtleistungskondiktionen   5

1. Eingriffskondiktionen
   a) Allgemeine Eingriffskondiktion nach § 812 Abs. 1 S. 1 Alt. 2
      – Funktion: Rechtsfortwirkungsanspruch zum Güterschutz (im Gegensatz zu der aus der Güterbewegung herrührenden Funktion der Leistungskondiktion [→ § 9 Rn. 11])
   b) Spezialtatbestände der Eingriffskondiktion
      (1) Entgeltliche Verfügung eines Nichtberechtigten (§ 816 Abs. 1 S. 1)
      (2) Unentgeltliche Verfügung eines Nichtberechtigten (§ 816 Abs. 1 S. 2)
      (3) Leistung an einen Nichtberechtigten (§ 816 Abs. 2)
      (4) Unentgeltliche Verfügung eines Berechtigten (§ 822)
2. Verwendungskondiktion
   = Aufwendungen auf eine fremde Sache
      – P: Bau auf fremden Grund (→ Rn. 64)
3. Rückgriffskondiktion
   = Tilgung fremder Schulden (§ 267)
      – Vorrang vertraglicher oder gesetzlicher Regelungen (→ Rn. 69)
      – P: Aufgedrängte Bereicherung (→ Rn. 63, 66 und → § 12 Rn. 61 f.)

B. Allgemeine Eingriffskondiktion (§ 812 Abs. 1 S. 1 Alt. 2)

I. Überblick

Die allgemeine **Eingriffskondiktion** ist ein Rechtsfortwirkungsanspruch, der im Rahmen des Güterschutzrechts den **Zuweisungsgehalt** des Rechts des Kondiktionsgläubigers verwirklichen soll, das der Bereicherte verkürzt hat.[2] Es handelt sich um einen eigenständigen Anspruch mit einer selbständigen Funktion im Güterschutz. Hauptfunktion der Eingriffskondiktion ist es, dem Berechtigten eine Ausgleichsmöglichkeit zu schaffen, dessen Rechtsgut ohne Erlaubnis gebraucht, genutzt, verbraucht oder verwertet wurde.[3] Wegen der unterschiedlichen Funktionen von Leistungs- und Eingriffskondiktion sind die Tatbestandsmerkmale des § 812 Abs. 1 S. 1 Alt. 2 (trotz gleichen Wortlautes) unterschiedlich und entsprechend ihrer Funktion zu definieren.   6

---

2 So die heute herrschende Auffassung in Anschluss an *Wilburg* und *v. Caemmerer;* vgl. → § 9 Rn. 6 ff.
3 Vgl. *Reuter/Martinek*, 1. Aufl. 1983, § 7 I 1, S. 236.

II. Tatbestand

1. Bereicherungsgegenstand

7 **Bereicherungsgegenstand** bei der Eingriffskondiktion ist jeder Verwendungs-, Nutzungs- oder Eingriffserfolg eines fremden Rechts (vgl. zum Bereicherungsgegenstand bei der Leistungskondiktion → § 10 Rn. 4 ff.). Auf einen Vermögenswert oder eine Gegenständlichkeit kommt es nicht an. Von Bedeutung ist die Eingriffskondiktion vor allem beim Eingriff in immaterielle Nutzungsmöglichkeiten. Wenn als Vermögensvorteil nur der **Besitz** erlangt worden ist, scheidet die Eingriffskondiktion aus. Denn die Besitzschutz-Vorschrift des § 861 darf nicht durch das Bereicherungsrecht unterlaufen werden und geht der allgemeinen Eingriffskondiktion deshalb als Spezialregelung vor.[4]

2. Erwerb (»in sonstiger Weise«)

8 Die Bereicherung muss **in sonstiger Weise** entstanden sein, also gerade nicht durch Leistung (vgl. → § 10 Rn. 9 ff.).[5]

3. Auf dessen Kosten

9 Das Tatbestandsmerkmal **»auf dessen Kosten«** hat nur für die Nichtleistungs-, nicht aber für die Leistungskondiktion Bedeutung (vgl. → § 9 Rn. 6 ff.). Es dient dazu, eine uferlose Bereicherungshaftung zu verhindern. Mittels des Merkmals »auf dessen Kosten« können die Parteien der Eingriffskondiktion bestimmt[6] (und der Bereicherungsgegenstand spezifiziert[7]) werden.

a) Bestimmung des Bereicherungsgläubigers und Bereicherungsschuldners

10 Das Tatbestandsmerkmal »auf dessen Kosten« ist erfüllt, wenn ein Eingriff in ein fremdes Recht vorliegt. Nach h. M. ist nicht die Handlung entscheidend.[8] Abzustellen ist vielmehr auf das betroffene Rechtsgut bzw. den Schutzbereich des beeinträchtigten Rechtsgutes und dessen Reichweite: Wird die Rechtsposition, um die es bereicherungsrechtlich geht, von der Rechtsordnung dem Gläubiger zur ausschließlichen Verfügung zugewiesen, sodass der Eingriff zu dessen Lasten geht (sog. **Zuweisungstheorie,** heute h. M.)?[9] Eine einheitliche Formel zur Bestimmung des (ausfüllungsbedürftigen) Begriffs des **Zuweisungsgehaltes** gibt es nicht. Als Entscheidungskriterien sind im jeweiligen Einzelfall heranzuziehen:

---

4 Palandt/*Herrler,* § 861 Rn. 2.

5 In der Literatur (*Brox/Walker,* SchuldR BT, § 42 Rn. 5; wohl auch *Giesen,* Jura 1995, 234, 237) wird an dieser Stelle zum Teil geprüft, ob ein Eingriff vorliegt, und es wird die Rechtswidrigkeits- und Zuweisungstheorie (vgl. → Rn. 10 Fn. 8) erörtert. Dogmatisch korrekt ist die Einordnung dieser Frage in »auf dessen Kosten« (vgl. → Rn. 9 ff.).

6 Vgl. BGHZ 94, 160; 99, 385.

7 Vgl. BGHZ 192, 204 (Eintragung eines Nichtberechtigten als Domaininhaber).

8 Die sog. Rechtswidrigkeitstheorie stellt auf die Handlung des Schuldners, den bereichernden Vorgang, ab und prüft, ob diese Handlung nach allgemeinen Grundsätzen rechtswidrig ist. »Rechtswidrig« ist jede Handlung, die gegen zwingende Gebots- und Verbotsnormen verstößt oder einen Eingriff in ein subjektives Privatrecht darstellt, den der Betroffene sich nicht gefallen zu lassen braucht und zu dessen Unterlassung der Handelnde verpflichtet war.

9 BGHZ 82, 299; Staudinger/*Lorenz,* § 812 Rn. 23 m. w. N.; *Medicus/Petersen,* BR, Rn. 709 ff.; *Schlechtriem,* SBT, Rn. 748 ff.

- gesetzliche Wertungen (sachenrechtlich [§ 903] oder schuldrechtlich),
- das Bestehen von Nutzungs- und Verwertungsmöglichkeiten des Gläubigers (anerkannte marktfähige Verwertungsmöglichkeit einer Rechtsposition),[10, 11]
- das Bestehen eines Unterlassungsanspruchs, den der Gläubiger gegen den Schuldner hat,[12]
- Deliktsschutz einer bestimmten Rechtsposition.[13]

Allgemein formuliert: Der Eingriffskondiktion unterliegt ein vermögensrechtlicher Vorteil dann, wenn der Erwerber diesen nur unter Verletzung einer geschützten Rechtsposition und der **alleinigen Verwertungsbefugnis des Rechtsinhabers** erlangen konnte. Die geschützte Rechtsposition muss dem Rechtsinhaber (Bereicherungsgläubiger) gewährleisten, dass ohne seine Zustimmung ihre Nutzung durch Dritte zu unterbleiben hat. Bloß schuldrechtlich begründete Ansprüche[14] und bloße Erwerbs- und Gewinnchancen[15] reichen hierfür nicht aus. **11**

Beispiele:
- Macht jemand von Erkenntnissen Gebrauch, die nicht unter dem Schutz gewerblicher Sonderrechte stehen, in einem öffentlichen Genehmigungsverfahren anerkannt und damit offenkundig und allgemein zugänglich geworden sind, so fehlt es an dem Eingriff in den Zuweisungsgehalt eines Rechts desjenigen, der diese Erkenntnisse im Rahmen seiner Forschungen erlangt (BGHZ 107, 117).
- Die unbefugte kommerzielle Nutzung seines Bildnisses stellt einen Eingriff in den vermögensrechtlichen Zuweisungsgehalt des Rechts am eigenen Bild wie auch des allgemeinen Persönlichkeitsrechts dar und begründet grundsätzlich – neben dem Verschulden voraussetzenden Schadensersatzanspruch – einen Anspruch aus Eingriffskondiktion auf Zahlung der üblichen Lizenzgebühr (BGH NJW 2009, 3032 »Günther Jauch«); BGH NJW 2000, 2201 »Der blaue Engel«; BGHZ 169, 340 [Rücktritt des Finanzministers]; BGH VersR 2012, 630 [Anspruch der Eltern wegen unerlaubter Veröffentlichung eines Porträtfotos ihres bei einem Verkehrsunfall getöteten Kindes]).
- Ein schuldrechtlicher Anspruch auf Herausgabe oder Rückgewähr von Gegenständen weist diese selbst noch nicht dem Anspruchsberechtigten zu. Durch die Verfügung über den Gegenstand kann deshalb nicht »in sonstiger Weise« (§ 812 Abs. 1 S. 1 Alt. 2) in seine Rechtsposition eingegriffen werden (BGH NJW 1993, 1919 m. w. N.) (vgl. zu § 823 Abs. 1 und dem Schutz von Forderungsrechten → § 16 Rn. 96 ff.).

Auf der Grundlage der Zuweisungstheorie ist **Bereicherungsgläubiger** derjenige, dem das betroffene Recht zugewiesen ist. **Bereicherungsschuldner** ist der, in dessen Vermögen die durch Eingriff erzielten Vermögensvorteile gelangt sind.[16] **12**

> **Fall (BGHZ 131, 297):** Student M hat vom Vermieter V eine recht großzügige Wohnung gemietet. Um sich etwas dazu zu verdienen, untervermietet M einen Teil der Wohnung an den Kommilitonen U. Als V davon erfährt, verlangt V von M den Untermieterlös heraus. Zu Recht? **13**

---

10 *Hüffer*, JuS 1981, 263, 265.
11 Es ist folgende (Test-)Frage zu stellen: Hätte der Gläubiger die Möglichkeit gehabt, dem Schuldner den Eingriff und damit den Vermögenserwerb, um dessen Herausgabe oder Ersatz es geht, entgeltlich zu gestatten? Vgl. MüKoBGB/*Schwab*, Bd. 6, § 812 Rn. 281 ff.; kritisch dazu *Larenz/Canaris*, SR II/2, § 69 I 1 d, S. 172.
12 So *Kleinheyer*, JZ 1970, 471.
13 Zuweisungsgehalt kommt grundsätzlich denjenigen und nur denjenigen Gütern zu, die deliktsrechtlich geschützt sind, und zwar so weit, wie der Deliktsschutz tatbestandsmäßig reicht (vgl. *Larenz/Canaris*, SR II/2, § 69 I 1 c, S. 170 f.).
14 BGH NJW 2013, 781 (lediglich schuldvertraglicher Anspruch auf Unterlassung einer Zweitverwertung einer nicht urheberrechtsschutzfähigen Bauplanung durch Architekten).
15 BGHZ 107, 117.
16 Vgl. *Ellger*, S. 205, 230 f.

Lösung:

I. Anspruch aus §§ 535, 280 Abs. 1? Die unberechtigte Untervermietung stellt eine Pflichtverletzung des Mieters dar (vgl. § 540 Abs. 1). Jedoch ist dem V dadurch kein Schaden entstanden. Nach der Differenzhypothese weicht die reale Lage (Untervermietung) nicht von der hypothetischen Lage (keine Untervermietung) ab; ein Schaden läge nur vor, wenn die Untervermietung zu einer erhöhten Abnutzung der Wohnung geführt hätte, wozu aber nichts vorgetragen ist.

II. §§ 987, 990, 99 Abs. 3? Ein Anspruch aus EBV kommt nicht in Betracht, weil M aufgrund des Mietvertrages zum Besitz berechtigt ist. Der (berechtigte) Fremdbesitzerexzess (sog. nicht so berechtigter Besitzer) ist von den Vorschriften nicht erfasst.

III. §§ 687 Abs. 2 S. 1, 681 S. 2, 667 auf Herausgabe des Erlangten? Fraglich ist, ob M ein fremdes Geschäft geführt hat. Der Mieter, der vertragswidrig untervermietet, übt nur den ihm überlassenen Gebrauch in einer ihm nicht zustehenden Weise aus. Er nimmt damit aber kein Geschäft des V vor, der zur Untervermietung der vermieteten Wohnung nicht selbst berechtigt ist. Deshalb fehlt es an der Fremdheit des Geschäftes (vgl. → § 6 Rn. 5).

IV. § 816 Abs. 1 S. 1? Es liegt keine Verfügung i. S. des § 816 vor (vgl. → Rn. 26, 37).

V. § 812 Abs. 1 S. 1 Alt. 2 (allgemeine Eingriffskondiktion)? Voraussetzung ist, dass M etwas auf Kosten eines anderen ohne rechtlichen Grund erlangt, also in den Zuweisungsgehalt eines fremden Rechts eingreift (h. M.). Dem Vermieter entgehen durch die Untervermietung keine Verwertungs- oder Gebrauchsmöglichkeiten, deren er sich nicht schon durch den Abschluss des Hauptmietvertrages entäußert hätte; er selbst könnte die Mietsache einem Dritten gar nicht mehr überlassen. Deshalb greift M nach Ansicht des BGH durch die Untervermietung nicht in den Zuweisungsgehalt des Rechts des V ein.[17]

VI. Ergebnis: V kann nicht die Herausgabe der Untermiete, sondern nur Unterlassung verlangen (§ 541) oder kündigen (§ 543 Abs. 2 S. 1 Nr. 2).

b) Unmittelbarkeit der Vermögensverschiebung

14 Die Literatur bestimmt den Bereicherungsschuldner und Bereicherungsgläubiger schon durch die Zuweisungstheorie,[18, 19] ohne auf weitere Kriterien, insbesondere auf die Unmittelbarkeit, abzustellen.[20] Der Zuweisungsgehalt der Rechtsposition ersetzt

---

17 Zustimmend z. B. MüKoBGB/*Schwab*, Bd. 6, § 812, Rn. 290 (m. w. N. zum Meinungsstand). – Nach anderer Ansicht ist der Umfang der vertraglichen Gestattung durch den Mietvertrag gerade begrenzt. Somit greife eine darüber hinausgehende Nutzung (die Untervermietung) in weitergehende, dem Vermieter vorbehaltene Verwertungsmöglichkeiten ein: Dieser hätte die Mietsache zwar keinem Dritten mehr überlassen können, er hätte aber dem Mieter die Untervermietung – gegen Zahlung eines höheren Mietzinses – einräumen können (vgl. MüKoBGB/*Lieb*, 4. Aufl. 2004, § 812 Rn. 266; *Larenz/Canaris*, SR II/2, § 69 I 2a, S. 173).

18 MüKoBGB/*Schwab*, Bd. 6, § 812 Rn. 244 f.; Staudinger/*Lorenz*, § 812 Rn. 23 und 31; *Larenz/Canaris*, SR II/2, § 67 II 1, S. 131 f.; *Koppensteiner/Kramer*, § 9 II, S. 88 ff.; *Medicus/Petersen*, BR, Rn. 664: Die Trennungstheorie diene dazu, das Unmittelbarkeitserfordernis zu entlasten; vgl. auch *Ellger*, S. 216 f.

19 Nach anderer Ansicht ist die Zuweisungstheorie im Tatbestandsmerkmal »ohne rechtlichen Grund« tatbestandlich einzuordnen; die Bestimmung des Zuweisungsgehaltes definiere die Rechtsgrundlosigkeit; das Tatbestandsmerkmal »auf dessen Kosten« werde dann von der als Zuweisungswidrigkeit verstandenen Rechtsgrundlosigkeit absorbiert (so *Reuter/Martinek*, 1. Aufl. 1983, § 7 I 3, S. 240 f.; *Hüffer*, JuS 1981, 263, 264).

20 MüKoBGB/*Schwab*, Bd. 6, § 812 Rn. 50; *Esser/Weyers*, SR II/2, § 50 I 2, S. 79 f.; *Koppensteiner/Kramer*, § 9 I 5c, S. 85 bis 88; *Ellger*, S. 205. Zu weit gehen *Reuter/Martinek*, 1. Aufl. 1983, § 7 I 2, S. 237 (Das Erfordernis der Unmittelbarkeit habe sich erledigt). Ihre Funktion, Bereicherungsgläubiger und Bereicherungsschuldner zu bestimmen und die Haftung aus Eingriffskondiktion zu beschränken, hat sich zwar nicht erledigt; sie wird aber durch den modernen Leistungsbegriff (das Dogma des Vorrangs der Leistungs- vor der Eingriffskondiktion und dem grundsätzlichen Ausschluss der Durchgriffskondiktion) im Rahmen der Leistungskondiktion (vgl. *Larenz/Canaris*, SR II/2, § 67 II 1, S. 131 ff.) und durch die Zuweisungstheorie bei der Eingriffskondiktion (vgl. BGHZ 82, 299) über-

demnach bei der Eingriffskondiktion das bei der Leistungskondiktion bestehende Erfordernis, dass das Erlangte aus einer Leistung des Bereicherungsgläubigers stammen müsse.[21] Von der Rechtsprechung wird aber vor allem beim Auftreten mehrerer Personen – unterstützend – auf die »**Unmittelbarkeit** der Vermögensverschiebung«[22] abgestellt.[23] Eine unmittelbare Vermögensverschiebung liegt vor, wenn der Bereicherungsgegenstand aus dem Vermögen des Bereicherungsgläubigers direkt in das Vermögen des Bereicherungsschuldners übergegangen ist, und zwar ohne Umweg über das Vermögen Dritter (sog. Unmittelbarkeit der Vermögensverschiebung).[24] Wer unmittelbar etwas erlangt hat, ist Bereicherungsschuldner.

Beispiel: Die Mieter der Wohnanlage des B nutzen die Garagenzufahrt des Grundstücks des K, um zu ihrer Tiefgarage auf dem Grundstück des B zu gelangen. Zugunsten des B ist schon vor Eigentumserwerb durch K eine öffentlich-rechtliche Baulast auf dem Grundstück des K eingetragen. Für die Nutzung der Zufahrt verlangt K von B Ersatz (BGHZ 94, 160). (1) Ein Anspruch aus § 917 Abs. 2 kommt nicht in Betracht, weil B einen Notweg nicht verlangt hat (vgl. § 917 Abs. 1 S. 1). (2) K könnte einen Anspruch aus § 812 Abs. 1 S. 1 Alt. 2 (Eingriffskondiktion) haben. (a) Die Baulast erlangt B nicht auf Kosten des K, weil eine Vermögensverschiebung (Bestellung der Baulast) zwischen B und dem Voreigentümer des Grundstücks des K vor Eigentumserwerb des K stattgefunden hat. (b) (aa) B erlangt aber die Nutzung der Garagenzufahrt. (bb) Dass nicht B selbst, sondern seine Mieter die Zufahrt tatsächlich nutzen, steht einer Bereicherungsschuld des B nicht entgegen, wenn zwischen K und B eine unmittelbare Vermögensverschiebung stattfindet. Das trifft hier zu, weil B aus der Nutzung der Zufahrt unmittelbar begünstigt wird, er die Tiefgaragenstellplätze vermietet hat und auch hierfür die nötige Zufahrt schuldet. Insoweit erspart er eigene Aufwendungen. (cc) Es fehlt an einem Rechtsgrund. (c) Der Anspruch ist begründet.

15

Vertiefungshinweis: Der Versicherer zahlt an den Inhaber einer Grundschuld (B) die Versicherungssumme wegen teilweiser Zerstörung des Kaufgrundstücks. Die Grundschuld ist aber nach § 883 Abs. 1 S. 2, Abs. 2 dem Grundstückskäufer K gegenüber relativ unwirksam, weil für K eine vorrangige Auflassungsvormerkung eingetragen ist. Der Grundstückskäufer K, der später Eigentum erwirbt, verlangt von B Ersatz (BGHZ 99, 385). K hat einen Anspruch aus § 812 Abs. 1 S. 1 Alt. 2 (Eingriffskondiktion) gegen B (Grundschuldgläubiger) auf Herausgabe der erlangten Zahlung. (a) B erlangt die Versicherungsleistung. (b) Er erhält sie nicht durch eine Leistung des K. (c) Die erlangte Versicherungsleistung ist nach dem maßgeblichen Zuweisungsgehalt der einschlägigen Rechtsordnung dem Bereicherungsgläubiger zuzuordnen, sodass B sie auf Kosten des K erlangt. Wegen der vorrangigen Vormerkung gebührt dem K die Versicherungssumme. Dies ergibt sich aus Folgendem: Der Grundschuldgläubiger hat eigentlich ein Pfandrecht an dem Ersatzanspruch des Grundstückseigentümers und insoweit ein Einziehungsrecht (§§ 1192 Abs. 1, 1127 Abs. 1, 1128 Abs. 3, 1282 Abs. 1 S. 1 und 2, 1228 Abs. 2). Jedoch ist die Grundschuldbestellung wegen der vorrangigen Vormerkung nach § 883 Abs. 1 S. 2 und Abs. 2 dem K gegenüber relativ unwirksam. K könnte von B die Lö-

16

nommen. Insoweit hat die »Unmittelbarkeit« heute keine eigenständige Bedeutung mehr. Das Merkmal kann allenfalls als Konkretisierung von »auf dessen Kosten« angesehen und insoweit unterstützend herangezogen werden (MüKoBGB/*Lieb*, 4. Aufl. 2004, § 812 Rn. 18f.).

21 So wörtlich BGHZ 82, 299; in Anschluss daran BGHZ 107, 117.

22 Es dient dazu, die Parteien der Nichtleistungskondiktion festzulegen und die Herausgabeverpflichtung auf den durch den Eingriff unmittelbar Begünstigten zu beschränken (BGHZ 68, 276; 94, 160).

23 Das Prinzip der Unmittelbarkeit wendet sich gegen die Zulassung der sog. Versionsklage und den unmittelbaren Durchgriff bei so genannten Bereicherungsketten (vgl. *v. Caemmerer*, FS Rabel I, 1954, S. 333, 372). Die jüngere Rechtsprechung verfährt pragmatisch, ohne eine genaue dogmatische Einordnung erkennen zu lassen, um sich damit für künftige fallrechtliche Entwicklungen offen zu halten (so die Wertung von Staudinger/*Lorenz*, § 812 Rn. 23).

24 BGHZ 46, 260; 94, 160; aus der jüngeren Literatur *Larenz/Canaris*, SR II/2, § 67 II 2b, S. 135 (große Bedeutung des Unmittelbarkeitserfordernisses, eigenständige Funktion zumindest bei Bestimmung des Bereicherungsschuldners) und § 69 I 3a, S. 177f.

schung der Grundschuld (§ 888) – mit der Folge des Wegfalls des Einziehungsrechts – und vom Verkäufer Abtretung des Versicherungsanspruchs (§ 285) wegen Unmöglichkeit der Übereignung (§ 275 Abs. 1) verlangen. (d) Es mangelt auch nicht an der Unmittelbarkeit der Vermögensverschiebung. Zwar wird eine Zuwendung von dem Versicherer an B vollzogen, eine Vermögensverschiebung liegt aber unmittelbar von K an B vor: Wegen der nur relativen Unwirksamkeit ist die Versicherungsforderung durch Zahlung an B erloschen. K verliert dadurch seinen Surrogatanspruch aus § 285 gegen den Grundstücksverkäufer; dieser Vorgang führt zugleich zu einer Vermögensmehrung bei B als Zahlungsempfänger. Damit sind die Parteien der Nichtleistungskondiktion festgelegt, so der BGH. (e) Ein Vorrang der Leistungsbeziehung kommt nicht in Betracht, weil B (im Verhältnis zu K) nicht von einer Leistung der Versicherungssumme durch den Grundstückseigentümer oder des Versicherers ausgehen kann (wohl Folge der relativen Unwirksamkeit der Grundschuld [§ 883 Abs. 2]).

17 Mit dem Merkmal »auf dessen Kosten« ist nicht gemeint, dass sich das Vermögen des Bereicherungsgläubigers vermindert haben muss.[25]

Beispiel: Student X profitiert von der gut ausgestatteten Universitätsbibliothek und erspart sich dadurch die Anschaffung eigener teurer Literatur. X hat – untechnisch und wirtschaftlich gedacht – etwas »auf Kosten« der Universität erlangt. Ein Nutzungsentgelt (aus allgemeiner Nichtleistungskondiktion) kann die Universität dennoch nicht verlangen, obwohl sie durch Anschaffung von Literatur und Nutzung durch die Studenten einen wirtschaftlichen Nachteil erlitten hat. Die Aufwendungen für die Universitätsbibliothek sind gemacht worden, lange bevor X zu studieren angefangen hat. Die Bücher bzw. deren Nutzungsmöglichkeit sind deshalb nicht unmittelbar (direkt) von der Universität in das Vermögen des X gelangt.

4. Ohne Rechtsgrund

18 Bei dem Tatbestandsmerkmal »ohne rechtlichen Grund« kommt es darauf an, dass für das durch den jeweiligen bereichernden Vorgang begründete Haben des Empfängers kein Rechtsgrund im Sinne eines Behaltensgrundes zur Seite steht.[26] Infrage kommt ein gesetzlicher (§§ 932 ff., 816 Abs. 1) oder vertraglicher Behaltensgrund (z. B. Anspruch, den der eingreifende Schuldner selbst erfüllt hat).

19 Es geht – im Gegensatz zur Leistungskondiktion (objektiver Rechtsgrundbegriff, vgl. → § 10 Rn. 23) – nicht um die causa, welche eine gewollte Vermögensbewegung rechtfertigen soll;[27] insoweit tritt die unterschiedliche Funktion der Eingriffs- und Leistungskondiktion wieder hervor (vgl. → § 9 Rn. 10 f., 13). Irrelevant ist, ob der Eingriff, der zum Rechtserwerb des Schuldners auf Kosten des Gläubigers führt, rechtswidrig ist (anders die Vertreter der Rechtswidrigkeitstheorie; vgl. → Rn. 10 Fn. 8). Es kommt allein auf den eingetretenen Zustand und die Existenz eines Behaltensgrundes für diesen an. Mit dem Tatbestandsmerkmal »ohne rechtlichen Grund« ist auch nicht gemeint, dass der erlangte Vermögensvorteil einen entsprechenden Nachteil oder Schaden beim Rechtsträger des fremden Gutes bewirkt hat:[28] Es geht um eine Bereicherung des Schuldners, nicht um eine Entreicherung oder Schädigung des Gläubigers.[29]

Beispiel: B, Inhaber einer Fensterfabrik, benutzt bei der Herstellung von Fensterrahmen ein Kunststoffprofil, das als Gebrauchsmuster für den A geschützt ist (BGHZ 68, 90).
Dem A ist nach der Rechtsordnung (Markengesetz) die ausschließliche Benutzung des Gebrauchsmusters zugewiesen. Eigentum und Immaterialgüterrechte sind nämlich nach der Rechtsordnung ihrem Inhaber

---

25 Das wäre die Sicht des Schadensersatzrechts, aber nicht des Bereicherungsrechts.
26 MüKoBGB/*Schwab*, Bd. 6, § 812 Rn. 398.
27 Staudinger/*Lorenz*, § 812 Rn. 1; *Larenz/Canaris*, SR II/2, § 67 I, S. 129 f.
28 So noch die traditionelle Bereicherungslehre; vgl. *Savigny*, System des heutigen römischen Rechts, Bd. V, 1841, S. 525 ff.; weiter schon die Protokolle (*Mugdan* II, S. 1170 f. [Protokolle]).
29 Vgl. Staudinger/*Lorenz*, § 812 Rn. 23 f.

ausschließlich zugewiesen. Ohne eine Einwilligung (Lizenz) hätte B das Immaterialgüterrecht des A nicht kommerziell verwenden dürfen. Deshalb ist die Nutzung ohne Rechtsgrund erlangt.

Die Tatbestandsmerkmale »auf dessen Kosten« und »ohne rechtlichen Grund« erfül- 20
len unterschiedliche Funktionen. Insoweit kann es zu Überschneidungen zwischen den einzelnen Tatbestandsmerkmalen eigentlich nicht kommen.[30] Daran ändert sich nichts dadurch, dass das Tatbestandsmerkmal »ohne rechtlichen Grund« regelmäßig erfüllt ist, wenn ein Eingriff in den Zuweisungsgehalt eines fremden Rechts (»auf dessen Kosten«) vorliegt.

Vertiefungshinweis: Kondiktionsfestigkeit des durch Ersitzung erlangten Eigentums (§ 937). 21
Nach BGHZ 208, 316 trägt der Erwerb durch Ersitzung seinen Rechtsgrund in sich und schließt Ansprüche gegen den Erwerber aus ungerechtfertigter Bereicherung aus, und zwar sowohl aus Eingriffskondiktion als auch aus Leistungskondiktion.[31] Diese Ansicht findet im Gesetz darin eine Stütze, dass das Recht der Ersitzung im Gegensatz zu den auf sie folgenden Erwerbstatbeständen (vgl. §§ 951, 977) keine Ausgleichsansprüche für den Rechtsverlust enthält. Dagegen hatte eine verbreitete Ansicht im Anschluss an RGZ 130, 69 die Möglichkeit der (Leistungs-)Kondiktion bejaht.[32] Diese (Bereicherungs-)Problematik war auf Grundlage des alten (Schuld-)Rechts vor allem relevant, weil der Bereicherungsanspruch in 30 Jahren verjährte und die Ersitzungsfrist 10 Jahre betrug. Insoweit war die Streitfrage durch die Schuldrechtsreform bereits entschärft worden: Die Regelverjährung beträgt 3 Jahre (§ 195); der Bereicherungsanspruch verjährt dann regelmäßig vor Eintritt der Ersitzungsfrist (10 Jahre). Die kondiktionsrechtliche Frage kann sich aber immer noch stellen, wenn die Verjährung erst nach der Ersitzungsfrist endet, weil sie später zu laufen begonnen hat – nach § 199 Abs. 1 (Nr. 2) (sog. subjektives System) beginnt die Verjährung mit dem Ende des Jahres, in dem der Gläubiger Kenntnis oder grob fahrlässige Unkenntnis der den Anspruch begründenden Umstände sowie der Person des Schuldner erlangt (siehe zur Verjährung → § 12 Rn. 64).[33]

---

30 Die Rechtswidrigkeitstheorie bestimmt das Merkmal der Rechtsgrundlosigkeit neben »auf Kosten« von der Rechtswidrigkeit des Eingriffs her (Staudinger/*Lorenz*, § 812 Rn. 23). Teilweise wird die Rechtsgrundlosigkeit mit »auf Kosten« gleich gesetzt (vgl. *Larenz/Canaris*, SR II/2, § 67 II 2a [S. 135]). Es wird angenommen, dass, wenn ein Erwerb auf Kosten eines anderen erfolgt, dies i. d. R. ohne rechtlichen Grund geschieht (Staudinger/*Lorenz*, § 812 Rn. 23). Die Tatbestandsmerkmale »auf Kosten« und »ohne rechtlichen Grund« werden teilweise gemeinsam so definiert, dass ein aus unbefugter Inanspruchnahme fremden Gutes resultierender Erwerb an den Berechtigten herauszugeben ist (vgl. Staudinger/*Lorenz*, § 812 Rn. 77).

31 BGHZ 208, 316 m. N. zur Literatur; ablehnend *Wilhelm*, NJW 2017, 193.

32 In RGZ 130, 69 ging es um eine (schenkweise [causa]) Übereignung durch einen Geschäftsunfähigen (§ 929 S. 1), die nichtig ist (§ 105 Abs. 1), weshalb ein Eigentumserwerb des Beschenkten durch Ersitzung in Betracht kam (§ 937). Zu prüfen war, ob eine Leistungskondiktion (§ 812 Abs. 1 S. 1 Alt. 1) auf Rückübereignung begründet war. Das RG bejahte eine Kondiktion des früheren Eigentümers gegen den Ersitzenden auf Rückübereignung und stützte sich dabei darauf, dass die Regelung des § 951 keinen Umkehrschluss (»nur in diesem Fall des gesetzlichen Erwerbs komme ein Bereicherungsausgleich in Frage«) zulasse, sowie auf den Vergleich mit dem rechtsgeschäftlichen Erwerb: Es wäre widersprüchlich, wenn bei einem schenkweisen Erwerb von einem Geschäftsfähigen ein Anspruch aus § 816 Abs. 1 S. 2 bis zu 30 Jahre (§ 195 a. F.) möglich ist, während im Fall der Schenkung durch einen Geschäftsunfähigen der Kondiktionsanspruch nach Ablauf von 10 Jahren (Ersitzungsfrist) ausscheide und der Erwerber haftfrei sei. Dem stimmte die überwiegende Ansicht in der Literatur zu.

33 *BGH* NJW-RR 2008, 1237 (auch für Bereicherungsansprüche [hier: Rückforderung der vertraglichen Vergütung wegen Verstoßes gegen das Rechtsberatungsgesetz] gilt, dass die für den Verjährungsbeginn nach § 199 Abs. 1 Nr. 2 erforderliche Kenntnis oder grob fahrlässige Unkenntnis von den anspruchsbegründenden Umständen und der Person des Schuldners grundsätzlich keine zutreffende rechtliche Würdigung voraussetzt; anders aber, wenn die Rechtslage so unübersichtlich oder zweifelhaft ist, dass selbst ein rechtskundiger Dritter sie nicht zuverlässig einzuschätzen vermag [vgl. auch BGHZ 179, 260; *BGH* NJW-RR 2010, 1574, 1575; BGHZ 138, 247; 150, 172]; siehe auch → § 12 Rn. 64).

22   **Fall (BGHZ 55, 128 »Flugreise«-Fall):**[34] Der fast 18-jährige M fliegt mit einem gültigen Flugschein mit einer Maschine der Lufthansa (L) von München nach Hamburg. Von dort gelingt ihm ohne gültigen Flugschein der Weiterflug mit derselben Maschine nach New York. Als ihm in New York die Einreise in die USA verweigert wird, befördert ihn die Lufthansa noch am selben Tag zurück. Sie verlangt nun von M den tariflichen Flugpreis für den Hinflug von Hamburg nach New York. Der gesetzliche Vertreter des M verweigert die Genehmigung. Besteht ein (Kondiktions-)Anspruch der L dem Grunde nach?

Lösung:

1. Ein vertraglicher Zahlungsanspruch scheitert an der fehlenden Wirksamkeit des Beförderungsvertrages; der gesetzliche Vertreter hat nicht genehmigt (vgl. § 108).
2. Keine Leistungskondiktion (§ 812 Abs. 1 S. 1 Alt. 1), weil keine bewusste und gewollte Beförderung (= Leistung) des M durch die Lufthansa vorliegt. Die Lufthansa befördert den blinden Passagier M nicht willentlich. Sie will weder eine Beförderungsleistung gegenüber einem »blinden Passagier« erbringen noch dem M gegenüber einen bestimmten Leistungszweck erreichen. Eine Verbindlichkeit (Beförderungsvertrag) soll ihm gegenüber nicht erfüllt werden.
   Es handelt sich um einen Grenzfall, bei dem sich Leistung und Eingriff kaum noch unterscheiden lassen.[35] Der BGH äußerte sich im Fall nicht konkret, spricht aber mehrmals von Leistung(-sempfang); es wird aber bei § 819 Abs. 1 auf die Kenntnis des Minderjährigen (§ 828 Abs. 3 = § 828 Abs. 2 a. F.) und eine unerlaubte Handlung (§ 265a StGB) abgestellt (vgl. → § 12 Rn. 59). In der Literatur wird teilweise eine Leistungskondiktion angenommen[36] und dies mit einem den blinden Passagier einschließenden (generellen) Leistungswillen begründet (vgl. → § 10 Rn. 21).
3. Anspruch auf Zahlung gemäß § 812 Abs. 1 S. 1 Alt. 2 (Eingriffskondiktion)?
   a) Das erlangte Etwas, also der Vermögensvorteil, besteht in der Inanspruchnahme von Diensten, nämlich in der Beförderung als solcher (vgl. → § 10 Rn. 5f.).
   b) In sonstiger Weise? Eine Leistung liegt nicht vor (vgl. vorstehend). Die Beförderung wird gegenüber M ohne Wissen und Willen der L erbracht.
   c) Auf dessen Kosten? Erforderlich ist ein Eingriff in den Zuweisungsgehalt eines fremden Rechts. M müsste die Beförderung erlangt haben, indem er in die rechtlich geschützte Vermögenssphäre der Lufthansa eingreift. M erschleicht sich den Hinflug nach New York. Er nimmt also eine Beförderung der Lufthansa in Anspruch, die regelmäßig nur gegen Entgelt erbracht wird. Die Lufthansa entscheidet darüber, zu welchen Bedingungen sie jemanden befördern will. Wer sich ohne oder gegen ihren Willen die Beförderung verschafft, greift in den Zuweisungsgehalt ihrer rechtlich geschützten Position ein. L ist als Inhaber des in Anspruch genommenen Rechts richtiger Bereicherungsgläubiger, M als Vorteilsinhaber Bereicherungsschuldner.
   Darüber hinaus erhält M das erlangte Etwas unmittelbar von L und nicht über einen Dritten. Die Vermögensverschiebung beruht auf ein und demselben Vorgang (Unmittelbarkeit des Vermögenserwerbs). Das Merkmal »auf dessen Kosten« ist damit gegeben.
   d) Ohne Rechtsgrund? Mit der Bejahung des Zuweisungsgehaltes des Beförderungsrechts steht zugleich fest, dass die Nutzung oder Beförderung einer Legitimation bedarf. Dem M fehlt ein Recht (-sgrund), die Beförderungsleistung in Anspruch nehmen zu dürfen. Deshalb erlangt er sie ohne rechtlichen Grund.
   e) Ergebnis: Eine Eingriffskondiktion liegt dem Grunde nach vor. Vgl. zu weiteren Problemen des Falles (insbesondere zum Wegfall der Bereicherung und zur verschärften Bereicherungshaftung) → § 12 Rn. 59.
4. § 823 Abs. 1 (–). Kein Schadensersatzanspruch, weil keine Rechtsgutverletzung und kein Schaden. Im BGH-Fall ist die Maschine nicht voll ausgebucht, sodass zahlwillige Passagiere nicht zurückgewiesen werden müssen und somit die hypothetische von der realen Lage nicht abweicht.

---

34 Vollständig abgedruckt in BGHZ 55, 128; siehe auch *Hombrecher,* Jura 2004, 250.
35 So *Medicus/Petersen,* BR, Rn. 665.
36 Vgl. *Beuthien/Weber,* S. 54, 58f.; *Giesen,* Jura 1995, 169, 172; *Fritzsche,* Fall 16 Rn. 22.

III. Zusammenfassung

§ 812 Abs. 1 S. 1 Alt. 2 – Tatbestand der Eingriffskondiktion	23

1. Etwas erlangt
  – P: Bei Erlangung bloßen Besitzes: Vorrang der Besitzschutzvorschrift des § 861 (→ Rn. 7)
2. In sonstiger Weise, d. h. nicht durch Leistung
3. Auf Kosten des Bereicherungsgläubigers
  a) Definition:
    = Zuweisungstheorie (h. M.): Eingriff in den Zuweisungsgehalt eines fremden Rechts
    – P: Bestimmung des Zuweisungsgehalts im Einzelfall (→ Rn. 10 ff.)
  b) Funktion:
    (1) Nach der Zuweisungstheorie der h. M. Bestimmung von
      – Bereicherungsgläubiger (Wem ist das betroffene Recht zugewiesen?) und
      – Bereicherungsschuldner (Wer erlangt Vermögensvorteile?)
    (2) Unmittelbarkeit der Vermögensverschiebung (Rspr.) – (Ergänzende) Bestimmung des Bereicherungsschuldners (→ Rn. 14 ff.)
4. Ohne Rechtsgrund
  – Behaltensgrund: Vertraglicher oder gesetzlicher Rechtsgrund für das Behaltendürfen des Erlangten (→ Rn. 18 f.)	

C. Sondertatbestände der Eingriffskondiktion gemäß §§ 816, 822

I. Einführung und Überblick

§§ 816 und 822 enthalten **Sondertatbestände** der Eingriffskondiktion[37], die in einem 24
Rechtsgutachten (Klausur) entsprechend dem Spezialitätsgrundsatz vor § 812 Abs. 1
S. 1 Alt. 2 zu prüfen sind. Das Gesetz unterscheidet:
– die entgeltliche Verfügung eines Nichtberechtigten (§ 816 Abs. 1 S. 1),
– die unentgeltliche Verfügung eines Nichtberechtigten (§ 816 Abs. 1 S. 2),
– die unentgeltliche Verfügung eines Berechtigten (§ 822) und
– die Leistung an einen Nichtberechtigten gemäß § 816 Abs. 2.

§§ 816 Abs. 1, 822 erfassen Eingriffe durch Verfügung und stellen gesetzlich geregelte
Fälle von bereicherungsrechtlichen Dreipersonenverhältnissen dar (vgl. → Rn. 28, 41,
43). § 816 Abs. 2 regelt den Eingriff durch wirksame Leistungsannahme durch einen
Nichtberechtigten.

II. Entgeltliche Verfügung eines Nichtberechtigten (§ 816 Abs. 1 S. 1)

1. Regelungszweck

Grundsätzlich kann nur der Inhaber eines Rechts wirksam über sein Recht verfügen. 25
Im Interesse der Sicherheit des Rechtsverkehrs gibt es hiervon Ausnahmen. Auch die
Verfügung eines Nichtberechtigten (z. B. Nichteigentümers) über ein fremdes Recht
kann wirksam sein, z. B. bei einem gutgläubigen Erwerb gemäß § 932. Der Rechtsinha-

---

37 Vgl. zu § 816 *Lorenz*, JuS 2018, 654; *Linardatos*, JA 2018, 102 und JA 2018, 184; zu § 822 *Linardatos*,
  JuS 2017, 816.

ber verliert dann seinen Vermögensgegenstand, während der Nichtberechtigte, der über den fremden Vermögensgegenstand entgeltlich verfügt hat, einen Vermögenszuwachs in Form der Gegenleistung erzielt. Diesen soll er nicht behalten dürfen. Dieses Ergebnis wird durch § 816 Abs. 1 S. 1 korrigiert.

2. Tatbestand

a) Verfügung (durch einen Nichtberechtigten)

26 Eine Verfügung ist ein Rechtsgeschäft, durch das ein Recht unmittelbar übertragen, belastet, aufgehoben oder inhaltlich geändert wird.

Beispiele: Übertragung des Eigentums (§§ 929 ff.); Belastung einer Sache mit einem Pfandrecht (§§ 1204 ff.); Abtretung einer Forderung (§§ 398 ff.); Inhaltsänderung durch Auswechselung der durch Hypothek gesicherten Forderung (§§ 1180 Abs. 1, 877).

b) Anspruchssteller und Anspruchsgegner

27 Das Gesetz definiert den »Berechtigten« und »Nichtberechtigten« nicht. Es gelten deshalb die allgemeinen Regeln.

Berechtigter und deshalb Bereicherungsgläubiger ist der Rechtsinhaber einer Sache. Nur ihm gegenüber kann die Verfügung wirksam sein. Maßgebend ist allein die Rechtsinhaberschaft, und zwar auch dann, wenn mit ihr ausnahmsweise keine Verfügungsbefugnis verbunden ist (vgl. den Vertiefungshinweis → Rn. 29).

Beispiel: Über den Nachlass des Alleinerben E ist Testamentsvollstreckung (durch den Testamentsvollstrecker T) angeordnet worden. Verfügt der Dritte D über einen Nachlassgegenstand, so ist der Erbe E Berechtigter i. S. des § 816 Abs. 1 und damit anspruchsberechtigt.

28 Die Verfügung muss von einem Nichtberechtigten vorgenommen worden sein. **Nichtberechtigter** ist, wer über eine Sache nicht verfügungsbefugt ist. Die Verfügungsbefugnis fehlt dem Nicht-Rechtsinhaber und dem Rechtsinhaber, zu dessen Lasten das Gesetz (vgl. § 137 S. 1) die Verfügungsbefugnis einschränkt.

Beispiel: Das Kfz des Grundstückseigentümers G fällt in den Haftungsverband einer Hypothek (§ 1120). Hypothekenberechtigter ist H. Wenn G über das Kfz an einen Dritten verfügt und der Dritte gutgläubig lastenfrei Eigentum erwirbt, so ist G bezüglich der Hypothek, die auch das Kfz erfasst, Nichtberechtigter i. S. des § 816 Abs. 1 S. 1, weil er nicht über die Hypothek verfügen kann. H ist Berechtigter i. S. des § 816 Abs. 1 S. 1, weil er Rechtsinhaber der Hypothek ist.

Auch der Erwerber, der die Sache vom verfügenden Nichtberechtigten erwirbt, ist an sich nicht verfügungsbefugt. Das Gesetz bestimmt ihn aber nicht als Anspruchsverpflichteten (Umkehrschluss aus § 816 Abs. 1 S. 2). Es findet also kein Durchgriff gegen den dritten Erwerbenden statt.

29 **Vertiefungshinweis:** »Berechtigter« und »Nichtberechtigter« i. S. des § 816 Abs. 1 S. 1 und § 185 Sowohl § 816 als auch § 185 verwenden die Worte **»Berechtigter«** und **»Nichtberechtigter«.** Die Bedeutung dieser Gesetzesbegriffe ist problematisch. Zu beachten ist, dass Berechtigung und Nichtberechtigung sich auf die Rechtsinhaberschaft (Zuordnung einer Sache zu einer Person) oder die Verfügungsbefugnis (Rechtsmacht zur Verfügung über eine Sache) beziehen können.[38]

---

38 Dieser Unterschied wird in der Literatur nicht nachvollzogen, vielmehr werden beide Bezugspunkte (Rechtsinhaberschaft und Verfügungsbefugnis) bei Bestimmung des »Berechtigten« und »Nicht-

Das Besondere an § 816 Abs. 1 S. 1 ist, dass »Berechtigter« und »Nichtberechtiger« nicht als Gegensatzbegriffe (»Wer nicht Berechtiger ist, ist Nichtberechtigter.«) zu verstehen sind, sondern unterschiedliche Bezugspunkte haben: Berechtigter meint den Rechtsinhaber, ohne dass (materiellrechtlich) die Verfügungsbefugnis von Bedeutung ist. Nichtberechtigter ist der Nicht-Verfügungsbefugte, die Rechtsinhaberschaft ist ohne Bedeutung.[39]

Anders ist dies – trotz des gleichen Gesetzeswortlautes – in § 185 Abs. 1. Hier beziehen sich die Begriffe »Berechtigter« und »Nichtberechtigter« beide auf die Verfügungsbefugnis, ohne dass es auf die Rechtsinhaberschaft ankommt.[40] Nichtberechtigter ist deshalb auch der nicht alleinige Rechtsinhaber (z. B. Miteigentümer, Gesamthänder).

Beispiel: Eine Verfügung des Insolvenzschuldners (Gemeinschuldners) über einen Massegegenstand wird wirksam, wenn der Insolvenzverwalter genehmigt (§ 185 Abs. 2 S. 1 Alt. 1; vgl. §§ 80 f. InsO). Der Insolvenzschuldner bleibt zwar Rechtsinhaber, verliert aber mit Insolvenzverfahrenseröffnung die Verfügungsbefugnis und ist deshalb »Nichtberechtigter« i. S. des § 185. Der Insolvenzverwalter ist nicht Rechtsinhaber an den Massegegenständen, sondern nur verfügungsbefugt und deshalb »Berechtigter« i. S. des § 185 Abs. 1.

c) Wirksamkeit der Verfügung gegenüber dem Berechtigten

Die Verfügung muss dem Berechtigten gegenüber **wirksam** sein. Das ist der Fall, wenn   30
jemand kraft guten Glaubens von dem Nichtberechtigten das Recht erwirbt (§§ 932 ff., 891 ff., 1207 f., 2365 ff., § 366 HGB). Möglich ist auch, dass bei einer (unwirksamen) Verfügung (z. B. bei abhanden gekommenen Sachen, § 935) oder einem unredlichen Erwerber (§ 932 Abs. 2) die Verfügung erst durch eine (nachträgliche) **Genehmigung** des Berechtigten wirksam wird (§ 185 Abs. 2 S. 1 Alt. 1). Die Genehmigung kann auch konkludent erklärt werden. Verlangt der Berechtigte von dem Nichtberechtigten den Verkaufserlös heraus, so kann hierin eine konkludente Genehmigung gesehen werden (vgl. → Rn. 32).

Der Eigentümer einer beweglichen Sache, der das Eigentum daran wegen § 932 Abs. 2 oder § 935 nicht verloren hat, kann wählen, ob mit § 985 sein Eigentum herausverlangen oder über §§ 816 Abs. 1 S. 1, 185 Abs. 2 S. 1 Alt. 1 den Veräußerungserlös fordern will. Im Fall einer Kettenveräußerung (**Veräußerungskette**) kann der Berechtigte wählen, welchen nichtberechtigt Verfügenden er in Anspruch nehmen will bzw. welche Verfügung (eines Nichtberechtigten) er genehmigt.

Fall (nach BGHZ 56, 131): Der gutgläubige S »erwirbt« Ware, die dem G gestohlen worden ist. Nach-   31
dem S sie an seine Kunden weiterveräußert hat und diese die Ware verarbeitet haben, genehmigt G die Weiterveräußerungen des S an dessen Kunden und verlangt von S Ersatz. Zu Recht?

Lösung:

I.   Ein Anspruch aus §§ 989, 990 Abs. 1 scheidet aus. Zwar besteht im Zeitpunkt der Verfügung des S an seine Abnehmer ein EBV (vgl. § 935 Abs. 1 S. 1), jedoch trifft S an der Unmöglichkeit der Herausgabe der Ware kein Verschulden (§ 989); außerdem fehlt es an der Bösgläubigkeit i. S. des § 990 Abs. 1.

II. §§ 687 Abs. 2 S. 1, 681 S. 2, 667 scheidet mangels vorsätzlicher Eigengeschäftsführung aus.

---

berechtigten« miteinander vermengt; vgl. Palandt/*Sprau*, § 816 Rn. 8 f.; MüKoBGB/*Schwab*, Bd. 6, § 816 Rn. 24; Staudinger/*Lorenz*, § 816 Rn. 14 f. Richtig aber BeckOK BGB/*Wendehorst*, § 816 Rn. 9.

39 Wer nicht »Berechtigter« ist, ist deshalb nicht automatisch »Nichtberechtiger«. Wer nicht »Nichtberechtiger« ist, ist nicht sofort »Berechtigter«; vgl. auch *BGH* NJW 2004, 365.

40 Für § 185 Abs. 1 gilt deshalb, dass sich Berechtigter und Nichtberechtigter spiegelbildlich ergänzen (richtig Palandt/*Ellenberger*, § 185 Rn. 6).

III. Für einen Anspruch aus §§ 677, 681 S. 2, 667 fehlt der Fremdgeschäftsführungswille (vgl. § 687 Abs. 1).

IV. G kann aber aus § 816 Abs. 1 S. 1 Herausgabe des Erlöses verlangen.

  1. G ist Berechtigter, S Nichtberechtigter.

  2. Die Verfügungen (§ 929) sind dem G gegenüber zunächst unwirksam (§ 935 Abs. 1 S. 1). Jedoch genehmigt G sie (nachträglich) (§ 185 Abs. 2 S. 1 Alt. 1). Problematisch ist daran aber, dass G im Zeitpunkt der Genehmigung nicht mehr Berechtigter ist, weil die Abnehmer des S an der Ware nach § 950 Eigentum erworben haben. Nach Ansicht des BGH kann der Eigentümer einer gestohlenen Sache die Verfügung eines Nichtberechtigten jedoch auch dann noch genehmigen und den Veräußerungserlös nach § 816 Abs. 1 S. 1 herausverlangen, wenn der »Erwerber« durch Verarbeitung nach § 950 Eigentum an den gestohlenen Sachen erworben hat. Es kommt nicht darauf an, was mit der Sache geschieht, nachdem über sie durch einen Nichtberechtigten verfügt worden ist, wenn nur der die Verfügung Genehmigende im Zeitpunkt der Verfügung über den Gegenstand noch dessen Eigentümer ist. Auch auf die tatsächliche oder rechtliche Verfügungsmacht des die Verfügung genehmigenden Eigentümers im Zeitpunkt der Abgabe der Genehmigung kommt es nicht an.[41] Ausreichend ist es, wenn der Genehmigende zu dem Zeitpunkt der Verfügung des Nichtberechtigten, die genehmigt wird, noch verfügungsbefugt ist. Begründung:

    – § 816 Abs. 1 S. 1 dient dem Schutz des Eigentums. Wenn der Eigentümer die tatsächliche Verfügungsmacht über den Gegenstand verloren hat (z. B. »Erwerber« ist unbekannt), würde es der Schutzfunktion des Anspruchs nicht gerecht, den Eigentümer stets auf § 985 (statt auf § 816 Abs. 1 S. 1 bei Genehmigung) zu verweisen. Die Interessenlage sei im Fall des Verlustes der rechtlichen Verfügungsmacht (wie im Fall) gleich.

    – Zwar hat der ehemalige Eigentümer gegen den Rechtserwerber einen Anspruch aus § 951 Abs. 1 S. 1. Dennoch hat der ursprüngliche Eigentümer die Wahl zwischen dem Anspruch aus § 816 Abs. 1 S. 1 gegen den Veräußerer (hier S) und § 951 Abs. 1 S. 1 gegen den Rechtserwerber (hier die Abnehmer des S). Nur so wird die Schutzfunktion des § 816 Abs. 1 S. 1 voll verwirklicht.

    – Wenn S den Abnehmern selbst Eigentum verschafft hätte, würde sich die gleiche Rechtslage ergeben.

V. Ergebnis: G kann von S Herausgabe des Erlangten (Verkaufserlöses) verlangen.

32 **Vertiefungshinweis:** Genehmigung durch den Berechtigten und die damit verbundenen Risiken. Für den Berechtigten stellt es ein wirtschaftliches Risiko dar, wenn er die Verfügung **genehmigt** oder genehmigen muss, ohne den Erlös vom nichtberechtigten Verfügenden sofort zu erhalten. Denn durch die Genehmigung verliert der Berechtigte den Herausgabeanspruch (§ 985) gegen den Erwerber. Um dieses Risiko für den Berechtigten auszuschließen, wird – rechtlich konstruktiv – eine (wohl durch die Nichtherausgabe des Erlöses) auflösend bedingte Genehmigung oder eine Verurteilung des Nichtberechtigten zur Herausgabe des Erlöses Zug um Zug gegen die Genehmigung der Verfügung vertreten.[42] Es ist deshalb genau zu prüfen, ob die Klageerhebung auf Herausgabe des Erlöses schon eine Genehmigung der Verfügung darstellt; dies wird wohl regelmäßig zu verneinen sein.

d) Entgeltlichkeit

33 Die Verfügung muss gegen Entgelt vorgenommen worden sein **(Entgeltlichkeit).** Dies ergibt sich nicht unmittelbar aus § 816 Abs. 1 S. 1, aber aus § 816 Abs. 1 S. 2, der für unentgeltliche Verfügungen eine Sonderregelung enthält. Entscheidend ist, ob der Erwerber eine Gegenleistung erbringt und ob die Gegenleistung des Erwerbers bei verständiger Würdigung aller Umstände des Einzelfalls als Ausgleich für den Gegenstand

---

41 BGHZ 56, 131 m. w. N.

42 Für auflösend bedingt erteilte Genehmigung insbesondere *Wilckens*, AcP 157 (1958), 399; MüKo-BGB/*Schwab*, Bd. 6, § 816 Rn. 34 f.; für Verurteilung Zug um Zug gegen Genehmigung insbesondere MüKoBGB/*Lieb*, 4. Aufl. 2004, § 816 Rn. 26 m. w. N.; *Larenz/Canaris*, SR II/2, § 69 II 1 c, S. 182.

anzusehen ist.[43] Es genügt jedes Vermögensopfer des Erwerbers mit Gegenleistungscharakter i. w. S. gegenüber dem Verfügenden oder Dritten, um Entgeltlichkeit zu bejahen.[44]

Beispiel (nach *BGH* WM 1964, 614): E ist Eigentümer von Gegenständen, die sich auf dem Hof des A befinden. Zwischen A (Verkäufer) und B (Käufer) wird eine Hofübergabe (vorweggenommene Erbfolge) vereinbart und vollzogen (gutgläubiger Erwerb der Gegenstände des E, § 926 Abs. 2). E verlangt von B Herausgabe »seines Eigentums«. Zu Recht?
E könnte gegen B nach § 816 Abs. 1 S. 2 Herausgabe des Erlangten (Übergabe und Übereignung der Gegenstände) verlangen. Voraussetzung ist Unentgeltlichkeit »der Verfügung«. Die von B aufgrund des Hofübergabevertrages zu erbringenden Leistungen beliefen sich (im BGH-Fall) auf ca. 60.000 DM, der (Ertrags-)Wert des Hofes auf 112.500 DM. Es liegt damit eine **gemischte Schenkung** vor. Ob § 816 Abs. 1 S. 2 anwendbar ist, richtet sich danach, ob der unentgeltliche oder entgeltliche Teil überwiegt (**Schwerpunkttheorie**, vgl. § 531 Abs. 2). Der BGH bejaht den entgeltlichen Charakter des Vertrages. § 816 Abs. 1 S. 2 ist deshalb unbegründet (vgl. zur gemischten Schenkung → Rn. 46).

3. Rechtsfolge

Der Berechtigte hat gegen den Nichtberechtigten einen Anspruch auf **Herausgabe des Erlangten.** Nach h. M. ist stets das erlangte Entgelt herauszugeben, gleichgültig, ob der Wert des Gegenstandes, über den verfügt worden ist, höher oder geringer ist als das erlangte Entgelt (vgl. → Rn. 37).   34

Der Kaufpreis, den der Nichtberechtigte zum Erwerb der Sache gezahlt hat, darf nicht (im Rahmen des § 818 Abs. 3) bereicherungsmindernd berücksichtigt werden (vgl. → § 12 Rn. 24 ff.).[45]   35

Fall: A leiht seinem Freund B seinen Palandt. Als B in Geldverlegenheit gerät, verkauft und übereignet B den Palandt unter Übergabe an C, dem gegenüber er sich als Eigentümer ausgibt. Ansprüche des A?   36

Lösung:

I. Ansprüche A gegen C
1. Der gegen den Dritten gerichtete Herausgabeanspruch aus § 604 Abs. 1 und Abs. 4 ist zwar tatbestandlich erfüllt, scheidet aber dennoch aus: Der gutgläubige C erwirbt nach §§ 929 S. 1, 932 Abs. 1 S. 1 Eigentum. Der Kommentar ist dem A nicht abhanden gekommen (§ 935). Wäre C zur Herausgabe verpflichtet, so könnte er (C) im Gegenzug nach § 985 Herausgabe von A verlangen (§ 242).
2. § 985 (–). Vgl. vorstehend.
3. § 812 Abs. 1 S. 1 Alt. 1 (Leistungskondiktion)? Ein Bereicherungsanspruch des A gegen C scheidet aus, weil C den Palandt nicht durch Leistung des A erlangt.
4. § 812 Abs. 1 S. 1 Alt. 2 (Eingriffskondiktion)? Vorrang der Leistungskondiktion, Leistung des B an C: A hat also keine Ansprüche gegen C.[46]
5. § 823 Abs. 1 kommt nicht in Frage, weil C gutgläubig Eigentum erwirbt und deshalb keine Widerrechtlichkeit i. S. des § 823 Abs. 1 vorliegt (vgl. → § 16 Rn. 15).[47] Außerdem trifft den C kein Verschuldensvorwurf (§ 276).

---

43 BeckOK BGB/*Wendehorst*, § 816 Rn. 8 m. w. N. Auf die subjektive Auffassung der Parteien – wie im Schenkungsrecht – kommt es nicht an.
44 *Larenz/Canaris*, SR II/2, § 69 II 2b, S. 184.
45 BGHZ 14, 7.
46 Vgl. auch BGHZ 36, 56.
47 Vgl. § 748 Abs. 2 E I (Erster Entwurf zum BGB): »Als rechtlicher Grund ist es im Zweifel anzusehen, wenn ein Rechtsverlust auf einer diesen bestimmenden Vorschrift beruht.«

II. Ansprüche des A gegen B

1. §§ 598, 604 Abs. 1, 275 (Abs. 1 oder Abs. 2 S. 1), 283, 280 Abs. 1, 281 Abs. 1 S. 3? Durch die Veräußerung an C hat sich B seine Rückgabepflicht aus dem Leihvertrag schuldhaft unmöglich gemacht (subjektive nachträgliche Unmöglichkeit nach § 275 Abs. 1 oder Abs. 2 S. 1). Er schuldet daher Schadensersatz statt der (ganzen) Leistung.

2. §§ 598, 604 Abs. 1, 275, 285 Abs. 1? Anspruch auf das stellvertretende commodum, also den Verkaufserlös (+)

3. §§ 687 Abs. 2 S. 1, 681 S. 2, 667 auf Verkaufserlös (+). Nur der Eigentümer A darf den Palandt veräußern. Dass B wissentlich ein Geschäft des A ohne dessen Berechtigung führt, ist hier anzunehmen.

4. § 816 Abs. 1 S. 1?
   a) Tatbestand: B trifft als Nichtberechtigter über den Palandt des A eine Verfügung, die dem Berechtigten A gegenüber wirksam ist (§§ 929 S. 1, 932 Abs. 1 S. 1). C erwirbt gutgläubig Eigentum.
   b) Rechtsfolge: B ist dem A zur Herausgabe des durch die Verfügung Erlangten verpflichtet, also zur Herausgabe des Verkaufserlöses (so die h. M.; vgl. den Vertiefungshinweis → Rn. 37).[48]

5. § 823 Abs. 1 (Eigentumsverletzung in Form der Zuordnungsverletzung, vgl. → § 16 Rn. 14 f.) (+). Der Anspruch ist allerdings auf Schadensersatz, nicht auf Erlösherausgabe gerichtet.

Vertiefungsprobleme zu § 816 Abs. 1 S. 1

37 1. Unberechtigte Nutzungsüberlassung und § 816 Abs. 1 S. 1

Vermietet der (dazu nicht berechtigte) Mieter eine Sache des Eigentümers (Berechtigten) **unberechtigt** an einen Dritten (etwa Untervermietung, vgl. → § 11 Rn. 13), so stellt sich die Frage, ob § 816 Abs. 1 S. 1 einen Anspruch auf Herausgabe des Mietzinses als erlangtes Etwas rechtfertigt.[49] Eine Literaturmeinung bejaht dies und stützt sich dabei darauf, dass der Nichtberechtigte zwar nicht über die Sache, aber über die Nutzungsmöglichkeit »verfügt« habe; außerdem bestehe ein Bedürfnis für den Anspruch, weil der Dritte wegen seiner (regelmäßigen) Gutgläubigkeit aus EBV nicht zum Nutzungsersatz verpflichtet ist (vgl. § 993 Abs. 1 Hs. 2).

Die h. M. lehnt eine direkte oder analoge Anwendung des § 816 Abs. 1 S. 1 zu Recht ab. Die Vermietung stellt keine Verfügung im Rechtssinne dar. Auch eine »Verfügung« über die Nutzungsmöglichkeit liegt nicht vor. Der Eigentümer kann jederzeit vom Dritten Herausgabe verlangen (§ 604 Abs. 4 oder § 985). Deshalb unterscheidet sich dieser Fall wesentlich von der typischen Konstellation des § 816 Abs. 1 S. 1, bei der der Dritte Eigentümer geworden ist. Es fehlt damit auch die für die Analogie erforderliche vergleichbare Interessenlage. Die §§ 987 ff. stellen vorrangige Sonderregelungen dar: Ist der Dritte gutgläubig, so haftet zwar nicht er selbst; es kommt aber eine Haftung des Nichtberechtigten als mittelbarer Besitzer in Frage (vgl. § 991 Abs. 2).

2. Analoge Anwendung bei Eigentumserwerb kraft Gesetzes (§§ 946 ff.)

Baut der Nichtberechtigte eine Sache in das Grundstück eines Dritten ein, so erwirbt der Dritte daran **Eigentum kraft Gesetzes** (§§ 946 ff.). Fraglich ist, ob der Nichtberechtigte nach § 816 Abs. 1 S. 1 zur Herausgabe des Erlangten, also des Erlöses für den Einbau (etwa des erhaltenen Werklohns) verpflichtet ist.[50] Zwar liegt keine Verfügung des Nichtberechtigten i. S. des § 816 Abs. 1 S. 1 vor, die dem berechtigten Eigentümer gegenüber wirksam ist, weil der Nichtberechtigte in diesem Fall nur eine tatsächliche Handlung (Einbau) vornimmt und das Eigentum kraft Gesetzes (§§ 946 ff.), nicht aber aufgrund der (rechtsgeschäftlichen) Verfügung erworben wird. Jedoch wäre der Tatbestand des § 816 Abs. 1 S. 1 erfüllt, wenn der Nichtberechtigte vor Einbau die Sachen dem Dritten übereignet hätte. Weil der Nichtberech-

---

48 Der Vorteil dieses Anspruchs liegt darin, dass er unabhängig von Verschuldensfragen ist, die beim vertraglichen Anspruch, beim deliktischen Anspruch und bei dem (Schadensersatz-)Anspruch aus GoA zu prüfen sind.

49 *Larenz/Canaris*, SR II/2, § 69 II 1d, S. 182.

50 Vgl. MüKoBGB/*Schwab*, Bd. 6, § 816 Rn. 14, 17: Ansprüche aus §§ 951 Abs. 1 S. 1, 812 sind bei Gutgläubigkeit des Erwerbers nach den Wertungen der §§ 932 ff. grundsätzlich ausgeschlossen. Vgl. → § 13 Rn. 16.

tigte den (tatsächlichen) Einbau vornimmt, an den das Gesetz eine Rechtsänderung knüpft, liegt eine den §§ 932 ff. vergleichbare Rechtslage vor, bei denen ein Eigentumserwerb an einen (an sich unwirksamen rechtsgeschäftlichen) Erwerbstatbestand bei Vorliegen weiterer Voraussetzungen geknüpft ist. Deshalb ist eine analoge Anwendung des § 816 Abs. 1 S. 1 in diesem Fall gerechtfertigt, wenn die Voraussetzungen vorliegen, unter denen ein rechtsgeschäftlicher Erwerb eingreifen würde.

3. Rechtsfolgen der Genehmigung im Rahmen des § 816 Abs. 1 S. 1

Scheitert die Wirksamkeit einer Verfügung des Nichtberechtigten an bestimmten Rechtsgründen (§§ 935, 932 Abs. 2), so kann der Berechtigte die Verfügung dennoch **genehmigen** (§§ 184, 185 Abs. 2 S. 1 Alt. 1), sodass der Tatbestand des § 816 Abs. 1 S. 1 erfüllt wird. Mit der Genehmigung ist das Tatbestandsmerkmal »dem Berechtigten gegenüber wirksam ist« gegeben; der Berechtigte kann jetzt gegen den Dritten nicht mehr den Eigentumsherausgabeanspruch (§ 985) geltend machen. Durch die Genehmigung mit Rückwirkung (§ 184) wird der Nichtberechtigte nicht etwa zum Berechtigten (i. S. des § 816 Abs. 1 S. 1), sondern bleibt – tatbestandlich – Nichtberechtigter. Auch entzieht sich der Berechtigte durch Genehmigung nicht die an sich bestehenden Ansprüche aus §§ 989, 990 und 823 Abs. 1 etwa deshalb, weil er infolge der Rückwirkung der Genehmigung seine Eigentümerstellung verlieren würde.[51]

4. Rechtsfolge: Gewinnhaftung oder nur Werthaftung?

Bei der Verfügung eines Nichtberechtigten stellt sich regelmäßig das Problem, ob der nichtberechtigt Verfügende den erlangten Verkaufserlös, so die Theorie der **Gewinnhaftung**, oder nur den Marktwert (objektiver Wert der Sache), so die Theorie der **Werthaftung**, herausgeben muss. Bei dieser Streitfrage geht es um eine Interessenbetrachtung: Wer soll das Risiko tragen, wenn die Sache mit Verlust weiterveräußert wird; und wem soll die Geschäftsgewandtheit des Verfügenden zugute kommen, wenn dieser die Sache mit Gewinn veräußert?

Teile der Literatur wollen nur den objektiven Wert ersetzen; sie haben dabei die besonderen bereicherungsrechtlichen Rechtsfolgebestimmungen, insbesondere § 818 Abs. 2 (Wertersatzhaftung), im Auge.[52] Für diese Ansicht spricht eine enge Anwendung des Wortlautes von § 816 Abs. 1 S. 1: Der Nichtberechtigte erlangt durch seine Verfügung nur die Befreiung von der Forderung des Berechtigten auf Herausgabe der Sache; dafür müsste – wegen Unmöglichkeit der Herausgabe – Wertersatz geleistet werden (§ 818 Abs. 2).[53]

Die Interessenbetrachtung spricht eher gegen diese Ansicht; der Bereicherungsschuldner ist ausreichend durch § 818 Abs. 3 (Wegfall der Bereicherung) geschützt. Mit Rücksicht darauf, dass § 816 Abs. 1 S. 1 Ersatz für die verlorene Vindikation (vgl. § 985) ist, sowie die Bestimmungen der § 285 (stellvertretendes commodum) und § 993 Abs. 1 (Herausgabe von Übermaßfrüchten) ist der Rechtsprechung und h. L. zu folgen. Die Rechtsprechung[54] und h. L. berufen sich auf den Wortlaut[55] und sehen als »durch die Verfügung Erlangt« das an, was der nichtberechtigt Verfügende als Gegenleistung für die Verfügung erhalten hat; davon ist auch ein etwaiger Gewinn oder eine zwischenzeitlich eintretende Wertsteigerung erfasst. Ist der Verkaufserlös geringer als der Wert der Sache, so ist man sich allerdings darüber einig, dass nur der Verkaufserlös herausverlangt werden kann.

---

51 Vgl. BGHZ 32, 53.

52 Staudinger/*Lorenz*, § 816 Rn. 23 und 25; *Medicus/Petersen*, BR, Rn. 723.

53 Vgl. *Medicus/Petersen*, BR, Rn. 723.

54 Vgl. BGHZ 29, 157.

55 Das Wortlautargument der h. M. ist problematisch: Rechtsfolge der Verfügung ist der Verlust des Besitzes des Nichtberechtigten am Gegenstand und damit die Unmöglichkeit der Herausgabe an den Berechtigten, nicht aber ein Rechtserwerb an der Gegenleistung. Dieser beruht auf einer selbständigen Verfügung über den Gegenstand der Gegenleistung (beachte das sachenrechtliche Spezialitätsprinzip); vgl. *Medicus/Petersen*, BR, Rn. 723.

4. Zusammenfassung

38

---

§ 816 Abs. 1 S. 1 – Kondiktion wegen entgeltlicher Verfügung eines Nichtberechtigten

I. Tatbestand
1. Verfügung
2. durch Nichtberechtigten (= Nicht-Verfügungsbefugten)
   – P: Keine analoge Anwendung bei unberechtigter Nutzungsüberlassung, z. B. bei Miete (h. M., → Rn. 37)
   – P: Analoge Anwendung bei Eigentumserwerb kraft Gesetzes nach §§ 946 ff. (h. M., → Rn. 37)
3. Wirksamkeit der Verfügung gegenüber dem Berechtigten (= Rechtsinhaber)
   – z. B. infolge gutgläubigen Erwerbs (z. B. §§ 932 ff.)
   – oder auf Grund (nachträglicher) Genehmigung (§ 185 Abs. 2 S. 1 Alt. 1; maßgeblich ist Berechtigung im Zeitpunkt der Verfügung des Nichtberechtigten)
   – P: Verlangen der Verkaufserlösherausgabe (z. B. Klageerhebung) von dem Nichtberechtigten als konkludente Genehmigung (→ Rn. 30, 32)
   – Hinweis: Genehmigt der Eigentümer (Rechtsinhaber) die unwirksame Verfügung nicht, bleibt er Eigentümer und kann nach § 985 gegen den unberechtigten Besitzer vorgehen.
4. Entgeltlichkeit
   (vgl. den Gegensatz zu § 816 Abs. 1 S. 2 [»unentgeltlich«])
II. Rechtsfolge
   Herausgabe des erlangten Entgelts (sog. Gewinnhaftung), auch wenn Wert des Gegenstandes höher oder geringer ist als der Erlös (a. A. Werthaftung) (→ Rn. 34, 37)

III. Unentgeltliche Verfügung eines Nichtberechtigten (§ 816 Abs. 1 S. 2)

1. Regelungszweck

39 § 816 Abs. 1 S. 2 regelt die bereicherungsrechtlichen Folgen einer **unentgeltlichen Verfügung durch einen Nichtberechtigten.** Die spezielle Eingriffskondiktion ist notwendig, weil andere Anspruchsgrundlagen nicht greifen: Verfügt ein Nichtberechtigter unentgeltlich (z. B. aufgrund einer Schenkung) wirksam über einen Gegenstand eines anderen, dann scheidet ein Anspruch aus § 816 Abs. 1 S. 1 und § 812 Abs. 1 S. 1 Alt. 2 tatbestandlich aus. Denn der Nichtberechtigte hat durch die Verfügung (vom Erwerber) nichts »erlangt«, was er herausgeben könnte. Ist die Verfügung wirksam, z. B. weil der Beschenkte gutgläubig das Eigentum an der übereigneten Sache erworben hat, dann scheidet auch ein Herausgabeanspruch (§ 985) des bisherigen Eigentümers gegen den Erwerber aus. Ein Bereicherungsanspruch aus § 812 Abs. 1 S. 1 Alt. 2 (Eingriffskondiktion) des Eigentümers gegen den Dritten greift nicht ein, weil der Dritte etwas durch die Leistung des Nichtberechtigten erlangt hat. Denn es gilt der Grundsatz des Vorrangs der Leistungskondiktion vor der Nichtleistungskondiktion (vgl. → § 9 Rn. 18 ff. und → § 13 Rn. 6 ff.).

Es wäre aber unbillig, wenn der Beschenkte, der selbst aus seinem Vermögen nichts für den Erwerb aufgewendet hat, den Gegenstand behalten dürfte und der Eigentümer einen endgültigen Verlust hinnehmen müsste. Deshalb gestattet § 816 Abs. 1 S. 2 (ausnahmsweise) den **Durchgriff** auf den Erwerber: Der Beschenkte ist zwar Eigentümer der Sache geworden; das Eigentum ist aber kondizierbar, weil der Dritte wegen der Unentgeltlichkeit des Erwerbs weniger schutzwürdig ist. Auch andere Vorschriften (§ 134 InsO, § 4 AnfG, §§ 2287, 2329) zeigen, dass der unentgeltliche Erwerb weniger schutzwürdig ist und hinter anderen Interessen zurücktreten muss.

2. Tatbestand

§ 816 Abs. 1 S. 2 setzt in Abweichung zu Abs. 1 S. 1 voraus, dass die Verfügung **unent-** 40 **geltlich** ist (vgl. zur Entgeltlichkeit → Rn. 33). Ausreichend ist es, wenn der Rechtsverlust infolge einer Verfügung, nicht durch die Verfügung eintritt.

Beispiel (nach BGHZ 81, 395): V übereignet dem K schenkweise ein Grundstück, das mit einer Grundschuld zugunsten des G belastet ist. Die Grundschuld ist versehentlich nicht im Grundbuch eingetragen. K erwirbt nach §§ 891, 892 gutgläubig lastenfrei das Eigentum am Grundstück. Wie ist die Rechtslage? (1) Ein Anspruch des G gegen K aus § 894 (Grundbuchberichtigung) besteht nicht. Das Grundbuch ist nicht unrichtig, weil K gutgläubig lastenfrei Eigentum am Grundstück erwirbt (§§ 891 f.). (2) G kann von K Wiederbegründung der Grundschuld (§§ 1191, 873) verlangen (§ 816 Abs. 1 S. 2). Zwar verfügt V nicht über die Grundschuld selbst, sondern über das Eigentum am Grundstück (als Berechtigter); die Grundschuld erlischt infolge des öffentlichen Glaubens kraft Gesetzes (§ 892). Der Zweck der Vorschrift (Ausgleich von Rechtsverschiebungen, die aufgrund der Vorschriften über den gutgläubigen Erwerb eintreten) macht es erforderlich, auch den Fall der Verfügung über einen Gegenstand, bei dem Rechte Dritter infolge öffentlichen Glaubens des Grundbuchs erlöschen, in § 816 Abs. 1 S. 2 mit einzubeziehen. Dafür spricht auch, dass die Interessen des Beschenkten (unentgeltlich Erwerbenden) weniger schutzwürdig sind und die Interessen des früheren Berechtigten überwiegen.

Anspruchsgegner ist nicht der verfügende Nichtberechtigte (so im Fall des § 816 41 Abs. 1 S. 1), sondern derjenige, der aufgrund der Verfügung unmittelbar ein Recht erlangt hat. Diese besondere Bestimmung des Anspruchsgegners folgt daraus, dass der unentgeltlich Verfügende nichts mehr hat, was er herausgeben könnte.

Vertiefungshinweis: Anspruchsgegner bei § 816 Abs. 1 S. 2   42
Anspruchsgegner ist derjenige, der unmittelbar durch die Verfügung etwas erlangt. Die **Unmittelbarkeit** setzt voraus, dass der Erwerb durch dieselbe Verfügung begründet wurde wie der Rechtsverlust des Berechtigten. Daran fehlt es, wenn der Nichtberechtigte das Erlangte durch eine Verfügung, die dem Berechtigten gegenüber wirksam ist, zunächst in sein eigenes Vermögen verbringt und erst hieraus einem Dritten unentgeltlich etwas zuwendet.

Beispiel: Werden unterschlagene Gelder vom Unterschlagenden auf das eigene Konto eingezahlt, so liegt darin eine wirksame Verfügung des Nichtberechtigten, aus welcher der Nichtberechtigte eine entsprechende Forderung gegen die Bank erwirbt. Er ist deshalb einem Anspruch des Berechtigten aus § 816 Abs. 1 S. 1 auf Abtretung der Forderung gegen die Bank ausgesetzt. Verfügt er später über das Guthaben (schenkweise) zugunsten des Erwerbers, so liegt darin eine neue Verfügung an den Erwerber, die gegen diesen keinen Anspruch aus § 816 Abs. 1 S. 2 begründet, weil es im Verhältnis des Berechtigten zum Erwerber an der erforderlichen Unmittelbarkeit fehlt (*BGH* NJW 1969, 605). Der Nichtberechtigte ist aus § 816 Abs. 1 S. 1 verpflichtet.

§ 816 Abs. 1 S. 2 ermöglicht einen **Durchgriff** entgegen den Leistungsbeziehungen. 43 Obwohl zwischen dem verfügenden Nichtberechtigten und dem Erwerber eine Leistungsbeziehung besteht (etwa Schenkung, §§ 516 ff.) und der Erwerber die Sache durch Leistung des Nichtberechtigten erlangt, ist er dem Berechtigten zur Herausgabe verpflichtet. Der Grundsatz des Vorranges der Leistungsbeziehung (vgl. → § 9 Rn. 18 ff. und → § 13 Rn. 6 ff.) steht einer Direktkondiktion ausnahmsweise nicht entgegen. § 816 Abs. 1 S. 2 stellt einen ausdrücklichen gesetzlichen Fall des Durchgriffs, also einer

Kondiktion entgegen den Leistungsverhältnissen, dar und sagt gerade, dass der unentgeltliche gutgläubige Erwerb aufgrund einer Leistung eines anderen keinen Bestand gegenüber dem ursprünglichen Eigentümer (dem Berechtigten) hat.[56]

44 **Fall:** A leiht dem B seinen Palandt. B verschenkt und übereignet den Kommentar an C. Ansprüche des A?

Lösung:
I. Ansprüche des A gegen B nach §§ 604 Abs. 1, 275 Abs. 1, 283, 280 Abs. 1 und § 823 Abs. 1 (Eigentumsverletzung) auf Schadensersatz (+)
II. Anspruch des A gegen C auf Herausgabe aus § 985 oder § 823 Abs. 1 (−), weil A nicht mehr Eigentümer bzw. C keine schuldhafte Eigentumsverletzung begangen hat.
III. Anspruch des A gegen C aus § 816 Abs. 1 S. 2?
   1. B hat als Nichtberechtiger eine Verfügung vorgenommen, die dem Berechtigten gegenüber wirksam ist (§§ 929 S. 1, 932 Abs. 1 S. 1).
   2. Die Verfügung ist unentgeltlich, weil eine Schenkung an C vorliegt.
   3. Problem und möglicher Einwand: Vorrang der Leistungskondiktion. Denn zwischen B und C besteht ein Schenkungsvertrag; B leistet an C. Aber: § 816 Abs. 1 S. 2 lässt einen Durchgriff ausdrücklich zu und normiert insoweit eine Ausnahme vom Grundsatz des Vorrangs der Leistungskondiktion.
   4. Rechtsfolge: Herausgabe des Erlangten. C erlangt das Eigentum und den Besitz.
IV. Ergebnis: A kann von B Schadensersatz oder von C Herausgabe des Palandts verlangen, jedoch nur alternativ, weil A keinen Schaden hat, wenn er von C den Palandt wiedererlangen kann.

45 **Vertiefungshinweis:** § 816 Abs. 1 S. 2 und rechtsgrundlose Verfügung
Problematisch ist, ob bei entgeltlicher, aber **rechtsgrundloser Verfügung** § 816 Abs. 1 S. 2 analog anwendbar ist.[57] Wenn ein Nichtberechtigter zwar keine unentgeltliche, aber eine rechtsgrundlose Verfügung vornimmt (z. B. der Kaufvertrag ist nichtig), dann stellt sich die Frage,
– ob der Berechtigte direkt bei dem Erwerber kondizieren kann (§ 816 Abs. 1 S. 2 analog) oder
– ob der Berechtigte beim Nichtberechtigten kondizieren muss (§ 816 Abs. 1 S. 1); der Nichtberechtigte hat gegen den Erwerber seinerseits einen Bereicherungsanspruch aus § 812 Abs. 1 S. 1 Alt. 1 (Leistungskondiktion); diesen hat er – bei weiter Auslegung der Rechtsfolgenanordnung des § 816 Abs. 1 S. 1 – durch die Verfügung erlangt, die dem Berechtigten gegenüber wirksam ist. Deshalb kann der Berechtigte die Kondiktion der Kondiktion aus § 816 Abs. 1 S. 1 verlangen.

Hinter diesem Problem steckt die Frage, ob eine Direktkondiktion oder eine Kondiktion übers Eck in Betracht kommt. Eine früher in der Literatur vertretene Auffassung wendet in diesem Fall § 816 Abs. 1 S. 2 analog an und stellt die unentgeltliche der rechtsgrundlosen Verfügung gleich. Dies wird aber von der h. M. und Rechtsprechung zu Recht abgelehnt. Nach h. M. bestehen zwei Bereicherungsansprüche (Doppelkondiktion); durch die Verfügung an den Dritten erlangt der Verfügende einen Bereicherungsanspruch gegen diesen (§ 812 Abs. 1 S. 1 Alt. 1).[58] Diesen Bereicherungsanspruch muss der Verfügende an den Berechtigten abtreten. Für die h. M. und Rechtsprechung spricht entscheidend, dass im Fall einer Direktkondiktion dem Erwerber die Einwendungen abgeschnitten wären, die er gegen seinen Vertragspartner, den nichtberechtigt Verfügenden, hätte erheben können. Bei einer Kondiktion übers Eck (Kondiktion der Kondiktion) kann der Erwerber dem Berechtigten Einwendungen gegen den Nichtberechtigten entgegen halten, die er dem Verfügenden gegenüber erheben kann (§ 404).[59]

---

56 Vgl. zur Dritthaftung gem. § 816 Abs. 1 S. 2 oder § 822 nach Rücktritt: *Kohler,* JuS 2013, 769.
57 Eine ähnliche Problematik stellt sich bei § 988; vgl. RGZ 163, 348.
58 Vgl. *Loewenheim,* S. 113 m. w. N. zu beiden Ansichten.
59 Vgl. MüKoBGB/*Schwab,* Bd. 6, § 816 Rn. 62 für die Frage, wie und von wem der Erwerber seine Gegenleistung zurückhalten kann. Zu dem von der h. M. zutreffend abgelehnten Rückerwerb des Eigentums durch den nichtberechtigt Verfügenden vgl. *Looschelders,* SR BT, Rn. 1087 m. w. N.

Vertiefungshinweis: »Gemischte Schenkung« und »Verkauf zu Freundschaftspreis«   **46**
Fraglich ist, ob im Fall einer **gemischten Schenkung**[60] das Tatbestandsmerkmal der »Unentgeltlichkeit«
i. S. des § 816 Abs. 1 S. 2 erfüllt ist.
Der BGH[61] bejaht die Unentgeltlichkeit und damit die Anwendbarkeit von § 816 Abs. 1 S. 2, wenn der unentgeltliche Charakter überwiegt (**Schwerpunkttheorie**, »Alles oder Nichts«-Lösung, vgl. → Rn. 33). In
der Literatur wird eine differenzierende Lösung vertreten, bei der es nicht darauf ankommt, ob der entgeltliche oder der unentgeltliche Teil überwiegt:[62] Hinsichtlich des entgeltlichen Teils kann der frühere
Berechtigte den Nichtberechtigten in Anspruch nehmen (§ 816 Abs. 1 S. 1); hinsichtlich des unentgeltlichen Teils haftet der Erwerber auf Wertersatz (§§ 816 Abs. 1 S. 2, 818 Abs. 2), weil er den (unentgeltlichen) Teil (bei Unteilbarkeit des Gegenstandes) nicht herausgeben kann.[63]

3. Zusammenfassung

<table>
<tr><td>

§ 816 Abs. 1 S. 2 – Kondiktion wegen unentgeltlicher Verfügung eines Nichtberechtigten   **47**

Ausnahmsweise Direktkondiktion entgegen der Leistungsbeziehung (→ Rn. 39, 43)
I. Tatbestand
  1. Verfügung
  2. durch Nichtberechtigten (Nicht-Verfügungsbefugten)
  3. Wirksamkeit der Verfügung gegenüber dem Berechtigten (= Rechtsinhaber)
    – Gutgläubiger Erwerb (z. B. §§ 932 ff.)
    – Nachträgliche Genehmigung der unwirksamen Verfügung durch den (zurzeit der Verfü-
      gung des Nichtberechtigten) Berechtigten (§ 185 Abs. 2 S. 1 Alt. 1)
  4. Unentgeltlichkeit
    – P: Gemischte Schenkung (→ Rn. 46)
    – P: Keine analoge Anwendung bei entgeltlicher, aber rechtsgrundloser Verfügung (h. M.,
      → Rn. 45)
II. Rechtsfolge
  Herausgabe des Erlangten durch Anspruchsgegner = wer aufgrund der Verfügung unmittelbar
  einen rechtlichen Vorteil erlangt

</td></tr>
</table>

IV. Subsidiäre Bereicherungshaftung bei unentgeltlicher Verfügung eines Berechtigten (§ 822)

1. Regelungszweck und Abgrenzung zu § 816 Abs. 1 S. 2

§ 822 normiert eine Direktkondiktion (**Durchgriff**)[64] bei einer **unentgeltlichen Ver-**   **48**
fügung: Obwohl der Erwerber etwas durch Leistung des berechtigt Verfügenden er-

---

60 Vgl. zur gemischten Schenkung und zur Anwendbarkeit der §§ 516 ff. *Medicus/Petersen*, BR,
    Rn. 380 f.
61 *BGH* WM 1964, 614.
62 *Larenz/Canaris*, SR II/2, § 69 II 2 c, S. 184 f.
63 Diesen Anspruch kann der Erwerber abwenden, indem er die erlangte Sache an den »Berechtigten«
    herausgibt, und zwar Zug-um-Zug gegen Abtretung des Anspruchs des Berechtigten gegen den
    nichtberechtigt Verfügenden aus § 816 Abs. 1 S. 1 (vgl. *Larenz/Canaris*, SR II/2, § 69 II 2 c, S. 185).
64 Es ist streitig, ob § 822 eine eigenständige Anspruchsgrundlage ist (so Staudinger/*Lorenz*, § 822 Rn. 2
    m. w. N.) oder eine gesetzliche Schuldübernahme darstellt (so MüKoBGB/*Schwab*, Bd. 6, § 822 Rn. 7
    m. w. N.); offen gelassen von BGHZ 158, 63 und BGHZ 199, 123. Die Qualifikation als gesetzliche
    Schuldübernahme (Erstreckung des Anspruchs gegen den Erstempfänger auf den unentgeltlich er-
    langenden Dritten) belässt dem Dritten entsprechend § 417 Abs. 1 S. 1 alle Einwendungen und Ein-
    reden des Erstempfängers (abgesehen von § 818 Abs. 3).

langt hat, ist er einem Bereicherungsanspruch einer Person ausgesetzt, die nicht sein Vertragspartner und Leistender ist. Der Erwerbende ist weniger schutzwürdig, weil unentgeltlich verfügt wurde. § 822 muss streng von § 816 Abs. 1 S. 2 abgegrenzt werden: Während § 816 Abs. 1 S. 2 eine unentgeltliche Verfügung eines **Nichtberechtigten** voraussetzt, verlangt § 822 die unentgeltliche Verfügung eines **Berechtigten.**

§ 822 ist im Rahmen der Rechtsfolgenverweise von §§ 528[65], 2287 Abs. 1[66] (zumindest entsprechend) anzuwenden.

2. Tatbestand

49 Voraussetzung des § 822[67] ist, dass (1) der Bereicherungsgläubiger gegen den ersten Erwerber einen Bereicherungsanspruch (z. B. § 812 Abs. 1 S. 1 Alt. 1 oder 2) hat. (2) Der erste Erwerber muss den Bereicherungsgegenstand dem Dritten unentgeltlich zugewendet haben (zur Unentgeltlichkeit vgl. → Rn. 40). (3) Der erste Erwerber ist infolge der Verfügung an den Dritten (»infolgedessen«) entreichert i. S. des § 818 Abs. 3 (keine Haftung des Erstempfängers aus rechtlichen Gründen). An Letzterem fehlt es, wenn der erste Erwerber infolge Bösgläubigkeit verschärft haftet (§§ 819 Abs. 1, 818 Abs. 4). Nach Wortlaut, Regelungszusammenhang und Entstehungsgeschichte erfasst die Vorschrift nur die rechtliche Unmöglichkeit der Herausgabe (§ 818 Abs. 3).[68] Bloße Unfähigkeit zur Herausgabe des Erlangten (Insolvenz) reicht dagegen nicht aus.[69] Bei Zahlungsunfähigkeit des verfügenden Ersterwerbers ist der Gläubiger ausreichend durch das Anfechtungsrecht (§§ 129 ff. InsO und §§ 1 ff. AnfG) geschützt.

50

51 **Fall:** A verkauft und übereignet dem B einen Palandt. B verschenkt den Kommentar seinem Freund C. Der Kaufvertrag zwischen A und B ist infolge wirksamer Anfechtung nach §§ 142 Abs. 1, 119 Abs. 1 (Inhaltsirrtum) nichtig. Ansprüche des A gegen C?

---

65 BGHZ 106, 354.

66 BGHZ 199, 123.

67 Vgl. *Linardatos*, JuS 2017, 816. Aus der Fallbearbeitung: *Müller/Ham*, JA 2006, 602 ff.; zur Dritthaftung gem. § 816 Abs. 1 S. 2 oder § 822 nach Rücktritt vgl. *Kohler*, JuS 2013, 769.

68 *BGH* NJW 1999, 1026, 1028.

69 H. M.; *BGH* NJW 1969, 605, 606; 1999, 1026, 1028 m. w. N.; BeckOK BGB/*Wendehorst*, § 822 Rn. 10; Palandt/*Sprau*, § 822 Rn. 7; MüKoBGB/*Schwab*, Bd. 6, § 822 Rn. 17; a. A. *Larenz/Canaris*, SR II/2, § 69 IV 1, S. 195; MüKoBGB/*Lieb*, 4. Aufl. 2004, § 822 Rn. 6; *Tommaso/Weinbrenner*, Jura 2004, 656 jeweils m. w. N.

Lösung:

1. § 816 Abs. 1 S. 2 (–)

Voraussetzung ist die Verfügung eines Nichtberechtigten. Hier verfügt B als (dinglich) Berechtigter und als Verfügungsbefugter; nur der Kaufvertrag ist nichtig (Abstraktionsprinzip). Deshalb scheidet § 816 Abs. 1 S. 2 als Anspruchsgrundlage aus.

2. § 822 (+)

a) Der Kondiktionsgläubiger muss gegen den ersten Empfänger einen Bereicherungsanspruch haben. Der Kondiktionsgläubiger A hat hier gegen den ersten Empfänger B eine Leistungskondiktion (§ 812 Abs. 1 S. 1 Alt. 1); B hat nämlich ohne Rechtsgrund (nichtiger Kaufvertrag wegen Anfechtung [§ 142 Abs. 1]) das Eigentum an dem Palandt durch Leistung des A erworben.

b) Der erste Empfänger muss dem Dritten das Erlangte unentgeltlich zugewandt haben. Der erste Empfänger B hat den Palandt dem C schenkweise übereignet.

c) Durch die Zuwendung des ersten Empfängers (d. h. des B an C) muss der Bereicherungsanspruch des Gläubigers A gegen B ausgeschlossen sein. Die an sich bestehende Leistungskondiktion des A gegen B ist ausgeschlossen, denn B ist nicht mehr bereichert (§ 818 Abs. 3 – Wegfall der Bereicherung; vgl. → § 12 Rn. 14 ff.). Infolge der Verfügung an C ist der Bereicherungsgegenstand bei B ersatzlos weggefallen. Weil B den Irrtum des A nicht kannte (§ 142 Abs. 2), ist er auch nicht bösgläubig i. S. des § 819 Abs. 1.

d) Ergebnis: Es greift die subsidiäre Haftung des C gemäß § 822 ein. Ein Vorrang der Leistungskondiktion besteht nicht.

52 Wenn der Empfänger verschärft haftet (§§ 818 Abs. 4, 819) und sich auf § 818 Abs. 3 nicht berufen kann, kommt § 822 nicht zur Anwendung, sodass der Dritte dem Bereicherungsgläubiger gegenüber nicht auf Herausgabe haftet. Der bösgläubige Erstempfänger kann vom Bereicherungsgläubiger aus §§ 818 Abs. 4, 292, 989 auf Schadensersatz in Anspruch genommen werden. Ist der Verfügende dagegen gutgläubig, so haftet der Erwerber aus § 822, weil der Erstempfänger (Verfügende) nach § 818 Abs. 3 nicht haftet. Das führt zu folgendem, auf den ersten Blick merkwürdigen Ergebnis: Der Dritte, der von einem bösgläubigen Empfänger etwas erwirbt, steht besser (keine Herausgabepflicht aus § 822), als der Dritte, der von einem gutgläubigen Erwerber erwirbt (Herausgabepflicht aus § 822).[70] Auf Grund der eindeutigen Regelung des § 822 ist an diesem Ergebnis aber festzuhalten.[71]

3. Zusammenfassung

§ 822 – (Subsidiäre) Kondiktion wegen unentgeltlicher Verfügung eines Berechtigten	**53**

I. Tatbestand
  1. Bereicherungsanspruch des Gläubigers gegen den ersten Erwerber
  2. Unentgeltliche Zuwendung des Bereicherungsgegenstandes durch den ersten Erwerber an den Dritten
  3. Ausschluss des Bereicherungsanspruchs des Gläubigers gegen den ersten Erwerber (vgl. 1.) wegen Entreicherung des ersten Erwerbers nach § 818 Abs. 3
    – P: Insolvenz des Ersterwerbers (→ Rn. 49)
II. Rechtsfolge
Ausnahmsweise Direktkondiktion des Gläubigers gegen den Dritten	

---

70 *Giesen*, Jura 1995, 234, 245 m. w. N.
71 Palandt/*Sprau*, § 822 Rn. 9.

V. Leistung an einen Nichtberechtigten (§ 816 Abs. 2)

1. Regelungszweck

54 § 816 Abs. 2 betrifft die Leistung an einen Nichtberechtigten. Wenn ein Schuldner nicht an seinen Gläubiger, sondern **an einen Nichtberechtigten** leistet, erlischt der Anspruch des Gläubigers allerdings grundsätzlich nicht (§ 362 Abs. 1). Dann besteht auch keine Notwendigkeit für eine Kondiktion seitens des Gläubigers, der immer noch Inhaber der nicht getilgten Forderung ist.

Eine Korrektur durch eine bereicherungsrechtliche (Eingriffs-)Kondiktion ist aber notwendig, wenn die Leistung an den Nichtberechtigten den Schuldner gegenüber dem Gläubiger befreit, z. B. nach § 407 Abs. 1, wenn der Schuldner in Unkenntnis einer Abtretung an den alten Gläubiger (Zedenten) leistet und von seinem Wahlrecht i. S. dieser Vorschrift Gebrauch macht. Der neue Gläubiger (Berechtigter) hat dann gegen den alten Gläubiger (Nichtberechtigten) einen Anspruch aus § 816 Abs. 2; der Nichtberechtigte muss dem Berechtigten das Geleistete herausgeben.

2. Tatbestand

55 An diesem Tatbestand ist wesentlich, dass auf einen bestehenden Anspruch an einen Nichtberechtigten geleistet wird und dass die Leistung **dem Berechtigten gegenüber wirksam** wird.[72]

Wichtigste Anwendungsfälle:
- Zahlung an den Zedenten (§ 407 Abs. 1; vgl. auch §§ 1156, 1158 f.);
- Zahlung an den Inhaber eines Namenspapiers mit Inhaberklausel (§ 808);
- Zahlung an den Hypothekengläubiger, der im Grundbuch eingetragen ist, aber mangels wirksamer dinglicher Einigung nicht dinglicher Rechtsinhaber geworden ist (§ 893);
- Zahlung an den Inhaber eines Erbscheins, der nicht Erbe ist (§§ 2367 Alt. 1, 2366).
- Genehmigung durch den Berechtigten (h. M.[73]); § 362 Abs. 2 ist gem. § 185 Abs. 2 anwendbar, wenn der Schuldner zwecks Erfüllung seiner Verpflichtung an einen nichtberechtigten Dritten geleistet hat. Die Einziehung der Leistung durch den Nichtberechtigten ist damit einer Verfügung über die Forderung gleichgestellt.

56 **Fall (nach *Medicus*, Gesetzliche Schuldverhältnisse, S. 132):** S hat von der Bank B einen Kredit erhalten. Zur Sicherheit tritt er an B bestimmte Kundenforderungen ab und informiert seine Kunden davon. Später zahlt S den Kredit an B zurück, die daraufhin die Kundenforderungen an S zurück abtritt. Eine Anzeige an die Kunden unterbleibt. Diese zahlen an B. Rechtslage?

Lösung: Anspruch des S gegen B auf Herausgabe des Geleisteten aus § 816 Abs. 2?

1. Die Kunden zahlen nicht an den wahren Gläubiger S, der mit der Rückübertragung (wieder) Inhaber der Forderungen ist. Sie bewirken vielmehr an einen Nichtberechtigten (B) eine Leistung, die eigentlich nicht zum Erlöschen ihrer Verbindlichkeiten führen kann, weil die Leistung an einen Nichtgläubiger grundsätzlich keine befreiende Wirkung hat (vgl. § 362 Abs. 1 »an den Gläubiger«). Eine Ausnahme hiervon macht § 407 Abs. 1. Danach werden die Kunden in ihrem Vertrauen darauf geschützt, die bisher bestehende und ihnen mitgeteilte Gläubigerschaft der B dauere noch an.[74] Nach § 407

---

72 Zur Fallbearbeitung vgl. *Jülch*, JA 2013, 324.
73 BGHZ 85, 267; BGHZ 106, 381; *BGH* NJW-RR 1990, 1200; Palandt/*Sprau*, § 816 Rn. 21; a. A. Staudinger/*Lorenz*, § 816 Rn. 32 m. w. N. zur ablehnenden Ansicht (mit dem Argument der Verschiebung des Insolvenzrisikos).
74 Vgl. dazu *Schwarz*, AcP 203 (2003), 241, 245.

Abs. 1 sind die Verbindlichkeiten der Kunden erloschen: Die Kunden brauchen folglich nicht noch einmal an S zu zahlen, wenn sie von ihrem Wahlrecht Gebrauch machen und sich auf § 407 Abs. 1 berufen. Die Kunden haben an einen Nichtberechtigten (B) gezahlt. Diese Leistung ist aber dem Berechtigten (S) gegenüber wirksam (§§ 407 Abs. 1, 362 Abs. 1).

2. Die nichtberechtigte B, die eine gegenüber dem Berechtigten S wirksame Leistung erhält, muss diese an den Berechtigten S herausgeben.

3. Ergebnis: B schuldet dem S die Herausgabe der Beträge, die von den Kunden an sie (B) geleistet wurden.

Vertiefungshinweis: Genehmigung (§ 185 Abs. 2 S. 1 Alt. 1) und §§ 407 Abs. 1, 816 Abs. 2   57
Ausgangspunkt: In einem Dreipersonenverhältnis hat der Zedent gegen den Schuldner eine Forderung, die er dem Zessionar abtritt. Der Schuldner leistet nach der Abtretung solvendi causa an den Zedenten, den er (der Schuldner) gutgläubig noch für seinen Gläubiger hält. – Ist die Leistung des Schuldners nach § 407 Abs. 1 gegenüber dem Zessionar wirksam, ist er von seiner Schuld befreit, und der Zessionar muss sich an den Zedenten halten (§ 816 Abs. 2). Dem Schuldner steht nach § 407 Abs. 1 allerdings ein **Wahlrecht** zu, nach dem er sich auf Erfüllung berufen kann oder aber selbst beim Zedenten kondizieren kann, wenn er sich nicht auf Erfüllung beruft.[75] Der Zessionar hat aber ebenso die Wahl, nach §§ 362 Abs. 2, 185 Abs. 2 S. 1 Alt. 1 die Leistung an den Zedenten als Leistung an einen Dritten zu genehmigen, dadurch die Schuld zum Erlöschen zu bringen und nach § 816 Abs. 2 gegen den Zedenten vorzugehen, wenn der Schuldner sich nicht vorher auf (den tatbestandlich einschlägigen) § 407 Abs. 1 beruft.[76]
In der Literatur wird teilweise diese Genehmigungsmöglichkeit des Zessionars abgelehnt und ausschließlich dem Schuldner die Bestimmung überlassen, ob Erfüllung eintreten soll und der Zessionar sich nur an den Zedenten nach § 816 Abs. 2 halten kann oder ob der Schuldner beim Zedenten kondizieren soll und jener gegenüber dem Zessionar weiterhin aus der Hauptforderung verpflichtet bleibt.[77] Die Literaturmeinung nimmt dem Zessionar das Genehmigungsrecht zugunsten des Wahlrechts des Schuldners. Jedoch geht der Schuldnerschutz durch § 407 nicht so weit, dass er Rechte des Zessionars beschränkt (durch Ausschluss eines Genehmigungsrechts); die Rechte des Zessionars bleiben vielmehr erhalten. Deshalb ist diese Ansicht der Literatur abzulehnen. Die h. M. lässt – zutreffenderweise – das Recht zur Genehmigung durch den Zessionar nach §§ 362 Abs. 2, 185 Abs. 2 S. 1 Alt. 1 ohne Rücksicht auf die Schuldnerschutznorm des § 407 Abs. 1 zu.[78] Eine dritte Ansicht vertritt *Canaris*, der die Genehmigung durch den Zessionar gestattet, dem Schuldner aber das Recht einräumt, seine Tilgungsbestimmung nach § 119 (Abs. 1 Alt. 1 oder Abs. 2) anzufechten mit der Folge, dass es an einer Leistung i. S. des § 816 Abs. 2 fehlt und die Gefahr der Vereitelung des Wahlrechts damit gebannt ist.[79] Jedoch ist dabei problematisch, ob der Irrtum

---

75 Das ist heute h. M.

76 Relevant wird diese Frage dann, wenn der Schuldner selbst eine Forderung gegen den Zessionar hat und der Zessionar insolvent ist, der Schuldner somit ein Interesse an der Aufrechnung gegenüber dem Zessionar und an der Kondiktion gegenüber dem Zedenten hat. Diese Aufrechnung könnte der Schuldner nicht verwirklichen, wenn der Zessionar genehmigt und damit die Schuld gegenüber den Zessionar erloschen ist (§§ 362 Abs. 2, 185 Abs. 2 S. 1 Alt. 1). Relevanz besteht aber auch bei der Insolvenz des Schuldners, weil der Zessionar durch die Genehmigung der Gefahr, mit seiner Hauptforderung gegen den Schuldner auszufallen, entgehen sowie der Masse einen Rückforderungsanspruch aus § 812 Abs. 1 S. 1 Alt. 1 gegen den Zedenten entziehen könnte (so bei *BGH* NJW-RR 2009, 705, 706).

77 *Weimar*, JR 1966, 461; *Koppensteiner/Kramer*, S. 100 f.; *Schlechtriem*, in: Symposium König, 1984, S. 76; *Serick*, Eigentumsvorbehalt und Sicherungsübereignung, Band IV, 1976, § 54 II 3 a, S. 661; Staudinger/*Lorenz*, § 816 Rn. 9, 32; *Reuter/Martinek*, 1. Aufl. 1983, § 8 III, S. 354 f.; *Esser/Weyers*, SR II/2, § 50 II 4, S. 87: Keine Genehmigungsmöglichkeit bei Insolvenz des Schuldners; Soergel/*Mühl*, BGB, 11. Aufl. 1985, § 816 Rn. 51, der den Bedenken gegen die Rechtsprechung zustimmt. Vgl. auch *Ehmann*, JZ 1968, 549, 553; *Roth*, JZ 1972, 150.

78 *BGH* NJW-RR 2009, 705; BGHZ 85, 267; *BGH* WM 1958, 1222, 1223; 1961, 273, 274; NJW 1972, 1197, 1199; 1974, 944, 945; 1986, 2430; 1988, 495, 496; *BGH* LM Nr. 6 zu § 816 Abs. 2; im Ergebnis zustimmend MüKoBGB/*Schwab*, Bd. 6, § 816 Rn. 98, 101 (Vorgabe des Insolvenzrechts sei nicht bereicherungsrechtlich zu korrigieren).

79 *Larenz/Canaris*, SR II/2, § 69 II 3 d, S. 187; zur Zulässigkeit der Anfechtbarkeit einer Tilgungsbestimmung vgl. BGHZ 106, 163.

über die Gläubigerschaft des Leistungsempfängers einen Erklärungsirrtum oder einen Eigenschaftsirrtum der Tilgungserklärung begründen kann.

3. Zusammenfassung

58

§ 816 Abs. 2 – Kondiktion wegen Leistung an einen Nichtberechtigten

I. Tatbestand
1. Leistung des Schuldners
2. An einen Nichtberechtigten (z. B. Altgläubiger)
3. Wirksam gegenüber dem Berechtigten (z. B. Neugläubiger)
   - Beispiele: § 407, §§ 2367 Alt. 1, 2366
   - Wahlrecht des Schuldners (§§ 407, 362 Abs. 1) zwischen
     a) Erfüllung und damit § 816 Abs. 2 gegen den Neugläubiger oder
     b) keine Erfüllung und Kondiktion beim Altgläubiger nach § 812 Abs. 1 S. 1 Alt. 1 (→ Rn. 57)
   - P: Genehmigungsmöglichkeit des Neugläubigers (bezüglich der Leistung an den Altgläubiger als Dritten) nach §§ 362, 185 Abs. 2 S. 1 Alt. 1 neben § 407 Abs. 1 möglich (h. M., → Rn. 57)
II. Rechtsfolge
Nichtberechtigter Empfänger hat das Empfangene an den Berechtigten herauszugeben.

D. Aufwendungs- oder Verwendungskondiktion (§ 812 Abs. 1 S. 1 Alt. 2)

59 Von einer **Verwendungskondiktion** – teilweise wird auch der weitere Begriff der Aufwendungskondiktion gebraucht[80] – spricht man, wenn jemand Aufwendungen oder Verwendungen auf eine fremde Sache vornimmt. Es handelt sich um eine Fallgruppe der Nichtleistungskondiktion (§ 812 Abs. 1 S. 1 Alt. 2; vgl. → Rn. 2). Die Begriffe »**Aufwendungen**« und »**Verwendungen**« werden nicht einheitlich gebraucht.[81] Meistens dient »Aufwendung« als Oberbegriff für alle freiwilligen Vermögensaufwendungen, während »Verwendung« die auf einen bestimmten Gegenstand bezogenen Aufwendungen meint (vgl. zur Problematik der Aufwendungen als Schaden → § 23 Rn. 6 f.). Einen Anhalt für diese begriffliche Unterscheidung gibt das BGB in den § 2381 und § 347 Abs. 2. Der Begriff der Verwendungen i. S. der Verwendungskondiktion ist weiter als der (engere) Verwendungsbegriff des EBV (vgl. → Rn. 64).

Auf- oder Verwendungen auf eine fremde Sache können einen Bereicherungsanspruch auslösen, wenn dadurch das Vermögen des Eigentümers ohne Rechtsgrund vermehrt wird. Prüfungstechnisch stellt sich die Frage der »Auf- oder Verwendungen« im Tatbestandsmerkmal »etwas erlangt« und bei § 818 Abs. 3 (Problem der **aufgedrängten Bereicherung**, vgl. → § 12 Rn. 61 f.).

60 Eine (Aufwendungs- oder) Verwendungskondiktion ist tatbestandlich ausgeschlossen:
- wenn der Vermögensmehrung ein Vertrag zugrunde liegt. Dann liegt in dem Vertrag ein Rechtsgrund vor, sodass ein Bereicherungsanspruch ausscheidet.

---

80 Vgl. MüKoBGB/*Schwab*, Bd. 6, § 812 Rn. 341. *Wendehorst* teilt in eine allgemeine Aufwendungskondiktion und eine besondere Aufwendungskondiktion (Verwendungskondiktion [des § 951 Abs. 1 S. 1, 812 Abs. 1 S. 1 Alt. 2]) ein (BeckOK BGB/*Wendehorst*, § 812 Rn. 145 ff.).
81 Vgl. *Medicus/Petersen*, BR, Rn. 874 ff.

– wenn der Vermögensmehrung ein nichtiger Vertrag zugrunde liegt. Dann ist eine Leistungskondiktion (§ 812 Abs. 1 S. 1 Alt. 1) gegeben, wenn durch eine Zuwendung das Vermögen eines anderen bewusst und zweckgerichtet vermehrt wird (Leistung).

Fehlt es dagegen an dem für eine Leistung erforderlichen Zuwendungswillen, kommt nur eine Bereicherung in sonstiger Weise (in Form der Verwendungskondiktion) in Frage. Das ist etwa der Fall, wenn jemand irrtümlich fremdes Vermögen mehrt. **61**

Beispiel: Jemand repariert die Sache eines anderen, die er für seine eigene hält, unter Verwendung eigener Materialien.

Aufwendungen und **Leistung** unterscheiden sich also durch die Zweckgerichtetheit (vgl. → § 10 Rn. 15 ff.). Während für eine Leistung im bereicherungsrechtlichen Sinne der Leistungszweck und die Zweckbestimmung konstitutiv sind, fehlen diese bei den Aufwendungen.[82]

Fall: G bewässert seinen Garten. Der versehentlich zu weit eingestellte Bewässerungsapparat versprüht unbewusst auch Wasser auf das Grundstück des Nachbarn S. G verlangt »Ersatz«. Zu Recht? **62**

Lösung:

1. Die (an sich) vorrangigen §§ 994 ff. kommen nicht in Betracht, weil kein Eigentümer-Besitzer-Verhältnis gegeben ist; denn G hat den Garten des S nicht in Besitz.
2. Ansprüche aus GoA scheiden aus, weil G ein fremdes Geschäft mit Eigengeschäftsführungswillen führt (vgl. § 687 Abs. 1).
3. Eine Leistungskondiktion (§ 812 Abs. 1 S. 1 Alt. 1) ist mangels Leistung (bewusster und zweckgerichteter Vermehrung fremden Vermögens) ausgeschlossen. G meint, den eigenen Garten zu bewässern, und will nicht fremdes Vermögen mehren.
4. G kann von S aus dem Gesichtspunkt der Verwendungskondiktion (§ 812 Abs. 1 S. 1 Alt. 2) seine Aufwendungen vergütet verlangen, weil dieser die Bewässerung durch Nichtleistung (hier Aufwendungen des G) auf Kosten des G ohne Rechtsgrund erhält.

Bei der Verwendungskondiktion ist häufig problematisch, dass der Eigentümer der Sache die Auf- oder Verwendungen eines Dritten gar nicht haben will (sog. aufgedrängte Bereicherung, vgl. → § 12 Rn. 61 f.). Die dogmatische Einordnung der aufgedrängten Bereicherung ist umstritten. Teils wird auf die Wertung des § 814 verwiesen (Leistung in Kenntnis der Nichtschuld), teils wird der Wertbegriff des § 818 Abs. 2 subjektiv, d. h. aus der Sicht des Eigentümers, verstanden, teils wird mit § 818 Abs. 3 (Wegfall der Bereicherung, verstanden als anfängliches Fehlen der Bereicherung) geholfen. Es besteht – wohl nach allen Ansichten – grundsätzlich kein Wertersatzanspruch. Anders ist dies nur dann, wenn sich der Bereicherte eine objektiv vorliegende Werterhöhung zunutze macht. **63**

Vertiefungshinweis: Verwendungsersatz – Konkurrenz von EBV und § 812 Abs. 1 S. 1 Alt. 2 **64**
Insbesondere beim **Bau auf fremden Grund** stellt sich die Frage, ob die Verwendungskondiktion (§ 812 Abs. 1 S. 1 Alt. 2) neben einem **Eigentümer-Besitzer-Verhältnis** (§ 987 ff.) anzuwenden ist.[83]
Die h. M. geht davon aus, dass die Verwendungsersatzregelungen der §§ 994 ff. eine abschließende Sonderregelung darstellen, die andere Ansprüche (§§ 823 ff., 812 ff.) ausschließen, so auch § 951. Vorausset-

---

82 Vgl. *Larenz/Canaris*, SR II/2, § 67 II 1 d, S. 133.
83 Umfassende Übersicht über die Konkurrenzen zwischen EBV und Bereicherungsrecht *Grigoleit/Auer*, Rn. 17.

zung ist allein ein Eigentümer-Besitzer-Verhältnis, ohne dass es darauf ankommt, ob im Einzelfall »Verwendungen« i. S. des §§ 994 ff. vorliegen.[84] Diese Rechtsansicht wird mit der erschöpfenden Sonderregelung der §§ 987 ff. (besondere Anspruchsvoraussetzungen, spezielle Wertentscheidungen) begründet, die dem allgemeinen (Bereicherungs-)Recht vorgingen.[85] Ansprüche aus GoA (§§ 677 ff.) scheiden regelmäßig tatbestandlich aus: Beim Eigenbesitzer folgt dies aus § 687 Abs. 1; beim Geschäftsanmaßer ist § 687 Abs. 2 anzuwenden. Dem Fremdbesitzer fehlt in diesen Fällen regelmäßig der Fremdgeschäftsführungswille (vgl. → § 4 Rn. 26 ff.).[86]

Für den Bau auf fremden Grund folgt daraus: (1) Nach §§ 994 ff. werden nur Verwendungen ersetzt. Verwendungen i. S. der §§ 994 ff. sind Vermögensaufwendungen, die der Sache zugute kommen sollen, ohne sie grundlegend zu verändern; sie zielen darauf ab, den Bestand der Sache als solcher zu erhalten, wiederherzustellen oder zu verbessern (Bestandsverbesserung).[87] Durch die Bebauung eines Grundstücks wird der Zustand des Grundstücks verändert und das Grundstück für andere Zwecke benutzbar gemacht. Damit fehlt es beim Bau auf fremden Grund (grundsätzlich) an »Verwendungen« i. S. des §§ 994 ff.[88] (2) Konkurrierende Verwendungsersatzansprüche aus § 812 Abs. 1 S. 1 Alt. 2 (Verwendungskondiktion) in Verbindung mit § 951 Abs. 1 S. 1 scheiden wegen des Vorranges des EBV (Wertungen der §§ 994 ff.) aus. (3) Ansprüche aus GoA (§§ 677, 683 S. 1, 670), die an sich ein EBV ausschließen würden (Recht zum Besitz, vgl. → § 7 Rn. 3), scheiden mangels Fremdgeschäftsführungswillens aus (vgl. § 687 Abs. 1). (3) Möglich ist nur ein Anspruch aus § 997 Abs. 1 (Wegnahmerecht), indem der Gläubiger die in das Grundstück eingebauten Sachen abbricht und sich aneignet. (4) Kommt ein solches Wegnahmerecht (aus Rechtsgründen)[89] im Einzelfall nicht in Frage, so besteht ein Entschädigungsanspruch (§ 242, Rechtsgedanke des § 906 Abs. 2 S. 2).[90] Die Höhe des Entschädigungsanspruchs bleibt hinter § 818 Abs. 2 zurück.

In der Literatur wird die Einschränkung des Verwendungsbegriffs durch die Rechtsprechung verbreitet abgelehnt oder die §§ 951, 812 im Grunde neben den §§ 994 ff. angewendet und eine Verwendungskondiktion gewährt.[91] Begründung der letzten Ansicht:[92] Bei einem Ausschluss der Verwendungskondiktion würde der besitzende Verwender schlechter gestellt als der nicht-besitzende Verwender, der aus § 812 Abs. 1 S. 1 Alt. 2 vorgehen könnte; dies sei eine nicht zu rechtfertigende Ungleichbehandlung.[93] Es wird auf § 951 Abs. 2 S. 1 verwiesen, der davon ausgehe, dass § 951 neben dem EBV anwendbar sei.

65

§ 812 Abs. 1 S. 1 Alt. 2 – Verwendungskondiktion

I. Anwendungsbereich
    – tatbestandlich ausgeschlossen bei einem wirksamen Vertragsverhältnis
    – tatbestandlich ausgeschlossen bei einer Leistungskondiktion;
      also Verwendungskondiktion nur bei Vermögensmehrung ohne Leistungs- bzw. Zuwendungswillen anwendbar (z. B. bei irrtümlicher Mehrung fremden Vermögens)
II. Konkurrenzen
    Bei besitzendem Verwender: Vorrang des EBV (§§ 994 ff., str.)
    – P: Bau auf fremdem Grund (→ Rn. 64)

---

84 Grundlegend BGHZ 41, 157; *BGH* NJW 1996, 52 m. w. N.; Staudinger/*Gursky*, Vor §§ 994 ff. Rn. 43; Palandt/*Herrler*, Vorb v §§ 994 ff. Rn. 15; a. A. aber *Canaris*, JZ 1996, 344, 349.
85 BGHZ 41, 157.
86 Vgl. MüKoBGB/*Raff*, Bd. 7, § 994 Rn. 65.
87 BGHZ 10, 171.
88 BGHZ 41, 157.
89 Im Fall des *BGH* (BGHZ 41, 157) stand § 22 Wohnraumbewirtschaftungsgesetz vom 31. März 1953 (BGBl. I, S. 97 in der Fassung der Anlage zu Art. X § 6 des Gesetzes vom 23. Juni 1960, BGBl. I, S. 389, 418) einem Abbruch des Überbaus entgegen, weil die Vorschrift ein im öffentlichen Interesse erlassenes »Verbot baulicher Veränderung« enthielt.
90 Vgl. BGHZ 41, 157.
91 *Medicus/Petersen*, BR, Rn. 877 und 897; *Larenz/Canaris*, SR II/2, § 74 I 3, S. 345 f.
92 Im Einzelnen *Medicus/Petersen*, BR, Rn. 897.
93 So auch *Brox/Walker*, SchuldR BT, § 42 Rn. 14.

III. Tatbestand
1. Etwas erlangt
2. In sonstiger Weise: durch eine Verwendung (Aufwendungen auf eine fremde Sache)
3. Auf Kosten des Bereicherungsgläubigers
4. Ohne Rechtsgrund

E. Rückgriffskondiktion (§ 812 Abs. 1 S. 1 Alt. 2)

I. Funktion und Anwendungsbereich

Eine **Rückgriffskondiktion** (§ 812 Abs. 1 S. 1 Alt. 2) kommt in Frage, wenn ein Dritter **66** eine fremde Schuld tilgt und dadurch den Schuldner von dessen Verbindlichkeit gegenüber dem Gläubiger befreit.[94] Es handelt sich um eine Fallgruppe der Nichtleistungskondiktion (§ 812 Abs. 1 S. 1 Alt. 2; vgl. → Rn. 2). Zahlt jemand auf eine fremde Schuld (§ 267), so erlangt der Schuldner Befreiung von seiner Verbindlichkeit (zur unechten Gesamtschuld vgl. → § 8 Rn. 12). Es stellt sich dann die Frage, ob der Zahlende vom Schuldner Ersatz verlangen kann. Bereicherungsrechtlich gilt grundsätzlich: Wer eine fremde Schuld wirksam tilgt, bereichert den anderen, weil dessen Vermögen von einer Verbindlichkeit befreit wird. Die Rückgriffskondiktion (auch Auslagenkondiktion genannt) ermöglicht es dem tilgenden Dritten, den Schuldner in Regress zu nehmen. Dabei stellt sich regelmäßig das Problem der **aufgedrängten Bereicherung** (vgl. → § 12 Rn. 61 f.).

II. Tatbestand

Voraussetzung ist, (1) dass der Bereicherungsschuldner etwas erlangt hat. (2) Es muss **67** hinsichtlich dieses Bereicherungsgegenstandes eine Nichtleistung im Verhältnis des Bereichungsgläubigers zum Bereicherungsschuldner vorliegen. (3) Ein Rechtsgrund (z. B. Auftrag, Geschäftsbesorgung, Geschäftsführung ohne Auftrag) für die Zuwendung darf nicht vorhanden sein.

Durch Zahlung eines Dritten erlangt der (Bereicherungs-)Schuldner **Befreiung von** **68** **seiner Schuld** unter den Voraussetzungen des § 267. Dafür muss der Dritte mit Fremdtilgungswillen auf eine fremde Schuld zahlen, und die Schuld muss tatsächlich bestehen. Liegt ein Fall der Legalzession vor, so hat der (Bereicherungs-)Schuldner keine Schuldbefreiung erlangt, weil durch diese nur der Gläubiger wechselt.

Beispiele:
- Gesetzlicher Forderungsübergang (sog. cessio legis oder Legalzession): § 774 Abs. 1 S. 1, § 268 Abs. 3 usw.; auch bei Unterhaltszahlung: §§ 1607 Abs. 2 S. 2, 1608 S. 3, 1615a, 1584 S. 3.
- B hat sich für die Verbindlichkeit des S gegenüber G verbürgt (§§ 765 ff.) und zahlt bei Fälligkeit der Forderung des G an diesen. Damit erfüllt er seine Bürgenschuld (§§ 765 Abs. 1, 767). Es liegt (regelmäßig) keine Zahlung auf die Verbindlichkeit des Schuldners S gegenüber dem G vor, also keine Leistung eines Dritten i. S. des § 267, weil der Bürge seine eigene (wenn auch akzessorische) Bürgenschuld

---

94 Rechtsvergleichend *Bartels*, Zum Rückgriff nach eigennütziger Zahlung auf fremde Schuld – Anleihen bei DCFR und common law für das deutsche Recht, RabelsZ 78 (2014), 479.

tilgen will.[95] Nach § 774 Abs. 1 S. 1 geht die Forderung des G gegen S auf B über. S erlangt insoweit nichts, also keine Schuldbefreiung. Für eine Verwendungskondiktion ist deshalb kein Raum (vgl. → § 8 Rn. 22 ff.).[96]

69 Die Rückgriffskondiktion ist tatbestandlich ausgeschlossen, wenn andere vertragliche oder gesetzliche Regressregelungen greifen. Deshalb sind in der Fallbearbeitung zuerst andere Rückgriffsmöglichkeiten zu prüfen:

– Rechtsgeschäftliche Pflicht zur Abtretung einer Forderung (§§ 255, 285).
– Auftragsrecht, wenn aufgrund Auftrags gezahlt wird (§§ 662 ff.); vgl. § 478 für den Regress des Unternehmers gegen den Hersteller bei Verbrauchsgüterkauf.
– Zahlung als Geschäftsführer ohne Auftrag: Rückgriff über §§ 683 S. 1, 670 (Aufwendungsersatzanspruch). Die (berechtigte) GoA geht dem Bereicherungsrecht vor (vgl. → § 7 Rn. 6). Bei nichtberechtigter GoA verweist § 684 S. 1 auf § 818 ff. (vgl. → § 5 Rn. 51 ff. und → § 7 Rn. 7).

70 Der **Vorrang der Leistungskondiktion** (vgl. → § 9 Rn. 18 ff. und → § 13 Rn. 6 ff.) steht der Nichtleistungskondiktion des Dritten gegen den Schuldner (Rückgriffskondiktion, § 812 Abs. 1 S. 1 Alt. 2) nicht entgegen. Denn bei einer Drittleistung (§ 267) wird das Geschuldete (Geld) vom Dritten an den Gläubiger geleistet. Der Dritte leistet also den Geldbetrag nicht an den Schuldner. Der Schuldner bekommt nur die Schuldbefreiung (einen anderen Bereicherungsgegenstand). Diese erlangt er aber nicht durch Leistung des Dritten.

71 **Fall (nach *Medicus/Petersen*, BR, Rn. 949 a. E.):** S kauft bei G einen Fernseher unter Eigentumsvorbehalt. D hat eine vollstreckbare Forderung gegen S und möchte in den Fernseher vollstrecken (§§ 808 ff. ZPO), um sich daraus zu befriedigen. Solange aber G aufgrund seines Eigentumsvorbehalts noch Eigentümer des Fernsehers ist, kann G die Zwangsvollstreckung des D in den Fernseher mittels einer Drittwiderspruchsklage (§ 771 ZPO, Eigentum als ein »die Veräußerung hinderndes Recht«) verhindern. Durch eine Zahlung der restlichen Kaufpreisraten kann D aber erreichen, dass das (bisher aufschiebend bedingte) Eigentum endgültig auf S übergeht und G – mangels Eigentümerstellung – nicht mehr mit Erfolg die Drittwiderspruchsklage erheben kann. Um nicht der Drittwiderspruchsklage des G ausgesetzt zu sein, zahlt D an G die noch ausstehenden Kaufpreisraten und nimmt den S in Regress. Zu Recht?

Lösung: Anspruch des D gegen S auf Rückzahlung der an G geleisteten Raten?
1. Mangels Vertragsverhältnisses zwischen D und S besteht kein vertraglicher Rückzahlungsanspruch.
2. Eine berechtigte Geschäftsführung ohne Auftrag (§§ 677, 683 S. 1, 670) scheidet aus.
   a) Zwar stellt die Schuldtilgung ein auch-fremdes Geschäft dar.
   b) Die an sich geltende Vermutung des Fremdgeschäftsführungswillens wird aber widerlegt. Es fehlt am finalen Element (Fremdgeschäftsführungswille i. e. S.; vgl. → § 4 Rn. 26). D will nur seine eigenen Interessen fördern. Solange G nämlich aufgrund seines Eigentumsvorbehalts noch Eigentümer des Fernsehers ist, kann G nach § 771 ZPO die Zwangsvollstreckung verhindern. Durch die Zahlung des restlichen Kaufpreises bewirkt D, dass das Eigentum auf S übergeht und G nicht mehr nach

---

95 Der Wortlaut des § 766 S. 3 ist insoweit ungenau.
96 Denkbar ist es, dass der Bürge auf die Verbindlichkeit des Schuldners leistet (*BGH* NJW 1986, 251). Dies setzt eine entsprechende Tilgungsbestimmung voraus: Der Bürge muss im Zeitpunkt der Zahlung an den Gläubiger (ausdrücklich oder konkludent) zum Ausdruck bringen, dass er auf die persönliche Verbindlichkeit des Schuldners gegenüber dem Gläubiger statt auf seine Bürgenschuld leistet (Dritttilgungswille, § 267). Die persönliche Schuld erlischt und damit auch die (akzessorische) Bürgenschuld. In diesem Fall kommt § 774 Abs. 1 S. 1 nicht zur Anwendung, denkbar ist aber eine Aufwendungskondiktion des Bürgen gegen den Schuldner (§ 812 Abs. 1 S. 1 Alt. 2).

§ 771 ZPO vorgehen kann. Dann steht dem D die Zwangsvollstreckung offen, die ausschließlich in seinem Interesse liegt.

   c) Jedenfalls aber fehlt das Interesse und der wirkliche oder mutmaßliche Willen des S (§ 683 S. 1): S ist nicht daran interessiert, dass D die Voraussetzung für eine erfolgreiche Pfändung seines Fernsehers schafft.

3. Ein Anspruch aus § 684 S. 1 i. V. m. §§ 818 ff. scheidet mangels Fremdgeschäftsführungswillens aus (vgl. vorstehend).

4. Leistungskondiktion gemäß § 812 Abs. 1 S. 1 Alt. 1 (–).
   S erlangt Schuldbefreiung. Diese leistet D aber nicht an S, sondern D leistet nur den Geldbetrag (anderer Bereicherungsgegenstand als Schuldbefreiung) an G (im bereicherungsrechtlichen Sinne). Für die an S zugewendete Schuldbefreiung fehlt ein erklärter Leistungszweck des D.

5. Eine Eingriffskondiktion (§ 812 Abs. 1 S. 1 Alt. 2) ist ebenfalls zu verneinen; denn S greift nicht in den Zuweisungsgehalt eines Rechts des D ein.

6. In Betracht kommt nur eine Rückgriffskondiktion (§ 812 Abs. 1 S. 1 Alt. 2).
   a) S erlangt die Befreiung von seiner Kaufpreisschuld gegen G auf Kosten des D, weil D als Dritter mit Fremdtilgungswillen an G leistet (§§ 267, 362 Abs. 1).
   b) D leistet diese nicht an S. Ein rechtlicher Grund dafür fehlt.
   c) Ein Vorrang der Leistungskondiktion kommt nicht in Betracht, weil S die Schuldbefreiung auch nicht durch eine Leistung eines Dritten erlangt (vgl. vorstehend).

7. D kann von S aus Rückgriffskondiktion (§ 812 Abs. 1 S. 1 Alt. 2) Zahlung der an G geleisteten Raten verlangen.

Vertiefungshinweis: Wahlrecht des irrtümlich Leistenden – nachträglich erklärter Dritttilgungswille   **72**
Die Zahlung eines Dritten nach § 267 setzt voraus, dass der Dritte in der Absicht zahlt, eine fremde Schuld zu tilgen (Fremdtilgungswille). Geht der Zahlende von einer vermeintlich eigenen Verbindlichkeit aus und zahlt, so fehlt ihm der Fremdtilgungswille. Eine Leistungsbefreiung des wahren Schuldners nach § 267 scheitert am Fremdtilgungswille, eine Rückgriffskondiktion (§ 812 Abs. 1 S. 1 Alt. 2) gegen den Schuldner daran, dass dieser nichts (keine Schuldbefreiung) erlangt hat. Es stellt sich aber die Frage, ob der Zahlende **nachträglich den Dritttilgungswillen erklären** und im Anschluss daran gegen den Schuldner aus Rückgriffskondiktion vorgehen kann. Insoweit hätte der irrtümlich Leistende ein **Wahlrecht**. Vgl. zur Rückabwicklung im Dreipersonenverhältnis bei Zahlung auf fremde Schuld und Mängel im Deckungs- oder Valutaverhältnis → § 13 Rn. 60 ff.

> **Fall (nach *BGH* NJW 1986, 2700):** Der Versicherer V bezahlt die Kosten der Heilbehandlung nach   **73**
> einem Verkehrsunfall, den die Tochter der (unterhaltsverpflichteten) Eltern B erlitten hat. Nachdem sich herausgestellt hat, dass V im konkreten Fall nicht zur Zahlung verpflichtet ist, verlangt V von B die Rückerstattung der erbrachten Leistungen. Zu Recht?

Lösung:

1. Anspruch aus §§ 677, 683 S. 1, 670 (–) Ein Anspruch aus GoA scheidet mangels Fremdgeschäftsführungswillens aus. V geht bei der Zahlung davon aus, eine eigene Verpflichtung zu erfüllen und ausschließlich ein eigenes Geschäft zu besorgen.

2. Anspruch aus § 812 Abs. 1 S. 1 Alt. 1 (Leistungskondiktion)?
   a) Die Eltern B erlangen Schuldbefreiung.
   b) Diese leistet V aber nicht an B. Vielmehr leistet V nur an die geschädigte Tochter das Geld (anderer Bereicherungsgegenstand als Schuldbefreiung) zur Tilgung einer vermeintlichen eigenen Verbindlichkeit. Eine etwaige tatsächliche Auszahlung an die Eltern als gesetzliche Vertreter (§§ 1626, 1629 Abs. 1 S. 1 und 2) ändert daran nichts, weil sie insoweit nur Leistungsmittler sind.

3. Anspruch aus § 812 Abs. 1 S. 1 Alt. 2 (Rückgriffskondiktion)?
   a) Die B müssten etwas erlangt haben. (aa) Weil V zur Zeit der Zahlung an eine eigene Verpflichtung glaubt und auf eine vermeintlich eigene Schuld zahlt, zahlt er nicht als Dritter an den Gläubiger zur Tilgung fremder Schulden (Verpflichtung der Eltern gegenüber der Tochter zur Unterhaltsleistung; § 267); insoweit erlangen B nicht die Befreiung von ihrer gesetzlichen Unterhaltspflicht (zur Zah-

lung der Heilbehandlungskosten an die Tochter) (kein Drittleistungswille im Zeitpunkt der Zahlung). (bb) Indem V von B Rückerstattung fordert, bringt V zum Ausdruck, dass er auf den ihm zustehenden Bereicherungsanspruch gegen die Tochter verzichtet und seine irrtümliche Eigenleistung als für die B erbracht gelten soll. B könnte von ihrer Unterhaltspflicht befreit sein (erlangtes Etwas), wenn V nachträglich eine Tilgungsbestimmung erklären kann, dass er zur Tilgung fremder Schuld an den Schuldner zahle (§ 267). Ob bei einer irrtümlichen Eigenleistung die Tilgungsbestimmung nachträglich geändert werden und die erbrachte Leistung auf diese Weise als Leistung des wahren Schuldners bestimmt werden kann, ist umstritten,[97] aber vom BGH bei §§ 267, 812 mit Rücksicht auf das im Bereicherungsrecht besonders geltende Gebot der Billigkeit und dem Grundsatz von Treu und Glauben und unter Berücksichtigung der Interessen der Beteiligten zugelassen worden.[98] B erlangen damit Schuldbefreiung (vgl. § 267).

b) Es liegt eine Nichtleistung auf Kosten des V vor.

c) Im Verhältnis V zu B fehlt ein die Vermögensverschiebung rechtfertigender Rechtsgrund.

d) Ein Vorrang der Leistungskondiktion kommt nicht in Betracht. B haben die Schuldbefreiung nicht durch Leistung eines Dritten erlangt.

e) V kann deshalb nach § 812 Abs. 1 S. 1 Alt. 2 Rückerstattung verlangen.

III. Zusammenfassung

74

§ 812 Abs. 1 S. 1 Alt. 2 – Rückgriffskondiktion

Dritter tilgt eine fremde Verbindlichkeit und nimmt den (schuldbefreiten) Schuldner in Regress.
 I. Tatbestand
   1. Etwas erlangt
     – Befreiung von einer Verbindlichkeit (siehe § 267: Zahlung eines Dritten mit Fremdtilgungswille) (→ Rn. 68, 73) (nicht bei gesetzlichem Forderungsübergang [z. B. §§ 268 Abs. 3, 774])
   2. In sonstiger Weise
     – durch Nichtleistung: Keine Leistung der Schuldbefreiung an den Schuldner (aber: Leistung des Geldbetrags, den Schuldner dem Gläubiger schuldet, an Gläubiger [§ 267: eigene Tilgungsbestimmung])
     – P: Nachträglicher Fremdtilgungswille bei Zahlung auf vermeintliche Eigenschuld (→ Rn. 72)
   3. Auf Kosten des Bereicherungsgläubigers
   4. Ohne Rechtsgrund (nicht bei vertraglicher Verpflichtung zur Drittleistung oder berechtigter GoA)
 II. Rechtsfolge
   §§ 812 Abs. 1 S. 1 Alt. 2, 818 Abs. 2: Wertersatz, da Befreiung von der Verbindlichkeit nicht herausgegeben werden kann.

---

97 Vgl. zum Streitstand *BGH* NJW 1986, 2700f. und *K. Schmidt*, JuS 1987, 142.

98 Die Möglichkeit einer nachträglichen Tilgungsbestimmung verschafft dem Dritten ein Wahlrecht, entweder das Geleistete vom (vermeintlichen) Gläubiger zurückzufordern (§ 812 Abs. 1 S. 1 Alt. 1) oder den (wahren) Schuldner in Regress zu nehmen (Rückgriffskondiktion, Zahlung auf fremde Schuld [§ 267]).

§ 12. Inhalt und Umfang von Bereicherungsansprüchen

Ist der Tatbestand einer Kondiktion erfüllt, so ist der Bereicherungsschuldner zur **1** Herausgabe des Erlangten verpflichtet (so z. B. §§ 812 Abs. 1 S. 1, 816, 817 S. 1). Daneben erstreckt sich die Herausgabepflicht auch auf die aus dem Erlangten gezogenen Nutzungen und auf Surrogate (§ 818 Abs. 1). Wenn die Herausgabe nicht (mehr) möglich ist, muss der Bereicherte Wertersatz leisten (§ 818 Abs. 2). Durch § 818 Abs. 3 wird die Bereicherungshaftung auf die noch vorhandene Bereicherung eingeschränkt, durch §§ 818 Abs. 4, 819 f. verschärft und erweitert.[1]

A. Gegenstand der Bereicherung

I. Herausgabe des erlangten Etwas

Gegenstand der Herausgabe kann alles sein, was dem Schuldner verschafft worden ist **2** (vgl. → § 10 Rn. 4 ff., → § 11 Rn. 7). Das Erlangte ist in Natur herauszugeben. Dies ergibt sich bereits aus § 812 Abs. 1, nicht erst aus § 818 Abs. 1. Es muss deshalb beim Tatbestandsmerkmal »etwas erlangt« (also im Tatbestand des Bereicherungsanspruchs) genau geprüft werden, was der Bereicherungsschuldner erlangt hat; das erlangte Etwas ist schuld- oder sachenrechtlich konkret zu bezeichnen.

Beispiele:
- Wenn der Bereicherungsschuldner Eigentum an einer Sache erlangt hat, ist § 812 Abs. 1 auf Rückübereignung durch Einigung und Übergabe (§ 929 S. 1) gerichtet.
- Ist nur Besitz erlangt worden, richtet sich der Anspruch darauf, dem Gläubiger die tatsächliche Sachherrschaft wieder zu verschaffen.
- Wurde eine Forderung erlangt, dann richtet sich der Anspruch auf Herausgabe des Erlangten auf (Rück-)Abtretung der Forderung.

Das »erlangte Etwas« ist von dem Wertersatz (§ 818 Abs. 2) sowie von der Frage der **3** »ersparten Aufwendungen« (vgl. → Rn. 17) zu unterscheiden.[2]

II. Herausgabe der Nutzungen, insbesondere der Gebrauchsvorteile

Der Anspruch auf Herausgabe umfasst auch die **Nutzungen,** die der Bereicherte aus **4** dem Erlangten (tatsächlich) gezogen hat (§ 818 Abs. 1), nicht dagegen Ersatz von Nutzungen, die er aus dem Erlangten nur hätte ziehen können (vgl. dagegen zu Nutzungen als primärer Bereicherungsgegenstand → Rn. 6). Nutzungen können Sach-, Rechtsfrüchte und Gebrauchsvorteile sein (§§ 100, 99).

Beispiele:
- Zinsen für auf ein Bankkonto eingezahltes Geld;[3]
- die Nutzung eines Pkw;

---

1 Vgl. *Musielak*, JA 2017, 1.
2 Vgl. BGHZ 55, 128 »Flugreise«-Fall → Rn. 59, → § 10 Rn. 6, 8, → § 11 Rn. 22.
3 Die Rechtsprechung unterscheidet nicht zwischen erzielten und ersparten Zinsen (BGHZ 138, 160). Auch die Zinsen, die der Bereicherungsschuldner dadurch erspart, dass er rechtsgrundlos erlangtes Geld seinem Vermögen einverleibt (z. B. Tilgung eigener Schulden), sind nach § 818 Abs. 1 und 2 her-

– Gewinn aus einem rechtsgrundlos erlangtem Unternehmen, soweit er nicht ausschließlich auf den persönlichen Leistungen und Fähigkeiten des Bereicherungsschuldners beruht (*BGH* NJW 2006, 2847, 2853).

5 Können die Nutzungen nicht in Natur herausgegeben werden, dann ist nach § 818 Abs. 2 Wertersatz zu leisten.

Beispiel: Die Gebrauchsvorteile aus der unberechtigten Nutzung eines Pkw können nicht in Natur herausgegeben werden; daher ist Wertersatz zu leisten. Vgl. zur Höhe des Wertersatzes → Rn. 10ff.

> **Hinweis:** Nach der Rspr. ist ein Nutzungsersatz nach Bereicherungsrecht ausgeschlossen, wenn ein **Eigentümer-Besitzer-Verhältnis** vorliegt. Die §§ 987ff. gehen als Sonderregelungen vor (arg. aus § 993 Abs. 1, der nur für die Übermaßfrüchte auf das Bereicherungsrecht verweist).[4]

6 **Vertiefungshinweis:** Nutzungen als primärer Bereicherungsgegenstand
Nutzungen i. S. des Nebenfolgeanspruchs (§ 818 Abs. 1) sind von Nutzungen als primärem Bereicherungsgegenstand (§ 812 Abs. 1) abzugrenzen. Im letzten Fall sind die Nutzungen bzw. die Nutzungsmöglichkeit selbst das erlangte Etwas i. S. des § 812 Abs. 1, während im ersten Fall die Nutzungen bloße »Nebensache« des erlangten Gegenstandes oder Rechts sind (§ 818 Abs. 1). Beispiele für Nutzungen als primärer Bereicherungsgegenstand:

– Ein Gegenstand oder Recht ist dem Schuldner von vornherein nur zum Gebrauch oder zur Nutzung überlassen worden.
– Der Schuldner hat nicht in die Substanz, sondern in die Nutzungsmöglichkeit eingegriffen (insbesondere Eingriff in Immaterialgüterrechte[5]).
– Zugang zum Telekommunikationsnetz nach wirksamer fristloser Kündigung eines DSL-Anschlussvertrags.[6]

Strittig ist, ob die Unterscheidung zwischen der Nutzung als primärer oder sekundärer Bereicherungsgegenstand Bedeutung für die bereicherungsrechtlichen Rechtsfolgen hat. Nach verbreiteter Lehre gilt: Bei den primären Nutzungen i. S. des § 812 Abs. 1 ist die Nutzungsmöglichkeit erlangt; für diese ist Wertersatz zu leisten (§ 818 Abs. 2); dabei kommt es nicht darauf an, ob der Schuldner Nutzungen tatsächlich gezogen hat; infrage kommen kann dann aber ein Wegfall der Bereicherung (§ 818 Abs. 3). Dagegen ist nach §§ 818 Abs. 1 und 2 Wertersatz nur für die tatsächlich gezogenen (sekundären) Nutzungen zu leisten; nur im Fall des §§ 818 Abs. 4, 292 Abs. 2, 987 Abs. 2 ist Wertersatz für (schuldhaft) nicht gezogene Nutzungen zu leisten. Nach Ansicht des BGH[7] kommt es auch bei Nutzungen als primärer Bereicherungsgegenstand auf die tatsächlich gezogenen Nutzungen an. Der BGH begründet dies damit, dass nach §§ 818 Abs. 4, 819 Abs. 1, 292 Abs. 2 und § 987 Abs. 2 Ersatz für nicht gezogene Nutzungen lediglich der bösgläubige oder verklagte Schuldner zu leisten hat und dies auch nur, soweit ihn ein Verschulden trifft. Ein entsprechender Schutz lässt sich aber auch bei sachgerechter Anwendung von § 818 Abs. 3 erzielen.

---

auszugeben bzw. zu ersetzen (vgl. MüKoBGB/*Schwab*, Bd. 6, § 818 Rn. 16f.; Palandt/*Sprau*, § 818 Rn. 11).

4 H. M. vgl. BGHZ 14, 7; 41, 157; a. A. Teile der Literatur, z. B. *Brox/Walker*, SchuldR BT, § 43 Rn. 3 m.w. N.

5 Anderes Beispiel: Mitbenutzung einer fremden Tiefgarage als Zufahrtsweg zur eigenen Tiefgarage, *OLG Frankfurt* NJW-RR 2009, 805.

6 BGHZ 196, 285; dazu *Fervers/Gsell*, NJW 2013, 3607.

7 BGHZ 196, 285. Bei Zahlungen an eine Bank besteht eine tatsächliche Vermutung dafür, dass die Bank Nutzungen im Wert des üblichen Verzugszinses in Höhe von 5% über dem Basiszinssatz gezogen hat; BGHZ 203, 115.

III. Surrogate

Herauszugeben ist auch, was der Empfänger auf Grund eines erlangten Rechts oder als 7
Ersatz für die Zerstörung, Beschädigung oder Entziehung des erlangten Gegenstands
erwirbt (vgl. § 818 Abs. 1).

Beispiel: A erlangt für einen zerstörten Pkw, den er eigentlich an B herausgeben muss, eine Versicherungsforderung. Herauszugeben ist dann die Versicherungsforderung durch Abtretung oder – nach erfolgter Leistung des Versicherers – Zahlung des als Versicherungssumme erhaltenen Geldbetrages, da die
Leistung des Versicherers das Surrogat für die Zerstörung des erlangten Pkw ist.

Außer den Surrogaten, die als Ersatz für die Zerstörung, Beschädigung oder Entzie- 8
hung anzusehen sind, muss der Bereicherungsschuldner solche Surrogate herausgeben,
die »aufgrund des erlangten Rechtes« erworben wurden. Nach h. M. ist hierunter nur
das zu verstehen, was bei der bestimmungsgemäßen Ausübung des Rechtes erlangt
wurde. Nicht herauszugeben ist daher das sog. **rechtsgeschäftliche Surrogat,** also
das, was der Bereicherungsschuldner aus einem Rechtsgeschäft (z. B. einem Verkauf)
erlangt hat.[8] Denn nach h. M. ist der Veräußerungserlös nicht durch die bestimmungs-
gemäße Ausübung des Eigentumsrechts erworben, sondern aufgrund eines selbständigen Rechtsgeschäftes mit dem Erwerber. Zu leisten ist in diesem Fall Wertersatz gemäß
§ 818 Abs. 2, der sich nach dem objektiven Verkehrswert der Sache bemisst. Begründen
lässt sich diese Ansicht mit dem von § 285 und § 816 Abs. 1 abweichenden Wortlaut der
Vorschrift und der besonderen Regelung des § 1418 Abs. 2 Nr. 3.

Beispiel: A verkauft das rechtsgrundlos erlangte Auto (Wert 800 €) an einen Schrotthändler für 1.000 €.
Den Verkaufserlös muss er nicht nach §§ 812 Abs. 1 S. 1, 818 Abs. 1 herausgeben, sondern nur Wertersatz
(800 €) leisten.

Im Rahmen der Bereicherungshaftung sind **rechtsgeschäftliche Surrogate nur nach
§ 816 Abs. 1 S. 1** (vgl. → § 11 Rn. 34, 37) **oder nach §§ 818 Abs. 4, 285** (verschärfte Bereicherungshaftung, vgl. → Rn. 54 ff.) herauszugeben.

»Aufgrund eines erlangten Rechtes«, also bei bestimmungsgemäßer Rechtsausübung, 9
wird ein Erlös dagegen in folgenden Beispielen erzielt:

- K erwirbt von V wirksam eine Forderung (§ 398), der Forderungskaufvertrag ist aber nichtig (Abstraktionsprinzip). K zieht den Forderungsbetrag vom Schuldner ein. Die Forderung erlischt (§ 362 Abs. 1). V
kann von K aus §§ 812 Abs. 1 S. 1 Alt. 1, 818 Abs. 1 den eingezogenen Forderungsbetrag verlangen;
diesen hat er »aufgrund eines erlangten Rechtes« (Forderung) erlangt.
- Bei Verwertung eines rechtsgrundlos bestellten Sicherungsrechts besteht die Pflicht zur Herausgabe
des Verwertungserlöses.
- Der Gewinn mittels eines rechtsgrundlos erworbenen Lotterieloses ist in bestimmungsgemäßer
Rechtsausübung erlangt und daher herauszugeben.

B. Wertersatz

Können das Erlangte, die Nutzungen oder das Surrogat nicht (mehr) so, wie sie erlangt 10
worden sind, herausgegeben werden, ist nach § 818 Abs. 2 **Wertersatz** zu leisten. Voraussetzung ist, dass das Erlangte wegen seiner Beschaffenheit (z. B. weil es sich um Ge-

---

8 H. M. vgl. BGHZ 24, 106.

brauchsvorteile handelt[9]) oder aus einem anderen Grunde (z. B. wegen Verlust oder Zerstörung) nicht (mehr) herausgegeben werden kann. Ein Wahlrecht zwischen der Herausgabe in Natur und der Abfindung durch Wertersatz steht weder dem Bereicherungsgläubiger noch dem Bereicherungsschuldner zu.[10] Die **Unmöglichkeit der Herausgabe** i. S. des § 818 Abs. 2 erfasst alle Hindernisse, die einen Ausschlussgrund für die Leistung nach § 275 begründen.[11]

11 Für die Ermittlung des Wertersatzes ist der **objektive Verkehrswert** maßgeblich.[12] Nur bei § 816 Abs. 1 S. 1 ist der Veräußerungserlös herauszugeben (vgl. → § 11 Rn. 34, 37). Der Verkehrswert findet in einer üblichen und angemessenen Vergütung seinen Ausdruck, die bei ordnungsgemäßer Inanspruchnahme des in Rede stehenden Rechtsgutes oder für die erbrachte Dienst- oder Werkleistung üblicherweise zu entrichten ist.[13]

Beispiele:

– Die Gebrauchsvorteile aus der Nutzung eines Pkw können nicht in Natur herausgegeben werden. Der Wert der Benutzung eines Pkw wird von der Praxis regelmäßig nach der gefahrenen Strecke berechnet.[14]

– Gebrauchsvorteile aus nichtigem Mietvertrag: der objektive Verkehrswert des rechtsgrundlos Erlangten bestimmt sich hier nach der Miete, die auf dem örtlichen Markt für vergleichbare Objekte erzielt wird; einschließlich verbrauchsunabhängiger Nebenkosten, so weit ortsüblich vereinbart wird, dass sie Teil des Mietzinses sind; ein durch unberechtigte Untervermietung erzielter Gewinns ist nicht (gesondert) herauszugeben, weil durch den Ersatz des objektiven Verkehrswerts bereits abgedeckt.[15]

– Der Wertersatz für die Renovierung einer Mietwohnung in Eigenleistung – auf Grund einer unwirksamen Endrenovierungsklausel –, bemisst sich üblicherweise nur nach dem, was der Mieter billigerweise neben einem Einsatz an freier Zeit als Kosten für das notwendige Material sowie als Vergütung für die Arbeitsleistung seiner Helfer aus dem Verwandten- und Bekanntenkreis aufgewendet hat oder hätte aufwenden müssen.[16]

Während gezogene Nutzungen einen Wert haben, kommt daneben dem **bloßen Besitz** kein eigenständiger Wert zu, der den Verlust des Besitzes überdauern würde und bei Unmöglichkeit der Herausgabe des Besitzes herauszugeben wäre. Der Gebrauchswert einer der Kondiktion unterliegenden Sache verwirklicht sich in Form von Nutzungen, die nach § 818 Abs. 1 herauszugeben sind. Wenn die Kondiktion den **Besitz von Geld (Banknoten oder Münzen)** betrifft und dem Bereicherungsschuldner die Herausgabe unmöglich geworden ist, ist der Bereicherungsschuldner deshalb nicht gemäß § 818 Abs. 2 zum Wertersatz verpflichtet.[17]

---

9 BGHZ 178, 16 (Bereicherungsausgleich wegen Nichtigkeit eines Mietvertrages nach Anfechtung wegen arglistiger Täuschung).

10 BGHZ 168, 220.

11 BeckOK BGB/*Wendehorst,* § 818 Rn. 21.

12 BGHZ 99, 244. Bei Verletzung eines Warenzeichens ist der Verkehrswert des Gebrauchs dieses Warenzeichens durch Dritte maßgeblich; *Halfmeier,* JA 2007, 495.

13 BGHZ 132, 198; BGHZ 181, 188.

14 Vgl. zur Berechnung *Reinking/Eggert,* Der Autokauf, 11. Aufl. 2012, Rn. 1156 ff.

15 BGHZ 178, 16.

16 BGHZ 181, 188; krit. S. *Lorenz,* NJW 2009, 2576, 2577 (bei fachmännischer Renovierung sei die übliche Fachmannsvergütung geschuldet).

17 BGHZ 198, 381. Wenn der Bereicherungsschuldner mit in seinem Besitz befindlichem fremdem Geld eine Sache erwirbt, hat der Eigentümer des Geldes bei Unwirksamkeit der Verfügung über das Geld den Herausgabeanspruch aus § 985 gegen den aktuellen Besitzer des Geldes und bei Wirksamkeit der Verfügung über das Geld einen Anspruch aus § 816 Abs. 1 (S. 1 bei Gegenleistung; S. 2 bei

Fall (angelehnt an BGHZ 75, 203): A will von B einen gebrauchten Haubenkipper erwerben und gibt   **12**
dafür einen Lastzug in Zahlung, den er dem B bereits übereignet. Als der Kaufvertrag zwischen A und B
schließlich nicht zustande kommt, verlangt A Rückübereignung des Lastzugs. B kann dem jedoch nicht
nachkommen, weil er den Lastzug (Verkehrswert 100.000 €) bereits an C veräußert hat.
Was kann A von B verlangen, wenn dieser den Lastzug für (1) 100.000 €, (2) 110.000 € (also über Verkehrswert), (3) für 90.000 € (also unter Verkehrswert) veräußert, wenn A und B keine Zweifel an dem
Zustandekommen des Kaufvertrages hatten?

Lösung:

I. §§ 677, 681 S. 2, 667 auf Herausgabe des Erlangten (–) B veräußert als Eigentümer und nimmt deshalb kein fremdes Geschäft vor. Dass er den schuldrechtlichen Herausgabeanspruch durch die Weiter-
   veräußerung vereitelt, ändert daran nichts und begründet kein fremdes Geschäft.
II. §§ 687 Abs. 2, 681 S. 2, 667 auf Herausgabe des Erlangten (–), weil kein objektiv fremdes Geschäft
   vorliegt; B ist Eigentümer.
III. Anspruch aus § 816 Abs. 1 S. 1 (–), weil B Eigentümer ist und damit als Berechtigter verfügt.
IV. § 812 Abs. 1 S. 1 Alt. 1 (Leistungskondiktion) (–), weil Leistung in Kenntnis der Nichtschuld (§ 814
   Alt. 1).
V. § 812 Abs. 1 S. 2 Alt. 2 (Zweckverfehlungskondiktion)?
   1. Tatbestand (+), weil der mit der Leistung bezweckte Erfolg (Zustandekommen des Kaufvertrages)
      nicht eingetreten ist.
   2. Rechtsfolge
      a) Variante 1
         aa) § 812 Abs. 1 S. 2 und S. 1: Herausgabe des Erlangten: Rückübereignung des Lastzugs; dies
             ist dem B wegen der Weiterveräußerung an C nicht mehr möglich.
         bb) § 818 Abs. 1: Herausgabe des Surrogats, also des Kaufpreises (Veräußerungserlös) von
             100.000 €? Nach h. M. erfasst § 818 Abs. 1 nicht das rechtsgeschäftliche Surrogat (com-
             modum ex negotiatione), also nicht, was der Bereicherungsschuldner B durch Erfüllung
             des Rechtsgeschäfts (Kaufvertrag mit C) über den Bereicherungsgegenstand (Lastzug) er-
             langt.
         cc) § 818 Abs. 2: Wertersatz in Höhe von 100.000 € (+)
      A kann von B den Wert des Lastzugs ersetzt verlangen, d. h. Verkehrswert von 100.000 € (der zu-
      fällig mit dem Veräußerungserlös übereinstimmt).
      b) Variante 2
         Nach § 818 Abs. 2 ist Wertersatz zu leisten. Der Wertbegriff ist objektiv zu bestimmen; der Ver-
         kehrswert der Sache, die nicht mehr herausgegeben werden kann, wird geschuldet (h. L. und
         st. Rspr.).[18] D. h. (nur) 100.000 € (= Verkehrswert). Eine Pflicht zur Herausgabe des »Gewinns«
         (10.000 €) bestünde nur im Fall des §§ 818 Abs. 4, 285.[19]
      c) Variante 3
         aa) § 818 Abs. 2: objektiver Wert, also 100.000 €
         bb) § 818 Abs. 3: Wegfall der Bereicherung?
      B macht aber einen »Verlust« von 10.000 €, weil in dieser Höhe unter Verkehrswert verkauft wird.
      In Höhe von 10.000 € ist die Bereicherung (ersatzlos) weggefallen. In dem Vermögen des B sind
      nur 90.000 € vorhanden, die über das Bereicherungsrecht »abgeschöpft« werden könnten (Zweck:
      Abschöpfung der Vermögensmehrung beim Bereicherten). Beachte: §§ 812 ff. gewähren keinen
      Schadensersatz!

---

unentgeltlicher Verfügung). Im Falle der verschärften Haftung des Bereicherungsschuldners kann
daneben über § 292 ein Anspruch aus §§ 989, 990 (in Höhe des Schadens) bestehen.
18 BGHZ 132, 198.
19 Vgl. dazu BGHZ 75, 203.

13 **Vertiefungshinweis:** Zeitpunkt der Ermittlung des Wertes (§ 818 Abs. 2)

Der **Zeitpunkt** für die Ermittlung des Wertes (§ 818 Abs. 2) ist umstritten.[20] Bei einem **sog. primären Wertersatzanspruch,** der wegen der Beschaffenheit des Erlangten (z. B. Dienstleistung) von vornherein auf Wertersatz gerichtet ist, wird überwiegend auf den **Zeitpunkt der Entstehung des Kondiktionsanspruchs** abgestellt. Das ist z. B. der Zeitpunkt der rechtsgrundlosen Leistung (§ 812 Abs. 1 S. 1 Alt. 1), des Wegfalls des Rechtsgrundes (§ 812 Abs. 1 S. 2 Alt. 1) oder des Eingriffs (§ 812 Abs. 1 S. 1 Alt. 2). Bei einem sog. **sekundären Wertersatzanspruch,** der wegen späterer Unmöglichkeit der Herausgabe des ursprünglichen Bereicherungsgegenstands erst nachträglich entsteht, wird nach überwiegender – auch vom BGH – vertretener Auffassung auf den (späteren) **Zeitpunkt der Umwandlung des Herausgabeanspruchs in den Wertersatzanspruch** abgestellt.[21] Relevant ist dieser Meinungsstreit[22] dann, wenn der Wert der herauszugebenden Sache sich nach der Entstehung des Kondiktionsanspruchs verändert (steigt oder fällt).

Beispiel: Es wird ein Kaufvertrag geschlossen. Dieser wird erfüllt. Die herauszugebende Sache erfährt nun eine Steigerung ihres Wertes infolge steigender Marktpreise. Nun wird die Sache zerstört. Erst danach wird wirksam angefochten (§§ 142 Abs. 1, 143 Abs. 1). Erst jetzt klagt der Verkäufer auf Herausgabe. Es stellt sich nun die Frage, ob der Wert (1) nach dem Verkehrswert zur Zeit der Entstehung des Kondiktionsanspruchs (Zeitpunkt der Leistung [Rückwirkung der Anfechtung nach § 142 Abs. 1]), (2) dem Entstehen des Wertersatzanspruchs (Zerstörung der Sache) oder (3) zum Zeitpunkt des Eintritts der Bösgläubigkeit (Anfechtungserklärung) oder (spätestens) der Rechtshängigkeit zu berechnen ist. Es geht dabei um die Frage, wer das Risiko bzw. den Erfolg sich verändernder Werte tragen muss bzw. darf.

Die Beantwortung dieser Frage hängt mit dem dogmatischen Verständnis von § 818 Abs. 2 und Abs. 3 zusammen. Geht man davon aus, dass § 818 Abs. 2 vermutet, der Wert des Geleisteten sei in das Vermögen des Schuldners übergegangen und im Zeitpunkt der Bösgläubigkeit oder Rechtshängigkeit (Fixierung des Bereicherungsanspruchs) noch vorhanden,[23] so könnte auf den Zeitpunkt der Entstehung des Kondiktionsanspruchs abgestellt werden. Dies ist aber vor dem Hintergrund der modernen Bereicherungsdogmatik zweifelhaft. Dem (spätesten) Zeitpunkt der Bösgläubigkeit oder Rechtshängigkeit steht entgegen, dass der Schuldner eine Wertsteigerung, die zwischen Entstehung des Wertersatzanspruchs und Bösgläubigkeit (oder Rechtshängigkeit) eingetreten ist, nicht mehr erlangt hat (vgl. § 818 Abs. 3). Vorzugswürdig ist deshalb der Zeitpunkt, in dem der Wertersatzanspruch infolge Unmöglichwerdens der Herausgabe des ursprünglichen Bereicherungsgegenstands entsteht. Den Wert der Sache zu diesem Zeitpunkt hat der Bereicherungsschuldner tatsächlich erlangt.[24]

C. Wegfall der Bereicherung

I. Normzweck

14 § 818 Abs. 3 beschränkt die Herausgabepflicht auf die (noch) vorhandene Bereicherung. Die Vorschrift privilegiert den Bereicherungsschuldner gegenüber Schuldnern aus anderen Rechtsgründen (wie §§ 346 ff., 987 ff., 823 ff.). Der Wegfall der Bereiche

---

20 Der Gesetzgeber hat diese Frage ausdrücklich offen gelassen (vgl. *Mugdan* II, S. 467 [Motive]).

21 BGHZ 168, 220 m. w. N.

22 Eine andere Ansicht stellt auf den Zeitpunkt des Eintritts der Bösgläubigkeit oder Rechtshängigkeit ab, eine weitere Ansicht auf den Zeitpunkt der letzten mündlichen Verhandlung im Wertersatzprozess; vgl. *Koppensteiner/Kramer,* § 16 III 1, S. 175; MüKoBGB/*Schwab,* Bd. 6, § 818 Rn. 116 ff. m. w. N. sowie mit differenzierender Ansicht.

23 So der historische Gesetzgeber (*Mugdan* II, S. 467 [Motive]) auf der Grundlage der traditionellen Bereicherungslehre.

24 Im Ergebnis gleich *BGH* NJW 2006, 2847, 2851 f.; *Larenz/Canaris,* SR II/2, § 72 III 5, S. 282–285 (Ausnahme: Aufwendungskondiktion; Zeitpunkt, in dem der Bereicherungsgläubiger die Verfügungsgewalt über die wertgesteigerte Sache erlangt, ist maßgeblich); MüKoBGB/*Schwab,* Bd. 6, § 818 Rn. 117; Palandt/*Sprau,* § 818 Rn. 20.

rung (Entreicherung) kann sowohl auf dem Wegfall des Erlangten als auch auf bereicherungsmindernden Vermögensdispositionen beruhen. Die Privilegierung des Bereicherungsschuldners entfällt im Falle der verschärften Haftung gem. §§ 818 Abs. 4, 819 (vgl. dazu → Rn. 43).

Vertiefungshinweis: Auf der Grundlage der bereicherungsorientierten, traditionellen Ansicht zur Bereicherungshaftung (vgl. → § 10 Rn. 8) hat die Rechtsprechung in § 818 Abs. 3 **(Wegfall der Bereicherung)** den obersten Grundsatz des Bereicherungsrechts gesehen. 818 Abs. 3 war danach die zentrale Norm des Bereicherungsrechts.

Nach der heute herrschenden modernen Bereicherungslehre, die von einer gegenstandsorientierten Bereicherungshaftung ausgeht (vgl. → § 10 Rn. 8), stellt § 818 Abs. 3 nur (noch) eine Möglichkeit zur Berücksichtigung der schutzwürdigen Interessen des Bereicherungsschuldners dar und begründet zu dessen Gunsten eine überprüfungs- und begründungsbedürftige Ausnahmevorschrift (Kondiktionssperre). § 818 Abs. 3 hat insoweit seine zentrale Stellung im Bereicherungsrecht verloren und (nur noch) die Bedeutung einer Einwendung.[25]

II. Entreicherung des Bereicherungsschuldners

§ 818 Abs. 3 ist eine von Amts wegen zu beachtende (rechtsvernichtende) Einwendung des Bereicherungsschuldners, deren Voraussetzungen dieser zu beweisen hat.[26]   **15**

Eine Entreicherung i. S. des § 818 Abs. 3 liegt vor, wenn
1. der erlangte Gegenstand ersatzlos weggefallen ist oder
2. wenn das ursprünglich Erlangte zwar noch vorhanden ist, der Bereicherte aber sonstige Vermögensnachteile erlitten hat, die eine Entreicherung begründen (entreichernde Vermögensnachteile).

1. Wegfall des Erlangten

Fällt das erlangte Etwas **ersatzlos fort,** so ist der Tatbestand des § 818 Abs. 3 erfüllt. **16**
Erfasst ist der anfängliche (= Zeitpunkt der Erlangung des Bereicherungsgegenstandes) wie der nachträgliche Wegfall der Bereicherung.

Beispiele:
– Die erlangte Nutzungsmöglichkeit war für den Bereicherungsschuldner von Anfang an nichts wert.[27]
– Der Gegenstand ist untergegangen, gestohlen, verbraucht oder verschenkt worden.

Vor der Annahme einer Entreicherung ist allerdings stets zu prüfen, ob nicht anstelle des Gegenstandes ein anderer wirtschaftlicher Vorteil beim Empfänger verblieben ist. Ist dies der Fall, kann von einem Wegfall der Bereicherung nicht gesprochen werden. Dies trifft beispielsweise auf die Ersparnis von Aufwendungen oder den Erhalt eines Veräußerungserlöses zu.

---

25 Vgl. zur Bedeutung und deren Wandel MüKoBGB/*Schwab*, Bd. 6, § 818 Rn. 125 ff. m. w. N.
26 BGHZ 118, 383.
27 Vgl. BGHZ 55, 128 »Flugreise«-Fall.

a) Ersparnis von Aufwendungen

17 Bei der Ersparnis von eigenen Aufwendungen ist zu differenzieren:

Selbst wenn das ursprünglich Erlangte weggefallen ist, ist die Bereicherung noch vorhanden, wenn der Schuldner Aufwendungen erspart hat, die er sonst hätte tätigen müssen.[28]

Beispiel: Der Bereicherungsschuldner hat einen (herauszugebenden) Gegenstand für seinen Haushalt verbraucht. Dann hat er die Aufwendungen erspart, die er sonst hätte tätigen müssen, um den Gegenstand selbst anzuschaffen.

18 Anders ist dies im Fall von **Aufwendungen,** die der Bereicherungsschuldner ohne die Bereicherung nicht vorgenommen hätte (sog. Luxusaufwendungen). Dann ist ein Wegfall der Bereicherung zu bejahen, weil – gemessen an dem ohne Bereicherung normalen Lauf der Dinge – keine Aufwendungen erspart wurden.

Beispiele:

– Der von BAföG lebende Student S verwendet den (aus einem später angefochtenen Kaufvertrag) erlangten Verkaufserlös für ein teures Abendessen mit seinen Kommilitonen in einem 5-Sterne-Hotel. Eine derartige Ausgabe hätte er sich sonst nie leisten können oder nicht geleistet. Eine Ersparnis eigener Aufwendungen liegt nicht vor, sondern ein Wegfall der Bereicherung.

– Vgl. auch BGHZ 55, 128 »Flugreise«-Fall → Rn. 59: Die teure Flugreise hätte sich der minderjährige blinde Passagier nie leisten können.

b) Veräußerungserlös

19 Verkauft der Bereicherungsschuldner die Sache, die er an sich herauszugeben hätte, ist sein Vermögen um den **Veräußerungserlös** vergrößert, den er durch die Weiterveräußerung erlangt hat. Der Bereicherungsschuldner ist dann nicht entreichert. Er muss zwar nicht den Veräußerungserlös selbst herausgeben, weil § 818 Abs. 1 keine rechtsgeschäftlichen Surrogate erfasst (vgl. → Rn. 8), aber er muss den (objektiven) Wert der Sache ersetzen (§ 818 Abs. 2) (vgl. → Rn. 11).

2. Bereicherungsmindernde Vermögensnachteile

20 Eine Entreicherung kann nicht nur durch Wegfall des Erlangten, sondern auch durch sonstige Vermögensnachteile entstehen.

Umstritten ist, welche Vermögensnachteile abzugsfähig sind. Nach der älteren Rspr., die unter dem Einfluss der traditionellen, vermögensorientierten Bereicherungslehre steht (vgl. → § 10 Rn. 8), ist die herauszugebende Bereicherung die Differenz, die sich aus dem Stand des Vermögens vor und nach dem bereichernden Ereignis ergibt. Deshalb sind alle Vermögensnachteile als Entreicherung zu berücksichtigen, die mit dem Erwerb in **adäquat kausalem Zusammenhang** stehen (reine Kausalitätsbetrachtung).[29] Die **neuere Rspr.** begnügt sich nicht mit einer reinen Kausalitätsbetrachtung und **stellt zusätzlich im Einzelfall – wertend und differenzierend – auf Risiko-**

---

28 BGHZ 118, 383; *BGH* NJW 2003, 3271f.

29 BGHZ 1, 75; *BGH* NJW 1981, 277, 278 m.w.N.; RGZ 106, 4, 7. Vgl. die Motive (*Mugdan* II, S. 468 [Motive]): Vermögensminderungen seien zu berücksichtigen, die im Kausalzusammenhang mit dem Empfange und Haben des Geleisteten stehen und das Vermögen des Bereicherungsschuldners vermindert haben. Vgl. auch *Mugdan* II, S. 1183 (Protokolle).

gesichtspunkte ab.[30] Die (wohl herrschende) Lehre berücksichtigt hingegen nur solche Vermögensnachteile, die dem Bereicherten gerade wegen seines Vertrauens auf die Endgültigkeit des Erwerbes entstanden sind (Gesichtspunkt des Vertrauensschutzes).[31]

Relevante Vermögensnachteile führen bei einer Verpflichtung, den Bereicherungs-   21
gegenstand in Natur herauszugeben, zur Herausgabe des Erlangten Zug um Zug gegen Ersatz der Aufwendungen oder des Schadens, ohne dass es der Prüfung eines besonderen Aufwendungs- oder Schadensersatzanspruchs bedarf. Bei einer Pflicht zum Wertersatz gem. § 818 Abs. 2 führen sie zur Herabsetzung des zu ersetzenden Wertes durch Verrechnung der eigenen Aufwendungen oder des Schadens mit dem geschuldeten Wertersatz.[32]

a) Aufwendungen auf den Bereicherungsgegenstand

Der Bereicherungsschuldner macht im Zusammenhang mit dem erlangten Etwas **Auf-**   22
wendungen, die sein Vermögen mindern. Insoweit ist er entreichert.

Beispiele:

– Ein (beschädigter) Gebrauchtwagen, für den nach Bereicherungsrecht Wertersatz zu leisten ist, wird von dem Bereicherungsschuldner instand gesetzt. Die dafür anfallenden Aufwendungen können bereicherungsmindernd geltend gemacht werden.

– Im Zusammenhang mit der Erfüllung eines (nichtigen) Grundstückskaufvertrages sind Kosten für die Eintragung einer Auflassungsvormerkung entstanden. Eine Berücksichtigung dieser Aufwendungen bei § 818 Abs. 3 hat der BGH abgelehnt.[33] Es sei im Einzelfall zu prüfen, inwieweit das Entreicherungsrisiko gemäß § 818 Abs. 3 nach den Vorschriften zu dem fehlgeschlagenen Geschäft oder nach dem Willen der Vertragschließenden jeweils der einen oder anderen Partei zugewiesen sein sollte. In der Literatur werden gegen eine konturlose Einzelfallprüfung Bedenken erhoben. Zugestimmt wird aber mit Blick auf die Besonderheiten der bereicherungsrechtlichen Rückabwicklung gegenseitiger Verträge dem Argument, dass der Käufer vom Verkäufer nicht nebeneinander Herausgabe der aus dem Kaufpreis gezogenen Nutzungen (§ 818 Abs. 1) und Ersatz seiner Finanzierungskosten verlangen dürfe. Favorisiert wird eine differenzierende Lösung: Entreicherung, so weit die Finanzierungskosten höher sind als die Nutzungen.[34]

---

30 BGHZ 109, 139: Entscheidend ist, welche Partei des Bereicherungsverhältnisses das Risiko für bestimmte Kosten tragen muss; BGHZ 116, 251 m.w.N.: Zu prüfen ist, welcher Partei nach den Vorschriften zu dem fehlgeschlagenen Geschäft oder nach dem Willen der Vertragschließenden das Entreicherungsrisiko zugewiesen ist. Vgl. auch *BGH* NJW-RR 2015, 677 (Bereicherungsanspruch aus irrtümlicher Zahlung auf Schuldnerkonto nach Eröffnung des Insolvenzverfahrens ist in Höhe der durch die Zahlung zum Nachteil der Masse verursachten Kosten zu mindern; offen gelassen, ob § 818 Abs. 3 generell – über die notwendige adäquate Kausalität hinaus – normativ einzuschränken ist).

31 Es ist folgende Testfrage zu stellen: Wie stünde der Bereicherungsschuldner bei (rechtzeitiger) Kenntnis von der Rechtsgrundlosigkeit seines Erwerbs? Es ist nicht danach zu fragen, wie er ohne den rechtsgrundlosen Erwerb stünde (vgl. *Larenz/Canaris*, SR II/2, § 73 I 2a, S. 297). Zu anderen Kriterien der Lehre vgl. die Darstellung von MüKoBGB/*Schwab*, Bd. 6, § 818 Rn. 168ff.

32 Diese Zug-um-Zug-Verpflichtung ist keine i. S. des § 273, sondern eigentlich nur Ausfluss der vermögensorientierten (traditionellen) Bereicherungslehre, nach der eine Vermögensdifferenz als Bereicherungsgegenstand herauszugeben ist (vgl. → § 10 Rn. 8).

33 Vgl. BGHZ 116, 251 m.w.N.

34 *Canaris*, JZ 1992, 1114, 1118. Gegen eine Berücksichtigung der Finanzierungskosten, weil nicht durch den rechtsgrundlosen Erwerb verursacht, MüKoBGB/*Schwab*, Bd. 6, § 818 Rn. 143ff.

b) Vermögensfolgeschäden

23 **Schäden,** die im Zusammenhang mit der Bereicherung stehen, können eine Entreicherung des Bereicherungsschuldners zur Folge haben. Es kommt darauf an, ob man den Gedanken des Vertrauensschutzes oder Kausalitätserwägungen in den Vordergrund rückt.

Beispiel: S will dem G den aufgrund eines nichtigen Kaufvertrages erworbenen Hund nur gegen Ersatz der Futter- und Tierarztkosten und der Schäden herausgeben, die der Hund in seiner Wohnung angerichtet hat.[35] Die Futter- und Tierarztkosten stellen unstreitig eine Entreicherung des S dar. Diese Kosten stehen einerseits mit dem Erwerb in kausalem Zusammenhang, andererseits greift das Argument des Vertrauensschutzes, da S die Aufwendungen tätigte, weil er auf die Endgültigkeit des Erwerbes vertraute. Das ist anders bei den Schäden, die der Hund angerichtet hat. Nach der überwiegenden Literatur sind diese Schäden nicht bei der Entreicherung zu berücksichtigen, da der Gedanke des Vertrauensschutzes hier nicht eingreift.[36] Nach der den Kausalitätsgedanken betonenden Rspr. stehen diese Schäden in einem ursächlichen Zusammenhang mit dem Erwerb und können daher als Entreicherung berücksichtigt werden.[37]
In jedem Fall stellt sich das Problem, dass die geltend gemachten Beträge nicht von dem herauszugebenden Tier »abgezogen« werden können. S braucht den Hund deshalb nur Zug um Zug gegen Ersatz seiner Aufwendungen (und Schäden) herauszugeben.

c) Keine Entreicherung: Erwerbspreis

24 Ob und wieweit der **Erwerbspreis,** den der Bereicherungsschuldner zum Erwerb eines herauszugebenden Gegenstandes gezahlt hat, bereicherungsmindernd zu berücksichtigen ist, richtet sich im Rahmen der Leistungskondiktion (§ 812 Abs. 1 S. 1 Alt. 1) nach den besonderen Grundsätzen der Saldotheorie bzw. Zweikondiktionentheorie (vgl. → Rn. 29 ff.).

25 Gegen einen Anspruch aus Nichtleistungskondiktion (§ 812 Abs. 1 S. 1 Alt. 2) kann der Erwerbspreis nicht bereicherungsmindernd (§ 818 Abs. 3) geltend gemacht werden.[38] Zum einen stehen dem Bereicherungsschuldner Ansprüche aus Pflichtverletzung (§§ 280 ff.) gegen seinen Vertragspartner (etwa auf Rückzahlung des Erwerbspreises) zu; das Risiko der Uneinbringlichkeit dieser Forderungen kann und soll nicht der Bereicherungsgläubiger tragen. Zum anderen würde der Schutz des Bereicherungsgläubigers durch die Nichtleistungskondiktion unterlaufen bzw. umgangen. Außerdem steht die Zahlung des Erwerbspreises als vermögensmindernde Handlung mit der Bereicherung (etwa durch Verbrauch oder Einbau) nicht in einem ursächlichen Zusammenhang. Aufwendungen für den Erwerb einer Sache begründen deshalb keine Entreicherung i. S. des § 818 Abs. 3. Diese Problematik stellt sich allerdings überhaupt nicht, wenn man mit der neuen Rechtsprechung eine Nichtleistungskondiktion schon am Vorrang des Leistungsverhältnisses scheitern lässt (vgl. → § 13 Rn. 6).[39]

26 Ebenso wenig ist der Erwerbspreis abzugsfähig, wenn der Nichtberechtigte vom Berechtigten in Anspruch genommen wird (§ 816 Abs. 1 S. 1), nachdem er die Sache von

---

35 Beispiel nach *Brox/Walker,* SchuldR BT, § 43 Rn. 1 und 9.
36 Vgl. MüKoBGB/*Schwab,* Bd. 6, § 818 Rn. 179; *Brox/Walker,* SchuldR BT, § 43 Rn. 9; Palandt/*Sprau,* § 818 Rn. 39.
37 RGZ 106, 4 ff.; BGHZ 1, 75.
38 Vgl. BGHZ 14, 7; 66, 150 m. w. N.
39 Vgl. BGHZ 36, 30 »Idealheim«-Fall; BGHZ 40, 272 »Elektrogeräte«-Fall; vgl. → § 13 Rn. 13.

seinem Vormann erworben hat und als Nichtberechtigter an einen Dritten verfügt (Veräußerungskette). Den Erwerbspreis – also das Entgelt, das der Nichtberechtigte an den Vormann geleistet hat, um die Sache zu erhalten – kann er nicht als Entreicherung abziehen (vgl. → § 13 Rn. 17, »Jungbullen«-Fall). Begründung:

– Die Zahlung des Erwerbspreises ist keine Folge der Bereicherung (sondern deren Ursache) und deshalb nicht bereicherungsmindernd zu berücksichtigen.[40]
– Vor der Veräußerung hätte der nichtberechtigte Bereicherungsschuldner die Sache nach § 985 herausgeben müssen; der Kaufpreis hätte dem Bereicherungsgläubiger dann nicht als Verwendungen i. S. der §§ 994 ff. entgegengesetzt werden können.[41] Hat der Schuldner die Sache veräußert, so kann bei § 816 Abs. 1 S. 1, der an die Stelle der Vindikation tritt,[42] nichts anderes gelten.
– Es fällt in den Risikobereich des Bereicherungsschuldners, sich bezüglich des Kaufpreises und dessen Rückzahlung nach den Regeln der Leistungsstörung mit dem Verkäufer auseinanderzusetzen.
– Wenn man den Kaufpreis bereicherungsmindernd berücksichtigt, so würde der Schutz der Nichtleistungskondiktion unterlaufen.

> **Fall (nach *Loewenheim*, S. 145 f.):** B bestellt bei einem Blumengeschäft G einen Blumenstrauß (Wert 20 €), der ihm in seine Wohnung gebracht werden soll. Infolge eines Irrtums des Boten wird der Strauß versehentlich bei der A abgegeben. A nimmt an, es handele sich um eine Aufmerksamkeit ihres Freundes X, und stellt die Blumen in ihr Wohnzimmer. Nachdem die Blumen verwelkt sind, wirft sie die Blumen fort. Ansprüche des G gegen A?
> **Fallabwandlung:** Die A ist am gleichen Abend bei Bekannten eingeladen, denen sie ohnehin Blumen (im Wert von 5 €) mitbringen will. Sie verzichtet auf den Kauf und nimmt den (für B bestimmten) Blumenstrauß mit.

27

Lösung:

1. Anspruch aus Kaufvertrag (§ 433 Abs. 2) (–), weil kein Kaufvertragsschluss zwischen G und A.
2. Anspruch des G gegen A aus § 812 Abs. 1 S. 1 Alt. 2?
   Bereicherungsrechtliche Ansprüche sind nicht durch § 241a Abs. 1 gesperrt. Es handelt sich zwar um die Lieferung einer unbestellten Sache; es liegen aber die Voraussetzungen der Öffnungsregelung des § 241a Abs. 2 Alt. 1 vor (nicht für den Empfänger bestimmte Leistung).[43]
   a) Erlangtes Etwas: Eigentum und Besitz an den Blumen.
   b) Nichtleistung des G? G verfolgt gegenüber A keinen Leistungszweck. Auch A fasst die Zuwendung des G nicht als Leistung des G auf. Es liegt deshalb keine Leistung des G an A vor.
   c) Ohne Rechtsgrund (+), weil zwischen G und A kein Kaufvertrag zustande kommt.
   d) Vorrang der Leistungskondiktion?
      Entscheidend ist die objektive Sicht des Leistungsempfängers (vgl. → § 10 Rn. 13). Aus der Sicht der Empfängerin A könnte eine bewusste und (als Schenkung) zweckgerichtete Mehrung fremden Vermögens durch X vorliegen; G wäre aus der Sicht der A nur Leistungsmittlerin. A fasst die vom Boten der G überbrachte Zweckerklärung entsprechend auf und darf sie auch so auffassen. Jedoch veranlasst X nichts, sodass ihm die Zuwendung nicht als Leistung zugerechnet werden kann (vgl. → § 13 Rn. 46). A erlangt die Blumen deshalb nicht durch Leistung eines Dritten (hier X).

---

40 BGHZ 14, 7; kritisch dazu *Medicus/Petersen,* BR, Rn. 725.
41 BGHZ 55, 176 »Jungbullen-Fall«; vgl. → § 13 Rn. 17.
42 Der Gedanke, dass die condictio ein Ersatz für die verlorene Vindikation ist (Rechtsfortwirkung) ist, geht auf *Savigny* zurück (vgl. *Reuter/Martinek,* 1. Aufl. 1983, § 1 I 3, S. 14).
43 Vgl. MüKoBGB/*Finkenauer,* Bd. 2, § 241a Rn. 20.

e) Rechtsfolge: Herausgabe des Erlangten (Blumen), was aber nicht mehr möglich ist, weil die Blumen weggeworfen wurden. Daher Wertersatz nach § 818 Abs. 2.

f) Jedoch Einwand des § 818 Abs. 3 (Wegfall der Bereicherung): Eigentum und Besitz an den Blumen sind nicht mehr im Vermögen der A und damit ersatzlos weggefallen. Aufwendungen werden nicht erspart. Es ist keine Bereicherung bei A mehr vorhanden, die abgeschöpft werden könnte.

g) Ergebnis: Kein Bereicherungsanspruch.

Fallabwandlung:

§ 818 Abs. 3 – Wegfall der Bereicherung?

A schenkt die Blumen ihren Bekannten. Zwar sind sie nicht mehr in ihrem Vermögen vorhanden, jedoch erspart sie eigene Aufwendungen. Denn ohne den versehentlich gelieferten Strauß hätte sie selbst einen Blumenstrauß gekauft. A erspart den Betrag, den sie sonst für Blumen ausgegeben hätte, und ist um den ersparten Kaufpreis eines Blumenstraußes bereichert. Diesen Betrag muss sie als Bereicherung herausgeben. Weil A nur 5 € erspart hat, ist sie insoweit nicht entreichert; aber hinsichtlich des Differenzbetrages von 15 € greift § 818 Abs. 3.

3. Zusammenfassung

28

§ 818 Abs. 3 – Wegfall der Bereicherung

Entreicherung des Bereicherungsschuldners nach § 818 Abs. 3, wenn
 	
1. Ersatzloser Wegfall des erlangten Gegenstandes
  – P: anderer wirtschaftlicher Vorteil anstelle des weggefallenen Gegenstands, wie z. B.
  – Ersparnis von Aufwendungen (Ausnahme: Luxusaufwendungen) (→ Rn. 17 f.)
  – Veräußerungserlös (→ Rn. 19)
2. Bereicherungsmindernde Vermögensnachteile, wie z. B.
  – Aufwendungen auf den Bereicherungsgegenstand (→ Rn. 22)
  – Vermögensfolgeschäden (→ Rn. 23)
  – P: bloße Kausalität (Rspr.) oder wertende Zurechnung im Hinblick auf Vertrauen auf Endgültigkeit des Erwerbs oder Zurechnung nach Risikogesichtspunkten (→ Rn. 20)
  – Keine Entreicherung durch Zahlung des Preises für den Erwerb des Bereicherungsgegenstandes (→ Rn. 24 ff.)

III. Rückabwicklung gegenseitiger Verträge: Zweikondiktionentheorie – Saldotheorie

1. Überblick

29 Im **gegenseitigen Vertrag** stehen sich Leistung und Gegenleistung gegenüber (Synallagma). Ist der Vertrag nichtig und sind die Leistungen der Vertragsparteien bereits ausgetauscht worden, stellt sich die Frage, wie bei einem Bereicherungsanspruch die empfangene Gegenleistung zu berücksichtigen ist.

30 Ist eine Leistung untergegangen, so könnte sich ergeben, dass die eine Vertragspartei das Geleistete zurückfordern kann, ohne aber das selbst Erhaltene, das untergegangen ist, zurückgeben oder dafür Wertersatz leisten zu müssen (§ 818 Abs. 3).

Beispiel: Käufer und Verkäufer eines unerkannt nichtigen Kaufvertrages über einen Pkw erfüllen ihre vermeintlichen Vertragspflichten. Der Pkw wird beim Käufer zerstört. Nun wird der Vertrag bereicherungsrechtlich rückabgewickelt.

Die Problematik der Rückabwicklung gegenseitiger Verträge ist in den §§ 812 ff. nicht **31** besonders geregelt. Die (heute nicht mehr vertretene) **Zweikondiktionentheorie** ging deshalb davon aus, dass jede Partei einen selbständigen Bereicherungsanspruch hat, der unabhängig von dem Bereicherungsanspruch der anderen Partei ist.

Betrachtet man derart die Rechtslage ohne Berücksichtigung der synallagmatischen Struktur gegenseitiger Verträge und billigt jeder Partei einen selbstständigen Bereicherungsanspruch zu, so ergibt sich im Beispielsfall, dass sich der Käufer gegenüber dem Kondiktionsanspruch des Verkäufers auf Entreicherung wegen des zerstörten Pkw berufen kann, während der Verkäufer den Kaufpreis in voller Höhe herausgeben muss. Dieses Ergebnis wird heute überwiegend als unbillig angesehen. Deshalb ist von der Rechtsprechung die sog. Saldotheorie und in der neueren Literatur die sog. eingeschränkte Zweikondiktionentheorie entwickelt worden.

2. Streitstand

a) Saldotheorie

Die **Saldotheorie** geht auch bei einem nichtigen gegenseitigen Vertrag davon aus, dass **32** die von den Parteien erbrachten Leistungen durch den Austauschzweck wirtschaftlich miteinander verbunden sind.[44] Sie ergibt sich aus der konsequenten Anwendung der bereicherungs- oder vermögensorientierten Bereicherungshaftung, nach der die §§ 812 ff. auf eine Differenz zweier Vermögenslagen gerichtet sind;[45] sie wird als konsequente Ausformung des § 818 Abs. 3 angesehen.[46] Die schon vom RG[47] vertretene Theorie wird vom BGH fortgeführt.[48]

aa) Grundsätze der Saldotheorie

Die Saldotheorie wird durch folgende **Grundsätze** bestimmt: Zwei gleichartige Berei- **33** cherungsansprüche werden automatisch (ohne Aufrechnungserklärung) gegeneinander verrechnet, also saldiert. Es gibt nur einen einzigen Bereicherungsanspruch in Höhe des Saldos für denjenigen, für den sich ein positiver Saldo ergibt; derjenige, zugunsten dessen sich ein negativer Saldo ergibt, hat keinen Bereicherungsanspruch.[49] Es wird – bei Anwendbarkeit der Saldotheorie, → Rn. 36 f. – unabhängig von der Ursache eines Wegfalls des Erlangten saldiert. Der Sachwert einer untergegangenen (Kauf-) Sache ist nur ein Abzugsposten.[50]

In die Saldierung sind nicht ohne Weiteres sämtliche mit dem gescheiterten Rechts- **34** geschäft zusammenhängenden Aufwendungen als entreichernde Posten einzustellen. Vielmehr ist zu prüfen, welcher Partei nach den Vorschriften zu dem fehlgeschlagenen Geschäft oder nach dem Willen der Vertragschließenden das jeweilige Entreicherungs-

---

44 Vgl. zum Lösungsansatz der Saldotheorie *Thier,* JuS 1999, L 9.

45 Vgl. *Reuter/Martinek,* § 8 I 4 a, S. 346 ff.

46 BGHZ 57, 137.

47 Vgl. RGZ 54, 137, 141: »[…] kann und muss unter dem nach § 812 herauszugebenden »etwas« nicht etwa ein beliebiger einzelner aus dem Vermögen des Einen in das des Anderen hinübergeflossener Wert, sondern nur die Gesamtheit des Hinübergelangten unter gleichzeitiger Berücksichtigung der dafür gegebenen Werte und der auf dem Empfangenen ruhenden Lasten verstanden werden.«; bezugnehmend auf RGZ 44, 136, 144 zum gemeinen Recht; RGZ 94, 253, 254 f.; 105, 29, 31.

48 Begründet wurde dies mit dem »natürlichen Rechtsgefühl und der Billigkeit«; RGZ 94, 253, 254.

49 Ständige Rspr., vgl. z. B. BGHZ 145, 52; BGHZ 116, 251.

50 *Medicus/Petersen,* BR, Rn. 225.

risiko zuzuweisen ist. Im Rahmen der bereicherungsrechtlichen Rückabwicklung nach der Saldotheorie darf beispielsweise ein Käufer die Kosten der Eintragung einer Auflassungsvormerkung oder der Finanzierung des Kaufpreises nicht als entreichernde Posten in Ansatz bringen, da ihm insoweit das Entreicherungsrisiko zugewiesen wird (vgl. dazu Rn. 22 zu § 818 Abs. 3).[51]

35 Bei ungleichartigen Ansprüchen (z. B. nichtiger Kaufvertrag: Anspruch auf Rückgabe und Rückübereignung der Kaufsache sowie Anspruch auf Rückzahlung des Kaufpreises) muss der Bereicherungsgläubiger von sich aus die Rückgewähr der von ihm empfangenen ungleichartigen (Gegen-)Leistung Zug um Zug anbieten.[52] Dies muss im Klageantrag berücksichtigt werden (Klage auf Herausgabe des Geleisteten Zug um Zug gegen Rückgewähr des Erlangten). Dabei handelt es sich aber nicht um eine Zug-um-Zug-Herausgabe i. S. der §§ 273, 320. Bereicherungsgegenstand ist von vornherein nur die Vermögensdifferenz, die bei ungleichartigen Leistungen dadurch gebildet wird, dass Leistung Zug-um-Zug gegen Herausgabe der Gegenleistung gefordert wird. Der Bereicherungsanspruch ist fällig und durchsetzbar. Deshalb sind gemäß § 291 Prozesszinsen geschuldet.[53]

bb) Einschränkungen der Saldotheorie

36 Die Saldotheorie kommt nur dann zur Anwendung, wenn es möglich ist, sich auf § 818 Abs. 3 zu berufen, also nicht im Fall des § 818 Abs. 4 oder § 819.[54] **Nicht zur Anwendung** kommt die Saldotheorie im Fall der Vorleistung, wenn also nur eine Partei ihre (vermeintliche) Vertragspflicht erfüllt hat, weil insoweit eine Saldierung gegenseitiger Ansprüche nicht möglich ist.[55] Eine Saldierung der Ansprüche kommt auch im Falle der Insolvenz eines Vertragspartners nicht in Betracht.[56]

37 Statt der Saldotheorie wird außerdem von der Rspr. in bestimmten Fallgruppen aus Billigkeitsgründen die Zweikondiktionentheorie angewandt. Die Saldotheorie wird nicht angewandt:

1. zu Ungunsten nicht voll Geschäftsfähiger (Geschäftsunfähiger, **Minderjähriger**);[57]
2. wenn der Bereicherungsgläubiger durch **Täuschung** oder widerrechtliche Drohung zum Vertragsschluss bestimmt worden ist;[58]
3. zum Nachteil der Vertragspartei, die durch ein wucherähnliches und nach § 138 Abs. 1 nichtiges Geschäft benachteiligt ist;[59]
4. wenn die Verschlechterung der Kaufsache auf einem Sachmangel beruht, für den nach dem Vertrag der Verkäufer einzustehen hätte.[60]

Zur Begründung: Die Anwendung der Saldotheorie bevorzugt den Bereicherungsschuldner, weil dieser nur zur Herausgabe des Saldos statt der vollen Leistung des Bereicherungsgläubigers (so die Zweikondiktionentheorie) verpflichtet ist; sie benachtei-

---

51 BGHZ 116, 251; *BGH* WM 2013, 2315.
52 BGHZ 146, 298 m.w.N.; *BGH* WM 1995, 159, 160 m.w.N.; NJW 1963, 1870; 1988, 3011.
53 *BGH* WM 2013, 2315.
54 BGHZ 146, 298 m.w.N.
55 *Medicus/Petersen*, BR, Rn. 226 auch mit Nachweisen zur Gegenansicht.
56 BGHZ 161, 241.
57 BGHZ 126, 105 m.w.N.
58 BGHZ 57, 137. Zur Anwendung der Saldotheorie, so weit der Täuschende Bereicherungsausgleich verlangt, BGHZ 178, 16.
59 BGHZ 146, 298.
60 BGHZ 78, 216.

ligt umgekehrt den Bereicherungsgläubiger, der nur einen Saldo zurückerhält statt seine ganze Leistung. Dieses Ergebnis würde in den vier Ausnahmefällen, aber auch bei einem rückabzuwickelnden gegenseitigen Vertrag der Billigkeit widersprechen. Der Vertragspartner des nicht voll Geschäftsfähigen, der Täuschende, Wucherer und der Verkäufer einer mangelhaften Kaufsache sind nicht schutzwürdig. Es gilt deshalb die Zweikondiktionentheorie.

b) Neuere Lehre (eingeschränkte Zweikondiktionentheorie)

Die neuere Lehre nimmt (auf der Grundlage der modernen Bereicherungslehre) eine **38** unmittelbare normative Einschränkung des Wegfalls der Bereicherung (§ 818 Abs. 3) unter risikozuweisenden Aspekten vor, und zwar in der Person, in dessen Vermögen der betreffende Gegenstand untergegangen ist (**eingeschränkte Zweikondiktionentheorie**). Dies führt zu einer normativen Restriktion des § 818 Abs. 3 mit der Folge einer bereicherungsunabhängigen Wertersatzpflicht nach § 818 Abs. 2.[61] Ob derjenige, in dessen Person der Gegenstand untergegangen ist, sich auf § 818 Abs. 3 berufen kann, hängt davon ab, wer das Risiko des Untergangs der Sache zu tragen hat.

Es wird damit grundsätzlich von der Zweikondiktionentheorie ausgegangen mit der **39** Besonderheit, dass in bestimmten Fällen dem Bereicherungsschuldner, in dessen Vermögen sich die untergegangene Sache befindet, der (an sich einschlägige) Einwand des § 818 Abs. 3 versagt ist (eingeschränkte Zweikondiktionentheorie).

Hinsichtlich der **risikozuweisenden Kriterien** wird auf die Wertung der §§ 350, 351 a. F. (jetzt § 346 Abs. 2 S. 1 Nr. 3, Abs. 3 S. 1 Nr. 3) abgestellt. Insoweit werden die Regeln des Rücktritts- und Bereicherungsrechts harmonisiert.[62] Das hat folgende Konsequenzen:

1. Bei einem zufälligen Untergang der Kaufsache beim Käufer ([Bereicherungs-] Schuldner, bei dem sich der Gegenstand befindet) oder bei Beachtung der Sorgfalt in eigenen Angelegenheiten (§ 346 Abs. 2 S. 1 Nr. 3, Abs. 3 S. 1 Nr. 3[63]; § 350 a. F.)[64] hat der Käufer das Risiko des Untergangs nicht zu tragen und kann sich deshalb auf § 818 Abs. 3 berufen. Auf das Verhalten des Verkäufers (etwa arglistige Täuschung oder von ihm zu vertretender Sachmangel) kommt es nicht an.

Beispiel: Der herauszugebende Pkw (Bereicherungsgegenstand) wird bei einem Unfall zerstört. Den Käufer trifft keinerlei Sorgfaltsverstoß. Nach Anfechtung des Kaufvertrages kann der Käufer zwar Rückzahlung des Kaufpreises verlangen, dagegen kann sich der Käufer auf den Wegfall der Bereicherung (ersatzloser Wegfall der Bereicherung, § 818 Abs. 3) berufen, wenn der Verkäufer Herausgabe des Pkw verlangt.

2. Hat derjenige, in dessen Vermögen sich der Gegenstand befindet (Käufer), den Untergang verschuldet (vgl. § 351 a. F.),[65] so hat er das Risiko zu tragen. Er kann sich deshalb nicht auf § 818 Abs. 3 berufen und haftet bereicherungsunabhängig auf Wertersatz (§ 818 Abs. 2).

---

61 MüKoBGB/*Schwab*, Bd. 6, § 818 Rn. 234 ff. m. w. N.; *Schlechtriem*, SBT, Rn. 797; a. A. *Koppensteiner/Kramer*, § 16 V 2, S. 181.

62 Vgl. zum Einfluss auf die Saldotheorie *Grunewald*, FS Hadding, 2004, S. 33 ff.; *Thier*, FS Heldrich, 2005, S. 439 ff.

63 Kritisch hierzu *Halfmeier*, JA 2007, 492, 497.

64 In diesem Fall ist der Rücktrittsschuldner weder zur Herausgabe noch zum Wertersatz verpflichtet (§ 346 Abs. 3 S. 1 Nr. 3).

65 In diesen Fällen ist der Rücktrittsschuldner zum Wertersatz verpflichtet (§ 346 Abs. 2 S. 1 Nr. 3).

Beispiel: Der Käufer lässt den gekauften Pkw (nichtiger Kaufvertrag) unverschlossen auf einem Parkplatz stehen. Der Wagen wird gestohlen. Wenn der Verkäufer V Rückgabe des Pkw verlangt (§ 812 Abs. 1 S. 1 Alt. 1), kann sich K nicht auf den Wegfall der Bereicherung (ersatzloser Wegfall des Erlangten, § 818 Abs. 3) berufen, weil der Untergang in seinen Risikobereich fällt und insbesondere auf der eigenen Sorgfaltslosigkeit beruht (vgl. § 351 a. F., § 346 Abs. 3 S. 1 Nr. 3). Er haftet nach § 818 Abs. 2 auf Wertersatz, und dies bereicherungsunabhängig.

40   **Minderjährigen** und Geschäftsunfähigen kann das Risiko des Wegfalls der Bereicherung nicht aufgelegt werden (fehlende Zurechenbarkeit). Eine **arglistige Täuschung** (durch den Verkäufer) hat dagegen grundsätzlich keinen Einfluss auf die Risikoverteilung und die Frage, ob sich der Bereicherungsschuldner auf den Wegfall der Bereicherung berufen kann.[66]

41   **Fall:** V verkauft seinen Pkw (Wert 4.000 €) für 5.000 € an K. Der Kaufvertrag wird beiderseitig sofort erfüllt. Bei einem Unfall wird der Pkw ohne Verschulden des K total zerstört. Nun stellt sich heraus, dass der Kaufvertrag nichtig ist. Kondiktionsansprüche?

Lösung:

1. Anspruch des V gegen K auf Wertersatz von 4.000 € für den zerstörten Pkw aus § 812 Abs. 1 S. 1 Alt. 1 (Leistungskondiktion)?
   a) K hat Eigentum und Besitz an dem Pkw durch Leistung des V ohne Rechtsgrund erlangt. Die Herausgabe des Pkw ist dem K unmöglich geworden, deshalb besteht an sich die Pflicht zum Wertersatz in Höhe von 4.000 € (§ 818 Abs. 2). K ist allerdings wegen ersatzlosen Wegfalls des Gegenstandes entreichert (§ 818 Abs. 3); für den zerstörten Pkw hat er keinerlei Ersatz erhalten. Deshalb ist er auf Grundlage der Zweikondiktionentheorie nicht aus § 812 Abs. 1 S. 1 verpflichtet.
   b) Auf der Grundlage der Saldotheorie hat V keinen Anspruch, weil sich zugunsten des V kein positiver Saldo ergibt (4.000 € – 5.000 €) und eine Ausnahme von der Saldotheorie nach der Rspr. hier nicht eingreift. V hat keinen Anspruch.
   c) Auf der Grundlage der eingeschränkten Zweikondiktionentheorie ist zu prüfen, ob sich K, in dessen Vermögen sich die untergegangene Sache befunden hat, als Bereicherungsschuldner ausnahmsweise nicht auf § 818 Abs. 3 berufen kann (§ 346 Abs. 3 S. 1 Nr. 3 analog). Weil er den Untergang der Kaufsache nicht verschuldet hat, ist ihm der Einwand des § 818 Abs. 3 nicht genommen. Deshalb ist K nach dieser Theorie nicht zum Wertersatz verpflichtet.
   d) Ergebnis: V hat – nach allen Theorien – keinen Kondiktionsanspruch gegen K.
2. Anspruch des K gegen V auf Rückzahlung von 5.000 € (Kaufpreis) aus § 812 Abs. 1 S. 1 Alt. 1 (Leistungskondiktion)?
   a) Tatbestand: V erlangt den Kaufpreis durch Leistung ohne Rechtsgrund (§ 812 Abs. 1 S. 1 Alt. 1).
   b) Rechtsfolge: Er ist deshalb zur Herausgabe des Erlangten, also des Kaufpreises, verpflichtet.
   c) Berücksichtigung des Synallagmas: Fraglich ist aber, wie die Gegenleistung des V bei der bereicherungsrechtlichen Rückabwicklung zu berücksichtigen ist.
      aa) Nach der strengen Zweikondiktionentheorie hat der Käufer einen Kondiktionsanspruch. Jede Leistung ist unabhängig von der anderen zurück abzuwickeln. K kann deshalb 5.000 € von V herausverlangen.
      bb) Saldotheorie: Im Unterschied zur Zweikondiktionentheorie gibt es bei der Saldotheorie von Anfang an nur einen Bereicherungsanspruch auf den Saldo von Leistung und Gegenleistung. Deshalb kann nur derjenige kondizieren, zu dessen Gunsten sich ein positiver Saldo ergibt. Das ist im Fall des K, zu dessen Gunsten sich ein Saldo von 1.000 € ergibt (5.000 € – 4.000 € [Entreicherung des K infolge Zerstörung des Pkw, siehe oben]). Denn die eigene Entreicherung des K (4.000 €) wird zum Abzugsposten bei dem Bereicherungsanspruch des K. Eine von der Rspr. anerkannte Einschränkung der Saldotheorie liegt im Fall nicht vor; auch das (mangelnde)

---

66 Vgl. MüKoBGB/*Schwab*, Bd. 6, § 818 Rn. 299 m. w. N.

Verschulden des K am Untergang der Kaufsache spielt keine Rolle. K kann deshalb von V nur 1.000 € herausverlangen.

cc) Neuere Lehre: Die neuere Lehre nimmt eine Einschränkung des Einwandes des § 818 Abs. 3 nach risikozuweisenden Aspekten vor. Sie stellt auf die Wertung der §§ 350 f. a. F. (= § 346 Abs. 3 S. 1 Nr. 3) ab: Im Fall des Untergangs der Sache infolge eines Verstoßes gegen die eigenübliche Sorgfalt kann sich derjenige, in dessen Vermögen sich die Sache befindet, nicht auf § 818 Abs. 3 berufen. Da es hier nicht um den Anspruch auf Herausgabe des zerstörten Gegenstandes geht, stellt sich die Frage nach § 818 Abs. 3 (nach dem Verständnis der neueren Lehre) nicht. K kann deshalb 5.000 € herausverlangen.

d) Ergebnis: K kann 5.000 € herausverlangen, nach der Saldotheorie jedoch nur 1.000 €.

3. Zusammenfassung

Rückabwicklung eines gegenseitigen Vertrages – Zweikondiktionen- oder Saldotheorie	42

1. Strenge Zweikondiktionentheorie (→ Rn. 31)
   Selbstständiger Bereicherungsanspruch jeder Partei bei uneingeschränkter Anwendbarkeit von § 818 Abs. 3
2. Saldotheorie (→ Rn. 32 ff.)
   a) Anwendungsvoraussetzung
      - § 818 Abs. 3 darf nicht gem. §§ 818 Abs. 4, 819 ausgeschlossen sein
      - Erfüllung nur durch eine Partei im Wege der Vorleistung
      - Insolvenz einer Partei
   b) Grundsätze der Saldotheorie
      - Wert der eigenen Entreicherung wird vom eigenen Bereicherungsanspruch abgezogen
      - Gleichartige Bereicherungsansprüche werden saldiert (d. h. nur ein Bereicherungsanspruch); bei ungleichartigen Bereicherungsansprüchen Zug-um-Zug-Leistung
   c) Ausnahme: Keine Saldierung, sondern strenge Zweikondiktionentheorie unter Anwendbarkeit des § 818 Abs. 3 bei:
      - Minderjährigen
      - Täuschung (oder widerrechtlicher Drohung)
      - Sittenwidrigkeit (§ 138)
      - Verschlechterung der Sache durch Sachmangel
3. Eingeschränkte Zweikondiktionentheorie (→ Rn. 38 ff.)
   a) Grundsatz
      Unmittelbare Einschränkung des § 818 Abs. 3 nach Risikogesichtspunkten
   b) Rechtsfolge
      Kein Berufen auf § 818 Abs. 3, sondern bereicherungsunabhängige Wertersatzpflicht nach § 818 Abs. 2
   c) Risikoverteilung
      Wer hat das Risiko des Untergangs (Verschlechterung) des Bereicherungsgegenstandes zu tragen, z. B. bei verschuldetem Untergang (§ 351 a. F.), d. h. »verschuldeter« Entreicherung?
      aa) Bereicherungsschuldner hat Risiko nicht zu tragen und kann sich auf § 818 Abs. 3 berufen:
         - Bei zufälligem oder trotz Beachtung der eigenüblichen Sorgfalt eintretendem Untergang (Wertung des § 346 Abs. 2 S. 1 Nr. 3, Abs. 3 S. 1 Nr. 3 [§ 350 a. F.])
         - Geschäftsunfähiger und beschränkt geschäftsfähiger Bereicherungsschuldner (Minderjährigenschutz)
      bb) Bereicherungsschuldner hat das Risiko zu tragen und kann sich auf § 818 Abs. 3 nicht berufen:
         Verschuldete Zerstörung der Sache

D. Verschärfte Bereicherungshaftung

I. Überblick

43 Die Einwendung des Wegfalls der Bereicherung nach § 818 Abs. 3 privilegiert den Bereicherungsschuldner. Diese Privilegierung ist in folgenden Fällen ausgeschlossen:

– wenn der Empfänger (Bereicherungsschuldner) auf Herausgabe verklagt ist (§ 818 Abs. 4),

– wenn er den Mangel des Rechtsgrundes kennt (§ 819 Abs. 1),

– wenn durch Annahme der Leistung gegen ein gesetzliches Verbot oder die guten Sitten verstoßen wird (§ 819 Abs. 2), oder

– wenn er mit einer Herausgabepflicht rechnen muss (§ 820 Abs. 1).

In diesen Fällen spricht man von der **verschärften Bereicherungshaftung.**

II. Tatbestände verschärfter Haftung

1. Rechtshängigkeit (§ 818 Abs. 4)

44 Die Haftungsverschärfung tritt mit **Rechtshängigkeit** ein. Gemeint ist die Rechtshängigkeit der Klage des Bereicherungsgläubigers gegen den Bereicherungsschuldner (»Empfänger«) auf Herausgabe des Erlangten oder Leistung von Wertersatz. Sie tritt ein mit Zustellung der Klage (§§ 261 Abs. 1, 253 Abs. 1 ZPO).

Sonderfälle: Im Mahnverfahren ist § 696 Abs. 3 ZPO zu beachten. Die Rechtshängigkeit der im Lauf eines Prozesses erhobenen Ansprüche regelt § 261 Abs. 2 ZPO.

2. Kenntnis des fehlenden Rechtsgrundes (§ 819 Abs. 1)

45 Der Rechtshängigkeit gleichgestellt ist der Fall, dass der Empfänger den Mangel des rechtlichen Grundes **kennt oder später erfährt.** Die Anwendbarkeit von § 819 Abs. 1 ist allerdings nach § 814 von vornherein nicht gegeben, wenn der Leistende seinerseits den Mangel des rechtlichen Grundes kennt (vgl. → § 10 Rn. 28 ff.)

Erforderlich ist positive Kenntnis des Empfängers vom Mangel des rechtlichen Grundes, der die Vermögensverschiebung rechtfertigen könnte. Kenntnis der das Fehlen begründenden Tatsachen allein reicht nicht. Kenntnis der Anfechtbarkeit steht der Kenntnis der Nichtigkeit und damit des Fehlens des rechtlichen Grundes gleich (vgl. § 142 Abs. 2; vgl. → § 10 Rn. 31 Fn. 64). Grob fahrlässige Unkenntnis reicht dagegen nicht. Deshalb entfällt die verschärfte Haftung auch dann, wenn der Empfänger irrig annimmt, dass er einem Kondiktionsanspruch des Leistenden wegen § 814 nicht ausgesetzt ist.[67] Wie allgemein gilt aber auch hier: Den Mangel des Rechtsgrunds kennt auch derjenige, der, um sich die Vorteile aus dem Geschäft zu sichern, sich bewusst der Einsicht verschließt, dass das Verpflichtungsgeschäft nichtig ist.[68]

---

67 *BGH* NJW 2014, 2790 (Beruht die Nichtigkeit des Vertrags aber auf einem kollusiven Zusammenwirken mit dem Vertreter des Leistenden, ist das Vertrauen des Empfängers, die Leistung behalten zu dürfen, nicht schutzwürdig).

68 *BGH* NJW 2014, 2790.

Diese Kenntnis muss im Zeitpunkt des Empfangs der Leistung vorliegen. Erlangt der Schuldner nachträglich Kenntnis, so tritt ab diesem Zeitpunkt die verschärfte Haftung des Bereicherungsschuldners ein.

Für die Kenntnis kommt es entscheidend auf die Person des Bereicherungsschuldners **46** (»Empfänger«) an. Ist der Empfänger ein Vertretener i. S. der §§ 164 ff. oder handelt es sich nicht um eine natürliche Person, so kommt eine **Wissenszurechnung** nach § 166 (analog) in Betracht.[69]

Problematisch ist Wissenszurechnung bei einem **minderjährigen Empfänger** einer **47** Zuwendung. Die h. M. differenziert (vgl. → Rn. 59):
– Bei einer Leistungskondiktion wird analog §§ 106 ff. nicht auf die Kenntnis des Minderjährigen, sondern auf die des gesetzlichen Vertreters abgestellt. Begründung: Es geht um die Rückabwicklung von fehlgeschlagenen Vertragsbeziehungen. Es wäre widersprüchlich, den Minderjährigen beim Zustandekommen des Vertrages über die Vorschriften der §§ 106 ff. zu schützen, bei Rückabwicklung aber nicht.
– Bei der deliktsähnlichen Eingriffskondiktion wendet die h. M. dagegen § 828 Abs. 3 entsprechend an; dabei kommt es auf die Einsichtsfähigkeit des Minderjährigen an (vgl. § 16 Rn. 169).

3. Gesetzes- oder Sittenverstoß (§ 819 Abs. 2)

Tatbestandlich setzt § 819 Abs. 2 voraus, dass der Empfänger durch die Annahme der **48** Leistung gegen ein **gesetzliches Verbot** oder gegen die **guten Sitten** verstößt. Erforderlich ist das Bewusstsein des Empfängers von der Rechts- oder Sittenwidrigkeit. Diese Kenntnis muss bei Annahme der Leistung vorliegen.

4. Ungewisser Leistungserfolg bei Zweckverfehlungskondiktion (§ 820 Abs. 1 S. 1) und möglicher späterer Wegfall des Rechtsgrundes (§ 820 Abs. 1 S. 2)

§ 820 Abs. 1 erfasst zwei Fälle der **subjektiven Ungewissheit** über den künftigen Weg- **49** fall des rechtlichen Grundes. Dabei knüpft S. 1 an § 812 Abs. 1 S. 2 Alt. 2 (Zweckverfehlungskondiktion) und S. 2 an § 812 Abs. 1 S. 2 Alt. 1 (Kondiktion wegen späteren Wegfalls des rechtlichen Grundes) an.

Voraussetzung ist Ungewissheit bzw. »als möglich ansehen«. Erforderlich und ausrei- **50** chend ist ein ernsthaftes Rechnen mit einem bestimmten Ereignis. Gegenstand der Ungewissheit ist im Fall des Absatzes 1 S. 1 der Eintritt des bezweckten Erfolges, im Absatz 1 S. 2 der Wegfall des Rechtsgrundes nach dem Inhalt des Rechtsgeschäftes. Diese subjektive Ungewissheit muss bei beiden Beteiligten, also dem Bereicherungsgläubiger und dem Empfänger, vorliegen, und zwar im Zeitpunkt der Leistung. Nachträgliche Kenntnis ist nicht von der Vorschrift erfasst.

Beispiel: K und V schließen ein genehmigungsbedürftiges Rechtsgeschäft. Wenn sie die Erteilung der Genehmigung als sicher ansehen, liegt § 820 Abs. 1 nicht vor. Anders ist es aber, wenn den Parteien ernsthaft mit der Möglichkeit rechnen, dass die Genehmigung versagt werden könnte.[70]

---

69 BGHZ 83, 293; dazu *Wandt*, MDR 1984, 535, 538; *BGH* NJW 2014, 1294.
70 *RG* HRR 1933, 1842 (Nr. 1843); *RG* WarnR 1923/24, 59, 61.

51 **Vertiefungshinweis:** Abgrenzung der Tatbestände

Die Tatbestände der Haftungsverschärfung sowie der Einwendungen gegen den Kondiktionsanspruch enthalten unterschiedliche Anforderungen an die Kenntnis der Beteiligten und sind wie folgt abzugrenzen:

- § 814: Bloße einseitige Kenntnis des Bereicherungsgläubigers.
  § 818 Abs. 4: abgestellt wird auf Rechtshängigkeit, selbst wenn der Bereicherungsschuldner ausnahmsweise keine Kenntnis von ihr hat.
- § 819 Abs. 1: Einseitige Kenntnis des Bereicherungsschuldners (»Empfängers«).
  Im Sonderfall beiderseitiger Kenntnis wendet die Rechtsprechung § 819 trotz an sich vorliegender Voraussetzungen nicht an. Von der Unanwendbarkeit des § 819 wird auch ausgegangen, wenn der Empfänger – zu Recht oder zu Unrecht – eine solche Kenntnis beim Leistenden annimmt.[71] In diesem Fall kann der Empfänger annehmen, dass er die Leistung behalten darf (vgl. § 814). Liegt tatsächliche Kenntnis des Leistenden vor, so kann § 814 schon den Bereicherungstatbestand ausschließen (vgl. zur Anwendung des § 814 bei der Anfechtung → § 10 Rn. 31).
- § 819 Abs. 2: Einseitige Kenntnis des Empfängers von der Rechts- oder Sittenwidrigkeit.
- § 820 Abs. 1: Beiderseitige Ungewissheit von Bereicherungsgläubiger und Bereicherungsschuldner.

III. Rechtsfolgen bei verschärfter Haftung

52 Hinsichtlich der **Rechtsfolgen** der verschärften Haftung sind drei Punkte zu bedenken:

1. Der Bereicherungsschuldner kann sich nicht auf den Wegfall der Bereicherung (§ 818 Abs. 3) berufen (dazu → Rn. 53).
2. Der Bereicherungsschuldner haftet »nach den allgemeinen Vorschriften« (§ 818 Abs. 4), d. h. nach den allgemeinen Vorschriften des Schuldrechts in Verbindung mit den Vorschriften des EBV (dazu → Rn. 54).
3. Eine verschuldensunabhängige und bereicherungsunabhängige Wertersatzhaftung (§ 818 Abs. 2) ist (alternativ zur Haftung nach § 818 Abs. 4) möglich (dazu → Rn. 58).

1. Kein Berufen auf § 818 Abs. 3

53 Eine Rechtsfolge der verschärften Haftung ist, dass sich der Bereicherungsschuldner (»Empfänger«) nicht auf den **Wegfall der Bereicherung** (§ 818 Abs. 3) berufen kann. Dieser Einwand ist ihm bei verschärfter Bereicherungshaftung abgeschnitten. Prüfungstechnisch sind die Voraussetzungen der verschärften Haftung im Rahmen der Rechtsfolge eines Bereicherungsanspruchs zu prüfen, wenn es allein um den Ausschluss von § 818 Abs. 3 geht.[72]

2. Verweis auf die allgemeinen Vorschriften (§ 818 Abs. 4)

54 Liegt einer der vier Tatbestände vor (vgl. → Rn. 44 ff.), dann haftet der Empfänger nach den »**allgemeinen Vorschriften**« (§ 818 Abs. 4). Die wohl überwiegende Meinung versteht darunter die §§ 275 ff.; eine andere Ansicht sieht nur die §§ 291 f. (Vorschriften über die Rechtshängigkeit) als erfasst an.[73]

---

71 Vgl. RGZ 137, 171, 179; *RG* JW 1936, 3179 (für Anfechtbarkeit) mit Anm. *Süß*, JW 1937, 1959; *Koppensteiner/Kramer*, § 15 I 2e, S. 147.

72 Vgl. *Grigoleit/Auer*, Rn. 142 f.

73 Vgl. BGHZ 83, 293 m.w.N. auch zur abweichenden Auffassung; *Medicus*, JuS 1993, 705 f. m.w.N., nach dem nur die §§ 291 f. gelten und die §§ 275 ff. nur insoweit, als sie von den §§ 987 ff. in Bezug genommen werden.

Die Verweisung verfolgt den Zweck, dem verschärft haftenden Bereicherungsschuldner die Vergünstigungen, die ihm nach Bereicherungsrecht zugute kommen, zu nehmen und ihn den Schuldnern anderer Rechtsgründe gleichzustellen.[74]

Verschärfte Haftung nach §§ 818 Abs. 4, 819 Abs. 1 Verweisung auf die allgemeinen Vorschriften		55
Bereicherungsgegenstand	Haftung	
Sache	Schadensersatz nach §§ 292 Abs. 1, 989, 990 (Verschuldenshaftung)	
	Herausgabe der Nutzungen nach §§ 292 Abs. 2, 987 Abs. 2	
	Ersatz der Verwendungen nach §§ 292 Abs. 2, 994 Abs. 2, 995	
	Herausgabe des Surrogats nach § 285	
Geldschuld	Verzinsung nach § 291	

Hat der Bereicherungsschuldner einen **bestimmten Gegenstand** herauszugeben, dann **56** verweist § 292 auf die Vorschriften des Eigentümer-Besitzer-Verhältnisses über Schadensersatz, Verwendungen und Nutzungen (§§ 987 ff.). So ist es auch, wenn nicht bloß ein bestimmter Geldbetrag, sondern bestimmte Geldzeichen herauszugeben sind (Stückschuld).[75] Der Bereicherungsschuldner muss beispielsweise Schadensersatz leisten (§§ 292 Abs. 1, 989), wenn der Gegenstand durch sein Verschulden verschlechtert wird, untergeht oder sonst nicht herausgegeben werden kann. Bei Verzug haftet der Bereicherungsschuldner sogar für Zufall (§ 287 S. 2), während im EBV nur der bösgläubiger Besitzer verschuldensunabhängig (§ 287 S. 2) haften kann (vgl. § 990 Abs. 2).[76]

Sind nicht bestimmte Geldscheine, sondern ist ein **Geldbetrag** herauszugeben, beispielsweise bei Erlangung einer Forderung gegen die Hausbank, deren Abtretung wegen Einstellung in das Kontokorrent gemäß § 355 HGB (Buchgeld) unmöglich ist,[77] so ist § 292 nicht anzuwenden.[78] Die Ersatzpflicht bestimmt sich dann nach § 818 Abs. 2. Die Geldschuld ist vom verschärft haftenden Bereicherungsschuldner nach § 291 zu verzinsen.

Vertiefungshinweis: Geld(wert)schuld und Verweisung des § 818 Abs. 4 auf allgemeine Vorschriften **57**
Problematisch war die rechtliche Einordnung der **Geld(wert)schuld** in § 818 Abs. 4 unter Geltung des inzwischen aufgehobenen § 279. Nach dieser über § 818 Abs. 4 (früher) anwendbaren Regelung[79] trat bei einer Gattungsschuld eine leistungsbefreiende Unmöglichkeit nicht ein, solange die Leistung aus der Gat-

---

74 So BGHZ 83, 293.

75 Vgl. *Medicus*, JuS 1993, 705, 708.

76 *Medicus*, JuS 1993, 705, 707 und 710: Die Verzugshaftung wird von § 990 Abs. 2 vorausgesetzt und von § 292 Abs. 1 (»soweit nicht aus dem Schuldverhältnis oder dem Verzuge des Schuldners sich zugunsten des Gläubigers ein anderes ergibt.«) bestätigt.

77 Vgl. dagegen *BVerwG* NJW 2018, 568 (Rückforderung der durch Ehefrau erschlichenen Beihilfe vom Beamten); erlangt hatte der Bereicherungsschuldner Herausgabeansprüche gegen seine Ehefrau wegen der von ihr auf ihr eigenes Konto eingezogenen Beihilfezahlungen (§§ 678, 667, 687 Abs. 2). Dazu *Vollkommer*, NJW 2018, 510, dessen Ausführungen sich nicht auf diese Ansprüche als Bereicherungsgegenstand beschränken.

78 *Wandt*, MDR 1984, 535; *Medicus/Lorenz*, SR-BT, Rn. 1181.

79 BGHZ 83, 293.

tung noch möglich war. Um den verschärft haftenden Bereicherungsschuldner, der nach §§ 292, 989 grundsätzlich nur bei Verschulden haftet, nicht besser zu stellen als den nach allgemeinen schuldrechtlichen Grundsätzen haftenden Schuldner (Haftung nach dem früheren § 279 verschuldensunabhängig), wurde mit Rücksicht auf den Zweck des § 818 Abs. 4 der verschärft haftende Bereicherungsschuldner, der zur Herausgabe eines nur der Gattung nach bestimmten Gegenstandes verpflichtet ist, einem Schuldner aus anderen Rechtsgründen gleichgestellt.[80] Weil der Geldleistungsschuldner nach dem früheren § 279 für seine finanzielle Leistungsfähigkeit einzustehen hatte,[81] haftete er nach §§ 818 Abs. 4, 279 stets auf Herausgabe des geschuldeten Geldes.

Infolge der Schuldrechtsreform ist § 279 weggefallen. Dass der verschärft haftende Bereicherungsschuldner stets für seine finanzielle Leistungsfähigkeit einzustehen hat, kann deshalb mit dem aufgehobenen § 279 nicht mehr begründet werden. Trotzdem hat sich im Ergebnis nichts geändert. Auch auf Grundlage des neuen Schuldrechts muss der verschärft haftende Bereicherungsschuldner für seine finanzielle Leistungsfähigkeit einstehen und haftet stets auf den herauszugebenden Geldbetrag. Die generelle Leistungspflicht des Geldleistungsschuldners ist ein allgemeiner Grundsatz.[82] Eine Begründung dafür, dass der verschärft haftende Geldleistungsschuldner geschuldetes Geld stets herausgeben muss, ergibt sich aus § 818 Abs. 2: Danach kann sich der verschärft haftende Bereicherungsschuldner auf § 818 Abs. 3 nicht berufen und haftet deshalb (bereicherungsunabhängig) nach § 818 Abs. 2 auf Wertersatz.[83]

3. Vertiefungshinweis: Bereicherungsunabhängige Wertersatzhaftung (§ 818 Abs. 2)

58 Die moderne Bereicherungslehre unterscheidet zwischen dem erlangten Etwas als Bereicherungsgegenstand und der Bereicherung i. S. des § 818 Abs. 3 auf der Rechtsfolgenseite. Dadurch wird § 818 Abs. 2 zur Rechtsgrundlage für eine **bereicherungsunabhängige Wertersatzhaftung** des bösgläubigen Bereicherungsschuldners.[84] Kann sich der Bereicherungsschuldner auf § 818 Abs. 3 nicht berufen, so entfällt damit ein Einwand (§ 818 Abs. 3) gegen einen Wertersatzanspruch (§ 818 Abs. 2); der Wertersatzanspruch aus § 818 Abs. 2 ist dann begründet, obwohl der Bereicherungsschuldner nicht bereichert ist. Diese Rechtsanwendung verhindert es, dass der bösgläubige oder verklagte Bereicherungsschuldner (in bestimmten Fällen) besser gestellt wird als der gutgläubige.

59 **Fall (BGHZ 55, 128 »Flugreise«-Fall):**[85] Der fast 18-jährige M flog mit einem gültigen Flugschein in einer Maschine der Lufthansa (L) von München nach Hamburg. Von dort gelang ihm, nun ohne gültigen Flugschein, der Weiterflug mit derselben Maschine nach New York. Als ihm dort die Einreise in die USA verweigert wurde, beförderte ihn die Lufthansa noch am selben Tag zurück. Sie verlangt von M den tariflichen Flugpreis für den Hinflug von Hamburg nach New York.[86] Der gesetzliche Vertreter des M verweigert die Genehmigung. In welcher Höhe besteht ein Kondiktionsanspruch der Lufthansa gegen M?

---

80 BGHZ 83, 293.
81 So BGHZ 28, 123.
82 Vgl. Staudinger/*Lorenz*, § 818 Rn. 50.
83 Vgl. dazu MüKoBGB/*Schwab*, Bd. 6, § 818 Rn. 325 ff.; *Koppensteiner/Kramer*, § 16 II 1 f, S. 160 f.
84 MüKoBGB/*Lieb*, 4. Aufl. 2004, § 818 Rn. 67 ff.; *Koppensteiner/Kramer*, § 16 II 1 f, S. 160 f.
85 Vollständig abgedruckt in *BGH* NJW 1971, 609, vgl. auch *Hombrecher*, Jura 2004, 250.
86 Zu Ansprüchen aus GoA betreffend den Rückflug → § 5 Rn. 92.

Lösung: Anspruch L gegen M für den Hinflug aus §§ 812 Abs. 1 S. 1 Alt. 2 (Eingriffskondiktion), 818 Abs. 2 und Abs. 3, 819 Abs. 1, 818 Abs. 4, 818 Abs. 2 und § 291?[87]

I. Tatbestand der Eingriffskondiktion (+), (vgl. → § 11 Rn. 22; zur Frage des Bereicherungsgegenstandes → § 10 Rn. 6).

II. Rechtsfolge

1. Eigentlich ist die erlangte Beförderungsleistung herauszugeben.

2. Diese kann aber tatsächlich nicht herausgegeben werden. Deshalb ist nach § 818 Abs. 2 Wertersatz zu leisten.

3. Einwand des § 818 Abs. 3? Nach der Inanspruchnahme ist ein Vermögensvorteil der Beförderung bei M nicht mehr vorhanden (Entreicherung). Jedoch könnte M eigene Aufwendungen erspart haben und insoweit noch bereichert sein. Jedoch handelt es sich um eine »Luxusreise«, also um eine Reise, die M ansonsten nicht unternommen hätte. Deshalb hat M keine Aufwendungen erspart. Der Einwand des § 818 Abs. 3 ist insoweit eigentlich begründet.[88]

4. § 819 Abs. 1?

    a) Tatbestand: § 819 Abs. 1 setzt Bösgläubigkeit des Bereicherungsschuldners voraus. Dazu ist positive Kenntnis des Empfängers vom Mangel des rechtlichen Grundes erforderlich, also davon, dass M ohne Vertrag befördert wird. Auf welche Person es bei Minderjährigkeit des Schuldners ankommt, ist umstritten. Dazu werden drei Ansichten vertreten:

        — Ansicht 1: Kenntnis des gesetzlichen Vertreters ist entscheidend.[89] Argumente: (1.) Minderjährigenschutz. (2.) Weil auch bei Eingriff Wertersatz zu leisten ist, der in der Regel der verkehrsüblichen Gegenleistung entspricht, muss es wie im Vertragsrecht auf den gesetzlichen Vertreter ankommen. (3.) Der Bereicherungsgläubiger ist weniger schutzwürdig als beim Delikt, sofern ihm kein Schaden entstanden ist.

        — Ansicht 2: Kenntnis des Minderjährigen entscheidend (§§ 827, 828 analog). Argument: Einsichtsfähigkeit als relevantes und interessengerechtes Kriterium.

        — Ansicht 3 (h. M.):[90] Differenzierung nach Bereicherung im rechtsgeschäftlichen und nicht-rechtsgeschäftlichen (deliktischen) Bereich. (1.) Im rechtsgeschäftlichen Bereich (i. d. R. Leistungskondiktion): Kenntnis des gesetzlichen Vertreters maßgeblich. Argument: Minderjährigenschutz. (2.) Im nicht-rechtsgeschäftlichen Bereich (i. d. R. Eingriffskondiktion): Kenntnis des Minderjährigen maßgeblich. Argument: Wegen Deliktsähnlichkeit ist die Einsichtsfähigkeit entscheidend.

        Die h. M. wird der unterschiedlichen Funktion von Leistungs- und Eingriffskondiktion (vgl. → § 9 Rn. 10f., 13) am besten gerecht. Deshalb ist ihr zu folgen. Da hier ein deliktisches Handeln (vgl. § 265a StGB) und damit ein Eingriff (und keine Leistung) vorliegt, kommt es entscheidend auf die Kenntnis und Einsichtsfähigkeit des M an (§ 828 Abs. 3 S. 1). Da M fast volljährig ist, ist Einsichtsfähigkeit zu bejahen. M weiß, dass kein Vertrag besteht. Deshalb kann sich M auf die Entreicherung nicht berufen.[91]

    b) Rechtsfolge des § 819 Abs. 1: Verschärfte Haftung (§ 818 Abs. 4).

        aa) Es tritt eine verschärfte Haftung nach § 818 Abs. 4 nach den »allgemeinen Vorschriften« ein. Problematisch ist dies aber im Fall der tatsächlichen Inanspruchnahme von Leistungen, weil die allgemeinen Vorschriften dafür keine Regel enthalten. §§ 292, 987 normieren zwar eine Haftung für Nutzungen und Gebrauchsvorteile, aber nur im Zusammenhang mit der Herausgabe einer Sache.

---

87 Ansprüche aus GoA (§§ 677, 683 S. 1, 670) scheiden mangels Fremdgeschäftsführungswillens der L (Fremdgeschäftsführungsbewusstsein) aus (vgl. → § 4 Rn. 26ff.).

88 Vgl. *Beuthien/Weber*, S. 61: Darauf, dass er nie bereichert gewesen ist, kann sich der Schuldner nicht berufen. Denn § 818 Abs. 3 sei so zu lesen, dass die Verpflichtung zur Herausgabe oder zum Wertersatz nicht nur ausgeschlossen sei, soweit der Empfänger nicht mehr bereichert ist, sondern erst recht auch dann, wenn er (von Anfang an) nicht bereichert war.

89 *Larenz/Canaris*, SR II/2, § 73 II 2a und b, S. 312f.

90 MüKoBGB/*Schwab*, Bd. 6, § 819 Rn. 9; *Medicus/Petersen*, BR, Rn. 176.

91 So auch im Ergebnis BGHZ 55, 128.

bb) M haftet aber – trotz Bösgläubigkeit – weiterhin nach § 818 Abs. 2 auf Wertersatz (bereicherungsunabhängige Wertersatzhaftung) und kann sich auf § 818 Abs. 3 nicht berufen.

5. Ergebnis: Der geschuldete Ersatz des Wertes der Beförderung (Eingriffserwerb) ist nach der Höhe der dafür üblichen Vergütung zu bestimmen. Daher besteht ein Wertersatzanspruch in Höhe des tariflichen Flugpreises.

IV. Zusammenfassung

60

Verschärfte Bereicherungshaftung
I. Tatbestände
1. Empfänger ist auf Herausgabe verklagt (§ 818 Abs. 4).
2. Empfänger (Bereicherungsschuldner) kennt den Mangel des Rechtsgrundes (§ 819 Abs. 1).
3. Gesetzes- oder Sittenverstoß des Empfängers (§ 819 Abs. 2).
4. Empfänger muss mit einer Herausgabepflicht rechnen (§ 820 Abs. 1).
II. Rechtsfolgen
1. Ausschluss des § 818 Abs. 3: Bereicherungsschuldner kann sich nicht auf Wegfall der Bereicherung berufen.
2. Haftungsverschärfung nach § 818 Abs. 4: Bereicherungsschuldner haftet »nach den allgemeinen Vorschriften«, d. h. nach allgemeinem Schuldrecht (i. V. m. EBV-Vorschriften) (→ Rn. 54 ff.)
3. § 818 Abs. 2: bereicherungsunabhängige Wertersatzhaftung (→ Rn. 58 f.)

E. Aufgedrängte Bereicherung

61 In bestimmten Fällen kann der Schuldner Ausgleich (§ 818 Abs. 2) für eine Bereicherung schulden, die ihm aus irgendwelchen Gründen unerwünscht ist (sog. **aufgedrängte Bereicherung**). Er soll etwas vergüten, das er eigentlich gar nicht haben will.

Beispiele:

– Der Pächter baut vertragswidrig auf dem Grundstück des Eigentümers E ein massives Gebäude. Nach vorzeitiger Aufhebung des Pachtvertrages und Rückgabe des Pachtgrundstücks verlangt P von E ein angemessenes Entgelt für die durch die Errichtung des Gebäudes hervorgerufene Wertsteigerung des Grundstücks (BGHZ 23, 61).

– Die Hobbygärtnerin H mäht nicht nur ihren eigenen Rasen, sondern auch den ihres Nachbarn B. Dafür will sie von B Ersatz. B wollte aber seinen Rasen am nächsten Tag umpflügen.

– D zahlt die Schulden des S gegenüber G (§ 267). S hatte aber gegenüber G ein Zurückbehaltungsrecht (§ 273). D verlangt nun von S Ersatz aus Rückgriffskondiktion (§ 812 Abs. 1 S. 1 Alt. 2).

62 In den Fällen der Zahlung auf fremde Schuld führt die analoge Anwendung der §§ 404 ff. auf das Verhältnis zwischen Drittem und Schuldner zu dogmatisch überzeugenden wie sachgerechten Ergebnissen: Der Schuldner kann dem Dritten (Bereicherungsgläubiger) die Einwendungen entgegenhalten, die er dem Gläubiger gegenüber erheben konnte.[92] Im letztgenannten Beispiel kann S gegenüber D somit § 273 geltend machen (vgl. § 404 analog).

Für die rechtliche Behandlung der übrigen Fälle werden unterschiedliche Lösungsansätze vorgeschlagen, die aber alle im Wesentlichen zu gleichen oder ähnlichen Ergeb-

---

92 Vgl. *Medicus/Petersen*, BR, Rn. 952.

nissen führen: Der Schuldner einer aufgedrängten Bereicherung schuldet keinen (oder nur einen eingeschränkten) Wertersatz, es sei denn, er realisiert den Wertzuwachs.

1. Zur Begründung wird teils auf die Wertung des § 814 (Leistung in Kenntnis der Nichtschuld) verwiesen; diese Einwendung kann allerdings nur eine Leistungskondiktion ausschließen, nicht aber eine Nichtleistungskondiktion (vgl. → § 10 Rn. 28 ff.).
2. Teils wird § 818 Abs. 3 angewandt: Der Schuldner ist entreichert, soweit das Erlangte für ihn schon von Anfang an keinen Nutzen bringt. Die aufgedrängte Bereicherung ist dann im Rahmen des Wegfalls der Bereicherung zu prüfen.
3. Teils wird der Wertbegriff des § 818 Abs. 2 subjektiv, d. h. aus der Sicht des Eigentümers, verstanden: Das Vermögen des Begünstigten ist nur insoweit vermehrt, als der Bereicherte sich den Verwendungserfolg wirklich zunutze macht.[93]
4. Im Fall der aufgedrängten Bereicherung kann ein Gegenanspruch des aufgedrängten Bereicherten begründet werden, der einredeweise geltend gemacht werden kann.

Beispiele:

– In BGHZ 23, 61 konnte der Bereicherungsschuldner (Grundstückseigentümer) dem Anspruch des Pächters aus §§ 951 Abs. 1 S. 1, 812 Abs. 1 S. 1 Alt. 2 den § 1001 S. 2 entsprechend entgegensetzen: Der Bereicherte kann sich einer aufgedrängten Bereicherung durch Wiederherstellung des alten Zustandes erwehren;[94] die Zahlung könne durch die Gestattung der Wegnahme ersetzt werden, und dies könne der Bereicherungsklage einredeweise entgegen gehalten werden.
– Der Bereicherte kann auf Beseitigungs- und Schadensersatzansprüche (§ 1004, § 823 Abs. 1, §§ 989, 990 i. V. m. § 249) zurückgreifen, aus diesen Rückgängigmachung des Vermögenszuwachses verlangen und sie dem Bereicherungsanspruch einredeweise entgegensetzen; hätte der Bereicherungsgläubiger die Bereicherung pflichtgemäß beseitigt, wäre der Schuldner nicht mehr bereichert (§ 818 Abs. 3).[95]

Eine differenzierende Ansicht vertritt *Canaris:*[96] Eine Bereicherungshaftung kommt danach in Betracht, wenn und soweit der Bereicherte eine Vermögensmehrung realisiert hat. Soweit und solange eine Vermögensmehrung nicht realisiert ist, wird zwischen dem bösgläubigen und dem gutgläubigen Bereicherungsgläubiger unterschieden. Der gutgläubige Bereicherungsgläubiger kann unabhängig von der Realisierung des Vermögenszuwachses Wertersatz nach § 818 Abs. 2 verlangen. Liegt Bösgläubigkeit vor, so ist der Kondiktionsanspruch grundsätzlich gesperrt, es sei denn eine Realisierung des Vermögenszuwachses ist nach Treu und Glauben zumutbar (§§ 254 Abs. 2 S. 2, 242).

F. Sonstiges

I. Bereicherungseinrede (§ 821) und Verjährung

§ 821 regelt eine **Bereicherungseinrede** für einen speziellen Fall: Wenn der (bereicherungsrechtliche) Anspruch auf Befreiung von einer Verbindlichkeit verjährt ist, kann derjenige, der diese Verbindlichkeit rechtsgrundlos eingegangen ist, die Erfüllung dennoch verweigern.

63

---

93 Vgl. *Koppensteiner/Kramer,* § 16 II 3, S. 168 f.; *Giesen,* Jura 1995, 234, 242.
94 § 951 Abs. 1 S. 2 erfasst nur ein Wiederherstellungsverlangen des Rechtsverlierers und schließt dieses aus; dem steht aber nicht entgegen, dass sich der Bereicherte (Rechtsgewinner) auf die Möglichkeit der Wiederherstellung des alten Zustandes beruft.
95 *BGH* NJW 1965, 816.
96 *Larenz/Canaris,* SR II/2, § 72 IV, S. 287 ff.

Die Einrede ist als echte Einrede nicht von Amts wegen zu berücksichtigen.[97] Daneben kann der allgemeine Arglisteinwand des § 242 begründet sein, der von Amts wegen zu beachten ist.[98]

Die Rechtsprechung wendet die Vorschrift des § 821 auch schon vor Eintritt der Verjährung an.[99] Sie leitet aus § 821 die Befugnis des Bereicherungsschuldners ab, sich verweigern zu können, aus einem rechtsgrundlos erlangten Recht durch den Rechtsinhaber in Anspruch genommen zu werden. Dies ergibt sich jedoch bereits aus § 242: »dolo facit, qui petit, quod statim redditurum est«.[100]

Beispiele:

– G ist Inhaber einer Grundschuld, die auf dem Grundstück des E lastet. Der (schuldrechtliche) Sicherungsvertrag (mit Bestellabrede als Rechtsgrund) ist nichtig. Wenn G aus der Grundschuld gegen E vorgeht (§§ 1191, 1192, 1147: Anspruch auf Duldung der Zwangsvollstreckung), kann E die Bereicherungseinrede (§ 821) geltend machen: G erlangt die Grundschuld durch Leistung ohne Rechtsgrund und ist deshalb zur »Herausgabe« verpflichtet. Diesen Anspruch kann E einredeweise geltend machen (§ 821).

– Student U beschädigt das Kfz des S bei einem Unfall schuldhaft. Der S bringt den U – während der Tage später stattfindenden Gespräche – dazu, ein abstraktes Schuldanerkenntnis zu unterschreiben, »weil sein [S] Schadensersatzanspruch aus § 823 Abs. 1 und § 7 Abs. 1 StVG schließlich gesichert sein müsse«. U erfüllt den Schadensersatzanspruch aus § 823 Abs. 1 bzw. § 7 Abs. 1 StVG. S, der knapp bei Kasse ist, will nun aus dem abstrakten Schuldanerkenntnis vorgehen. Wie ist die Rechtslage? Ein Anspruch aus dem abstrakten Schuldanerkenntnis (§ 781) ist wirksam entstanden. Jedoch kann U die Bereicherungseinrede (§ 821) erheben, weil S das Schuldanerkenntnis rechtsgrundlos innehat: (1) S erlangt das Schuldanerkenntnis durch Leistung des U (vgl. § 812 Abs. 2). (2) Der Rechtsgrund ist aber später weggefallen, als U seine Schadensersatzpflicht erfüllt (vgl. zum Rechtsgrund bei § 812 Abs. 2 → § 10 Rn. 25). (3) U hat selbst einen Anspruch aus § 812 Abs. 1 S. 2 Alt. 1 und damit eine Bereicherungseinrede aus § 821. Der Anspruch des S ist damit einredebehaftet.

64 Die Bereicherungsansprüche **verjähren** grundsätzlich nach § 195 in 3 Jahren (Regelverjährungsfrist). Der Beginn der Verjährungsfrist richtet sich grundsätzlich nach § 199 Abs. 1.[101] Verjährung tritt spätestens nach 10 Jahren von der Entstehung des Anspruchs an ein (§ 199 Abs. 4). Die Aufwendungs- und Rückgriffskondiktion verjähren zum gleichen Zeitpunkt wie die getilgte Schuld.[102]

Bereicherungsrechtliche Rückabwicklungsansprüche aus einem nichtigen Grundstückskaufvertrag verjähren nach § 196, wenn sie funktionell als Anspruch auf die Gegenleistung i. S. der Vorschrift zu qualifizieren sind.[103]

Vertiefungshinweis: Der Bereicherungsgläubiger hat **Kenntnis von den einen Anspruch aus Leistungskondiktion begründenden Umständen,** wenn er von der Leistung und dem Fehlen des Rechtsgrundes, d. h. von den Tatsachen, aus denen dessen Fehlen folgt, weiß. Es genügt, dass der Anspruchsberechtigte den Sachverhalt in seinen Grundzügen kennt und weiß, dass der Sachverhalt erhebliche Anhaltspunkte

---

97 *BGH* NJW 1991, 2140.
98 *BGH* NJW 2005, 2991.
99 Vgl. z. B. *BGH* NJW 1991, 2140; *BGH* NJW 2005, 2991.
100 Vgl. Staudinger/*Lorenz*, § 821 Rn. 3; MüKoBGB/*Schwab*, Bd. 6, § 812 Rn. 3.
101 BGHZ 175, 161. Zum Zeitpunkt des Entstehens des Rückzahlungsanspruchs eines Kreditnehmers hinsichtlich rechtsgrundlos an die kreditgebende Bank erbrachter Bearbeitungsentgelte: BGHZ 203, 115.
102 *BGH* NJW 2000, 3492, 3494 f.
103 *BGH* VersR 2009, 126 (Rückzahlung einer Reservierungspauschale aus einem formnichtigen Grundstückskaufvertrag).

für die Entstehung eines Anspruchs bietet. Es ist grundsätzlich nicht erforderlich, dass der Anspruchsberechtigte aus den ihm bekannten Tatsachen die zutreffenden rechtlichen Schlüsse zieht.[104] Rechtsunkenntnis des Gläubigers schiebt den Verjährungsbeginn nur ausnahmsweise hinaus, wenn eine unsichere und zweifelhafte Rechtslage vorliegt, die selbst ein rechtskundiger Dritter nicht zuverlässig einzuschätzen vermag.[105] Es fehlt dann an der Zumutbarkeit einer Klageerhebung als übergreifender Voraussetzung für den Verjährungsbeginn.[106]

Eine **Verjährungshemmung durch die Zustellung eines Mahnbescheides** (§ 204 Abs. 1 Nr. 3) tritt nur für Ansprüche ein, die im Mahnbescheid gemäß § 690 Abs. 1 Nr. 3 ZPO hinreichend individualisiert sind. Dazu ist erforderlich, dass ein Anspruch durch seine Kennzeichnung von anderen Ansprüchen so unterschieden und abgegrenzt wird, dass er Grundlage eines der materiellen Rechtskraft fähigen Vollstreckungstitels sein kann und der Schuldner beurteilen kann, ob er sich gegen den geltend gemachten Anspruch zur Wehr setzten will. Die Verjährungshemmung erfasst auch subsidiäre Ansprüche und Folgeansprüche, wenn sie dem gleichen Endziel dienen und nicht wesensmäßig verschiedene Ansprüche sind. Schadensersatz- und der Bereicherungsanspruch sind jedoch wesensmäßig und verjährungsrechtlich verschieden.

Beispiel: Eine Angabe im Mahnbescheid »Schadenersatz wegen Beratungsverschulden Immobilienfonds […] vom […]« macht nicht hinreichend deutlich, dass auch Bereicherungsansprüche wegen einer unwirksamen Bevollmächtigung eines Treuhänders geltend gemacht werden sollen.[107]

II. Konkurrenzen (Grundsätze)

Im Rahmen einer Fallprüfung, bei der alle in Betracht kommenden Anspruchsgrundlagen zu berücksichtigen sind, stellen Ansprüche aus ungerechtfertigter Bereicherung (§§ 812 ff.) selbstständige Anspruchsgrundlagen dar. Treffen diese Ansprüche mit anderen Ansprüchen zusammen, so stellt sich die Frage nach den Konkurrenzen.[108]   **65**

Vertragliche Rückabwicklungsvorschriften haben Vorrang und schließen das Bereicherungsrecht (»ohne rechtlichen Grund«) grundsätzlich aus. Vertragliche Rückabwicklungsvorschriften können Folgende sein: **66**

- – Vertraglich autonom vereinbarte Rückabwicklungsregelungen (§§ 311 Abs. 2, 241), vertraglicher Rücktritt nach §§ 346 ff., verbraucherrechtliches Widerrufsrecht (§§ 355 ff., 312 g),[109]
- – vertragliche Abwicklungsvorschriften nach Beendigung eines Dauerschuldverhältnisses (Miete [§§ 546 ff., 539], Leihe [§§ 601, 604]), solche aus ergänzender Vertragsauslegung (§§ 133, 157) oder
- – aus Störung der Geschäftsgrundlage (§ 313, vgl. die Abgrenzung zur Zweckverfehlungskondiktion → § 10 Rn. 68 f.), faktisches Vertragsverhältnis (fehlerhafter Arbeitsvertrag oder Gesellschaft).

Die berechtigte **GoA** (§§ 677 ff.) stellt einen Rechtsgrund i. S. der §§ 812 ff. dar und schließt insoweit eine Anwendung des Bereicherungsrechts aus. § 684 S. 1 (unberech-   **67**

---

104 BGHZ 170, 260; *BGH* NJW-RR 2008, 1237; *BGH* NJW-RR 2009, 544, 546; *BGH* NJW 2009, 984.

105 BGHZ 179, 260; *BGH* NJW-RR 2009, 544 (zum Hinausschieben des Verjährungsbeginns wegen zeitweiliger Rechtsunsicherheit, ob Geschäftsbesorgungsverträge und Treuhändervollmachten im Zusammenhang mit kreditfinanzierten Immobilienfondsbeteiligungen wegen Verstoßes gegen das Rechtsberatungsgesetz [jetzt: Rechtsdienstleistungsgesetz] unwirksam sind); *BGH* NJW-RR 2010, 1574; BGHZ 203, 115 (Rückforderungsansprüche wegen unwirksamer formularmäßig vereinbarter Bearbeitungsentgelte in Verbraucherdarlehensverträgen nach § 488).

106 BGHZ 179, 260; *BGH* NJW-RR 2009, 547.

107 *BGH* NJW-RR 2009, 544, 545.

108 Vgl. *Schildt*, JuS 1995, 953.

109 Widerruf mit den Rechtsfolgen der §§ 355 Abs. 3 S. 1, 357 ff. auch bei einem wegen beiderseitiger Sittenwidrigkeit nichtigen Vertrag; zum alten Widerrufsrecht BGHZ 183, 235 (Fernabsatzvertrag über den Kauf eines Radarwarngeräts).

tigte GoA) verweist auf das Bereicherungsrecht (vgl. → § 5 Rn. 51 ff.). Bei vorsätzlicher Eigengeschäftsführung haftet der Geschäftsherr nach § 687 Abs. 2 S. 2 i. V. m. § 684 S. 1 nur dann auf die Bereicherung, wenn der Geschäftsherr seinerseits Ansprüche aus §§ 687 Abs. 2 S. 1, 677, 678, 681, 682 geltend macht (vgl. → § 6 Rn. 7 ff.); darüber hinaus sind Ansprüche des Geschäftsführers aus den §§ 812 ff. ausgeschlossen.[110] Bei irrtümlicher Eigengeschäftsführung kommen die §§ 677 bis 686 nicht zur Anwendung (§ 687 Abs. 1); es gilt Bereicherungsrecht. Vgl. zum Problem der Rückabwicklung nichtiger Verträge → § 3 Rn. 7 f.

68   Ansprüche aus **EBV** (§§ 987 ff.) gehen den bereicherungsrechtlichen Ansprüchen grundsätzlich vor (vgl. § 993 Abs. 1 a. E.).[111] Dies begründet die h. M. damit, dass der redliche Besitzer durch Gewährung von verschiedenen Haftungsprivilegien gegen deliktische und bereicherungsrechtliche Ansprüche geschützt werden soll. Der Vorrang betrifft Ansprüche des Besitzers auf Herausgabe der oder Wertersatz für Nutzungen (vgl. §§ 987 f., 990), Schadensersatz (vgl. §§ 989 f.) und Ansprüche auf Verwendungsersatz (vgl. §§ 994 ff.) und gilt, sobald eine Vindikationslage (Eigentümer, Besitz, kein Recht zum Besitz [§§ 985 f.]) besteht (vgl. → § 11 Rn. 64). Bereicherungsansprüche sind dagegen nicht ausgeschlossen, wenn es um Herausgabe einer Sache selbst,[112] die Veräußerung oder den Verbrauch von Sachen[113] und die Herausgabe eines Erlöses aus der Verfügung eines Nichtberechtigten geht; diese Rechtsfolgen werden in den §§ 987 ff. nicht geregelt, sodass ein Vorrang des EBV nicht in Betracht kommt. (Sachenrechtliche) Spezialprobleme stellen die (bereicherungsrechtliche) Haftung des rechtsgrundlosen (= unentgeltlichen?) Besitzers[114] sowie die Haftung des »nicht mehr berechtigten Besitzers« nach Wegfall des Besitzrechts[115] dar.

69   Ansprüche aus **Delikt** (§§ 823 ff.) können neben bereicherungsrechtlichen Ansprüchen in Betracht kommen. So ist in Fällen, in denen ein Schadensersatzanspruch aus § 823 Abs. 1 begründet ist, regelmäßig auch der Tatbestand der Eingriffskondiktion (§ 812 Abs. 1 S. 1 Alt. 2, vgl. → § 11 Rn. 6 ff.) erfüllt. Zu beachten ist, dass beide Ansprüche auf unterschiedliche Anspruchsziele gerichtet sind und sich insoweit grundlegend unterscheiden (vgl. → § 9 Rn. 3 ff.).

70   Vgl. zur Konkurrenz der §§ 812 ff. zu den **familienrechtlichen und güterrechtlichen Ansprüchen** → § 10 Rn. 71.

71   **Das Wertpapierrecht** enthält besondere Vorschriften über »Bereicherung« (vgl. Art. 89 WG, Art. 58 ScheckG) und schließt (nur) insoweit die §§ 812 ff. aus.

72   In welchem Umfang die §§ 812 ff. anzuwenden sind, ist fraglich, wenn Vorschriften außerhalb des Bereicherungsrechts auf die »Vorschriften über die Herausgabe einer ungerechtfertigen Bereicherung« **verweisen.** Dabei kann es sich um eine Rechtsfolgen-

---

110 BGHZ 39, 186 unter Berufung darauf, dass die §§ 996 und § 687 Abs. 2 vorrangige Sonderregelungen darstellen und insoweit – um eine Gesetzesumgehung zu verhindern – den §§ 812 ff. vorgingen. Der Rechtsgrund für die Bereicherung liege in den §§ 996, 687 Abs. 2.
111 Zu einer umfassenden Übersicht über die Konkurrenzen zwischen EBV und Bereicherungsrecht *Grigoleit/Auer,* Rn. 17.
112 Beispiel: Der Kaufvertrag ist nichtig, der Käufer hat aber schon Besitz erlangt. Bezüglich der Besitzherausgabe konkurrieren § 985 und § 812 Abs. 1.
113 BGHZ 14, 7 m. w. N.; 36, 56.
114 Vgl. dazu RGZ 163, 348, 355 ff.; BeckOK BGB/*Fritzsche,* § 988 Rn. 9 ff.
115 Vgl. BeckOK BGB/*Fritzsche,* § 987 Rn. 18 ff. zum Meinungsstand.

verweisung handeln, welche nur die §§ 818 ff., also die Vorschriften über den Inhalt und Umfang der Herausgabepflicht, erfasst, oder um eine Rechtsgrundverweisung, bei der neben den bereicherungsrechtlichen Rechtsfolgenanordnungen auch ein bereicherungsrechtlicher Tatbestand (z. B. § 812 Abs. 1 S. 1 Alt. 2) zu prüfen ist. Ob das eine oder das andere zutrifft, ist im konkreten Fall nach der Teleologie der konkreten Verweisung zu entscheiden (vgl. zu § 684 S. 1 → § 5 Rn. 51 ff., zu § 951 → § 13 Rn. 13).

§ 13. Bereicherungsansprüche im Mehrpersonenverhältnis

Besonders problematisch und umstritten sind Bereicherungsansprüche in Mehrpersonenverhältnissen, also in Fallkonstellationen, an denen mehr als zwei Personen beteiligt sind. Möglich ist eine Mehrheit von Zuwendungs- und Leistungsverhältnissen oder ein Zusammentreffen von Leistung und Eingriff.   1

A. Leitgedanken der Prüfung

Allgemeingültige Aussagen über die bereicherungsrechtliche Rückabwicklung im Mehrpersonenverhältnis zu treffen, ist schwierig. So geht die Rechtsprechung nach wie vor davon aus, dass »sich bei der bereicherungsrechtlichen Behandlung von Vorgängen, an denen mehr als zwei Personen beteiligt sind, jede schematische Lösung verbietet [und es] stets auf die Besonderheiten des Einzelfalles ankommt, die für die sachgerechte bereicherungsrechtliche Abwicklung derartiger Vorgänge zu beachten sind«.[1]   2

Um die dogmatisch komplizierten und in Rechtsprechung und Literatur zumeist umstrittenen Fälle der Kondiktion im Mehrpersonenverhältnis verständlich zu machen, empfiehlt es sich, zwei **Grundregeln** zu beachten (vgl. → Rn. 4 f., 6 ff.), mit deren Hilfe man bei der Falllösung häufig zu einem überzeugenden Ergebnis kommen kann.   3

Diese Regeln vermitteln mitunter den Eindruck, Fälle der Kondiktion im Mehrpersonverhältnis seien relativ einfach zu lösen.[2] Dem ist nicht so, vielmehr handelt es sich bei diesen Regeln nur um Faustformeln, welche die Besonderheiten und die sich daraus ergebenden Wertungs- und Gerechtigkeitsgesichtspunkte des Einzelfalles zwangsläufig nicht berücksichtigen können. Trotzdem bedeuten diese Leitlinien – insbesondere für die Erstellung eines Rechtsgutachtens (Klausur)[3] – ein wertvolles Argumentationsgerüst, mit dessen Hilfe eine Lösung entwickelt werden kann.

I. Maßgeblichkeit des jeweiligen Leistungsverhältnisses

Liegen mehrere Leistungsverhältnisse vor, dann ist eine bereicherungsrechtliche Rückabwicklung grundsätzlich nur in dem **mangelhaften Rechtsverhältnis** vorzuneh-   4

---

1 Vgl. BGHZ 89, 376 m. w. N.
2 Nach BeckOK BGB/*Wendehorst*, § 812 Rn. 7, 268, sollen sich alle Dreiecksprobleme mittels einfacher Faustregeln lösen lassen.
3 Siehe jeweils nach der Literaturübersicht zu Beginn der einzelnen Teile dieses Buches die Auflistung von Übungsfällen aus Ausbildungszeitschriften ab 2011.

men.[4] Auszugehen ist von der üblichen Definition der Leistung (vgl. → § 10 Rn. 9 ff.). Sind mehrere Rechtsverhältnisse mangelhaft (nichtige Verträge), dann finden grundsätzlich mehrere Leistungskondiktionen zwischen den Partnern der jeweiligen Rechtsverhältnisse statt. Häufig – zumindest in der wissenschaftlichen Ausbildungsliteratur – handelt es sich bei den Mehrpersonenverhältnissen um Dreipersonenbeziehungen. Man spricht dann von der Notwendigkeit »über das Dreieck zu kondizieren«, im Gegensatz zur Möglichkeit einer Direktkondiktion. Für die Maßgeblichkeit der jeweiligen Leistungsbeziehung sprechen insbesondere die folgenden Gesichtspunkte:[5]

1. Jede Vertragspartei soll die Einwendungen und Einreden gegen ihren Vertragspartner behalten.

2. Eine Partei soll vor Einwendungen aus dem Verhältnis des Vertragspartners zu einem Dritten geschützt werden (keine Einwendungen aus Rechten Dritter [»exceptio ex iure tertii«]).

3. Jede Vertragspartei soll nur das Insolvenzrisiko ihres Vertragspartners tragen sowie sich im Prozess nur mit ihrem Vertragspartner und nicht mit Dritten auseinandersetzen müssen (Rollenverteilung im Verfahren).

5   Maßgebend sind die jeweiligen Leistungsverhältnisse, die streng von bloßen Zuwendungsverhältnissen zu unterscheiden sind (vgl. zur Abgrenzung von Leistung und Zuwendung → § 10 Rn. 10). Gläubiger des (Leistungs-)Kondiktionsanspruchs ist der Leistende, also nicht schon derjenige, der die Vermögensverschiebung tatsächlich vorgenommen hat (der Zuwendende). Schuldner ist der Leistungsempfänger und damit nicht derjenige, welcher den Gegenstand tatsächlich in Empfang genommen hat. Entscheidend für die Bestimmung des Leistungsverhältnisses[6] ist nach h. M.[7] die Sicht des Empfängers (vgl. → § 10 Rn. 13). Es kommt darauf an, wen der Empfänger als Leistenden ansehen durfte. Entsprechend der gesetzlichen Wertung für die Auslegung von empfangsbedürftigen Willenserklärungen (§§ 133, 157) wird auf den objektiven Empfängerhorizont abgestellt.[8]

II. Vorrang der Leistungs- vor der Nichtleistungskondiktion (Subsidiarität der Nichtleistungskondiktion)

6   Im Mehrpersonenverhältnis kann eine Leistung zu einem Erwerb führen, der im Verhältnis zu einem Dritten einen Eingriff bedeutet. Es gilt der Grundsatz des »Vorrangs der Leistungs- vor der Nichtleistungskondiktion« (**Subsidiarität der Nichtleistungskondiktion**). Bevor untersucht wird, ob hinsichtlich eines bestimmten Bereicherungsgegenstandes eine Bereicherung in sonstiger Weise gegeben ist, muss geprüft werden, ob nicht bezüglich desselben Gegenstandes eine Leistung oder Leistungskondiktion

---

4 Anders ist dies dann, wenn ein Mangel auf der dinglichen Ebene vorliegt. Ist eine Übereignung in einem Kettenverhältnis unwirksam, so kann ein dinglicher Anspruch (§ 985) auch außerhalb der Leistungsbeziehung in Betracht kommen. Insoweit spielt das Leistungsverhältnis keine Rolle.

5 *Canaris*, FS Larenz, 1973, S. 799, 802 f.; *Medicus/Petersen*, BR, Rn. 667.

6 Kritisch zum Leistungsbegriff als dogmatisches Zentralkriterium *Larenz/Canaris*, SR II/2, § 70 VI 2, S. 248 f.

7 BGHZ 105, 365; *BGH* NJW 2005, 60 f. (Dirnenlohn).

8 Vgl. *Brox/Walker*, SchuldR BT, § 40 Rn. 21 f. m. w. N.

vorliegt. Eine Leistungskondiktion schließt eine Bereicherung in sonstiger Weise grundsätzlich aus (vgl. → § 9 Rn. 18 ff.).[9]

Der **Vorrang der Leistungs- vor der Nichtleistungskondiktion gilt jedoch nicht uneingeschränkt.** Vielmehr sind Wertungen zu berücksichtigen, die sich aus den Gutglaubensvorschriften der §§ 932, 935, § 366 HGB (sachenrechtliche »Als-Ob-Betrachtung«) und §§ 170 ff. ergeben. Grund dieser Ausnahmen ist es, Wertungswidersprüche zu vermeiden (Stichwort: Einheit der Rechtsordnung).

Als Merksatz mag gelten:

1. Beim Zusammentreffen von Leistung und Eingriff ist der Rechtserwerber wenigstens dann gegen eine Eingriffskondiktion des Rechtsverlierers zu schützen (der Vorrang der Leistungskondiktion gilt also!), wenn ein redlicher Erwerb vom Nichtberechtigten möglich gewesen wäre.
2. Wäre ein redlicher Erwerb vom Nichtberechtigten nicht möglich gewesen (z. B. wegen Diebstahls, vgl. § 935), dann ist eine Eingriffskondiktion neben (oder trotz) der Leistung zulässig.[10]

Der Vorrang der Leistungs- vor der Nichtleistungskondiktion gilt nur für denselben Bereicherungsschuldner und denselben Bereicherungsgegenstand. Nur wenn gerade der Bereicherungsschuldner den Bereicherungsgegenstand (»erlangtes Etwas«) durch Leistung eines anderen erlangt hat, scheidet eine Eingriffskondiktion auf Herausgabe dieses Gegenstandes aus.   **7**

Beispiele:

– D entwendet den Computer des E und verleiht ihn anschließend an den nichtsahnenden X. Ansprüche des E hinsichtlich des Computers? (1) E (Eigentümer) kann von X (unberechtigter Besitzer) den Computer gem. § 985 herausverlangen. (2) Die Vorenthaltung des Eigentums begründet eine Eigentumsverletzung und einen Anspruch aus § 823 Abs. 1; jedoch fehlt es bei dem (noch) nichtsahnenden X am Verschulden. (3) § 861 Abs. 1 scheitert an der mangelnden verbotenen Eigenmacht (vgl. § 858 Abs. 2 S. 2 Alt. 2). (4) Begründet ist ein Anspruch aus § 812 Abs. 1 S. 1 Alt. 2 (Eingriffskondiktion). (a) Das Vorenthalten fremden Eigentums stellt einen Eingriff in den Zuweisungsgehalt des Eigentums dar; ein Rechtsgrund dafür fehlt. (b) Der Vorrang der Leistungs- vor der Nichtleistungskondiktion steht dem unter Berücksichtigung der sachenrechtlichen Wertung (§ 985) nicht entgegen.
– Vgl. BGHZ 36, 30 »Idealheim«-Fall und BGHZ 40, 272 »Elektrogeräte«-Fall → Rn. 13.

Bei einem Eigentumserwerb kraft Gesetzes (§§ 946 ff.) ist dagegen die sachenrechtliche Parallelwertung entscheidend und zu prüfen, ob der Bereicherungsschuldner bei rechtsgeschäftlichem Erwerb Eigentum hätte erwerben können (vgl. im Einzelnen → Rn. 15 ff.).   **8**

Beispiel: Fleischwarenfabrikant F verarbeitet Jungbullen, die er von D erworben hat, zu Wurst. D hat die Jungbullen zuvor von Landwirt E gestohlen. Kann E direkt bei F kondizieren oder gilt der Vorrang der Leistungskondiktion? Von D hat F nur den Besitz erlangt. Eigentum erwirbt er kraft Gesetzes (§ 950). Rechtsgeschäftlich konnte F aber auch kein Eigentum erwerben, weil die Jungbullen dem E abhanden gekommen sind (§ 935 Abs. 1). Dem Anspruch des E gegen F aus §§ 951 Abs. 1 S. 1, 812 Abs. 1 S. 1 Alt. 2 (Eingriffskondiktion) auf Herausgabe des Eigentums bzw. Wertersatzes steht daher aufgrund der Wer-

---

9 Im Zweipersonenverhältnis ist dies unproblematisch; dort kann ein Erwerb durch Leistung oder (alternativ) ein Erwerb in sonstiger Weise vorliegen. Das eine schließt das andere logisch zwingend aus.
10 Vgl. *Larenz/Canaris*, SR II/2, § 70 VI 1, S. 246: Richtschnur ist das Bemühen um einen Gleichlauf mit denjenigen Ergebnissen, die sich ceteris paribus bei einer reinen rechtsgeschäftlichen Lösung, d. h. bei unmittelbarer Anwendbarkeit der §§ 932, 935 ergeben würden.

tung des § 935 der Vorrang des Leistungsverhältnisses nicht entgegen (BGHZ 55, 176 »Jungbullen«-Fall; vgl. → Rn. 17).

B. Grundfälle und -konstellationen

I. Mehrheit von Leistungsverhältnissen

1. Leistungskette – »Durchlieferung«

9 Der Grundfall eines Bereicherungsausgleichs im Dreipersonenverhältnis ist die sog. abgekürzte Lieferungs- oder **Leistungskette.**

Beispiel: A verkauft eine Sache an B; B verkauft diese weiter an C. Sie vereinbaren, dass die Sache direkt von A an C geliefert wird (sog. **Durchlieferung**). In diesem Fall liegt eine Zuwendung des A an C vor; dabei handelt es sich aber nicht um eine Leistung im bereicherungsrechtlichen Sinne, weil A gegenüber C keinen Leistungszweck verfolgt (vgl. zum Leistungsbegriff → § 10 Rn. 9 ff.). Es liegt vielmehr eine Leistung im Verhältnis A-B und B-C vor (Leistung »übers Eck«). A erbringt gegenüber B eine bewusste Vermögensvermehrung zum Zweck der Erfüllung des Kaufvertrages; für das Verhältnis B-C gilt Entsprechendes.[11]

10 Ist ein Kausalverhältnis (A–B oder B–C) nichtig, so findet ein bereicherungsrechtlicher Ausgleich nur zwischen diesen beiden Personen durch eine Leistungskondiktion (§ 812 Abs. 1 S. 1 Alt. 1) statt: Jede Vertragspartei hat die Einwendungen gegen seinen Vertragspartner und ist vor Einwendungen Dritter geschützt, jede Partei trägt nur das Insolvenz- und Prozessrisiko seines Vertragspartners.

11 Wenn beide Kausalverhältnisse (A–B und B–C) nichtig sind (sog. **Doppelmangel**), dann muss eine Kondiktion in den mangelhaften Leistungsverhältnissen stattfinden: A kann bei B und B kann bei C kondizieren; eine Direktkondiktion des A bei C findet aus den oben genannten Gründen (vgl. → Rn. 4) nicht statt. Der Inhalt des jeweiligen Bereicherungsanspruchs richtet sich grundsätzlich nach den allgemeinen Regeln: B schuldet dem A Herausgabe des Leistungsgegenstandes, wie auch C dem B zur Herausgabe des Leistungsgegenstandes verpflichtet ist. Streitig ist, ob eine sog. **Kondiktion der Kondiktion** (Abtretung des Bereicherungsanspruchs des B gegen C an A) stattfinden muss (vgl. → Rn. 39).

2. Bestimmung des Leistungsverhältnisses – Irrtum des Leistenden

12 Die bereicherungsrechtliche Rückabwicklung findet grundsätzlich in dem mangelhaften **Leistungsverhältnis** statt. Es kommt dabei entscheidend darauf an, in welchem Zweipersonenverhältnis eine Leistung vorgenommen worden ist.

13 **Fall (BGHZ 36, 30 »Idealheim«-Fall und BGHZ 40, 272 »Elektrogeräte«-Fall):** Der Grundstückseigentümer E beauftragt die Idealheim GmbH, vertreten durch deren Geschäftsführer Architekt W, mit dem Bau eines Zweifamilienhauses zum Festpreis von 320.000 €. Da die Idealheim GmbH nicht in der Lage ist, den Rohbau selbst auszuführen, will W den selbstständigen Unternehmer U (als Subunternehmer) mit der Erstellung des Rohbaus beauftragen. Bei der Unterredung stellt sich W als Architekt des E vor und einigt sich mit U über die Errichtung des Rohbaus auf dem Grundstück des E. U hält den W

---

11 Sachenrechtlich liegt ein doppelter Geheißerwerb vor. A übereignet an B durch Übergabe des A an C (statt an B) auf Geheiß des B (Geheißerwerb auf Erwerberseite). B übereignet an C, indem A (statt B) auf Geheiß des B die Kaufsache an C übergibt (Geheißerwerb auf Veräußererseite). Vgl. den »Hemden«-Fall → Rn. 20.

deshalb (berechtigterweise) für den Bevollmächtigten des E. Nachdem U den Rohbau ausgeführt und E die Bauarbeiten als technisch einwandfrei abgenommen hat, verlangt U von E Zahlung in Höhe von 60.000 € für seine Bauleistungen und die eingebauten Materialien. E weigert sich zu zahlen, weil er (E) nicht mit U, sondern mit der Idealheim GmbH, vertreten durch W, einen Werkvertrag geschlossen habe. U möge sich wegen seiner Forderung an die Idealheim GmbH wenden.

Lösung:

A. Ansprüche des U gegen E
  I. Anspruch auf Werklohn aus § 631?
      Ein Werkvertrag zwischen U und E kommt nur dann zustande, wenn W als Vertreter für E wirksam handelt (§§ 164 ff.). E bevollmächtigt aber den W nicht (§ 167 Abs. 1). W handelt somit als Vertreter ohne Vertretungsmacht. Da E den Werkvertrag nicht genehmigt (vgl. § 177 Abs. 1), ist ein Werkvertrag zwischen U und E nicht zustande gekommen.
  II. Anspruch aus §§ 677, 683 S. 1, 670 (berechtigte GoA) (–) Kein Fremdgeschäftsführungswille des U, weil er an einen wirksamen Vertrag glaubt, den er als eigenes Geschäft erfüllen will (vgl. → § 4 Rn. 26 ff.).
  III. Anspruch gemäß §§ 812 Abs. 1 S. 1 Alt. 1 (Leistungskondiktion), 818 Abs. 2 auf Wertersatz?
      1. E erhält den Besitz an den Baumaterialien, das Eigentum erlangt er kraft Gesetzes (wesentlicher Bestandteil des Grundstücks, §§ 946, 94 Abs. 1, 95 Abs. 1 S. 2).
      2. Fraglich ist, ob E den Besitz durch Leistung des U erhalten hat bzw. in welcher Eigenschaft U gegenüber dem Bauherrn E tätig geworden ist. U selbst will eine eigene Verbindlichkeit gegenüber E erfüllen, weil U an einen eigenen Werkvertrag mit E glaubt. Aus der Sicht des (objektiven) Zuwendungsempfängers (E) sieht es jedoch so aus, als leiste sein Vertragspartner, die I-GmbH, durch den von ihr als Erfüllungsgehilfen eingesetzten U (als Subunternehmer).
      Es stellt sich die Frage, ob zur Bestimmung des Leistenden auf den inneren Leistungswillen (des U) oder den objektiven Erklärungswert des Leistungsverhaltens aus der Sicht des Zuwendungsempfängers (des E) abzustellen ist. Maßgebend ist nach h. M. der Empfängerhorizont und damit die Frage, ob der (objektive) Empfänger die Leistung (entsprechend den Grundsätzen über die Willenserklärung [§§ 133, 157]) nach den gesamten Umständen als für den Schuldner erbracht ansehen darf (vgl. → § 10 Rn. 13). Maßgeblich ist also der objektive Erklärungswert der Leistungsbestimmung dafür, wer Leistender ist.
      E schließt einen Werkvertrag mit der I-GmbH und darf deshalb davon ausgehen, dass U diese Leistung für die I-GmbH erbringen will. Weil eine vertragliche Beziehung zwischen U und E fehlt, kann E auch nicht erkennen, dass U eine eigene Leistung ihm gegenüber erbringen will. Da U nicht deutlich macht, dass er von einem Werkvertrag mit E ausgeht, ist nach dem objektiven Erklärungswert die erbrachte Leistung als eine Leistung der I-GmbH anzusehen und nicht als eine Leistung des U. Da somit eine Leistung von U an E nicht vorliegt, hat U keine Leistungskondiktion gegen E.
  IV. Anspruch auf Wertersatz gemäß §§ 951 Abs. 1 S. 1, 812 Abs. 1 S. 1 Alt. 2?
      1. § 951 Abs. 1 S. 1 stellt nach h. M. eine Rechtsgrundverweisung dar. Er enthält also keinen selbständigen Anspruch, der nur hinsichtlich des Umfanges auf die Vorschriften des Bereicherungsrechts verweist. Vielmehr verweist § 951 Abs. 1 S. 1 in vollem Umfang auf die Vorschriften über die ungerechtfertigte Bereicherung: Folglich müssen also alle Merkmale des hier möglicherweise einschlägigen § 812 Abs. 1 S. 1 Alt. 2 vorliegen.
      2. Mit der Errichtung des Rohbaus ist der Grundstückseigentümer E nach §§ 946, 94 Abs. 1, 95 Abs. 1 S. 2 Eigentümer des Rohbaus geworden. U hat kraft Gesetzes das Eigentum an den verwendeten Materialien verloren.
      3. Es kommt eine Bereicherung in sonstiger Weise in Betracht (§ 812 Abs. 1 S. 1 Alt. 2). Dieser Anspruch kann aber nur gegeben sein, wenn die Vermögensmehrung des E nicht durch eine Leistung eingetreten ist. Denn nach dem Grundsatz des Vorrangs der Leistungskondiktion (Subsidiarität der Nichtleistungskondiktion) schließt die Leistung die Kondiktion wegen Bereicherung in sonstiger Weise aus.

Hierzu führt BGHZ 40, 278 (Elektrogerätefall, Ergänzung zum Idealheimfall) aus: »Derjenige, der vom Vertragspartner – etwa Subunternehmer – herangezogen worden ist, um die Leistung zu erbringen, hat keinen Bereicherungsanspruch gegen den Empfänger, weder eine Leistungskondiktion noch einen Anspruch wegen einer Bereicherung »in sonstiger Weise«. Ein Anspruch wegen Bereicherung in sonstiger Weise [...] kann vielmehr nach der neueren Lehre nur dann entstehen, wenn der Bereicherungsgegenstand dem Empfänger überhaupt nicht, also von niemandem geleistet worden ist.«

U kann daher von E keine Vergütung aus Eingriffskondiktion verlangen, weil E durch eine Leistung der I-GmbH bereichert ist. Es liegt ein Leistungsverhältnis zwischen E und der I-GmbH vor, U ist Erfüllungsgehilfe der I-GmbH.[12]

B. Ansprüche des U gegen die I-GmbH

    I. Anspruch auf Werklohn gemäß § 631 Abs. 1?

    Ein Werkvertrag zwischen U und der I-GmbH ist nicht zustande gekommen. Begründung:
- W handelt nicht im Namen der I-GmbH (§ 164 Abs. 1; §§ 133, 157: objektiver Empfängerhorizont), und diese ist damit nicht wirksam vertreten.
- Es ist ein Dissens gemäß § 155 gegeben. Die Vertragsparteien einigen sich nicht über den Vertragspartner (essentialia negotii). Während die I-GmbH einen Werkvertrag mit U schließen und U als Subunternehmer verpflichten will, glaubt U, mit E einen Werkvertrag abzuschließen.

    II. Anspruch auf Wertersatz gemäß §§ 812 Abs. 1 S. 1 Alt. 1, 818 Abs. 2?
1. Die I-GmbH erlangt Befreiung von ihrer eigenen Werkleistungspflicht aus § 631 gegenüber E, indem U als Subunternehmer Bauleistungen erbringt, welche die I-GmbH dem E schuldet.
2. Diese Schuldbefreiung erlangt sie durch eine Leistung des U. Aus der Sicht der I-GmbH sieht das Leistungsverhalten des U so aus, als erfülle U seine Werkleistungspflicht aus dem Auftrag gegenüber der I-GmbH, nämlich seine Verpflichtungen als Subunternehmer.
3. Da ein Werkvertrag zwischen I und U nicht zustande kommt (vgl. oben), ist die Schuldbefreiung auch rechtsgrundlos (ohne rechtlichen Grund).
4. Die Schuldbefreiung herauszugeben, ist wegen ihrer Beschaffenheit nicht möglich. Deshalb hat die I-GmbH gemäß § 818 Abs. 2 den objektiven Wert zu ersetzen. Der zu ersetzende Wert wird der Höhe nach dem zwischen U und I-GmbH unwirksam vereinbarten Werklohn gleichkommen.

C. Anspruch des U gegen W

Anspruch auf Erfüllung oder Schadensersatz gemäß § 179 Abs. 1

W will als Geschäftsführer der I-GmbH für diese mit U einen Werkvertrag abschließen. W ist aber gegenüber U als Vertreter des E aufgetreten, ohne dazu bevollmächtigt gewesen zu sein. Folglich ist W deshalb gemäß § 179 Abs. 1 dem U nach dessen Wahl zur Erfüllung oder zum Schadensersatz verpflichtet.

3. Zusammenfassung

14

Bereicherungsansprüche im Mehrpersonenverhältnis – Maßgeblichkeit des Leistungsverhältnisses –

I. Grundsatz
   – Maßgeblichkeit des Leistungsverhältnisses
   – Merksatz: Die bereicherungsrechtliche Abwicklung findet in dem jeweiligen (fehlerhaften)
     Leistungsverhältnis statt (»Idealheim«- und »Elektrogeräte«-Fall, → Rn. 13).

---

12 Zu erwägen wäre in diesen Fällen eine Anfechtung der Tilgungsbestimmung wegen Inhaltsirrtums (§ 119 Abs. 1 Alt. 1) durch den Leistenden. Die Anfechtung würde die Leistung beseitigen (§ 142 Abs. 1) und den Weg für eine Kondiktion des U gegen E aus Nichtleistungskondiktion (§ 812 Abs. 1 S. 1 Alt. 2) frei machen (vgl. dazu Staudinger/*Lorenz*, § 812 Rn. 61 m. w. N.). Im vorliegenden Fall ist eine Anfechtung nicht (unverzüglich, § 121) erklärt worden.

II. Gläubiger und Schuldner der Leistungskondiktion
1. Kondiktionsgläubiger = Leistender
nicht der Zuwendende (= derjenige, der die Vermögensverschiebung tatsächlich vorgenommen hat)
2. Kondiktionsschuldner = Leistungsempfänger
nicht derjenige, der den Gegenstand tatsächlich in Empfang genommen hat
III. Bestimmung des Leistungsverhältnisses
Maßgeblichkeit des Empfängerhorizontes (h. M., → Rn. 5 und → § 10 Rn. 13): Wen darf der Empfänger als Leistenden ansehen?

II. Zusammentreffen von Leistung und Eingriff

In bestimmten Konstellationen trifft eine Leistungsbeziehung zwischen zwei Personen **15** mit einer Nichtleistungsbeziehung zwischen anderen Personen zusammen (vgl. auch oben im Idealheim bzw. Elektrogerätefall). Anspruchssteller ist regelmäßig der Zuwendende, der mit dem Anspruchsgegner (Zuwendungsempfänger) regelmäßig nicht in einer Leistungsbeziehung steht und deshalb nur einen Anspruch aus Eingriffskondiktion geltend machen kann. Für die Frage, ob eine derartige Eingriffskondiktion besteht, ist die **sachenrechtliche Parallelwertung** das entscheidende Wertungskriterium (vgl. → Rn. 8).

1. Sachenrechtliche Parallelwertung: Möglicher Gutglaubenserwerb

Fall (BGHZ 56, 228 »Einbau«-Fall): Der Baustoffhändler G liefert an den Bauunternehmer T Bau- **16** material unter Eigentumsvorbehalt. T baut dieses jedoch noch vor Zahlung des Kaufpreises aufgrund eines Werkvertrages mit S in das Grundstück des S ein. Da über das Vermögen des T das Insolvenzverfahren eröffnet wird, verlangt G von S den Wert des Materials ersetzt. Zu Recht?

Lösung:
1. Vertragliche Ansprüche des G gegen S scheiden aus.
2. Ein Anspruch auf Schadensersatz aus EBV (§§ 990 Abs. 1 S. 1, 989) scheidet bereits mangels EBV, aber auch mangels Bösgläubigkeit, Rechtshängigkeit und Verschuldens des S aus.
3. Infrage kommt ein Anspruch aus § 812 Abs. 1 S. 1 Alt. 1 (Leistungskondiktion).
   a) S erlangt den Besitz an dem Baumaterial. Das Eigentum erlangt er kraft Gesetzes (§ 946).
   b) Fraglich ist, ob eine Leistung des G vorliegt. Leistung ist die bewusste und zweckgerichtete Mehrung fremden Vermögens. Entscheidend ist nach h. M. die Sicht des Leistungsempfängers, hier also des S. Aus der Sicht des S liegt eine Leistungskette des G an T (aufgrund eines Kaufvertrages) und des T an S (aufgrund des Bauvertrages) vor. Es fehlt damit im Verhältnis G zu S an einer Leistung.
   c) Eine Leistungskondiktion scheidet aus.
4. G könnte einen Anspruch aus §§ 951 Abs. 1 S. 1, 812 Abs. 1 S. 1 Alt. 2, 818 Abs. 2 (Eingriffskondiktion) haben.
   a) Durch den Einbau in das Grundstück hat S das Eigentum am Baumaterial nach § 946 kraft Gesetzes erworben.
   b) Es müssen die Voraussetzungen des § 812 Abs. 1 S. 1 Alt. 2 (Rechtsgrundverweisung) vorliegen. S erlangt das Eigentum. Im Verhältnis G zu S fehlt es an einer Leistung; insoweit liegt eine Nichtleistung vor. Zwar fehlt es im Verhältnis S zu G an einem die Vermögensverschiebung rechtfertigenden Rechtsgrund.
   c) Eine Direktkondiktion scheidet dennoch aus. Denn es liegt eine Leistung von G an T und von T an S jeweils aufgrund wirksamer Kausalverhältnisse (Kaufvertrag, Bauvertrag) vor. Bei dieser Sachlage

(zwei intakte Leistungsverhältnisse) scheidet eine Direkt- bzw. Eingriffskondiktion unstreitig aus. Begründung:

Im Mehrpersonenverhältnis kann eine Leistung einen Erwerb vermitteln, der im Verhältnis zu einem Dritten einen Eingriff bedeutet. Im Mehrpersonenverhältnis können also Leistung und Eingriff nebeneinander vorliegen. Ein Ausschluss der Nichtleistungskondiktion lässt sich nicht (immer) einfach mit dem gesetzlich nicht festgelegten Grundsatz des Vorrangs der Leistungskondiktion vor der Nichtleistungskondiktion begründen. Ein solcher Vorrang muss vielmehr im Einzelfall mit anderen Wertungen des Gesetzes übereinstimmen. Solche Wertungen sind den §§ 932, 935, 816 Abs. 1 S. 1,[13] § 366 HGB zu entnehmen. Da der Werkvertrag entgeltlich und das Baumaterial dem G nicht abhanden gekommen ist, hätte der gutgläubige S Eigentum an dem Baumaterial bei einer rechtsgeschäftlichen Übereignung nach §§ 929, 932, 816 Abs. 1 S. 1 konditionsfest erworben. Dieses Ergebnis darf sich nicht ändern, wenn das Material ohne vorangegangene rechtsgeschäftliche Übereignung eingebaut worden ist. Der Ausschluss der Nichtleistungskondiktion des G gegen S kann also nicht (nur) aus den allgemeinen Gründen, die den grundsätzlichen Vorrang der Leistungskondiktion tragen, sondern (auch) aus den gesetzlichen Wertungen der §§ 932, 935, 816 Abs. 1 S. 1 gefolgert werden (»sachenrechtliche Parallelwertung«):[14]

– Auch wenn S das Eigentum nicht durch Leistung (sondern kraft Gesetzes gemäß § 946) erworben hat, hat der Eigentumsverlust des G seinen Ursprung in den beiden Vertragsbeziehungen.[15]
– Grundsatz vom Vorrang der Leistungskondiktion: Eine Eingriffskondiktion kommt nur in Betracht, wenn der Bereicherungsgegenstand dem Empfänger überhaupt nicht, also von niemandem geleistet worden ist. Was jemand durch Leistung erhalten hat, kann er nicht zugleich in sonstiger Weise erworben haben. Der Einbau stellt für S eine Leistung des Bauunternehmers T dar. Folglich braucht S an sich nur mit T und nicht mit dem Eigentümer G abzurechnen.

d) Ergebnis: Kein Bereicherungsanspruch des G gegen S.
Hinweis: S wäre hingegen nicht geschützt, wenn unentgeltlich eingebaut worden ist (vgl. §§ 816 Abs. 1 S. 2, 822), oder das Material abhanden gekommen (§ 935 Abs. 1) oder S bösgläubig (§ 932 Abs. 2) gewesen wäre.

5. § 823 Abs. 1 scheidet aus. Dem S ist weder positives Tun noch ein pflichtwidriges Unterlassen vorzuwerfen, insbesondere trifft S keine (allgemeine) Rechtspflicht, eine Eigentumsverletzung durch T zu verhindern. Darüber hinaus fehlt es am Verschulden des S. Ebenso scheitert ein Anspruch aus § 823 Abs. 2 und § 826.

6. Ergebnis: G kann von S aus keinem Rechtsgrund Wertersatz verlangen.

2. Sachenrechtliche Parallelwertung: Ausschluss eines Gutglaubenserwerbs

17 **Fall (BGHZ 55, 176 »Jungbullen«-Fall):**[16] Der Dieb D entwendet dem Landwirt E zwei Jungbullen und verkauft sie für 1.000 € an den gutgläubigen Fleischwarenfabrikanten F, der die Tiere weiterverarbeitet. Da D nicht auffindbar ist, verlangt E von F Wertersatz für die Bullen in Höhe von 1.000 €. Zu Recht?

---

13 § 816 Abs. 1 S. 1 regelt ebenso ein Zusammentreffen von Leistung und Eingriff: Der Erwerb erfolgt hier einerseits durch Leistung des nichtberechtigten Veräußerers; andererseits aber auch unter Eingriff in das Recht des ursprünglichen Eigentümers. Dennoch richtet § 816 Abs. 1 S. 1 die Nichtleistungskondiktion nur gegen den Veräußerer und nicht auch gegen den entgeltlichen Erwerber. Damit will der Gesetzgeber den entgeltlichen redlichen Erwerb »konditionsfest« machen, ihm also schuldrechtliche Beständigkeit verleihen.
14 Vgl. *Medicus/Petersen*, BR, Rn. 729.
15 So BGHZ 56, 228.
16 Vgl. auch *Hombrecher*, Jura 2003, 333.

Lösung:

I. Schadensersatzanspruch aus §§ 990 Abs. 1, 989 scheidet mangels Rechtshängig- bzw. Bösgläubigkeit und Verschuldens des F aus.

II. Anspruch auf Wertersatz gemäß §§ 951, 812 Abs. 1 S. 1 Alt. 2, 818 Abs. 2?

1. Entgegenstehende Sperrwirkung des § 993 Abs. 1 Hs. 2? Ansprüche aus §§ 951, 812 werden nicht von der Sperrwirkung des EBV erfasst. Denn § 951 regelt keinen Nutzungs- oder Schadensersatz, sondern Wertersatz für einen Rechtsverlust. Deshalb stellen §§ 987 ff. insoweit weder eine verdrängende Sonderregelung dar noch den gutgläubigen Besitzer von Schadensersatzansprüchen frei und wollen nicht erreichen, dass er auch den Wert der Sache behalten darf.

2. Voraussetzung für § 951 Abs. 1 S. 1 ist, dass der Anspruchssteller einen Rechtsverlust gemäß §§ 946 bis 950 erleidet. E verliert das Eigentum nicht schon durch Übereignung gemäß § 929 S. 1 durch D an F, weil D die Berechtigung fehlt. Auch § 932 Abs. 1 S. 1 greift nicht ein, weil dem E die Jungbullen abhanden gekommen sind (§ 935 Abs. 1 S. 1). E verliert das Eigentum erst gemäß § 950 Abs. 1 S. 1 infolge der Verarbeitung der Jungbullen zu Fleischware.

3. Voraussetzungen gemäß § 812 Abs. 1 S. 1 Alt. 2

   a) Nach ganz h. M. spricht § 951 eine Rechtsgrundverweisung aus. Die Vorschrift soll lediglich klarstellen, dass die §§ 812 ff. trotz der sachenrechtlichen Zuordnungsregeln der §§ 946 bis 950 Anwendung finden.[17]

   b) Erlangter Vermögensvorteil ist das Eigentum an den Bullen, das F durch die selbst durchgeführte Verarbeitung erwirbt.

   c) F erwirbt das Eigentum durch einen Eingriff in den Zuweisungsgehalt eines fremden Rechts (§ 903). Eine Leistung liegt insoweit nicht vor, weil F durch Leistung des D nur den Besitz an den Bullen erwirbt (vgl. § 935 Abs. 1). Bezüglich des Vermögensvorteils »Eigentum« fehlt also ein Zusammentreffen von Leistung und Eingriff.

   d) Ohne Rechtsgrund? Fraglich ist aber, ob der Eigentumserwerb des F nach § 950 nicht gerechtfertigt ist.

      aa) Ein Rechtsgrund für den Eigentumserwerb an den Jungbullen durch F kann im Kaufvertrag zwischen dem Dieb und F nicht gesehen werden (Relativität der Schuldverhältnisse).

      bb) Das Eigentum erwirbt er nach § 950 kraft Gesetzes und nicht infolge eines rechtsgeschäftlichen Veräußerungsgeschäftes. Diese Bestimmung gibt für sich aber keinen rechtfertigenden Rechtsgrund für die Vermögensverschiebung ab, wie § 951 Abs. 1 S. 1 zu entnehmen ist.

   Es fehlt damit an einem die Vermögensverschiebung rechtfertigenden Rechtsgrund.

   e) Vorrang der Leistungskondiktion? Der BGH beruft sich auf die §§ 932 ff., welche den Interessenkonflikt zwischen neuem und früheren Eigentümer abschließend regeln.

   – Bei einem gutgläubigen Erwerb wird der Interessenkonflikt zugunsten des Erwerbers geregelt: Das Kausalgeschäft zwischen dem Nichtberechtigten und dem Erwerber stellt den die Vermögensverschiebung rechtfertigenden Rechtsgrund dar. Eine Eingriffskondiktion oder Ausgleichsanspruch des früheren Eigentümers scheidet aus.

   – Erwirbt der Erwerber kein Eigentum (wegen Abhandenkommens [§ 935], Bösgläubigkeit [§ 932 Abs. 2]), löst das Gesetz den Interessenkonflikt zugunsten des Eigentümers: Er behält sowohl Eigentum als auch den Herausgabeanspruch aus § 985. Es liegt kein Eigentumserwerb vor, der durch das Kausalgeschäft gerechtfertigt werden könnte. Der spätere Eigentumserwerb nach §§ 946 ff. hat mit dem Veräußerungsgeschäft nichts mehr zu tun und wird durch dieses (Kaufvertrag zwischen Dieb und F) auch nicht mehr gerechtfertigt.

   Der Grundsatz des Vorrangs der Leistungsbeziehung greift daher ausnahmsweise nicht, weil er mit den vorrangigen Wertungskriterien der §§ 932 ff. kollidiert (Vorrang sachenrechtlicher Wertungen). Wenn und weil F nicht gutgläubig Eigentum hätte erwerben können (§§ 929 S. 1, 932

---

17 Gegen eine bloße Rechtsfolgenverweisung spricht im Übrigen, dass ansonsten neben eine Verpflichtung aus wirksamem Vertrag auf die Vergütung im Falle eines Eigentumsübergangs nach §§ 946–950 stets ein Anspruch aus § 951 träte, der sich eventuell auf Wertersatz in anderer Höhe richtete.

Abs. 1 S. 1), wäre er einem Anspruch aus § 985 sowie anderen Ausgleichsansprüchen ausgesetzt.

Ein vorrangiges Leistungsverhältnis liegt damit nicht vor.

4. Rechtsfolge:
   a) §§ 812 Abs. 1, 818 Abs. 1, 2: Wertersatz in Höhe von 1.000 €.
   b) Entreicherung gemäß § 818 Abs. 3 im Hinblick auf den an D gezahlten Kaufpreis? Dieser Einwand scheidet aus, weil der gezahlte Kaufpreis dem Anspruch aus § 985 ebenfalls nicht entgegengehalten werden kann; für den Rechtsfortwirkungsanspruch (§ 951) kann nichts anderes gelten. Dafür dass die Erwerbskosten nicht abzugsfähig sind, spricht auch § 816 Abs. 1 S. 1. Der unberechtigt Verfügende, der nach § 816 Abs. 1 S. 1 den erlangten Erlös herauszugeben hat, darf nicht den Betrag abziehen, den er selbst als Entgelt für die Sache an einen Dritten gezahlt hat. Das gilt dann auch – wie hier – für die allgemeine Eingriffskondiktion (vgl. → § 12 Rn. 24 ff.).

Anmerkung: Statt vom Erwerber Ersatz zu verlangen (§§ 951 Abs. 1, 812), kann der frühere Eigentümer auch die (unwirksame) Verfügung des D an F genehmigen (§ 185 Abs. 2 S. 1) und vom Verfügenden (im Fall D) einen Anspruch aus § 816 Abs. 1 S. 1 auf Herausgabe des durch die Verfügung Erlangten geltend machen (vgl. → § 11 Rn. 30, 34, 37). In diesem Fall war ein solches Vorgehen jedoch wenig ratsam, da der Dieb D nicht greifbar war. Nach Realisierung des bereicherungsrechtlichen Anspruches des E gegen F, muss nun F hoffen, seine Ansprüche gegen den flüchtigen D geltend machen zu können.

3. Zusammenfassung

18

Bereicherungsansprüche im Mehrpersonenverhältnis **– Zusammentreffen von Leistung und Eingriff –**

1. Grundsatz vom Vorrang der Leistungskondiktion vor der Nichtleistungskondiktion
  – Eine Leistungskondiktion schließt hinsichtlich desselben Bereicherungsgegenstandes eine Nichtleistungskondiktion grundsätzlich aus.
  (= Bei Leistungsverhältnissen keine Eingriffskondiktion entgegen den Leistungsverhältnissen)
  – Eingriffskondiktion nur dann, wenn der Bereicherungsgegenstand dem Empfänger von niemandem geleistet worden ist.
2. Notwendigkeit der Übereinstimmung mit sachenrechtlichen Parallelwertungen
  Wertungskriterium: »sachenrechtliche Parallelwertung« (§§ 932, 935, 816 Abs. 1 S. 1 BGB, 366 HGB)
  a) Vorrang der Leistungskondiktion, wenn redlicher Erwerb vom Nichtberechtigten möglich (vgl. »Einbau«-Fall; → Rn. 16) – Bestätigung des Grundsatzes vom Vorrang der Leistungskondiktion
  b) Kein Vorrang der Leistungskondiktion, wenn redlicher Erwerb vom Nichtberechtigten nicht möglich (z. B. bei Abhandenkommen, Bösgläubigkeit, vgl. §§ 935, 932 Abs. 2); sondern Eingriffskondiktion (vgl. »Jungbullen«-Fall, → Rn. 17) – Durchbrechung des Grundsatzes vom Vorrang der Leistungskondiktion.

C. Vertiefungsprobleme

19 Mehrpersonenverhältnisse können in den verschiedensten (wirtschaftlichen) Konstellationen auftreten. Immer dann, wenn eine »causa« mangelhaft ist, stellt sich die Problematik, ob und wie eine bereicherungsrechtliche Anspruchsgrundlage einschlägig bzw. anzuwenden ist. Die Frage nach dem bereicherungsrechtlichen Anspruchsgegner hat eine praktische Bedeutung vor allem dann, wenn eine Partei zahlungsunfähig ist. Im Folgenden werden – über die oben behandelten Grundfälle hinaus – die typischen und wichtigsten Konstellationen (vor allem) anhand der Rechtsprechung des BGH aufgeführt.

I. Vorrang der Leistungskondiktion – Gutgläubiger (Geheiß-)Erwerb

Fall (*BGH* NJW 1974, 1132 »Hemden«-Fall): G betreibt eine Hemdenfabrik. Der Schneider M hat schon mehrfach Hemdengeschäfte für G vermittelt. Eines Tages schließt M mit S einen Kaufvertrag über die Lieferung von Hemden ab und einigt sich über den Eigentumsübergang. M legt dabei nicht offen, dass er im Namen des G handelt. Wie mit M abgesprochen, holt sich S die Hemden bei G ab, der diese ohne weiteres herausgibt, weil er an ein eigenes Geschäft glaubt. S veräußert die Hemden an Dritte. G verlangt von S Bezahlung der Hemden. Zu Recht?   20

Lösung:

I. Anspruch aus Kaufvertrag (§ 433 Abs. 1 S. 1) scheidet aus, weil M den G nicht wirksam vertritt (§§ 164 ff.). M handelt nicht im fremden Namen (§ 164 Abs. 1 S. 1), sondern schließt ein Eigengeschäft ab (vgl. § 164 Abs. 2). Ein Kaufvertrag kommt zwischen M und S, nicht aber zwischen G und S zustande.

II. Anspruch auf Schadensersatz aus §§ 990 Abs. 1 S. 1, 989?

Voraussetzung ist, dass im Zeitpunkt der Veräußerung der Hemden durch S an Dritte (Zeitpunkt des schädigenden Ereignisses) ein Eigentümer-Besitzer-Verhältnis (§§ 985 f.) vorliegt, also G Eigentümer und S nichtberechtigter Besitzer ist. Fraglich ist, wer Eigentümer der Hemden ist. Ursprünglich war G Eigentümer der Hemden. Er könnte das Eigentum aber an S verloren haben.

Eine Übereignung zwischen M und S nach §§ 929 S. 1, 932 Abs. 1 S. 1 liegt nicht vor, weil M dem S den Besitz nicht unmittelbar verschafft. Auch §§ 929, 931, 934 scheidet mangels (Schein-)Abtretung aus.

Es liegt jedoch ein sog. **gutgläubiger Geheißerwerb** [18] vor. Aus der Sicht des S stellt sich die Herausgabe der Ware durch G als Übereignung des M an S dar, für den G die Gegenstände nur übergibt.

1. Veräußerer M und Erwerber S einigen sich dinglich.
2. Die Übergabe findet nicht direkt von M an S, sondern durch Vermittlung des G statt: Die Besitz- (und damit die Eigentums-)übergabe vom wahren Sachleistungsschuldner (M) auf den Empfänger (S) wird – aus der Sicht des S – durch den G vermittelt; G übergibt auf Anweisung des M an S die Gegenstände (Geheißerwerb).
3. Zwar handelt G nicht auf den tatsächlichen Geheiß (Weisung) des Veräußerers M, jedoch lässt die Rechtsprechung [19] auch einen gutgläubigen Geheißerwerb zu, wenn der Erwerber die Gegenstände auf »Geheiß« des Veräußerers tatsächlich erlangt. S ist bei Besitzerlangung gutgläubig. G verliert damit sein Eigentum, S erwirbt es gutgläubig. Ein EBV liegt damit nicht vor. Damit scheiden Ersatzansprüche aus den §§ 987 ff. aus.

III. § 812 Abs. 1 S. 1 Alt. 1 (Leistungskondiktion)?

Ein Anspruch aus Leistungskondiktion setzt voraus, dass zwischen G und S eine Leistungsbeziehung besteht. Aus der Sicht des S (Zuwendungsempfänger) liegt aber eine Leistung des M, nicht des G vor, weil M durch die (scheinbar) veranlasste Herausgabe der Ware durch G seine Kaufvertragsschuld erfüllen will. G ist – aus der Sicht des S – nur Leistungsmittler. Deshalb fehlt es an einer Leistungsbeziehung zwischen G und S.

IV. § 816 Abs. 1 S. 1?

Ein Anspruch auf Herausgabe des Erlangten scheidet aus, weil S durch Veräußerung an Dritte nicht als Nichtberechtigter Verfügungen vornimmt, sondern als Berechtigter (vgl. vorstehend).

---

18 Beim Geheißerwerb erfolgt die zur Übereignung erforderliche Übergabe, indem der unmittelbare Besitzer, der dem Eigentümer nicht den mittelbaren Besitz vermittelt, auf Geheiß des Veräußerers dem Erwerber die Sache übergibt (vgl. *Baur/Stürner*, SachenR, § 51 Rn. 15 und 17; zum doppelten Geheißerwerb *Medicus/Petersen*, BR, Rn. 671; vgl. auch → Rn. 9 Fn. 10).

19 BGHZ 36, 56.

V. § 812 Abs. 1 S. 1 Alt. 2 (Eingriffskondiktion)?

Ein Anspruch aus Eingriffskondiktion scheidet ebenfalls aus. Zwar erlangt S das Eigentum auf Kosten des G durch Nichtleistung (von G) und ohne Rechtsgrund (im Verhältnis S zu G). Der Anspruch ist aber trotzdem zu verneinen, weil

– im Fall eines gutgläubigen Erwerbs der Erwerber aus ungerechtfertigter Bereicherung überhaupt nicht mehr in Anspruch genommen werden kann,[20] es sei denn, es liegt ein Fall des §§ 816 Abs. 1 S. 2, 822 vor;

– S die Ware durch Leistung des M erlangt und diese Leistungsbeziehung eine Eingriffskondiktion ausschließt. Eine Direktkondiktion ist gem. dem Grundsatz vom Vorrang der Leistungskondiktion ausgeschlossen, da die Direktkondiktion den Wertungen aus §§ 932 ff., 816, § 366 HGB widersprechen würde.

VI. § 823 Abs. 1 scheidet aus, weil S keine schuldhafte Eigentumsverletzung begeht.

VII. Ergebnis: G hat keine Ansprüche gegen S.

Weiterer Fall: BGHZ 77, 274[21]

II. Irrtümliche Zahlung fremder Schulden

1. Beiderseitiger Irrtum

21 Der Zuwendende und der Empfänger **irren gemeinsam** darüber, dass die zu tilgende Schuld zwischen ihnen besteht, während in Wahrheit ein Dritter der wahre Schuldner ist.

22 **Fall (vgl. RGZ 44, 136, 143):** Weil die Eltern S glauben, ihr minderjähriger Sohn C hätte unzureichend von ihnen beaufsichtigt den Gartenzaun des Nachbarn N beschädigt, leisten sie an N Schadensersatz, der ebenfalls von einem Streich des C ausgeht. Nachträglich stellt sich jedoch heraus, dass K, Tochter der X, die nicht hinreichend beaufsichtigte »Übeltäterin« war. Die S verlangen von N Erstattung. Zu Recht?

Lösung: Infrage kommt ein Anspruch aus § 812 Abs. 1 S. 1 Alt. 1 (Leistungskondiktion).

1. N erlangt bei Barzahlung Eigentum an den Geldscheinen.

2. Es liegt eine Leistung der S vor. Diese wenden bewusst und zum Zweck der Erfüllung einer (vermeintlich) eigenen Schuld das Geld an N zu. Sowohl S als auch N glauben an eine Verpflichtung der S gegenüber N aus § 832 Abs. 1 S. 1.

Da die Schuld der S objektiv nicht besteht, könnte eine Drittleistung (§ 267) vorliegen, wenn S die Schuld der X getilgt hätten. § 267 setzt aber nach h. M. voraus, dass der leistende Dritte eine entsprechende Tilgungsbestimmung (»Tilgung der Schuld eines Dritten«) abgibt; nur in diesem Fall kann die Schuld des Dritten erlöschen (vgl. → Rn. 60 ff.). Daran fehlt es aber im vorliegenden Fall. Eine grundsätzlich mögliche nachträgliche Tilgungsbestimmung ist nicht erklärt worden (vgl. → § 11 Rn. 72).

3. Weil S nicht aus § 832 Abs. 1 S. 1 verpflichtet sind, fehlt es an einem die Leistung rechtfertigenden Rechtsgrund. Ein Rechtsgrund kann nicht in der Verpflichtung der X gegen N gesehen werden. Auf diese Schuld wird nicht geleistet; eine dafür erforderliche Tilgungsbestimmung liegt nicht vor.

4. Damit ist N zur Erstattung verpflichtet (§ 812 Abs. 1 S. 1 Alt. 1).

---

20 So *BGH* NJW 1974, 1132, 1134.

21 Fall zu § 932, § 366 HGB; Ermächtigung des Käufers zur Weiterveräußerung für den Fall, dass die Kaufpreisforderung aus dem Weiterverkauf abgetreten wird (sog. verlängerter Eigentumsvorbehalt). Problem des gutgläubigen Erwerbs des (Zweit-)Käufers, wenn ein Abtretungsverbot mit dem (Erst-)Käufer vereinbart wird, und Problem der Erkundigungspflicht des (Zweit-)Käufers im Falle eines vereinbarten Abtretungsverbotes.

2. Einseitiger Irrtum

Bei **einseitig irrtümlicher** Eigenleistung glaubt der Zuwendende, durch Zuwendung   23
an den Zuwendungsempfänger eine eigene Schuld gegenüber diesem zu erfüllen, die
aber in Wirklichkeit gar nicht besteht, und »leistet« an den Zuwendungsempfänger
zur Schuldtilgung. Der Zuwendungsempfänger hingegen meint, es handele sich um
eine Leistung seines tatsächlichen Schuldners.

Die h. M. stellt zur Bestimmung des Leistenden auf die objektive Sicht des Zuwendungsempfängers ab und fragt danach, als wessen Leistung sich die Zuwendung an
ihn darstellt (vgl. → § 10 Rn. 13). Vertreten wird, dass der Zuwendende die (nur aus objektiver Sicht des Empfängers gesetzte und deshalb aus der Sicht des Zuwendenden irrtümliche) Tilgungsbestimmung anfechten kann und sich so die Direktkondiktion gegen den Zuwendungsempfänger verschaffen könne.[22]

Beispiel: BGHZ 36, 30 »Idealheim«-Fall, vgl. → Rn. 13.

Wenn eine ursprüngliche Tilgungsbestimmung infolge Anfechtung (§ 142 Abs. 1)   24
keine Tilgungswirkung (§§ 362, 267) hat, stellt sich die weitere Frage, ob der Zuwendende nachträglich eine Tilgungsbestimmung dahingehend treffen darf, dass die
Schuld eines Dritten getilgt werden soll.

Fall (vgl. BGHZ 106, 163): An einer KG sind B (Komplementär) und S (Kommanditist) beteiligt. Diese   25
KG schuldet dem K aus Werkvertrag Werklohn in Höhe von 30.000 €. Eine OHG, an der neben T wie-
derum S beteiligt ist, ist dem K ebenfalls zur Zahlung von Werklohn in Höhe von 30.000 € verpflichtet.
K steht mit S in brieflichem Kontakt wegen der Zahlung der Werklohnforderung der OHG, als auf dem
Konto des K eine Zahlung der KG mit dem Vermerk »Zahlung Verbindlichkeit« eingeht. Weil K von der
Beteiligung des S an beiden Gesellschaften weiß, geht er von einer Zahlung für die OHG aus. Als er die
KG auffordert, ihre Schuld zu begleichen, beruft sich diese auf die von ihr vorgenommene Zahlung, er-
klärt hilfsweise die Anfechtung der »Überweisung« und »bestimmt, dass die Zahlung mittels Überwei-
sung als Tilgung der Schuld der KG gelten« soll. Zu Recht?

Lösung: K könnte von der KG Zahlung des Werklohnes in Höhe von 30.000 € aus § 631 Abs. 1 verlangen.

I. Der Anspruch ist wirksam entstanden.

II. Fraglich ist, ob er nachträglich erloschen ist.

   1. Die Schuld könnte durch Erfüllung erloschen sein (§ 362 Abs. 1). Dazu ist erforderlich, dass der rich-
      tige Schuldner an den richtigen Gläubiger die richtige Leistung am richtigen Ort und zur richtigen
      Zeit erbringt. Eine Tilgungsbestimmung (vgl. § 366 Abs. 1 a. E.), durch die der Leistende den Ver-
      wendungszweck der Zahlung bestimmt, ist grundsätzlich nicht erforderlich (so die herrschende
      Theorie der realen Leistungsbewirkung), aber auch nicht von Nachteil, wenn sie tatsächlich erklärt
      wird. Sie stellt eine einseitig empfangsbedürftige Willenserklärung (nach a. A. eine geschäftsähn-
      liche Handlung) dar und unterliegt u. a. den §§ 133, 157 über die Auslegung von Willenserklärun-
      gen.
      Die KG erklärt bei ihrer Leistung mittels Überweisung eine Tilgungsbestimmung. Mit Rücksicht auf
      die briefliche Korrespondenz zwischen K und S und der bekannten Beteiligung des S an der KG und
      der OHG ist die Tilgungsbestimmung der KG aus der Sicht eines objektiven Empfängers so zu ver-
      stehen, dass die Schuld der OHG getilgt werden soll. Der Wille der KG, eine eigene Schuld zu tilgen,
      ist aus objektiver Empfängersicht nicht hinreichend deutlich zum Ausdruck gekommen. Aus objek-
      tiver Empfängersicht liegt stattdessen eine (wenn auch irrtümliche) Leistung der KG als Dritten auf
      die (fremde) Schuld der OHG vor (§ 267).

---

22 Vgl. *Larenz/Canaris*, SR II/2, § 70 III 3 b, S. 219.

Weil die Leistung der KG aus der maßgebenden objektiven Empfängersicht den Zweck hat, die Schuld der OHG zu tilgen, kann sie nicht zum Erlöschen der eigenen Schuld der KG führen.

2. Jedoch erklärt die KG die Anfechtung der »Überweisung«.

   a) Voraussetzungen: (aa) Als einseitig empfangsbedürftige Willenserklärung oder geschäftsähnliche Handlung ist die Tilgungserklärung anfechtbar (§§ 119 ff.). (bb) Die Anfechtungserklärung der KG bezieht sich auf ihre irrtumsbedingte Tilgungsbestimmung (§ 143 Abs. 1). Es liegt eine zulässige Eventualanfechtung (Rechtsbedingung) und keine unzulässig bedingte Anfechtungserklärung vor (vgl. § 388 S. 2). (cc) Als Anfechtungsgrund kommt ein Inhaltsirrtum (§ 119 Abs. 1 Alt. 1) in Betracht, weil die KG eine Tilgungsbestimmung, die auf Tilgung einer fremden Schuld gerichtet ist, nicht abgeben wollte. (dd) Die weiteren Anfechtungserfordernisse sind erfüllt.

   b) Rechtsfolge: Die Tilgungsbestimmung ist deshalb ex tunc nichtig (§ 142 Abs. 1). Die für die Tilgung einer fremden Schuld erforderliche Tilgungsbestimmung (§ 267) gilt deshalb als nicht erklärt; die fremde Schuld als nicht getilgt. Daraus folgt aber nicht, dass die Zahlung automatisch die eigene Schuld tilgt (»Die Anfechtung kassiert, aber reformiert nicht.«).

3. Die KG könnte aber nachträglich eine Tilgungsbestimmung erklären, die bestimmt, dass die Zahlung auf ihre eigene Schuld getätigt gelten soll. Ob eine nachträgliche Tilgungsbestimmung zulässig ist, ist umstritten (vgl. → § 11 Rn. 72).[23] Eine ausdrückliche Regelung im Gesetz ist nicht vorhanden. § 366 Abs. 1 a. E. spricht allerdings von Bestimmung »bei der Leistung«.

4. Auf die Streitfrage kommt es aber nicht an, wenn die KG durch Aufrechnung (§§ 387 ff.) ihre Schuld teilweise getilgt hat.

   a) Voraussetzung ist eine Aufrechnungslage (§ 387). Die KG ist dem K gegenüber zur Zahlung des Werklohnes verpflichtet. Zugleich hat die KG gegen K einen Anspruch aus § 812 Abs. 1 S. 1 Alt. 2: K erlangt 30.000 €; es liegt – infolge der Anfechtung der Tilgungsbestimmung – keine Leistung der KG an K vor; ein Rechtsgrund für die Zahlung fehlt, weil K die Zahlung der Schuld der OHG von der OHG, nicht aber von der KG verlangen kann und K somit etwas von der KG erhält, was er nicht von ihr (sondern von der OHG) fordern kann.[24] Beide Forderungen sind gleichartig; die Forderung des K ist fällig, die Schuld der KG erfüllbar.

   b) Die von der KG erklärte »Bestimmung« ist als Aufrechnungserklärung (§ 388 S. 1) auszulegen (§§ 133, 157).

   c) Rechtsfolge ist, dass die Werklohnschuld der KG erloschen ist (§ 389).

III. Ergebnis: Der Anspruch des K ist unbegründet.

III. Anweisungsfälle

1. Einführung

26 In den **Anweisungsfällen** treten drei Personen auf: Angewiesener (AG), Anweisender (AW) und der Empfänger der Anweisungsleistung (Anweisungsempfänger [AE] oder Begünstigter).[25] Anweisung meint im Bereicherungsrecht nicht die (technische) Anweisung i. S. des §§ 783 ff. (= Anweisung als schriftliche Leistungsermächtigung, die demjenigen ausgehändigt wird, der den Leistungsgegenstand [meist Geld] letztlich erhalten soll), sondern ist **im untechnischen Sinn** zu verstehen: Gemeint ist eine **Aufforderung des Anweisenden an den Angewiesenen,** eine Zuwendung an den Anwei-

---

23 Offen gelassen in BGHZ 75, 299 m. w. N.; 106, 163.

24 Liegen die Voraussetzungen des § 267 Abs. 1 vor, so kann der Dritte beim Gläubiger grundsätzlich nicht kondizieren. Der Gläubiger hat das erhalten, was ihm aufgrund des Anspruchs gegen seinen Schuldner zusteht. Die Schuld, auf welche die Zahlung des Dritten erfolgt ist, bildet den Rechtsgrund – auch im Verhältnis zwischen Dritten und Gläubiger. Anders ist dies im Fall der Anfechtung der Tilgungsbestimmung.

25 Zur Terminologie vgl. § 783.

sungsempfänger zu tätigen.[26] Die Anweisung stellt eine einseitig empfangsbedürftige Willenserklärung dar, für welche die allgemeinen Bestimmungen über Willenserklärungen gelten.

Das Verhältnis zwischen dem Anweisenden und Angewiesenen bezeichnet man als **Deckungsverhältnis,** das zwischen Anweisendem und Anweisungsempfänger als **Valutaverhältnis** und das Verhältnis zwischen Angewiesenem und Anweisungsempfänger als **Zuwendungsverhältnis.** Von Deckungsverhältnis spricht man, weil der Angewiesene in diesem Verhältnis für seine Tätigkeit Deckung, d. h. einen Gegenwert bekommt z. B. die Forderung aus einem Kredit- oder Girovertrag. Von Valutaverhältnis wird gesprochen, weil die Zahlung des Angewiesenen dem Anweisenden als seine Leistung an den Anweisungsempfänger zugerechnet wird (»die valuta fließt also in diesem Verhältnis«).[27]

27

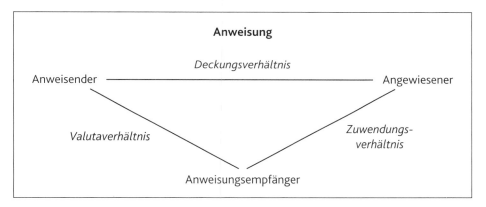

Der Anweisende weist den Angewiesenen an, dem Anweisungsempfänger bzw. Begünstigtem etwas zuzuwenden, etwa die Zahlung von Geld. Das Valutaverhältnis stellt regelmäßig ein (vertragliches) Schuldverhältnis dar: Der Anweisende ist gegenüber dem Anweisungsempfänger zu einer Leistung (Zahlung) verpflichtet. Das Deckungsverhältnis besteht häufig in einem (Zahlungs-)Auftrag, welcher den Angewiesenen (Auftragnehmer) verpflichtet, eine Zuwendung an den Anweisungsempfänger zu tätigen. Im Verhältnis Angewiesener zu Anweisungsempfänger wird die Zuwendung tatsächlich vollzogen (etwa die Zahlung von Geld).

28

a) Bereicherungsrechtliche Problematik

Die Zuwendung stellt im bereicherungsrechtlichen Sinne (regelmäßig) keine Leistung des Angewiesenen an den Anweisungsempfänger dar. Denn aus der (grundsätzlich) maßgebenden (objektiven) Sicht des Empfängers[28] verfolgt der Zuwendende (Angewiesenen) gegenüber dem Empfänger keinen Leistungszweck. Aus Sicht des Empfängers liegt vielmehr eine Leistung des Anweisenden vor, die dieser unter Einschaltung des Angewiesenen erbringt. Die Zuwendung stellt bereicherungsrechtlich also eine Leistung des Anweisenden an den Anweisungsempfänger dar. Gleichzeitig ist die

29

---

26 Zur Anweisung *E. Ulmer,* AcP 126 (1926), 129, 130 f.
27 MüKoBGB/*Habersack,* Bd. 6, § 783 Rn. 4.
28 Vgl. BGHZ 87, 393.

Zuwendung aber auch eine Leistung des Angewiesenen an den Anweisenden; denn der Angewiesene will durch die Zuwendung (gegenüber dem Empfänger) seine Verpflichtung gegenüber dem Anweisenden erfüllen.[29]

b) Erfüllungsrechtliche Problematik

30 Erfüllungsrechtlich ergibt sich Folgendes: Mit der Zuwendung überbringt der Angewiesene zugleich als Bote eine Tilgungsbestimmung des Anweisenden an den Empfänger; die Tilgungsbestimmung ist notwendiger Bestandteil der Anweisung.[30] Im Deckungs- wie im Valutaverhältnis tritt infolge der Zuwendung Erfüllung ein.[31] Im Deckungsverhältnis zwischen Angewiesenem und Anweisendem (z. B. Auftrag) wird erfüllungstauglich durch die Zuwendung des Schuldners (= Angewiesener) nicht an seinen Gläubiger (= Anweisender), sondern an den Dritten (= Anweisungsempfänger) »geleistet« (§§ 362 Abs. 2, 185: Leistung an Dritten). Im Valutaverhältnis des Anweisenden zum Anweisungsempfänger (z. B. Kaufvertrag) erfüllt der Anweisende unter Einschaltung des Angewiesenen, der als Bote des Anweisenden dessen notwendige **Tilgungsbestimmung** dem Anweisungsempfänger überbringt. Die **Erfüllung unter Einschaltung eines Dritten als Hilfsperson** ist von der Tilgung einer fremden Schuld i. S. v. § 267 zu unterscheiden: bei § 267 trifft der zahlende Dritte eine eigene Tilgungsbestimmung; bei der Anweisung trifft der Anweisende die Tilgungsbestimmung, die der Angewiesene (als aus seiner Sicht fremde Tilgungsbestimmung) als Bote überbringt. Beim **SEPA-Basis-Lastschriftverfahren** ist die Forderung des Gläubigers bereits mit vorbehaltloser Gutschrift des Zahlbetrages auf seinem Konto erfüllt. Die Erfüllung ist aber wegen der achtwöchigen Rückbelastungsmöglichkeit des Schuldners (§ 675 e Abs. 4) auflösend bedingt. Die Erfüllung entfällt rückwirkend (§ 159), wenn es zu einer Rückbelastung kommt (BGHZ 186, 269[32]).

2. Wirksame Anweisung

31 Für die bereicherungsrechtliche Beurteilung der Anweisungsfälle ist zwischen den Fällen der wirksamen Anweisung und den Fällen der fehlerhaften Anweisung (vgl. → Rn. 42 ff.) zu unterscheiden.

a) Nichtigkeit (nur) des Deckungsverhältnisses (bei wirksamer Anweisung)

32 Ein Mangel im Deckungsverhältnis kann auftreten, wenn das zwischen Anweisendem und Angewiesenem bestehende Rechtsverhältnis aus irgendwelchen Gründen nichtig ist. In diesem Fall kann der Angewiesene, der auf der Grundlage des vermeintlich bestehenden Vertrages mit dem Anweisenden eine Zuwendung an den Anweisungsempfänger erbracht hat, nur bei seinem Vertragspartner, dem Anweisenden, nach § 812 Abs. 1 S. 1 Alt. 1 kondizieren.

Beispiel: Der Darlehensvertrag zwischen Anweisendem und Angewiesenem ist sittenwidrig (§ 138).

---

29 St. Rspr.; vgl. BGHZ 176, 234; *BGH* NJW 2011, 66, 69.
30 Anders im Fall des § 267: Im Fall des § 267 gibt der zuwendende Dritte eine eigene Tilgungsbestimmung ab; so die h. L.
31 Vgl. dazu *Larenz/Canaris,* SR II/2, § 67 II 1 d, S. 133; MüKoBGB/*Lieb,* 4. Aufl. 2004, § 812 Rn. 35; *Reuter/Martinek,* § 1 I, S. 3 ff.
32 Die Zahlung ist in entsprechender Anwendung des § 377 Abs. 1 insolvenzfest.

Eine Eingriffskondiktion des Angewiesenen gegen den Anweisungsempfänger kommt **33** nicht in Betracht. Es fehlt zwar nicht an der für die Nichtleistungskondiktion erforderlichen Unmittelbarkeit der Vermögensverschiebung (vgl. → § 11 Rn. 14 ff.).[33] Eine Nichtleistungskondiktion gegenüber dem Anweisungsempfänger scheitert aber am Grundsatz des Vorrangs der Leistungskondiktion (vgl. → § 9 Rn. 18 ff. und → Rn. 6 ff.).

Umstritten ist, was der Anweisende vom Angewiesenen durch dessen Zuwendung an **34** den Anweisungsempfänger erlangt hat. Nach h. M. hat er die Befreiung von seiner Verbindlichkeit gegenüber dem Anweisungsempfänger erlangt, indem der Angewiesene weisungsgemäß die Zuwendung getätigt hat und damit die Schuld des Anweisenden gegenüber dem Anweisungsempfänger erloschen ist (§ 362).[34] Nach anderer Ansicht soll der Anweisende – unter normativen Gesichtspunkten – den vom Angewiesenen an den Anweisungsempfänger zugewendeten Gegenstand erlangt haben; die Zuwendung sei als eine Leistung des Angewiesenen an den Anweisenden anzusehen, weshalb der Anweisende so zu behandeln sei, als habe er das Geleistete selbst erlangt.[35] Da der Anweisende das Erlangte – gleich, welcher Ansicht man folgt – nicht herausgeben kann, ist er zum Wertersatz verpflichtet (§ 818 Abs. 2).

Auf den Wegfall der Bereicherung (§ 818 Abs. 3) kann sich der Anweisende auch dann nicht berufen, wenn man mit der Mindermeinung den Gegenstand der Zuwendung selbst als erlangt ansieht. Denn der Anweisende hat eigene Aufwendungen erspart, die er hätte tätigen müssen, wenn er selbst das Geschuldete dem Anweisungsempfänger zugewendet hätte (vgl. → § 12 Rn. 17 f.).

> **Fall (BGHZ 88, 232):** Der Notar N soll im Auftrag des Grundstücksverkäufers V den Kaufpreis, den er **35** vom Käufer erhalten hat, dazu verwenden, die auf dem Kaufgrundstück ruhenden Grundpfandrechte abzulösen. Den übrig bleibenden Betrag soll er an den Bruder des Verkäufers (B) auszahlen, dem der V ein Geschenk machen möchte. Nachdem N dies getan hat, stellt er fest, dass er ein Grundpfandrecht vergessen hat. Nach dessen Ablösung verlangt N von B den dazu erforderlichen Betrag von 4.000 € zurück. Zu Recht?

Lösung:

I. N hat keinen Anspruch aus § 812 Abs. 1 S. 1 Alt. 1 (Leistungskondiktion).

B erlangt den Restbetrag, jedoch nicht durch Leistung des N. Es liegt ein typisches Dreiecksverhältnis vor, verbunden mit einer abgekürzten Auszahlung. Im Deckungsverhältnis zwischen N und V besteht ein Auftrag, im Valutaverhältnis zwischen V und B ein Schenkungsvertrag. Die Zuwendung erfolgt zwar unmittelbar zwischen N und B, sie stellt aber (bereicherungsrechtlich) eine Leistung des N an V zum Zweck der Erfüllung des Auftrages und des V an B schenkungshalber, also eine Leistung »übers Eck« (»abgekürzte« Auszahlung), dar. Im Verhältnis N-B fehlt ein Leistungszweck und damit eine Leistung.

II. N könnte einen Anspruch aus § 812 Abs. 1 S. 1 Alt. 2 (Nichtleistungskondiktion) haben. Es stellt sich die Frage, ob N einen direkten Anspruch gegen B entgegen den Leistungsbeziehungen hat.

    1. B erlangt von N 4.000 € durch Nichtleistung rechtsgrundlos.

---

33 *Larenz/Canaris* (SR II/2, § 70 II 1 c, S. 203 f.) führen das Abstraktionsprinzip als entscheidendes Wertungskriterium zur Begründung dafür an, dass eine Direktkondiktion nicht in Frage kommt. Ihm könne die rechtliche Wertung entnommen werden, die eine Nichtleistungskondiktion bzw. Direktkondiktion ausschließe.

34 *Esser/Weyers*, BT/2 § 48 III m. w. N.

35 MüKoBGB/*Schwab*, Bd. 6, § 812 Rn. 76, 79 m. w. N.

2. Jedoch vollzieht sich eine Rückabwicklung grundsätzlich innerhalb der jeweiligen Leistungsverhältnisse (hier also im Deckungsverhältnis). Nach Auffassung des BGH verbietet sich allerdings jede schematische Lösung bei der bereicherungsrechtlichen Behandlung von Vorgängen, an denen mehr als zwei Personen beteiligt sind. Vielmehr kommt es nach der Rechtsprechung auf die Besonderheiten des Einzelfalles an. Diese bestehen hier darin, dass B den Restbetrag im Valutaverhältnis unentgeltlich erhält.

Der BGH bejaht (ausnahmsweise) bei fehlerhaftem Deckungsverhältnis zwischen dem Anweisenden und Angewiesenen (hier keine Anweisung des V an den Notar, das zur Ablösung benötigte Geld an den B auszuzahlen) einen unmittelbaren Bereicherungsanspruch des Angewiesenen gegen den Leistungsempfänger, wenn der Empfänger nach der mit dem Anweisenden im Valutaverhältnis getroffenen Regelung die Leistung unentgeltlich erhält und in der Person des Anweisenden die Voraussetzungen des §§ 818 Abs. 4, 819 nicht vorliegen. Begründungsansätze:

  – Den §§ 816 Abs. 1 S. 2, 822 ist der allgemeine Rechtsgedanke zu entnehmen, dass die Interessen des unentgeltlich Bedachten zurücktreten müssen, wenn es um eine rechtsgrundlose Rechtsänderung geht (so *RG* JW 1934, 2458).
  – Die typische Schwäche des unentgeltlichen Erwerbs rechtfertige die Herausgabeverpflichtung.
  – In der Literatur wird §§ 816 Abs. 1 S. 2, 822 analog als Anspruchsgrundlage vorgeschlagen.[36]
  – Die Zahlung kann dem Verkäufer nicht als Leistung zugerechnet werden (weil von der Anweisung nicht gedeckt). Der Zahlungsempfänger verdient keinen Vertrauensschutz, weil er weiß, dass er nur den »Überrest« nach Ablösung aller Pfandrechte erhalten soll.[37]
3. N kann von B (ausnahmsweise) direkt Erstattung von 4.000 € verlangen.

36 **Beispiel:** Die klagende Bank zahlt entsprechend einer wirksamen Weisung der Beklagten die Darlehenssumme an den Dritten aus, der eine Forderung gegen den Sohn der Beklagten hat. Nachdem sich die Sittenwidrigkeit des Darlehensvertrages zwischen der klagenden Bank und dem Beklagten herausgestellt hat, fordert die Klägerin von der Beklagten Rückzahlung des Kapitals. Begründet ist ein Anspruch aus § 812 Abs. 1 S. 1 Alt. 1. Die Zuwendung der Klägerin an den Dritten stellt – bereicherungsrechtlich – eine Leistung der Klägerin an die Beklagte und eine Leistung der Beklagten an den Dritten dar. Bei wirksamer Anweisung findet deshalb der bereicherungsrechtliche Ausgleich zwischen den jeweiligen Vertragsparteien, hier also zwischen der Klägerin und der Beklagten, statt. Ein Bereicherungsanspruch des Angewiesenen gegen den Dritten ist grundsätzlich ausgeschlossen. *OLG Hamm:* »Zahlt der Kreditgeber das Darlehen weisungsgemäß an einen Dritten aus, ist im Falle der Nichtigkeit des Vertrags (§ 138) der Darlehensnehmer zur bereicherungsrechtlichen Rückerstattung des Kapitals verpflichtet. Er muss sich so behandeln lassen, als habe zunächst er die Leistung empfangen und sodann selbst an den Dritten weitergeleitet«.[38]

b) Nichtigkeit (nur) des Valutaverhältnisses (bei wirksamer Anweisung)

37 Bei einem Mangel im Valutaverhältnis kommt (grundsätzlich) nur eine Rückabwicklung im Verhältnis der Parteien des Valutaverhältnisses, also zwischen Anweisendem und Anweisungsempfänger, in Frage. Nur dieses Leistungsverhältnis ist mangelhaft. Der Anweisende hat gegenüber dem Anweisungsempfänger einen Anspruch aus § 812 Abs. 1 S. 1 Alt. 1.

c) Doppelmangel (bei wirksamer Anweisung)

38 Im Fall eines Doppelmangels ist sowohl das Deckungs- als auch das Valutaverhältnis nichtig, die vom Anweisenden an den Angewiesenen erteilte Anweisung dagegen wirksam. Insoweit ist zu berücksichtigen, dass die bereicherungsrechtliche Anweisung

---

36 Erman/*Buck-Heeb*, § 812 Rn. 35 m.w.N.
37 Vgl. *Larenz/Canaris*, SR II/2, § 70 IV 4 b, S. 234.
38 *OLG Hamm* WM 1986, 1216.

eine eigenständige empfangsbedürftige Willenserklärung ist (vgl. → Rn. 26), die von der Wirksamkeit des Deckungsverhältnisses grundsätzlich unabhängig ist.[39]

Nach h. M. kommt eine Direktkondiktion des Angewiesenen gegen den Anweisungsempfänger grundsätzlich nicht in Betracht, sondern nur eine bereicherungsrechtliche Rückabwicklung »übers Eck«.[40] Der Angewiesene muss beim Anweisenden, also bei seinem Vertragspartner im Deckungsverhältnis, und der Anweisende beim Anweisungsempfänger, also bei seinem Vertragspartner im Valutaverhältnis, kondizieren. Der Grund dafür ist, dass bei einer Direktkondiktion sowohl dem letzten Glied einer dreigliedrigen Bereicherungskette als auch dem Zwischenmann seine Einwendungen, Aufrechnungsmöglichkeiten und Gegenrechte gegen den jeweiligen Vormann abgeschnitten würden.[41] Ausnahmsweise kommt eine Direktkondiktion des Angewiesenen gegen den Anweisungsempfänger dann in Betracht, wenn das Deckungsverhältnis unwirksam ist und im Valutaverhältnis eine unentgeltliche Leistung vorliegt (vgl. §§ 816 Abs. 1 S. 2, 822). Das Reichsgericht und der BGH gingen bzw. gehen bisher im Fall eines Doppelmangels dagegen generell von einer Direktkondiktion aus.[42]

Fraglich ist, worin das vom Anweisenden erlangte Etwas besteht.[43] Die früher h. M. **39** ging davon aus, dass der Anweisende den Bereicherungsanspruch gegen den Anweisungsempfänger erlangt hat; diesen müsse er an den Angewiesenen herausgeben, also abtreten. Dies führt zu einer **Kondiktion der Kondiktion.** Dies aber hat trotz der Abwicklung »übers Eck« im Ergebnis zur Folge, dass sich der Angewiesene die Einwendungen des Anweisungsempfängers entgegenhalten lassen muss (vgl. § 404) und dessen Insolvenzrisiko trägt (»Kumulierung der Einwendungen und des Konkursrisikos«), obwohl er mit dem Anweisungsempfänger keine Rechtsbeziehung intendierte. Wegen dieser Bedenken soll nach anderer (normativer) Ansicht der Anweisende den Leistungsgegenstand selbst erlangt haben, den der Angewiesene dem Anweisungsempfänger zugewendet hat; da der Anweisende den Leistungsgegenstand nicht herausgeben kann, muss er Wertersatz leisten (§ 818 Abs. 2). Dem ist mit Rücksicht darauf, dass eine Kumulation von Risiken beim Angewiesenen zu vermeiden sind (vgl. zu den maßgeblichen Wertungskriterien → Rn. 4), zuzustimmen.

Fall (BGHZ 48, 70): K will von der X-KG deren Filialgeschäfte kaufen. In Erwartung eines Vertrags- **40** schlusses zahlt er im allseitigen Einverständnis an B, einen Gesellschafter der KG, 5.000 €. Es liegt ein wirksamer Gesellschaftsbeschluss vor, nach welchem dem B wegen der Vorausleistung durch K im Hinblick auf den vorgesehenen Kaufvertrag ein besonderes Entnahmerecht aus dem Gesellschaftsvermögen zusteht. Nachdem die Vertragsverhandlungen gescheitert sind, verlangt K von B Ersatz. Zu Recht?

Lösung: K könnte von B Ersatz aus § 812 Abs. 1 S. 1 Alt. 2 (Direktkondiktion) haben.

1. B erlangt 5.000 €.
2. Eine Leistung liegt im Verhältnis K zu B nicht vor. Die Zuwendung des K an B stellt – aus der Sicht eines objektiven Empfängers betrachtet – bereicherungsrechtlich eine Leistung des K an die KG und der KG

---

39 Zur Abstraktheit der Anweisung vgl. MüKoBGB/*Habersack,* Bd. 6, § 783 Rn. 6.
40 Vgl. *Larenz/Canaris,* SR II/2, § 70 II 2 a, S. 204 f. m. w. N.
41 Vgl. BGHZ 48, 70.
42 BGHZ 36, 30; 37, 363 für die entsprechende Anwendung des § 816 Abs. 1 S. 2; *BGH* JZ 1962, 404, 405; offen gelassen, ob daran fest zu halten ist, in BGHZ 147, 269 und NJW 1989, 2879, 2881.
43 Nachweise zu den vertretenen Ansichten bei MüKoBGB/*Schwab,* Bd. 6, § 812 Rn. 76 und 83.

an B dar: K zahlt auf die (zukünftige) Kaufpreisschuld; die KG erfüllt ein Entnahmerecht des Gesellschafters B. Zwischen K und B liegt also eine Nichtleistung vor.

3. Es wird ohne Rechtsgrund gezahlt.

4. Fraglich ist aber, ob nicht die Leistungsbeziehung zwischen K und der KG sowie zwischen der KG und B vorgeht (sog. Vorrang der Leistungskondiktion). Auch im Fall einer Leistungskette kann nach der Rechtsprechung eine Direktkondiktion ausnahmsweise in Betracht kommen, wenn ein Fall eines Doppelmangels vorliegt, in dem das Valuta- und Deckungsverhältnis mangelhaft sind, also in beiden Verhältnissen ein Kausalverhältnis nicht oder nicht mehr besteht. Ob dem zu folgen ist, ist umstritten. Einer Stellungnahme bedarf es aber nur dann, wenn überhaupt ein Doppelmangel vorliegt.

   a) Weil der Kaufvertrag zwischen K und der KG nicht zustande gekommen ist, hat K gegen die KG einen Anspruch aus § 812 Abs. 1 S. 2 Alt. 2 (Zweckverfehlungskondiktion). Das Deckungsverhältnis ist mangelhaft.

   b) Aber auch das Valutaverhältnis zwischen der KG und B müsste mangelhaft sein. Jedoch ergibt sich in diesem Fall ein Rückgewähranspruch der KG nicht aus Bereicherungsrecht, sondern auf Grund eines vertraglichen Rückgewähranspruchs. Nach dem Gesellschaftsbeschluss sollte B ein Entnahmerecht im Fall des Zustandekommens des Kaufvertrages haben; im Fall des Scheiterns des Vertragsschlusses besteht ein vertraglicher Rückgewähranspruch.

   c) Weil deshalb kein Doppelmangel vorliegt, greift die Erwägung nicht, aus der eine (ausnahmsweise) Direktkondiktion im Fall eines Doppelmangels abgeleitet wird (»Unnötiger Umweg, wenn K sich an den Erstverpflichteten verweisen lassen müsste.«). Eine Haftung aus Vertrag schließt die aus Bereicherung aus und geht ihr vor. Ein Eingriff in die Vertragsbeziehung durch eine Direktkondiktion ist weder begründbar noch haltbar.[44] Es fehlt die für eine Direktkondiktion erforderliche ununterbrochene Kette von Bereicherungsansprüchen.

5. K hat keinen Anspruch gegen B. Er muss sich an die KG wenden.

d) Zusammenfassung

41

Anweisungsfälle bei wirksamer Anweisung – Leistung »übers Eck«

I. Leistung »übers Eck« aufgrund wirksamer Anweisung
  – maßgebende Sicht des Zuwendungsempfängers
  – Zuwendung des Angewiesenen an den Anweisungsempfänger (= Zuwendungsempfänger = Begünstigter) im Zuwendungsverhältnis
  – Leistung des Angewiesenen an den Anweisenden im Deckungsverhältnis und eine Leistung des Anweisenden an den Anweisungsempfänger im Valutaverhältnis
II. Kondiktionsverhältnisse
  1. Nichtigkeit des Deckungsverhältnisses:
    – Kondiktion des Angewiesenen (= Zuwendender) beim Anweisenden (§ 812 Abs. 1 S. 1 Alt. 1)
    – Keine Eingriffskondiktion des Angewiesenen gegen den Anweisungsempfänger (→ Rn. 32 ff.)
  2. Nichtigkeit des Valutaverhältnisses:
    Kondiktion des Anweisenden gegen den Anweisungsempfänger (§ 812 Abs. 1 S. 1 Alt. 1) (→ Rn. 37)
  3. Doppelmangel (Nichtigkeit von Deckungs- und Valutaverhältnis):
    – Keine Direktkondiktion des Angewiesenen beim Anweisungsempfänger (→ Rn. 38 ff.)
    – sondern Doppelkondiktion (h. M.): Angewiesener kondiziert beim Anweisenden (Deckungsverhältnis) und Anweisender beim Anweisungsempfänger (Valutaverhältnis)
    – P: erlangtes Etwas durch den Anweisenden: Kondiktion (mit der Folge: Kondiktion der Kondiktion) oder Zuwendungsgegenstand (normative Betrachtung).

---

44 So BGHZ 48, 70.

3. Anweisungsfälle bei »Fehler« in der Anweisung

Es gibt Anweisungsfälle, in denen – im Gegensatz zu den in → Rn. 26 ff. behandelten **42** Grundfällen – die **Anweisung** selbst **fehlt oder unwirksam** ist.

Beispiele:

- »Angewiesener« nimmt eine Anweisung des »Anweisenden« nur irrtümlich an; eine solche hat in Wirklichkeit niemals vorgelegen.[45]
- Anweisender hat seine Anweisung vor der Auszahlung widerrufen.
- Die Anweisung ist aus Rechtsgründen nichtig.[46]
- Auszahlung erfolgt aufgrund der Anweisung eines Stellvertreters ohne Vertretungsmacht.[47]

Auch in diesen Fällen stellt sich die bereicherungsrechtliche Frage, ob der (vermeint- **43** lich) Angewiesene direkt beim Anweisungsempfänger kondizieren kann (Direktkondiktion) oder ob eine Rückabwicklung »übers Eck« zu vollziehen ist (also der vermeintlich Angewiesene muss beim vermeintlich Anweisenden und dieser beim Anweisungsempfänger kondizieren). Erfüllungsrechtlich stellt sich die Frage, ob trotz fehlerhafter Anweisung im Valutaverhältnis Erfüllung (§ 362) eintritt, wenn der vermeintlich Angewiesene dem Anweisungsempfänger den Gegenstand zuwendet, den der vermeintlich Anweisende dem Anweisungsempfänger (etwa aus Vertrag) schuldet.

Die Rechtsprechung hat über eine **differenzierte Kasuistik unter Austarierung von Grundsätzen der Rechtsscheinszurechnung (betreffend den vermeintlich Anweisenden) und des Gutglaubensschutzes (betreffend den Anweisungsempfänger)** Fallgruppen zur Unzulässigkeit einer Direktkondiktion des vermeintlich Angewiesenen gegen den Anweisungsempfänger entwickelt (dazu sogleich → Rn. 44 ff.). Die wertende Betrachtung der Rechtsprechung zu bestimmten Fallkonstellationen ist im Schrifttum auf erhebliche dogmatische Kritik gestoßen.[48]

Bezogen auf **das neue Zahlungsverkehrsrecht**[49] ab **Inkrafttreten zum 31.10.2009**[50] (§§ 675 c ff.) orientiert sich die – insoweit **geänderte, neue** – Rechtsprechung an der Regelung des **§ 675 j über die Autorisierung des Zahlungsvorgangs als »Dreh- und Angelpunkt«.** Im Ergebnis heißt das für den Fall eines vom Zahler nicht autorisierten Zahlungsvorgangs, dass der Zahlungsdienstleister den Zahlungsbetrag im Wege der Nichtleistungskondiktion (§ 812 Abs. 1 S. 1 Alt. 2) vom Zahlungsempfänger herausverlangen kann, auch wenn diesem das Fehlen der Autorisierung nicht bekannt ist und unabhängig davon, wie sich der Zahlungsvorgang aus seiner Empfängersicht darstellt.[51]

Begründung: Im Falle eines vom Zahler (Anweisenden) nicht autorisierten Zahlungsvorgangs habe der Zahlungsdienstleister (der Angewiesene) nach § 675 u S. 1 gegen den

---

45 Z. B. bei einem gefälschten oder verfälschten Überweisungsauftrag (*BGH* NJW-RR 1990, 1200).
46 Die Anweisende war geschäftsunfähig (BGHZ 111, 382).
47 Geschäftsunfähiger Stellvertreter (BGHZ 158, 1); Handeln nur eines von mehreren gesamtvertretungsberechtigten Vertretern (BGHZ 147, 145). Vgl. auch *BGH* WM 2012, 312: Auszahlung erfolgt aufgrund der Anweisung eines Stellvertreters, bevor eine Vollmachtsurkunde, die gem. §§ 171, 172 den Rechtsschein der Bevollmächtigung begründet, dem »Angewiesenen« vorgelegen hat.
48 Vgl. BGHZ 205, 377.
49 Umsetzung der Richtlinie 2007/64/EG des Europäischen Parlaments und des Rates vom 13.11.2007 über Zahlungsdienste im Binnenmarkt, ABl. EU Nr. L 319 S. 1.
50 Art. 229 § 22 Abs. 1 S. 2 EGBGB.
51 BGHZ 205, 377; Palandt/*Sprau,* § 812 Rn. 107 a; MüKoBGB/*Casper,* 6. Aufl. 2012, § 675 u Rn. 24; *Grigoleit/Auer,* Rn. 462 ff. jeweils m. w. N.

Zahler keinen Anspruch auf Erstattung seiner Aufwendungen; infolge von § 675 z S. 1 seien auch bereicherungsrechtliche Ansprüche des Zahlungsdienstleisters gegen den Zahler ausgeschlossen; deshalb bleibe für die bereicherungsrechtliche Rückabwicklung nicht autorisierter Zahlungsvorgänge nur eine (Nichtleistungs-)Direktkondiktion des Zahlungsdienstleisters (des Angewiesenen) gegen den Zahlungsempfänger (Anweisungsempfänger). Auf Rechtsscheinsgesichtspunkte (Sicht des Zahlungsempfängers), die in Anweisungsfällen von der Rechtsprechung bislang auch im Zahlungsverkehr neben dem Kriterium der Zahlungsveranlassung als maßgeblich erachtet wurden, komme es wegen der gesetzlichen Wertungen der §§ 675 j, 675 u nicht mehr an.

Eine **andere Ansicht**[52] sieht in der Neuregelung des Zahlungsverkehrsrechts keinen Grund für eine Modifikation der bereicherungsrechtlichen Rechtsprechung; danach könne der Zahler (Anweisende) bei Zurechenbarkeit des nicht autorisierten Zahlungsvorgangs auch zukünftig einer Leistungskondiktion des Zahlungsdienstleisters ausgesetzt sein. Dem liegt die – vom BGH abgelehnte – Annahme zugrunde, die Sperrwirkung des § 675 u S. 1 betreffe nur den Ausschluss des zahlungsdienstvertraglichen Aufwendungsersatzes, nicht auch die (Leistungs-) Kondiktion im Deckungsverhältnis. Siehe hierzu auch die Hinweise in → Rn. 56.

a) Allgemeines

aa) Kondiktionsansprüche

44 Die herrschende Lehre geht davon aus, dass bei Fehlen oder Unwirksamkeit der Anweisung eine **Direktkondiktion des Angewiesenen gegen den Anweisungsempfänger** infrage kommen kann. Mit Rücksicht auf den Leistungsbegriff (vgl. → § 10 Rn. 9 ff.) handelt es sich dabei um eine **Nichtleistungskondiktion** (§ 812 Abs. 1 S. 1 Alt. 2), weil der vermeintlich Angewiesene gegenüber dem Anweisungsempfänger keinen eigenen Leistungszweck verfolgt.[53]

45 Bei fehlender oder unwirksamer Anweisung ist eine **Direktkondiktion des vermeintlich Angewiesenen gegen den Anweisungsempfänger** zu bejahen,

– wenn dem vermeintlich Anweisenden die vermeintliche **Anweisung nicht zugerechnet** werden kann. Dies gilt unabhängig davon, ob der Anweisungsempfänger das Fehlen oder die Unwirksamkeit der Anweisung kennt oder nicht, und zwar sogar dann, wenn der vermeintlich Anweisende den gezahlten Betrag dem Anweisungsempfänger tatsächlich schuldete. Denn auch bei Gutgläubigkeit des Anweisungsempfängers setzt sein Schutz mittels Rechtsscheingrundsätzen voraus, dass der Rechtsschein dem Haftenden (bereicherungsrechtlich: dem vermeintlich Anweisenden) zugerechnet werden kann.[54]

– wenn dem Anweisenden die (fehlende oder unwirksame) **Anweisung zwar zugerechnet** werden kann, der **Anweisungsempfänger jedoch bösgläubig** ist, weil er den Anweisungsmangels kennt oder sich der Kenntnis willkürlich verschließt. Dann stellt sich die Zahlung des Angewiesenen aus der Sicht des Zahlungsempfängers –

---

52 *AG Hamburg-Harburg* ZIP 2013, 1517; MüKoBGB/*Schwab,* Bd. 6, § 812 Rn. 140; Staudinger/ *Omlor,* § 675 z Rn. 6; *Kiehnle,* Jura 2012, 895 ff.; *Reymann,* JuS 2012, 781, 787 jeweils m. w. N.

53 Vgl. BGHZ 152, 307; *Medicus/Petersen,* BR, Rn. 676 f.; noch offen gelassen von BGHZ 66, 372; 67, 75; 87, 393; *BGH* WM 2015, 1458.

54 BGHZ 176, 234; BGHZ 147, 145; *BGH* NJW 2011, 66, 69; *BGH* NJW-RR 2010, 858, 860.

vom Empfängerhorizont aus betrachtet (vgl. → § 10 Rn. 13) – nicht als Leistung des Anweisenden dar, sodass der Zahlungsempfänger nicht schutzwürdig ist.[55]

Ob der Anweisungsempfänger (Begünstigte) einer Direktkondiktion des Angewiesenen ausgesetzt ist, bzw. ob er einer Kondiktion des (vermeintlich) Anweisenden ausgesetzt ist, entscheidet sich mithin nach **Zurechnungs- und Gutglaubensgesichtspunkten.**   **46**

– Nur wenn der Anweisende eine Auszahlung in zurechenbarer Weise veranlasst hat, kann der gutgläubige Zahlungsempfänger geschützt werden (**zurechenbare Veranlassung eines Rechtsscheins** als notwendige Voraussetzung für Schutz des gutgläubigen Anweisungsempfängers). Die zurechenbare Erzeugung eines Rechtsscheins setzt weder eine Sorgfaltspflichtverletzung noch ein Verschulden auf Seiten des vermeintlich Anweisenden voraus (vgl. §§ 171, 172). Es reicht grundsätzlich das bloße »in Gang setzen« der Zuwendung (Veranlassungsprinzip),[56] beispielsweise durch eine wirksame Anweisung, aufgrund der die angewiesene Bank eine Zuvielüberweisung vornimmt. Die die Zurechnung des Rechtsscheins tragende Veranlassung ist aber nicht auf eine (wertungsfreie) conditio sine qua non zu reduzieren. Es bedarf vielmehr einer **wertenden Abwägung der unterschiedlichen Interessen und Schutzbedürfnisse.** Dies zeigt sich beispielhaft an der unterschiedlichen Beurteilung des BGH von Zuvielüberweisung (keine Direktkondiktion der Bank gegen den Zahlungsempfänger) und doppelter Ausführung einer Überweisung durch die Bank (Direktkondiktion). Im Falle einer Zuvielüberweisung durch den Angewiesenen wird eine dem Anweisenden zurechenbare Veranlassung vor allem bejaht, weil der Anweisungsempfänger zu schützen ist, wenn er auf den irrtümlich überwiesenen Zuvielbetrag einen fälligen und einredefreien Anspruch hat und er den Fehler der Überweisungsbank bei Anwendung der im Rechtsverkehr erforderlichen Sorgfalt nicht erkennen musste.[57] Bei einer doppelten Ausführung der Überweisung verneint der BGH eine zurechenbare Veranlassung vor allem, weil hier für den Anweisungsempfänger der Fehler des Angewiesenen und das Fehlen einer dem Anweisenden zuzurechnenden Leistungsbestimmung ohne weiteres erkennbar sind.[58]

– Nur wenn der **Anweisungsempfänger gutgläubig** ist, das Fehlen oder die Unwirksamkeit der (zurechenbaren) Anweisung nicht kennt und vielmehr von einer wirksamen Anweisung ausgehen kann, liegt – vom **Empfängerhorizont** aus betrachtet (vgl. → § 10 Rn. 13) – eine Leistung des Anweisenden an den Anweisungsempfänger vor (Gutgläubigkeit als hinreichende Voraussetzung für Leistung des Anweisenden an Anweisungsempfänger).

Vertiefungshinweis: Verhältnis von Rechtsscheinszurechnung und Gutglaubensschutz
Eine eindeutige Entscheidung allein nach den Grundsätzen der Rechtsscheinszurechnung ist nur dann möglich, wenn der vermeintlich Anweisende keine oder keine auch nur ansatzweise erheblich zu erachtende[59] Veranlassung für die Zuwendung gegeben hat. Kommt dagegen eine möglicherweise erhebliche

---

55 BGHZ 88, 232; 111, 382.
56 *BGH* NJW 2011, 66.
57 BGHZ 176, 234. – Bei der Überweisung des zehnfachen Betrages hat *BGH* NJW 1987, 185 gleichwohl unter Berufung auf § 242 eine Direktkondiktion zugelassen; das Gericht hätte ohne weiteres auch auf Bösgläubigkeit des Anweisungsempfängers, zumindest durch mutwilliges Nichtzurkenntnisnehmen eines Anweisungsmangels, abstellen können.
58 *BGH* NJW 2011, 66, 70.
59 Unerheblich in diesem Sinne ist beispielsweise das bloße Unterhalten eines Kontos bei der die Zahlung vornehmenden Bank.

Veranlassung in Betracht, so fußt die Entscheidung für und gegen eine Direktkondiktion des vermeintlich Angewiesenen (Bank) im Ergebnis auf einer wertenden Betrachtung insbesondere mit Blick auf den gewünschten Schutz eines gutgläubigen Zuwendungsempfängers. Theoretisch könnte die Rechtsprechung die Zurechnungsfrage bei nicht von vornherein auszuklammernden Fällen jeglicher relevanter Veranlassung also »großzügig« bejahen und die Falllösung ausschließlich über das Kriterium der Gutgläubigkeit finden. Dies würde aber zu einer ungewünschten reinen Einzelfallrechtsprechung führen. Deshalb beurteilt der BGH Sachverhaltskonstellationen, bei denen typischerweise von einer Gut- oder Bösgläubigkeit des Zuwendungsempfängers auszugehen ist, bereits auf der Ebene der Zurechnung und erreicht so eine vom Einzelfall unabhängige Typisierung. Ein Beispiel gibt die unterschiedliche Beurteilung des BGH von Zuvielüberweisung (Zurechnung bejaht und deshalb keine Direktkondiktion der Bank gegen den Zahlungsempfänger, weil nicht typischerweise von einer Bösgläubigkeit des Zahlungsempfängers ausgegangen werden kann)[60] und doppelter Ausführung einer Überweisung durch die Bank (Zurechnung verneint und deshalb Direktkondiktion, weil typischerweise von Bösgläubigkeit des Zahlungsempfängers ausgegangen werden kann).[61] Im letzten Fall kommt es dann als Folge der verneinten Zurechnung nicht mehr darauf an, ob der Zahlungsempfänger im Einzelfall gut- oder bösgläubig war.[62]

47 Auf der Grundlage der Rechtsprechung ergeben sich folgende Alternativen:[63]

– Hat AW die Zuwendung (zurechenbar) veranlasst und ist AE gutgläubig, so liegt aus Sicht des maßgeblichen Empfängerhorizonts eine Leistung (»übers Eck«) des AW an AE vor. Die Leistung des AW an AE schließt die Eingriffs- bzw. Direktkondiktion des AG gegen AE aus (Vorrang der Leistungskondiktion).

– Hat AW die Zuwendung zwar veranlasst, ist AE jedoch bösgläubig, so liegt keine Leistung (»übers Eck«) des AW an AE vor. Deshalb ist eine Direktkondiktion des AG gegen AE in Form der Nichtleistungskondiktion nach § 812 Abs. 1 S. 1 Alt. 2 gegeben.

– Hat AW die Zuwendung nicht veranlasst – insoweit ist im neuen Zahlungsverkehrsrecht § 675j maßgebend –, so ist – unabhängig von der Höhe Gut- oder Bösgläubigkeit des AE – eine Direktkondiktion des AG gegen AE in Form der Nichtleistungskondiktion nach § 812 Abs. 1 S. 1 Alt. 2 gegeben.

Eine Drittleistung (§ 267) liegt tatbestandlich regelmäßig nicht vor.

bb) Erfüllungsproblem

48 Fraglich ist, ob sich der Anweisungsempfänger gegenüber dem Anweisenden als seinem Schuldner im Valutaverhältnis auf Erfüllung berufen kann, weil er (der Anweisungsempfänger) das bekommen hat, was er im Valutaverhältnis zu fordern berechtigt ist. Unter der zutreffenden Voraussetzung, dass Erfüllung in Fällen, in denen eine Zuwendung nicht ohne weiteres einer bestimmten Schuld zugeordnet werden kann, nur bei einer entsprechenden Tilgungsbestimmung eintritt,[64] ergibt sich Folgendes: Bei Fehlen oder Unwirksamkeit der Anweisung fehlt dem Angewiesenen zugleich die Botenmacht zur Überbringung einer Tilgungsbestimmung des Anweisenden an den Anweisungsempfänger. Mangels Tilgungsbestimmung kann Erfüllung nicht eintreten. Erfüllung i. S. des § 362 kann dann nur unter Rechtsscheinsgesichtspunkten (Rechtsschein einer Botenmacht, §§ 170ff. analog) in Betracht kommen.[65]

---

60 BGHZ 176, 234.

61 *BGH* NJW 2011, 66, 69.

62 So ausdrücklich *BGH* NJW 2011, 66, 69.

63 Vgl. BGHZ 147, 145; 152, 307; zu den Abkürzungen vgl. → Rn. 26.

64 So die Theorie der realen Leistungsbewirkung sowie – im Ergebnis – auch die Theorie der finalen Leistungsbewirkung (vgl. Palandt/*Grüneberg*, § 362 Rn. 1, 7).

65 Vgl. BeckOK BGB/*Wendehorst*, § 812 Rn. 206.

Beispiel: Z ist dem B aus Darlehen verpflichtet. Z, selbst Postbeamter, stellt eine Postanweisung aus, die er an die Post(stelle) absendet und eine Auszahlung an B bewirken soll. Der Postanweisungsvertrag ist unwirksam.[66]

Die Zahlung der Post an B ist – bereicherungsrechtlich – als eine Leistung der Post an Z und des Z an B anzusehen. Davon kann der Zahlungsempfänger B – auch aufgrund des Postanweisungsformulars – berechtigterweise ausgehen. Die Zahlung bringt die Schuld des Z gegenüber B (trotz materiell unwirksamer Anweisung) zum Erlöschen, so das RG. Begründen lässt sich das wohl mit § 172 Abs. 2 analog. Die Vorschrift begründet den Rechtsschein einer Tilgungsbestimmung, welche durch das Postanweisungsformular veranlasst ist und welche die Post als Botin des Schuldners Z dem gutgläubigen B überbringt. Damit kann die Zahlung der Schuld des Z gegenüber B eindeutig zugeordnet werden und Tilgungswirkung haben.

b) Fehlen, Unwirksamkeit und Widerruf einer Anweisung oder eines Schecks

aa) Fehlen und Unwirksamkeit einer Anweisung

In bestimmten Konstellationen fehlt die Anweisung des Anweisenden an den An- **49** gewiesenen auf Zahlung an den Anweisungsempfänger (Begünstigten) von Anfang an oder ist nichtig oder unwirksam.

Beispiel: S ist dem G zur Zahlung einer Schuld verpflichtet. B zahlt irrtümlich zum zweiten Mal an G, nachdem er schon einmal aufgrund wirksamer Anweisung des S an G gezahlt hat. B verlangt von G Ersatz (*OLG Hamburg* NJW 1983, 1499; vgl. auch *BGH* NJW 2011, 66).

> **Fall (BGHZ 66, 372):** S weist seine Bank B durch Überweisungsauftrag an, 1.000 € auf das Konto des **50** G zu überweisen. Wegen eines Versehens eines Angestellten der B[67] wird das Geld jedoch auf das Konto des D transferiert. B fordert nunmehr von D Rückzahlung. Zu Recht?

Lösung: Rückzahlungsanspruch der B gegen D

1. Anspruch aus § 812 Abs. 1 S. 1 Alt. 1?
   D erlangt einen Vermögensvorteil, nämlich eine (kontokorrentgebundene) Forderung gegen seine kontoführende Bank. Es fehlt aber an einer Leistung der B, weil der Überweisung selbst aus der Sicht des Empfängers (D) kein Leistungszweck seitens der B zugrunde liegt. Deshalb ist ein Anspruch aus § 812 Abs. 1 S. 1 Alt. 1 unbegründet.
2. Anspruch aus § 812 Abs. 1 S. 1 Alt. 2 (allgemeine Nichtleistungskondiktion)?
   a) Zwar erlangt D einen Vermögensvorteil durch Nichtleistung des B.
   b) Problematisch ist aber, ob eine (im Rahmen der Rückabwicklung vorrangige) Leistung des S in Betracht kommt. Gegenüber D verfolgt der S keinen Leistungszweck; seine Anweisung bezieht sich allein auf den G. S veranlasst die Zuwendung an D auch nicht zurechenbar, weil seine Anweisung eindeutig zugunsten G ausgestellt ist. Dementsprechend fehlt es auch an einem schutzwürdigen Vertrauen des G. Der Fall ist auch nicht mit dem des späteren Widerrufs vergleichbar; dort liegt eine zurechenbare Veranlassung vor. Es fehlt also an einer Leistung des S und damit an einer vorrangigen Leistungsbeziehung zwischen S und G.
   c) Die übrigen Anspruchsvoraussetzungen liegen vor.
   d) Fraglich ist allerdings die Rechtsfolge im Hinblick auf den erlangten Vermögensvorteil. Die Forderung gegen die Bank ist kontokorrentgebunden; sie hat ihre rechtliche Selbständigkeit verloren. Mithin kann sie nicht zurückgewährt werden. Daher ist gemäß § 818 Abs. 2 Wertersatz zu leisten.
   e) Ergebnis: Anspruch B gegen D aus § 812 Abs. 1 S. 1 Alt. 2 (+)

Vgl. auch → § 10 Rn. 18.

---

66 Vgl. zu den Gründen RGZ 60, 24 »Postanweisungs«-Fall.
67 Vgl. dagegen *BGH* NJW 2006, 503f. (Fehlüberweisung aufgrund falscher Kontoangabe durch den Überweisenden: Bereicherungsanspruch des Überweisenden gegenüber dem Zahlungsempfänger; dies entspricht der Regelung des § 675r Abs. 1).

51 **Fall (BGHZ 111, 382):** S nimmt bei der Bank B ein Darlehen über 7.000 € auf und weist die B an, die Darlehensvaluta nicht an ihn selbst, sondern an seinen Gläubiger G auszuzahlen. Später stellt sich jedoch heraus, dass S bereits zum Zeitpunkt der Kreditaufnahme geschäftsunfähig war. Konditionsansprüche der B?

Lösung:

1. Anspruch der B gegen G aus § 812 Abs. 1 S. 1 Alt. 1?
   Der Anspruch scheitert, weil es an einer Leistung der B an den G fehlt. B verfolgt – vom Empfängerhorizont aus betrachtet – keinen eigenen Leistungszweck gegenüber G. Eine Drittleistung i. S. des § 267 liegt nicht vor.
2. Anspruch B gegen G aus § 812 Abs. 1 S. 1 Alt. 2?
   a) G erlangt das Geld (kontokorrentgebundene Forderung gegen die Bank).
   b) Der Nichtleistungskondiktion könnte aber entgegenstehen, dass G die Zahlung i. H. von 7.000 € durch eine (vorrangige) Leistung erlangt, wobei hier nur eine Leistung des S an G in Betracht kommt.
      Grundsätzlich ist in Anweisungsfällen eine Rückabwicklung in dem jeweiligen (mangelhaften) Leistungsverhältnis vorzunehmen. Anders ist dies aber dann, wenn es von vornherein an einer wirksamen Anweisung sowie an einer wirksamen Zweckbestimmung fehlt: Die Zahlung kann dem Anweisenden dann nicht als seine Leistung zugerechnet werden.[68] Wegen der Geschäftsunfähigkeit des Anweisenden ist die Anweisung (einseitiges Rechtsgeschäft) und auch die Tilgungsbestimmung (rechtsgeschäftsähnliche Handlung), die der Angewiesene als Bote überbringt, nichtig (§ 105 Abs. 1). Dieser Fall steht dem der von vornherein fehlenden Anweisung gleich; zwischen dem Angewiesenen und dem Dritten findet ein Bereicherungsausgleich statt. Es liegt deshalb keine zurechenbare Leistung des S an G vor.[69]
      Selbst wenn aus dem Empfängerhorizont des G eine Leistung des S an G vorläge, muss in diesem Fall der Schutz des Zahlungsempfängers dem Schutz des Geschäftsunfähigen weichen, sodass es ausnahmsweise auf den Empfängerhorizont nicht ankommt.
      Daher keine Leistung des S an G, kein Vorrang einer Leistungsbeziehung, die eine Direktkondiktion ausschließen würde.
3. Ergebnis: Direktkondiktion der B gegen G (+)

Vgl. auch → § 10 Rn. 18.

52 **Weitere Fälle:**

– Bei Fehlen der Ausstellerunterschrift auf einem Scheck (Art. 1 Nr. 6, Art. 2 ScheckG)[70] ist dem Scheinanweisenden die Auszahlung der Bank nicht zuzurechnen; der Zahlungsempfänger ist nicht schutzwürdig, weil Fehlen der Unterschrift erkennbar. Deshalb Bereicherungsanspruch der Bank gegen Zahlungsempfänger. Ob Leistungs- oder Nichtleistungskondiktion wurde offen gelassen (BGHZ 66, 362).
– Kenntnis des Zahlungsempfängers vom Widerruf oder Fehlen oder Erlöschen einer wirksamen Anweisung – Direktkondiktion bejaht (BGHZ 67, 75; 87, 393; 88, 232, 235).
– Zuvielüberweisung an gutgläubigen Zahlungsempfänger infolge Irrtums der Bank: Die Bank kann die irrtümliche Zuvielüberweisung nicht im Wege der Direktkondiktion (Nichtleistungskondiktion gem. § 812 Abs. 1 S. 1 Alt. 2) vom gutgläubigen Zahlungsempfänger herausverlangen; die vorhan-

---

68 Vgl. auch *BGH* NJW-RR 2010, 858, 860; BGHZ 158, 1 (für den vermeintlich Anweisenden hat ein geschäftsunfähiger Vertreter gehandelt); BGHZ 147, 145 (für den vermeintlich Anweisenden hat ein nur gesamtvertretungsberechtigter Vertreter gehandelt).
69 Selbst im Fall einer bestehenden Darlehensschuld wäre mangels Tilgungsbestimmung keine Erfüllung eingetreten (vgl. §§ 362, 366 Abs. 1 a. E.).
70 Ein unwirksamer Scheck kann in eine Anweisung (im bereicherungsrechtlichen Sinne) umgedeutet werden; vgl. BGHZ 87, 393.

dene wirksame Anweisung (für den geringeren Betrag) ist hinreichender Zurechnungsgrund auch für die Zuvielüberweisung (BGHZ 176, 234)[71]. – Bezogen auf das **neue Zahlungsverkehrsrecht ab 31.10.2009** (→ Rn. 43) ist wegen §§ 675y Abs. 1, 675z S. 1 nach den Grundsätzen von BGHZ 205, 377 eine Zurechnung zum Bankkunden (Zahlungsdienstnutzer) zu verneinen, und d.h. eine Direktkondiktion beim Zahlungsempfänger zu bejahen; offen gelassen in BGHZ 205, 334 (Abhebung durch den früheren Kontobevollmächtigten nach wirksamem Widerruf der Kontovollmacht, Direktkondiktion, → Rn. 56).

- Auszahlung des 10-fachen Betrages der angewiesenen Summe infolge Irrtums der Bank: Der BGH bejaht hier ausnahmsweise eine Direktkondiktion der angewiesenen Bank gegen den Zahlungsempfänger unter Berücksichtigung der Grundsätze von Treu und Glauben (*BGH* NJW 1987, 185).
- Irrtümliche doppelte Ausführung einer Anweisung: Direktkondiktion der Bank gegenüber dem Zahlungsempfänger; die Doppelüberweisung ist dem Fall der von Anfang an fehlenden Anweisung gleichzustellen, sodass es auf die Gut- oder Bösgläubigkeit des Zuwendungsempfängers nicht ankommt (*BGH* NJW 2011, 66)[72].
- Vorsätzliche Falschüberweisung durch Bankmitarbeiter: Direktkondiktion der Bank gegenüber dem Zahlungsempfänger (*BGH* NJW 2005, 3213).
- Einlösung eines Wechsels durch die Bank trotz infolge Insolvenzeröffnung, die dem Zahlungsempfänger bekannt war, nicht mehr bestehender Anweisung: Direktkondiktion (BGHZ 67, 75).
- Lastschriftverfahren: Der Gläubiger lässt durch seine Bank einen Rechnungsbetrag bei der Schuldnerbank einziehen, obwohl er keine Einziehungsermächtigung hat (BGHZ 69, 186).
  (1) Ein Anspruch des Schuldners gegen die Gläubigerbank aus § 812 Abs. 1 S. 1 Alt. 1 (Leistungskondiktion) kommt nicht in Betracht: Es liegt eine Leistung der Schuldnerbank an den Schuldner und des Schuldners an den Gläubiger vor (Gläubigerbank als Leistungsmittlerin), aber keine Leistung des Schuldners an die Gläubigerbank. (2) Eine Eingriffskondiktion des Schuldners gegen die Gläubigerbank scheitert am Vorrang des Leistungsverhältnisses: Die Gläubigerbank erlangt den Rechnungsbetrag durch Leistung der Schuldnerbank in Erfüllung des zwischen den Banken bestehenden Giroverhältnisses. (3) Dem Schuldner steht nur ein Anspruch gegen seine (Schuldner-)Bank auf Rückgängigmachung der Kontobelastung zu.

bb) Widerrufsfälle

Bei **Widerruf einer Anweisung** widerruft der Anweisende seine dem Angewiesenen (AG) erteilte Anweisung gegenüber dem Angewiesenen (vgl. etwa § 418 Abs. 1 HGB). Ungeachtet des Widerrufs führt der Angewiesene irrtümlich die Anweisung aus und wendet dem Anweisungsempfänger etwas zu.   **53**

In diesen Fällen stellt sich die oben beschriebene Rechtsscheinproblematik (vgl. → Rn. 46f.). Nach h.M. ist eine Direktkondiktion des AG gegen AE grundsätzlich ausgeschlossen. Die Rechtsprechung hat eine Direktkondiktion verneint, wenn der Zuwendungsempfänger vom Widerruf der Anweisung keine Kenntnis hatte.[73] Die Zahlung ist dem Anweisenden als Leistung zuzurechnen. Der Bereicherungsausgleich hat grundsätzlich innerhalb des jeweiligen Deckungs- bzw. Leistungsverhältnisses stattzufinden.

Bei bestehender Forderung im Valutaverhältnis tritt Tilgungswirkung, also Erfüllung, ein (§ 362 Abs. 1). Dass die Zahlung eines Dritten Erfüllungswirkung hat, erfordert eine entsprechende **Tilgungsbestimmung,** die der Dritte (= Angewiesener) als Bote des Anweisenden dem Anweisungsempfänger (= Zahlungsempfänger) überbringt.   **54**

---

71 Vgl. *Hauck,* JuS 2014, 1066, 1069f.
72 Zustimmend *Hauck,* JuS 2014, 1066, 1070; Erstattungsanspruch des »Anweisenden« aus § 675u S. 2.
73 BGHZ 63, 289; 87, 246; 87, 393; 89, 376; 176, 234 Rn. 22.

Zwar wird mit dem Widerruf der Anweisung auch im Zweifel zugleich die Tilgungsbestimmung widerrufen. Abgestellt werden kann jedoch auf den Anschein einer vom Anweisenden gesetzten Tilgungsbestimmung, die der AG als Bote dem AE überbringt. Es geht um den Schutz des Rechtsscheins der Botenmacht des Angewiesenen. Insoweit kann man sich auf eine Rechtsanalogie zu §§ 170, 171 Abs. 2, 172 Abs. 2, 173 stützen.[74]

55   **Fall (BGHZ 61, 289):** Zwecks Begleichung einer Kaufpreisforderung übergibt S dem G einen auf die Bank B gezogenen Scheck über 80.000 €. Da S jedoch wegen der rechtlich komplizierten Geschäftsbeziehungen zu G befürchtet, mehrfach auf die Forderung zahlen zu müssen, sperrt er den Scheck durch Schreiben an die B. Dem G, der von dem Widerruf (= Sperrung) keinerlei Kenntnis hatte, wird gleichwohl aufgrund eines Versehens eines Angestellten der B nach Vorlage des Schecks der volle Betrag ausgezahlt, obwohl die Vorlagefrist gemäß Art. 29 ScheckG bereits verstrichen ist. B verlangt nunmehr von G die Rückzahlung der 80.000 €. Mit Erfolg? Fallabwandlung: Wie ist zu entscheiden, wenn G vom Widerruf Kenntnis hatte?

Lösung:

1. Anspruch der B gegen G aus § 812 Abs. 1 S. 1 Alt. 1? Scheidet mangels Leistung der B an G aus. Aus der Sicht des Zahlungsempfängers G, der vom Widerruf [75] nichts weiß, liegt eine Leistung der Bank an S vor. B nimmt keine zweckgerichtete Vermögensmehrung zugunsten des G vor. Daher § 812 Abs. 1 S. 1 Alt. 1 (–)

2. Anspruch der B gegen G aus § 812 Abs. 1 S. 1 Alt. 2 (Nichtleistungskondiktion)?
   a) G erlangt 80.000 € durch Nichtleistung der B und – im Verhältnis G zu B – ohne Rechtsgrund.
   b) Es könnte aber eine vorrangige Leistung des S vorliegen.
      aa) Grundsätzlich kommt eine Kondiktion nur in dem (fehlerhaften) Leistungsverhältnis in Betracht. Jedoch verbietet sich in Mehrpersonenverhältnissen eine schematische Lösung. Hier veranlasst S durch Ausgabe des Schecks die Zahlung zurechenbar. G selbst ist gutgläubig. Deshalb ist die Zahlung der Bank dem S als Leistung des S an G zuzurechnen. Für dieses Ergebnis spricht auch, dass infolge des Widerrufs das Deckungsverhältnis zwischen der Bank und G fehlerhaft ist und insoweit eine Rückabwicklung grundsätzlich im mangelhaften Kausalverhältnis statt zu finden hat.
      bb) Während in den üblichen Anweisungsfällen der Angewiesene eine Tilgungsbestimmung des Anweisenden als Bote überbringt, trifft der Aussteller eines Schecks mit der Übergabe des Schecks eine eigene Zweckbestimmung gegenüber dem Empfänger. Zwar widerruft der Anweisende den Scheck. Weil der gutgläubige Zahlungsempfänger G davon aber nichts weiß, kann und darf er nach wie vor von einer Leistung des S an G, die der ursprünglichen Zweckbestimmung (Tilgung der Schuld) entspricht, ausgehen sowie davon, dass er (G) es mit S zu tun hat und etwaige Fehl- oder Überzahlungen nicht mit der ihm (G) fremden Bank, sondern mit seinem Vertragspartner abzurechnen hat (Maßgeblichkeit des Empfängerhorizontes). G erlangt das Geld also durch eine Leistung des S.
   c) Ergebnis: § 812 Abs. 1 S. 1 Alt. 2 (–)

3. Fallabwandlung:
   Wie oben. Nur ergibt sich in diesem Fall aus dem Empfängerhorizont (unter Hinzurechnung des Sonderwissens), dass keine zurechenbare Leistung vorliegt, deshalb keine vorrangige Leistungsbeziehung gegeben ist und eine Direktkondiktion (§ 812 Abs. 1 S. 1 Alt. 2) einschlägig ist.

---

74 So *Canaris,* Bankvertragsrecht, 3. Aufl. 1988, Rn. 439; *Larenz/Canaris,* SR II/2, § 70 II 3 c, S. 209: Analogie zu § 172 Abs. 2.

75 Wegen des Widerrufs des Schecks (Art. 29, 32 ScheckG) fehlt es an einer (noch) gültigen Anweisung.

Weitere Fälle: 56

- Widerruf eines Überweisungsauftrages. Unkenntnis des Zahlungsempfängers, dem die Überweisung vom Auftraggeber angekündigt worden war, vom Widerruf: keine Direktkondiktion der Bank gegen den Zahlungsempfänger (BGHZ 87, 246).
- Widerruf der Anweisung. Kenntnis des Empfängers vom Widerruf: Direktkondiktion der Bank gegen Zahlungsempfänger (BGHZ 87, 393, Verrechnungscheck).
- Widerruf oder Änderung eines Dauerauftrages ohne Kenntnis des Zahlungsempfängers vom Widerruf oder der Änderung. Keine Direktkondiktion der Bank (BGHZ 89, 376).
- Direktkondiktion der Bank gegen den Zahlungsempfänger bei fehlender (weil gegenüber der Bank zuvor wirksam widerrufener) Kontovollmacht des Abhebenden mit dem Argument bejaht, eine Kontovollmacht beziehe sich nicht auf einen konkreten Zahlungsauftrag und deshalb sei der konkrete Zahlungsvorgang von Anfang an nicht autorisiert (BGHZ 205, 334).

Hinweise:

- **Abbuchungsverfahren vor Inkrafttreten der SEPA-Verordnung**[76]**: Kein Widerrufsrecht nach Einlösung der Lastschrift durch die Schuldnerbank.** Dazu BGHZ 72, 343: Der Abbuchungsauftrag ist eine (General-)Weisung i. S. der §§ 665, 667 innerhalb des zwischen dem Schuldner und seiner Bank bestehenden Girovertrages.[77] Kraft dieser Weisung ist die Schuldnerbank berechtigt, die von dem im Abbuchungsauftrag namentlich bezeichneten Gläubiger eingereichte Lastschrift zu Lasten des Kontos des Schuldners einzulösen. Mit der Einlösung der Lastschrift werden die der Gläubigerbank und gegebenenfalls den Zwischenbanken zunächst unter dem Vorbehalt des Eingangs (»E.v.«) erteilten Gutschriften endgültig wirksam. Das hat zur Folge, dass nunmehr auch der Gläubiger einen unbedingten Anspruch aus der Gutschrift erlangt, die ihm bei Einreichung der Lastschrift ebenfalls »Eingang vorbehalten« erteilt worden ist. Damit hat die Schuldnerbank ihren Auftrag ausgeführt; er kann folglich durch den Schuldner nicht mehr widerrufen werden. Insoweit bestehen zwischen dem Abbuchungsauftragsverfahren und der Giroüberweisung keine rechtlichen Unterschiede. Deshalb kann auch nichts anderes gelten als beim Überweisungsauftrag (vgl. zu dessen Widerruf BGHZ 27, 241, 248). Dies hindert die Schuldnerbank jedoch nicht, den Widerspruch im Innenverhältnis als wirksam zu behandeln und die Belastung auf dem Konto des Schuldners rückgängig zu machen. Ob sie dagegen in ihrem Verhältnis zur Gläubigerbank die Lastschrift zurückgeben und ihrerseits Wiedervergütung des Lastschriftbetrages verlangen kann, hängt von dem Inhalt des Rechtsverhältnisses ab, das zwischen ihr und der Gläubigerbank besteht. Danach kann die Schuldnerbank die Lastschrift wirksam zurückgeben und Wiedervergütung verlangen, wenn in diesem Vertragsverhältnis das Lastschriftabkommen gilt und die Gläubigerbank eine Einzugsermächtigungslastschrift getätigt hatte.[78] Denn Lastschriften, die den Vermerk tragen: »Einzugsermächtigung des Zahlungspflichtigen liegt dem Zahlungsempfänger vor«, werden nach diesem Abkommen unter den beteiligten Kreditinstituten als Lastschriften behandelt, die auf einer Einziehungsermächtigung beruhen. Dies ergibt sich mittelbar aus Abschn. I Nr. 3 S. 2 des Lastschriftabkommens, wonach eine Lastschrift ohne den Einzugsermächtigungsvermerk wie eine solche nach dem Abbuchungsauftragsverfahren behandelt wird.
- **Einzugsermächtigungsverfahren: Bisherige Rechtslage vor Umstellung des Einzugsermächtigungsverfahrens durch Änderung der Banken-AGB auf das SEPA-Lastschriftmandat: Keine Anweisung des Schuldners gegenüber der Schuldnerbank; Genehmigung oder Widerspruch.** Dazu

---

76 Nach Art. 4 Abs. 5 und Art. 6 Abs. 2 der Verordnung (EU) Nr. 260/2012 (SEPA-Verordnung) sind mitgliedstaatliche »Zahlverfahren« grundsätzlich seit 1.2.2014, und gem. Art. 16 Abs. 4 spätestens seit 1.2.2016, nicht mehr zulässig. Vgl. MüKoHGB/*Hadding*, Bd. 6, 4. Aufl. 2017, C 153.
77 Zahlungsauftrag im Rahmen des Zahlungsdiensterahmenvertrages (Girovertrag); vgl. MüKoBGB/*Casper*, 6. Aufl. 2012, § 675f Rn. 74.
78 Vgl. zum Ganzen Schimansky/Bunte/Lwowski/*Ellenberger*, Bankrechts-Handbuch, 11. Aufl. 2011, § 58 Rn. 45 ff., 120 ff.

BGHZ 167, 171: In einer vom Schuldner dem Gläubiger erteilten Einzugsermächtigung liegt keine Ermächtigung oder Vollmacht, das Weisungsrecht des Schuldners gegenüber seiner Bank auszuüben und über sein Guthaben bei dem Kreditinstitut zu verfügen, sondern nur die Gestattung, das von der Kreditwirtschaft entwickelte technische Verfahren des Lastschrifteinzugs zu benutzen. Anders als im Abbuchungsauftragsverfahren (vgl. BGHZ 72, 343, 345) greift die Schuldnerbank im Einzugsermächtigungsverfahren ohne eine Weisung oder einen Auftrag ihres Kunden auf dessen Konto zu (BGHZ 74, 300, 304; 144, 349, 353; 162, 294, 302 f.). Sie handelt bei der Einlösung einer Lastschrift im Einzugsermächtigungsverfahren nach ständiger Rechtsprechung des Bundesgerichtshofs (BGHZ 69, 82, 84 f.; 74, 309, 312; 95, 103, 105 f.; 144, 349, 353) nur aufgrund einer von der Gläubigerbank – oder einer etwa eingeschalteten Zwischenbank – im eigenen Namen im Interbankenverhältnis erteilten Weisung. Da die Schuldnerbank mangels Weisung des Schuldners dessen Konto zunächst unberechtigt belastet, kann der Schuldner der Belastung seines Kontos ohne Angabe von Gründen sowie unabhängig von dem Bestehen einer Verpflichtung im Valutaverhältnis widersprechen. Die Schuldnerbank hat dementsprechend keinen Aufwendungsersatzanspruch gegenüber ihrem Kunden, solange dieser die Belastungsbuchung nicht nach § 684 S. 2 genehmigt hat (BGHZ 74, 309, 312; 95, 103, 106; 144, 349, 353 f.; 162, 294, 303). Erst die nachträgliche Zustimmung des Schuldners ergibt die Berechtigung der Schuldnerbank zur Einlösung der Lastschrift. Diese **Genehmigung** tritt an die Stelle einer Weisung im Sinne der §§ 675, 665, wie sie beim Überweisungsauftrag (vor Einführung der §§ 676 a ff.) oder beim Abbuchungsauftrag der Belastung vorausgeht. Verweigert der Schuldner dagegen die Genehmigung, indem er der Belastungsbuchung widerspricht, fehlt eine ihm zurechenbare Anweisung, sodass die Gutschrift auf dem Gläubigerkonto dem Schuldner nicht als Leistung zugerechnet werden und die Schuldnerbank gemäß § 812 Abs. 1 S. 1 Alt. 2 beim Gläubiger Rückgriff nehmen kann (h. M.).[79] Ob der Gläubiger aufgrund der ihm erteilten Einzugsermächtigung von einer Leistung des Schuldners ausgeht, ist unerheblich. Der Empfängerhorizont kann eine wirksame Anweisung als objektive Grundlage der Zurechnung nicht ersetzen (so schon BGHZ 147, 145, 151 m.w.N.). **Konkludente Genehmigung:** Bei regelmäßig wiederkehrenden Zahlungen, wie etwa aus Dauerschuldverhältnissen, ständigen Geschäftsbeziehungen oder zur Steuervorauszahlung, kann im Einzelfall eine konkludente Genehmigung vorliegen, wenn der Lastschriftschuldner in Kenntnis der Belastung dem Einzug nach Ablauf einer angemessenen Prüffrist nicht widerspricht und er einen früheren Einzug zuvor bereits genehmigt hatte. Die Genehmigungsfiktion in den Allgemeinen Geschäftsbedingungen der Kreditinstitute schließt eine vorherige Genehmigung durch schlüssiges Verhalten nicht aus. An eine solche Genehmigung durch schlüssiges Verhalten sind keine zu hohen Anforderungen zu stellen, wenn das Konto im unternehmerischen Geschäftsverkehr geführt wird; in diesem Fall ist zugrundezulegen, dass Kontobewegungen zeitnah nachvollzogen und überprüft werden (BGHZ 186, 269[80]). Bei einem Verbraucher ist von einer konkludenten Genehmigung nur auszugehen, wenn für die Bank konkrete Anhaltspunkte erkennbar sind, dass der Kontoinhaber die Überprüfung vorgenommen hat, und eine angemessene Überlegungsfrist verstrichen ist; in der Regel könne die Bank aber spätestens dann, wenn der Verbraucher bei monatlichen und im wesentlichen gleich hohen Lastschriftabbuchungen bereits die Mitteilung von zwei Folgeabbuchungen erhalten hat, davon ausgehen, dass in Bezug auf die mindestens zwei Monate zurückliegende Abbuchung keine Einwendungen erhoben werden (*BGH* NJW 2011, 2499).

- **Rechtslage nach Umstellung des Einzugsermächtigungsverfahrens durch Änderung der Banken-AGB auf das SEPA-Lastschriftmandat:** Veranlasst durch die Entscheidung BGHZ 186, 269 wurden die Banken-AGB zum 9.7.2012 geändert.[81] An Stelle der bisherigen nachträglichen Genehmigung ist nunmehr im Deckungsverhältnis eine **vorherige Autorisierung (Einwilligung)** vereinbart. Die Gutschrift auf dem Gläubigerkonto ist deshalb im Valutaverhältnis eine Leistung des Schuldners (Anweisenden) an den Gläubiger (Anweisungsempfänger) sowie im Deckungsverhältnis

---

79 *BGH* NZI 2011, 679.
80 Siehe auch *BGH* NJW 2011, 2715; *BGH* NJW-RR 2011, 477.
81 Vgl. *Omlor*, NJW 2012, 2150; *Reymann*, JuS 2012, 781.

eine Leistung der Bank (Angewiesener) an den Anweisenden (Schuldner). Für den Bereicherungsausgleich sind deshalb die Grundsätze zur wirksamen Anweisung anzuwenden (→ Rn. 31 ff.).

c) Zusammenfassung

Anweisung – Fehlende, fehlerhafte oder widerrufene Anweisung	**57**

I. Fallgruppe
 Fehlen, Unwirksamkeit oder Widerruf der Anweisung
II. Bestimmung der Leistungs- und Kondiktionsverhältnisse
= Zurechnung einer Zuwendung als Leistung
 – Maßgeblichkeit der Rechtsscheinsgrundsätze (→ Rn. 46 f.)
 – Veranlassung der Zuwendung durch Anweisenden
 – Gutgläubigkeit des AE
III. Kondiktionsfälle
 1. Zurechenbare Veranlassung der Zuwendung durch AW und Gutgläubigkeit des AE (keine Kenntnis von »Mangel« in Anweisung)
   – Kondiktion »übers Eck«
   – Keine Direktkondiktion des AG gegen AE (→ Rn. 47, 55)
 2. Keine zurechenbare Veranlassung der Zuwendung durch AW *oder* keine Gutgläubigkeit des AE
   – Eingriffskondiktion des AG gegen AE
   – Keine Leistungsverhältnisse im Deckungs- und Zuwendungsverhältnis (→ Rn. 47, 50 f.)
 3. Bezogen auf das Zahlungsverkehrsrecht ab 2009 ist § 675 j über die Autorisierung des Zahlungsvorgangs »Dreh- und Angelpunkt«:
   – bei vom Zahler nicht autorisiertem Zahlungsvorgang: Nichtleistungskondiktion des Zahlungsdienstleisters gegen Zahlungsempfänger
   – bei vom Zahler autorisiertem Zahlungsvorgang (→ Rn. 31 ff., 41)

4. Angenommene Anweisung im Sinne von § 784

Von der Anweisung im weiten Sinne als Aufforderung, an einen Dritten eine Zuwendung zu erbringen, ist die in §§ 783 ff. geregelte Anweisung im eigentlichen Sinne ein Unterfall. Bei der Anweisung im eigentlichen Sinne geht es um die schriftliche Anweisung auf Leistung von Geld, Wertpapieren und vertretbaren Sachen. Nimmt der Angewiesene die Anweisung i. S. von § 783 an, so ist er dem Anweisungsempfänger (Begünstigten) gegenüber zur Leistung verpflichtet (§ 784 Abs. 1 S. 1, **angenommene Anweisung**). Nach der allgemeinen bereicherungsrechtlichen Definition der Leistung würde der Angewiesene deshalb nicht nur an den Anweisenden, sondern auch an den Anweisungsempfänger (Begünstigten) leisten. Trotzdem geht die h. M. grundsätzlich von einer bereicherungsrechtlichen Rückabwicklung »übers Eck« aus, also im Verhältnis zwischen Angewiesenem und Anweisendem (Deckungsverhältnis) und im Verhältnis zwischen Anweisendem und Anweisungsempfänger (Valutaverhältnis), je nachdem, welches Rechtsverhältnis unwirksam ist. **58**

Mit dem Leistungsbegriff allein lässt sich dies schwer begründen. Überzeugend ist aber das Argument, dass eine Rückabwicklung grundsätzlich im fehlerhaften Kausalverhältnis vorzunehmen ist. Im Fall einer angenommenen Anweisung wird zwar die **59**

Rechtsstellung des Begünstigten durch einen eigenen Anspruch gestärkt. Es ändert sich aber dadurch nichts an der bereicherungsrechtlichen Zurechenbarkeit der Leistung und der Art und Weise des Bereicherungsausgleichs. Die Stellung des Begünstigten soll bereicherungsrechtlich nicht verschlechtert werden.[82] Eine Direktkondiktion kann in Frage kommen, wenn eine wirksame Anweisung fehlt und Zurechenbarkeit ausgeschlossen ist.

IV. Drittleistung (§ 267)

60 Die Fälle der **Drittleistung** sind dadurch gekennzeichnet, dass der Schuldner (S) dem Gläubiger (G) etwas schuldet und ein Dritter (D) an den Gläubiger das Geschuldete erbringt. Der Dritte kann aus eigenem Antrieb oder durch den Schuldner veranlasst (sog. veranlasste Drittleistung) handeln. Er muss, um die Voraussetzungen des § 267 zu erfüllen, mit Fremdtilgungswillen handeln, also eine fremde Schuld tilgen wollen. Dieser Wille muss nach außen erkennbar sein (Empfängerhorizont).

1. Fallgruppen

61 Ein Fall des § 267 liegt auch dann vor, wenn der Zahlende mit der Tilgung der fremden Schuld zugleich eine eigene Verbindlichkeit gegenüber dem Schuldner erfüllt. Die Rechtsprechung lässt auch in diesem Fall einen Anspruch aus Rückgriffskondiktion (§ 812 Abs. 1 S. 1 Alt. 2) des Dritten gegen den befreiten Schuldner zu.[83]

62 Die Fälle des § 267 unterscheiden sich von denen der Anweisung (vgl. → Rn. 26 ff.) dadurch, dass der Dritte bei einer Drittleistung (§ 267) eine eigene Tilgungsbestimmung abgibt, während der Dritte (Angewiesene) in den Fällen der Anweisung nur eine fremde Tilgungsbestimmung des Schuldners (Anweisenden) als Bote überbringt.[84]

Die h. L. und Rechtsprechung[85] differenziert bei den Fällen der Drittleistung (§ 267) zwischen

1. der nicht veranlassten Drittleistung
   – Leistungskondiktion zwischen Leistendem (Dritten) und Leistungsempfänger (Gläubiger) bei mangelhaftem Valutaverhältnis,
   – sonst Rückgriffskondiktion des Zuwendenden (Dritten) gegen den Schuldner wegen Schuldtilgung;
2. der vom Schuldner zurechenbar veranlassten Drittleistung. Weil sie den Anweisungsfällen gleicht, soll sie bereicherungsrechtlich wie diese behandelt werden: grundsätzlich Kondiktion im fehlerhaften Leistungsverhältnis.

63 Bei bestehender Forderung im Valutaverhältnis und nicht veranlasster Drittleistung kann der Dritte vom Schuldner einen Anspruch aus Rückgriffskondiktion (§ 812 Abs. 1 S. 1 Alt. 2, vgl. → § 11 Rn. 66 ff.) geltend machen. Erlangt hat der Schuldner die Befreiung von seiner Verbindlichkeit gegenüber dem Gläubiger (§§ 362, 267). In diesem Fall kann es zu einer aufgedrängten Bereicherung kommen, wenn dem Schuldner

---

82 Vgl. BGHZ 122, 46.
83 BGHZ 70, 389; 72, 246; *BGH* NJW 1964, 1898.
84 Vgl. BGHZ 113, 62.
85 BGHZ 113, 62.

die Schuldbefreiung entgegen seinem Willen aufgedrängt wird; aufgrund der Ähnlichkeit mit dem Fall des Forderungsüberganges kraft Gesetzes wird die analoge Anwendung der §§ 404 ff. vorgeschlagen:[86] Der Schuldner kann dem Dritten Einwendungen nach §§ 404 ff. entsprechend entgegenhalten (vgl. → § 12 Rn. 62).

Im Fall der fehlenden Forderung im Valutaverhältnis bei nicht veranlasster Drittleistung lässt die Rechtsprechung und h. L. eine Direktkondiktion des Dritten gegen den Zuwendungsempfänger zu.[87] Es fehlt eine Veranlassung der Zuwendung durch den Schuldner (etwa durch eine Anweisung), die eine Zurechnung der Zuwendung als Leistung des Schuldners begründen könnte. Weil im Fall der Drittleistung nach § 267 der Dritte den Leistungszweck selbst bestimmt und eine Zurechnung der Zuwendung an den Schuldner nicht in Frage kommt, handelt es sich bei dem in Frage stehenden Kondiktionsanspruch um eine Leistungskondiktion (§ 812 Abs. 1 S. 1 Alt. 1). Bei Fällen, die unter § 267 zu subsumieren sind, richtet sich die Rechtsgrundlosigkeit der Leistung des Dritten an den Gläubiger allein nach dem Valutaverhältnis (Verhältnis zwischen Gläubiger und Schuldner).[88]   **64**

Eine Rückgriffskondiktion kann im Fall der unechten Gesamtschuld in Betracht kommen, wenn der eine Schuldner leistet und dadurch den anderen unechten Gesamtschuldner befreit (vgl. → § 8 Rn. 22 ff.).[89] Vgl. zur irrtümlichen Annahme einer Verpflichtung – Dritter leistet auf eine fremde Schuld → Rn. 23 ff.   **65**

2. Rechtsprechungsfälle

– Der Kläger (Bauträger) veräußert ein von ihm errichtetes Gebäude und tritt dem Käufer zugleich die Mängelgewährleistungsansprüche gegen die von ihm beauftragten Beklagten (Handwerker) ab. Nachdem der Erwerber aufgrund von Baumängeln Gewährleistungsrechte erhoben hat und die (beklagten) Handwerker den Forderungen nicht nachgekommen sind, beseitigt der Kläger selbst die Mängel und verlangt von den Beklagten (Handwerkern) Ersatz (BGHZ 70, 389).
(1) Eigene Ansprüche wegen Pflichtverletzung (Gewährleistung) kann der Kläger gegen die Beklagten nach Abtretung der »Gewährleistungs«-Ansprüche nicht mehr geltend machen; eine Rückabtretung liegt nicht vor. Die (abgetretenen) Rechte des Erwerbers könnten nur kraft Ermächtigung (prozessual: gewillkürte Prozessstandschaft) durch den Kläger geltend gemacht werden. (2) Ein Anspruch aus berechtigter GoA scheidet aus: Zwar nimmt der Kläger ein fremdes Geschäft (der Beklagten) mit (vermutetem) Fremdgeschäftsführungswillen vor, jedoch widerspricht dies dem Interesse und Willen der Beklagten, weil diese die geforderte Mängelbeseitigung verweigern. In Betracht kommen nur Ansprüche aus §§ 684 S. 1, 812 Abs. 1 S. 1 (sog. unberechtigte GoA). (3) Der Kläger hat Ansprüche aus §§ 812 Abs. 1 S. 1 Alt. 1, 267. (a) Nach Ansicht der Rechtsprechung schließt die unberechtigte GoA die Anwendbarkeit der §§ 812 ff. nicht aus (vgl. → § 7 Rn. 7). (b) Der Beklagte hat die Befreiung von der eigenen Gewährleistungspflicht und damit »etwas erlangt«. Dazu müssen allerdings die Voraussetzungen des § 637 Abs. 1 (= §§ 633, 634 a. F.)   **66**

---

86 *Larenz/Canaris,* SR II/2, § 69 III 2b, S. 192; *Medicus/Petersen,* BR, Rn. 952.
87 BGHZ 113, 62 m. w. N.; *Beuthien,* JZ 1968, 323, 326; *Koppensteiner/Kramer,* § 6 VI 2, S. 42 f.; *Medicus/Petersen,* BR, Rn. 685.
88 MüKoBGB/*Lieb,* 4. Aufl. 2004, § 812 Rn. 128 a. E.
89 BGHZ 39, 261.

vorliegen, weil durch die Anwendung der §§ 812 ff. die besonderen Gewährleistungsvoraussetzungen nicht umgangen werden dürfen.[90] Davon ist hier auszugehen. (c) Der Kläger leistet zur Erfüllung der eigenen Mängelbeseitigungspflicht gegenüber dem Erwerber und zur Erfüllung der Mängelhaftungspflicht der Beklagten gegenüber dem Erwerber (doppelte Tilgungsbestimmung); die Erbringung einer Leistung auch für den wahren Schuldner reicht für §§ 812, 267 aus. (d) Ein Rechtsgrund fehlt.

– Der Kläger kauft ein Grundstück vom Verkäufer und übernimmt – in Anrechnung auf den Kaufpreis – eine persönliche Verpflichtung aus Darlehen des Verkäufers, die mit einer Grundschuld auf dem Grundstück gesichert ist. Der Kläger zahlt die Zinsen an den Beklagten auf die Grundschuld. Nachdem die Schuldübernahme an der mangelnden Genehmigung des Gläubigers, des Beklagten, gescheitert und der Kläger vom Vertrag (berechtigterweise) zurückgetreten ist, verlangt er vom Beklagten die Zinsen aus ungerechtfertigter Bereicherung heraus (BGHZ 72, 246).
Infrage kommt ein Anspruch aus § 812 Abs. 1 S. 1 Alt. 1 (Leistungskondiktion). (1) Das vorliegende Dreiecksverhältnis (Deckungsverhältnis zwischen Kläger und Verkäufer: Rückabwicklungsschuldverhältnis; Valutaverhältnis zwischen Verkäufer und Beklagten: Darlehensverhältnis [weil keine Schuldübernahme]) schließt einen Bereicherungsanspruch des Klägers gegen den Beklagten aber dann nicht aus, wenn die Zahlung eine eigene Leistung an den Beklagten darstellt. (2) Für den Fall einer im Zeitpunkt der Zahlung noch nicht genehmigten Schuldübernahme (§ 415 Abs. 3) ergibt sich: Die Zahlung an den Beklagten stellt – bereicherungsrechtlich – eine Leistung (= bewusste und zweckgerichtete Mehrung fremden Vermögens) des Klägers an den Verkäufer und des Verkäufers an den Beklagten dar (Leistung »übers Eck«). Entscheidend ist der Empfängerhorizont: Wer es übernimmt, eine fremde Schuld zu tilgen, leistet i. d. R. an den Schuldner, wenn er absprachegemäß dessen Gläubiger befriedigt und damit die Schuld tilgt. Soll die Zuwendung einen darüber hinausgehenden Zweck haben, so muss der Zuwendende dies unmissverständlich zum Ausdruck bringen. Daran fehlt es hier: Aus der Sicht des Beklagten, der von der gesetzlichen Regelung des § 415 Abs. 3 ausgehen kann und darf, erfüllt der Kläger ausschließlich die Schuld des Verkäufers (und nicht auch eine eigene Verpflichtung, was für § 267 allerdings ausreichen würde). (3) Bei Annahme eines berechtigten Vertrages zugunsten Dritter ergibt sich kein abweichendes Ergebnis (vgl. →Rn. 74, 76 ff.). Indem der Kläger die Schuld übernimmt, macht er sich dem Verkäufer gegenüber bis zur Genehmigung durch berechtigten Vertrag zugunsten Dritter zum Gesamtschuldner (Schuldbeitritt). Die Zahlung stellt insoweit also eine Zahlung auf eine eigene Schuld dar. Dies rechtfertigt aber einen Bereicherungsanspruch gegen den Beklagten nicht: Bei Dreiecksverhältnissen[91] verbietet sich jede schematische Lösung; der Beklagte darf im Fall eines Vertrages zugunsten Dritter, durch den der Begünstigte besser gestellt werden soll als bei einer bloßen (internen) Erfüllungsübernahme, nicht schlechter gestellt werden als im Fall der einfachen Erfüllungsübernahme;[92] es

---

90 Vgl. BGHZ 46, 242; *BGH* NJW 1963, 806; 1966, 39; 1968, 43.

91 Dies ist problematisch, weil eigentlich kein typisches Dreiecksverhältnis vorliegt, in dem im Deckungs- und/oder im Valutaverhältnis der Rechtsgrund fehlt und deshalb eine rechtsgrundlose Leistung in Betracht kommen kann.

92 Weil bei der bloßen Erfüllungsübernahme kein Bereicherungsanspruch in Frage kommt, würde der Gläubiger, wenn er im Fall eines berechtigenden Vertrages zugunsten Dritter einem Bereicherungsanspruch ausgesetzt wäre, schlechter als bei Erfüllungsübernahme stehen, obwohl er durch den be-

handelt sich um eine abgekürzte Leistung; der bereicherungsrechtliche Ausgleich hat in den Leistungsverhältnissen statt zu finden (so der BGH). Weil es an einer Leistung des Klägers an den Beklagten fehlt, kommt ein Bereicherungsanspruch (Leistungskondiktion) gegen den Beklagten nicht in Betracht. (4) Der Kläger muss sich an den Verkäufer halten; eine Anspruchsgrundlage ergibt sich aus dem Rück-gewährschuldverhältnis.

– Der klagende Versicherer leistet an den Beklagten die Versicherungssumme, weil er irrig davon ausgeht, dass der Beklagte gegen den Schädiger, seinen Versicherungs-nehmer, einen Haftpflichtanspruch hat und damit ein Versicherungsfall, der einen Haftungsfall begründet, vorliegt (BGHZ 113, 62).

Der Kläger hat gegen den Beklagten einen Anspruch aus § 812 Abs. 1 S. 1 Alt. 1. (1) Der Beklagte erlangt die Versicherungssumme durch eine Leistung des Klägers. Der Versicherer zahlt – wie regelmäßig – nicht auf eine eigene Schuld, sondern auf die Haftpflichtschuld seines Versicherungsnehmers (§ 267) und nimmt damit eine ei-gene, bewusste und zweckgerichtete Vermögensmehrung des Beklagten vor. Eine Anweisung des Versicherungsnehmers und die Überbringung einer bloß fremden Tilgungsbestimmung als Bote liegt nicht vor; der Kläger leistet aus eigenem Antrieb und gibt eine eigene Tilgungsbestimmung ab. (2) Es fehlt am Rechtsgrund. (3) Damit ist der Anspruch des Klägers aus Leistungskondiktion begründet.

3. Zusammenfassung

Drittleistung (§ 267)	67

1. Tatbestand der Drittleistung (§ 267)
   - Fremdtilgungswille des Dritten erforderlich
   - Unterschied zur Anweisung:
     - Dritter i. S. des § 267 gibt eigene Tilgungsbestimmung ab.
     - Bei Anweisung überbringt der Dritte als Bote nur eine fremde Tilgungsbestimmung.
2. Fallgruppen (h. M.)
   a) Vom Schuldner veranlasste Drittleistung
      Geltung der Grundsätze der Anweisungsfälle (→ Rn. 62)
   b) Nicht veranlasste Drittleistung
      - Bei bestehender Forderung im Valutaverhältnis (zwischen Gläubiger und Schuldner):
        - Rückgriffskondiktion des zuwendenden Dritten gegen Schuldner
        - Erlangtes Etwas: Befreiung von der Verbindlichkeit des Schuldners gegen seinen Gläu-biger (→ Rn. 63)
      - Bei mangelhaftem Valutaverhältnis:
        Leistungskondiktion (Direktkondiktion) zwischen leistendem Dritten und Leistungsemp-fänger (→ Rn. 64)

---

rechtigten Vertrag zugunsten Dritter dadurch begünstigt werden soll, dass er einen zusätzlichen Schuldner erhält. Dies wäre widersprüchlich.

V. Zession (§ 398)

1. Grundsätze

68   Der Zedent tritt eine Forderung gegen den Schuldner aus einem Schuldverhältnis (Deckungsverhältnis) an den Zessionar ab **(Zession).** Die Forderung wird in der Regel erfüllungshalber zur Erfüllung einer Forderung des Zessionars gegen den Zedenten abgetreten (Valutaverhältnis). Der Schuldner leistet an den Zessionar. Fraglich ist das Bestehen von Kondiktionsansprüchen, wenn eines der in Frage kommenden Rechtsverhältnisse mangelhaft ist. Es können folgende Fälle unterschieden werden:

69   **1. Fall: Nichtexistenz der abgetretenen Forderung.** Die Rechtsprechung[93] und h. L.[94] verweisen den zuwendenden Schuldner grundsätzlich auf die Kondiktion »übers Eck«: Der Schuldner muss beim Zedenten kondizieren, und der Zedent beim Zessionar.[95] Die Zuwendung des Schuldners an den Zessionar stellt eine Leistung des Schuldners an den Zedenten und zugleich eine Leistung des Zedenten an den Zessionar dar (»Leistung übers Eck«); das Erlöschen der Forderung des Zessionars gegen den Zedenten im Valutaverhältnis beruht auf der in der Zession liegenden Tilgungsbestimmung, die von der abgetretenen Forderung unabhängig ist.[96] Weil die Mitteilung der Zession eine Anweisung (im untechnischen Sinne) zur Zahlung an den Zessionar enthält, liegt eine anweisungsähnliche Lage vor.

Beispiele:

– Der klagende Versicherer und der Versicherungsnehmer (VN) schließen einen Feuerversicherungsvertrag. VN tritt die Versicherungsforderung aus einem vermeintlichen Brand- oder Schadensfall (sicherungshalber) an den Beklagten ab, mit dem er einen Darlehensvertrag geschlossen hat. Der Versicherer zahlt die Versicherungssumme an den Beklagten aus. Nachdem sich herausgestellt hat, dass kein Versicherungsfall vorliegt, verlangt er vom Beklagten Rückzahlung (BGHZ 105, 365 »Feuerversicherung«-Fall).
(1) Ein Anspruch aus § 812 Abs. 1 S. 1 Alt. 1 (Leistungskondiktion) scheidet aus; es fehlt eine Leistung der Klägerin an den Beklagten. Es liegt eine Leistung »übers Eck« vor: Die Klägerin leistet an den VN zur Erfüllung der Versicherungsforderung und der VN an den Beklagten zur Rückzahlung des gewährten Kredites.[97] Zumindest stellt sich die Rechtslage aus der Sicht des Zahlungsempfängers, des Beklagten, (h. M.) derart dar. (2) Einem Anspruch aus Nichtleistungskondiktion (§ 812 Abs. 1 S. 1 Alt. 2) steht der Vorrang der Leistungsverhältnisse entgegen. Grundsätzlich ist der Zweck, den die Beteiligten nach ihrem zum Ausdruck kommenden Willen verfolgen, entscheidend; danach richtet sich die Zweckbestimmung und das Leistungsverhältnis für den bereicherungsrechtlichen Ausgleich. Besondere Gründe, die eine Direktkondiktion (außerhalb der Leistungsverhältnisse) ausnahmsweise rechtfertigen könnten, liegen nicht vor; insbesondere liegt kein Fall vor, in dem das Deckungsverhältnis fehlt oder

---

93   Vgl. *BGH* NJW 2012, 3373 m. w. N. (Anspruch auf Rückzahlung überhöhter Abschleppkosten gegen den gestörten Grundstücksbesitzer auch nach Abtretung seines Schadensersatzanspruchs gegen den Falschparker an das Abschleppunternehmen).

94   Vgl. *Grigoleit/Auer,* Rn. 471 ff. m. w. N.

95   A. A. *Staake,* S. 116 ff. mit dem Argument, die Annahme, der Schuldner erbringe eine Leistung an den Zedenten, überspanne den Leistungsbegriff (m. w. N. für eine Direktkondiktion).

96   Die Abtretung der Forderung erfolgt erfüllungshalber (vgl. § 364). Die Forderung zwischen Zessionar und Zedent erlischt erst, wenn der Zessionar aus der erfüllungshalber abgetretenen Forderung Befriedigung erlangt hat (vgl. BeckOK BGB/*Dennhardt,* § 364 Rn. 4 m. w. N.). Dies trifft zu, wenn der Schuldner an den Zessionar zahlt.

97   Versicherungsrechtlich wird die Auszahlung einer Versicherungsleistung an einen Zessionar als Zahlung an den Versicherungsnehmer angesehen.

der Zuwendungsempfänger Kenntnis von einem Mangel im Deckungsverhältnis hat (vgl. → Rn. 46 f.). Für das Ergebnis sprechen auch Gesichtspunkte der Risikoverteilung und des Vertrauensschutzes; das Ergebnis ist interessengerecht, so der BGH. (3) Die Klage ist unbegründet.[98]

– Der klagende Versicherer und der Leasingnehmer (Versicherungsnehmer) schließen einen Kaskoversicherungsvertrag. Aufgrund des Leasingvertrages, in dem der Leasingnehmer die Haftung für Beschädigungen usw. übernimmt, tritt der Leasingnehmer dem beklagten Leasinggeber[99] alle Rechte aus dem Versicherungsvertrag (im Voraus) ab. Bei Eintritt eines vermeintlichen Versicherungsfalles zahlt der Kläger an die Beklagte. Nachdem sich herausgestellt hat, dass der Kläger mangels Versicherungsfalles nicht zur Leistung verpflichtet ist, verlangt er vom Beklagten Rückzahlung aus unberechtigter Bereicherung (BGHZ 122, 46 [Fortführung von BGHZ 105, 365]).

(1) Ein Anspruch aus § 812 Abs. 1 S. 1 Alt. 1 (Leistungskondiktion) scheidet mangels Leistungsbeziehung zwischen Kläger und dem (bezüglich des nicht vorliegenden Versicherungsfalles gutgläubigen) Beklagten aus. (2) Einer Nichtleistungskondiktion (§ 812 Abs. 1 S. 1 Alt. 2) stehen die Leistungsverhältnisse entgegen. Gesichtspunkte des Vertrauensschutzes und der Risikoverteilung rechtfertigen kein anderes Ergebnis und damit keine Direktkondiktion.[100]

2. Fall: Keine Forderung im Valutaverhältnis zwischen Zessionar und Zedent. Die 70
abgetretene Forderung besteht zwar, im Verhältnis Zedent zum Zessionar fehlt es aber an einer Forderung, zu deren Erfüllung der Zedent die Forderung an den Zessionar erfüllungshalber abtritt. Nach h. M. ist über das Eck rückabzuwickeln: Der Zedent muss beim Zessionar kondizieren, also im mangelhaften Leistungsverhältnis (§ 812 Abs. 1 S. 1 Alt. 1).

Beispiel: E verkauft sein Grundstück an K. Die darauf lastende Grundschuld zugunsten G soll vorher abgelöst werden (lastenfreie Übereignung des Grundstücks). Dazu tritt E seinen Kaufpreisanspruch gegen K (zum Teil) an G ab; K zahlt an G. Nun stellt sich heraus, dass die Grundschuld nicht wirksam entstanden ist (mangelnde Deckung von Einigung und Eintragung). Wie ist die Rechtslage (*BGH* WM 1989, 1811)?
E kann von G Rückzahlung aus § 812 Abs. 1 S. 1 Alt. 1 (Leistungskondiktion) verlangen. a) G erlangt die Zahlung. (b) Es liegt eine Leistung des E an G vor. Die Zuwendung des K an G (Zahlung auf die abgetretene Kaufpreisforderung) stellt aus der Sicht des Zahlungsempfängers G eine bewusste und gewollte Vermögensmehrung des E zum Zweck der Ablösung der Grundschuld dar.[101] (c) Wegen der nichtigen Grundschuld fehlt der Rechtsgrund.

---

98 Es sind zwei Typen von Versicherungsfällen zu unterscheiden: (1) Im Fall BGHZ 113, 62 bestand eine Haftpflichtschuld des Versicherungsnehmers, auf welche der Versicherer zahlte. (2) Im Fall BGHZ 105, 365 liegt keine Haftpflichtschuld (Schädigung eines Dritten) vor, sondern nur ein Schadensfall (Beschädigung des eigenen Eigentums), der einen Anspruch des Versicherungsnehmers gegen den Versicherer begründet. In diesem Fall kommt eine Drittleistung nicht in Betracht.

99 Es lag eine Fremdversicherung (§§ 43 ff. VVG) vor; der Beklagte war Versicherter und konnte über die Rechte aus dem Versicherungsvertrag in dem im Sicherungsschein beschriebenen Umfang selbst verfügen. Der Versicherte wird aber nicht zu einem zweiten Versicherungsnehmer. Die Zahlungspflicht des Versicherers gegenüber dem Versicherten beruht nach wie vor auf dem Deckungsverhältnis, dem Versicherungsvertrag zwischen Versicherer und Versicherungsnehmer. Es liegen keine zwei nebeneinander bestehenden Versicherungsverhältnisse vor, sondern es besteht nur eine Verknüpfung von Versicherungsnehmer und Versicherten; eine bereicherungsrechtlich relevante Rechtsbeziehung zwischen dem Versicherer und Versicherten besteht nicht. Rechtlich wie wirtschaftlich ist der Versicherte einem Zessionar vergleichbar (vgl. BGHZ 122, 46).

100 Vgl. im Einzelnen BGHZ 122, 46.

101 So *BGH* WM 1989, 1811, 1813. Der Leistungsbegriff ist in diesen Fällen aber problematisch. (1) Die Zuwendung an den Grundschuldgläubiger könnte auch als Leistung des K zur Erfüllung der (abgetretenen) Kaufpreisforderung angesehen werden. (2) Die Abtretung der Kaufpreisforderung des E an G könnte schon eine Leistung zum Zweck der Ablösung der Grundschuld sein.

71 **3. Fall: Es fehlt sowohl im Valutaverhältnis eine Forderung des Zessionars gegen den Zedenten als auch die abgetretene Forderung (»Doppelmangel«).** Es wird »übers Eck« abgewickelt: Der Schuldner kondiziert beim Zedenten, der Zedent kondiziert beim Zessionar.

72 **4. Fall: Unwirksamkeit des Zessionsvertrages.** Hat der Zedent dem Schuldner die Abtretung angezeigt, so folgt aus § 409 das Erlöschen der (unwirksam abgetretenen) Forderung; der Zedent muss sich an den Zessionar halten (§ 816 Abs. 2).[102] Fehlt eine Anzeige i. S. des § 409 Abs. 1 (z. B. Zahlung auf Veranlassung des Schuldners oder Zahlung auf eigene Veranlassung), so kommt eine Direktkondiktion des Schuldners beim Zessionar in Betracht. Es fehlt ein (der Anweisung ähnlicher) Zessionsvertrag, der die Zuwendung des Schuldners an den Zessionar zu einer Leistung des Schuldners an den Zedenten macht (vgl. zur Zurechenbarkeit → Rn. 46 f.) und die Rückabwicklung übers Eck rechtfertigt.[103]

Beispiele:

– Der Schuldner leistet an den Zessionar eine Überzahlung auf eine abgetretene Forderung. Der BGH bejahte eine Leistungskondiktion (§ 812 Abs. 1 S. 1 Alt. 1) des Schuldners gegen den Zessionar auf Rückzahlung der Überzahlung. Es liegt ein Mangel vor, der mit der Rechtsbeziehung des Schuldners zu dem Zedenten und der durch diese geschaffene Risikoverteilung nichts zu tun hat; der Zedent veranlasst insoweit die Zahlung an den Zessionar nicht, sodass eine Zurechnung der Zuwendung als Leistung an den Zedenten nicht in Betracht kommt (*BGH* NJW 1989, 161).

– Versicherungsfall, bei dem der Gläubiger eines (vermeintlichen) Haftpflichtanspruchs diesen Anspruch scheinbar an einen Dritten abtritt (unwirksamer Zessionsvertrag), der Versicherer an den Scheinzessionar leistet und später das Geleistete vom Scheinzessionar zurückverlangt. Es liegt eine Leistung des Versicherers als Dritter auf eine fremde Schuld (§ 267) vor. Eine veranlasste Drittzahlung oder anweisungsähnliche Lage ist nicht gegeben (vgl. → Rn. 62). Bei irrig angenommener Zession kann deshalb der Dritte (Versicherer) die dem vermeintlichen Zessionar erbrachte Leistung beim Zessionar direkt kondizieren (BGHZ 113, 62, 70).

2. Zusammenfassung

73

Zession (§ 398)
I. Fallkonstellation Der Schuldner leistet an den Zessionar, um eine vom Zedenten an den Zessionar (in der Regel) erfüllungshalber abgetretene Forderung zu erfüllen.

II. Fallgruppen
    1. Nichtexistenz der abgetretenen Forderung
       Zuwendung (Zahlung) des Schuldners an den Zessionar = Leistung des Schuldners an den Zedenten und zugleich Leistung des Zedenten an den Zessionar (»Leistung übers Eck«) (vgl. »Feuerversicherungs«-Fall → Rn. 69)
    2. Fehlen der Forderung im Valutaverhältnis
       Kondiktion des Zedenten gegen Zessionar im Valutaverhältnis (→ Rn. 70)
    3. Fehlen der Forderung im Valutaverhältnis und der abgetretenen Forderung
       Abwicklung übers Eck: Schuldner kondiziert bei Zedenten, Zedent beim Zessionar (→ Rn. 71)
    4. Unwirksame Abtretung
       Leistungskondiktion des (zahlenden) Schuldners gegen den Scheinzessionar (→ Rn. 72)

---

102 So zu Recht BeckOK BGB/*Wendehorst*, § 812 Rn. 268.
103 MüKoBGB/*Schwab*, Bd. 6, § 812 Rn. 244; *Larenz/Canaris*, SR II/2, § 70 V 1 c, S. 239.

VI. (Echter) Vertrag zugunsten Dritter (§ 328)

Bei einem (echten) **Vertrag zugunsten Dritter** verspricht der Versprechende dem   74
Versprechensempfänger, an einen Dritten zu leisten. Der Dritte erwirbt ein unmittelbares Forderungsrecht gegen den Versprechenden (§§ 328 Abs. 2, 335).[104] Zwischen
dem Versprechensempfänger und dem Dritten besteht regelmäßig ein Schuldverhältnis
(Valutaverhältnis). Der Versprechende wendet dem Dritten die (vertragsgemäße) Leistung zu.

In dieser Fallkonstellation können Mängel im Valutaverhältnis zwischen Versprechensempfänger und Drittem oder im Deckungsverhältnis zwischen Versprechendem
und Versprechensempfänger auftreten. Bereicherungsrechtlich ist grundsätzlich entscheidend, in welchem Rechtsverhältnis ein Mangel vorliegt.

Hinweis: Beim unechten Vertrag zugunsten Dritter erwirbt der Dritte keinen eigenen Anspruch gegen   75
den Versprechenden. Bei Mängeln im Deckungsverhältnis (zwischen Versprechensempfänger und Versprechendem) und im Valutaverhältnis (zwischen Versprechensempfänger und Drittem) wird im jeweils fehlerhaften Rechtsverhältnis kondiziert: Es gelten die Grundsätze der Anweisungslage (vgl.
→ Rn. 26 ff.).

1. Mangel im Valutaverhältnis

Ein Mangel im Valutaverhältnis betrifft allein den Versprechensempfänger und den   76
Dritten; eine Rückabwicklung hat allein in deren Verhältnis mittels Leistungskondiktion stattzufinden. Die Zuwendung des Versprechenden an den Dritten stellt bereicherungsrechtlich eine Leistung übers Eck dar, also des Versprechenden an den Versprechensempfänger und des Versprechensempfängers an den Dritten.

---

104 Im Rahmen eines Lebensversicherungsvertrages kann der Versicherungsnehmer bestimmen, welche
Person im Versicherungsfall den Anspruch auf die Versicherungssumme haben soll (§ 159 VVG).
Der unwiderruflich Bezugsberechtigte erwirbt das eigene Forderungsrecht gegenüber dem Versicherer mit seiner Benennung als Bezugsberechtigten, der widerruflich Bezugsberechtigte erst mit
dem Eintritt des Versicherungsfalls.

2. Mangel im Deckungsverhältnis

77   Liegt im Deckungsverhältnis ein Mangel vor, so stellt sich die Frage, bei wem der Versprechende kondizieren kann. Geht man bei der Lösung dieser Fälle von der üblichen Definition der Leistung aus, um das bereicherungsrechtlich relevante Leistungsverhältnis zu ermitteln,[105] so stellt sich das folgende Problem: Der Versprechende könnte sowohl an den Versprechensempfänger (zur Erfüllung des Vertrages im Deckungsverhältnis) als auch an den Dritten (zur Erfüllung des Anspruchs des Dritten aus dem echten, berechtigenden Vertrag zugunsten Dritter) leisten, und es könnten somit zwei relevante Leistungsbeziehungen in Betracht kommen. Mit der bloßen Definition des Leistungsbegriffes können die relevante Leistungsbeziehung und damit der Schuldner eines (Leistungs-)Kondiktionsanspruchs nicht ermittelt werden, weil grundsätzlich zwei Leistungsverhältnisse vorliegen (können). Es muss deshalb aus anderen Erwägungen, insbesondere der Interessenlage sowie den Besonderheiten des Einzelfalles, heraus ermittelt werden, welche Leistungsbeziehung bereicherungsrechtlich relevant ist und welche Leistungsbeziehung dagegen zurücktritt. Es ist zwischen folgenden Fällen zu differenzieren:

78   **1. Fall:** Der Versprechende leistet an den Versprechensempfänger im Deckungsverhältnis, der Versprechensempfänger an den Dritten aus dem Valutaverhältnis (Leistung »übers Eck«). Dasjenige, was der Dritte vom Versprechensempfänger im Valutaverhältnis verlangen kann, und das, was der Dritte aufgrund des berechtigenden Vertrages zugunsten Dritter vom Versprechenden verlangen kann, sind gattungsmäßig gleich. Die Zuwendung des Versprechenden an den Dritten stellt eine bloße abgekürzte Leistung dar. Diese Rechtslage entspricht der üblichen Anweisungslage. Das Forderungsrecht des Dritten (aus dem berechtigenden Vertrag zugunsten Dritter) hat bereicherungsrechtlich keine Bedeutung; es dient nur der Verstärkung der Rechtsstellung des Dritten durch ein eigenes Forderungsrecht gegenüber dem Versprechenden und soll die Rechtsstellung des Dritten bereicherungsrechtlich nicht (durch einen Bereicherungsanspruch des Zuwendenden gegen den Dritten) schwächen. Der Dritte ist nur Gläubiger, aber kein Vertragspartner. Bei fehlerhaftem Deckungsverhältnis kann der Versprechende nur beim Versprechensempfänger kondizieren (§ 812 Abs. 1 S. 1 Alt. 1 [Leistungskondiktion]). Ein Kondiktionsanspruch gegen den Dritten kommt grundsätzlich nicht in Frage.

Beispiel: Der Kläger und H schließen einen Kaufvertrag über einen Dampfkessel. Im Vertrag räumen sie dem Beklagten ein Forderungsrecht ein. H selbst verkauft den Dampfkessel an den Beklagten weiter. Der Beklagte erlangt vertragsgemäß (Vertrag zwischen H und dem Beklagten) Eigentum. Aufgrund einiger Unstimmigkeiten ficht der Kläger seinen Vertrag mit H wirksam an; der Vertrag zwischen H und dem Beklagten ist und bleibt wirksam. Der Kläger verlangt von dem Beklagten Herausgabe des Kessels (BGHZ 5, 281 »Dampfkessel«-Fall).
(1) Ein Anspruch aus § 985 scheidet mangels Eigentums des Klägers aus. (2) Ein Anspruch aus § 812 Abs. 1 S. 1 Alt. 1 (Leistungskondiktion) setzt eine Leistungsbeziehung zwischen dem Kläger und dem Beklagten voraus. Der Vertrag zwischen dem Kläger und H ist ein berechtigender Vertrag zugunsten Dritter und begründet für den Dritten (hier: Beklagten) ein eigenes Forderungsrecht. Der Kläger könnte zum

---

105   Es kommt entscheidend darauf an, welchen Zweck die Beteiligten nach ihren zum Ausdruck kommenden Willen verfolgt haben; soweit der von den Beteiligten gewollte Zweck nicht übereinstimmt, ist die Sicht des Zuwendungsempfängers entscheidend (h. M.). Der bereicherungsrechtliche Ausgleich vollzieht sich grundsätzlich im Verhältnis des fehlerhaften Leistungsverhältnisses (vgl. → Rn. 4 f.).

Zweck der Erfüllung des im Kaufvertrag zwischen dem Kläger und H begründeten Forderungsrechts des Beklagten bewusst eine Vermögenszuwendung an den Beklagten gemacht und deshalb an ihn geleistet haben. Infrage kommt aber auch eine Leistung des Klägers an H zur Erfüllung des Kaufvertrages zwischen ihm und H. Geht man davon aus, dass der Schuldner in der Regel auf das Schuldverhältnis im weiteren Sinne leistet (hier Kaufvertrag zwischen Kläger und H), so liegt eine (bereicherungsrechtlich relevante) Leistung des Klägers an H vor, sodass es an einer (bereicherungsrechtlich relevanten) Leistung an den Beklagten fehlt. Dass es auf die Leistung des Klägers an den Beklagten bereicherungsrechtlich nicht ankommt, kann man auch damit begründen, dass der berechtigende Vertrag die Rechtsposition des Dritten durch Einräumung eines eigenen Forderungsrechts stärken, nicht aber durch Begründung einer bereicherungsrechtlichen Haftung gegenüber dem Kläger schwächen soll. Dies entspricht auch dem Empfängerhorizont des Zuwendungsempfängers (Beklagten). (3) Auch ein Anspruch aus §§ 813, 334 ist unbegründet. Die Anfechtung könnte ein Leistungsverweigerungsrecht auch gegenüber dem Dritten (hier Beklagten) begründen. Dies ist aber bei einer nach Rechtserwerb erklärten Anfechtung nicht der Fall; die Zuwendung hat im Verhältnis zwischen H und Beklagten schon abschließende Wirkung (Erfüllung). Der Kläger kann darin nicht mehr eingreifen. (4) Infrage kommt ein Anspruch aus § 812 Abs. 1 S. 1 Alt. 2 (Nichtleistungskondiktion). Jedoch ist der Beklagte nicht auf Kosten des Klägers ungerechtfertigt bereichert: Rechtsgrund für die Leistung des Dampfkessels ist nicht der Vertrag des Klägers mit H, sondern der Vertrag zwischen H und dem Beklagten.

2. Fall: Der Zuwendung des Versprechenden an den Dritten wird eine auf den Dritten **79** bezogene Zweckrichtung gegeben, welche die Zuwendung als eine allein vom Bestand des Deckungsverhältnisses abhängige Leistung an den Dritten im bereicherungsrechtlichen Sinne erscheinen lässt und vom Valutaverhältnis (zwischen Versprechensempfänger und Dritten) ganz unabhängig sein soll. Aus der Sicht des Zuwendungsempfängers (Dritten) liegt eine Leistung des Versprechenden an den Dritten unmittelbar vor. Leistungsempfänger ist der Dritte und damit derjenige, der in engerer Verbindung zu dem mit der Leistung verfolgten Zweck steht.[106] Ein bereicherungsrechtliches Leistungsverhältnis nur zwischen Versprechendem und Dritten ist dann interessengerecht. Das (Leistungs-)Verhältnis zwischen Versprechendem und Versprechensempfänger tritt insoweit bereicherungsrechtlich zurück.

Es handelt sich um Fälle, in denen nach dem Willen der Vertragsparteien der Dritte ein eigenes Forderungsrecht gegen den Versprechenden erhalten soll, das den für seinen Bestand maßgebenden Rechtsgrund nur im Deckungsverhältnis zwischen Versprechendem und Versprechensempfänger haben und von einem etwaigen Valutaverhältnis zwischen Versprechensempfänger und Dritten ganz unabhängig sein soll. Bei fehlerhaftem Deckungsverhältnis kann der Versprechende direkt vom Dritten kondizieren.

Anwendungsfälle:[107]
– »Versorgungsvertrag« i. S. des § 330 (Leibrentenvertrag).
– Dem Dritten wird ein ausschließliches Forderungsrecht – in Abbedingung des § 335 – eingeräumt.
– Das Valutaverhältnis erschöpft sich bereits in der Zuwendung der Forderung aus dem echten, berechtigenden Vertrag zugunsten Dritter.
– Im Valutaverhältnis liegt ein unentgeltliches Rechtsgeschäft vor (§ 822 entspr.).[108]

---

106 *Medicus/Petersen*, BR, Rn. 683 a. E.
107 Vgl. dazu BGHZ 58, 184.
108 Die typische Schwäche des unentgeltlichen Erwerbs rechtfertigt die Herausgabepflicht des Dritten gegenüber dem Versprechenden (vgl. §§ 822, 816 Abs. 1 S. 2). Ist der Versprechensempfänger dagegen bösgläubig, so kann er sich nicht auf den Wegfall der Bereicherung berufen und haftet gegebenenfalls verschärft; ein Direktanspruch scheidet dann aus. Die Literatur stellt die Insolvenz des Versprechensempfängers dem Wegfall der Bereicherung (§ 818 Abs. 3) gleich (vgl. *Canaris*, FS Larenz, 1973, S. 799, 833; *Larenz/Canaris*, SR II/2, § 69 IV 1 a, S. 195).

Beispiel: Der Kläger schließt mit dem Bauträger B einen Kaufanwärtervertrag, in dem eine Maklercourtage für den Beklagten vereinbart wird. Nach Auszahlung der Courtage an den Beklagten ficht der Kläger die Maklervereinbarung wirksam an und verlangt vom Beklagten Rückzahlung (BGHZ 58, 184 »Makler-Courtage-Fall«).

Der BGH bejaht eine Direktkondiktion des Klägers gegen den Beklagten aus § 812 Abs. 1 S. 1 Alt. 1. (1) Weil die zwischen dem Kläger und B vereinbarte Maklercourtage zugunsten des Beklagten einen (selbständigen und) echten, berechtigenden Vertrag zugunsten Dritter darstellt, ergibt sich das Problem, ob der Kläger beim Beklagten oder bei seinem Vertragspartner B kondizieren kann und muss. (2) Regelmäßig liegt eine Leistung »übers Eck« vor; aber es kann auch sinnvoll und wirtschaftlich gesehen interessengerecht sein, die Zuwendung des Versprechenden (Klägers) an den Dritten (Beklagten) eine auf den Dritten bezogene Zweckrichtung zu geben, welche die Zahlung als eine vom Bestand des Deckungsverhältnisses unabhängige Leistung an den Dritten im bereicherungsrechtlichen Sinne erscheinen lässt.[109] Dann leistet der Kläger an den Beklagten; es liegt ein vom Kaufanwärtervertrag losgelöster und verselbständigter Vertrag zugunsten Dritter vor; das Rechtsverhältnis des Klägers zu B ist als von der Courtagevereinbarung unabhängig zu behandeln; dies fasst der Beklagte auch so auf. Das Rechtsverhältnis des Klägers zum Beklagten wird als der wirtschaftliche Schwerpunkt der mit B geschlossenen Maklervereinbarung angesehen.

3. Zusammenfassung

80

Vertrag zugunsten Dritter (§ 328)

I. Berechtigender Vertrag zugunsten Dritter
– Bei einem echten Vertrag zwischen Versprechensempfänger und Versprechendem zugunsten Dritter verspricht der Versprechende dem Versprechensempfänger, an einen Dritten, der einen unmittelbaren Anspruch gegen den Versprechenden erwirbt, zu leisten (§§ 328 Abs. 2, 335).
  1. Mangel im Valutaverhältnis (zwischen Versprechensempfänger und Drittem): Leistungskondiktion des Versprechensempfängers bei dem Dritten; die Zuwendung des Versprechenden an den Dritten ist eine Leistung »übers Eck« (→ Rn. 76).
  2. Mangel im Deckungsverhältnis (zwischen Versprechensempfänger und Versprechendem):
     a) Grundsätzlich zwei Leistungsverhältnisse (doppelter Leistungszweck) (→ Rn. 77):
        – zwischen dem Versprechenden und dem Versprechensempfänger zur Erfüllung des Deckungsverhältnisses
        – zwischen dem Versprechenden und dem Dritten zur Erfüllung des Anspruchs des Dritten gegen den Versprechenden aus dem berechtigten Vertrag zugunsten Dritter
     b) Bereicherungsrechtliche Abwicklung
        – Grundsätzlich nur Leistungskondiktion zwischen Versprechendem und Versprechensempfänger:
        – Deckungsverhältnis vorrangig; bereicherungsrechtlich relevante Leistung des Versprechenden an den Dritten fehlt (vgl. »Dampfkessel«-Fall; → Rn. 78).
– Ausnahme: Bereicherungsrechtliches Leistungsverhältnis nur zwischen Versprechendem und Drittem (Direktkondiktion), wenn Dritter ein von dem Valutaverhältnis unabhängiges Forderungsrecht gegen Versprechenden hat (»Makler-Courtage«-Fall; → Rn. 79).
II. Unechter Vertrag zugunsten Dritter: Behandlung wie Anweisungsfälle (→ Rn. 75)

---

109 Nach der h. M. kommt es darauf an, wer in engerer Verbindung zu dem mit der Zuwendung verfolgten Zweck steht; *Medicus/Petersen*, BR, Rn. 683 a. E.

VII. Einschaltung von Hilfspersonen

Als **Hilfspersonen** werden Stellvertreter, Boten oder Zahlstellen bezeichnet, die in 81 einen Zuwendungsvorgang eingeschaltet werden. Die Hilfsperson ist bereicherungsrechtlich ohne Bedeutung, wenn ihre Zuwendung dem sie einschaltenden Geschäftsherrn zugerechnet werden kann. Es liegt dann nur eine bereicherungsrechtlich relevante Rechtsbeziehung zwischen dem Geschäftsherrn und dem Dritten vor und insoweit kein Dreipersonenverhältnis.

Beispiele:

– Der Bote überbringt eine bestimmte Summe Geld irrtümlich an den falschen Empfänger. Ist die Zuwendung des Boten dem Geschäftsherrn zuzurechnen, so kommt nur eine Kondiktion zwischen Geschäftsherrn und Zahlungsempfänger in Betracht. Im Fall mangelnder Zurechnung kann der Bote beim Zuwendungsempfänger selbst kondizieren.[110]
– Der Schuldner zahlt an den Gläubiger durch Banküberweisung. Die Gläubigerbank ist nur Zahlstelle des Gläubigers. Es liegt eine Leistung zwischen dem Schuldner und Gläubiger, nicht aber der Gläubigerbank vor.

Beim Auftreten eines Stellvertreters ist zu unterscheiden zwischen offener und ver- 82 steckter Stellvertretung.

1. Bei **offener Stellvertretung** (§§ 164 ff.) ist grundsätzlich der Vertretene der Leistende. Es liegt kein echtes Dreiecksverhältnis vor. Leistungs- und Zahlungsempfänger ist nicht der Bevollmächtigte, sondern der Vollmachtgeber. Der Bevollmächtigte ist nur unselbstständige Zahlstelle.

Beispiel: K schließt mit B, vertreten durch den Prokuristen P, Kaufverträge. P stellt im Namen der B wiederholt überhöhte Beträge in Rechnung, die K an P zahlt. Nachdem K dies bemerkt hat, verlangt K die überzahlten Beträge zurück (RGZ 79, 285).
K hat gegen B einen Anspruch aus § 812 Abs. 1 S. 1 Alt. 1 (Leistungskondiktion). (a) B hat die überzahlten Beträge erlangt. K zahlt an P in seiner Eigenschaft als Prokurist. Zahlungsempfänger ist – rechtlich gesehen – der B. Bereichert ist damit B, nicht P. (b) Eine Leistung des K liegt vor. (c) Ein Rechtsgrund fehlte. (d) Ein Anspruch aus § 812 Abs. 1 S. 1 Alt. 1 ist begründet.

2. Bei **versteckter Stellvertretung** (z. B. Kommission, Treuhand, Strohmann) ist der Vertreter der Leistende bzw. der Leistungsempfänger: Er ist selbstständige Zwischenperson.

Beispiel: Die Zuwendung des Zahlenden an den Treuhänder stellt eine Leistung an diesen, nicht dagegen eine solche an den Treugeber dar. Während die Einschaltung eines Boten oder offenen Stellvertreters die Annahme einer unmittelbaren Vermögensverschiebung an die dahinter stehende Person nicht hindert, ist dies bei Zwischenschaltung eines Kommissionärs, indirekten Stellvertreters, Strohmanns und Treugebers anders. Das Vermögen wird in diesen Fällen unmittelbar zwischen dem Zuwendenden und der selbständigen Zwischenperson verschoben. Ein Bereicherungsanspruch des Zahlenden im Falle von Rechtsgrundlosigkeit entsteht deshalb gegen den Treuhänder, nicht gegen den Treugeber (*BGH* NJW 1961, 1461).

3. Ist ein **Vertreter ohne Vertretungsmacht** involviert, kommt ein Anspruch des Zuwendenden gegen den »Vertretenen« aus Leistungskondiktion nur in Betracht, wenn sich aus Sicht des Vertretenen ergibt, dass die Leistung an ihn erbracht wurde und nicht an den Vertreter ohne Vertretungsmacht. Eine Nichtleistungskondiktion gegen den »Vertretenen« kommt nur in Betracht, wenn »ihm von niemandem geleis-

---

110 Beispiel nach MüKoBGB/*Lieb*, 4. Aufl. 2004, § 812 Rn. 105.

tet worden ist«.[111] Der Anspruch aus § 179 gegen den Vertreter ohne Vertretungsmacht schließt die Bereicherungshaftung des Vertretenen nicht aus.[112]

Beispiel: Der Architekt A vergibt Zusatzaufträge an den Handwerker H im Namen des Bauherrn B, ohne von ihm für diese Zusatzverträge bevollmächtigt zu sein. H hat Ansprüche gegen A aus § 179 (falsus procurator) und gegen B aus § 812 Abs. 1 S. 1 Alt. 2 (Nichtleistungskondiktion).[113] (a) B erlangt die Handwerkerleistungen. (b) Eine Leistung (i. S. des § 812 Abs. 1 S. 1 Alt. 1) liegt nicht vor, weil der Zuwendungsempfänger B hinsichtlich der Zusatzarbeiten wegen der nicht erteilten Vollmacht nicht von einer bewussten Vermögensmehrung des H an sich ausgehen kann und darf. (c) Der Rechtsgrund fehlt. Insbesondere § 179 begründet keinen entsprechenden Rechtsgrund (*OLG Hamm* MDR 1975, 488).

---

111 Vgl. BGHZ 40, 270 und § 13 Rn. 13.
112 Vgl. Palandt/*Sprau*, § 812 Rn. 55 und Palandt/*Ellenberger*, § 179 Rn. 9.
113 Nicht erörtert hat das *OLG Hamm* Ansprüche aus GoA (§§ 677, 683 S. 1, 670 oder § 684 S. 1 i. V. m. §§ 818 ff.).

4. Teil. Deliktsrecht

Literatur: *Armbrüster,* Ansprüche des Geschädigten bei Schuldnermehrheit und Familienprivileg, NJW 2018, 1218; *v. Bar,* Gemeineuropäisches Deliktsrecht, 2. Band. Schaden und Schadensersatz, Haftung für und ohne eigenes Fehlverhalten, Kausalität und Verteidigungsgründe, 1999; *ders.,* Deliktsrecht in Europa, Systematische Einführungen, Gesetzestexte, Übersetzungen, 1994; *Baur,* Der Beseitigungsanspruch nach § 1004 BGB, AcP 160 (1961), 465; *Bernuth/Gutman,* Zivilrechtliche Rückrufpflicht und Kostenregress im Bereich lebensmittelrechtlicher Produzentenhaftung, ZLR 2007, 541; *Beuthien,* Was ist vermögenswert, die Persönlichkeit oder ihr Image? – Begriffliche Unstimmigkeiten in den Marlene-Dietrich-Urteilen, NJW 2003, 1220; *Brand,* Die Haftung des Aufsichtspflichtigen nach § 832 BGB, JuS 2012, 673; *Brüggemeier,* Deliktsrecht, 1986; *ders.,* Prinzipien des Haftungsrechts: Eine systematische Darstellung auf rechtsvergleichender Grundlage, 1. Aufl. 1999; *ders.,* Haftungsrecht: Struktur, Prinzipien, Schutzbereich: Ein Beitrag zur Europäisierung des Privatrechts, 2006; *Burckhardt,* Das Ende kostenloser Nachrüstung beim Rückkauf von Produkten? Die Pflicht zur Mängelbehebung und zur Kostentragung beim Produktrückruf im Lichte der neuesten Rechtsprechung, VersR 2007, 1601; *Buschbell,* Radfahrer im Straßenverkehr: haftungs- und versicherungsrechtliche Aspekte, NJW 2011, 3605; *v. Caemmerer,* Reformprobleme der Haftung für Verrichtungsgehilfen, ZfRV 1973, 241; *ders.,* Objektive Haftung, Zurechnungsfähigkeit und »Organhaftung«, FS Flume I, 1978; *Deutsch,* Allgemeines Haftungsrecht, 2. Aufl. 1996; *ders.,* Gefährdungshaftung: Tatbestand und Schutzbereich, JuS 1981, 317; *ders.,* Anmerkung zu BGH, JZ 1967, 639, JZ 1967, 641; *Deutsch/Ahrens,* Deliktsrecht, 6. Aufl. 2014; *Dietborn/Müller,* Beschränkung der deliktischen Herstellerpflichten: Kein Produktrückruf und kostenloser Austausch, BB 2007, 2358; *Dörr,* Gefährdungshaftung – Der Betriebsbegriff bei abgestellten Kraftfahrzeugen, MDR 2011, 1083; *Falk/Keilmann,* Examensklausur ZR »Die Antibabypille«, Jura 2006, 773; *Faust,* Digitale Wirtschaft – Analoges Recht: Braucht das BGB ein Update?, Gutachten zum 71. Deutschen Juristentag 2016, Band 1 A; *Freund,* Münchener Kommentar zum StGB, 2. Aufl. 2014, § 323c; *Fuchs/Baumgärtner,* Ansprüche aus Produzentenhaftung und Produkthaftung, JuS 2011, 1057; *Fuchs/Pauker,* Delikts- und Schadensersatzrecht, 9. Aufl. 2017; *Grunewald,* Bürgerliches Recht, 8. Aufl. 2009; *Gsell,* Anmerkung zu *BGH* NZM 2009, 595, ZJS 2009, 572; *Heldrich,* Persönlichkeitsschutz und Pressefreiheit nach der Europäischen Menschenrechtskonvention, NJW 2004, 2634; *Herrmann,* Zur Anwendung des BGB § 254 im Rahmen eines negatorischen Beseitigungsanspruchs, JR 1998, 242; *Huber,* Normzwecktheorie und Adäquanztheorie, JZ 1969, 677; *Jaeger,* Gesetz zur Einführung eines Anspruchs auf Hinterbliebenengeld, VersR 2017, 1041; *Jansen,* Gesetzliche Schuldverhältnisse, AcP 216 (2016), 112; *Keiser,* Schadensersatz und Schmerzensgeld bei Stalking?, NJW 2007, 3387; *Kiehnle,* Übungsklausur – Bürgerliches Recht: Entschädigung in Geld wegen Verletzung des allgemeinen Persönlichkeitsrechts, JuS 2006, 418; *Klöpfer/Meier,* Eigentümerhaftung für mittelbar verursachte Brandschäden am Nachbargrundstück, NJW 2018, 1516; *Koch/Schimmel,* Ersatzteile im Online-Versandhandel, Jura 2006, 190; *Kruse,* Zu den Voraussetzungen der Tierhalterhaftung bei ungeklärter Verursachung, VersR 2012, 1360; *Kupisch/Krüger,* Grundfälle zum Recht der unerlaubten Handlungen, JuS 1980, 270, 422, 574, 727; 1981, 30, 347, 584, 737; *Lemcke,* Gefährdungshaftung im Straßenverkehr unter Berücksichtigung der Änderungen durch das 2. SchadÄndG, ZfS 2002, 318; *Leßmann,* Einführung und Überblick zum Recht der unerlaubten Handlungen, JA 1988, 57; *ders.,* Grundtatbestände der unerlaubten Handlung, JA 1988, 237; *ders.,* Weiterentwicklung in Rechtsprechung und Lehre zu § 823 Abs. 1, JA 1988, 409; *ders.,* Besondere Deliktstatbestände, JA 1988, 585; *ders.,* Gefährdungshaftung, JA 1989, 117; *ders.,* Der Schadensersatzanspruch bei unerlaubten Handlungen, JA 1989, 281 und 330; *Leyens,* Expertenhaftung: Ersatz von Vermögensschäden im Dreipersonenverhältnis nach Bürgerlichem Recht, JuS 2018, 217; *Löhnig,* Zivilrechtliche Probleme des neuen § 238 StGB, FamRZ 2007, 518; *Looschelders,* Anmerkung zu BGH VersR 2010, 268, VersR 2010, 272; *Loyal,* Anmerkung zu dem Urteil des BGH vom 14.05.2013 (VI ZR 255/11; JZ 2014, 303) – Zu der Frage, ob § 323c StGB ein Schutzgesetz im Sinne des § 823 Abs. 2 BGB ist, JZ 2014, 306; *Mansel,* Die Neuregelung des Verjährungsrechts, NJW 2002, 89; *Medicus,* Besitzschutz durch Ansprüche auf Schadensersatz, AcP 165 (1965), 115; *ders.,* Gefährdungshaftung im Zivilrecht, Jura 1996, 561; *Mertens/Reeb,* Grundfälle zum Recht der unerlaubten Handlung, JuS 1971, 409, 469, 525, 586; 1972, 35; *Miserre,* Der deliktische Schutz des Persönlichkeitsrechts, JA 2003, 282; *Molitoris,* »Kehrtwende« des BGH bei Produktrückrufen? – Keine generelle Verpflichtung zur kostenfreien Nachrüstung/Reparatur von mit sicherheitsrelevanten Fehlern behafteten Produkten, NJW 2009, 1049; *Molitoris/Klindt,* Aktuelle Entwicklungen im Produktsicherheits- und Produkthaftungsrecht NJW 2017, 1582; *Müller,* Der Anspruch auf Hinterbliebenengeld, VersR 2017, 321; *dies.,* Zum Schutzbereich des Persönlichkeitsrechts im Zivilrecht, VersR 2008, 1141; *Müller-Laube,* Die Konkurrenz zwischen Eigentümer und Anwartschaftsberechtigtem um die Drittschutzansprüche, JuS 1993, 529; *Mylich,* Die Eigentumsverletzung – Fallgruppen und Ansprüche, JuS 2014, 398; *Neuner,* Der privatrechtliche Schutz der Persönlichkeit, JuS 2015, 962; *Nugel,* Das Hinterbliebenengeld bei Unfällen im Straßenverkehr – eine Herausforderung für die Praxis, ZfS 2018, 72; *Oechsler,* Die Unzurechnungsfähigkeit von Kindern in Verkehrssituationen, NJW 2009, 3185; *Otto,* Eine Stellungnahme zu Schneider, »Haftungsfragen im Zusammenhang mit der Verkehrssicherheit von Bäumen«, VersR 2007, 743, 1492; *Patzelt,* Neuere Entwicklungen in der Rechtsprechung zur Verkehrssicherheitspflicht, DRiZ 2007, 320; *v. Pentz,* Ausgewählte Fragen des Medien- und Persönlichkeitsrechts im Lichte der aktuellen Rechtsprechung des VI. Zivilsenats, AfP 2014, 8; *Picker,* Die Nutzungsbeeinträchtigung ohne Substanzverletzung als systemrelevantes Deliktsrechtsproblem, NJW 2015, 2304; *Pöschke/ Sonntag,* Fortgeschrittenenklausur – Zivilrecht: Besitzschutz durch Abschleppen vom Privatparkplatz, JuS 2009, 711; *Quaas,* BeckOK Datenschutzrecht, 25. Edition Stand 1.5.2017, Art. 82 DS-GVO; *Roth,* Anmerkung zu BGH JZ 1998, 92, JZ 1998, 94; *Schneider,* Haftungsfragen im Zusammenhang mit der Verkehrssicherheit von Bäumen, VersR 2007, 743; *Schwartz,* Allgemeines Lebensrisiko oder Betrieb des Kfz?, ZfS 2013, 544; *Spickhoff,* Die Grundstrukturen der deliktischen Verschuldenshaftung, JuS 2016, 865; *Staudinger,* Das Schicksal der Judikatur zu weiterfressenden Mängeln nach der Schuldrechtsreform, ZGS 2002, 145; *Stoll,* Zum Rechtfertigungsgrund des verkehrsrichtigen Verhaltens, JZ 1958, 137; *Ullmann,* Persönlichkeitsrechte in Lizenz?, AfP 1999, 209; *Wagner,* Angehörigenschmerzensgeld, FS Stürner, Bd. 1, 2013, S. 231; *ders.* Schadensersatz in Todesfällen – Das neue Hinterbliebenengeld, NJW 2017, 2641; *Wanckel,* Anmerkung zu BVerfG, NJW 2006, 3409, 3411; *Wandt,* Zum Sachschadensbegriff in der Haftpflichtversicherung, FS Schirmer, 2005, S. 619; *ders.,* Versicherungsrecht, 6. Aufl. 2016; *ders.,* Nachbarrechtlicher Ausgleichsanspruch bei Einwirkung infolge Grundstücks- oder Gebäudearbeiten, VersR 2017, 1109; *Wellenhofer,* Verschuldensunabhängige Haftung im Nachbarrecht, GS Wolf, 2011, S.323; *v. Westphalen,* Datenvertragsrecht – disruptive Technik – disruptives Recht, IWRZ 2018, 9; *Wieser,* Der Schadensersatzanspruch des Besitzers aus § 823 BGB, JuS 1970, 557; *Witt,* Der Dieselskandal und seine kauf- und deliktsrechtlichen Folgen, NJW 2017, 3681.

Übungsfälle aus Ausbildungszeitschriften ab 2011: *Haedicke,* JA 2018, 262; *Kunz,* Jura 2018, 70; *Löhnig/Firsching/Naczinsky/Runge-Rannow,* JA 2018, 22; *Fervers,* Jura 2017, 570; *Holler,* JA 2017, 17; *Brei,* Jura 2016, 1195; *Kellermann-Schröder,* JA 2016, 25; *Katzenmeier/Jansen,* Jura 2016, 186; *Looschelders/Makowsky,* JuS 2016, 441; *Selzer,* JuS 2016, 39; *Zetzsche/Maunz,* JuS 2016, 904; *Schultheiß,* JuS 2015, 719; *Maties/Haberl,* JuS 2015, 149; *Homeier,* JuS 2015, 230; *Hörnig,* JA 2015, 893; *Kaiser,* JA 2015, 534; *Reinhold/Geffken,* JA 2015, 51; *Graziano/Landbrecht,* Jura 2014, 624; *Röpke/Pasch,* JuS 2014, 520; *Haertlein/Kohl,* JuS 2014, 427; *Hesse/Rapp/Thönissen,* JA 2014, 251; *Braun,* Jura 2013, 1159; *Graziano/Wiegandt,* Jura 2013, 510; *Dubovitskaya/Gehlen,* JuS 2013, 528; *Katzenmeier/Reisewitz,* JuS 2013, 805; *Boosfeld,* JuS 2013, 709; *Heese,* JuS 2013, 1110; *Benrath,* JA 2013, 256; *Rühl/Schmidt,* JA 2013, 814; *Picker,* Jura 2012, 560; *Unterreitmeier,* JuS 2012, 923; *Homeier/Kleemann,* JA 2012, 96; *Braun,* JA 2012, 566; *Kreutz,* JA 2011, 337; *Lemmerz/Woitge,* Jura 2011, 132.

§ 14. Einleitung

A. Überblick

Das Recht der unerlaubten Handlungen ist in den §§ 823 ff. geregelt.[1, 2] Daneben gibt   **1**
es zahlreiche Sondergesetze, welche »unerlaubte Handlungen« i.w.S. regeln (StVG,
ProdHaftG, u. a.). Dieses Rechtsgebiet, insbesondere die §§ 823 ff., bildet einen Kernbereich der juristischen Ausbildung (Klausuren und Examen) und der Praxis. Funktion des Haftungsrechts ist zum einen, den vom Geschädigten erlittenen Schaden auszugleichen (Ausgleichsfunktion, siehe dazu → § 9 Rn. 3 ff.), und zum anderen durch die
Androhung der Haftung schadenspräventiv zu wirken.

B. Deliktische Haftungsgründe

Die §§ 823 ff. enthalten Ansprüche aus sog. unerlaubter Handlung (vgl. die Überschrift   **2**
von § 823).[3] Vom Lateinischen abgeleitet,[4] spricht man auch von »Delikt« oder »deliktischen Ansprüchen«. Unerlaubte Handlungen begründen ein gesetzliches Schuldverhältnis. Die in den §§ 823 ff. geregelten Tatbestände enthalten – abgesehen von ergänzenden Normen wie §§ 827, 828 über die Deliktsfähigkeit oder §§ 842, 843 über Art
und Umfang des Schadensersatzes – durchweg selbstständige Anspruchsgrundlagen,
die auf Schadensersatz gerichtet sind.

Die Haftung eines Schädigers für einen verursachten Schaden setzt besondere Anspruchsnormen voraus. Diese beruhen auf unterschiedlichen Gründen und lassen sich
auf verschiedene Wertungsgesichtspunkte zurückführen.[5]

Die Verschuldenshaftung (§§ 823 ff., vgl. → § 16 Rn. 1 ff.) knüpft an eine rechtswidrige
und schuldhafte Schädigung an. Dagegen beruht die Gefährdungshaftung (etwa § 7
Abs. 1 StVG, vgl. → § 22 Rn. 5 ff.) auf der Schaffung einer Gefahrenquelle, ohne dass es
auf Rechtswidrigkeit und Verschulden ankommt. Eine Billigkeitshaftung für eine
rechtswidrige, aber schuldlose unerlaubte Handlung ist in § 829 geregelt (vgl. → § 16
Rn. 181 ff.). Eine verschuldensunabhängige Schadenshaftung wegen rechtmäßiger Einwirkung auf eine fremde Sache kann auf »Aufopferung« gestützt werden (Beispiel:
§ 904 S. 2).[6]

---

1 Zur historischen Entwicklung und den Zielen des Deliktsrechts vgl. *Kötz/Wagner*, Rn. 13 ff.
2 Zum europäischen Deliktsrecht *v. Bar*, Gemeineuropäisches Deliktsrecht, 2. Band, 1999; *ders.*, Deliktsrecht in Europa, Systematische Einführungen, Gesetzestexte, Übersetzungen, 1994; *Zweigert/
   Kötz*, Einführung in die Rechtsvergleichung, 3. Aufl. 1996, § 40 bis § 43.
3 Zur Haftung von Amtsträgern und gerichtlichen Sachverständigen nach §§ 839, 839a vgl. *Looschelders*, SR BT, Rn. 1355 ff.
4 Das römische Recht unterschied hierbei mit den *obligationes ex contractu* und den *obligationes ex de-
   licto* die beiden wichtigsten Entstehungsgründe von Schuldverhältnissen; siehe zu diesem dichotomi-
   schen Verhältnis *Immenhauser*, Das Dogma von Vertrag und Delikt, 2003.
5 Vgl. im Einzelnen *Deutsch/Ahrens*, Rn. 5 ff.
6 § 904 S. 2 ist ein sog. zivilrechtlicher Aufopferungsanspruch, der die durch § 904 S. 1 ausgeschlossene
   Eigentümerbefugnis ausgleicht. Die erforderliche »Einwirkung« setzt zumindest bedingten Vorsatz
   voraus, vgl. BGHZ 92, 359. – Zum Aufwendungsersatzanspruch aus Geschäftsführung ohne Auftrag
   (§§ 677, 683 S. 1, 670) für eine Selbstaufopferung vgl. GoA → § 5 Rn. 7 ff. und → § 3 Rn. 3 f., → § 8
   Rn. 15 ff.

3

I. Verschuldensprinzip

4 Die §§ 823 ff. gehen vom **Verschuldensprinzip** aus. Der Schädiger haftet grundsätzlich nur, wenn er den Schaden rechtswidrig und schuldhaft verursacht hat. Dem Schädiger muss sein Verschulden grundsätzlich nachgewiesen werden. In bestimmten Fällen wird das Verschulden widerlegbar vermutet; der Schädiger haftet also, wenn er sich nicht exkulpieren kann (Standardbeispiel: § 831). Der allgemeine Grundsatz des Haftungsrechts, »dass eine Verpflichtung zum Schadensersatz regelmäßig nur bei schuldhaftem Verhalten besteht«, gilt als Ausdruck des Gerechtigkeitsgebots gleichermaßen für vertragliche wie für gesetzliche Ansprüche.[7] Er gehört zu den wesentlichen Grundgedanken entsprechender gesetzlicher Regelungen des Haftungsrechts, die bei der Inhaltskontrolle abweichender AGB-Bestimmungen zu berücksichtigen sind.

II. Gefährdungshaftung

5 Der Gesetzgeber hat als Ausnahme vom Verschuldensprinzip Tatbestände der **Gefährdungshaftung** normiert. Solche Ausnahmetatbestände finden sich in § 833 S. 1 (Gefährdungshaftung des Tierhalters) und insbesondere in Spezialgesetzen (z. B. in § 7 Abs. 1 StVG: Haftung des Halters eines Kfz). Bei einer Gefährdungshaftung tritt die Haftung ohne Rücksicht auf Rechtswidrigkeit und Verschulden ein, weil der Haftende zwar in erlaubter Weise gehandelt, aber hierdurch eine besondere Gefahrenlage geschaffen hat.

§ 15. Unerlaubte Handlungen

A. Überblick

1 Die gesetzlichen Tatbestände der deliktischen Verschuldenshaftung in den §§ 823 ff. sind durch einen hohen Abstraktionsgrad der einzelnen Tatbestandsmerkmale gekennzeichnet. Daraus resultiert eine breite Möglichkeit der Auslegung für die Recht-

---

7 *BGH* NJW-RR 2015, 690; BGHZ 164, 196, 210 f.; BGHZ 135, 116, 121 f.; BGHZ 114, 238, 240 f.

sprechung[1] (»Deliktsrecht als Richterrecht reinsten Wassers über weite Strecken«[2]). Dementsprechend gibt es zu der geringen Anzahl von Rechtsvorschriften eine umfangreiche Rechtsprechung.

I. Gesetzliche Schadensersatzansprüche

Wenn jemand durch eine andere Person geschädigt wird, kann der Geschädigte Scha- **2** densersatz nur dann verlangen, wenn dafür eine Anspruchsgrundlage vorliegt. Diese kann sich aus Vertrag und aus Gesetz ergeben. Vertragliche Schadensersatzansprüche setzen einen bestehenden Vertrag voraus und knüpfen an eine Vertragsverletzung an (z. B. Pflichtverletzung). Die gesetzlichen Schadensersatzansprüche gewähren Schadensersatz, wenn ein **gesetzlich normierter Tatbestand** erfüllt ist, ohne dass das Bestehen einer vertraglichen Beziehung Voraussetzung ist. Gesetzliche Schadensersatzansprüche sind insbesondere die Ansprüche aus §§ 823 ff. (unerlaubte Handlungen).

Die **Rechtsfolgen eines Schadensersatzanspruchs,** also der Inhalt, die Art und der **3** Umfang des zu leistenden Schadensersatzes, sind im allgemeinen Schuldrecht (§§ 249 ff.) geregelt. Diese Vorschriften gelten grundsätzlich für alle Schadensersatzansprüche, stellen aber selbst keine Anspruchsgrundlagen dar. Sie setzen vielmehr voraus, dass eine Anspruchsgrundlage tatbestandlich erfüllt ist, und regeln die Rechtsfolgenseite näher (»Ersatz des daraus entstehenden Schadens«, vgl. § 823 Abs. 1 a. E.).

II. System kollektiver Sicherungen

Das Haftungsrecht wird durch ein umfassendes **System kollektiver Sicherungen** über- **4** lagert. Häufig genießt der **Schädiger** (freiwillig oder auf Grund gesetzlicher Verpflichtung) Haftpflichtversicherungsschutz. Dieser Versicherungsschutz hat grundsätzlich keinen Einfluss auf die (vorrangig und unabhängig zu klärende) Haftung. Es gilt vielmehr der **Grundsatz: Die Versicherung folgt der Haftung (sog. Trennungsprinzip).**[3]

Beispiel: Der haftpflichtversicherte S verletzt beim Skifahren den G. Für die Haftung des S spielt das Bestehen einer freiwilligen Privathaftpflichtversicherung keine Rolle.[4] G hat auch keine Ansprüche gegen den Privathaftpflichtversicherer des S.

Bei der Kfz-Haftpflichtversicherung, zu deren Abschluss für den Kfz-Halter (Halterhaftung gem. § 7 Abs. 1 StVG) eine gesetzliche Verpflichtung besteht (§ 1 Kraftfahrzeug-Pflichtversicherungsverordnung, KfzPflVV), ist die Besonderheit zu beachten, dass der Kfz-Haftpflichtversicherer (gegen den der Geschädigte einen Direktanspruch nach § 115 VVG hat) neben dem Kfz-Halter als Gesamtschuldner haftet.

Versicherungsschutz kann allerdings ausnahmsweise eine **Haftungsersetzung** bewirken (so die gesetzliche Unfallversicherung nach SGB VII bei Arbeitsunfällen, → § 27

---

1 Vgl. den Hinweis der RegBegr. zum Entwurf eines Zweiten Gesetzes zur Änderung schadensersatzrechtlichen Vorschriften (BT-Drs. 14/7752, S. 11).

2 So *Kötz/Wagner,* im Vorwort zur 9. Aufl. 2001.

3 St. Rspr.; vgl. *BGH* VersR 2017, 296; ausführlich hierzu *Wandt,* Versicherungsrecht, Rn. 1087 ff. Zur Bindungswirkung des Haftpflichturteils für den nachfolgenden Deckungsrechtsstreit als notwendige Ergänzung des Trennungsprinzips vgl. *BGH* NJW 2006, 289.

4 Dies gilt grundsätzlich auch für die sog. Billigkeitshaftung nach § 829 (→ § 16 Rn. 181).

Rn. 4).[5] Für den verursachten Schaden tritt dann nicht der Schädiger, sondern eine Solidargemeinschaft ein, nämlich ein Haftungsfonds aus den Beiträgen aller potenziellen Schädiger.

Beispiel: Bei Arbeitsunfällen (Personenschäden) tritt für den Arbeitgeber die Berufsgenossenschaft ein und zahlt die Krankheitskosten.

Auch der **Geschädigte** hat sich oftmals im Rahmen der Risikovorsorge gegen Schadensereignisse und sonstige Wechselfälle des Lebens gesichert.

Beispiele: Krankenversicherung, Hausratsversicherung, Kaskoversicherung bei Pkw; ähnlich Entgeltfortzahlung im Krankheitsfall.

5 Dem BGB ist diese Überlagerung des Haftungsrechts durch das Recht kollektiver Sicherungen fremd. Das Haftungsrecht des BGB beschäftigt sich ausschließlich mit der Beziehung zwischen dem Geschädigten und dem Schädiger. Das Deliktsrecht bestimmt autonom, ob überhaupt ein Haftungsfall vorliegt, für den ggf. ein Haftpflichtversicherer des Schädigers eintrittspflichtig sein könnte.[6] Durch bestehenden (Sach- oder Personen-)Versicherungsschutz des Geschädigten wird das Deliktsrecht grundsätzlich nicht berührt. Soweit der Geschädigte selbst für Versicherungsschutz gesorgt hat und sein Versicherer (z. B. Sozialversicherungsträger oder Kaskoversicherer) ihn entschädigt, kann der deliktische Anspruch des Geschädigten kraft Gesetzes (Legalzession) auf den Versicherer übergehen (z. B. für Sozialversicherungsträger § 116 SGB X, für private Schadensversicherer § 86 VVG;[7] vgl. auch § 6 EFZG), damit der Versicherer mit Hilfe dieses übergegangenen Anspruchs gegen den Schädiger Regress nehmen kann. Das Deliktsrecht verwandelt sich damit in ein Recht der Regressvoraussetzungen.[8] Es bedarf keiner Betonung, dass die Frage des Bestehens von Versicherungsschutz in der Praxis – ungeachtet des Trennungsprinzips zwischen Haftung und Versicherung – von herausragender Bedeutung ist. Dies weist dem Haftpflicht- und Sachversicherungsrecht eine hohe Bedeutung zu.

6 **Fall:** Der Schädiger S verletzt den Angestellten A bei einer Wirtshausschlägerei vorsätzlich. Der A ist bei dem Arbeitgeber B beschäftigt, der ihm während seiner Krankheit das Gehalt weiterzahlt. Ansprüche des A und B gegen S?

Lösung:
I. Ansprüche des A gegen S aus § 823 Abs. 1?
    1. Rechtswidrige und schuldhafte Körperverletzung (+)
    2. Schaden?
        a) Verdienstausfall? Auf Grundlage des natürlichen Schadensbegriffs (vgl. dazu → § 23 Rn. 8) erleidet A keinen Schaden wegen Verdienstausfalles. Denn A erhält von B Fortzahlung seines Gehaltes (vgl. § 3 EFZG).

---

5 Vgl. *Kötz/Wagner*, Rn. 9.
6 Die Eintrittspflicht des Haftpflichtversicherers besteht hierbei i. d. R. gegenüber dem Schädiger, der Versicherungsnehmer oder Versicherter ist. Nur ausnahmsweise, insbesondere bei der Kfz-Haftpflichtversicherung, besteht eine Eintrittspflicht unmittelbar gegenüber dem Geschädigten (sog. Direktanspruch, § 115 VVG), vgl. dazu *Wandt*, Versicherungsrecht, Rn. 1113.
7 Umfassend hierzu *Wandt*, Versicherungsrecht, Rn. 983 ff. Vgl. zu Ansprüchen des Geschädigten bei Schuldnermehrheit und Familienprivileg (§ 116 Abs. 6 SGB X) *BGH* NJW 2018, 1242 und dazu *Armbrüster*, NJW 2018, 1218.
8 So *Kötz/Wagner*, Rn. 47.

b) Heute ist aber der sog. normative Schadensbegriff herrschend. Bei den Rechtsfolgen der schuldhaften Verletzung von Menschen ist der normative Schadensbegriff mit der besonderen Fallgruppe der Vorteilsausgleichung zu beachten: Wird nämlich ein Schaden von einem Dritten übernommen (z. B. die Heilungskosten von einem Sozialversicherungsträger, der Verdienstausfall vom Arbeitgeber im Wege der Entgeltfortzahlung), dann liegt trotzdem ein Schaden des Verletzten vor. Dem Schädiger soll nicht zugute kommen, dass der Schaden des Verletzten an sich durch die Leistung des Dritten ausgeglichen wird. Deshalb ist ein Schaden in Höhe des Verdienstausfalles zu bejahen.

3. Jedoch ist A nicht mehr Anspruchsberechtigter (aktivlegitimiert). Der an sich begründete Schadensersatzanspruch des A gegen den Schädiger S ist kraft Legalzession auf den Arbeitgeber B übergegangen (vgl. § 6 Abs. 1 EFZG).

4. Ergebnis: A kann nicht von S Schadensersatz in Höhe des Verdienstausfalles verlangen.

II. Ansprüche des B

1. Eigener Anspruch aus § 823 Abs. 1 (–), weil keine Verletzung eines Rechts oder Rechtsgutes (Recht am eingerichteten und ausgeübten Gewerbebetrieb ist mangels Betriebsbezogenheit des Eingriffs nicht einschlägig [vgl. → § 16 Rn. 88 ff.]).

2. Anspruch aus übergeleitetem Recht aus § 6 EFZG i. V. m. § 823 Abs. 1 (gesetzlicher Forderungsübergang) (+)

III. Ergebnis: Der Arbeitnehmer erhält nach dem EFZG von seinem Arbeitgeber Entgeltfortzahlung. Nach § 6 EFZG geht der Anspruch des Arbeitnehmers aus § 823 Abs. 1 auf Ersatz des Verdienstausfalls gegen den Schädiger auf den Arbeitgeber über, der das Entgelt fortzahlt. Für diesen Regress des Arbeitgebers gegen den Schädiger ist also letztlich wieder die Rechtslage nach dem BGB ausschlaggebend, nämlich ob A gegen S einen Schadensersatzanspruch (§ 823 Abs. 1) hat.

Hinweis:

1. Krankheitskosten trägt bei gesetzlich Versicherten letztlich die Krankenkasse (z. B. AOK, DAK), aber auch insoweit hat A einen Schaden (normativer Schaden). Dass eine Solidargemeinschaft für die Krankheitskosten aufkommt, soll den Schädiger S nicht entlasten.

2. Der Schadensersatzanspruch des A gegen S aus § 823 Abs. 1 (Körperverletzung) in Höhe der Krankheitskosten geht im Wege des gesetzlichen Forderungsübergangs auf den Träger der Krankenkasse über (§ 116 Abs. 1 SGB X). Die Krankenkasse kann also in Höhe des (an sich an B zu leistenden) Schadensersatzes den S in Regress nehmen. Das bedeutet, dass auch für den Regressanspruch der Krankenkasse die Rechtslage nach dem BGB (§ 823 Abs. 1) entscheidend bleibt.

B. Das Regelungssystem der §§ 823 ff.

I. Regelungssystem

Die §§ 823 ff. enthalten **keine »großen« Generalklauseln.**[9] Das BGB hat sich nicht – wie etwa der französische code civil –[10] für einen schadensersatzbegründenden Generaltatbestand entschieden.[11] Eine deliktische Generalklausel könnte etwa folgenden Wortlaut haben: »Wer einen anderen rechtswidrig und schuldhaft schädigt, muss ihm Schadensersatz leisten.« Generalklauseln haben zwar den Vorteil, flexibel und offen für künftige Entwicklungen zu sein; ihr Nachteil ist jedoch, wie bei allen Generalklau-

7

---

9 Vgl. auch *Looschelders*, SR BT, Rn. 1172.

10 Art. 1382 code civil: Tout fait quelconque de l'homme, qui cause à autrui un dommage, oblige celui par la faute duquel il est arrivé, à le réparer. Art. 1383 code civil: Chacun est responsable du dommage qu'il a causé non seulement par son fait, mais encore par sa négligence ou par son imprudence.

11 So die Entscheidung der zweiten Kommission (*Mugdan* II, S. 1072 ff. [Protokolle]); vgl. *Larenz/Canaris*, SR II/2, § 75 I 3 a, S. 354 f. m. w. N.

seln (vgl. § 242), dass sie zu einer erheblichen Rechtsunsicherheit führen und dass eine richterliche Konkretisierung für ihre praktische Handhabung notwendig ist. Eine umfassende Generalklausel für eine außervertragliche Schadenshaftung würde zudem dazu führen, dass es eine Fülle von Schadensersatzansprüchen gäbe. Die Höhe der möglichen Schadensersatzforderungen und das Schadensersatzrisiko wären kaum kalkulierbar, insbesondere wenn jeder reine Vermögensschaden ersetzt werden müsste.[12]

Das deutsche Recht hat ein **System enumerativer Einzeltatbestände** geschaffen. In diesem System mit zahlreichen Anspruchsgrundlagen lassen sich § 823 Abs. 1, § 823 Abs. 2 und § 826 als deliktsrechtliche Grundtatbestände oder auch als drei »kleine« Generalklauseln bezeichnen. Dieser Konzeption von möglichst konkreten Einzeltatbeständen folgt der deutsche Gesetzgeber für die Verschuldenshaftung und für die Gefährdungshaftung.

II. Grundtatbestände der Verschuldenshaftung

8 Bei der Verschuldenshaftung hat das BGB **drei Grundtatbestände** aufgestellt, mit denen die wichtigsten Schutzbereiche erfasst werden sollen:[13]

1. In **§ 823 Abs. 1** werden bestimmte Rechte (z. B. das Eigentum und andere absolute Rechte) und Rechtsgüter (z. B. Leben) geschützt. § 823 Abs. 1 ist der Grundtatbestand der unerlaubten Handlungen, an dem sich der Aufbau und die Dogmatik des Deliktsrechts exemplarisch demonstrieren lassen (vgl. → § 16 Rn. 1 ff.).

Beispiel: S parkt das Kfz des G zu. Dadurch wird das Eigentum des G am Kfz verletzt (sog. Nutzungsbeeinträchtigung, vgl. → § 16 Rn. 30 ff.). Infrage kommt ein Anspruch aus § 823 Abs. 1.

2. Nach **§ 823 Abs. 2** ist zum Schadensersatz verpflichtet, wer einem anderen dadurch Schaden zufügt, dass er gegen ein besonderes, zum Schutz des Geschädigten bestehendes Gesetz verstößt.

Beispiel: V verkauft dem K seinen gebrauchten Pkw und behauptet dabei wahrheitswidrig, dass der Wagen unfallfrei sei, während es sich tatsächlich um einen sog. Unfallwagen handelt. § 263 StGB (Betrug) ist ein Schutzgesetz.

3. **§ 826** schützt als eine Art Auffangtatbestand vor jeder vorsätzlichen sittenwidrigen Schädigung, insbesondere auch vor bloßen Vermögensschäden. Vorausgesetzt wird aber eine besondere Handlungsqualität, nämlich Sittenwidrigkeit und Vorsatz.

Beispiel: Wirtschaftsprüfer W gibt eine bewusst unrichtige Auskunft über die Kreditwürdigkeit eines Unternehmens und veranlasst dadurch die Bank B, einen Kredit zu gewähren. Dies kann eine vorsätzliche sittenwidrige Schädigung der Bank B sein.

9 **Fall:** Der Arbeitnehmer A wird durch den Schädiger S verletzt und ist arbeitsunfähig. Sein Arbeitgeber G kann einen gewinnträchtigen Auftrag nicht durchführen, weil er auf die Mitarbeit seines Angestellten A angewiesen ist. Schadensersatzansprüche des G gegen S?

---

12 Deshalb ist auch der Standardversicherungsschutz in der Haftpflichtversicherung auf Sach- und Personenschäden und daraus resultierende Vermögensschäden (Vermögensfolgeschäden) begrenzt. Vgl. hierzu *Wandt*, Versicherungsrecht, Rn. 1066.
13 Vgl. *Grunewald*, Bürgerliches Recht, 8. Aufl. 2009, § 32 Rn. 5–13.

Lösung:

1. § 823 Abs. 1 (–), weil es an einer Rechtsgutsverletzung (Körperverletzung, Eingriff in das Recht am eingerichteten und ausgeübten Gewerbebetrieb) des G fehlt. Zwar hat G einen Vermögensschaden erlitten (sog. primärer Vermögensschaden; vgl. → § 16 Rn. 99 f.). Jedoch ist das Vermögen selbst kein von § 823 Abs. 1 geschütztes Rechtsgut.
2. § 823 Abs. 2 (–), weil ein erforderliches Schutzgesetz fehlt.
3. § 826 (–). Zwar ersetzt § 826 (ausnahmsweise) auch einen primären Vermögensschaden. Jedoch will S den G nicht schädigen; der erforderliche Schädigungsvorsatz fehlt.
4. Ergebnis: G kann also keinen Schadensersatz von S verlangen.

C. Konkurrenzen (Grundsätze)

Weil in einem Gutachten – vorbehaltlich einer ausdrücklichen Einschränkung des Aufgabenstellers – alle in Betracht kommenden Anspruchsgrundlagen zu prüfen sind, stellt sich sehr oft die Frage der Konkurrenz der §§ 823 ff. zu anderen Ansprüchen. **10**

Möglich ist, dass ein Verhalten zugleich den Tatbestand eines **vertraglichen Schadensersatzanspruchs** (etwa § 437 oder § 634) und die Voraussetzungen eines Anspruchs der §§ 823 ff. begründet. In diesem Fall kommen beide Ansprüche nebeneinander zur Anwendung und sind grundsätzlich nach ihren eigenen Regelungen zu beurteilen. Ausnahmsweise können die Vorschriften des einen den Anspruch des anderen Rechtsgebietes überlagern (vgl. zur Konkurrenz vertraglicher und gesetzlicher Ansprüche auch → § 1 Rn. 4 ff.). **11**

Liegt ein Eigentümer-Besitzer-Verhältnis **(EBV)** vor, so ist die Konkurrenz der §§ 987 ff. (insbesondere §§ 989 f. [Schadensersatz]) und der §§ 823 ff. zu erörtern.[14] Dabei gilt der Grundsatz, dass die §§ 987 ff. eine abschließende Sonderregelung darstellen und deshalb die Vorschriften der unerlaubten Handlung verdrängen. Ausnahmsweise können die §§ 823 ff. zur Anwendung kommen: **12**

– gemäß der Rechtsgrundverweisung des § 992, also bei Besitzverschaffung durch (schuldhafte, h. M.) verbotene Eigenmacht (§ 858) oder durch eine Straftat (zum Schutz des Eigentümers gegen die Art der Besitzverschaffung: §§ 240, 242, 248 a, 249, 252, 259, 263 StGB)
– § 826 wird unabhängig von § 992 nicht verdrängt
– Fremdbesitzerexzess: Der gutgläubige Besitzer, der die Schranken seines vermeintlichen Besitzrechts nicht einhält, verdient ebenfalls nicht den Schutz des § 993 Abs. 1 a. E. und haftet nach Deliktsrecht.

Ansprüche aus **Bereicherung** (§§ 812 ff.) sind neben den §§ 823 ff. anzuwenden (vgl. zur Unterscheidung des Bereicherungsrechts vom Schadensersatzrecht → § 9 Rn. 3 ff.). **13**

Zu beachten ist im Falle **unbestellter Leistungen** stets auch der Ausschluss gesetzlicher Ansprüche gem. § 241 a Abs. 1, vorbehaltlich der Ausnahmeregelung des Abs. 2. **14**

---

14 Vgl. im Einzelnen die Darstellung bei *Baur/Stürner,* SachenR, § 11 Rn. 23 ff.

§ 16. Grundtatbestand des § 823 Abs. 1

A. Aufbau und Struktur des § 823 Abs. 1

1

§ 823 Abs. 1
1. Rechts-(gut-)verletzung
2. Verletzungshandlung: positives Tun oder Unterlassen
3. (Haftungsbegründende) Kausalität zwischen Handlung und Rechts-(gut-)verletzung
4. Rechtswidrigkeit
5. Verschulden (Vorsatz oder Fahrlässigkeit)
6. Schaden
7. (Haftungsausfüllende) Kausalität zwischen Rechts-(gut-)verletzung und Schaden
8. Mitverschulden (§ 254)
Anmerkung:
Haftungsbegründender Tatbestand (Ziffer 1. bis 5.): Voraussetzungen
– Tatbestandsmäßigkeit: Ziffer 1. bis 3.
– Rechtswidrigkeit: Ziffer 4.
– Verschulden: Ziffer 5.
Haftungsausfüllender Tatbestand (Ziffer 6. und 7.): Rechtsfolge

B. Die geschützten Rechtsgüter und Rechte

2 Man unterscheidet zwischen Rechtsgütern und Rechten. Als Rechtsgüter werden Leben, Körper, Gesundheit und Freiheit bezeichnet. Sie können nicht Gegenstand besonderer Rechte sein, sondern sind Teile einer Person und mit ihr untrennbar verbunden. Anders dagegen die durch § 823 Abs. 1 geschützten »Rechte« (Eigentum und »sonstiges Recht«).

I. Leben

3 Das Rechtsgut **Leben** wird verletzt durch Tötung oder auch durch eine Körperverletzung mit Todesfolge.

Als Ersatzberechtigter kann der Getötete selbst allerdings nicht infrage kommen, sondern nur bestimmte mittelbar Geschädigte (§§ 844 bis 846). Das sind solche Personen, die zwar keine (Rechts- oder) Rechtsgutverletzung erlitten haben, aber einen Vermögensschaden, der als Folge der Verletzung des von der Rechtsordnung zu schützenden Rechtsguts »Leben« eintritt (vgl. → § 20 Rn. 3 ff., § 23 Rn. 52 ff.).

Wer für den Tod eines Menschen verantwortlich ist, muss ersetzen:
– den Erben die bis zum Tod entstandenen Behandlungskosten gem. §§ 249 Abs. 2 S. 1, 1922 Abs. 1; insoweit liegt (noch) kein Fall einer »Verletzung des Lebens«, sondern eine Verletzung des Körpers oder der Gesundheit vor;
– den Erben die Bestattungskosten gemäß § 844 Abs. 1;
– den kraft Gesetzes Unterhaltsberechtigten ihren Unterhaltsschaden gemäß § 844 Abs. 2 (z. B. Ehegatte und Kinder);

– den Hinterbliebenen, die zur Zeit der Verletzung zu dem Getöteten in einem besonderen persönlichen Näheverhältnis standen, eine angemessene Entschädigung in
 Geld für das ihnen zugefügte seelische Leid (§ 844 Abs. 3);[1]
– den kraft Gesetzes Dienstberechtigten (vgl. §§ 1619, 1754 bis 1756) Ersatz für die
 entgangenen Dienste (§ 845).

II. Körper und Gesundheit

1. Begriffsbestimmung

Körperverletzung bedeutet einen äußeren Eingriff in die körperliche Unversehrtheit.   **4**
Der BGH betont die Notwendigkeit einer weiten Auslegung.[2] Er versteht das Recht
am eigenen Körper als gesetzlich ausgeformten Teil des allgemeinen Persönlichkeitsrechts. Schutzgut ist nicht die Materie, sondern das Seins- und Bestimmungsfeld der
Persönlichkeit, das in der körperlichen Befindlichkeit materialisiert ist.[3] Danach ist die
Beschädigung oder Vernichtung eines dem Körper entnommenen Bestandteils keine
Sachbeschädigung, sondern eine Körperverletzung, solange der entnommene Körper-
bestandteil nach dem Willen des Rechtsträgers später wieder mit seinem Körper vereinigt werden soll, um die Körperfunktionen zu bewahren oder zu verwirklichen.

Beispiele:
– Vernichtung oder Beschädigung von Haut- oder Knochenbestandteilen, die zur Eigentransplantation
 bestimmt sind,
– Vernichtung von Sperma, das der Spender hat einfrieren lassen, um bei Eintritt einer vorhersehbaren
 Unfruchtbarkeit, eigene Nachkommen zu erhalten,[4]
– Herbeiführung einer ungewollten Schwangerschaft.[5]

Gesundheitsverletzung ist die Beeinträchtigung innerer Lebensvorgänge: jedes Her-
vorrufen oder Steigern eines von der normalen körperlichen Funktion nachteilig abweichenden Zustandes, wobei unerheblich ist, ob Schmerzzustände auftreten oder
bereits eine tiefgreifende Veränderung der Befindlichkeit eingetreten ist.[6]

Beispiel für eine Gesundheitsverletzung: Die Übertragung des HI-Virus ist eine Gesundheitsverletzung, und zwar auch dann, wenn es noch nicht zum Ausbruch der Immunschwächekrankheit AIDS gekommen ist (BGHZ 114, 284).

Die Abgrenzung zwischen einer Körper- und einer Gesundheitsverletzung ist schwierig, wegen der gleichen Rechtsfolgen und des gleichen Unrechtsgehalts aber nicht unbedingt nötig. Nicht haftungsbegründend ist der bloße Verdacht einer Körper- oder

---

1 Vgl. den RegE eines Gesetzes zur Einführung eines Anspruchs auf Hinterbliebenengeld, BR-Drs.
 127/17 v. 9.2.2017; *Nugel,* ZfS 2018, 72; *Müller,* VersR 2017, 321, *Wagner,* NJW 2017, 2641, *Jaeger,*
 VersR 2017, 1041, sowie zur vorgelagerten rechtspolitischen Diskussion *Wagner,* FS Stürner, Bd. 1,
 2013, S. 231 ff.
2 *BGH* VersR 2013, 1406; BGHZ 124, 52 (jeder unbefugte, weil von der Einwilligung des Rechtsträgers
 nicht gedeckte Eingriff in die Integrität der körperlichen Befindlichkeit).
3 BGHZ 124, 52.
4 BGHZ 124, 52.
5 BGHZ 76, 259.
6 BGHZ 114, 284 m.w.N.; BGHZ 163, 209. Auch posttraumatische Belastungsstörungen, Schlafstö-
 rungen und Depressionen, wie sie durch sog. Stalking hervorgerufen werden, können Gesundheits-
 störungen darstellen und somit die Haftung nach § 823 Abs. 1 eröffnen, vgl. *Keiser,* NJW 2007, 3387,
 3388.

Gesundheitsverletzung, sodass die Kosten einer ärztlichen Untersuchung zur Abklärung nicht ersatzfähig sind, wenn sich der Verdacht nicht bestätigt.[7]

2. Rechtsfolgen

5 Bei der schuldhaften Verletzung eines Menschen wird nach § 823 Abs. 1 geschuldet:
- Ersatz der notwendigen Heilungskosten nach § 249 Abs. 2 S. 1 (Naturalrestitution gemäß § 249 Abs. 1 ist ebenfalls möglich, wird vom Geschädigten jedoch regelmäßig nicht gewählt);
- Schmerzensgeld (»billige Entschädigung in Geld«) nach § 253 Abs. 1 und 2;
- Ersatz von entgangenem Gewinn gem. § 252 oder – wie es § 842 formuliert – Ersatz der Nachteile für Erwerb und Fortkommen. Die Höhe des Schadensersatzes richtet sich nach der Lebensstellung und dem Beruf des Verletzten.

6 Bei den Rechtsfolgen der schuldhaften Verletzung von Menschen ist der wertende Schadensbegriff mit der besonderen Fallgruppe der Vorteilsausgleichung (vgl. dazu und zum normativen Schadensbegriff → § 23 Rn. 12ff.) zu beachten: Wird nämlich ein Schaden von einem Dritten übernommen (z. B. die Heilungskosten von einem Sozialversicherungsträger, der Verdienstausfall vom Arbeitgeber im Wege der Entgeltfortzahlung), dann liegt trotzdem ein Schaden des Verletzten vor. Der Vorteil, dass der Schaden des Verletzten an sich durch die Leistung eines Dritten ausgeglichen wird, soll nicht dem Schädiger zugute kommen. Der Verletzte erhält aber auch keine doppelte Entschädigung, weil sein Schadensersatzanspruch gegen den Schädiger im Wege der Legalzession auf den Dritten übergeht (§ 6 Abs. 1 EFZG, § 116 SGB X).

3. Sonderprobleme, insbesondere Arzthaftung

a) Ärztlicher Heileingriff

7 Der **ärztliche Heileingriff** ist – nach der Rechtsprechung – eine tatbestandsmäßige Körperverletzung, auch wenn er zu Heilzwecken und lege artis erfolgreich durchgeführt wird. Lediglich die Rechtswidrigkeit entfällt, wenn der Eingriff von einer wirksamen Einwilligung (oder von einer berechtigten GoA, vgl. → § 7 Rn. 8) gedeckt ist.[8]

Die deliktsrechtliche Haftung eines Arztes steht in **echter Anspruchskonkurrenz** (vgl. → § 1 Rn. 5) zu der – seit 2013 im BGB geregelten – **vertraglichen Behandlerhaftung** gemäß §§ 630a ff. In der Praxis hat die deliktsrechtliche Arzthaftung nur noch eine eigenständige Bedeutung, wenn eine vertragliche Haftungsgrundlage fehlt, insbesondere für die persönliche Haftung angestellter Krankenhausärzte im Außenverhältnis gegenüber dem Patienten.[9]

8 Auch im (deliktsrechtlichen) Arzthaftungsprozess hat der Patient grundsätzlich die **Beweislast** für die haftungsbegründenden Umstände. Die Rspr. hat allerdings – vor der Einführung der vertraglichen Haftung gemäß §§ 630a ff. mit der speziellenBeweislastregelung des § 630h – zugunsten des Patienten ein abgestuftes System von Beweis-

---

7 *BGH* NJW 2013, 3634.

8 BGHZ 29, 46, st. Rspr.; Staudinger/*Hager,* § 823 Rn. I 1 m.w.N.

9 Vgl. MüKoBGB/*Wagner,* Bd. 4, Vor § 630a Rn. 28ff. (Deliktsrecht als Ventil für zukünftige Rechtsfortbildung).

erleichterungen bis hin zur Umkehr der Beweislast entwickelt (Mängel in der ärztlichen Dokumentation können zu Beweiserleichterungen für den Patienten führen; Umkehr der Beweislast bei groben Behandlungsfehlern).[10]

Eine **Einwilligung** führt dazu, dass der Heileingriff nicht rechtswidrig, sondern gerechtfertigt ist. Der Arzt muss beweisen, dass eine rechtswirksame Einwilligung vorliegt.[11] Die Einwilligung muss vor dem Eingriff erklärt worden sein. Sie setzt grundsätzlich eine rechtzeitige und umfassende Aufklärung voraus.[12]   **9**

b) Sonderfälle

Bei der Verletzung eines Kindes im Mutterleib können drei Fallgruppen unterschieden werden: **10**

1. **Schädigung im Mutterleib;**[13]
2. **Krankes Leben (sog. wrongful life);**[14]
3. **Kind als** (Unterhalts-)**Schaden.**[15]

Fall (BGHZ 8, 243; 58, 48; 86, 240; 93, 351, 355; 124, 128; *BGH* NJW 1995, 2407): Die schwangere Frau F: a) wird bei einem von A verschuldeten Verkehrsunfall verletzt; ihr Kind K kommt infolge des Unfalls mit einem Gehirnschaden zur Welt; b) erkrankt an Röteln; der Arzt A stellt schuldhaft eine falsche Diagnose; das Kind K kommt schwer behindert zur Welt; c) bekommt ein Kind, weil der Arzt A eine Sterilisation des Ehemannes nicht sachgerecht durchgeführt hat. Der Eingriff war ärztlich fehlerhaft. Schadensersatzansprüche?   **11**

Lösung: Variante a: Schädigung im Mutterleib

1. Schadensersatzanspruch des Kindes K aus § 823 Abs. 1 (Gesundheitsverletzung) (+) Heute ist anerkannt, dass die Schädigung eines Kindes vor der Geburt (Schädigung einer Leibesfrucht, eines sog. nasciturus) Schadensersatzansprüche nach § 823 Abs. 1 für das Kind auslöst, wenn es lebend geboren wird. Problematisch ist hierbei, dass der nasciturus entsprechend § 1 zum Zeitpunkt des schädigenden Ereignisses noch nicht rechtsfähig ist. Begründung dafür, dass gleichwohl ein deliktischer Anspruch in Frage kommt:[16] Dass das Kind von Beginn seines Lebens an, das mit der Geburt einsetzt, nie gesund gewesen ist, spreche nicht gegen die Gesundheitsverletzung. Denn der gesunde Zustand sei »von Schöpfung und Natur für den lebenden Organismus eines Menschen vorausgegeben. Die Rechtsordnung ist in dieser Hinsicht an das Phänomen der Natur gebunden.«
2. Anspruch der Eltern (–), weil Schädigung des Kindes keine Rechtsgutverletzung der Eltern ist.

---

10 BGHZ 99, 391; vgl. dazu auch BGHZ 159, 48, 53 ff.; BGHZ 188, 29 (grober Diagnosefehler setzt einen fundamentalen Irrtum voraus); *BGH* NJW 2014, 688 (Befunderhebungsfehler); vgl. auch *BGH* VersR 2009, 1668 (zur Frage der Beweislastumkehr im Gesamtschuldnerausgleich).

11 *BGH* VersR 2016, 1191 (Einwilligung kann auf einen bestimmten Operateur begrenzt sein); zum Einwand hypothetischer Kausalität → § 25 Rn. 6, 10.

12 In Betracht kommt auch eine sog. Stufenaufklärung. Danach braucht der Arzt den Patienten zunächst nur allgemein auf die Risiken der Behandlung hinzuweisen. Der Patient kann dann – wie es häufig geschieht – zu erkennen geben, er überlasse das Nötige vertrauensvoll dem Arzt und wolle keine Einzelheiten erfahren. Dies genügt für eine wirksame Einwilligung. Der Patient kann aber auch nach Einzelheiten fragen; dann muss der Arzt diese Einzelheiten regelmäßig offenbaren (*Medicus*, Gesetzliche Schuldverhältnisse, S. 22 f.).

13 BGHZ 8, 243; 58, 48; 93, 351.

14 BGHZ 86, 240; siehe zur Abwägung auch *BGH* NJW 2006, 1660.

15 BGHZ 76, 249; 124, 128; *BGH* NJW 1995, 2407; aus der Fallbearbeitung: *Falk/Keilmann*, Jura 2006, 773 ff.

16 Vgl. BGHZ 8, 243 vor allem in Abgrenzung zu den absoluten Rechten.

Variante b: Krankes Leben (wrongful life) – Schadensersatz des Kindes?

1. Anspruch des Kindes
   a) aus § 823 Abs. 1 (–)

      Mit der Fallgruppe »krankes Leben« (wrongful life) sind die Fälle gemeint, in denen der Arzt eine erkrankte Mutter falsch berät und die Schwangere daran gehindert wird, die Geburt eines kranken Kindes durch einen Abbruch der Schwangerschaft zu vermeiden. Die Alternative für das Kind lautet hier also nicht, wie in der ersten Fallgruppe (Schädigung im Mutterleib, vgl. vorstehend Variante a), krank oder gesund zu sein. Vielmehr besteht nur die Alternative zwischen einem Schwangerschaftsabbruch (nicht geboren zu werden) und dem kranken Leben (»wrongful life«).[17] Eine deliktische Pflicht, die Geburt einer Leibesfrucht deshalb zu verhindern, weil das Kind behindert sein wird, gibt es nicht.[18] Mit Rücksicht auf den hohen Stellenwert des Rechtsgutes »Leben« verletzt weder das Ermöglichen noch das Nichtverhindern von Leben (anders, soweit die Qualität dieses Lebens durch Tun oder Unterlassen erst beeinträchtigt wird) ein nach § 823 Abs. 1 geschütztes Rechtsgut.[19]

   b) (Behandlungs-)Vertrag mit Schutzwirkung zugunsten des Kindes (Dritter) (–)

      Eine Vertragspflicht zwischen Arzt und Mutter zugunsten des Kindes ist nicht verletzt worden. Ebenso wenig wie eine Rechtsgutverletzung i. S. des § 823 Abs. 1 vorliegt, kommt eine Verletzung einer Vertragspflicht in Betracht (vgl. vorstehend).

   c) Ergebnis: Kein Schaden des Kindes, also kein Schadensersatzanspruch.

2. Anspruch der Eltern auf Schadensersatz oder Schmerzensgeld?

Vgl. nachfolgend Variante c.

Variante c: Kind als (Unterhalts-)Schaden?

1. Anspruch der Eltern (Vater und Mutter) auf Schadensersatz aus Vertragsverletzung bzw. für die Mutter, wenn sie nicht Vertragspartei war, aus Verletzung eines Vertrages zugunsten Dritter?
   a) Die mangelhafte Sterilisation stellt eine Pflichtverletzung des Behandlungsvertrages dar (§§ 630a Abs. 2, 280 Abs. 1).[20]
   b) Der Arzt ist deshalb zum Ersatz des daraus entstandenen Schadens verpflichtet (§ 249 Abs. 2 S. 1).
      aa) Es ist ein Unterhaltsaufwand infolge der fehlgeschlagenen Sterilisation entstanden. Strittig ist, ob die Eltern Freistellung von diesen wirtschaftlichen Belastungen verlangen können, die durch die Vertragserfüllung des Arztes vermieden werden sollten (Unterhaltsbedarf). Der BGH hat diese Frage bejaht und einen Schadensersatzanspruch auf Ersatz des Unterhaltsschadens – auch in Anbetracht der besonderen verfassungsrechtlichen Rechtslage – zugebilligt.[21]
      bb) Schmerzensgeld kann (von der Frau) ebenfalls verlangt werden (§ 253 Abs. 1 und 2).

2. Anspruch der Ehefrau aus § 823 Abs. 1 (+)

   Eine Körperverletzung liegt vor, wenn eine Schwangerschaft gegen den Willen der betroffenen Frau herbeigeführt wird.[22] Hier ist die Schwangerschaft infolge fehlgeschlagener Sterilisation des Ehemannes eingetreten.[23] Rechtswidrigkeit und Verschulden sind zu bejahen. Ein Anspruch auf Ersatz des Unterhaltsschadens und auf Schmerzensgeld ist deshalb (nach der Rechtsprechung des BGH) begründet.

---

17 Anders wäre die Fallvariante b) zu beurteilen, wenn der Arzt durch die Verschreibung eines anderen Medikaments gegen Röteln die Behinderung hätte verhindern können – unter diesen Bedingungen wäre zu untersuchen, inwieweit eine Schädigung im Mutterleib vorliegt.
18 BGHZ 86, 240.
19 BGHZ 86, 240.
20 Eine Pflichtverletzung gegenüber dem Kind kommt nicht in Frage, anders gegenüber den Eltern. Die rechtfertigende Erlaubnis zum Schwangerschaftsabbruch wird nur im eigenen Interesse der Mutter gewährt (BGHZ 86, 240).
21 *BGH* NJW 1995, 2407, 2409f. m. w. N.
22 *BGH* NJW 1995, 2407, 2408.
23 Vgl. *BGH* NJW 1995, 2407, 2408f.

III. Freiheit

Mit dem Begriff Freiheit ist die körperliche (Fort-)**Bewegungsfreiheit** gemeint (wie **12** bei der Freiheitsberaubung i. S. des § 239 StGB), **nicht** dagegen die Möglichkeit wirtschaftlicher Entfaltung in Form der Willens- und Handlungsfreiheit.[24]

Beispiele:

- Einschließen einer Person,[25]
- Wegnahme der Kleider eines Badenden,[26]
- Herbeiführen einer Verhaftung,[27]
- nicht jedoch das Einparken des Autos.[28]

IV. Eigentum

Nach § 903 S. 1 ist das **Eigentum** das umfassende Herrschaftsrecht über eine Sache. **13** Der Eigentümer hat das Recht, mit der Sache nach Belieben zu verfahren (**Nutzungsfunktion**) und andere von jeder Einwirkung auszuschließen (**Ausschlussfunktion**).

Daten als bloße Information sind mangels Verkörperung keine Sache. Sie genießen daher keinen eigentumsrechtlichen Schutz.[29] Eine Verkörperung liegt aber nach verbreiteter Ansicht bei **Speicherung auf einem Datenträger** vor. Danach stellt die Veränderung gespeicherter Daten – unabhängig von einer Beschädigung des Datenträgers – eine Eigentumsverletzung am Datenträger dar.[30] Zur umstrittenen Anerkennung eines »Rechts am eigenen Datenbestand« als sonstiges Recht im Sinne von § 823 Abs. 2 → Rn. 36.

Eigentum kann auf unterschiedliche Art und Weise verletzt werden. In Betracht kommen eine Verletzung des Rechts »Eigentum«, Sachentziehung, Substanzverletzung und die Nutzungsbeeinträchtigung.[31]

Nur in der ersten Fallgruppe wird das Eigentum als Recht betroffen; in den anderen Fallgruppen wird auf den Gegenstand des Eigentumsrechts, auf die Sache selbst, eingewirkt.

---

24 Siehe statt aller MüKoBGB/*Wagner,* Bd. 6, § 823 Rn. 210 m. w. N.; a. A. anscheinend RGZ 58, 24, 28.

25 *BGH* NJW 1959, 2301 f.; *OLG Nürnberg* NJW-RR 1988, 791 (in beiden Fällen ging es um die Einweisung in eine geschlossene psychiatrische Anstalt).

26 RGSt 6, 231, 232; Soergel/*Spickhoff,* § 823 Rn. 55.

27 *BGH* NJW 1964, 650, 651.

28 Der Autofahrer kann sich nach wie vor frei bewegen, lediglich seine Willensfreiheit ist betroffen, da er mit seinem Fahrzeug nicht innerhalb der gewünschten Zeit an den von ihm gewünschten Ort gelangen kann. In Frage kommt aber eine Eigentumsverletzung in Form einer Nutzungsbeeinträchtigung; → Rn. 33.

29 *v. Westphalen,* IWRZ 2018, 9 m. w. N.

30 *OLG Karlsruhe* NJW 1996, 200; MüKoBGB/*Wagner,* Bd. 6, § 823 Rn. 220 und Rn. 294; vgl. auch Palandt/*Sprau* § 823 Rn. 9 sowie *Faust,* Gutachten zum 71. DJT, 2016, S. A 85 ff.; vgl. auch st. Rspr. des BGH zum Vertragsrecht, wonach eine auf einem Datenträger verkörperte Standardsoftware als bewegliche Sache anzusehen ist, auf die je nach der vereinbarten Überlassungsform Miet- oder Kaufrecht anwendbar ist, *BGH* NJW 2007, 2394.

31 Einen Überblick über Fallgruppen der Eigentumsverletzung und Ansprüche gibt *Mylich,* JuS 2014, 398.

1. Verletzung des Rechts »Eigentum«

14 Das Eigentum kann dadurch verletzt werden, dass die rechtliche Zuordnung einer Sache verändert wird. Das Eigentumsrecht wird entzogen oder ein fremdes Recht daran begründet. Dies geschieht regelmäßig aufgrund der Rechtsscheinsvorschriften (§§ 932 ff., 891 ff., 2365 ff. BGB, § 366 HGB usw.) oder der Vorschriften über den originären Erwerb (§§ 946 ff., usw.) oder durch hoheitliche Maßnahmen (Maßnahmen der Zwangsvollstreckung).

15 **Fall:** N veräußert versehentlich ein (nicht abhanden gekommenes) Buch, das dem E gehört, an den D, der den N leicht fahrlässig für den Eigentümer hält. Schadensersatzansprüche des E gegen N und D?

Lösung:

1. E gegen N
   a) §§ 990 Abs. 1 S. 1, 989? Nur wenn N zur Zeit der Veräußerung nichtberechtigt ist und bei Besitzerwerb seine mangelnde Berechtigung kannte oder grob fahrlässig nicht kannte (§ 990 Abs. 1 S. 1) oder später erfuhr (§ 990 Abs. 1 S. 2), kommt ein Schadensersatzanspruch in Betracht.
   b) § 823 Abs. 1 (Eigentumsverletzung wegen Zuordnungsverletzung)?
      aa) Liegt ein EBV (beispielsweise mangels Besitzrechts des N) vor, so sind die §§ 823 ff. nur unter den Voraussetzungen des § 992 (Besitzverschaffung durch schuldhafte verbotene Eigenmacht oder Straftat) anwendbar.
      bb) Liegt kein EBV (beispielsweise aufgrund wirksamen Leihvertrages zwischen E und N) vor, so sind die §§ 823 ff. uneingeschränkt anwendbar: Es ist eine rechtswidrige fahrlässige Eigentumsverletzung zu bejahen. E verliert durch die Verfügung des N an den gutgläubigen D das Eigentum an dem Buch (§§ 929, 932 Abs. 1 und 2). Deshalb § 823 Abs. 1 (+).
   c) Ein Anspruch aus § 816 Abs. 1 S. 1 ist begründet, aber nicht auf Schadensersatz gerichtet.
2. E gegen D
   a) aus §§ 990 Abs. 1 S. 1, 989 (–), weil D gutgläubig Eigentum erwirbt (§ 932 Abs. 2) und deshalb zwischen E und D kein EBV besteht.
   b) aus § 823 Abs. 1?
      aa) Eigentumsverletzung (+)
      bb) Rechtswidrigkeit (–), weil § 823 durch die Wertung des §§ 932 ff. eingeschränkt wird: Das Gesetz lässt den Eigentumserwerb durch einen gutgläubigen Dritten zu. Würde der gutgläubige Dritte dem Eigentümer auf Schadensersatz haften, müsste er das gutgläubig erworbene Eigentum wieder hergeben. Das widerspricht aber dem § 932. Wer gutgläubig das Eigentum nach §§ 932 ff. vom Nichtberechtigten erwirbt, handelt grundsätzlich nicht rechtswidrig und haftet deshalb nicht nach § 823 Abs. 1.[32]
   c) Deshalb § 823 Abs. 1 (–).

2. Sachentziehung

16 Das Eigentum wird auch dadurch verletzt, dass dem Eigentümer dauerhaft oder auch nur vorübergehend die tatsächliche Sachherrschaft über eine Sache (ganz oder teilweise) **entzogen** wird. Das kann z. B. durch einen Diebstahl oder durch eine Unterschlagung (z. B. Fundunterschlagung mittels anfänglicher Zueignungsabsicht) geschehen.[33] Eine Sachentziehung stellt es auch dar, wenn der Eigentümer durch Täuschung

---

32 Vgl. dazu MüKoBGB/*Wagner*, Bd. 6, § 823 Rn. 223.
33 Eine Sachentziehung kann auch durch die Diebstahlshandlung eines Dritten verwirklicht werden, wenn die Handlung des Schädigers hierfür adäquat kausal geworden ist; siehe *BGH* NJW 1997, 865, 866 (verunglückter Geldtransporter).

veranlasst wird, die Sache wegzugeben (z. B. aufgrund eines Betruges). Vgl. zu den **Konkurrenzen, vor allem zum EBV,** → § 15 Rn. 10 ff.

3. Substanzverletzung

a) Allgemeines

Das Eigentum wird dadurch verletzt, dass eine Sache **zerstört oder beschädigt** wird. **17**
Es genügt, wenn eine Ursachenkette in Gang gesetzt wird, die letztlich zur Substanzverletzung führt.[34]

Beispiel: Schädigung von Bäumen, weil das zur Abwendung von Gefahren (hier Apfelschorfbefall) bestimmte Produkt (hier ein bestimmtes Spritzmittel) nicht geeignet, sondern wirkungslos ist und der Benutzer von der Verwendung eines anderen wirksamen Produkts im Vertrauen auf die Wirksamkeit des (untauglichen) Produktes absieht.[35]

Fall (BGHZ 41, 123): H fällt bei Straßenbauarbeiten an einer Landstraße Bäume. Ein Baum fällt auf **18**
ein Starkstromkabel und die Stromleitung wird unterbrochen. Bei dem Geflügelzüchter G, der einen elektrischen Brutkasten mit 30.000 Eiern betreibt, fällt der Strom aus und nur wenige Küken schlüpfen. G nimmt den H auf Schadensersatz in Anspruch. Zu Recht?

Lösung: Infrage kommt ein Anspruch aus § 823 Abs. 1.

1. Das Eigentum des G wird verletzt, weil die befruchteten Eier, die sich im Brutkasten befinden, vernichtet oder beschädigt werden.
2. Die Eigentumsverletzung ist durch das Fällen des Baumes verursacht worden. Dies führt mittelbar zur »Verletzung« der Eier (Fall der mittelbaren Rechtsgutverletzung [Ursachenkette]; kein Fall des sog. mittelbar Geschädigten, vgl. → § 23 Rn. 52 f.). Der Schwerpunkt der Vorwerfbarkeit liegt in der Nichtbeachtung der Sicherungspflichten für Versorgungsleitungen bei dem Fällen von Bäumen.
3. Für die Eigentumsverletzung ist das Verhalten des H äquivalent und adäquat kausal (haftungsbegründender Tatbestand). Es liegt nämlich nicht außerhalb aller Wahrscheinlichkeit, dass beim Baumfällen eine vorbeiführende Starkstromleitung beschädigt wird und dass bei einer Stromunterbrechung solche Einwirkungen auf fremde Sachen anderer stattfinden. Bedenken aus dem Gesichtspunkt des Schutzzwecks bestehen nicht (vgl. → Rn. 139).[36]
4. Die Rechtswidrigkeit wird durch die objektive Verletzung der Verkehrssicherungspflicht indiziert; Rechtfertigungsgründe sind nicht gegeben.
5. Das Verhalten des H ist auch schuldhaft; er hätte dafür sorgen müssen, dass beim Fällen der Bäume die Starkstromleitung nicht beschädigt wird.
6. H muss den Schaden ersetzen, der durch die Eigentumsverletzung entstanden ist (haftungsausfüllende Kausalität).
7. Ergebnis: G kann also von H Schadensersatz dafür verlangen, dass die Küken nicht ausgebrütet worden sind. (Ein Eingriff in das Recht am eingerichteten und ausgeübten Gewerbebetrieb ist nicht mehr zu prüfen, da dieses Recht subsidiär ist; vgl. → Rn. 77).

b) Vertiefungshinweis: Sog. weiterfressender Mangel

Nach der Übereignung einer Kaufsache verursacht ein (auch schon vorher bestehen- **19**
der) Mangel der Kaufsache einen Schaden an dieser selbst. Unter dem Gesichtspunkt des **»weiterfressenden Mangels«** (auch als Weiterfresserschaden bezeichnet) wird Schadensersatz aus § 823 Abs. 1 verlangt (Hinweis: ein Sachschaden am fehlerhaften

---

34 Vgl. BGHZ 56, 73; *BGH* VersR 2016, 802 (Beschädigung einer Grenzwand durch Nachbar).
35 BGHZ 80, 186 (Apfelschorf).
36 BGHZ 41, 123 (Geflügelzucht-Brutkasten).

Produkt selbst ist nach ProdHaftG [§ 1 Abs. 1 S. 2] nicht zu ersetzen). In einer anderen Fallgruppe wird eine Einzelsache mangelhaft geliefert und mit der Gesamtsache verbunden, die wegen des Mangels unbrauchbar wird, und Schadensersatz (§ 823 Abs. 1) wegen Eigentumsverletzung der Gesamtsache oder der fehlerfreien, in die Gesamtsache eingebauten Einzelteile verlangt.

aa) Grundsatz: Anspruchskonkurrenz

20 Der Vertragspartner haftet in diesen Fällen nach Gewährleistungsregeln (§§ 434ff., 280ff. beim Kauf; §§ 633ff., 280ff. beim Werkvertrag), wenn er eine mangelhafte Kaufsache liefert oder ein mangelhaftes Werk erstellt.[37] Daneben können deliktische Ansprüche aus § 823 Abs. 1 bestehen. Die Ansprüche aus Vertragsrecht und Deliktsrecht können nebeneinander geltend gemacht werden (Anspruchskonkurrenz, vgl. → § 1 Rn. 5ff.); jeder Anspruch ist nach seinen Voraussetzungen, seinem Inhalt und seiner Durchsetzung selbstständig zu beurteilen.[38] Das hat u. a. für die Verjährung (§ 195 und §§ 438, 634a)[39] und für die Rügeobliegenheit nach § 377 HGB[40] Bedeutung.

bb) Besonderheiten des deliktischen Anspruchs

21 Für das Verhältnis zwischen § 823 Abs. 1 und den Ansprüchen aus Vertragsrecht (Mängelgewährleistung) ergeben sich beim »weiterfressenden Mangel« einige Besonderheiten.

Der Grundsatz lautet: Das Eigentum wird nicht schon dadurch verletzt (i. S. des § 823 Abs. 1), dass eine mangelhafte Sache geliefert oder ein fehlerhaftes Werk erstellt wird. Denn der Käufer oder Werkbesteller erwirbt von vornherein nur das Eigentum an einer mangelhaften Sache, sodass das Eigentum als Recht nicht tangiert ist.[41]

Beispiel: Keine Eigentumsverletzung: Dem Besteller wird in Ausführung eines Bauvertrages durch den Unternehmer ein Neubau übergeben, dessen Dach von Anfang an undicht ist.
Eine Ausnahme besteht beim sog. weiterfressenden Mangel. Nach der BGH-Rechtsprechung kann ein sog. »weiterfressender« Mangel zu einer Eigentumsverletzung an der Kaufsache i. S. des § 823 Abs. 1 führen.

22 **(1) Abgrenzungskriterien.** Die entscheidende Frage über die Anwendbarkeit des § 823 Abs. 1 ist, wie zwischen

– einem »normalen« Mangel, bei dem mangels Eigentumsverletzung nur vertragliche Schadensersatzansprüche in Betracht kommen (Produktfehler), und
– einem sog. weiterfressenden Mangel, bei dem infolge einer Eigentumsverletzung auch deliktische Ansprüche (§ 823 Abs. 1) in Betracht kommen,

---

37 Zum Vertragsrecht vgl. *Looschelders*, SR BT, Rn. 180ff.
38 BGHZ 67, 359 (Schwimmschalter); 101, 337 (Weinkorken); *BGH* NJW-RR 2010, 1329, 1331 (Kunststoffverschlüsse für Weinflaschen).
39 Durch das Schuldrechtsmodernisierungsgesetz ist die Verjährungsproblematik (früher große zeitliche Unterschiede zwischen Vertrags- und Deliktshaftung; für vertragliche Ansprüche gem. § 477 Abs. 1 S. 1 a. F. sechs Monate, für deliktische Ansprüche gem. § 852 Abs. 1 a. F. drei Jahre ab Kenntniserlangung) etwas entschärft worden.
40 Die Rügeobliegenheit nach § 377 HGB gilt nicht für den deliktischen Anspruch. Wenn also beim Handelskauf eines der in § 823 Abs. 1 genannten Rechtsgüter des Käufers durch Schlechtlieferung verletzt wird, dann trifft den Käufer insoweit nicht die Rügeobliegenheit nach § 377 HGB (BGHZ 101, 337 [Weinkorken]).
41 Vgl. hierzu *Wandt*, FS Schirmer, 2005, S. 619ff.

abzugrenzen ist. Der BGH hat zunächst auf das Kriterium des »funktionell begrenzten Mangels« abgestellt und demgemäß zwischen einem die übereignete Sache von vornherein insgesamt umfassenden Mangel (keine Eigentumsverletzung) und einem begrenzten Mangel, der erst später einen zusätzlichen Schaden an der sonst mangelfreien Gesamtsache hervorgerufen hat (Eigentumsverletzung), unterschieden.[42] Später hat er auf einen Vergleich zwischen Nutzungs- oder Äquivalenzinteresse einerseits und Integritätsinteresse andererseits abgestellt:[43]

– Das **Nutzungs- und Äquivalenzinteresse** erfasst die Vertragserwartung auf Erwerb einer mangelfreien Sache und wird allein durch das Vertragsrecht erfasst (keine Eigentumsverletzung);

– das sog. **Integritätsinteresse** ist darauf gerichtet, durch die in den Verkehr gegebene Sache nicht im Eigentum oder Besitz verletzt zu werden, und wird durch § 823 Abs. 1 ausgeglichen (Eigentumsverletzung).

Der Vergleich zwischen beiden »Interessen« geschieht auf der Grundlage des Merkmals der **Stoffgleichheit**. Wenn Stoffgleichheit zwischen Nutzungs- bzw. Äquivalenzinteresse und Integritätsinteresse gegeben ist, dann besteht nur ein vertraglicher Schadensersatzanspruch und kein Anspruch aus § 823 Abs. 1. Fehlt es an der Stoffgleichheit, so liegt Anspruchskonkurrenz zwischen dem vertraglichen und deliktischen Schadensersatzanspruch vor. Stoffgleichheit ist anzunehmen, wenn sich **23**

– der geltend gemachte Schaden (Endschaden)
– mit dem im Augenblick des Eigentumsübergangs dem Produkt anhaftenden Mangelunwert, d. h. der im Mangel verkörperten Entwertung der Sache für das Äquivalenz- und Nutzungsinteresse (Produktfehler), deckt.

Stoffgleichheit liegt insbesondere vor, wenn der Mangel die Sache von vornherein derart ergreift, dass sie von Anfang an insgesamt wertlos ist. Stoffgleichheit fehlt, wenn der Mangel zunächst einem mehr oder weniger begrenzten Teil der Sache anhaftet.[44]

Entscheidend für den Vergleich von Schaden und Mangelunwert oder Produktfehler ist eine **natürliche und wirtschaftliche Betrachtungsweise**. In Einzelfällen ist es oft schwierig zu ermitteln, **24**

– ob der geltend gemachte Schaden mit einem der Sache von Anfang an anhaftenden Mangelunwert »stoffgleich« ist und deshalb der Ausgleich allein der Vertragsordnung überlassen bleiben muss oder

– ob die Beschädigung oder Zerstörung der Sache aufgrund von Versäumnissen des Herstellers, die sich in dem Mangel niederschlagen, über das Nutzungs- und Äquivalenzinteresse hinausgeht und das Integritätsinteresse des Eigentümers oder Besitzers verletzt und deshalb der Delikthaftung zugänglich ist. Der BGH verlangt eine **wertende Beurteilung**.[45]

Die Literatur zu den weiterfressenden Mängeln ist uneinheitlich.[46] Verbreitet ist die Meinung, eine Anspruchskonkurrenz sei nicht anzuerkennen. Nach der gesetzlichen

---

42 BGHZ 67, 359 (Schwimmschalter).
43 In BGHZ 86, 256 (Gaszug) stellt der BGH klar, dass die funktionelle Abgrenzbarkeit kein abschließendes Abgrenzungskriterium zur Bestimmung der Stoffgleichheit darstellt.
44 BGHZ 86, 256 (Gaszug).
45 Vgl. BGHZ 86, 256 (Gaszug).
46 Vgl. BeckOK BGB/*Förster*, § 823 Rn. 69.

Wertung falle die Gebrauchstauglichkeit allein in die Sachmängelgewährleistung bzw. Leistungsstörung.

Durch die Schuldrechtsmodernisierung wurde die Problematik der unterschiedlichen **Verjährung** von gewährleistungsrechtlichen und deliktischen Ansprüchen entschärft, aber nicht beseitigt: Für das Gewährleistungsrecht beträgt die Verjährungsfrist nunmehr grundsätzlich zwei Jahre beginnend mit der Ablieferung der Sache (früher gemäß § 477 Abs. 1 a. F. sechs Monate). Für deliktische Ansprüche gilt gemäß §§ 195, 199 Abs. 1 die regelmäßige Verjährungsfrist (drei Jahre), wobei der Verjährungsbeginn gemäß § 199 Abs. 1 von der Kenntnis des Gläubigers abhängt. Es bestehen also auch weiterhin deutliche Unterschiede.[47]

25 **(2) Beispielsfälle.** Der BGH hat im nachfolgenden »Hebebühnen«-Fall die Stoffgleichheit angenommen und damit einen Anspruch aus § 823 Abs. 1 verneint.[48]

Fall (*BGH* NJW 1983, 812 »Hebebühnen«-Fall): Der Verkäufer (V) liefert dem Käufer (K) mehrere Einzelteile, die der Hersteller (H) hergestellt hat. Daraus baut K selbst eine Kfz-Hebebühne zusammen und stellt sie in seinem Betrieb auf. Beim Gebrauch der Hebebühne stürzt der (aufgebockte) Pkw des Dritten (D) von der Bühne. Ursache ist ein Produktionsfehler an tragenden (vom Käufer erworbenen) Teilen der Bühne und an dem Hubwagen. K verlangt von H Schadensersatz für den Haftungsschaden (= den an D geleisteten Schadensersatz) (im BGH-Fall auch für weitere Schadensposten). Zu Recht?

Lösung:

1. Vertragliche Ansprüche (Schadensersatz aus Mängelgewährleistungsrecht [§ 437 Nr. 3 i.V.m. § 280 Abs. 1] für Mangelfolgeschaden oder Nacherfüllung [§ 437 Nr. 1 i.V.m. § 439]) hat K gegen H nicht, weil zwischen K und H kein Kaufvertrag zustande gekommen ist.

2. Infrage kommt ein deliktischer Schadensersatzanspruch aus § 823 Abs. 1. Das setzt eine Eigentumsverletzung voraus. In den Fällen eines weiterfressenden Mangels bejaht der BGH eine Eigentumsverletzung nur, wenn Mangelunwert und Endschaden verschieden sind und damit keine Stoffgleichheit vorliegt.
Im »Hebebühnen«-Fall hat der BGH (unter dem Gesichtspunkt der Eigentumsverletzung) die Stoffgleichheit des geltend gemachten Schadens mit dem Mangelunwert, welcher der Sache von Anfang an anhaftete, bejaht und damit eine Eigentumsverletzung i. S. des § 823 Abs. 1 abgelehnt.[49]
Begründung: Es sei lediglich der von Anfang an der Hebebühne anhaftende Defekt zutage getreten. Die Hebebühne sei mit diesem Defekt für den bestimmungsgemäßen Einsatz auf Dauer nicht geeignet gewesen. Es gehe deshalb nur um das Nutzungs- oder Äquivalenzinteresse an der Hebebühne, nicht um ein darüber hinausgehendes Integritätsinteresse.[50]

---

47 H. M.; vgl. BeckOK BGB/*Faust*, § 437 Rn. 197 m.w.N.; *Buck-Heeb*, BS 2, Rn. 112, 114; a. A. *Mansel*, NJW 2002, 89, 95, der einen Gleichlauf der vertraglichen und deliktischen Verjährungsfristen für geboten hält.

48 Weitere Beispiele: *BGH* NJW 2004, 1032, 1033 (ein von Anfang an defekter Reifen platzt und führt zu einem Unfall auf der Autobahn; so schon *BGH* NJW 1978, 2241); *BGH* NJW 1981, 2248, 2249 (Dachdämmplatten: das mit dem Fehler behaftete Einzelteil war mit der Gesamtsache bzw. dem später beschädigten [zunächst einwandfreien] anderen Teil zu einer nur unter Inkaufnahme von erheblichen Beschädigungen trennbaren Einheit verbunden.); *BGH* BauR 1972, 379 (Mangel kann nicht auf wirtschaftlich vertretbare Weise behoben werden). – Vgl. auch die Ausführungen zur Stoffgleichheit in BGHZ 86, 256 (Gaszug; im konkreten Fall verneint): Mangel ergreift die Sache von vornherein derart, dass sie von Anfang an insgesamt wertlos ist oder der Mangel später in der Zerstörung oder Beschädigung der Sache offen zu Tage tritt; Stoffgleichheit liegt vor, wenn das mit dem Fehler behaftete Einzelteil mit der Gesamtsache eine nur schwer trennbare Einheit bildet.

49 *BGH* NJW 1983, 812, 813.

50 In BGHZ 138, 230 (Transistoren für Steuergerät) weist der *BGH* auf den »Hebebühnen«-Fall und darauf hin, dass Schadensersatz wegen Verletzung des Eigentums an den an sich fehlerfreien Einzel-

3. Auch ein Anspruch aus § 823 Abs. 1 wegen Eingriffs in den eingerichteten und ausgeübten Gewerbebetrieb wurde abgelehnt. Bei der Beschädigung einer einzelnen Maschine, deren Ausfall den Betrieb in seiner Substanz nicht ernstlich beeinträchtigen kann, liegen die Voraussetzungen für einen »betriebsbezogenen« Eingriff nicht vor (vgl. → Rn. 88).
4. Ein Anspruch aus § 823 Abs. 2 i.V. m. Gerätesicherheitsgesetz (Gesetz über technische Arbeitsmittel) ist nicht gegeben, weil das hier betroffene Eigentum und Vermögen nicht in den (sachlichen) Schutzbereich der Vorschrift fällt (vgl. → § 17 Rn. 15, 17).
5. Zu weiteren Ansprüchen sogleich im Vertiefungshinweis unter → Rn. 26.

Vertiefung: Weitere Ansprüche   26

Lösung: Fortführung von → Rn. 25.
Der Käufer könnte jedoch gegen H einen Regressanspruch haben.
1. Infrage kommt ein Aufwendungsersatzanspruch aus §§ 677, 683 S. 1, 670.
   a) K zahlt auf die Schuld des Herstellers gegenüber dem Dritten und besorgt damit ein (objektiv) fremdes Geschäft. Wegen des Konstruktions- oder Fabrikationsfehlers (vgl. → § 22 Rn. 60f.) ist H dem D (= Eigentümer des beschädigten Pkw) nämlich zum Schadensersatz aus § 823 Abs. 1 (und § 1 Abs. 1 ProdHaftG) verpflichtet.
   b) Ob K mit Fremdgeschäftsführungswillen zahlt, ist dagegen fraglich; nach h. M. wird dieser allerdings vermutet. Zweifel bestehen auch am Interesse und am Willen des Geschäftsherrn (des Herstellers, vgl. § 683 S. 1). Stellt man auf den mutmaßlichen Willen ab, der dem Interesse entspricht, so ist der Tatbestand des § 683 S. 1 zu bejahen, weil die Befreiung von der Schuld dem H objektiv nützlich ist.
2. In Betracht kommt ein Anspruch aus § 812 Abs. 1 S. 1 Alt. 2 (Rückgriffskondiktion).
   H erlangt Befreiung von seiner Verbindlichkeit gegen D, indem K an D auf eine fremde Schuld zahlt (§ 267). Selbst wenn K den erforderlichen Fremdtilgungswillen bei Zahlung nicht hat, kann er nachträglich erklären, dass er auf eine fremde Schuld zahlen will (vgl. → § 11 Rn. 66 und 72).
   Die Befreiung von der Verbindlichkeit geschieht »in sonstiger Weise« (durch Nichtleistung). Sie geschieht aber ohne rechtlichen Grund; ein rechtlicher Grund liegt vielmehr in der berechtigten GoA, wenn man deren Voraussetzungen mit der h. M. bejaht (vgl. zur GoA als bereicherungsrechtlicher Rechtsgrund → § 7 Rn. 6).
   Deshalb ist H nicht zur Herausgabe des Erlangten verpflichtet.
3. In Betracht kommen auch Ansprüche aus Gesamtschuldnerausgleich gem. § 426 Abs. 1 S. 1 oder § 426 Abs. 2 S. 1. Wenn nicht nur H dem D aus § 823 Abs. 1 (und § 1 Abs. 1 ProdHaftG) zum Schadensersatz verpflichtet ist, sondern auch K dem D aus §§ 631, 280 Abs. 1 (weil er die Verschuldungsvermutung nicht widerlegen kann), sind H und K Gesamtschuldner (§ 840 Abs. 1) und intern zum Ausgleich verpflichtet.

Ein Beispiel dafür, dass der BGH die Stoffgleichheit verneint, eine Eigentumsverlet- **27** zung i. S. des § 823 Abs. 1 demgemäß angenommen und einen Anspruch aus § 823 Abs. 1 (Eigentumsverletzung) bejaht hat, ist der »Gaszug«-Fall.[51]

---

teilen, die mit den fehlerhaften Einzelteilen zur Gesamtsache (hier Hebebühne) zusammengesetzt worden sind, möglich gewesen wäre (vgl. zu diesen Fällen → Rn. 28f.).
51 Weiteres Beispiel: BGHZ 67, 359 (Schwimmschalter: Das mangelhafte Einzelteil ist funktionell begrenzt und sein Wert gegenüber dem Gesamtwert der Anlage ist nur geringfügig); *BGH* NJW 1978, 2241, 2242f. und *BGH* NJW 2004, 1032, 1033 (Kfz-Hinterreifen: Beschädigung eines gekauften Kfz bei Unfall infolge unzulässiger und damit mangelhafter Bereifung; erst nach Eigentumsübergang hat sich eine aus diesem Mangel entspringende Gefahrenursache zu einem im Vergleich zu diesem Mangel anderen und ungleich höheren Schaden infolge eines Unfalls in einer konkreten Verkehrssituation realisiert).

Fall (BGHZ 86, 256 »Gaszug«-Fall): K erwirbt im Autohaus V einen Neuwagen. Aufgrund eines Defektes bewegt sich der Gaszug nicht einwandfrei: Nach Betätigung des Gashebels rutscht dieser nicht immer in die Ausgangsstellung zurück. Der Wagen beschleunigt wegen des defekten Gaszuges, obwohl der Fuß vom Gaspedal genommen wird. K verursacht deshalb einen Unfall. Er (K) verlangt vom Hersteller des Pkw Schadensersatz nach § 823 Abs. 1.

Lösung: Ein Anspruch aus § 823 Abs. 1 (Eigentumsverletzung) ist begründet. Der BGH hat die Stoffgleichheit zwischen dem geltend gemachten Schaden (insbes. Reparaturkosten des Pkw) und dem der Sache von Anfang an anhaftenden Mangelunwert verneint.

Begründung: Der Mangel des Gaszugs mache das Fahrzeug (Gesamtsache), das betriebsfähig war und blieb, nicht von Anfang an wertlos. Die vom Gaszug ausgehenden Unfallgefahren hätten vermieden werden können, wenn der Defekt rechtzeitig erkannt und behoben worden wäre. Im Unfallschaden am Pkw hat sich nicht der durch die Mangelhaftigkeit der Gaszuganlage dem Kfz von Anfang anhaftende Minderwert manifestiert. Der Gesamtschaden hätte verhindert werden können, wenn dem Käufer die Quelle der Gefahr rechtzeitig bewusst geworden wäre.

28   Wenn mangelhafte Einzelteile mit anderen fehlerfreien Einzelteilen zu einer Gesamtsache verbunden werden, stellt sich die Frage, ob schon darin eine Eigentumsverletzung liegt. Der BGH prüft eine Eigentumsverletzung im Hinblick auf verschiedene Objekte (Eigentum). Er prüft, ob das Eigentum

1. an den fehlerhaften Einzelteilen,
2. an der (hergestellten) Gesamtsache oder
3. an den an sich fehlerfreien und funktionsfähigen Einzelteilen durch (a) (nachträgliche) Auswechselung der fehlerhaften Teile oder (b) schon durch die Verbindung fehlerhafter mit fehlerfreien Teilen bei Herstellung der neuen Sache

verletzt worden ist.

Beispiele:[52]

–   K stellt elektrische Regler u. a. aus von B gelieferten Kondensatoren her. Diese sind fehlerhaft. (1) Die Lieferung der mit Fehlern behafteten Kondensatoren stellt keine Eigentumsverletzung dar. (2) Es liegt wegen Stoffgleichheit auch keine Eigentumsverletzung an den Reglern vor, die mit den fehlerhaften Kondensatoren hergestellt wurden. (3) Es kann offen bleiben, ob die Verletzung i. S. des § 823 Abs. 1 bereits durch die Verbindung mit der fehlerhaften Sache oder erst mit deren Ausbau eingetreten ist. (4) Jedenfalls liegt eine Eigentumsverletzung darin, dass bei den später vorgenommenen Reparaturarbeiten die Kondensatoren nur unter Beschädigung oder Zerstörung anderer Teile der von der Beklagten hergestellten Regler ausgebaut werden konnten[53] (BGHZ 117, 183, »Kondensatoren«-Fall).

–   Es werden mangelhafte Transistoren in ein Steuergerät eingebaut, das deshalb funktionsunfähig ist. (1) In der auf dem Einbau mangelhafter Transistoren beruhenden Funktionsunfähigkeit der Steuergeräte ist keine Verletzung des Eigentums an den Geräten zu sehen: Der Produktfehler wirkt sich nur auf das Nutzungs- und Äquivalenzinteresse an den gebrauchsuntauglichen Steuergeräten aus, nicht aber wird das Integritätsinteresse am Bestand unbeschädigten Eigentums beeinträchtigt. Eine Eigentumsverletzung an den Steuergeräten scheidet deshalb wegen »Stoffgleichheit« aus. (2) Es stellt aber eine Eigentumsverletzung dar, wenn die fehlerfreien Teile mit dem fehlerhaften Teil (untrennbar) verbunden und

---

52 Vgl. zu weiteren Beispielen mit Kurzwiedergabe des Sachverhaltes BeckOK BGB/*Förster*, § 823 Rn. 138 f.

53 BGHZ 117, 183 (LS): Stellt der Käufer einer mangelhaften Sache durch deren Verbindung mit mangelfreien Sachen, die in seinem Eigentum stehen, eine neue Sache her, bei welcher die mangelhaften Teile ohne Beschädigung der mangelfreien Teile von diesen nicht getrennt werden können, so liegt jedenfalls im Zeitpunkt der Trennung eine Eigentumsverletzung an den bisher unversehrten Teilen der neuen Sache vor.

damit gebrauchsuntauglich werden (nicht unerhebliche Beeinträchtigung der bestimmungsgemäßen Verwendung).[54] Diese an sich einwandfreien Einzelteile sind untrennbar mit dem Steuergerät verbunden und können nicht mehr in anderer Weise genutzt werden (Nutzungsbeeinträchtigung) (vgl. → Rn. 29) (BGHZ 138, 230, »Transistoren«-Fall).

– An einem Kfz-Motor fehlt die Befestigungsschraube des Nockenwellensteuerrades. Deshalb rutscht das Nockenwellensteuerrad herunter und zerstört den ganzen Motor. Der Mangel haftet dabei nur einem kleinen Teil der Gesamtsache an (dem Steuerrad, das nicht ordnungsgemäß befestigt ist und deshalb Gefahr läuft, sich von der Nockenwelle zu lösen), nicht hingegen dem Gesamtprodukt als solchem (keine Stoffgleichheit). Dass von vornherein das Risiko einer erheblichen Beschädigung der ansonsten mangelfreien Gesamtsache besteht, ist unbeachtlich. Ebenso ohne Bedeutung ist, ob der Fehler vor dem Schadenseintritt bei normalem Lauf der Dinge entdeckt werden könnte. Deshalb liegt keine Stoffgleichheit vor, ein Anspruch aus § 823 Abs. 1 ist begründet (*BGH* NJW 1992, 1678 »Nockenwellen«-Fall).

Vertiefungshinweis: Gebrauchsuntauglichkeit von Einzelteilen einer Gesamtsache als Eigentumsverletzung?   29
Fraglich ist, ob eine Eigentumsverletzung an fehlerfreien Einzelteilen vorliegt, wenn diese mit einem fehlerhaften anderen Einzelteil zu einer Gesamtsache verbunden werden.

1. Die Gebrauchsuntauglichkeit einer Sache (Einzelteile) kann eine Eigentumsverletzung darstellen. Gebrauchstaugliche Einzelteile werden mit fehlerhaften Einzelteilen derart verbunden, dass sie mit wirtschaftlich vertretbarem Aufwand aus der Gesamtsache nicht wieder ausgebaut und deshalb nicht mehr in anderer Weise benutzt werden können.

2. Es stellt sich daher die Frage, ob es für die Gebrauchstauglichkeit bzw. Verwendbarkeit auf die Einzelteile oder auf die Nutzung der Gesamtsache ankommt. Der BGH ließ die Frage offen und bejahte eine Eigentumsverletzung bereits im Zeitpunkt des Zusammenbaus jedenfalls für den Fall, dass die Bestandteile unauflösbar zusammengefügt werden und dadurch in ihrem Wert und ihrer Verwendbarkeit beeinträchtigt werden.[55]

3. Der Annahme einer Eigentumsverletzung steht es nicht entgegen, dass der Geschädigte aus den Einzelteilen selbst die Gesamtsache hergestellt und daran originäres Eigentum nach § 950 Abs. 1 erworben hat. Weil sachenrechtliche Zuordnungsvorschriften für das Schadensrecht grundsätzlich ohne Bedeutung sind, wird bei der Frage nach der Verletzung des Eigentums an Einzelteilen einer Sache auch nicht entscheidend auf deren sachenrechtliche Selbstständigkeit abgestellt; es kommt auf eine wirtschaftliche Betrachtung an, also darauf, ob das Integritäts- oder nur allein das Äquivalenzinteresse des Eigentümers beeinträchtigt worden ist.[56]

4. Der BGH prüft im »Transistoren«-Fall noch, ob zwischen dem Mangelunwert der (Gesamt-)Sache und dem eingetretenen Schaden Stoffgleichheit besteht.[57] Hinsichtlich der (an sich brauchbaren) Einzelsache, die untrennbar in die Gesamtsache eingefügt wird, fehlt es jedoch in jedem Fall an der Stoffgleichheit.

4. Nutzungsbeeinträchtigung

Das Eigentum kann auch dadurch verletzt werden, dass ohne Entzug oder Belastung   30
des Eigentumsrechts (→ Rn. 14 f.), ohne Entzug der tatsächlichen Sachherrschaft
(→ Rn. 16) und ohne Substanzverletzung (→ Rn. 17 f.) die Nutzung (Gebrauch) der

---

54 BGHZ 138, 230 (LS): Werden bei der Anfertigung einer neuen Sache die dazu dienenden einwandfreien Teile des Herstellers durch ihre Verbindung mit den hierzu bestimmten, jedoch mangelhaften Teilen eines Zulieferers unbrauchbar, so tritt bereits im Zeitpunkt ihrer Verbindung eine Verletzung des Eigentums an den zuvor unversehrten Bestandteilen ein.

55 BGHZ 138, 230 (Transistoren).

56 BGHZ 138, 230 m. w. N. (Transistoren).

57 Dies wäre nicht erforderlich gewesen, weil ausschließlich eine Eigentumsverletzung an den (an sich funktionsfähigen) Einzelteilen geprüft wurde.

Sache beeinträchtigt wird (Eigentumsverletzung durch Nutzungsbeeinträchtigung).[58] Die Nutzung einer Sache vollzieht sich allerdings nicht – bildlich gesprochen – im luftleeren Raum, sondern in einem Gemeinwesen, in dem nicht nur Eigentümer anderer Sachen ihrerseits ihre Nutzungspläne verwirklichen wollen, sondern jedermann ein Recht auf Entfaltung seiner Handlungsfreiheit hat. Deshalb kann nicht in jeder Nutzungsbeeinträchtigung durch andere Personen eine Eigentumsverletzung liegen. Die notwendige **Abgrenzung zwischen Eigentumsverletzungen** und vom Eigentümer einer Sache **ersatzlos hinzunehmenden Nutzungsbeeinträchtigungen** ist deshalb schwierig.[59] Die Abgrenzung setzt regelmäßig eine Abwägung zwischen den Interessen des Eigentümers und den Interessen anderer voraus. In Zweifelsfällen kommt man nicht umhin, diese Abwägung für den konkreten Einzelfall unter Berücksichtigung der ihn prägenden Besonderheiten vorzunehmen. Es gibt allerdings auch typische Konstellationen, die eine generalisierende Einordnung anhand von bestimmten Abgrenzungskriterien ermöglichen. So liegt eine Eigentumsverletzung regelmäßig vor, wenn dem Eigentümer der **Gebrauch der Sache durch unmittelbare Einwirkung**[60] auf die **Sache**[61] **vollständig unmöglich gemacht** wird. Dies steht im Ergebnis einer Sachentziehung gleich. Hier bedarf es nicht zusätzlich eines zeitlichen Moments.[62] Dabei kann die Einwirkung auf die Sache tatsächlicher Natur oder – im Falle eines Nutzungsverbots – rechtlicher Natur sein.[63] Wie auch in anderen Zusammenhängen bereitet das Kriterium der Unmittelbarkeit erhebliche Auslegungsschwierigkeiten.[64] Da im Falle der bloßen Nutzungsbeeinträchtigung keine Substanzverletzung und kein Entzug der tatsächlichen Sachherrschaft vorliegt,[65] geht es nicht um eine Einwirkung auf die Sache im wörtlichen Sinne. Es geht vielmehr um eine Einwirkung auf außerhalb der Sache liegende Bedingungen der Nutzbarkeit. Unmittelbarkeit in diesem Sinne meint, dass die externen Bedingungen – wertend beurteilt – unmittelbar mit der Sache verbunden sind. Beispielsweise liegt Unmittelbarkeit vor, wenn durch ein Hindernis ein Kfz oder ein Schiff nicht mehr bewegbar ist. Dagegen liegt eine mittelbare Beeinträchtigung vor, wenn die Fortbewegung weiterhin möglich ist, nur bestimmte Wege nicht zugänglich sind.[66]

Schwierig ist die Abgrenzung einer Eigentumsverletzung zu einer ersatzlos hinzunehmenden Nutzungsbeeinträchtigung vor allem dann, wenn der **Eigentümer seine Sache trotz der Beeinträchtigung noch in bestimmter anderer Weise nutzen kann.** Erforderlich ist dann, dass der gewünschte, aber verhinderte Gebrauch der Sache für

---

58 BGHZ 55, 153 (in Fleet eingesperrtes Schiff); BGHZ 105, 346 (Fischfutter); *BGH* VersR 1990, 204, 205 (Weinkorken); *BGH* VersR 1993, 1368 (Primelerde); *BGH* NJW 1994, 517, 518 (Wasserleitungen); BGHZ 138, 230 m. w. N. (Transistoren).

59 Vgl. auch *Looschelders,* SR BT, Rn. 1209, 1212.

60 Vgl. zum Differenzierungskriterium der unmittelbaren Einwirkung *BGH* VersR 2015, 250 (Auswirkung einer unfallbedingten Sperrung eines Teilstücks der Autobahn auf eine außerhalb der Sperrbereichs liegenden Autobahnraststätte); *BAG* VersR 2016, 1507 (mangels unmittelbarer Einwirkung keine Eigentumsverletzung an Flugzeugen durch Störung des Flugbetriebs infolge eines Streiks des Flugsicherungspersonals).

61 Eine bloße Einwirkung auf die Person des Eigentümers der Sache genügt nicht, BGHZ 63, 203 (Führerscheinentzug); *Medicus/Lorenz,* SR-BT, Rn. 1290.

62 *BGH* VersR 2016, 1194 (Einsperren von Schiffen im Hafen).

63 *BGH* NJW 2015, 1174.

64 Kritisch *Picker,* NJW 2015, 2304.

65 Funktionell gesehen wird die Sachherrschaft allerdings doch tangiert bzw. entzogen.

66 *BGH* VersR 2005, 515; *BGH* VersR 2016, 1194 (Einsperren eines Schiffes im Hafen).

einen so langen Zeitraum unmöglich gemacht ist, dass wertungsmäßig von einer Eigentumsverletzung gesprochen werden kann (näher → Rn. 33).

Fall (BGHZ 55, 153)[67]: An einem Fleet, das zu einer Mühle führt, ist durch Verschulden des Eigentümers S ein Stück der Böschung eingestürzt. Dadurch kann das Transportschiff des G, das an der Mühle liegt, das Fleet für ca. 8 Monate nicht mehr verlassen. Ein anderes Schiff des G, das die Mühle beliefern will, kann die Mühle nicht erreichen und dort nicht entladen werden. G verlangt von S Verdienstausfall hinsichtlich des eingesperrten und des ausgesperrten Schiffes. Zu Recht?

31

Lösung:

1. Anspruch auf Schadensersatz aus § 823 Abs. 1 wegen des eingesperrten Schiffes?
   a) § 823 Abs. 1 (Eigentumsverletzung)?
      Das Eigentum kann auch ohne Eingriff in die Sachsubstanz durch eine sonstige, die Eigentümerbefugnisse treffende, tatsächliche Einwirkung auf die Sache verletzt werden. Der BGH sieht eine Eigentumsverletzung an dem eingesperrten Schiff darin, dass es wegen der Sperrung des Fleets jede Bewegungsmöglichkeit verliert und damit als Transportmittel praktisch ausgeschaltet und seinem bestimmungsgemäßen Gebrauch entzogen ist.
   b) Eine Verletzung des Rechts am eingerichteten und ausgeübten Gewerbebetrieb kommt wegen des subsidiären Charakters dieses Rechts (vgl. → Rn. 77) nicht in Frage.[68]
2. Anspruch auf Schadensersatz wegen des ausgesperrten Schiffes?
   a) § 823 Abs. 1 (Eigentumsverletzung)?
      aa) Eine Eigentumsverletzung (Nutzungsbeeinträchtigung) hinsichtlich des ausgesperrten Schiffes hat der BGH dagegen verneint: Das ausgesperrte Schiff sei in seiner Eigenschaft als Transportmittel nicht betroffen und damit seinem natürlichen Gebrauch nicht entzogen. Abgestellt wird also auf die allgemeine Gebrauchstauglichkeit der Sache (Verwendung als Transportmittel), nicht auf die Verwendung im konkreten Einzelfall (Fahrt zu der Mühle).
      bb) Dass das ausgesperrte Schiff die Mühle nicht erreichen kann, stellt keinen Eingriff in das Eigentum an dem Schiff, sondern eine Behinderung in der Ausübung des Gemeingebrauchs dar, der jedem Schifffahrttreibenden an dem Fleet zusteht. Dies ist aber kein absolutes Recht i. S. des § 823 Abs. 1.
   b) § 823 Abs. 1 (Recht am eingerichteten und ausgeübten Gewerbebetrieb) (–), weil es an einem unmittelbaren Eingriff in den Bereich des Gewerbebetriebes (Betriebsbezogenheit) fehlt und die (aufgehobene) Schiffbarkeit einer Wasserstraße nicht zum Gewerbebetrieb des einzelnen Schifffahrttreibenden gehört (vgl. im Einzelnen → Rn. 88).

Beispiele:

32

– Durch einen Dammbruch wird die wasserseitige Zufahrt zu einer Umschlag- und Lageranlage blockiert, sodass Schiffe diese nicht anlaufen können. Dem Betreiber der auch über Land erreichbaren Anlage entgeht dadurch Gewinn. (1) Eine Eigentumsverletzung hat der BGH verneint: Der Dammbruch greife nicht in die Sachsubstanz der Anlage ein noch beschränke oder beseitige er deren technische Brauchbarkeit; Folge sei nur, dass die Anlage nicht angefahren werden könne. Auch eine Minderung des Wertes der Einrichtung liege nicht vor; die Anlage bleibe benutzbar, nur die Kunden blieben aus.[69] (2) Der Gemeingebrauch ist kein »sonstiges Recht« i. S. des § 823 Abs. 1. (3) Ein Eingriff in das Recht am eingerichteten und ausgeübten Gewerbebetrieb scheidet aus, weil der Dammbruch kein betriebsbezogener Eingriff ist. Die vorübergehende Beeinträchtigung des Gemeingebrauchs an öffentlichen Straßen begründet grundsätzlich keinen Schadensersatzanspruch (BGHZ 86, 152).

---

67 Vgl. auch *BGH* VersR 2016,1194.
68 Ein Anspruch aus § 823 Abs. 2 i. V. m. §§ 80 ff. NdsWasserG in der damaligen Fassung (Vorschrift über die Unterhaltspflicht an einem Gewässer) kommt nicht in Betracht, weil dieser Vorschrift der Schutzgesetzcharakter fehlt.
69 Kritisch zu diesem Argument *Medicus/Petersen*, BR, Rn. 613.

- Wird wegen akuter Brand- und Explosionsgefahr auf einem Grundstück auch das Nachbargrundstück, auf dem sich ein Betrieb befindet, polizeilich geräumt und gesperrt, so liegt eine Verletzung des Eigentums am Nachbargrundstück vor (Nutzungsbeeinträchtigung). Die polizeiliche Räumungsanordnung (von zweistündiger Dauer) schränkt das Eigentumsrecht (§ 903 S. 1) zwar nur vorübergehend, aber empfindlich ein (*BGH* NJW 1977, 2264, 2265).[70]
- Wird ein Verkehrsteilnehmer aufgrund eines Unfalls auf einer öffentlichen Straße vorübergehend in seiner Fortbewegungsfreiheit mittels seines Kfz behindert, so liegt darin regelmäßig keine Eigentumsverletzung am Kfz (*BGH* NJW 1977, 2264, 2265 r. Sp. [Beispiel obiter dictum]; vgl. auch → Rn. 33).[71]
- Das Zuparken eines Fahrzeuges stellt eine Verletzung des Eigentums des zugeparkten Fahrzeugs (Nutzungsbeeinträchtigung) dar. Das Versperren eines Parkplatzes (Verhindern der Nutzung der Parkfläche) ist dagegen keine Eigentumsverletzung an dem Kfz des Parkplatzeigentümers oder Parkplatzmieters i. S. des § 823 Abs. 1. Infrage kommt aber eine Verletzung des Eigentums oder des (berechtigten) Besitzes an dem Parkplatz, weil die Nutzung des Parkplatzes beeinträchtigt wird. S. dazu auch § 17 Rn. 8.
- Keine Eigentumsverletzung durch Nutzungsbeeinträchtigung bei Ausbleiben von Kunden einer Autobahnraststätte wegen unfallbedingter Sperrung eines Teilstücks der Autobahn, wobei die Raststätte außerhalb des gesperrten Bereichs lag (*BGH* NJW 2015, 1174).

33 **Vertiefungshinweis:** Nutzungsbeeinträchtigung – Abgrenzung

1. Fragestellung

Liegt eine Nutzungsbeeinträchtigung i. S. des § 823 Abs. 1 vor, wenn eine Sache nicht bestimmungsgemäß verwendet werden kann? Die Schwierigkeit der Beantwortung ergibt sich aus zwei Prinzipien des BGB, die voneinander abweichen und sich nicht vollkommen decken:[72]

- § 903 S. 1: Der Eigentümer kann seine Sache nach Belieben verwenden.
- § 823 Abs. 1, der an § 903 S. 1 anknüpft, normiert keinen Anspruch eines bloß mittelbar Geschädigten, der nur einen primären Vermögensschaden erlitten hat.

In der Sache geht es um die Abgrenzung zwischen einem Eigentumsschaden und einem nicht unter § 823 Abs. 1 fallenden primären, reinen Vermögensschaden oder anders formuliert zwischen einer Eigentumsverletzung und einer Dispositionsbeeinträchtigung, die nicht (umfassend) von § 823 Abs. 1 geschützt ist. In der Rechtsprechung liegen auf den ersten Blick widersprüchliche Entscheidungen vor. Die Ansichten in der Literatur sind sehr zahlreich.

2. Fälle des BGH

In den **Stromkabel-Fällen**[73] (vgl. → Rn. 89) steht der Betrieb wegen Stromunterbrechung still. Der durch die Betriebsunterbrechung entstandene Schaden beruht nicht auf der Verletzung eines nach § 823 Abs. 1 geschützten Rechts, sondern es liegt nur eine Verletzung des Vermögens (sog. primärer Vermögensschaden) vor.[74] In BGHZ 41, 123, 127 (Geflügelzucht-Brutkasten) sieht der BGH in der Produktionsunterbrechung ohne Substanzverletzung einen nicht ersatzfähigen Vermögensschaden eines lediglich mittelbar geschädigten Dritten, der Ausfälle erleidet, weil das unmittelbar (an den Stromkabeln) geschädigte Elektrizitätswerk die vertraglich zugesagte Stromlieferung vorübergehend nicht erbringen kann. Eine Eigentumsverletzung in Form einer Nutzungsbeeinträchtigung wird in beiden Fällen wohl nicht geprüft oder stillschweigend abgelehnt.

Auch im »Fleet«-Fall ist es – wie in einem »Stromkabel«-Fall[75] – zu keiner Substanzverletzung gekommen. Es kommt deshalb eine Eigentumsverletzung nur unter dem Gesichtspunkt der Nutzungsbeein-

---

70 Anders aber folgende Sachverhaltskonstellation: Die kurzfristige Störung des öffentlichen Verkehrs auf den Zufahrtswegen zum Grundstück des Geschädigten stellt keine selbstständige Beeinträchtigung des Eigentums am Betriebsgrundstück dar (*BGH* NJW 1977, 2264, 2265 r. Sp.).
71 Staudinger/*Hager,* § 823 Rn. B 54; MüKoBGB/*Wagner,* Bd. 6, § 823 Rn. 238; *Larenz/Canaris,* SR II/2, § 76 II 3 c, S. 389 f., der dies mit dem Schutzbereich der verletzten Verkehrspflicht begründet.
72 Vgl. Staudinger/*Hager,* § 823 Rn. B 96.
73 BGHZ 29, 65 (Stromdurchtrennung); 41, 123 (Geflügelzucht-Brutkasten).
74 So BGHZ 29, 65.
75 BGHZ 29, 65.

trächtigung in Frage. Eine Eigentumsverletzung wird darin gesehen, dass das Schiff jede Bewegungsmöglichkeit verliert, als Transportmittel praktisch unbrauchbar und seinem bestimmungsgemäßen Gebrauch entzogen wird. Das Einsperren wird als tatsächliche Einwirkung auf das Schiff gewertet, das von § 823 Abs. 1 erfasst sei.[76]

Während also im »Fleet«-Fall[77] eine Eigentumsverletzung am eingesperrten und dadurch unbrauchbaren Schiff bejaht wird, wird in den »Stromkabel«-Fällen[78] eine Eigentumsverletzung an den nicht benutzbaren Maschinen in Form einer Nutzungsbeeinträchtigung abgelehnt. Es stellt sich die Frage, inwieweit sich die beiden Fälle voneinander unterscheiden.

3. Abgrenzung

Ob und wann eine Nutzungsbeeinträchtigung eine Eigentumsverletzung i. S. des § 823 Abs. 1 darstellt, ist problematisch.

a) Unter funktionellen Gesichtspunkten sind die im Ergebnis abweichenden Entscheidungen (»Fleet«-Fall einerseits und »Stromkabel«-Fall andererseits) schwer zu verstehen. In beiden Fällen wird die Funktion einer Sache verhindert. Durch Stromausfall kann die Maschine nicht genutzt werden, wegen Einsturzes eines Kanals kann ein Schiff nicht auslaufen. Warum im einen Fall eine Nutzungsbeeinträchtigung vorliegt, im anderen Fall dagegen nicht, leuchtet nur schwer ein. Ein Unterschied ergibt sich immerhin insoweit, als das im Fleet eingeschlossene Schiff unter keinen Umständen genutzt werden kann, während der Betreiber einer auf Strom angewiesenen Anlage für einen Stromausfall Vorsorge treffen kann.[79]

b) Möglich ist es, zur Abgrenzung (zusätzlich) auf die Schwere (Erheblichkeit) der Beeinträchtigung abzustellen.[80] Im »Fleet«-Fall liegt eine zeitlich länger dauernde Beeinträchtigung vor, während die Stromunterbrechung in den Stromfällen nur von kurzer Dauer ist. Insoweit kann die Dauer der Nutzungsbeeinträchtigung ein (allerdings sehr vages und zweifelhaftes) Abgrenzungskriterium bilden. Eine Eigentumsverletzung ist zu bejahen, wenn der Gebrauch der Sache für einen so erheblichen Zeitraum so nachhaltig gestört wird, dass dadurch deren Marktwert herabgesetzt wird.[81]

Eine Eigentumsverletzung in Form einer Nutzungsbeeinträchtigung kann auch dann gegeben sein, wenn der Eigentümer in der ihm zustehenden **Fruchtziehung aus der Sache** (vgl. §§ 100, 99) beeinträchtigt wird. **34**

Beispiel: Ein Grundstück wird unerlaubt betreten, um Fotografien von dem Grundstück oder von Gebäuden zu machen, die anschließend vermarktet werden.[82]

Keine Eigentumsverletzung liegt dagegen vor, wenn ein Grundstück oder Gebäude von einer frei zugänglichen Stelle außerhalb des Grundstücks fotografiert wird.[83] Es gibt nämlich kein eigenständiges Recht am Bild der eigenen Sache. Erforderlich ist vielmehr, dass in das Eigentum (am Grundstück oder Gebäude) eingegriffen wird. Eine Eigentumsverletzung und eine nach § 1004 Abs. 1 abwehrbare Eigentumsbeeinträchtigung liegen dagegen vor, wenn die Fotografie nicht von allgemein zugänglichen Stellen, sondern mittels (unbefugten) Betretens des Grundstücks gemacht wird.[84]

---

76 BGHZ 55, 153.
77 BGHZ 55, 153.
78 BGHZ 29, 65; 41, 126.
79 Vgl. *Kötz/Wagner*, Rn. 149
80 *BGH* NJW 2015, 1174; BGHZ 138, 230 (Transistoren) m. w. N.: Nicht unerhebliche Beeinträchtigung der bestimmungsgemäßen Verwendung. Kritisch *Medicus/Lorenz*, SR-BT, Rn. 1290.
81 MüKoBGB/*Mertens*, 3. Aufl. 1997, § 823 Rn. 113; kritisch dazu: MüKoBGB/*Wagner*, Bd. 6, § 823 Rn. 241, der insbesondere zu Bedenken gibt, dass eine solche Abgrenzung bei Gütern versagt, für die es keinen Gebrauchtmarkt gibt. Auch in BGHZ 86, 152 (Dammbruch) wird das Kriterium »Minderung des Wertes der Sache« im Zusammenhang mit der Prüfung, ob eine Eigentumsverletzung durch Nutzungsbeeinträchtigung vorliegt, herangezogen.
82 *BGH* NJW 2013, 1809; NJW 2011, 749.
83 *BGH* NJW 1989, 2251, 2252.
84 *BGH* NJW 2015, 2037; NJW 2011, 749; NJW 2013, 1809.

5. Zusammenfassung

35

Verletzung des Eigentums (§ 823 Abs. 1)

I. Das Eigentum wird verletzt durch:
   1. Zuordnungsverletzung
      Das Recht »Eigentum« wird verletzt durch Verlust (z. B. durch gutgläubigen Erwerb gemäß §§ 929, 932) oder Belastung (→ Rn. 14 f.).
   2. Sachentziehung
      Dem Eigentümer wird die Sache entzogen (z. B. durch Diebstahl).
      P: Konkurrenz zu EBV gemäß §§ 987 ff. (→ Rn. 16)
   3. Substanzverletzung
      Es wird in die Sachsubstanz eingegriffen (z. B. Beschädigung der Sache).
      – P: Eigentumsverletzung durch Betriebsunterbrechung (→ Rn. 18)
      – P: Weiterfressender Mangel (→ Rn. 19)
   4. Nutzungsbeeinträchtigung
      Der Eigentümer wird in der bestimmungsgemäßen Nutzung erheblich (zeitlich und wirtschaftlich) beeinträchtigt.
      – P: Abgrenzung der Nutzungsbeeinträchtigung (als Eigentumsverletzung) von einer bloßen Einschränkung der (wirtschaftlichen) Nutzung als reinem Vermögensschaden (→ Rn. 33)
II. Eigentumsverletzung (Substanzverletzung) bei sog. weiterfressendem Mangel (nach BGH) (→ Rn. 22 ff.)
   1. Nutzungs- und Äquivalenzinteresse: nur vertraglicher Schadensersatzanspruch
   2. Integritätsinteresse: (auch) § 823 Abs. 1
   3. Abgrenzungskriterium: Stoffgleichheit zwischen Produktfehler und Endschaden?
      – bei vorhandener Stoffgleichheit: Eigentumsverletzung (–)
      – bei fehlender Stoffgleichheit: Eigentumsverletzung (+)

V. Sonstige absolute Rechte

36 Auch »**sonstige Rechte**« werden von § 823 Abs. 1 erfasst. Um zu verhindern, dass dieser Begriff bei einer weiten Auslegung zu einer großen, für das deutsche Deliktsrecht untypischen Generalklausel (vgl. dazu → § 15 Rn. 7) wird, ist das Tatbestandsmerkmal »sonstige Rechte« eng auszulegen. »Sonstige Rechte« sind nur Rechte, die dem in § 823 Abs. 1 ausdrücklich genannten Recht »Eigentum« wesensgleich sind; dem sonstigen Recht muss also wie dem Eigentum eine **Ausschluss- und Zuweisungsfunktion** innewohnen[85] (vgl. → Rn. 13); hierfür wird teilweise zusätzlich noch eine »sozialtypische Offenkundigkeit« der Rechtsposition verlangt.[86] Mit den sonstigen Rechten sind deshalb sonstige »absolute« Rechte gemeint.

Noch ungeklärt und heftig umstritten ist, ob ein »Recht am eigenen Datenbestand« als sonstiges Recht anerkannt werden soll.[87] Die dem Eigentum ähnliche Zuordnungs- und Ausschlussfunktion lässt sich bejahen, auch wenn offensichtlich ist, dass im Einzelnen Konkretisierungsunsicherheiten bestehen. Auffangen lassen sich diese Un-

---

85 *Medicus/Petersen*, BR, Rn. 607.
86 Vgl. MüKoBGB/*Mertens*, 3. Aufl. 1997, § 823 Rn. 123 m. w. N.: soziale Ausschlussfunktion, spezifischer Zuweisungsgehalt und entsprechende sozialtypische Offenkundigkeit. Dagegen Staudinger/*Hager*, § 823 Rn. B 124.
87 Zum Streitstand MüKoBGB/*Wagner*, Bd. 6, § 823 Rn. 294 ff.

sicherheiten durch die Anerkennung als Rahmenrecht, bei dem der Schutzumfang des Rechts und die Rechtswidrigkeit eines Eingriffs im Wege einer Gesamtabwägung festzustellen sind.[88] Die Parallele zum Rahmenrecht des allgemeinen Persönlichkeitsrechts zeigt, dass sich derart im Wege der Rechtsfortbildung für die Rechtsanwendung praktikable Fallgruppen herausbilden lassen. Zum Schutz personenbezogener Daten über das allgemeine Persönlichkeitsrecht → Rn. 51; zum Schutz vor Eingriffen in Daten über § 823 Abs. 2 i. V. m. § 303 a StGB als Schutzgesetz → Rn. § 17 Rn. 7. Art. 82 Abs. 1 DS-GVO, am 25. 5. 2018 in Kraft getreten[89], gewährt einen unmittelbar anwendbaren deliktischen Schadensersatzanspruch. Nach dieser Vorschrift hat »jede Person, der wegen eines Verstoßes gegen diese Verordnung ein materieller oder immaterieller Schaden entstanden ist, [...] Anspruch auf Schadenersatz gegen den Verantwortlichen oder gegen den Auftragsverarbeiter«.[90]

1. Einzelfälle

Zu den »sonstigen Rechten« gehören insbesondere: 37

Beschränkt dingliche Rechte, wie z. B. Pfandrecht, Grundpfandrechte (Hypothek und Grundschuld);

Beispiele:

– Der Grundstückseigentümer E verfügt über sein Grundstück derart, dass ein Dritter (D) gutgläubig lastenfrei Eigentum erwirbt (§ 892). Die materiell bestehende, aber formell nicht eingetragene Grundschuld des G erlischt dadurch. Dies stellt eine Verletzung des (absoluten Grundstücks-)Rechts des G durch den verfügenden E (= Schädiger) dar; D haftet dagegen mangels Rechtswidrigkeit der Eigentumsverletzung nicht nach § 823 Abs. 1 (vgl. zur vorrangigen Wertung der §§ 932, 892 → Rn. 15).

– Veranlasst der Aufsicht führende Architekt sorgfaltswidrig eine Verschlechterung eines Grundstücks durch bauliche Veränderung der darauf stehenden Häuser, so liegt darin eine Verletzung des auf dem Grundstück lastenden Grundpfandrechtes (§ 823 Abs. 1). Damit konkurriert ein Anspruch aus § 823 Abs. 2 i. V. m. §§ 1134, 1192 (BGHZ 65, 211).

– Haftung für Kosten der Untersuchung einer Gasleitung wegen Eingriffs in das beschränkt dingliche Recht, ein fremdes Grundstück zum Betreiben einer unterirdischen Gasleitung zu benutzen. Aufgrund des Überfahrens des Grundstücks mit einem Bagger und des Abweichens des Baggers von zum Schutz der Gasleitung verlegter Baggermatten, bestand der Verdacht einer Beschädigung der Leitung.[91]

Auch die Verletzung eines beschränkt dinglichen Rechts an einer Anwartschaft ist möglich.

Vertiefungsbeispiel (BGHZ 92, 280): Der Käufer (= Grundstückseigentümer und Vorbehaltskäufer 38 [VK]) hat Vorbehaltseigentum an einem Fahrzeug vom Vorbehaltsverkäufer (VV) erworben. Dieses fällt in den Haftungsverband einer Grundschuld (§§ 1192, 1120), die auf dem Grundstück des VK zugunsten des Grundpfandgläubigers (GG) lastet. Durch Vereinbarung mit dem VV wird das Vorbehaltseigentum bzw. Anwartschaftsrecht des Käufers rechtswirksam aufgehoben. Der VV übereignet anschließend das Fahrzeug zur Sicherheit an den Sicherungseigentümer (SiE), der nachträglich den (noch offenen) Restkaufpreis finanziert – der SiE erwirbt dadurch lastenfreies Eigentum am Fahrzeug zur Sicherheit[92] (§ 929

---

88 So insbes. MüKoBGB/*Wagner*, Bd. 6, § 823 Rn. 296.

89 Vgl. zur DS-GVO *BGH* MDR 2018, 1002 (Tod des Kontoinhabers eines sozialen Netzwerks).

90 Zur Frage der Beschränkung auf natürliche Personen vgl. BeckOK DS-GVO/*Quaas*, Art. 82 DS-GVO Rn. 37 m. w. N.; *BGH* MDR 2018, 1002 (Tod des Kontoinhabers eines sozialen Netzwerks).

91 *BGH* VersR 2012, 447.

92 Aus dem Sicherungsvertrag ergab sich wohl die Pflicht (also kein Anwartschaftsrecht bei Sicherheitseigentum), das Fahrzeug nach Tilgung des Darlehens an den Vorbehaltskäufer zu übereignen.

S. 1).[93] Der SiE veräußert das Fahrzeug und befriedigt aus dem Erlös sein Finanzierungsdarlehen. Ansprüche des Grundschuldgläubigers gegen SiE?

(1) Anspruch aus § 816 Abs. 1 S. 1 und § 687 Abs. 2 S. 1, 681 S. 2, 667 auf Erlösherausgabe oder § 823 Abs. 1, 251 auf Schadensersatz wegen Verwertung von belastetem Sicherungseigentum? Voraussetzung: Zurzeit der Verwertung muss das Fahrzeug in den Haftungsverband der Grundschuld fallen. Dies ist aber nicht der Fall, weil SiE unbelastetes Sicherungseigentum erworben hat und das Fahrzeug damit nicht mehr in den Haftungsverband der Grundschuld (§ 1120) fällt. Das Anwartschaftsrecht des VK ist aufgehoben worden, eine analoge Anwendung von § 1276 Abs. 1 S. 1 lehnt der BGH ab. (2) Anspruch auf Schadensersatz aus § 823 Abs. 1 und § 823 Abs. 2 i. V. m. § 1135, 1133f. wegen Vereitelung bzw. Erschwerung der Grundpfandhaftung von Zubehörstücken durch deren Veräußerung? (a) Verletzung der Grundschuld als sonstiges Recht?: Während – anerkanntermaßen – die Verschlechterung, Veräußerung oder Entfernung von Zubehörsachen eine Grundpfandhaftung erschweren und vereiteln und damit Schadensersatzansprüche aus § 823 Abs. 1 begründen können, lässt der BGH die Frage offen, ob dies auch bei einer Vereitelung der Grundpfandhaftung eines Anwartschaftsrechts durch dessen Aufhebung gilt mit der Folge einer Schadenshaftung des aufhebenden Vorbehaltskäufers oder des Dritten (als Teilnehmer). (b) Rechtswidrigkeit: Die Aufhebung der Anwartschaft ist im Fall jedenfalls keine rechtswidrige Verletzung der Grundschuld, wenn sie im Rahmen einer wirtschaftlich vernünftigen Abwicklung (vgl. auch § 1135) des Vorbehaltskaufvertrages erfolgt (hier: nachträgliche Finanzierung des Restkaufpreises durch einen Dritten, dingliche Absicherung des Dritten am Vorbehaltsgut, Pflicht zur Übereignung des Sicherheitseigentums an den Vorbehaltskäufer nach Tilgung des Darlehens); solche Einwirkungen muss der Grundpfandgläubiger hinnehmen.[94]

39 Es kann zu einer Konkurrenz der Ansprüche des Eigentümers und des davon verschiedenen Inhabers eines (beschränkt) dinglichen, das Eigentum belastenden Rechts kommen, wenn es um den gleichen Schaden geht.

Dingliche Anwartschaftsrechte.

Beispiel: S beschädigt das Kfz, das K von V unter Eigentumsvorbehalt gekauft hat (vgl. § 449). Es liegt eine Verletzung des (auflösend bedingten) Eigentums des V sowie des Anwartschaftsrechts des K (aufschiebend bedingtes Eigentum) vor. S muss nach h. M. an V und K gemeinsam leisten (§§ 432, 1077, 1281).[95]

Immaterialgüterrechte (z. B. Patent, Urheberrecht) sowie gewerbliche Schutzrechte (Markenschutz- oder Musterschutzrechte).

Mitgliedschaftsrechte: Geschäftsanteile an einer GmbH oder Aktien, Mitgliedschaftsrechte an einem eingetragenen Verein.[96, 97]

---

93 Die Übergabe wurde vollzogen, indem der Veräußerer (= Vorbehaltsverkäufer) dem Dritten mittelbaren Besitz verschaffte, was für § 929 S. 1 ausreicht; der Vorbehaltskäufer besaß nach der Veräußerung nicht mehr für den Vorbehaltsverkäufer, sondern für den Dritten (vgl. *Baur/Stürner,* SachenR, § 51 Rn. 16: Besitzerwerb durch Übertritt des Besitzmittlers in die Herrschaftssphäre des Erwerbers).

94 In BGHZ 92, 280 hat der BGH die sachenrechtlich relevante Entscheidung gefällt, dass ein Anwartschaftsrecht von den Kaufvertragsparteien wirksam nachträglich aufgehoben werden kann, auch wenn es der Grundpfandhaftung (§ 1120) unterliegt und diese durch die Aufhebung der Anwartschaft gegenstandslos wird.

95 *Baur/Stürner,* SachenR, § 59 Rn. 45 m. w. N.

96 Vgl. *Habersack,* Die Mitgliedschaft, 1996; *Helms,* Schadensersatzansprüche wegen Beeinträchtigung der Vereinsmitgliedschaft, 1998; BeckOK BGB/*Schöpflin,* § 38 Rn. 2, 18. An dem absoluten Schutz der Mitgliedschaft gegen Dritte zweifelnd *Medicus/Petersen,* BR, Rn. 620a.

97 Die Rechtswidrigkeit muss positiv geprüft werden, weil ein offener Tatbestand vorliegt; vgl. Staudinger/*Hager,* § 823 Rn. B 145 m. w. N.

Beispiele:

- Der Geschäftsanteil an einer GmbH (§§ 14 f. GmbHG) ist ein »sonstiges Recht« i. S. des § 823 Abs. 1, das verletzt werden kann, wenn der Gesellschafter durch eine rechtswidrige Versteigerung des verpfändeten Geschäftsanteils bei der Zwangsvollstreckung ganz oder teilweise um diesen Geschäftsanteil gebracht wird (RGZ 100, 274, 278 f.).
- Das Mitgliedschaftsrecht des Aktionärs, verkörpert durch die Aktie, ist ein sonstiges Recht i. S. des § 823 Abs. 1, das aber nicht dadurch widerrechtlich verletzt wird, dass ihr Wert durch Handlungen, die den Wert und die Ertragsfähigkeit der Aktiengesellschaft schmälern, gemindert wird, sondern nur dadurch, dass der Aktionär um die Aktienrechte selbst ganz oder teilweise gebracht wird. Es liegt sonst nur ein reiner Vermögensschaden vor (RGZ 158, 248, 255).
- Die satzungswidrige Weigerung, die Yacht eines Vereinsmitgliedes als zu einer bestimmten Bootsklasse gehörig anzuerkennen, trifft die Mitgliedschaft dieses Mitgliedes im eingetragenen Verein (§ 21) in ihrem Kern und stellt eine Verletzung eines »sonstigen Rechts« i. S. des § 823 Abs. 1 dar (BGHZ 110, 323).[98]

Familienrechte, soweit sie als »Herrschaftsrechte« ausgestaltet sind, wie z. B. das Recht der elterlichen Sorge.   **40**

Beispiele:

- Die Ehefrau wendet Detektivkosten auf, weil der getrennt lebende Ehemann ihr das Kind vorenthält und dessen Aufenthalt nicht bekannt gibt, obwohl sie allein sorgeberechtigt ist (vgl. jetzt § 1671). Sie verlangt von ihrem Ehemann Ersatz der Detektivkosten (BGHZ 111, 168). (1) Das Recht der elterlichen Sorge (§§ 1626 ff.) ist ein sonstiges Recht i. S. des § 823 Abs. 1, dessen absoluter Charakter in § 1632 zum Ausdruck kommt. Die Vorenthaltung des Kindes stellt eine Verletzung des Rechts der Ehefrau dar. (2) Die Verletzung ist rechtswidrig – ein Recht des Mannes, das Kind vorzuenthalten und dessen Aufenthalt geheim zu halten, besteht nicht – und schuldhaft. (3) Deshalb ist der Ehemann zum Ersatz der aus der Verletzung entstandenen Kosten verpflichtet. Davon erfasst sind die Aufwendungen, die erforderlich sind, um das Kind wieder zu finden, also grundsätzlich auch die aufgewendeten Detektivkosten.
- Ein 37-jähriger Mann (M) unterhält mit der 16-jährigen Tochter der Eltern E intime Beziehungen. E können den Umgang der Tochter mit M nach §§ 1004, 823 Abs. 1 (quasinegatorischer Unterlassungsanspruch, vgl. → § 21 Rn. 8) untersagen. Das (verletzte) Recht der elterlichen Sorge (sonstiges Recht i. S. des § 823 Abs. 1) erfasst auch das Recht zur Erziehung und Beaufsichtigung, welches den Eltern zur selbstständigen und unabhängigen Wahrnehmung nach ihrem pflichtgemäßen Ermessen und ihrer eigenen Verantwortung (bis zur Grenze des § 1666) obliegt (*OLG Frankfurt* NJW 1979, 2052 f.).

Geschützt ist auch der sog. **räumlich gegenständliche Bereich der Ehe,** insbesondere die Ehe- und Familienwohnung.[99] Gegen das Eindringen eines »Ehe-Störers« in den räumlich-gegenständlichen Bereich der Ehe besteht nach h. M. ein quasinegatorischer Unterlassungs- und Beseitigungsanspruch gegen den Störer (§ 1004 analog).[100]

Beispiel: Der Ehemann nimmt die Frau F, mit der er ein ehebrecherisches Verhältnis führt, in die eheliche Wohnung auf und bewohnt mit ihr gemeinsam ein Zimmer. Die ebenfalls in der Wohnung wohnende Ehefrau kann von F Beseitigung der Störung und zukünftig Unterlassung (in Form des Auszugs aus der Wohnung) verlangen (§§ 1004, 823 Abs. 1). Zwar haben die persönlichen Beziehungen der Ehegatten zu-

---

98 BeckOK BGB/*Schöpflin*, § 38 Rn. 2.
99 Abgrenzung zum allgemeinen Persönlichkeitsrecht eines Ehegatten: *BGH* NJW 2014, 1243 (Anspruch auf Unterlassung einer von einem Dritten getätigten Äußerung, die geeignet ist, die persönliche Beziehung zwischen Ehegatten zu beeinträchtigen).
100 A. A. *Medicus/Petersen*, BR, Rn. 619 gegen eine Qualifizierung der Ehe als eigentumsähnliche Position und sonstiges Recht; anerkannt wird aber die Verbindung der Ehegatten zu geschlechtlicher Treue als (in Analogie zu den in § 823 Abs. 1 geschützten Lebensgütern) durch § 823 Abs. 1 geschützt.

einander vorwiegend sittlichen Charakter und sind einer Regelung durch die Rechtsordnung nicht ohne weiteres zugänglich (vgl. § 888 Abs. 3 ZPO), anders aber der sog. räumlich-sachliche Bereich der Ehe, der die äußere sachliche Grundlage für das gemeinsame Ehe- und Familienleben umfasst, den einzelnen Familienmitgliedern die Entfaltung ihrer Persönlichkeit ermöglichen soll und von § 823 Abs. 1 umfasst ist. Daneben können Ansprüche aus Besitzschutz (§§ 861 ff.) sowie Eigentumsschutz (§ 1004) in Frage kommen (BGHZ 6, 360).

Dagegen gewährt die Rspr. keine Schadensersatzansprüche aus § 823 Abs. 1 wegen Verletzung der bei Eingehung der Ehe begründeten Pflichten gegen den untreuen Ehepartner und gegen den in die Ehe eindringenden Dritten; nur § 826 kann insoweit einen Schadensersatzanspruch begründen.[101]

Beispiel: Erleidet die Ehefrau (im vorstehenden Beispiel) psychische Schäden und muss sich einer Heilbehandlung unterziehen, so kann sie die entstandenen Behandlungskosten weder vom Ehemann noch von F aus § 823 Abs. 1 (Verletzung des räumlich gegenständlichen Bereichs der Ehe) ersetzt verlangen. Begründen lässt sich das mit dem Schutzzweck der Norm (im haftungsausfüllenden Tatbestand): Der deliktische Rechtsgüterschutz hat insoweit seine Grenze; die Ehe steht außerhalb der Rechtsverhältnisse, deren Verletzung Schadensersatzansprüche auslösen könnten; gegebenenfalls erforderliche Ermittlungen im Beweisverfahren sind unerwünscht; hinsichtlich der Vielfalt möglicher Eingriffe sind brauchbare Abgrenzungskriterien nicht zu finden (BGHZ 23, 281; 26, 217, 221 ff.; 57, 229).[102]

2. Besitz

41 Der **Besitz** kann nach h. M. ein sonstiges Recht i. S. des § 823 Abs. 1 sein.[103] Zutreffenderweise ist zwischen den unterschiedlichen Besitzpositionen zu differenzieren. Außerdem sind zwei unterschiedliche Schadensposten zu unterscheiden:[104]

– Nutzungsschaden = Beeinträchtigung der Möglichkeit, die Sache zu gebrauchen; die **Abgrenzung zwischen Verletzung des berechtigten Besitzes und entschädigungsloser bloßer Nutzungsbeeinträchtigung** erfolgt parallel zur Abgrenzung zwischen Eigentumsverletzungen und bloßer Nutzungsbeeinträchtigung (→ Rn. 30 ff.).[105]

– Haftungsschaden = Besitzer wird infolge einer Beschädigung der Sache durch einen Dritten gegenüber dem Eigentümer schadensersatzpflichtig.

a) Unmittelbarer Besitz – Recht zum Besitz

42 Gegen die Einbeziehung des bloßen Besitzes in den Deliktsschutz wird zutreffend eingewandt, dass der Besitz nur eine tatsächliche Rechtsposition ist (vgl. § 854) und Be-

---

101 *BGH* NJW 1990, 706 m. w. N. (Schadensersatzverlangen eines Scheinvaters nach Scheidung der Ehe für den jahrelang gezahlten Unterhalt an die nicht von ihm stammende Tochter von der früheren Ehefrau). Der BGH stützt seine Ansicht darauf, dass Ehestörungen, die (wie z. B. Ehebruch) unmittelbar die innere Lebens- und Geschlechtsgemeinschaft der Ehegatten berühren, einen innerehelichen Vorgang darstellen, der nicht in den Schutzzweck der deliktischen Haftungstatbestände einbezogen ist. Das Wesen der Ehe vertrage das Einwirken schadensrechtlicher Grundsätze auf innereheliche Vorgänge nicht mit der Folge, dass das Ehe- und Familienrecht die Deliktsregeln verdränge (*BGH* NJW 1990, 706, 707). Vgl. auch *Looschelders*, SR BT, Rn. 1221.

102 Im vorgenannten Fallbeispiel kann jedoch ein Anspruch aus § 823 Abs. 1 unter dem Gesichtspunkt der Gesundheitsverletzung infolge psychischer Einwirkung begründet werden.

103 Nachweise bei Staudinger/*Hager*, § 823 Rn. B 167; vgl. auch MüKoBGB/*Wagner*, Bd. 6, § 823 Rn. 287.

104 Vgl. *Wieser*, JuS 1970, 557, 559.

105 *BGH* NJW 2015, 1174; *BGH* VersR 2015, 250 (Beeinträchtigung des berechtigten Besitzes an einer Autobahnraststätte).

sitzschutz (§§ 861 f.) jedem Besitzer (also auch dem unberechtigten) zukommt. Dem bloßen Besitz fehlt jeder Zuweisungsgehalt, der aber gerade für die Rechte und Rechtsgüter des § 823 Abs. 1 wesentlich ist (vgl. → Rn. 36).[106]

Nach heute h. M. wird deshalb nur der **berechtigte Besitz** bzw. (im Ergebnis gleichbedeutend) das Recht zum Besitz (und Gebrauch und Nutzung) deliktsrechtlich geschützt.[107] Berechtigter Besitzer ist derjenige, dem die tatsächliche Gewalt über eine Sache rechtlich eingeräumt wird (z. B. durch Mietvertrag). Zuweisungsgehalt (vertragliches Recht zum Besitz, Nutzung und Gebrauch) und Ausschlussfunktion (§§ 566, 986 Abs. 2, 861 f.) sind in diesem Fall vorhanden. Zu ersetzen sind Nutzungs- und Haftungsschäden.

Beispiele:

– Eine Gruppe Demonstranten blockiert zwei Tage lang den Einsatz von Baumaschinen des Bauunternehmers U. U kann von den Demonstranten Schadensersatz nach (§ 830 Abs. 1 S. 2 i. V. m.) § 823 Abs. 1 verlangen. (1) U war berechtigter Besitzer der Baumaschinen. Der berechtigte Besitz stellt ein geschütztes Rechtsgut i. S. des § 823 Abs. 1 dar; ob U auch Eigentümer ist, ist deshalb unbeachtlich. Die nicht unerhebliche Behinderung des bestimmungsgemäßen Gebrauchs stellt eine Verletzung des Eigentums dar.[108] Entsprechendes gilt für den berechtigten Besitz: Soll dieser gerade dazu dienen, eine bestimmte Nutzung der Sache zu ermöglichen, so liegt eine Rechtsgutverletzung i. S. des § 823 Abs. 1 vor, wenn der Besitzer an dieser Nutzung gehindert wird. Die Nutzungsbeeinträchtigung ist infolge ihrer zweitägigen Dauer auch von einigem Gewicht und infolge der völligen Gebrauchsuntauglichkeit nicht nur unerheblich. (2) Der Eingriff ist rechtswidrig, was der BGH in Auseinandersetzung mit dem Verfassungsrecht (Art. 8 GG) im Einzelnen begründet. (3) Verschulden ist zu bejahen. (4) Zu ersetzen ist der Schaden infolge der ausgebliebenen Nutzung der Maschinen. (5) Ein Anspruch wegen Eingriffs in den eingerichteten und ausgeübten Gewerbebetrieb scheidet infolge Subsidiarität aus (BGHZ 137, 89).

– Bauunternehmer U errichtet eine Uferwand in einem Hafen, dessen Eigentümerin die auftraggebende Stadt ist. Bei Einfahrt in den Hafen beschädigt S mit seinem Schiff die teilweise errichtete Uferwand. Dem U entstehen zusätzliche Kosten, um die Wand wieder aufzubauen, die er von S ersetzt verlangt. Anspruchsgrundlage ist § 823 Abs. 1. Das beeinträchtigte Rechtsgut ist der (von S vertraglich eingeräumte) berechtigte Besitz des U an der Uferwand[109] (*BGH* NJW 1984, 2569).[110]

---

106 *Larenz/Canaris*, SR II/2, § 76 II 4f, S. 396; *Medicus*, AcP 165 (1965), 115, 117f.
107 St. Rspr.; vgl. BGHZ 137, 89. Vgl. auch *Medicus/Petersen*, BR, Rn. 607. Nach *Medicus* (a. a. O.) stellt allerdings auch der unrechtmäßige Besitz ein sonstiges Recht i. S. des § 823 Abs. 1 dar, wenn ihm das Gesetz außer den Abwehrrechten positive Befugnisse zuweist. Dies trifft auf den unrechtmäßigen, entgeltlichen redlichen und unverklagten Besitzer zu, der nach §§ 987, 988, 990, 993 Abs. 1 im Verhältnis zum Eigentümer die Nutzungen behalten darf (vgl. auch § 1007 Abs. 3 S. 2).
108 Vgl. BGHZ 55, 153 (Fleet-Fall).
109 Problematisch ist, ob die Aufwendungen zur Wiedererrichtung der Mauer als Schadensersatz verlangt werden können. (a) Anerkannt ist, dass ein Haftungsschaden vom Schädiger ersetzt verlangt werden kann: Ist der Besitzer bei Beschädigung der Sache durch einen Dritten dem Eigentümer (regelmäßig aus Vertrag) haftpflichtig, so kann der Besitzer diesen (Haftungs-)Schaden vom schädigenden Dritten ersetzt verlangen. An einem Haftungsschaden wegen einer Eigentumsverletzung aus Vertrag oder Gesetz fehlt es hier aber. (b) Bei einem infolge der werkvertraglichen Gefahrtragungsregel sich ergebenden Wiederherstellungsaufwand muss aber (wegen vergleichbarer Rechtslage) Entsprechendes gelten. Weil die Abnahme (§ 640) noch nicht stattgefunden hat, trägt der Werkunternehmer U weiterhin die Leistungsgefahr (§ 644 Abs. 1 S. 1) und muss deshalb im Falle einer Beschädigung das Werk auf seine eigenen Kosten wiederherstellen. Diese sich aus der vertraglichen Gefahrtragungsregel ergebenden Aufwendungen kann der Unternehmer vom Schädiger als Schaden ersetzt verlangen; vgl. *BGH* NJW 1984, 2569.
110 Dieser Fall kann auch über die Drittschadensliquidation (Fallgruppe: obligatorische Gefahrentlastung) gelöst werden (vgl. → § 26 Rn. 10).

– S beschädigt das Kfz, das M vom Eigentümer E gemietet hat. M kann eine Verletzung seines (aufgrund des Mietvertrages) berechtigten Besitzes geltend machen.

43 Entscheidend ist die Streitfrage (Schutz des bloßen Besitzes oder nur des berechtigten Besitzes), wenn ein nichtberechtigter Besitzer gegen den Eigentümer Ansprüche geltend macht. In diesen Fällen sind (u. a.) die Wertungen des EBV von Bedeutung.

Beispiel:[111] K hat an A eine Lagerhalle vermietet, die A zum Teil (berechtigt) an B unvermietet hat. Nachdem K den Hauptmietvertrag mit A wirksam gekündigt hat, verlangt er (K) von B Herausgabe der Halle. Weil B dem nicht nachkommt, setzt sich K eigenhändig in den Besitz der Mietsache, den B allerdings mittels einstweiliger Verfügung wiedererlangt. B verlangt von K Ersatz wegen zwischenzeitlicher Nichtnutzung der Lagerhalle (BGHZ 79, 232).
Als Anspruchsgrundlage kommt § 823 Abs. 1 und § 823 Abs. 2 i. V. m. § 858 in Betracht. Nach der Rechtsprechung des BGH ist im Verhältnis des Eigentümers zum Besitzer nur der berechtigte Besitz geschütztes Rechtsgut i. S. des § 823 Abs. 1.[112] Ein Besitzrecht hat B aber aus folgenden Gründen nicht: (1) Mit der Kündigung des Hauptvermietvertrages ist auch der Untermieter B zur Herausgabe verpflichtet (§ 546 Abs. 2) und hat kein Recht mehr, die Mietsache im eigenen Interesse zu nutzen. Der Besitzer ist in diesem Fall verpflichtet, die Nutzung der Sache zu unterlassen. (2) Die Besitzschutzvorschriften wollen nur verhindern, dass der Berechtigte eigenmächtig den Zustand herstellt, auf den er einen Anspruch hat, begründen aber kein Nutzungsrecht. (3) Die einstweilige Verfügung begründet kein Recht zum Besitz oder zur Nutzung. (4) Auch aus §§ 546a, 571 (früher § 557 a. F.) folgt, dass das Gesetz unberechtigten Besitz und Nutzung der herauszugebenden Sache missbilligt. (5) Dass die §§ 987ff. dem (gutgläubigen) Besitzer in bestimmten Fällen die Nutzungen belassen, bedeutet nicht, dass der Besitzer auch ein Recht auf Nutzung hat.

44 Auch der **berechtigte Mitbesitz** ist als sonstiges Recht geschützt. Er ist nicht nur im Verhältnis des Mitbesitzers zu einem Dritten, sondern auch im Verhältnis von Mitbesitzern untereinander geschützt.[113]

Beispiel: Ehegatten, Partner einer nichtehelichen Lebensgemeinschaft.

45 Zwar besteht zwischen Mitbesitzern nur ein eingeschränkter Besitzschutz (vgl. § 866). § 823 Abs. 1 ist aber zwischen Mitbesitzern uneingeschränkt anwendbar. § 866 ist auf die Besitzschutzmöglichkeiten der §§ 859ff. zugeschnitten und besagt nicht, dass der Besitz im Verhältnis zwischen Mitbesitzern nur als schutzwürdig angesehen wird, soweit eine Besitzentziehung, nicht aber, soweit nur eine Besitzstörung vorliegt.[114]

46 **Vertiefungshinweis:** Gläubigerkonkurrenz zwischen Besitzer und Eigentümer beim Schadensersatzanspruch.
Wird eine Sache beschädigt, die im unmittelbaren (berechtigten) Besitz eines Dritten steht, der nicht der Eigentümer ist, so stellt sich die Frage, wie die beiden Schadensersatzansprüche des Eigentümers und Besitzers zueinander stehen.

Beispiel: S fährt bei nächtlichen Einparkversuchen das Kfz des M an. M ist nicht der Eigentümer des Kfz, sondern hat es vom Eigentümer E gemietet oder unter Vorbehalt gekauft. Sowohl E als auch M können aus § 823 Abs. 1 (Eigentumsverletzung bzw. Verletzung des berechtigten Besitzes [bzw. Anwartschaftsrechts] als sonstiges Recht i. S. des § 823 Abs. 1) Schadensersatz verlangen.

---

111 Weiterer Fall: BGHZ 114, 305.
112 Fehlt es an der Besitzberechtigung, so kann der (nicht berechtigte) Besitzer auch dann keinen Nutzungsschaden ersetzt verlangen, wenn der Eigentümer dem Besitzer den Besitz durch verbotene Eigenmacht entzieht.
113 H. M. siehe beispielsweise BeckOK BGB/*Förster*, § 823 Rn. 156; BGHZ 62, 243 (gemeinsamer Lastenaufzug).
114 BGHZ 62, 243 (gemeinsamer Lastenaufzug); *Medicus/Petersen*, BR, Rn. 608.

Problematisch ist in diesem Fall die Höhe der (zu ersetzenden) Schäden, also das Eigentümerinteresse und das Besitzerinteresse. Zur Bestimmung dieser Interessen ist das Innenverhältnis zwischen Eigentümer und Besitzer von Bedeutung (Haftungsschaden des Besitzers?). Im Außenverhältnis zum Schädiger nimmt die im Schrifttum vorherrschende Lehre eine gemeinschaftliche Berechtigung am ungeteilten Ersatzanspruch gegen den Schädiger an; rechtliche Grundlage für die gemeinschaftliche Berechtigung von Eigentümer und Besitzer sind die §§ 432, 1077, 1281 analog.[115] Dem Schädiger kommt § 851 (Ersatzleistung an einen Nichtberechtigten) zugute.

b) Mittelbarer Besitz (§ 868)

Der **rechtmäßige mittelbare Besitzer** (§ 868)[116] genießt **gegenüber Dritten** den 47 Schutz nach § 823 Abs. 1.

Beispiel: Der Vermieter V ist mittelbarer Besitzer der vermieteten Wohnung, der Mieter unmittelbarer Besitzer (Besitzmittlungsverhältnis). V kann seinen mittelbaren Besitz als sonstiges Recht i. S. des § 823 Abs. 1 gegenüber einem Dritten (etwa Besucher) geltend machen. Ist V auch Eigentümer, so kann er auch sein Eigentum geltend machen (§ 1004, § 823 Abs. 1).

Der mittelbare Besitzer kann den mittelbaren Besitz über § 823 Abs. 1 aber nicht gegenüber dem unmittelbaren Besitzer geltend machen. Denn gegenüber dem unmittelbaren Besitzer hat er keine Besitzschutzansprüche nach §§ 861 ff., also keine »eigentumsähnliche« Position. Der Schutz des Besitzers ist damit relativiert. Insoweit gelten die Bestimmungen des Besitzmittlungsverhältnisses (z. B. Mietvertrag).[117]

Fall (BGHZ 32, 194): Der Bauunternehmer B mietet von V einen Turmdrehkran, den er aufgrund eines 48 Vertrages von T zur Baustelle bringen lässt. Da T unvorsichtig fährt, stürzt der Kran beim Transport um und wird beschädigt. Der Beginn der Bauarbeiten verzögert sich deshalb, und B erleidet dadurch einen Schaden. Vertragliche Ansprüche sind durch allgemeine Geschäftsbedingungen wirksam ausgeschlossen. Kann B von T Schadensersatz nach § 823 Abs. 1 verlangen?

Lösung:

1. Anspruch aus §§ 631, 280 (Pflichtverletzung des Beförderungsvertrages). Tatbestandlich erfüllt, aber wirksamer Haftungsausschluss durch AGB.
2. Anspruch des B gegen T auf Schadensersatz aus § 823 Abs. 1?
   Voraussetzung: Verletzung eines Rechts i. S. des § 823 Abs. 1.
   a) B ist nicht Eigentümer.
   b) B ist aber mittelbarer, T unmittelbarer Besitzer des Kranes (während des Transportes). Der Besitz ist zwar kein Recht, kann aber gleich einem ausschließlichen Recht i. S. des § 823 Abs. 1 gegen jedermann geschützt und deshalb ein »sonstiges Recht« i. S. des § 823 Abs. 1 sein. Das ist der Fall, soweit der Besitz (nach besitzrechtlichen Vorschriften) gegen jedermann geschützt und insoweit »eigentumsähnlich« ist.
   Zwar steht der unmittelbare dem mittelbaren Besitzer in bestimmten Beziehungen gleich (§§ 868 f.). Jedoch sehen die den Besitz regelnden Vorschriften des BGB keinen Schutz des mittelbaren Besitzers gegen Beeinträchtigungen seiner Rechtsstellung durch den unmittelbaren Besitzer vor; insoweit ist der mittelbare Besitzer nur durch die schuldrechtliche Beziehung und die sich dar-

---

115 Palandt/*Herrler*, § 929 Rn. 43 m. w. N.; *Medicus/Petersen*, BR, Rn. 609; a. A. *Müller-Laube*, JuS 1993, 529, 534 f. für die vorrangige Forderungszuständigkeit des vertragstreuen Besitzers bzw. Anwartschaftsberechtigten.

116 Wer aufgrund eines (vermeintlichen) Besitzmittlungsverhältnisses (z. B. als Käufer aufgrund eines Kaufvertrags mit Eigentumsvorbehalt) eine Sache für eine bestimmte Zeit besitzt und einen anderen als Oberbesitzer (z. B. den Eigentumsvorbehalts-Verkäufer) anerkennt, ist unmittelbarer (Fremd-) Besitzer, der Oberbesitzer ist mittelbarer (Eigen-)Besitzer (§ 868).

117 Vgl. BGHZ 32, 194 (Krantransport); *Medicus/Petersen*, BR, Rn. 608.

aus ergebenden Ansprüche geschützt. Mit diesen, die Rechtsstellung des mittelbaren Besitzers regelnden Vorschriften ist ein deliktischer Schutz des mittelbaren gegenüber dem unmittelbaren Besitzer unvereinbar. Auf dem Weg über § 823 Abs. 1 kann ein Schutz des mittelbaren Besitzers gegen den unmittelbaren Besitzer deshalb nicht hergeleitet werden. Im Verhältnis zum unmittelbaren Besitzer fehlt dem mittelbaren Besitz also ein absoluter Gehalt, der ihn den Rechten i. S. des § 823 Abs. 1 gleich stellt.[118]

3. Für den Anspruch aus § 823 Abs. 2 i. V. m. § 858 (verbotene Eigenmacht) gilt Entsprechendes: § 858 ist zwar ein Schutzgesetz. Es gilt aber nur im Verhältnis zu Drittstörern. Hingegen genießt der mittelbare Besitzer keinen Besitzschutz gegen den unmittelbaren Besitzer (vgl. vorstehend).

4. Ergebnis: B hat gegen T keinen Schadensersatzanspruch (aus Delikt).

3. Allgemeines Persönlichkeitsrecht

a) Allgemeines

49 § 823 Abs. 1 erfasst als Rechtsgüter einer Person nur Leben, Körper, Gesundheit und Freiheit. Für einzelne personenbezogene subjektive Rechte gewähren spezielle Vorschriften (teilweise) zivilrechtlichen Schutz, z. B. für das Namensrecht (§ 12) und für das Recht am eigenen Bild (§§ 22 ff. KunstUrhG). Diese Rechte werden als **besondere Persönlichkeitsrechte** bezeichnet. Ein allgemeines Persönlichkeitsrecht ist dagegen im Gesetz nicht ausdrücklich als zivilrechtliches Schutzgut genannt. Die Rspr. hat aber aus Art. 1 GG (Würde des Menschen) und Art. 2 Abs. 1 GG (Recht auf freie Entfaltung der Persönlichkeit) ein **allgemeines Persönlichkeitsrecht** als absolutes, durch § 823 Abs. 1 geschütztes **sonstiges Recht** abgeleitet.[119] Die konkrete Ausgestaltung des deliktischen Schutzes ist weitestgehend durch Richterrecht erfolgt.[120] Aus der (verfassungsrechtlichen) Herleitung des allgemeinen Persönlichkeitsrechts ergeben sich Besonderheiten im Vergleich mit anderen Schutzgütern des § 823 Abs. 1. Hervorzuheben ist die – in den Einzelheiten umstrittene – **Subsidiarität** des deliktischen Schutzes des allgemeinen Persönlichkeitsrechts (vgl. → Rn. 50 ff.) und die Notwendigkeit einer **umfassenden Güter- und Interessenabwägung,** bei der zu beachten ist, dass der Schutz der von der Rechtsprechung entwickelten vermögenswerten Bestandteile der Persönlichkeitsrechte lediglich zivilrechtlich begründet ist (vgl. → Rn. 60 ff.).[121] Insgesamt hat sich ein nicht einfach zu überblickendes, differenziertes System des deliktischen Persönlichkeitsschutzes entwickelt.[122]

b) Subsidiarität (Auffangtatbestand)

50 Das allgemeine Persönlichkeitsrecht ist ein **Auffangtatbestand** und soll die Lücken schließen, welche das positive Recht beim Schutz des Persönlichkeitsrechts lässt. Es

---

118 BGHZ 32, 194 (Krantransport).

119 Grundlegend BGHZ 13, 334 (Leserbrief); seitdem ständige Rechtsprechung (vgl. BGHZ 30, 7 [Caterina Valente] m. w. N.). Vgl. zum Schutzbereich des Persönlichkeitsrechts im Zivilrecht *Müller,* VersR 2008, 1141 ff. Kritisch zum allgemeinen Persönlichkeitsrecht als sonstigen Recht i. S. des § 823 Abs. 1 und für eine Analogie zu den in der Vorschrift genannten Rechtsgütern *Medicus/Petersen,* BR, Rn. 615; *Beuthien,* NJW 2003, 1220 m. w. N.

120 Für einen knappen historischen Überblick zur Entwicklung des allgemeinen Persönlichkeitsrechts durch die Rechtsprechung siehe *Kötz/Wagner,* Rn. 369 ff.

121 *BVerfG* GRUR 2006, 1049, 1050 f.; BGHZ 169, 340 (Rücktritt des Finanzministers); *BGH* NJW 2008, 3782, 3783 (Nennung des Namens einer bekannten Persönlichkeit ohne deren Einwilligung in einer Werbeanzeige – Zerknitterte Zigarettenschachtel).

122 *Kötz/Wagner,* Rn. 375.

hat **subsidiäre** Bedeutung, d. h. es kommt nur dann zur Anwendung, wenn der konkret betroffene Teilbereich des Persönlichkeitsrechts nicht durch andere Vorschriften geschützt bzw. geregelt ist. Hierdurch unterscheidet sich das allgemeine Persönlichkeitsrecht von anderen »sonstigen Rechten«; das Subsidiaritätsprinzip gilt ansonsten nur für den Schutz des Rechts am eingerichteten und ausgeübten Gewerbebetrieb (vgl. → Rn. 77).

Die Bedeutung der »Subsidiarität« ist allerdings umstritten.[123] Es sind dabei **drei Fall-** **51** **konstellationen** zu unterscheiden:

1. Es liegt **kein Sondergesetz** vor. Dann ist das allgemeine Persönlichkeitsrecht zu prüfen.

2. Ein **Sondergesetz** erfasst einen Teilbereich des Persönlichkeitsrechts und **gewährt** den vom Geschädigten geforderten **Anspruch.** Ein Rückgriff auf das allgemeine Persönlichkeitsrecht ist nicht mehr erforderlich (kein Schutzbedürfnis für den Verletzten), dieses also nicht mehr im Einzelnen zu prüfen, sondern mit dem Hinweis auf die Subsidiarität zu erledigen. Es können dann nur die in dem speziellen Gesetz geregelten Rechte (leges speciales) sowie Ansprüche aus § 823 Abs. 2 i. V. m. diesem (Schutz-)Gesetz erhoben werden.[124]

Beispiele:

– Die Sängerin C wird ohne ihre Zustimmung in einer Werbeanzeige für Zahnprothesen mit ihrem Namen erwähnt. C verlangt vom Werbenden Unterlassung (BGHZ 30, 7 »Caterina Valente«).
(1) Ein Anspruch aus § 12 S. 2 auf Unterlassung setzt voraus, dass jemand den Namen der C leugnet (Namensbestreitung) oder sich den Namen der C anmaßt (Namensanmaßung). Der eigenmächtige namentliche Hinweis auf eine andere Person (C) in der Werbung als solcher stellt aber keinen Namensmissbrauch i. S. des § 12 dar, weil sich der Werbende den durch den Namen repräsentierten Eigenwert der Person der C weder für sich noch für seine Erzeugnisse aneignet.[125] (2) Weil § 12 tatbestandlich nicht eingreift, kann ein Anspruch aus §§ 1004 Abs. 1 S. 2, 862 Abs. 1 S. 2, 12 S. 2 analog i. V. m. dem allgemeinen Persönlichkeitsrecht (quasinegatorischer Unterlassungsanspruch, vgl. → § 21 Rn. 3 f.) infrage kommen.[126] Der BGH bejaht eine Verletzung des allgemeinen Persönlichkeitsrechts, weil C vor der Öffentlichkeit derart in eine Beziehung zu den angepriesenen Gegenständen gesetzt wird, dass diese Beziehung als unangenehm und gegen den guten Geschmack verstoßend empfunden wird.

– In BGHZ 39, 124 »Fernsehansagerin« (Ehrverletzung, vgl. → Rn. 72) wäre eigentlich vorrangig ein Anspruch aus § 823 Abs. 2 i. V. m. §§ 185 ff. StGB zu prüfen gewesen. Denn auch diese Anspruchsgrundlage gewährt nach der Rechtsprechung einen Anspruch auf Geldentschädigung (§ 253 Abs. 1).[127] Der BGH gewährte einen Anspruch aus § 823 Abs. 1 i. V. m. dem allgemeinen Persönlichkeitsrecht, weil § 823 Abs. 2 i. V. m. §§ 185 ff. StGB den Ehrenschutz nicht abschließend regelt, und er nicht nur die Ehre, sondern auch die Privatsphäre verletzt sah.

3. Es liegt ein **Sondergesetz** vor, das den betroffenen Teilbereich der Persönlichkeit mit bestimmten Rechtsfolgen (Ansprüchen des Betroffenen) regelt, aber nicht umfassend, indem es den vom Geschädigten (Anspruchsteller) geforderten **Rechtsfolgenanspruch nicht oder nicht so** wie gefordert **ge-**

---

123 *Fuchs/Pauker,* S. 55 spricht nicht von Subsidiarität, sondern von einer Anwendung des Grundsatzes der Spezialität.

124 Vgl. BGHZ 80, 311 (Handelsauskunftei); BGHZ 91, 233 (AEG-Aktionär).

125 Anders beispielsweise RGZ 74, 308 (Graf Zeppelin).

126 Vgl. BGHZ 30, 7, 11 (Caterina Valente); BeckOK BGB/*Bamberger,* § 12 Rn. 74.

127 BGHZ 95, 212 (Wehrmachtsoffizier) mit dem Leitsatz: Ein Anspruch auf Geldentschädigung wegen Verletzung des allgemeinen Persönlichkeitsrechts kann – neben § 823 Abs. 1 – auch auf §§ 823 Abs. 2 BGB, 186 StGB gestützt werden.

währt.[128] In diesem Fall ist weiter zu prüfen, ob die Regelung des Sondergesetzes (z. B. im Hinblick auf die normierten Rechtsfolgen) abschließend ist und das allgemeine Persönlichkeitsrecht i. S. des § 823 Abs. 1 verdrängt.

Beispiel: B, Inhaber einer Wirtschaftsauskunftei, hat unbefugt Daten über K an einen Dritten weitergegeben. K verlangt von B Bekanntgabe des Datenempfängers.
(1) Anspruchsgrundlage für den Auskunftsanspruch könnte das BDSG sein. Das BDSG a. F. regelte zwar einen Auskunftsanspruch des Betroffenen, es gewährte aber (in der damaligen Fassung [1984]) keinen Anspruch auf Bekanntgabe des Datenempfängers (vgl. aber nach aktueller Rechtslage § 34 und § 57 Abs. 1 S. 2 Nr. 4 BDSG). (2) Es könnte ein Anspruch aus § 823 Abs. 1 (allgemeines Persönlichkeitsrecht) auf **Schadensersatz** in Frage kommen, der einen Anspruch auf Auskunft einschließt. Soweit das BDSG a. F. die Rechte des Betroffenen aus unzulässiger Datenverarbeitung abschließend regelte, musste § 823 Abs. 1 als Anspruchsgrundlage ausscheiden. Dies war hinsichtlich der Auskunftspflicht der Fall. Deshalb kam ein allgemeiner Auskunftsanspruch nach § 823 Abs. 1 i. V. m. dem allgemeinen Persönlichkeitsrecht nicht in Frage. (3) Einschlägig gewesen wäre ein Anspruch aus § 823 Abs. 2 i. V. m. § 32 Abs. 2 BDSG a. F.; diesen ließ der BGH offen. (4) Nach dem BGH kommt ein **Auskunftsanspruch** aus § 1004 (Anspruch auf Beseitigung), gestützt auf das allgemeine Persönlichkeitsrecht, in Betracht: (a) B verletzt durch unzulässige (weil gegen das BDSG verstoßende) Weitergabe von personenbezogenen Daten das allgemeine Persönlichkeitsrecht widerrechtlich. (b) Solange die Daten beim Empfänger noch vorhanden sind, besteht eine fortwährende Beeinträchtigung. (c) Damit ist er zur Beseitigung der Beeinträchtigung verpflichtet. Diese Beeinträchtigung beseitigt er durch Auskunft über den Datenempfänger; denn auch dieser ist Störer und nach § 1004 zur Beseitigung verpflichtet. Zur Bekanntgabe des Namens des Datenempfängers ist B, der zur Beseitigung eines Zustandes fortwirkender Störung verpflichtet ist, nach Treu und Glauben grundsätzlich verpflichtet. Deshalb kann K von B Auskunft über Namen und Anschrift des (dem K) unbekannten Empfängers verlangen (BGHZ 91, 233 [insbes. S. 237ff.] »AEG-Aktionär«,[129] vgl. auch BGHZ 80, 311, 318 f. »Handelsauskunftei«).

c) Tatbestand: Verletzung des allgemeinen Persönlichkeitsrechts

aa) Eröffnung des Schutzbereichs und Rechtsträgerschaft

52 Das allgemeine Persönlichkeitsrecht ist ein Recht des Einzelnen auf Achtung seiner Menschenwürde und auf Entfaltung seiner individuellen Persönlichkeit. In den Schutzbereich des allgemeinen Persönlichkeitsrechts fallen die Persönlichkeit selbst, Ehre und Ansehen, die Intim- und Geheimsphäre, der Schutz des Privatbereichs, der Individualität, Identität und Selbstbestimmung der Person und der Schutz vor Belästigung und Diskriminierung.[130] Die **Grenze des Persönlichkeitsrechts** verläuft dort, wo der aus Art. 1 und 2 GG folgende unantastbare persönliche Bereich des Einzelnen endet, weil er sich in die Gemeinschaft einfügen und auf die Rechte und Interessen anderer Rücksicht nehmen muss. Nicht in den Schutzbereich fallen deshalb:

– eine Verletzung der Rechte anderer und
– ein Verstoß gegen die verfassungsmäßige Ordnung oder das Sittengesetz.

Auf Grund der Ableitung aus Art. 1 und 2 GG ergibt sich auch eine Einschränkung bezüglich des **Rechtsträgers** des allgemeinen Persönlichkeitsrechts. Außer natürlichen

---

128 *BGH* VersR 2016, 199 (KUG schützt nicht vor dem reinen Innehaben von intimen Bildaufnahmen).
129 Der Entscheidung begegnen einige Zweifel; vgl. Staudinger/*Hager*, § 823 Rn. C 173: »widersprüchlich«.
130 *Koppernock*, Das Grundrecht auf bioethische Selbstbestimmung, 1997; vgl. auch *Kastl*, Das allgemeine Persönlichkeitsrecht, 2004; *Martin*, Das allgemeine Persönlichkeitsrecht in seiner historischen Entwicklung, 2007; *Klüber*, Persönlichkeitsschutz und Kommerzialisierung, 2007.

Personen genießen juristische Personen, Verbände, politische Parteien etc. Persönlichkeitsschutz nur und nur insoweit, als sie ihrem Wesen und ihrer Funktion nach dieses Rechtsschutzes bedürfen.[131]

bb) Eingriff

Voraussetzung ist ein **Eingriff** in das allgemeine Persönlichkeitsrecht. In der Rechtsprechung haben sich **Schutzbereiche des allgemeinen Persönlichkeitsrechtes** herausgebildet, die durch bestimmte typische Eingriffshandlungen gekennzeichnet sind (typologische Betrachtung) und sich in folgende **Fallgruppen** (Schwerpunkte) zusammenfassen lassen, die aber **nicht abschließend** sind und sich überschneiden:[132]   53

(1) Entstellung und unwahre Behauptungen. Eine Person darf nicht in ein »falsches Licht gerückt« werden.[133]   54

Beispiele:

– Eine Verletzung des allgemeinen Persönlichkeitsrechts liegt vor, wenn ein Zeitungsverlag eine Zuschrift ohne Billigung des Verfassers mit Änderungen veröffentlicht und hierdurch in die persönlichkeitsrechtliche Eigensphäre des Verfassers eingreift, dessen Persönlichkeitsbild durch die Änderung verfälscht erscheinen könnte (BGHZ 13, 334 »Leserbrief«).
– Grundsätzlich braucht niemand, auch nicht eine in der Öffentlichkeit bekannte Persönlichkeit, zu dulden, ungefragt in einer Werbeanzeige für bestimmte Gegenstände erwähnt zu werden (BGHZ 30, 7, 12 f. »Caterina Valente«; *BGH* VersR 2007, 509 »Oskar Lafontaine«).
– Der Wahrheit entsprechende Zeitungsmeldungen (hier über Straftaten), welche die Sozialsphäre betreffen, sind grundsätzlich auch dann hinzunehmen, wenn sie für den Betroffenen nachteilig sind (*BGH* NJW 2006, 599 ff. »Prominenter«; *BGH* NJW 2010, 2728 »Sedlmayr Mörder«; *BVerfG* NJW 2012, 1500 »Fall Ochsenknecht«).
– Dem Grundsatz, dass Wahrheit keine Injurie sei,[134] ist jedoch mit Vorsicht zu begegnen. So kann nach der Lebach I-Entscheidung die Ausstrahlung einer Fernsehsendung, trotz inhaltlicher Richtigkeit, dann ein rechtswidriger Eingriff in das allgemeine Persönlichkeitsrecht sein, wenn durch die Namensnennung, Abbildung und sonstige Kenntlichmachung die Wiedereingliederung eines Straftäters erheblich erschwert wird (BVerfGE 35, 202).[135] Auch können wahre Aussagen die Intimsphäre des Rechtsträgers betreffen und insofern rechtswidrig sein.

(2) Herabsetzung. Beeinträchtigung der Ehre oder Diskriminierung einer Person.   55
Der Begriff der Ehre lässt sich kaum trennscharf definieren. Deshalb wird es gerade hier oft erst im Rahmen der Güterabwägung (beispielsweise im Verhältnis zu den Rechten eines Satiremagazins) zu entscheiden sein, ob eine Persönlichkeitsrechtsverletzung vorliegt. Diese Fallgruppe zielt darauf, zu verhindern, dass eine Person in der Öffentlichkeit durch herabsetzende Werturteile verächtlich gemacht wird.

Beispiel: Eine Person ist durch bestimmte öffentliche Äußerungen in einer Pressereportage (»Klägerin passe in ein zweitrangiges Tingeltangel auf der Reeperbahn, sie sehe aus wie eine ausgemolkene Ziege,

---

131 BGHZ 98, 94; *BGH* VersR 2016, 539 (Tierschutzverein); vgl. auch Palandt/*Sprau* § 823 Rn. 91 f.
132 Fallgruppenbildung nach *Larenz/Canaris*, SR II/2, § 80 II, S. 498 ff. Vgl. zu Grundfällen zum deliktischen Schutz des allgemeinen Persönlichkeitsrechts *Staake/von Bressensdorf,* JuS 2015, 683 (Teil 1), 777 (Teil 2); *Neuner,* JuS 2015, 962.
133 Vgl. *BGH* NJW 2012, 3645 mit Überblick über die Rspr.; *Larenz/Canaris,* SR II/2, § 80 II 1, S. 499 m. w. N.
134 *Kötz/Wagner,* Rn. 397.
135 Dies gilt jedoch nur unter engen Voraussetzungen, da der Täter gerade keinen Anspruch hat, nie wieder mit der Tat konfrontiert zu werden: *BVerfG* NJW 2000, 1859, 1860 (Lebach-II); vgl. auch *BGH* NJW 2010, 2728 (Sedlmayr Mörder) sowie BGHZ 190, 52 (Terrorhelferverfahren).

bei ihrem Anblick werde den Zuschauern die Milch sauer«) in ihrem allgemeinen Persönlichkeitsrecht verletzt (BGHZ 39, 124 »Fernsehansagerin«).

56 **(3) Beeinträchtigung wirtschaftlicher Interessen einer Person**[136] (z. B. der wirtschaftlichen Nutzung von vermögenswerten Bestandteilen des allgemeinen Persönlichkeitsrechts). Der eigene Namen, das Bild oder Firmenzeichen dürfen nicht unbefugt zu Werbezwecken ausgenutzt werden.

Beispiele:

– Ein Plakat, das K »ohne sein Wissen in der Pose des Herrenreiters für das – auch sexuelle – Kräftigungsmittel der B werben – man könnte fast sagen: reiten« – lässt (so der BGH), beeinträchtigt K in seinem allgemeinen Persönlichkeitsrecht (BGHZ 26, 349 »Herrenreiter«).
– B, Inhaber der Marke »Marlene«, hat Dritten gestattet, das Bildnis sowie den Namenszug von »Marlene Dietrich« zu verwenden. Darin liegt eine Verletzung des (auch postmortal geschützten) allgemeinen Persönlichkeitsrechts, das auch vermögenswerte Interessen einer Person schützt. Persönlichkeitsmerkmale wie Abbildung, Name, Stimme oder sonstige Merkmale der Persönlichkeit können infolge Bekanntmachung und Ansehen der Person in der Öffentlichkeit einen beträchtlichen Wert haben und deshalb gegen Entgelt verwertbar sein. Diese kommerziellen Interessen des Rechtsträgers werden bei unerlaubter Verwertung der Persönlichkeitsmerkmale (zu Werbezwecken) betroffen. Das Persönlichkeitsrecht soll die allein dem Berechtigten (im konkreten Fall den Erben) zustehende freie Entscheidung darüber schützen, ob und unter welchen Voraussetzungen das Bildnis, der Name oder andere kennzeichnende Persönlichkeitsmerkmale den Geschäftsinteressen Dritter dienstbar gemacht werden (BGHZ 143, 214 »Marlene Dietrich« mit Anm. *Beuthien,* NJW 2003, 1220; *Kötz/Wagner,* Rn. 402).

57 **(4) Eingriff in die informationelle Selbstbestimmung.** Informationen (persönliche Daten, gesprochenes und geschriebenes Wort, Bild) über eine Person dürfen nicht unerlaubt beschafft, bewahrt oder verbreitet werden.[137] Schriftliche Äußerungen, insbesondere Briefe oder sonstige private oder vertrauliche Aufzeichnungen, dürfen nur mit Zustimmung des Verfassers und nur in der von ihm gebilligten Weise verwendet, insbesondere veröffentlicht werden.

Beispiele:[138]

– In einem heimlichen Mitschnitt eines persönlichen Gesprächs, das einem Gedanken- und Meinungsaustausch dient, liegt eine Verletzung des allgemeinen Persönlichkeitsrechts. Zum allgemeinen Persönlichkeitsrecht gehört auch die Befugnis, selbst darüber bestimmen zu können, ob die Worte dem Gesprächspartner, einem bestimmten Kreis oder der Öffentlichkeit zugänglich gemacht werden sollen (BGHZ 27, 284 »Tonbandaufnahme I«).[139]

---

136 Vgl. BGHZ 143, 214 (Marlene Dietrich); siehe zu diesem Themenkomplex insbesondere *Klüber,* Persönlichkeitsschutz und Kommerzialisierung, 2007, S. 51 ff., 193 ff. und passim.
137 Überschneidungen gibt es hier zur Vertraulichkeits- bzw. Geheimsphäre als weitere Ausprägungen des allgemeinen Persönlichkeitsrechts, vgl. *BGH* NJW 2015, 782 m. w. N.
138 Weitere Beispiele: BGHZ 24, 200 »Spätheimkehrer« (Unzulässigkeit der Aufnahme von Bildern aus privater Sphäre auch bei Personen der Zeitgeschichte zum Zweck der Veröffentlichung); BGHZ 26, 349 »Herrenreiter« (durch eigenmächtige Bildnisveröffentlichung werde dem Abgebildeten die Freiheit entzogen, auf Grund eigener Entschließung über dieses Gut seiner Individualsphäre zu verfügen); BGHZ 128, 1 »Caroline von Monaco« (Verletzung des Selbstbestimmungsrechts durch Unterschieben von nicht gemachten Äußerungen); *BGH* NJW 2006, 603 ff. »Ron Sommer« (Verwendung eines technisch manipulierten Fotos einer Person im Rahmen einer satirischen Bilddarstellung); *BGH* NJW 2012, 767 mit Anm. *Stender-Vorwachs* (Zur Verletzung des Persönlichkeitsrechts durch Berichterstattung über die Mitwirkung als Darsteller in kommerziellen pornografischen Filmproduktionen).
139 Vgl. *BGH* NJW 2015, 782 (Veröffentlichung rechtswidrig beschaffter privater Emails); BGHZ 80, 25 (Günter Wallraff): Die Verbreitung eines ungenehmigten Tonbandmitschnitts eines vertraulichen Gesprächs verletzt grundsätzlich das Persönlichkeitsrecht des Gesprächspartners. Anders ist

- Unzulässige (permanente, anlasslose) Videoaufzeichnung mittels einer *Dashcam* während Kfz-Fahrt. Von dem (rechtswidrigen) Eingriff in das allgemeine Persönlichkeitsrecht durch die Aufzeichnung ist der Eingriff in das allgemeine Persönlichkeitsrecht durch die Verwertung der Aufzeichnungen als Beweismittel zu unterscheiden. Der BGH erachtet diesen Eingriff aufgrund einer Güterabwägung für nicht rechtswidrig (und damit für zulässig), wenn es darum geht, die *Dashcam*-Aufzeichnungen, die ein Unfallbeteiligter vom Unfallgeschehen gefertigt hat, als Beweismittel im Unfallhaftpflichtprozess zu verwerten (*BGH* r + s 2018, 438 m.w.N. auch zur Rspr. des BVerfG)
- Bei nicht genehmigter Bekanntgabe ärztlicher Bescheinigungen über den Gesundheitszustand eines anderen ist die persönlichkeitsrechtlich geschützte Geheimsphäre berührt; eine Verletzung des allgemeinen Persönlichkeitsrechts kann vorliegen (BGHZ 24, 72 »Krankenpapiere«).
- Eine Wirtschaftsauskunftei hat in formeller und materieller Hinsicht unzulässig Daten an einen Dritten weitergegeben. Jede durch das BDSG nicht gedeckte Übermittlung personenbezogener Daten stelle eine Verletzung des allgemeinen Persönlichkeitsrechts dar (BGHZ 91, 233 »AEG-Aktionär«).
- Zulässige Presseberichterstattung unter Benennung des Kindschaftsverhältnisses zu einem bekannten Fernsehmoderator (*BGH* NJW 2014, 2276).
- »Recht auf Nichtwissen der eigenen genetischen Veranlagung« (BGHZ 201, 263).

(5) Beeinträchtigung der Entscheidungsfreiheit. Zwar ist die allgemeine Handlungsfreiheit deliktisch nicht geschützt (keine große Generalklausel; vgl. → § 15 Rn. 7). Im Hinblick auf spezielle Ausprägungen der Handlungsfreiheit kann aber das allgemeine Persönlichkeitsrecht einschlägig sein.   **58**

Beispiele:

- A stellt der K, mit der er intime Beziehungen unterhält, wahrheitswidrig die Scheidung seiner Ehe in Aussicht und verspricht ihr die anschließende Eheschließung. – Das *OLG Hamm* (NJW 1983, 1436) gewährte »Schmerzensgeld« wegen einer Verletzung des allgemeinen Persönlichkeitsrechts der K. A habe die Individual- und Privatsphäre der Klägerin verletzt, denn er habe ihre Möglichkeit zur freien Entfaltung und Entschließung über lange Zeit dadurch beschränkt, dass er zumindest die Absicht einer Scheidung vorgetäuscht und damit die K in der Erwartung einer demnächst erfolgenden Eheschließung bestärkt hat.
- In einer Klinik werden Organe aus dem Körper eines Verstorbenen zum Zweck einer Leberverpflanzung operativ entnommen, ohne dass die Angehörigen zustimmen. Dies verletzt das Persönlichkeitsrecht der nächsten Angehörigen, denen ein Bestimmungs- und Bewahrungsrecht an der Leiche zusteht (*LG Bonn* JZ 1971, 56).
- Gibt es für Patienten bei der ärztlichen Behandlung eine alternative gleichwertige Behandlungsmöglichkeit (hier eine *Robodoc*-Operation), so begründet dies – zur Wahrung des Selbstbestimmungsrechts – eine Unterrichtungspflicht des Arztes (*BGH* NJW 2006, 2477f.).

(6) Belästigungen. Sonstige Beeinträchtigungen der Privatsphäre. Das allgemeine Persönlichkeitsrecht gewährt auch den Schutz der Privatsphäre vor ungewollten Beeinträchtigungen anderer, wobei eine gewisse Erheblichkeitsschwelle überschritten sein muss.   **59**

---

dies bei der Wiedergabe eines vertraulichen Gesprächs, das ein Gesprächsteilnehmer (hier: Reporter, der sich unter Verdeckung seiner Absichten bei der Bild-Zeitung hat einstellen lassen, um später über seine Erlebnisse bei der Bild-Zeitung zu berichten) aus der Erinnerung wiedergibt und bei dem die Wiedergabe die »Authentizität« einer »Gesprächskonserve« nicht beansprucht (kein Eindringen in den Vertrauensbereich durch den Tonträger und keine »Verdinglichung« des gesprochenen Wortes).

Beispiele:[140]

- Obwohl K auf seinem Briefkasten einen Aufkleber »Keine Werbung« angebracht hat, wirft B weiterhin Werbematerialien ein. K verlangt von B Unterlassung (BGHZ 106, 229 »Briefkastenwerbung«).[141] K macht (quasi-)negatorische Unterlassungsansprüche geltend. (1) Er hat einen Anspruch aus §§ 1004, 903, 862. (a) Seine räumlich-gegenständliche Sphäre des Eigentums und Besitzes wird durch das Aufdrängen von unerwünschtem Werbematerial beeinträchtigt; dabei kommt es nicht darauf an, ob durch die Werbesendungen die Funktion des Briefkastens (Aufnahme von Postsendungen) in Frage gestellt wird. (b) Mit Wiederholung ist zu rechnen (§ 1004 Abs. 1 S. 2). (c) B ist Störer, weil er durch Einwurf des Materials das Recht des K beeinträchtigt. (2) Als Anspruchsgrundlage kommt auch §§ 1004, 823 Abs. 1 in Betracht. (a) Ein Spezialgesetz besteht nicht. Insbesondere ist §§ 1004, 903, 862 kein (abschließendes) Spezialgesetz. (b) Durch das personale Selbstbestimmungsrecht ist der Wille des Bürgers geschützt, seinen Lebensbereich von jedem Zwang zur Auseinandersetzung mit Werbung nach Möglichkeit freizuhalten. Deshalb kann sich der Einzelne gegen das Eindringen der Werbung in seinen rechtlich geschützten Eigenbereich zur Wehr setzen. Die Werbewirtschaft sowie die betroffene Werbemethode werden dadurch nicht per se in Frage gestellt. (c) Zur Wiederholungsgefahr und Störereigenschaft vgl. vorstehend.
- Eine E-Mail mit Werbung stellt einen rechtswidrigen Eingriff in das allgemeine Persönlichkeitsrecht des Betroffenen dar, jedenfalls wenn dieser dem Erhalt von Werbung zuvor ausdrücklich widersprochen hat (*BGH* VersR 2016, 473: automatisch generierte Bestätigungs-E-Mails eines Versicherers mit Werbung; *BGH* NJW 2017, 2119). *BGH* VersR 2016, 473 lässt dahinstehen, ob Art. 13 Abs. 1 der Datenschutzrichtlinie (2002/58/EG) aufgrund des Gebots zur richtlinienkonformen Auslegung erfordert, dass ein Verstoß gegen diese Regelung stets als Eingriff in das allgemeine Persönlichkeitsrecht zu bewerten ist.
- Es stellt dagegen keine Verletzung des Persönlichkeitsrechts dar, wenn ein Gläubiger Mahnschreiben an seinen Vertragspartner persönlich übersendet, obwohl der Vertragspartner einen Rechtsanwalt als Vertreter bestellt hat (*BGH* NJW 2011, 1005; vgl. aber § 172 ZPO zur Zustellung an den Prozessbevollmächtigten in einem anhängigen Verfahren).
- Rechtswidriger Eingriff in den Kernbereich höchstpersönlicher, privater Lebensgestaltung durch Innehaben intimer Aufnahmen eines früheren Partners (*BGH* VersR 2016,199).

cc) Umfassende Güter- und Interessenabwägung

60 Das allgemeine Persönlichkeitsrecht ist ein **sog. offener Tatbestand (Rahmenrecht)**, weil sein Schutzbereich – seinem Umfang nach – nicht absolut feststeht. Nach Art. 2 Abs. 1 GG wird es nämlich durch die verfassungsmäßige Ordnung einschließlich der Rechte anderer beschränkt. Es bedarf daher einer umfassenden **Güter- und Interessenabwägung,** um eine rechtswidrige Verletzung des allgemeinen Persönlichkeitsrechts festzustellen. Dabei sind die im Einzelfall in Rede stehenden Güter und Interessen der Beteiligten, Gründe des Gemeinwohls, Rechtsgüter der Allgemeinheit, Zweckrichtung und Motivation des Eingriffs und die Art des Schutzbereichs umfassend abzuwägen.[142] Eine klare Trennung im Prüfungsaufbau zwischen Tatbestand

---

140 Zur strittigen Frage, ob § 238 StGB (Nachstellung, sog. Stalking) Schutzgesetz i. S. v. § 823 Abs. 1 ist, *Löhnig,* FamRZ 2007, 518; *Keiser,* NJW 2007, 3387, 3388ff.; vgl. auch *OLG Frankfurt* FamRZ 2010, 1812 (Unterlassungsanspruch).

141 Zur Parallelwertung beim sog. Spamming beispielsweise *KG* OLG-Report 2002, 353; *OLG Koblenz* CR 2003, 766.

142 Vgl. BGHZ 209, 139 (Arztbewertungsportal); *BGH* NJW 2013, 3029 (kein Schutz vor Ausstrahlung eines Streitgesprächs zwischen Journalisten und der Teilnehmerin an einer öffentlichen Mahnwache); BGHZ 198, 346 (Veröffentlichung persönlicher Daten, die der Öffentlichkeit aufgrund früherer Presseberichte bereits bekannt sind); *BGH* NJW 2017, 1550 (Zulässige Berichterstattung zu Michael Schumacher über vermutete medizinische Maßnahmen); zur besonderen Schutzbedürftigkeit von Kindern *BGH* NJW 2013, 2890 m.w.N.; zur besonderen Schutzwürdigkeit der Intimsphäre BVerfGE 199, 237; *BGH* VersR 2016, 199.

(Rechtsgutverletzung) und Rechtswidrigkeit ist deshalb nicht immer möglich (Aufbau des Rechtsgutachtens!). Der Grundsatz, nach welchem die Rechtsgutverletzung die Rechtswidrigkeit indiziert, ist hier also nicht anwendbar. Es wird vielmehr einheitlich geprüft, ob eine »rechtswidrige Beeinträchtigung« des allgemeinen Persönlichkeitsrechts vorliegt. Dies unterscheidet das allgemeine Persönlichkeitsrecht von den anderen Rechten und Rechtsgütern des § 823 Abs. 1.

Im Rahmen der Interessenabwägung sind (u. a.) von Bedeutung: **61**

- Verletzung von verfassungsrechtlich geschützten ideellen Interessen oder von nur zivilrechtlich geschützten vermögenswerten Bestandteilen des Persönlichkeitsrechts;[143]
- Intensität und Grad der Vermeidbarkeit der Persönlichkeitsrechtsverletzung;
- Grundrechte anderer;[144] dabei ist aber zu beachten, dass diese grundsätzlich keine unmittelbare Drittwirkung haben; das GG gewährt dem Einzelnen im Kernbereich höchstpersönlicher, privater Lebensgestaltung einen unantastbaren Bereich zur Entfaltung der Persönlichkeit, der wegen seiner besonderen Nähe zur Menschenwürde absolut geschützt und einer Einschränkung durch Abwägung nach Maßgabe des Verhältnismäßigkeitsgrundsatzes nicht zugänglich ist.[145]
- § 193 StGB: Wahrnehmung berechtigter Interessen;
- Interessen des Schädigers oder Störers im Zusammenhang mit der Persönlichkeitsrechtsverletzung.

Beispiele:

- B gibt ärztliche Bescheinigungen über den Gesundheitszustand des K ohne dessen Genehmigung bekannt. Ob eine rechtswidrige Verletzung des allgemeinen Persönlichkeitsrechts vorliegt, muss durch eine umfassende Würdigung und Abwägung aller (für die Begrenzung des allgemeinen Persönlichkeitsrechts des K durch die Rechte anderer) bedeutsamen Umstände beurteilt werden (Prinzip der Güter- und Interessenabwägung). Dafür sind die Interessen des K an der Geheimhaltung der Unterlagen und die Interessen des B an deren Offenlegung (Interesse eines Versicherers an der Aufklärung eines Unfalls, an dem K beteiligt ist und aus dem K Ansprüche herleitet) zu berücksichtigen und gegeneinander abzuwägen (vgl. BGHZ 24, 72, 80 ff. »Krankenpapiere«).
- Bei ungenehmigter Erwähnung einer Person in einer Werbeanzeige ist das allgemeine Persönlichkeitsrecht betroffen. Es müssen die wirtschaftlichen Interessen des Werbenden den persönlichen Belangen des anderen gegenüber gestellt werden (BGHZ 30, 7, 12 f. »Caterina Valente«).
- Die öffentlichen Äußerungen (»Klägerin passe in ein zweitrangiges Tingeltangel auf der Reeperbahn, sie sehe aus wie eine ausgemolkene Ziege, bei ihrem Anblick werde den Zuschauern die Milch sauer«) dienen keiner angemessenen Wahrung öffentlicher Interessen und sind – auch in Anbetracht der Pressefreiheit (Art. 5 GG) – ein unzulässiger Eingriff in die Privatsphäre (BGHZ 39, 124 »Fernsehansagerin«).[146]
- Dagegen stellen Äußerungen, die der Rechtsverfolgung oder -verteidigung in einem Gerichts- oder Verwaltungsverfahren dienen[147], die gegenüber Strafverfolgungsbehörden abgegeben werden oder die dort in Wahrnehmung staatsbürgerlicher Pflichten, etwa als Zeuge, gemacht werden, in aller Re-

---

143 Vgl. *BVerfG* NJW 2006, 3409 mit Anm. *Wanckel;* BGHZ 169, 193 (Klaus Kinski); BGHZ 169, 340 (Rücktritt des Finanzministers).

144 Vgl. z. B. *BGH* NJW 2009, 3576 (Kunstfreiheit – Kannibale von Rotenburg); BGHZ 183, 353 (Meinungs- und Medienfreiheit – Internetarchiv über den Mörder des Schauspielers Sedlmayr).

145 *BGH* VersR 2016, 199 (Innehaben von intimen Bildaufnahmen eines früheren Partners).

146 Vgl. auch *BGH* NJW 2009, 3032 (ungenehmigtes Bild von Günther Jauch auf einem Rätselheft).

147 *BGH* r + s 2018, 438 m. w. N. auch zur Rspr. des BVerfG (Verwertung rechtswidrig erlangter Kfz-*Dashcam*-Aufzeichnungen als Beweismittel im Unfallhaftpflichtprozess).

gel – aufgrund der Güter- und Interessenabwägung[148] – keine (unzulässige) Verletzung des allgemeinen Persönlichkeitsrechts dar (vgl. *BGH* VersR 2018, 817; zur Verwertung von *Dashcam*-Aufzeichnungen, die ein Unfallbeteiligter vom Unfallgeschehen gefertigt hat, als Beweismittel im Unfallhaftpflichtprozess (*BGH* r + s 2018, 438 m.w.N. auch zur Rspr. des BVerfG). Das Bundesverfassungsgericht hat diese Rechtsprechung für verfassungsrechtlich unbedenklich erachtet (vgl. *BVerfG* NJW-RR 2007, 840 f.[149]).

– Zulässigkeit der Erhebung, Speicherung und Übermittlung von personenbezogenen Daten im Rahmen eines Arztsuche- und Arztbewertungsportals im Internet (BGHZ 202, 242; BGHZ 209, 139). Zur Unzulässigkeit, wenn der Portalbetreiber seine Stellung als »neutraler« Informationsmittler verlässt, *BGH* NJW 2018, 1884.

Als Rechtfertigungsgrund kommt insbesondere der (ausdrücklichen oder konkludenten) Einwilligung praktische Bedeutung zu (vgl. allgemein → Rn. 165).[150]

62 Eine besondere Entwicklung hat die Güter- und Interessenabwägung zur Veröffentlichung von Fotografien ohne Einwilligung des Abgebildeten (vgl. § 23 KunstUrhG) erfahren. Zur Entwicklung der Rechtsprechung haben zahlreiche durch *Caroline von Monaco* betriebene Verfahren vor dem BGH, dem BVerfG und dem EGMR beigetragen. Rechtsklarheit i. S. einer einfach zu handhabenden Systematik ist bislang jedoch nicht erreicht worden.

Ausgangspunkt der vorzunehmenden Güter- und Interessenabwägung ist § 22 KunstUrhG, wonach Bildnisse nur mit Einwilligung des Abgebildeten verbreitet oder öffentlich zur Schau gestellt werden dürfen. § 23 Abs. 1 Nr. 1 KunstUrhG normiert eine Ausnahme für Bildnisse aus dem Bereich der Zeitgeschichte. Indes ist diese Ausnahme wiederum selbst nach § 23 Abs. 2 KunstUrhG begrenzt, wonach eine Verbreitung oder Schaustellung, durch die ein berechtigtes Interesse des Abgebildeten verletzt wird, untersagt bleibt.

63 Nach Auffassung des **Europäischen Gerichtshofs für Menschenrechte (EGMR)**[151] muss der Ausgleich zwischen dem Schutz des Privatlebens nach Art. 8 EMRK und der Freiheit der Meinungsäußerung nach Art. 10 EMRK anhand inhaltlicher Kriterien vorgenommen werden: Es sei zu fragen, ob es sich um eine Berichterstattung handelt, die einen Beitrag zu einer Diskussion von allgemeinem Interesse in einer demokrati-

---

148 Vgl. *BGH* NJW 1971, 284, 285. Der dogmatische Ansatz ist umstritten: Verneinung der Tatbestandsmäßigkeit/Rechtswidrigkeit (vgl. → Rn. 60); oder Unzulässigkeit des Rechtsschutzbegehrens (Ehrenschutzklage); vgl. *BGH* VersR 2012, 502; MüKoBGB/*Rixecker*, Bd. 1, Anhang zu § 12, Rn. 192 ff.

149 *BVerfG* NJW 2013, 3021 (Bezeichnung einer Rechtsanwaltskanzlei als »Winkeladvokatur« in einem laufenden Gerichtsverfahren).

150 *BGH* VersR 2016, 199 (Konkludente Beschränkung der Einwilligung betreffend intimer Bild- oder Filmaufnahmen auf die Dauer der Beziehung); *OLG München* NJW-RR 2016, 871 (Hochladen eines Fotos in einem sozialen Netzwerk ist keine Einwilligung in die Weiterverbreitung des Fotos durch Dritte außerhalb des Kreises der zugriffsberechtigten Mitglieder des Netzwerks im Rahmen eines gänzlich anderen Kontextes).

151 Der Europäischen Menschenrechtskonvention kommt im nationalen Recht der Rang von einfachem Bundesrecht zu (st. Rechtsprechung des BVerfG; vgl. zuletzt *BVerfG* NJW 2008, 1793, 1795). Die Gewährleistungen der Konvention und die Rechtsprechung des EGMR dienen darüber hinaus auf der Ebene des Verfassungsrechts als Auslegungshilfen für die Bestimmung von Inhalt und Reichweite von Grundrechten, sofern dies nicht zu einer – von der Konvention selbst nicht gewollten (vgl. Art. 53 EMRK) – Einschränkung oder Minderung des Grundrechtsschutzes nach dem Grundgesetz führt (vgl. zuletzt *BVerfG* NJW 2008, 1793, 1795).

schen Gesellschaft leistet, oder um eine solche, die nur die Neugier eines bestimmten Publikums über das Privatleben einer bestimmten Person befriedigen will.[152] Die vormals typisierenden Abgrenzungen des BGH zwischen relativen und absoluten Personen der Zeitgeschichte sowie das räumliche Kriterium der örtlichen Abgeschiedenheit[153] ermöglichten nach Ansicht des EGMR keinen gerechten Ausgleich zwischen den widerstreitenden Interessen.[154]

Diesen Bedenken des EGMR[155] hat der **BGH** durch eine das allgemeine Persönlichkeitsrecht stärkende **Änderung** seiner **Rechtsprechung**[156] Rechnung getragen.[157] Ausgangspunkt der neuen Rechtsprechung ist, dass § 23 Abs. 1 KunstUrhG nach der Intention des Gesetzgebers und nach Sinn und Zweck der Regelung – in Ausnahme von dem Einwilligungserfordernis des § 22 KunstUrhG – Rücksicht auf das Informationsinteresse der Allgemeinheit und auf die Pressefreiheit nimmt. Die Belange der Öffentlichkeit sind deshalb ebenso wie die Abwägung der widerstreitenden Rechte und Grundrechte der abgebildeten Person aus Art. 8 EMRK sowie aus Art. 1 Abs. 1, 2 Abs. 1 GG einerseits und der Presse aus Art. 10 EMRK und Art. 5 Abs. 1 S. 2 GG andererseits bereits bei der **Auslegung des Tatbestandsmerkmals** »aus dem Bereich der **Zeitgeschichte**« zu beachten.[158] Der Beurteilung ist ein normativer Maßstab zu Grunde zu legen, welcher der Pressefreiheit und dem Interesse der Öffentlichkeit an vollständiger Information über das Zeitgeschehen sowie zugleich dem Schutz der Persönlichkeit und ihrer Privatsphäre ausreichend Rechnung trägt.

64

---

152 *EGMR* NJW 2012, 1053, 1055f.; *EGMR* NJW 2004, 2647, 2649f. (Caroline von Monaco); vgl. zum Ganzen *Heldrich*, NJW 2004, 2634ff.; *Kötz/Wagner*, Rn. 378ff.

153 BGHZ 131, 332 (Caroline von Monaco II).

154 Vgl. *EGMR* NJW 2004, 2647, 2650f. (»Caroline von Monaco« – Es ging um die Veröffentlichung von Fotos, die Caroline von Monaco u. a. beim Einkaufen zeigten). Vgl. auch *EGMR* NJW 2006, 591 (Schadensersatz wegen Presseberichterstattung über Strafverfahren gegen den Ehemann einer Abgeordneten). Zur Berücksichtigung der Entscheidungen des EGMR durch deutsche Gerichte im Rahmen methodisch vertretbarer Gesetzesauslegung vgl. BVerfGE 111, 307 (Gorgülü-Beschluss).

155 Es ist zu beachten, dass die Urteile des EGMR keine unmittelbar formale innerstaatliche Bindungswirkung erzeugen. Insbesondere kann der EGMR keine nationalen Urteile aufheben, sodass in vielen Fällen ein Sieg vor dem EGMR einem Pyrrhussieg gleichkommt. Es besteht jedoch bei privatrechtlichen Rechtsstreiten die Möglichkeit einer Wiederaufnahme des Verfahrens über § 580 Nr. 8 ZPO.

156 *BGH* NJW 2005, 594; *BGH* NJW 2006, 599; vgl. zuletzt *BGH* NJW 2009, 754, 756 (»Prinz Ernst August«: Erkrankung einer Person des öffentlichen Interesses gehört grundsätzlich zur Privatsphäre; Ausnahmen können bei einem besonderen Personenkreis wie beispielsweise wichtigen Politikern, Wirtschaftsführern oder Staatsoberhäuptern bestehen); *BGH* VersR 2009, 76 (»Prinz Ernst August«: späteres Interview einer Person des öffentlichen Interesses rechtfertigt nicht vorherige Fotoveröffentlichung zur Bebilderung eines Krankheitsberichts); *BGH* VersR 2009, 511 (»Caroline von Monaco«: Interviews einer Person des öffentlichen Interesses über ihre Erkrankung rechtfertigen regelmäßig nicht eine Abbildung ihres Ehegatten zur Bebilderung eines Presseartikels über die Erkrankung); *BGH* VersR 2009, 513 (»Caroline von Monaco«: unzulässige Bildveröffentlichung wegen Überwiegens des Interesses am Schutz der Privatsphäre hinsichtlich des Gesundheitszustandes des Ehemannes).

157 Sowohl der EGMR als auch das BVerfG haben die neue Rechtsprechung des BGH grundsätzlich bestätigt: vgl. *EGMR* NJW 2012, 1053 (von Hannover/Deutschland Nr. 2); *BVerfG* NJW 2008, 1793 (Caroline von Monaco): Bestätigung von BGHZ 171, 275; jedoch Aufhebung und Zurückverweisung von *BGH* EuGRZ 2007, 503 – vgl. hierzu auch *Frenz*, NJW 2012, 1039.

158 Vgl. auch *BVerfG* NJW 2006, 3406, 3407.

Dabei ist der Begriff der Zeitgeschichte in § 23 Abs. 1 Nr. 1 KunstUrhG zu Gunsten der Pressefreiheit zwar in einem weiten Sinn zu verstehen, doch ist das Informationsinteresse nicht schrankenlos. So darf über eine Person des öffentlichen Interesses in größerem Umfang berichtet werden als über andere Personen, wenn die Information einen hinreichenden Nachrichtenwert mit Orientierungsfunktion im Hinblick auf eine die Allgemeinheit interessierende Sachdebatte hat und in die Abwägung keine schwerwiegenden Interessen des Betroffenen einzustellen sind, die einer Veröffentlichung entgegenstehen.[159]

Wo konkret die Grenze für das berechtigte Informationsinteresse der Öffentlichkeit an der aktuellen Berichterstattung zu ziehen ist, lässt sich nur unter Berücksichtigung der jeweiligen Umstände des Einzelfalls entscheiden. Auch bei Personen, die unter dem Blickpunkt des zeitgeschichtlichen Ereignisses i. S. des § 23 Abs. 1 Nr. 1 KunstUrhG an sich ohne ihre Einwilligung die Verbreitung ihres Bildnisses dulden müssten, ist eine Verbreitung der Abbildung nicht zulässig, wenn hierdurch berechtigte Interessen des Abgebildeten verletzt werden (§ 23 Abs. 2 KunstUrhG). Für die erforderliche Interessenabwägung zwischen dem Informationsinteresse der Öffentlichkeit einerseits und dem Interesse des Abgebildeten an dem Schutz seiner Privatsphäre andererseits[160] gilt Folgendes: Je größer der Informationswert für die Öffentlichkeit ist, desto mehr muss das Schutzinteresse desjenigen, über den informiert wird, hinter den Informationsbelangen der Öffentlichkeit zurücktreten.[161]

d) Rechtsfolgen der Verletzung des allgemeinen Persönlichkeitsrechts

65 Jeder aus dem allgemeinen Persönlichkeitsrecht abgeleitete Anspruch setzt zumindest einen rechtswidrigen Eingriff voraus. Je nach dem geltend gemachten Rechtsbegehren können noch andere von der entsprechenden Anspruchsgrundlage vorgesehene Tatbestandsvoraussetzungen hinzutreten.

aa) Unterlassung und Beseitigung (§ 1004 analog)

Es kommen **Unterlassungs- und Beseitigungsansprüche** (z. B. ein Widerruf oder die für den Störer weniger einschneidende Richtigstellung;[162] Löschung intimer Bildaufnahmen[163]) nach § 1004 analog in Betracht (vgl. zu § 1004 → § 21 Rn. 1 ff.).[164] Wert-

---

159 Soweit das Ereignis bloßen Unterhaltungswert hat, treten Pressefreiheit und Informationsrecht der Öffentlichkeit regelmäßig hinter den Schutz der Privatsphäre zurück: vgl. *BGH* NJW 2007, 3440, 3442 (Grönemeyer).

160 Vgl. beispielsweise BGHZ 131, 332 (Caroline von Monaco II).

161 *BVerfG* NJW 2017, 1376 (zulässige Bildberichterstattung über prominenten Wettermoderator); *BVerfG* NJW 2017, 1377 (unzulässige Bildberichterstattung über prominenten Wettermoderator im privaten Raum); *BGH* NJW 2018, 1820 und dazu *Omlor*, JuS 2018, 487 (zulässige Bildberichterstattung über hochrangigen Politiker nach dem Abschied aus der aktiven Politik); *BGH* NJW 2013, 229 und *BGH* VersR 2013, 114 (jeweils: identifizierende Berichterstattung in Online-Archiv); *BGH* NJW 2006, 599 (identifizierende Berichterstattung über Verkehrsstraftaten eines Prominenten). – Das Interesse der Öffentlichkeit an bloßer Unterhaltung hat gegenüber dem Schutz der Privatsphäre regelmäßig ein geringeres Gewicht und ist nicht schützenswert, vgl. BVerfGE 34, 269 (Soraya); BGHZ 131, 332 (Caroline von Monaco II) m. w. N.

162 Vgl. BGHZ 176, 175 (Richtigstellungsanspruch wegen Presseartikel gegen das BKA).

163 *BGH* VersR 2016, 199.

164 Eine vorbeugende Unterlassungsklage gegen Bilder, die noch gar nicht bekannt sind und bei denen insbesondere offen ist, in welchem Kontext sie zukünftig veröffentlicht werden, ist unzulässig; vgl. *BGH* NJW 2008, 3138 (Sabine Christiansen); BGHZ 158, 218 (Charlotte Casiraghi). Dies gilt selbst

urteile sind mit Rücksicht auf die grundrechtliche Position des Urteilenden (Art. 5 GG) nach st. Rspr. einem Beseitigungsanspruch (Widerruf) nicht zugänglich.[165]

Beispiele:

– B beeinträchtigt das Persönlichkeitsrecht der K dadurch, dass K ohne Zustimmung in einer Werbeanzeige in einer für sie schädlichen Weise erwähnt wird. Es besteht ein Unterlassungsanspruch aus §§ 823 Abs. 1, 1004 analog. Aus dem Unterlassungsanspruch folgt aber kein Verbot, den Namen der K zu verwenden (Unterlassung künftigen Namensmissbrauchs), sondern dass B in Zukunft die Grenzen des Persönlichkeitsrechts der K beachten muss (BGHZ 30, 7, 14 »Caterina Valente«).

– Beseitigungsanspruch aus §§ 823, 1004 analog auf Löschung von Tonbandaufnahmen, die während eines persönlichen Gesprächs unbefugter Weise gemacht worden sind (BGHZ 27, 284).

– Im Fall der Verbreitung unwahrer Tatsachen kann ein Widerruf verlangt werden (Beseitigungsanspruch). Bei dem Abdruck von unwahren Tatsachenbehauptungen auf der Titelseite einer Illustrierten ist ein Widerruf auf der Titelseite der Illustrierten zu veröffentlichen, dessen Druckanordnung geeignet sein muss, bei dem Leser den Grad der Aufmerksamkeit zu erzeugen, den die bekämpfte Behauptung beansprucht hat (BGHZ 128, 1 »Caroline von Monaco«). – Daneben kann ein spezialgesetzlicher Gegendarstellungsanspruch nach Mediengesetzen bestehen (*Kötz/Wagner*, Rn. 412).

– Berichtigungsanspruch bei zunächst rechtmäßiger Verdachtsberichterstattung, Folgenbeseitigung durch den Nachtrag, dass nach Klärung des Sachverhalts der berichtete Verdacht nicht aufrecht erhalten werde (*BGH* NJW 2015, 778).

bb) Ersatz des immateriellen Schadens

Der Geschädigte kann auch Ersatz des immateriellen Schadens verlangen.[166] Die **66** Rechtsprechung hatte sich schon früh über den Wortlaut der §§ 253, 847 a. F. hinweggesetzt[167] und gewährt bei einem **schwerwiegenden Eingriff, der auf andere Weise nicht befriedigend auszugleichen ist,** einen besonderen Anspruch auf Geldentschädigung zum Ersatz des immateriellen Schadens.[168] Das BVerfG[169] hat diese Rechtsprechung der Zivilgerichte als verfassungsgemäß gebilligt.[170] Die Zubilligung einer Geld-

---

dann, wenn man die Unterlassungsklage – wie im Wettbewerbsrecht zulässig – auf »kerngleiche« Verletzungshandlungen beschränken wollte. Eine vorweggenommene Abwägung, die sich mehr oder weniger nur auf Vermutungen stützen könnte, und die im konkreten Verletzungsfall im Vollstreckungsverfahren nachgeholt werden müsste, verbietet sich schon im Hinblick auf die Bedeutung der betroffenen Grundrechte.

165 BVerfGE 97, 125, 150f.; *BGH* NJW 1989, 2941, 2942; Staudinger/*Hager*, § 823 Rn. C 273.

166 St. Rspr. Früher hat die Rechtsprechung den Schmerzensgeldanspruch bei Persönlichkeitsrechtsverletzung aus einer Rechtsanalogie zu § 847 a. F. abgeleitet (vgl. BGHZ 26, 349 »Herrenreiter«), später aus dem Schutzauftrag der Art. 1, 2 Abs. 1 GG mit Rücksicht auf die modernen Verhältnisse in Abweichung von der (historisch) gesetzgeberischen Konzeption (vgl. BGHZ 35, 363 [Ginseng-Wurzel]; 39, 124 [Fernsehansagerin]; so auch ausdrücklich BGHZ 143, 214 [Marlene Dietrich]).

167 § 253 a. F.: »nur in den durch das Gesetz bestimmten Fällen«. Vgl. BGHZ 39, 124 (Fernsehansagerin) mit Verweis auf die gesetzgeberischen Materialien, die seit 1900 gewandelte Rechtsauffassung und die tiefgreifende technische und soziale Entwicklung und das Bedürfnis eines verstärkten und der Eigenart der Verletzung adäquaten Rechtsschutzes der Persönlichkeit.

168 Grundlegend BGHZ 26, 349 (Herrenreiter); vgl. dazu auch *Miserre*, JA 2003, 252, 256; *Müller*, VersR 2008, 1141, 1150.

169 BVerfGE 34, 369 (Soraya); *BVerfG* VersR 2016, 1322 (Anspruch auf Geldentschädigung wegen rechtswidrigen Freiheitsentzugs durch die Polizei bei einer Großdemonstration).

170 Das Zweite Gesetz zur Änderung schadensersatzrechtlicher Vorschriften von 2002 (BGBl. I, S. 2674) hat an alldem nichts geändert (vgl. → § 24 Rn. 43). Vgl. dazu die RegBegr., BT-Drs. 14/7752, 24f. Der Bundesrat wollte die gesetzliche Regelung für die Geldentschädigung bei Persönlichkeitsrechtsverletzungen (Stellungnahme des Bundesrates, BT-Drs. 14/7752, S. 49); dem begegnete die Bundesregierung in ihrer Gegenäußerung aber mit Zurückhaltung (BT-Drs. 14/7752, S. 55); aus der Fallbearbeitung: *Kiehnle*, JuS 2006, 418ff. (erfundene Todesanzeige).

entschädigung dient der Stärkung des Rechtsschutzes der Persönlichkeit und soll verhindern, dass Verletzungen der Würde und Ehre ohne Sanktion bleiben.[171] Dabei steht im Fall einer Verletzung des Persönlichkeitsrechts bei der Bemessung der Geldentschädigung der Gesichtspunkt der Genugtuung des Opfers im Vordergrund unter Berücksichtigung des Unrechtsgehalts der Beeinträchtigung und des (weiteren) Gesichtspunkts der Prävention.[172] Die Höhe der Entschädigung soll einen wirksamen Hemmungseffekt haben. Der Anspruch auf Geldentschädigung ist kein Schmerzensgeldanspruch, sondern ein eigenständiger Rechtsbehelf, der unmittelbar auf den Schutzauftrag aus Art. 1 und 2 GG zurückgeht.[173]

67 Ein Anspruch auf Geldentschädigung kommt nur unter folgenden Voraussetzungen in Betracht:

– Eine andere Form des hinreichenden Schadensausgleichs (Widerruf, Gegendarstellung) darf nicht möglich sein;[174] und
– die Verletzung muss schwer sein; dafür sind die Bedeutung und Tragweite des Eingriffs, Anlass und Beweggrund des Handelnden sowie der Grad des Verschuldens des Schädigers von Bedeutung.[175] Unerheblich ist die Schwere des Eingriffs jedoch bei Eingriffen in vermögenswerte Bestandteile des allgemeinen Persönlichkeitsrechts (z. B. Recht am eigenen Bild oder Namensrecht).[176]

Ein Widerruf oder ein Unterlassungsanspruch schließt einen Anspruch auf Geldentschädigung nur dann aus, wenn hierdurch ein hinreichender Ausgleich für die Rechtsbeeinträchtigung erreicht wird. Dies ist dann grundsätzlich nicht der Fall, wenn sich der Angriff gegen die Grundlage der Persönlichkeit richtet oder wenn der Verletzende den verlangten Widerruf verweigert, sodass ihn der Verletzte erst später aufgrund gerichtlicher Entscheidung erlangen kann.[177]

68 Soweit die Persönlichkeitsrechte dem Schutz ideeller Interessen dienen, sind sie unauflöslich an die Person ihres Trägers gebunden, höchstpersönlicher Natur und deshalb **unverzichtbar, unübertragbar und unvererblich.**[178] Der höchstpersönliche Achtungsanspruch wirkt aber zum Schutz vor Beeinträchtigungen ideeller Interessen über den Tod fort und kann nach dem Tod von den nächsten Angehörigen des Verstorbenen durch Abwehrrechte in Form von Unterlassungs- und Widerrufsansprüchen geltend machen, nicht jedoch in Form einer an die Angehörigen fließenden Geldentschädigung[179] wahrgenommen werden (**postmortaler Persönlichkeits-**

---

171 Vgl. BGHZ 128, 1 (Caroline von Monaco I).
172 BGHZ 199, 237; BGHZ 189, 65.
173 BGHZ 199, 237; BGHZ 189, 65; BGHZ 143, 214.
174 *BGH* VersR 2016, 1001 (erwirkter Unterlassungstitel kann Geldentschädigung für grobe Beleidigung im persönlichen Umfeld ohne öffentliche Breitenwirkung entbehrlich machen). Vgl. auch *EGMR* NJW 2017, 2891 (verhängte Ordnungsgelder wegen Veröffentlichung von Fotos der Kinder eines Ex-Fußballers trotz Veröffentlichungsverbots).
175 St. Rspr., BGHZ 35, 363 (Ginseng-Wurzel); 128, 1 (Caroline von Monaco I); *OLG Hamburg* NJW 1996, 2870, 2871f. (Caroline von Monaco I); *OLG Hamm* NJW-RR 2004, 919, 921 (Lisa Loch).
176 BGHZ 143, 214 (Marlene Dietrich).
177 BGHZ 128, 1 (Caroline von Monaco I)); zur Berücksichtigung eines Unterlassungstitels: *BGH* VersR 2012, 630 (Pressebericht über bei Verkehrsunfall getötete Tochter).
178 BGHZ 201, 45; *BGH* NJW 2017, 3004 (Dies gilt auch, wenn der Anspruch noch zu Lebzeiten des Geschädigten anhängig oder rechtshängig geworden ist).
179 BGHZ 201, 45; 165, 203 (Obduktionsfoto).

schutz).[180] Ein dem Erbrecht vorgehendes Recht der nächsten Angehörigen an Rechtspositionen mit höchstpersönlichen Inhalten begründet dies nicht.[181]

Fall (BGHZ 128, 1 und *OLG Hamburg* NJW 1996, 2870 »Caroline von Monaco«): Klägerin ist Caroline von Monaco, Beklagter ein Verlag, der Zeitschriften herausgibt. In einer dieser Zeitschriften wird ein angebliches Interview mit der Klägerin schon auf der Titelseite groß angekündigt und dann im Text veröffentlicht (»Exklusiv – Caroline spricht zum 1. Mal – Von Traurigkeit, Hass auf dieser Welt, Glückssuche«). Dieses Interview ist frei erfunden.[182] Deswegen und wegen einiger weiterer Entgleisungen verlangt die Klägerin eine Geldentschädigung von mindestens 100.000,– DM.   **69**

Lösung: Anspruch aus § 823 Abs. 1 (Verletzung des allgemeinen Persönlichkeitsrechts) i.V.m. Art. 1, 2 Abs. 1 GG auf Leistung einer Geldentschädigung?

1. Tatbestand des § 823 Abs. 1 (allgemeines Persönlichkeitsrecht)?
   Zwar werden keine ehrenrührigen Tatsachen über C publik gemacht. Aber »verletzt wird ihr Anspruch auf Selbstbestimmung über ihr Erscheinungsbild dadurch, dass ihr Äußerungen untergeschoben werden, die sie unstreitig nicht getan hat«.[183] Die Verletzung ist rechtswidrig und schuldhaft.
2. Rechtsfolge: Der Verlag ist zum Ersatz des dadurch entstandenen Schadens verpflichtet. Ein materieller Schaden ist der C nicht entstanden; ein immaterieller Schaden könnte zu ersetzen sein.
   a) Die Ersatzfähigkeit eines immateriellen Schadens bei Verletzung des allgemeinen Persönlichkeitsrechts lässt sich zwar nicht aus § 253 Abs. 2 ableiten, folgt aber aus Art. 1 und 2 GG (vgl. dazu → Rn. 66 ff.).
   b) Bemessung der Geldentschädigung: Bei der Bemessung der Höhe der Geldentschädigung steht die Genugtuung für das Opfer im Vordergrund.[184] Außerdem – so der BGH – soll die Geldentschädigung auch der Prävention dienen. Deshalb muss bei der Bemessung auch die Absicht des Verletzenden (Zeitungsverlag) zur Gewinnerzielung berücksichtigt werden, also dass das Persönlichkeitsrecht in Gewinnerzielungsabsicht (»Zwangskommerzialisierung«) unter vorsätzlichem Rechtsbruch verletzt wird. Der erzielte Gewinn soll zwar nicht abgeschöpft, es muss aber ein »echter Hemmungseffekt« vor solchen »Vermarktungen der Persönlichkeit« erreicht werden.
   Die Vorinstanz *(OLG Hamburg)* hatte die Höhe der betriebswirtschaftlich ermittelbaren Vorteile des Verletzenden aus der Persönlichkeitsverletzung als irrelevant angesehen und nur 30.000,– DM zuerkannt. Der BGH hob das Berufungsurteil auf und verwies die Sache zur Festsetzung eines höheren Betrages an das OLG zurück. Das *OLG Hamburg* (NJW 1996, 2870) hat dann eine Geldentschädigung in Höhe von 180.000,– DM zugesprochen.

cc) Ersatz des materiellen Schadens

Der Schädiger ist zum Ersatz des durch die Verletzung des Persönlichkeitsrechts entstandenen Schadens verpflichtet (§ 249 Abs. 1, Naturalrestitution).[185] Das allgemeine Persönlichkeitsrecht ist nicht nur in ideeller Hinsicht geschützt (Schutz des Wert- und Achtungsanspruchs der Persönlichkeit), sondern erfasst auch **vermögenswerte Inter-**   **70**

---

180 *BGH* MDR 2018, 1002 (Tod des Kontoinhabers eines sozialen Netzwerks); BGHZ 143, 214 (Marlene Dietrich).
181 *BGH* MDR 2018, 1002 (Tod des Kontoinhabers eines sozialen Netzwerks).
182 Der Sachverhalt der »Caroline von Monaco I«-Entscheidung ist nahezu identisch mit dem der »Soraya«-Entscheidung (BVerfGE 34, 269). Interessant ist, dass der BGH das Schmerzensgeld 1964 auf nur 15.000,– DM taxierte (*BGH* NJW 1965, 685 »Soraya«), was bei Berücksichtigung der damaligen Kaufkraft ca. 23.000,– € entspricht.
183 BGHZ 128, 1 (Caroline von Monaco I).
184 BGHZ 201, 45.
185 Vornahme von Handlungen, welche die eingetretene Persönlichkeitsverletzung beseitigen: Widerruf, Richtigstellung, Ergänzung unvollständiger Äußerungen. Vgl. zur Abgrenzung zum Beseitigungsanspruch → § 21 Rn. 6.

essen der Persönlichkeit (wirtschaftliche Ausnutzung der Popularität und des Images einer Person). Infrage kommt deshalb materieller Schadensersatz in Geld in den Grenzen des Erforderlichen (§ 249 Abs. 2; z. B. Ersatz eigener Aufwendungen zur Beseitigung der Schadensfolgen).[186]

In der neueren Rechtsprechung ist anerkannt, dass **der vermögenswerte Bestandteil des Persönlichkeitsrechts** – im Gegensatz zum ideellen Teil – vererblich ist. Die vermögensrechtlichen Befugnisse stehen dem Erben zu, der Ansprüche auf Ersatz des (materiellen) Schadens entsprechend dem ausdrücklichen oder mutmaßlichen Willen des Verstorbenen geltend machen kann.[187] Die Schutzdauer bezüglich des finanziellen Ausgleichs für die vermögenswerten Bestandteile des Persönlichkeitsrechts ist wie beim Recht am eigenen Bild (§ 22 S. 3 KunstUrhG) auf 10 Jahre nach dem Tod der Person begrenzt.[188]

71 Der Schaden kann konkret, nach der angemessenen Gebühr auf der Grundlage der Fiktion eines abgeschlossenen Lizenzvertrages (sog. **Lizenzanalogie**),[189] oder nach dem durch den Eingriff erzielten Gewinn berechnet werden.[190] Im Vergleich zur Berechnung des Verletzergewinns oder des entgangenen Gewinns ist die Lizenzanalogie die einfachere Liquidationsart. Diese Berechnungsmethode setzt – entgegen früherer Rechtsprechung[191] – nicht voraus, dass die beeinträchtigte Person im Zeitpunkt des Eingriffs zur Vermarktung ihrer Persönlichkeit (lizenz-) bereit oder in der Lage war.[192] Erforderlich ist zudem – anders als beim Ausgleich der immateriellen Beeinträchtigung (vgl. → Rn. 67) – nicht, dass der Eingriff besonders schwerwiegend ist.

Beispiel: Der Autovermieter *S*-AG warb, nachdem Oskar Lafontaine am 11.3.1999 von seinen Ämtern als Bundesminister der Finanzen und als Vorsitzender der SPD zurück getreten war, ohne dessen Einwilligung mit bebilderten Zeitungsanzeigen. Die Porträtaufnahmen zeigten 16 Mitglieder der damaligen Bundesregierung einschließlich Lafontaine, dessen Bild durchgestrichen, aber weiterhin erkennbar war. Der Werbeslogan lautete: »*S* verleast auch Autos für Mitarbeiter in der Probezeit.« Die Klage auf Zahlung einer fiktiven Lizenzgebühr hatte im Ergebnis keinen Erfolg, weil der BGH aufgrund der gebotenen Güterabwägung annahm, Lafontaine müsse die Werbeanzeige hinnehmen, da sie sich satirisch mit einem aktuellen Tagesereignis auseinandersetze. Die Zulässigkeit der Schadensberechnung mittels einer fiktiven Lizenzgebühr – Entsprechendes gilt für den Bereicherungsausgleich – wurde jedoch ungeachtet des Umstands bejaht, dass ein Bundesminister auf Grund des Verbots anderer besoldeter Tätigkeiten (Art. 66 GG) oder aus Gründen der politischen Glaubwürdigkeit an der eigenen kommerziellen Verwertung seines Bildnisses gehindert ist (BGHZ 169, 340 »Rücktritt des Finanzministers«).

---

186 BGHZ 66, 182 (Bittenbinder); *Müller,* VersR 2008, 1141, 1149.
187 BGHZ 143, 214 (Marlene Dietrich); *BGH* VersR 2012, 630 (Pressebericht über bei Verkehrsunfall getöteter Tochter).
188 BGHZ 169, 193 (Klaus Kinski).
189 BGHZ 20, 345 (Paul Dahlke); BGHZ 26, 349 (Herrenreiter); 35, 363 (Ginseng-Wurzel); vgl. zur Lizenzanalogie *Ullmann,* AfP 1999, 209, 212ff.; *Müller,* VersR 2008, 1141, 1152ff.
190 Das Wahlrecht des Geschädigten zwischen diesen Formen des Schadensersatzes endet mit der Festlegung auf eine Berechnungsart, vgl. BGHZ 173, 374 (Zerkleinerungsvorrichtung).
191 BGHZ 26, 349 (Herrenreiter); 35, 363 (Ginseng-Wurzel); gegen das Erfordernis der Lizenzbereitschaft *Ullmann,* AfP 1999, 209, 212f. – Das Erfordernis der Lizenzbereitschaft hatte danach zur Folge, dass nur dem professionellen Prominenten ein Schadensersatz- und Bereicherungsanspruch (in Höhe der Lizenzanalogie) zuerkannt wurde. Der nichtprofessionelle Prominente war auf Ersatz des immateriellen Interesses verwiesen. Darauf wies zutreffend *Ullmann,* AfP 1999, 209, 213 hin.
192 BGHZ 169, 340 (Rücktritt des Finanzministers); *BGH* VersR 2012, 502; vgl. auch Staudinger/*Lorenz,* Vor zu § 812 ff., Rn. 62.

Fall (BGHZ 39, 124 »Fernsehansagerin«): Die Illustrierte »Stern« nimmt in einer Reportage des R zu 72
den Leistungen der Fernsehansagerinnen des Senders Freies Berlin Stellung. Dabei wird vor allem die A
abfällig kritisiert. Es heißt unter anderem in der Reportage, die A passe in ein zweitrangiges Tingeltangel auf der Reeperbahn, sie sehe aus wie eine ausgemolkene Ziege, bei ihrem Anblick werde den Zuschauern die Milch sauer. Unter Hinweis darauf, dass die A nicht verheiratet ist, wird angeführt: »Sie
hat eine Freundin und einen Hund, denen ihr Herz gehört – was soll sie mit einem Mann?« Kann die A
von R eine Geldentschädigung verlangen?

Lösung:

1. Ein Anspruch der A gegen R auf Zahlung einer Geldentschädigungkann sich aus § 823 Abs. 1 wegen
   Verletzung des allgemeinen Persönlichkeitsrechts ergeben.
   a) Das allgemeine Persönlichkeitsrecht ist als sonstiges Recht i. S. des § 823 Abs. 1 anerkannt.
      aa) Es handelt sich nur um einen sog. Auffangtatbestand. Das Recht der persönlichen Ehre ist ein
          besonders prägnanter Aspekt des allgemeinen Persönlichkeitsrechts. Der Eingriff beschränkt
          sich jedoch nicht auf einen Angriff auf die Ehre, sondern berührt weitergehend auch andere
          Aspekte der Privatsphäre der A.
      bb) Es müsste eine rechtswidrige Verletzung des allgemeinen Persönlichkeitsrechts gegeben sein
          (Rahmenrecht, umfassende Güter- und Interessenabwägung). Die Veröffentlichung dieser De-
          tails stellt ein Eindringen in die Privat- und Intimsphäre der A dar sowie eine Beeinträchtigung
          ihrer Ehre. Ein Eingriff in das allgemeine Persönlichkeitsrecht ist gegeben. Ob dieser Eingriff
          eine Verletzung des allgemeinen Persönlichkeitsrechts begründet, ist anhand einer umfassen-
          den Güter- und Interessenabwägung im Einzelfall festzustellen. Bei dieser Abwägung sind je-
          weils die berührten Interessen des Verletzten und die Interessen der Gegenpartei (unter Um-
          ständen den Schädiger begünstigende Grundrechte, wie z. B. Meinungsfreiheit gemäß Art. 5
          GG oder besondere Rechtfertigungsgründe, wie z. B. die Wahrnehmung berechtigter Interes-
          sen nach § 193 StGB) sowie die sonstigen Umstände zu berücksichtigen, insbesondere die Art
          und Schwere der Beeinträchtigung, ihr Anlass und das Verhalten des Verletzten selbst.
          Auch wenn man berücksichtigt, dass es der Presse erlaubt ist, die Leistungen der A als Ansagerin
          zu kritisieren und dabei auch auf das den Fernsehteilnehmern bekannte äußere Erscheinungs-
          bild der A einzugehen (»ausgemolkene Ziege«), so gehen derart kränkende Angriffe weit über
          das Maß einer erlaubten Kritik hinaus. Insbesondere der Hinweis auf die Freundin und den
          Hund, der dem Leser bestimmte Neigungen der A suggeriert, bedeutet ein nicht zu rechtferti-
          gendes Eindringen in die Intimsphäre und eine schwere Beeinträchtigung der Ehre der A.[193]
          Durch die Reportage ist also das Persönlichkeitsrecht der A rechtswidrig verletzt worden.
      cc) Verschulden liegt vor.
   b) Schaden: Zu ersetzen wäre ein Vermögensschaden, der aber nicht vorliegt. Fraglich ist, ob auch der
      Nichtvermögensschaden zu ersetzen ist. § 253 Abs. 1 und 2 regelt die Ersatzfähigkeit des Nichtver-
      mögensschadens und erfasst das allgemeine Persönlichkeitsrecht nicht.
      Trotzdem besteht ein Anspruch auf eine angemessene Geldentschädigung. Grundlage dieses An-
      spruchs sind Art. 1 und 2 Abs. 1 GG (genauer: die objektive Schutzfunktion dieser Grundrechte).
      Der BGH hat in st. Rspr. (seit BGHZ 26, 349 »Herrenreiter«, zunächst allerdings in Analogie zu
      § 847 a. F.) bei Verletzung des allgemeinen Persönlichkeitsrechts einen Anspruch auf Geldent-
      schädigung für immaterielle Beeinträchtigungen unter zwei Einschränkungen gewährt: Es muss
      sich um eine schwere Verletzung des Persönlichkeitsrechts handeln und der Eingriff darf auf andere
      Weise nicht befriedigend auszugleichen sein. Diese Voraussetzungen liegen vor. Es handelt sich um
      einen besonders schweren Eingriff in das Persönlichkeitsrecht der A. Die ideelle Beeinträchtigung
      (der Eingriff) kann nicht auf andere Weise, z. B. durch Widerruf, befriedigend ausgeglichen werden.
      Für die Höhe der Geldentschädigung sind die gesamten Umstände des Falles zu würdigen. Das vom
      BGH bestätigte Urteil des *OLG Hamburg* hat der A 10.000,– DM zugesprochen (im Jahr 1963).[194]

---

193 BGHZ 39, 129.
194 Dies entspricht unter Berücksichtigung der damaligen Kaufkraft in etwa 16.000,– €.

2. In Betracht kommt auch ein Anspruch auf Geldentschädigung aus § 823 Abs. 2 i. V. m. §§ 185 ff. StGB wegen Ehrverletzung.

73 **Vertiefungshinweis:** Schadensersatz- und Bereicherungsansprüche

Der vermögenswerte Bestandteil des allgemeinen Persönlichkeitsrechtes kann betroffen sein, wenn der Name oder das Bildnis zu wirtschaftlichen Zwecken benutzt wird. Dieser Eingriff in das allgemeine Persönlichkeitsrecht kann Schadensersatzansprüche aus § 823 Abs. 1 auf Ersatz des materiellen Schadens und auch Bereicherungsansprüche auf Herausgabe des Erlangten aus § 812 Abs. 1 S. 1 Alt. 2 (Eingriffskondiktion) begründen.

Der Schadensersatzanspruch gründet auf der Verletzung des allgemeinen Persönlichkeitsrechts und ist auf Ausgleich eines entstandenen Schadens gerichtet; entscheidend ist der beim Geschädigten entstandene Schaden (»Weniger« beim Geschädigten). Anspruchsinhaber ist der Geschädigte, also der, dem (eine Rechtsverletzung und) ein Schaden zugefügt worden ist; der Anspruch ist gegen den Schädiger gerichtet.

Der Bereicherungsanspruch (Eingriffskondiktion) hat seine Grundlage in einem Eingriff in den Zuweisungsgehalt[195] eines Rechts eines Dritten (Eingriff in den vermögenswerten Bestandteil des allgemeinen Persönlichkeitsrechts). Herauszugeben ist das Erlangte (»Mehr« beim Eingreifer). Erlangt hat der Bereicherungsschuldner die Nutzung des Bildnisses. Da diese nicht herausgegeben werden kann, ist nach § 818 Abs. 2 Wertersatz in Höhe einer angemessenen Lizenzgebühr[196] zu leisten. Auf die Lizenzbereitschaft des Bereicherungsgläubigers kommt es nach neuer Rechtsprechung nicht (mehr) an.[197] Anspruchsgegner ist derjenige, der etwas unberechtigt erlangt hat; Anspruchsinhaber ist derjenige, in dessen Recht eingegriffen wurde. Schadens- und Bereicherungsansprüche sind an sich auf verschiedene Anspruchsziele gerichtet (vgl. zur Unterscheidung zwischen Bereicherungs- und Schadensersatzrecht → § 9 Rn. 3 ff.); im Fall des allgemeinen Persönlichkeitsrechts stimmen die Rechtsfolgen aber bei Berechnung im Wege der Lizenzanalogie (ausnahmsweise) überein.

Beispiel: B ist alleiniger Geschäftsführer einer – zwischenzeitlich nicht mehr bestehenden – GmbH und Inhaber der Marke »Marlene«. Die GmbH hat Dritten die Verwendung des Bildnisses von Marlene Dietrich, des handschriftlichen Namenszuges derselben und des Namens »Marlene« zur Kennzeichnung von Waren oder gewerblichen Leistungen und in der Werbung für Waren oder gewerbliche Leistungen gestattet sowie durch Werbeanzeigen mit der Darstellung von Marlene Dietrich für gewerbliche Leistungen und Waren geworben. K, Alleinerbin von Marlene Dietrich, verlangt von B Ersatz (BGHZ 143, 214 »Marlene Dietrich«).

(1) In Betracht kommt ein Schadensersatzanspruch (§ 823 Abs. 1) der K als Erbin von Marlene Dietrich, die durch die Nutzung ihres Bildes und Namens in ihrem allgemeinen Persönlichkeitsrecht beeinträchtigt worden ist. (2) Infrage kommen auch Bereicherungsansprüche aus § 812 Abs. 1 S. 1 Alt. 2 (Eingriffskondiktion). (a) Es liegt ein Eingriff in den Zuweisungsgehalt des allgemeinen Persönlichkeitsrechts Marlene Dietrichs vor. Eingreifender ist aber die GmbH als vermarktende Gesellschaft. (b) Jedenfalls hat B selbst nichts erlangt und ist wohl auch nicht (mehr) bereichert (§ 818 Abs. 3). (c) Nur die GmbH könnte deshalb aus Eingriffskondiktion in Anspruch genommen werden, wenn sie noch existierte.

Zum Problem, inwieweit das allgemeine Persönlichkeitsrecht nach dem Tod einer Person noch geltend gemacht werden kann, vgl. → Rn. 68 und 70.

---

195 Beim Namensrecht und Recht am eigenen Bild besteht ein Zuweisungsgehalt für diejenigen Fälle, in denen Name und Bild auch wirtschaftlich gewerbsmäßig (im Rahmen einer Firma, eines Markenzeichens oder der Werbung) verwendet werden. Im Übrigen wird der Zuweisungsgehalt nur ausnahmsweise zu bejahen sein.

196 Vgl. MüKoBGB/*Säcker*, Bd. 1, § 12 Rn. 168. Vgl. → Rn. 70 f.

197 BGHZ 169, 340 (Rücktritt des Finanzministers); → Rn. 69. Kritisch zum früheren Erfordernis der Lizenzbereitschaft bei der bereicherungsrechtlichen Beurteilung *Ullmann*, AfP 1999, 209, 212.

e) Zusammenfassung

Allgemeines Persönlichkeitsrecht (§ 823 Abs. 1)	74

Besonderheiten des allgemeinen Persönlichkeitsrechts gegenüber den anderen absoluten Rechten des § 823 Abs. 1
- Auffangtatbestand (subsidiär)
- Rahmenrecht (offener Tatbestand)
I. Tatbestand
   1. Auffangtatbestand (subsidiär) (→ Rn. 50f.)
   2. Rechtswidrige Verletzung des allgemeinen Persönlichkeitsrechts (Rahmenrecht)
      a) Eingriff (→ Rn. 53ff.)
      b) Umfassende einzelfallbezogene Güter- und Interessenabwägung (→ Rn. 60f.)
   3. Verschulden
II. Rechtsfolgen
   1. Ersatz des Vermögensschadens (§ 249 Abs. 2 S. 1)
   2. Geldentschädigung für immaterielle Beeinträchtigung (Art. 1, 2 Abs. 1 GG) (→ Rn. 66ff.), wenn
      - andere Form des Schadensausgleichs (z. B. Widerruf) nicht möglich und (kumulativ)
      - die Verletzung des allgemeinen Persönlichkeitsrechts schwer wiegt (→ Rn. 67ff.)

P: Zum verschuldensunabhängigen Unterlassungs- und Beseitigungsanspruch (§ 1004 analog) → Rn. 65 und → § 21 Rn. 1ff.

4. Recht am eingerichteten und ausgeübten Gewerbebetrieb

Das **Recht am eingerichteten und ausgeübten Gewerbebetrieb** ist als sonstiges   75 Recht i. S. des § 823 Abs. 1 von der Rechtsprechung seit langem anerkannt. Dadurch soll das Unternehmen in seiner wirtschaftlichen Tätigkeit, in seinem Funktionieren, vor widerrechtlichen Eingriffen Dritter geschützt werden,[198] und zwar auch über den Bereich hinaus, den die wettbewerbs- und deliktsrechtlichen Schutznormen positiv erfassen. Es handelt sich dabei um eine im Wege der Rechtsfortbildung im Rahmen des § 823 Abs. 1 geschaffene Erweiterung durch Einbeziehung des Gewerbebetriebes.[199]

In der Literatur dagegen ist die Anerkennung als sonstiges Recht nach wie vor umstritten.[200] Der Kritik geht es unter anderem darum, dass mit diesem Recht eine (beschränkte) deliktische Generalklausel geschaffen werde, die dem Schutz der Grundlage und des Freiheitsspielraums der unternehmerischen Tätigkeit dient, die aber dem Deliktsrecht mit seinen enumerativen Tatbeständen eigentlich fremd ist (vgl. zur deliktischen Generalklausel → § 15 Rn. 7). Es schaffe eine Ermächtigungsgrundlage für die Rechtsprechung zur Entwicklung von außergesetzlichen Verkehrspflichten zum Schutz der Grundlage und des Freiraums unternehmerischer Tätigkeit, die im Hinblick auf Art. 20 Abs. 3 GG bedenklich sei.[201] De facto würden reine Vermögensinteressen geschützt (*Kötz/Wagner*, Rn. 165f.).

---

198 Grundlegend zum Recht am eingerichteten und ausgeübten Gewerbebetrieb i. S. der aktuellen Rechtsprechung BGHZ 29, 65, 70 (Stromunterbrechung).
199 So BGHZ 65, 325 (Stiftung Warentest II).
200 Vgl. insbesondere *Larenz/Canaris*, SR II/2, § 81 IV, S. 560ff.
201 Vgl. dazu MüKoBGB/*Mertens*, 3. Aufl. 1997, § 823 Rn. 481.

76 Wie auch das allgemeine Persönlichkeitsrecht hat das Recht am eingerichteten und ausgeübten Gewerbebetrieb subsidiäre Bedeutung. Es handelt sich auch hier um einen offenen Tatbestand, sodass die Feststellung der Tatbestandsmäßigkeit und Rechtswidrigkeit einer besonderen Prüfung bedürfen.

a) Subsidiarität (Auffangtatbestand)

77 Das Recht am eingerichteten und ausgeübten Gewerbebetrieb ist ein **Auffangtatbestand** und soll gesetzliche Lücken im Schutz des Gewerbebetriebes füllen.[202] Es kommt nur dann zur Anwendung, wenn eine andere Rechtsgrundlage nicht gegeben ist und der Zusammenhang der auf dem jeweiligen Rechtsgebiet geltenden Normen ergibt, dass eine Lücke besteht, die mit Hilfe des § 823 Abs. 1 geschlossen werden muss.[203] Es tritt grundsätzlich hinter speziellen Ansprüchen (z. B. nach § 823 Abs. 1 wegen Eigentumsverletzung, § 824[204] oder Regelungen des UWG) zurück.

Beispiel: B macht geschäftsschädigende Äußerungen über A. (1) § 824 ist mangels unrichtiger Tatsachenbehauptungen nicht erfüllt. (2) Ansprüche aus § 1 UWG oder § 826 sind nicht einschlägig. (3) Infrage kommt aber ein Anspruch aus § 823 Abs. 1 wegen Eingriffs in das Recht am eingerichteten und ausgeübten Gewerbebetrieb. Dazu der BGH: Der Rechtsschutz bei schädigenden Werturteilen, die nicht von § 1 UWG oder § 826 erfasst werden, wäre unvollkommen, wenn sie nicht als Verletzungshandlung gegenüber dem Recht am eingerichteten und ausgeübten Gewerbebetrieb gewertet werden könnten (BGHZ 3, 270, 278f. »Constanze«-Urteil).

Die Bedeutung der »Subsidiarität« ist hier ebenso problematisch wie beim allgemeinen Persönlichkeitsrecht (vgl. dazu → Rn. 50f.).

b) Rechtswidrige Verletzung des Rechts am Gewerbebetrieb

aa) Beeinträchtigung des Gewerbebetriebes

78 **(1) Gewerbebetrieb.** Als **Gewerbebetrieb** ist alles das zu verstehen, was in seiner Gesamtheit den Gewerbebetrieb zur Entfaltung und Betätigung in der Wirtschaft befähigt.[205] Dazu gehört nicht nur der eigentliche Bestand[206] (z. B. Betriebsgrundstück, Geschäftsräume), sondern die gesamte unternehmerische Tätigkeit in ihren einzelnen Ausprägungen, also alles, was in seiner Gesamtheit den Gewerbebetrieb zur Entfaltung und Betätigung in der Wirtschaft befähigt (Räumlichkeiten, Maschinen, Betriebsgeheimnisse, Geschäftsverbindung, Kundenkreis usw.).[207] Geschützt wird der Gewerbebetrieb also

---

202 *BAG* VersR 2016, 1507.

203 BGHZ 36, 252 (Gründerbildnis); 38, 200 (Kindernähmaschinen): Das Recht am eingerichteten und ausgeübten Gewerbebetrieb sei nur einschlägig, »wenn eine andere Rechtsgrundlage nicht gegeben ist und der Zusammenhang der auf dem jeweiligen Rechtsgebiet geltenden Normen ergibt, dass eine Lücke besteht, die mit Hilfe des § 823 Abs. 1 geschlossen werden darf«. BGHZ 55, 153 (Fleet-Fall); *BGH* NJW 1980, 881, 882: Die richterrechtliche Gestaltung des Rechts am Gewerbebetrieb soll das kodifizierte Haftungsrecht nur ergänzen, nicht aber abändern; *BGH* NJW 1983, 2195, 2196 (Photokina).

204 Vgl. zur Anwendbarkeit des Rechts am eingerichteten und ausgeübten Gewerbebetrieb bei wahren Tatsachenbehauptungen *BGH* NJW 1980, 881, 882.

205 BGHZ 29, 65 (Stromunterbrechung).

206 Noch das Reichsgericht beschränkte (in frühen Entscheidungen) den Schutz auf den Bestand des Unternehmens und wollte nur tatsächliche oder rechtliche Behinderungen der Gewerbeausübung erfasst wissen; RGZ 101, 335, 337; 102, 223, 225 m. w. N.; 126, 93, 96 m. w. N.; 135, 242, 247 m. w. N.

207 Vgl. BGHZ 3, 270 (Constanze).

– in seinem Bestand und

– in seiner Ausstrahlung, soweit es sich um Erscheinungsformen und Beziehungen handelt, die dem Gewerbebetrieb in seiner wirtschaftlichen und wirtschaftenden Tätigkeit wesensgemäß und eigentümlich sind.[208] Nicht geschützt wird die bloße Erwerbsaussicht.

Beispiel: Die Fahrten zu einer (versperrten) Mühle machen den wesentlichen Teil der geschäftlichen Tätigkeiten eines Schifffahrttreibenden aus. Trotzdem gehört die Schiffbarkeit einer Wasserstraße nicht zum Bereich des Gewerbebetriebes dieses Schifffahrttreibenden. Der schwerpunktmäßige, ausschließlich von Vertragsbeziehungen abhängige konkrete Einsatz (Einsatzort) von Maschinen eines Gewerbetreibenden ist nicht entscheidend für den »Gewerbebetrieb«. Die faktisch vorwiegende oder ausschließliche Nutzung einer Wasserstraße führt nicht dazu, dass die Schiffbarkeit einer von einem Schifffahrttreibenden im Rahmen der Erfüllung vertraglicher Pflichten zu benutzenden Wasserstraße als zum Bereich seines Gewerbebetriebes gehörend anzusehen ist (BGHZ 55, 153, 161f. »Fleet«-Fall).

Der »Gewerbebetrieb« wird bestimmt durch die Merkmale der Selbstständigkeit, Entgeltlichkeit, Nachhaltigkeit und Auftreten nach außen. Auch eine freiberufliche (nicht gewerbliche) Tätigkeit, wie die eines Arztes oder Rechtsanwalts, wird erfasst.[209] Die Ausrichtung auf Gewinnerzielung ist nicht der entscheidende Gesichtspunkt für das Recht am eingerichteten und ausgeübten Gewerbebetrieb i. S. des § 823 Abs. 1 – ein Schutzbedürfnis besteht genauso wie bei gewerblichen Betrieben.[210] **79**

(2) Schutzbereich und Eingriff. Es liegt ein **offener Tatbestand** vor. Eine absolute Bestimmung des Schutzbereiches ist deshalb nicht möglich. Wie beim allgemeinen Persönlichkeitsrecht ist im Einzelfall anhand einer umfassenden Güter- und Interessenabwägung zu prüfen, ob der Gewerbebetrieb rechtswidrig verletzt worden ist (vgl. → Rn. 91). Die Rechtsprechung hat allerdings anhand der typischen Eingriffshandlungen bestimmte Fallgruppen gebildet, in denen sie einen rechtswidrigen Eingriff in das Recht am Gewerbebetrieb annimmt. **80**

Unberechtigte Schutzrechtswarnung: Geltendmachung von in Wirklichkeit nicht bestehenden gewerblichen Schutzrechten (z. B. Patent, Gebrauchsmuster). **81**

Beispiel: K und B sind Hersteller von Kindernähmaschinen. K, für den ein Gebrauchsmuster eingetragen ist, fordert B auf, die Herstellung und Lieferung von bestimmten Maschinen zu unterlassen, weil darin eine Verletzung des Gebrauchsmusters liege. Nach einigem Schriftverkehr erhebt K Klage, Herstellung und Vertrieb der bestimmten Maschinen zu unterlassen. Nachdem B die Löschung des von K geltend gemachten Gebrauchsmusters erreicht hat, verlangt er (B) von K Schadensersatz, weil er infolge der Verwarnung durch K die Produktion habe einstellen müssen (BGHZ 38, 200 »Kindernähmaschinen«).
Als Anspruchsgrundlage kommt § 823 Abs. 1 (Recht am eingerichteten und ausgeübten Gewerbebetrieb) in Betracht. (1) Zwar ist das Recht am eingerichteten und ausgeübten Gewerbebetrieb nur ein subsidiärer Auffangtatbestand. Weil eine andere Rechtsgrundlage aber nicht gegeben ist, kann auf § 823 Abs. 1 zurückgegriffen werden. Dem schutzwürdigen Interesse des zu Unrecht Verwarnten wird in Anbetracht der einschneidenden Wirkungen eines Unterlassungsbegehrens durch eine bloße Bereicherungshaftung und durch eine Haftung aus §§ 823 Abs. 2, 826 und § 1 UWG nicht hinreichend Rechnung getragen. (2) Die unberechtigte Schutzrechtsverwarnung, also die Verwarnung (oder Klage) auf Unterlassung und Scha-

---

208 BGHZ 29, 65 (Stromunterbrechung).
209 BGHZ 193, 227 (Sporttrainer).
210 Vgl. dazu MüKoBGB/*Wagner*, Bd. 6, § 823 Rn. 321 m. w. N. im Gegensatz zur früheren Rechtsprechung.

densersatz aus einem Gebrauchsmuster, stellt einen Eingriff in das Recht am eingerichteten und ausgeübten Gewerbebetrieb dar (vgl. dazu auch BGHZ 164, 1).[211]

82 Gewerbeschädigende, herabsetzende Werturteile

Beispiele:[212]

– B veröffentlicht in seiner Zeitschrift einen Artikel, der – getragen von höchster kirchlicher Autorität – den (vor allem christlichen) Leser eindringlich vor der Zeitschrift der K (Klägerin) warnt und diese Warnung mit einer achtungsverletzenden Herabsetzung der hinter der Klägerin stehenden Personen verbindet. Darin sah der BGH geschäftsschädigende Werturteile, die ein Eingriff in das durch § 823 Abs. 1 geschützte Recht an der ungestörten Ausübung eines eingerichteten Gewerbebetriebes sein konnten. (Vgl. zur Güter- und Interessenabwägung → Rn. 91 ff.) (BGHZ 3, 270 »Constanze«).

– Der »Stern« hat einen Artikel zu einem religiösen Thema veröffentlicht. Zu diesem äußert sich B in seiner Zeitschrift »Echo der Zeit« u. a. wie folgt: Der Titel des »Stern«-Artikels »Brennt in der Hölle wirklich ein Feuer?« sei eine auf Dummenfang abzielende Überschrift gewesen; in dem Aufsatz seien unglaublich dreiste theologisch und kirchenrechtlich falsche Thesen an den Mann gebracht worden; der Maßstab des Sterns sei die Straße; Meinungsfreiheit heiße für den Stern leichtfertige Verfälschung oder Unkenntnis der Fakten, Konfessionshetze. Darin wurde vom BGH eine abfällige Kritik gesehen, die einen Eingriff in das Recht am eingerichteten und ausgeübten Gewerbebetrieb begründen konnte. Vgl. zur Güter- und Interessenabwägung → Rn. 92 (BGHZ 45, 296 »Höllenfeuer«).

– Das von A betriebene Restaurant wird in einem Zeitungsartikel des B besprochen. In dem Artikel werden u. a. die im Lokal des A angebotenen Gerichte als »wie eine Portion Pinscherkot« in den Teller »hingeschissen« und »zum Kotzen«, die Bedienungen als »radikal vor sich hindämmernd« und vor dem »ersten Herzinfarkt« stehend, die Zustände in dem Lokal als »heilloses Chaos« usw. bezeichnet (*OLG Frankfurt* NJW 1990, 2002).
(1) Ein Anspruch aus § 824 Abs. 1 scheidet mangels Tatsachenbehauptung aus. (2) Eine Verletzung des Rechts am eingerichteten und ausgeübten Gewerbebetrieb (§ 823 Abs. 1) ist zu bejahen. (a) Der Artikel kritisiert die gewerbliche Tätigkeit (als solche) und ist deshalb betriebsbezogen. (b) Auf der einen Seite muss sich jeder Gewerbebetrieb einer Kritik seiner Leistungen stellen, sodass eine gewerbe- und geschäftsschädigende Kritik nicht grundsätzlich unzulässig ist (Wertung des Art. 5 Abs. 1 und Abs. 2 GG). Hierfür spricht insbesondere auch das Interesse der Verbraucher an der Aufklärung. Solange keine bewusst unwahren Angaben gemacht werden und die Grenzen einer »Schmähkritik« nicht überschritten werden, ist die Rechtswidrigkeit zu verneinen. Auf der anderen Seite müssen aber Diffamierungen nicht hingenommen werden. Diese stellen eine gezielte und bewusst herabwürdigende Schmähkritik dar, die auch unter dem Gesichtspunkt der Satire (Art. 5 GG) nicht zu rechtfertigen ist.[213]

83 Verbreitung wahrer, aber abträglicher Tatsachen[214]

Beispiele:

– B, ein Verband mit Mitgliedern aus der Rauchwaren- und Pelzwirtschaft, versendet Listen mit »langsamen Zahlern« (nicht zahlungswillige oder -fähige Schuldner) an alle seine Mitglieder. Weil K seine

---

211 *BGH* NJW 2016, 2110 (Anwaltshaftung wegen einer durch fahrlässige fehlerhafte Beratung veranlasste unberechtigten Schutzrechtsverwarnung aus »Garantenstellung« gegenüber dem Verwarnten).

212 Weiteres Beispiel: BGHZ 65, 325 (Stiftung Warentest II) (Veröffentlichung eines vergleichenden Warentests, in dem die Ski-Sicherheitsbindungen eines Anbieters mit »noch zufriedenstellend« und »nicht zufriedenstellend« bewertet wurden); BGHZ 91, 117 (Mordoro) (Verwendung einer als »Anti-Werbung« satirisch verfremdeten Zigarettenreklame in Nichtraucherkalender zur Warnung vor Gesundheitsgefahren der Raucher und zur Kritik an der Zigarettenwerbung; keine Rechtsverletzung des betreffenden Zigarettenherstellers).

213 *OLG Frankfurt* NJW 1990, 2002; *OLG Koblenz* NJW-RR 2014, 871 (Unzulässige Schmähkritik an einem Rechtsanwalt).

214 Vgl. auch BGHZ 166, 84 (Kirch-Gruppe); *BGH* VersR 2018, 950 (Zulässigkeit der Verbreitung rechtswidrig erlangter Filmaufnahmen über die Produktionsbedingungen von Bio-Eiern).

Schuld gegenüber seinem Gläubiger noch nicht beglichen hat, ist auch er in dieser Liste aufgeführt. Auch die Verbreitung wahrer Tatsachen (deshalb kein Anspruch aus § 824) über einen Kaufmann, die einen ungünstigen Schluss auf seine Kreditwürdigkeit zulassen, kann einen Eingriff in sein Recht am eingerichteten und ausgeübten Gewerbebetrieb enthalten. Die Bejahung des Anspruchs erforderte aber eine umfassende Interessen- und Güterabwägung, vgl. → Rn. 91 (BGHZ 8, 142 »langsame Zahler«).

– Der Gläubiger stellt einen Antrag auf Eröffnung eines Insolvenzverfahrens über das Vermögen des Schuldners. Dieser wird als unbegründet zurückgewiesen. (1) Wer sich eines staatlichen, gesetzlich eingerichteten und geregelten Verfahrens bedient, greift auch dann nicht unmittelbar und rechtswidrig in den geschützten Rechtskreis des Schuldners ein, wenn sein Begehren sachlich nicht gerechtfertigt ist und dem anderen Teil aus dem Verfahren Nachteile erwachsen. Der Schuldner wird durch besondere Schadensersatzansprüche geschützt, ein Rückgriff auf § 823 Abs. 1 scheidet aus; nur § 826 ist anwendbar. (2) Die ungerechtfertigte Mitteilung der Antragstellung an Dritte kann aber einen Eingriff in das Recht am eingerichteten und ausgeübten Gewerbebetrieb begründen. Diese Information ist geeignet, den Gewerbebetrieb zu beeinträchtigen. Dem Gläubiger obliegen gewisse Prüfungs- und Aufklärungspflichten (BGHZ 36, 18).

Blockade des Betriebs. Eine von Demonstranten durchgeführte Blockade kann einen Eingriff in den Gewerbebetrieb darstellen.   84

Beispiel: B fordert dazu auf, sämtliche Ein- und Ausgänge des Geschäftsgebäudes des K zu blockieren, um eine Auslieferung der Bild-Zeitung zu verhindern. Dieser Aufforderung kommen neben ihm noch weitere 1.500 Personen nach. K kann Ersatz der ihm entstandenen Mehraufwendungen und Erlöseinbußen (§ 830 Abs. 1 S. 1 i. V. m. § 823 Abs. 1) verlangen, weil die Blockade einen unmittelbaren, betriebsbezogenen Eingriff in das Recht am eingerichteten und ausgeübten Gewerbebetrieb darstellt. Einschlägig sind auch Ansprüche aus § 823 Abs. 2 i. V. m. § 240 StGB und § 826 (BGHZ 59, 30 »Demonstrationsschaden«).

Boykottmaßnahmen   85

Beispiele:

– Zwischen K (Inhaber eines Einzelhandelsgeschäftes und Vermieter einer Wohnung) und dem Ehepaar S ist es zu Streitigkeiten gekommen: K will den Ehemann S (Spätheimkehrer aus Kriegsgefangenschaft) nicht mit in den langfristigen Mietvertrag, der zwischen der Schwiegermutter der Ehefrau S und K besteht, aufnehmen. B (Herausgeber einer Illustrierten) veröffentlicht 1953 als Begleittext eines Bildberichts (u. a.) Folgendes: »Spätheimkehrer unerwünscht. [...] Herzenskälte des K gegenüber dem Spätheimkehrer S [...]. Erste Reaktion der Bevölkerung: Geschäftsboykott der Firma K«. Dadurch wird der schon vorher geübte Boykott gegen das Geschäft des K auf weitere Käuferschichten ausgedehnt. K hat gegen B einen Schadensersatzanspruch aus § 823 Abs. 1. Die im Bildbericht erhobenen Vorwürfe[215] begründen einen Eingriff in das Recht am eingerichteten und ausgeübten Gewerbebetrieb,[216] weil ein Geschäftsboykott die freie Entfaltung der gewerblichen Tätigkeit beeinträchtigt und die in dem Geschäftsunternehmen verkörperten Werte gefährdet (BGHZ 24, 200 »Spätheimkehrer«).

– Unzulässige Verweigerung einer Trainertätigkeit für Sportsoldaten durch die Bundesrepublik Deutschland (Bundeswehr) wegen früherer Tätigkeit für die Staatssicherheit der ehemaligen DDR (*BGH* VersR 2012, 910, 911).

---

215 Die in dem Bildbericht erhobenen Vorwürfe gegen K richten sich zwar nicht unmittelbar gegen den gewerblichen Tätigkeitskreis der K, sondern gegen ihr Verhalten als Hauseigentümer. Jedoch sind die Äußerungen des B eine Aufforderung zum Geschäftsboykott, die ohne Zweifel einen unmittelbaren (betriebsbezogenen) Eingriff in das Recht am eingerichteten und ausgeübten Gewerbebetrieb darstellt.

216 Zwar waren durch die Bildveröffentlichung die §§ 22 ff. KUG sowie das allgemeine Persönlichkeitsrecht tangiert. Diese erfassen aber nicht den Boykottaufruf, sodass sich insoweit das Problem der Subsidiarität nicht stellt.

86 Arbeitskampfmaßnahmen

Beispiel: Ein rechtswidriger Streik ist nach st. Rspr. ein Eingriff in das Recht am eingerichteten und ausgeübten Gewerbebetrieb des bestreikten Arbeitgebers. Es kommt entscheidend darauf an, ob ein Streik rechtmäßig und von Art. 9 Abs. 3 GG gedeckt ist oder nicht (vgl. *BAG* AP Nr. 106 zu Art. 9 GG [Arbeitskampf]). Dagegen fehlt es gegenüber einem kampfunbeteiligten Arbeitgeber regelmäßig an einer Betriebsbezogenheit eines Eingriffs in dessen Gewerbebetrieb, mag sein Unternehmen auch durch den Streik beeinträchtigt sein.[217]

87 Sonstige Beeinträchtigungen

Beispiele:

– Zusendung einer Werbe-E-Mail ohne vorherige Einwilligung des Adressaten (*BGH* VersR 2009, 1633);
– Haftung des Betreibers einer Internetseite mit E-Mail-Weiterempfehlungs-Funktion für Zusendung von Werbe-E-Mails durch Dritte (*BGH* VersR 2014, 1462).

bb) Unmittelbarkeit: Betriebsbezogenheit des Eingriffs

88 Das Recht am Gewerbebetrieb wird nur gegen **unmittelbare Eingriffe** geschützt. Dieses Kriterium begrenzt den Haftungstatbestand, der – dem allgemeinen Deliktsrecht fremd – auf Vermögensschutz gerichtet ist. Ohne dieses Kriterium würde der deliktische Schutz des Gewerbebetriebs in einen § 823 Abs. 1 systemfremden Ersatz von Drittschäden (oder Schäden mittelbar Geschädigter) ausufern.[218] Unmittelbar sind Eingriffe hierbei nur dann, wenn sie sich nach der objektiven Stoßrichtung **gegen den Betrieb als solchen** richten, d. h. **betriebsbezogen** sind, und nicht nur vom Gewerbebetrieb ohne weiteres ablösbare Rechte oder Rechtsgüter betreffen.[219] Der Eingriff muss die Grundlage des Betriebes bedrohen oder gerade den Funktionszusammenhang der Betriebsmittel auf längere Zeit aufheben oder seine Tätigkeit als solche in Frage stellen.[220] Dies kann auch durch Beeinträchtigung nur einzelner Geschäftsaktivitäten des Unternehmens geschehen. Der Eingreifende muss solche Verhaltenspflichten verletzen, die ihm im Hinblick auf das besondere Schutzbedürfnis eines Gewerbebetriebes obliegen.[221]

Bei einem Schadensereignis, das mit dem Betrieb nicht unmittelbar in Beziehung steht, fehlt es an der Betriebsbezogenheit.[222] Auf die bloße Kausalitätsfrage und das Fehlen von Zwischenursachen kommt es dabei nicht entscheidend an. Der Eingriff muss auch nicht subjektiv zweckbezogen auf eine Einschränkung der gewerblichen Tätigkeit gerichtet sein.

Beispiele:[223]

– Die Verletzung von Arbeitnehmern, die zur Fortführung eines Betriebes unentbehrlich sind, stellt keinen Eingriff in das Recht am eingerichteten und ausgeübten Gewerbebetrieb dar. Nicht jeder Eingriff

---

217 *BAG* VersR 2016, 1507.
218 *BAG* VersR 2016, 1507.
219 Vgl. BGHZ 29, 65 (Stromunterbrechung); BGHZ 193, 227 (Sporttrainer); *BGH* NJW-RR 2005, 673, 675.
220 *BGH* NJW 1983, 812, 813 (Hebebühnen-Fall); *BAG* VersR 2016, 1507.
221 *BGH* NJW 1977, 2264, 2265.
222 BGHZ 29, 65 (Stromunterbrechung).
223 Weiteres Beispiel: BGHZ 86, 152 (Dammbruch steht in keiner unmittelbaren Beziehung zum Gewerbebetrieb; die Sperrung der Wasserstraße ist eine mehr zufällige und allgemeine Folge des Schadensereignisses). Problematisch: *BGH* NJW 1992, 41 (Betriebsbezogenheit gegeben, weil der Baustellenbetrieb infolge eines Kurzschlusses an einem mangelhaft gelieferten Baustromverteiler für sechs Wochen zum Erliegen gekommen ist).

in den arbeitsrechtlichen Betrieb soll einen Haftungstatbestand nach § 823 Abs. 1 darstellen (BGHZ 7, 30, 36 f. »Entladerampe«; *BGH* VersR 2003, 466 »Eiskunstläuferpaar«; *BGH* NJW 2009, 355; *BGH* VersR 2017, 304).

- Wenn nur einzelne Mitarbeiter[224] oder Fahrzeuge[225] oder eine einzelne Maschine[226] betroffen sind, dann fehlt es an der Betriebsbezogenheit. Der Eingriff muss sich gegen den Betrieb als solchen richten.
- Dem Gewerbetreibenden wird nur der wirtschaftliche Gewinn entzogen, oder es wird schädigend auf den Lieferanten eingewirkt oder die Aussicht auf Erwerb beeinträchtigt. In diesen Fällen liegt nur eine mittelbare, nicht von § 823 Abs. 1 (Recht am eingerichteten und ausgeübten Gewerbebetrieb) erfasste Schädigung vor (BGHZ 29, 65, 67 »Stromunterbrechung« m.w.N.).

Fall (vgl. BGHZ 29, 65 »Stromdurchtrennung«; 41, 123 »Geflügelzucht-Brutkasten«): Der Unternehmer U beschädigt bei Ausschachtungsarbeiten ein zur Fabrik des G führendes Stromkabel. In der Fabrik des G fällt für mehrere Stunden der Strom aus. Dem G entsteht, weil die Produktion nicht weiter laufen kann, ein hoher Gewinnausfall. Hat G einen Anspruch gegen U aus § 823 Abs. 1?   **89**

Lösung: Anspruch aus § 823 Abs. 1?

1. Eine Eigentumsverletzung des Unternehmers G könnte hinsichtlich der einzelnen zum Unternehmen gehörenden Gegenstände gegeben sein.
   a) Eine Substanzverletzung ist nicht eingetreten.
   b) Infrage kommt aber eine Nutzungsbeeinträchtigung (vgl. → Rn. 30 f.). Soweit nämlich die Maschinen mit Strom zu betreiben sind (z. B. Glühlampen, Elektromotoren, Maschinen), ist der Gebrauch des Eigentums für die Dauer der Stromunterbrechung praktisch unmöglich.
   Der infolge des Produktionsausfalls entstandene Schaden wird in BGHZ 41, 123, 127 als rein primärer, durch § 823 Abs. 1 nicht zu ersetzender Vermögensschaden eines lediglich mittelbar geschädigten Dritten behandelt, ohne dass dies aber entscheidungserheblich ist. Als unmittelbar Geschädigter wird die Eigentümerin an den Stromkabeln (E-Werk) angesehen. Auch in BGHZ 29, 65, 75 wird eine Verletzung eines Rechtsgutes des § 823 Abs. 1 durch den Produktionsausfall verneint und nur ein von § 823 Abs. 1 nicht erfasster Vermögensschaden angenommen. In beiden Fällen wird die Eigentumsverletzung nur im Hinblick auf eine Substanzverletzung, nicht aber eine Nutzungsbeeinträchtigung, geprüft, was aber nahe gelegen hätte. Der BGH lehnt damit eine für § 823 Abs. 1 relevante Nutzungsbeeinträchtigung wohl stillschweigend ab (vgl. → Rn. 34).
2. Auch ein Eingriff in das Recht am eingerichteten und ausgeübten Gewerbebetrieb (»sonstiges Recht« i. S. des § 823 Abs. 1) ist abzulehnen. Es fehlt ein betriebsbezogener Eingriff, also eine Beeinträchtigung, die sich gegen den Gewerbebetrieb als solchen richtet, weil die Unterbrechung der Stromzufuhr nicht den Betrieb als solchen in seiner spezifischen Funktion betrifft (vgl. dazu → Rn. 88). Es liegt nur eine Verletzung des Eigentums des Kabeleigentümers (E-Werk) sowie des eingeschränkten Stromlieferungsanspruchs des Strom-Abnehmers vor. Der BGH hat eine Ersatzpflicht aus § 823 Abs. 1 auch unter dem Gesichtspunkt des Eingriffs in den Gewerbebetrieb abgelehnt.
3. Ergebnis: Kein Schadensersatzanspruch aus § 823 Abs. 1.

Vertiefungshinweis: Betriebsbezogenheit und Abgrenzung   **90**

1. Ausweitung des Schutzumfanges durch die Rechtsprechung
a) Das RG wendete § 823 Abs. 1 i. V. m. dem Recht am eingerichteten und ausgeübten Gewerbebetrieb nur bei **Eingriffen in den Bestand des Gewerbebetriebes** an, also wenn der Betrieb tatsächlich behindert, seine Unzulässigkeit behauptet oder seine Einschränkung oder Einstellung verlangt wurde. Dies waren Fälle, in denen die Grundlage des Gewerbebetriebes unmittelbar angetastet wurde; entwickelt wurden diese Grundsätze an Fragen des Boykotts und des Wettbewerbs.[227]

---

224 BGHZ 7, 30 (Entladerampe).
225 BGHZ 29, 65 (Stromunterbrechung).
226 *BGH* NJW 1983, 812, 813 (Hebebühnen-Fall).
227 Vgl. RGZ 64, 52, 55; 126, 93, 96; 135, 242, 247.

b) Schon das RG erweiterte den Anwendungsbereich des Rechts am eingerichteten und ausgeübten Gewerbebetrieb über den bloßen Bestandsschutz hinaus: Der Unternehmer sollte vor **widerrechtlichen Störungen** bewahrt bleiben, die sein Unternehmen nicht zur vollen, in der Gesamtheit seiner Bestandteile und Betriebsmittel begründeten Entfaltung kommen ließen, auch wenn der Bestand des Unternehmens nicht selbst in Frage gestellt war.[228]

c) Der BGH sieht jede Beeinträchtigung, die einen unmittelbaren Eingriff in den gewerblichen Tätigkeitskreis darstellt, als vom Schutzumfang des Rechts am eingerichteten und ausgeübten Gewerbebetrieb erfasst an, und zwar auch außerhalb des Gebietes des Wettbewerbs und der gewerblichen Schutzrechte.[229] Vgl. zum Schutzbereich → Rn. 80 f.

2. Begrenzung des Schutzbereichs

Das System des Deliktsrechts macht eine Eingrenzung des Schutzumfanges erforderlich. Im deutschen Deliktsrecht gibt es gerade keine allgemeine deliktische Generalklausel und keinen primären Vermögensschutz. Dem würde es widersprechen, jede Beeinträchtigung der unternehmerischen Handlungsfreiheit oder bloße Schädigung des Unternehmers (z. B. Umsatzeinbußen) als von § 823 Abs. 1 erfasst anzusehen. Das entscheidende Kriterium zur Eingrenzung des Tatbestandes stellt die »Unmittelbarkeit« bzw. »Betriebsbezogenheit« des Eingriffs dar.[230] Dabei handelt es sich um ein Wertungskriterium, kein faktisches Kriterium i. S. der Kausalität (unmittelbar oder mittelbar über Zwischenglieder).

Durch eine positive Definition lässt sich das Kriterium der »Unmittelbarkeit« schwer fassen. Voraussetzung der Unmittelbarkeit ist jedenfalls eine Beeinträchtigung der spezifischen Funktion des Betriebes. Es fehlt an einem unmittelbaren, betriebsbezogenen Eingriff, wenn

– Beeinträchtigungen, die jeden treffen können,[231] oder
– Verletzung von Rechten oder Rechtsgütern, die vom Betrieb ohne weiteres ablösbar sind, vorliegen.

cc) Umfassende Güter- und Interessenabwägung

91   Wegen des nicht abgeschlossenen Schutzbereichs des »Rechts am eingerichteten und ausgeübten Gewerbebetrieb« ist sein Umfang und Inhalt von Fall zu Fall aufgrund der jeweils betroffenen Spannungslage zu ermitteln, in der die Interessen des Unternehmens in Konflikt mit den Interessen anderer stehen.[232] Wie beim allgemeinen Persönlichkeitsrecht ist im Einzelfall anhand einer umfassenden **Güter- und Interessenabwägung** zu prüfen, ob der Gewerbebetrieb **rechtswidrig** verletzt worden ist.[233]

Dabei ist der Widerstreit zwischen dem verfolgten Interesse und dem Rechtsgut, das diesem Interesse geopfert werden soll, auszugleichen.[234] Es sind die Interessen der Parteien zu ermitteln und dabei die Interessen und Ziele des Schädigers, die er mit seinem Eingriff verfolgt, einerseits und das Interesse des Geschädigten an der störungsfreien Ausübung des Gewerbebetriebes andererseits zu berücksichtigen.

Beispiel: Fall BGHZ 8, 142 »langsame Zahler« (vgl. den Sachverhalt → Rn. 83). (a) Zur Feststellung eines widerrechtlichen Eingriffs in das Recht am eingerichteten und ausgeübten Gewerbebetrieb ist eine Interessenabwägung erforderlich. Nur wenn die Interessen des Beeinträchtigten überwiegen, kann eine rechtswidrige Beeinträchtigung bejaht werden. Entscheidend ist die Notwendigkeit des Eingriffs und der

---

228 Vgl. BGHZ 29, 65 (Stromunterbrechung); RGZ 132, 311, 316.
229 Vgl. BGHZ 3, 270 (Constanze).
230 Unklar ist im Verhältnis von Unmittelbarkeit und Betriebsbezogenheit, ob Letzteres die Unmittelbarkeit konkretisiert, modifiziert oder beide Merkmale kumulativ anzuwenden sind.
231 Vgl. BGHZ 74, 9: Es fehle ein innerer Grund, einem Gewerbetreibenden einen Anspruch auf Ersatz reinen Vermögensschadens zuzubilligen, den ein anderer ersatzlos hinnehmen müsste, obwohl seine berufliche Entwicklung ebenfalls schwersten Schaden nehmen kann. Ebenso *BAG* VersR 2016, 1507.
232 BGHZ 81, 25 m. w. N.
233 BGHZ 45, 296 (Höllenfeuer); *BGH* NJW 1980, 881, 882; BGHZ 166, 84 (Kirch-Gruppe).
234 BGHZ 3, 270 (Constanze).

Gesichtspunkt der größtmöglichen Schonung des Beeinträchtigten. (b) K hat ein berechtigtes Interesse daran, dass sein geschäftliches Ansehen nicht durch die Veröffentlichung herabsetzender Werturteile oder Tatsachen beeinträchtigt wird. Dem gegenüber steht das Interesse des B, seine Mitglieder gegen vermeidbare Kreditschäden zu schützen. (c) Das Interesse des B besteht aber nur, soweit es um die Weitergabe von Informationen an die Mitglieder geht, mit denen K in Geschäftsbeziehung stand; B hat aber Informationen über K an alle seine Mitglieder weitergegeben; eine Notwendigkeit dafür bestand nicht. Der Weitergabe der Informationen an alle Mitglieder lag kein anerkennenswertes Interesse des B zugrunde, weshalb auch das Interesse des B nicht überwiegen kann. (d) Es liegt ein rechtswidriger Eingriff in das Recht am eingerichteten und ausgeübten Gewerbebetrieb (§ 823 Abs. 1) vor.

Fall (BGHZ 45, 296 »Höllenfeuer«): In der Illustrierten »Stern« ist ein kirchenkritischer Artikel 92 »Brennt in der Hölle wirklich ein Feuer?« veröffentlicht worden. Die kirchlichen Kreisen nahestehende Zeitschrift »Echo der Zeit« antwortete in einem Aufruf, der Stern ginge auf Dummenfang und treibe Konfessionshetze. Wie stets unterwerfe sich die auflagenstärkste deutsche Illustrierte »dem Maßstab der Straße«. Ansprüche des den »Stern« herausgebenden Verlags? (Vgl. auch → Rn. 82)

Lösung:

1. Ein Schadensersatzanspruch (oder Unterlassungsanspruch) nach § 1 UWG ist nicht gegeben, da die Zeitschrift »Echo« nicht zu Wettbewerbszwecken gehandelt hat (keine Absicht).
2. Ein Anspruch aus § 824 scheidet aus. Es fehlt an einer Tatsachenäußerung. Bei den abschätzigen Äußerungen handelt es sich um abfällige Kritik, also um Werturteile.
3. Anspruch aus § 823 Abs. 1 wegen eines Eingriffs in den eingerichteten und ausgeübten Gewerbebetrieb?
   a) Eine Haftung aus anderen Vorschriften (siehe vorstehend) kommt hier nicht in Betracht (Subsidiarität).
   b) Die abfällige Kritik stellt einen unmittelbaren betriebsbezogenen Eingriff in das Recht am eingerichteten und ausgeübten Gewerbebetrieb dar (vgl. → Rn. 82).
   c) Umfassende Güter- und Interessenabwägung: In Abweichung vom »Constanze-Urteil« (vgl. → Rn. 93) ging der BGH dazu über, bei den Auffangtatbeständen die Rechtswidrigkeit erst aus der zu missbilligenden Art der Schädigung abzuleiten, sodass es der Berufung des Täters auf einen besonderen Rechtfertigungsgrund jedenfalls nicht immer bedarf. Es ist also eine umfassende Güter- und Interessenabwägung vorzunehmen, um die Rechtswidrigkeit des Eingriffs festzustellen. Abzuwägen ist zwischen dem Interesse des Gewerbetreibenden an ungestörter unternehmerischer Betätigung und dem Recht der Gegenpartei auf freie Meinungsäußerung (Art. 5 GG), und zwar auch auf Kritik an der gewerblichen Tätigkeit.
   Grundüberlegung des BGH: Der Stern hat in einer Weise kritisiert, die von bestimmten Bevölkerungskreisen als anstößig empfunden werden musste. Dann muss er es sich auch gefallen lassen, wenn eine harte Gegenkritik geäußert wird. Den gewerblichen und wirtschaftlichen Interessen des Stern gebührt also gegenüber den vom »Echo« vertretenen ideellen Interessen nicht der Vorrang.
4. Ergebnis: Es liegt somit keine rechtswidrige Verletzung des Rechts am Gewerbebetrieb vor.[235] Ein Anspruch aus § 823 Abs. 1 ist unbegründet.

Vertiefungshinweis: Umfassende Güter- und Interessenabwägung beim Eingriff in das Recht am ein- 93 gerichteten und ausgeübten Gewerbebetrieb
Heute ist in der Rechtsprechung anerkannt, dass eine umfassende Abwägung der Güter und Interessen von Schädiger und Geschädigtem vorzunehmen ist, um eine rechtswidrige Verletzung des Rechts am eingerichteten und ausgeübten Gewerbebetrieb begründen zu können. Tatbestand und Rechtswidrigkeit werden gemeinsam geprüft; eine genaue Unterscheidung wird nicht mehr vorgenommen. Diese Dogmatik hat sich in der Rechtsprechung aber erst allmählich entwickelt.

---

235 BGHZ 45, 296 verneint auch eine rechtswidrige Beeinträchtigung des Persönlichkeitsrechts der Geschäftsführer des klagenden Verlags.

1. Im »Constanze-Urteil« ist der BGH noch davon ausgegangen, dass der Tatbestand die Rechtswidrigkeit indiziert und die Rechtswidrigkeit nur ausnahmsweise ausscheidet, wenn ein Rechtfertigungsgrund eingreift.[236]
2. Im »Höllenfeuer«-Urteil (vgl. → Rn. 92) geht der BGH nicht mehr von der Indikation der Rechtswidrigkeit aus, sondern stellt die Rechtswidrigkeit positiv durch eine umfassende Güter- und Interessenabwägung fest. Ebenso prüft der BGH auch in BGHZ 59, 30 »Demonstrationsschaden«.
3. Seit BGHZ 65, 325 »Stiftung Warentest II« wird die Güter- und Interessenabwägung geprüft, um einen rechtswidrigen Eingriff festzustellen, also für Tatbestand und Rechtswidrigkeit gemeinsam. Die Unzulässigkeit von Eingriffen in das Recht am eingerichteten und ausgeübten Gewerbebetrieb könne nur aufgrund einer Güter- und Pflichtenabwägung beantwortet werden.[237] Bereits im Bereich der objektiven Verletzungshandlung stelle sich die Frage einer Haftungsbegrenzung, indem dem Recht des Art. 5 GG im Verhältnis zum Recht am eingerichteten und ausgeübten Gewerbebetrieb die ihm zukommende Stellung eingeräumt werde.[238]

c) Zusammenfassung

94

Recht am eingerichteten und ausgeübten Gewerbebetrieb
I. Tatbestand 　1. Auffangtatbestand (subsidiär) (→ Rn. 77) 　2. Rechtswidrige Verletzung des Rechts am eingerichteten und ausgeübten Gewerbebetrieb (Rahmenrecht) 　　a) Gewerbebetrieb (weit auslegen; auch Freiberufler) 　　　Geschützt wird der Gewerbebetrieb in seinem Bestand und in seiner wirtschaftlichen Tätigkeit (→ Rn. 78 f.). 　　b) Betriebsbezogener (unmittelbarer) Eingriff (→ Rn. 88 ff.) 　　　Der Eingriff muss sich gegen den Betrieb als solchen richten und nicht vom Gewerbebetrieb ohne weiteres ablösbare Rechte oder Rechtsgüter betreffen. 　　c) Umfassende einzelfallbezogene Güter- und Interessenabwägung (→ Rn. 91 ff.) 　3. Verschulden II. Rechtsfolgen 　1. Ersatz des materiellen Schadens (§§ 249 ff.) 　2. Unterlassung und Beseitigung (§ 1004)

5. Keine »sonstigen Rechte« i. S. des § 823 Abs. 1

95 Das sonstige Recht muss eigentumsähnlich sein. Deshalb können Rechte oder sonstige Positionen nicht von § 823 Abs. 1 erfasst sein, wenn sie nicht durch die Nutzungs- und Ausschließungsfunktion gekennzeichnet sind (vgl. → Rn. 13).

---

236 Vgl. BGHZ 3, 270 (Constanze): Nach dem Grundsatz der Güter- und Pflichtenabwägung sind rechtsverletzende Äußerungen, die den Boden der sachlichen Kritik verlassen, nur dann durch die Wahrung berechtigter Interessen gerechtfertigt (vgl. § 193 StGB), wenn sie nach Inhalt, Form und Begleitumständen zur Erreichung eines rechtlich gebilligten Zweckes objektiv erforderlich sind. Der Schädiger müsse subjektiv besonders sorgfältig prüfen, ob die Rechtsverletzung nach Schwere und Ausmaß zur sachgemäßen Interessenwahrnehmung erforderlich sei.

237 BGHZ 65, 325 (Stiftung Warentest II).

238 Vgl. BGHZ 65, 325 (Stiftung Warentest II).

a) Forderungen

Die h. M. lehnt es ab, **Forderungen** als sonstiges Recht in § 823 Abs. 1 einzubezie- 96
hen.[239] Begründet wird dies mit dem relativen Charakter von Forderungen und dem
fehlenden praktischen Bedürfnis (vgl. → Rn. 98).

> **Fall:** A verkauft seinen Wagen an B. Die Lieferung soll später stattfinden. Als C, der davon weiß, dem A
> einen höheren Preis bietet, übereignet A den Wagen an C. Ansprüche des B aus § 823 Abs. 1 gegen A
> oder C?

Lösung:

1. Anspruch des B gegen A oder C aus § 823 Abs. 1?
   a) Eigentumsverletzung zum Nachteil des B: B ist noch nicht Eigentümer des Wagens geworden (Abs-
      traktionsprinzip!).
   b) Lieferungsanspruch gem. § 433 Abs. 1 S. 1 als verletztes Recht i. S. des § 823 Abs. 1? B hat lediglich
      ein relatives Forderungsrecht gegen den Verkäufer auf Lieferung des Wagens (§ 433 Abs. 1 S. 1).
      Dieses Forderungsrecht ist kein sonstiges Recht i. S. des § 823 Abs. 1, weil es nicht durch eine Nut-
      zungs- und Ausschließlichkeitsfunktion gekennzeichnet ist und deshalb kein absolutes Recht dar-
      stellt.
   c) B hat daher keinen Anspruch aus § 823 Abs. 1 gegen A oder C.
2. B muss sich mit vertraglichen Schadensersatzansprüchen aus Pflichtverletzung begnügen.

Anders ist dies aber, wenn Forderungen mit Wirkung gegenüber jedermann »verding- 97
licht« sind[240], also in Verbindung mit sachenrechtlichen Rechtsinstituten stehen, z. B.
das Recht zum Besitz (berechtigter Besitz; vgl. → Rn. 42 f.), die Vormerkung oder Anwartschaft aus einem Eigentumsvorbehaltskauf (§ 449). In diesen Fällen ist ein Schutz
durch § 823 Abs. 1 gegeben.

Vertiefungshinweis: Forderungen als »sonstige Rechte« i. S. des § 823 Abs. 1? 98
Eine Forderung kann »verletzt« werden, wenn der Schuldner an den Scheingläubiger mit befreiender Wirkung leistet (§§ 407 f., 893, 2367: unberechtigte, aber wirksame Leistungsannahme) oder die Erfüllung
eines Anspruchs (nachträglich) unmöglich gemacht wird.
Die h. M.[241] stützt ihre Ansicht (Forderung ist kein sonstiges Recht) im Wesentlichen darauf, dass Forderungen nur relative Rechte sind, ihnen die sozialtypische Offenkundigkeit und ein praktisches Bedürfnis
für die Einbeziehung in § 823 Abs. 1 fehlt. In diesen Fällen stehen anderweitige Anspruchsgrundlagen zur
Verfügung: Ansprüche aus § 816 Abs. 2 gegen den nichtberechtigten Leistungsempfänger auf Herausgabe des Erlangten, sowie Ansprüche gegen den Vertragspartner aus §§ 280 ff.
Die Minderheitsmeinung[242] will dem (wahren) Forderungsinhaber einen deliktischen Anspruch gegen den
»Schädiger« zubilligen. Diese Ansicht führt aber zu einer Verschiebung wirtschaftlicher Handlungsrisiken
(jeder könnte wegen Eingriffs in die Abwicklung fremder Rechtsbeziehungen haften) und steht vor (be-
gründungsbedürftigen) Abgrenzungsproblemen: Ist auch der (nach §§ 407 f.) leistende Schuldner aus
§ 823 Abs. 1 schadensersatzpflichtig? Führt auch die Beschädigung der Kaufsache zu einer Verletzung
der Forderung auf Übergabe und Übereignung der Kaufsache i. S. des § 823 Abs. 1?

---

239 H. M.; vgl. *Medicus/Petersen*, BR, Rn. 610 m. w. N. zur abweichenden Ansicht.
240 Dies wird bei dem nur relativ wirkenden vertraglichen Nutzungsrecht zu Gunsten eines Domain-
    namensinhabers überwiegend verneint; BGHZ 192, 204; *BVerfG* GRUR 2005, 261.
241 Vgl. dazu MüKoBGB/*Wagner*, Bd. 6, § 823 Rn. 291; Staudinger/*Hager*, § 823 Rn. B 160 jeweils
    m. w. N.
242 Vgl. *Larenz/Canaris*, SR II/2, § 76 II 4 g, S. 397 f. m. w. N.

b) Vermögen

99 Das **Vermögen** als die Summe aller geldwerten Güter ist kein sonstiges Recht i. S. des § 823 Abs. 1. Ein Vermögensschaden ohne Verletzung eines Rechts oder Rechtsgutes kann einen Anspruch aus § 823 Abs. 1 nicht begründen. Das deutsche Deliktsrecht normiert § 823 Abs. 1 als Enumerativtatbestand und enthält keine »große Generalklausel« (vgl. → § 15 Rn. 7); außerdem fehlt dem Vermögen jede Ausschließungsfunktion.

Beispiel: S verletzt den Arbeitnehmer A. Dieser ist arbeitsunfähig. Dadurch entstehen dem Arbeitgeber B Kosten, weil er die Arbeitsorganisation kurzfristig umstellen muss. Einen deliktischen Anspruch aus § 823 Abs. 1 hat allein A, nicht aber B, weil B nicht die Verletzung eines Rechtsgutes oder (absoluten) Rechts geltend machen kann, sondern nur des Vermögens.

100 Vermögensschaden und § 823 Abs. 1:
– Liegt ein Vermögensschaden, aber keine Rechts- oder Rechtsgutverletzung vor, so kann dieser Schaden nicht nach § 823 Abs. 1 ersetzt verlangt werden (sog. **primärer Vermögensschaden**). Reine (also primäre) Vermögensschäden sind deliktisch nur in § 826 und in § 823 Abs. 2 i. V. m. einem auch das Vermögen umfassenden Schutzgesetz geschützt.
– Liegt ein Vermögensschaden vor, der Folge einer Rechts- oder Rechtsgutverletzung ist, so kann der Geschädigte nach § 823 Abs. 1 (auch) dessen Ersatz verlangen (sog. **sekundärer Vermögensschaden**).

101 Entsteht infolge einer Verletzung eines Rechtsgutes oder Rechtes, das in § 823 Abs. 1 genannt ist, ein **sekundärer Vermögensschaden,** so ist der Vermögensschaden als eine weitere Folge der tatbestandsmäßigen Rechtsguts- oder Rechtsverletzung zu ersetzen. Der **sekundäre Vermögensschaden** ist bei § 823 Abs. 1 also auf der Rechtsfolgenseite zu prüfen.

Beispiel: Der Arbeitnehmer erleidet eine Körperverletzung. Der sich ergebende Verdienstausfall ist eine mittelbare Folge einer Körperverletzung und stellt einen sekundären Vermögensschaden dar, der nach § 823 Abs. 1 i. V. m. § 249 zu ersetzen ist (vgl. → Rn. 6).

102 **Fall:** A gewährt dem B ein Darlehen, weil der Freund C den B als kreditwürdig geschildert hat. In Wahrheit ist B von Anfang an vermögenslos und kann das Darlehen nicht zurückzahlen. Ansprüche des A gegen C?

Lösung:
1. A gegen C aus § 823 Abs. 1?
   a) Eigentum als verletztes Rechtsgut (–). Es werden keine konkreten Sachen des A verletzt.
   b) Vermögen als verletztes Rechtsgut? Weil A das Darlehen nicht zurückerhalten kann, liegt eine Verminderung seines Vermögens und damit ein Vermögensschaden vor. Dabei handelt es sich um einen sog. primären Vermögensschaden, weil ein anderes Rechtsgut nicht verletzt wird, als dessen Folge der Vermögensschaden eingetreten wäre. Das Vermögen ist aber kein geschütztes Recht bzw. Rechtsgut i. S. von § 823 Abs. 1.
   Es liegt ein von § 823 Abs. 1 nicht geschützter primärer Vermögensschaden vor.
2. § 823 Abs. 2 i. V. m. § 263 StGB (–), weil kein Betrug des C.
3. § 826 (–), keine Anhaltspunkte im Sachverhalt.

c) Zusammenfassung

Sonstige absolute Rechte i. S. des § 823 Abs. 1	103

1. Grundsatz:
   »Sonstige Rechte« i. S. des § 823 Abs. 1 sind absolute Rechte, die einen vergleichbaren Zuwei-sungsgehalt und eine ähnliche Ausschlussfunktion haben wie das Eigentum.
2. Besitz
   Sonstige absolute Rechte sind:
   – der berechtigte unmittelbare Besitz (str., → Rn. 42 f.)
   – der berechtigte Mitbesitz (im Verhältnis des Mitbesitzers zu einem Dritten sowie im Verhält-nis von Mitbesitzern untereinander) (→ Rn. 44 f.)
   – der berechtigte mittelbare Besitz gegenüber Dritten (nicht gegenüber dem unmittelbaren Be-sitzer; vgl. → Rn. 47 f.)
3. Keine sonstigen absoluten Rechte sind:
   – Forderungen (relative Rechte) (→ Rn. 96 ff.)
   – Vermögen (als Summe aller geldwerten Güter) (→ Rn. 99 ff.)

C. Verletzungshandlung, insbesondere Unterlassen

Die Verletzungshandlung des Schädigers kann in einem positiven Tun oder Unterlas- **104** sen bestehen. Die Unterscheidung zwischen Tun und Unterlassen ist bedeutsam, weil beim Unterlassen noch weitere Erfordernisse geprüft werden müssen, um ein rechtlich relevantes Unterlassen begründen zu können.

I. Begriff der Handlung

Verhalten **(Handeln)** ist jedes menschliche Tun, das der Bewusstseinskontrolle und der **105** Willenslenkung unterliegt, also beherrschbar ist,[243] mit anderen Worten jedes mensch-lich beherrschbare Tun. Auszugrenzen sind völlig unkontrollierbare Verhaltenswei-sen.

Beispiele: Ein zurechenbares Handeln fehlt z. B. bei Bewegungen im Zustand der Bewusstlosigkeit oder bei Anwendung von unüberwindbarem physischem Zwang (vis absoluta).

Vertiefungshinweis: Vorgelagertes Verhalten **106**
Bei der Prüfung eines Anspruchs aus § 823 Abs. 1 muss es nicht immer auf das Verhalten ankommen, das unmittelbar zum schädigenden Ereignis führt, also diesem direkt vorausgeht. Es kann auch an zeitlich vor-gelagerte Verhaltensweisen angeknüpft werden. Ob und inwieweit diese Verhaltensweise (z. B. dass Be-sucher eines Festzelts kollektiv auf Bierbänke steigen und dort zur Musik tanzen)[244] den Tatbestand des § 823 Abs. 1 verwirklicht, ist dann eine Frage einer Verkehrssicherungspflicht, der Kausalität und Zurech-nung.

Beispiel: Dem Motorradfahrer S fliegt während der Fahrt eine Biene in das Auge. Infolge des stechenden Schmerzes verreißt er das Steuer und stößt mit dem entgegenkommenden Kfz des G zusammen, das er-heblichen Schaden erleidet. Wenn das Verreißen des Steuers eine Reflexbewegung ohne Mitwirkung des Bewusstseins ist, kommt insoweit eine Handlung i. S. des § 823 Abs. 1 nicht in Betracht. Zu prüfen ist

---

243 BGHZ 39, 103.
244 Nach *OLG Stuttgart* NJW-RR 2017, 860 keine Pflichtwidrigkeit, wenn und soweit auf dem jewei-ligen Fest üblich.

aber, ob nicht das Nichtverschließen des Visiers des Motorradhelms als schädigendes, für § 823 Abs. 1 relevantes Unterlassen in Betracht kommt.[245]

II. Abgrenzung zum Unterlassen

107 Die Abgrenzung von Tun und Unterlassen ist für den Tatbestandsaufbau von Bedeutung. Im Fall eines Unterlassens sind zusätzliche Tatbestandsmerkmale zu prüfen (vgl. → Rn. 108 ff.). Wie vor allem im Strafrecht stellen manche für die Abgrenzung auf den sozialen Sinngehalt der Handlung ab: Wo liegt nach dem sozialen Sinngehalt der Schwerpunkt der Vorwerfbarkeit?[246] Die wohl h. M. stellt dagegen auf die Gefahrerhöhung durch den Täter ab:[247]

– Derjenige, der sich dem fremden Rechtsgut gefährlich nähert, handelt.
– Derjenige, der ohne die Gefahr durch sein Tun zu erhöhen, die Gefahr nicht abwendet, unterlässt.

III. Unterlassen

108 Nicht jedes Unterlassen ist tatbestandsmäßig i. S. der §§ 823 ff. Das Unterlassen wird dem positiven Tun nur dann gleichgestellt, wenn die Möglichkeit der Erfolgsabwendung und eine Pflicht zum Tätigwerden bestehen.[248]

1. Rechtspflicht zum Handeln

109 Der Unterlassende muss gegenüber dem Geschädigten eine Pflicht haben, die Rechtsgutverletzung zu verhindern **(Pflicht zum Handeln).**[249] Rechtlich relevantes Unterlassen ist also pflichtwidriges Nichtstun.[250]

Eine haftungsrechtlich relevante Pflicht zum Handeln kann sich aus Gesetz (normierte Handlungspflicht), Vertrag, vorangegangenem pflichtwidrigem Tun (Ingerenz) oder aus einer von der Rechtsprechung entwickelten Verkehrssicherungspflicht (Synonym: Verkehrspflicht) ergeben. Im Zivilrecht unterscheidet man zwischen:

– Schutzpflicht (Garantenpflicht)
– Verkehrs-(sicherungs-)pflicht.

a) Schutzpflicht

110 Eine Rechtspflicht zum Handeln kann sich unmittelbar aus einer (vertraglichen oder gesetzlichen) **Schutzpflicht** (Garantenpflicht) ergeben.

---

245 Vgl. *OLG Stuttgart* NJW-RR 2017, 860 (von einer Bierbank herabstürzender Schädiger; mit Ausführungen zur Beweislast); *OLG Karlsruhe* VersR 2015, 993; *OLG Hamm* NJW 1975, 657 zur schwierigen Abgrenzung der unkontrollierbaren Reflexhandlung (keine Handlung) von der Kurzschlusshandlung, halbautomatisierten Reaktion, Schreckreaktion (Handlung im rechtlichen Sinne).
246 *Buchner/Roth,* Schuldrecht III – Unerlaubte Handlungen, 2. Aufl. 1984, S. 8. Aus dem Strafrecht BGHSt 6, 59; *BGH* NJW 1953, 1924; *OLG Karlsruhe* GA 1980, 431.
247 *Deutsch/Ahrens,* Rn. 40; *Jauernig/Teichmann,* § 823 Rn. 29; Staudinger/*Hager,* § 823 Rn. H 6.
248 Staudinger/*Hager,* § 823 Rn. H 5 m. w. N.
249 Der Begriff »Garantenstellung« ist in diesem Zusammenhang nicht allgemein üblich (vgl. Staudinger/*Hager,* § 823 Rn. H 5 m. w. N.).
250 Vgl. *Deutsch/Ahrens,* Rn. 38.

Beispiele:

- Schutzpflicht für den Ehegatten, Kinder und für Lebenspartner i. S. des LPartG gem. §§ 1353, 1626 (Elterliches Sorgerecht und -pflicht), § 2 LPartG.[251]
- Den Vorbehaltskäufer trifft die Pflicht, zur Vermeidung einer Kollision zwischen dem verlängerten Eigentumsvorbehalt seines Lieferanten mit einem Abtretungsverbot seines Auftraggebers entsprechende organisatorische Maßnahmen zu treffen. Vgl. → Rn. 118 (BGHZ 109, 297).

Ob eine solche Garantenstellung besteht, die die Gleichstellung des Unterlassens mit der aktiven Herbeiführung des Erfolges begründet, hängt von den Umständen des konkreten Einzelfalles in Abwägung der Interessenlage und der Bestimmung des konkreten Verantwortungsbereichs der Beteiligten ab.[252]

b) Verkehrssicherungspflicht (Verkehrspflicht)

Der übergreifende, grundlegende Gesichtspunkt der **Verkehrssicherungspflichten** (Verkehrspflichten)[253] ist die Einstandspflicht für die Sicherung eines Bereichs, den jemand beherrscht und aus dem er Vorteile zieht: Wer eine Gefahrenquelle schafft oder unterhält, muss die notwendigen und zumutbaren Vorkehrungen treffen, um Schäden anderer zu verhindern.[254] Verkehrssicherungspflichten werden von der Rechtsprechung auf Grund der jeweiligen Umstände des Einzelfalles begründet (»Instrumente der Haftungsbegründung in der Hand des Richters«, *Kötz/Wagner,* Rn. 127). Durch die Verkehrssicherungspflichten wird der Vorwurf rechtswidriger Erfüllung eines Deliktstatbestandes, der sich durch das Kriterium der Adäquanz (vgl. → Rn. 136 ff.) nicht hinreichend eng begrenzen lässt, auf einen bestimmten engen Personenkreis beschränkt.[255] **111**

Die Rechtsprechung hat für viele Lebensbereiche und im weiten Umfang Verkehrs- und Verkehrssicherungspflichten aufgestellt. Dies hat ihr den Vorwurf eingebracht, in der Substanz für viele Bereiche der Deliktshaftung einen ausufernden, der Gefährdungshaftung angenäherten Schutz erzeugt zu haben.[256]

aa) Funktionen der Verkehrssicherungspflichten und Prüfungsaufbau

Verkehrssicherungspflichten haben **beim Unterlassen** die Funktion, eine **Rechtspflicht zum Handeln** zu begründen und dadurch ein deliktsrechtlich irrelevantes Unterlassen von einem haftungsbegründenden Unterlassen zu unterscheiden. Nur ein **112**

---

251 Richtigerweise entstehen diese Pflichten nicht nur aus den genannten Rechtsregeln, sondern bereits aus der Existenz einer sozialen Nähebeziehung, die den zugrundeliegenden Rechtsinstituten inhärent ist; so auch MüKoBGB/*Wagner,* Bd. 6, § 823 Rn. 414.

252 *BGH* VersR 2014, 1502.

253 Ein sachlicher Unterschied zwischen Verkehrspflicht und Verkehrssicherungspflicht besteht nicht. Ursprünglich ging es in der Rechtsprechung nur um die Pflicht zur Sicherung eines räumlichen und gegenständlichen Verkehrsbereichs (Verkehrssicherungspflicht), später wurden unabhängig davon Tätigkeitspflichten (Verkehrspflichten) entwickelt. In diesem Buch wird aus Gründen der Anschaulichkeit an dem hergebrachten Begriff der Verkehrssicherungspflichten festgehalten. Vgl. zur Terminologie Palandt/*Sprau* § 823 Rn. 45; *Kötz/Wagner,* Rn. 124; *Looschelders,* SR BT, Rn. 1179.

254 Vgl. *Larenz/Canaris,* SR II/2, § 76 II 3, S. 406 ff., die eine Dreiteilung der Zurechnungsgründe vornehmen: Haftung für die Sicherung des eigenen Bereichs, für die Übernahme einer Aufgabe und für vorangegangenes besonders gefährliches Tun. Einen Überblick gibt *Förster,* JA 2017, 721.

255 Vgl. *Medicus/Petersen,* BR, Rn. 646; zur haftungsbeschränkenden Funktion auch *Looschelders,* SR BT, Rn. 1177.

256 So die RegBegr. zum Entwurf eines Zweiten Gesetzes zur Änderung schadensersatzrechtlicher Vorschriften, BT-Drs. 14/7752, S. 15.

pflichtwidriges Unterlassen steht dem Handeln gleich. Nach h. M. indiziert ein pflicht-widriges Unterlassen die Rechtswidrigkeit (vgl. → Rn. 158 ff.).

Beispiel: Eine Baustelle ist besonders zu sichern. Durch das bloße Aufstellen einer Verbotstafel wird die Haftung gegenüber spielenden Kindern nicht ausgeschlossen. Eine pflichtwidrig und schuldhaft unterlas-sene Sicherung der Baustelle begründet eine Schadensersatzhaftung nach § 823 Abs. 1, es sei denn der Schädiger weist nach, dass die indizierte Rechtswidrigkeit durch einen Rechtfertigungsgrund ausge-schlossen ist.

113 Außerhalb des Unterlassens war die Funktion von Verkehrssicherungspflichten und die Frage, an welcher Stelle sie innerhalb des Deliktsaufbaus (haftungsbegründender Tatbestand, Rechtswidrigkeit und Verschulden) zu prüfen sind, lange Zeit umstritten. Dies hat besonders bei Studierenden zu erheblicher Verwirrung geführt. Ansatzpunkt war die Erkenntnis, dass bei einer (unvorsätzlichen) **nur mittelbaren Erfolgsverursa-chung** (Rechtsgutverletzung) – wie beim Unterlassen – die Rechtswidrigkeit nicht al-lein durch den Erfolgseintritt indiziert werden könne, sondern sich erst aus dem Ver-stoß gegen rechtlich gebotenes Verhalten ergebe. Unmittelbare und mittelbare Verletzungen sind qualitativ jedoch nicht verschieden.[257] Deshalb hat sich inzwischen zu Recht in Rechtsprechung und Lehre die Ansicht durchgesetzt, dass (1.) die Ver-kehrssicherungspflichten bereits im haftungsbegründenden Tatbestand zu prüfen sind, und dass (2.) die Verletzung einer Verkehrssicherungspflicht die Rechtswidrigkeit indiziert (vgl. → Rn. 158 ff.).[258] Nach wie vor umstritten ist das **Verhältnis von Ver-kehrssicherungspflichten zum Verschulden.** Da für § 276 kein individueller, sondern ein objektivierter (objektiv-abstrakter) Sorgfaltsmaßstab gilt, verwundert es nicht, dass ein Teil der Literatur der Ansicht ist, dass eine Verletzung der Verkehrssicherungs-pflicht zwangsläufig Fahrlässigkeit begründe; für die Verschuldensprüfung bleibt dann im Wesentlichen nur die Prüfung der Zurechnungsfähigkeit der §§ 827 f.[259] Die h. M. trennt die Verletzung einer Verkehrssicherungspflicht vom Fahrlässigkeitsvor-wurf: Die Verkehrssicherungspflicht bestimmt das im Verkehr objektiv gebotene Ver-halten (sog. äußere Sorgfalt). Davon zu unterscheiden und auf der Verschuldensebene zu prüfen ist die Frage, ob ein durchschnittlicher Angehöriger des betroffenen Ver-kehrskreises das objektiv gebotene Verhalten erkennen und erbringen konnte (sog. in-nere Sorgfalt).[260] Dabei indiziere die Verletzung der Verkehrssicherungspflicht die Ver-letzung der inneren Sorgfalt.[261]

Ein Unterschied zwischen äußerer und innerer Sorgfalt wird sich in der Rechtsanwen-dung nur ausnahmsweise ergeben.[262] In der Sache geht der Streit darum, ob der Inhalt

---

257 *Looschelders*, SR BT, Rn. 1176.

258 Vgl. mit im Einzelnen teils abweichenden Begründungen *Medicus/Petersen*, BR, Rn. 647; *Buck-Heeb*, BS 2, Rn. 177; *Looschelders*, SR BT, Rn. 1177; im Ergebnis auch *Kötz/Wagner*, Rn. 128 f. (der aber die Unterscheidung von äußerer und innerer Sorgfalt ablehnt und auf der Verschuldensebene nur noch die Zurechnungsfähigkeit i. S. der §§ 827 f. prüft); vgl. auch *Larenz/Canaris*, SR II/2, § 76 III 2 b, S. 405 f.: Verkehrspflicht diene entwicklungsgeschichtlich als auch dogmatisch zur Kon-kretisierung des Begriffs der fahrlässigen widerrechtlichen Verletzung i. S. von § 823 Abs. 1; Prü-fung der Verkehrspflichten bei Unterlassen und mittelbaren Verletzungen auf Tatbestandsebene und nicht erst bei der Rechtswidrigkeit oder dem Verschulden.

259 *Kötz/Wagner*, Rn. 109 f., 120 ff.

260 *Looschelders*, SR BT, Rn. 1184 f.; wohl auch *Medicus/Petersen*, BR, Rn. 659 (allerdings ohne Hin-weis auf den anerkannten objektivierten Sorgfaltsmaßstab zur Bestimmung der Fahrlässigkeit).

261 BGH VersR 1986, 765, 766; *Looschelders*, SR BT, Rn. 1185.

262 Vgl. *Kötz/Wagner*, Rn. 120 f. *Spickhoff*, JuS 2016, 865, 872, plädiert daher dafür, bei Verletzungen von Verkehrssicherungspflichten und Schutzgesetzen – ausgenommen sehr abstrakt formulierter

der Verkehrssicherungspflicht eher abstrakt zu bestimmen ist, sodass sich ein Unterschied zwischen äußerer und innerer Sorgfalt ergeben kann, oder ob die Verkehrssicherungspflicht auf die konkrete Situation und auf den durchschnittlichen Angehörigen eines konkret bestimmten und eng gezogenen Verkehrskreises zu bestimmen ist, sodass sich infolge der Konkretisierung äußere und innere Sorgfalt decken.

bb) Fallgruppen für Verkehrssicherungspflichten

Es hat sich eine **umfassende Rechtsprechung** zu den Verkehrssicherungspflichten   **114**
entwickelt. Dabei ist anerkannt, dass nicht jeder abstrakten Gefahr durch vorbeugende Maßnahmen begegnet werden muss. Es bedarf nur solcher Sicherungsmaßnahmen, die ein verständiger und umsichtiger, in vernünftigen Grenzen vorsichtiger Mensch für ausreichend halten darf, um andere Personen vor Schäden zu bewahren und die ihm den Umständen nach zumutbar[263] sind (st. Rspr.).[264] Danach bedarf es grundsätzlich keiner Sicherungsmaßnahmen bei Gefahren, die für den gefährdeten Benutzer, wenn er die erforderliche Sorgfalt walten lässt, rechtzeitig erkennbar sind und auf die er sich rechtzeitig und zumutbar einzurichten vermag.[265]

Die Kasuistik lässt sich nach bestimmten Kriterien systematisieren.[266] Im Folgenden werden nur einige Beispiele und **Fallgruppen** von Verkehrspflichten genannt.

(1) Sorgfaltspflichten aus Verkehrseröffnung.

Beispiele:[267]   **115**
— Den Vermieter eines Mietshauses treffen hinsichtlich der Treppen, der Beleuchtung und der Zuwege bestimmte Verkehrspflichten (z. B. Streupflicht[268]).
— K wird beim Besuch eines Friedhofs, dessen Eigentümerin die Stadt B ist, dadurch verletzt, dass ein unzureichend befestigter Grabstein auf sie fällt. K verlangt Schadensersatz. Das pflichtwidrige Unterlassen der B liegt in der mangelnden Kontrolle der Standfestigkeit der Grabsteine. Eine Handlungspflicht ergibt sich aus Verkehrssicherungspflicht: B hat einen Friedhof angelegt und unterhält diesen; deshalb ist sie verpflichtet, die Besucher des Friedhofs im Rahmen des Gebotenen und Zumutbaren vor gefährdenden Grabsteinen zu schützen. B ist verpflichtet, die Grabsteine in angemessenen Zeitabständen auf ihre Standfestigkeit zu überprüfen (BGHZ 34, 206).
— Pflichten der zur Badeaufsicht in einem Schwimmbad eingesetzten Personen (*BGH* NJW 2018, 301).

Pflichten – offen einzugestehen, dass für die Prüfung des Verschuldens nur noch die Prüfung der Verschuldensunfähigkeit sowie (seltene) Fälle eines nicht vermeidbaren Rechtsirrtums bleiben.

263 Z. B. *OLG München* NJW-RR 2010, 322 (Verkehrssicherungspflichtige muss bei Blitzeis kein zusätzliches Personal einsetzen).

264 Z. B. *BGH* NJW 2007, 762; NJW 2004, 1449; NJW-RR 2006, 674; NJW-RR 2003, 1459f.; *BGH* r + s 2001, 177 (keine allgemeine Verkehrssicherungspflicht zum Schutze von Geländereitern vor Schussgeräuschen bei einer Treibjagd).

265 *BGH* VersR 2012, 1434.

266 Vgl. zur Typisierung der Verkehrspflichten *v. Bar*, Verkehrspflichten, 1980, S. 83 ff.

267 Weiteres Beispiel: BGHZ 103, 298: Verkehrssicherungspflicht des Reiseveranstalters, das Vertragshotel (sog. Leistungsträger, § 651 a Abs. 2) zu kontrollieren, um andere vor Schaden zu bewahren, weil er eine Gefahr für Dritte schafft und andauern lässt und in der Lage ist, ihr abzuhelfen. Zur Verkehrssicherungspflicht für Bäume: *Schneider*, VersR 2007, 743; teilweise kritisch hierzu *Otto*, VersR 2007, 1492.

268 *BGH* NJW-RR 2017, 858 (restriktive Auslegung einer Gemeindesatzung über den Straßenreinigungs- und Winterdienst); *BGH* NJW 2012, 2727 (keine Streupflicht bei nur vereinzelten Glatteisstellen auf Privatgrundstück). *OLG Karlsruhe* VersR 2017, 1164 (Streupflicht auf privatem Grundstück zum Schutze eines Postzustellers). Siehe auch BeckOK BGB/*Förster*, § 823 Rn. 495 ff.

116 (2) **Sorgfaltspflichten aus tatsächlicher Verfügungsgewalt über gefährliche Gegenstände.** Wer Maschinen und gewerbliche Anlagen, Fahrzeuge usw.[269] gebraucht, hat andere vor Gefahren zu bewahren.

Beispiele:

- Schutz der Beteiligten und Zuschauer bei Sportveranstaltungen vor Verletzungsgefahren, z. B. Motorsportveranstaltungen.[270]
- Der mit der örtlichen Bauaufsicht beauftragte Architekt ist verkehrssicherungspflichtig, soweit der Bauunternehmer selbst nicht sachkundig ist und der Architekt die Gefahrenquellen kennt oder kennen muss (BGHZ 68, 169, 175f.).
- Verkehrssicherungspflicht eines Ladenbetreibers für Einkaufswagen hinsichtlich einer unbefugten Benutzung durch Dritte und eines unbeabsichtigten Wegrollens (*OLG Hamm* NJW 2016, 505; *OLG Köln* VersR 2016, 673).
- Verkehrssicherungspflicht für ein Fahrrad, das neben parkenden Kfz an einen Fahrradständer nicht nur anzulehnen, sondern anzuketten ist (*LG Köln* NJW-RR 2016, 148).

117 (3) **Sonderfall: Produkthaftung.** Besondere Verkehrssicherungspflichten treffen Produkthersteller im Rahmen der sog. Produkthaftung. Sie regelt, ob und inwieweit der Produzent für Schäden einzustehen hat, die ein anderer durch das Produkt erleidet (vgl. zur Verschuldenshaftung nach §§ 823ff. sowie zur verschuldensunabhängigen Haftung nach dem ProdHaftG → § 21 Rn. 51ff.).

cc) Adressat von Verkehrssicherungspflichten

118 **Adressat** der Verkehrssicherungspflicht ist grundsätzlich der Inhaber der Bestimmungsgewalt über die Gefahrenquelle. Verkehrspflichten sind aber grundsätzlich nicht höchstpersönlich (vgl. dagegen §§ 613, 664 Abs. 1 S. 1). Deshalb kann ein Dritter mit der Erfüllung der Verkehrs-(sicherungs-)pflicht beauftragt werden (»**Erfüllung von Verkehrspflichten durch Dritte**«; vgl. → Rn. 120). Der »Übertragende« wird dadurch aber nicht von jeder Pflicht frei, sondern ist zur ordnungsgemäßen Auswahl und Überwachung verpflichtet. Insoweit ändert sich der Inhalt der Verkehrspflicht, die den Übertragenden trifft. Eine Auswechslung des Verkehrspflichtigen durch einen anderen mit befreiender Wirkung für den Übertragenden sieht das Gesetz nur in ganz bestimmten Ausnahmefällen vor (vgl. zur Befreiung von einer Überwachung nach Delegation: §§ 664 Abs. 1 S. 2, 691 S. 2; Gestattung der Übertragung durch eine Rechtsnorm).[271] Für das Deliktsrecht kommt es auf das tatsächliche Einverständnis hinsichtlich der Übertragung, nicht auf die Wirksamkeit eines Übertragungsvertrages an.[272]

Wenn der Übertragende den Dritten ordnungsgemäß ausgewählt und überwacht hat, hat er seine Verkehrssicherungspflicht erfüllt und haftet nicht.

---

269 Vgl. auch *OLG Hamm* NJW-RR 2016, 97 (Verkehrssicherungspflicht des aus Gefälligkeit handelnden Führers mehrerer Hunde).
270 Vgl. auch *BGH* r + s 2008, 348 (Trampolinanlage).
271 *BGH* NJW 1972, 1321 (Ortssatzung über Streupflicht).
272 *OLG Schleswig* NJW-RR 2012, 1049.

Beispiele:[273]

- Ein Grundstückseigentümer, der Bauarbeiten ausführen lässt, genügt seiner Verkehrssicherungspflicht regelmäßig schon dadurch, dass er sorgfältig ausgewählte und instruierte fachkundige Architekten, Ingenieure und Bauunternehmen mit der sachgemäßen Durchführung betraut.[274]
- Der Hauseigentümer E überträgt dem Hausmeister H die Reinigung von Treppe und Flur. Kommt ein Hausbewohner infolge unzureichender Reinigung des Hauses zu Schaden, so kann neben H auch E aus § 831 haften, wenn er seine Auswahl-, Überwachungs- und Beaufsichtigungspflicht gegenüber H verletzt hat.
- Die GmbH erwirbt Baustoffe von K unter verlängertem Eigentumsvorbehalt.[275] Die Baustoffe werden in Bauprojekte des D eingebaut (§ 946). Die Vorausabtretung (verlängerter Eigentumsvorbehalt) der Forderungen gegen D scheitert an einem Abtretungsverbot. K kann vom (früheren) Geschäftsführer B der (inzwischen aufgelösten) GmbH Schadensersatz aus § 823 Abs. 1 (Eigentumsverletzung)[276] verlangen. B unterließ es, dafür zu sorgen, dass der verlängerte Eigentumsvorbehalt nicht durch ein Abtretungsverbot ins Leere geht. Im außervertraglichen, deliktischen Bereich können – auch über die Organpflichten[277] hinaus – Pflichten des Geschäftsführers gegenüber Dritten selbst bestehen (Wahrung deliktischer Integritätsinteressen Dritter), wenn der Geschäftsführer eine als Aufgabe zugewiesene oder vom Dritten in Anspruch genommene Pflichtenstellung zum Schutz fremder Schutzgüter i. S. des § 823 Abs. 1 hat (z. B. Anvertrauen bestimmter Sache). B trifft – wie die GmbH – die (allgemeine deliktische) Pflicht, die Verletzung des Vorbehaltseigentums (Ins-Leere-Gehen des verlängerten Eigentumsvorbehaltes bei Verarbeitung der Baumaterialien aufgrund Abtretungsverbotes des Auftraggebers) zu verhindern, weil ihnen durch K die faktische Möglichkeit zur Bestimmung über das Vorbehaltseigentum eingeräumt worden ist (Organisationspflicht). Dem B obliegt also die Pflicht, einen von der Ermächtigung des Vorbehaltsverkäufers nicht gedeckten Verlust des Vorbehaltseigentums zu verhindern (BGHZ 109, 297).

Fall (*BGH* NJW 1987, 2510): H lagert in seinen Lagerhallen Waren des K ein. Mit der Bewachung der Halle beauftragt H den Wachunternehmer W, für den der Arbeitnehmer B tätig wird. Diebe stehlen einen Teil der Ware, weil B unachtsam ist. Deshalb verlangt K von B Schadensersatz.   **119**

---

273 Weiteres Beispiel: BGHZ 110, 114: Stellt eine vertragliche Vereinbarung eine »Übertragung« der Verkehrspflicht dar, so erfüllt der Zweitschädiger seine Verkehrspflicht durch ordnungsgemäße Auswahl und Kontrolle und haftet deshalb im Außenverhältnis mangels Verletzung einer Verkehrspflicht nicht. Stellt die vertragliche Vereinbarung dagegen nur eine interne Vereinbarung über die Schadensteilung dar, so ändert sie an den bestehenden Verkehrspflichten nichts.

274 *BGH* NJW-RR 1997, 1374. Zum ggf. gleichwohl bestehenden verschuldensunabhängigen nachbarrechtlichen Ausgleichsanspruch eines geschädigten Nachbarn nach § 906 Abs. 2 S. 2 analog vgl. *BGH* NJW 2018, 1542; *Wandt*, VersR 2017, 1109; *Klöpfer/Meier*, NJW 2018, 1516 und → § 21 Rn. 4.

275 Der Vorbehaltsverkäufer bleibt bis zur vollständigen Kaufpreiszahlung Eigentümer. Der Vorbehaltskäufer ist aber ermächtigt (§ 185), die Sachen einem Dritten zum Eigentum zu übertragen (§§ 929 ff.) oder mit fremden Grundstücken zu verbinden (§ 946) unter der Bedingung, dass der Vorbehaltsverkäufer die dem Vorbehaltskäufer aus der Weiterveräußerung oder Verbindung gegen den Dritten (Käufer/Besteller) zuwachsende Forderung anstelle seines nach §§ 929, 185 bzw. § 946 untergehenden Eigentums an den Baustoffen erwirbt.

276 Der Verlust des Eigentums des Vorbehaltseigentümers (§ 946) stellt eine Eigentumsverletzung (Verletzung des Rechts »Eigentum«, vgl. → Rn. 14) dar, wenn und weil die Baustoffe unter einem verlängerten Eigentumsvorbehalt geliefert worden sind und zwischen dem Käufer und dem Abnehmer ein Abtretungsverbot vereinbart worden ist. Wegen des Abtretungsverbotes hat die GmbH als Nichtberechtigte verfügt, weil die Ermächtigung zur Disposition über das Vorbehaltseigentum überschritten worden ist.

277 Grundsätzlich bestehen Pflichten des Geschäftsführers aus der Organstellung zur ordnungsgemäßen Führung der Geschäfte nur der GmbH gegenüber, die dann gegenüber Dritten haften kann (vgl. § 43 Abs. 2 GmbHG).

Lösung:

1. Weil B mit K nicht unmittelbar in Vertragsbeziehung steht, scheiden vertragliche Ansprüche aus.

2. Infrage kommt ein Anspruch aus Pflichtverletzung des Arbeitsvertrages zwischen W und B i.V. m. Vertrag mit Schutzwirkung zugunsten Dritter (hier K). Das setzt aber – neben der »Leistungsnähe« und dem »personenrechtlichen Einschlag« – voraus, dass ein entsprechendes Schutzbedürfnis zugunsten des Geschädigten besteht. Dieses fehlt, wenn der Geschädigte durch andere vertragliche Ansprüche – wenn auch gegen einen anderen Schuldner – ausreichend gesichert ist. Dies konnte der BGH feststellen: K hat Ansprüche gegen W aus (Bewachungs-)Vertrag (zwischen W und H) mit Schutzwirkung zugunsten Dritter[278] oder aus Drittschadensliquidation durch H.[279] Das Schutzbedürfnis des K entfällt insoweit.

3. K könnte einen Anspruch aus § 823 Abs. 1 haben.

   a) Das Eigentum ist wegen des Diebstahls verletzt worden.

   b) B verhindert den Diebstahl nicht (Unterlassen). Es müsste aber eine entsprechende Handlungspflicht des B gegenüber K, den Diebstahl zu verhindern, vorliegen (Verkehrspflicht).

   aa) Eine allgemeine Rechtspflicht, fremdes Eigentum gegen Gefahren zu schützen, besteht nicht.

   bb) Aus dem Arbeitsvertrag lassen sich Pflichten gegenüber Dritten (hier: K) nicht ableiten. Er begründet nur solche gegenüber dem Arbeitgeber.

   cc) Eine Verkehrspflicht aus Berufsausübung kann – so der BGH – nur bei Personen bestehen, die eine selbstständige Stellung oder gegenüber der Allgemeinheit eine Verantwortung übernommen haben. Allein die Arbeitnehmereigenschaft reicht nicht aus.

   c) Ein Anspruch aus § 823 Abs. 1 scheidet damit aus.

120 **Vertiefungshinweis:** »Delegation von Verkehrssicherungspflichten« und § 278

Dogmatisch ist es nicht völlig zutreffend, von einer **Übertragung** oder **Delegation** von Verkehrssicherungspflichten[280] zu reden.[281] Die Begriffe »Übertragung« und »Delegation« erwecken den Eindruck, dass der an sich Verkehrssicherungspflichtige (allein) durch die Übertragung oder Delegation von jeder Verkehrssicherungspflicht frei werde und nach der »Übertragung« nicht mehr verkehrspflichtig sei. Das trifft aber nicht zu. Der an sich Verkehrssicherungspflichtige bleibt trotz und nach der »Delegation« weiter verkehrssicherungspflichtig und damit grundsätzlich anspruchsverpflichtet i. S. des § 823 Abs. 1. Mit der Delegation verändert sich also nur der Inhalt der Verkehrssicherungspflicht des Delegierenden. Er erfüllt seine Verkehrspflicht dementsprechend nur, wenn er einen Dritten mit der Wahrnehmung beauftragt und er diesen ordnungsgemäß ausgewählt sowie überwacht hat.

Der Dritte, der bei Erfüllung der Verkehrssicherungspflicht eingeschaltet wird, ist regelmäßig kein Erfüllungsgehilfe i. S. des § 278, dessen schuldhafte Pflichtverletzung dem Übertragenden zugerechnet werden könnte. § 278 setzt nämlich das Bestehen eines Schuldverhältnisses zwischen den Parteien (dem Verkehrspflichtigen und dem Geschädigten) voraus. Ein solches wird aber regelmäßig erst durch die schädigende Handlung begründet und besteht nicht schon vorher. Auch begründet die Verkehrssicherungspflicht kein Schuldverhältnis zu dem Geschädigten bzw. (vor der Schädigung) Gefährdeten (etwa Verkehrspflicht »ad incertas personas«). Andernfalls würde zu allen potenziell Gefährdeten ein Schuld-

---

278 Mit dem Argument der mangelnden Schutzbedürftigkeit könnte man allerdings auch den Anspruch des K gegen W ablehnen, weil K einen Anspruch gegen B aus Vertrag mit Schutzwirkung zugunsten Dritter hat. Das Schutzbedürfnis ist deshalb nicht das entscheidende Argument. Der BGH stellt auch auf den Haftungsbereich des Arbeitsvertrages ab, der nicht überdehnt werden darf. Dies dürfte der entscheidende Gesichtspunkt sein.

279 K hat einen Schaden (am Lagergut), aber keinen Anspruch gegen W. H hat einen Anspruch gegen W aus Pflichtverletzung des Bewachungsvertrages (§ 280), aber keinen (Haftungs-)Schaden, weil er dem K (wohl mangels Verschuldens) nicht haftet. Es liegt damit ein Fall der Drittschadensliquidation vor (Fallgruppe: Obhut für fremde Sachen; vgl. dazu → § 26 Rn. 12 f.): H kann den am Lagergut entstandenen Schaden (des K) im Wege der Drittschadensliquidation geltend machen, und K lässt sich diesen Anspruch von H abtreten (§ 285).

280 Vgl. etwa BGHZ 110, 114.

281 Zutreffend *Larenz/Canaris*, SR II/2, § 76 III 5 c, S. 420 f.

verhältnis begründet. Dies würde die gesetzliche Risikoverteilung und die Haftungsrisiken des Verkehrssicherungspflichtigen weit überspannen.

Der Geschäftsherr, der seine Verkehrspflicht auf einen anderen »überträgt«, kann aber auch aus § 831 haften. Im Rahmen des Entlastungsbeweises (§ 831 Abs. 1 S. 2) kommt es darauf an, ob der Geschäftsherr den Verrichtungsgehilfen ordnungsgemäß ausgewählt und überwacht hat. Während bei § 831 der Geschäftsherr darlegen und beweisen muss, dass er den Verrichtungsgehilfen ordnungsgemäß ausgewählt und überwacht hat, muss der Geschädigte bei § 823 Abs. 1 beweisen, dass der Schädiger seine Verkehrspflicht (Auswahl und Überwachung) verletzt hat.[282]

2. Schutzumfang von Verkehrssicherungspflichten

Verkehrssicherungspflichten sind im Hinblick auf die geschützte Person, das gefähr- **121** dete Rechtsgut und die erfasste Gefährdung begrenzt (**Schutzumfang**). Soweit die verletzte Person, das gefährdete Rechtsgut oder die verwirklichte Gefahr nicht von der Verkehrspflicht erfasst sind, scheidet eine Haftung des Schädigers aus.

Beispiele:[283]
– Ein Einbrecher rutscht auf vereister, nicht gestreuter Treppe aus. Der Hauseigentümer haftet nicht aus § 823 Abs. 1, weil er nicht verpflichtet ist, Treppen und Zugänge auch im Interesse eines Einbrechers zu beleuchten oder zu sichern (*BGH* NJW 1966, 1456 [obiter dictum]).
– Im Bereich der Damentoilette stürzt der K, (männlicher) Besucher einer Gastwirtschaft, die Treppe herunter. Zwar hat der Wirt weder auf die Treppe hingewiesen noch diese entsprechend beleuchtet und damit eine Verkehrspflicht verletzt. Die Verkehrspflicht besteht aber nicht dem K gegenüber, der nicht befugt ist, den nur für »Damen« bestimmten Ort zu benutzen (RGZ 87, 128).
– Der persönliche Schutzbereich der Verkehrssicherungspflicht des Abfallerzeugers umfasst regelmäßig nicht den Besitzer eines Grundstücks, der das Grundstück zum Betrieb einer Abfallrecyclinganlage vermietet (*BGH* VersR 2007, 78).

3. Verletzung der Verkehrssicherungspflicht

Der Schädiger muss die Verkehrssicherungspflicht verletzt haben. Dabei ist fallbezo- **122** gen zu prüfen, ob der Schädiger durch die von ihm getroffenen Maßnahmen seine Verkehrspflicht vollumfänglich erfüllt oder eben verletzt hat.

IV. Zusammenfassung

Haftungsbegründendes Verhalten i. S. des § 823 Abs. 1	123

I. Begriff der Verletzungshandlung
  1. Die Verletzungshandlung kann ein positives Tun oder ein Unterlassen sein.
  2. Positives Tun ist jedes menschliche beherrschbare Verhalten.
  3. Abgrenzung des positiven Tuns vom Unterlassen (→ Rn. 107):
    a) H. M.: Gefahrerhöhung
      – Wer eine Gefahr für ein fremdes Recht(sgut) begründet oder erhöht, handelt.
      – Wer eine bestehende Gefahr, ohne sie durch sein Tun zu erhöhen, nicht abwendet, unterlässt.
    b) Andere Abgrenzungsformel: Schwerpunkt der sozialen Vorwerfbarkeit	

---

282 Vgl. *Medicus/Petersen*, BR, Rn. 656 a. E. mit Hinweis darauf, dass die Aufsichtspflicht aus § 823 allenfalls quantitativ schärfer sein dürfte.

283 *BGH* VersR 1961, 465 (Schutzvorkehrungen für Fußgänger bei Benutzung einer Spitzhacke); *OLG Köln* VersR 1992, 470 (Verkehrssicherungspflicht bei Veranstaltung eines Straßenradrennens); vgl. zu den Herausforderungsfällen → Rn. 151 f.

4. Unterlassen ist nur dann rechtlich relevant, wenn der Unterlassende gegenüber dem Geschädigten eine Pflicht hat, die Rechts-(gut-)verletzung zu verhindern. Rechtlich relevantes Unterlassen ist pflichtwidriges Nichtstun (→ Rn. 108).

II. Prüfung des Unterlassens im Gutachten
1. Abgrenzung: positives Tun oder Unterlassen
2. Rechtlich relevantes Unterlassen
   a) Rechtspflicht zum Handeln (→ Rn. 109 ff.)
      – (Gesetzliche oder vertragliche) Schutzpflicht
      – Verkehrs(sicherungs)pflicht
      Grundgedanke: Wer eine Gefahrenquelle schafft oder unterhält, muss die notwendigen und zumutbaren Vorkehrungen treffen, um Schäden anderer zu verhindern.
   b) Schutzumfang der Rechtspflicht zum Handeln
      Die Schutz- oder Verkehrssicherungspflicht muss die verletzte Person, das gefährdete Recht(sgut) und die verwirklichte Gefahr erfassen (insbesondere prüfen: Pflicht gegenüber dem Verletzten?).
3. Pflichtwidrigkeit des Unterlassens (→ Rn. 122)
   Erforderliche und zumutbare Sicherungsvorkehrungen sind nicht getroffen worden.

D. Zurechnungskriterien

124   Das Bindeglied zwischen Handlung des Schädigers und (erster) Rechtsgutverletzung sowie zwischen (erster) Rechtsgutverletzung und Schaden (vgl. zur Haftungsausfüllung → Rn. 188 ff., § 25 Rn. 1 ff.) stellt die **Zurechnung** dar. Die Rechtsgutverletzung und der Schaden müssen dem Schädiger zuzurechnen sein. Die Bedeutung der Zurechnung liegt darin, dass eine Rechts-(gut-)verletzung sowie ein Schaden, den grundsätzlich der Träger des (verletzten) Rechtsgutes tragen muss (casum sentit dominus; Grundsatz der Sachzuständigkeit des Rechtsgutträgers), (ausnahmsweise) einer anderen Person angelastet wird: Erst die Zurechung begründet die Haftung.[284]

125   Ausgangspunkt ist die sog. »conditio sine qua non«-Formel (Äquivalenztheorie), die ein rein faktisches oder naturwissenschaftliches Kriterium darstellt. Weil sich daraus eine sehr weitreichende Haftung ergeben würde, wird sie durch normative Wertungskriterien eingeschränkt (Adäquanztheorie, Schutzzweck der Norm, Rechtswidrigkeitszusammenhang). Die faktische und die normative Kausalität stellen zusammen die Zurechnung dar.

I. Haftungsbegründung und Haftungsausfüllung

126   Zu unterscheiden ist zwischen der haftungsbegründenden und der haftungsausfüllenden Kausalität.

---

284 Vgl. *Deutsch/Ahrens*, Rn. 1 f.

Haftungsbegründende und haftungsausfüllende Kausalität

Bei der **haftungsbegründenden Kausalität** handelt es sich um den Zusammenhang 127
zwischen dem Verhalten des Schädigers und dem ersten Verletzungserfolg. Die **haftungsausfüllende Kausalität** meint dagegen den Zusammenhang zwischen eingetretenem ersten Verletzungserfolg und dem Schaden, wovon auch jede weitere Rechtsgutverletzung erfasst ist. Die haftungsbegründende Kausalität ist im Rahmen des Tatbestandes zu prüfen. Die haftungsausfüllende Kausalität ist dagegen erst im Zusammenhang mit der Rechtsfolge (zu ersetzender Schaden) zu erörtern.

Beispiele:

— S fügt dem G durch eine gezielte »Rechte« eine schwere Rippenprellung zu. Dem G entstehen daraus Kosten für die Heilbehandlung. Außerdem kann er eine bezahlte Konzertkarte nicht einlösen. Die haftungsbegründende Kausalität meint den Zusammenhang zwischen dem Schlag des S und dem ersten Verletzungserfolg (Rippenprellung). Im Rahmen der haftungsausfüllenden Kausalität ist der Zusammenhang zwischen der Körperverletzung und den Heilbehandlungskosten sowie der (verfallenen) Konzertkarte zu untersuchen.

— Durch die Nachricht vom Unfall ihres Ehemannes erleidet die schwangere M einen Schock, der zu Kreislaufstörungen führt, in deren Folge die Placenta minderdurchblutet und die Leibesfrucht in Mitleidenschaft gezogen wird. Das (noch ungeborene) Kind erleidet in der weiteren Folge einen Hirnschaden und kommt wenig später schwer behindert zur Welt. Zur Haftungsbegründung ist allein der Kausalverlauf bis zur Schädigung der Leibesfrucht (erste Rechtsgutverletzung) zu rechnen. Der Hirnschaden (sog. weitere Rechtsgutverletzung) gehört zur Haftungsausfüllung (BGHZ 93, 351, 354).[285]

1. Äquivalenztheorie

a) Grundsatz

Ursächlich i.S. der **Äquivalenztheorie** ist jede Bedingung, ohne die der Erfolg 128
(Rechtsgutverletzung) in seiner konkreten Gestalt nicht eingetreten wäre. Man nennt eine solche Bedingung »**conditio sine qua non**« (»Bedingung ohne die [der Verletzungserfolg] nicht [eingetreten wäre]«). Ein positives Tun ist ursächlich, wenn es nicht hinweggedacht werden kann, ohne dass der konkrete Erfolg entfiele. Denkt man das positive Tun hinweg und entfällt der konkrete Erfolg, dann ist das positive Tun ursächlich (zum Unterlassen vgl. → Rn. 133).

Es ist zwischen **physischer und psychischer Kausalität** zu unterscheiden. Während 129
bei physischer Kausalität die Rechtsgutverletzung durch einen körperlichen Kontakt entsteht, wird bei der psychischen Kausalität eine Rechtsgutverletzung durch eine Reaktion des Verletzten selbst hervorgerufen, ohne dass eine physische Beeinflussung vorliegt (vgl. → Rn. 144 ff. und 150 ff.). Es bedarf keiner organischen Ursache für eine

---

285 Die Haftungsbegründung fällt unter § 286 ZPO, die Haftungsausfüllung ist von der Beweiserleichterung des § 287 ZPO erfasst (BGHZ 93, 351).

Rechtsgutverletzung oder eines (Folge-)Schadens, sondern es genügt eine hinreichende Gewissheit, dass die psychisch bedingten Ausfälle ohne das Ereignis (z. B. Unfall) nicht aufgetreten wären.[286]

Beispiele:
- S versetzt dem G einen Schlag ins Gesicht, woraufhin der G eine Gehirnerschütterung erleidet (physische Kausalität).
- S macht dem G Vorhaltungen und beleidigt ihn aufs Schärfste. G erleidet darauf einen Nervenzusammenbruch (psychische Kausalität).

130 Die Äquivalenztheorie ist die Lehre von der Gleichsetzung und der rechtlichen Anerkennung aller Erfolgsbedingungen. Nach der Äquivalenztheorie können deshalb zahlreiche und sehr entfernt liegende Ursachen für einen Verletzungserfolg ursächlich sein.

Beispiel: Der Autohersteller handelt für die Körperverletzung bei einem späteren Verkehrsunfall äquivalent kausal, da es ohne die Herstellung des Autos, das in den Unfall verwickelt wird, nicht zur unfallbedingten Körperverletzung gekommen wäre.

131 Führt nicht die Handlung eines Schädigers allein zum Schaden, sondern nur in Zusammenwirken mit dem Handeln eines anderen, so spricht man von **kumulativer Kausalität**. Weil zur Haftungsbegründung die Mitursächlichkeit ausreicht, ist der Tatbeitrag jedes Schädigers kausal i. S. des § 823 Abs. 1. **Alternative Kausalität** liegt vor, wenn mehrere Schädiger unabhängig voneinander (also keine Mittäterschaft) den Erfolg auch allein herbeigeführt hätten: Es haftet jeder Schädiger für den gesamten Schaden, weil sich kein Beteiligter mit dem Hinweis auf den anderen entlasten kann.[287] Lässt sich nicht ermitteln, wer von mehreren Beteiligten den Schaden durch seine Handlung verursacht hat, wird, terminologisch verwirrend, ebenfalls von alternativer Kausalität gesprochen,[288] die dann aber (nur) im Fall des § 830 Abs. 1 S. 2 haftungsbegründend ist. Wenn jede von mehreren Handlungen allein den Schaden verursacht haben könnte, wird auch von **konkurrierender Kausalität** oder **Doppelkausalität**[289] gesprochen. Alle Handlungen sind ursächlich und damit haftungsbegründend. Die conditio sine qua non-Formel (vgl. → Rn. 128) bedarf in diesem Fall einer wertenden Korrektur.

132 Wird die **Kausalität unterbrochen**, so schließt dies die Zurechnung aus. Voraussetzung ist, dass ein neues Geschehen nach dem ursprünglichen ersten Schadensereignis eintritt, der ursprüngliche Zusammenhang zwischen dem (ersten) Anfangsereignis und dem weiterhin entstandenen Schaden (bzw. Rechtsgutverletzung) vollständig unterbrochen und das zweite Ereignis von dem ersten Schadensereignis vollständig unabhängig ist. Dann wirkt sich die Erstursache auf den Schaden nicht mehr aus (**Abbruch der Kausalität**). Dies ist aber nicht der Fall, wenn das erste Ereignis überhaupt erst die Bedingung für den Eintritt des zweiten gesetzt hat.[290]

---

286 BGHZ 132, 341 m. w. N. zu Folgeschäden.
287 Vgl. *Lange/Schiemann*, § 3 XII 1, S. 156 m. w. N.
288 So etwa *Deutsch*, Allgemeines Haftungsrecht, Rn. 152: Das Problem der alternativen Kausalität liege im Beweisrecht. Vgl. zur uneinheitlichen Terminologie *Lange/Schiemann*, § 3 XII 1, S. 156 Fn. 473.
289 *BGH* NJW 2014, 2029.
290 Vgl. BGHZ 199, 237 (Weiterverbreitung eines Internet-Beitrags durch Dritte im Internet); BGHZ 58, 162 m. w. N. (Grünstreifen-Fall).

Beispiel: S verursacht einen Autounfall. Die nachfolgenden, an der Weiterfahrt gehinderten Fahrzeuge überfahren zur Weiterfahrt den Grünstreifen und beschädigen ihn. Eine Unterbrechung der Kausalität des Autounfalls (Anfangsereignis) für die Beschädigung des Grünstreifens (Rechtsgutverletzung) durch das Fahrverhalten der weiteren Autofahrer (Zweitereignis) liegt nicht vor, weil der Autounfall die Bedingung für das Überfahren des Grünstreifens gesetzt hat und der Entschluss der Kfz-Fahrer zum Überfahren des Grünstreifens (zweites Ereignis) vom Autounfall nicht völlig unabhängig ist (vgl. zu den Grünstreifen-Fällen → Rn. 136 und 148).

Von Unterbrechung der Kausalität wird auch gesprochen, wenn trotz bestehender Ursächlichkeit des Erstereignisses ein überragendes Zweitereignis eintritt, das die Haftung begründet und die Haftung des Erstverursachers ausschließt (z. B. Schadensverursachung durch freiverantwortliche Entscheidung des Zweitverursachers, vorsätzlich freiwilliges Dazwischentreten Dritter). Weil das Erstereignis gleichwohl äquivalent kausal ist und eine Haftung des Erstverursachers nur aufgrund einer Wertung ausscheidet, spricht man besser von Unterbrechung des Haftungszusammenhanges.[291]

b) Besonderheiten beim Unterlassen

Beim **Unterlassen** ist die conditio sine qua non-Formel modifiziert anzuwenden. Es wird geprüft und gefragt, ob die zu fordernde Handlung nicht hinzugedacht werden kann, ohne dass der Erfolg in seiner konkreten Gestalt entfiele. Oder positiv formuliert: Das Unterlassen ist für den Verletzungserfolg kausal, wenn pflichtgemäßes Handeln den Eintritt des Verletzungserfolges mit an Sicherheit grenzender Wahrscheinlichkeit verhindert hätte. Die bloße Möglichkeit oder eine gewisse Wahrscheinlichkeit genügen nicht.[292] Notwendig ist also ein hypothetisches Urteil. **133**

> **Fall (*BGH* NJW 1968, 1182):** A beauftragt die Malerfirma B mit der Renovierung seiner Küche und seiner Speisekammer, die der Malergeselle M ausführt. Auf dem Boden der Speisekammer steht eine mit Natronlauge gefüllte Bierflasche, die A dort vergessen hat. Die Flasche trägt den handschriftlichen Vermerk »Lauge lebensgefährlich«. M stellt seine Bierflasche, aus der er während der Arbeitspause trinken will, neben die Flasche mit Natronlauge. In der Arbeitspause verwechselt er die beiden Flaschen, trinkt von der Natronlauge und erleidet innere Verletzungen. M verlangt von A Schadensersatz. **134**

Lösung:

I. Anspruch aus §§ 631, 280 Abs. 1, 241 Abs. 2 [§ 282 erfasst dagegen nur Schadensersatz statt der Leistung] wegen Verletzung einer nicht leistungsbezogenen Nebenpflicht (hier: Schutzpflicht des Bestellers gegenüber dem Werkunternehmer bzw. dessen Arbeitnehmern) (–), weil M nicht Vertragspartei ist.

II. Anspruch aus §§ 631, 280 Abs. 1 i.V. m. Vertrag mit Schutzwirkung zugunsten Dritter (+)
Eine schuldhafte Nebenpflichtverletzung (§ 280 Abs. 1) liegt vor. M steht in Leistungsnähe zu A, der Vertrag hat einen personenrechtlichen Einschlag, und die Einbeziehung des M in den Vertrag ist für A erkennbar. Das Schutzbedürfnis des B entfällt nicht deshalb, weil er einen eigenen deliktischen Anspruch hat; erforderlich wäre ein eigener, inhaltsgleicher Anspruch gegen einen Dritten.[293]

---

291 So *Deutsch*, Allgemeines Haftungsrecht, Rn. 156. Entsprechendes gilt für die haftungsausfüllende Zurechnung, vgl. *BGH* NJW 2018, 866 (zur Zurechnung eines Verdienstausfalls, wenn sich der Verletzte eigenverantwortlich einem anderen Beruf zuwendet); BGHZ 211, 375 (zur Haftung eines Fußballspielzuschauers wegen des Zündens eines Sprengkörpers für eine dem Verein vom Sportgericht auferlegte Geldstrafe) mit Bespr. *Mäsch*, JuS 2017, 261.

292 BGHZ 34, 206 (umstürzender Grabstein).

293 BGHZ 70, 327: Kein Schutzbedürfnis, wenn der Geschädigte eigene vertragliche Ansprüche desselben Inhalts, wenn auch gegen einen anderen Schuldner, hat wie diejenigen, die er durch Vertrag mit

III. Anspruchsgrundlage ist § 823 Abs. 1.

    1. M ist in seiner Gesundheit verletzt worden.

    2. Diese Rechtsgutverletzung muss durch ein dem A zurechenbares Handeln geschehen sein.

       a) Hier ist nicht von einem positiven Tun auszugehen, sondern von einem Unterlassen. A hat sich durch das Einfüllen der Natronlauge in eine Flasche noch nicht dem M gefährdend genähert. Entscheidend ist vielmehr, dass A es nicht verhindert hat, dass sich M der Gefahr nähert. Außerdem liegt der Schwerpunkt der Vorwerfbarkeit darin, dass Sicherungsmaßnahmen nicht getroffen werden, die eine Gefährdung ausgeschlossen hätten (z. B. Wegschließen der Flasche mit Natronlauge). Der Schwerpunkt der Vorwerfbarkeit liegt damit darin, dass A es unterlassen hat, Sicherungsvorkehrungen zu treffen.

       b) Dieses Unterlassen, Sicherungsvorkehrungen zu treffen, ist nur dann ein tatbestandsmäßiges Handeln, wenn für A eine Rechtspflicht zum Handeln bestand. A muss eine Verkehrssicherungspflicht haben, diese Pflicht muss gegenüber dem verletzten M bestehen und A muss diese Pflicht verletzt haben.

          (aa) Aus dem Werkvertrag sowie der allgemeinen Verkehrssicherungspflicht ergibt sich, dass der Besitzer gefährlicher Flüssigkeiten verpflichtet ist, die erforderlichen Vorkehrungen zu treffen, damit der Vertragspartner bzw. befugte Dritte nicht mit diesem Mittel in Berührung kommen. Der Besitzer muss aufgrund der Verkehrssicherungspflicht die erforderlichen Vorkehrungen treffen, um Gefahren anderer zu verhindern.

          (bb) Diese Pflicht besteht jedenfalls gegenüber allen denjenigen, welche die Wohnung befugtermaßen betreten. M hält sich befugtermaßen (zur Durchführung der Renovierung) in der Wohnung des A auf, sodass ihm gegenüber die Verkehrssicherungspflicht besteht.

          (cc) Der Umfang der Verkehrssicherungspflicht richtet sich danach, welche Sicherungsvorkehrungen vom Verkehr gefordert und erwartet werden können. Das Schild auf der Flasche allein ist nicht ausreichend, weil die Lauge sehr gefährlich ist. A müsste die dem M gegenüber bestehende Verkehrssicherungspflicht verletzen. A hätte die Flasche vor Beginn der Arbeiten wegnehmen[294] und so aufbewahren müssen, dass die Flasche nicht in die Hände des M gelangen konnte.

    3. Zurechnung? Das Unterlassen muss für die Gesundheitsverletzung kausal geworden sein.

       a) Voraussetzung der Kausalität beim Unterlassen ist, dass der Verletzungserfolg mit an Sicherheit grenzender Wahrscheinlichkeit ausgeblieben wäre, wenn die pflichtgemäße Handlung hinzugedacht würde (Äquivalenztheorie). Hätte A die Flasche mit der Lauge weggeschlossen, wäre mit an Sicherheit grenzender Wahrscheinlichkeit die Gesundheitsverletzung des M verhindert worden. Das Unterlassen ist daher kausal.

       b) Zweifel hinsichtlich der Adäquanz und des Schutzzweckes der Norm bestehen nicht.

    4. Rechtswidrigkeit und Verschulden liegen vor.

    5. Der Tatbestand des § 823 Abs. 1 (Gesundheitsverletzung) ist daher erfüllt.

2. Einschränkungen

135   Erforderlich ist ein Korrektiv, das den Kreis der naturwissenschaftlichen Folgen (einer Handlung) im Interesse billiger Ergebnisse auf die zurechenbaren Folgen einschränkt.[295] Dabei handelt es sich nicht um eine Frage der (naturwissenschaftlichen) Kausalität, sondern der wertenden Einschränkung der Zurechnung im Interesse der Billigkeit.[296] Diese Beschränkungen gelten nach wohl noch h. M. sowohl für die haftungsbegründende als auch die haftungsausfüllende Kausalität.[297]

Schutzwirkung durchsetzen will. Zum Vertrag mit Schutzwirkung zugunsten Dritter vgl. BeckOK BGB/*Janoschek*, § 328 Rn. 45 ff.; MüKoBGB/*Gottwald*, Bd. 2, § 328 Rn. 164 ff.

294 *BGH* NJW 1968, 1182.

295 So BGHZ 3, 261.

296 BGHZ 3, 261; vgl. RGZ 158, 34, 38 (Silberfüchse-Fall).

297 Vgl. beispielsweise Jauernig/*Teichmann*, § 823 Rn. 25 m. w. N.

a) Adäquanztheorie

Adäquat kausal ist jeder Umstand, der generell geeignet ist, den Verletzungserfolg her- **136**
beizuführen. Die adäquate Verursachung fehlt, wenn der Erfolg völlig außerhalb aller
Wahrscheinlichkeit liegt, insbesondere nur durch ein völlig ungewöhnliches Zusammenwirken mehrerer Umstände verursacht worden ist.

In der Rechtsprechung sind folgende Formeln gängig: Ein adäquater Zusammenhang
liegt vor, wenn eine Tatsache im Allgemeinen und nicht nur unter besonders eigenarti-
gen, ganz unwahrscheinlichen und nach dem regelmäßigen Verlauf der Dinge außer
Betracht zu lassenden Umständen zur Herbeiführung eines Erfolges geeignet war.[298]
Erforderlich ist, dass eine Bedingung die objektive Möglichkeit eines Erfolges von der
Art des eingetretenen Erfolgs generell in nicht unerheblicher Weise erhöht hat.[299]

Bei der wertenden Würdigung sind alle zurzeit der Schädigung dem optimalen Beob-
achter erkennbaren Umstände sowie die dem Schädiger darüber hinaus bekannten
Umstände zu berücksichtigen. Es ist das gesamte im Zeitpunkt der Beurteilung zur
Verfügung stehende Erfahrungswissen heranzuziehen.[300]

Beispiele:
- Durch das Fahrverhalten des A wird ein Unfall verursacht. Es liegt nicht außerhalb aller Wahrscheinlichkeit, dass die nachfolgenden Pkw über den Radweg und Fußweg fahren und diese erheblich beschädigen, wenn die Straße blockiert ist. Erfahrungsgemäß gibt es in diesen Fällen immer wieder Fahrer, die – verkehrswidrig und strafbar (§ 303 StGB) – nicht so lange warten, bis die Weiterfahrt auf der
  Straße möglich ist; die Reaktion des nachfolgenden Verkehrs liegt deshalb im Rahmen des Voraussehbaren[301] (BGHZ 58, 162 »Grünstreifen«-Fall; vgl. → Rn. 148).
- B versetzt den K so in Erregung, dass dieser einen Schlaganfall erleidet. Dass diese Gesundheitsverletzung
  möglicherweise nur eingetreten ist, weil K an Bluthochdruck (Hypertonie) leidet, steht einer Schadensersatzpflicht des B nicht entgegen: Dem Schädiger sind auch die Auswirkungen einer Verletzungshandlung zuzurechnen, die sich erst deshalb ergeben, weil der Verletzte bereits einen Körperschaden oder eine
  sonstige konstitutionelle Schwäche (sog. Schadensanlage) hat (BGHZ 107, 359, 363; vgl. → Rn. 141).
- Ein Angestellter des S fuhr mit dessen Kfz im Jahr 1937 den G an, der in Folge dieses Unfalls sein Bein
  verlor. Auf Grund dieser Amputation ist er im Jahr 1945 nicht in der Lage zügig vor einsetzendem Ar-
  tilleriebeschuss zu flüchten und wird durch einen Granatsplitter tödlich verletzt. Der BGH sieht hierin
  besonders eigenartige, ganz unwahrscheinliche und nach dem regelmäßigen Verlauf der Dinge außer
  Betracht zu lassende Umstände und verneint somit die Adäquanz (*BGH* NJW 1952, 1010).

Ein Teil der Lehre beschränkt die Adäquanztheorie auf die haftungsausfüllende Kausalität (als Korrektiv für das dort fehlende Erfordernis des Verschuldens vgl.
→ Rn. 179).[302] Ein Teil der Lehre lehnt die Adäquanztheorie als zur sachgerechten Einschränkung der Zurechnung ungeeignet ganz ab.

Fall (BGHZ 3, 261): Weil B die Breite seines Schiffes auf Anfrage zu gering angibt, werden die Schiffe **137**
des K und B nebeneinander in die Schleuse gefahren, obwohl die Schleuse dafür bei Ablassen des
Wassers nicht breit genug ist. Der Schleusengehilfe nimmt in Abwesenheit des an sich befugten

---

298 RGZ 133, 126, 127.
299 BGHZ 3, 261.
300 BGHZ 3, 261.
301 Problematisch ist aber die Zurechnung wegen des vorsätzlichen Verhaltens Dritter (Herausforde-
     rung).
302 Siehe beispielsweise MüKoBGB/*Wagner*, Bd. 6, § 823 Rn. 70; Zweifel an der Notwendigkeit im
     Rahmen der haftungsbegründenden Kausalität äußert auch *BGH* NJW 1993, 2234.

Schleusenmeisters die Schleusung vor. Beim Absenken des Wassers verklemmen sich beide Schiffe in der Schleuse. Zur Beseitigung der Verklemmung erhöht der Schleusengehilfe den Wasserspiegel, jedoch ohne Erfolg. Weil der Strom ausfällt und das Notaggregat nicht anspringt, kann der Wasserzustrom nicht gestoppt werden, sodass das Schiff des K überflutet wird und sinkt. K verlangt von B Ersatz.

Lösung: Anspruchsgrundlage ist § 823 Abs. 1.

1. Das Eigentum am Schiff des K wird verletzt.
2. B gibt die Breite seines Schiffes unrichtig an (Verletzungshandlung).
3. Diese Eigentumsverletzung müsste dem Verhalten des B zuzurechnen sein.
   a) Das Verhalten des B ist kausal i. S. der Äquivalenztheorie. Hätte B nicht die falsche Breite angegeben, dann wären die beiden Schiffe nicht zusammen geschleust worden, das Schiff des K nicht eingeklemmt und dann überflutet worden. Die unrichtige Angabe der Breite durch B ist also für die Eigentumsverletzung am Schiff des K (mit-)ursächlich.
   b) Adäquate Kausalität: Adäquat kausal ist jeder Umstand, der generell geeignet ist, einen konkreten Erfolg allein oder im Zusammenwirken mit anderen Umständen herbeizuführen. Die adäquate Verursachung fehlt, wenn der Erfolg nur deshalb eingetreten ist, weil ungewöhnliche Umstände zusammengewirkt haben.
   Im vorliegenden Fall ist das Schiff des K nur gesunken, weil es zu einer unglücklichen Verkettung von etlichen Umständen kam; nämlich (u. a.) folgende Umstände zusammengetroffen sind: Der Schleusenmeister ist nicht anwesend. Der Schleusengehilfe übernimmt – verbotswidrig – das Schleusen. Es wird zu spät bemerkt, dass die Schiffe sich verklemmen können; die Schleusung kann deshalb nicht gestoppt werden. Die Zufuhr von Wasser ist – anders als zu erwarten wäre – bei der starken Verklemmung nicht geeignet, die Kollision zu beheben. Der Strom fällt aus. Das Notstromaggregat lässt sich nicht einschalten.
   Man muss also fragen, ob die Eigentumsverletzung dem B noch zugerechnet werden kann, weil erst noch diese weiteren späteren Umstände zur Herbeiführung des Verletzungserfolges hinzutreten müssen. Der Eintritt eines jeden dieser Umstände – für sich genommen – entspricht durchaus der Lebenserfahrung und ist vom Standpunkt eines optimalen Beobachters generell geeignet, einen solchen Erfolg herbeizuführen.
   Dass aber im entscheidenden Moment alle Einzelursachen zusammentreffen, könnte als außergewöhnliche und besonders unglückliche Verkettung der Umstände anzusehen sein. Der BGH hat ein Fehlen der Adäquanz für denkbar gehalten und die Sache zur weiteren tatsächlichen Aufklärung an die Vorinstanz zurückverwiesen. Ob die Adäquanz heute angesichts der hohen Sicherheitserwartungen und -standards zu verneinen wäre, erscheint sehr zweifelhaft.
4. Ergebnis: Bejaht man die Adäquanz, ist ein Anspruch aus § 823 Abs. 1 gegeben.

138   **Fall (*OLG Köln* NJW 1982, 2260):** L unterhält intime Beziehungen zur Ehefrau des G. Frau G hält sich in der im zweiten Stock liegenden Wohnung des L auf, als Herr G in Begleitung eines Freundes dort laut schimpfend Einlass verlangt, um seine Frau herauszuholen. L löscht das Licht und öffnet nicht. Herr G steigt über ein Zimmerfenster gewaltsam ein, laut schimpfend und drohend gestikulierend. L weicht zurück, springt aus Angst, zusammengeschlagen zu werden, aus dem Fenster und verletzt sich dabei schwer. Ansprüche des L gegen Herrn G?

Lösung: Anspruch auf Schadensersatz aus § 823 Abs. 1?

1. Körperverletzung (+)
2. Drohen durch Eindringen, Beschimpfen und Gestikulieren des G als positives Tun
3. Zurechnung?
   a) Äquivalenz in Form der psychischen Kausalität (+) G hat durch sein (drohendes) Verhalten eine Bedingung für die Körperverletzung gesetzt. Wäre er nicht in die Wohnung eingedrungen, dann wäre L nicht aus dem Fenster des zweiten Stocks gesprungen.

b) Adäquanz (+) »Es ist nicht gänzlich unwahrscheinlich, dass jemand, der nach gewaltsamen Eindringen eines Fremden in seine Wohnung für Leib oder Leben fürchtet, auch einen gefährlichen Fluchtweg benutzt.«[303]

c) Im Hinblick auf den Schutzzweck der Norm bestehen keine Zweifel.

4. Rechtswidrigkeit und Verschulden (+)

5. Ergebnis: § 823 Abs. 1 (+)

b) Schutzzweck der Norm

Die **Lehre vom Schutzzweck (Schutzbereich) der Norm** ist neben der Adäquanz- 139 theorie als weiteres wertendes Zurechnungskriterium anerkannt, weil die Formel von der adäquaten Kausalität nicht immer ausreicht, um die Haftung gerecht zu begrenzen.[304] Sie ist im Rahmen der haftungsbegründenden und haftungsausfüllenden Kausalität, in deren Rahmen diese Lehre an sich entwickelt worden ist, zu prüfen. Dies gilt nicht nur für § 823 Abs. 2, sondern auch für § 823 Abs. 1. Dort geht es um den Schutzzweck der – von Rechtsprechung und Lehre ausgeformten – ungeschriebenen Verhaltensgebote.[305] Es gilt auch für Gefährdungshaftungstatbestände wie § 7 Abs. 1 StVG.[306]

Die Rechtsgutverletzung (bzw. der Schaden bei der haftungsausfüllenden Kausalität) muss in den Schutzbereich der verletzten Norm bzw. des geltend gemachten Schadensersatzanspruchs fallen.[307] Entscheidend dafür ist, ob die vom Schädiger verletzte Norm gerade dazu dient, den eingetretenen Verletzungserfolg zu verhindern. Daran fehlt es, wenn die Rechtsgutverletzung (bzw. der Schaden) nicht mehr eine spezifische Auswirkung derjenigen Gefahren ist, für welche die geltend gemachte Vorschrift schadlos halten will. Dies trifft vor allem bei Rechtsgutverletzungen (bzw. Schäden) zu, in denen sich ein eigenständiger, anderer Gefahrenkreis verwirklicht hat. Für die Prüfung muss im Einzelfall die verletzte Verhaltensnorm und deren Sinn und Tragweite ermittelt werden.

Fall (BGHZ 115, 84 »Panik im Schweinestall«): L ist Eigentümer eines landwirtschaftlichen Hofes, 140 in dessen Stallungen er u. a. eine Schweinezucht in Intensivtierhaltung betreibt. Autofahrer A stößt infolge einer Vorfahrtverletzung an einer Kreuzung mit einem anderen Pkw zusammen. An beiden Fahrzeugen entsteht nur leichter Sachschaden. Schlimmere Folgen hat der Unfall im Schweinestall, der ca. 50 m von der Unfallstelle entfernt liegt: Die »Schweine quieken und kreischen, wie wenn sie geschlachtet würden«. L muss feststellen, »dass die Schweine [infolge der Unfallgeräusche] in Panik geraten waren und sich wie wilde Tiere gebärdeten; einige lagen bereits verendet auf dem Boden, andere bluteten«. Sechs hochtragende Jungsauen sind verendet. L verlangt von A 9.000,– € Schadensersatz. Zu Recht?

---

303 *OLG Köln* NJW 1982, 2260, 2261 prüft die haftungsausfüllende Kausalität, meint aber die haftungsbegründende.

304 So BGHZ 27, 137.

305 *BGH* NJW 2013, 1679; BGHZ 201, 263 (Kein deliktischer Schutz eines sorgeberechtigten Elternteils vor psychischen Belastungen durch Kenntniserlangung über mögliche genetische Disposition der gemeinsamen Kinder).

306 *BGH* NJW 2013, 1679.

307 BGHZ 27, 137; 107, 359; *BGH* NJW 2012, 2964 (verneint für Folgeschäden, soweit sie ab einem gewissen Zeitpunkt durch eine neurotische Begehrenshaltung geprägt sind).

Lösung:

1. § 7 Abs. 1 StVG?

Der Tod der Schweine ist nach § 90a als Sachbeschädigung zu werten.

a) Fraglich ist, ob diese Rechtsgutverletzung »bei dem Betrieb« des von A gehaltenen Kfz erfolgte (Frage der Haftungsbegründung). Der von A verursachte Unfall ist (psychisch) kausal im Sinne der Äquivalenztheorie (»conditio sine qua non«). Die Formulierung »bei dem Betrieb« fordert jedoch einen spezifischen Zusammenhang: Die vom Kfz als solchem ausgehende Gefahr muss sich auf den Schadensablauf ausgewirkt haben, dieser muss in spezifischer Weise durch das Kfz mitgeprägt worden sein. Ob dies der Fall ist, muss in einer am Schutzzweck der Haftungsnorm orientierten wertenden Betrachtung beurteilt werden. Im Schadensfall hat sich in erster Linie das Risiko verwirklicht, das L selbst dadurch geschaffen hat, dass er die Schweine unter Bedingungen aufgezogen hat, die sie für jegliche Geräusche besonders anfällig machen und zu Panikreaktionen führen können. Die Panikreaktion der Schweine ist in erster Linie auf die ungewöhnliche Empfindlichkeit der Schweine infolge der Aufzuchtbedingungen zurückzuführen. Die entscheidende und eigenständige Schadensursache liegt damit in den Aufzuchtbedingungen, die L selbst geschaffen hat. Es hat sich ein gegenüber der Betriebsgefahr eigenständiger Gefahrenkreis verwirklicht, für den die Haftungsvorschrift den Verkehr nicht schadlos halten will.

b) Ein Anspruch aus § 7 Abs. 1 StVG scheidet damit aus.

2. § 823 Abs. 1?

a) Eigentumsverletzung: + (Schweine des L)

b) Die Vorfahrtverletzung des A ist für die Eigentumsverletzung i. S. der Äquivalenztheorie kausal.

c) Es liegt auch nicht außerhalb aller Wahrscheinlichkeit, dass Tiere durch einen lauten Knall in Panik geraten (Adäquanz).

d) Schutzzweck der Norm? Für § 823 Abs. 1 ist die Frage zu stellen, ob die fahrlässig verletzte Pflicht zur Vorfahrtsgewährung vor solchen Eigentumsverletzungen (Gefahren) schützen will. Das ist aus den oben genannten Gründen zu verneinen: Es hat sich eine andere Gefahr verwirklicht als die, vor der die von A verletzte Sorgfaltspflicht schützen will.

e) Ergebnis: kein Schadensersatzanspruch aus § 823 Abs. 1.

---

141   **Fall (BGHZ 107, 359):** B verursacht schuldhaft einen Verkehrsunfall, indem er die Vorfahrt missachtet und das Kfz des K anfährt. Nachdem B den K vor der Polizei als wahren Schuldigen darzustellen versucht hat, bekommt K, der an Bluthochdruck leidet, einen Schlaganfall. Der seitdem arbeitsunfähige K verlangt von B Ersatz der durch den Schlaganfall erlittenen Schäden.

Lösung:

I. K könnte einen Schadensersatzanspruch aus § 823 Abs. 1 haben.

1. Folgeschaden aus Eigentumsverletzung

a) B beschädigt durch vorschriftswidriges Fahrverhalten äquivalent und adäquat kausal, rechtswidrig und schuldhaft das Kfz des K und erfüllt damit den haftungsbegründenden Tatbestand.

b) Es scheitert aber die haftungsausfüllende Zurechnung: Die Eigentumsverletzung (erste Rechtsgutverletzung) ist zwar äquivalent und adäquat kausal für die Auseinandersetzung zwischen K und B vor der Polizei und den folgenden Schlaganfall (weitere Rechtsgutverletzung). Jedoch liegt der durch die Beschuldigung gegenüber der Polizei hervorgerufene Gesundheitsschaden außerhalb des Schutzzweckes der Pflicht zur Vorfahrtsgewährung (vgl. voranstehenden Fall).[308]

2. (Folgeschaden aus) Gesundheitsverletzung infolge des Fahrfehlers

a) Der Schlaganfall des K stellt eine Gesundheitsverletzung dar.

---

308 Im BGH-Fall fehlte im Klagevortrag (u. a.) jeder Anhalt dafür, dass der zum Schlaganfall führende Erregungszustand durch die Aufregung über die Beschädigung des Kfz ausgelöst wurde (BGHZ 107, 359).

b) Der Fahrfehler des B führt die Gesundheitsverletzung kausal i. S. der Äquivalenztheorie herbei (ohne Unfall keine Vorhaltungen vor der Polizei, ohne Vorhaltungen vor der Polizei kein Schlaganfall). Es liegt psychische Kausalität vor, weil die Gesundheitsverletzung nicht auf einem physischen Eingriff beruht. Dies steht der Kausalität i. S. der Äquivalenztheorie aber nicht entgegen.

c) Die Schadensanlage des K (Bluthochdruck) lässt die Rechtsgutverletzung nicht als unwahrscheinlich und ungewöhnlich erscheinen und steht einer adäquaten Kausalität damit nicht entgegen (Adäquanz).

d) Es fehlt jedoch am Schutzzweckzusammenhang zwischen Fahrfehler und Gesundheitsverletzung. § 8 StVO (Vorfahrt) »will keinen Schutz davor gewähren, dass ein durch ihre Missachtung verursachter Unfall auf die vom Kläger behauptete Weise durch Belastungen, die der Geschädigte erst durch Aufregung im Zusammenhang mit der Unfallaufnahme erfährt, zu einem Schlaganfall führt«.[309] Es realisieren sich nicht die Gefahren, welche die verletzte Verhaltensnorm verhüten will; denn § 8 StVO will nur die Gesundheitsschäden verhindern, die mit den Unfallrisiken im Verkehr in einem inneren Zusammenhang stehen. Der Schutz vor Gefahren aus Verhalten des Schädigers nach dem Unfallgeschehen wird von § 8 StVO nicht erfasst.

3. (Folgeschaden) aus Gesundheitsverletzung infolge der Vorhaltungen des B nach dem Unfall.
   a) Die Vorhaltungen (Handlung des B) sind für die Gesundheitsverletzung des K (Schlaganfall) kausal i. S. der Äquivalenz- und Adäquanztheorie.
   b) Das Verhalten des B ist jedoch nicht rechtswidrig: Der Versuch eines Unfallbeteiligten, nach dem Unfall einen anderen als Schuldigen darzustellen, überschreitet grundsätzlich nicht das Maß, das jeder Verkehrsteilnehmer nach einem Unfall ohne Anspruch auf Schadensersatz hinnehmen muss (zur Lehre vom Handlungsunrecht bei mittelbarer Verletzung – hier durch psychische Kausalität – vgl. → Rn. 160).
   c) Folgt man dagegen der Lehre vom Erfolgsunrecht, dann ist zwar Rechtswidrigkeit gegeben, es fehlt aber am Verschulden.

4. Für einen Anspruch aus § 823 Abs. 2 i. V. m. § 8 StVO (Vorfahrt) gilt Entsprechendes.

5. Dass B gegen §§ 164 ff., 185 ff. StGB verstoßen hat und deshalb nach § 823 Abs. 2 schadensersatzpflichtig ist, ist nach dem Sachverhalt nicht zu begründen.

6. Ansprüchen aus § 7 Abs. 1 und § 18 Abs. 1 StVG steht entgegen, dass der Schaden nicht mit der Betriebsgefahr im inneren Zusammenhang steht (vgl. schon vorstehend). Die von dem Kfz als solchem ausgehenden Gefahren müssen sich realisieren (Zusammenhang zwischen Betriebsgefahr und Schaden). Im Fall hat sich aber ein eigenständiger Gefahrenkreis verwirklicht (allgemeines Lebensrisiko), der dem Schädiger nicht zuzurechnen ist.

7. Ergebnis: K hat keine Schadensersatzansprüche.

Vertiefungshinweis: Fälle zur haftungsbegründenden Kausalität   **142**
Bei den nachfolgend angeführten Fällen hat die Rechtsprechung teilweise die haftungsausfüllende Kausalität geprüft; dogmatisch korrekt ist in den Fällen aber eine Prüfung der (vorrangigen) Frage der Haftungsbegründung.

1. Adäquanz
   – BGHZ 79, 259: Einsturz eines Daches durch unstabilen Zustand wegen Luftdrucks bei Überfliegen mit Hubschrauber – Anspruch aus § 33 LuftVG (§ 823 Abs. 1 wird nicht geprüft) – Adäquanz bejaht.
   – *OLG Karlsruhe* MDR 1993, 29: Herzinfarkt aus Erregung über Rauferei unter Hunden – Anspruch aus § 833 S. 1 – keine Adäquanz.
   – RGZ 81, 359: Beschädigung einer Sache wegen schlechten Wetters bei der verspäteten, zu vertretenden Erfüllung eines Schleppvertrages – Anspruch aus pVV – Adäquanz bejaht.
   – RGZ 158, 34, 38 »Silberfüchse«-Fall: Tierschäden wegen des Anblicks und der Geräusche in großer Höhe ruhig dahinfliegender Flugzeuge und ungewöhnlicher Empfindlichkeit der Tiere – Anspruch aus § 19 LuftVG (§ 823 Abs. 1 wurde nicht geprüft) – keine Adäquanz.

---

309 BGHZ 107, 359.

2. Schutzzweck der Norm
   – *BGH* NJW 1977, 2264, 2265: Blockierung einer Zufahrtstraße zu Betriebsgrundstück durch Einsatzfahrzeuge zur Sicherung und Überwachung einer Brandstätte auf einem anderem Grundstück – Anspruch aus § 823 Abs. 1 (Eigentum, Bewegungsfreiheit, eingerichteter und ausgeübter Gewerbebetrieb) – Schutzzweckzusammenhang verneint.
   – *BGH* NJW 1977, 2264, 2265 (Beispiel nur als obiter dictum): nachfolgende Verkehrsteilnehmer erleiden wegen eines durch einen Unfall verursachten Verkehrsstaus Vermögens(folge)schäden – Der BGH prüft nur § 823 Abs. 2 i.V. m. den verletzten Verkehrsvorschriften; doch gilt für § 823 Abs. 1 (Verletzung der Freiheit) nichts anderes – Schutzzweckzusammenhang verneint.

3. Zusammenfassung

143

Haftungsbegründende Zurechnung
= Kausal- und Zurechnungszusammenhang zwischen dem Verhalten und der ersten Rechts-(gut-)verletzung (haftungsbegründende Kausalität) (→ Rn. 127)
1. Äquivalent kausal Äquivalenztheorie (= Gleichwertigkeit aller Bedingungen): Ursächlich ist jede Bedingung, ohne die der konkrete Erfolg (Rechts-[gut-]verletzung) nicht eingetreten wäre (conditio sine qua non) (→ Rn. 128); bei Unterlassen: Pflichtgemäßes Handeln hätte den Verletzungserfolg mit an Sicherheit grenzender Wahrscheinlichkeit verhindert (→ Rn. 133).
2. Adäquat kausal Adäquanztheorie: Das zum Schaden führende Ereignis muss im Allgemeinen und nicht nur unter besonders eigenartigen, unwahrscheinlichen und nach dem gewöhnlichen Verlauf der Dinge außer Betracht zu lassenden Umständen geeignet sein, einen Erfolg der eingetretenen Art herbeizuführen (→ Rn. 136).
3. Schutzzweck der Norm Die Norm muss dazu dienen, den konkreten Verletzungserfolg zu verhindern. Das ist nicht der Fall, wenn sich in der Rechts-(gut-)verletzung nicht die Gefahr verwirklicht, vor der die Vorschrift schützen will (→ Rn. 139).

II. Sonderfälle

1. Schockschäden

144 Der Geschädigte erleidet eine Gesundheitsverletzung (seelische Erschütterung, Nervenschock). Diese wird aber nicht durch physische Einwirkung auf die Person verursacht, sondern stellt eine psychische Reaktion des Verletzten dar (sog. **psychische Kausalität**).

Beispiel: Als die Ehefrau vom tödlichen Unfall ihres Ehemannes, den ein Dritter (B) verursacht hat, hört, erleidet sie einen Nervenzusammenbruch, dessen Behandlung Kosten verursacht. Es stellt sich die Frage, ob die Ehefrau diesen Schaden von B ersetzt verlangen kann.

Der Schädiger hat dann nicht nur sein unmittelbares Opfer (Ehemann bei Unfall) verletzt, sondern auch den (benachrichtigten) nahen Angehörigen (Ehefrau), dessen Gesundheit verletzt wird (eigene Rechtsgutverletzung).

Erforderlich ist eine **eigene Körper- oder Gesundheitsverletzung** i.S. des § 823 Abs. 1, die **pathologisch fassbar** ist und nach Art und Schwere über die bloßen gesundheitlichen Beeinträchtigungen hinausgeht, denen nahe Angehörige bei Todesnachrichten erfahrungsgemäß ausgesetzt sind. Begründet wird dieses restriktive Verständnis mit der **Abgrenzung zum allgemeinen Lebensrisiko**[310] und der grundsätzlichen Intention, die Delikthaftung des § 823 Abs. 1 sowohl nach den Schutzgütern als auch den durch sie gesetzten Verhaltenspflichten auf klar umrissene Tatbestände zu beschränken.[311]

Beispiel: Schmerz, Trauer, Niedergeschlagenheit und bloß seelische Erschütterungen reichen nicht aus, erforderlich ist eine traumatische Beeinträchtigung der physischen und psychischen Gesundheit, die medizinisch fassbar ist und deshalb darüberhinausgehenden Krankheitswert besitzt.[312]

Der durch die Gesundheitsverletzung entstandene Schaden (sog. **Schockschaden**)[313] ist vom Schädiger grundsätzlich zu ersetzen (→ Rn. 129).[314]

Wegen der nur psychischen Vermittlung der Schädigung werden jedoch besondere 145 Anforderungen an den haftungsrechtlichen **Zurechnungszusammenhang** gestellt. Die Rechtsprechung[315] bejaht die Ersatzfähigkeit solcher Schockschäden unter folgenden Voraussetzungen:[316]

– Der Schockgeschädigte ist **direkt am Unfall Beteiligter.**[317] In dieser Konstellation bedarf es keiner weiteren Eingrenzung. Dem Schädiger ist auch die nur psychisch vermittelte Rechtsgutverletzung zuzurechnen, da er »dem Geschädigten die Rolle eines unmittelbaren Unfallbeteiligten aufgezwungen hat«.

– Der Schockgeschädigte ist zwar **nicht direkt am Unfall Beteiligter,** seine Gesundheitsschädigung stellt dennoch eine nachvollziehbare Reaktion dar (Adäquanz). Dies ist jedenfalls dann der Fall, wenn der Schock durch die Nachricht von einem schweren Unfall eines nahen Angehörigen ausgelöst wird.[318] Es gilt hingegen nicht, wenn der Schockschaden durch die Kenntnisnahme von dem Tod eines Tieres ausgelöst wird.[319]

---

310 Z. B. Zurechnung psychischer Gesundheitsverletzung eines Polizeibeamten, die infolge der unmittelbaren Beteiligung an einem durch einen Amoklauf ausgelösten Geschehen eingetreten ist ungeachtet der Verwirklichung eines berufsspezifischen Risikos des Polizeibeamten; *BGH* VersR 2018, 829.

311 Vgl. *BGH* NJW 2015, 2246; *BGH* VersR 1989, 853 (kein Ersatz für wegen Trauer der Eltern nicht angetretener Urlaubsreise).

312 *BGH* NJW 2015, 1451. Vgl. jedoch den RegE eines Gesetzes zur Einführung eines Anspruchs auf Hinterbliebenengeld, BR-Drs. 127/17 v. 9.2.2017.

313 Terminologisch ist zwischen dem Schaden (Verminderung des Vermögens etwa durch Kosten einer ärztlichen Behandlung) und der Rechtsgutverletzung (seelische Beeinträchtigung) zu unterscheiden. Die Rspr. spricht teilweise von »Schockschaden«, meint aber die Rechtsgutverletzung.

314 Näher dazu *Brand*, Schadensersatzrecht, S. 37 ff.

315 Grundlegend BGHZ 56, 163; vgl. auch *LG Köln* NJW-RR 2005, 704, 706.

316 Der Haftungsausschluss gem. § 105 Abs. 1 SGB VII erfasst nicht Ersatzansprüche von Angehörigen oder Hinterbliebenen eines Versicherten aufgrund sogenannter Schockschäden infolge eines Arbeitsunfalls des Versicherten – ausgeschlossen ist also nur der Anspruch des Arbeitnehmers; *BGH* VersR 2007, 803 f.

317 *BGH* VersR 1986, 240; *BGH* NJW 2015, 1451. Anders dagegen, wenn der Geschädigte nicht selbst unmittelbar an dem Unfall beteiligt war, BGHZ 172, 263 (Polizisten erleben, wie die Insassen der beteiligten Unfallfahrzeuge verbrennen, ohne helfen zu können).

318 Vgl. dagegen *BGH* VersR 1986, 240 für den Schockschaden eines Unfallbeteiligten; verneinend aber beispielsweise *OLG Celle* VersR 2006, 1376 f. (Schockschäden eines Stunden später an der Unfallstelle eintreffenden Berufsretters – es ging also nicht um einen Benachrichtigungsfall).

319 BGHZ 193, 34.

Beispiele:

146 – Der Ehemann der Klägerin wird bei einem Autounfall von B tödlich verletzt. Die Klägerin K verlangt vom Unfallverursacher Ersatz für den Gesundheitsschaden, den sie bei Benachrichtigung vom Unfall erlitten hat. Der BGH bejaht einen Schadensersatzanspruch aus § 823 Abs. 1, weil eine schwere Beeinträchtigung der Gesundheit gegeben ist, die über eine bloß übliche seelische Beeinträchtigung hinausgeht, und es sich um die Ehefrau, also eine nahe Angehörige handelt.[320]

– Die drei Kinder der Eltern E sind bei einem von B verschuldeten Unfall ums Leben gekommen. Die E erleiden dadurch schwere psychische und physische Folgen (*OLG Nürnberg* NZV 1996, 367; vgl. dazu *BVerfG* VersR 2000, 897).
Begründet ist ein Schadensersatzanspruch gegen B aus § 823 Abs. 1. (1) Die E haben eine Gesundheitsverletzung erlitten (sog. Schockschaden). (2) Diese ist dem B auch zuzurechnen. (a) Es liegt psychische Kausalität vor. (b) Die vom BGH entwickelten normativen Kriterien zur Zurechnung von sog. Schockschäden liegen vor: (aa) Die Gesundheitsverletzung überschreitet die Grenzen bloßer seelischer Erschütterung. (bb) Es ereignete sich ein schwerer Unfall, bei dem (cc) die Kinder ums Leben kamen. (3) Rechtswidrigkeit und Verschulden liegen vor. (4) B ist zum Ersatz des materiellen und immateriellen Schadens verpflichtet.

Dass ein »normaler« Unfall oder der Unfall einer dem (psychisch) Geschädigten nicht nahe stehenden Person oder eines Tieres[321] auch einen psychischen Schock herbeiführt, ist dagegen so ungewöhnlich, dass man die Voraussehbarkeit einer Gesundheitsbeschädigung verneinen muss und dem Schädiger diese Schadensfolge billigerweise nicht zuzurechnen ist.[322]

2. Rechts-(gut-)verletzung und Schadensverursachung durch Dritte

147 In bestimmten Fällen verletzt der Schädiger das Rechtsgut eines Geschädigten; daraufhin verursacht ein **Dritter** einen (weiteren) Schaden an einem anderen Rechtsgut des Geschädigten oder an einem Rechtsgut einer anderen Person.

Beispiele:

– (Erst-)Schädiger S verletzt den G bei einer Schlägerei. In der Notfallstation rutscht dem behandelnden Arzt das Skalpell ab und verursacht eine Stichverletzung an dem vorher unverletzten Bein des G.

– (Erst-)Schädiger S setzt das Haus des D fahrlässig in Brand. Die anrückende Feuerwehr setzt Löschwasser ein, das an die Wände des Nachbarhauses des G spritzt, dieses beschmutzt und dadurch beschädigt.

– (Erst-)Schädiger S kollidiert bei einem Überholmanöver mit dem Geldtransporter der G. Aus diesem werden im Anschluss Geldkoffer mit über 250.000,– DM entwendet (*BGH* NJW 1997, 865).

Es stellt sich die Frage, ob auch die durch den Dritten verursachte andere oder weitere Rechtsgutverletzung dem (Erst-)Schädiger zuzurechnen ist.

148 **Fall (BGHZ 58, 162 »Grünstreifen«-Fall):**[323] Fahrzeughalter B verursacht einen Autounfall. Weil B und der andere unfallbeteiligte Fahrer ihre beschädigten Fahrzeuge bis zum Eintreffen der Polizei am Unfallort auf der Straße stehen lassen, werden die nachfolgenden Fahrzeuge an der Weiterfahrt behin-

---

320 BGHZ 56, 163. Der BGH berücksichtigt das Mitverschulden des getöteten Ehemannes bei der Bemessung des eigenen Anspruchs der durch mittelbare Verursachung geschädigten Ehefrau durch entsprechende Anwendung des § 254, in dem sich der allgemeinere Rechtsgedanke des § 242 ausprägte (vgl. § 27 Rn. 1).

321 BGHZ 193, 34.

322 Vgl. BGHZ 56, 163.

323 Das *OLG Düsseldorf* (NJW 1955, 1030) bejahte in einem ähnlich gelagerten »Grünstreifen-Fall« eine Schadensersatzpflicht des Unfallverursachers, ging in der Entscheidungsbegründung aber nur

dert. Um das Hindernis zu passieren, fahren sie deshalb über den angrenzenden Geh- und Radweg und beschädigen diesen. Die Stadt K, Eigentümerin des Geh- und Radweges, verlangt dafür von B Schadensersatz, weil die Fahrzeugführer nicht ermittelt werden konnten.

Lösung:

I. Das zum Unfall führende Fahrverhalten des B[324]

1. B könnte als Kfz-Halter den Tatbestand des § 7 Abs. 1 StVG (vgl. → § 22 Rn. 7 ff.) erfüllen. Eine Rechtsgutverletzung in Form der Verletzung des Eigentums der Stadt K liegt vor.

   a) Fraglich ist der Zurechnungszusammenhang zwischen dem Kfz-Betrieb (Betriebsgefahr) und der Beschädigung der Wege (nur das prüfte der BGH zunächst).

   Kausalität i. S. der Äquivalenztheorie ist gegeben. Sie wird nicht durch die eigenverantwortliche Handlung der nachfolgenden Kfz-Fahrer unterbrochen. Denn nur, wenn die erste Ursache für das zweite Ereignis völlig unerheblich ist, kann von einem Unterbrechen des Kausalverlaufs gesprochen werden (vgl. → Rn. 132). Daran fehlt es hier aber, weil das Verhalten des B die Reaktion der Kfz-Fahrer gerade veranlasst hat.

   b) Fraglich ist die Adäquanz. Dass ungeduldige Fahrer über den Gehweg fahren, liegt nicht außer aller Wahrscheinlichkeit, vielmehr entspricht es der allgemeinen (Lebens-)Erfahrung. Insoweit lässt sich die Zurechnung nicht verneinen.

   c) Fraglich ist aber, ob der durch die Tatbestandsvoraussetzung »bei dem Betrieb« geforderte spezifische Schutzzweckzusammenhang besteht. Es stellt sich die Frage, ob die Beschädigung der Wege mit dem Kfz-Betrieb des B noch in einem schutzzweckspezifischen Zusammenhang steht. Wer die Verkehrssicherheit gefährdet und deshalb Rechtsgüter verletzt, haftet daraus nur für die Schäden, die mit der Verkehrssicherheit in einem spezifischen bzw. typischen Zusammenhang stehen. Im Fall stellt sich die Frage, ob die durch das Verhalten des B verletzte Verkehrssicherheit mit der Beschädigung der Wege spezifisch zusammenhängt. Der von B verursachte Unfall gibt hier nur Anlass und Motivation für das Überfahren der Wege. Das Überfahren der Wege beruht darüber hinaus auf einer freien Entscheidung. Es geschieht nicht mit Rücksicht auf die Verkehrssicherheit, die durch die zum Unfall führende Betriebsgefahr und das Fahrverhalten des B beeinträchtigt wird.[325] Zur Begründung eines zurechenbaren Zusammenhanges reicht dies nicht aus.[326]

2. Für einen Anspruch aus § 823 Abs. 1 und aus § 823 Abs. 2 i. V. m. einem Schutzgesetz aus der StVO gilt Entsprechendes (für das zum Unfall führende Verhalten als schädigende Handlung).

II. Stehenlassen des Kfz nach dem Unfall

1. Anspruch aus § 7 Abs. 1 StVG wegen verbotswidrigen Stehenlassens des Kfz nach dem Unfall?

---

auf die Problematik der Unterbrechung der Kausalität und der Adäquanz, nicht aber des Schutzzweckes der Norm ein.

324 Der *BGH* (BGHZ 58, 162 »Grünstreifen«-Fall) trennt bei Prüfung der Haftungsbegründung zwischen der Verursachung des Unfalls und dem Stehenlassen des Kfz nach dem Unfall.

325 Entscheidend ist eine Abgrenzung der Verantwortungsbereiche nach der Rechts- und Verkehrsordnung. Der Fahrer und Halter des (am Verkehrsunfall beteiligten) Kfz sind verantwortlich für den Zusammenstoß und die Folgen für andere Verkehrsteilnehmer, die etwa in den Unfall verwickelt worden sind sowie für alle durch den Zusammenstoß in Mitleidenschaft gezogenen Sachen. In den Pflichtenkreis von Fahrer und Halter fällt nicht mehr das, was sich, nachdem das Unfallgeschehen beendet ist, dadurch ereignet, dass die nachfolgenden, schon zum Halten gelangten Kraftfahrer über den Rad- und Gehweg fahren, um schnell vorwärts zu kommen. Dies zu verhindern, ist der Kfz-Fahrer und Halter weder in der Lage noch verpflichtet.

326 Der Schutzzweckzusammenhang müsste bejaht werden, wenn das nachfolgende Kfz einen Unfall, der sich in einer Kurve ereignet hat, zu spät sieht und auf den Rad- und Gehweg ausweicht, um einen Auffahrunfall zu verhindern. Derjenige, der den Unfall verursacht hat, haftet dann auch für die Beschädigung des Rad- und Gehweges. Vgl. dagegen *BGH* VersR 2004, 529 (dem Verursacher eines Erstunfalls ist ein Zweitunfall nicht zuzurechnen, wenn die Unfallstelle des Erstunfalls völlig ordnungsgemäß abgesichert wurde).

Der Schadensersatzanspruch könnte darauf beruhen, dass B sein Kfz auf der Straße stehen lässt und dadurch äquivalent und adäquat kausal die Beschädigung der Wege verursacht.[327] Auch insoweit stellt sich aber die Frage, ob der für § 7 Abs. 1 StVG erforderliche spezifische Schutzzweckzusammenhang gegeben ist. Dies ist im Ergebnis aus den zu I. 1 genannten Gründen zu verneinen. Der spezifische Zurechnungszusammenhang besteht nicht, wenn nachfolgende Verkehrsteilnehmer aufgrund des Hindernisses bereits schadlos zum Halt gekommen sind und sich nur zwecks Zeitersparnis entschließen, das Hindernis zu umfahren. Die haftungsbegründende Zurechnung ist daher zu verneinen.

2. Für Ansprüche aus § 823 Abs. 1 und § 823 Abs. 2 i. V. m. § 1 Abs. 2 StVO gilt Entsprechendes.[328]

149 **Vertiefungshinweis:** Rechtsgutverletzung durch Dritte und Haftungsbegründung bzw. Haftungsausfüllung

Wird ein weiteres Rechtsgut durch einen Dritten verletzt, so stellt sich die Frage, bei welchem Prüfungspunkt diese Problematik dogmatisch einzuordnen ist. Es ist zu differenzieren zwischen der Verletzung eines weiteren Rechtsgutes eines Geschädigten und der Verletzung eines Rechtsgutes eines zunächst Unbeteiligten.

1. Verletzung eines weiteren Rechtsgutes des Geschädigten
In diesem Fall (vgl. das Notfall- aber auch das Geldtransporter-Beispiel → Rn. 147) stellt sich die Frage im haftungsausfüllenden Tatbestand. Eine erste Rechtsgutverletzung ist bereits festgestellt und erfüllt den haftungsbegründenden Tatbestand. Zu prüfen ist, ob die weitere Rechtsgutverletzung des Geschädigten dem (Erst)Schädiger zuzurechnen ist. Das ist ein Problem der Haftungsausfüllung (vgl. → Rn. 188 ff.).[329]

2. Verletzung eines Rechtsgutes eines zunächst Unbeteiligten
In diesem Fall (Feuerwehr-Beispiel → Rn. 147; BGHZ 58, 162 »Grünstreifen«-Fall → Rn. 148) stellt sich die Problematik im haftungsbegründenden Tatbestand. Die Rechtsgutverletzung des zunächst Unbeteiligten ist die erste Rechtsgutverletzung, die für den Unbeteiligten den Tatbestand des § 823 Abs. 1 erst begründet.

3. Schädigung durch Geschädigten selbst

150 Vergleichbare Zurechnungsfragen wie bei dem Einschreiten Dritter bestehen, wenn die Schadensfolge auf einem selbstständigen oder freien Entschluss des Geschädigten selbst beruht (**Schädigung durch Geschädigten**). Es geht um die Frage, ob der Zurechnungszusammenhang durch den Entschluss des Geschädigten unterbrochen wird (vgl. zur Terminologie → Rn. 128).[330]

Beispiele:
- Der Polizist, der den fliehenden Täter verfolgt, knickt um und verletzt sich das Fußgelenk (Verfolgerfälle).
- G beauftragt einen Rechtsanwalt mit der Abwicklung eines Verkehrsunfalls, in den G unverschuldet verwickelt war (Rechtsverfolgungskosten).
- Begeht ein Arbeitnehmer einen Betrugsversuch gegenüber einem Geschäftspartner seines Arbeitgebers, so muss er seinem Arbeitgeber den dadurch entstehenden Schaden ersetzen. Dazu können auch die Aufwendungen des Arbeitgebers gehören, die erforderlich sind, um den Abbruch der Ge-

---

327 Der BGH weist ausdrücklich darauf hin, dass eine so begründete Haftung rechtlich von der Haftung aus dem vorausgegangenen Verhalten für die eigentlichen Unfallfolgen zu trennen ist (BGHZ 58, 162). Weil der Kläger dies im BGH-Fall nicht geltend gemacht hat, nahm der BGH dazu auch nicht weiter Stellung.

328 Die Grundregel des § 1 Abs. 2 StVO ist Schutzgesetz i. S. d. § 823 Abs. 2 (BGHZ 23, 90).

329 In Frage kommt auch eine Haftung des Zweitschädigers (Arzt). Problematisch ist dann die Haftungsbegründung.

330 BGHZ 57, 25; *Larenz*, SR I, § 27 III 4, S. 450; *Deutsch*, JZ 1967, 641; *ders.*, Allgemeines Haftungsrecht, Rn. 157 f.

schäftsbeziehungen mit dem Geschäftspartner zu verhindern[331] (Aufwendungen zur Abwehr oder Minderung eines Schadens).
– Vorsorge- und Vorhaltekosten; vgl. → § 25 Rn. 3 (Aufwendungen vor dem Schadensfall).

An sich wird dem Verletzer nach den allgemeinen Grundsätzen ein Verletzungserfolg **151** als adäquat kausal auch dann zugerechnet, wenn der Verletzungserfolg auf einem Fehlverhalten des Verletzten selbst (oder auf einem Fehlverhalten eines Dritten) beruht, wenn also – neben dem Schädiger – auch der Verletzte (oder ein Dritter) zur Verletzung beigetragen hat. Um das Haftungsrisiko des Schädigers aber nicht grenzenlos werden zu lassen, wird in den Fällen selbstschädigenden Verhaltens einschränkend darauf abgestellt, ob das Verhalten des Schädigers das Handeln des Geschädigten herausgefordert hat und herausfordern durfte (**sog. Herausforderungsformel**).[332]

Begründung: Die Haftung kann unbillig sein, wenn der Geschädigte selbst die Verletzungshandlung (unmittelbar) vorgenommen hat und der Anspruchsgegner nur mittelbar, wenn auch adäquat kausal, daran beteiligt ist. Eine solche nur mittelbare Verursachung (andere Formulierung: psychisch vermittelte Kausalität) ist insbesondere in den **sog. Verfolgerfällen** gegeben.

Die **Herausforderungsformel** des BGH gilt allgemein für schädigende Verhaltensweisen **152** des Geschädigten. Nur wenn der Geschädigte herausgefordert worden ist und sich auch herausgefordert fühlen durfte, hat der Schädiger einen gesteigerten Gefahrenzustand geschaffen, aufgrund dessen der Geschädigte eine (dem Schädiger) zurechenbare Verletzung der deliktisch geschützten Rechtsgüter und Rechte erleidet. Ein derart gesteigerter Gefahrenzustand mit der Folge der Zurechnung der Verletzung (Schaden) des Herausgeforderten hat die Rechtsprechung unter folgenden Voraussetzungen bejaht:

1. Eine Zurechnung des Schadens ist nur dann gerechtfertigt, wenn der Entschluss des Geschädigten, der eine neue Gefahr schafft, durch den haftungsbegründenden Vorgang des Schädigers herausgefordert ist (herausgefordertes Eingreifen). Daran fehlt es, wenn die Erstschädigung nur den äußeren Anlass und nur die Gelegenheit für den Geschädigten darstellt, sich zusätzlich einem unfallfremden Risiko auszusetzen (Unterbrechung oder Abbruch des adäquaten Ursachenzusammenhanges).[333]

Beispiel: Während einer tätlichen Auseinandersetzung verletzt S den G. D verfolgt den flüchtenden S nur deshalb, weil auch er »einmal zuschlagen« möchte und verletzt sich während der Verfolgung. In diesem Fall wird D nicht herausgefordert. Seine Verfolgung beruht auf einem selbstständigen Entschluss, für den die Erstschädigung (Verletzung des G) nur ein äußerer Anlass oder Gelegenheit ist. Eine Haftung des S für den Schaden des D scheidet damit aus.[334]

2. Das besondere Wagnis, das die Verfolgung mit sich bringt, muss in einem vernünftigen Verhältnis zu dem von dem Herausforderer (Schädiger) angerichteten und noch drohenden Schaden stehen (Verhältnismäßigkeit zwischen Zweck und erkennbarem Risiko der Verfolgung).[335]

---

331 *BAG* JZ 1976, 720 (LS 1).
332 Sinn der Einschränkung ist es, die mit der Flucht verknüpften Haftungsrisiken nicht ins Unermessliche wachsen zu lassen (BGHZ 63, 189).
333 In diesem Fall liegt zwar die Kausalität i. S. der Äquivalenztheorie vor, jedoch fehlt es an einem gesteigerten Gefahrenrisiko, sodass die wertende Zurechnung ausscheidet.
334 Andere Bsp.: BGHZ 57, 25; 132, 164; *BGH* NJW 1963, 1671 (keine Haftung für Impfschäden gelegentlich der Behandlung von Wunden).
335 Vgl. dazu bereits RGZ 29, 120, 123.

Beispiele:

– Der Schädiger verursacht einen geringfügigen Parkschaden und fährt kopflos mit weit überhöhter Geschwindigkeit davon. Kommt ein ganz unverständig handelnder Verfolger zu Schaden, so hat der Schädiger dafür nicht einzustehen (*BGH* NJW 1964, 1363, 1364 [Beispiel obiter dictum] in casu aber Haftung, da Verfolgung nach einem schwerwiegenden Unfall).
– Am Kfz des B ist die Beleuchtung defekt. Der vorbeifahrende Polizist P fordert den B zum Halten auf. Dem kommt B nicht nach und ergreift stattdessen die Flucht. Dabei überfährt er eine rote Verkehrsampel. P verfolgt den B. Während der Verfolgung kommt der Wagen sowie P selbst bei riskanter Fahrweise zu erheblichem Schaden. Der BGH bejahte eine Haftung des B, der keine Fahrerlaubnis besaß, für den Verfolgerschaden. Adäquanz der Körper- und Eigentumsverletzung wurden angenommen. Die objektive Zurechnung wurde nicht an der Unverhältnismäßigkeit zwischen Zweck und Risiko der Verfolgung scheitern gelassen. Der Schadensersatzanspruch wurde aber wegen Mitverschuldens des P (§ 254) um ein Viertel gekürzt (*BGH* JZ 1967, 639).
– Bei der Verfolgung eines Schwarzfahrers kommt der verfolgende Kontrolleur zu Fall und erleidet einen Körperschaden. Aus der Verfolgung zu Fuß ergibt sich ein gewisses Schadensrisiko, das nicht außer Verhältnis zum Zweck der Verfolgung steht: Sicherstellung des Zahlungsanspruchs gegen den Schwarzfahrer, Feststellung der Personalien des Schwarzfahrers, wirksame Durchführung der Fahrkartenkontrolle und Abschreckung vor Schwarzfahrten (BGHZ 57, 25, 32).
– Die Polizei beendet die Flucht eines Kfz-Halters durch eine vorsätzlich herbeigeführte Fahrzeugkollision: Haftung gem. § 823 Abs. 1 und § 7 Abs. 1 StVG mit Direktanspruch des geschädigten Landes gegen den Kfz-Haftpflichtversicherer des Herausforderers (BGHZ 192, 261).

3. Der Schaden muss sich als Verwirklichung eines durch die Herausforderung gesteigerten Risikos darstellen und darf nicht auf das »allgemeine Risiko« des Geschädigten zurückzuführen sein.

Beispiel für Realisierung eines gesteigerten Verfolgerrisikos: Der Verfolger kommt auf einer steilen und langgezogenen Treppe zu Fall. Das Risiko einer Verletzung ist bei einer Verfolgung auf einer steilen und langgezogenen Treppe erheblich höher als sonst. Es hat sich also nicht nur das allgemeine Lebensrisiko verwirklicht (BGHZ 57, 25, 32).

153 **Fall (BGHZ 63, 189):** Polizist P will den 17-jährigen A zur Verbüßung eines Jugendarrestes in der elterlichen Wohnung festnehmen. A flüchtet durch das Toilettenfenster. Der Polizist P, der die Örtlichkeit nicht kennt, springt dem A nach und verletzt sich dabei. § 823 Abs. 1?

Lösung: Anspruchsgrundlage ist § 823 Abs. 1.

1. P erleidet eine Körperverletzung. Als schädigende Handlung des A kommt der Sprung aus dem Fenster (Flucht) in Betracht. Fraglich ist, ob die Körperverletzung dem A bzw. der schädigenden Handlung zuzurechnen ist.
   a) A läuft weg und veranlasst dadurch den P, ihn zu verfolgen. Die Körperverletzung, die bei der Verfolgung eingetreten ist, wäre ohne das Handeln des A nicht eingetreten. Daher ist die Kausalität i. S. der Äquivalenztheorie (psychische Kausalität) anzunehmen.
   b) Auch die Adäquanz ist zu bejahen. Ein optimaler Beobachter kann voraussehen, dass der Polizeibeamte entsprechend seiner Dienstpflichten die Verfolgung aufnimmt und sich dabei verletzt.
   c) In den Verfolgungsfällen handelt es sich um eine besondere Art der mittelbaren Verletzung. Unter Berücksichtigung wertender Kriterien ist zu ermitteln, ob ein Haftungszusammenhang vorliegt. Die Rechtsprechung hat die sog. Herausforderungs-Formel (vgl. → Rn. 151 f.) entwickelt:
      aa) P ist durch die Flucht des festzunehmenden A zur Verfolgung konkret herausgefordert und als dienstrechtlich verpflichteter Polizist zum Eingreifen bewegt worden.
      bb) Zweck und Risiko der Verfolgung dürfen nicht außer Verhältnis stehen. Insoweit ist zu bedenken, dass es »nur« um die Verbüßung eines Jugendarrestes geht, die Personalien des A bekannt sind, und eine geglückte Flucht die Strafvollstreckung deshalb wahrscheinlich nicht vereitelt, sondern nur hinausgeschoben hätte. Dem steht aber das öffentliche Interesse an dem

Ergreifen des A gegenüber. Die Abwägung führt deshalb im Ergebnis dazu, dass Zweck und Risiko der Verfolgung nicht außer Verhältnis stehen.

cc) In der Sprungverletzung des P realisiert sich das erhöhte Risiko der Verfolgung, weil die Verletzung gerade auf dem schnellen und unsicheren Sprung des P aus dem Fenster beruht. Es handelt sich also nicht nur um ein allgemeines Lebensrisiko des Eingreifenden.

d) A verletzt somit durch sein zurechenbares Handeln ein in § 823 Abs. 1 geschütztes Rechtsgut des P (Körper).

2. Rechtswidrigkeit und Verschulden sind gegeben.

3. Der Ersatzanspruch des P ist aber wegen eines Mitverschuldens gemindert (§ 254 Abs. 1). Mit der Verfolgung schafft P zwar kein unverhältnismäßiges Risiko (vgl. vorstehend); jedoch ist ein Verstoß gegen die eigenübliche Sorgfalt anzunehmen (Sprung bei unbekannter Örtlichkeit).

Vertiefungsfall (BGHZ 101, 215 »Nieren«-Fall): Der K wird nach einem Unfall im Krankenhaus **154** durch den Arzt B die verletzte Niere entfernt, obwohl diese nach richtiger ärztlicher Beurteilung hätte gerettet werden können. Nachdem erkannt worden ist, dass die K von Geburt an nur eine Niere besaß, spendet die Mutter M auf Anraten der Ärzte eine Niere, die M durch einen anderen Arzt entnommen und K implantiert wird. K und M verlangen Schadensersatz.

Lösung:

I. Anspruch der K gegen B[336]
   1. § 280 Abs. 1 (Pflichtverletzung des Behandlungsvertrages)?
   Zwischen K und B besteht kein Vertrag. Vertragspartner der K ist das Krankenhaus.
   2. § 823 Abs. 1?
      a) Eine Heilbehandlung wider der ärztlichen Kunst stellt eine rechtswidrige Gesundheits- und Körperverletzung dar (vgl. → Rn. 7). Verschulden des B ist zu bejahen.
      b) Deshalb ist B zum Ersatz des daraus entstandenen Schadens verpflichtet. Davon erfasst sind die Kosten der Heilbehandlung und für die Einsetzung der neuen Niere (§ 249 Abs. 2 S. 1) sowie Schmerzensgeld (§ 253 Abs. 2).

II. Ansprüche der M gegen B
   1. § 823 Abs. 1?
      a) Die Nierenentnahme stellt eine Verletzung des Körpers und der Gesundheit dar.
      b) Als schädigende Handlung des B kommt die fehlerhafte Operation der K durch B in Betracht.
      c) Fraglich ist die Zurechnung der Rechtsgutverletzung zum Verhalten des B.
         aa) Kausalität i. S. der Äquivalenztheorie ist zu bejahen. Hätte B die K nicht fehlerhaft operiert, würde kein Anlass für eine Nierenentnahme bei M entstehen, und M müsste sich nicht aus eigenem Entschluss eine Niere entnehmen lassen (psychische Kausalität).
         bb) Die Körperverletzung ist adäquat kausal verursacht worden. Eine Nierenspende für nahe Angehörige ist nichts Ungewöhnliches und keine entfernt liegende Möglichkeit einer Schädigung des Spenders. Sie ist allgemein voraussehbar.
         cc) Problematisch ist der Schutzzweck der Norm. Es geht um den Schutzbereich der Verhaltenspflicht, keine herausfordernden Rettungs- und Nothilfesituationen herbeizuführen in Abgrenzung zum selbst zu verantwortenden Lebensbereich.[337]
         Grundsätzlich besteht kein allgemeines Gebot, andere vor Selbstgefährdung zu bewahren, und auch kein allgemeines Verbot, sie zu einer Selbstgefährdung zu veranlassen. Anders ist dies aber dann, wenn der Schädiger verantwortlich einen Gefahrenzustand schafft, der einen Aufforderungscharakter an den Retter oder Nothelfer hat, sodass die geschaffene Gefahr bei einer wertenden Betrachtung dem Schädiger zuzurechnen ist, weil er den Retter in eine Notlage bringt, in der dessen Eingreifen geboten oder zumindest verständlich und billigenswert ist. In diesen Fällen liegt dann eine vorwerfbare »Herausforderung« der Selbstgefährdung vor.

---

336 Im BGH-Fall geht es nur um die an das Kind abgetretenen Ansprüche der Mutter.
337 Vgl. BGHZ 101, 215.

(1) M wird konkret herausgefordert. B schafft einen Gefahrenzustand, der vor allem nahe Angehörige der K dazu veranlassen kann, zu deren (K) Rettung eine Verletzung des eigenen Körpers in Kauf zu nehmen. Diese Gefahrenlage realisiert sich im vorliegenden Fall. Dass die Entscheidung zur Nierenspende nicht unter dem unmittelbaren Eindruck der akuten Notlage erfolgt, steht dabei nicht entgegen, weil die rettende Organspende nur mit zeitlicher Verzögerung und nach einigen Beratungen und Untersuchungen vorgenommen werden kann. An der »Herausforderungssituation« ändert sich dadurch nichts.

(2) Zweck und Risiko stehen im angemessenen Verhältnis. Das Verhalten der M ist sittlich keinesfalls verwerflich und wird von der Rechtsordnung gebilligt und anerkannt, geht es doch der M darum, die Gesundheitslage der K zu verbessern und ihr ein unkompliziertes Leben (ohne Dialyse) zu ermöglichen. Die übernommene Selbstgefährdung überwiegt dagegen nicht.

(3) Die Nierenentnahme bei M stellt ein typisches Risiko für die fehlerhafte Operation des B dar.

d) Die Rechtswidrigkeit scheitert nicht an der von der M erklärten Einwilligung in die Nierenentnahme. Die Einwilligung hat einen begrenzten Umfang. Sie rechtfertigt die Entfernung der Niere durch den operierenden Arzt. Nicht erfasst ist aber der Umstand, dass B sie (M) in die Lage versetzt, zur Rettung ihres Kindes ein Opfer an ihrer Gesundheit zu bringen.

e) B handelt fahrlässig (§ 276 Abs. 2).[338]

f) Deshalb ist er zum Ersatz des der M entstandenen materiellen Schadens (Operation für die Nierenentnahme) und des immateriellen Schadens (Schmerzensgeld) verpflichtet.[339]

2. §§ 677, 683 S. 1, 670 auf Ersatz von Aufwendungen?
Die Beschaffung einer Niere (Nierenspende) stellt eine Geschäftsbesorgung dar. Dabei handelte es sich für M um ein fremdes Geschäft, nämlich um ein solches des B. B war nach §§ 823 Abs. 1, 249 Abs. 1 zur Naturalrestitution verpflichtet (vgl. vorstehend), also zur Wiederbeschaffung einer Niere. Dieses Geschäft hat M erledigt. Fremdgeschäftsführungswille wird vermutet (vgl. → § 4 Rn. 32). Die Geschäftsübernahme liegt angesichts der Gegebenheiten des Falles im Interesse und mutmaßlichen Willen des Arztes B. B ist deshalb zum Ersatz der Aufwendungen für die Beschaffung der Niere verpflichtet (§ 670).

III. Ergebnis
Sowohl K als auch M sind schadensersatzberechtigt. Hinsichtlich der Kosten für die Entnahme der Niere sind sie Gesamtgläubiger (§ 428).

155 **Vertiefungshinweis:** Herausforderungs-Formel und § 254
Bei der Herausforderungs-Formel sind Zweck und Risiko der Verfolgung ins Verhältnis zu setzen. Das Risiko der Verfolgung richtet sich nach dem konkreten Verhalten des Verfolgers. Sinn der Herausforderungs-Formel ist es (u. a.) zu verhindern, dass das mit einer Flucht verbundene Haftungsrisiko ins Unermessliche wächst. Nur wenn die Lage derart ist, dass der Verfolgte mit einer Verfolgung nicht rechnen kann und braucht, scheidet eine Haftung aus. Deshalb führen nur Evidenzfälle, also Fälle von erkennbarer Unverhältnismäßigkeit, zu einem Haftungsausschluss. Alle anderen Fälle gefährlichen Verhaltens des Verfolgers werden von § 254 erfasst.

156 | **Herausforderungsformel (»Verfolgerfälle«, »Nothilfefälle«)** |
|---|

I. Fallkonstellation
Der Schädiger kann auch für den (weiteren) Schaden haften müssen, den der Geschädigte selbst herbeiführt und den der Schädiger nur mittelbar (psychisch kausal) verursacht.

---

338 Kritisch dazu *Larenz/Canaris*, SR II/2, § 76 III 7a, S. 427.

339 Anders *Larenz/Canaris*, SR II/2, § 76 III 7a, S. 427, der den Schaden der Mutter als Folgeschaden aus der Verletzung des Kindes qualifiziert und in den Anspruch des Kindes gegen den Arzt einbezieht (haftungsausfüllende Kausalität).

II. Zurechnung

Im Rahmen des Schutzzwecks der Norm (vgl. → Rn. 139) ist die Herausforderungsformel (→ Rn. 152) zu prüfen.

1. Herausforderung zum Eingreifen (Verfolgen, Hilfeleisten)
   Der Entschluss des Geschädigten zum Eingreifen muss durch den Schädiger herausgefordert worden sein. Daran fehlt es, wenn das Verhalten des als Schädiger in Anspruch Genommenen nur den äußeren Anlass und nur die Gelegenheit für den Geschädigten darstellt, ein neues Risiko zu schaffen.
2. Verhältnismäßigkeit zwischen Zweck und erkennbarem Risiko des Eingreifens (Verfolgen, Hilfeleisten)
3. Realisierung des durch die Herausforderung gesteigerten Risikos
   P: Abgrenzung zum allgemeinen Lebensrisiko

E. Rechtswidrigkeit

Das Deliktsrecht normiert grundsätzlich eine Haftung für erlittenes Unrecht. Wer **157** eines der in § 823 Abs. 1 genannten Rechte und Rechtsgüter verletzt, ist nur dann zum Schadensersatz verpflichtet, wenn die Verletzungshandlung »widerrechtlich«, d. h. rechtswidrig, ist.[340] Das Erfordernis der Rechtswidrigkeit begrenzt den Rechtsgüterschutz durch Deliktsrecht. Die Rechtswidrigkeit eines Eingriffs ist außerdem Voraussetzung für eine rechtmäßige Abwehr des Angriffs (vgl. z. B. § 227).

I. Grundlagen

Nach herkömmlicher Lehre und Rechtsprechung indiziert die Verursachung der **158** Rechts-(gut-)verletzung die **Rechtswidrigkeit (Lehre vom Erfolgsunrecht)**.[341] Der Gesetzgeber des BGB bringe dadurch, dass er den Unrechtstatbestand gesetzlich umschreibt, zum Ausdruck, dass er die Verletzung der in § 823 Abs. 1 genannten Rechtsgüter in der Regel als widerrechtlich ansieht; das Wort »widerrechtlich« weist darauf hin, dass die Rechtswidrigkeit aus besonderen Gründen entfallen kann.[342] Die Rechtswidrigkeit ist nur dann zu verneinen, wenn ein besonderer Rechtfertigungsgrund eingreift. Insoweit wird die Beweislast umgekehrt: Nicht der Geschädigte muss die Rechtswidrigkeit beweisen, um eine Haftung des Schädigers zu begründen, sondern der Schädiger muss beweisen, dass ein Rechtfertigungsgrund vorliegt, um einer Haftung zu entgehen.

Unstreitig nicht anwendbar ist die Lehre vom Erfolgsunrecht bei den sog. Rahmen- **159** rechten bzw. **offenen Tatbeständen** (allgemeines Persönlichkeitsrecht, Recht am eingerichteten und ausgeübten Gewerbebetrieb), bei denen die Rechtswidrigkeit im Rah-

---

340 Zur Gesetzgebungsgeschichte vgl. *Deutsch/Ahrens*, Rn. 77 f.

341 Vgl. *Spickhoff*, JuS 2016, 865 (es handele sich um einen terminologischen Fehlgriff; rechtswidrig sei nicht der Erfolg, sondern der Eingriff im Sinne des Setzens einer unmittelbar bevorstehenden Gefahr für ein absolut geschütztes Recht oder Rechtsgut).

342 Vgl. BGHZ 24, 21 (27 f.: »[…] die das haftungsbegründende Unrecht in kasuistischer Art umschreibenden Deliktstatbestände der §§ 823 und 825 BGB [geben] der Rechtsanwendung eine feste Grundlage, indem sie das Rechtswidrigkeitsurteil zunächst nahe legen.«); *Spickhoff*, JuS 2016, 865, 869.

men einer umfassenden Güter- und Interessenabwägung positiv festgestellt werden muss (vgl. → Rn. 60 f. und 91 ff.).[343]

160 Der Lehre vom Erfolgsunrecht steht im Übrigen die **Lehre vom Handlungsunrecht** gegenüber.[344] Sie geht nicht von der Verursachung des Erfolges, sondern von der Handlung aus, deren Rechtswidrigkeit positiv festzustellen ist.

161 **Verbreitet wird heute ein differenzierender Standpunkt vertreten:** Der Erfolg indiziert die Rechtswidrigkeit nur bei positivem Tun und unmittelbar (ohne Zwischenursachen) herbeigeführter Rechtsgutverletzung;[345] dagegen ist bei **Unterlassen** und bei nur **mittelbarer Rechtsgutverletzung** die Rechtswidrigkeit nur gegeben, wenn der Schädiger gegen eine Pflicht zum Handeln verstoßen hat, es sei denn, es besteht ein Rechtfertigungsgrund.[346]

162 Der Theorienstreit, der nur ausnahmsweise zu abweichenden Endergebnissen führt (insbesondere bei § 831),[347] hat über die Zeit verwirrende Formen angenommen.[348] Dies liegt an der Verwobenheit mit den Fragen, wann ein Unterlassen haftungsbegründend ist, welche Bedeutung Verkehrssicherungspflichten bei Fahrlässigkeitstaten haben, und an welcher Stelle des Prüfungsaufbaus diese Fragen zu prüfen sind.

Folgt man der hier vertretenen Ansicht,[349] dass beim Unterlassen der Verstoß gegen eine Rechtspflicht zum Handeln und bei Fahrlässigkeitstaten die Verletzung einer Verkehrs-(sicherungs-)pflicht bereits auf der Tatbestandsstufe zu prüfen sind, dann indiziert die (so festgestellte) Tatbestandsmäßigkeit die Rechtswidrigkeit. Der Verstoß gegen eine Rechtspflicht zum Handeln bzw. eine Verkehrssicherungspflicht sind danach nur im Tatbestand zu prüfen. Auf der Stufe der Rechtswidrigkeit ist festzustellen, dass die Tatbestandsmäßigkeit die Rechtswidrigkeit indiziert, es sei denn, dass – vom Schädiger zu beweisende – Rechtfertigungsgründe eingreifen.[350] Diese sind auf der Stufe der Rechtswidrigkeit zu prüfen. (Zur entsprechenden Rechtswidrigkeitsprüfung bei Schutzgesetzverletzungen → § 17 Rn. 10).

163 **Vertiefungshinweis:** Sieht man von der besonderen Konstellation des § 831 und von Fragen der Beweislastverteilung ab, so hat der Theorienstreit für die Haftungsbegründung keine Bedeutung. Folgt man der Lehre vom Handlungsunrecht und schließt man nicht bereits – wie hier vertreten – ein tatbestandsmäßiges Verhalten aus, so ist jedenfalls die Rechtswidrigkeit zu verneinen. Folgt man der Lehre vom Erfolgsunrecht, so ist die Rechtswidrigkeit zu bejahen, aber das Verschulden zu verneinen.

---

343 Vgl. *Kötz/Wagner*, Rn. 404. Dabei ist abzuwägen, welche Motive den Handelnden bewegt haben, aus welchem Anlass er tätig geworden ist, ob der erstrebte Erfolg sich auch auf andere Weise hätte erreichen lassen, wie schwerwiegend der Verletzungserfolg ist, usw. Vgl. zur Güter- und Interessenabwägung → Rn. 60 f. und Rn. 91 ff.

344 Nachweise bei BeckOK BGB/*Förster*, § 823 Rn. 19.

345 Vgl. z. B. *BGH* NJW 2009, 681 Tz. 26 m. w. N. (Schneeballwurf).

346 Vgl. MüKoBGB/*Wagner*, Bd. 6, § 823 Rn. 21 und passim; *Spickhoff*, JuS 2016, 865, 867 ff.

347 Vgl. → § 18 Rn. 10.

348 Instruktiv *Kötz/Wagner*, Rn. 103 ff.

349 Vgl. auch *Brox/Walker*, SchuldR BT, § 45 Rn. 51.

350 Von einer Indikation der Rechtswidrigkeit ist zu sprechen, da die endgültige Beurteilung noch davon abhängt, ob ein Rechtfertigungsgrund greift oder nicht. Bestandteil der Feststellung einer Verkehrssicherungspflichtverletzung ist die Abwägung mit schutzwürdigen Interessen des Verletzten, aber eben nicht die Prüfung von Rechtfertigungsgründen. Darin liegt ein Unterschied zur positiven Feststellung der Rechtswidrigkeit bei den so genannten Rahmenrechten, bei welchen die Tatbestandsmäßigkeit im engeren Sinne und die Rechtswidrigkeit im Sinne von Rechtfertigungsgründen innerhalb eines umfassenden Prüfungsschrittes festgestellt werden.

II. Rechtfertigungsgründe

1. Überblick

Einen abgeschlossenen Katalog von Rechtfertigungsgründen i. S. eines numerus clausus gibt es nicht.[351] Als **Rechtfertigungsgründe** sind (u. a.) anerkannt: **164**

– Notwehr gegenüber einem rechtswidrigen Angriff (§ 227, § 32 StGB),
– Notstand (§§ 228, 904, § 34 StGB),
– Selbsthilferecht (§§ 229, 859),
– Wahrnehmung berechtigter Interessen (vgl. § 193 StGB),
– vorläufige Festnahme (§ 127 StPO),
– Einwilligung[352].

Rechtfertigungsgründe haben den Charakter von Einwendungen und sind deshalb vom in Anspruch genommenen Verletzer oder Schädiger zu beweisen.

2. Besondere Rechtfertigungsgründe

a) Einwilligung bei ärztlichen Heileingriffen

Auch ein kunstgerecht durchgeführter ärztlicher Heileingriff stellt – nach der Rspr. und h. L. – eine tatbestandsmäßige Körperverletzung des Patienten i. S. des § 823 Abs. 1 dar. Sie ist gerechtfertigt, wenn der Patient zuvor eingewilligt hat. Eine wirksame **Einwilligung** setzt grundsätzlich eine umfassende Aufklärung voraus (vgl. → Rn. 9).[353] **165**

b) Handeln auf eigene Gefahr

Ein **Handeln auf eigene Gefahr** liegt vor, wenn sich jemand in eine Situation drohender Eigengefährdung begibt, obwohl er die besonderen Umstände kennt, die für ihn eine konkrete Gefahrenlage begründen, ohne dass dafür ein triftiger – rechtlicher, beruflicher oder sittlicher – Grund vorliegt.[354] Nach der inzwischen gefestigten Rechtsprechung des BGH begründet ein Handeln auf eigene Gefahr regelmäßig keinen Rechtfertigungsgrund für den Schädiger, sondern nur einen **Mitverschuldenseinwand.** Es kommt daher regelmäßig nur eine Schadensteilung nach § 254 in Betracht, die abhängig von den Umständen des Einzelfalles eine Haftungsminderung oder einen völligen Haftungsausschluss zur Folge haben kann. Die Schadensteilung nach § 254 ist eine Frage des Einzelfalles. **166**

Als Grundlage der Rechtsfigur des Handelns auf eigene Gefahr werden der Grundsatz von Treu und Glauben und das sich hieraus ergebende **Verbot widersprüchlichen Handelns** angesehen.[355] Auf dieser Grundlage wird in eng begrenzten Ausnahmefällen die Anwendbarkeit eines Gefährdungshaftungstatbestandes (insbesondere die Tierhal-

---

351 BGHZ 24, 21.
352 Die Reichweite der Einwilligung ist durch Auslegung zu ermitteln; *BGH* VersR 2016, 199 (nur für die Dauer einer sexuellen Beziehung gegebene Einwilligung in das Innehaben intimer Bildaufnahmen).
353 *BGH* VersR 2016, 1191 (Einwilligung in Operation nur durch den Chefarzt; zum hier unzulässigen Einwand rechtmäßigen Alternativverhaltens → § 25 Rn. 10).
354 BGHZ 34, 355; *BGH* VersR 2009, 693, 694.
355 BGHZ 34, 355; *BGH* VersR 2009, 693, 694.

terhaftung) bereits generell verneint, wenn die Geltendmachung der Gefährdungshaftung von vornherein gegen Treu und Glauben verstoßen würde (s. auch → § 18 Rn. 33 a).[356] Dies ist jedoch regelmäßig nicht der Fall, wenn sich der Geschädigte auf Grund vertraglicher Verpflichtung der Gefahr aussetzt; hier bleibt es also bei § 254.[357]

Vertiefungshinweis: Das *RG*[358] verneinte beim Handeln auf eigene Gefahr eine Gefährdungshaftung des Schädigers, um eine gerechte Ausgleichung der strengen Gefährdungshaftung zu erreichen. Später sah es darin eine Einwilligung in die Rechtsgutverletzung, welche auch für die Verschuldenshaftung die Widerrechtlichkeit der Schadenszufügung ausschloss.[359] Der BGH hat es grundsätzlich abgelehnt, im Handeln auf eigene Gefahr eine rechtfertigende Einwilligung zu sehen (grundsätzlich nur Einwilligung in die Gefährdung, nicht aber in die Verletzung). Zur Begründung verweist er auf die »gekünstelte und lebensfremde Betrachtung, die unpassende rechtsgeschäftliche Einkleidung (der Einwilligung) und die mangelnde Eignung« der Einwilligungs-Konstruktion zum Auffinden eines sachgerechten Ergebnisses sowie die Grenzen der §§ 134, 138 und § 226a StGB a. F. (= § 228 StGB).[360]

Beispiel: Der 20-jährige D fährt mit K und B, beide minderjährig, Auto. Er gibt dem Drängen des B nach und lässt ihn ans Steuer. B verliert nach nur wenigen Minuten die Kontrolle über das Fahrzeug und fährt gegen einen Baum. Dabei wird K verletzt. K verlangt von B Schadensersatz (BGHZ 34, 355). (1) Es könnte ein Schadensersatzanspruch aus § 823 Abs. 1 bestehen. (a) Ein vertraglicher Haftungsausschluss zwischen K und B liegt (mangels Erklärungsbewusstseins) nicht vor. (b) B hat den Körper des K verletzt. (c) Fraglich ist aber die Rechtswidrigkeit. Diese könnte deshalb entfallen, weil K aus freien Stücken in dem von B geführten Kfz mitgefahren ist. Anhaltspunkte für eine rechtfertigende Einwilligung liegen nicht vor. Die Annahme einer solchen würde auf eine Fiktion einer Erklärung hinauslaufen, die im Fall nicht vorliegt. Rechtswidrigkeit ist also gegeben. (d) Verschulden liegt vor (§ 828 Abs. 3). (e) Jedoch kommt eine Schadensminderung nach §§ 254 (i. V. m. § 828), 242 in Betracht:[361] K würde sich mit seinem eigenen selbstgefährdenden Verhalten in Widerspruch setzen (venire contra factum proprium), wenn er von B den gesamten Schaden ersetzen verlangen würde. (2) Für den Anspruch aus § 18 Abs. 1 StVG gilt Entsprechendes.

167 Die Ausübung gefährlicher Sportarten stellt eine Unterfallgruppe des Handelns auf eigene Gefahr dar. Kommt die Verletzung bei **regelgerechtem Spiel** (unter Einhaltung der **Spielregeln des Wettkampfsports** wie Fußballregeln des DFB)[362] zustande, so scheidet eine Schadenshaftung des Schädigers aus, weil derartige Verletzungen von jedem Spieler in Kauf genommen werden.[363] Rechtsfolge ist ein **vollständiger Haftungsausschluss**, nicht nur eine Schadensminderung nach § 254 entspr.

Wie der Haftungsausschluss bei regelgerechtem Verhalten dogmatisch einzuordnen ist, ist umstritten (sportspezifische Definition der im Verkehr erforderlichen Sorgfalt [eingeschränkter Fahrlässigkeitsmaßstab], Einwilligung, [stillschweigender] Haftungsverzicht oder -ausschluss, Handeln auf eigene Gefahr oder treuwidrige Inanspruchnahme

---

356 *BGH* NJW-RR 1995, 857; *BGH* VersR 2006, 416, 417; *BGH* VersR 2009, 693, 694. Vgl. *Looschelders*, Die Mitverantwortlichkeit des Geschädigten im Privatrecht, 1999, S. 439 ff.

357 *BGH* VersR 2009, 693, 694 (Verletzung eines Tierarztes durch Pferdetritt beim rektalen Fiebermessen); *BGH* NJW 2014, 2434 (Beaufsichtigung eines Hundes für mehrere Tage in einer Hundepension).

358 RGZ 130, 162, 169; *RG* Warn 1909 Nr. 357 (Ausschluss der Tierhalterhaftung [§ 833] beim bewussten Handeln auf eigene Gefahr).

359 RGZ 141, 262, 265; 145, 390; so anfangs auch noch BGHZ 2, 159.

360 BGHZ 34, 355.

361 Der BGH verwies zurück und überließ die Entscheidung dem Tatrichter.

362 Kein Haftungsausschluss dagegen bei einem sog. Rempeltanz, der ohne feste und anerkannte Regeln abläuft, *BGH* VersR 2006, 663, 664 f.

363 BGHZ 63, 140 m. w. N.

des Mitbewerbers).[364] Eine **Einwilligung** mit der Folge eines Ausschlusses der Rechtswidrigkeit kommt nur (ausnahmsweise) bei ausgesprochen gefährlichen Sportarten in Betracht, weil dabei jeder mit Regelverstößen rechnen muss. Außerhalb dieses engen Bereichs würde die Einwilligung aber eine künstliche Unterstellung darstellen.[365] Als Gründe für den Haftungsausschluss auch bei sonstigen regelgesteuerten Sportarten führt der BGH an: Der Mitspieler habe die Teilnahmebedingungen anerkannt und werde bei regelgerechtem Verhalten keine Schadensersatzansprüche geltend machen;[366] in der Wettkampfsituation kann es vom Zufall abhängen, ob der Schaden den einen oder den anderen trifft (»Reziprozität« der Gefahr). Es werde als anstößig empfunden, wenn der jeweilige Verletzte versuche, den bewusst in Kauf genommenen Schaden auf den anderen abzuwälzen, und es stelle ein venire contra factum proprium dar (§ 242), wenn »der Geschädigte den beklagten Schädiger in Anspruch nimmt, obwohl er ebenso gut in die Lage hätte kommen können, in der sich nun der [Schädiger] befindet, sich dann aber (und mit Recht) dagegen gewehrt haben würde, diesem trotz Einhaltens der Spielregeln Ersatz leisten zu müssen«.[367] Dogmatisch überzeugend ist bei »regelgerechtem Verhalten« bereits eine **Sorgfaltspflichtverletzung (die Tatbestandsmäßigkeit) zu verneinen.**[368]

Die Beweislast für die Regelwidrigkeit des Verhaltens des Schädigers trägt nach dem BGH der Geschädigte. Kann im Einzelfall also nicht geklärt werden, ob das Verhalten des Schädigers regelgerecht oder regelwidrig war, so gereicht dies dem Geschädigten zum Nachteil: sein Schadensersatzanspruch ist unbegründet.[369]   **168**

Der BGH bejaht einen – dogmatisch nicht eindeutig eingeordneten – Haftungsausschluss weitergehend sogar bei einer Verletzung infolge eines **geringfügigen Regelverstoßes,** wenn es sich um einen sportlichen Wettbewerb mit nicht unerheblichem Gefahrenpotential handelt, bei dem typischerweise auch bei Einhaltung der Wettbewerbsregeln oder geringfügiger Regelverletzung die Gefahr gegenseitiger Schadenszufügung besteht (wie bei einem Autorennen), und es sich um nicht versicherte Schäden eines Mitbewerbers handelt.[370] Dagegen wird bei bestehendem Versicherungsschutz ein stillschweigender Haftungsausschluss verneint.[371]   **169**

364 BGHZ 154, 316 m.w.N.
365 Vgl. BGHZ 34, 355; 63, 140: gefährliche Autorennen, waghalsige Felsklettterei, Boxen, Ringkampf; Begriff des »Risikosports« ist hierbei nicht-extensiv auszulegen *BGH* NJW-RR 1995, 857, 858.
366 BGHZ 63, 140.
367 BGHZ 63, 140; vgl. BGHZ 34, 355 (vgl. dazu → Rn. 167).
368 *BGH* NJW 2010, 537, 538; *Kötz/Wagner*, Rn. 750; vgl. auch MüKoBGB/*Mertens*, 3. Aufl. 1997, § 823 Rn. 332 (jedenfalls sei die Rechtswidrigkeit zu verneinen).
369 BGHZ 63, 140.
370 BGHZ 154, 316; *BGH* NJW-RR 2006, 813, 815;.
371 *BGH* NJW 2008, 1591, 1592 (Motorsportveranstaltung auf dem Hockenheimring); *OLG Karlsruhe* VersR 2012, 1124 (kein Haftungsausschluss bei verbotenen Kraftfahrzeugrennen im öffentlichen Straßenverkehr).

III. Zusammenfassung

170

Rechtswidrigkeit
1. Nach der klassischen Lehre vom Erfolgsunrecht indiziert der tatbestandsmäßig herbeigeführte Verletzungserfolg die Rechtswidrigkeit (→ Rn. 158).   – Die Lehre vom Handlungsunrecht geht nicht von der Verursachung des Erfolges, sondern von der Handlung aus, deren Rechtswidrigkeit positiv festzustellen ist.   – Die heute h. M. differenziert: der Erfolg indiziert die Rechtswidrigkeit nur bei positivem Tun oder unmittelbar (ohne Zwischenursachen) herbeigeführter Rechtsgutverletzung; dagegen setzt bei Unterlassen und nur mittelbarer Rechtsgutverletzung die Rechtswidrigkeit voraus, dass der Schädiger gegen eine Pflicht zum Handeln verstoßen hat.   2. Ausschluss der Rechtswidrigkeit bei Vorliegen eines Rechtfertigungsgrundes (→ Rn. 164)   3. Positive Feststellung der Rechtswidrigkeit bei den offenen Tatbeständen (→ Rn. 159)   – Allgemeines Persönlichkeitsrecht   – Recht am eingerichteten und ausgeübten Gewerbebetrieb

F. Verschulden

171   Deliktsrecht setzt grundsätzlich Verschuldensunrecht des Schädigers voraus und folgt dem Gedanken der persönlichen Verantwortlichkeit. **Bezugspunkt des Verschuldens** ist der Tatbestand und die Rechtswidrigkeit, die beide in der Anspruchsprüfung zuvor abgehandelt wurden (vgl. → Rn. 1).

Verschulden setzt zweierlei voraus:
- Verschuldensfähigkeit (Deliktsfähigkeit)
- Eine besondere Schuldform, nämlich Vorsatz oder Fahrlässigkeit.

I. Verschuldensfähigkeit

172   Der Schädiger muss **verschuldensfähig** sein.[372] Die Verschuldensfähigkeit ist nur ausnahmsweise in den in §§ 827, 828 geregelten Fällen ausgeschlossen. Verschuldensunfähig sind – unabhängig vom Alter – Personen, die im Zustand der Bewusstlosigkeit oder in einem die freie Willensbestimmung ausschließenden Zustand krankhafter Störung der Geistestätigkeit anderen einen Schaden zufügen (§ 827 S. 1).[373] Ausnahme dazu: § 827 S. 2. Im Übrigen richtet sich die Verschuldensunfähigkeit nach dem Alter des Schädigers und dem Gefahrenbereich (in oder außerhalb des motorisierten Straßenverkehrs). Es ist zwischen drei Altersgruppen zu unterscheiden.[374]

1. Verschuldensunfähig sind Kinder vor Vollendung des 7. Lebensjahres (§ 828 Abs. 1).
2. Verschuldensunfähig sind Kinder zwischen Vollendung des 7. und 10. Lebensjahres im motorisierten Straßenverkehr, es sei denn, der Schaden ist vorsätzlich herbei-

---

[372] Zur auch zivilrechtlichen Wirkung des Entschuldigungsgrundes des entschuldigenden Notstandes nach § 35 StGB (mit der Folge eines Schadensersatzanspruch des geschädigten aus § 904 S. 2 analog) vgl. *Looschelders*, SR BT, Rn. 1199.

[373] Bei einem Zustand der Bewusstlosigkeit ist bereits zu überlegen, ob überhaupt eine Handlung im rechtlichen Sinne vorliegt, → Rn. 105.

[374] Zur Unzurechnungsfähigkeit von Kindern in Verkehrssituationen vgl. *Oechsler*, NJW 2009, 3185.

geführt worden (§ 828 Abs. 2 S. 1 und 2).[375] Begründet wird diese Regelung mit der Überforderungssituation des Kindes im Straßenverkehr.[376] Die Haftungsprivilegierung des § 828 Abs. 2 S. 1 greift nach ihrem Sinn und Zweck nur ein, wenn sich eine typische Überforderungssituation des Kindes durch die spezifischen Gefahren des motorisierten Verkehrs realisiert hat.[377] Dies kann in besonders gelagerten Fällen auch im ruhenden Verkehr zu bejahen sein.[378] Es kommt nicht darauf an, ob sich die Überforderungssituation konkret ausgewirkt hat.[379]

3. Verschuldensunfähig sind im Übrigen Minderjährige, die das 7. (im motorisierten Straßenverkehr das 10.) Lebensjahr, aber noch nicht das 18. Lebensjahr vollendet haben, wenn der Betreffende bei der Begehung der schädigenden Handlung nicht die zur Erkenntnis der Verantwortlichkeit erforderliche Einsicht hat (§ 828 Abs. 3). Die erforderliche Einsichtsfähigkeit besitzt, wer diejenige geistige Entwicklung erreicht hat, die ihn befähigt, das Unrechtmäßige seiner Handlung und zugleich die Verpflichtung zu erkennen, in irgendeiner Weise für die Folgen seines Tuns einstehen zu müssen.[380] Auf die Fähigkeit, das Verhalten der Einsicht gemäß zu steuern, kommt es nicht an[381] (im Gegensatz zu § 3 JGG).

Die §§ 827, 828 sind nur auf die Verschuldenshaftung anwendbar. Zur Gefährdungshaftung vgl. → § 22 Rn. 9.

II. Arten des Verschuldens

Schuldformen sind Vorsatz und Fahrlässigkeit (§ 276 Abs. 1 S. 1). Im Deliktsrecht werden Vorsatz und Fahrlässigkeit gleich behandelt und zeitigen regelmäßig die gleichen Rechtsfolgen (vgl. Wortlaut von § 823 Abs. 1: »vorsätzlich oder fahrlässig«).

173

1. Vorsatz

Vorsatz bedeutet Wissen und Wollen des Erfolges und das Bewusstsein der Rechtswidrigkeit. Es gilt somit – im Gegensatz zum Strafrecht –[382] die Vorsatztheorie. Ein Irrtum über die Rechtswidrigkeit (Verbotsirrtum) schließt also den Vorsatz aus (Vor-

174

---

375 Zur Beweislastverteilung BGHZ 181, 368.

376 Vgl. RegBegr., BT-Drs. 14/7752, S. 27. Die Einführung dieser Regelung durch das Zweite Gesetz zur Änderung schadensersatzrechtlicher Vorschriften (BGBl. I 2002, S. 2674) wurde auf Erkenntnisse der Entwicklungspsychologie gestützt (vgl. RegBegr., BT-Drs. 14/7752, S. 16).

377 BGHZ 161, 180; BGHZ 172, 83 (achtjähriges Kind stößt mit seinem Fahrrad auf Grund überhöhter, nicht angepasster Geschwindigkeit und Unaufmerksamkeit im fließenden Verkehr gegen ein verkehrsbedingt haltendes Kfz).

378 BGHZ 161, 180; *BGH* VersR 2008, 701 (Kind fährt mit einem Fahrrad gegen ein mit geöffneten hinteren Türen am Fahrbahnrand stehendes Fahrzeug); *BGH* NJW-RR 2005, 327, 327f. (nicht wenn ein neunjähriges Kind allein infolge leichter Unaufmerksamkeit mit dem Fahrrad gegen einen ordnungsgemäß geparkten Pkw gerät).

379 *BGH* NJW 2008, 147 (Kollision eines fahrenden Kfz mit einem Fahrrad, das ein achtjähriges Kind auf dem Bürgersteig losgelassen hat, damit es von alleine weiterrollt).

380 *BGH* VersR 1954, 118, 119; *BGH* LM § 828 BGB Nr. 1; *Kötz/Wagner*, Rn. 343.

381 *BGH* NJW 1987, 1949.

382 Im Strafrecht ist die Schuldtheorie herrschend. Vgl. BGHSt (GS) 2, 194; *Wessels/Beulke*, Strafrecht Allgemeiner Teil, 41. Aufl. 2011, Rn. 461ff. (zur Schuldtheorie) und Rn. 470ff. (zur eingeschränkten Schuldtheorie) jeweils m. w. N.

satztheorie).[383] Bedingter Vorsatz reicht aus.[384] Dafür ist erforderlich, dass der Schädiger die Tatbestandsverwirklichung für möglich hält und billigend in Kauf nimmt.[385]

2. Fahrlässigkeit

175 **Fahrlässig**[386] handelt, »wer die im Verkehr erforderliche Sorgfalt außer acht lässt« (§ 276 Abs. 2).[387] Dafür sind die kognitiven Elemente der Erkennbarkeit und Vorhersehbarkeit sowie das voluntative Element der Vermeidbarkeit maßgeblich. Für die im Verkehr erforderliche Sorgfalt hat die Rechtsprechung bestimmte Verkehrspflichten entwickelt, die einen Maßstab für den Fahrlässigkeitsvorwurf begründen (zu den Verkehrs[sicherungs]pflichten → Rn. 111 ff.).

Es gilt grundsätzlich ein **objektivierter Fahrlässigkeitsmaßstab:** Welche Sorgfalt zu beachten ist, richtet sich danach, was von einem durchschnittlichen Anforderungen entsprechenden Angehörigen des jeweiligen Verkehrskreises (Berufsgruppe, Gruppe von Verkehrsteilnehmern usw.) in der jeweiligen Situation erwartet werden kann, ohne Rücksicht auf individuelle Fähigkeiten, Kräfte, Erfahrungen oder Kenntnisse. Abzustellen ist grundsätzlich nur auf die typischen Kenntnisse und Fähigkeiten der Gruppe. Zugrunde zu legen ist der Erkenntnisstand zum Zeitpunkt, zu dem eine Schadensabwendung in Betracht kommt. Es kommt nicht darauf an, ob der individuelle Schädiger im konkreten Fall nach seinen individuellen Fähigkeiten und Kenntnissen die objektiv gebotene Sorgfalt erkennen und erbringen konnte. Individuelle Schwächen und Fehler des Schädigers werden deshalb grundsätzlich nicht (zu Gunsten des Schädigers) berücksichtigt und anerkannt.

Beispiel: Ein in der Facharztausbildung befindlicher Assistenzarzt A hat eine Operation übernommen, zu der er fachlich noch nicht qualifiziert ist. Der Patient wird infolge eines Operationsfehlers geschädigt. A haftet aus § 823 Abs. 1 auf Schadensersatz, wenn die Übernahme der Operation ein vorwerfbares Fehlverhalten darstellt. Die für die Verschuldensfrage relevanten Sorgfaltsanforderungen richten sich nicht nach dem medizinischen Wissens- und Erfahrungsstand eines fertigen, in der Praxis geübten Facharztes; entscheidend sind die bei A (als in der Facharztausbildung befindlichem Arzt) vorauszusetzenden Kenntnisse und Erfahrungen (BGHZ 88, 248, 258).[388]

176 Spezielle (individuelle) Kenntnisse oder erhöhte Fähigkeiten eines Schädigers können jedoch den Fahrlässigkeitsmaßstab erhöhen. Denn die Objektivierung des Fahrlässigkeitsmaßstabes dient nur dem Schutz des Verkehrs und des Geschädigten, soll aber nicht den Schädiger begünstigen.[389]

Beispiel: Weil der Chefarzt den in der Facharztausbildung stehenden Arzt pflichtwidrig nicht überprüft hatte, haftete der Chefarzt auf Schadensersatz für eine Körperverletzung eines Patienten (§ 823 Abs. 1). Bei der Prüfung der Fahrlässigkeit des Chefarztes sind die über den zu fordernden Standard hinausgehenden medizinischen Spezialkenntnisse des Chefarztes zugunsten des Geschädigten zu berücksichtigen (*BGH* NJW 1987, 1479 mit Anm. *Deutsch*).

---

383 *BGH* NJW 1985, 134, 135; vgl. zu § 823 Abs. 2 → § 17 Rn. 11 f.
384 Zur Abgrenzung zwischen bedingtem Vorsatz und Fahrlässigkeit vgl. *BGH* VersR 2012, 454.
385 *BGH* NJW 1990, 389, 390.
386 Zur Entwicklung des Fahrlässigkeitsbegriffs vgl. *Deutsch/Ahrens,* Rn. 132 f.
387 Die Definition ist unvollständig, normativ und sozialbezogen; vgl. dazu *Deutsch/Ahrens,* Rn. 134.
388 Vgl. auch *BGH* NJW 1988, 2298.
389 Vgl. *BGH* NJW 1987, 1479 mit Anm. *Deutsch;* MüKoBGB/*Grundmann,* Bd. 2, § 276 Rn. 56 m. w. N.

Maßgebender zeitlicher Anknüpfungspunkt für die Fahrlässigkeit ist der Zeitpunkt **177** des haftungsbegründenden Verhaltens. Dieser liegt bei einem Übernahmeverschulden vor der unmittelbaren Verletzungshandlung. Das ist der Fall, wenn sich jemand in eine Situation begibt, die er nicht meistern kann, vorausgesetzt, er erkennt die Gefährlichkeit der Situation.

Vertiefungshinweis: Zufall **178**
Vorsatz und Fahrlässigkeit ergänzen sich nicht wechselseitig. Es gibt eine dritte Kategorie: den Zufall. Zufall liegt vor, wenn eine Verletzung weder vorsätzlich noch fahrlässig zugefügt ist. Sie ist dann Folge des allgemeinen Lebensrisikos. Diese Folgen muss der Geschädigte selbst tragen. Höhere Gewalt und das unabwendbare Ereignis (vgl. §§ 7 Abs. 2 und 17 Abs. 3 StVG) sind spezifische Kategorien des Zufalls.

III. Gegenstand von Vorsatz und Fahrlässigkeit

Der **Gegenstand** von Vorsatz und Fahrlässigkeit richtet sich nach dem jeweiligen (ge- **179** setzlichen) Tatbestand. Bei § 823 Abs. 1 bezieht sich das Verschulden nur auf den objektiven Tatbestand, d. h. auf Verletzungserfolg und Verletzungshandlung, Kausalität, und Rechtswidrigkeit, nicht aber auf den Schaden und die Schadenszurechnung (haftungsausfüllende Kausalität; vgl. → Rn. 186).[390] Anders ist dies (ausnahmsweise) bei § 826 (vgl. → § 17 Rn. 23 und 26).

Fall (*BGH* NJW 1951, 596): Der Beklagte zeigte den Kläger 1944 aus persönlichen Motiven wegen **180** Abhörung feindlicher Sender an. Dieser wurde verhaftet und damit daran gehindert, sein Hab und Gut in Sicherheit zu bringen. In Abwesenheit wird dieses durch einen Bombentreffer zerstört. K verlangt von B Schadensersatz für sein zerstörtes Hab und Gut.

Lösung:

1. Anspruch aus § 823 Abs. 1
   a) Rechtsgutverletzung = Freiheitsentziehung
   b) Schädigende Handlung = Denunzierung durch Beklagten
   c) Haftungsbegründende Kausalität (+)
   d) Rechtswidrigkeit? Die Rechtswidrigkeit kann bei Anzeige wegen Abhörens feindlicher Sender und Wehrkraftzersetzung im Jahr 1944 nicht ohne weiteres bejaht werden, so der BGH.[391, 392]
   e) Vorsatz
      aa) Wissen und Wollen der Freiheitsentziehung ist gegeben; der Vorsatz muss sich – anders als bei § 826 – nicht auf den Schaden beziehen.
      bb) Bewusstsein der Rechtswidrigkeit (»Vorsatztheorie« im Zivilrecht): Vorsatz erfordert Bewusstsein der Rechtswidrigkeit. Dies kann hier bejaht werden, a. A. vertretbar.
   f) Schaden (+)
   g) Haftungsausfüllende Kausalität zwischen Freiheitsentziehung und Zerstörung des Eigentums des Klägers? Wäre K nicht verhaftet worden, hätte er sein Hab und Gut in Sicherheit bringen können (Äquivalenztheorie). Adäquate Kausalität ist gegeben, weil besondere Sachgefährdung infolge des Krieges im Rahmen des Wahrscheinlichen liegt.
   h) Ergebnis: § 823 Abs. 1 (+), wenn man die Rechtswidrigkeit im konkreten Fall bejaht (siehe oben).

---

390 Vgl. BGHZ 75, 328. Anders dagegen § 110 Abs. 1 SGB VII (= § 640 RVO a. F.).
391 Der BGH entschied die Sache nicht, sondern hob das Berufungsurteil auf und verwies zur erneuten Verhandlung und Entscheidung zurück.
392 Weil der BGH die Sittenwidrigkeit des Verhaltens des B bejahte, liegt es auch nahe, die Rechtswidrigkeit zu bejahen; vgl. zum Verhältnis von Rechtswidrigkeit und Sittenwidrigkeit → § 17 Rn. 24.

2. Anspruch aus § 826
   a) Schaden = Verlust der Habe des Klägers
   b) Kausalität und Zurechnung (+), vgl. oben.
   c) Sittenwidrigkeit (+)
   d) Vorsatz? Der Vorsatz muss bei § 826 die gesamten Schadensfolgen umfassen. Der Beklagte müsste sich bewusst sein, dass der Kläger durch die Inhaftierung seine Sachen verliert, und er muss diesen Erfolg in seinen Willen aufgenommen haben und gebilligt haben. Dazu fehlen Angaben im Sachverhalt.
   e) Ergebnis: Kein § 826, weil Vorsatz den Schaden umfassen muss.

IV. Billigkeitshaftung (§ 829)

181   Nach § 829 (selbstständige Anspruchsgrundlage) ist auch derjenige aus Gründen der Billigkeit zum Schadensersatz verpflichtet, der **mangels Verschuldensfähigkeit** für einen verursachten Schaden nicht verantwortlich ist **(Billigkeitshaftung)**.[393]

182   Die Billigkeitshaftung nach § 829 setzt eine tatbestandsmäßige und rechtswidrige Herbeiführung eines Verletzungserfolges i. S. der §§ 823 bis 826 voraus, also die Erfüllung eines deliktischen Anspruchstatbestandes der §§ 823 bis 826; sie kompensiert nur die nach den §§ 827 f. fehlende Verschuldensfähigkeit.

Weitere Tatbestandsvoraussetzung ist, dass die Billigkeit eine Schadloshaltung des Geschädigten erfordert.[394] Dazu bedarf es stets eines Vergleichs der Vermögenslagen der Beteiligten, wobei ein »wirtschaftliches Gefälle« zugunsten des Schädigers vorliegen muss. Im Übrigen kommt es auf die Umstände des Einzelfalles an, insbesondere auf das Maß der Einsichtsfähigkeit und die Schwere der Verletzung.[395] Grenze der Billigkeitshaftung sind die Mittel für den eigenen Unterhalt und die Unterhaltspflichten des Schädigers (vgl. § 829 a. E.). Als ein für die Vermögenslage des Schädigers bedeutsamer Umstand ist das Bestehen einer *Pflichtversicherung* wie der Kfz-Pflichthaftpflichtversicherung anzuerkennen. Darin liegt eine Durchbrechung des Trennungsprinzips, nach dem die Eintrittspflicht des Haftpflichtversicherers der Haftung folgt und nicht umgekehrt die Haftung der Versicherung (→ § 15 Rn. 4). Die Billigkeit erfordert es dagegen grundsätzlich nicht, dem Bestehen einer *freiwilligen* Haftpflichtversicherung ungeachtet des versicherungsrechtlichen Trennungsprinzips eine anspruchsbegründende Bedeutung zukommen zu lassen.[396]

Die Billigkeitshaftung des § 829 setzt außerdem voraus, dass Ersatz des Schadens nicht von einem Aufsichtspflichtigen (§ 832) erlangt werden kann.

183   Neben den Fällen fehlender Verschuldensfähigkeit wird **§ 829 entsprechend** auf Fälle anderer haftungsausschließender »Defekte« angewendet:
   – Fälle fehlender Handlung (wegen Kontrollverlustes, Tod des Schädigers keine Handlung im deliktischen Sinne) (vgl. → Rn. 181);

---

393 § 829 wird auch als »Millionärsparagraph« bezeichnet (vgl. *BGH* NJW 1958, 1630, 1632; BGHZ 76, 279; *Kötz/Wagner*, Rn. 352); *Bluntschli* spricht insofern von »Reichtum verpflichtet« (»richesse oblige«) zitiert nach Staudinger/*Oechsler*, § 829 Rn. 14.

394 *BGH* VersR 2017, 296.

395 Insgesamt hängt nach Meinung des BGH das »ob« des Billigkeitsanspruchs gem. § 829 entscheidend von den gesamten Umständen ab, unter denen ein wirtschaftliches Gefälle vom Schädiger zum Geschädigten an erster Stelle steht (BGHZ 76, 279).

396 *BGH* VersR 2017, 296.

– Fälle fehlenden Verschuldens wegen alterstypischer Steuerungsunfähigkeit (Jugendliche, alte Menschen) (vgl. → Rn. 182).

Fall (BGHZ 23, 90): Wegen einer geplatzten Schlagadergeschwulst wird der Autofahrer B plötzlich und unvorhersehbar bewusstlos. Sein Fahrzeug gerät außer Kontrolle und überfährt den auf dem Bürgersteig gehenden Fußgänger K. K verlangt von B Schadensersatz. **184**

Lösung:

1. Anspruch aus § 7 Abs. 1 StVG?
   a) K ist beim Betrieb des Kfz des B am Körper verletzt worden.
   b) Höhere Gewalt i. S. des § 7 Abs. 2 StVG ist nicht gegeben, auch nicht durch die eingetretene Bewusstlosigkeit des B (vgl. → § 22 Rn. 16 ff.). Ein weiterer Ausschlussgrund liegt nicht vor (§ 8 StVG).
   c) B hat den entstandenen Schaden zu ersetzen.
2. Ein Anspruch aus § 823 Abs. 1 scheidet aus.
   a) Zwar ist K am Körper verletzt worden.
   b) Zum Zeitpunkt des Überfahrens des K fehlt aber eine willensgesteuerte Handlung des B, der bewusstlos ist (vgl. → Rn. 105).
   c) Stellt man auf das (zeitlich vorgelagerte) Fahren bis zum Eintritt der Bewusstlosigkeit ab, so könnte dem B ein pflichtwidriges Unterlassen (Pflicht, das Kfz rechtzeitig vor Eintritt der Bewusstlosigkeit anzuhalten) vorzuwerfen sein. Eine solche Pflicht besteht aber allenfalls bei Anhaltspunkten für den Eintritt der Bewusstlosigkeit.
3. In Betracht kommt aber ein Anspruch aus § 829 (analog).
   a) B hat den Tatbestand des § 823 Abs. 1 durch Überfahren des K verwirklicht, von der Handlungsfähigkeit, Verschuldensfähigkeit und Verschulden abgesehen.
   b) § 829, so der BGH, will nach seinem Sinn und Zweck die Fälle vorübergehender »Bewusstlosigkeit« ohne Rücksicht darauf erfassen, ob sie nur die Zurechnungsfähigkeit des Schädigers oder auch das Verschulden insgesamt oder gar jede willensmäßige Steuerung des körperlichen Verhaltens ausschließen. § 829 ist daher (analog) auch anzuwenden, wenn wegen Bewusstlosigkeit schon die Handlungsfähigkeit fehlt.
   c) Eine Aufsichtshaftung (§ 832) besteht nicht.
   d) Zu § 7 Abs. 1 StVG besteht Anspruchskonkurrenz.

Fall (BGHZ 39, 281): Beim Spiel schleudert der 9-jährige B ein Spielzeugmesser hinter dem 12-jährigen K her, das den sich umdrehenden K ins Auge trifft und schwer verletzt. Es wird festgestellt, dass B zwar die zur Erkenntnis seiner Verantwortlichkeit erforderliche Einsicht hat (§ 828 Abs. 3), Kindern seiner Altersstufe aber die Reife fehlt, die zur Begründung eines Fahrlässigkeitsvorwurfs erforderlich ist (§ 276 Abs. 2). K verlangt von B Schadensersatz. **185**

Lösung:

1. Anspruch aus § 823 Abs. 1 (–) Zwar ist B verschuldensfähig, jedoch handelt er nicht schuldhaft. Grundsätzlich gilt ein objektiver Beurteilungsmaßstab, jedoch ist die Berücksichtigung typischer Verschiedenheiten ganzer Berufs- und Altersgruppen nicht ausgeschlossen. Kinder der Altersstufe des B können die Gefährlichkeit einer Handlungsweise wie der des B (Werfen des Messers) nicht erkennen. Deshalb handelt B nicht fahrlässig.
2. Anspruch aus § 829 analog?
   a) B hat den Tatbestand des § 823 Abs. 1 verwirklicht, abgesehen vom Verschulden.
   b) Dem Wortlaut nach ist § 829 aber nur auf Fälle fehlender Verschuldensfähigkeit nach §§ 827 f. anzuwenden. Verschuldensfähigkeit des B liegt hier aber vor (§ 828 Abs. 3). Der BGH wendet § 829 analog auf den Fall fehlenden Verschuldens wegen mangelnder Reife der Altersstufe des Schädigers an. Ob der Stand der Entwicklung des konkret schädigenden Jugendlichen die für die Verschuldensfähigkeit erforderliche Einsichtsfähigkeit ausschließt oder der allgemeine Stand der Entwicklung

369

von Jugendlichen der Altersstufe des Schädigers die zur Bejahung des Verschuldens erforderliche Reife (Fahrlässigkeit) ausschließt, sei kein rechtserheblicher Unterschied, so der BGH.[397] Fehlende Schuld oder fehlende Erkenntnis der Verantwortlichkeit sind nur Ausprägungen ein und desselben Mangels, nämlich des Mangels der für die deliktsrechtliche Haftung erforderlichen Reife.[398]

c) Der Anspruch aus § 829 analog ist begründet.

V. Zusammenfassung

186

Verschulden

I. Verschuldensfähigkeit (→ Rn. 172)
Die Verschuldensfähigkeit ist nur ausnahmsweise in den in §§ 827, 828 geregelten Fällen ausgeschlossen. Verschuldensunfähig sind
  1. unabhängig vom Alter – Personen, die im Zustand der Bewusstlosigkeit oder in einem die freie Willensbestimmung ausschließenden Zustand krankhafter Störung der Geistestätigkeit gehandelt haben (§ 827 S. 1; Ausnahme § 827 S. 2).
  2. Im Übrigen richtet sich die Verschuldensunfähigkeit nach dem Alter des Schädigers und dem Gefahrenbereich (in oder außerhalb des motorisierten Straßenverkehrs). Es ist zwischen drei Altersgruppen zu unterscheiden:
    – Verschuldensunfähig sind Kinder vor Vollendung des 7. Lebensjahres (§ 828 Abs. 1).
    – Verschuldensunfähig sind Kinder zwischen Vollendung des 7. und 10. Lebensjahres im motorisierten Straßenverkehr, es sei denn, der Schaden ist vorsätzlich herbeigeführt worden (§ 828 Abs. 2 S. 1 und 2).
    – Verschuldensunfähig ist ein Minderjähriger (bis zur Vollendung des 18. Lebensjahres), dessen Verantwortlichkeit nicht schon nach § 828 Abs. 1 und 2 ausgeschlossen ist, wenn er bei der Begehung der schädigenden Handlung nicht die zur Erkenntnis der Verantwortlichkeit erforderliche Einsicht hat (= nicht diejenige geistige Entwicklung erreicht hat, die ihn befähigt, das Unrechtmäßige seiner Handlung und zugleich die Verpflichtung zu erkennen, in irgendeiner Weise für die Folgen seines Tuns einstehen zu müssen).
II. Formen des Verschuldens
  1. Vorsatz: Wissen und Wollen des Erfolges sowie Bewusstsein der Rechtswidrigkeit (Vorsatztheorie) (→ Rn. 174)
  2. Fahrlässigkeit (§ 276 Abs. 2) (→ Rn. 175)
    – Objektivierter Fahrlässigkeitsmaßstab:
      Welche Sorgfalt zu beachten ist, richtet sich danach, was von einem durchschnittlichen Anforderungen entsprechenden Angehörigen des jeweiligen Verkehrskreises (z. B. Berufsgruppe, Gruppe von Verkehrsteilnehmern) in der konkreten Situation erwartet werden kann. Abzustellen ist also auf die typischen Kenntnisse und Fähigkeiten der Gruppe.
    – Subjektives Moment (→ Rn. 176):
      Spezielle Kenntnisse oder erhöhte Fähigkeiten des Schädigers erhöhen den Fahrlässigkeitsmaßstab (→ Rn. 176).
III. Gegenstand des Verschuldens (→ Rn. 179)
  richtet sich nach der jeweiligen Anspruchsgrundlage (z. B. muss sich das Verschulden bei § 823 Abs. 1 nicht auf den Schaden und den haftungsausfüllenden Tatbestand erstrecken, anders jedoch bei § 826).

---

397 Das Besondere am *BGH*-Fall liegt darin, dass die Fähigkeit der Altersgruppe des B, die Gefährlichkeit eines Vorganges oder Zustandes zu erkennen und den Handlungswillen entsprechend dem verkehrgemäßen Sollen zu bestimmen (relevant für Fahrlässigkeit), in einer für bestimmte Altersstufen typischen Weise hinter der individuellen Einsichtsfähigkeit des B in die Verantwortlichkeit (relevant für Verschuldensfähigkeit) zurückgeblieben ist (vgl. BGHZ 39, 281).

398 Vgl. BGHZ 39, 281.

G. Schaden

Sind diese Anspruchsvoraussetzungen erfüllt, so ist der Schädiger »zum Ersatz des 187
daraus entstehenden Schadens« verpflichtet. Für die Ermittlung des **Schadens** gelten
die allgemeinen Grundsätze des Schadensrechts (vgl. → § 23 Rn. 4 ff.). Im Recht der unerlaubten Handlungen sind die Sondervorschriften der §§ 842–846 zu beachten (vgl.
dazu → § 20 Rn. 1 ff.).

Das Mitverschulden und die Mitverursachung des Schadens durch den Geschädigten
sind bei der Haftungsausfüllung zu prüfen (nicht etwa beim Verschulden des Schädigers!). Rechtsfolge des Mitverschuldens ist, dass die Höhe des Schadensersatzes (im
Extremfall bis auf Null) gemindert wird.

H. Haftungsausfüllende Zurechnung

Der Schädiger ist nach § 823 Abs. 1 zum Ersatz des aus der Rechtsgutverletzung ent- 188
stehenden Schadens verpflichtet. Der Terminus »daraus entstehenden« deutet auf die
haftungsausfüllende Zurechnung hin (ausführlich dazu § 25 Rn. 1 ff.).[399] Damit ist
der (Kausal-)Zusammenhang zwischen dem ersten Verletzungserfolg und dem Schaden (den einzelnen Schadenspositionen) gemeint. Im Tatbestandsmerkmal »Schaden«
sind auch die nach dem ersten Verletzungserfolg eintretenden weiteren Rechtsgutverletzungen zu berücksichtigen.

Die haftungsausfüllende Zurechnung ist im Zusammenhang mit der Rechtsfolge zu
prüfen. Dafür ist die Äquivalenztheorie, Adäquanz und der Schutzzweck der Norm
anzuwenden (vgl. → Rn. 128 ff.), wobei es auf den Zusammenhang zwischen der ersten
Rechtsgutverletzung und dem Schaden ankommt.

Fall (*BGH* NJW 1968, 2287): A erleidet bei einem von B schuldhaft verursachten Verkehrsunfall eine 189
Kopfverletzung. Bei der Untersuchung stellt der behandelnde Arzt eine verborgene Hirnarteriosklerose
des A fest, die zu dessen vorzeitiger Pensionierung mit verminderten Bezügen führt. A verlangt von B
den Unterschied zwischen seinen Dienstbezügen und dem geringeren Ruhegehalt ersetzt.

Lösung:

1. § 823 Abs. 1?
   a) Haftungsbegründender Tatbestand
      aa) Erster Verletzungserfolg: Körperverletzung (Kopfverletzung)
      bb) Zurechenbare Handlung: zum Verkehrsunfall führendes Fahrverhalten (+)
      cc) Rechtswidrigkeit (+)
      dd) Verschulden (+)
   b) Haftungsausfüllender Tatbestand
      aa) Schaden: geringeres Ruhegehalt wegen vorzeitiger Pensionierung
      bb) Haftungsausfüllende Zurechnung: Zurechnungszusammenhang zwischen der Rechtsgutver-
          letzung (Kopfverletzung) und dem geminderten Ruhegehalt (Schaden)
          (1) Äquivalenz: Die äquivalente Kausalität liegt vor. Ohne den Unfall wäre A nicht in das
              Krankenhaus gekommen und daher auch die Krankheit zumindest noch nicht entdeckt
              worden.

---

399 Vgl. zur Unterscheidung zwischen haftungsbegründender und haftungsausfüllender Kausalität
    → Rn. 126 f.

    (2) Adäquanz: Auch die Adäquanz ist anzunehmen. Es liegt nicht außerhalb jeder Wahrscheinlichkeit, dass bei einem Krankenhausaufenthalt eine weitere, an sich nicht mit der Unfallverletzung zusammenhängende Erkrankung früher festgestellt wird, als dies sonst der Fall gewesen wäre.

    (3) Schutzzweck der Norm: Schadensersatz wegen einer bestimmten Rechtsgutverletzung kommt nur in Betracht, wenn die verletzte Norm ihrem Sinn und Zweck nach den Eintritt gerade dieser Verletzung verhindern will. § 823 Abs. 1 (Körperverletzung) will vor den Gefahren schützen, die sich aus der Verletzung des Körpers ergeben, nicht aber davor, dass eine schon vorhandene Krankheit entdeckt wird, auch wenn diese Entdeckung zur Pensionierung führt und für den Verletzten Vermögensnachteile mit sich bringt. Insoweit sind durch den Unfall keine Gefahren verwirklicht worden, die das Gesetz verhüten will. Die vorzeitige Pensionierung wegen Dienstunfähigkeit gehört zu den allgemeinen Lebensrisiken, die jeder selbst tragen muss.[400] Der Schaden (vermindertes Ruhegehalt) liegt außerhalb des Schutzzwecks der verletzten Norm (§ 823 Abs. 1).

  c) Ergebnis: § 823 Abs. 1 (–)

2. Für § 823 Abs. 2 i.V.m. fahrlässiger Körperverletzung nach § 229 StGB gelten die gleichen Erwägungen zum Schutzzweck.

3. § 7 Abs. 1 StVG?

  a) Beim Betrieb des Kfz des B ist der Körper des A verletzt worden. Ausschlussgründe liegen nicht vor.

  b) Deshalb ist B zum Ersatz des daraus entstehenden Schadens verpflichtet. Dazu gehören aber nicht die wegen vorzeitiger Pensionierung eingetretenen Vermögenseinbußen – es gelten die Ausführungen zu § 823 Abs. 1 entsprechend.

4. Der Anspruch des A ist unbegründet.

Hinweis:

1. Dieser Fall wird in der Literatur teilweise im Zusammenhang mit der haftungsbegründenden Kausalität behandelt. Richtig ist aber, ihn im Zusammenhang mit der haftungsausfüllenden Kausalität zu erörtern. Denn der Kausalzusammenhang zwischen dem zum Verkehrsunfall führenden Verhalten des B und der Kopfverletzung (dem ersten Verletzungserfolg) ist eindeutig gegeben. Alles andere ist eine Weiterentwicklung dieses ersten Verletzungserfolges und wird vom haftungsausfüllenden Tatbestand erfasst.

2. Der BGH[401] prüft zu Recht ausschließlich die haftungsausfüllende Kausalität: Er stellt die Kausalität zwischen der unerlaubten Handlung, Pensionierung und dem darauf beruhenden Schaden fest, verneint aber, wie hier vertreten, den Schutzzweckzusammenhang. Es liegt auch kein Fall einer mittelbaren (zweiten) Rechtsgutverletzung vor, weil die verborgene Erkrankung vom Schädiger nicht verursacht wurde.

---

190 **Beispiel:** K ist mit überhöhter Geschwindigkeit an einem Unfall mit B beteiligt, weil B dem K die Vorfahrt nimmt. Das im Rahmen eines Strafverfahrens ergangene Urteil, das eine Geldstrafe wegen Überschreitung der zulässigen Fahrgeschwindigkeit (§ 3 Abs. 1 StVO) gegen ihn (K) verhängt, wird im Rechtsmittelverfahren aufgehoben. K verlangt von B (u. a.) Ersatz der Kosten für seine Verteidigung im Strafverfahren (BGHZ 27, 137).
(1) Infrage kommt ein Anspruch aus § 7 Abs. 1 StVG. Der haftungsbegründende Tatbestand ist gegeben. Fraglich ist aber, ob der geltend gemachte Schaden vom Schutzzweck der Vorschrift erfasst ist (»den daraus entstehenden Schaden«). § 7 StVG will vor den Gefahren des Betriebes eines Kfz schützen; davon erfasst werden die Folgen des Betriebes eines Kfz für die genannten Rechtsgüter, nicht aber Kosten der Strafverfolgung, die damit nicht spezifisch zusammenhängen, sondern Ausfluss des allgemeinen Lebensrisikos sind. (2) Es könnte ein Anspruch auf Schadensersatz aus § 823 Abs. 1 bestehen. Fraglich ist auch hier die haftungsausfüllende Kausalität, insbesondere der Schutzzweck der Vorschrift. § 823 Abs. 1 will gegen alle Gefahren schützen, die sich bei einer Verletzung dieser Rechtsgüter und Rechte ergeben; nur

---

400 *BGH* NJW 1968, 2287.
401 *BGH* NJW 1968, 2287.

die Folgen dieser Verletzung der geschützten Rechtsgüter und Rechte werden dem Täter zugerechnet, und nur in diesem Rahmen sind die Interessen des Geschädigten im Gesetz geschützt. In den Kosten für das Strafverfahren haben sich durch den Unfall keine Gefahren verwirklicht, die das Gesetz verhüten will. Sie haben mit der Körper- und Eigentumsverletzung des K nichts zu tun. Die Gefahr, in ein Strafverfahren verwickelt zu werden, liegt im Rahmen eines allgemeinen Risikos, das jeden strafmündigen Menschen trifft. Dieses allgemeine Risiko gehört nicht zu den Gefahren, die das Gesetz abwenden will. (3) § 823 Abs. 2 i.V.m. § 8 StVO (Vorfahrt): Die Vorschrift schützt neben der Aufrechterhaltung der öffentlichen Ordnung nur die Gesundheit und das Eigentum der Verkehrsteilnehmer, nicht aber allgemeine Vermögensbelange. Deshalb sind die Verteidigerkosten vom Schutzzweck nicht erfasst. (4) Ansprüche aus § 823 Abs. 2 i.V.m. § 164 StGB (falsche Verdächtigung) und § 826 kommen nicht in Betracht.

Die haftungsausfüllende Zurechnung ist vor allem in den Fällen von Folgeverletzungen problematisch. Dabei handelt es sich um Verletzungen oder Schäden, die erst infolge der durch den Schädiger verursachten Erstverletzung entstehen. Ob der (Erst-) Schädiger auch für weitere Rechtsgutverletzungen haftet, richtet sich danach, ob der Schädiger ein zusätzliches Risiko für die Folgeschäden geschaffen hat oder ob diese nur Ausfluss des allgemeinen Lebensrisikos sind.[402] **191**

Beispiel: S fährt mit ihrem Kfz den Fußgänger O an und verletzt ihn am Körper (erste Rechtsgutverletzung). O wird ins Krankenhaus gebracht. Dort bekommt er eine Grippe-Infektion (weitere Rechtsgutverletzung), die weitere Kosten der Heilbehandlung erforderlich macht. Ist die Grippe-Infektion nicht etwa durch die körperliche Schwäche des O durch den Kfz-Unfall begünstigt oder erst verursacht worden, so scheidet eine Haftung der S für die weiteren Heilbehandlungskosten aus. Die Grippe-Infektion ist zwar als Folge der ersten Rechtsgutverletzung entstanden, jedoch ist sie nicht spezifischer Ausfluss der Körperverletzung des S und damit dem allgemeinen Lebensrisiko zuzurechnen.[403]

Vertiefungshinweis: Abgrenzung von haftungsbegründender und haftungsausfüllender Zurechnung **192**
In Haftungsfällen treten häufig neben einer ersten Rechtsgutverletzung noch weitere (mittelbare) Rechtsgutverletzungen auf. Sowohl für die erste als auch für die zweite Rechtsgutverletzung wird Schadensersatz verlangt. Es stellt sich die Frage, bei welchem Tatbestandsmerkmal die einzelne Rechtsgutverletzung dogmatisch einzuordnen ist.

Beispiel: Bei einer Schlägerei verletzt S den B am rechten Bein (erste Rechtsgutverletzung). Während der ärztlichen Behandlung setzen sich Bakterien in die Wunde, die zu einer Infektion führen (Gesundheitsverletzung als weitere [mittelbare] Rechtsgutverletzung) und weitere Heilbehandlungen erforderlich machen. Es entstehen Kosten für die ärztliche Versorgung des rechten Beines (»erster Schaden«) sowie für die Heilung der Infektion (»zweiter Schaden«).[404]
Die haftungsbegründende Kausalität meint den Zusammenhang zwischen denjenigen Elementen, welche die Haftung dem Grunde nach voraussetzt: Verletzungshandlung und erste Rechtsgutverletzung. Die haftungsausfüllende Kausalität meint die Verbindung dieses Haftungsgrundes (erste Rechtsgutverletzung) mit weiteren Folgeschäden, die auch in weiteren (mittelbaren) Rechtsgutverletzungen liegen können.[405] Eine weitere (mittelbare) Rechtsgutverletzung wird unter dem Gesichtspunkt des Folgeschadens im Rahmen der Haftungsausfüllung geprüft und behandelt.
Ob im Einzelfall die Problematik der Kausalität und der Zurechnung im Rahmen der Haftungsbegründung (Haftungsrecht) oder der Haftungsausfüllung (Schadensrecht) geprüft wird, ist vom jeweiligen Haftungstatbestand abhängig. So kann es hinsichtlich der gleichen Rechtsgutverletzung und des gleichen Schadens zu Überschneidungen kommen: Die Zurechnung kann bei der einen Anspruchsgrundlage im Rahmen der Haftungsbegründung, bei der anderen im Rahmen der Haftungsausfüllung zu prüfen sein.[406]

---

402 *Stoll,* Kausalzusammenhang und Normzweck im Deliktsrecht, 1968, S. 26 f.
403 Siehe *BGH* NJW 1968, 2287, 2288 und Besprechung von *Huber,* JZ 1969, 677.
404 Vgl. auch *BGH* NJW 2012, 2024 (Haftung des erstbehandelnden Arztes wegen notwendigen Zweiteingriffs infolge eines Behandlungsfehlers beim Ersteingriff).
405 Staudinger/*Medicus,* 12. Aufl. 1983, § 249 Rn. 47.
406 Vgl. Staudinger/*Medicus,* 12. Aufl. 1983, § 249 Rn. 47; Palandt/*Grüneberg,* Vorb v § 249 Rn. 24.

Beispiel: Ein mangelhaft errichtetes Haus stürzt ein und verletzt den Eigentümer (E). Die Körperverletzung gehört im Rahmen der Pflichtverletzung des Bauvertrages (§ 280 Abs. 1) zur Haftungsausfüllung, im Rahmen des § 823 Abs. 1 zur Haftungsbegründung. Stellt dagegen die Errichtung des mangelhaften Hauses schon eine Eigentumsverletzung unter dem Gesichtspunkt des Weiterfressermangels dar, so kann – abhängig vom Klagebegehren des E – die Körperverletzung nur als weitere Rechtsgutverletzung im haftungsausfüllenden Tatbestand des § 823 Abs. 1 geprüft werden.

§ 17. Sonstige Tatbestände der Verschuldenshaftung

A. Verletzung eines Schutzgesetzes (§ 823 Abs. 2)

1   Nach § 823 Abs. 2 ist zum Schadensersatz verpflichtet, wer schuldhaft »gegen ein den Schutz eines anderen bezweckendes Gesetz verstößt«. Voraussetzung ist, dass ein Schutzgesetz verletzt worden ist. Im Gegensatz zu § 823 Abs. 1 ist die Verletzung eines bestimmten Rechts oder Rechtsgutes nicht erforderlich.

§ 823 Abs. 2 i. V. m. dem Schutzgesetz ist eine **selbstständige Anspruchsgrundlage.**

I. Struktur des § 823 Abs. 2

2   **Vertiefungshinweis:** Aufbau des Tatbestandes des § 823 Abs. 2
§ 823 Abs. 2 setzt voraus, dass ein Schutzgesetz verletzt worden ist und dass die geschädigte Person, das betroffene Rechtsgut, der Schaden und die Art und Weise der Erfolgs- bzw. Schadensverwirklichung in den (personellen, sachlichen und modalen) Schutzbereich des Schutzgesetzes fallen. Fraglich ist, wie der Tatbestand dogmatisch **aufgebaut** ist.
Dogmatisch ist es grundsätzlich zutreffend, auch bei einem Anspruch aus der Verletzung eines Schutzgesetzes zwischen dem haftungsbegründenden und dem haftungsausfüllenden Tatbestand zu unterscheiden (vgl. → § 16 Rn. 1). Der Inhalt des haftungsbegründenden Tatbestandes ergibt sich aus den Tatbestandsvoraussetzungen des Schutzgesetzes. Der (haftungsbegründende) Tatbestand des § 823 Abs. 2 setzt zunächst voraus, dass ein Schutzgesetz vorliegt und verletzt worden ist. Ist dies festgestellt, ist im Rahmen der Haftungsbegründung grundsätzlich (Ausnahmen können sich aus dem Tatbestand des Schutzgesetzes ergeben) zu prüfen, ob der Geschädigte personell, das Rechtsgut und die Art und Weise der Rechtsgutverletzung von dem Schutzzweck der konkreten Vorschrift erfasst sind. Im Rahmen des haftungsausfüllenden Tatbestandes ist zu prüfen, ob auch der durch die Verletzung des Schutzgesetzes adäquat kausal verursachte Schaden und die Art und Weise der Schadensverwirklichung vom Schutzzweck erfasst sind.

3   § 823 Abs. 2 ergänzt das gesetzgeberische Konzept des Rechtsgüterschutzes durch § 823 Abs. 1 und hat als Anspruchsgrundlage eine eigenständige **Bedeutung.** § 823 Abs. 2 kann neben § 823 Abs. 1 und § 826 zur Anwendung kommen (Anspruchskonkurrenz). Bei der Auslegung des § 823 Abs. 2, insbesondere der Prüfung der Schutzgesetzqualität einer Norm, ist allerdings zu beachten, dass die Vorschriften des § 823 Abs. 1 und § 826 sowie deren Voraussetzungen und Grenzen nicht systemwidrig unterlaufen werden.

4   **Vertiefungshinweis:** Subsidiarität des § 823 Abs. 2 gegenüber einer anderweitigen Absicherung
»Wenn [die] Belange [des Geschädigten] anderweit ausreichend abgesichert sind [...], dann ist daneben ein deliktischer Schutz derselben Interessen über § 823 Abs. 2 BGB entbehrlich. [...] eben den eingehenden Regelungen zum Schutz der Vermögensinteressen [...] [ist] kein Bedürfnis für den deliktischen Schutz

durch § 823 Abs. 2 BGB zu erkennen.« Dies führte der *BGH*[1] bei der Prüfung aus, ob eine bestimmte Ordnungswidrigkeitsvorschrift Schutzgesetz i. S. des § 823 Abs. 2 ist.[2]

Diese Formulierung verleitet zu dem Missverständnis, dass der Anspruch aus § 823 Abs. 2 gegenüber anderen Ansprüchen des Geschädigten **subsidiär** sei. Hingegen meint der BGH – und dies ist ein dogmatischer Unterschied – damit nur, dass eine (Ordnungswidrigkeits-)Vorschrift regelmäßig kein Schutzgesetz darstellt, wenn eine anderweitige Absicherung des Geschädigten vorhanden ist bzw. die schützenswerten Interessen des Beeinträchtigten anderweit ausreichend abgesichert sind.[3] Dies könne bei Bußgeldvorschriften bzw. Ordnungswidrigkeitsnormen zutreffen.[4]

II. Schutzgesetz

§ 823 Abs. 2 setzt im haftungsbegründenden Tatbestand voraus, dass ein Schutzgesetz   5
verletzt worden ist. Schutzgesetz ist eine Rechtsnorm, die – sei es auch neben dem
Schutz der Allgemeinheit – dazu dienen soll, den Einzelnen oder einzelne Personenkreise gegen die Verletzung eines Rechtsguts oder Rechts zu schützen.[5]

1. Rechtsnorm

Schutzgesetz ist eine **Rechtsnorm.** Gemeint ist damit nicht nur ein Gesetz im formel-   6
len Sinn, sondern jede Rechtsnorm (vgl. Art. 2 EGBGB). Unter den Begriff des Gesetzes, der weit zu verstehen ist, fallen auch Verordnungen, öffentlich-rechtliche Satzun-
gen (z. B. Gemeindesatzungen über die Streupflicht) und Gewohnheitsrecht.

2. Haftungsrechtlicher Individualschutz

Die Norm muss den **schadensersatzbewehrten Schutz** eines anderen bezwecken. Das   7
setzt voraus, dass das Gesetz zumindest den Schutz des durch den Normverstoß Betroffenen bezweckt **(Individualschutz).** Nicht ausreichend ist es, wenn die Norm nur
dem Schutz der Allgemeinheit dient oder der Individualschutz sich objektiv bloß als
Reflex des Schutzgesetzes darstellt. Dieser Individualschutz muss darauf gerichtet
sein, dem Geschädigten einen Schadensersatzanspruch zu gewähren. Ist ein solcher
Zweck des Verbotsgesetzes nicht offenkundig, muss in umfassender Würdigung des
gesamten Regelungszusammenhangs, in den die Norm gestellt ist, geprüft werden, ob
es in der Tendenz des Gesetzgebers liegen konnte, an die Verletzung des geschützten
Interesses die deliktische Einstandspflicht des dagegen Verstoßenden zu knüpfen.[6]
Die Schaffung eines individuellen Schadensersatzanspruchs muss sinnvoll und im
Lichte des haftungsrechtlichen Gesamtsystems tragbar erscheinen.[7]

Dabei kommt es nicht auf die Wirkung, sondern auf den Inhalt und Zweck des Gesetzes an sowie darauf, ob der Gesetzgeber bei Erlass des Gesetzes gerade einen Rechtsschutz in Form eines Schadensersatzanspruchs zugunsten bestimmter Personen ge-

---

1 BGHZ 84, 312.
2 Vgl. auch BGHZ 110, 342 zur Schutzgesetzeigenschaft des § 30 GmbHG; BGHZ 116, 7 zu § 264a
  StGB; *BGH* NJW 1980, 1792 zu §§ 29d Abs. 1, 27 Abs. 3 StVZO.
3 BGHZ 116, 7.
4 BGHZ 116, 7 m. w. N.
5 BGHZ 106, 204; 116, 7.
6 BGHZ 84, 312; *BGH* MDR 2012, 295.
7 BGHZ 66, 388.

wollt hat.[8] Es gibt unzählige Schutzgesetze in diesem Sinne, deren Verletzung über § 823 Abs. 2 zum Schadensersatz führen kann. Um einen Eindruck von der Häufigkeit und Vielfalt von schadensersatzbewehrten Schutzgesetzen zu bekommen, empfiehlt sich ein Blick in die beispielhafte Auflistung in den Kommentaren zu § 823 Abs. 2.

Beispiele:[9]

- Die meisten Strafvorschriften sind Schutzgesetze: z. B. Hausfriedensbruch, unerlaubtes Entfernen vom Unfallort (§ 142 StGB), Körperverletzung, Betrug, Vorenthaltung und Veruntreuung von Arbeitsentgelt (§ 266 a StGB)[10]; vorsätzliche Datenveränderung (§ 303 a StGB)[11]; unterlassene Hilfeleistung; Behinderung von hilfeleistenden Personen (§ 323 c StGB, str.)[12].
- Kein Schutzgesetz: Urkundenfälschung (§ 267 StGB). Diese Strafvorschrift schützt die Sicherheit und Zuverlässigkeit des Rechtsverkehrs mit Urkunden und ist auf das Allgemeininteresse am Institut der Urkunde ausgerichtet. Soweit objektiv bzw. mittelbar ein Vermögensschutz besteht, ist dieser nur Reflex, der durch die Befolgung der Norm objektiv erreicht werden kann, aber nicht in den spezifischen Aufgabenbereich der Norm fällt (BGHZ 100, 13).
- Kein Schutzgesetz: Vorschriften des Geldwäschegesetzes, da kein Individualschutz intendiert ist (*BGH* NJW 2008, 2245); Regelung des § 32 Abs. 2 Nr. 1 WpHG a. F. über Anlageempfehlung mit verbotener Zweckrichtung des Beraters (BGHZ 175, 276).
- Öffentlich-rechtliche Vorschriften als Schutzgesetz: Dem B, Betreiber einer Ballettschule, ist in einer Baugenehmigung durch (mit einem Verwaltungsakt angeordnete) Auflage aufgegeben worden, die Fenster während der Übungsstunden zu schließen. Der Nachbar K kann die Einhaltung dieser Auflage vor dem Zivilgericht im Wege der quasinegatorischen Unterlassungsklage (§§ 1004 Abs. 1 S. 2, 823 Abs. 2 analog) durchsetzen. Als Schutzgesetz kommt nicht der Verwaltungsakt, sondern die Ermächtigungsnorm (LBauO, BauGB, BImSchG) in Betracht, welche durch die Auflage konkretisiert wird. Die Ermächtigungsnorm dient dem Schutz des Nachbarn (BGHZ 122, 1). § 3 Abs. 1, 3 GSG a. F. (heute § 4 Abs. 1 S. 1 GPSG), betreffend das Inverkehrbringen nur sicherer Produkte und Gerätschaften, kann als Schutzgesetz dienen (*BGH* NJW 2006, 1589, 1590).

8 Auch § 858 (verbotene Eigenmacht) wird von der h. M. als Schutzgesetz i. S. des § 823 Abs. 2 angesehen.[13] Obgleich es bei § 858 auf ein Recht zum Besitz nicht ankommt (vgl. § 863), ist mit Rücksicht auf den beschränkten Schutz des Besitzes durch § 823 Abs. 1 (vgl. → § 16 Rn. 41 ff.) allerdings eine Einschränkung geboten: Der unrecht-

---

8 BGHZ 116, 7; 122, 1.

9 Vgl. die umfangreiche Auflistung von Schutzgesetzen bei Palandt/*Sprau*, § 823 Rn. 62 ff.; MüKo-BGB/*Wagner*, Bd. 6, § 823 Rn. 522 ff.

10 BGHZ 133, 370; *BGH* NJW-RR 2010, 701; dagegen keine Haftung des GmbH-Geschäftsführers für Säumniszuschläge gem. § 24 I SGB IV, da diese Vorschrift kein Schutzgesetz i. S. des § 823 Abs. 2 ist, vgl. *BGH* NJW 2008, 3557.

11 *OLG Dresden* NJW-RR 2013, 27; MüKoBGB/*Wagner*, Bd. 6, § 823 Rn. 296. Für Verfassungswidrigkeit des § 303 a StGB wegen tatbestandlicher Unbestimmtheit NK-StGB/*Zaczyk*, § 303 a Rn. 4.

12 BGHZ 197, 225; dagegen mit überzeugenden Bedenken *Loyal*, JZ 2014, 306; MüKoBGB/*Wagner*, Bd. 6, § 823 Rn. 416 f.; als Gegenargument hinzuzufügen ist: § 323 c StGB ist auch dann verletzt, wenn jemand mit seinem aktiven Tun hinter dem zurückbleibt, was erforderlich und gerade ihm als individueller Person möglich und zumutbar ist (MüKoStGB/*Freund*, § 323 c Rn. 90). In diesem Fall besteht aber mit der GoA bereits ein Ausgleichssystem, sodass es folgerichtig erscheint, einen deliktsrechtlichen Schutzzweck von § 323 c StGB zu verneinen.

13 BGHZ 20, 169; 79, 232; 114, 305; 181, 233; *BGH* NJW 2012, 528 (unbefugtes Parken auf einem Privatgrundstück); *BGH* NJW 2016, 863 (verbotene Eigenmacht liegt bei Vertrag über die kurzzeitige Nutzung eines jedermann zugänglichen privaten Parkplatzes auch dann vor, wenn sich der Parkende nicht an die Vertrags- und Einstellbedingungen, z. B. Zahlung der Parkgebühr und Auslegen des Parkscheins, hält); zu den Kfz-Abschleppfällen *S. Lorenz*, NJW 2009, 1025, 1027; *Pöschke/Sonntag*, JuS 2009, 711, 715; *Gsell*, ZJS 2009, 572, 573; zur GoA → § 8 Rn. 21; zum Schadensersatz → § 23 Rn. 6.

mäßige Besitzer ist gegenüber dem Berechtigten nicht aus § 823 Abs. 2 i. V. m. § 858 ersatzberechtigt.[14, 15]

III. Verletzung des Schutzgesetzes

Gegen das Schutzgesetz muss verstoßen worden sein. Das setzt voraus, dass das   9
Schutzgesetz tatbestandlich erfüllt ist, wobei die Regeln zu beachten sind, die für das
spezielle Gesetz und Rechtsgebiet gelten. Ist eine Vorschrift des Strafgesetzbuches das
betreffende Schutzgesetz, dann müssen alle Merkmale des Straftatbestandes (Tatbestand, Rechtswidrigkeit und [strafrechtliche] Schuld) geprüft werden.

IV. Rechtswidrigkeit, Verschulden und haftungsausfüllende Zurechnung

Die **Rechtswidrigkeit** wird durch die Schutzgesetzverletzung indiziert, wenn sie nicht   10
bereits im Rahmen der Verletzung des Schutzgesetzes positiv festgestellt ist (→ Rn. 9).[16]

Hinsichtlich des **Verschuldens** ist zwischen folgenden beiden Fällen zu unterscheiden.   11

Verlangt das Schutzgesetz selbst ein Verschulden (wie z. B. eine Strafbestimmung),
dann muss das vom Schutzgesetz vorausgesetzte Verschulden vorliegen. Auszugehen
ist damit von der im Schutzgesetz geforderten Schuldform. Bei vorsätzlichen Straftaten
ist der Verschuldensbegriff des Strafrechts zugrunde zu legen (Totalverweis)[17].[18] Bei
Fahrlässigkeitstaten sind für den Verschuldensmaßstab nach h. M. dagegen stets die
objektiven Kriterien des Zivilrechts maßgeblich (vgl. → § 16 Rn. 175).[19] Das Verschulden muss sich dagegen nicht auf das betroffene Rechtsgut oder den eingetretenen Schaden beziehen, es sei denn dies sind Elemente des Schutzgesetzes.[20]

Beispiel: Verkäufer B verschweigt dem Käufer K beim Gebrauchtwagenkauf trotz einer Nachfrage des K
die Unfalleigenschaft des Wagens. Als K dies nach einem zum Totalschaden führenden, von ihm unver-
schuldeten Unfall erfahren hat, ficht er den Kaufvertrag wirksam an und verlangt Rückzahlung des Kauf-

---

14 BGHZ 73, 355; 79, 232; 114, 305; vgl. auch *Medicus/Petersen,* BR, Rn. 621; a. A. *Larenz/Canaris,* SR
   II/2, § 77 III 1 c, S. 440 f.: Auf ein Recht zum Besitz komme es nicht an, weil § 858 auch zugunsten des
   nicht berechtigten Besitzers Anwendung finde.
15 Aus diesem Grund setzt ein Schadensersatzanspruch wegen der Kosten des Abschleppens eines unbefugt geparkten Kfz voraus, dass das Abschleppen von dem Selbsthilferecht nach § 859 gedeckt ist
   (vgl. BGHZ 181, 233, 241 sowie Palandt/*Herrler,* § 859 Rn. 1, 4: rechtswidrige Selbsthilfe ist ihrerseits verbotene Eigenmacht und kann schadensersatzpflichtig machen). Vgl. auch *Pöschke/Sonntag,*
   JuS 2009, 711, 715: Schutzzweck von § 858 sei nur auf den Ersatz von Kosten rechtmäßiger Selbsthilfe gerichtet. Im Rahmen eines Anspruchs aus § 823 Abs. 1 wegen Eigentumsverletzung an der privaten Parkfläche ist der Umfang der Selbsthilfebefugnis im Rahmen von § 254 zu berücksichtigen;
   vgl. *S. Lorenz,* NJW 2009, 1025.
16 BGHZ 122, 1; *BGH* NJW 2005, 2923; *BGH* NJW 2009, 681, 683.
17 Dies gilt auch, falls das verletzte Schutzgesetz selbst keine Strafnorm ist, seine Missachtung aber unter Strafe gestellt wird, *BGH* NJW 2017, 2463.
18 Nur ein unvermeidbarer Verbotsirrtum schließt eine Vorsatztat aus (§ 17 StGB, Schuldtheorie), anders bei fahrlässigem Verbotsirrtum (*BGH* NJW 2017, 2463; *BGH* NJW-RR 2017, 1004).
19 BGHZ 46, 17; *BGH* VersR 1968, 378, 379; Staudinger/*Hager,* § 823 Rn. G 38 m. w. N. (auch zur Ge-
   genauffassung, die den subjektiven Fahrlässigkeitsmaßstab anwendet).
20 BGHZ 103, 197, 200 (Besonderheit: Da § 231 StGB nach der Strafrechtsdogmatik ein sog. reines
   (abstraktes) Gefährdungsdelikt ist, muss dem zivilrechtlich Inanspruchgenommenen die Möglichkeit
   des Entlastungsbeweises offen stehen, dass sein Tatbeitrag für den Schaden nicht kausal geworden
   ist); *Kötz/Wagner,* Rn. 244; Staudinger/*Hager,* § 823 Rn. G 34 f.

preises abzüglich einer Nutzungsentschädigung. B verlangt Anrechnung des Wertes des (zerstörten) Kfz (BGHZ 57, 137).

(1) Eine dem B zurechenbare Eigentumsverletzung i. S. des § 823 Abs. 1 liegt nicht vor.[21] (2) K kann Rückzahlung des Kaufpreises nach § 823 Abs. 2 i.V. m. § 263 StGB verlangen. (a) § 263 StGB ist ein Schutzgesetz zugunsten von einzelnen Personen. (b) B hat dagegen verstoßen, indem er den Straftatbestand des Betruges verwirklicht hat. Die strafrechtliche Schuld braucht sich dabei nur auf den tatbestandsmäßigen (ersten) Schaden zu beziehen, also den Abschluss des Kaufvertrages. Die weitere Entwicklung muss nicht Gegenstand der Schuld oder eines Verschuldens sein. (c) Rechtswidrigkeit liegt vor. (d) Verschulden ist nicht weiter zu prüfen (§ 823 Abs. 2 S. 2). (e) Zu ersetzen ist der aus der Verletzung des Schutzgesetzes entstandene Schaden. Im Zeitpunkt der Erfüllung des Kaufvertrages besteht der Schaden nach wirtschaftlicher Betrachtungsweise und erklärter Anfechtung nicht in Höhe des gesamten Kaufpreises, sondern zunächst nur in Höhe des Kaufpreises Zug um Zug gegen Herausgabe des Wagens (erster Schaden). Jedoch wird infolge der weiteren Entwicklung nach Erfüllung des Kaufvertrages das Kfz zerstört und der Schaden deshalb auf den vollen Kaufpreis ohne Zug um Zug-Herausgabe erweitert. Der gesamte Kaufpreis stellt damit den Schaden dar. (f) Dieser Schaden (auch der Folgeschaden) ist dem B auch zuzurechnen. Kausalität i. S. der conditio sine qua non-Formel, Adäquanz und Schutzzweck der Norm sind zu bejahen (vgl. das Beispiel → Rn. 18).[22] (3) Der an sich gegebene Anspruch aus § 826 erfordert, dass der geltend gemachte Schaden vom Vorsatz des Schädigers umfasst wird. (4) Vgl. zu Ansprüchen aus § 812 Abs. 1 S. 1 Alt. 1 und der Anwendung der Saldotheorie → § 12 Rn. 32 ff.

12 Setzt das Schutzgesetz kein Verschulden voraus, dann gilt § 823 Abs. 2 S. 2. Der Deliktstäter muss mindestens fahrlässig gehandelt haben, was dann gesondert zu prüfen ist. Das Verschulden braucht sich nur auf den Verstoß gegen das Schutzgesetz zu beziehen, nicht auf das verletzte Rechtsgut oder den verursachten Schaden, wenn diese nicht zum Tatbestand des Schutzgesetzes gehören.[23] Man muss also nicht wissen, dass man einen anderen schädigt.

Beispiele:

— B berät und vertritt den K außergerichtlich gegen Berechnung von Gebühren, ohne die erforderliche behördliche Erlaubnis zu haben. Dabei lässt B aus Unachtsamkeit eine Forderung des K gegen einen Dritten in Höhe von 5.000,– € verjähren. K verlangt deshalb von B Schadensersatz in dieser Höhe (BGHZ 15, 315).

K hat gegen B einen Anspruch aus § 823 Abs. 2 i.V. m. Art. 1 § 1 RBerG (jetzt: Rechtsdienstleistungsgesetz). (a) Art. 1 § 1 RBerG ist ein Schutzgesetz, das auch dem Schutz der Rechts- und Beratungssuchenden dient und nicht bloß im Allgemeininteresse besteht. (b) B verletzt dieses Schutzgesetz, indem er fremde Rechtsangelegenheiten besorgt, ohne die erforderliche Erlaubnis zu haben. (c) Weil Art. 1 § 1 RBerG kein Verschulden voraussetzt, wird § 823 Abs. 2 S. 2 angewandt: Eine Ersatzpflicht tritt nur bei Verschulden ein. Dieses muss sich auf den Verstoß gegen das Schutzgesetz beziehen, wobei die zivilrechtlichen Verschuldensregeln, insbesondere die über den Irrtum, gelten. Anhaltspunkte dafür, dass B die Erlaubnispflichtigkeit seiner Tätigkeit nicht erkennen konnte, liegen nicht vor, sodass er (zumindest) fahrlässig handelte (§ 276 Abs. 2). Das Verschulden braucht sich nicht auf den verursachten Schaden zu beziehen. (d) Deshalb ist B zum Ersatz des aus dem Verstoß entstandenen Schadens verpflichtet. Dieser beträgt 5.000,– €, weil die Forderung wegen Eintritts einer rechtshemmenden Einrede uneinbringbar ist (conditio sine qua non-Formel). (e) Dieser Schaden liegt auch im Schutzbereich der Norm. (aa) K ist als Rechtssuchender eine von der Norm geschützte Person. (bb) Die Norm soll den Rechtssuchenden vor den Gefahren einer unzureichenden und nicht sachgemäßen

---

21 Begründung: Die Eigentumsverletzung durch den Unfall ist nicht umfasst vom Schutzzweck des Gebots, über die Unfalleigenschaft des Kaufgegenstandes aufzuklären – jedenfalls sofern der Unfallschaden ordnungsgemäß repariert worden ist bzw. die Verkehrssicherheit nicht beeinträchtigt.

22 Bei verschuldetem Untergang gilt hinsichtlich der Zurechnung nichts anderes; jedoch ist dann ein Mitverschulden nach § 254 zu prüfen (BGHZ 57, 137, 143 ff.).

23 BGHZ 103, 197.

Betreuung schützen.[24] Im Fall ist Verjährung infolge unsachgemäßer Geschäftsbesorgung eingetreten. (f) Der Anspruch ist begründet.

– B kommt innerhalb einer geschlossenen Ortschaft infolge überhöhter Geschwindigkeit in der Kurve ins Schleudern und stößt mit dem entgegen kommenden K zusammen, der einen erheblichen Personen- und Sachschaden erleidet.

K kann aus § 823 Abs. 2 i. V. m. § 3 Abs. 3 Nr. 1 StVO (Geschwindigkeit) Schadensersatz verlangen. (a) § 3 Abs. 3 StVO ist ein Schutzgesetz, das (auch) dem Schutz anderer Verkehrsteilnehmer dient. (b) B hat dagegen verstoßen, weil er mit überhöhter Geschwindigkeit gefahren ist. (c) Weil § 3 StVO kein Verschulden erfordert, ist § 823 Abs. 2 S. 2 zu prüfen. Es ist davon auszugehen, dass B zumindest fahrlässig i. S. des § 276 Abs. 2 gehandelt hat; das Verschulden braucht sich nicht auf die entstandene Rechtsgutverletzung und den Schaden zu beziehen, weil diese Merkmale nicht zum Tatbestand des § 3 StVO gehören. (d) Deshalb hat B den dadurch entstandenen Personen- und Sachschaden zu ersetzen.

Vertiefungshinweis: Beweislast für Verschulden i. S. des § 823 Abs. 2   **13**
Nach ständiger Rechtsprechung gilt für die Schutzgesetzverletzung i. S. des § 823 Abs. 2 die Regel, dass der Verstoß gegen ein Schutzgesetz die Vermutung auslöst, dass dies schuldhaft geschehen ist. Dies gilt nicht, wenn der Schadensersatzanspruch Vorsatz voraussetzt.[25] Dies gilt außerdem nur dann, wenn das Schutzgesetz das geforderte Verhalten bereits so konkret umschreibt, dass mit der Verwirklichung des objektiven Tatbestandes der Schluss auf einen subjektiven Schuldvorwurf nahe liegt. Diese Verschuldensvermutung ist widerlegbar.[26] Die **Beweislast** für die Widerlegung des vermuteten Verschuldens trifft den Schädiger.
Beschränkt sich das Schutzgesetz dagegen darauf, einen bestimmten Verletzungserfolg zu verbieten, so löst die bloße Verwirklichung einer solchen Verbotsnorm keine Indizwirkung in Bezug auf das Verschulden aus.[27]

§ 823 Abs. 2 ist auf den Ersatz des adäquat kausal verursachten und zurechenbaren   **14**
Schadens begrenzt (**haftungsausfüllende Zurechnung**).

V. Schutzbereich

Die geschädigte Person, das geschädigte Rechtsgut, die Art und Weise der Rechtsgut-   **15**
verletzung (als Elemente des haftungsbegründenden Tatbestandes) sowie der geltend
gemachte Schaden und die Art und Weise der Schadensverwirklichung (als Elemente
des haftungsausfüllenden Tatbestandes) müssen in den **Schutzbereich** der Norm
fallen.

1. Persönlicher Schutzbereich

Der Verletzte muss zu dem geschützten Personenkreis gehören, also in den **persön-**   **16**
lichen Schutzbereich fallen.

---

24 Darüber hinaus soll es den Belangen der Anwaltschaft dienen, um ihr ein ausreichendes Arbeitsfeld gegenüber einem Personenkreis zu sichern, der bis dahin keinen wirksamen berufs- und standesrechtlichen Beschränkungen unterlag (vgl. BGHZ 37, 258).

25 *BGH* NJW 2013, 1304; *BGH* WM 2016, 1231 (zu § 266a Abs. 1 StGB).

26 BGHZ 51, 91; 116, 104 m. w. N.

27 BGHZ 116, 104 m. w. N. Vgl. auch Palandt/*Sprau*, § 823 Rn. 81.

Beispiele:[28]

– B hat das Kfz des E gegen dessen Willen in Gebrauch genommen und dabei den K angefahren. Rechtslage (BGHZ 22, 293, 296ff.)?
Ein Schadensersatzanspruch des K gegen B aus § 823 Abs. 2 i. V. m. § 248b Abs. 1 StGB kommt nicht in Betracht. § 248b StGB dient dem Schutz des Gebrauchsberechtigten. Sie bezweckt aber nicht den Schutz der Verkehrsteilnehmer. Die Sicherheit des Verkehrs und der Schutz einzelner Verkehrsteilnehmer sind zwar Wirkungen, nicht jedoch Inhalt und Zweck des Gesetzes, auf die es hinsichtlich der Schutzgesetzeigenschaft aber ankommt. Der Schutz der Verkehrsteilnehmer ist allenfalls objektiver Reflex des Gesetzes.

– B stellt seinen Lkw in einer Straße ab, in der absolutes Halteverbot gilt (Zeichen 283 zu § 41 StVO). Als der 6-jährige K die Straße überqueren will, wird er von dem Auto des F erfasst, der den K wegen des abgestellten Lkw nicht sehen kann. K verlangt von B Schadensersatz (*BGH* NJW 1983, 1326). (1) Begründet ist ein Anspruch aus § 7 Abs. 1 StVG (vgl. → § 22 Rn. 5 ff.).[29] (2) K kann von B Schadensersatz aus § 823 Abs. 2 i. V. m. § 41 Abs. 1 StVO i. V. m. Zeichen 283 der Anlage 2 zur StVO (absolutes Halteverbot) verlangen. (a) Der haftungsbegründende Tatbestand ist erfüllt. § 41 Abs. 1 StVO i. V. m. Zeichen 283 der Anlage 2 zur StVO ist ein Schutzgesetz, das nicht nur der Allgemeinheit dient. B hat dagegen verstoßen, indem er seinen Lkw verbotswidrig abgestellt hat. Rechtswidrigkeit und Verschulden (§ 823 Abs. 2 S. 2), zumindest Fahrlässigkeit (§ 276 Abs. 2), sind gegeben. (b) B hat deshalb den aus der Verletzung des Schutzgesetzes entstandenen Schaden zu ersetzen, wenn dieser vom Schutzzweck der Norm erfasst ist. Das setzt voraus, dass Fußgänger durch § 41 Abs. 1 StVO i. V. m. Zeichen 283 der Anlage 2 zur StVO geschützt werden. Nach Ansicht des BGH dient das absolute Halteverbot auch dem Schutz der die Fahrbahn überquerenden Fußgänger und nicht nur dazu, den Ablauf des fließenden Verkehrs zu erleichtern; es soll den die Fahrbahn überquerenden Fußgängern eine bessere Übersicht über den Verkehrsverlauf ermöglichen und damit zur Schadensverhütung beitragen.[30] Der Fußgänger K fällt damit in den Schutzbereich der Norm. (c) Der Anspruch ist deshalb begründet.

– § 20 Abs. 1 StVO, wonach an Omnibussen, die an einer Haltestelle halten, nur vorsichtig vorbeigefahren werden darf, dient allen Fußgängern, die sich im Bereich der Haltebucht einer Bushaltestelle befinden, als Schutzgesetz (*BGH* NJW 2006, 2110f.).

2. Sachlicher Schutzbereich

a) Rechtsgut

17 Auch das **geschädigte Rechtsgut** muss im Schutzbereich der Norm liegen.

Beispiel:[31] B errichtet auf dem Grundstück des K ein Haus. Als sich 8 Jahre nach Abnahme Risse in den Decken zeigen, stellt sich heraus, dass die Decke mit minderwertigem Beton hergestellt worden ist. K verlangt von B Schadensersatz (BGHZ 39, 366).
(1) Ein Anspruch aus §§ 631, 633 Abs. 2 S. 1, 634 auf Nacherfüllung, Aufwendungsersatz oder Schadensersatz scheidet wegen Eintritts der Verjährung aus (§ 634a Abs. 1 Nr. 2, Abs. 2 i. V. m. § 214 Abs. 1). (2) Ein Anspruch aus § 823 Abs. 1 ist unbegründet, weil es an einer Eigentumsverletzung fehlt. K hat von Anfang an mangelhaftes Eigentum erworben und ein Fall des sog. weiterfressenden Mangels liegt nicht

---

28 Weiteres Beispiel: BGHZ 108, 134: In den (personalen) Schutzbereich des § 64 GmbHG (i. V. m. § 823 Abs. 2) fallen nur Gläubiger, die vor Konkurseröffnung eine Forderung gegen die insolvenzreife Gesellschaft erworben haben. Erwirbt ein Gläubiger nach Konkurseröffnung eine Forderung gegen die Gesellschaft, so fällt er aus dem Schutzbereich der Vorschrift heraus, kann aber einen Schadensersatzanspruch gegen die Geschäftsführer aus § 826 haben (vgl. zur Schadenshöhe § 17 Rn. 24). Nach Roth/*Altmeppen*/*Altmeppen*, GmbHG, 7. Aufl. 2012, § 64 Rn. 33, soll die Insolvenzantragspflicht entgegen der h. M. kein Schutzgesetz i. S. des § 823 Abs. 2 sein.
29 Ein Mitverschulden des K kommt nicht in Betracht (§ 9 StVG i. V. m. §§ 254, 828 Abs. 1).
30 A. A. bei eingeschränktem Halteverbot *OLG Schleswig* NJW-RR 1991, 34.
31 Weiteres Beispiel: BGHZ 42, 313: Der fahrlässige Falscheid (§ 163 StGB) ist ein Schutzgesetz. Er schützt auch den durch die fahrlässige Falschaussage Betroffenen, und zwar auch dessen Vermögensinteresse, weil § 163 StGB eben auch vor Vermögensnachteilen bewahren will.

vor (vgl. → § 16 Rn. 19 ff.). (3) Infrage kommt ein Anspruch aus § 823 Abs. 2 i. V. m. § 319 StGB. (a) § 319 StGB (Baugefährdung) stellt ein Schutzgesetz dar, das nicht nur der Allgemeinheit dient. (b) B hat dagegen zumindest fahrlässig verstoßen (§ 319 Abs. 3 StGB). (c) Fraglich ist aber, ob der geltend gemachte Schaden (Kosten zur Beseitigung und Neuherstellung der Decken) vom Schutzzweck der Norm erfasst ist. Die Vorschrift schützt nur vor Gefahren für Leben und Gesundheit von Menschen; nur für die Verletzung dieser Rechtsgüter kann Schadensersatz verlangt werden. Deshalb fallen die verletzten Rechtsgüter (Bauwerk des K) und damit der geltend gemachte Schaden aus dem Schutzbereich der Norm heraus. Dass die Aufwendungen dazu dienen, Gefahren für die Benutzer der Räume zu beseitigen, ändert nichts daran, dass nur vermögensrechtliche Interessen des K betroffen sind. Nur Schäden von verletzten Personen, nicht aber Vermögensschäden können nach § 823 Abs. 2 i. V. m. § 319 StGB liquidiert werden.

b) Schaden

Das vom Geschädigten geltend gemachte Interesse **(Schaden)** muss von der Rechts-norm geschützt werden, also ebenfalls in den sachlichen Schutzbereich fallen. **18**

Beispiel:[32] Nachdem die (übereignete) Kaufsache zerstört worden ist, wird der Kaufvertrag wegen arglistiger Täuschung[33] vom Käufer angefochten (BGHZ 57, 137; vgl. zum Sachverhalt → Rn. 11). Der Schaden in Form des Kaufpreises, ohne Anrechnung der zerstörten Kaufsache, ist dem Täuschenden zuzurechnen. (a) Er wird kausal i. S. der conditio sine qua non-Formel verursacht. (b) Es liegt auch nicht außerhalb aller Wahrscheinlichkeit, dass der getäuschte Käufer die Kaufsache bei deren Benutzung zerstört (Adäquanz). (c) Der Schaden liegt auch im Schutzbereich der Norm: Der Käufer soll keinen Nachteil dadurch erleiden, dass er seine Leistung aufgrund arglistiger Täuschung erbracht hat; es soll nicht zu Lasten des Käufers gehen, dass die Kaufsache in seiner Besitzsphäre zu Schaden kommt. Bei unverschuldetem Untergang trägt der für die Täuschungshandlung schadensersatzpflichtige Verkäufer die Gefahr des Untergangs der Kaufsache, bei Verschulden des Käufers kommt eine Schadensminderung nach § 254 in Betracht.

Fall: S verursacht auf der Autobahn infolge unvorsichtigen Überholens bei unklarer Verkehrslage einen **19** Unfall. Dadurch gerät G in den unfallbedingten Stau und muss so lange warten, dass er das Flugzeug verpasst. Bis zum nächsten Flug am nächsten Tag nimmt er sich ein Hotelzimmer (Kosten von 60,– €). Ersatzansprüche gegen S?

Lösung:

1. § 823 Abs. 1 (–). Zwar könnte die Freiheit verletzt sein, weil G einen Ort nicht verlassen kann. Jedoch ist diese Freiheitsbeeinträchtigung Ausfluss des allgemeinen Lebensrisikos (Schutzzweck der Norm) und verpflichtet nicht zum Schadensersatz.[34] Es liegt also nur ein reiner (primärer) Vermögensschaden vor.
2. § 823 Abs. 2 i. V. m. § 5 Abs. 2 und Abs. 3 Nr. 1 StVO (Überholen)?
   a) § 5 StVO ist ein Schutzgesetz. Es will die anderen Verkehrsteilnehmer schützen.
   b) Dagegen hat S verstoßen.
   c) Fahrlässigkeit i. S. des § 276 Abs. 2 ist zu bejahen (vgl. § 823 Abs. 2 S. 2).

---

32 Weiteres Beispiel: BGHZ 126, 181: Die (Neu-)Gläubiger, die ihre Forderungen gegen die GmbH nach dem Zeitpunkt erworben haben, zu dem Insolvenzantrag hätte gestellt werden müssen (§ 64 Abs. 1 GmbHG), haben einen Anspruch auf Ausgleich des vollen Schadens, der ihnen dadurch entsteht, dass sie in Rechtsbeziehungen zu einer überschuldeten oder zahlungsunfähigen GmbH getreten sind (negatives Interesse). Vgl. aber zu Grenzen des Schutzzwecks *BGH* NZG 2015, 227 (keine Haftung für Ermöglichung eines Diebstahls durch Einbau einer Haustür mit vertragswidrig geringer Sicherheit). Die Altgläubiger dagegen haben nur Anspruch auf Ersatz des Betrages, um den sich die Masse und damit die Quote der Insolvenzgläubiger infolge der Insolvenzverschleppung verringert hat (sog. Quotenschaden); vgl. *Kleindiek*, in: Lutter/Hommelhoff, GmbHG, 17. Aufl. 2009, Anhang zu § 64 Rn. 73 ff. m. w. N. Entgegen der h. M. soll die Insolvenzantragspflicht nach Roth/Altmeppen/ *Altmeppen*, GmbHG, 7. Aufl. 2012, § 64 Rn. 33, kein Schutzgesetz i. S. v. § 823 Abs. 2 sein.
33 Anfechtung wegen arglistiger Täuschung wird nicht durch die an sich vorrangigen Gewährleistungsvorschriften verdrängt (vgl. Palandt/*Weidenkaff*, § 437 Rn. 54).
34 Vgl. → § 16 Rn. 139.

d) Fraglich ist aber, ob der Schutzbereich der Norm die verletzte Person und den geltend gemachten Schaden erfasst.

    aa) Der geschädigte G fällt als Verkehrsteilnehmer in den persönlichen Schutzbereich.

    bb) Sachlicher Schutzbereich (–). Das von G geltend gemachte Interesse (Vermögensschaden) wird von der Norm nicht geschützt. Die Vorschriften über das Überholen wollen die anderen Verkehrsteilnehmer vor Körper- oder Eigentumsverletzungen (Unfall) schützen. Nicht geschützt wird hingegen der reine Vermögensschaden als entferntere Folge unvorsichtigen Überholens.[35]

e) G kann also für seinen Zeitverlust und die damit verbundenen Kosten von S keinen Ersatz verlangen.

3. Modaler Schutzbereich

20 Auch die Art und Weise der Rechtsgutverletzung bzw. der Schadensverwirklichung muss vom (modalen) Schutzzweck der Norm erfasst sein.

Beispiele:

− Der an Bluthochdruck leidende K hatte als Fahrer des Pkws seiner Ehefrau einen Verkehrsunfall. Das von ihm gesteuerte Fahrzeug stieß infolge einer Vorfahrtverletzung von M mit dessen Pkw zusammen. Im zeitlichen Anschluss an den Unfall und die Unfallaufnahme durch die Polizei erlitt K einen Schlaganfall. Durch die Verletzung des Vorfahrtsrechts (§ 8 StVO) hat M pflichtwidrig und schuldhaft einen Beitrag zur Gesundheitsverletzung des K geleistet. Denn er hat K durch den Verkehrsunfall in Aufregung versetzt und damit eine Voraussetzung dafür geschaffen, dass es im Zusammenwirken mit dem nachfolgenden Verhalten von M und seinen Begleitern und der Unfallaufnahme durch die Polizei bei K zu einem krisenhaften Anstieg des Blutdruckes gekommen ist. Die verletzte Verkehrsregel des § 8 StVO will jedoch keinen Schutz davor gewähren, dass ein durch ihre Missachtung verursachter Unfall durch Belastungen, die der Geschädigte »erst eigentlich durch Aufregungen im Zusammenhang mit der Unfallaufnahme erfährt«, zu einem Schlaganfall führt (BGHZ 107, 359, 363; vgl. auch → § 16 Rn. 141).

− Der Schutzzweck der Vorschriften über die Sicherung von Kraftfahrzeugen gegen Schwarzfahrer (§ 14 Abs. 2 StVO; § 38a StVZO) umfasst auch Schäden aus einem Unfall, den der Schwarzfahrer bei dem Versuch, sich der Festnahme durch die Polizei zu entziehen, mit dem gestohlenen Fahrzeug herbeiführt (*BGH* NJW 1981, 113).

VI. Zusammenfassung

21

§ 823 Abs. 2

§ 823 Abs. 2 i.V. m. dem Schutzgesetz ist eine selbstständige Anspruchsgrundlage.
I. Verletzung eines Schutzgesetzes
   1. Schutzgesetz
     a) Gesetz
       Jede Rechtsnorm (vgl. Art. 2 EGBGB) (→ Rn. 6)
     b) Individualschutz (→ Rn. 7)
       »Schutz eines anderen bezwecken«, d. h. zumindest auch Individualschutz, nicht ausschließlich Allgemeinschutz
   2. Verletzung (des Schutzgesetzes)
     Bei einer individualschützenden StGB-Vorschrift Subsumtion unter sämtliche Merkmale des Straftatbestandes

---

35 Vgl. auch *BGH* NJW 2004, 356 (Halteverbote im Bereich von Baustellen schützen nicht das Vermögen eines Bauunternehmers); *BGH* NJW 2015, 1174 (Gewinnentgang des Betreibers einer Autobahnraststätte außerhalb eines unfallbedingt gesperrten Autobahnstücks ist nicht vom Schutzbereich von StVO-Vorschriften erfasst).

3. Schutzzweck der Norm betreffend Haftungsbegründung (persönlich, sachlich, modal) (→ Rn. 15 ff.)

II. Rechtswidrigkeit
Die Schutzgesetzverletzung indiziert die Rechtswidrigkeit.

III. Verschulden
1. Grundsätzlich das vom Schutzgesetz vorausgesetzte Verschulden (z. B. bei Straftatbestand) (→ Rn. 11)
2. Bei einem Schutzgesetz ohne Verschuldenserfordernis mindestens Fahrlässigkeit gemäß § 823 Abs. 2 S. 2 (→ Rn. 12)

IV. Schaden

V. Schutzzweck der Norm betreffend Haftungsausfüllung (→ Rn. 15 ff.)
Vom Schutzzweck der Norm erfasst sein müssen:
1. Art des geltend gemachten Schadens (sachlicher Schutzbereich)
2. Art und Weise der Schadensverwirklichung (modaler Schutzbereich)

B. Sittenwidrige vorsätzliche Schädigung (§ 826)

Nach § 826 ist schadensersatzpflichtig, »wer in einer gegen die guten Sitten verstoßen- **22** den Weise einem anderen vorsätzlich Schaden zufügt«.

I. Struktur und Tatbestand des § 826

§ 826 stellt den **dritten Grundtatbestand** des Deliktsrechts neben § 823 Abs. 1 und **23** § 823 Abs. 2 dar. Jede Schädigung eines anderen wird sanktioniert. Über § 826 wird deshalb auch ein primärer Vermögensschaden ersetzt.[36] Es muss keine Rechts- oder Rechtsgutverletzung wie bei § 823 Abs. 1 oder ein Verstoß gegen ein Schutzgesetz wie bei § 823 Abs. 2 vorliegen. § 826 hat insoweit den weitesten Schutzbereich.

Andererseits wird § 826 durch die Art der Schadenszufügung eingeschränkt: Sie muss vorsätzlich und sittenwidrig sein. Den Vorsatz und den Sittenverstoß des Schädigers muss der Geschädigte im Prozess darlegen und beweisen. Bei § 826 gehört der Schaden zum haftungsbegründenden Tatbestand. Deshalb muss sich der Vorsatz auch auf den Schaden beziehen (anders als bei § 823 Abs. 1, vgl. → § 16 Rn. 179). Im Verhältnis zu § 823 Abs. 1 und § 823 Abs. 2 besteht Anspruchskonkurrenz.

II. Sittenwidrigkeit

Sittenwidrig ist ein Verhalten[37], das gegen das Anstandsgefühl aller billig und gerecht **24** Denkenden verstößt.[38] Sittenwidrigkeit ist damit mehr als ein Verstoß gegen Treu und

---

36 *BGH* WM 2014, 17 (ungewollte Verpflichtung als Schaden).

37 Ein Unterlassen verletzt die guten Sitten nur dann, wenn das geforderte Tun einem sittlichen Gebot entspricht und das Unterlassen aufgrund besonderer Umstände verwerflich ist; *BGH* VersR 2013, 200 und 1144.

38 Dies ist Teil einer Definition, die schon der historische Gesetzgeber voraussetzte (Mot. II, 727), die die Rechtsprechung übernahm (vgl. BGHZ 17, 327) und die inzwischen allgemein üblich ist. In den problematischen Klausurfällen sollte auf die einschlägigen Fallgruppen sowie auf die hinter diesen stehenden Erwägungen zurückgegriffen werden.

Glauben.[39] Maßgeblich für das erforderliche (moralische)[40] Unwerturteil sind die Anschauungen der in Betracht kommenden Kreise (z. B. Kaufleute), wobei ein Durchschnittsmaß von Redlichkeit und Anstand zugrunde zu legen ist (objektiver Maßstab).[41] Die Sittenwidrigkeit kann sich

- aus dem angewandten Mittel (Verhaltensweise des Schädigers, z. B. Täuschung),
- aus dem verfolgten Zweck (z. B. Existenzvernichtung) oder
- aus einer Kombination eines zulässigen Mittels mit einem zulässigen Zweck (Mittel-Zweck-Relation) ergeben (wie bei der widerrechtlichen Drohung gemäß § 123 Abs. 1).[42]

Die Sittenwidrigkeit impliziert die **Rechtswidrigkeit**.[43]

25 **Vertiefungshinweis:** Verhältnis von § 826 und § 138
Nach § 138 können Rechtsgeschäfte nichtig sein, sodass die Norm grundsätzlich der Beseitigung rechtsgeschäftlicher Bindungen dient. Ist ein Rechtsgeschäft sittenwidrig i. S. des § 138, so werden bereicherungsrechtliche Ansprüche (§ 812 Abs. 1 S. 1 Alt. 1 und § 817 S. 1) begründet. Mit diesen Ansprüchen kann ein Anspruch aus § 826 konkurrieren. Die Ansprüche sind auf Rückabwicklung der wegen des Abstraktionsprinzips dinglich wirksamen Verfügung gerichtet (etwa Rückübereignung, Rückabtretung, Aufhebung eines Rechtsgeschäftes).
Schlägt dagegen die Sittenwidrigkeit des Rechtsgeschäftes ausnahmsweise auf die dingliche Verfügung durch (Ausnahme zum Abstraktionsprinzip!), so ist ein Anspruch aus § 826 zwar zu prüfen, hat aber praktisch eine geringere Bedeutung:[44] Der Geschädigte hat keinen Rechtsverlust erlitten, der mittels § 826 rückgängig zu machen ist, sondern bleibt (infolge Nichtigkeit der Verfügung) Rechtsinhaber. § 826 ist dann z. B. auf Rückgabe des Besitzes, Buchberichtigung gerichtet.

III. Vorsatz

26 Die Schadenszufügung muss vorsätzlich geschehen. Es genügt bedingter Vorsatz.[45] Der **Vorsatz** muss sich beziehen auf:

- die den Sittenverstoß begründenden **Tatsachen**. Das Bewusstsein der Sittenwidrigkeit ist nicht erforderlich. Zur dogmatischen Einordnung der redlichen Überzeugung, nicht unerlaubt zu handeln, → Rn. 27.
- den **Schaden**.[46] Der Handelnde muss also wissen, dass ein Schaden eintritt, und er muss diesen Schaden wollen. Es reicht aus, wenn der Schädiger die Richtung, in der sich sein Verhalten zum Schaden anderer auswirken könnte, und die Art des möglicherweise eintretenden Schadens vorausgesehen und billigend in Kauf genommen

---

39 BGHZ 12, 308.
40 So *BGH* VersR 2016, 1519; dagegen setzt Arglist kein moralisches Unwerturteil voraus, BGHZ 109, 327, 333.
41 Vgl. die unterschiedlich wertende Instanzrspr. zum sog. Dieselskandal, z. B. *LG Heilbronn* BeckRS 2018, 9511 (Sittenwidrigkeit bejaht); *LG Braunschweig* BeckRS 2018, 14999 (Sittenwidrigkeit verneint); zu Kauf- und Deliktsrecht *Witt*, NJW 2017, 3681.
42 BGHZ 175, 276 (Sittenwidrigkeit einer Wertpapieranlageempfehlung, wenn sie aufgrund grob fahrlässigen Verhaltens leichtfertig in unrichtiger Weise abgegeben wird und von dem Berater in Verfolgung eigener Interessen in dem Bewusstsein einer möglichen Schädigung des Anlegers abgegeben wird).
43 Zu Einzelheiten vgl. Staudinger/*Oechsler*, § 826 Rn. 45.
44 *Medicus/Petersen*, BR, Rn. 626.
45 *BGH* NJW 2013, 8.
46 *BGH* VersR 2009, 942, 945 (Missbrauch des Lastschriftverfahrens zur risikolosen Kreditgewährung an den Lastschriftgläubiger unter Abwälzung des Kreditrisikos auf die Gläubigerbank).

hat. Nicht erforderlich ist ein genaues Wissen vom Umfang, Kausalverlauf und von der Person des Geschädigten.[47]

Sittenwidrigkeit und Vorsatz sind getrennt festzustellen.[48] Vorsatz ist auch dann zu bejahen, wenn sich aus der Art und Weise des sittenwidrigen Handelns die Schlussfolgerung ergibt, dass mit Schädigungsvorsatz gehandelt worden ist, etwa wenn der Schädiger so leichtfertig gehandelt hat, dass er eine Schädigung des anderen Teils in Kauf genommen haben muss.[49] Vorsatz ist auch dann zu bejahen, wenn der Schädiger Behauptungen »ins Blaue hinein« aufstellt[50] oder vor den Tatsachen »geradezu die Augen verschließt«.[51]

Einigkeit besteht im Ergebnis darüber, dass die **redliche Überzeugung, nicht unerlaubt zu handeln,** die Haftung aus § 826 entfallen lässt. Die dogmatische Einordnung ist allerdings umstritten. Nach verbreiteter, aber uneinheitlicher Rspr. soll dadurch die Sittenwidrigkeit entfallen (wodurch der objektive Maßstab der Sittenwidrigkeit durch ein subjektives Element ergänzt wird).[52] In der Lehre wird verbreitet dafür plädiert, für die Sittenwidrigkeit allein auf objektive Voraussetzungen abzustellen, bei subjektiv redlicher Überzeugung erlaubt zu handeln also den Vorsatz entfallen zu lassen.[53]   27

Die **Haftung einer juristischen Person** aus § 826 i. V. m. § 31 setzt voraus, dass ein verfassungsmäßig Berufener den objektiven und subjektiven Tatbestand des § 826 verwirklicht hat.[54] Der Vorwurf der Sittenwidrigkeit lässt sich regelmäßig nicht dadurch begründen, dass unter Anwendung der Grundsätze der Wissenszurechnung bzw. -zusammenrechnung auf die »im Hause« der juristischen Person vorhandenen Kenntnisse abgestellt wird. Auch das Wollenselement des Schädigungsvorsatzes setzt grundsätzlich korrespondierende Kenntnisse derselben natürlichen Person voraus.   28

IV. Fallgruppen des § 826

Fallgruppenbeispiele:[55]   29

1. Verleiten zum und Beteiligung am Vertragsbruch.

Beispiel: K1 schließt mit V einen Kaufvertrag über dessen Grundstück. Weil auch K2 Interesse an dem Grundstück hat, verkauft und übereignet V ihm (K2) das Grundstück zu einem höheren Preis. K1 verlangt von K2 Schadensersatz in Form von Übereignung des Grundstückes.

---

47 BGHZ 211, 375 (zur Haftung eines Fußballspielzuschauers wegen des Zündens eines Sprengkörpers für eine dem Verein vom Sportgericht auferlegte Geldstrafe) mit Bespr. *Mäsch,* JuS 2017, 261; BGHZ 108, 134.
48 *BGH* NJW 2013, 8.
49 BGHZ 176, 281; *BGH* NJW-RR 1986, 1158; *BGH* NJW 1991, 3282. Zur Abgrenzung zur (groben) Fahrlässigkeit *BGH* NJW 2013, 8.
50 *BGH* NJW 1986, 180, 181; *Larenz/Canaris,* SR II/2, § 78 III 1 a, S. 454.
51 BGHZ 176, 281; BGHZ 129, 136; *BGH* NJW 1994, 2289, 2291. Vgl. BeckOK BGB/*Förster,* § 826 Rn. 39f., der darin eher ein prozessuales Problem sieht.
52 BGHZ 101, 380; *BGH* NJW 1986, 1751.
53 Staudinger/*Oechsler,* § 826 Rn. 58 a ff.
54 *BGH* NJW 2017, 250 (Unterlassen einer für die Anlageentscheidung erheblichen Information in einem Prospekt).
55 Vgl. dazu die umfangreiche Fallgruppenbildung in: MüKoBGB/*Wagner,* Bd. 6, § 826 Rn. 64ff.; Palandt/*Sprau,* § 826 Rn. 19ff.

K1 könnte von K2 Schadensersatz aus § 826 verlangen. Dies setzt Sittenwidrigkeit des Verhaltens des K2 voraus. Dafür reicht die bloße Kenntnis[56], dass auch ein anderer Vertrag (zwischen V und K1) über die gleiche Kaufsache vorliegt, sowie die bloße Mitwirkung daran, dass der schuldrechtlich Verpflichtete Ansprüche seines (Erst-)Gläubigers verletzt, nicht aus. Es müssen darüber hinausgehende Umstände hinzukommen. Ein sittenwidriges Verhalten könnte dann vorliegen, wenn etwa K2 den V zum Vertragsbruch verleitet (»angestiftet«) hätte, ihm zugesagt hätte, ihn von den Ersatzansprüchen des K1 freizustellen oder K2 und V kollusiv zusammenwirkten. Ein derartiger Fall ist hier nicht gegeben. Der bloße Kauf zu einem höheren Preis reicht allein für § 826 nicht aus.[57]

30 2. Verleiten zur Vertragsauflösung ohne Vertragsbruch (»Ausspannen«); »Aushöhlung« oder Entwertung fremder Rechte.

Beispiele:

– Insolvenzverschleppung: Die vorsätzliche Verschleppung des Antrages auf Eröffnung des Insolvenzverfahrens durch den Vorstand oder Geschäftsführer in der Absicht, den als unabwendbar erkannten Todeskampf eines Unternehmens so lange wie möglich hinauszuzögern, verwirklicht den Tatbestand des § 826, wenn dabei die Schädigung der Unternehmensgläubiger billigend in Kauf genommen wird (BGHZ 108, 134, 141ff.; vgl. zum personalen Schutzbereich des § 64 GmbHG → Rn. 16 Fn. 16).

– Der Vorstand hat versucht, das Not leidende Unternehmen zu retten, und die Krise den Umständen nach als überwindbar und seine Maßnahmen als lohnend angesehen. Dieses Verhalten eines Vorstandsmitgliedes, das nach § 92 Abs. 2 S. 1 AktG für einen ordentlichen und gewissenhaften Geschäftsleiter erlaubt und sogar geboten ist, kann nicht zugleich gegen die guten Sitten verstoßen. Erst bei ernsten Zweifeln am Gelingen der Sanierungsversuche und der begründeten Möglichkeit des Zusammenbruchs des Unternehmens kann der Vorwurf sittenwidrigen Handelns begründet sein, wenn dieses Handeln auf eigensüchtigen Beweggründen beruht (vgl. BGHZ 75, 96, 114f.).

31 3. Arglistige Täuschung und rechtswidrige Drohung i. S. von § 123.

Beispiele:[58]

– Das zustande gekommene Geschäft kann statt durch Anfechtung auch über den Ersatzanspruch aus § 826 rückgängig gemacht werden (hypothetischer Zustand ohne das schädigende Ereignis: kein Vertragsschluss!), und zwar auch dann noch, wenn eine Anfechtung wegen Fristablaufs unzulässig geworden ist. § 124: Ausschlussfrist von 1 Jahr – §§ 195, 199: Verjährungsfrist von 3 Jahren.

– V macht dem K bei Abschluss des Kaufvertrages auf dessen Nachfrage falsche Angaben über die Unfallfreiheit des Wagens. Nachdem K dies erfahren hatte, ficht er den Kaufvertrag wegen arglistiger Täuschung an und verlangt Rückzahlung des Kaufpreises (vgl. BGHZ 57, 137).
Neben § 812 Abs. 1 S. 1 Alt. 1 (vgl. zu § 812 Abs. 1 und der Anfechtung → § 10 Rn. 24) und § 823 Abs. 2 i. V. m. § 263 StGB kommt ein Anspruch aus § 826 in Betracht. (a) Als Schaden ist der volle Kaufpreis Zug um Zug gegen Herausgabe des Wagens anzusehen (vgl. → Rn. 11). (b) Diesen Schaden verursacht V durch seine Täuschung. (c) Die arglistige Täuschung ist sittenwidrig i. S. des § 826. V bewegt den K durch Täuschung zum Kaufvertragsschluss und bedient sich damit zu missbilligender Mittel, um seine eigenen (kaufmännischen) Interessen durchzusetzen. (d) V hat Kenntnis von den die Sittenwidrigkeit begründenden Umständen sowie der Art des eintretenden Schadens. (e) V ist deshalb zur Rückzahlung Zug um Zug gegen Rückgabe des Wagens verpflichtet.

---

56 Grob fahrlässige Unkenntnis reicht nicht aus, *BGH* NJW 2013, 8.

57 Vgl. *BGH* NJW 2014, 1380; BGHZ 12, 308; *BGH* NJW 1981, 2184; NJW 1992, 2152, 2153 für Vermächtnisanspruch (§ 2174).

58 Weitere Beispiele: BGHZ 161, 361 und *BGH* VersR 2015, 75 (jeweils Erschleichung eines Wohnungsbauförderungsdarlehens durch Falschangaben; Schaden bereits im Vertragsschluss, d. h. in der Belastung mit der »ungewollten« Verpflichtung).

4. Täuschung im Prozess, Ausnutzung eines erschlichenen Urteils.[59] 32

5. Erteilen wissentlich falscher Auskünfte (Arbeitszeugnis[60]). 33

6. Fehlerhafte Ad-hoc-Meldung,[61] **unzureichende Aufklärung über Risiken von** 34
Terminoptionsgeschäften,[62] vorsätzliche anleger- und objektwidrige Anlageempfehlung bei billigender Inkaufnahme der Schädigung des Anlegers.[63]

7. Existenzvernichtungshaftung des Gesellschafters durch einen kompensationslosen Eingriff in das im Gläubigerinteresse zweckgebundene Gesellschaftsvermögen einer GmbH[64]; sog. Firmenbestattung (verdeckte Liquidierung einer Gesellschaft, um ein Insolvenzverfahren zu vermeiden oder solange wie möglich hinauszuzögern).[65]

Fall: Die F-GmbH ist in wirtschaftlichen Schwierigkeiten. Ihr Geschäftsführer beauftragt den Wirt- 35
schaftsprüfer W, ein Gutachten über die wirtschaftliche Situation zu erstellen. Er macht bei der Auftragserteilung deutlich, dass er ein unrichtiges Gefälligkeitsgutachten wünscht und dass er das unrichtige Gutachten zur Vorlage bei Kreditgebern verwenden will. Bei der Erstellung des Gutachtens lässt W deshalb einige ungünstige Gesichtspunkte außer Betracht, stellt die günstigen besonders heraus und gibt die Beurteilung ab, dass die F-GmbH im Wesentlichen »gesund« sei. F legt das Gutachten einigen Banken vor, unter anderem der Bank B, die daraufhin einen Kredit über 300.000,– € gewährt. Über das Vermögen der F wird kurz darauf das Insolvenzverfahren eröffnet. Eine Rückzahlung des Darlehens ist nicht mehr zu erreichen. Ansprüche der B gegen W?

Lösung:

1. Anspruch aus §§ 631, 280 i.V.m. Vertrag mit Schutzwirkung zugunsten Dritter (–), schon deshalb weil der (Werk-)Vertrag darauf gerichtet ist, die wirtschaftliche Lage des F falsch darzustellen, und damit sittenwidrig und nach § 138 Abs. 1 nichtig ist.[66]
2. Pflichtverletzung eines Auskunftsvertrages zwischen der Bank und W (§ 280) (–), weil kein Auskunftsvertrag zustande gekommen ist. Ein Auskunftsvertrag mit »demjenigen, den es angeht« ist abzulehnen.[67]

---

59 Beispiel: BGHZ 40, 130 (vgl. auch BGHZ 50, 115): Ein Verhalten desjenigen, der arglistig durch Irreführung des Gerichts ein rechtskräftiges unrichtiges Urteil erwirkt hat, sowie desjenigen, der ein nicht erschlichenes unrichtiges Urteil in Kenntnis der Unrichtigkeit ausnutzt, ist sittenwidrig i.S. des § 826. In diesem Fall muss die Rechtskraft des früheren Urteils zurücktreten. Wenn die Rechtskraft des Urteils bewusst rechtswidrig zu dem Zweck herbeigeführt ist, um dem Unrecht den Stempel des Rechts zu geben, setze sich § 826 gegen die Rechtskraft durch, so der *BGH* (BGHZ 40, 130, 133 m.w.N.). Jedoch kann der Geschädigte die Unrichtigkeit des (rechtskräftigen) Urteils nicht mit Tatsachenbehauptungen, Beweismitteln und Rechtsausführungen darlegen, die er schon im (mit Rechtskraft) abgeschlossenen Vorprozess vorgetragen hat oder hätte vortragen können.
60 Beispiel: BGHZ 74, 281: Neben einer vertragsähnlichen unmittelbaren Vertrauenshaftung wurde § 826 geprüft (Pflicht des alten Arbeitgebers, eine anfänglich unrichtige Auskunft wenigstens nachträglich nach Kenntniserlangung von der Unrichtigkeit zu berichtigen und so die von ihr einem anderen Arbeitgeber drohende Gefahr abzuwenden). Vgl. den Überblick von *Leyens,* JuS 2018, 217.
61 Vgl. BGHZ 160, 149; 160, 134; NJW 2004, 2668.
62 Vgl. *BGH* NJW 2002, 2777; MüKoBGB/*Wagner,* Bd. 6, § 826 Rn. 125ff. m.w.N.
63 BGHZ 175, 276.
64 BGHZ 173, 246; BGHZ 176, 204, lässt offen, ob und gegebenenfalls unter welchen Voraussetzungen eine persönliche Haftung des Gesellschafters wegen materieller Unterkapitalisierung aus § 826 zu bejahen ist.
65 *BGH* ZIP 2018, 1299.
66 Sowohl aus dem Mittel (falsche Tatsachen und darauf beruhende Wertungen) als auch dem Zweck (Täuschung Dritter im Rechtsverkehr) lässt sich die Sittenwidrigkeit begründen.
67 MüKoBGB/*Heermann,* Bd. 5/2, § 675 Rn. 124 m.w.N.

3. Anspruch der B gegen W aus § 823 Abs. 1 (−), weil W kein absolutes Recht der Bank B verletzt; für die Verletzung des Gewerbebetriebes fehlt es an der Unmittelbarkeit des Eingriffs. Es liegt ein reiner (primärer) Vermögensschaden vor.
4. Anspruch aus § 823 Abs. 2 i.V. m. §§ 263, 27 Abs. 1 StGB (+).[68]
5. Anspruch aus § 826?
   a) Schaden in Höhe des ausgezahlten Kredites.
   b) Erstellung eines falschen Gutachtens durch W als schädigende Handlung.
   c) Kausalität und Zurechnung zwischen Gutachten und Schaden (+). Die Bank B hätte ohne das Gutachten des W keinen Kredit ausgezahlt und keinen Schaden erlitten.
   d) Sittenwidrigkeit? W erstattet ein Gutachten, dessen Grundlage, wie er weiß, einseitig ausgewählt ist und daher objektiv ein falsches Bild ergibt. Als Folge des falschen Gutachtens droht den Banken und anderen Kreditgebern, die auf das Gutachten vertrauen, ein Schaden. Ein solches Verhalten verstößt mit Rücksicht darauf, dass W als Wirtschaftsprüfer zur ganz besonderen Sorgfalt verpflichtet ist und nach allgemeiner Auffassung ein besonderes Vertrauen genießt, in grober Weise gegen das Anstandsgefühl aller billig und gerecht Denkenden und ist daher sittenwidrig.
   e) Vorsatz? Im vorliegenden Fall sieht W vorher und nimmt in Kauf, dass sein Gutachten einer Bank vorgelegt wird und die Bank daraufhin einen Kredit gibt, dessen Rückzahlung nicht gesichert ist. Dies reicht für den Schädigungsvorsatz aus. W braucht nicht im Einzelnen zu wissen, welcher Bank das Gutachten vorgelegt wird, wie hoch der Kredit und wie hoch letztlich der Schaden ist. Die Schädigung geschieht somit zumindest bedingt vorsätzlich.
   f) Ergebnis: Der Anspruch aus § 826 ist begründet.

V. Zusammenfassung

36

§ 826

I. Tatbestand
  1. Schaden (auch reiner Vermögensschaden)
  2. Schädigendes Verhalten
  3. Kausalität zwischen 1. und 2.
  4. Sittenwidrigkeit (→ Rn. 24)
     Sittenwidrig sind Handlungen, die gegen das Anstandsgefühl aller billig und gerecht Denkenden verstoßen. Maßgeblich sind die Anschauungen der in Betracht kommenden Kreise (z. B. Kaufleute), wobei ein Durchschnittsmaß von Redlichkeit und Anstand zugrunde zu legen ist. Anerkannte Fallgruppen beachten (z. B. Verleiten zum Vertragsbruch, Prozessbetrug).
  5. Vorsatz bzgl. 1 bis 4 (→ Rn. 26)
     − Bedingter Vorsatz genügt.
     − Bewusstsein der Sittenwidrigkeit nicht erforderlich; Kenntnis der den Sittenverstoß begründenden Tatsachen genügt.
II. Rechtsfolge
  Ersatz des Schadens

C. § 824

37 § 824 regelt die sog. **Kreditgefährdung.** Zu anderen Anspruchsgrundlagen (§ 823 Abs. 1 bei Verletzung des allgemeinen Persönlichkeitsrechts, § 823 Abs. 2 i.V. m. §§ 186 f. StGB) besteht Anspruchskonkurrenz. § 823 Abs. 1 wegen Verletzung des

---

68 Vgl. *BGH* VersR 2014, 717; *BGH* NJW 2013, 1877.

Rechts am eingerichteten und ausgeübten Gewerbebetrieb durch Verbreitung unwahrer Tatsachen tritt allerdings zurück (vgl. → § 16 Rn. 77).[69]

Wer eine *unwahre Tatsache* behauptet oder verbreitet, mit der Eignung zur Kreditgefährdung oder Herbeiführung sonstiger Nachteile, hat dem anderen den daraus entstehenden Schaden zu ersetzen. Auf die Kenntnis der Unwahrheit der Tatsachen kommt es nicht an, es genügt fahrlässiges Nichtwissen (vgl. § 824 Abs. 1 a. E.). § 824 Abs. 2 enthält einen besonderen Rechtfertigungsgrund.

Problematisch ist dabei die (von Art. 5 GG bekannte) **Abgrenzung von Tatsachen zu Werturteilen oder Meinungsäußerungen.** Tatsachen sind äußere und innere Umstände, die in der Gegenwart oder Vergangenheit liegen und dem Beweis zugänglich sind. Nicht erfasst sind zukünftige Ereignisse. Die Abgrenzung zum Werturteil erfolgt durch das Kriterium der Beweisbarkeit einer Äußerung. Häufig sind aber Tatsachenbehauptungen und Wertungen in einer Äußerung vermischt vorhanden (Mischtatbestand). Entscheidend ist dann der Schwerpunkt bei vollständiger Würdigung des gesamten Aussagegehaltes nach dem Verständnis eines Durchschnittsadressaten.[70] Danach kann sich auch eine Äußerung, die auf Werturteilen beruht, als Tatsachenbehauptung erweisen, wenn und soweit bei dem Adressaten zugleich die Vorstellung von konkreten, in die Wertung eingekleideten Vorgängen hervorgerufen wird. **38**

Beispiel: Stiftung Warentest hat die Ergebnisse eines Warentests veröffentlicht. § 824 wäre als Schadensersatz begründende Anspruchsgrundlage einschlägig gewesen, wenn es sich bei den veröffentlichten Ergebnissen um eine Tatsachenäußerung handelte. Nicht jeder Testbericht und jede in ihm enthaltene Äußerung mit selbstständigem Wert stellen sich notwendig und immer als Wertung und niemals als tatsächliche Behauptung dar. Es kann sich um Meinungsäußerungen und Tatsachenbehauptungen handeln. Die Veröffentlichung von Testergebnissen bewegt sich aber regelmäßig im Bereich der Meinungsäußerung (Wertung) (BGHZ 65, 325, 329f.).[71]

Zusammenfassung

§ 824	

1. Tatsachen
   P: Abgrenzung zu Werturteilen (→ Rn. 38)
2. Behaupten oder Verbreiten
3. Unwahrheit = Widerspruch zur erfahrbaren Realität
4. Eignung zur Kreditgefährdung oder Herbeiführung sonstiger Nachteile für Erwerb oder Fortkommen
5. Rechtswidrigkeit
   § 824 Abs. 2: besonderer Rechtfertigungsgrund (h. M.) bei fehlender Kenntnis von der Unwahrheit der Behauptung
6. Verschulden
   – Fahrlässigkeit (bzgl. 1. bis 5.) genügt
   – Positive Kenntnis der Unwahrheit nicht erforderlich (vgl. § 824 Abs. 1 a. E.)
	39

---

69 BGHZ 166, 84.

70 *BGH* NJW 2015, 773; BGHZ 166, 84; *BGH* NJW 1994, 2614; *BGH* NJW 1997, 2513.

71 Anders jedoch, wenn den tatsächlichen Feststellungen im Rahmen des Tests eigenständige Bedeutung als Grundlage für ein eigenes Qualitätsurteil des Lesers zukommt, vgl. *BGH* NJW 1989, 1923.

> 7. Schaden
> – Ersatzfähig sind sämtliche Vermögensschäden, die auf der Kreditgefährdung beruhen; nicht aber Schmerzensgeld (mglw. aber gleichzeitige Gesundheitsgefährdung, Persönlichkeitsverletzung, RGZ 148, 154, 164 ff.)

D. § 825

40 Die Vorschrift des § 825 spielt in der Rechtspraxis keine große Rolle, weil Schadensersatzansprüche wegen Verletzung des **sexuellen Selbstbestimmungsrechts** aus § 823 Abs. 1 (i. V. m. dem allgemeinen Persönlichkeitsrecht) oder aus § 823 Abs. 2 (i. V. m. Strafgesetzen) abgeleitet werden. Von einer Streichung der Vorschrift hat der Gesetzgeber aber abgesehen, um dem falschen Schluss entgegenzuwirken, dass der Gesetzgeber der sexuellen Selbstbestimmung der Frau die Bedeutung absprechen wolle.[72]

Die Vorschrift ist durch das Zweite Gesetz zur Änderung schadensersatzrechtlicher Vorschriften[73] insoweit modernisiert worden, als auch Männer und Kinder in den Schutzbereich der Norm einbezogen worden sind.

§ 18. Haftung für vermutetes Verschulden

1 Eine Haftung für vermutetes Verschulden ist in den §§ 831 bis 838 geregelt. Ebenso wie die Grundtatbestände der §§ 823 bis 826 setzen diese Vorschriften eine tatbestandsmäßige, rechtswidrige und schuldhafte Handlung voraus. Die Vorschriften der §§ 831 bis 838 haben jedoch eine Besonderheit: Der Geschädigte braucht das Verschulden des Anspruchsgegners nicht zu behaupten und zu beweisen. Vielmehr muss der Schädiger seinerseits nachweisen, dass ihn kein Verschulden trifft. Das Verschulden des Schädigers wird also vermutet. Der Schädiger haftet nur dann nicht, wenn er sich entlasten (exkulpieren) kann (Entlastungsbeweis).

2 Bedeutung hat dies für den Zivilprozess und die Verteilung der Behauptungs- und Beweislast. Aber auch in der Fallprüfung ergibt sich die Besonderheit, dass das Verschulden nicht mehr im Einzelnen geprüft und aus dem Sachverhalt begründet werden muss, sondern regelmäßig als (infolge der Vermutung) gegeben vorausgesetzt werden kann. Besonders geprüft werden muss nur eine etwaige Entlastung des Schädigers, wenn der Sachverhalt dazu Anlass gibt. Bei Fehlen jeglicher Anhaltspunkte für ein Verschulden und für eine Entlastung ist der Anspruch begründet.

A. Haftung für den Verrichtungsgehilfen (§ 831)

3 Nach § 831 haftet der Geschäftsherr für seinen Verrichtungsgehilfen. Der hierfür gängige Begriff der Gehilfenhaftung ist missverständlich, da es strukturell nicht um eine Haftung des Gehilfen, sondern wegen des Gehilfen geht. Wer einen anderen zu einer

---

72 Vgl. die RegBegr. zum Entwurf eines Zweiten Gesetzes zur Änderung schadensersatzrechtlicher Vorschriften, BT-Drs. 14/7752, S. 26.
73 Zweites Schadensersatzrechtsänderungsgesetz vom 19.7.2002, BGBl. I, S. 2674.

Verrichtung bestellt hat (Geschäftsherr), haftet für den Schaden, den sein Verrichtungsgehilfe in Ausführung der Verrichtung einem Dritten widerrechtlich zufügt.

I. Struktur der Norm

§ 831 ist – im Unterschied zu § 278 – keine Zurechnungsnorm für fremdes Verschulden, sondern eine **selbstständige Anspruchsgrundlage** (vgl. → § 1 Rn. 14 ff.) für **eigenes vermutetes Verschulden.**[1] Die eigentliche haftungsbegründende Schadensursache liegt darin, dass der Geschäftsherr bei der Auswahl des Verrichtungsgehilfen,
der Beschaffung von Vorrichtungen oder Gerätschaften oder der Leitung der Ausführungen der Verrichtung (vgl. § 831 Abs. 1 S. 2) gegen die erforderliche Sorgfalt verstoßen hat. Zwar wird vorausgesetzt, dass der Verrichtungsgehilfe (in Ausführung der
Verrichtung) einem Dritten eine tatbestandsmäßige und widerrechtliche Schädigung
zufügt, wobei ein Verschulden des Verrichtungsgehilfen nicht erforderlich ist. Jedoch
ist die rechtswidrige Schädigung durch den Verrichtungsgehilfen nicht normprägend,
sondern die (vermutete) schuldhaft sorgfaltswidrige Auswahl und Überwachung
durch den Geschäftsherrn.

4

Es wird vermutet, dass der Geschäftsherr bei Auswahl und Überwachung schuldhaft
gehandelt hat und dass der Schaden bei Anwendung der erforderlichen Sorgfalt nicht
entstanden wäre. Es ist Sache des Geschäftsherrn, diese Vermutungen zu widerlegen
(vgl. § 831 Abs. 1 S. 2). Gelingt ihm dies nicht, haftet er für eigenes Verschulden.

II. Tatbestand

1. Verrichtungsgehilfe

Verrichtungsgehilfe ist, wer mit Wissen und Wollen des Geschäftsherrn in dessen Interesse tätig wird und von den Weisungen des Geschäftsherrn abhängig ist. Für die
Weisungsgebundenheit genügt, dass der Geschäftsherr die Tätigkeit des Handelnden
beschränken, entziehen oder nach Zeit und Umfang bestimmen kann.[2]

5

Wesentlich an dieser Definition ist die Weisungsunterworfenheit des Verrichtungsgehilfen, die ihn vom Erfüllungsgehilfen i. S. des § 278 unterscheidet.

Beispiele:
- Ein Arbeitnehmer ist regelmäßig weisungsunterworfen i. S. des § 831.
- Ein freier und selbstständiger Werk-, Subunternehmer, Spediteur oder Frachtführer ist regelmäßig wei-
  sungsfrei, also nicht Verrichtungsgehilfe, und im Rahmen eines bestehenden Schuldverhältnisses allenfalls Erfüllungsgehilfe i. S. des § 278.[3]
- Praxisvertreter eines Arztes ist weisungsgebunden, weil Tätigkeit (auch auf Grund eigener Sachkunde
  und Erfahrung) in einer organisatorisch abhängigen Stellung genügt.[4]

---

1 Nach anderer Ansicht ist die Vorschrift primär als Haftung für vermutete Verkehrspflichtverletzung
  zu qualifizieren (vgl. *Larenz/Canaris,* SR II/2, § 79 III 1a, S. 475; MüKoBGB/*Wagner,* Bd. 6, § 831
  Rn. 11).
2 BGHZ 45, 311; *BGH* NJW 2014, 2797.
3 *BGH* NJW 2013, 1002.
4 *BGH* NJW 2009, 1740, 1741.

6 Vertiefungshinweis: Geschäftsherr bei mehreren in Betracht kommenden Personen
Bei Auftreten von mehreren Personen kann zweifelhaft sein, wessen Verrichtungsgehilfe der Schädiger ist, wer also Geschäftsherr ist. Für die Geschäftsherrn-Eigenschaft ist entscheidend, wer das Schadensrisiko organisatorisch überblickt und beherrscht und deshalb am besten für Versicherungsschutz sorgen kann.[5]

Beispiel: Taxifahrer T, der für den Taxiunternehmer U fährt, befördert den Tourist X. Aus Unachtsamkeit überfährt er den Fußgänger F. Es stellt sich die Frage, ob neben T (aus § 823 Abs. 1, § 18 Abs. 1 StVG) U oder X als Geschäftsherr aus § 831 Abs. 1 S. 1 haftet. Das Risiko, dass es bei Betrieb des Taxis zu Unfällen kommt, muss der Taxiunternehmer tragen, nicht der Fahrgast, und sich durch eine Versicherung absichern. Deshalb ist T Verrichtungsgehilfe des U, der nach § 831 Abs. 1 S. 1 haftet, wenn er den Entlastungsbeweis nach § 831 Abs. 1 S. 2 nicht führen kann.

7 Fall: S mietet bei G ein Auto. Kurz vor Ablauf der Mietzeit will S den Wagen zu G zurückbringen. Dabei verschuldet er auf der Fahrt einen Verkehrsunfall, bei dem das Auto des G zerstört (Totalschaden) und das des Unfallbeteiligten U erheblich beschädigt wird. G und U verlangen von S Schadensersatz. Zu Recht?
Fallabwandlung: Wie ist zu entscheiden, wenn nicht S selbst, sondern sein als zuverlässig geltender Angestellter A den Wagen fährt. Muss auch A Schadensersatz leisten?

Lösung:

I. Schadensersatzansprüche des G gegen S
   1. Vertraglicher Schadensersatzanspruch gem. §§ 546 Abs. 1, 275 Abs. 1, 283 S. 1, 280 Abs. 1 und 3 (+), weil die Herausgabe der Mietsache nicht mehr möglich ist (nachträgliche Unmöglichkeit der Erfüllung der Rückgabeverpflichtung).
   2. Anspruch auf Schadensersatz aus § 7 Abs. 1 StVG (–), weil S kein Halter.
   3. Anspruch auf Schadensersatz aus § 18 Abs. 1 StVG (–). Die Vorschrift normiert eine Haftung des Führers für vermutetes Verschulden. Die Haftung erstreckt sich aber nicht auf die Beschädigung des betriebenen Kfz, denn § 7 Abs. 1 StVG, auf den § 18 Abs. 1 StVG verweist, differenziert zwischen betriebenem Kfz und beschädigter Sache (vgl. → § 22 Rn. 10).
   4. Anspruch auf Schadensersatz aus § 823 Abs. 1 wegen Eigentumsverletzung (+)
   5. Ergebnis: Anspruchskonkurrenz des vertraglichen und deliktischen Schadensersatzanspruchs.
II. Schadensersatzansprüche des U gegen S
   1. Kein vertraglicher Anspruch, weil kein Vertrag zwischen S und U.
   2. § 7 Abs. 1 StVG (–), weil S nicht Halter i. S. des § 7 Abs. 1 StVG ist.
   3. § 18 Abs. 1 StVG (+) S hat als Führer bei Betrieb eines Kfz eine Sache des U (dessen Kfz) beschädigt. S kann das vermutete Verschulden nicht widerlegen (vgl. § 18 Abs. 1 S. 2 StVG).
   4. § 823 Abs. 1 (+), weil rechtswidrige und schuldhafte Eigentumsverletzung.

Fallabwandlung

I. Haftung des S gegenüber G
   1. Anspruch aus §§ 546 Abs. 1, 275 Abs. 1, 283 S. 1, 280 Abs. 1 und 3 i.V.m. § 278 (+): A ist Erfüllungsgehilfe, wird bei Erfüllung einer den S treffenden Verpflichtung (mietvertragliche Rückgabeverpflichtung) tätig und verletzt diese Pflicht gerade bei Rückgabe der Sache. Deshalb wird dem S das schuldhafte Verhalten des A zugerechnet.
   2. § 831 Abs. 1 (–) A ist als weisungsabhängiger Gehilfe des S auch Verrichtungsgehilfe. Nach § 831 Abs. 1 haftet S für ein vermutetes Auswahl- und Überwachungsverschulden, weil A eine rechtswidrige Eigentumsverletzung (§ 823 Abs. 1) begangen hat. Hier kann sich S aber exkulpieren (vgl. § 831 Abs. 1 S. 2).

---

5 Vgl. MüKoBGB/*Wagner*, Bd. 6, § 831 Rn. 22 f.; *v. Caemmerer*, ZfRV 1973, 241, 254 f.

II. Haftung des S gegenüber U
1. Vertragliche Schadensersatzansprüche (–), weil kein Vertrag zwischen S und U.[6]
2. § 831 Abs. 1 (–) S kann sich exkulpieren.
3. Ergebnis: Keine Haftung des S gegenüber U.
III. Eigene Haftung der Hilfsperson (des Angestellten A)
1. Anspruch auf Schadensersatz aus § 18 Abs. 1 StVG (–); siehe oben.
2. Anspruch des G gegen A gemäß § 823 Abs. 1 wegen Eigentumsverletzung (+)
3. Anspruch des U gegen A
   a) aus § 18 Abs. 1 StVG (+), Haftung für vermutetes Verschulden.
   b) aus § 823 Abs. 1 wegen Eigentumsverletzung (+)
   (Eine Haftung des Geschäftsherrn – aus Vertrag über § 278 oder deliktisch aus § 831 – lässt die eigene Haftung der Hilfsperson nicht entfallen. Die §§ 278 (Zurechnungsnorm), 831 (Anspruchsgrundlage) stellen keine Haftungsbefreiung für die Hilfsperson dar. Die Hilfsperson haftet völlig unabhängig davon, ob dem Geschädigten zusätzlich der Geschäftsherr haftet oder nicht.
3. Hinweis: A und S haften gegenüber G als Gesamtschuldner (§§ 840 Abs. 1, 421).[7]

Dem Geschäftsherrn steht derjenige gleich, der für den Geschäftsherrn die Auswahl   **8** und Überwachung des Verrichtungsgehilfen durch Vertrag übernimmt (§ 831 Abs. 2). § 831 Abs. 2 hat einen engen Anwendungsbereich und ist praktisch von geringer Bedeutung.[8]

2. Unerlaubte Handlung des Verrichtungsgehilfen

Der Verrichtungsgehilfe muss eine **unerlaubte Handlung** widerrechtlich begangen   **9** haben. Er muss also den Tatbestand eines der §§ 823 ff. rechtswidrig erfüllt haben. Da § 831 eine Haftung des Geschäftsherrn für eigenes Verschulden begründet, kommt es auf ein Verschulden des Verrichtungsgehilfen nicht an. Anders ist dies, wenn der Deliktstatbestand nur vorsätzlich begangen werden kann (§ 826, § 823 Abs. 2 i. V. m. Vorsatzstraftat).[9]

Vertiefungshinweis: Feststellung der Rechtswidrigkeit   **10**
Im Rahmen von § 831 wirkt sich der Streit zwischen der Lehre vom Erfolgsunrecht und der Lehre vom Handlungsunrecht aus. Nach der Lehre vom Erfolgsunrecht bedarf es zur Feststellung der Rechtswidrigkeit nicht der Feststellung einer Pflichtverletzung. Im Rahmen von § 823 Abs. 1 scheitert die Haftung bei pflichtgemäßem Verhalten dann aber auf der Ebene der Verschuldensprüfung. Bei § 831 kommt es jedoch auf ein Verschulden des Verrichtungsgehilfen nicht an, sodass der Geschäftsherr auch für eine Erfolgsverursachung haften würde, die nicht auf einer Pflichtverletzung des Verrichtungsgehilfen beruht. Um diesem Dilemma zu entgehen hat der Große Senat des *BGH*[10] den **Rechtfertigungsgrund des verkehrsrichtigen Verhaltens** kreiert, für dessen Eingreifen der Geschäftsherr die Beweislast trägt. Dieser

---

6 Hinweis: Im Zeitpunkt der Schädigung des U besteht kein Schuldverhältnis zwischen S und U. Ein gesetzliches Schuldverhältnis aufgrund unerlaubter Handlung entsteht erst mit der und durch die Schädigung. Deshalb kann § 278 nicht zur Anwendung kommen. A ist insoweit nicht Erfüllungsgehilfe des S gegenüber U.

7 A hat im Innenverhältnis zu S keinen Freistellungsanspruch gemäß der Grundsätze über die Beschränkung der Arbeitnehmerhaftung, weil zu seinen Gunsten die gesetzlich vorgeschriebene Kfz-Haftpflichtversicherung eingreift (vgl. *BAG* NJW 1998, 1810 m. w. N.).

8 Die Anwendung auf Organe und Bedienstete des Geschäftsherrn wird abgelehnt (BeckOK BGB/ *Förster*, § 831 Rn. 74). Eine Außenhaftung des Geschäftsführers einer GmbH für Aufsichtsverschulden wird verneint (BGHZ 125, 366).

9 *BGH* WM 2013, 2322.

10 BGHZ 24, 21. Vgl. *Larenz/Canaris*, SR II/2, § 79 III 2c, S. 479f. und *Stoll*, JZ 1958, 137.

»dogmatische Trick«[11] wurde vom BGH später nicht mehr bemüht.[12] Der BGH begrenzt vielmehr den Schutzzweck der Norm: Auszuscheiden sind solche Schadensfälle, bei denen feststeht, dass der Gehilfe sich so verhalten hat, wie jede mit Sorgfalt ausgewählte und überwachte Person sich sachgerecht verhalten hätte; denn bei objektiv fehlerfreiem Verhalten bestünde gegen den Geschäftsherrn auch im Falle eigenen Handelns kein Anspruch.[13] Der BGH hält aber im Rahmen des – besonders strukturierten (vgl. → Rn. 4) – § 831 an der Beweislastverteilung fest, dass der Geschäftsherr beweisen muss, dass sein Verrichtungsgehilfe nicht sorgfaltswidrig gehandelt hat.[14]

3. In Ausführung der Verrichtung

11 Der Verrichtungsgehilfe muss **in Ausführung** der Verrichtung tätig geworden sein. Es muss ein unmittelbarer innerer Zusammenhang zwischen der ihm aufgetragenen Verrichtung und der schädigenden Handlung vorliegen.[15] Das ist nicht der Fall, wenn der Verrichtungsgehilfe bloß **bei Gelegenheit** gehandelt hat.[16] Ausreichend ist es aber, wenn die Handlung noch in den Kreis von Maßnahmen fällt, welche die Ausführung der dem Gehilfen zustehenden Verrichtungen darstellen. Die konkrete Handlung, die den Schaden herbeigeführt hat, braucht dem Gehilfen nicht übertragen worden zu sein.[17]

Beispiele:

– Ein Lkw-Fahrer verursacht einen Unfall und verletzt einen Dritten, indem der mitgeführte Anhänger ins Schleudern gerät. Der Geschäftsherr hat die Mitführung des Anhängers ausdrücklich verboten. Der Fahrer nahm gleichwohl den Anhänger, um nicht zweimal fahren zu müssen. Nach ständiger Rechtsprechung stellt bewusstes und eigenmächtiges Zuwiderhandeln gegen vom Geschäftsherrn erteilte Weisungen das Handeln des Verrichtungsgehilfen noch nicht außerhalb des Kreises der ihm aufgetragenen Verrichtung. Das Mitführen des Anhängers steht im inneren Zusammenhang mit der Ausführung des erteilten Fahrauftrages und stellt deshalb keine sog. »Schwarzfahrt« dar, die ein Handeln »in Ausführung« ausschließt. Einer Haftung des Geschäftsherrn steht die weisungswidrige Ausführung also nicht entgegen (*BGH* NJW 1971, 31).

– Der Geschäftsherr beauftragt den Verrichtungsgehilfen mit einer Güterbeförderung und untersagt ihm die Mitnahme betriebsfremder Personen im Lastzug ausdrücklich. Bei der Güterbeförderung verursacht der Verrichtungsgehilfe einen Unfall, bei dem sein mitgenommener Bekannter zu Schaden kommt. Der BGH verneint eine Haftung des Geschäftsherrn aus § 831 Abs. 1, denn die Begrenzung der Aufgaben des Fahrers durch den Geschäftsherrn ist einem solchen Benutzer gegenüber wirksam. Sie führt dazu, dass der innere Zusammenhang zwischen der aufgetragenen Tätigkeit und der Schädigung zu verneinen ist, selbst wenn die Fahrt keine Schwarzfahrt darstellt. Dem unerbetenen Fahrgast gegenüber liegt eine haftungsrechtlich erhebliche Überschreitung der Kompetenzen des Verrichtungsgehilfen vor, weil sein Schaden nicht mehr unter das vom Geschäftsherrn nach § 831 zu vertretende Betriebsrisiko fällt (*BGH* NJW 1965, 391).

– Ein Gepäckarbeiter (G) der Bahn hat einen aufgegebenen Koffer des K entwendet. Die Bahn ist nach § 831 Abs. 1 zum Schadensersatz verpflichtet. (1) Die Vorschriften der §§ 987 ff. schließen den nach

---

11 *Kötz/Wagner*, Rn. 289.

12 Vgl. *Kötz/Wagner*, Rn. 289 mit Hinweisen auf *BGH* NJW 1981, 570, 571 und NJW-RR 1987, 1048, 1049.

13 *BGH* NJW 1996, 3205, 3207; vgl. auch BGHZ 24, 21. Kritisch zu der Vorgehensweise des *BGH* und allgemein zu den Auswirkungen der Erfolgsunrechtslehre und der Handlungsunrechtslehre in diesem Zusammenhang *Kötz/Wagner*, Rn. 286 ff.; BeckOK BGB/*Förster*, § 831 Rn. 36 ff.; MüKoBGB/*Wagner*, Bd. 6, § 831 Rn. 29 ff. Ausführlich zum Ganzen auch Staudinger/*Bernau*, § 831 Rn. 110 ff.

14 Ablehnend *Kötz/Wagner*, Rn. 291; wohl auch *Looschelders*, SR BT, Rn. 1190 f. Vgl. auch *Spickhoff*, JuS 2016, 865, 868.

15 *BGH* NJW 1971, 31.

16 Vgl. zur gleichen Problematik bei § 31 BeckOK BGB/*Schöpflin*, § 31 Rn. 17.

17 Vgl. BGHZ 49, 19.

§ 831 begründeten Schadensersatzanspruch gegen den sein Besitzrecht überschreitenden Fremdbesitzer nicht aus.[18] (2) G verletzt als Verrichtungsgehilfe das Eigentum des K und fügt dem K widerrechtlich einen Schaden zu. G tut dies während der Ausführung seiner Trägerarbeiten, sodass ein innerer Zusammenhang zwischen der Schädigung und der Ausführung der ihm aufgetragenen Verrichtung zu bejahen ist (BGHZ 24, 188, 196 ff.).

– Nicht in Ausführung der Verrichtung wegen fehlenden inneren Zusammenhangs, sondern nur bei Gelegenheit handelt ein angestellter Physiotherapeut, der an einem Patienten sexuelle Handlungen vornimmt (*OLG München* NJW-RR 2016, 472).

4. Exkulpation

a) Gegenstand der Exkulpation

§ 831 ist eine Haftung für eigenes Verschulden des Geschäftsherrn. Neben dem Verschulden des Geschäftsherrn wird auch die Kausalität vermutet: **12**

– **Verschuldensvermutung:** Es wird vermutet, dass der Geschäftsherr den Verrichtungsgehilfen nicht ausreichend ausgewählt oder geleitet (oder Vorrichtungen und Gerätschaften nicht sorgfältig beschafft) hat.
– **Kausalitätsvermutung:** Es wird vermutet, dass die Verletzung dieser Pflichten für die Schädigung ursächlich geworden ist.

Diese beiden Vermutungen kann der Geschäftsherr widerlegen **(Exkulpation)**. Eine **13**
Haftung entfällt, wenn der Geschäftsherr beweist,

– dass er den Verrichtungsgehilfen sorgsam ausgewählt und geleitet hat (§ 831 Abs. 1 S. 2 Alt. 1); die Rechtsprechung fordert außerdem grundsätzlich eine sorgfältige Überwachung und Instruktion des Gehilfen;[19] oder
– dass der Schaden selbst dann entstanden wäre, wenn der Geschäftsherr bei der Auswahl und Überwachung des Gehilfen die gebotene Sorgfalt beachtet hätte (§ 831 Abs. 1 S. 2 Alt. 2; vgl. zum rechtmäßigen Alternativverhalten → § 25 Rn. 10).

Der Grund für diese Beweislastverteilung liegt darin, dass es sich hinsichtlich der Kausalität und des Verschuldens regelmäßig um Vorgänge handelt, die sich im Bereich des Geschäftsherrn abspielen, weshalb dem Geschädigten die Beweisführung nicht zugemutet werden soll (Sphärengedanke).[20]

Eine Exkulpation läuft im wirtschaftlichen Ergebnis leer, wenn der Geschäftsherr aus **14**
anderen Rechtsgründen haftet; vgl. den Freistellungsanspruch des Arbeitnehmers gegen den Arbeitgeber nach den Grundsätzen des innerbetrieblichen Schadensausgleichs (*BAG* NJW 1995, 210 sowie → § 19 Rn. 28).

b) Dezentralisierter Entlastungsbeweis (§ 831 Abs. 1 S. 2)

Die Rechtsprechung hat Inhabern eines größeren Betriebes als Geschäftherrn den sog. **15**
dezentralisierten Entlastungsbeweis gestattet: Hat der Inhaber eines größeren Betriebes einen Mitarbeiter zur Leitung und Beaufsichtigung eingestellt (Zwischenperson) und richtet ein von diesem Mitarbeiter ausgewählter und überwachter untergeordneter Betriebsangehöriger einen Schaden an, so steht dem Inhaber der Entlastungsbeweis

---

18 *BGH* NJW 1951, 643.
19 *Larenz/Canaris*, SR II/2, § 79 III 3 a, S. 481.
20 Vgl. BGHZ 24, 188; *Larenz/Canaris*, SR II/2, § 79 III 1 b, S. 476. Siehe auch *BGH* NJW 1978, 1681 zum Entlastungsbeweis im Arzthaftungsprozess.

dahin offen, dass er die Zwischenpersonen sorgfältig ausgewählt und überwacht habe oder dass der Schaden auch bei sorgfältiger Auswahl und Überwachung der Zwischenpersonen eingetreten wäre.[21] Grundlage des sog. dezentralisierten Entlastungsbeweises ist die Erwägung, dass sich in größeren Unternehmen die Auswahl- und Überwachungspflicht des Geschäftsherrn selbst unmöglicherweise auf alle Betriebsangehörigen erstrecken kann. Der Geschäftsinhaber bedient sich deshalb bestimmter Zwischenpersonen für die Einstellung und Überwachung nachgeordneter Personen.[22]

Beispiel: Der Vorstand, der für eine große Aktiengesellschaft handelt, überträgt die Einstellung und Überwachung der Arbeitnehmer der Personalabteilung. Die Angehörigen der Personalabteilung können ihrerseits Aufgaben wieder an nachgeordnete Betriebsangehörige delegieren.

Es kommt für die Entlastung des Geschäftsherrn nicht mehr darauf an, ob die Mittelsperson ihrerseits den Verrichtungsgehilfen (Schädiger) sorgsam ausgewählt und überwacht hat. Zu prüfen ist dann aber eine (eigenständige) Haftung der eingeschalteten Mittelsperson aus § 831 Abs. 2 (bei selbstständigen Unternehmern) bzw. aus § 823 Abs. 1 (bei leitenden Angestellten).[23]

5. Verhältnis zu § 823 Abs. 1 (Organisationsverschulden)

16 Die Möglichkeit des dezentralisierten Entlastungsbeweises erleichtert Inhabern von größeren Betrieben, sich zu exkulpieren, wodurch die Haftung des Geschäftsherrn eingeschränkt wird. Diese Haftungseinschränkung wird aber über § 823 Abs. 1 mittels des sog. Organisationsverschuldens wieder ausgeglichen.

Bei dem sog. Organisationsverschulden geht es nicht um Verschulden, sondern um **Organisationspflichten** des Betriebsinhabers. Den Betriebsinhaber trifft eine allgemeine Verkehrssicherungspflicht, den Betrieb so zu organisieren, dass für Dritte keine Gefahren entstehen (allgemeine Organisationspflicht). Dieser allgemeinen Verkehrssicherungspflicht kann sich der Geschäftsherr nicht völlig dadurch entledigen, dass er sie auf einen Dritten (leitenden Angestellten) überträgt (vgl. → § 16 Rn. 118 und 120). Er muss z. B. allgemeine Aufsichtsanordnungen treffen, welche die Gewähr für eine ordentliche Betriebsführung bieten.[24] Verletzt der Geschäftsherr seine (nicht delegierbare) Organisationspflicht, so kann eine rechtswidrige und schuldhafte Rechts-(gut-)verletzung i. S. des § 823 Abs. 1 vorliegen. Pflichtwidriges Handeln von Organen wird gem. §§ 31, 89 zugerechnet. Eine Exkulpation ist im Rahmen des § 823 Abs. 1 ausgeschlossen.

17 Die Haftung des Geschäftsherrn gem. § 823 Abs. 1 wegen Verletzung einer Organisationspflicht tritt neben eine mögliche Haftung gem. § 831. § 831 ist also nur für die Auswahl und Überwachung des Verrichtungsgehilfen Spezialgesetz (lex specialis) gegenüber § 823.

---

21 BGHZ 4, 1 (Gutsverwalter); vorher schon RGZ 78, 107, 108; 89, 136, 137.

22 Vgl. zum dezentralisierten Entlastungsbeweis v. Westphalen/*Foerste*, § 38 Rn. 13 ff.

23 Zum begrenzten Anwendungsbereich von § 831 Abs. 2 vgl. MüKoBGB/*Wagner*, Bd. 6, § 831 Rn. 53 f.; in der Literatur wird der dezentralisierte Entlastungsbeweis zum Teil als eine ungerechtfertigte Bevorzugung von Großunternehmen abgelehnt (vgl. *Larenz/Canaris*, SR II/2, § 79 III 3 b, S. 481 f.). Der dezentralisierte Entlastungsbeweis ist jedoch nicht isoliert von der sehr streng ausgestalteten Organisationspflicht zu betrachten, die die Rechtsprechung dem Geschäftsherren auf der anderen Seite auferlegt; vgl. MüKoBGB/*Wagner*, Bd. 6, § 831 Rn. 45 und → Rn. 16 ff.

24 Vgl. BGHZ 4, 1 (Gutsverwalter); *BGH* NJW 1968, 247, 248 f.

Fall (*BGH* NJW 1971, 1313): Der Unternehmer U wird von der Stadt beauftragt, einen Graben zur 18 Verlegung einer neuen elektrischen Leitung auszuheben. Bei den Ausschachtungsarbeiten erfasst der vom Arbeiter A gesteuerte Löffelbagger ein quer über die Straße zum Haus des E führendes Anschlussrohr der Gasversorgung. Das in den Keller ausströmende Gas führt ca. 10 bis 15 Min. später zu einer Explosion, durch die das Haus des E so schwer beschädigt wird, dass es abgerissen werden muss. E verlangt von U Schadensersatz. U wendet ein, er habe seinen Angestellten D mit der örtlichen Bauleitung beauftragt. D besitze als graduierter Tiefbauingenieur mit reicher Erfahrung im Straßenbau die erforderliche Qualifikation, technische Aufgaben in eigener Verantwortung nach den einschlägigen technischen und firmeninternen Richtlinien und Anweisungen durchzuführen. D sei als Bauleiter bei größeren Bauvorhaben mit besonderer Umsicht tätig gewesen und mit allen Bauarbeiten und Bausicherungsmaßnahmen vertraut. Er habe viele Bauarbeiten in eigener Verantwortung gewissenhaft durchgeführt und in keinem Fall zu Beanstandungen Veranlassung gegeben. D werde bei den Auftraggebern als eine besonders zuverlässige und gewissenhafte Fachkraft angesehen. Klare Anweisungen über die Erkundigung nach Versorgungsleitungen hatte U seinen örtlichen Bauleitern nicht gegeben.

Lösung:

1. Anspruch des E gegen U aus § 831 Abs. 1?
   a) Der Arbeiter A beschädigt als Verrichtungsgehilfe des U adäquat kausal das Eigentum des E und begeht damit tatbestandsmäßig und rechtswidrig eine unerlaubte Handlung (§ 823 Abs. 1). Dabei handelt A in Ausführung der ihm aufgetragenen Verrichtung.
   b) Exkulpation nach § 831 Abs. 1 S. 2? – U trägt nichts vor, was ihn in Bezug auf den Arbeiter A entlasten könnte. Er führt aber aus, dass er den für die örtliche Bauleitung zuständigen D sorgfältig ausgesucht und überwacht hat. Stellt man allein auf D ab, hätte sich U exkulpiert.
   Die Rechtsprechung hat den sog. dezentralisierten Entlastungsbeweis anerkannt. Der Geschäftsherr kann sich also exkulpieren, wenn er die Mittelsperson (hier den Bauleiter D), die dem Geschäftsherrn nachgeordnet und dem Verrichtungsgehilfen vorgesetzt ist, sorgfältig ausgewählt und überwacht hat. Eine Exkulpation für den Verrichtungsgehilfen ist dann nicht erforderlich.
   Erkennt man einen dezentralisierten Entlastungsbeweis an, dann genügt es für die Exkulpation, dass sich U hinsichtlich der Auswahl und Überwachung des von ihm eingesetzten Bauleiters D exkulpiert.
   c) Ergebnis: Ein Anspruch gegen U aus § 831 scheidet aus.
2. Anspruch aus § 823 Abs. 1 wegen Organisationsverschuldens
   a) Das Eigentum des E wird verletzt.
   b) Dies könnte durch ein dem U zuzurechnendes Verhalten geschehen sein. U könnte es unterlassen haben, für die notwendigen Sicherungsvorkehrungen Sorge zu treffen.
   Den U trifft eine Sorgfaltspflicht (allgemeine Verkehrssicherungspflicht), weil er die tatsächliche Verfügungsgewalt über ein gefahrbringendes Unternehmen hat. Er muss dafür sorgen, dass aus diesem Unternehmen für Dritte keine Gefahren entstehen. Diese Verkehrssicherungspflicht besteht dem E gegenüber, weil der E als Anwohner besonders gefährdet ist.
   U müsste diese Verkehrssicherungspflicht verletzt haben. Das wäre nicht der Fall, wenn U seine Verpflichtung auf D übertragen hätte, und diese Übertragung ihn völlig entlastete. Die Übertragung der allgemeinen Verkehrssicherungspflicht auf einen Dritten ist grundsätzlich möglich. Der Übertragende muss aber dafür sorgen, dass der Dritte der Verkehrssicherungspflicht nachkommt. Die Verkehrssicherungspflicht besteht also als Organisationspflicht (hier: Überwachungspflicht) fort.
   U wählt den örtlichen Bauleiter sorgfältig aus und überwacht ihn sorgfältig. Er verletzt aber seine Organisationspflicht, durch klare Anweisungen[25] seinen örtlichen Bauleiter zu instruieren, wie die-

---

25 Dazu der *BGH* NJW 1971, 1313, 1314: Es bedarf im Fall der Übertragung der Erkundigung auf Angestellte »einer klaren, eindringlichen Anweisung des Tiefbauunternehmens an die örtlichen Bauleiter und aufsichtsführenden Poliere, wann und wie sie sich über Lage und Verlauf der Versorgungslei-

ser sich über Lage und Verlauf der Versorgungsleitungen anhand zuverlässiger Unterlagen zu vergewissern hat.[26]

c) Das Unterlassen dieser Anweisungen ist auch kausal für den Verletzungserfolg (Beschädigung des Hauses des E). Es kann mit an Sicherheit grenzender Wahrscheinlichkeit angenommen werden, dass der Bauleiter, wenn er die nötigen Informationen und Anweisungen gehabt hätte, eine Explosion verhindert hätte.

d) Die weiteren Tatbestandsmerkmale liegen vor.

e) Ergebnis: Anspruch aus § 823 Abs. 1 (Organisationsverschulden) (+).

III. Zusammenfassung

19

Haftung für den Verrichtungsgehilfen (§ 831)

Selbstständige Anspruchsgrundlage für die Haftung des Geschäftsherrn für eigenes vermutetes Verschulden

I. Tatbestand
1. Verrichtungsgehilfe (→ Rn. 5)
   Verrichtungsgehilfe ist, wer mit Wissen und Wollen des Geschäftsherrn in dessen Interesse tätig wird und von den Weisungen des Geschäftsherrn abhängig ist.
2. Tatbestandsmäßige und rechtswidrige (unerlaubte) Handlung des Verrichtungsgehilfen gemäß §§ 823ff. (kein Verschulden erforderlich!) (→ Rn. 9f.)
3. In Ausführung der Verrichtung (→ Rn. 11)
   Es muss ein unmittelbarer innerer Zusammenhang zwischen der dem Verrichtungsgehilfen aufgetragenen Verrichtung und der schädigenden Handlung bestehen. Gegensatz: Schädigende Handlung des Verrichtungsgehilfen bloß bei Gelegenheit.
4. Keine Exkulpation (§ 831 Abs. 1 S. 2)
   a) Verschulden und Kausalität werden vermutet (→ Rn. 12f.).
      Haftung des Geschäftsherrn entfällt, wenn er widerlegt:
      – die Verschuldensvermutung (Auswahl- und Überwachungsverschulden) gemäß § 831 Abs. 1 S. 2 Alt. 1 oder
      – die Kausalitätsvermutung gemäß § 831 Abs. 1 S. 2 Alt. 2
   b) Dezentralisierter Entlastungsbeweis möglich (→ Rn. 15)
      Zu beachten ist aber die Haftung nach § 823 Abs. 1 wegen Verletzung einer Organisationspflicht (sog. Organisationsverschulden, → Rn. 16f.)
II. Rechtsfolgen
1. Haftung des Geschäftsherrn auf Schadensersatz
2. Der Gehilfe haftet persönlich nach §§ 823ff., wenn in seiner Person sämtliche Voraussetzungen einschließlich des Verschuldens erfüllt sind.
3. Im Innenverhältnis zwischen Gehilfen und Geschäftsherrn haftet grundsätzlich der Gehilfe (§ 840 Abs. 2), es sei denn, es greifen die arbeitsrechtlichen Grundsätze des innerbetrieblichen Schadensausgleichs ein.

---

tung anhand zuverlässiger Unterlagen der in Betracht kommenden Versorgungsunternehmen zu vergewissern haben«.

26 *BGH* NJW 1971, 1313, 1315: »Mit Rücksicht auf die besonders große Gefährdung Dritter bei Beschädigung von Gas-, Wasser- und Starkstromleitungen muss die Anweisung den verpflichtenden Hinweis enthalten, sich nicht mit allgemeinen, keine konkreten Zahlen – insbesondere über die Verlegungstiefe – enthaltenden mündlichen Auskünften zu begnügen, die erkennbar nicht anhand von Plänen erteilt werden.«

B. Haftung des Aufsichtspflichtigen (§ 832)

§ 832 regelt die Haftung eines kraft Gesetzes oder Vertrages (vgl. § 832 Abs. 2) Auf- **20**
sichtspflichtigen für den Schaden, den der Aufsichtsbedürftige einem Dritten widerrechtlich zufügt.[27] Es handelt sich – wie bei § 831 – um eine Haftung für **eigenes vermutetes Verschulden**.

I. Tatbestand des § 832

Der Anspruchsgegner muss eine **Aufsichtspflicht** gegenüber einer aufsichtsbedürfti- **21**
gen Person haben.

Beispiele:
- Die Eltern eines Minderjährigen sind aufsichtspflichtig nach §§ 1626, 1631 Abs. 1.[28]
- Der Vormund ist über das Mündel aufsichtspflichtig (§§ 1800, 1793).
- Auch der Betreuer, dem die gesamte Personensorge oder speziell die Beaufsichtigung übertragen
  wurde, ist gegenüber dem Betreuten aufsichtspflichtig (§§ 1896 ff.), wobei sich die Aufsichtsbedürftig-
  keit im Einzelfall nach dem geistigen und körperlichen Zustand des Betreuten sowie den Anforderun-
  gen der konkreten Situation richtet.[29]
- Das Kindermädchen M wird mit der Beaufsichtigung und Betreuung der Kinder beauftragt, weil beide
  Elternteile berufstätig sind. Darin liegt eine vertragliche Übernahme der Aufsicht durch M, die eine
  Haftung aus § 832 Abs. 2 begründen kann.

Der Aufsichtsbedürftige muss tatbestandsmäßig und rechtswidrig eine unerlaubte
Handlung im Sinne der §§ 823 ff. begangen haben. Auf Verschulden kommt es insoweit – wie bei § 831 Abs. 1 – nicht an.

Die Haftung des Aufsichtspflichtigen ist ausgeschlossen, wenn er den **Entlastungs-** **22**
beweis führt (§ 832 Abs. 1 S. 2). Er muss nachweisen,
- dass er seiner Aufsichtspflicht nachgekommen ist oder
- dass der Schaden auch bei gehöriger Aufsichtsführung entstanden wäre.

Der Aufsichtspflichtige muss also die Verschuldensvermutung *oder* die Kausalitätsvermutung widerlegen (vgl. die entsprechende Regelung in § 831 Abs. 1 S. 2).

II. Umfang der elterlichen Aufsichtspflicht

Für den **Inhalt der elterlichen Aufsichtspflicht** ist entscheidend, was verständige El- **23**
tern nach vernünftigen Anforderungen im konkreten Fall unternehmen müssen, um
die Schädigung Dritter durch ihr Kind zu verhindern. Die Aufsichtspflicht wird durch
die Einsichtsfähigkeit des Kindes sowie die Einflussmöglichkeit auf das Kind be-

---

27 Vgl. *Brand*, JuS 2012, 673.
28 Umstritten war lange Zeit, wie eine Aufsichtspflicht von Stiefelternteilen zu beurteilen ist. Ursprünglich verneinte der BGH eine Haftung über § 832 (siehe *BGH* LM § 832 Nr. 3); in neuerer Zeit wird
   jedoch wohl herrschend eine stillschweigende vertragliche Übernahme der Aufsichtspflicht betreffend der im Haushalt aufgenommenen Kinder befürwortet: *OLG Düsseldorf* NJW-RR 1992, 857;
   MüKoBGB/*Wagner*, Bd. 6, § 832 Rn. 12.
29 Vgl. MüKoBGB/*Wagner*, Bd. 6, § 832 Rn. 16.

stimmt.[30] Zu berücksichtigen sind z. B. das Alter des Kindes, Eigenart und Charakter des Kindes, die Gefährlichkeit des Spielzeugs, usw. Entscheidende Bedeutung haben andererseits auch das Persönlichkeitsrecht sowie der Entwicklungsfreiraum und der Entwicklungsprozess zur Selbstständigkeit des Aufsichtsbedürftigen.[31] Ob der Aufsichtspflichtige die erforderliche Sorgfalt angewandt hat, hängt von den Umständen des Einzelfalles ab.

24   **Fall (vgl. *BGH* NJW 1968, 1874):** S gelingt es nicht, seine beiden (9- bzw. 5-jährigen) Kinder I und C im Zaum zu halten. Auch seine Frau V ist machtlos. Um sich austoben zu können, besuchen I und C auf Veranlassung von S und V die (gleichaltrigen) Nachbarskinder der Eltern E in deren Wohnung. Beim Spielen in der Wohnung der Eltern E wirft C in einem unbemerkten Augenblick in Richtung des I einen Bauklotz, der aus dem geöffneten Fenster fliegt und den Passanten G erheblich verletzt. Schadensersatzansprüche des G?

Lösung:

I. Anspruch gegen C
   1. aus § 823 Abs. 1 (–). C hat zwar den Tatbestand des § 823 Abs. 1 erfüllt. Er ist jedoch als 5-jähriger für den Schaden nicht verantwortlich (§ 828 Abs. 1).
   2. Es kommt allenfalls eine Billigkeitshaftung nach § 829 in Betracht. Das ist Tatfrage; nähere Einzelheiten fehlen hier. (Der Anspruch ist aber subsidiär gegenüber § 832 [»sofern der Ersatz des Schadens nicht von einem aufsichtspflichtigen Dritten erlangt werden kann«]).

II. Anspruch gegen die Eltern des C aus § 832 Abs. 1
   1. Die Eltern des C (S und V) sind gem. §§ 1626ff., 1631 Abs. 1 kraft Gesetzes zur Aufsicht über C wegen dessen Minderjährigkeit verpflichtet.
   2. C fügt einem Dritten, dem G, widerrechtlich einen Schaden zu. Nach § 832 Abs. 1 S. 1 haften die Eltern daher grundsätzlich für den von ihrem Kind C angerichteten Schaden.
   3. Exkulpation gem. § 832 Abs. 1 S. 2? Die Eltern S und V könnten ihrer Aufsichtspflicht genügt haben. Das Maß der gebotenen Aufsicht über Minderjährige richtet sich dabei nach dem Gefahrenpotenzial (Alter, Eigenart und Charakter der Aufsichtsbedürftigen). Entscheidend ist, was verständige Eltern nach vernünftigen Anforderungen im konkreten Fall tun müssen, um Schädigungen Dritter durch ihr Kind zu verhindern.
   Die Eltern S und V erfüllen ihre Aufsichtspflicht. Eine ständige eigene Beaufsichtigung ist nicht erforderlich. Dass die Eltern S und V ihre Aufklärungspflicht über die Gefährlichkeit von geworfenen Gegenständen verletzen, ist nicht ersichtlich. Besondere Aufsichtspflichten wegen der Eigenarten des C bestehen nicht. S und V dürfen ihr Kind zusammen mit gleichaltrigen Kindern spielen lassen und dazu in die Obhut des befreundeten Ehepaares E geben.
   Nimmt man eine Übertragung der Aufsichtspflicht auf die Eltern E an, so wandelt sich die Aufsichtspflicht in eine Überwachungs- und Auswahlpflicht um. Dass S und V diese Pflichten verletzen, ist nicht ersichtlich.
   4. Ein Ersatzanspruch entfällt daher.

III. Anspruch des G gegen die Eltern E aus § 832 Abs. 2 i.V. m. Abs. 1?
   1. Die Eltern E, in deren Wohnung das Unglück passiert ist, haften, wenn sie die Führung der Aufsicht durch Vertrag (gegebenenfalls stillschweigend) übernehmen. Im Gegensatz zu einem Vertrag steht die nur tatsächliche Übernahme der Aufsicht, die eine rechtlich unerhebliche Gefälligkeit darstellt. Die Annahme eines Vertrages zwischen zwei Elternpaaren zur wechselseitigen Beaufsichtigung der Kinder setzt einen rechtsgeschäftlichen Bindungswillen voraus (Rechtsbindungswille). Bei wertender Betrachtungsweise handelt es sich im konkreten Fall bei den gegenseitigen Besuchen und der Beaufsichtigung auch des fremden Kindes nur um eine außerhalb der rechtsgeschäftlichen Sphäre

---

30 BGHZ 111, 282.
31 *BGH* NJW 1996, 1404; NJW 1993, 1003; NJW 1984, 2574.

liegende Gefälligkeit. Es fehlt der Wille zur Haftungsbegründung mit vertraglichen Schadensersatzansprüchen.[32]

2. Eine Haftung der Eltern E entfällt also.

Beispiele:

- Einem 5½ Jährigen und seinem 7½ jährigen Freund wird das Spielen auf dem Spielplatz zu langweilig; sie zerkratzen mehrere Pkws auf einem benachbarten Parkplatz. Dazu der BGH: Ein Aufsichtspflichtiger muss dafür sorgen, dass ein Kind im Alter von 5½ Jahren auf einem Spielplatz in regelmäßigen Abständen von höchstens 30 Minuten kontrolliert wird.[33] Normal entwickelten Kindern im Alter von 7 ½ Jahren ist im Allgemeinen das Spielen im Freien auch ohne Aufsicht gestattet, wenn die Eltern sich über das Tun und Treiben in großen Zügen einen Überblick verschaffen.[34]
- Ein 13-Jähriger bietet in einer Internettauschbörse Musikaufnahmen zum Herunterladen an. Eltern eines normal entwickelten 13-Jährigen genügen ihrer Aufsichtspflicht regelmäßig bereits durch die Belehrung über die Rechtswidrigkeit einer Teilnahme an Internettauschbörsen und durch ein Verbot der Teilnahme, nicht dagegen durch eine völlig allgemeine Mahnung, die allgemeinen Regeln ordentlichen Verhaltens zu beachten. Eine weitergehende Verpflichtung der Eltern, die Nutzung des Internets durch das Kind zu überwachen, den Computer des Kindes zu überprüfen oder dem Kind den Zugang zum Internet (teilweise) zu versperren, besteht nur bei konkreten Anhaltspunkten dafür, dass das Kind dem Verbot zuwiderhandelt.[35]
- In einem verkehrsberuhigten Bereich nahe der elterlichen Wohnung dürfen Eltern ihren 8½ Jahre alten Sohn grundsätzlich nach Belehrung über allgemeine Gefahren des Straßenverkehrs und den Grundsatz der gegenseitigen Rücksichtnahme unbeaufsichtigt Fahrrad fahren lassen (*LG Saarbrücken* NJW-RR 2015, 720).

III. Zusammenfassung

Haftung des Aufsichtspflichtigen (§ 832)	25

Haftung für eigenes vermutetes Verschulden des Aufsichtspflichtigen
 	
I. Tatbestand
   1. Aufsichtspflicht gegenüber einer aufsichtsbedürftigen Person (z. B. Minderjährigen)
     Die elterliche Aufsichtspflicht richtet sich danach, was verständige Eltern nach vernünftigen Anforderungen im konkreten Fall unternehmen müssen, um die Schädigung Dritter durch ihr Kind zu verhindern (→ Rn. 23).
   2. Tatbestandsmäßige, rechtswidrige unerlaubte Handlung (§§ 823 ff.) der aufsichtsbedürftigen Person (Verschulden der aufsichtsbedürftigen Person nicht erforderlich!)
   3. Keine Exkulpation (§ 832 Abs. 2 S. 2) (→ Rn. 22)
II. Rechtsfolgen
   1. Haftung des Aufsichtspflichtigen auf Schadensersatz (§ 832)
   2. Haftung der aufsichtsbedürftigen Person nach §§ 823 ff. bzw. § 829	

---

32 Vgl. *BGH* NJW 1968, 1874.
33 *BGH* NJW 2009, 1952, 1954.
34 *BGH* NJW 2009, 1952, 1954.
35 *BGH* NJW 2013, 1441; *BGH* VersR 2016, 1255 (Haftung der Eltern auf Schadensersatz in Höhe von insgesamt 3000 Euro wegen des öffentlichen Zugänglichmachens von insgesamt 15 Musikaufnahmen nach den Grundsätzen der Lizenzanalogie).

C. Haftung des Tierhalters und Tieraufsehers (§§ 833 f.)

I. Struktur und System der speziellen Haftungsnormen

26 Strukturell sind § 833 S. 1 (Gefährdungshaftung) sowie § 833 S. 2 und § 834 (Haftung für vermutetes Verschulden) zu unterscheiden. § 833 S. 1 ist einer der wenigen Ausnahmefälle einer kodifizierten echten **Gefährdungshaftung** im BGB.[36]

27 Welche Art der Haftung eintritt, richtet sich nach der Art des Tieres sowie nach der Person des Pflichtigen.

	Luxustier	Nutztier
Tierhalter	§ 833 S. 1: Gefährdungshaftung	§ 833 S. 2: Haftung für vermutetes Verschulden
Tieraufseher	§ 834: Haftung für vermutetes Verschulden	

Die Haftung des Tierhalters für ein Luxustier ist eine **Gefährdungshaftung** (§ 833 S. 1). Soweit es sich um ein Nutztier handelt, wofür der Tierhalter die Beweislast trägt[37], haftet der Tierhalter nach § 833 S. 2 für **vermutetes eigenes Verschulden**.[38] Der Tieraufseher unterliegt – unabhängig von der Art des Tieres – einer Haftung für vermutetes Verschulden (§ 834). Nach h. M. ist ungeschriebene Voraussetzung sowohl der Gefährdungshaftung für Luxustiere als auch der Haftung aus vermutetem Verschulden[39], dass der Schaden auf der **spezifischen, typischen Tiergefahr** beruht.

Konkurrierend mit der Haftung aus § 833 können Tierhalter und Tieraufseher auch aus bewiesenem Verschulden insbesondere aus § 823 Abs. 1 oder Abs. 2 haften. Dies kann für die Quotenbildung im Rahmen des Mitverschuldens erheblich sein.[40]

II. Gefährdungshaftung für Luxustiere

1. Luxustier

28 Wenn es sich um ein Luxustier handelt, ist die Tierhalterhaftung eine Gefährdungshaftung.[41] Ein Luxustier ist ein Tier, das kein Haustier ist oder das zwar ein Haustier ist, aber nicht dem Beruf, der Erwerbstätigkeit oder dem Unterhalt des Tierhalters zu dienen bestimmt ist (»kein Nutztier«, dazu → Rn. 33).

Beispiele: Luxustiere sind Reitpferde, Hunde und Katzen, die nur Liebhaberinteressen dienen.[42]

---

36 Siehe auch § 231.
37 *BGH* NJW-RR 2017, 725; dazu *Mäsch,* JuS 2017, 1116.
38 Die unterschiedliche Ausgestaltung der Haftung nach der Art des Tieres verstößt nicht gegen Art. 3 GG; *BGH* NJW 2009, 3233, 3234.
39 Vgl. z. B. Erman/*Wilhelmi*, § 833 Rn. 2 m. w. N. A. A. MüKoBGB/*Wagner*, Bd. 6, § 833 Rn. 43 und § 834 Rn. 6, der darauf hinweist, dass die Begrenzung der Haftung auf solche Verletzungen, die im Schutzbereich der verletzten Sorgfaltspflicht liegen, zu weitgehend gleichen Ergebnissen führt.
40 Vgl. *BGH* VersR 2016, 60; *BGH* VersR 2016, 1068.
41 Ein Durchschlagen einer gesetzlichen Beschränkung einer konkurrierenden Vertragshaftung auf Vorsatz und grobe Fahrlässigkeit (vgl. z. B. *BGH* VersR 1992, 1145) ist auch insoweit zu beachten. Dies kann die Gefährdungshaftung für ein Luxustier aus § 833 S. 1 ausschließen.
42 Von *BGH* VersR 2011, 407 auch bejaht bei Einsatz eines Pferdes durch Idealverein zur Reittherapie von Behinderten.

2. Personen- oder Sachschaden durch typische Tiergefahr

Es muss durch ein Tier ein Personen- oder Sachschaden verursacht worden sein. Un- **29** geschriebene[43] Voraussetzung der Gefährdungshaftung für Luxustiere ist, dass der Schaden auf der spezifischen, **typischen Tiergefahr** beruht.[44] Entscheidend ist die tierische Unberechenbarkeit.[45]

Beispiele:

- Anspringen, beißen, ausschlagen, usw.
- Deckakt, den ein Tier ohne Wissen und Willen des Halters vollzieht.[46]
- Reiz auf ein anderes Tier (z. B. Duft einer läufigen Hündin).[47]

Ein Schaden ist nicht »durch ein Tier« im Sinne einer spezifischen, typischen Tier- **30** gefahr verursacht, wenn das Tier *ausschließlich* dem Willen und der Leitung einer Person folgt.[48] Eine Verursachung »durch ein Tier« ist aber trotz menschlicher Leitung denkbar, wenn willkürliche Bewegungen des Tieres wie Scheuen, Abwerfen, Durchgehen, Ausbrechen, Ausrutschen, Losgaloppieren und abruptes Anhalten z. B. eines Reitpferdes den Schaden (mit)verursachen.[49] Eine spezifische Tiergefahr verwirklicht sich auch dann, wenn ein Pkw-Fahrer zu Schaden kommt, weil sich das Tier auf die Fahrbahn begeben hat und ein Verkehrshindernis bildet.[50]

Ob eine typische Tiergefahr auch dann vorliegt, wenn der Schaden auf einem gewissen **31** natürlichen oder artspezifischen Verhalten von Tieren beruht (z. B. Anstecken von Pferden beim Beschnuppern), wird unterschiedlich beurteilt.[51] Fraglich ist auch, ob eine Haftung von vornherein, d. h. im Wege teleologischer Reduktion der Vorschrift, gegenüber solchen Personen ausscheidet, die nicht zu dem Personenkreis zu rechnen sind, zu dessen Schutz § 833 normiert wurde (Tierarzt, Hufschmied oder Züchter).[52] Mit Rücksicht auf den Schutzzweck der Norm ließe sich das bejahen (in Parallele zu anerkannten Schutzzweckbegrenzungen insbesondere bei der Kfz-Halterhaftung).[53]

---

43 *BGH* VersR 2013, 874.
44 Adäquate Mitursächlichkeit genügt; *BGH* NJW 2015, 1824.
45 BGHZ 67, 129; *BGH* VersR 1990, 796.
46 BGHZ 67, 129.
47 BGHZ 67, 129; *BGH* VersR 2016, 1068 (Hundegerangel).
48 *BGH* VersR 1966, 1073; *OLG Düsseldorf* VersR 1970, 333; 1981, 82; *OLG Schleswig* VersR 1990, 1024; *OLG Hamm* VersR 1993, 238. Abweichend differenziert dagegen MüKoBGB/*Wagner*, Bd. 6, § 833 Rn. 18 m. w. N. Er hält es in allen Fällen der Leitung eines Tieres für entscheidend, ob dieselbe Verletzung auch mit einem leblosen Gegenstand hätte zugefügt werden können (z. B. Tier als Wurfgeschoss); anders soll es aber dann sein, wenn sich der Täter gerade die Gefährlichkeit des Tieres zunutze macht (z. B. einen Hund auf eine Person hetzt).
49 Vgl. *BGH* VersR 1966, 1073; NJW 1992, 2474; NJW 1999, 3119; *OLG Koblenz* VersR 1999, 239.
50 *BGH* NJW-RR 1990, 789; *OLG Frankfurt* VersR 1982, 908. Zu weiteren teils umstrittenen Fallgruppen und zur Kritik an der Rechtsprechung vgl. Staudinger/*Eberl-Borges,* § 833 Rn. 31 ff.; MüKoBGB/*Wagner*, Bd. 6, § 833 Rn. 20; BeckOK BGB/*Spindler*, § 833 Rn. 5 ff.
51 Vgl. dazu BGHZ 67, 129. Auch *OLG Karlsruhe* VersR 1995, 927 und *OLG Köln* VersR 1972, 177 halten eine Unterscheidung von willkürlichem (die Tierhalterhaftung begründendem) Verhalten und natürlichem (keine Tierhalterhaftung auslösendem) Verhalten zur Eingrenzung der Tierhalterhaftung für ungeeignet. *OLG Koblenz* (OLGR 2007, 741) umgeht das Problem, indem es annimmt, in einer Verabredung zum gemeinsamen Spazierengehen mit den Hunden sei eine Einwilligung in hundetypisches Verhalten (hier: Unterwerfungshandlungen) zu sehen. Vgl. auch BeckOK BGB/*Spindler*, § 833 Rn. 7.
52 Vgl. zu dieser umstrittenen Frage auch BeckOK BGB/*Spindler*, § 833 Rn. 19 ff.
53 *Kötz/Wagner*, Rn. 528.

Die Annahme eines konkludenten Verzichts auf die Haftung im Fall der Kenntnis der besonderen Tiergefahr[54] wirkt dagegen gekünstelt. Vorzugswürdig ist es, wenn man nicht die Anwendbarkeit aus Schutzzweckgesichtspunkten verneint, eine Schadensminderung durch Mitverschulden (§ 254) anzunehmen.[55]

3. Tierhalter

32 Der Anspruchsgegner muss Tierhalter sein. **Tierhalter** ist, wer das Tier im eigenen Interesse in seinem Hausstand oder Wirtschaftsbetrieb nicht nur ganz vorübergehend einsetzt. Es ist darauf abzustellen, wer über das Tier bestimmen kann und für den Unterhalt des Tieres aufkommt.[56] Das Eigentum ist für die Haltereigenschaft nicht Voraussetzung.[57] Mehrere Personen können zeitgleich Halter eines Tieres sein (Mithalter, z. B. bei Reitbeteiligung). Eine Reitbeteiligung, bei der das Bestimmungsrecht des Halters durchgehend bestehen bleibt, z. B. weil der konkrete Reitzeitraum vom Halter jeweils bestimmt wird, begründet allerdings keine Mithaltereigenschaft.[58]

III. Haftung für vermutetes Verschulden

1. Nutztier

33 Wenn es sich um ein Nutztier handelt, ist die Haftung eine solche aus vermutetem Verschulden.[59] Ein **Nutztier** ist (1.) ein Haustier, (2.) das dem Beruf, der Erwerbstätigkeit oder dem Unterhalt des Tierhalters (Gewinnerzielung[60]) zu dienen bestimmt ist (vgl. Definition des § 833 S. 2). Dabei ist die allgemeine Zweckbestimmung, die dem Tier von seinem Halter gegeben worden ist, nicht die augenblickliche tatsächliche Nutzung entscheidend.[61]

Beispiel: Nutztiere sind Wachhund, Jagdhund des Försters, Schlacht- und Zuchtvieh des Landwirts.

2. Tierhalter oder Tieraufseher

34 Der Anspruchsgegner muss Tierhalter (§ 833; → Rn. 32) oder Tieraufseher (§ 834) sein. **Tieraufseher** ist derjenige, der die Führung der Aufsicht über das Tier durch Vertrag übernimmt (vgl. § 834 S. 1).

Beispiel: Wer ein Pferd für kurze Zeit mietet, ist nicht Tierhalter, kann aber Tieraufseher sein, wenn er durch Vertrag als Nebenpflicht die Führung der Aufsicht über das Pferd für den Tierhalter und damit die Sorge übernimmt, dass durch das Tier kein Dritter geschädigt wird (*BGH* NJW 1987, 949).

---

54 Vgl. dazu auch *Kötz/Wagner*, Rn. 528.
55 Vgl. *BGH* VersR 2006, 416.
56 *BGH* NJW-RR 1988, 656; *OLG Frankfurt* NJW-RR 2009, 894, 895 (minderjährige Berechtigte aus einer Reitbeteiligung).
57 *OLG Köln* NJW-RR 2018, 652.
58 *OLG Nürnberg* VersR 2017, 1222.
59 *BGH* ZfS 2009, 675, 676 (Privilegierung des Nutztierhalters verstößt nicht gegen Art. 3 GG).
60 *BGH* NJW-RR 2017, 725.
61 *BGH* NJW-RR 2005, 1183 (zur Qualifikation eines auf einem Reiterhof gehaltenen Hundes als Nutztier); *OLG Nürnberg* NJW-RR 2010, 1248 (Kein Ausschluss der Nutztiereigenschaft, wenn der Schaden während der Freizeitgestaltung eingetreten ist); *BGH* MDR 2011, 292 (von Idealverein gehaltenes Reitpferd zur Reittherapie von Behinderten ist kein Nutztier).

3. Kausalität einer typischen Tiergefahr

Es muss durch das Nutztier ein Personen- oder Sachschaden verursacht worden sein. **35**
Auch für die Haftung aus vermutetem Verschulden wird die Verwirklichung einer typischen Tiergefahr (→ Rn. 27) gefordert.

4. Widerlegung des vermuteten Verschuldens

Im Falle der Haftung für vermutetes Verschulden kommt eine **Exkulpation** des Tier- **36**
halters oder Tieraufsehers in Betracht. Der vermutete Verstoß gegen die erforderliche
Sorgfalt (Alt. 1)[62] oder die vermutete Kausalität (Alt. 2) kann widerlegt werden.[63]

IV. Mitverschulden und Handeln auf eigene Gefahr

Auch bei Schädigung durch ein Tier kann der Schadensersatzanspruch des Geschädig- **37**
ten wegen eines eigenen oder zurechenbaren **Mitverschuldens** zu kürzen sein oder
gänzlich entfallen.

Ein **Handeln auf eigene Gefahr** ist dogmatisch nach inzwischen gefestigter Ansicht[64]
regelmäßig als spezielle Ausprägung der Mitverschuldensregelung § 254 zu qualifizieren (s. die Erläuterungen → § 28). Nur in eng begrenzten Ausnahmefällen nimmt die
Rechtsprechung bei einer Gefährdungshaftung, vor allem bei der Tierhalterhaftung,
unter dem Gesichtspunkt des Handelns auf eigene Gefahr eine vollständige Haftungsfreistellung an, insbesondere wenn der Geschädigte sich bewusst einer besonderen Gefahr aussetzt, die über die normalerweise mit der Nutzung oder der Nähe zu dem Tier
verbundenen Gefahren hinausgeht, z. B. wenn ein Reiter im Einzelfall Risiken übernommen hat, die über die gewöhnlich mit einem Ritt verbundene Gefahr hinausgehen
(z. B. Zureiten, Fuchsjagd, Springen).[65] Abhängig von einer umfassenden Interessenabwägung unter Berücksichtigung aller Umstände des Einzelfalles wird die Haftung
»von vornherein« verneint. Dogmatisch ist dieses Vorgehen als Ausschluss des Haf-
tungstatbestandes unter Schutzzweckgesichtspunkten einzuordnen[66] (vgl. dazu auch
→ § 16 Rn. 166). Die Abgrenzung zum Mitverschulden ist fließend und der praktische
Nutzen des Haftungsausschlusses über die Rechtsfigur des Handelns auf eigene Gefahr erscheint zweifelhaft, wenn sich die Schutzzwecküberlegungen nicht in feste Fallgruppen typisieren lassen.

---

62 Ein Durchschlagen einer gesetzlichen Beschränkung der konkurrierenden Vertragshaftung auf Vorsatz und grobe Fahrlässigkeit (vgl. z. B. *BGH* VersR 1992, 1145) ist auch insoweit zu beachten. Dies
bedeutet, dass im Rahmen von § 833 S. 2 die Entlastung von Vorsatz und grober Fahrlässigkeit genügen kann.

63 Zu den Anforderungen des Entlastungsbeweises vgl. *BGH* NJW 2009, 3233, 3234; *OLG München*, r
+ s 2010, 434.

64 Zur Entwicklungsgeschichte der lange umstrittenen dogmatischen Verortung des Handelns auf eigene Gefahr siehe *Looschelders,* Die Mitverantwortlichkeit des Geschädigten im Privatrecht, 1999,
S. 439 ff.; *Kötz/Wagner,* Rn. 749 f.

65 *BGH* NJW 2013, 2661 m.w.N. Dagegen kommt ein solcher Haftungsausschluss regelmäßig nicht in
Betracht, wenn sich der Geschädigte der Tiergefahr ausgesetzt hat, um aufgrund vertraglicher Ab-
sprache mit dem Tierhalter Verrichtungen an dem Tier vorzunehmen (Tierarzt, *BGH* VersR 2009,
693; Hufschmied, *BGH* VersR 1968, 797; Bereiten eines »Problempferdes« aufgrund Vertrages
durch selbstständig tätigen Bereiter, *OLG Schleswig* r + s 2016, 98).

66 Vgl. *Looschelders,* Die Mitverantwortlichkeit des Geschädigten im Privatrecht, 1999, S. 439 ff.; für
§ 833 S. 1 den Ausschluss bejahend *Kötz/Wagner,* Rn. 528.

V. Zusammenfassung

38

Haftung des Tierhalters und Tieraufsehers (§§ 833 f.)

1. Personen- oder Sachschaden durch Tier verursacht (→ Rn. 29 ff.)
Der Schaden muss auf der spezifischen, typischen Tiergefahr beruhen (nach h. M. generell, nicht nur bei der Gefährdungshaftung).
2. Tierhalter oder Tieraufseher (→ Rn. 34)
3. Art des Tieres (→ Rn. 28, 33)
    a) Luxustier (= Tier, das kein Nutztier i. S. des § 833 S. 2 ist)
      – Gefährdungshaftung des Tierhalters (§ 833 S. 1)
      – Haftung des Tieraufsehers für vermutetes Verschulden (§ 834)
    b) Nutztier (= Haustier + Zweckbestimmung)
      – Haftung des Tierhalters für vermutetes Verschulden (§ 833 S. 2)
      – Haftung des Tieraufsehers für vermutetes Verschulden (§ 834)
4. Ausschluss der Haftung für vermutetes Verschulden (→ Rn. 36)
    a) Tierhalter: Exkulpation nur bei Nutztier möglich (§ 833 S. 2)
    b) Tieraufseher: Exkulpation bei Luxus- und Nutztier möglich

D. Haftung für Schäden durch Gebäude (§§ 836 bis 838)

39 Personen- und Sachschäden durch Gebäude können nach §§ 836 bis 838 Schadensersatzansprüche auslösen (**sog. Gebäudehaftung**). Auch in diesen Fällen wird das **Verschulden** des Verpflichteten **vermutet.** Dies ergibt sich aus § 836 Abs. 1 S. 2. Danach ist der Schadensersatzanspruch ausgeschlossen, wenn der Verpflichtete zur Abwendung der Gefahr die im Verkehr erforderliche Sorgfalt beobachtet hat. Der Verpflichtete muss sich also entlasten (ebenso wie bei § 831 Abs. 1 S. 2).

Die §§ 836 bis 838 stellen Sonderfälle der Verletzung von Verkehrssicherungspflichten dar, nämlich der Pflichten zur Sorge für die Vermeidung von Errichtungsmängeln und zur kontinuierlichen Unterhaltung eines Gebäudes oder eines mit dem Grundstück verbundenen Werkes. Die Haftung kann konkurrierend auch auf § 823 Abs. 1 gestützt werden, nur muss der Geschädigte dann das Verschulden des Verpflichteten behaupten und beweisen, während es bei §§ 836 ff. vermutet wird.

40 Es muss ein Personen- oder Sachschaden durch den Einsturz oder die Ablösung eines Gebäudeteils entstanden sein.[67] Der Einsturz muss die Folge fehlerhafter Errichtung oder mangelhafter Unterhaltung sein: Es wird also nur für die Mangelhaftigkeit des Werkes gehaftet. Der Beweis für die Mangelhaftigkeit des Bauwerks wird regelmäßig durch **Anscheinsbeweis** geführt.[68] Der Anscheinsbeweis ist jedoch **erschüttert,** wenn der Einsturz des Gebäudes oder die Ablösung von Einzelteilen wahrscheinlich auf einer anderen Ursache beruht, beispielsweise auf außergewöhnlichen Naturereignis-

---

67 Zu Schäden ausgelöst durch Dachlawinen vgl. *BGH* VersR 1955, 82; *OLG Düsseldorf* VersR 2012, 732.

68 *BGH* NJW 1999, 2593 f. – Beim Anscheinsbeweis (auch prima-facie-Beweis genannt) greift folgende Regel: Kann eine Prozesspartei Anhaltspunkte dafür geben und notfalls beweisen, dass ein Geschehensablauf vorliegt, der typischerweise den behaupteten Sachverhalt enthält, dann gilt der Beweis für diesen Sachverhalt als erbracht. Die Gegenseite kann aber den so geführten Anscheinsbeweis »erschüttern«. Sie kann Tatsachen vortragen und notfalls beweisen, nach denen in concreto ein Fall vorliegt, der von der Regel abweicht.

sen, wie z. B. orkanartige Stürme (wegfliegende Dachziegel)[69] oder Überschwemmung.

Beispiele: Einsturz eines Baugerüstes, Herabfallen eines Ziegels, Einbrechen einer Zimmerdecke, Umfallen eines Grabsteins als ein »mit einem Grundstück verbundenes Werk« (!).

Die Ersatzpflichtigen sind den Vorschriften der §§ 836 bis 838 zu entnehmen. **41**

Der Entlastungsbeweis bezieht sich auf den vermuteten Sorgfaltsverstoß. Der Ersatzpflichtige muss beweisen, dass er während seiner Besitzzeit die zur Abwendung der Einsturz- oder Ablösungsgefahr erforderliche Sorgfalt beachtet hat. Er kann sich auch dadurch entlasten, dass er darlegt, dass der Verletzungserfolg auch bei Anwendung der erforderlichen Sorgfalt eingetreten wäre, auch wenn dies in § 836 nicht ausdrücklich normiert ist (vgl. § 831 Abs. 1 S. 2). **42**

Zusammenfassung

Haftung für Schäden durch Gebäude (§§ 836 bis 838)	43

1. Fehlerhafte Errichtung oder mangelhafte Unterhaltung
 2. Dadurch Einsturz eines Gebäudes oder Ablösung eines Gebäudeteils
 3. Dadurch Personen- oder Sachschaden
 4. Ersatzpflichtiger
    a) Eigenbesitzer des Grundstücks (§ 836 Abs. 1 S. 1, Abs. 3)
    b) Früherer Besitzer des Grundstücks (§ 836 Abs. 2)
    c) Gebäudebesitzer (§ 837), z. B. Erbbauberechtigter
    d) Übernehmer (§ 838), z. B. Mieter
 5. (Keine) Exkulpation: Entlastungsbeweis (§ 836 Abs. 1 S. 2, Abs. 2) (→ Rn. 39, 42)
    Darlegung und Beweis des an sich Ersatzpflichtigen:
    Beachtung der zum Zweck der Abwendung der Gefahr im Verkehr erforderlichen Sorgfalt oder Widerlegung der Kausalität	

---

69 *OLG Stuttgart* NJW-RR 2017, 793 (Ablösung von Dachziegeln bei einem starken Windereignis stellt kein außergewöhnliches Naturereignis dar, das eine Haftung wegen fehlerhafter Errichtung des Bauwerks entfallen ließe).

§ 19. Haftung mehrerer Personen

1

2 § 830 normiert **selbstständige Anspruchsgrundlagen** und ist eine echte Haftungsnorm; sie bestimmt, wer für den Schaden verantwortlich ist, wenn mehrere Personen als Schädiger in Betracht kommen (Haftung mehrerer).[1]

§ 840 **ist keine Anspruchsgrundlage,** sondern setzt die Haftung mehrerer Schädiger voraus und regelt, (Abs. 1) **wie** die mehreren Schädiger nach außen gegenüber dem Geschädigten haften und (Abs. 2 und 3) wie der Innenausgleich zwischen den Schädigern stattzufinden hat.

A. Haftung des Mittäters, Teilnehmers und Beteiligten (§ 830)

I. Regelungszwecke

3 § 830 Abs. 1 S. 1, Abs. 2 stellt für das Deliktsrecht klar, dass jeder **strafrechtliche Mittäter und Teilnehmer** für die gemeinsame Tat in vollem Umfang verantwortlich ist. Es handelt sich um eine **Zurechnungsregel** (str.), nicht um eine Beweisregel, da die Kausalität jedes Einzelnen feststeht.[2] Zurechnungsgrund ist die erhöhte Gefährlichkeit des bewussten arbeitsteiligen Zusammenwirkens.

§ 830 Abs. 1 S. 2 erübrigt die Feststellung der (haftungsbegründenden) Kausalität zwischen den jeweiligen Handlungen der Beteiligten und der Rechts-(gut-)verletzung und stellt damit eine **Ausnahme vom Verursacherprinzip** (= Haftung nur für die bewiesenermaßen verursachten Rechtsgutverletzungen und Schäden) dar. Der Grund dafür ist die **Beweisnot des Geschädigten.** Bei gefährlichem Verhalten mehrerer Personen kann oft nicht geklärt (und bewiesen) werden, welcher Beteiligte letztlich den Schaden tatsächlich verursacht hat (Kausalitätsnachweis). Der Ersatzanspruch des Geschädigten soll dann bei Gesamtkausalitätseignung nicht daran scheitern, dass die Person des ei-

---

1 H. M., vgl. z. B. BGHZ 67, 14; 72, 355; a. A. *Brox/Walker,* SchuldR BT, § 51 Rn. 5 (Beweislastregel).
2 MüKoBGB/*Wagner,* Bd. 6, § 830 Rn. 6.

gentlichen Schädigers nicht mit der für eine Haftungsbegründung erforderlichen Sicherheit (§ 286 ZPO) ermittelt werden kann. Schließlich ist die Beweisschwierigkeit des Geschädigten erst durch das rechtswidrige und schuldhafte Handeln eines jeden der Beteiligten geschaffen worden, für das ein jeder von ihnen – ausnahmsweise auch ohne nachgewiesene individuelle Kausalität – einzustehen hat, wenn die spezifischen Voraussetzungen der **zivilrechtlichen Beteiligung** vorliegen.[3]

§ 830 Abs. 1 S. 2 ist nicht auf die Verschuldenshaftung beschränkt, sondern erfasst auch die Gefährdungshaftung, allerdings nur bei konkreter Gefährdung.[4]

II. Unterscheidung nach Tätergruppen

§ 830 unterscheidet zwei Gruppen von Deliktstätern: **4**
- Mittäter (§ 830 Abs. 1 S. 1), Anstifter und Gehilfen (§ 830 Abs. 2),
- Beteiligung mehrerer an einer unerlaubten Handlung (§ 830 Abs. 1 S. 2).

Nicht von § 830 erfasst ist die sog. Nebentäterschaft (vgl. → Rn. 18). Sie liegt vor,   **5** wenn mehrere Personen durch selbstständige Einzelhandlungen, ohne dass die spezifischen Voraussetzungen einer Beteiligung vorliegen und ohne bewusstes Zusammenwirken, einen Schaden (beweisbar) verursacht haben.[5] Im Gegensatz zu § 830 Abs. 1 S. 1 und Abs. 2 fehlt zwischen den Beteiligten die subjektive Beziehung, die strafrechtlich Mittäterschaft oder Teilnahme begründet; im Gegensatz zu § 830 Abs. 1 S. 2 erfüllt das Verhalten der Nebentäter nicht die Anforderungen an eine Beteiligung (vgl. → Rn. 11 und 12).

1. Mittäter und Teilnehmer

Die gemeinschaftliche Begehung gemäß § 830 Abs. 1 S. 1 **(Mittäter)** oder § 830 Abs. 2   **6** **(Anstifter oder Gehilfe)** bezieht sich auf die Teilnahmeformen im **Strafrecht.**[6] Erforderlich für § 830 Abs. 2 ist die – zumindest bedingt – vorsätzliche Unterstützung eines vorsätzlich handelnden (str.) Täters im Bewusstsein der Rechtswidrigkeit.[7] Bei den (im strafrechtlichen Sinne) beteiligten Personen wird jeder Person der volle Schaden zugerechnet, und zwar ohne Rücksicht auf die konkrete Kausalität ihres Tatbeitrages. Mittäter, Anstifter oder Gehilfe haften also für den gesamten Schaden.

2. Beteiligung (§ 830 Abs. 1 S. 2)

Wenn nicht ermittelt werden kann, wer von **mehreren Beteiligten** den Schaden durch   **7** seine Handlung verursacht hat, dann ist jeder für den Schaden verantwortlich (§ 830 Abs. 1 S. 2).

---

3 BGHZ 33, 286.
4 *BGH* VersR 2018, 1013.
5 BGHZ 30, 203; vgl. auch *BGH* NJW 1988, 1719, 1720.
6 Vgl. *OLG Frankfurt* NJW 2015, 3584 (Anwaltsschreiben als Beteiligung an Erpressung eines Pächters).
7 *BGH* NJW 2012, 3177; BGHZ 158, 236.

a) Keine Täterschaft oder Teilnahme

8 Es darf kein Fall der Mittäterschaft, des Anstifters oder Gehilfen (§§ 830 Abs. 1 S. 1, Abs. 2) vorliegen.[8] Denn bei Mittäterschaft und Teilnahme wird der Schaden unabhängig vom individuellen Tatbeitrag zugerechnet, sodass hinsichtlich der haftungsbegründenden Kausalität durch § 830 Abs. 1 S. 2 keine Beweisnot zu überbrücken ist.

b) Keine feststehende Schadensverursachung

9 Für eine Anwendung des § 830 Abs. 1 S. 2, der eine Beweisnot des Geschädigten voraussetzt, ist kein Raum, wenn ein Schädiger als Verursacher des (gesamten) Schadens feststeht (zur Anwendung der Vorschrift bei Anteilszweifeln vgl. → Rn. 14).[9]

Beispiele:

— Infolge einer Vorfahrtsverletzung stößt A mit dem Mofafahrer G zusammen. G stürzt mit seinem Mofa und bleibt regungslos auf der Fahrbahn einer Bundesstraße liegen. Kurz darauf überfährt B den auf der Fahrbahn liegenden G und schleift ihn ca. 13 m mit. G erleidet tödliche Verletzungen. Es bleibt unklar, ob die tödlichen Verletzungen auf den Erst- oder Zweitunfall zurückzuführen sind. Seine Erben verlangen von B Schadensersatz. (1) Eine Haftung des B gem. § 7 StVG (Halter), § 18 StVG (Fahrer), § 823 Abs. 1 oder Abs. 2 i. V. m. einem Schutzgesetz scheidet mangels beweisbarer Kausalität des B aus. (2) Eine Haftung gem. § 830 Abs. 1 S. 2 scheidet ebenfalls aus, weil A für den gesamten Schaden haftet: Er muss sich als Erstschädiger nicht nur die von ihm verursachte unmittelbare Verletzung, deren Art unklar bleibt, zurechnen lassen, sondern auch die darauf beruhende hilflose Lage des G, die den zweiten Unfall mitverursacht hat. Soweit also die zum Tode führenden Verletzungen nicht auf dem ersten Unfall beruhen sollten, haftet dessen Urheber trotzdem für sie, weil sich der zweite Unfall ohne Rücksicht auf eine etwaige zusätzliche Haftung des Zweitschädigers nach den besonderen Umständen als Folgeschaden der ersten Verletzung darstellt (BGHZ 72, 355).

— Die Minderjährigen A und B spielen auf dem Heuboden einer Scheune. A zündet eine Kerze an, die er mitgebracht hat, um sich Licht zu verschaffen. Auf Vorschlag des B befestigt er (A) die angezündete Kerze mit Wachs auf einem Brett. Nachdem B sich entfernt hat, zündet A einzelne Strohhalme an, welche die ganze Scheune des K in Brand setzen. Weil K den A nicht in Anspruch nehmen will, verlangt er (K) von B Schadensersatz (*BGH* NJW 1988, 1719). (1) K könnte einen Anspruch aus § 823 Abs. 1 haben. Voraussetzung ist eine schädigende Handlung. Allein der Hinweis auf die Befestigung der Kerzen auf dem Brett begründet keine Handlung, die für den Brand ursächlich ist (conditio sine qua non-Formel). Ein Unterlassen des B liegt zwar vor, jedoch fehlt es an einer Rechtspflicht zum Handeln.[10] Eine Haftung aus § 823 Abs. 1 scheidet deshalb aus. (2) B könnte aus § 830 Abs. 1 S. 1 (i. V. m. § 840) haften. Voraussetzung ist eine gemeinschaftlich begangene unerlaubte Handlung. Diese scheitert jedoch daran, dass A und B nicht vorsätzlich zusammengewirkt haben (§ 830 Abs. 1 S. 1: Mittäter). (3) Eine Haftung aus §§ 830 Abs. 2, Abs. 1 S. 1 kommt nicht in Frage, weil Anhaltspunkte für eine Anstiftung oder Beihilfe fehlen. (4) Infrage kommt eine Haftung aus Beteiligung i. S. des § 830 Abs. 1 S. 2. Zwar liegt eine Mittäterschaft oder Teilnahme nicht vor. Jedoch hat A durch Entzünden der Strohhalme die Scheune in Brand gesetzt und steht damit als Schadensverursacher erwiesenermaßen fest. Es fehlt also an der nur potenziellen Kausalität. Deshalb ist § 830 Abs. 1 S. 2 nicht anwendbar. (5) B haftet nicht.

---

8 Vgl. den Antrag in der (wohl) Ersten Kommission: »Das Gleiche gilt, wenn mehrere nicht gemeinschaftlich gehandelt haben, und sich nicht ermitteln lässt, wessen Handlung den Schaden verursacht hat.« Erfasst werden sollten Fälle, in denen ein rechtswidriger Erfolg nicht durch das Zusammenwirken mehrerer an der Handlung Beteiligten, sondern durch die Handlung eines von mehreren Beteiligten herbeigeführt sei, sich aber der Urheber der Handlung nicht nachweisen lasse (zitiert nach RGZ 58, 357, 360).

9 BGHZ 67, 14; *BGH* VersR 1985, 268, 269; NJW 1999, 2895.

10 Der Vorschlag, die Kerze auf einem Brett zu befestigen, schafft keine Gefahrenlage, welche eine relevante Pflichtenstellung begründen könnte.

Vertiefungshinweis: Der Grundsatz, dass das Vorhandensein eines sicher haftenden Schädigers die An- **10** wendung des § 830 Abs. 1 S. 2 ausschließt, gilt allerdings nur, soweit sich dessen erwiesener Tatbeitrag gerade auf dasjenige Verursachungsmoment bezieht, hinsichtlich dessen Urheberschaft alternative Zweifel bestehen. Dagegen besteht kein Grund, die Haftung der potenziellen Täter aus alternativer Kausalität auch dann zurücktreten zu lassen, wenn daneben ein Dritter außerhalb des Kreises der Beteiligten eine andere Schadensbedingung gesetzt hat.

Beispiel (gebildet in BGHZ 67, 14, 20): Fällt der Verletzte, von zwei Personen angestoßen, infolge des einen (welchen?) der Stöße in einen Kanalschacht, steht der Anwendung von § 830 Abs. 1 S. 2 gegenüber den beiden Anrempelnden nicht entgegen, dass ein Dritter zweifelsfrei für die versäumte Abdeckung des Schachts und damit ebenfalls für alle Unfallfolgen verantwortlich ist.[11]

c) Anspruchsbegründendes Verhalten des Inanspruchgenommenen bei nur potenzieller Kausalität

Der Inanspruchgenommene muss eine Handlung begangen haben, die einen delikti- **11** schen Haftungstatbestand erfüllt (§§ 823 ff., Gefährdungshaftung[12], es genügt auch ein nachbarrechtlicher Ausgleichsanspruch nach § 906 Abs. 2 S. 2[13]), abgesehen von der haftungsbegründenden Kausalität zwischen Handlung und Rechtsgutverletzung. Das setzt voraus, dass seine Handlung geeignet ist, den schädigenden Erfolg herbeizuführen.[14] Die Handlung muss für sich gesehen erfolgsgeeignet, also geeignet gewesen sein, den Taterfolg in (deliktisch) tatbestandsmäßiger, rechtswidriger und schuldhafter Weise herbeizuführen. Bei dieser Prüfung ist die haftungsbegründende Kausalität der Handlung für den Taterfolg hypothetisch zu beurteilen.

d) Begriff der Beteiligung

Nach der Rechtsprechung setzt eine »Beteiligung« im Sinne des § 830 Abs. 1 S. 2 vor- **12** aus, dass die einzelnen Verursachungsbeiträge zu einem nach den Anschauungen des täglichen Lebens **einheitlichen Vorgang** verbunden sind.[15] Dabei kommt es nicht so sehr auf das räumliche und zeitliche Zusammentreffen als auf die **Gleichartigkeit der Gefährdung** des bedrohten Rechtsguts an; die Schwierigkeit, den »Kausalitätsverdacht« (Verursachungs- oder Anteilszweifel) zu klären, muss auf der Gleichartigkeit der Ereignisse und der Ähnlichkeit der Folgen beruhen.[16] Die Handlungen müssen danach also nicht (notwendig) gleichzeitig i. S. einer gemeinsamen Tat oder unmittelbar nacheinander stattfinden.

---

11 Vgl. auch BGHZ 55, 86.
12 BGHZ 55, 96 (zur Tierhalterhaftung nach § 833 S. 1). Zu fordern ist aber, dass sich bei jedem potenziell kausalem Tier eine spezifische Tiergefahr verwirklicht hat; vgl. *Kruse*, VersR 2012, 1360.
13 BGHZ 101, 106.
14 Vgl. RGZ 58, 357, 359.
15 BGHZ 33, 286; 55, 86; 72, 355; offen gelassen in BGHZ 101, 106. – Zur Kritik in der Lehre vgl. MüKoBGB/*Wagner*, Bd. 6, § 830 Rn. 74; Staudinger/*Eberl-Borges*, § 830 Rn. 102 ff.; BeckOK BGB/ *Spindler*, § 830 Rn. 17.
16 BGHZ 55, 86; 101, 106; *OLG Hamm* NJW-RR 2015, 860 (Verletzung der Verkehrssicherungspflicht für Versorgungsleitungen auf einer Kirmes durch mehrere Schausteller); *OLG Koblenz* BeckRS 2015, 18391 (Brandschaden durch Himmelslaternen, die von unterschiedlichen Veranstaltungen im räumlichen Umfeld der Schadensstelle gestartet wurden).

e) Urheber- oder Anteilszweifel

13 Es müssen **Urheberzweifel** bestehen, d. h., es darf sich nicht feststellen lassen, welcher Beteiligte für den Taterfolg tatsächlich kausal war.

14 § 830 Abs. 1 S. 2 ist auch anwendbar, wenn sog. **Anteilszweifel** bestehen. Das ist der Fall, wenn zwar feststeht, dass jeder der Beteiligten schadensursächlich ist, aber nicht festgestellt werden kann, in welchem Umfang der Schaden von dem einen oder von dem anderen verursacht ist (Fall der kumulativen Kausalität; vgl. → § 16 Rn. 131).[17]

15 Die Anwendung von § 830 Abs. 1 S. 2 ist ausgeschlossen, wenn der Geschädigte den (gesamten) Schaden selbst verursacht haben kann.[18]

Beispiele:

– G erleidet einen Gallenanfall, nachdem ihm in der Nacht (1) von A mitgeteilt wurde, dass eine objektiv unrichtige Nachricht über ihn vorliege, (2) B mitgeteilt hat, dass er diese Nachricht in der Zeitung veröffentlichen werde, und (3) nachdem der Geschäftsführer (C) der Zeitung nicht zur Beseitigung des unrichtigen Zeitungsvermerks zu bewegen war. Als Handlungen i. S. des § 830 Abs. 1 S. 2 kommen hier die Mitteilungen von A, B und C als selbstständige Handlungen in Frage (vgl. RGZ 148, 154, 166 [obiter dictum]).

– Der Einsturz eines Hauses beruht auf Mängeln der Dachdecke, an deren Herstellung U durch Anfertigung mangelhafter Betonbalken und B durch deren mangelhaften Einbau beteiligt waren (*BGH* LM BGB § 830 Nr. 4). Tatbestandsrelevante Handlungen sind in diesem Fall die Anfertigung der Betonbalken durch U und der mangelhafte Einbau durch B. Es ist unbeachtlich, dass die Handlungen des U und des B (*BGH* LM BGB § 830 Nr. 4) mit einigem zeitlichen Abstand erfolgten.

– Bei einer Demonstration mit mehreren hundert Teilnehmern kommt es zu gewaltsamen Auseinandersetzungen. Dabei wird Material der Polizei entwendet und beschädigt. Dafür verlangt das klagende Land von den Demonstranten A, B, C und D Ersatz. Es lässt sich aber nicht genau feststellen, ob die Schädigungen vor oder nach dem Hinzutreten der Demonstranten A, B, C und D zu den gemeinschaftlichen unerlaubten Handlungen entstanden sind (BGHZ 89, 383 »Grohnde«).
(1) Ein Anspruch aus § 823 Abs. 1 kommt nicht in Betracht, weil schädigende Handlungen der Demonstranten A, B, C und D sowie die Kausalität mit der Rechtsverletzung nicht nachgewiesen sind.
(2) Ein Anspruch aus § 830 Abs. 1 S. 1 oder Abs. 2 (Mittäter oder Teilnehmer) kommt nicht in Frage.[19]
(3) In Betracht kommt ein Anspruch aus § 830 Abs. 1 S. 2. (a) Voraussetzung ist, dass kein Fall der Täterschaft oder Teilnahme vorliegt. Diese Frage, ob A, B, C und D Mittäter oder Teilnehmer sind, kann indessen nicht offen bleiben; denn die Vorschrift des § 830 Abs. 1 S. 2 dient nicht dazu, Zweifel darüber auszuschließen, ob Schädiger im Zeitpunkt der Schädigung als Teilnehmer i. S. des § 830 Abs. 1 S. 1, Abs. 2 anzusehen sind und für diese mitverantwortlich sind. Weil die Demonstranten A, B, C und D als Mittäter oder Teilnehmer nicht in Betracht kommen, können sie Beteiligte i. S. des § 830 Abs. 1 S. 2 sein. (b) Hierzu müsste jeder eine tatbestandsmäßige, rechtswidrige und schuldhafte deliktische Handlung begangen haben. Der Geschädigte muss außerdem darlegen und beweisen, dass jeder einen Tatbeitrag geleistet hat, der geeignet ist, den Schaden herbeizuführen. Auch diese Frage kann nicht offen bleiben; Beweiszweifel bezüglich dieses Tatbestandsmerkmales will § 830 Abs. 1 S. 2 nicht beseitigen. § 830 Abs. 1 S. 2 erfasst nur Beweisschwierigkeiten bei der haftungsbegründenden Kausalität,

---

17 BGHZ 67, 14; *BGH* NJW 1994, 932; NJW 1996, 3205; NJW 2006, 2399; vgl. auch Staudinger/*Eberl-Borges,* § 830 Rn. 69 ff.

18 BGHZ 60, 177; 67, 14; *Looschelders,* Die Mitverantwortlichkeit des Geschädigten im Privatrecht, 1999, S. 324 ff.

19 Die Verabredung, im Rahmen einer Großdemonstration ein Gebäude zu besetzen, und der darin zum Ausdruck kommende Wille, sich notfalls auch gewaltsam durchzusetzen, reicht nicht aus, um einen gemeinsamen Tatentschluss für alle während der Demonstration begangenen Delikte anzunehmen. Im Übrigen fehlt es an den subjektiven Voraussetzungen der Teilnahme (BGHZ 89, 383 [Grohnde]).

weshalb es auf den Nachweis der Kausalität nicht ankommt. Die Erfolgsgeeignetheit jeder Handlung ist bisher nicht bewiesen worden, sodass auch dieser Umstand der Anwendung des § 830 Abs. 1 S. 2 entgegensteht.

Fall (*OLG München* MDR 1967, 671): A, B, C und D feiern Silvester. A, B und C zünden jeweils Feuerwerkskörper. D schaut dem Treiben aus einiger Entfernung zu. Eine der Raketen trifft den D, der erhebliche Verletzungen erleidet. D nimmt den A in Anspruch. Der erwidert, es stehe nicht fest, dass er die Unglücks-Rakete gezündet habe.   **16**

Lösung:

1. Ein Anspruch des D gegen A aus § 823 Abs. 1 (Körperverletzung) scheidet aus. Es steht nicht fest, dass die Körperverletzung durch eine Handlung des A herbeigeführt worden ist (fehlender Kausalitätsnachweis).
2. Anspruch aus § 830 Abs. 1 S. 1 und § 830 Abs. 2 (–)
   A, B und C sind keine Mittäter oder Teilnehmer (Anstifter oder Gehilfen). Jeder handelt für sich selbstständig.
3. Anspruch aus § 830 Abs. 1 S. 2?
   a) Ein Fall des § 830 Abs. 1 S. 1, Abs. 2 liegt nicht vor. Eine Schadensverursachung durch andere Ursachen kommt nicht in Betracht.
   b) A, B und C handeln selbstständig, indem jeder von ihnen Feuerwerksraketen zündet. Weil A, B und C ein Feuerwerk veranstalten, liegt sachlich, räumlich und zeitlich ein einheitlicher Vorgang vor. Jeder von ihnen begeht rechtswidrig und schuldhaft eine unerlaubte Handlung i. S. von § 823 Abs. 1 (Körperverletzung), wenn man unterstellt, dass die von jedem Schädiger (A, B, C) gezündete Rakete für die Körperverletzung des D ursächlich ist.
   c) Verursachung durch mindestens einen der Beteiligten: Es steht fest, dass D durch eine Rakete des A oder B oder C verletzt worden ist. A kann seine Verursachung nicht ausschließen.
   d) Urheberzweifel: Es lässt sich nicht feststellen, welcher der Beteiligten die Körperverletzung des D tatsächlich verursacht hat.
   e) Ergebnis: Die Voraussetzungen des § 830 Abs. 1 S. 2 liegen daher bei A (auch bei B und C) vor. Die Schadensersatzpflicht umfasst den gesamten Schaden, den D erleidet. Denn jeden Beteiligten trifft die volle Haftung für den eingetretenen Schaden.

f) Zusammenfassung

Haftung des Beteiligten (§ 830 Abs. 1 S. 2)
I. Tatbestand
1. Keine Mittäterschaft oder Teilnahme (§ 830 Abs. 1 S. 1, Abs. 2), sondern Beteiligung i. S. des § 830 Abs. 1 S. 2.
2. Anspruchsbegründendes (tatbestandsmäßiges, rechtswidriges und schuldhaftes [deliktisches]) Verhalten jedes Beteiligten, abgesehen vom Nachweis der Kausalität (→ Rn. 11)
3. Einer der Beteiligten muss den Schaden erwiesenermaßen verursacht haben; keine Herbeiführung des Schadens durch einen Dritten (→ Rn. 9) und keine mögliche Herbeiführung durch den Geschädigten (→ Rn. 15).
4. Urheber- oder Anteilszweifel (→ Rn. 13 f.)
Es ist nicht feststellbar, welcher von den Beteiligten den Schaden ganz (Urheberzweifel) oder teilweise (Anteilszweifel) verursacht hat.
II. Rechtsfolge
Jeder der Beteiligten haftet für den gesamten Schaden.

17

3. Abgrenzung: Nebentäter

18 Bei (fahrlässiger) Nebentäterschaft gelten die allgemeinen Zurechnungsregeln. Jeder haftet für den gesamten Schaden, wenn sein Verhalten den gesamten Schaden verursacht hat, andernfalls für den (feststellbaren) Teil des Schadens, den er individuell verursacht hat.

19 **Fall (BGHZ 30, 203):** Der Motorradfahrer M wird zum Ausweichen gezwungen, weil A mit seinem Auto vor M aus einer (nicht vorfahrtberechtigten) Seitenstraße in die von ihm (M) befahrene vorfahrtberechtigte Straße einbiegt. Während des Ausweichvorganges setzt der entgegenkommende B zum Überholen an und stößt mit M zusammen. M verlangt von A und B Schadensersatz.

Lösung:

I. Anspruch gegen A und B aus § 830 Abs. 1 S. 1, Abs. 2 (–), weil A und B keine Mittäter oder Teilnehmer sind.

II. Anspruch gegen A und B aus § 830 Abs. 1 S. 2?
Voraussetzung ist die Nichtfeststellbarkeit der Kausalität (Urheberzweifel). A und B verursachen durch selbstständige, unabhängige Verursachungsbeiträge die Rechtsgutverletzung des M. Deshalb fehlt es an der nur potenziellen Kausalität. Vielmehr liegt ein Fall der fahrlässigen Nebentäterschaft vor, bei der jeder Schädiger für seinen Verursachungsbeitrag nach den allgemeinen Regeln haftet.

III. M gegen A auf Schadensersatz?
   1. Anspruch aus § 7 Abs. 1 StVG?
      a) Durch Betrieb des Kfz des A wird der Körper des M verletzt.
      b) Der Betrieb ist für die Rechtsgutverletzung erwiesenermaßen kausal, sodass er auch für den gesamten Schaden haftet.
   2. Anspruch aus § 823 Abs. 1 sowie § 823 Abs. 2 i.V.m. § 8 StVO (+).
   Für den Haftungsumfang gilt das Vorstehende.

IV. M gegen B auf Schadensersatz?
   1. Anspruch aus § 7 Abs. 1 StVG (+), weil er durch den Betrieb seines Kfz die Rechtsgutverletzung erwiesenermaßen verursacht.
   2. Anspruch aus § 823 Abs. 1 und § 823 Abs. 2 i.V.m. § 5 StVO (+).

V. Ergebnis: A und B haften als Gesamtschuldner (§ 840).

B. Haftung als Gesamtschuldner (§ 840)

20 Sind für eine unerlaubte Handlung mehrere verantwortlich, so ist fraglich, in welchem Verhältnis die Schädiger für den Schaden haften. Diese Frage stellt sich in der Beziehung der Schädiger zum Geschädigten (Außenverhältnis) sowie der Schädiger untereinander (Innenverhältnis). Sie wird durch § 840 geregelt.

I. Außenverhältnis

21 Dem § 840 Abs. 1 liegt der Gedanke zugrunde, dass sich gegenüber dem Geschädigten (**Außenverhältnis**) kein Schädiger mit dem Hinweis auf die Mitverantwortlichkeit des anderen Schädigers entlasten können soll.

1. Tatbestand

Die Norm setzt voraus, dass mehrere Personen aus unerlaubter Handlung für einen **22** Schaden verantwortlich sind. Der Begriff der unerlaubten Handlung in § 840 ist weit auszulegen. Er erfasst neben der Verschuldenshaftung auch die Tatbestände der Gefährdungshaftung, die im BGB und in anderen Gesetzen geregelt sind.[20] In den Fällen des § 830 Abs. 1 S. 1 und 2 und Abs. 2 sowie bei der Nebentäterschaft, wenn alle Nebentäter für den Gesamtschaden und nicht nur für einen abgrenzbaren Teilschaden verantwortlich sind, haften mehrere nebeneinander.

Beispiel: A ist Halter eines Kfz, dessen Fahrer B einen Unfall verursacht. A haftet aus § 7 Abs. 1 StVG (Gefährdungshaftung), B aus § 18 Abs. 1 StVG (vermutetes Verschulden). Weil A und B eine unerlaubte Handlung i. S. des § 840 Abs. 1 begangen haben und für den entstandenen Schaden nebeneinander verantwortlich sind, haften sie als Gesamtschuldner (§ 840 Abs. 1).

Die Schädiger müssen für denselben Schaden haften. Voraussetzung ist also Haftungs- **23** identität. Daran fehlt es, wenn jeder (Neben-)Täter nur einen abgrenzbaren Verletzungserfolg verursacht hat.[21] Ein unterschiedlicher Haftungsumfang (summenmäßige Begrenzung der Haftung eines Schädigers) verhindert dagegen nicht, dass eine Gesamtschuld entsteht. In diesem Fall ist die gesamtschuldnerische Haftung auf denjenigen Schadensbetrag begrenzt, den alle auf jeden Fall zu tragen haben.[22]

2. Rechtsfolge

Im Außenverhältnis zum Geschädigten haften die Deliktstäter nach § 840 Abs. 1 als **24** **Gesamtschuldner.** Der Geschädigte kann also nach seinem Belieben von jedem der Verantwortlichen ganz oder teilweise Schadensersatz verlangen (§ 421). Das Risiko der Zahlungsunfähigkeit eines Schädigers trägt nicht der Geschädigte, sondern tragen die anderen Mitschädiger.

Vertiefungshinweis: Hinkende oder gestörte Gesamtschuld – Regressbehinderung durch Haftungsprivi- **25** legierung

1. Problemstellung: Sind an einem Schadensfall mehrere Schädiger beteiligt, so haften diese grundsätzlich als Gesamtschuldner (§§ 840 Abs. 1, 421). Im Innenverhältnis gelten zwischen den Schädigern § 426 und § 254 analog, der i. S. v. § 426 Abs. 1 S. 1 »etwas anderes bestimmt«. Aufgrund einer Haftungsprivilegierung (rechtsgeschäftliche Haftungsfreistellung zwischen dem Geschädigten und dem Erstschädiger, gesetzliche Haftungsfreistellung [z. B. §§ 104, 105 SGB VII], gesetzliche Haftungsbeschränkung [§§ 708, 1359, 1664]; → § 27) kann jedoch die Haftung eines Schädigers von vornherein ausscheiden (sog. **hinkende oder gestörte Gesamtschuld**[23]).

2. Rechtsfolgen: Hinsichtlich der Rechtsfolgen ist zwischen Außenverhältnis und Innenverhältnis zu unterscheiden.

a) Außenverhältnis: Der privilegierte Erstschädiger haftet wegen der Haftungsprivilegierung nicht. Für die Haftung des nichtprivilegierten Zweitschädigers gibt es theoretisch zwei Lösungen: (1) Der Zweitschädiger haftet im Außenverhältnis allein und im vollen Umfang (ausschließlich relative Wirkung der Haftungsprivilegierung zwischen Erstschädiger und Geschädigten). (2) Der Anspruch des Geschädigten

---

20 Bei (ausschließlich) vertraglicher Haftung eines der Schädiger ist § 840 Abs. 1 entsprechend anzuwenden.

21 BeckOK BGB/*Spindler*, § 840 Rn. 3.

22 BGHZ 85, 375.

23 Die Bezeichnung ist missverständlich, weil im Außenverhältnis mangels Schuldnermehrheit von vornherein keine Gesamtschuld entsteht (so zu Recht MüKoBGB/*Bydlinski*, Bd. 2, § 426 Rn. 7).

gegen den Zweitschädiger wird um den Anteil (Maß des Verantwortungsbeitrages) gekürzt, der dem Haftungsanteil des freigestellten Erstschädigers aus dem Innenverhältnis entspricht (Außenhaftung entsprechend dem nach außen gewendeten fiktiven Innenverhältnis).[24]

b) Innenverhältnis: Für den Innenregress bestehen folgende alternative Lösungsmöglichkeiten: (1) Kann der Zweitschädiger vom Geschädigten voll in Anspruch genommen werden, so bestehen zwei Möglichkeiten: (a) Der nichtprivilegierte Schädiger kann im Innenverhältnis ohne Rücksicht auf die Haftungsprivilegierung Ersatz verlangen, wie es § 426 bestimmt (fingiertes Ausgleichsverhältnis im Innenverhältnis, bloße Außenwirkung der Haftungsbeschränkung). (b) Der privilegierte Schädiger kann im Innenverhältnis (in Höhe der Haftungsprivilegierung) nicht oder nur anteilig in Regress genommen werden (Innenwirkung). (2) Wenn der nichtprivilegierte Zweitschädiger im Außenverhältnis nur auf den Anteil haftet, den er auch im Innenverhältnis tragen muss (Außenhaftung entsprechend dem nach außen gewendeten Innenverhältnis), ist ein Innenausgleich nicht notwendig.

3. Fallgruppen: Die Rechtsprechung und Literatur gehen davon aus, dass einerseits die haftungsrechtliche Privilegierung eines Schädigers nicht durch eine Heranziehung im Gesamtschuldnerausgleich unterlaufen werden soll, es aber andererseits bei Mitberücksichtigung des Grundes der Haftungsprivilegierung in bestimmten Fällen nicht gerechtfertigt ist, den Zweitschädiger den Schaden allein tragen zu lassen.[25] Es wird deshalb nach dem Rechtsgrund der Haftungsprivilegierung unterschieden (Einzelheiten str.):

a) Bei einer **vereinbarten Haftungsfreistellung** zwischen Geschädigten und Erstschädiger kürzt die h. L. den Ersatzanspruch des Geschädigten gegen den Zweitschädiger um den Haftungsanteil des (freigestellten) Erstschädigers; der nichtprivilegierte Schädiger wird also um den Verantwortungsteil,[26] der im Innenverhältnis auf den Privilegierten entfällt, freigestellt (nach außen gewendetes Innenverhältnis).[27] Ein Innenausgleich erfolgt nicht. Nach der Rechtsprechung des BGH kann der nichtprivilegierte Schädiger im Innenverhältnis ohne Rücksicht auf die Haftungsbeschränkung Ersatz verlangen, wie es § 426 bestimmt (fingiertes Ausgleichsverhältnis im Innenverhältnis, bloße Außenwirkung der Haftungsbeschränkung).[28] Fraglich ist dann, ob der privilegierte Schädiger wiederum beim Geschädigten Regress nehmen kann (sog. Regresszirkel). Verneint man dies, wäre die von der Rechtsprechung angenommene Fiktion eines Ausgleichsverhältnisses im Innenverhältnis nicht überzeugend, da der privilegierte Schädiger besser gestellt wäre, wenn er den Schaden allein verursacht hätte.[29, 30]

b) Bei bestimmten **gesetzlichen Haftungsfreistellungen** (§§ 104 f. SGB VII [vgl. → § 27 Rn. 2], § 46 BeamtVG, Grundsätze des innerbetrieblichen Schadensausgleichs [vgl. → Rn. 28]) vertritt die h. M. ebenfalls die Lösung zu Lasten des Geschädigten.[31]

Beispiel: Wird der Arbeitgeber durch den Arbeitnehmer und einen Dritten geschädigt und kann er den Arbeitnehmer nach den Grundsätzen des innerbetrieblichen Schadensausgleichs nicht in Anspruch nehmen, so mindern sich die Ansprüche des Arbeitgebers gegen den (nichtprivilegierten) Dritten um den

---

24 Dies käme einem Teilerlass (zwischen Erstschädiger und Geschädigtem) zugunsten des Zweitschädigers (§ 328) gleich (vgl. MüKoBGB/*Bydlinski*, Bd. 2, § 426 Rn. 57). Zur Frage einer Gesamtwirkung eines Vergleichs zwischen Geschädigten und gesamtschuldnerisch haftenden Verkäufer zu Gunsten eines als Gesamtschuldner mithaftenden Tierarztes BGHZ 192, 182.

25 So BGHZ 110, 114 zur vertraglichen Haftungsvereinbarung zwischen Erst- und Zweitschädiger; *BGH* NJW 2005, 2309; *BGH* VersR 2005, 1397.

26 Verantwortungsteil meint die Zuständigkeit für die Schadensverhütung und damit den eigenen Anteil des Schädigers an der Schadensentstehung, nicht die vertraglich übernommene Verpflichtung, auch für einen in fremder Schadensverantwortung entstandenen Schaden aufzukommen (BGHZ 110, 114).

27 Vgl. MüKoBGB/*Bydlinski*, Bd. 2, § 426 Rn. 57 m. w. N.; BeckOK BGB/*Gehrlein*, § 426 Rn. 12; *Medicus/Petersen*, BR, Rn. 933 ff.

28 BGHZ 12, 213; 35, 317; 58, 216; *BGH* NJW 1989, 2386, 2387.

29 *Looschelders*, SR AT, Rn. 1291 ff.

30 Vgl. *Medicus/Petersen*, BR, Rn. 931.

31 Vgl. BGHZ 61, 51; 94, 173; 110, 114; Palandt/*Grüneberg*, § 426 Rn. 23; *Medicus/Petersen*, BR, Rn. 933 ff.; vgl. zu den früher vertretenen Ansichten MüKoBGB/*Bydlinski*, Bd. 2, § 426 Rn. 62 m. w. N.

Verantwortungsanteil des von Ansprüchen freigestellten Arbeitnehmers.[32] Insoweit haben die Grundsätze des innerbetrieblichen Schadensausgleichs Außenwirkung (vgl. → Rn. 28).

c) Bei **gesetzlichen Haftungsbeschränkungen des bürgerlichen Rechts** (z. B. §§ 708, 1664, 1359, § 4 LPartG)[33] haftet der Zweitschädiger im Außenverhältnis voll und kann im Innenverhältnis keinen Regress nehmen.[34] (Der BGH hat allerdings die Anwendung der §§ 708, 1359 für den Straßenverkehr abgelehnt, weil hier kein Raum für individuelle Sorglosigkeit sei.[35] Dies müsste grundsätzlich auch für die anderen gesetzlichen Haftungsbeschränkungen gelten.[36]).

Beispiel: Der zweijährige K fällt von der unzureichend gesicherten Rutsche eines Spielplatzes der Stadt B, als der Vater V einen Moment unaufmerksam ist. K verlangt von B Schadensersatz (BGHZ 103, 338 »Spielplatz«-Fall; vgl. auch → § 28 Rn. 15).
(1) B verletzt ihre Verkehrssicherungspflichten und führt dadurch pflichtwidrig eine Körperverletzung des K herbei. Sie ist deshalb aus § 823 Abs. 1 zum Schadensersatz verpflichtet. (2) Fraglich ist, ob B dem K die Haftungsprivilegierung des Vaters, der hier leicht fahrlässig handelt, aus § 1664 Abs. 1 entgegenhalten und ihre Haftung entsprechend den Grundsätzen zur gestörten Gesamtschuld vermindern kann. Dies verneint der BGH: Der »privilegierte« Schädiger wachse gar nicht in die Regelung des § 840 Abs. 1 hinein. Es fehle schon an einer zurechenbaren Mitbeteiligung des Vaters. Darin liege keine unbillige Sonderbelastung des nicht privilegierten Zweitschädigers. Die Rechtslage bei § 1664 sei mit der Rechtslage der §§ 636 RVO (jetzt §§ 104f. SGB VII), für welche die »gestörte Gesamtschuld« entwickelt worden ist, nicht vergleichbar. Eine Haftungsminderung der B sei mit dem Schutzzweck von § 1664 nicht vereinbar. Ein Fall der gestörten Gesamtschuld liegt damit nicht vor. (3) Eine Schadensminderung nach § 254 Abs. 1, Abs. 2 S. 2 i.V. m. § 278 kommt nicht in Betracht. Zwar trifft den Vater als gesetzlichen Vertreter ein Mitverschulden, jedoch fehlt es an einer Sonderverbindung zwischen K und B (vgl. → § 28 Rn. 12). (4) B haftet im vollen Umfang auf Schadensersatz.[37]

II. Innenverhältnis

§ 840 regelt auch die Verteilung des Schadens unter den Schädigern, also im **Innenverhältnis.** Grundsätzlich gilt § 840 Abs. 1 i.V. m. § 426 Abs. 1 S. 1: Danach sind die Gesamtschuldner im Verhältnis zueinander zu gleichen Anteilen verpflichtet, soweit nicht ein anderes bestimmt ist. Eine andere Bestimmung i. S. von § 426 ist § 254 entspr. (Mitverursachung und Mitverschulden): Der Schaden wird im Innenverhältnis entsprechend § 254 nach den Verursachungs- und Verschuldensanteilen der Deliktstäter verteilt. **26**

Für die Gesamtschuldner des § 840 Abs. 1 (Deliktstäter) enthalten § 840 Abs. 2 und Abs. 3[38] sowie § 841 speziellere abweichende Bestimmungen. Diese (Ausnahme-) Vor- **27**

---

32 Umstritten, vgl. MüKoBGB/*Bydlinski*, Bd. 2, § 426 Rn. 64 m. w. N. Anders ist zu entscheiden, wenn der Arbeitgeber und der Arbeitnehmer als Schädiger (aus § 831 Abs. 1 bzw. § 823 Abs. 1) einem Dritten haften, ebenda, § 426 Rn. 65. Eine Anspruchskürzung kommt dann nicht in Betracht. Über die Grundsätze des innerbetrieblichen Schadensausgleichs kann der Arbeitnehmer den Arbeitgeber im Innenverhältnis in Regress nehmen (vgl. → Rn. 28).

33 Die Beschränkung auf die eigenübliche Sorgfalt gilt nicht bei Verkehrsunfällen (h. M., BGHZ 63, 51, 57 ff., *BGH* NJW 1992, 1227, 1228).

34 Entschieden für § 1664 in BGHZ 103, 338 (Spielplatz-Fall), in Abkehr von BGHZ 35, 317 (zu § 1359, Innenausgleich nach § 426 unter Annahme einer fingierten Gesamtschuld). Kritisch zur Ansicht der Rechtsprechung MüKoBGB/*Bydlinski*, Bd. 2, § 426 Rn. 66; vgl. auch *Medicus/Petersen*, BR, Rn. 928 ff.

35 BGHZ 46, 313 (zu § 708); BGHZ 53, 352; 61, 101; 63, 51 (zu § 1359).

36 Vgl. *Medicus/Petersen*, BR, Rn. 930.

37 Vgl. auch *OLG Hamm* NJW-RR 1998, 1181 (Verletzung eines Kindes bei Familien-Grillparty durch sich entzündenden Spiritus, der zum Anzünden von Grillkohle verwendet wurde).

38 Dem Rechtsgedanken des § 840 Abs. 3 nach wird ein eigener, von dem Tier mitverursachter Schaden des anspruchstellenden Tierhalters nicht anspruchsmindernd im Rahmen seines Mitverschuldens berücksichtigt, wenn der schädigende Tierhalter auch aus Verschulden haftet; *BGH* VersR 2016, 60.

schriften beruhen darauf, dass derjenige, der den Schaden unmittelbar verursacht hat, den Schaden im Verhältnis zu demjenigen, der ihn bloß mittelbar ermöglicht hat, tragen soll.

Beispiel: Wenn der Verrichtungsgehilfe nach § 823 und der Geschäftsherr nach § 831 haften, dann hat im Innenverhältnis allein der Verrichtungsgehilfe den Schaden zu tragen (§ 840 Abs. 2).

Praxisrelevante Ausnahme- und Sonderfälle sind im Arbeitsrecht die sog. Grundsätze über den innerbetrieblichen Schadensausgleich (früher »schadensgeneigte Arbeit«).

28 **Vertiefungshinweis:** Arbeitsrechtliche Grundsätze des innerbetrieblichen Schadensausgleichs
1. Schädigung des Arbeitgebers durch den Arbeitnehmer
Bei einer Schädigung des Arbeitgebers durch den Arbeitnehmer stellt sich die Frage, ob und inwieweit der Arbeitgeber diesen in Anspruch nehmen kann (sog. **innerbetrieblicher Schadensausgleich**; vgl. zu den Haftungsprivilegierungen der §§ 104 f. SGB VII → § 27 Rn. 4).
Beispiel: Der Staplerfahrer S des Getränkegroßhändlers G wirft beim Zusammenstellen einer Kundenbestellung eine Palette Vollgut um. Dabei gehen zahlreiche Glasflaschen zu Bruch. G möchte dafür von S Ersatz haben.
Als Anspruchsgrundlage kommt regelmäßig § 280 (Pflichtverletzung des Arbeitsvertrages) oder § 282 und § 823 Abs. 1 in Betracht. Nach der Rechtsprechung des BAG[39] ist die Haftung des Arbeitnehmers bei jeder arbeitsvertraglich übertragenen oder im Interesse des Arbeitgebers ausgeführten Arbeit[40] beschränkt (**beschränkte Arbeitnehmerhaftung**).[41] Dogmatisch wird dies auf § 254 gestützt. Der Arbeitnehmer haftet nicht für jedes Verschulden, sondern:[42]
– für Vorsatz haftet der Arbeitnehmer stets im vollen Umfang,[43]
– für grobe Fahrlässigkeit haftet er regelmäßig ebenfalls im vollen Umfang; grobe Fahrlässigkeit setzt einen objektiv schweren und subjektiv nicht entschuldbaren Verstoß gegen die Anforderungen der im Verkehr erforderlichen Sorgfalt voraus; diese Sorgfalt muss in ungewöhnlich hohem Maß verletzt und es muss dasjenige unbeachtet geblieben sein, was im gegebenen Fall jedem hätte einleuchten müssen;[44]
– für mittlere Fahrlässigkeit hat eine einzelfallbezogene Abwägung stattzufinden, die zu einer quotalen Haftung des Arbeitnehmers führen kann. Dabei sind Betriebsrisiko, Wert des geschädigten Wirtschaftsgutes, Organisationsverschulden, Versicherbarkeit des betroffenen Risikos auf Seiten des Arbeitgebers und auf Seiten des Arbeitnehmers Verschuldensgrad, Höhe der Arbeitsvergütung, Gefahrgeneigtheit der Arbeit zu berücksichtigen;
– für leichte Fahrlässigkeit haftet der Arbeitnehmer nicht, sondern der Arbeitgeber muss den Schaden allein tragen.

2. Schädigung eines Dritten durch den Arbeitnehmer
a) Im Verhältnis des Dritten zum schädigenden Arbeitnehmer kommt eine Anwendung der Grundsätze des innerbetrieblichen Schadensausgleichs nicht in Betracht.[45] Diese betreffen nur das Verhältnis von Arbeitgeber zu Arbeitnehmer.
Dritten gegenüber haftet der Arbeitnehmer im Außenverhältnis unbeschränkt.[46] Haftet auch der Arbeitgeber (z. B. §§ 280, 278 oder § 831), so besteht im Außenverhältnis eine Gesamtschuld.[47]

39 BAGE 78, 56.
40 Früher nur bei einer gefahrgeneigten Arbeit.
41 Grundlegend *BAG* NJW 1995, 210; ebenso *BGH* NJW 1994, 856.
42 ErfK/*Preis*, § 619a Rn. 13 ff.; Palandt/*Weidenkaff*, § 611 Rn. 157 f.
43 Der Vorsatz muss den Schaden umfassen; vgl. *BAG* NJW 2003, 377.
44 St. Rspr.; vgl. BGHZ 119, 147; *BGH* NJW 2009, 681.
45 Vgl. BGHZ 108, 305.
46 BGHZ 108, 305.
47 Schaub/*Linck*, ArbR-HdB, § 59 Rn. 55.

b) Wird der Arbeitnehmer von einem Dritten in Anspruch genommen, so kann der Arbeitnehmer vom Arbeitgeber im Innenverhältnis abweichend von § 840 Abs. 2 Freistellung (oder nach erfolgter Zahlung Erstattung) verlangen.[48]

Dieser **Freistellungsanspruch** ergibt sich aus § 670 i.V.m. § 257 S. 1 und besteht nur in der Höhe, in welcher der Arbeitgeber den Schaden hätte selbst tragen müssen, wenn der Geschädigte nicht ein Dritter, sondern der Arbeitgeber gewesen wäre. Der Freistellungsanspruch wandelt sich in einen Zahlungsanspruch gegen den Arbeitgeber um, sofern der Arbeitnehmer bereits mehr geleistet hat, als er im Verhältnis zum Arbeitgeber hätte leisten müssen.[49]

c) Haftungsbeschränkungen zwischen dem Dritten und dem Arbeitgeber entfalten Schutzwirkung zugunsten des Arbeitnehmers. Der Dritte kann den Arbeitnehmer nicht in Anspruch nehmen, da sonst über den Freistellungsanspruch der Haftungsausschluss unterlaufen würde.[50] Hat der Arbeitnehmer einen Teil des Schadens aufgrund seines Verschuldens selbst zu tragen, so entsteht eine gestörte Gesamtschuld (vgl. → Rn. 25).

§ 20. Besonderheiten des deliktischen Ersatzanspruchs

Grundsätzlich hat nur der unmittelbar Geschädigte einen deliktischen Anspruch auf Ersatz des Schadens. Unmittelbar Geschädigter ist derjenige, in dessen Person ein deliktischer Tatbestand erfüllt ist. Die Rechtsfolge des Anspruchs wird durch die allgemeinen Vorschriften der §§ 249ff. näher geregelt. **1**

Die §§ 842 bis 852 enthalten ergänzende und verdrängende Sondervorschriften für die unerlaubten Handlungen, die sowohl die Anspruchsgrundlage (Tatbestand) als auch die Rechtsfolge (Schaden) betreffen. Die §§ 842 bis 846 erfassen Personenschäden, §§ 848 bis 851 gelten für Sachschäden, § 852 betrifft den Fall der Verjährung des Deliktsanspruchs.

2

---

48 ErfK/*Preis*, § 619a Rn. 26.
49 ErfK/*Preis*, § 619a Rn. 26.
50 ErfK/*Preis*, § 619a Rn. 27.

A. Besonderheiten bei Personenschäden

I. Besonderheiten zum Anspruchsinhalt

3 Nach § 842 umfasst der zu ersetzende Schaden auch die Nachteile, welche die unerlaubte Handlung für den Erwerb oder das Fortkommen des Verletzten herbeigeführt
hat (**Erwerbsschaden**). Dabei handelt es sich um eine Sonderregelung für den entgangenen Gewinn (§ 252).

§ 843 regelt die Art und Weise der Ersatzpflicht für den Fall, dass bei einer Verletzung
des Körpers oder der Gesundheit die Erwerbsfähigkeit des Verletzten aufgehoben
oder gemindert wird oder die Bedürfnisse vermehrt (z. B. Kosten für eine Pflegekraft)
werden, und zwar:
- Dem Verletzten ist in Form einer Geldrente Schadensersatz zu leisten (§ 843 Abs. 1
  und 2; z. B. monatliche Zahlung).
- Bei einem wichtigen Grund kann statt der Rente eine Abfindung in Kapital verlangt
  werden (§ 843 Abs. 3, Kapitalisierung der Rente).
- Nach § 843 Abs. 4 wird der Ersatzanspruch nicht dadurch ausgeschlossen, dass ein
  anderer dem Verletzten Unterhalt zu gewähren hat. Dieser Vorschrift hat die Rechtsprechung den allgemeinen Rechtsgedanken der Vorteilsausgleichung entnommen
  (vgl. → § 25 Rn. 16).

4 **Fall (BGHZ 106, 28):**[1] Das Kind K der Eltern E war durch einen Behandlungsfehler des Arztes B erheblich geschädigt worden. Während des Krankenhausaufenthaltes und der anschließenden ambulanten
Behandlung verbringen die E einige hundert Stunden bei ihrem Kind, haben dadurch Verdienstausfall
und müssen Fahrtkosten aufbringen. Auf die Inanspruchnahme von (häuslichen) Pflegediensten ver-
zichten sie. K verlangt hierfür von B Schadensersatz.

Lösung: K könnte von B Schadensersatz aus § 823 Abs. 1 verlangen.
1. B hat K fehlerhaft behandelt und damit eine Körperverletzung zugefügt. Rechtswidrigkeit und Verschulden liegen vor.
2. Deshalb hat B den daraus entstehenden Schaden zu ersetzen. K ist so zu stellen, wie er stünde, wenn
   die Schädigung nicht eingetreten wäre. Fraglich ist, ob die geltend gemachten Schadensposten dem
   unmittelbar Geschädigten K entstanden sind oder ob sie bloß einen Schaden der mittelbar geschädigten Eltern darstellen.
   a) In der Rechtsprechung des BGH ist anerkannt, dass der Verdienstausfall der Eltern oder Ehegatten,
      der durch Krankenbesuche bei einem Angehörigen entsteht,[2] sowie die für solche Besuche auf-
      gewendeten Fahrtkosten[3] als dem Verletzten erwachsene Heilungskosten zu ersetzen sind. Bei
      rein natürlicher Betrachtung könnte man diese Schadensposten allerdings nur als Schaden der mit-
      telbar geschädigten Eltern ansehen. Aufgrund wertender Betrachtung werden diese Positionen
      aber wegen der durch derartige Krankenhausbesuche bewirkten Förderung des Heilerfolges noch
      dem Aufwand für die Heilung des Verletzten (unmittelbar Geschädigten) zugerechnet.[4]
   b) Kosten für verletzungsbedingte Pflegedienste sind nach § 843 Abs. 1 (Vermehrung der Bedürfnisse)
      abzugelten. Dies gilt auch dann, wenn diese statt von fremden Pflegekräften von Angehörigen des
      Verletzten (unentgeltlich) erbracht werden. Es kommt auch nicht darauf an, ob der Pflegedienst

---

1 Vgl. auch *BGH* NJW 1999, 2819.
2 *BGH* VersR 1957, 790; 1961, 545; 1985, 784, 785.
3 *BGH* VersR 1961, 272.
4 Vgl. zur dogmatischen Konstruktion Staudinger/*Medicus*, 12. Aufl. 1983, § 249 Rn. 190.

leistende Angehörige dadurch einen Verdienstausfall erleidet.[5] Insoweit kann der Rechtsgedanke des § 843 Abs. 4 herangezogen werden.

c) Der Zeitaufwand für die geleistete Betreuung des Verletzten kann dagegen nicht abgegolten werden. Zum einen hat sich dieser Aufwand nicht in der Vermögenssphäre als geldwerter Verlustposten konkret niedergeschlagen – im Gegensatz zu den Positionen unter a und b. Im Rahmen eines Anspruchs auf materiellen Schadensersatz kann weder die verletzungsbedingte Einschränkung der Arbeitskraft und der damit zusammenhängende Arbeitszeitverlust als solcher noch der Verlust an Urlaubs- oder Freizeit ersatzfähig sein, soweit solche Einbußen nicht geldwert in Erscheinung treten.[6]

Vertiefungshinweis: Schadensersatzanspruch des verletzten Kindes, Unterhaltszahlung und Besuchskosten der Eltern   **5**

1. Einem verletzten Kind wird von den Eltern **Unterhalt gezahlt**. Dies steht einem (normativen) Schaden des Kindes nicht entgegen (§ 843 Abs. 4). Jedoch kann das Kind nicht für die Heilung doppelt »Unterhalt« fordern, einmal von den Eltern kraft Familienrechts und zugleich vom Schädiger nach § 823 Abs. 1.
Das Gesetz enthält keine ausdrückliche Vorschrift für einen Regressanspruch der Eltern gegen den Schädiger oder das Kind (wie im § 6 EFZG, wenn der Arbeitgeber den Lohn des verletzten Arbeitnehmers weiterzahlt). Es gibt verschiedene Möglichkeiten, einen Regressanspruch der Eltern zu begründen:[7] (1) Die Unterhalt leistenden Eltern könnten vom Schädiger Aufwendungsersatz aus §§ 677, 683 S. 1, 670 (i. V. m. § 679) (vgl. → § 8 Rn. 22) oder aus Rückgriffskondiktion (§ 812 Abs. 1 S. 1 Alt. 2; vgl. → § 11 Rn. 66 ff.) verlangen, weil sie dessen Schadensersatzverpflichtung getilgt haben (Fallgruppe Tilgung fremder Schulden).[8] (2) Eine analoge Anwendung von § 1607 Abs. 2 S. 2 könnte eine Legalzession begründen; der Anspruch des Kindes gegen den Schädiger ginge auf die Eltern über. (3) Gemäß § 255 analog, § 285 analog oder den Grundsätzen der Drittschadensliquidation könnten die Eltern vom Kind Abtretung des Schadensersatzanspruchs des Kindes gegen den Schädiger verlangen. Denkbar ist auch eine analoge Anwendung des § 1648, um einen Anspruch der Eltern gegen das Kind zu begründen.[9]

2. Nach der Rechtsprechung gehören der **Verdienstausfall** und die **Besuchskosten** der Eltern zu den Heilungskosten des Kindes (§ 249 Abs. 2 S. 1; vgl. → Rn. 4). Der elterliche Besuch soll das Kind vor seelischen Schäden bewahren. Die erforderlichen Kosten sind Heilungskosten und damit als eine dem Verletzten selbst entstandene Vermögenseinbuße erstattungsfähig. Fallen die Kosten tatsächlich bei den Eltern an, so stellt sich die Frage, wie sie diese Kosten erstattet verlangen können. Sie können aufgrund einer Abtretungserklärung des Verletzten die Kosten von dem Schädiger erstattet verlangen. In Frage kommt auch ein Anspruch aus §§ 677, 683 S. 1, 670 (Aufwendung der Heilungskosten ist Geschäft des Schädigers, vgl. § 249 Abs. 2 S. 1) oder aus § 812 Abs. 1 S. 1 Alt. 2 (Rückgriffskondiktion, Befreiung des Schädigers von der Pflicht zur Leistung der Heilungskosten[10]).[11]

Vertiefungshinweis: §§ 249 ff. und §§ 842 ff.   **6**
1. Verhältnis der §§ 249 ff. zu §§ 842 ff.
§ 842 stellt klar, dass auch **Nachteile für Erwerb und Fortkommen** als Vermögensschaden i. S. der §§ 252 f. zu qualifizieren sind.[12] Daneben sind die §§ 249 ff. uneingeschränkt anwendbar.[13]

---

5 *BGH* VersR 1978, 149, 150.
6 Die persönliche Verbundenheit, die in der Anwesenheit der Eltern am Krankenbett ihrer Kinder zum Ausdruck kommt, hat keinen Marktwert (BGHZ 106, 28, 32 f.).
7 Vgl. Staudinger/*Vieweg*, § 843 Rn. 45 ff.
8 Unter wertenden Gesichtspunkten bleibt die Schadensersatzpflicht des Schädigers gegenüber dem Verletzten bestehen.
9 So *Medicus*, Gesetzliche Schuldverhältnisse, S. 19.
10 Durch die Aufwendungen der Eltern gegenüber dem verletzten Kind entfällt ein Schaden des Kindes aber unter wertenden Gesichtspunkten nicht (vgl. § 843 Abs. 4 und → § 25 Rn. 17).
11 Vgl. zum Ganzen *BGH* VersR 1961, 272; Staudinger/*Vieweg*, § 843 Rn. 45 ff.
12 Staudinger/*Vieweg*, § 842 Rn. 3; MüKoBGB/*Wagner*, Bd. 6, § 843 Rn. 2; BeckOK BGB/*Spindler*, § 842 Rn. 1.
13 Staudinger/*Vieweg*, § 842 Rn. 3; MüKoBGB/*Wagner*, Bd. 6, § 843 Rn. 2.

Die Bedeutung des § 843 liegt darin, dass er – im Gegensatz zu § 252 – die Form und Art und Weise regelt, in welcher der entgangene Gewinn zu ersetzen ist: § 843: Geldrente oder einmalige Abfindung; §§ 249, 251: Naturalrestitution oder Geldentschädigung in Form eines Geldbetrages.[14] Während §§ 249, 251 einen Schadensersatz in Form eines (regelmäßig einmaligen) Geldbetrages gewähren, kann nach § 843 die Entrichtung einer Geldrente (Verrentung) verlangt werden, weil dies zur Ausgleichung von dauernder Vermehrung der Bedürfnisse des Geschädigten die geeignetste Form der Entschädigung in Geld (§ 251) darstellt.[15] § 249 schließt allerdings Schadensersatz in Rentenform nicht aus, § 843 gebietet sie aber.[16] Neben § 843 sind die §§ 249, 251 anwendbar; es kann über eine Entschädigung nach § 251 hinaus nach § 843 eine Geldrente verlangt werden (Beispiel für einen unfallbedingt dauerhaft gehbehinderten Geschädigten: Nach § 251 die Kosten der Anschaffung eines Kfz, nach § 843 Abs. 1 die jeweils anfallenden Betriebskosten).[17]

§ 843 ist keine materielle Erweiterung des Schadensersatzanspruchs, sondern bleibt auf Kompensation der Schäden i. S. des § 249 und der ergänzenden Vorschriften der §§ 252, 842 gerichtet.[18]

Die §§ 842 ff. setzen voraus, dass tatsächlich ein Vermögensschaden eingetreten ist. Es muss also durch die Minderung der Erwerbsfähigkeit tatsächlich ein Verdienstausfall eintreten.[19]

2. §§ 842 ff.

§ 842 regelt die Ersatzfähigkeit von Nachteilen in Erwerb und Fortkommen, § 843 Abs. 1 die Art und Weise des Ersatzes bei Aufhebung oder Minderung der Erwerbsfähigkeit des Verletzten (Alt. 1) sowie bei Vermehrung der Bedürfnisse des Verletzten (Alt. 2). Hierbei sind Nachteile in Erwerb und Fortkommen i. S. des § 842 und Aufhebung oder Minderung der Erwerbsfähigkeit i. S. des § 843 Abs. 1 Alt. 1 als identisch zu verstehen.

a) §§ 842, 843 Abs. 1 Alt. 1

Voraussetzung ist eine Aufhebung oder Minderung der Erwerbsfähigkeit. Darunter fällt jeder Schaden, der durch Ausfall der Arbeitskraft als Erwerbsquelle entsteht.[20] Maßgeblich für §§ 842, 843 Abs. 1 Alt. 1 ist der Einsatz der Arbeitskraft als Erwerbsquelle.[21] Der Einsatz einer Ersatzkraft und die in diesem Rahmen anfallenden Aufwendungen machen den »Erwerbsschaden« nicht zu Mehraufwendungen i. S. des § 843 Abs. 1 Alt. 2.[22] Nachteile für den Erwerb i. S. des § 842 meint alle konkreten, durch die Verletzung erlittenen wirtschaftlichen Beeinträchtigungen, Nachteile im Fortkommen sowie alle darüber hinausgehenden allgemeinen Vermögensschäden, die aus der Behinderung oder Erschwerung der beruflichen und wirtschaftlichen Entwicklung entstehen.[23]

b) § 843 Abs. 1 Alt. 2

Vermehrung der Bedürfnisse umfasst alle durch die Verletzung bedingten ständigen Mehraufwendungen für die persönliche Lebensführung.[24] Es geht um einen Ausgleich für den Nachteil einer dauernden Störung des körperlichen Wohlbefindens.[25] Maßgeblich ist der schadensbedingte Bedarf für die persönliche

---

14 MüKoBGB/*Oetker*, Bd. 2, § 252 Rn. 1; MüKoBGB/*Wagner*, Bd. 6, § 843 Rn. 1; Staudinger/*Vieweg*, § 843 Rn. 2 f.

15 *BGH* NJW 1982, 757; Staudinger/*Vieweg*, § 843 Rn. 3; *Lange/Schiemann*, § 5 IX, S. 246.

16 Staudinger/*Vieweg*, § 843 Rn. 2; MüKoBGB/*Wagner*, Bd. 6, § 843 Rn. 3; vgl. *Lange/Schiemann*, § 5 IX, S. 246 f., wonach Ersatz in Form einer Geldrente auch im Übrigen vom Ausgleichsprinzip her geboten sei, wenn sich die eintretenden Schadensfolgen ihrer Natur nach laufend erneuern; das Gesetz sehe aber die Kapitalzahlung als Regelfall an.

17 Vgl. Staudinger/*Vieweg*, § 843 Rn. 7, 9.

18 Staudinger/*Vieweg*, § 843 Rn. 2; MüKoBGB/*Wagner*, Bd. 6, § 843 Rn. 3.

19 Staudinger/*Vieweg*, § 843 Rn. 6; MüKoBGB/*Wagner*, Bd. 6, § 843 Rn. 15 f.

20 Staudinger/*Vieweg*, § 843 Rn. 6.

21 *BGH* NJW 1974, 41, 42.

22 *BGH* NJW 1974, 41, 42.

23 BGHZ 197, 316 (einschließlich des verletzungsbedingten Verlusts des Anspruchs auf Arbeitslosengeld II aus § 19 SGB II); Staudinger/*Vieweg*, § 842 Rn. 12; MüKoBGB/*Wagner*, Bd. 6, § 843 Rn. 14.

24 Vgl. dazu Staudinger/*Vieweg*, § 843 Rn. 7; MüKoBGB/*Wagner*, Bd. 6, § 843 Rn. 60.

25 *BGH* NJW 1974, 41, 42; *BGH* NJW-RR 2004, 671.

Lebensführung.[26] Erfasst werden alle Nachteile, die abgesehen von der Beeinträchtigung der Erwerbsfähigkeit dem Verletzten infolge dauernder Beeinträchtigung seines körperlichen Wohlbefindens entstehen und zu deren Abwendung oder Milderung ständige, immer wiederkehrende Mehraufwendungen erforderlich sind.[27]

Vertiefungshinweis: Sog. Hausfrauen- oder Hausmännertätigkeit und §§ 842, 843 Abs. 1   7
Die **Arbeit des Ehegatten im Haushalt** der Familie kann ein Beitrag zum Familienunterhalt (§§ 1360, 1601) sein oder der Befriedigung der persönlichen Bedürfnisse dienen. Die Haushaltstätigkeit, die für andere in Erfüllung einer gesetzlich geschuldeten Unterhaltsverpflichtung geleistet wird,[28] stellt eine wirtschaftlich ins Gewicht fallende Arbeitsleistung dar, die mit der Erwerbstätigkeit (d. h. dem auf Erzielung von Gewinn zur Deckung des Lebensbedarfs gerichteten Arbeitseinsatz) vergleichbar ist. Ihr Ausfall begründet damit einen Erwerbsschaden i. S. der §§ 842, 843 Abs. 1 Alt. 1. Die Gleichwertigkeit der gesetzlich geschuldeten Haushaltsführung mit einer Erwerbstätigkeit ist seit langem anerkannt.[29] Die Haushaltstätigkeit, die nur den eigenen Bedürfnissen dient und damit keine Erwerbsquelle darstellt, ist keine der Erwerbstätigkeit vergleichbare Arbeitsleistung und fällt unter die Schadensgruppe der vermehrten Bedürfnisse i. S. des § 843 Abs. 1 Alt. 2.[30] Die Haushaltstätigkeit fällt somit teilweise in die Gruppe »Erwerbsschaden« und »vermehrte Bedürfnisse«.[31]
Die Kosten einer Haushaltshilfe sind als Erwerbsschaden zu qualifizieren, soweit deren Arbeit der Erfüllung der Unterhaltspflicht des verletzten Ehegatten gegenüber den anderen Familienmitgliedern dient, nicht dagegen, soweit sie den eigenen, persönlichen Bedürfnissen des verletzten Ehegatten dient.[32] Eine Aufteilung der Kosten in die eine und andere Kategorie kann sich nach der Anzahl der Familienmitglieder richten.
Relevanz der Differenzierung: Die Bedeutung liegt im sozialversicherungsrechtlichen Bereich (Rentenanrechnung, Anspruchsübergang auf den Sozialversicherungsträger z. B. gemäß § 116 SGB X, früher § 1542 RVO).[33] Auf den Erwerbsschaden i. S. der §§ 842, 843 Abs. 1 Alt. 1 ist die Rente des Sozialversicherungsträgers wegen sachlicher Kongruenz anzurechnen, auf die Schadensgruppe der vermehrten Bedürfnisse mangels sachlicher Kongruenz dagegen nicht.[34]

II. Anspruchsgrundlage des mittelbar Geschädigten (§§ 844 bis 846)

§§ 844 bis 846 normieren die Anspruchsgrundlagen für den Anspruch eines **mittelbar**   8
Geschädigten und stellen (nicht erweiterbare) Einzelfälle dar. Sie durchbrechen den Grundsatz, dass nur derjenige Schadensersatz verlangen kann, der selbst verletzt ist, d. h. in dessen Rechtsgüter durch unerlaubte Handlungen eingegriffen worden ist.

---

26 *BGH* NJW 1974, 41, 42; *BGH* NJW-RR 2004, 671, 672: Es sind nur solche Mehraufwendungen zu ersetzen, die dem Geschädigten im Vergleich zu einem gesunden Menschen erwachsen und sich daher von den allgemeinen Lebenshaltungskosten unterscheiden.
27 Vgl. Staudinger/*Vieweg*, § 843 Rn. 7; MüKoBGB/*Wagner*, Bd. 6, § 843 Rn. 60; *BGH* NJW 1982, 757.
28 Vgl. *OLG Schleswig* NJW 2018, 1889 (eine sittliche Verpflichtung genügt nicht).
29 Vgl. zur historischen Entwicklung Staudinger/*Vieweg*, § 842 Rn. 118 ff.
30 Vgl. zum Ganzen: *BGH* NJW 1974, 41, 42; NJW 1985, 735; NJW 1997, 256; *KG* VRS 2006, 16, 23; Palandt/*Sprau*, § 843 Rn. 2, 3, 8; Staudinger/*Vieweg*, § 842 Rn. 123, 134, § 843 Rn. 2; MüKoBGB/*Wagner*, Bd. 6, § 843 Rn. 73.
31 *BGH* NJW 1974, 41, 42; NJW 1985, 735; NJW 1997, 256, 256 f.; a. A. *OLG Stuttgart* FamRZ 1964, 267; *OLG Düsseldorf* MDR 1955, 358 für die ausschließliche Einordnung als »vermehrte Aufwendungen«.
32 Vgl. Palandt/*Sprau*, § 843 Rn. 8.
33 Vgl. Staudinger/*Vieweg*, § 843 Rn. 81 ff., insbesondere 102 ff.
34 *BGH* NJW 1985, 735; Palandt/*Sprau*, § 843 Rn. 9. Hingegen können vermehrte Bedürfnisse eine Kongruenz mit Leistungen der Sozialversicherungsträger und Träger sozialer Fürsorge (beispielsweise Leistungen der Pflegehilfe nach §§ 14 SGB XI) aufweisen, die gerade auf die Befriedigung dieser Bedürfnisse abzielen; vgl. *BGH* NJW 2006, 3565, 3566.

Voraussetzung für einen Anspruch des mittelbar Geschädigten nach §§ 844 bis 846 ist, dass ein tatbestandsmäßiges, rechtswidriges und schuldhaftes Delikt vorliegt (Tötung, bei § 845 auch Körper- oder Gesundheitsverletzung oder Freiheitsentziehung). Dann kann der mittelbar Geschädigte die dadurch verursachten eigenen Schäden ersetzt verlangen.

1. § 844

9 Wer für den Tod eines Menschen verantwortlich ist, muss den Erben (das ist der Regelfall, § 1968) die Beerdigungskosten ersetzen (§ 844 Abs. 1). Außerdem muss er den kraft Gesetzes Unterhaltsberechtigten den Unterhaltsschaden ersetzen. § 844 Abs. 2 begründet einen Schadensersatzanspruch wegen des entgangenen, nach unterhaltsrechtlichen Vorschriften zu berechnenden Unterhaltsanspruchs.[35] Zu den Ersatzberechtigten gehören u. a.:

- Ehegatte (§ 1360 S. 1),
- Verwandte in gerader Linie (§§ 1601 ff.), also die Kinder, Enkelkinder, usw.,
- sog. nichteheliche Kinder (§§ 1615 a ff.),
- angenommene Kinder (§§ 1754 f.),
- Lebenspartner (§ 5 S. 1 LPartG).

Im Jahr 2018 neu eingeführt wurde ein Anspruch von Hinterbliebenen, die zur Zeit der Verletzung zu dem Getöteten in einem besonderen persönlichen Näheverhältnis standen, auf eine angemessene Entschädigung in Geld für das ihnen zugefügte seelische Leid (§ 844 Abs. 3, vgl. → § 16 Rn. 3, sowie zur Gefährdungshaftung § 7 ProdHaftG, § 10 StVG, § 5 HaftPflG).

2. § 845: Ersatz für entgangene Dienste

10 Kraft Gesetzes zur Leistung von Diensten verpflichtet sind die Kinder (vgl. § 1619). Die Haushaltstätigkeit eines Ehegatten ist keine Dienstleistung i. S. des § 845. Sie beruht auf der Unterhaltspflicht. Denn nach §§ 1356, 1360 stellt die Haushaltstätigkeit des Ehegatten einen Beitrag zum Unterhalt der Familie dar. Wenn ein Ehegatte getötet worden ist, kann der andere Ehegatte aber einen Anspruch aus § 844 Abs. 2 haben. Denn die Haushaltsführung eines Ehegatten (§ 1360 S. 2) fällt unter § 844 Abs. 2, da sie zum »Unterhalt« gehört. § 845 hat dementsprechend geringe praktische Bedeutung.

Zu ersetzen sind regelmäßig die Aufwendungen, die der Berechtigte machen muss, um sich für die entfallenen Dienste eine Hilfskraft zu beschaffen (**Ersatz für entgangene Dienste**).

11 **Fall:** Bei einem Arbeitsunfall wird Frau M durch A so schwer verletzt, dass sie nicht mehr wie bisher den Haushalt für ihre Familie führen kann. Eine Haushaltshilfe ist nicht zu bekommen. Deshalb nehmen der Ehemann und der Sohn von Frau M die Haushaltsarbeiten auf Kosten ihrer Freizeit vor. Ist A zum Schadensersatz verpflichtet und wem steht ggf. der Ersatzanspruch zu?[36]
Abwandlung: Wie ist zu entscheiden, wenn Frau M bei dem Unfall tödlich verletzt worden ist?

---

35 *BGH* NJW 2012, 2887.
36 Vgl. dazu *Medicus/Petersen*, BR, Rn. 836.

Lösung:

A. Grundfall: Verletzung einer Hausfrau

  I. Ansprüche der Frau M gegen A aus §§ 823 Abs. 1, 842, 843 Abs. 1 Alt. 1

    1. Tatbestandsmäßige, rechtswidrige und schuldhafte Körperverletzung (+)

    2. Schaden?

      a) Erwerbsschaden i. S. der §§ 842, 843 Abs. 1 Alt. 1 (+). Es liegt ein Nachteil für den Erwerb des Verletzten vor (§ 842). Frau M ist in der Erwerbsfähigkeit gemindert (§ 843 Abs. 1 Alt. 1) und kann deshalb Schadensersatz (auch in Form einer Rente) verlangen.

        Die für andere in Erfüllung einer gesetzlich geschuldeten Unterhaltsverpflichtung geleistete Haushaltstätigkeit stellt eine Erwerbstätigkeit dar. Die Gleichwertigkeit der gesetzlich geschuldeten Haushaltsführung mit einer Erwerbstätigkeit ist seit langem anerkannt.[37] Der Schaden der Frau M liegt also darin, dass sie ihrer familienrechtlichen Unterhaltspflicht in Form der Haushaltsführung nicht nachkommen kann. Bei der Bemessung des Ersatzanspruchs kann der Nettolohn einer Haushaltshilfe ein Anhaltspunkt sein.[38]

      b) Normativer Schaden

        Die anderen Familienangehörigen haben den Schaden durch Freizeitverzicht »aufgefangen«. Dies entlastet den Schädiger nicht (vgl. § 843 Abs. 4: Vorteilsausgleichung, vgl. → § 25 Rn. 16).

  II. Ansprüche der anderen Familienmitglieder (Ehemann und Sohn) aus §§ 823 Abs. 1, 845 (Anspruch wegen entgangener Dienste)

    1. Körperverletzung zum Nachteil der Frau M i. S. des § 823 Abs. 1 (+)

    2. Grundsätzlich kann nur der unmittelbar Geschädigte (hier Frau M) Schadensersatz verlangen. Ein Anspruch der mittelbar Geschädigten kommt aber in Frage, wenn die Voraussetzungen des § 845 oder § 844 Abs. 2 vorliegen.

      a) § 845? Frau M müsste gegenüber ihrem Ehemann »kraft Gesetzes [...] zur Leistung von Diensten in dessen Hauswesen [...] verpflichtet« sein. Das ist nicht der Fall. Denn die Haushaltsführung durch Frau M stellt nach §§ 1356 Abs. 1, 1360, 1601 ff. eine Unterhaltsleistung an den Ehemann und den Sohn dar. Familienrechtliche Unterhaltsleistungen sind keine gesetzlichen Dienstleistungen i. S. des § 845.

      b) § 844 Abs. 2 (–), weil keine Tötung.

    3. Verlust von Freizeit als anspruchsbegründendes Ereignis? Freizeitverlust infolge der Übernahme der Haushaltsführung ist kein materieller, sondern ein immaterieller Schaden, der grundsätzlich nicht ersetzt wird (vgl. § 253).

    4. Ergebnis: Kein Schadensersatzanspruch des Ehemannes und des Sohnes.[39]

B. Fallabwandlung: Tötung einer Hausfrau

  I. Anspruch der Frau M (–)

  II. Anspruch der Familienangehörigen der getöteten Hausfrau M?

    1. aus §§ 823 Abs. 1, 845 (–), vgl. oben.

    2. aus §§ 823 Abs. 1, 844 Abs. 2 (+) Die getötete Frau M war »kraft Gesetzes unterhaltspflichtig« nach §§ 1356 Abs. 1, 1360 gegenüber dem Ehemann bzw. nach §§ 1601 ff. gegenüber dem Kind.

    3. Ergebnis: Anspruch der mittelbar Geschädigten aus §§ 823 Abs. 1, 844 Abs. 2 (+)

3. § 846: Mitverschulden des Verletzten

§ 254 geht davon aus, dass der Verletzte der Anspruchsinhaber ist. Er muss sich sein **12** eigenes **Mitverschulden** anspruchsmindernd anrechnen lassen. In den Fällen der §§ 844 f. ist aber nicht der Verletzte selbst, sondern ein mittelbar Geschädigter scha-

---

37 Vgl. BGHZ 50, 304; 59, 172.
38 *BGH* NJW 1974, 1651; NJW 1979, 1501; NJW-RR 1990, 34.
39 BGHZ 50, 304, 306; 59: Anspruchsberechtigt ist nur der verletzte Ehegatte.

densersatzberechtigt. § 254 ist deshalb nicht anwendbar. Deshalb bestimmt § 846, dass sich der mittelbar Geschädigte das Mitverschulden des unmittelbar Geschädigten anrechnen lassen muss.[40]

Soweit den mittelbar Geschädigten ein eigenes Mitverschulden trifft, greift unmittelbar § 254.

13   **Vertiefungshinweis:** Mitverschulden im Fall von sog. Schockschäden

In den sog. **Schockschadens-Fällen** (vgl. → § 16 Rn. 144 ff.) verletzt der Schädiger unmittelbar eine Person und (mittelbar) eine andere Person infolge psychischer Kausalität. Verlangt die Person, die einen Schockschaden erlitten hat, Schadensersatz vom Schädiger, stellt sich die Frage, ob sie sich ein Mitverschulden des unmittelbaren Opfers anrechnen lassen muss.

Beispiel: B hatte den Ehemann bei einem Autounfall schuldhaft tödlich verletzt. Die Ehefrau hat bei der Benachrichtigung vom Unfall einen schweren Schock erlitten und verlangt von B dafür Schadensersatz. B beruft sich auf ein für den Unfall mitwirkendes Verschulden des Ehemannes (BGHZ 56, 163).

Dem deliktischen Anspruch des (Schock-)Geschädigten (§ 823 Abs. 1) kann der Schädiger § 254 nicht entgegenhalten, weil dem (Ersatz verlangenden psychisch) Geschädigten kein eigenes (Mit-)Verschulden zur Last fällt. Eine Zurechnung des Mitverschuldens über §§ 254 Abs. 2 S. 2, 278 kommt nicht in Betracht, weil es an einer Sonderbeziehung zwischen Schuldner und Gläubiger vor Schädigung fehlt.

Fraglich ist, ob § 846 einschlägig ist. Unmittelbar erfasst die Norm nur die Fälle der §§ 844 f., also die Ausnahmefälle, in denen der mittelbar Geschädigte Ersatz verlangen kann (vgl. → Rn. 12), während Schockschäden Schäden des unmittelbar Geschädigten darstellen, die allerdings durch Fernwirkung verursacht sind. Infrage kommt aber eine analoge Anwendung des § 846. Dies hat der BGH[41] zu Recht abgelehnt: Die Fälle der §§ 844, 845 sind dadurch gekennzeichnet, dass der Anspruchssteller keine Rechtsgutverletzung erlitten hat, sondern nur einen Vermögensschaden (sog. mittelbar Geschädigter). Der Anspruch beruht auf einer schaden- und haftungsbegründenden Einwirkung auf den unmittelbar Verletzten. Damit ergibt sich ein wesentlicher Unterschied zu den Fällen der »Schockschäden«: Dort hat auch der Anspruchssteller (psychisch verletzter Angehöriger) – neben dem unmittelbaren Opfer – eine Rechtsgutverletzung erfahren und macht die daraus folgenden Schäden geltend. Bei diesem Anspruch kommt es gerade nicht darauf an, ob der unmittelbar Verletzte oder Getötete selbst einen Anspruch hat bzw. gehabt hätte; dass der Anspruch der psychisch Verletzten durch die Rechtsgutverletzung des unmittelbaren Opfers vermittelt wird, ist dabei nicht wesentlich.

Der BGH[42] wendet aber § 254 analog an, worin sich der allgemeine Rechtsgedanke des § 242 ausprägt. Die Billigkeit erfordert, dass der Verursachungsbeitrag des vom Unfall unmittelbar Betroffenen nicht dem fremden Schädiger, sondern dem Angehörigen zugerechnet wird, dessen gesundheitliche Reaktion entscheidend auf einer durch persönliche Beziehung hergestellten Teilnahme am Schicksal des Unfallopfers beruht.

III. Schmerzensgeld (§ 253 Abs. 2)

14   Die Ersatzfähigkeit des immateriellen Schadens (sog. **Schmerzensgeld**) ist seit der Schadensersatznovelle von 2002 nicht mehr auf deliktische Ansprüche beschränkt (vgl. § 847 a. F.), sondern unabhängig vom Rechtsgrund eines Schadensersatzanspruchs. Dies sowie die Voraussetzungen der Ersatzfähigkeit sind in § 253 Abs. 2 im allgemeinen Schadensrecht geregelt (vgl. → § 24 Rn. 40 ff.).

---

40 Eine dem § 846 entsprechende Regelung fehlte noch im ersten Entwurf (vgl. *Mugdan* II, S. 13 [Motive]).

41 BGHZ 56, 163; a. A. noch RGZ 157, 11, 13 f.; so auch *LG Freiburg* NJW-RR 1996, 476, 477; MüKo-BGB/*Wagner*, Bd. 6, § 846 Rn. 5.

42 BGHZ 56, 163, insbes. S. 172; zur Kritik dieser als »Musterbeispiel für den Missbrauch des § 242 durch die Gerichte« empfundenen Billigkeitskorrektur, siehe Staudinger/*Röthel*, § 846 Rn. 8.

B. Besonderheiten bei Sachschäden (§§ 848 bis 851)

Bei **Sachschäden** durch unerlaubte Handlungen enthalten die §§ 848 bis 851 Vorschriften, die von den allgemeinen Regelungen abweichen. **15**

§ 848 erweitert die Haftung desjenigen, der durch unerlaubte Handlung eine Sache entzogen hat und zur Rückgabe verpflichtet ist (Deliktstäter), auf die Haftung für Zufall bzw. zufällige Folgeschäden. Es kommt nach dieser Vorschrift nicht auf die objektive Zurechenbarkeit (haftungsausfüllende Kausalität: Adäquanz, Schutzzweck- oder Risikozusammenhang) des Folgeschadens an. Grenze der Haftung ist nur die Nichtursächlichkeit der begangenen unerlaubten Handlung für den eingetretenen Folgeschaden (vgl. § 848 a. E.: »es sei denn, dass der Untergang [...] auch ohne die Entziehung eingetreten sein würde«).

§ 849 regelt die Verzinsung der Ersatzsumme[43], § 850 den Ersatzanspruch des Herausgabepflichtigen wegen Verwendungen und § 851 den Fall der Ersatzleistung an einen Nichtberechtigten.

C. Verjährung (§§ 195, 199, 852)

Schadensersatzansprüche aus unerlaubten Handlungen **verjähren** nach § 195 in drei **16** Jahren. Die Verjährungsfrist beginnt mit dem Schluss des Jahres, in dem der Anspruch entstanden ist (Fälligkeit) und der Geschädigte von den den Anspruch begründenden Umständen und der Person des Schuldners Kenntnis erlangt oder ohne grobe Fahrlässigkeit erlangen müsste (§ 199 Abs. 1).[44] Ohne Rücksicht auf die Kenntnis des Geschädigten verjähren Schadensersatzansprüche wegen Verletzung des Lebens, Körpers, der Gesundheit und Freiheit in 30 Jahren von Begehung der unerlaubten Handlung an (§ 199 Abs. 2), wegen Verletzung sonstiger Rechte in 10 Jahren ab Entstehung oder in 30 Jahren ab Begehung der unerlaubten Handlung (§ 199 Abs. 3).

Wenn Ansprüche aus unerlaubten Handlungen mit Ansprüchen aus Vertragsverletzungen zusammentreffen, unterliegt jeder Anspruch grundsätzlich seiner eigenen Verjährungsfrist (sog. Anspruchskonkurrenz). Ausnahmsweise kann aber auch die kürzere Verjährungsfrist für den vertraglichen Anspruch für die Haftung aus unerlaubter Handlung gelten. Voraussetzung ist, dass der Zweck der privilegierenden Norm (kurze Verjährungsfrist) die Anwendung auch im Deliktsrecht erfordert (vgl. dazu → § 1 Rn. 8 ff.). **17**

§ 203 regelt allgemein, dass die Verjährung während der Verhandlung über den Anspruch oder die den Anspruch begründenden Umstände zwischen dem Schuldner und dem Gläubiger gehemmt ist (vgl. § 209).

§ 852 S. 1 gewährt einen Anspruch auf Herausgabe dessen, was der Ersatzpflichtige **18** durch eine unerlaubte Handlung auf Kosten des Verletzten erlangt hat, im Umfang

---

43 Vgl. auch *BGH* NJW 2018, 2197 (Geldschuld aus unerlaubter Handlung ist nicht gem. § 353 S. 1 HGB ab Fälligkeit zu verzinsen, auch wenn sie im Zusammenhang mit einem beiderseitigen Handelsgeschäft entstanden ist).

44 *BGH* VersR 2012, 587 (Bei Arbeitsteilung in Behörden und bei Personen des öffentl. Rechts ist die Kenntnis der zuständigen Regressabteilung maßgeblich); *BGH* VersR 2012, 738; *BGH* r + s 2012, 308.

der Bereicherungshaftung (**deliktische Bereicherungshaftung**). Die Vorschrift will verhindern, dass der Schädiger die Vorteile, die er aus einer unerlaubten Handlung gezogen hat, nach Eintritt der Verjährung behalten kann, und will ausschließen, dass die mittels einer unerlaubten Handlung bewirkte Vermögensveränderung zugunsten des Schädigers auf die Fälle der Unmittelbarkeit beschränkt ist, da sonst der Geschädigte in vielen Fällen den Vermögensausgleich nicht mehr erlangen könnte.[45] Es handelt sich nach wie vor um den ursprünglichen – und im weiteren Umfang verjährten – Schadensersatzanspruch, der in seinem Inhalt auf die Herausgabe nach Bereicherungsgrundsätzen beschränkt ist (Rechtsfolgenverweisung auf die §§ 818 ff., ein Bereicherungstatbestand der §§ 812 ff. ist also nicht zu prüfen).[46] »Auf Kosten des Verletzten« meint nicht eine Unmittelbarkeit der Vermögensverschiebung, wie dies in § 812 Abs. 1 S. 1 Alt. 2 der Fall ist (vgl. → § 11 Rn. 14), sondern einen Zusammenhang zwischen dem Schaden des Verletzten und dem Vorteil des Verletzers.[47] § 852 S. 2 regelt die Verjährung des Anspruchs aus § 852 S. 1 speziell.

19   **Beispiel:** Der Arbeitgeber AG vergütet den Arbeitnehmer AN als Teilzeitkraft anteilig geringer als eine vergleichbare Vollzeitkraft (geringere Stundenvergütung als Teilzeitkraft im Vergleich zu vergleichbarer Vollzeitkraft). AN versucht AG 5 Jahre lang zur Auszahlung der (höheren) Vergütung zu bewegen. Endlich klagt AN gegen AG (nach Beendigung des Arbeitsvertrages) auf Entlohnung (*BAG* NJW 2002, 1066). (1) AN hat einen Anspruch aus §§ 611, 612 Abs. 2. Zwar ist die Vergütungsabrede zwischen AN und AG nichtig (§ 134 i.V.m. § 2 BeschFG 1985), an deren Stelle tritt aber die übliche Vergütung nach § 612 Abs. 2. Jedoch ist der Anspruch zwischenzeitlich verjährt (§§ 195, 199 Abs. 1). Ein Fall des § 203 liegt nicht vor. (2) AN hat einen Anspruch aus § 823 Abs. 2 i.V.m. § 2 BeschFG 1985. Die unerlaubte Handlung liegt darin, dass AG den AN als Teilzeitkraft schlechter vergütet als seine Vollzeitkräfte (vgl. § 2 BeschFG 1985). Jedoch ist auch dieser Anspruch verjährt (§§ 195, 199 Abs. 1).[48] (3) AN kann Herausgabe des Erlangten aus § 852 S. 1 verlangen. Die Vorschrift stellt einen Rechtsfolgenverweis dar. Anspruchsbegründend bleibt der (verjährte) Deliktstatbestand; nur der Umfang der Haftung des Schädigers wird durch Verweis auf die §§ 818 ff. auf das beschränkt, was der Schädiger durch die unerlaubte Handlung auf Kosten des Geschädigten erlangt hat. (a) Der Tatbestand eines deliktischen Schadensersatzanspruchs liegt vor (§ 823 Abs. 2 i.V.m. § 2 BeschFG 1985). (b) Fraglich ist, was AG erlangt hat und deshalb herausgeben muss. Nach Ansicht des BAG hat AG nichts »erlangt«: Die Arbeitsleistung erlangt AG nicht durch unerlaubte Handlung, sondern aufgrund des – nur in seiner Vergütungsabrede unwirksamen – Arbeitsvertrages. Auch den von der vertraglichen Vergütungsabrede nicht gedeckten Wert der Arbeitskraft erlangt AG nicht durch unerlaubte Handlung, da AN aufgrund seiner vertraglichen Arbeitsverpflichtung für ihn arbeitet. Einen Anspruch nicht vollständig zu erfüllen, bedeute nicht, um den unerfüllten Teil bereichert zu sein. Das Vermögen des AG ist und bleibt mit der noch nicht erfüllten Forderung belastet. Auch die ersparten Aufwendungen stellen kein erlangtes Etwas dar. (4) Der Anspruch des AN ist unbegründet.

---

45 BGHZ 71, 86; *BGH* NJW 1965, 1914, 1915.
46 BGHZ 130, 288; BGHZ 98, 77; 71, 86.
47 BGHZ 71, 86; *Larenz/Canaris*, SR II/2, § 83 V 2, S. 595.
48 Für den Beginn der Verjährung kommt es gem. § 199 Abs. 1 (= § 852 Abs. 1 a. F.) darauf an, ob der Geschädigte aufgrund der ihm bekannten Tatsachen gegen eine bestimmte Person eine Schadensersatzklage – und sei es in Form einer Feststellungsklage – erheben kann, die bei verständiger Würdigung ihm bekannter Tatsachen so viel Aussicht auf Erfolg bietet, dass sie für ihn zumutbar ist (*BAG* NJW 2002, 1066, 1067 m.w.N.).

D. Arglisteinrede

§ 853 normiert die sog. **Arglisteinrede.** Sie stellt einen Anwendungsfall des Einwandes 20
der unzulässigen Rechtsausübung dar und kann Grundlage eines Bereicherungsanspruchs aus § 813 Abs. 1 S. 1 sein (vgl. → § 10 Rn. 43).

§ 21. Unterlassungs- und Beseitigungsansprüche

Die Tatbestände der unerlaubten Handlungen richten sich nicht darauf, einem drohen- 1
den Schadenseintritt vorzubeugen oder eine bloße Beeinträchtigung zu beseitigen. Sie
gewähren Ersatz des eingetretenen Schadens, aber keinen Unterlassungs- oder Beseitigungsanspruch, wobei sich allerdings zwischen dem Schadensersatz durch Naturalrestitution und der Beseitigung einer Beeinträchtigung Überschneidungen ergeben
können (vgl. → Rn. 6). Ein Beseitigungs- oder Unterlassungsanspruch setzt anders als
ein Schadensersatzanspruch **kein Verschulden** voraus.

A. Rechtsgrundlage

Der **Eigentümer** kann nach § 1004 Abs. 1 von dem Störer verlangen, die Beeinträchti- 2
gung zu beseitigen bzw. weitere Beeinträchtigungen zu unterlassen. Er kann also einen
Beseitigungsanspruch geltend machen, wenn sein Eigentum noch beeinträchtigt wird.
Er kann außerdem einen Unterlassungsanspruch geltend machen, wenn (weitere) Störungen zu erwarten sind. Auch dem **Besitzer** steht nach § 862 ein Beseitigungs- und
Unterlassungsanspruch zu. Gleiches gilt beim **Namensrecht** gemäß § 12.[1] Diese gesetzlich geregelten Fälle werden häufig als negatorische Beseitigungs- oder Unterlassungsansprüche bezeichnet.[2]

Es besteht ein praktisches Bedürfnis, den Schutz durch den Beseitigungs- oder Unter- 3
lassungsanspruch – über die gesetzlich geregelten Fälle hinaus – auch auf die Beeinträchtigung anderer Rechte und Rechtsgüter auszudehnen. Mittlerweile ist anerkannt, einen Beseitigungs- und Unterlassungsanspruch **analog § 1004 bei allen
durch §§ 823 ff. geschützten Rechten oder Rechtsgütern** (§§ 823 Abs. 1, Abs. 2,
§§ 824–826[3]) zu gewähren, wenn eine rechtswidrige Verletzung gegeben ist (Beseitigungsanspruch) oder droht (Unterlassungsanspruch). Ein Verschulden ist – anders als
im Falle eines Schadensersatzanspruchs – nicht erforderlich. Diese auf Analogie ge-
stützten Ansprüche werden häufig als quasinegatorische Beseitigungs- und Unterlassungsansprüche bezeichnet.[4]

Nächste Angehörige eines Verstorbenen können zum Schutze der immateriellen
Bestandteile des allgemeinen Persönlichkeitsrechts (höchstpersönlicher Achtungsan-

---

1 Ein Verschulden des Anspruchsgegners braucht nicht vorzuliegen.
2 Aufgrund ausdrücklicher Verweisung ist § 1004 auch auf bestimmte beschränkt dingliche Rechte anwendbar: Dienstbarkeit (§§ 1027, 1090 Abs. 2), Nießbrauch (§ 1065), Pfandrecht (§ 1227, § 8 Pacht-
  kredG), Erbbaurecht (§ 11 Abs. 1 S. 1 ErbbVO), Dauerwohnrecht (§ 34 Abs. 2 WEG).
3 Palandt/*Herrler*, § 1004 Rn. 4.
4 Zur (nicht einheitlichen) Terminologie vgl. auch *Brox/Walker*, SchuldR BT, § 53 Rn. 6. Unterschiede
  in den Voraussetzungen und Rechtsfolgen bestehen nicht.

spruch) Abwehrrechte in Form von Unterlassungs- und Widerrufsansprüchen geltend machen, nicht jedoch in Form einer an die Angehörigen fließenden Geldentschädigung (**postmortaler Persönlichkeitsschutz**).[5] Ein Anspruch auf Geldentschädigung ist dagegen ausgeschlossen.[6]

B. Beseitigungsanspruch

I. Voraussetzungen

4 Anspruchsgegner ist der **Störer**. Störer ist jeder, der in irgendeiner Weise willentlich und adäquat kausal an der Herbeiführung der rechtswidrigen Beeinträchtigung mitgewirkt hat, sofern er die rechtliche Möglichkeit zur Verhinderung hatte. Unterschieden wird zwischen unmittelbarem und mittelbarem Handlungsstörer (Verhaltensstörer) sowie Zustandsstörer.[7]

Unmittelbarer Handlungsstörer ist, wer die Beeinträchtigung selbst durch Handeln oder Unterlassen bewirkt (hat).[8] Insoweit gelten die allgemeinen Zurechnungsregeln, insbesondere die Adäquanz.

Zur Vermeidung einer zu weit gehenden Zurechnung der Beeinträchtigung durch einen Dritten werden besondere Zurechnungsvoraussetzungen bei einem mittelbaren Handlungsstörer gefordert. **Mittelbarer Handlungsstörer** ist, wer die Beeinträchtigung durch einen anderen in irgendeiner adäquaten Weise durch seine Willensbetätigung verursacht und in der Lage ist, die unmittelbar auftretende Störung zu verhindern.[9]

Zustandsstörer ist, wer – insbesondere als Eigentümer oder Besitzer einer Sache – die Beeinträchtigung zwar nicht verursacht hat, aber die Quelle der Störung beherrscht, sodass er – nach wertender Beurteilung – willentlich den beeinträchtigenden Zustand aufrechterhält.[10] Die Zurechnung der fremd verursachten Beeinträchtigung setzt voraus, dass die Beeinträchtigung wenigstens mittelbar auf den Willen des Eigentümers oder Besitzers der störenden Sache zurückgeht. Die Kenntnis der die Tatbestandsmäßigkeit und die Rechtswidrigkeit begründenden Umstände ist nicht erforderlich.[11] Es muss bei wertender Betrachtung Sachgründe dafür geben, dem Eigentümer oder Nutzer einer störenden Sache (Zustandsstörer) die Verantwortung für ein Geschehen aufzuerlegen (insbes. adäquate Kausalität und wertende Zurechnung).[12] Ein Grund-

---

5 *BGH* MDR 2018, 1002 (Tod des Kontoinhabers eines sozialen Netzwerks); BGHZ 143, 214 (Marlene Dietrich).

6 BGHZ 201, 45; 165, 203 (Obduktionsfoto).

7 Die Terminologie und die Abgrenzungen sind leider – auch zwischen den Senaten des BGH, die nach der Geschäftsverteilung für unterschiedliche Sachgebiete (mit unterschiedlichen Anspruchsgrundlagen) zuständig sind – nicht einheitlich. Vgl. *v. Pentz*, AfP 2014, 8.

8 Der Betreiber eines (Ärzte-) Bewertungsportals haftet für von Dritten in das Portal eingestellte Äußerungen als unmittelbarer Störer, wenn er sich diese Äußerungen zu Eigen gemacht hat, *BGH* VersR 2017, 806.

9 BGHZ 206, 289.

10 MüKoBGB/*Baldus*, Bd. 7, § 1004 Rn. 149 ff.; vgl. *BGH* NJW 2011, 753 (Betreiber einer Internetplattform); *BGH* VersR 2013, 911; *BGH* NJW 2016, 863 (Halter eines vom Fahrer verbotswidrig auf einem fremden Grundstück abgestellten Kfz).

11 BGHZ 197, 213.

12 *BGH* NJW 2011, 753, 754.

stückseigentümer, der einen Handwerker Reparaturarbeiten am Haus vornehmen lässt, ist als Störer im Sinne des § 1004 Abs. 1 verantwortlich, wenn das Haus infolge der Arbeiten in Brand gerät und dadurch auch das Nachbargrundstück beschädigt wird. Dass der Handwerker sorgfältig ausgesucht wurde (und daher keine deliktsrechtliche Haftung besteht), ist unerheblich (*BGH* NJW 2018, 1542).[13]

Die Art des Tatbeitrags ist grundsätzlich unerheblich; eine Unterscheidung zwischen Täter und Gehilfen findet nicht statt.[14] Bei Beeinträchtigungen, die ein **pflichtwidriges Unterlassen** als (Mit-)Ursache haben, ist zur Vermeidung einer zu weitgehenden Haftung eine fallweise wertende Betrachtung erforderlich: die Verantwortlichkeit wird nicht nur durch die Möglichkeit und Zumutbarkeit der Erfolgsabwendung begrenzt, erforderlich ist auch die Verletzung einer Verhaltenspflicht, deren Umfang sich abhängig von den Umständen des Einzelfalles danach bestimmt, ob und inwieweit dem als mittelbaren Störer in Anspruch Genommenen eine Verhinderung der Verletzung, insbesondere durch die Wahrnehmung von Prüfpflichten, zuzumuten ist.[15] In die gebotene umfassende Interessenabwägung sind insbesondere durch die EU-Grundrechtecharta[16] und das GG geschützte Grundrechte einzubeziehen.[17]

Beispiele[18]:

– Dem Betreiber einer Internet-Auktions- oder -Verkaufsplattform ist es nicht zuzumuten, jedes vom Nutzer eingestellte Angebot vor Veröffentlichung im Internet auf eine mögliche Rechtsverletzung hin zu untersuchen.[19] Der Betreiber einer Internetplattform ist deshalb als Störer für eine Beeinträchtigung des Grundstückseigentums durch ungenehmigte Verwertung von Fotos des Grundstücks auf seiner Plattform nur bei einer für ihn bei Wahrnehmung seiner (begrenzten) Prüfpflicht erkennbaren Eigentumsverletzung verantwortlich.[20]

– Den (bloßen) Inhaber einer Internet-Domain trifft grundsätzlich keine Haftung für Rechtsverletzungen, die vom Domainpächter durch den Inhalt der Website begangen werden.[21]

– Ein Host-Provider kann als Verantwortlicher für Persönlichkeitsrechtsverletzungen erst dann in Anspruch genommen werden, wenn er Kenntnis von der Verletzung des Persönlichkeitsrechts erlangt. Eine allgemeine Pflicht, von Nutzern ins Netz gestellte Beiträge vor deren Veröffentlichung auf eventuelle Rechtsverletzungen zu prüfen, besteht nicht.[22] Wenn die Beanstandung eines Betroffenen allerdings so konkret gefasst ist, dass der Rechtsverstoß auf der Grundlage der Behauptung des Betroffenen unschwer bejaht werden kann, ist der Host-Provider verpflichtet, den gesamten Sachverhalt unter Berücksichtigung einer etwaigen Stellungnahme des für den beanstandeten Beitrag Verantwortlichen zu ermitteln und zu bewerten.[23]

---

13 Dazu *Wandt,* VersR 2017, 1109; *Klöpfer/Meier,* NJW 2018, 1516.

14 BGHZ 197, 213.

15 BGHZ 197, 213.

16 Die Mitgliedstaaten müssen die EU-Grundrechtecharta bei der Durchführung des Unionsrechts beachten (Art. 51 Abs. 1 S. 1 EU-Grundrechtecharta); zur umstrittenen Auslegung des Begriffs »Durchführung des Rechts der Union« *Lenaerts,* EuR 2012, 3.

17 Vgl. *BGH* GRUR 2016, 1289 zu den Voraussetzungen einer Störerhaftung für Urheberrechtsverletzungen durch volljährige Mitbewohner oder Gäste des Inhabers eines Internet-Anschlusses.

18 Zu »Mittelbarer Verantwortlichkeit im Internet« *Hofmann,* JuS 2017, 713.

19 BGHZ 173, 188.

20 *BGH* NJW 2011, 753; BGHZ 197, 213 (Prüfpflichten des Betreibers einer Internet-Suchmaschine).

21 *BGH* VersR 2009, 1417.

22 *BGH* VersR 2016, 666 (Arztbewertungsportal); BGHZ 191, 219; zu Prüfpflichten des Betreibers eines File-Hosting-Dienstes, der im Internet Speicherplatz zur Verfügung stellt: BGHZ 194, 339; *BGH* NJW 2013, 3245; zur Störerhaftung des Access-Providers, der Dritten den Zugang zum Internet bereitstellt, BGHZ 208, 82.

23 BGHZ 191, 219 (Blog-Eintrag).

- Den Betreiber einer Internet-Suchmaschine wie Google treffen geringere Prüfpflichten als einen Host-Provider. Den Betreiber einer Suchmaschine treffen erst dann spezifische Verhaltenspflichten, wenn er durch einen konkreten Hinweis Kenntnis von einer offensichtlichen und auf den ersten Blick klar erkennbaren Rechtsverletzung (z. B. bei Kinderpornographie, Aufruf zur Gewalt gegen Personen oder eindeutiger Schmähkritik) erlangt hat.[24]
- Der Inhaber eines WLAN-Anschlusses, der es unterlässt, die im Kaufzeitpunkt des WLAN-Routers marktüblichen Sicherungen ihrem Zweck entsprechend anzuwenden, haftet als Störer auf Unterlassung, wenn Dritte diesen Anschluss missbräuchlich nutzen, um urheberrechtlich geschützte Musiktitel in Internettauschbörsen einzustellen.[25] Die Beibehaltung eines werkseitig für das Gerät individuell voreingestellten sicheren Passworts ist grundsätzlich kein Verstoß gegen die den Anschlussinhaber treffende Prüfungspflicht.[26]
- Der Inhaber eines Internetanschlusses, der den Anschluss einem volljährigen Familienangehörigen[27], Mitbewohner oder Gast[28] ohne Belehrung und Überwachung überlässt, haftet als Störer auf Unterlassung nur, wenn konkrete Anhaltspunkte für Rechtsverletzungen vorlagen.

Ein Verschulden ist – anders als im Falle eines Schadensersatzanspruchs – nicht erforderlich. Die Störereigenschaft endet auch nicht mit dem Verlust des Eigentums an der störenden Sache.[29]

Nach § 1004 Abs. 2 ist der Anspruch ausgeschlossen, wenn der Eigentümer zur Duldung der Beeinträchtigung verpflichtet ist **(Duldungspflicht).**[30] Dies gilt auch für die analoge Anwendung des § 1004 auf andere durch §§ 823 ff. geschützte Rechte oder Rechtsgüter (quasinegatorischer Beseitigungsanspruch). Eine Duldungspflicht kann sich aus Gesetz (z. B. Rechtfertigungsgründe; Zuführung unwägbarer Stoffe bei unwesentlicher Beeinträchtigung oder wesentlicher Beeinträchtigung durch ortsübliche Benutzung, § 906; leicht fahrlässiger Überbau, § 912), aus Rechtsgeschäft (z. B. Einwilligung) oder kraft öffentlichen Rechts (z. B. Verwaltungsakt) ergeben.

5 **Vertiefungshinweis:** Aufgabe der Störerhaftung im Lauterkeitsrecht
Die Unterscheidung zwischen Täter und Teilnehmer auf der einen Seite und (bloßer) Störer auf der anderen Seite ist nach der neueren Rechtsprechung jedoch relevant, wenn es um ein **bloßes Verhaltensunrecht ohne Verletzung eines absoluten Rechts** geht. Um für diese Fallgruppe die Verantwortlichkeit einzugrenzen, lässt die Rechtsprechung hier eine Störerhaftung nicht mehr genügen, sondern verlangt, dass die Voraussetzungen von Täterschaft und Teilnahme vorliegen.[31]

---

24 *BGH* VersR 2018, 881.
25 BGHZ 185, 330. Zum Unionsrecht *EuGH* GRUR 2016, 1146 (Sicherungspflichten des Anbieters eines WLAN-Zugangs gegen Urheberrechtsverletzungen durch Dritte; Auslegung der Richtlinie 2000/31/EG über den elektronischen Geschäftsverkehr und der den Schutz geistigen Eigentums betreffenden Richtlinien 2001/29/EG und 2004/48/EG).
26 *BGH* NJW 2017, 1965.
27 BGHZ 200, 76 (für volljährigen Familienangehörigen); zu den begrenzten Aufsichtspflichten von Eltern gegenüber einem normal entwickelten 13-Jährigen *BGH* NJW 2013, 1441.
28 *BGH* GRUR 2016, 1289.
29 St. Rspr. vgl. nur *BGH* NJW 2005, 1366 (str.).
30 *BGH* NJW-RR 2014, 1043: Kein Anspruchsausschluss durch jahrzehntelange Gestattung der Grundstücksinanspruchnahme durch den Nachbarn (Stromkabel).
31 BGHZ 201, 344 (Störerhaftung ausgeschlossen); BGHZ 158, 236 (ebenfalls 1. Zivilsenat) formulierte noch vorsichtiger und sprach von einer »gewissen Zurückhaltung« in der neueren Rechtsprechung gegenüber dem Institut der Störerhaftung in Fällen des Verhaltensunrechts.

II. Anspruchsinhalt und Abgrenzung zum Schadensersatz

Weil ein Schadensersatzanspruch nach § 823 Abs. 1 im Gegensatz zum Beseitigungsanspruch aus § 1004 Abs. 1 Verschulden voraussetzt,[32] ist die – im Einzelnen sehr umstrittene – **Abgrenzung des Schadensersatzes von der Beseitigung** von besonderer Bedeutung.

6

Die Beseitigung richtet sich auf die Verhinderung künftiger Beeinträchtigungen, während Schadensersatz die in der Vergangenheit erfolgte Beeinträchtigung erfasst.[33] Beseitigung bezieht sich primär auf die Ursache der Störung und nicht auf deren Folgen (vgl. aber auch den Vertiefungshinweis → Rn. 7). § 1004 Abs. 1 gewährt ein Recht auf das Abstellen der Einwirkung für die Zukunft, nicht aber auf vollständige Beseitigung bereits eingetretener Einwirkungsfolgen.

Die überwiegende Ansicht der Literatur verwendet diese Abgrenzungsformel: Der Störer schuldet im Rahmen der Beseitigungspflicht nach § 1004 Abs. 1 nur den *actus contrarius* seiner störenden Tätigkeit; die Tätigkeit muss er rückgängig oder für die Zukunft wirkungslos machen: Die Behinderungen oder Beeinträchtigungen, die sich aus dem störenden Eingriff als weitere Folge ergeben, braucht er nicht zu beseitigen.[34] Auszugehen hat man von der konkreten Beeinträchtigung oder störenden Handlung bzw. dem Unterlassen des Störers: § 1004 Abs. 1 erfasst den *actus contrarius* zu dieser störenden Handlung.

Der **BGH** folgt in st. Rspr. weitergehend der sog. **Wiederbenutzbarkeitstheorie.** Danach ist der Störer – versuchuldensunabhängig – auch zur Beseitigung solcher Eigentumsbeeinträchtigungen verpflichtet, die zwangsläufig durch die Beseitigung der primären Störung entstehen. Indem § 1004 die Durchführung der Störungsbeseitigung ausschließlich dem Störer überträgt, weist die Vorschrift ihm gleichzeitig das Risiko zu, aufgrund der technischen Gegebenheiten insoweit eine erweiterte Leistung erbringen zu müssen, als es zu der Beseitigung der reinen Störung an sich erforderlich wäre. Geschuldet ist z. B. nicht nur das Abtragen und Entsorgen verunreinigten Erdreichs, sondern auch die anschließende Wiederherstellung des ursprünglichen Zustands des beeinträchtigten Grundstücks (*BGH* NJW 2005, 1366 m.w.N.).[35] Nur hinsichtlich weiterer Störungsfolgen, die nicht zwangsläufig mit der Störungsbeseitigung verbunden sind, ist der Geschädigte auf die verschuldensabhängige deliktsrechtliche Haftung verwiesen.

Beispiel: Ist der Störer für einen Dammbruch verantwortlich, so kann die Schließung des Damms, nicht aber Ersatz des Überschwemmungsschadens verlangt werden.[36]

Bei **unwahren Tatsachenbehauptungen** kann der Betroffene vom Störer die Berichtigung verlangen, um den Zustand fortdauernder Rufbeeinträchtigung zu beenden und so die rechtswidrige Störung abzustellen.[37] Formen der Berichtigung sind insbeson-

---

32 Vgl. *BGH* VersR 2009, 1417.

33 Vgl. etwa BGHZ 28, 110; MüKoBGB/*Baldus*, Bd. 7, § 1004 Rn. 218.

34 *Wellenhofer*, GS Wolf, 2011, S. 323ff.; *Baur*, AcP 160 (1961), 465, 489; ihm folgend MüKoBGB/*Baldus*, Bd. 7, § 1004 Rn. 225.

35 Vgl. auch *Larenz/Canaris*, SR II/2, § 86 VI, S. 701; *Herrmann*, JR 1998, 242, 243; *Roth*, JZ 1998, 94, 95.

36 Beispiel nach *Baur/Stürner*, SachenR, § 12 Rn. 20. Weitere Beispiele vgl. BeckOK BGB/*Fritzsche*, § 1004 Rn. 57 f., 60 ff.

37 BGHZ 176, 175 (BKA gegen Focus); BGHZ 128, 1, 6.

dere der **Widerruf** oder die für den Störer weniger einschneidende **Richtigstellung.**[38] Zur Beseitigung eines Zustands fortdauernder Rufbeeinträchtigung kann der Störer grundsätzlich auch auf **Löschung bzw. Hinwirken auf Löschung rechtswidriger, im Internet** abrufbarer Tatsachenbehauptungen in Anspruch genommen werden, wenn und soweit die beanstandeten Behauptungen nachweislich falsch sind und die begehrte Abhilfemaßnahme unter Abwägung der beiderseitigen Rechtspositionen, insbesondere der Schwere der Beeinträchtigung, zur Beseitigung des Störungszustands geeignet, erforderlich und dem Störer zumutbar ist.[39]

Ein Widerruf einer Meinungsäußerung ist mit Rücksicht auf Art. 5 GG unzulässig und kann deshalb nicht auf § 1004 gestützt werden (vgl. → § 16 Rn. 65).[40]

7 **Beispiele:**
- Wenn es zur Beseitigung von in ein Grundstück eingedrungenen Kohlenwasserstoffen erforderlich ist, die verunreinigten Bodenschichten einschließlich der darauf befindlichen Pflanzen und baulichen Anlagen zu entfernen, trifft den Störer auch die Pflicht zur Wiederherstellung der durch die Störungsbeseitigung beeinträchtigten Gestaltung des Grundstücks (*BGH* NJW 2005, 1366).
- Wenn die Beseitigung einer Bodenverunreinigung ohne die Beseitigung des Erdreichs und dessen Entsorgung technisch nicht möglich ist, erstreckt sich die Beseitigungspflicht auch darauf und auf die Wiederherstellung der durch die Störungsbeseitigung beeinträchtigte Gestaltung des Grundstücks mittels Wiederbefüllung mit Erde und Wiederbepflanzung (*BGH* NJW 1996, 845, 846).
- Erfordert die Beseitigung störender Baumwurzeln, die von dem Nachbargrundstück in eine Abwasserleitung eingedrungen sind, die Zerstörung dieser Leitung, hat der Störer eine neue Abwasserleitung zu verlegen (BGHZ 97, 231, 236 f.).
- Muss zur Beseitigung störender Baumwurzeln, die von einem Nachbargrundstück eingedrungen sind, ein auf dem beeinträchtigten Grundstück befindlicher Tennisplatzbelag oder ein Plattenweg entfernt werden, ist der Störer zur Wiederherstellung dieser Anlagen verpflichtet (BGHZ 135, 235, 238).

Ein Mitverschulden des beeinträchtigten Eigentümers ist analog § 254 zu berücksichtigen, indem der Beseitigungsanspruch durch eine Feststellung zur Kostenbeteiligung des Anspruchsberechtigten in Höhe von dessen Haftungsquote eingeschränkt wird.[41] Auch ist ein Abzug »neu für alt« vorzunehmen.[42]

Der anspruchsberechtigte Eigentümer, der eine Beeinträchtigung selbst beseitigt, kann von dem nach § 1004 Abs. 1 S. 1 verpflichteten Störer Aufwendungsersatz aus GoA (§§ 683, 677, 670), im Übrigen nach § 812 Abs. 1 S. 1 Alt. 2 verlangen.[43]

C. Unterlassungsanspruch

8 Der Unterlassungsanspruch dient dazu, eine bevorstehende rechtswidrige Verletzung der in den §§ 823 ff. geschützten Rechtspositionen abzuwehren.[44]

---

38 Vgl. BGHZ 176, 175 (BKA gegen Focus); BVerfGE 99, 185, 199; *BGH* NJW 1998, 1223.
39 BGHZ 206, 289.
40 Vgl. BGHZ 65, 320 m. w. N.
41 BGHZ 135, 235.
42 *BGH* NJW 2012, 1080.
43 BGHZ 97, 231; BGHZ 142, 227; *BGH* NJW 2004, 603; *BGH* NJW 2005, 1366; *BGH* NJW 2012, 1080.
44 *BGH* NJW 2016, 863 (Verbotene Eigenmacht durch den Fahrer, der sich bei Vertrag über die kurzzeitige Nutzung eines jedermann zugänglichen privaten Parkplatzes nicht an die Vertrags- und Einstellbedingungen, z. B. Zahlung der Parkgebühr und dem Auslegen des Parkscheins, hält); *BGH* VersR 2013, 911 (Unterlassungsanspruch gegen den Halter wegen verbotswidrigen Parkens auf

§ 1004 Abs. 1 S. 2 (analog) verlangt, dass »weitere Beeinträchtigungen zu besorgen« sind. Es muss also eine **Wiederholungsgefahr** bestehen. Nach der Rechtsprechung werden hieran keine strengen Anforderungen gestellt. So begründet beispielsweise schon das einmalige unbefugte Abstellen eines Kfz auf einem Privatgrundstück die tatsächliche Vermutung (gegen den Handlungsstörer) dafür, dass sich die Beeinträchtigung wiederholt.[45]

Über den Gesetzeswortlaut hinaus wird der Unterlassungsanspruch schon gegen die erste Beeinträchtigung gewährt, wenn diese wahrscheinlich bevorsteht. Eine **(Erst-) Begehungsgefahr reicht aus.** Für den Halter eines Kfz, der bei Besitzstörung durch einen personenverschiedenen Fahrer als bloßer Zustandsstörer in Anspruch genommen wird, ist eine Wiederholungsgefahr nicht indiziert. Er kann aber unter dem Gesichtspunkt der Erstbegehungsgefahr auf Unterlassung in Anspruch genommen werden, wenn er auf die Aufforderung des Parkplatzberechtigten, den für eine Besitzstörung verantwortlichen Fahrer zu benennen, schweigt. Dieses Verhalten macht bei wertender Betrachtung künftige Besitzstörungen wahrscheinlich. Das ist für einen Unterlassungsanspruch nach allgemeiner Ansicht ausreichend (vorbeugender Unterlassungsanspruch).[46]

Der Unterlassungsanspruch hat im Übrigen grundsätzlich die gleichen Voraussetzungen wie der Beseitigungsanspruch (zum Störer als Anspruchsgegner → Rn. 4).[47] An einem rechtswidrigen Eingriff fehlt es, wenn eine Duldungspflicht besteht, insbesondere wenn eine Einwilligung vorliegt. Eine nicht in Erfüllung einer vertraglichen Verpflichtung gegebene Einwilligung kann widerrufen werden, beispielsweise in Form eines Hausverbots oder Stadionverbots.[48] **9**

Nach der seit dem 13.10.2017 geltenden Neufassung des § 8 Abs. 1 S. 2 TMG handelt der **Vermittler eines Internetzugangs (Diensteanbieter)** nicht schon deshalb rechtswidrig, weil ein Nutzer rechtswidrig mittels des Internetzugangs handelt. Der Diensteanbieter kann daher nicht auf Schadensersatz, Beseitigung oder Unterlassung der fremdverantworteten Rechtsverletzung in Anspruch genommen werden. § 7 Abs. 4 TMG gewährt allerdings unter bestimmten Voraussetzungen einen Anspruch auf Sperrung des Zugangs zu Informationen gegen den Betreiber eines Internetzugangs über WLAN. Diese Vorschrift ist richtlinienkonform dahin fortzubilden, dass der Sperranspruch auch gegenüber den Anbietern drahtgebundener Internetzugänge geltend gemacht werden kann. Der Anspruch auf Sperrmaßnahmen ist nicht auf bestimmte Sperrmaßnahmen beschränkt und kann auch die Pflicht zur Registrierung von Nutzern, zur Verschlüsselung des Zugangs mit einem Passwort oder – im äußers-

---

einem fremden Grundstück durch den Fahrer); *BGH* NJW 2015, 2023 (Unterlassungsanspruch wegen Gesundheitsgefahr gegen Nachbar-Mieter, der auf dem Balkon seiner Wohnung raucht).
45 *BGH* NJW 2016, 863.
46 *BGH* NJW 2016, 863.
47 Die Geltendmachung eines Unterlassungsanspruchs gegen den Betreiber eines Internetportals, der eine vorangegangenen Rechtsverletzung begangen hat, wird durch das Haftungsprivileg des § 10 TMG nicht eingeschränkt, BGHZ 209, 139.
48 *BGH* VersR 2010, 825, 826 (Bundesweites Stadionverbot gegen Fußballfan aufgrund objektiv begründeter Gefahr künftiger Störungen; wegen der mittelbaren Wirkung der Grundrechte bedarf es eines sachlichen Grundes); verfassungsrechtliche Zulässigkeit bestätigt durch *BVerfG* NJW 2018, 1667.

ten Fall – zur vollständigen Sperrung des Zugangs umfassen (*BGH* BeckRS 2018, 19092).

Wie der Beseitigungsanspruch setzt auch der Unterlassungsanspruch **kein Verschulden** voraus.

Beispiel: B ist Verleger einer Zeitschrift mit einer Beilage. Diese wird von einem von B wirtschaftlich unabhängigen Verein (e.V.) vertrieben. In einem Artikel in dieser Beilage werden geschäftsschädigende Äußerungen über eine Frauenzeitschrift veröffentlicht, welche von K verlegt wird. K verlangt von B Unterlassung, was B aber beharrlich (und unberechtigt) verweigert (BGHZ 3, 270 »Constanze«-Urteil).
Weil die geschäftsschädigenden Äußerungen einen Eingriff in das Recht am eingerichteten und ausgeübten Gewerbebetrieb darstellen, Wiederholungsgefahr und keine Duldungspflicht bestehen, ist ein Unterlassungsanspruch aus § 1004 Abs. 1 S. 2 analog begründet, wenn B Störer ist. Zwar hat nicht B, sondern der Verein den Artikel verfasst. Trotzdem ist die Störereigenschaft des B zu bejahen: Der Verleger hat für eine rechtsverletzende Veröffentlichung, die ohne sein Wissen in einer Druckschrift einer von ihm verlegten Zeitschrift erscheint, als Störer einzustehen, wenn er auf den Inhalt oder den Vertrieb der Druckschrift Einfluss nehmen kann. Auch ohne diese Einflussmöglichkeit ist er Störer, wenn er die Zuwiderhandlung nach ihrer Kenntnisnahme billigt und ein Recht zu künftigen gleichlautenden Veröffentlichungen für sich in Anspruch nimmt. In diesen Fällen ist die Beeinträchtigung wenigstens mittelbar auf seinen Willen zurückzuführen. B ist dann richtiger Anspruchsgegner eines vorbeugenden Unterlassungsanspruchs. Ob er für die konkreten Äußerungen verantwortlich ist, spielt dann keine Rolle. Unter diesen Voraussetzungen kann K von B Unterlassung derartiger Äußerungen verlangen.

10 Lässt sich die drohende Beeinträchtigung nur durch aktives Eingreifen verhindern, schuldet der zur Unterlassung Verpflichtete das erforderliche positive Tun.[49]

D. Zusammenfassung

11

Beseitigungs- und Unterlassungsanspruch

   I. Beseitigungsanspruch (§ 1004 bzw. analog)
      1. Tatbestand
         a) Verletzung der durch §§ 823 ff. geschützten Rechte und Rechtsgüter
         b) Fortdauernde Beeinträchtigung
         c) Rechtswidrigkeit – Keine Duldungspflicht (vgl. § 1004 Abs. 2);
            Verschulden nicht erforderlich
         d) Anspruchsgegner: Handlungs- oder Zustandsstörer (→ Rn. 4)
      2. Rechtsfolge
         Beseitigung der fortdauernden Beeinträchtigung – kein Schadensausgleich
         P: Abgrenzung zum Schadensersatz (vgl. → Rn. 6)
   II. Unterlassungsanspruch (§ 1004 bzw. analog)
      1. Tatbestand
         a) (Drohende) Verletzung der durch §§ 823 ff. geschützten Rechte und Rechtsgüter
         b) Wiederholungsgefahr bzw. Erstbegehungsgefahr (→ Rn. 8)
         c) Rechtswidrigkeit – Keine Duldungspflicht (§ 1004 Abs. 2),
            Verschulden nicht erforderlich
         d) Anspruchsgegner: Handlungs- oder Zustandsstörer (→ Rn. 4)
      2. Rechtsfolge
         Unterlassung der bevorstehenden Störung

---

49 *BGH* NJW 2004, 1035; *BGH* NJW-RR 2016, 24.

§ 22. Gefährdungshaftung und Haftung für fehlerhafte Produkte

A. Tatbestände der Gefährdungshaftung

I. Grundlagen und Überblick

Die **Gefährdungshaftung** setzt weder Verhaltenspflichten noch Rechtswidrigkeit noch Verschulden in einem den §§ 823 ff. vergleichbaren Sinne voraus.[1] Sie knüpft vielmehr an eine von dem Verantwortlichen beherrschte oder beherrschbare spezifische Gefahr (z. B. des Tieres gemäß § 833 [vgl. → § 18 Rn. 27 ff.], des Kfz gem. § 7 StVG) an und hängt lediglich davon ab, dass sich diese verwirklicht. Dabei kommt es anders als bei fahrlässigem Verhalten nicht darauf an, ob der Schadensfall anhand bisheriger Erfahrungen vorausgesehen werden musste.[2] Die Gefährdungshaftung dient damit dem Ziel, die spezifischen Auswirkungen einer im Einzelfall in erlaubter Weise gesetzten Gefahr auszugleichen. Insoweit beruht sie auf dem Gedanken, dass die aus einer bestimmten Gefahr sich ergebenden besonderen Schadensrisiken demjenigen zuzurechnen sind, der diese Gefahrenquelle im Allgemeinen beherrscht und Nutzen aus ihr zieht.

Die spezifische Gefahr, an die angeknüpft wird, ergibt sich aus den jeweiligen Tatbeständen der Gefährdungshaftung, insbesondere:

- Haftung des Halters eines Kraftfahrzeugs oder eines Anhängers (§ 7 StVG: »bei dem Betrieb«),
- Tierhalterhaftung für ein Luxustier (§ 833 S. 1: »durch ein Tier«; vgl. dazu → § 18 Rn. 28 ff.),
- Haftung des Betriebsunternehmers einer Schienenbahn (§ 1 HPflG: »bei dem Betrieb«),
- Haftung des Inhabers einer Energieanlage (§ 2 HPflG: »durch die Wirkungen von Elektrizität, Gasen, Dämpfen oder Flüssigkeiten«),
- Haftung des Inhabers einer Kernanlage (§ 25 AtomG: »beruht ein Schaden auf einem von einer Kernanlage ausgehenden nuklearen Ereignis«).

Die Gefährdungshaftung birgt für den Verpflichteten große Risiken einer Schadensersatzhaftung in beträchtlichem Umfang. Er soll deswegen nicht für alle Schäden haften, die irgendwie in einem Zusammenhang mit der Gefahrenquelle stehen. Dementsprechend wird die Gefährdungshaftung in aller Regel eingeschränkt, und zwar in zweierlei Hinsicht:

1. In der Regel wird nicht gehaftet, wenn der Schaden durch eine betriebsfremde Ursache hervorgerufen wird.

Beispiele:

- Die Haftung des Kfz-Halters entfällt, wenn der Unfall durch höhere Gewalt verursacht wurde (§ 7 Abs. 2 StVG).

---

1 *Medicus/Petersen,* BR, Rn. 604; BGHZ 79, 259; *BGH* NJW 1982, 1046; BGHZ 24, 21; 34, 355.
2 Zum Zurechnungszusammenhang und zur Geltung der Adäquanztheorie vgl. *BGH* NJW 1975, 1886; BGHZ 79, 259; *BGH* NJW 1982, 1046; NJW 2005, 2081; Hentschel/König/Dauer/*König,* § 7 StVG Rn. 11; BHHJJ/*Burmann,* § 7 StVG Rn. 13.

– Keine Haftung gegenüber anderen Kfz-Haltern oder Fahrern bei unabwendbarem Ereignis (§ 17 Abs. 3 StVG).

2. Die Haftung ist auf bestimmte Höchstbeträge begrenzt (vgl. § 12 StVG, § 10 HPflG).

Eine früher bestehende Beschränkung, nämlich der Ausschluss von Schmerzensgeld, ist dagegen mit dem Zweiten Gesetz zur Änderung schadensersatzrechtlicher Vorschriften vom 19.7.2002[3] weggefallen. Seitdem kann ein Anspruch auf Schmerzensgeld auch in Fällen der Gefährdungshaftung gegeben sein (vgl. → § 24 Rn. 40 ff.).

4 Zwischen Ansprüchen aus Gefährdungshaftung und Ansprüchen aus Verschuldenshaftung besteht echte Anspruchskonkurrenz (vgl. → Rn. 29 und → § 1 Rn. 5).

II. Haftung des Halters eines Kfz oder Anhängers

5 Die §§ 7 ff. StVG normieren Tatbestände der Gefährdungshaftung.[4] Nach § 7 Abs. 1 StVG haftet der Halter eines Kfz für Schäden, die dadurch entstehen, dass bei dem Betrieb eines Fahrzeugs ein Mensch getötet oder verletzt oder eine Sache beschädigt wird **(Halterhaftung)**. Diese Ersatzpflicht des Kfz-Halters ist ein Tatbestand der **Gefährdungshaftung**. Die **Haftung des Fahrzeugführers** nach § 18 Abs. 1 StVG ist dagegen eine **Haftung für vermutetes Verschulden** (vgl. → § 22 Rn. 44).

6 **Vertiefungshinweis:** § 17 Abs. 1 und 2 StVG sind keine Anspruchsgrundlagen. § 17 Abs. 1 regelt bei Schädigung eines nicht motorisierten Dritten nur den Umfang der Ausgleichpflicht im Innenverhältnis mehrerer Kfz-Halter (und eines oder mehrerer Fahrer, § 18 Abs. 3 StVG) und § 17 Abs. 2 die Schadensteilung unter mehreren beteiligten, sich wechselseitig haftenden Kfz-Haltern bei Bestehen eines Ersatzanspruchs aus einer anderen Anspruchsgrundlage (Gefährdungshaftung, Deliktshaftung, Amtshaftung, usw.).[5]

1. Voraussetzungen der Halterhaftung

a) Anspruchsberechtigter: Verletzter

7 Anspruchsinhaber ist der »**Verletzte**« (Aktivlegitimation). Das ist derjenige, der einen Personen- oder Sachschaden i. S. des § 7 Abs. 1 StVG erlitten hat. Es kann sich dabei auch um einen Insassen eines unfallbeteiligten Kfz handeln (vgl. § 8a StVG sowie → § 22 Rn. 27).[6]

---

3 BGBl. I, S. 2674.

4 Das Zweite Gesetz zur Änderung schadensersatzrechtlicher Vorschriften, BGBl. I 2002, S. 2674, brachte in dem hier zu behandelnden Bereich wesentliche Änderungen: Haftungsrechtliche Gleichstellung des Kfz-Anhängers mit einem Kfz, Entlastungsbeweis des Halters z. T. nur noch bei höherer Gewalt, Gefährdungshaftung gegenüber allen Insassen, Anhebung der Verantwortlichkeitsgrenze für Kinder auf 10 Jahre, Änderung der Ausgleichpflicht nach § 17 StVG, Haftung auch auf Schmerzensgeld, Anhebung der Haftungshöchstsummen. Vgl. zu den dazu angeführten Erwägungen die Reg-Begr. zum Entwurf eines Zweiten Gesetzes zur Änderung schadensersatzrechtlicher Vorschriften, BT-Drs. 14/7752, S. 29 f.

5 Vgl. Hentschel/König/Dauer/*König*, § 17 StVG Rn. 2; BHHJJ/*Heß*, § 17 StVG Rn. 2 f.

6 Die Ersatzpflichtigkeit des Halters bzw. Fahrers auch gegenüber einem in diesem Kfz unentgeltlich beförderten Verletzten wurde durch das Zweite Gesetz zur Änderung schadensersatzrechtlicher Vorschriften vom 19.7.2002 (BGBl. I, S. 2674) eingeführt.

Beispiele:

- Ist an einem Kfz-Unfall ein Mietwagen beteiligt, so ist für den Anspruch gegen den anderen Kfz-Halter bzw. Fahrer sowohl der Eigentümer des Mietwagens (Eigentum) als auch der Mieter[7] (berechtigter Besitz) »Verletzter« i. S. des § 7 Abs. 1 StVG.
- Der verletzte Fahrer des Unfallwagens hat keinen Anspruch aus § 7 StVG gegen den Halter des von ihm geführten Kfz (vgl. § 8 Nr. 2 StVG).
- Der Leasingnehmer eines Kfz haftet als Halter nicht gem. § 7 StVG gegenüber dem Leasinggeber und Eigentümer des Kfz für Sachschäden, da der Schutzzweck der Halterhaftung darauf begrenzt ist, das Eigentum Dritter von den ihnen aufgezwungenen Gefahren des Kfz-Betriebs zu schützen (anders bei Personenschäden).[8]

b) Anspruchsgegner: Halter eines Kfz oder Anhängers

Der aus § 7 Abs. 1 StVG Verpflichtete (Passivlegitimation) ist der **Halter** des Kfz (vgl.   **8** die Legaldefinition des Kfz in § 1 Abs. 2 StVG) oder Anhängers.[9] Halter ist, wer das Fahrzeug oder den Anhänger für eigene Rechnung (nicht nur ganz vorübergehend) gebraucht und die Verfügungsgewalt darüber besitzt.[10] Ausschlaggebend ist das tatsächliche Herrschaftsverhältnis, nicht das rechtliche. Das tatsächliche Herrschaftsverhältnis setzt keinen unmittelbaren Besitz voraus, mittelbarer Besitz genügt. Die Eigentumsverhältnisse und die Frage, auf wen der Wagen zugelassen ist, sind für die Haltereigenschaft nicht entscheidend.[11] Auch der Zeitraum des Gebrauchs einer Sache ist nicht schlechthin ausschlaggebend, kann aber ein Indiz für die tatsächliche Verfügungsgewalt als Voraussetzung der Haltereigenschaft sein (vgl. den Begriff des Tierhalters i. S. des § 833 → § 18 Rn. 32).

Beispiele:

- Vermieten und Überlassen des Kfz an einen Mieter beseitigt die Haltereigenschaft des Vermieters grundsätzlich nicht.[12] Ob der Mieter neben dem Vermieter zum Halter wird, hängt davon ab, ob ihm die Verfügungsgewalt eingeräumt worden ist, was wesentlich von der Dauer des Mietverhältnisses abhängt.[13]
- Bei Leasingverträgen ist regelmäßig der Leasingnehmer der Halter.[14]
- Bei Sicherungsübereignung ohne Übertragung des unmittelbaren Besitzes wird der neue Eigentümer regelmäßig nicht Halter.

---

7 Vgl. *BGH* NJW 1981, 750.
8 BGHZ 187, 379.
9 Der Halter eines Anhängers haftet seit dem Zweiten Gesetz zur Änderung schadensersatzrechtlicher Vorschriften vom 19.7.2002 (BGBl. I, S. 2674) selbstständig. Der Anhänger muss dazu bestimmt sein, von einem Kfz mitgeführt zu werden. Damit ist nicht nur der im Einzelfall mitgeführte (der bewegte) Anhänger gemeint, sondern auch der sich vom Zugfahrzeug lösende (abgerissene) oder der abgestellte Anhänger, vgl. BT-Drs. 14/7752, S. 50, 56.
10 BGHZ 13, 351; *BGH* NJW 1997, 660; BHHJJ/*Burmann*, § 7 StVG Rn. 5; Hentschel/König/Dauer/ *König,* § 7 StVG Rn. 14.
11 Hentschel/König/Dauer/*König,* § 7 StVG Rn. 14.
12 Dies gilt insbesondere dann, wenn der Überlassende hieraus wirtschaftliche Vorteile zieht oder das Kfz nur für wenige Stunden oder eine bestimmte Einzelfahrt überlässt. BGHZ 32, 332, 334; 116, 200. Gleiches gilt für eine Überlassung für 2 Tage (RGZ 127, 174, 177ff.). Vgl. auch *OLG Hamm* DAR 1956, 114 (3 Tage); DAR 1978, 111 (3 Tage); VersR 1991, 220 (mehrtägige Urlaubsreise; Mieter ist Mithalter). Ein Verlust der Haltereigenschaft des Vermieters kann sich aber ergeben, wenn das Kfz völlig seinem Einfluss entzogen wird.
13 Die Haltereigenschaft des Mieters ist bei Anmietung für nur wenige Stunden, einen Tag oder eine bestimmte Fahrt zu verneinen (BGHZ 116, 200: Anmietung für weniger als einen Tag); anders aber bei Anmietung für eine mehrtägige Auslandsreise (*OLG Hamm* VersR 1991, 220).
14 BGHZ 87, 133; BGHZ 173, 182.

Sobald der Halter die tatsächliche Verfügungsgewalt dauerhaft verliert, endet die Haltereigenschaft sowie die Halterhaftung (Ausnahme: § 7 Abs. 3 S. 1 Hs. 2 StVG). Mehrere Personen können nebeneinander Halter desselben Kfz sein, wenn sie jeweils die genannten Merkmale erfüllen.[15]

9   Dadurch, dass eine Person die tatsächliche (auf Dauer angelegte) Verfügungsgewalt über ein Kfz (oder einen Anhänger) erlangt, wird seine Haltereigenschaft begründet. Die Begründung der Haltereigenschaft ist kein Rechtsgeschäft, sodass fehlende Geschäftsfähigkeit im Grunde nicht schadet. Zum Schutz nicht voll Geschäftsfähiger sind aber die §§ 104 ff. entsprechend anzuwenden:[16] Ein Minderjähriger wird nur mit Zustimmung der gesetzlichen Vertreter Halter.[17, 18]

c) Verletzungserfolg: Personen- oder Sachschaden

10   Erforderlich ist ein **Personenschaden** (Tötung eines Menschen, Verletzung des Körpers oder der Gesundheit eines Menschen) **oder die Beschädigung einer Sache**[19] (Verletzungserfolg). Ein reiner Vermögensschaden führt nicht zu einer Ersatzpflicht des Halters.[20] Nicht erfasst ist die Beschädigung des betriebenen Kfz selbst, dessen Betriebsgefahr sich realisiert hat, da sie außerhalb des Schutzzwecks der §§ 7 ff. StVG liegt.

d) Bei dem Betrieb des Kfz

11   Der Schaden muss **bei dem Betrieb** des Kfz oder Anhängers entstanden sein. Dieses Tatbestandsmerkmal dient dazu, die Schadenshaftung des Halters auf betriebsspezifische Gefahren zu begrenzen.

aa) Betrieb

12   Nach der heute herrschenden sog. verkehrstechnischen Auffassung ist ein Kfz (oder Anhänger) in **Betrieb,** solange es sich – im öffentlichen Verkehrsbereich oder auf privatem Gelände[21] – bewegt oder in verkehrsbeeinflussender Weise ruht.[22] Das ist auch der Fall, wenn ein Fahrzeug auf der Fahrbahn liegen bleibt oder auf der Straße selbst abgestellt ist (umstritten bei verkehrsvorschriftsmäßigem Abstellen auf ausschließlich dafür bestimmtem öffentlichem Grund oder auf Privatgrund[23]). Der Betrieb des Kfz

---

15   Dies ist häufig bei gemeinsamer Nutzung eines Kfz durch Eheleute der Fall.

16   *Larenz/Canaris,* SR II/2, § 84 I 2 g, S. 609; *Esser/Weyers,* SR II/2, § 63 II 3, S. 372.

17   Vertreten wird auch, § 828 Abs. 3 entsprechend anzuwenden (*v. Caemmerer,* FS Flume, Bd. 1, 1978, S. 359, 363 f.). Für die Begründung der Haltereigenschaft kommt es dann auf »die zur Erkenntnis der Verantwortlichkeit erforderliche Einsicht« an. Nach anderer Ansicht soll es auf die Geschäfts- und Verschuldensfähigkeit nicht ankommen (vgl. zum Streitstand *v. Caemmerer,* a. a. O., S. 362 f. m. w. N.).

18   Wegen der Herabsetzung des Volljährigenalters von der Vollendung des 21. auf die Vollendung des 18. Lebensjahres hat diese Frage eine geringere praktische Bedeutung, woran wohl auch der »Führerschein mit 17« (begleitetes Fahren) nicht viel ändern wird.

19   *BGH* NJW 2015, 1174 (abgelehnt für bloße Nutzungsbeeinträchtigung einer Autobahnraststätte).

20   Vgl. Hentschel/König/Dauer/*König,* § 7 StVG Rn. 26.

21   *BGH* NJW 2015, 1681 m. w. N.

22   Anders die früher vertretene, aber infolge veränderter Verkehrsverhältnisse überholte sog. maschinentechnische Auffassung, nach der ein Kraftfahrzeug in Betrieb ist, wenn sein Motor in Gang gesetzt ist und das Fahrzeug selbst oder eine seiner Betriebseinrichtungen sich bewegt. Vgl. *BGH* NJW 1975, 1886.

23   Vgl. dazu BHHJJ/*Burmann,* § 7 StVG Rn. 9 f.; Hentschel/König/Dauer/*König,* § 7 StVG Rn. 5, 8; *Dörr,* MDR 2011, 1083.

dauert so lange fort, wie es der Fahrer im Verkehr belässt und die dadurch geschaffene Gefahrenlage fortbesteht.[24]

Beispiele:

- »In Betrieb« ist ein auf der Fahrbahn liegen gebliebener oder unberechtigt geparkter Wagen, weil er an dieser Stelle noch nicht endgültig abgestellt werden darf und eine erhebliche Gefahrenquelle bildet.[25] Auch während des Abschleppens befindet sich das abgeschleppte Fahrzeug noch in Betrieb.[26]
- Fahrzeughalter B verursacht einen Autounfall. Weil B und der andere unfallbeteiligte Fahrer ihre beschädigten Fahrzeuge bis zum Eintreffen der Polizei am Unfallort auf der Straße stehen lassen, werden die nachfolgenden Fahrzeuge an der Weiterfahrt behindert, fahren deshalb über den angrenzenden Geh- und Radweg und beschädigen diesen. B haftet für diesen Schaden aus § 7 StVG. Sowohl das zum Unfall führende Fahrverhalten als auch das Stehenlassen des Kfz nach dem Unfall unterfallen dem Tatbestandsmerkmal des »Betriebes«, da sich das Kfz noch im Verkehr befindet und die dadurch geschaffene Gefahr fortbesteht (BGHZ 58, 162 »Grünstreifen«-Fall, vgl. → § 16 Rn. 136 und 148).

bb) »Bei« (rechtlicher Zurechnungszusammenhang zwischen Betrieb und Schadensereignis)

Erforderlich ist ein **Kausalzusammenhang** zwischen Betrieb und Schadensereignis.[27] **13** Dieser Zusammenhang ist bei einer tatsächlichen Berührung von Kfz und Verletztem regelmäßig zu bejahen. Aber auch eine nur psychisch vermittelte Kausalität (z. B. berührungsloser Unfall) oder sonstige mittelbare Verursachung genügt, sofern mit Blick auf den Schutzzweck ein **rechtlicher Zurechnungszusammenhang** besteht. Dafür reicht eine bloße Anwesenheit des Kfz ohne weitere Verursachungsbeiträge jedoch nicht.[28]

Voraussetzung ist, dass sich die von dem Kfz ausgehende Gefahr auf den Schadens- **14** ablauf ausgewirkt hat, d. h. das Schadensereignis in dieser Weise durch das Kfz (mit-)geprägt worden ist.[29] Es muss sich demnach eine **betriebsspezifische Gefahr des Fahrzeugs als Verkehrsmittel** verwirklichen. Daran fehlt es, wenn die Schädigung nicht mehr eine spezifische Auswirkung derjenigen Gefahren ist, derentwegen nach dem Sinn der Haftungsvorschrift ein Ersatzanspruch gewährt werden soll. Dies trifft vor allem bei Schäden zu, in denen sich nicht die Betriebsgefahr des Kfz, sondern ein eigenständiger Gefahrenkreis verwirklicht hat.[30]

Beispiele:

- Nach einem Verkehrsunfall, den der Autofahrer B verursacht hat, erleidet der unfallgeschädigte Autofahrer K einen Schlaganfall, weil B ihn vor der Polizei als den Schuldigen hinzustellen versucht (BGHZ 107, 359).

---

24 BGHZ 29, 163; 58, 162 (Grünstreifen-Fall).
25 *BGH* VersR 2010, 1662, 1664.
26 Vgl. *OLG Hamm* NJW-RR 2009, 1031, 1032.
27 Vgl. zur Problematik, ob hierfür auch bei der Gefährdungshaftung die Adäquanztheorie gilt, → Rn. 1 Fn. 2.
28 *BGH* NJW 2017, 1173; *BGH* VersR 1988, 641; *BGH* NJW 2010, 3713, 3714. Vgl. auch die Rechtsprechungsübersicht von *Schwartz*, ZfS 2013, 544.
29 Vgl. *BGH* NJW 2005, 2081; *BGH* VersR 2005, 566 jeweils m.w.N.
30 BGHZ 115, 84 (Panik im Schweinestall); *BGH* VersR 2008, 656 (vorsätzliches Inbrandsetzen eines ordnungsgemäß auf einem Parkplatz abgestellten Pkw); *OLG Stuttgart* NJW-RR 2013, 539 (Bandscheibenvorfall eines Fußgängers beim Umdrehen nach einer Unfallstelle). Die Betriebsgefahr realisiert sich dagegen bei Brand eines geparkten Pkw infolge technischen Defekts, *BGH* NJW 2014, 1182, oder infolge Marderbisses, *OLG Karlsruhe* VersR 2015, 1309.

(1) Infrage kommt ein Anspruch aus § 7 Abs. 1 StVG. Dieser setzt voraus, dass eine Schädigung beim Betrieb eines Kfz eingetreten ist. § 7 Abs. 1 StVG erfasst nur solche Schäden, in denen sich gerade die von dem Kfz ausgehenden Gefahren realisiert haben. Hierunter fallen die unmittelbar durch den Unfall verursachten Schäden. An diesem inneren Zusammenhang zwischen Betriebsgefahr und Schaden fehlt es aber bei dem Schlaganfall, der Folge der verbalen Auseinandersetzung ist, aber nichts mit der spezifischen Kfz-Gefahr zu tun hat. (2) Ebenso scheitern Ansprüche hinsichtlich des Schlaganfalls aus § 823 Abs. 1 und § 823 Abs. 2 i. V. m. § 8 StVO am fehlenden Schutzzweckzusammenhang, sowohl wenn man auf den Unfall als auch wenn man auf die Beschuldigung als Handlung abstellt (vgl. → § 16 Rn. 141).

– Wegen eines Vergaserbrandes muss der Omnibus des B anhalten. Der Fahrgast K, der den Omnibus bereits verlassen hat, kehrt zurück, um einer in Verwirrung geratenen Mitfahrerin zu helfen, aus dem Fenster des Wagens zu steigen. Beim Wegtragen der Mitfahrerin kommt K zu Fall und wird verletzt (RGZ 164, 125).
K ist beim Betrieb eines Kfz verletzt worden (§ 7 Abs. 1 StVG), so das RG. Beim Betrieb eines Kfz entstehen auch die Verletzungen, die einem Insassen beim Verlassen des beschädigten Kfz zugefügt werden. Dass K zum Kfz zurückgekehrt ist, nachdem er es schon – unverletzt – verlassen hatte, und erst beim zweiten Verlassen verletzt wird, ändert daran nichts: Weder liegt eine Unterbrechung des Kausalverlaufs noch ein Fall mangelnder Adäquanz vor.

– Eine Haftung ist mangels Vorliegens des Merkmals »bei dem Betrieb« nicht gegeben, wenn die Fortbewegungs- und Transportfunktion des Fahrzeugs keine Rolle mehr spielt, das Fahrzeug z. B. nur noch als reine Arbeitsmaschine eingesetzt wird, z. B. wenn beim Anliefern von Heizöl der Motor des Fahrzeugs lediglich die Pumpvorrichtung antreibt und der Schaden außerhalb des Verkehrsraums eintritt (BGHZ 71, 212; *BGH* NJW 1993, 2740); bei Bestellung einer landwirtschaftlichen Fläche mit einem Traktor und angehängtem Arbeitsgerät, das einen Zacken verliert, der am nächsten Tag bei weiteren Feldarbeiten zu einem Schaden führt (*BGH* NJW 2015, 1681). Es genügt aber, dass ein Tankwagen im öffentlichen Verkehrsraum abgestellt ist und beim Entladen durch eine fehlende Dichtigkeit des Schlauches Heizöl austritt[31] oder jemand über den Entladeschlauch stolpert.[32]

– Ein Kfz-Fahrer löst durch seine Fahrweise eine Ausweichreaktion eines anderen Verkehrsteilnehmers aus; ob dessen Ausweichreaktion objektiv oder subjektiv erforderlich war, ist für das Eingreifen der StVG-Haftung unerheblich. Ein Haftungsausschluss für Halter und Fahrer des »auslösenden« Kfz kann sich aber über ein unabwendbares Ereignis (§ 17 Abs. 3 StVG) oder über die Schadensteilung (§ 17 Abs. 2 i. V. m. Abs. 1 StVG) ergeben.[33]

– Ein Zusammenstoß zwischen Fluchtfahrzeug und verfolgendem Polizeiauto erfolgt »beim Betrieb« auch des Fluchtfahrzeugs, unabhängig davon, dass der Zusammenstoß von der Polizei vorsätzlich herbeigeführt wurde; die Zurechenbarkeit beurteilt sich nach den Grundsätzen über die Herausforderungsfälle → § 16 Rn. 150 ff.[34]

– Zurechnungszusammenhang besteht, wenn der Beteiligte eines Auffahrunfalles bei der Schadensinspektion wegen eisglatter Fahrbahn stürzt.[35]

e) Ausschluss der Haftung

15 § 7 Abs. 2 und 3, § 17 Abs. 3 und § 8 StVG normieren Ausschlusstatbestände für die Gefährdungshaftung des Halters.

aa) Höhere Gewalt (§ 7 Abs. 2 StVG)

16 Gemäß § 7 Abs. 2 StVG ist die Ersatzpflicht des Kfz-Halters ausgeschlossen, wenn der Unfall durch **höhere Gewalt** verursacht wurde. Höhere Gewalt ist ein außergewöhnliches, betriebsfremdes, von außen durch elementare Naturkräfte oder durch Hand-

---

31 BGHZ 208, 140.
32 BGHZ 208, 140; BGHZ 105, 65; BGHZ 71, 212.
33 *BGH* NJW 2010, 3713, 3714.
34 BGHZ 192, 261.
35 *BGH* NJW 2013, 1679.

lungen dritter (betriebsfremder) Personen herbeigeführtes und nach menschlicher Einsicht und Erfahrung unvorhersehbares Ereignis, das mit wirtschaftlich erträglichen Mitteln auch durch die äußerste, nach der Sachlage vernünftigerweise zu erwartende Sorgfalt nicht verhütet oder unschädlich gemacht werden kann und auch nicht wegen seiner Häufigkeit in Kauf zu nehmen ist.[36]

Das vor dem Zweiten Gesetz zur Änderung schadensersatzrechtlicher Vorschriften[37] für den Haftungsausschluss erforderliche (und ausreichende) »unabwendbare Ereignis« des § 7 Abs. 2 StVG a. F. gilt nunmehr nur noch im Fall des § 17 Abs. 3 StVG n. F. (vor allem) im Verhältnis zu anderen Kfz-Haltern und Fahrern (vgl. → Rn. 19 ff.). **17**

Vertiefungshinweis: Höhere Gewalt statt unabwendbares Ereignis **18**
Die Änderung des § 7 Abs. 2 StVG durch das Zweite Gesetz zur Änderung schadensersatzrechtlicher Vorschriften vom 19. 7. 2002 wurde (auch) auf rechtsdogmatische Erwägungen gestützt:[38]
– Der Entlastungsgrund des unabwendbaren Ereignisses sei ein Fremdkörper im System der Gefährdungshaftung.
– Es sei dogmatisch nicht sachgerecht, die Gefährdungshaftung von Sorgfalts- und Verschuldensgesichtspunkten abhängig zu machen.
– Mit der Änderung werde das StVG in das deutsche Gefährdungshaftungssystem zurückgeführt (vgl. § 701 Abs. 3 BGB und §§ 1 Abs. 2 S. 1, 2 Abs. 3 Nr. 3 HPflG, § 22 Abs. 2 WHG).
– Es erfolge eine Vereinheitlichung mit der internationalen Rechtsentwicklung.

bb) Unabwendbares Ereignis (§ 17 Abs. 3 StVG)

Eine leichter als gem. § 7 Abs. 2 StVG zu erreichende Enthaftung bietet § 17 Abs. 3 StVG, allerdings nur **im Verhältnis zu anderen Kfz-Haltern, Fahrern und gemäß § 17 Abs. 3 S. 3 StVG gegenüber einem Kfz-Eigentümer, der nicht Halter ist.**[39] Danach ist die Ersatzpflicht **ausgeschlossen,** wenn der Unfall durch ein unabwendbares Ereignis verursacht wird. **19**

(1) Definition des unabwendbaren Ereignisses. Der Ausschlusstatbestand setzt ein **unabwendbares Ereignis** voraus, das weder auf einem Fehler in der Beschaffenheit des Fahrzeuges noch auf einem Versagen seiner Vorrichtungen beruht. Körperliche und geistige Fähigkeiten des Fahrers werden den Vorrichtungen des Fahrzeugs gleichgestellt, sodass beispielsweise die plötzliche Bewusstlosigkeit des Fahrers kein unabwendbares Ereignis begründet.[40] Unabwendbares Ereignis bedeutet keine absolute Unvermeidbarkeit, sondern meint ein schadenstiftendes Ereignis, das auch bei der äußersten möglichen Sorgfalt nicht abgewendet werden kann (vgl. die Legaldefinition des § 17 Abs. 3 S. 2 StVG).[41] Es wird eine über den gewöhnlichen Durchschnitt erheblich **20**

---

36 Vgl. BGHZ 7, 338; 62, 351; *BGH* NJW 1986, 2312.
37 Gesetz vom 19. 7. 2002, BGBl. I, S. 2674.
38 Vgl. die Beschlussempfehlung und den Bericht des Rechtsausschusses (6. Ausschuss), BT-Drs. 14/8780, S. 22; RegBegr. zum Entwurf eines Zweiten Gesetzes zur Änderung schadensersatzrechtlicher Vorschriften, BT-Drs. 14/7752, S. 30 f.
39 § 17 Abs. 3 StVG gilt nur gegenüber einem Geschädigten, der selbst ebenfalls als Kfz-Halter für die Betriebsgefahr eines unfallbeteiligten Kfz einzustehen hat und gegenüber dem Eigentümer eines Kfz, der nicht Halter ist (z. B. beim Leasing), § 17 Abs. 3 S. 3 StVG. Vgl. zur Anwendbarkeit auch § 17 Abs. 4 und § 18 Abs. 3 StVG.
40 BGHZ 23, 90.
41 Unter Anwendung der Grundsätze der Herausforderungsfälle bejaht der BGH eine »rechtliche Unabwendbarkeit« in Fällen, in denen der Fahrer eines Polizeifahrzeuges zum Zwecke der Gefahrenabwehr vorsätzlich eine Kollision mit dem fliehenden Fahrzeug herbeiführt, BGHZ 192, 261.

hinausgehende Aufmerksamkeit, Geschicklichkeit und Umsicht sowie geistesgegen-
wärtiges und sachgemäßes Handeln im Rahmen des Menschenmöglichen verlangt.
Man spricht vom **Verhalten eines Idealfahrers.**[42] Damit gelangen über den Haftungsausschluss subjektive Elemente in die ansonsten grundsätzlich objektive Gefährdungshaftung des StVG.[43]

Beispiel: Halter A nimmt dem (ideal fahrenden) Halter B die Vorfahrt und rammt diesen. Durch die auf
den Gehweg geschleuderten Fahrzeuge wird der vorbeigehende Fußgänger C verletzt.
(1) Sowohl A als auch B haften dem C aus § 7 Abs. 1 StVG. Im Innenverhältnis zwischen A und B ist aber
allein der A verpflichtet, weil der Unfall für B ein unabwendbares Ereignis darstellt (§ 17 Abs. 1 und 3
StVG). (2) Zwar sind die Anspruchsvoraussetzungen des § 7 Abs. 1 StVG auch erfüllt, soweit A den B in
Anspruch nimmt; jedoch kann sich B darauf berufen, dass ein unabwendbares Ereignis vorliegt (§ 17
Abs. 3 S. 1 StVG). (3) Begründet ist auch ein Anspruch des B gegen A aus § 7 Abs. 1 StVG; eine Haftungs-
minderung wegen Mitverursachung durch B scheidet wegen § 17 Abs. 3 StVG aus.

21 **(2) Anwendungsbereich.** Der Enthaftungstatbestand des § 17 Abs. 3 StVG bezieht
sich auf die Ersatzpflicht gem. § 17 Abs. 1 und Abs. 2. Beide Tatbestände setzen die Beteiligung zweier oder mehrerer Kfz[44] an einem Unfall voraus.

§ 17 Abs. 1 StVG betrifft das Innenverhältnis zwischen mehreren Haltern, die einer
nicht motorisierten Person kraft Gesetzes – unter Umständen aus unterschiedlichen
Rechtsgründen – haften (als Gesamtschuldner, vgl. → Rn. 46 ff.). § 17 Abs. 1 StVG betrifft den Innenregress zwischen den Gesamtschuldnern und stellt insoweit eine Sonderregelung gegenüber § 426 Abs. 1 S. 1 dar.

§ 17 Abs. 2 StVG betrifft den Fall der wechselseitigen Haftpflicht mehrerer Halter für
die von ihnen selbst erlittenen Schäden, d. h. Haltereigenschaft und Rechtsgutträger-
schaft müssen zusammenfallen.[45] Ist der Unfall für einen der Halter ein unabwendbares Ereignis, lässt § 17 Abs. 3 StVG den Anspruch des anderen Halters entfallen. Gemäß § 17 Abs. 3 S. 3 StVG gilt dieser Haftungsausschluss auch gegenüber einem
Eigentümer, der nicht Halter ist, z. B. bei Leasing des Kfz. Dadurch soll verhindert
werden, dass ein Idealfahrer (vgl. § 18 Abs. 3 StVG, der für den Fahrer auf § 17 StVG
verweist) vom Eigentümer des anderen Unfallfahrzeugs auf Schadensersatz in
Anspruch genommen werden kann, ohne sich durch Nachweis eines unabwendbaren
Ereignisses befreien zu können.[46]

Beispiel: Fahrer A stößt mit dem Fahrzeug des Leasingnehmers B (= Halter) zusammen. Ein Anspruch des
L, der Eigentümer und Leasinggeber des Kfz des B ist, gegen A ist ausgeschlossen, wenn ein für den A unabwendbares Ereignis vorliegt (§ 17 Abs. 3 S. 1 bis 3 i. V. m. § 18 Abs. 3 StVG).[47]

22 **Vertiefungshinweis:** Die von § 17 Abs. 3 StVG erfassten Fälle
§ 17 Abs. 3 StVG regelt einen Ausschluss der Verpflichtung nach Absatz 1 und 2.

---

42 BGHZ 113, 164; 117, 337 (Überschreitung der Autobahnrichtgeschwindigkeit); Hentschel/König/
Dauer/*König*, § 17 StVG Rn. 22.

43 Vgl. zu rechtsdogmatischen Erwägungen Beschlussempfehlung und Bericht des Rechtsausschusses
(6. Ausschuss), BT-Drs. 14/8780, S. 22 und RegBegr. zum Entwurf eines Zweiten Gesetzes zur Änderung schadensersatzrechtlicher Vorschriften, BT-Drs. 14/7752, S. 30 f.

44 Gemäß § 17 Abs. 4 StVG sind die Absätze 1 bis 3 auch bei einem Unfall zwischen Kfz und Anhänger,
Kfz und Eisenbahn (vgl. *BGH* NJW 2013, 3235) oder Kfz und Tier anzuwenden.

45 § 17 Abs. 2 StVG stellt eine Sonderregelung zu § 254 dar.

46 BT-Drs. 14/8780, 22 f.

47 BGHZ 173, 182.

1. Im Rahmen des von § 17 Abs. 1 StVG geregelten Falles bedeutet dies, dass derjenige Schädiger, für den der Unfall ein unabwendbares Ereignis darstellt, im Innenverhältnis mit einem oder mehreren anderen Schädigern nicht haftet (keinen Innenregress).

2. Hinsichtlich des von § 17 Abs. 2 StVG geregelten Sachverhalts stellt sich die Frage der Einschlägigkeit des § 17 Abs. 3 StVG auf zwei Prüfungsebenen:

a) Die Regelung schließt die Haftung des »Idealfahrers« gegenüber dem geschädigten anderen Halter aus.

Beispiel: Der unfallverursachende Halter H macht einen Anspruch gegen den anderen Halter I aus § 7 Abs. 1 StVG geltend. I hat durch den Betrieb seines Kfz einen Schaden bei H verursacht; nach § 17 Abs. 2 i. V. m. Abs. 1 StVG richtet sich die Verpflichtung nach seinem Verursachungsbeitrag (Anrechnung der allgemeinen Betriebsgefahr seines Kfz). Diese Verpflichtung scheidet aber nach § 17 Abs. 3 StVG aus, wenn der Unfall für I unabwendbar war, d. h. wenn I wie ein Idealfahrer gefahren ist.

b) § 17 Abs. 3 StVG schließt im haftungsausfüllenden Tatbestand eine Kürzung des Anspruchs des »Idealfahrers« wegen Mitverursachung aus.

Beispiel: Der Idealfahrer I (= Halter) macht einen Anspruch gegen den unfallverursachenden Halter H aus § 7 Abs. 1 StVG geltend. Macht H geltend, dass sich I die Betriebsgefahr seines Kfz anspruchsmindernd anrechnen lassen muss (§ 17 Abs. 2 i. V. m. Abs. 1 StVG), so kann I sich auf § 17 Abs. 3 StVG berufen: Bei Unabwendbarkeit des Unfalls tritt keine Schadensteilung (Quotelung) ein, sodass I vollen Schadensersatz geltend machen kann.

Vertiefungshinweis: Haftung des Kfz-Führers   23
Besteht in den in § 17 StVG genannten Fällen auch ein Ersatzanspruch gegen den Führer eines unfallbeteiligten Kfz, wird dieser ebenfalls in das Ausgleichssystem des § 17 StVG einbezogen (§ 18 Abs. 3 StVG). Der Fahrer bildet mit dem Halter desselben Kfz jeweils eine Haftungs- bzw. Zurechnungseinheit (vgl. → § 28 Rn. 16). Es ist dann nach § 17 Abs. 2 StVG eine einheitliche Haftungsquote zu bilden, bei der neben der Betriebsgefahr des Fahrzeugs das Verhalten des Fahrers zu berücksichtigen ist. Der Innenausgleich zwischen Halter und Fahrer desselben Kfz erfolgt anschließend nach § 426.[48]

cc) Schwarzfahrten (§ 7 Abs. 3 S. 1 Hs. 1 StVG)

Die Haftung des Halters ist auch bei sog. **Schwarzfahrten** ausgeschlossen, wenn das   24
Fahrzeug ohne Wissen und Wollen des Halters benutzt wurde (§ 7 Abs. 3 S. 1 Hs. 1 StVG). In diesem Fall haftet der Schwarzfahrer anstelle des Halters. Der Halter haftet allerdings neben dem Schwarzfahrer, wenn er die unbefugte Ingebrauchnahme des Fahrzeugs schuldhaft ermöglicht hat (§ 7 Abs. 3 S. 1 Hs. 2 StVG).

Beispiel: Verstoß gegen § 14 Abs. 2 S. 2 StVO (Pflicht, Kfz gegen unbefugte Benutzung zu sichern).

Wenn das Fahrzeug zwar ohne Wissen und Willen des Halters benutzt wurde, der Be-   25
nutzer aber für den Betrieb des Fahrzeuges angestellt ist oder ihm das Fahrzeug vom Halter überlassen worden ist, bleibt es allerdings bei der Halterhaftung des § 7 Abs. 1 StVG. Eine Haftung des Benutzers statt oder neben dem Halter aus § 7 Abs. 1 StVG kommt nicht infrage (§ 7 Abs. 3 S. 2 StVG).[49]

dd) Ausschluss nach §§ 8, 8a StVG

§ 8 StVG normiert drei weitere Ausschlusstatbestände. Relevant ist vor allem § 8 Nr. 2   26
StVG. Danach greift die Gefährdungshaftung nicht, wenn der Verletzte beim Betrieb des Kfz oder Anhängers tätig war.

---

48 Vgl. dazu BHHJJ/*Heß*, § 18 StVG Rn. 14.
49 Für die Benutzung eines Anhängers gilt Entsprechendes (§ 7 Abs. 3 S. 3 StVG).

Beispiele:

- Fahrer des Kfz, der mit dem Halter nicht personenidentisch ist.
- Insasse, wenn er unfallursächlich die Wagentür öffnet,[50] Fahrschüler (als Führer gilt der Fahrlehrer!), Schaffner.
- Personen, die beim Tanken, Reparieren, Waschen, Be- und Entladen tätig werden.
- Nicht bei gelegentlicher Hilfeleistung von sonst an dem Betrieb des Kfz unbeteiligten Personen ohne unmittelbare Beziehung zu den Triebkräften des Kfz.[51]

Der gesetzliche Haftungsausschluss beruht auf der Überlegung, dass der erhöhte Schutz der Gefährdungshaftung demjenigen nicht zuteil werden soll, der sich durch seine Tätigkeit den besonderen Gefahren des Kfz-Betriebs freiwillig aussetzt.[52] Als Ausnahmevorschrift ist die Bestimmung des § 8 Nr. 2 StVG eng auszulegen. Der BGH verlangt bei ganz kurzfristigen Tätigkeiten daher, dass die Tätigkeit in einer so nahen und unmittelbaren Beziehung zu den Triebkräften des Kfz steht, dass der Tätige nach der Art seiner Tätigkeit den besonderen Gefahren des Kfz-Betriebs mehr ausgesetzt ist als die Allgemeinheit.

27 Aus einem Umkehrschluss aus § 8a StVG[53] ergibt sich, dass grundsätzlich gegenüber allen Fahrzeuginsassen, auch unentgeltlich beförderten, gehaftet wird (es sei denn, sie sind ausnahmsweise beim Betrieb tätig).[54] Ein Haftungsausschluss ist möglich, findet aber bei der geschäftsmäßigen Personenbeförderung seine Grenze in § 8a StVG.

ee) Konkludente Haftungsausschlüsse

28 Nach der Rechtsprechung ist insbesondere bei Gefälligkeitsfahrten eine konkludente Beschränkung des Verschuldens von Fahrer und Halter auf Vorsatz und grobe Fahrlässigkeit denkbar (→ § 27 Rn. 5).[55]

2. Umfang des Schadensersatzes und Anspruchskonkurrenz

29 Der Umfang des Schadensersatzanspruches ist in den §§ 10 ff. StVG geregelt. Nach §§ 10, 11 StVG sind bei der Tötung oder Verletzung eines Menschen nur bestimmte Schäden zu ersetzen. Die Ersatzfähigkeit des immateriellen Schadens (sog. Schmerzensgeld) ergibt sich aus § 253 Abs. 2 BGB, § 11 S. 2 StVG. Bei der Abwicklung von Sachschäden ist § 249 Abs. 2 S. 2 zu beachten (vgl. → § 24 Rn. 24). Die Schadensersatzansprüche sind auf Höchstbeträge beschränkt (vgl. § 12 StVG).

30 Daneben sind Schadensersatzansprüche aus anderen Bundesgesetzen, insbesondere nach dem BGB möglich (vgl. § 16 StVG). Trifft den Halter oder Fahrer ein Verschulden, dann kommt eine Schadensersatzpflicht aus §§ 823 ff. und Pflichtverletzung (§ 280) in Betracht. Besondere Bedeutung hatten die mit dem StVG konkurrierenden Ansprüche vor Inkrafttreten des Zweiten Gesetzes zur Änderung schadensersatzrechtlicher Vorschriften,[56] weil die Haftung nach dem StVG vor diesem Zeitpunkt keinen Anspruch auf Schmerzensgeld begründete. Heute sind die konkurrierenden An-

---

50 *OLG München* VersR 1966, 987.
51 *BGH* VersR 2010, 1662. Der Ausschluss der Gefährdungshaftung greift aber z. B. beim Anschieben eines liegengebliebenen Kfz, *OLG Düsseldorf* r + s 2015, 256.
52 *BGH* VersR 2010, 1662, 1664.
53 In der Fassung des Zweiten Gesetzes zur Änderung schadensersatzrechtlicher Vorschriften vom 19.7.2002, BGBl. I, S. 2674.
54 Vgl. zu der bisher bestehenden Haftungslücke und deren historischer Erklärung RegBegr. zum Entwurf eines Zweiten Gesetzes zur Änderung schadensersatzrechtlicher Vorschriften, BT-Drs. 14/7752, S. 17.
55 *BGH* NJW 2006, 1004; vgl. auch *OLG Hamm* NJW-RR 2007, 1517, 1518 f.
56 Gesetz vom 19.7.2002, BGBl. I, S. 2674.

sprüche immer noch bedeutsam, da die Haftung nach dem StVG summenmäßig (§§ 12 ff. StVG) und zeitlich (§ 15 StVG) beschränkt ist.

3. Mitverursachung und Mitverschulden

Auch bei Ansprüchen aus §§ 7 Abs. 1, 18 Abs. 1 StVG wirkt ein Mitverschulden des 31 geschädigten Anspruchstellers anspruchsmindernd. Dies wird für Ansprüche aus §§ 7, 18 StVG[57] in **§ 9 StVG i. V. m.** § 254 geregelt, wenn der **Anspruchsteller nicht als Halter oder Fahrer eines Kfz,** als Bahnunternehmer oder Tierhalter am Unfall beteiligt war (arg. § 17 StVG, der insoweit lex specialis ist).

War der **Anspruchsteller dagegen selbst als Halter oder Fahrer**[58] eines Kfz, als Bahnunternehmer oder Tierhalter[59] am Unfall beteiligt, so richtet sich die Frage einer Haftungsminderung wegen Mitverursachung nach **§ 17 Abs. 2 i. V. m. Abs. 1 StVG.** Danach kommt es – wie bei § 254 – darauf an, inwieweit der Schaden vorwiegend von dem einen oder dem anderen Teil verursacht wurde (vgl. zu den maßgeblichen Faktoren → Rn. 36 ff.).

Wenn ein Kfz-Fahrer, der nicht Halter des geführten Kfz ist, einen Anspruch aus Verschuldenshaftung gegen einen Fußgänger stellt – etwa weil dieser unvermittelt auf die Straße tritt und den Kfz-Fahrer dadurch zu einer unfallursächlichen Ausweichreaktion veranlasst – beurteilt sich ein Mitverschulden des Kfz-Fahrers allein nach § 254. Im Rahmen von § 254 kann der Fahrer auch für die reine Betriebsgefahr einzustehen haben. Dies setzt allerdings voraus, dass er seinerseits für Verschulden gemäß § 823 oder für vermutetes Verschulden gemäß § 18 StVG haftet.[60]

32

a) Verletzter ist Nicht-Halter und Nicht-Fahrer

§ 9 StVG regelt den Fall, dass der Verletzte, der Ansprüche aus § 7 Abs. 1 bzw. § 18 33 Abs. 1 StVG erhebt, weder Halter noch Fahrer eines unfallbeteiligten Kfz ist und den

---

57 Bei einem Anspruch aus §§ 823 ff. ist nicht § 9 StVG, sondern § 254 unmittelbar anwendbar.
58 Verweis in § 18 Abs. 3 StVG.
59 Verweis in § 17 Abs. 4 StVG.
60 *BGH* VersR 2010, 268 mit Anm. *Looschelders*, S. 272.

Schaden mitverschuldet hat. Der Geschädigte darf also nicht selbst für die Betriebs-gefahr eines unfallbeteiligten Kfz, Anhängers oder einer Bahn oder für eine Tier-gefahr[61] einzustehen haben (arg. § 17 Abs. 2 und 4 StVG). Das trifft zu auf Fußgänger, Radfahrer, Insassen, die nicht Halter sind[62], auf Halter und Führer, für die der Unfall ein unabwendbares Ereignis war (§ 17 III S. 2 StVG), und auf den Kfz-Eigentümer, der nicht Halter ist[63] (beachte: nur § 17 Abs. 3 StVG wird auf diesen erstreckt, nicht § 17 Abs. 2 StVG). Es wird auf § 254 verwiesen, dessen Anwendung allerdings bei Sachschäden hinsichtlich der Zurechnung von Drittverschulden modifiziert wird.

34 Nach § 9 Hs. 2 StVG steht bei der Beschädigung einer Sache nämlich das Verschulden des tatsächlichen Gewalthabers über diese Sache dem Verschulden des Verletzten gleich. Das bedeutet, dass das Mitverschulden des Gewahrsamsinhabers dem Eigentü-mer der beschädigten Sache stets zugerechnet wird; auf die Voraussetzungen des § 278 i. V. m. § 254 Abs. 2 S. 2 kommt es nicht an. Durch das erweiterte Einstehenmüssen des Geschädigten für Dritte soll für den Haftenden ein Ausgleich dafür geschaffen werden, dass er aus Gefährdungshaftung haftet.[64]

Beispiel: Ein Fahrrad wird von einem Kfz angefahren und beschädigt. Der Eigentümer des Fahrrads muss sich bei der Inanspruchnahme des Kfz-Halters aus § 7 StVG das Mitverschulden des Fahrers des Fahrrads gemäß §§ 9 StVG, 254 anspruchskürzend zurechnen lassen, ohne dass die Voraussetzungen des § 278 i. V. m. § 254 Abs. 2 S. 2 vorliegen müssen.
Bei der Zurechnung des Verhaltens von Kindern sind die §§ 254, 828 f., insbesondere § 828 Abs. 2[65], zu beachten.

b) Verletzter ist Kfz-Halter oder Kfz-Führer

35 § 17 Abs. 2 StVG regelt die wechselseitige Haftpflicht der Kfz-Halter für eigene Schä-den, die bei einem **Unfall mit Beteiligung mehrerer Kraftfahrzeuge** entstanden sind (vgl. → Rn. 21). Der Verletzte selbst ist Halter oder Fahrer (§ 18 Abs. 3 StVG) eines der am Unfall beteiligten Kraftfahrzeuge. Die Vorschrift regelt die Frage, inwieweit der eine Halter oder Fahrer Ersatz von dem anderen verlangen kann, wenn er den Schaden selbst mitverursacht hat.

36 Anrechnen lassen muss sich der anspruchstellende geschädigte Kfz-Halter oder Fahrer vor allem die sog. **Betriebsgefahr** (bzw. Tiergefahr, § 17 Abs. 4 StVG). Diese ist die Summe der Gefahren, die das Kfz (Eisenbahn, Tier usw.) durch seine Eigenart in den Verkehr trägt.[66] Maßgeblich ist die konkrete Betriebsgefahr entsprechend der Um-stände, die sich im konkreten Schaden verwirklicht haben. Zunächst in Ansatz zu brin-

---

61 *OLG Celle* r + s 2016, 363 (Abwägung der Kfz-Betriebsgefahr mit Tiergefahr; Scheuen eines geführ-ten Pferdes vor einem Kfz).
62 *BGH* NJW 2012, 2027 (Nichtanlegen des Sicherheitsgurtes [§ 21 a Abs. 1 S. 1 StVO] mit Auswirkung auf den Schadenseintritt oder den Schadensumfang).
63 BGHZ 173, 182; BHHJJ/*Heß*, § 9 StVG Rn. 9. Der Eigentümer/Nichthalter hat nicht für die ein-fache Betriebsgefahr des Kfz (vgl. Rn. 35) einzustehen, *OLG Karlsruhe* NJW 2014, 1392.
64 BGHZ 173, 182; *BGH* NJW 2013, 3235 (wegen des auf die Gefährdungshaftung zielenden Rege-lungszwecks von § 9 Hs. 2 StVG scheidet eine analoge Anwendung dieser Vorschrift bei Haftung aus § 823 aus).
65 Vgl. dazu BGHZ 161, 180: Das Haftungsprivileg des § 828 Abs. 2 S. 1 greift nach dem Sinn und Zweck der Vorschrift nur ein, wenn sich bei der gegebenen Fallkonstellation eine typische Überfor-derungssituation des Kindes durch die spezifischen Gefahren des motorisierten Verkehrs realisiert hat. Vgl. auch *BGH* NJW 2005, 356; *BGH* VersR 2005, 378.
66 Palandt/*Grüneberg*, § 254 Rn. 60.

gen ist die bloße Tatsache, dass ein Kfz an der Entstehung des Schadens beteiligt ist. Diese **allgemeine Betriebsgefahr** – auch reine oder einfache Betriebsgefahr genannt und regelmäßig mit 20 % bewertet – kann im Einzelfall durch besondere Umstände erhöht sein, namentlich durch eine fehlerhafte oder verkehrswidrige Fahrweise der bei dem Betrieb tätigen Personen.[67] Eine Erhöhung der in Ansatz zu bringenden Betriebsgefahr kann sich aber auch aus einem zulässigen Fahrverhalten ergeben, wenn nur besondere, die allgemeine Gefahr des Fahrens mit einem Kraftfahrzeug übersteigende Gefahrenmomente vorhanden sind (z. B. Abbiegen nach links als besonders gefahrenträchtiger Vorgang).[68]

Das Verschulden eines beteiligten Kfz-Halters oder Fahrers ist neben der in erster Linie maßgebenden Verursachung nur ein Faktor der Abwägung (vgl. → Rn. 39).[69] **37**

Zu beachten ist, dass bei der Abwägung nach § 17 StVG nur solche Umstände Berücksichtigung finden können, die sich erwiesenermaßen (unstreitig, zugestanden oder nach § 286 ZPO bewiesen) auf den Unfall ausgewirkt haben.[70] **38**

Der Schaden wird nach dem Verhältnis der jeweiligen Verursachung geteilt (Quotelung). Im Fall der Unabwendbarkeit des Unfalls findet eine Quotelung aber nicht statt, da der »Idealfahrer« gemäß § 17 Abs. 3 StVG nicht haftet (vgl. → Rn. 19 ff.). **39**

Ist an einem **Unfall ausschließlich ein Kfz beteiligt** (A fährt beispielsweise mit dem im Eigentum des Halters B stehenden Pkw an einen Baum), gilt weder § 9 StVG noch § 17 StVG bei der Prüfung eines Anspruchs von Halter und Fahrer gegeneinander. Hier liegt bezogen auf den Sachschaden am gefahrenen Kfz überhaupt kein Fall der Gefährdungshaftung vor, sondern es kommen nur Ansprüche aus §§ 823 ff., 280 in Betracht. In diesem Rahmen gilt nur § 254. Die reine Betriebsgefahr kann dem geschädigten Eigentümer dann allerdings nicht anspruchsmindernd angerechnet werden, weil **eine Anrechnung der Betriebsgefahr stets voraussetzt, dass der Geschädigte selbst als Schädiger ersatzpflichtig ist.**[71] **40**

Zur Klarstellung: Der Halter eines Kfz, der von einem nicht nach StVG Haftenden (z. B. von einem Fußgänger oder dem Betreiber eines Supermarktes, der für einen Unfall haftet, weil ein nicht ordnungsgemäß gesicherter Einkaufswagen auf die Straße rollt[72]) geschädigt wird, muss sich die Betriebsgefahr seines beschädigten Kfz (vorbehaltlich höherer Gewalt) nach § 254 als Mitverschulden anrechnen lassen.[73] Der Fahrer eines Kfz, der nicht zugleich Halter desselben ist, muss sich die einfache Betriebsgefahr des Fahrzeugs nur dann zurechnen lassen, wenn er seinerseits für Verschulden gemäß § 823 oder für vermutetes Verschulden gemäß § 18 StVG haftet.[74] **41**

Ein Leasinggeber, der Eigentümer aber nicht Halter des Leasing-Kfz ist, muss sich im Rahmen der Geltendmachung eines Schadensersatzanspruchs nach § 823 wegen Verletzung seines Eigentums am Leasingfahrzeug bei einem Verkehrsunfall weder ein

---

67 *BGH* NJW 2013, 3235; *BGH* VersR 2000, 1294, 1296 m. w. N.
68 *BGH* NJW 2005, 1351, 1354.
69 *BGH* NJW 2003, 1929, 1931; *BGH* VersR 1998, 474, 475 jeweils m. w. N.
70 St. Rspr., vgl. nur *BGH* NJW 1995, 1029 m. w. N.
71 *BGH* NJW 1972, 1415.
72 *OLG Hamm* NJW 2016, 505.
73 *OLG Hamm* NJW 2016, 505.
74 *BGH* VersR 2010, 268 mit Anm. *Looschelders.*

Mitverschulden des Leasingnehmers oder des Fahrers des Leasingfahrzeugs noch dessen Betriebsgefahr anspruchsmindernd zurechnen lassen.[75]

c) Anspruchsreduzierung (bis auf Null)

42 Die Anwendung von § 9 StVG i. V. m. § 254 sowie von § 17 Abs. 2 StVG kann zu einer Reduzierung der Gefährdungshaftung auf Null, d. h. zu einem kompletten Ausschluss der Haftung des Schädigers bzw. eines der beteiligten Kfz-Halter oder Fahrer führen. Dies ist der Fall, wenn der Betriebsgefahr des Kfz des in Anspruch Genommenen ein derart grob verkehrswidriges Verhalten des Geschädigten gegenübersteht, dass die Betriebsgefahr völlig in den Hintergrund tritt.[76]

4. Zusammenfassung

43

Halterhaftung (§ 7 StVG)
I. Tatbestand
1. Anspruchsinhaber: »Verletzter« (→ Rn. 7)
2. Anspruchsgegner: Halter eines Kfz oder Anhängers (auch »Schwarzfahrer« gem. § 7 Abs. 3 S. 1 Hs. 1) (→ Rn. 8 f., 24 f.)
P: Geschäftsfähigkeit (→ Rn. 9)
3. Personen- oder Sachschaden
4. Bei dem Betrieb des Kfz oder Anhängers (→ Rn. 11 ff.)
Nach der verkehrstechnischen Auffassung ist ein Fahrzeug in Betrieb, das sich im öffentlichen Verkehrsbereich bewegt oder in verkehrsbeeinflussender Weise ruht.
Im Schadensereignis muss sich die betriebsspezifische Gefahr des Fahrzeugs ausgewirkt haben (→ Rn. 13 f.)
5. Ausschluss der Haftung
– Höhere Gewalt (§ 7 Abs. 2 StVG) (→ Rn. 16)
– Unabwendbares Ereignis (§ 17 Abs. 3 i. V. m. Abs. 2 und 1 StVG) (→ Rn. 20)
– Schwarzfahrt (§ 7 Abs. 3 S. 1 Hs. 1 StVG) (→ Rn. 24 f.)
– Sonderfälle des § 8 StVG (→ Rn. 26)
– Rechtsgeschäftlicher Haftungsausschluss (allerdings nicht möglich im Fall des § 8a StVG)
II. Rechtsfolgen
1. Ersatz des daraus entstandenen Schadens (§§ 10 ff. StVG)
2. Schmerzensgeld (§ 253 Abs. 2 BGB, § 11 S. 2 StVG)
3. Mitverursachung und Mitverschulden (§§ 9, 17 Abs. 2 i. V. m. Abs. 1 StVG)
4. Verwirkung (§ 15 StVG, Anzeigepflicht)
Beachte: parallel bestehender Direktanspruch gegen den Kfz-Haftpflichtversicherer gem. §§ 115 ff. VVG i. V. m. §§ 3, 3a PflVG (→ Rn. 46)

---

75 BGHZ 173, 182; zum nichthaltenden Sicherungseigentümer *BGH* NJW 2017, 2352.
76 *BGH* VersR 1968, 698, 699; *OLG Hamm* NJW-RR 2018, 410 (Unfall wegen Vorfahrtsverstoßes des Radfahrers); *OLG Hamm* NJW-RR 2015, 1061 (stark alkoholisierter Fußgänger); *OLG Karlsruhe* NJW 2017, 2626 (Bei einem Auffahrunfall trifft den auffahrenden Fahrzeugführer in der Regel eine Haftungsquote von 100 %).

III. Verschuldenshaftung des Kfz-Führers nach § 18 StVG

§ 18 Abs. 1 StVG normiert einen Fall der **Haftung für vermutetes Verschulden.** Die   44
Vorschrift wird praktisch nur relevant, wenn der Fahrer oder Führer des Fahrzeuges
nicht zugleich der Halter ist, da der bei Personenidentität gleichzeitig gegebene
Anspruch aus § 7 StVG aufgrund der Gefährdungshaftung leichter zu bejahen ist und
hinsichtlich des Anspruchsumfangs dieselben Vorschriften greifen. Tatbestandlich
wird auf § 7 Abs. 1 StVG verwiesen, d. h. es muss der gleiche Tatbestand vorliegen wie
bei der Gefährdungshaftung gemäß § 7 Abs. 1 StVG (vgl. dazu → Rn. 7 ff.) mit folgenden Besonderheiten:

– Der Anspruchsverpflichtete ist der Führer des Kfz. Führer ist derjenige, der das Kfz
   eigenverantwortlich lenkt und die tatsächliche Gewalt über das Steuer hat, nicht
   aber derjenige, der dem Fahrer untergeordnete Hilfsdienste leistet.[77] Fahrzeugführer
   ist auch derjenige, der eine hoch- oder vollautomatisierte Kfz-Fahrfunktion im
   Sinne des § 1a Abs. 2 StVG aktiviert und zur Fahrzeugsteuerung verwendet, auch
   wenn er im Rahmen der bestimmungsgemäßen Verwendung dieser Funktion das
   Fahrzeug nicht eigenhändig steuert (§ 1a Abs. 4 StVG).
– Der Anspruch ist ausgeschlossen, wenn den Führer kein Verschulden trifft. Da es
   sich bei § 18 StVG um eine Haftung für vermutetes Verschulden handelt, muss sich
   der Führer von seiner Schuld entlasten, und zwar hinsichtlich sämtlicher Tatsachen,
   die sein Verschulden begründen könnten (§ 18 Abs. 1 S. 2 StVG).
– Die Tatbestände des § 7 Abs. 2 und 3 StVG gelten nicht.

Im Übrigen **gelten die §§ 8 bis 17 StVG.** Insbesondere § 17 StVG ist entscheidend für   45
den Schadensausgleich zwischen dem haftpflichtigen Führer und Halter eines unfallbeteiligten Kfz auf der einen Seite und Führer und Halter der anderen unfallbeteiligten
Kfz auf der anderen Seite (vgl. → Rn. 19 ff. und → 48 f.).[78]

Wenn Halter und Eigentümer eines Kfz personenidentisch sind, kann der Halter/Ei-
gentümer einen Anspruch wegen Beschädigung seines Kfz gegen dessen Führer nicht
auf § 18 StVG stützen, sondern ggf. auf §§ 823 ff. oder bei vertraglicher Haftung auf
§ 280. Denn § 18 StVG erweitert durch seine Verweisung auf § 7 StVG lediglich die
Halterhaftung auf den Fahrer. Die Beschädigung des betriebenen Kfz selbst wird vom
Schutzzweck des § 7 StVG aber nicht erfasst (vgl. → Rn. 10).[79]

IV. Direktanspruch gegen Versicherer nach § 115 VVG, §§ 3, 3a PflVG

Der durch ein Kfz Geschädigte hat neben dem Anspruch gegen den Schädiger (Halter,   46
Fahrer) auch einen Direktanspruch gegen den Kfz-Haftpflichtversicherer (§ 115 VVG;
bis zum 1.1.2008: § 3 PflVG[80]). Dieser Direktanspruch steht in der Praxis ganz im Vordergrund. Dabei handelt es sich um einen besonderen Fall eines gesetzlich angeordne-

---

77 Vgl. Budewig/Gehrlein/*Budewig,* Haftpflichtrecht nach der Reform, 2003, S. 57.
78 Für den Ausgleich zwischen Führer und Halter desselben Kfz gilt § 17 StVG allerdings nicht. Hier ist
    § 426 einschlägig.
79 H. M.; vgl. *OLG Hamm* NJW-RR 2016, 281.
80 Geändert durch Art. 8 das Gesetzes zur Reform des Versicherungsvertragsrechts vom 23.11.2007,
    BGBl. I S. 2631, 2670. Ausführlich zur Pflicht-Haftpflichtversicherung und zum Direktanspruch
    nach neuem Recht *Wandt,* Versicherungsrecht, Rn. 1099 ff.

ten Schuldbeitritts. Der Versicherer und der ersatzpflichtige Schädiger (Kfz-Halter/ Versicherungsnehmer; Fahrer/Versicherter) haften dem Geschädigten als Gesamtschuldner (§ 115 Abs. 1 S. 4 VVG).

47   **Fall (BGHZ 23, 90):** Der von A gesteuerte Lkw gerät plötzlich auf die linke Fahrbahnseite und stößt mit dem entgegenkommenden Kfz des X zusammen. A wird getötet und X schwer verletzt. X ist Halter und Eigentümer des von ihm gefahrenen Kfz. Es stellt sich heraus, dass der Unfall dadurch entstanden ist, dass A, der ein zuverlässiger Fahrer war, plötzlich eine Gehirnblutung erlitten hatte und ohnmächtig geworden war. Der Lkw, der bei dem Haftpflichtversicherer H versichert ist, gehört der Firma F, ist aber der Bank B zur Sicherheit übereignet worden. Gegen wen hat X Ersatzansprüche?

Lösung:

I.   Ansprüche des X gegen F
   1. § 7 Abs. 1 StVG
       a) Anspruchsberechtigt aus § 7 Abs. 1 StVG ist der »Verletzte«. X ist Verletzter, weil er eine Körperverletzung sowie den Sachschaden an seinem Kfz erlitten hat.
       b) Verpflichtet nach § 7 Abs. 1 StVG ist der Halter. Halter ist derjenige, der ein Kraftfahrzeug für eigene Rechnung in Gebrauch hat und die tatsächliche Verfügungsgewalt über das Fahrzeug besitzt. Das Eigentum am Fahrzeug ist nicht entscheidend. Im vorliegenden Fall ist die Bank B als Sicherungseigentümerin nicht Halter (und deshalb ist B nicht nach § 7 Abs. 1 StVG verantwortlich). Vielmehr ist weiterhin F aufgrund ihrer Verfügungsgewalt über das Kfz und der Nutzung des Kfz für eigene Rechnung der Halter.
       c) Personen- oder Sachschaden: X ist körperlich verletzt und sein Fahrzeug beschädigt worden.
       d) Die Verletzung muss »bei dem Betrieb eines Kfz« geschehen sein. Daran bestehen im vorliegenden Fall keine Zweifel, weil X durch das fahrende Fahrzeug der F verletzt und sein Eigentum beschädigt worden ist.
       e) Ausschlussgrund?
           aa) Ein Fall der höheren Gewalt i. S. des § 7 Abs. 2 StVG liegt nicht vor, weil kein von außen kommendes, durch betriebsfremde Einflüsse oder Handlungen Dritter verursachtes Ereignis gegeben ist.
           bb) Unabwendbares Ereignis i. S. des § 17 Abs. 3 S. 1 und 2 StVG (früher § 7 Abs. 2 StVG a. F.)? § 17 Abs. 3 StVG betrifft die Ausgleichspflicht zwischen mehreren unfallbeteiligten Kraftfahrzeughaltern. Weil sowohl F als auch X Halter der beiden unfallbeteiligten Kfz waren, könnte § 17 Abs. 3 S. 1 StVG zu einem Haftungsausschluss führen. Nach § 17 Abs. 3 StVG ist die Haftung ausgeschlossen, wenn der Unfall durch ein (für den in Anspruch genommenen Kfz-Halter) unabwendbares Ereignis verursacht wird, das weder auf einem Fehler in der Beschaffenheit des Fahrzeugs noch auf einem Versagen seiner Vorrichtungen beruht. Es muss sich um ein betriebsfremdes Ereignis (»von außen«) handeln, das auch durch die äußerste Sorgfalt nicht hätte verhindert werden können. Halter und Führer können personenverschieden sein (vgl. § 17 Abs. 3 S. 2 StVG).
           Zwar fehlt es im Fall an einer Sorgfaltspflichtverletzung des A und F, weil die Erkrankung des A nicht erkennbar ist. Nach Ansicht des BGH zu § 7 Abs. 2 StVG a. F. mangelt es aber am haftungsausschließenden Moment der Betriebsfremdheit, wenn – trotz Beachtung jeder nach den Umständen des Falles gebotenen Sorgfalt – ein unvermeidbares körperliches oder geistiges Versagen des Führers eines Kfz vorliegt.[81]

---

81 Dabei stützte sich der BGH auf folgende Erwägungen: (1) Auch das Wirken des menschlichen Geistes gehöre zu dem Risiko, das dem Betrieb eines Kfz stets innewohne und wovor § 7 StVG schützen wolle. Körperliches und geistiges Versagen seien gleich einer Betriebsstörung eines Kfz zu behandeln. (2) Nach § 7 Abs. 2 S. 2 StVG a. F. liege ein unabwendbares Ereignis insbesondere vor, wenn es auf das Verhalten eines nicht bei dem Betrieb des Kfz beschäftigten Dritten zurückzuführen sei und Halter wie Führer kein Sorgfaltsverstoß treffe. Mit dieser Gesetzesfassung sei entschieden, dass das

Zwar hat § 17 Abs. 3 S. 2 StVG n. F. den § 7 Abs. 2 S. 2 StVG a. F. nicht wörtlich übernommen, sondern den Satzteil »wenn es auf ein Verhalten des Verletzten oder eines nicht bei dem Betrieb beschäftigten Dritten oder eines Tieres zurückzuführen ist« gestrichen. Damit entfällt eine Erwägung des BGH zur Begründung seiner Entscheidung. Eine Rechtsänderung ist mit der neuen Gesetzesfassung aber nicht verbunden. Die Regelung des § 17 Abs. 3 StVG soll unmissverständlich klarstellen, dass für die Fallgruppe des Schadensausgleichs zwischen mehreren unfallbeteiligten Kraftfahrzeugen im Ergebnis keine Rechtsänderung eintreten sollte; es soll weiter auf die Rechtsfigur des unabwendbaren Ereignisses sowie die dazu ergangene Rechtsprechung zurückgegriffen werden können.[82]

Die Ohnmacht des Fahrzeugführers A ist kein betriebsfremder Vorgang, sondern steht im Zusammenhang mit dem Führen des Kfz und ist damit kein unabwendbares Ereignis.

Zwischenergebnis: Nach § 7 Abs. 1 StVG ist F als Halter verpflichtet, dem X den Schaden zu ersetzen.

f) Der Anspruch könnte wegen Mitverursachung des X nach § 17 Abs. 2 und 1 StVG gemindert sein.[83] § 17 Abs. 2 StVG erfasst die Haftung gegenüber geschädigten Kfz-Haltern (oder Fahrern, § 18 Abs. 3 StVG), deren Kfz selbst an dem Unfall beteiligt war, und regelt, inwieweit der eine Halter (oder Fahrer, § 18 Abs. 3 StVG) Ersatz von dem anderen verlangen kann.

Allerdings stellt der Unfall für den geschädigten Anspruchssteller ein unabwendbares Ereignis dar. Somit schließt § 17 Abs. 3 StVG dessen Mitverursachung i. S. des § 17 Abs. 1 und 2 StVG aus.

Der Unfall ist für X ein unabwendbares Ereignis (i. S. des § 17 Abs. 3 StVG), weil er die äußerst mögliche Sorgfalt beachtete und insofern wie ein Idealfahrer handelte. Dass das von A gesteuerte Fahrzeug plötzlich auf seine Fahrbahnseite geriet, ist für X ein betriebsfremdes Ereignis, was den Betrieb des eigenen (X) Fahrzeuges anbelangt. Der Zusammenstoß hätte sich auch bei Anwendung der größten Sorgfalt von X nicht verhindern lassen. Der Anspruch des X ist also auch nicht aus dem Gesichtspunkt bloßer Mitverursachung (Betriebsgefahr) zu mindern.

g) Anhaltspunkte für eine Verwirkung des Anspruchs des X nach § 15 StVG bestehen nicht.

h) Der Anspruch des X gegen F ist begründet. Er ist auf Schadensersatz im Rahmen der Höchstbeträge des § 12 StVG gerichtet; auch Schmerzensgeld kann verlangt werden (§ 11 S. 2 StVG i. V. m. § 253).

2. Anspruch aus § 831 Abs. 1 S. 1 (–), weil kein tatbestandsmäßiges Delikt des Verrichtungsgehilfen (s. u.); im Übrigen könnte sich F exkulpieren, weil A ein zuverlässiger Fahrer war (§ 831 Abs. 1 S. 2).

II. Ansprüche des X gegen die Erben des getöteten Fahrers A

Die Erben des A haften nach § 1967, wenn A sich selbst ersatzpflichtig gemacht hat.

1. Nach § 18 StVG haftet auch der Führer des Kfz.

a) Nach § 18 Abs. 1 S. 2 StVG ist die Ersatzpflicht ausgeschlossen, »wenn der Schaden nicht durch ein Verschulden des Führers verursacht ist«. Es handelt sich also nicht um eine Gefährdungshaftung, sondern um eine Verschuldenshaftung, wobei das Verschulden vermutet wird.

b) Schuldhaft kann nur handeln, wer deliktsfähig ist. Insoweit gelten die §§ 827 ff. auch bei § 18 StVG. Wegen seiner Bewusstlosigkeit war A nicht schuldfähig (§ 827 S. 1).

c) Ergebnis: Kein Anspruch aus § 18 StVG.

Verhalten eines beim Betrieb Beschäftigten kein unabwendbares Ereignis sein könne, selbst wenn kein Sorgfaltsverstoß zur Last gelegt werden könne. (3) Dass der Halter für ein Versagen des Kraftfahrzeugführers als ein innerbetriebliches Vorkommnis in jedem Fall einzustehen habe, ergebe sich auch aus § 7 Abs. 3 S. 2 StVG, wonach der Halter für die Unfallfolgen einer Schwarzfahrt eines Angestellten auch dann hafte, wenn ihn selbst kein Verschulden treffe. (4) Auch im Fall plötzlicher Bewusstlosigkeit sei ein darauf zurückzuführender Unfall durch einen typischen Betriebsvorgang, nämlich die Fortbewegung eines verkehrsunsicheren Fahrzeuges, verursacht worden.

82 Vgl. Beschlussempfehlung und Bericht des Rechtsausschusses (6. Ausschuss), BT-Drs. 14/8780, S. 22.

83 § 17 Abs. 2 StVG ist Spezialvorschrift gegenüber § 254.

2. Anspruch aus § 823 Abs. 1 (–). Es liegt bereits keine »Handlung« des A vor (nicht vom Willen beherrschbar). Jedenfalls fehlt es aber an der Deliktsfähigkeit (§ 827 S. 1).

3. Billigkeitshaftung gem. § 829? Der BGH hat in diesem Fall eine Billigkeitshaftung angenommen. Denn A habe den äußeren Tatbestand einer unerlaubten Handlung verwirklicht. In welchem Umfang es die Billigkeit erfordert, dass die Erben des A dem X haften, lässt sich mangels näherer Angaben im Sachverhalt nicht entscheiden. Dieser Anspruch ist nicht an die Höchstbeträge des § 12 StVG gebunden. Der Anspruch kann also weiter gehen als der aus § 7 StVG gegen F und gegen den Versicherer.[84]

III. Anspruch gegen die Bank als Sicherungseigentümerin aus § 7 Abs. 1 StVG (–), weil kein Halter.

IV. Anspruch des X gegen den Haftpflichtversicherer H des F aus § 115 Abs. 1 Nr. 1 VVG

1. Nach § 115 Abs. 1 Nr. 1 VVG hat der Geschädigte einen unmittelbaren Anspruch gegen den Haftpflichtversicherer des Schädigers. Schädiger und Haftpflichtversicherer haften als Gesamtschuldner.

Erläuterung: Nach § 1 PflVG ist jeder Halter eines Kfz verpflichtet, für sich, den Eigentümer und den Fahrer des Fahrzeuges eine Haftpflichtversicherung zur Deckung der durch den Gebrauch des Fahrzeuges verursachten Personenschäden, Sachschäden und sonstigen Vermögensschäden abzuschließen. Die Verpflichtung zum Abschluss einer Versicherung soll dem Geschädigten einen zahlungsfähigen Schuldner sichern (Verkehrsopferschutz) und außerdem den haftpflichtigen Kfz-Halter bzw. Fahrer vor u. U. ruinösen Vermögenseinbußen infolge der Gefährdungshaftung schützen.

Außerhalb des Sonderbereichs der Kfz-Haftpflichtversicherung betrifft eine Haftpflichtversicherung grundsätzlich[85] nur das Versicherungsverhältnis (Deckungsverhältnis) zwischen dem für einen Schaden verantwortlichen Schuldner (Versicherter) und seinem Versicherer. Der Haftpflichtversicherer ist gegenüber dem versicherten Schädiger u. a. verpflichtet, ihn von seiner Schuld gegenüber dem Geschädigten zu befreien (vgl. § 100 VVG). Der Versicherer kann zwar an Stelle des versicherten Schuldners an den Gläubiger unmittelbar leisten. Einen unmittelbaren Anspruch gegen den Versicherer des Schädigers hat der Geschädigte – anders als bei der Kfz-Haftpflichtversicherung und abgesehen von den Sonderfällen des § 115 Abs. 1 Nr. 2 und 3 VVG – aber nicht.[86]

2. Ergebnis: Anspruch des X gegen den Haftpflichtversicherer H (+).

V. Innenausgleich unter haftpflichtigen Haltern oder Fahrern bei Drittschaden

48 § 17 Abs. 1 StVG enthält eine Sondervorschrift gegenüber § 426 Abs. 1 S. 1 und regelt den Umfang des **Innenausgleichs zwischen mehreren unfallbeteiligten Haltern und Fahrern,** die alle einem dritten Geschädigten zum Ersatz verpflichtet sind.

---

84 Vertiefungsfrage: Tritt die Haftpflichtversicherung H der F auch für diesen Anspruch (aus § 829) ein? – Auch hier tritt die Kfz-Haftpflichtversicherung ein. Die Haftpflichtversicherung wird nämlich auch zugunsten des Fahrers abgeschlossen (Vertrag zugunsten Dritter, vgl. § 328). Ferner umfasst die Haftpflichtversicherung nicht nur die Haftung aus dem StVG, sondern auch jede andere Haftung aus dem Gebrauch des Fahrzeugs (insbes. §§ 823 ff.). Deshalb greift die Haftpflichtversicherung auch zugunsten der Erben des A ein. Auch insoweit hat X einen unmittelbaren Anspruch gegen den Versicherer aus § 115 VVG. Vgl. zum Umfang des Versicherungsschutzes § 2 der KfzPflVV.

85 Der ab 1.1.2008 geltende § 115 Abs. 1 VVG gewährt einen Direktanspruch außerhalb der Kfz-Haftpflichtversicherung nur dann, wenn über das Vermögen des Versicherungsnehmers das Insolvenzverfahren eröffnet oder der Eröffnungsantrag mangels Masse abgewiesen worden ist oder ein vorläufiger Insolvenzverwalter bestellt worden ist (Nr. 2) oder wenn der Aufenthalt des Versicherungsnehmers unbekannt ist (Nr. 3).

86 Vgl. zum Ganzen *Wandt*, Versicherungsrecht, Rn. 1099 ff.

Beispiel: Fahrer F gerät mit dem Kfz des Halters H in einer Kurve auf die Gegenfahrbahn, prallt dort mit dem entgegenkommenden Kfz des A (Halter und Fahrer) zusammen. Beide werden von der Straße geschleudert und verletzen einen neben der Straße befindlichen Fußgänger B. H und A haften dem B aus § 7 Abs. 1 StVG, F aus § 18 Abs. 1 StVG. Alle haften gesamtschuldnerisch (§ 840 Abs. 1). Der Ausgleich im Innenverhältnis zwischen der Zurechnungseinheit H/F und dem A erfolgt nach § 17 Abs. 1 StVG, der im Innenverhältnis zwischen H und F nach § 426.

49

Entscheidend für den Haftungsumfang ist der jeweilige Verursachungsbeitrag zum Schaden. Der »Idealfahrer« hat im Innenverhältnis keinen Anteil zu tragen (vgl. § 17 Abs. 3 i. V. m. Abs. 1 StVG, vgl. → Rn. 19 ff.), haftet aber dem Geschädigten gegenüber im Außenverhältnis mangels höherer Gewalt gemäß § 7 Abs. 2 StVG (vgl. → Rn. 16 f.). 50

Abgrenzung: Bei **§ 17 Abs. 2 StVG** (vgl. → Rn. 16 f.) geht es ebenfalls um den Schadensausgleich zwischen unfallbeteiligten Haltern und Fahrern. Jedoch betrifft diese Norm die **wechselseitige Haftung** von unfallbeteiligten Haltern und Führern nach § 7 Abs. 1 oder § 18 Abs. 1 StVG, also das direkte Verhältnis vom Schädiger zum Geschädigten. In diesem Fall entfällt bei einem unabwendbaren Ereignis bereits die Haftung und bei Mitverursachung ist der Anspruch des Geschädigten bereits im Haftungsverhältnis zu kürzen.

Beispiel: Halter H fährt auf den ruckartig abbremsenden Halter I auf. I kann nach § 7 Abs. 1 StVG von H Ersatz verlangen. Der Umfang richtet sich dabei nach § 17 Abs. 2 i. V. m. Abs. 1 StVG.

B. Haftung für fehlerhafte Produkte

I. Einführung

51 Für Schäden durch fehlerhafte Produkte können **vertragliche Schadensersatzansprüche** gegeben sein, insbesondere gem. §§ 433, 437, 280 ff. Die daneben eröffnete
(Anspruchskonkurrenz; vgl. → § 1 Rn. 4 ff.) außervertragliche Haftung für fehlerhafte
Produkte besteht aus der von der Rechtsprechung entwickelten **Produkthaftung gemäß §§ 823 ff.** und der auf Grundlage einer EG-Richtlinie normierten Produkthaftung
nach dem Produkthaftungsgesetz (vgl. → Rn. 73 f.).[87] Die **Haftung nach dem Prod-
HaftG** ist verschuldensunabhängig[88] und deshalb wegen der einfacheren Beweislage
im Gutachtensaufbau regelmäßig vor dem Anspruch aus § 823 Abs. 1 (Verschuldenshaftung) zu prüfen. Auch Ansprüche aus § 823 Abs. 2 kommen in Betracht[89]; sie sind
meist aber von begrenzter praktischer Bedeutung, da die Sicherheitsanforderungen
der Schutzgesetze meist generalklauselartig gefasst sind und daher gegenüber § 823
Abs. 1 keinen praktischen Vorteil bieten.[90]

52 Typisch ist folgende Fallkonstellation: Der Endabnehmer K kauft ein Produkt bei dem
Verkäufer V, der das Produkt von dem Hersteller H bezogen hat. K wird durch dieses
fehlerhafte Produkt geschädigt.

Bei unmodifizierter Anwendung allgemeiner Regeln und Grundsätze ergäbe sich:
1. Ansprüche des K gegen V
   - Wenn V sein Verschulden widerlegen kann (§§ 280 Abs. 1 S. 2, 311 a Abs. 2 S. 2),
     hat K keinen Schadensersatzanspruch wegen Lieferung einer mangelhaften Kauf-
     sache (§§ 433, 434 Abs. 1 S. 1, 437 Nr. 3, 281, 280 Abs. 3 und 1 oder § 311 a Abs. 2
     S. 1; vgl. für Verbraucher auch §§ 474, 477).
   - Kein Anspruch aus § 280 i. V. m. Verletzung einer Nebenpflicht,[91] weil V nicht die
     Pflicht hat, eine fabrikneue Ware auf Fehler zu untersuchen. V muss sich auch
     nicht das Verschulden des Herstellers H (falls gegeben) zurechnen lassen (§ 278).
     Denn H ist kein Erfüllungsgehilfe des V, weil V nicht die Herstellung schuldet,
     sondern als Verkäufer nur die Übergabe und Übereignung der Sache.
   - Ansprüche aus §§ 823 ff. scheiden auf Grundlage der allgemeinen deliktsrecht-
     lichen Regelungen mangels Verschuldens des V aus.
2. Ansprüche des K gegen den Hersteller H
   - Vertragliche Ansprüche scheiden aus, weil zwischen K und H kein Vertragsver-
     hältnis besteht.

---

87 Die in der Literatur teilweise vorgenommene terminologische Trennung zwischen »Produzentenhaftung« nach §§ 823 ff. und »Produkthaftung« nach dem ProdHaftG kann unrichtige Assoziationen
   auslösen und ist deshalb zu Recht auf dem Rückzug. Häufig werden die Begriffe in Rechtsprechung
   und Literatur synonym verwendet.
88 Nach anderer Ansicht handelt es sich auch bei der Haftung nach dem ProdHaftG um eine – in den
   Produktfehler inkorporierte – Verschuldenshaftung; vgl. *Kötz/Wagner*, Rn. 611 ff. m. w. N.
89 Beispiel: *BGH* NJW 2006, 1589, 1590 (zu § 3 Abs. 1, 3 GerätesicherheitsG a. F.; vgl. § 4 Abs. 1 S. 1
   GPSG); vgl. die Zusammenstellung einschlägiger Schutzgesetze von MüKoBGB/*Wagner*, Bd. 6,
   § 823 Rn. 874 ff.
90 MüKoBGB/*Wagner*, Bd. 6, § 823 Rn. 867.
91 Bei Nebenpflichten ist § 280 direkt anzuwenden, wenn sie nicht in den Anwendungsbereich der
   §§ 434 bis 442 fallen (vgl. Palandt/*Weidenkaff*, § 437 Rn. 52).

– Der Vertrag zwischen V und H begründet keine Schutzwirkung für K, insbesondere weil V nicht das erforderliche Schutzinteresse hat (grundlegend BGHZ 51, 91 »Hühnerpest«; vgl. → Rn. 69).
– Die Voraussetzungen einer Drittschadensliquidation liegen mangels zufälliger Schadensverlagerung ebenfalls nicht vor (grundlegend BGHZ 51, 91 »Hühnerpest«).
– Eine Haftung nach §§ 823 ff. setzt voraus, dass dem H ein Verschulden nachgewiesen wird. Dafür muss der Geschädigte wegen Rechtsgutverletzungen, die durch fehlerhafte Produkte verursacht werden, im Einzelnen darlegen und gegebenenfalls beweisen, dass der Anspruchsgegner (Hersteller) objektiv pflichtwidrig und schuldhaft gehandelt hat.
3. Rückgriffsansprüche des Verkäufers gegen den Hersteller (vgl. für den Verbrauchsgüterkauf § 478) berühren den Käufer nicht.

Würden diese Grundsätze uneingeschränkt angewandt, führte dies zu einem unzureichenden Schutz von geschädigten Endabnehmern (und Produktbenutzern). Diese Geschädigten hätten kaum die Möglichkeit, Schadensersatzansprüche durchzusetzen. Denn **53**

– der Endabnehmer ist aus Rechtsgründen in den Vertrag zwischen Hersteller und Verkäufer nicht einzubeziehen,[92]
– der Verkäufer, der nicht selbst der Hersteller ist (Regelfall), wird in aller Regel nicht schuldhaft gehandelt haben,
– dem Produkthersteller wird bei Anwendung der allgemeinen Beweislastregeln ein pflichtwidriges und schuldhaftes Verhalten kaum nachzuweisen sein, weil der Endabnehmer keinen Einblick in den Betrieb des Herstellers hat.

Zum Schutz von Endabnehmern (und Produktbenutzern) haben Rechtsprechung und **54** Literatur deshalb im Rahmen des § 823 Abs. 1 die besonderen Grundsätze der Produkthaftung entwickelt.[93] Auf der Grundlage der EG-Produkthaftungsrichtlinie wurde außerdem das Produkthaftungsgesetz (1989) erlassen. Zu unterscheiden sind deshalb:
– die deliktische (verschuldensabhängige) Produkthaftung nach § 823 Abs. 1 und
– die verschuldensunabhängige Haftung nach dem Produkthaftungsgesetz (Gefährdungshaftung, str.[94]).

II. Produkthaftung nach § 823 Abs. 1

Die Produkthaftung nach § 823 Abs. 1[95] ist ein Sonderfall der deliktischen Haftung wegen der Verletzung einer herstellerspezifischen **Verkehrssicherungspflicht.** Ihre Bedeutung besteht darin, dass **55**

---

92 Vgl. BGHZ 51, 91 (Hühnerpest).
93 Die auf § 823 Abs. 1 gestützte Produkthaftung ist – auch nach Erlass der sog. EG-Produkthaftungsrichtlinie (85/374/EWG, ABl. L 210/29 vom 7.8.1985) und dem ProdHaftG – europarechtskonform, da durch die Richtlinie keine Vollharmonisierung angestrebt wurde (vgl. BeckOK BGB/*Spindler*, 35. Ed. 2015, § 823 Rn. 482 m.w.N.).
94 A. A. *Kötz/Wagner*, Rn. 611 ff. m.w.N. (in den Produktfehler inkorporierte Verschuldenshaftung).
95 Zu aktuellen Entwicklungen im Produktsicherheits- und Produkthaftungsrecht *Molitoris/Klindt*, NJW 2017, 1582.

– für einen bestimmten Personenkreis, nämlich für Produzenten,
– herstellerspezifische Verkehrssicherungspflichten aufgestellt werden, um Gefahren durch Produkte zu vermeiden,
– und dass dem Geschädigten eine Beweislastumkehr, insbesondere hinsichtlich des Verschuldens des Herstellers, zugebilligt wird.

1. Tatbestandsvoraussetzungen

a) Hersteller und Produkt

56 Der Schädiger muss **Hersteller** sein. Der verschuldensabhängigen Produkthaftung mit der Umkehr der Beweislast unterliegt nicht nur der industrielle Hersteller, sondern auch der Inhaber von Klein- und Familienbetrieben, weil dem Geschädigten auch insoweit der Einblick in den Produktionsprozess fehlt.

Beispiel: Nach dem Hochzeitsessen in einer Gaststätte erkranken die Brautleute und ihre Gäste an einer Salmonellenvergiftung. Der BGH hat in diesem Fall eine Produkthaftung für den Inhaber eines kleinen Betriebes angenommen (BGHZ 116, 104 »Hochzeitsessen«).

Erfasst werden Hersteller jeglicher **Produkte.** »Produkt« i. S. der deliktischen Produkthaftung ist weit auszulegen.[96] Erfasst werden auch Produkte von Zulieferern, die vom Endhersteller für die Herstellung des Endprodukts verwendet werden.

Beispiel:
– Bei dem zur Vornahme einer Bluttransfusion entnommenen Blut eines HIV-Infizierten handelt es sich um ein fehlerhaftes »Produkt« (*OLG Hamburg* NJW 1990, 2322; das Revisionsurteil BGHZ 114, 284, 291 »Blutkonserve« äußert sich hierzu nicht).
– Das Inverkehrbringen einer aus Asien stammenden Bienenart, die mit der Bienenseuche (Verroatose) infiziert ist, kann die Produkthaftung eröffnen (vgl. *OLG Frankfurt* NJW 1985, 2425).

57 **Vertiefungshinweis:**
– Der *BGH* (NJW 1975, 1827) hat die Beweislastumkehr auch auf »Produktionsleiter in herausgehobener und verantwortlicher Stellung« erstreckt. Dies ist vor allem bedenklich, weil diesen Personen u. U. nicht dieselben Beweismittel zur Verfügung stehen wie dem Unternehmer selbst.[97]
– Noch nicht abschließend geklärt ist die Frage, unter welchen Voraussetzungen Quasi-Hersteller, also solche Personen, die lediglich den Eindruck erwecken Hersteller zu sein (insbesondere durch das Anbringen ihrer Marke auf dem Produkt), nach den Regeln der Produkthaftung haften. Der BGH verneint eine solche Haftung grundsätzlich, da Gefahrenabwehrpflichten nicht schon durch Markenanbringung entstünden.[98] Etwas anderes soll nach vereinzelt geäußerter Meinung dann gelten, wenn durch die Identifikation des Markeninhabers mit der Ware bei den Produktnutzern ein besonderes Vertrauen erweckt wird, das sie berechtigt zur Reduktion der eigenen Sorgfaltsvorkehrungen verleitet.[99]

b) Verletzung einer Verkehrssicherungspflicht

58 Im Zuge der Entwicklung der deliktischen Produkthaftung wurde lange Zeit über den richtigen Anknüpfungspunkt (und Prüfungsaufbau) gestritten. Vorzugswürdig ist es, die Verletzung einer Verkehrssicherungspflicht (dazu sogleich → Rn. 61 ff.) bereits im objektiven Tatbestand zu prüfen (vgl. auch → § 16 Rn. 113).

---

96 BeckOK BGB/*Förster,* § 823 Rn. 673. Zur Haftung für unsichere Software *Raue,* NJW 2017, 1841.
97 Vgl. *Medicus/Petersen,* BR, Rn. 650a m. w. N.
98 *BGH* NJW 1980, 1219 (Klapprad); *BGH* NJW 1994, 517, 519 (Gewindeschneidemittel I).
99 Vgl. MüKoBGB/*Wagner,* Bd. 6, § 823 Rn. 793 m. w. N.

c) Kausalität und Rechtswidrigkeit

Zur Kausalität → § 16 Rn. 124 ff. Die Verletzung einer Verkehrssicherungspflicht indi- **59**
ziert die **Rechtswidrigkeit** (vgl. → § 16 Rn. 158).

d) Verschulden

Die deliktische Produkthaftung nach § 823 setzt **Verschulden** (§ 276) des Herstellers **60**
voraus. Das Verschulden wird nach den von der Rechtsprechung entwickelten Grundsätzen vermutet (Beweislastumkehr, vgl. dazu → Rn. 66 ff.). Der Hersteller muss sich
also entlasten.

2. Herstellerspezifische Verkehrssicherungspflicht

Wer Waren herstellt und in den Verkehr bringt, muss dafür sorgen, dass durch diese **61**
Waren Rechtsgüter anderer nicht beeinträchtigt werden. Der Produzent muss dieser
Verkehrssicherungspflicht genügen und im Rahmen des objektiv Möglichen und Zumutbaren die erforderlichen Sicherungsmaßnahmen treffen, damit produktbedingte
Gefahren für andere Personen vermieden werden. Der Produzent hat die Pflicht, seinen Betrieb so zu organisieren, dass Konstruktionsfehler, Fabrikationsfehler, Instruktionsfehler und Produktbeobachtungsfehler vermieden werden.[100]

Eigentliche Grundlage der Haftung ist die Verletzung einer Verkehrssicherungspflicht,
nicht das Vorliegen eines (infolge der Verletzung der Verkehrssicherungspflicht bestehenden) Produktfehlers. Rechtsprechung und Literatur haben die Verkehrssicherungspflichten allerdings nach den einzelnen Produktfehlerarten geordnet. Die einzelnen **Produktfehlerarten** stehen also für unterschiedliche Verantwortungsbereiche mit
unterschiedlichen Anforderungen an die erforderliche Sorgfalt.[101] Die Typisierung in
Fehler-Fallgruppen hat den Vorzug, dass Verhaltensweisen in gleichen oder vergleichbaren betrieblichen Funktionen eine gleichartige Beurteilung erlauben und nahe legen.[102] Außerdem ist der Produktfehler als sichtbares Resultat des Produktionsprozes-
ses Ausgangspunkt für Fragen des Beweises.

Die Verkehrspflichten des Herstellers im Rahmen der deliktischen Haftung gem. § 823
Abs. 1 bestimmen sich grundsätzlich nach denselben objektiven Maßstäben wie die für
den Produktfehler maßgeblichen Sicherheitserwartungen gem. § 3 Abs. 1 Prod-
HaftG.[103]

a) Konstruktionsfehler

Die Fehlerhaftigkeit des Produktes kann darauf beruhen, dass es schon nach seiner **62**
Konstruktion oder Zusammensetzung nicht diejenige Beschaffenheit hat, die man zur
Vermeidung einer Gefahr für andere erwarten muss (**Konstruktionsfehler**).[104] Das
Produkt muss die Sicherheit für den voraussehbaren Gebrauch gewährleisten, die der

---

100 Vgl. zu den einzelnen Fehlerarten bzw. Produktsicherungspflichten mit zahlreichen Beispielen aus
   der Rechtsprechung BeckOK BGB/*Förster*, § 823 Rn. 689 ff. Allgemein zu den Herstellerpflichten
   bei Produkten mit Sicherheitsmängeln vgl. BGHZ 179, 157.
101 *Kötz/Wagner*, Rn. 615.
102 v. Westphalen/*Foerste*, § 24 Rn. 70.
103 *BGH* NJW 2009, 1669, 1670.
104 Vgl. BGHZ 181, 253 (Airbag); *Kötz/Wagner*, Rn. 616 ff.

durchschnittliche Verbraucherkreis erwarten darf (objektivierte Sicherheitserwartungen des Adressatenkreises des vermarkteten Produkts und Dritter, die mit der Sache in Berührung kommen).[105] Der Hersteller muss dafür alle technisch möglichen Sicherheitsvorkehrungen treffen, wenn sie nach gesichertem Fachwissen der einschlägigen Fachkreise auch praktisch einsatzfähig sind.[106] Bei einem Konstruktionsfehler ist regelmäßig die gesamte Ware einer Produktserie mangelhaft, da der Fehler dem Bauplan des Produktes und seiner gesamten Entwicklung inhärent ist.

Beispiele:

- In einer Reinigungsanlage sind zu schwache und ungeeignete Schwimmschalter eingebaut (Konstruktionsfehler). Dadurch entsteht ein Brand (BGHZ 67, 359, 362; vgl. → § 16 Rn. 27 Fn. 47).
- Das Weglassen eines Fehlerstromschalters in einer Geschirrspülmaschine stellt einen Konstruktionsfehler dar (*OLG Schleswig* MDR 2008, 210).

Entscheidend für den Inhalt der Verkehrssicherungspflicht zur Vermeidung von Konstruktionsfehlern ist der im Zeitpunkt der Inverkehrgabe erkennbare Stand von Wissenschaft und Technik, soweit sich daraus praktisch einsetzbare und zumutbare Konstruktionsanforderungen (konstruktive Gefahrvermeidungsmaßnahmen) ergeben. Insoweit[107] ist es also unschädlich, wenn sich nach der Inverkehrgabe des Produkts infolge einer Fortentwicklung des Standes von Wissenschaft und Technik herausstellt, dass die Konstruktion Gefahren mit sich bringt (sog. Entwicklungsrisiken; vgl. aber für die Haftung nach dem Produkthaftungsgesetz § 1 Abs. 2 Nr. 5 ProdHaftG). Sind bestimmte mit der Produktnutzung einhergehende Risiken nach dem Stand von Wissenschaft und Technik unvermeidbar, ist unter Abwägung von Art und Umfang der Risiken, der Wahrscheinlichkeit ihrer Verwirklichung und des mit dem Produkt verbundenen Nutzens zu prüfen, ob das gefahrträchtige Produkt überhaupt in den Verkehr gebracht werden darf.

b) Fabrikationsfehler

63 Ein **Fabrikationsfehler** ist gegeben, wenn bei der Fertigung eines (ordnungsgemäß konstruierten) Produktes eine planwidrige Abweichung von der Sollbeschaffenheit eingetreten ist. Regelmäßig sind dann nur einzelne Exemplare oder einzelne Chargen aufgrund eines Fehlverhaltens eines Arbeitnehmers oder einer zeitweiligen Fehlfunktion einer Maschine beim Herstellungsverfahren, das an sich ordnungsgemäß ist, mangelhaft.

Beispiele:

- Hühnerpestimpfstoff wird während des Abfüllvorgangs verunreinigt (BGHZ 51, 91, 102ff. »Hühnerpest«).
- Beim Abfüllen von Limonadenflaschen entsteht zu hoher Innendruck und dadurch Explosionsgefahr (BGHZ 104, 323 »Limonadenflasche«).[108]

---

105 *BGH* NJW 2009, 1669, 1670f. (Kirschkern in als Kirschtaler bezeichnetes Gebäckstück begründet keinen Produktfehler); *BGH* NJW 2013, 1302 (Hersteller muss nicht für sämtliche Fälle unsorgfältiger Produktnutzung, insbesondere nicht für fachwidrige Installation, Vorsorge treffen.).
106 BGHZ 181, 253.
107 Nicht ausgeschlossen ist aber eine Haftung wegen Verletzung der Produktbeobachtungspflicht nach Inverkehrbringen des Produktes; → Rn. 65.
108 Siehe hierzu auch *BGH* NJW 1993, 528 (Mineralwasserflasche I); BGHZ 129, 353 (Mineralwasserflasche II), denen vergleichbare Fälle zugrundeliegen.

»Kein Fabrikationsfehler«, genauer: keine Verletzung einer Verkehrssicherungspflicht (vgl. → Rn. 58, 61) ist gegeben, wenn es sich bei dem Produktfehler um einen sog. Ausreißer handelt. Beim Ausreißer liegt ein einmaliges Fehlverhalten eines Arbeitnehmers oder eine Fehlleistung einer Maschine vor, das bzw. die für den Produzenten trotz aller Vorkehrungen unvermeidbar war.[109] Der Endhersteller ist hinsichtlich möglicher Fabrikationsfehler des Zulieferers verpflichtet (Verkehrssicherungspflicht), alle zumutbaren (Auswahl-, Überwachungs-) Vorkehrungen zu treffen.[110]

c) Instruktionsfehler

Selbst wenn das Produkt fehlerfrei konstruiert und produziert worden ist, kann im Fall **64** eines **Instruktionsfehlers** eine Haftung des Produzenten in Betracht kommen. Der Hersteller einer Ware ist verpflichtet, die Verbraucher vor Gefahren zu warnen, die aus der Verwendung des Produkts entstehen können, soweit die Verwendung im Rahmen der allgemeinen Zweckbestimmung des Produkts liegt.[111] Gegebenenfalls muss sogar vor einem nahe liegenden Missbrauch des Produkts gewarnt werden. Art und Umfang der Warnpflicht sind davon abhängig, inwieweit der Verbraucherkreis mit den Produktgefahren vertraut ist.[112] Inhalt und Umfang der Instruktionspflichten im Einzelfall werden wesentlich durch die Größe der Gefahr und das gefährdete Rechtsgut bestimmt.[113]

Beispiele:

— Infolge sog. »Dauernuckelns« an Kinderfläschchen, die mit Kinderteeprodukten gefüllt sind, entsteht bei Kleinkindern Karies. Der Hersteller hat es unterlassen, die von ihm vertriebenen Tee-Produkte mit hinreichenden Warnhinweisen zu versehen (BGHZ 116, 60 »Kindertee I«).[114]
— Der Hersteller oder Importeur von Feuerwerkskörpern hat die Verpackungen mit besonderen Warnhinweisen zu versehen, die erforderlich sind, um den Gefahren wirksam zu begegnen, die für Kinder bestehen, an welche die Abgabe öffentlich-rechtlich nicht verboten ist (BGHZ 139, 79; vgl. auch BGHZ 139, 43).
— Warnung davor, dass ein vertriebenes Mittel in bestimmten Fällen zur Vermeidung von Gefahren wirkungslos sein kann (BGHZ 80, 186, 195ff. »Apfelschorf«).

d) Produktbeobachtung

Der Hersteller ist auch nach Inverkehrgabe des Produkts (Auslieferung) verpflichtet, **65** seine Produkte auf noch nicht bekannte schädliche Eigenschaften (sog. Entwicklungsfehler[115]) hin zu beobachten (**Produktbeobachtungspflicht**).[116] Er muss sich auch

---

109 Vgl. zum Ganzen MüKoBGB/*Wagner*, Bd. 6, § 823 Rn. 824.
110 Zu Umfang dieser Pflicht *BGH* ZfS 2010, 435 (Lkw-Hersteller mit renommiertem Zulieferer).
111 Vgl. zur Pflicht des Herstellers zur Warnung vor aufgetretenen Produktgefahren *Tiedtke*, FS Gernhuber, 1993, S. 471.
112 BGHZ 181, 253.
113 BGHZ 181, 253; BGHZ 106, 273.
114 Vgl. auch *BGH* NJW 1999, 2273, 2274 (Warnung vor Zahnschäden bei Dauernuckeln an einer mit kariogenen Getränken gefüllten Flasche mit Schnuller).
115 Ein – die Haftung nicht unmittelbar begründender – Entwicklungsfehler liegt vor, wenn die potenzielle Gefährlichkeit des Produkts im Zeitpunkt seiner Inverkehrgabe nach dem damaligen Stand von Wissenschaft und Technik objektiv nicht erkannt werden konnte, weil die Erkenntnismöglichkeiten (noch) nicht weit genug fortgeschritten waren; BGHZ 181, 253; zum ProdHaftG BGHZ 129, 353; zur deliktischen Produkthaftung BGHZ 105, 346.
116 Man kann zwischen der aktiven Produktbeobachtungspflicht (Aufbau einer Betriebsorganisation zur Beschaffung von Informationen über die Bewährung des Produktes bei seinem Einsatz in der

ständig über deren sonstige, eine Gefährdung schaffende, Verwendungsfolgen informieren. Zeigen sich Mängel oder Risiken, muss er durch geeignete Maßnahmen (z. B. Warnhinweise) für künftige gefahrlose Nutzung sorgen, wobei ihn unter Umständen sogar eine Rückrufpflicht, grundsätzlich aber keine Pflicht zur Nachrüstung auf eigene Kosten, trifft.[117]

Beispiele:

- Ein Spritzmittel bei der Bekämpfung des Apfelschorfes erweist sich nachträglich als unwirksam. Der sich ausbreitende Apfelschorf führt bei den Obstbauern zu erheblichen Schäden. Der Hersteller des Spritzmittels verletzt seine Produktbeobachtungspflicht, wenn er seine (Massen-)Produkte nicht auf noch unbekannte schädliche Eigenschaften hin beobachtet oder sich über deren sonstige, eine Gefahrenlage schaffende Verwendungsfolgen nicht informiert (BGHZ 80, 199, 202 »Apfelschorf«).
- Bei der Verwendung von nicht serienmäßigem Zubehör (Lenkerverkleidung) wird das Fahrverhalten bestimmter Motorräder im Hochgeschwindigkeitsbereich beeinträchtigt. Den Hersteller der Motorräder trifft die Pflicht, rechtzeitig Gefahren aufzudecken, die aus der Kombinierung seines Produktes mit Produkten anderer Hersteller entstehen können, und diesen Gefahren entgegenzuwirken (BGHZ 99, 167 »Lenkerverkleidung«).
- Bei der Benutzung von Küchendunstabzugshauben kommt es wiederholt zu Küchenbränden, ohne dass der Hersteller zunächst Maßnahmen ergreift. Es stellt sich heraus, dass ein Zulieferteil konstruktionsbedingt fehlerhaft ist. Dies begründet die Haftung des Zulieferers. Der Endhersteller verletzt – wenn er sich hinsichtlich des Verschuldens für den Konstruktionsfehler seines Endprodukts entlasten kann – jedenfalls seine Produktbeobachtungspflicht, wenn er nicht unverzüglich vor den Gefahren seines Produkts warnt. Die sich aus § 823 Abs. 1 ergebende Schadensersatzverpflichtung des Zulieferers und Endherstellers gegenüber Produktgeschädigten ist jedenfalls auf Ersatz bereits entstandener Schäden gerichtet. Sehr umstritten und noch nicht höchstrichterlich geklärt ist, ob die Produkthaftpflichtigen zivilrechtlich auch verpflichtet sind, auf ihre Kosten eine Rückrufaktion durchzuführen und weitergehend das fehlerhafte Produkt zu reparieren. Zulieferer und Endhersteller haften als Gesamtschuldner (§ 840 Abs. 1) (Vgl. *OLG Karlsruhe* NJW-RR 1995, 594).[118]

3. Umkehr der Beweislast

66 Ein zentrales Element der von der Rechtsprechung entwickelten deliktischen Produkthaftung ist neben den spezifischen Verkehrssicherungspflichten eine spezifische Beweislastverteilung.[119] Grundsätzlich genügt der Geschädigte seiner Beweislast, wenn er beweist, dass das Produkt in objektiv fehlerhaftem Zustand den Herstellerbereich verlassen hat **(Fabrikations-, Konstruktions-, Instruktionsfehler)** und das fehlerhafte Produkt für den Schaden ursächlich geworden ist.[120]

Praxis und deren Auswertung) und der passiven Produktbeobachtungspflicht (Überprüfung von Beanstandungen des Produktes, die dem [importierenden] Hersteller zugeleitet werden) unterscheiden (vgl. *BGH* NJW 1994, 517, 519 [Gewindeschneidemittel I]).

117 Zum Inhalt der Gefahrabwendungspflichten des Herstellers, die eine Nachrüstung des gefährlichen Produktes grundsätzlich nicht umfassen, BGHZ 179, 157. Vgl. zur strafrechtlichen Produkthaftung und der Verpflichtung des Herstellers zum Rückruf bereits in den Handel gelangter, gesundheitsgefährdender Produkte BGHSt 37, 106 (Lederspray); zusammenfassend zur zivilrechtlichen Lage *Burckhardt*, VersR 2007, 1601; *Dietborn/Müller*, BB 2007, 2358; *Bernuth/Gutman*, ZLR 2007, 541 (zum Rückruf von Lebensmitteln).

118 Vgl. auch *OLG München* NJW-RR 1999, 1657 (Rückrufaktion, Auftragsverhältnis zwischen Hersteller und Zulieferer). Ob ein unterlassener Rückruf eine Haftung des Herstellers auslöst, ist bisher wohl höchstrichterlich zivilrechtlich nicht entschieden (vgl. dazu MüKoBGB/*Wagner*, Bd. 6, § 823 Rn. 648 ff.; *Kötz/Wagner*, Rn. 644 f.). BGHZ 179, 157 stellte keine Kehrtwende in der Rechtsprechung über die Rückrufpflicht des Herstellers dar, vgl. *Molitoris*, NJW 2009, 1049.

119 Vgl. die Übersicht bei v. Westphalen/*Foerste*, § 30 Rn. 29 ff.; BeckOK BGB/*Förster*, § 823 Rn. 759.

120 BGHZ 104, 323 (Limonadenflasche).

Steht fest, dass ein objektiver Mangel eines Produkts zu einer Rechtsgutverletzung geführt hat, ist der Geschädigte von dem Beweis der objektiven Pflichtwidrigkeit des Herstellers[121] und von dem Beweis des Verschuldens[122] befreit (Beweislastumkehr).[123] Der Hersteller muss sich entlasten und den Beweis führen, dass er (objektiv) keine Verkehrssicherungspflicht verletzt hat und ihn (subjektiv) kein Verschulden trifft.[124] Die in Produkthaftungsfällen häufig vorkommende Unaufklärbarkeit hinsichtlich dieser Punkte geht folglich zu Lasten des Herstellers.

Der Hersteller muss alle ihm vorgeworfenen Unzuträglichkeiten widerlegen sowie die **67** Einhaltung aller zumutbaren Sicherheitsvorkehrungen lückenlos darlegen und unter Beweis stellen. Der Hersteller kann sich entlasten, insbesondere

– indem er bei Konstruktionsfehlern nachweist, dass sie in der Entwicklungs- und Konstruktionsphase bis hin zum Zeitpunkt der Inverkehrgabe bei Anwendung aller zumutbaren Sorgfalt nicht erkennbar waren;

– indem er bei Fabrikationsfehlern den Nachweis führt, dass der Produktionsablauf keiner Störung durch individuelle Fehlleistungen von Mitarbeitern ausgesetzt ist und der Fehler trotz Beachtung aller Pflichten nicht vermeidbar war (Ausreißer);[125]

– indem er beweist, dass der Fehler in einem zugelieferten Teil steckt und trotz der möglicherweise gebotenen Kontrollen nicht erkennbar war.[126]

Die Beweislast für einen Verstoß gegen die **Produktbeobachtungspflicht** (nach der **68** Inverkehrgabe des Produkts) obliegt dagegen dem Geschädigten. Er muss beweisen, dass der Hersteller die Gefährlichkeit seines Produkts nach der Inverkehrgabe erkennen konnte und deshalb zur Warnung der Produktnutzer verpflichtet war.[127]

Fall (BGHZ 51, 91 »Hühnerpest«): Der Tierarzt T impft auf der Hühnerfarm des G dessen Hühner **69** gegen Hühnerpest. Dazu verwendet T ein Serum, das er von dem Impfstoffhersteller H bezogen hat. Dieses Serum ist bakteriell verunreinigt. Die Hühner erkranken an der Hühnerpest und verenden. Ob diese Verunreinigung auf das Verschulden des H zurückgeht, lässt sich nicht feststellen. Ansprüche des G?

Lösung:

A. Ansprüche des G gegen den Tierarzt T?
   I. Für Vertragsansprüche (§§ 631, 633 Abs. 1, 634 Nr. 4, 280) fehlt es an einem von T zu vertretenden Verschulden (§ 280 Abs. 1 S. 2): Eigenes Verschulden kommt nicht in Frage. Für ein etwa vorliegendes Verschulden des H hat T nicht nach § 278 einzustehen, weil der Hersteller H nicht der Erfüllungsgehilfe des T ist. Denn T schuldet keine Herstellung des Serums.
   II. Für Deliktsansprüche (§ 823 Abs. 1) gegen T fehlt es ebenfalls an einem Verschulden.
B. Ansprüche des G gegen den Produzenten H?
   I. Vertragliche Schadensersatzansprüche des G gegen den Produzenten H scheiden aus. Die von der Literatur teils vorgeschlagenen Konstruktionen hat die Rechtsprechung abgelehnt.

---

121 *BGH* NJW 1996, 2507 (Möbellack II).
122 Grundlegend BGHZ 51, 91 (Hühnerpest).
123 Zu den Einzelheiten vgl. auch die Vertiefungshinweise in Rn. 68f. sowie MüKoBGB/*Wagner*, Bd. 6, § 823 Rn. 858ff.; BeckOK BGB/*Förster*, § 823 Rn. 759ff.; Staudinger/*Hager*, § 823 Rn. F 38ff.
124 BGHZ 116, 60 (Kindertee I); 80, 186 (Apfelschorf).
125 Staudinger/*Hager*, § 823 Rn. F 44.
126 Vgl. *Reinicke/Tiedtke*, Kaufrecht, Rn. 923; ausführlich dazu auch BeckOK BGB/*Förster*, § 823 Rn. 768.
127 BGHZ 80, 186 (Apfelschorf).

1. Garantievertrag zwischen dem Produzenten und dem Endverbraucher? Ein selbstständiger Garantievertrag kommt nur zustande, wenn der Händler dem Endverbraucher einen Garantieschein des Herstellers übergibt. Die Herstellergarantie beschränkt sich aber meist auf Nachbesserung.
2. Schadensersatzansprüche aus einem Vertrag (zwischen T und H) mit Schutzwirkung für Dritte (G) (–), weil der Abnehmer T kein (typisiertes) Interesse am Schutz des Dritten hat.[128]
3. Drittschadensliquidation? Der Händler könnte den Schaden des Endabnehmers (Verbrauchers) beim Hersteller liquidieren. Es fehlt aber an der für eine Drittschadensliquidation erforderlichen zufälligen Schadensverlagerung, da die Weiterveräußerung der Ware von Anfang an beabsichtigt ist. Der Schaden tritt regelmäßig ausschließlich beim Endabnehmer ein.[129] Er wird vorliegend nicht zufällig auf den Endabnehmer verlagert.

II. Schadensersatzansprüche nach dem Produkthaftungsgesetz (§ 1 Abs. 1 ProdHaftG) kommen nicht in Betracht, weil das Produkt – im BGH-Fall – vor dem 1.1.1990 in den Verkehr gebracht wurde (vgl. §§ 16, 19 ProdHaftG).

III. Schadensersatzanspruch aus § 823 Abs. 1?
1. Das Eigentum des G an den Hühnern ist aufgrund der Hühnerpest verletzt worden.
2. H als Hersteller des Serums müsste diese Eigentumsverletzung verursacht haben. Den H trifft eine herstellerspezifische Verkehrssicherungspflicht. Wer Waren herstellt und in den Verkehr bringt, muss dafür sorgen, dass durch diese Sachen Rechtsgüter anderer nicht beeinträchtigt werden. Hier liegt ein sog. Fabrikationsfehler vor, weil das Serum bakteriell verunreinigt ist, und damit eine objektive Verletzung der Verkehrssicherungspflicht. Bei der Herstellung des Impfstoffs verletzt H die ihm obliegende Verkehrssicherungspflicht.
3. Die Verletzung der Verkehrssicherungspflicht indiziert die Rechtswidrigkeit (vgl. → § 16 Rn. 158).
4. Verschulden? Verschulden lässt sich hier nicht feststellen. Jedoch könnte eine Umkehr der Beweislast in Betracht kommen.
   H hat eine herstellerspezifische Verkehrssicherungspflicht verletzt (Fabrikationsfehler), sodass die Beweislast hinsichtlich des Verschuldens umgekehrt wird. H muss sich vom Verschuldensvorwurf (Fahrlässigkeit) entlasten bzw. nachweisen, dass es sich nur um einen sog. Ausreißer handelt (also nur um einen einmaligen Vorgang). H hat diesen Entlastungsbeweis nicht geführt. Die Unaufklärbarkeit geht zu seinen Lasten.
5. Ergebnis: G hat gegen H einen Schadensersatzanspruch aus § 823 Abs. 1.

IV. Anspruch aus § 831 Abs. 1 S. 1
Dieser Anspruch scheidet aus, wenn sich der Produzent hinsichtlich seiner Verrichtungsgehilfen entlasten kann.

V. In Betracht kommt außerdem ein Schadensersatzanspruch aus § 823 Abs. 2 i.V.m. § 5 Abs. 1 ArzneimittelG (AMG).[130] Danach ist es verboten, bedenkliche Arzneimittel in den Verkehr zu bringen. Der Impfstoff ist ein Arzneimittel i. S. des Arzneimittelgesetzes (§ 2 Abs. 1 Nr. 4 AMG).

70 **Vertiefungshinweis:** Für den Beweis, dass ein Produktfehler im Verantwortungsbereich des Herstellers entstanden ist (sog. **Fehlerbereichsnachweis**), kommt nur ausnahmsweise unter besonderen Umständen eine Beweislastumkehr zugunsten des Geschädigten in Betracht, wenn der Hersteller aufgrund der ihm im Interesse der Endabnehmer und Produktbenutzer auferlegten Verkehrssicherungspflicht gehalten war, das Produkt auf seine einwandfreie Beschaffenheit zu überprüfen und den Befund zu sichern (vom BGH bejaht für die Wiederverwendung von Mehrweg-Limonadenflaschen), der Hersteller dieser Verpflichtung aber nicht nachgekommen ist.[131]

---

128 Der BGH beruft sich auf die fehlende Erkennbarkeit der Einbeziehung des Dritten (G) und den fehlenden personenrechtlichen Einschlag (Wohl-und-Wehe-Formel) zwischen dem Vertragsgläubiger T und dem Dritten G.
129 BGHZ 51, 91 (Hühnerpest).
130 Vgl. zur Haftung nach dem Arzneimittelgesetz *Looschelders*, SR BT, Rn. 1276 ff.
131 Zu den Voraussetzungen für eine derartige Befundsicherungspflicht des Herstellers vgl. BGHZ 104, 323 (Limonadenflasche); *BGH* NJW 1993, 528, 529 (Mineralwasserflasche I); BGHZ 129, 353 (Mi-

Vertiefungshinweis: Verkehrssicherungspflichten
Die Verkehrssicherungspflichten sind Ausdruck einer spezifischen Gefahrsteuerungs- und Gefahrabwendungspflicht als deliktische Verkehrspflichten; den Produzenten trifft eine Gefahrsteuerungs- und Abwendungspflicht.[132]

1. Bedeutung der Unterscheidung zwischen den vier »Fehlerarten«
Die einzelnen Fehler sind unterschiedlichen Verantwortungsbereichen mit unterschiedlichen Anforderungen an die erforderliche Sorgfalt zuzuordnen. Die Typisierung in Fallgruppen hat den Vorzug, dass Verhaltensweisen in gleichen oder vergleichbaren betrieblichen Funktionen eine gleichartige Beurteilung rechtfertigen oder nahe legen.[133] Die Unterscheidung hat Bedeutung für die Mitarbeiter-Eigenhaftung.[134] Bei Verletzung von Produktbeobachtungs- und Aufklärungspflichten nach Inverkehrbringen des Produkts hat die Rechtsprechung eine Beweislastumkehr nur für das Verschulden, nicht für die objektive Pflichtverletzung angenommen (Umfang des Entlastungsbeweises des Herstellers).[135]

2. Gründe für den Umfang der Beweislastumkehr
Die Rechtsprechung beruht auf dem dogmatischen Konzept, dass den Hersteller die Beweislast für solche Umstände trifft, die zu seiner Einflusssphäre gehören.[136] Dies bedeutet eine Beweislastverteilung nach Gefahrenbereichen (»Gefahrbereichslehre«). Dem Geschädigten wird die Beweislast abgenommen, weil er sonst Vorgänge aufklären müsste, die sich im Gefahrenbereich des Herstellers abgespielt haben.[137] Ein weiterer dogmatischer Ansatzpunkt für die Beweislastumkehr ist die gerechte Verteilung des wirtschaftlichen Risikos im Produkthaftungsrecht zwischen Hersteller und Geschädigten für nicht aufklärbare Umstände.[138] Die besondere Beweislastverteilung rückt das Produkthaftungsrecht in die Nähe der Gefährdungshaftung.

3. Geltung allgemeiner Grundsätze des Beweisrechts
Der Anscheinsbeweis, Indizienbeweis und die Umkehr der Beweislast bei Beweisvereitelung greifen bei allen beweisbedürftigen Tatsachen ein.[139]
Für die Entstehung und den Umfang der Schäden gilt § 287 Abs. 1 ZPO.

4. Zusammenfassung

Deliktische Produkthaftung (sog. Produzentenhaftung) (§ 823 Abs. 1)
Haftung des Produzenten wegen Verletzung einer herstellerspezifischen Verkehrssicherungspflicht
1. Hersteller (→ Rn. 56 f.)
2. Rechtsgutverletzung
3. Verletzung einer Verkehrssicherungspflicht. Unterscheidung zwischen (→ Rn. 61 ff.)
– Fabrikationsfehler
– Konstruktionsfehler
– Instruktionsfehler
– Produktbeobachtungsfehler (nach Inverkehrgabe des Produkts)

neralwasserflasche II). Vgl. dazu auch *Rolland*, S. 372; Staudinger/*Hager*, § 823 Rn. F 40; MüKoBGB/*Wagner*, Bd. 6, § 823 Rn. 863 f.
132 MüKoBGB/*Mertens*, 3. Aufl. 1997, § 823 Rn. 275 f.; allgemein dazu auch MüKoBGB/*Wagner*, Bd. 6, § 823 Rn. 403.
133 v. Westphalen/*Foerste*, § 24 Rn. 70.
134 v. Westphalen/*Foerste*, § 25 Rn. 230 ff.
135 Staudinger/*Hager*, § 823 Rn. F 44; BGHZ 80, 186 (Apfelschorf); 116, 60 (Kindertee I).
136 Vgl. BGHZ 51, 91 (Hühnerpest) (»so ist der Produzent näher daran«); Staudinger/*Hager*, § 823 Rn. F 38, 43; MüKoBGB/*Wagner*, Bd. 6, § 823 Rn. 858; BeckOK BGB/*Förster*, § 823 Rn. 662.
137 Vgl. BGHZ 80, 186, 198 (Apfelschorf); 104, 323 (Limonadenflasche).
138 *Rolland*, S. 371.
139 MüKoBGB/*Mertens*, 3. Aufl. 1997, § 823 Rn. 298; vgl. auch Staudinger/*Hager*, § 823 Rn. F 39.

4. Rechtswidrigkeit
   Verletzung einer Verkehrssicherungspflicht indiziert die Rechtswidrigkeit
5. Verschulden
   Umkehr der Beweislast für Verschulden (→ Rn. 66 ff.)

III. Produkthaftung nach dem ProdHaftG[140]

73 Das Produkthaftungsgesetz vom 15.12.1989 ordnet eine **verschuldensunabhängige Haftung** des Herstellers für Produktschäden an (Gefährdungshaftung, str.[141]). Die Ersatzpflicht nach diesem Gesetz darf im Voraus weder ausgeschlossen noch beschränkt werden (§ 14 ProdHaftG).

74

Haftung nach dem Produkthaftungsgesetz

I. Anspruchsgrundlage: § 1 Abs. 1 ProdHaftG

II. Tatbestand
1. Produkt nach 1.1.1990 in Verkehr gebracht (§ 16 ProdHaftG)
2. Körper-, Gesundheitsschaden oder Sachschaden; Sachschaden nur an anderer Sache für den privaten Ge- oder Verbrauch (§ 1 Abs. 1 ProdHaftG);
3. Produkt i. S. des § 2 ProdHaftG = bewegliche Sache sowie Elektrizität[142]; str. ob auf nicht produktgebundene Software zu erstrecken[143]
4. Produktfehler i. S. des § 3 ProdHaftG[144] im Zeitpunkt des Inverkehrbringens
5. Hersteller i. S. des § 4 Abs. 1 ProdHaftG
   – Endprodukthersteller (§ 4 Abs. 1 S. 1 ProdHaftG)
   – Zulieferer (§ 4 Abs. 1 S. 1 ProdHaftG)
   – Quasi-Hersteller (§ 4 Abs. 1 S. 2 ProdHaftG)
   – Importeur (§ 4 Abs. 2 ProdHaftG)
   – Lieferant (§ 4 Abs. 3 ProdHaftG)
6. Kein Haftungsausschluss (§ 1 Abs. 2 oder Abs. 3 ProdHaftG)

III. Rechtsfolgen
1. Vermögensnachteile bei Körperverletzung oder Tod sowie angemessene Geldentschädigung für seelisches Leid von Hinterbliebenen, die zur Zeit der Verletzung zu dem Getöteten in einem besonderen persönlichen Näheverhältnis standen (§§ 7 bis 10 ProdHaftG): Höchstbetrag 85 Mio. €

---

140 Vgl. auch *Looschelders*, SR BT, Rn. 1268 ff.; aus der Fallbearbeitung: *Koch/Schimmel*, Jura 2006, 190 ff.

141 Nach anderer Ansicht handelt es sich auch bei der Haftung nach dem ProdHaftG um eine – in den Produktfehler inkorporierte – Verschuldenshaftung; vgl. *Kötz/Wagner*, Rn. 611 ff. m. w. N.; *Spickhoff*, JuS 2016, 865, 866 spricht von einer haftungsrechtlichen Übergangsform.

142 *BGH* NJW 2014, 2106.

143 Bejahend MüKoBGB/*Wagner*, Bd. 6, § 2 ProdHaftG Rn. 19; zweifelnd *v. Westphalen*, IWRZ 2018, 9, 18.

144 Nach *BGH* NJW 2009, 1669, 1670 beurteilen sich die nach § 3 Abs. 1 ProdHaftG maßgeblichen Sicherheitserwartungen grundsätzlich nach denselben objektiven Maßstäben wie die Verkehrspflichten des Herstellers im Rahmen der deliktischen Haftung gemäß § 823 Abs. 1 (hier: Kirschkern in als Kirschtaler bezeichnetes Gebäckstück begründet keinen Produktfehler). Zur Fehlerhaftigkeit einer gesamten Produktgruppe oder Produktionsserie infolge Fehler einzelner lebenswichtiger medizinischer Geräte: *EuGH* NJW 2015, 1163; *BGH* VersR 2015, 1038 (Herzschrittmacher); *BGH* NJW 2015, 1040 (implantierbarer Cardioverter Defibrillator).

2. Vermögensnachteile durch Zerstörung oder Beschädigung privater Sachen: den über 500 € hinausgehenden Schaden (§ 11 ProdHaftG)
3. Schmerzensgeld (§ 253 Abs. 2, § 8 S. 2 ProdHaftG)
4. Mehrere Ersatzpflichtige sind Gesamtschuldner (§ 5 S. 1 ProdHaftG)
5. Berücksichtigung von Mitverursachung und Mitverschulden (§ 6 ProdHaftG)

IV. Beweislast
1. Der Geschädigte muss beweisen (§ 1 Abs. 4 S. 1 ProdHaftG)
   – Fehler
   – Schaden
   – Kausalzusammenhang
   – Herstellereigenschaft
2. Der Hersteller muss beweisen (§ 1 Abs. 4 S. 2 ProdHaftG)
   – Ausschlussgründe nach § 1 Abs. 2 und Abs. 3 ProdHaftG

5. Teil. Allgemeines Schadensrecht

Literatur: *Armbrüster,* Grundfälle zum Schadensrecht, JuS 2007, 411, 508, 605; *Betz,* Die Möglichkeit der Schadensberechnung entweder nach der Differenzmethode oder nach der Surrogationsmethode, JA 2006, 60; *Brand,* Schadensersatzrecht, 2. Aufl. 2015; *Bruns,* Unentgeltliche Verträge und Gefälligkeitsverhältnisse – Die Perspektive des Versicherungsrechts, VersR 2018, 789; *Canaris,* Die Reform des Rechts der Leistungsstörungen, JZ 2001, 499; *Coester-Waltjen,* Die Naturalrestitution im Deliktsrecht, Jura 1996, 270; *Däubler,* Die Reform des Schadensersatzrechts, JuS 2002, 625; *Deutsch,* Allgemeines Haftungsrecht, 2. Aufl. 1996; *Deutsch/Ahrens,* Deliktsrecht, 6. Aufl. 2014, S. 193 bis 231; *Diederichsen,* Neues Schadensersatzrecht: Fragen der Bemessung des Schmerzensgeldes und seiner prozessualen Durchsetzung, VersR 2005, 433; *Frank/Löffler,* Grundfragen der überholenden Kausalität, JuS 1985, 689; *Gehrlein,* Grundlagen des Schadensersatzrechts, JA 1995, 69; *Gernhuber,* Die Haftung für Hilfspersonen innerhalb des mitwirkenden Verschuldens, AcP 152 (1952/53), 69; *Goerth,* Die Drittschadensliquidation, JA 2005, 28; *Grunewald,* Bürgerliches Recht, 8. Aufl. 2009, §§ 33, 34; *Grigoleit,* Unentgeltliche Verträge und Gefälligkeitsverhältnisse – Die Perspektive des Haftungsrechts, VersR 2018, 769; *Grunsky,* Art und Umfang des zu ersetzenden Schadens, Jura 1979, 57; *Homann,* Typische Probleme des Schadensersatzrechts und ihre systematische Einordnung, JuS 2002, 554; *Honsell/Harrer,* Schaden und Schadensberechnung, JuS 1991, 441; *Hübner/Sagan,* Die Abgrenzung von Vertrag mit Schutzwirkung zugunsten Dritter und Drittschadensliquidation, JA 2013, 741; *Jaeger/Luckey,* Schmerzensgeld, 8. Aufl. 2016; *Kaiser,* Rückkehr zur strengen Differenzmethode beim Schadensersatz wegen Nichterfüllung?, NJW 2001, 2425; *Keilmann,* Oft unterschätzt: Allgemeines Schadensrecht, JA 2005, 700; *Kiehnle,* Übungsklausur – Bürgerliches Recht: Entschädigung in Geld wegen Verletzung des allgemeinen Persönlichkeitsrechts, JuS 2006, 418; *Kötz/Wagner,* Deliktsrecht, 12. Aufl. 2013, Rn. 656 bis 760; *Lange/Schiemann,* Schadensersatz, 3. Aufl. 2003; *Laukemann,* Kein Persilschein in der Waschanlage, JA 2006, 606; *Looschelders,* Anmerkung zu BGH VersR 2010, VersR 2010, 272; *S. Lorenz,* Rücktritt, Minderung und Schadensersatz wegen Sachmängeln im neuen Kaufrecht: Was hat der Verkäufer zu vertreten?, NJW 2002, 2497; *Medicus,* Ansprüche auf Schadensersatz, JuS 1986, 665; *ders.,* Normativer Schaden, JuS 1979, 233; *Meinel,* Fiktive Abrechnung des Reparaturaufwandes in den sog. 100 %-Fällen nur bei verkehrssicherem Fahrzeug?, ZfS 2009, 669; *Musielak,* Kausalität und Schadenszurechnung im Zivilrecht, JA 2013, 241; *Neuner,* Das Schmerzensgeld, JuS 2013, 577; *Rauscher,* Die Schadenrechtsreform – Vergleich der neuen Regelungen mit der bisherigen Rechtslage, Jura 2002, 577; *Schultz,* Schadensfortentwicklung und Prozeßrecht, AcP 191 (1991), 433; *Schwarze,* Unmöglichkeit, Unvermögen und ähnliche Leistungshindernisse im neuen Leistungsstörungsrecht, Jura 2002, 73; *Schwerdtner,* Grundzüge des Schadensersatzrechtes, Jura 1987, 142, 304, 475; *Verweyen,* Gegenläufige Entwicklungstendenzen bei der Drittschadensliquidation?, Jura 2006, 571, 572; *Wagner,* Unfallersatztarife, NJW 2006, 2289; *Wellner,* Typische Fallgestaltungen bei der Abrechnung von Kfz-Schäden, NJW 2012, 7; *Wilhelm,* Schuldrechtsreform 2001, JZ 2001, 861; *Zeuner,* Schadensbegriff und Ersatz von Vermögensschäden, AcP 163 (1964), 380.

Übungsfälle aus Ausbildungszeitschriften ab 2011: *Holler,* JA 2017, 17; *Stamm,* JuS 2017, 56; *Selzer,* JuS 2016, 39; *Röpke/Pasch,* JuS 2014, 520; *Haertlein/Kohl,* JuS 2014, 427; *Fleck/Ehresmann,* JuS 2012, 906; *Steinbeck/Block,* Jura 2011, 943.

§ 23. Grundlagen des Schadensrechts

Wer seine vertraglichen, vorvertraglichen oder gesetzlichen Pflichten nicht erfüllt oder **1** Rechte, Rechtsgüter oder Rechtspositionen eines anderen verletzt, ist als **Rechtsfolge** grundsätzlich »**zum Ersatz des daraus entstehenden Schadens**« verpflichtet. Die Vorschriften, die eine Verpflichtung zum Schadensersatz anordnen (Anspruchsgrundlagen), setzen sich aus einem haftungsbegründenden und einem haftungsausfüllenden Tatbestand zusammen.

Der haftungsbegründende Tatbestand enthält die Voraussetzungen, die erfüllt sein müssen, damit eine Schadensersatzpflicht entsteht.[1] Wenn der haftungsbegründende Tatbestand erfüllt ist, ist der (durch das schadensbegründende Ereignis) verursachte Schaden zu ersetzen (Rechtsfolge). Die einzelnen Elemente, welche diese Rechtsfolge ausfüllen, wie der Schaden (→ Rn. 4 ff.), die haftungsausfüllende Zurechnung (→ § 25) sowie Art und Umfang des Ersatzes (→ § 24) bilden zusammen den sog. **haftungsausfüllenden Tatbestand**.[2] Die Rechtsfolgen einer haftungsbegründenden Norm sind zunächst in dieser selbst geregelt (meist allgemein: »ist zum Ersatz des daraus entstehenden Schadens verpflichtet«, § 823 Abs. 1; bisweilen mit Einschränkungen: §§ 122 Abs. 1, 179 Abs. 2). Regelungstechnisch können die Rechtsfolgen einer haftungsbegründenden Norm auch im Zusammenhang mit ihr geregelt sein (vgl. für das Deliktsrecht die §§ 842 ff.; zu Haftungshöchstsummen bei der Gefährdungshaftung → § 27 Rn. 3). Ergänzend gelten für alle Anspruchsgrundlagen, die eine Schadensersatzpflicht begründen, die **allgemeinen Regelungen der §§ 249 ff.** über Art und Umfang des Schadensersatzes. Sie haben deshalb ihren Standort im Allgemeinen Teil des Schuldrechts und funktionsbedingt einen sehr hohen Abstraktionsgrad.

2 Der Schaden ist gem. § 249 Abs. 1 grundsätzlich durch **Naturalrestitution** auszugleichen. Der Schuldner hat den gleichen wirtschaftlichen Zustand herzustellen, der ohne das schädigende Ereignis bestehen würde. Soweit eine Naturalrestitution nicht möglich, zur Entschädigung nicht ausreichend oder nur mit unverhältnismäßigen Aufwendungen möglich ist, besteht nur ein Anspruch auf **Kompensation** in Geld (§ 251).[3] Neben der Ausgleichsfunktion hat das Schadensersatzrecht teilweise auch eine unmittelbare Präventionsfunktion.[4]

3

Prüfung eines Schadensersatzanspruches
I. Haftungsbegründender Tatbestand = Anspruchsbegründende Voraussetzungen II. Haftungsausfüllender Tatbestand = Der daraus (aus der Pflicht- oder Rechtsgutverletzung) entstehende Schaden ist zu ersetzen. 1. Begriff des Schadens = Jede unfreiwillige Einbuße an Lebens- und Rechtsgütern, alle materiellen und immateriellen Nachteile (→ Rn. 4) 2. Ermittlung des Schadens (dualistischer Schadensbegriff) a) Natürlicher Schaden – Differenzhypothese Differenzhypothese: Schaden ist die Differenz zwischen der hypothetischen Lage (Zustand, der ohne das schädigende Ereignis jetzt bestehen würde) und der realen Lage (tatsächlich bestehender Zustand) (→ Rn. 8 ff.).

---

1 Für den haftungsbegründenden Tatbestand bedarf es beweisrechtlich des Vollbeweises i. S. v. § 286 ZPO.

2 Für den haftungsausfüllenden Tatbestand genügt gem. § 287 ZPO grundsätzlich eine überwiegende Wahrscheinlichkeit; vgl. *BGH* VersR 2014, 632.

3 BGHZ 63, 295 (Zumutbarkeitsgrenze für Inanspruchnahme auf Naturalrestitution zur Beseitigung einer Unfallnarbe).

4 Vgl. BGHZ 201, 45 (Unvererblichkeit des Anspruchs auf Geldentschädigung wegen Persönlichkeitsrechtsverletzung); BGHZ 199, 237; allgemein *Brand*, Schadensersatzrecht, S. 15 ff., 92.

b) Normativer Schaden
   Wertende Berücksichtigung von Nach- und Vorteilen vom Zeitpunkt des schadens-
   begründenden Ereignisses bis zum Termin der letzten mündlichen Verhandlung
   (→ Rn. 12 ff.)
3. Art, Inhalt und Umfang des Schadensersatzes (§§ 249 ff.)
4. Zurechnung
   a) Haftungsausfüllende Zurechnung
   b) Vorteilsausgleichung
III. Kürzung oder Ausschluss des Schadensersatzanspruches wegen Mitverschuldens (§ 254, → § 28
Rn. 1 ff.)

A. Schadensbegriff, Differenzhypothese und normativer Schadensbegriff

I. Schadensbegriff

Das BGB definiert den Begriff »Schaden« nicht, sondern überlässt dies der Rechtspre- **4**
chung und Lehre.[5] **Schaden** (oder verletztes **Interesse**)[6] ist jede unfreiwillige Einbuße
an materiellen oder immateriellen Gütern (sog. natürlicher Schadensbegriff).[7] Ob ein
rechtlich ersatzfähiger Schaden vorliegt, wird aber nicht allein aus einem natürlichen
Schadensbegriff abgeleitet, sondern erfordert (zusätzlich) eine wertende, also normative Beurteilung (normativer Schadensbegriff, vgl. → Rn. 12 f.).

Auch die Belastung mit einer Verbindlichkeit kann einen Schaden darstellen,[8] und **5**
zwar auch für einen vermögenslosen Schuldner.[9]

Beispiel: Belastung mit der Unterhaltspflicht (vgl. den »wrongful life«-Fall → § 16 Rn. 10 f.). Der Ersatzanspruch des Geschädigten geht auf die Befreiung von der Verbindlichkeit (§ 249 Abs. 1: Naturalrestitution).

Aufwendungen sind – im Gegensatz zum Schaden – dadurch gekennzeichnet, dass sie **6**
freiwillig gemacht werden. Jedoch können auch freiwillige Vermögensopfer als Schaden ersatzfähig sein,

- wenn es sich um sog. frustrierte Aufwendungen handelt (vgl. → Rn. 26 ff.) oder
- wenn sie zur Beseitigung einer (konkreten) Rechts-(gut-)verletzung verwendet werden und sich im Rahmen des objektiv Erforderlichen halten.

Vertiefungshinweis: Schadensersatzfähigkeit von Aufwendungen zur Beseitigung einer Rechts-(gut-) **7**
verletzung

---

5 Vgl. dazu *Mugdan* II, S. 19 (Motive). Aus den Protokollen ergibt sich, dass erwogen wurde, unter
   Schaden jeden wirtschaftlichen Nachteil und unter Ersatz die Ausgleichung dieses Nachteils zu verstehen (*Mugdan* II, S. 513 [Protokolle]).
6 In Anknüpfung an die gemeinrechtliche Terminologie wird der zu ersetzende Schaden auch häufig
   als Interesse bezeichnet (vgl. *Heck*, Grundriß des Schuldrechts, Nachdruck 1974, § 11 Nr. 5, S. 38 ff.;
   Enneccerus/Lehmann, Recht der Schuldverhältnisse, 15. Aufl. 1958, § 14 I, S. 58). In der neueren Literatur (und auch hier) wird »Interesse« häufig nicht in diesem Sinne, sondern im Sinne von »Güter«
   gebraucht.
7 Vgl. zu weiteren und ähnlichen Definitionen *Lange/Schiemann*, § 1 I, S. 27; Palandt/*Grüneberg*,
   Vorb v § 249 Rn. 9; vgl. auch *Mugdan* II, S. 513 (Protokolle).
8 BGHZ 57, 78 m. w. N.; *Larenz*, SR I, § 29 II b, S. 494.
9 BGHZ 59, 148 zum eingetragenen Verein.

Aufwendungen zur Beseitigung einer Rechts-(gut-)verletzung (einschließlich Rechtsverfolgungskosten[10]) sind insoweit zu ersetzen, als sie aus der Sicht eines verständigen Menschen in der Lage des Geschädigten **erforderlich** erscheinen;[11] eine Schadensersatzpflicht besteht von vornherein nur insoweit, als sich die Aufwendungen im Rahmen des Vorgehens eines verständigen Menschen halten. Der Umfang der ersatzfähigen Aufwendungen ist nicht erst im Rahmen der Schadensminderungspflicht (§ 254 Abs. 2 S. 1) zu berücksichtigen.[12]

Beispiel: Der Ehemann enthält der allein sorgeberechtigten Ehefrau die Kinder vor. Die Detektivkosten, die zum Wiederauffinden der Kinder aufgewendet werden, stellen einen im Rahmen des § 823 Abs. 1 zu ersetzenden Schaden dar, wenn sie die Verletzung des elterlichen Sorgerechts (§ 823 Abs. 1 »sonstiges Recht«) beseitigen sollen. Zu ersetzen sind diese Aufwendungen, soweit sie aus der Sicht eines verständigen Menschen in der Lage des Geschädigten erforderlich erscheinen; danach bestimmen sich Art und Umfang der zu ersetzenden Aufwendungen (BGHZ 111, 168; vgl. dazu → § 16 Rn. 40).

Die Begrenzung der Schadensersatzfähigkeit von Aufwendungen durch die objektive Erforderlichkeit ist aus den Regelungen der §§ 249 Abs. 2 S. 1, 254 Abs. 2, 670 sowie § 91 Abs. 1 ZPO, § 13a Abs. 1 S. 1 FGG abzuleiten; diese Vorschriften bringen zum Ausdruck, dass die ersatzfähigen Aufwendungen dem Umfang nach erforderlich gewesen sein müssen, wobei sich das Maß des Erforderlichen nach dem jeweiligen Regelungszusammenhang bestimmt.[13] Der Geschädigte bestimmt durch seine Entscheidung, die Störung selbst zu beseitigen, die Entstehung und den Umfang des Schadens, sodass ihm zugemutet werden kann und muss, sich hierbei in den Grenzen des Angemessenen zu halten und unter diesem Aspekt gegebenenfalls die entstandenen Kosten gegenüber dem Schädiger zu rechtfertigen.

II. Differenzhypothese

8 Die **Differenzhypothese** dient der Ermittlung des **natürlichen Schadens** (Ob und Umfang des Schadens). Sie wird auch als Differenzmethode bezeichnet.[14] Die Differenzhypothese ist methodisch der erste Schritt zur Feststellung eines ersatzfähigen Schadens. Sie wird in einem zweiten Schritt durch normative Wertungen ergänzt oder korrigiert (→ Rn. 12 ff.).

Bei der Differenzhypothese sind zwei Zustände miteinander zu vergleichen:[15]

1. **Reale Lage:** Konkreter Stand der Rechtsgüter oder Interessen im entscheidenden Zeitpunkt (vgl. → Rn. 10). Wie steht der Verletzte jetzt tatsächlich?
2. **Hypothetische Lage:** Gedachter Stand der Rechtsgüter oder Interessen ohne das schädigende Ereignis zu demselben entscheidenden Zeitpunkt. Wie würde der Verletzte zu diesem Zeitpunkt stehen, wenn das Schadensereignis nicht eingetreten wäre? Dabei können auch Vorteile zu berücksichtigen sein (vgl. → § 25 Rn. 15 ff.). Welches das hinwegzudenkende Ereignis ist, ergibt sich aus der konkreten An-

---

10 BGHZ 127, 348. Von dem materiell-rechtlichen Anspruch auf Ersatz der (erforderlichen) Kosten, die mit der Rechtsverfolgung zivilrechtlicher Schadensersatzansprüche verbunden sind, ist der prozessuale Kostenerstattungsanspruch gem. §§ 91 ff. ZPO zu unterscheiden.

11 BGHZ 111, 168 m.w.N. In diesem Sinne gelten auch Verdienstausfall, Fahrtaufwand und Pflegedienste der Eltern eines verletzten Kindes als Schaden des Kindes, BGHZ 106, 28 (dagegen keine Ersatzfähigkeit von Zeit, die Eltern eines Geschädigten für sonstige allgemeine Betreuungsleistung aufwenden).

12 BGHZ 111, 168 (Privatdetektivkosten zur Ermittlung des Aufenthalts eines Kindes); BGHZ 115, 364; *BGH* VersR 2016, 1071.

13 BGHZ 111, 168.

14 Der Begriff »Differenztheorie« ist dagegen als Gegenbegriff zur Surrogationstheorie dem vertragsrechtlichen Sonderproblem des Schadensersatzes statt der Leistung vorbehalten, vgl. → Rn. 40.

15 Vgl. näher zur Differenzhypothese, die auf Friedrich Mommsen (Zur Lehre von dem Interesse, 1855) zurückgeht, *Lange/Schiemann*, § 1 I, S. 27 f.

spruchsgrundlage (z. B.: § 280 Abs. 1: Pflichtverletzung; § 823 Abs. 1: Rechts-[gut-]verletzung).

Die **Differenz** zwischen der hypothetischen und der realen Lage ist der Schaden (deshalb die Bezeichnung »Differenzmethode«). Sie kommt in **§ 249 Abs. 1** zum Ausdruck (»[…] Zustand […], der bestehen würde, wenn der zum Ersatz verpflichtende Umstand nicht eingetreten wäre«).

Vertiefungshinweis: Differenzhypothese, Vermögensschaden und Äquivalenztheorie (conditio sine qua non-Formel)   9

1. Die Differenzhypothese ist der anerkannte Ansatz zur rechnerischen Ermittlung eines Vermögensschadens; sie umfasst zugleich das Erfordernis der Kausalität zwischen dem haftungsbegründenden Ereignis und einer dadurch eingetretenen Vermögensminderung[16] – In Einschränkung dieses Ansatzes wird in Einzelfällen ein Vermögensschaden auch dann bejaht, wenn sich durch die Differenzhypothese keine Vermögensminderung feststellen lässt.[17] Die §§ 249 f. setzen nämlich nicht voraus, dass ein Vermögensschaden vorliegen muss. Jeder materielle oder immaterielle Schaden reicht aus, sodass im Zusammenhang mit diesen Vorschriften die Prüfung eines Vermögensschadens nicht zwingend erforderlich ist. Dagegen kommt es im Rahmen der §§ 251 f. darauf an, dass ein Vermögensschaden vorliegt, weil diese Bestimmungen einen Vermögensschaden tatbestandlich voraussetzen (vgl. → § 24 Rn. 27).

Beispiel: Bei einem Verkehrsunfall wird das Kfz des K beschädigt. (1) Der Schaden ergibt sich aus dem Vergleich des Zustandes des intakten Wagens, wenn man die Beschädigung hinwegdenkt, und dem jetzigen Zustand. Diesen Schaden hat der Schädiger zu ersetzen (vgl. § 249 Abs. 1 und 2). Eine Art dieser Schadensersatzleistung ist die Zahlung der Reparaturkosten (§ 249 Abs. 2 S. 1). Auf das Vorliegen eines Vermögensschadens kommt es bei § 249 Abs. 1 S. 1 grundsätzlich nicht an, auch wenn in den meisten Fällen ein solcher vorliegen wird. (2) Misst man dem Kfz im realen und hypothetischen Zustand einen Vermögenswert bei, so kann eine Vermögensdifferenz errechnet werden; sie stellt den Vermögensschaden dar. Dies ist relevant, wenn es um eine Geldentschädigung i. S. des § 251 geht (Wert- oder Summeninteresse, → § 24 Rn. 26 ff.).

2. Mithilfe der Differenzhypothese kann demnach bestimmt werden, ob überhaupt ein Schaden vorliegt und wie hoch der Schaden ist. Hypothetische und reale Lage werden miteinander verglichen. Weichen beide Zustände voneinander ab, so liegt ein Schaden vor.

Für die **Berechnung des Schadens** (in Geld) ist materiellrechtlich der **Zeitpunkt der Erfüllung** der Schadensersatzpflicht entscheidend.[18] Bedeutung hat diese zeitliche Fixierung nur für ein und denselben Schadensposten. Prozessual (im Hinblick auf u. a. die Rechtskraft und § 767 ZPO) ist der Zeitpunkt der letzten mündlichen Tatsachenverhandlung maßgeblich;[19, 20] materiellrechtliche Bedeutung hat dieser Zeitpunkt aber nicht.[21]   10

---

16 BGHZ (GS) 98, 212; BGHZ 99, 182; *BGH* NJW 1994, 2357.

17 Vgl. BGHZ (GS) 98, 212.

18 H. M.: BGHZ 79, 249; MüKoBGB/*Oetker*, Bd. 2, § 249 Rn. 314 m. w. N.

19 BGHZ 133, 246; Palandt/*Grüneberg*, Vorb v § 249 Rn. 127.

20 Für die Schadensberechnung ist die gesamte Schadensentwicklung bis zum prozessual spätest möglichen Zeitpunkt (bis zur letzten mündlichen Verhandlung in der Tatsacheninstanz) maßgeblich. Nur wenn der Schuldner bereits vorher seine Ersatzpflicht erfüllt hat, schließt er damit die Zurechnung späterer Schadensfolgen aus (*BGH* NJW 1988, 1837, 1838 r. Sp. m. w. N.).

21 Vgl. zur Bedeutung des Zeitpunktes in materiellrechtlicher und prozessualer Hinsicht *Schultz*, AcP 191 (1991), 433.

11 **Vertiefungshinweis:** Entstehen des Schadensersatzanspruchs und Verjährung
Der Verjährungsbeginn hängt nach § 199 Abs. 1 Nr. 1 vom Entstehen des Anspruchs ab. Dafür muss der Anspruch dem Grunde nach entstanden sein, auch wenn seine Höhe noch nicht beziffert werden kann.[22] Durch die Verletzungshandlung muss eine als Schaden anzusehende Verschlechterung der Vermögenslage eingetreten sein, ohne dass feststehen muss, dass ein Schaden bestehen bleibt und damit endgültig wird.[23] Der Anspruch ist entstanden, wenn er gerichtlich geltend gemacht werden kann (z. B. durch Feststellungsklage).[24]

III. Wertungsmäßige Schadensberechnung – Normativer Schadensbegriff

12 Wenn man alle Vor- und Nachteile, die durch das Schadensereignis entstanden sind, bei der Schadensermittlung durch die Differenzmethode (natürlicher Schaden) berücksichtigt, so wäre der Ausgleich des so ermittelten Schadens nicht immer sachgerecht und könnte den Verletzten unbilligerweise begünstigen oder benachteiligen. Allein mithilfe eines natürlichen Schadensbegriffs (Differenzhypothese) kann der (ersatzfähige) Schaden nicht sachgerecht geprüft und bestimmt werden. Deshalb ist es erforderlich, zusätzlich auf **normative Gesichtspunkte** abzustellen, die konkret und in der Rechtsordnung enthalten sein müssen. Welche Nachteile und welche Vorteile im Einzelnen für die Schadensermittlung zu berücksichtigen sind, wird mithilfe einer Wertung beantwortet.[25] Die rechtliche Wertung kann einerseits dazu führen, dass ein Schaden bejaht wird, obwohl er nach der Differenzhypothese rechnerisch nicht darlegbar ist.[26] Sie kann andererseits dazu führen, dass ein Schaden, der nach der Differenzhypothese zu bejahen ist, im Ergebnis zu verneinen ist.

13 Im Zusammenhang mit schadensrechtlichen Wertungen wird vom »**normativen Schadensbegriff**« gesprochen. Die Lehre vom »normativen Schaden« stellt rechtliche Wertungen in den Mittelpunkt der Schadensbestimmung; eine präzise und einheitliche Bestimmung des »normativen Schadens« gibt es allerdings nicht.[27] Ob und inwieweit wertende Kriterien auch Gegenstand des normativen Schadensbegriffs sind, ist deshalb unklar und umstritten.[28] Jedenfalls ist bei der Ermittlung des zu ersetzenden Schadens auf verschiedenartige Wertungen Rücksicht zu nehmen.

---

22 BGHZ 110, 228 m.w.N. zu § 198 S. 1 a. F.: »Die Verjährung des Anspruchs beginnt mit der Entstehung des Anspruchs«; BGHZ 119, 69.

23 *BGH* NJW 2002, 888, 890 m.w.N. (zu § 68 StBerG).

24 BeckOK BGB/*Henrich*, § 199 Rn. 4.

25 Vgl. BGHZ (GS) 98, 212: Die Differenzmethode als wertneutrale Rechenoperation enthebe nicht davon, am Schutzzweck der Haftung und an der Ausgleichsfunktion des Schadensersatzes die in die Differenzbilanz einzusetzenden Rechnungsposten wertend zu bestimmen (normative Einbindung der Differenzmethode); es sei Aufgabe rechtlicher Bewertung, die Parameter der Bilanz für den Zweck des Schadensausgleichs mit festzulegen. St. Rspr; z. B. BGHZ 198, 50; *BGH* VersR 2015, 75.

26 *BGH* VersR 2017, 304 (Nichtanrechnung einer vom Arbeitgeber gemäß Betriebsvereinbarung zu zahlenden Ergebnisbeteiligung trotz zeitweiser unfallbedingter Arbeitsunfähigkeit des Arbeitnehmers); *BGH* VersR 2015, 75 (Vertragsschluss über Wohnbauförderungsdarlehen aufgrund falscher Angaben eines Bauherrn als unmittelbarer Schaden des Darlehensgebers).

27 Vgl. *Lange/Schiemann*, § 1 II 9, S. 35 f.; Staudinger/*Schiemann*, Vor §§ 249–254 Rn. 41 (bloßes Schlagwort). Auch die Rechtsprechung verwendet diesen Begriff, ohne aber den herkömmlichen (natürlichen) Schadensbegriff aufgeben zu wollen (z. B. BGHZ 43, 378; 50, 304; 51, 109; *BGH* NJW 2013, 540).

28 Man kann bestimmte rechtliche Wertungen (Vorteilsausgleichung, überholende Kausalität usw.) als Gegenstände des Schadensbegriffs und damit als dessen normative Ausprägungen ansehen oder sie

1. Nachteile

Zu berücksichtigen sind die Nachteile, die adäquat kausal durch die Pflicht- bzw. **14**
Rechts-(gut-)verletzung entstanden sind und von dem jeweiligen Schutzbereich der
verletzten Norm erfasst werden. Es muss ein innerer Zusammenhang zwischen der
Pflicht- bzw. der Rechts-(gut-)verletzung und dem Nachteil bestehen (vgl. → § 16
Rn. 136 ff., 139 ff. und → § 25 Rn. 1 ff.).[29]

2. Vorteile

Durch das schadensbegründende Ereignis können dem Geschädigten Vorteile zuteil **15**
werden. Mittels einer Wertung ist zu prüfen, ob der Vorteil im Einzelnen anzurechnen
ist und den Schaden mindert oder ausschließt (vgl. zur Vorteilsausgleichung → § 25
Rn. 13 ff.).

> **Fall:** A fährt bei Bauarbeiten mit seinem Bagger, der nicht schneller als 20 km/h fahren kann, aus Un- **16**
> achtsamkeit gegen die Wand des Wohnhauses des E. Die Wand wird eingedrückt. Bei den Aufräum-
> arbeiten unmittelbar nach dem Unfall stiehlt ein Bauarbeiter eine Sache des E, die für ihn nur infolge
> der Zerstörung der Wand zugänglich ist. E ist versichert, und der Versicherer zahlt für den Schaden am
> Haus an E. E verlangt von A Ersatz des Diebstahl- und Hausschadens. Zu Recht?

Lösung:
I.   Ein Anspruch aus § 7 Abs. 1 StVG besteht nicht, da diese Vorschrift gem. § 8 Nr. 1 StVG nicht auf
     Kraftfahrzeuge anwendbar ist, die auf ebener Bahn keine höhere Geschwindigkeit als 20 Kilometer in
     der Stunde fahren können.
II. E könnte einen Anspruch aus § 823 Abs. 1 haben.
     Die Beschädigung der Hauswand ist eine tatbestandsmäßige, rechtswidrige und schuldhafte Eigen-
     tumsverletzung (§ 823 Abs. 1). Fraglich ist, ob A den geltend gemachten Schaden zu ersetzen hat (haf-
     tungsausfüllende Zurechnung).
     1. Diebstahlschaden
        a) Der Verlust der gestohlenen Sache ist ein natürlicher Schaden (nach der Differenzmethode zu
           ermittelnder Vermögensschaden), der kausal i. S. der Äquivalenztheorie durch die Eigentums-
           verletzung herbeigeführt worden ist. Der Diebstahlsschaden liegt auch nicht außerhalb aller
           Wahrscheinlichkeit (Adäquanz).
        b) Fraglich ist, ob der Verlust der gestohlenen Sache auch unter Wertungsgesichtspunkten (nor-
           mativ) ein zuzurechnender Schaden ist. Dies erfordert eine Wertung: Hat sich im Zweiteingriff
           (Diebstahl) nicht mehr das Schadensrisiko des Ersteingriffs (Eigentumsverletzung) verwirklicht,
           war dieses Risiko vielmehr schon gänzlich abgeklungen und besteht deshalb zwischen beiden
           Eingriffen bei wertender Betrachtung nur ein »äußerlicher«, gleichsam »zufälliger« Zusam-
           menhang, dann kann vom Erstschädiger billigerweise nicht verlangt werden, dem Geschädigten
           auch für die Folgen des Zweiteingriffs einstehen zu müssen.[30] Wenn Arbeiter bei den Aufräum-
           arbeiten unmittelbar nach dem Unfall einen Diebstahl gegenüber E begehen, dann ist dies dem
           A zurechenbar, weil durch die Zerstörung der Hauswand der Schutz des im Haus befindlichen

---

als selbstständige Rechtsinstitute vom Schadensbegriff getrennt und als dessen Korrektiv begreifen
(vgl. *Lange/Schiemann*, § 1 III 1, S. 39). Insoweit handelt es sich um eine dogmatische Frage.

29 Es muss sich aus dem Schutzzweck der verletzten Norm ergeben, dass gerade auch dieser Nachteil
    verhindert werden sollte. Zum Ersatz der Kosten eines Rechtsanwalts, soweit die Einschaltung
    grundsätzlich notwendig war, *BGH* NJW 2015, 1246.

30 *BGH* VersR 1997, 458: Zurechnung bejaht bei durch Verkehrsunfall ermöglichte, an der Unfallstelle
    erfolgte Entwendung aus Geldtransporter.

Eigentums des E vermindert worden ist und eine Sicherung gerade noch nicht stattgefunden hatte.[31]

2. Hausbeschädigung

a) Ein Vorteil[32] im Zusammenhang mit der Beschädigung des Hauses ist die Zahlung der Versicherungssumme. Wendet man nur die Differenzmethode an, hat E keinen Nachteil, weil die Versicherung den Schaden am Haus abdeckt.

b) Das Ergebnis der Differenzhypothese ist aber durch eine Wertung zu korrigieren. Es ist zu fragen, ob die Zahlung Dritter dem Schädiger zugute kommen und er insoweit entlastet werden soll. Dies ist zu verneinen (vgl. § 843 Abs. 4, vgl. → § 25 Rn. 16). Die Zahlung Dritter soll dem Geschädigten, nicht aber dem Schädiger zugute kommen und diesen nicht entlasten. Dies entspricht auch der Billigkeit. Deshalb besteht unter normativen Gesichtspunkten ein Schaden.

c) Dass dies der gesetzlichen Wertung entspricht, zeigt sich auch daran, dass der Schadensersatzanspruch des E auf den Versicherer übergeht (§ 86 Abs. 1 S. 1 VVG). Wegen des Forderungsübergangs fehlt dem E die Anspruchsberechtigung.

3. Ergebnis: Der Diebstahlsschaden kann von A ersetzt verlangt werden. Zur Geltendmachung des Hausschadens ist nicht mehr A, sondern infolge der Legalzession (§ 86 VVG) der Versicherer berechtigt.

B. Arten von Schäden

I. Vermögens- und Nichtvermögensschaden

1. Bedeutung der Unterscheidung

17   Für die **Naturalrestitution** und den Ersatz des für die Wiederherstellung erforderlichen Geldbetrages (§§ 249 f.) spielt die Abgrenzung zwischen Vermögens- und Nichtvermögensschaden keine Rolle. Denn die §§ 249 f. erfassen sowohl materielle als auch immaterielle Schäden (vgl. → § 24 Rn. 7).[33] Es ist ein Grundsatz des Schadensrechts, dass Naturalrestitution nicht nur bei Störungen der Vermögenssphäre, sondern auch bei immateriellen Nachteilen geschuldet wird.[34]

Dagegen kann nach § 253 Abs. 1 für einen **Nichtvermögensschaden** (immaterieller Schaden) eine Entschädigung in Geld (§§ 251 f.) nur in den durch das Gesetz bestimmten Fällen gefordert werden. **§ 253 erfordert also die Abgrenzung von Vermögens- und Nichtvermögensschäden.**

2. Abgrenzungskriterien

18   Die entscheidende Frage für die Abgrenzung des Vermögens- vom Nichtvermögensschaden ist, ob ein Schaden in Geld messbar ist.[35] Es ist bisher jedoch noch nicht gelungen, allgemeingültige Kriterien zur Beantwortung dieser Frage zu geben.[36] Zur Ab-

---

31 Vgl. dagegen *OLG München* VersR 1980, 828: Dem Unfallverursacher ist es nicht zuzurechnen, wenn nach dem Verkehrsunfall das beschädigte Fahrzeug auf einem Betriebsgelände der Polizei verschlossen abgestellt worden ist und daraus Gegenstände entwendet werden.

32 Zur Vorteilsausgleichung → § 25 Rn. 13 ff.

33 Vgl. *Mugdan* II, S. 12 (Motive), wonach bei immateriellen Schäden nur der Anspruch auf eine Entschädigung abgesprochen wird, nicht aber ein Anspruch auf Wiederherstellung.

34 BGHZ 63, 295 (kosmetische Beseitigung einer Unfallnarbe).

35 Vgl. aber Staudinger/*Schiemann*, § 253 Rn. 19 (maßgebend sei nicht, – wie vielfach vertreten – ob ein Schaden finanziell berechenbar [bewertbar] sei, sondern ob ein Schaden für den Betroffenen finanziell spürbar ist).

36 Vgl. MüKoBGB/*Oetker*, Bd. 2, § 249 Rn. 24 ff.

grenzung sind verschiedene Ansätze entwickelt worden, insbesondere der Kommerzialisierungsgedanke, der Frustrierungsgedanke und die Lehre vom Bedarfsschaden. Diese Theorien enthalten aber keine allgemeingültigen Kriterien zur Abgrenzung, sondern betreffen nur einzelne Schadenspositionen, die nach der Differenzhypothese nicht ersatzfähig werden, weil rein rechnerisch keine Vermögensminderung eingetreten ist (z. B. Nichtnutzbarkeit einer Theaterkarte; des privaten Pkw).

a) Kommerzialisierungsgedanke

Mit dem Kommerzialisierungsgedanken soll insbesondere darüber entschieden werden, **19** ob die durch ein Schadensereignis entgangene *private* Nutzungsmöglichkeit einer Sache ersatzfähig ist (bei erwerbswirtschaftlicher Nutzung greift § 252). Entscheidend sei, ob der entzogene Vorteil gegen Geld erworben werden kann oder ob dafür ein Markt vorhanden ist.[37] Die Gebrauchsmöglichkeiten, die durch entsprechende Vermögensaufwendungen »erkauft« werden können, seien kommerzialisiert,[38] sodass jede Beeinträchtigung der Benutzungsmöglichkeit auch einen Vermögensschaden darstellen könnte.

Einzuwenden ist, dass heute nahezu alle Güter gegen Entgelt erworben werden können. Folglich würde der Kommerzialisierungsgedanke den Wirkungskreis des § 253 Abs. 1 (grundsätzlich keine Geldentschädigung für immaterielle Schäden) erheblich einschränken; dies würde aber dem Gesetzeszweck dieser Vorschrift zuwider laufen (vgl. → § 24 Rn. 38).[39] Dem Kommerzialisierungsgedanken ist deshalb nur eine Art »Siebfunktion« zuzusprechen. **Nach der Rechtsprechung ist nicht jeder Eingriff in ein kommerzialisierbares Gut ein Vermögensschaden; es sind wertende, normative und wirtschaftliche Gesichtspunkte zu berücksichtigen.**[40]

b) Frustrationsgedanke

Nach der Frustrationstheorie sind Aufwendungen ein ersatzfähiger Schaden, wenn sie **20** wegen des Schadensfalles fehlgeschlagen, also nutzlos geworden sind. Anders ausgedrückt: Aufwendungen, die für einen bestimmten Zweck gemacht werden, stehen einem Schaden gleich, wenn dieser Zweck durch ein schadensersatzpflichtig machendes Ereignis vereitelt wird.[41]

Auch **die Frustrationstheorie wird von der h. L. und Rspr. grundsätzlich abgelehnt** (vgl. zu frustrierten Aufwendungen → Rn. 26 ff.).[42] Zum einen ist sie mit der Regelung des § 284 (Ersatz vergeblicher Aufwendungen) nicht ohne weiteres vereinbar. Auch würden bloße Handlungsmöglichkeiten und Gebrauchschancen zu einem ersatzfähigen Schaden gemacht. Bei entsprechend kostspieligen Nutzungsmöglichkeiten des Geschädigten (Yachten, Villen, Ländereien usw.) entstünden absurde Rechtsfolgen.[43] Es droht eine Aushöhlung des § 253 Abs. 1.

---

37 So die überholte ältere Rechtsprechung: BGHZ 45, 212; 63, 98 m.w.N.; *BGH* NJW 1956, 1234, 1235.

38 Das heißt in Geld bewertbar oder umsetzbar.

39 *Medicus/Petersen*, BR, Rn. 828; *Lange/Schiemann*, § 6 III, S. 254 f.

40 BGHZ (GS) 98, 212.

41 *v. Tuhr*, Allgemeiner Teil des Bürgerlichen Rechts, Erster Band: Allgemeine Lehren und Personenrecht, 1910, § 18 II, S. 320 Fn. 33a; *Larenz*, Lehrbuch des Schuldrechts, Erster Band: Allgemeiner Teil, bis zur 10. Aufl. (anders *ders.*, 14. Aufl. 1987, § 29 II c, S. 503).

42 BGHZ 99, 182 m.w.N.; *Lange/Schiemann*, § 6 IV, S. 255 f.; *Medicus/Petersen*, BR, Rn. 826.

43 Vgl. zur Kritik Palandt/*Grüneberg*, Vorb v § 249 Rn. 19.

c) Bedarfsschaden

21 Nach der – nur vereinzelt vertretenen – Lehre vom **Bedarfsschaden** stellt ein Bedarf, der durch das zum Ersatz verpflichtende Ereignis geschaffen wird, einen Schaden dar, unabhängig davon, welche Mittel der Verletzte zur Deckung des Bedarfs aufwendet. Es soll letztlich der durch das schadensbegründende Ereignis ausgelöste Bedarf befriedigt werden. Diese Lehre knüpft an den in § 843 Abs. 1 enthaltenen Rechtsgedanken an, der einen Anspruch für eine Vermehrung der Bedürfnisse des Geschädigten normiert.[44]

Jedoch enthält § 843 Abs. 1 keinen allgemeinen Rechtsgedanken. Der Bedarf eines Geschädigten kann subjektiv verschieden und in seinen Grenzen unbestimmt sein.[45]

3. Einzelne Fallgruppen

a) Entgangene Nutzung eines Wirtschaftsguts

22 Die Frage, ob ein ersatzfähiger Vermögensschaden angenommen werden kann, stellt sich vor allem in der Fallgruppe »**entgangene Nutzungen** einer Sache«. Der Eigentümer einer von ihm selbst genutzten Sache kann wegen einer schädigenden Einwirkung auf die Sache diese vorübergehend nicht nutzen. Begründet die entgangene Nutzung einen ersatzfähigen Vermögensschaden, auch wenn ihm hierdurch keine zusätzlichen Kosten entstehen oder Einnahmen entgehen?

Der BGH stellt darauf ab, ob das beeinträchtigte Interesse nach der Verkehrsauffassung einen selbstständigen Vermögenswert hat und die Beeinträchtigung einen Vermögensschaden darstellt.[46]

23 Die Rechtsprechung hat einen Anspruch auf Schadensersatz gemäß § 249 Abs. 2 dafür anerkannt, dass ein **Kraftfahrzeug** nicht benutzt werden kann.[47] Die Ersatzfähigkeit entgangener Nutzungen eines Kfz wurde im Wege richterlicher Rechtsfortbildung begründet und ist inzwischen Gewohnheitsrecht.[48] Voraussetzungen für die Ersatzfähigkeit entgangener Gebrauchsvorteile sind (nach der Rechtsprechung), dass

1. auf das Kfz eingewirkt wurde (Beschädigung, Zerstörung, Vorenthaltung) und
2. Nutzungswille und hypothetische Nutzungsmöglichkeit des Geschädigten vorliegen (sog. **fühlbare Nutzungsbeeinträchtigung,** keine abstrakte Nutzungsentschädigung). Daran fehlt es, wenn der Geschädigte das Kfz nicht nutzen wollte oder konnte (z. B. wegen eines Krankenhausaufenthaltes), und
3. der Geschädigte nicht Ersatz für konkrete Aufwendungen für ersatzweise Nutzungsmöglichkeiten (Mietwagen, Taxi) verlangt.[49]

---

44 *Zeuner,* AcP 163 (1964), 380, 395ff.; *ders.,* GS Dietz, 1973, S. 109, 114ff.

45 *Lange/Schiemann,* § 6 VII 4a, S. 284, § 6 IX 2, S. 310.

46 BGHZ 86, 128 m.w.N. In der neueren Rechtsprechung (*BGH* NJW 1986, 2037, 2040f. – Vorlagebeschluss zu BGHZ [GS] 98, 212) wird an der Maßgeblichkeit der Verkehrsanschauung gezweifelt.

47 Grundlegend BGHZ 45, 212; 56, 214; *BGH* NJW 2008, 915 (mit Überblick über den Streitstand zur Nutzungsausfallentschädigung nach Beschädigung eines gewerblich genutzten Kraftfahrzeugs); *BGH* NJW 2013, 1149.

48 Vgl. Palandt/*Grüneberg,* § 249 Rn. 40. Vgl. zur Begründung auch BGHZ 45, 212.

49 Zur Wahlmöglichkeit des Geschädigten zwischen dem Ersatz konkreter Aufwendungen und einer pauschalen Nutzungsausfallentschädigung *BGH* NJW 2013, 1149.

Die Höhe der Nutzungsentschädigung beläuft sich nur auf etwa 35 bis 40 % der üblichen Mietwagenkosten, insbesondere weil der Gewinn des Mietwagenunternehmens und ersparte Kosten des Geschädigten in Abzug zu bringen sind.[50]

Darüber hinaus aber hat die Rechtsprechung (mittlerweile) die Ersatzfähigkeit von entgangenen Gebrauchsvorteilen bei anderen Sachen grundsätzlich verneint. Nur bei bestimmten **Lebensgütern** (insbesondere Kfz[51], Wohnraum, Internetzugang), deren **ständige Verfügbarkeit für die eigenwirtschaftliche Lebenshaltung von zentraler Bedeutung** ist,[52] ist der Verlust der Gebrauchsvorteile als Schaden bewertet worden, wenn ein funktionell in etwa gleichwertiger Ersatzgegenstand nicht zur Verfügung steht.[53]   24

Beispiele:

- Ersatzfähiger Vermögensschaden: Nichtnutzbarkeit eines Wohnhauses,[54] vertragliches Gebrauchsrecht im Verhältnis der Vertragsparteien,[55] Nichtnutzbarkeit eines Computers in einem Privathaushalt,[56] Nichtnutzbarkeit eines Internetzugangs[57];
- Kein ersatzfähiger Vermögensschaden: Nichtnutzbarkeit des Jagdrechts,[58] eines Pelzmantels,[59] eines Schwimmbades,[60] eines Wohnwagens,[61] eines reinen Freizeitzwecken dienenden Wohnmobils,[62] eines Motorsportbootes.[63]

25

---

50 Der BGH orientiert sich an der Tabelle von *Sanden/Danner/Küppersbusch;* vgl. BGHZ 161, 151. Vgl. Palandt/*Grüneberg*, § 249 Rn. 43 f.; *Brand*, Schadensersatzrecht, S. 81 f.
51 Ebenso bei einem Motorrad, das dem Geschädigten als einziges Kfz zur Verfügung steht und nicht reinen Freizeitzwecken dient, *BGH* NJW 2018, 1393.
52 BGHZ (GS) 98, 212.
53 Im Schrifttum wird an dieser Rechtsprechung insbesondere im Hinblick auf die Unterscheidung zwischen zentralen Wirtschaftsgütern und sonstigen Gegenständen Kritik geübt; vgl. *Looschelders*, SR AT, Rn. 1069 (der Geschädigte sei auch bei »atypischer« Lebensführung schutzwürdig); *Brand*, Schadensersatzrecht, S. 78 f. m. w. N.
54 BGHZ (GS) 98, 212; für die vertragliche Haftung BGHZ 200, 203; BGHZ 117, 260 (vorübergehender Entzug der Möglichkeit, gekauften Wohnraum zu benutzen); gilt auch für verzugsbedingten Nutzungsentgang, *BGH* NJW-RR 2014, 979.
55 BGHZ 101, 325 (Nichtgewährung der in einer Scheidungsvereinbarung eingeräumten Gebrauchsmöglichkeit eines Ferienhauses für die geschiedenen Ehegatten und die gemeinsamen Kinder während der Ferienzeit): Wenn das Gebrauchsrecht auf einem vertraglichen Anspruch beruht (Mietwagen, Mietwohnung) und zeitlich begrenzt ist, so begründet ein derartiger Vertrag die Selbstständigkeit des Gebrauchsrechts als Vermögensgut. Infolge des Entzuges des Gebrauchsrechts tritt ein endgültiger Verlust der Gebrauchsmöglichkeit ein, weil eine Nachholung wegen der zeitlich begrenzten Nutzung ausscheidet. Die Beeinträchtigung eines solchen vertraglich eingeräumten Gebrauchsrechts ist ein ersatzfähiger Vermögensschaden. Für die Berechnung kommen grundsätzlich die Wertmaßstäbe des Verkehrs für die entgeltliche Gebrauchsüberlassung des betreffenden Objektes in Betracht.
56 *OLG München* VersR 2010, 1229 (im Rahmen der begrenzten Prüfung eines Prozesskostenhilfeantrages gem. § 114 ZPO konnte sich das Gericht mit der Aussage begnügen, dies sei zumindest diskutabel); von *LG Hagen* NJW-RR 2017, 798 dagegen verneint für ein Smartphone.
57 BGHZ 196, 101.
58 BGHZ 112, 392 (Beeinträchtigung der Jagdausübung durch ein Manöver) im Anschluss an BGHZ 98, 212.
59 BGHZ 63, 393.
60 BGHZ 76, 179.
61 BGHZ 86, 128.
62 *BGH* VersR 2008, 1086.
63 BGHZ 89, 60.

Vertiefungshinweis: Ersatzfähigkeit entgangener Kfz-Nutzung
Die Unterbrechung oder Störung der Nutzungsmöglichkeit eines Kfz kann einen wirtschaftlichen Schaden darstellen, unabhängig davon, ob der Wagen zu Erwerbszwecken benutzt wird. Verlangt der Geschädigte Ersatz der Reparaturkosten, Ersatz des verbleibenden Minderwertes und Ausgleich für die zeitweise Entziehung der Nutzung, so erhält er keine Doppelentschädigung (mehrfache Entschädigung für den gleichen Schaden), die rechtlich auch nicht durchsetzbar wäre. Ein Schaden ist – wie bei entgangenen Nutzungen – nicht stets davon abhängig, dass eine das Gesamtvermögen erfassende Differenzrechnung eine ziffernmäßige Minderung dieses Vermögens im Zeitpunkt der letzten mündlichen Verhandlung ergibt; insoweit kann ausnahmsweise von der Differenzhypothese abgewichen werden. Dadurch dass nur bei einer fühlbaren Nutzungsbeeinträchtigung ein Ausgleich gewährt wird (Nutzungswille und hypothetische Nutzungsmöglichkeit des Geschädigten), wird verhindert, dass der Schadensfall zur Gewinnerzielung ausgenutzt wird.[64]

b) Fehlgeschlagene Aufwendungen als Schaden

26 Auch **Aufwendungen** des Geschädigten, die infolge[65] des schädigenden Ereignisses nutzlos geworden und damit **fehlgeschlagen** sind, können ein ersatzfähiger Vermögensschaden sein (vgl. zu § 284 → Rn. 34).

Beispiel: G wird bei einem Autounfall verletzt. Verletzungsbedingt kann er das gepachtete Jagdrevier nicht benutzen. Die Pacht (= Aufwendungen) muss er aber weiterzahlen. Fraglich ist, ob G vom Schädiger die während der krankheitsbedingten Nichtnutzung der Jagd anfallenden Pachtzinsen (nicht die entgangene Nutzung des Jagdreviers, vgl. → Rn. 24) ersetzt verlangen kann. Der BGH hat dies verneint.[66]

27 Auf der Grundlage der Differenzhypothese ist die Einordnung als Schaden problematisch: Selbst bei Nichtvorliegen des schädigenden Ereignisses (hypothetisches Ereignis: rechtmäßiges Verhalten des Schuldners) wären die Aufwendungen getätigt worden; die reale und hypothetische Lage weichen insoweit nicht voneinander ab.[67] Dessen ungeachtet bejaht die (abzulehnende) Frustrationstheorie die Schadensersatzfähigkeit dieser Aufwendungen uneingeschränkt und unabhängig vom Haftungsgrund (vgl. → Rn. 20).

28 Die **Rechtsprechung** (und die h. L.) beantwortet die Frage, ob Aufwendungen ein Schaden sind, nicht generell, sondern unter **Berücksichtigung der jeweiligen Haftungsgrundlage**. Ein Schadensersatzanspruch wird insbesondere in zwei Konstellationen bejaht:

1. Der (deliktische) Schadensersatzanspruch ist gerade auf den Ersatz des Vertrauensschadens (negatives Interesse) gerichtet (z. B. § 823 Abs. 2 i. V. m. § 263 StGB);[68] die Aufwendungen werden durch den Schutzzweck der Norm in den ersatzfähigen Schaden einbezogen, weil die Norm gerade vor unnützen Aufwendungen schützen soll.
2. Der Anspruch ist im Vertragsrecht oder bei »culpa in contrahendo« auf das negative Interesse gerichtet und erfasst auch den sog. Vertrauensschaden. Davon sind nutzlose Aufwendungen erfasst.[69]

---

64 BGHZ 45, 212; vgl. auch *OLG Saarbrücken* ZfS 2018, 205 (Anspruch auf Ersatz des Nutzungsausfalls auch bei Stellen eines Ersatzfahrzeugs durch die Ehefrau).
65 Vgl. dagegen zur Schadensersatzfähigkeit von Aufwendungen zur Beseitigung der Rechts-(gut-)verletzung → § 22 Rn. 6 f.
66 BGHZ 55, 146.
67 Vgl. BGHZ 99, 182; BGHZ 114, 193.
68 BGHZ 99, 182; *BGH* NJW 1983, 442, 444 unter 3 m. w. N.
69 Vgl. BGHZ 99, 182 m. w. N. Vgl. auch *Thüsing*, VersR 2001, 285.

Nach der Rechtsprechung sind über diese beiden Konstellationen hinaus nutzlose 29
Aufwendungen als Schaden statt der Leistung (Schadensersatz wegen Nichterfüllung)
nur unter der Voraussetzung der sog. Rentabilitätsvermutung ersatzfähig. Die **Rentabilitätsvermutung**[70] ist eine widerlegbare Beweiserleichterung, die besagt, dass Aufwendungen durch Vorteile aus der vereinbarten Gegenleistung wieder erwirtschaftet
worden wären. Dem Schuldner steht der Nachweis des Gegenteils offen, d. h. er kann
nachweisen, dass der Vertrag sich auch bei ordnungsgemäßer Durchführung durch den
Schuldner als Verlustgeschäft erwiesen hätte. Die Rentabilitätsvermutung ist ein Anwendungsfall der Differenzhypothese (vgl. → Rn. 8 ff.) auf der Grundlage einer bloßen
Darlegungs- und Beweiserleichterung: Die Aufwendungen als vermögensmindernde
Investition (reale Lage) wären durch eine entsprechende Vermögensmehrung im Falle
der Erfüllung des Vertrages ausgeglichen worden (hypothetische Lage).

Dementsprechend wird der (Schadens-)Ersatz frustrierter Aufwendungen versagt, 30
wenn der Gläubiger mit dem Vertrag einen ideellen Zweck verfolgt und die dafür aufgewendeten Kosten auch bei ordnungsgemäßer Erfüllung des Vertrages nicht wieder
hereinbekommen hätte. Auch dies stellt eine (einfache) Anwendung der Differenzhypothese dar. In diesem Fall hat der Gläubiger keinen Schaden wegen seiner Aufwendungen, sondern wegen Vereitelung des ideellen Zweckes erlitten.[71]

Fall (BGHZ 99, 182): Die K-Partei und die Stadt B schließen einen Mietvertrag über die Nutzung der 31
Stadthalle für eine Vortragsveranstaltung der K. K verfolgt mit der Nutzung der Stadthalle bzw. mit der
geplanten Veranstaltung einen ideellen Zweck und hätte die dafür aufgewendeten Kosten bei Durchführung des Mietvertrages nicht wieder hereinbekommen. Weil die B den Mietvertrag vor der Veranstaltung unberechtigt kündigt und die Veranstaltung deshalb ausfällt, verlangt K von B Schadensersatz
dafür, dass Werbekosten für die Veranstaltung und aufgewandte Honorare und Vergütungen zur Veranstaltungsvorbereitung fehlgeschlagen sind. Zu Recht?

Lösung:

1. Anspruch aus § 280 Abs. 1 und Abs. 3 i. V. m. § 281 oder § 283?
   a) Haftungsbegründender Tatbestand (ernsthafte und endgültige Leistungsverweigerung oder Unmöglichkeit [absolutes Fixgeschäft]) (+)
      Sieht man in der unberechtigten Weigerung, die Stadthalle der K-Partei zu überlassen, eine ernsthafte und endgültige Erfüllungsverweigerung der B, so liegt eine Pflichtverletzung vor; der haftungsbegründende Tatbestand ergibt sich aus § 281 Abs. 1 und Abs. 2. Geht man davon aus, dass
      der Mietvertrag wegen des genau festgelegten Veranstaltungstermins eine Fixschuld darstellt, so
      begründet die Nichteinhaltung der Leistungszeit durch B dauerhafte Unmöglichkeit; es liegt dann
      ein Fall der Unmöglichkeit (§ 275 Abs. 1) vor: Anspruchsgrundlage ist in diesem Fall § 280 Abs. 1
      und 3 i. V. m. §§ 283 S. 1, 275 Abs. 1. Beide Anspruchsgrundlagen sind auf Schadensersatz statt
      der Leistung gerichtet.
   b) Fraglich ist, ob die fehlgeschlagenen Aufwendungen einen Schaden i. S. des § 280 Abs. 1 und Abs. 3
      darstellen. Auf der Grundlage der Rentabilitätsvermutung hat der BGH frustrierte Aufwendungen
      als Schaden anerkannt, wenn die vermögensmindernden Aufwendungen bei ordnungsgemäßer Erfüllung durch Vermögensmehrungen kompensiert worden wären. Bei Verträgen, mit denen der
      Gläubiger ideelle Zwecke verfolgt, ist dies zu verneinen. Die Aufwendungen würden auch bei vertragsgerechter Erfüllung durch den Schuldner nicht durch Erlöse oder Einnahmen gedeckt, die bei
      Veranstaltungen zu ideellen Zwecken meist nicht gemacht werden. Deshalb liegt kein Vermögensschaden vor.

---

70 Vgl. BGHZ 99, 182; RGZ 127, 245, 248 ff.
71 BGHZ 99, 182; zusammenfassend die RegBegr., BT-Drs. 14/6040, S. 142.

c) Die frustrierten Aufwendungen können deshalb nicht im Rahmen eines Schadensersatzanspruchs ersetzt verlangt werden.

2. Anspruch aus § 284?

Ein (schadensersatz-)begründender Haftungstatbestand liegt vor (»anstelle des Schadensersatzes statt der Leistung«, vgl. vorstehend). Ein Fall des Fehlschlags der Aufwendungen aus anderen Gründen (vgl. § 284 a. E.) liegt nicht vor. K hat die Aufwendungen im Vertrauen auf die Gewährung der Stadthalle gemacht und auch billigerweise machen dürfen. Deshalb kann K Ersatz der Aufwendungen verlangen.

32   **Vertiefungshinweis:** Rentabilitätsvermutung

Es wird vermutet, dass die Aufwendungen als Kostenfaktor in die Kalkulation des Gläubigers eingegangen sind und über den Erlös aus einem Weiterverkauf vergütet worden wären. Genau genommen liegt der Nichterfüllungsschaden in dem Verlust der Kompensationsmöglichkeit (Möglichkeit, die gemachten Aufwendungen durch Erlöse zu decken), nicht in den Aufwendungen.[72] Kann der Weiterverkauf nicht stattfinden, so stellen die Aufwendungen eine Art Mindestschaden dar, weil der Gläubiger die Aufwendungen bei ordnungsgemäßer Vertragserfüllung wieder hereingeholt hätte (vgl. Differenzhypothese: Vergleich zwischen realer und hypothetischer Lage).

Weitere Beispiele:

33   – Verzug mit Übergabe einer Wohnung. Kein Schadensersatz für Kapitalaufwendungen und nutzlose Gemeinschaftskosten als frustrierte Aufwendungen (BGHZ 71, 234).[73]

– Die Kosten der Beurkundung des Grundstückskaufs und der Eintragung der Auflassungsvormerkung in das Grundbuch sind bei §§ 433, 434 Abs. 1 S. 1, 437 Nr. 3, 280 schadensersatzfähig. Diese Aufwendungen wären durch den Vorteil der erwarteten Gegenleistung (Kaufsache) wieder eingebracht worden (BGHZ 114, 193).

34   **Vertiefungshinweis:** Abgrenzung von § 284 zum Schadensersatz (Rentabilitätsvermutung)

1. Folgen der Einführung des § 284 für die Rentabilitätsvermutung

Nach § 284 n. F., der durch das Schuldrechtsmodernisierungsgesetz geschaffen wurde, kann der Gläubiger anstelle des Schadensersatzes statt der Leistung Ersatz der Aufwendungen verlangen, die er im Vertrauen auf den Erhalt der Leistung gemacht hat und billigerweise machen durfte. Auch Aufwendungen zu ideellen Zwecken können nach § 284 ersetzt verlangt werden.[74] Eine Ausnahme besteht nur dann, wenn der mit den Aufwendungen verfolgte Zweck auch ohne die Pflichtverletzung des Schuldners nicht erreicht worden wäre (vgl. § 284 a. E.). Es kommt also nicht auf die Rentabilitätsvermutung (im Sinne der bisherigen Rechtsprechung) an, d. h. nicht darauf, ob die Aufwendungen als kostendeckender Teil des entgangenen materiellen Ertrages aus dem Geschäft qualifiziert werden könnten. Daneben kann ein Schadensersatzanspruch (aus §§ 280 ff.) nicht geltend gemacht werden (vgl. § 284 »anstelle«).

Zwar können nutzlose Aufwendungen über § 284 ersetzt verlangt werden. Jedoch schließt dies nicht aus, dass sie auch über den allgemeinen Schadensersatzanspruch geltend gemacht werden; die Einführung des § 284 hat insoweit nichts geändert und auch nichts ändern wollen.[75] Für die Qualifizierung von Aufwendungen als Schaden (statt der Leistung) ist die Rentabilitätsvermutung weiterhin von Bedeutung.

Nach der (bisherigen) Rechtsprechung können Aufwendungen zu ideellen Zwecken keinen ersatzfähigen materiellen Schaden begründen; sie stellen einen immateriellen Schaden dar, der nach § 253 (jetzt

---

72 So BGHZ 99, 182.

73 BGHZ 71, 234 (LS): »Gelangt der Besteller einer noch zu errichtenden Eigentumswohnung aus einem von seinem Vertragspartner zu vertretenden Umstand erst einige Zeit später als vorgesehen in den Besitz der mangelfreien Wohnung, so liegt ein zu ersetzender Vermögensschaden weder in dem zeitweiligen Ausfall der Nutzungsmöglichkeit als solchem (Bestätigung von BGHZ 66, 277) noch in den Aufwendungen für den auf den Verzugszeitraum entfallenden Kapitaldienst für die – fristgerecht bezahlte – Vergütung und auch nicht in den zeitanteiligen umlagefähigen Gemeinschaftskosten.«

74 Vgl. RegBegr., BT-Drs. 14/6040, S. 142–144.

75 Vgl. MüKoBGB/*Emmerich*, Bd. 2, Vor § 281 Rn. 20 und MüKoBGB/*Ernst*, Bd. 2, § 284 Rn. 39 m. w. N.; *Canaris*, JZ 2001, 499, 517.

Abs. 1) grundsätzlich nicht zu ersetzen ist.[76] Auch daran hat weder die Schuldrechts- noch die Schadensersatzreform etwas geändert. Möglicherweise aus diesen Gründen hat der Gesetzgeber der Schuldrechtsreform § 284 (zumindest formell) als Aufwendungsersatzanspruch und nicht als Schadensersatzanspruch ausgestaltet.[77] Der Anspruch auf Schadensersatz und der besondere Aufwendungsersatzanspruch aus § 284 stehen aber im Verhältnis der Alternativität (»anstelle«), weil der Gläubiger nicht das gleiche Leistungsinteresse zweimal (über den Schadensersatzanspruch und über § 284) verlangen kann.[78]

2. Anwendungsbereich des § 284 und Abgrenzung von den §§ 280 ff. (Schadensersatz statt der Leistung) Es stellt sich die Frage, wie der Anwendungsbereich des § 284 und der des Schadensersatzanspruchs (§§ 280 ff.) voneinander abzugrenzen sind. Zu beachten ist dabei, dass der Aufwendungsersatz des § 284 eine Alternative zum Schadensersatz statt der Leistung und nicht zum Schadensersatz allgemein darstellt. Befriedigt werden soll das Interesse des Geschädigten hinsichtlich der von ihm getätigten fehlgeschlagenen Aufwendungen. Der Geschädigte muss sich also entscheiden, welche Alternative für ihn die günstigere ist.

Nach mittlerweile nahezu einhelliger Auffassung in Literatur[79] und Rechtsprechung[80] erfasst der Anwendungsbereich des § 284 auch Verträge, die zu erwerbswirtschaftlichen Zwecken geschlossen worden sind und hat eine doppelte Bedeutung: Zum einen die Anspruchsbegründung bei Aufwendungen zu ideellen Zwecken und zum anderen die Anspruchsmodifizierung bei Aufwendungen zur Gewinnerzielung; sie ist im ersten Fall auf Ersatz eines Nichtvermögensschadens gerichtet;[81] soweit es um Aufwendungen zur Gewinnerzielung geht, ist § 284 eine Haftungsausfüllungsnorm, bei Aufwendungen zu ideellen Zwecken eine eigenständige Anspruchsgrundlage.[82] Dabei enthält § 284 a. E. (»es sei denn, deren Zweck [...] nicht erreicht worden.«) eine Vermutung für die Erreichung des mit den Aufwendungen verfolgten Zwecks: Aufwendungen sind zu ersetzen, es sei denn, der mit ihnen verfolgte Zweck hätte auch ohne Pflichtverletzung nicht erreicht werden können. Die Rentabilitätsvermutung stellt eine Unterart dieser Vermutung dar: Vermutung dafür, dass der Erwerbszweck (Aufwendungen wären wieder erwirtschaftet worden) erreicht worden wäre. § 284 a. E. begründet allgemein den Einwand der Nichterreichung des Zweckes, nicht nur (speziell) der Unrentabilität. Die Beweislast für die Widerlegung dieser Vermutung obliegt dem Schuldner. Insoweit geht § 284 über die Rentabilitätsvermutung der Rspr. hinaus;[83] § 284 a. E. normiert bei diesem Normverständnis in allgemeiner Form nur das, was die Rechtsprechung für Verträge zu erwerbswirtschaftlichen Zwecken judiziert.

3. Zwar ist § 284 formell ein Aufwendungsersatzanspruch, materiell handelt es sich aber um einen besonderen Schadensersatzanspruch, der neben materiellen (Gewinnerzielungsabsicht) auch immaterielle Schäden (bei ideeller Zweckverfolgung) erfassen kann und damit einen Anwendungsfall des § 253 Abs. 1 a. E.[84] darstellt.[85] Diese Dogmatik hat den Vorzug, dass frustrierte Aufwendungen einheitlich als Schaden

---

76 BGHZ 99, 182.
77 Vgl. RegBegr., BT-Drs. 14/6040, S. 144: Beim Ersatz frustrierter Aufwendungen gehe es nicht eigentlich um ein Schadensersatzproblem, sondern um eine Frage des Aufwendungsersatzes.
78 Vgl. zu Ausnahmen *Canaris*, JZ 2001, 499, 517: Teleologische Reduktion der in § 284 enthaltenen Alternativitätsanordnung, wenn kumulative Anwendung von Schadensersatz- und Aufwendungsersatzanspruch schadensersatzrechtlich korrekt ist.
79 Palandt/*Grüneberg*, § 284 Rn. 3; MüKoBGB/*Ernst*, Bd. 2, § 284 Rn. 5; BeckOK BGB/*Unberath*, § 284 Rn. 4.
80 Vgl. BGHZ 163, 381.
81 MüKoBGB/*Ernst*, Bd. 2, § 284 Rn. 7.
82 MüKoBGB/*Ernst*, Bd. 2, § 284 Rn. 8.
83 Vgl. RegBegr., BT-Drs. 14/6040, S. 143.
84 Vgl. BGHZ 99, 182: Die Vereitelung des mit den Aufwendungen verfolgten Zweckes, auf den es allein ankommt, stellt einen immateriellen Schaden dar, der als solcher gemäß § 253 (jetzt § 253 Abs. 1) grundsätzlich nicht zu ersetzen ist.
85 Vgl. MüKoBGB/*Ernst*, Bd. 2, § 284 Rn. 7; am Wesen eines echten Schadensersatzanspruchs zweifelnd *Lange/Schiemann*, § 6 IV, S. 258.

angesehen werden,[86] mit der Differenzierung, dass sie im Falle der Gewinnerzielung von materieller Natur, bei Handeln zu ideellen Zwecken von immaterieller Natur sind (vgl. § 253 Abs. 1).

35   Von einzelnen Instanzgerichten – eine höchstrichterliche Entscheidung gibt es noch nicht – und von der wohl überwiegenden Lehre wird eine Ersatzfähigkeit für fehlgeschlagene private Aufwendungen ausnahmsweise bejaht, wenn sich die **Aufwendung auf ein einmaliges Ereignis** (und nicht auf eine längerfristige Dauernutzung) bezieht (z. B. eine bereits bezahlte Theaterkarte, die infolge eines haftungsbegründenden Ereignisses nicht genutzt werden kann); teilweise wird zusätzlich verlangt, dass das haftungsbegründende Ereignis insbesondere infolge Zeitmangels auch die Nutzung durch eine andere Person ausschließt.[87] Zu ersetzen sei der Wert der Leistung (z. B. der Theaterkarte, der Klavierstunde). Teils wird mit dem Kommerzialisierungsgedanken argumentiert[88]: Die Vereitelung der Nutzung vernichtet zugleich den Wert des Anspruchs vollständig.[89] Teils wird ein Sonderfall der Frustrationstheorie angenommen.[90] – Es handelt sich um eine schwierige Problematik: Die Begrenzung auf ein einmaliges Ereignis suggeriert eine Begrenztheit des Schadensersatzes in seiner Höhe; es wäre aber auch der vertraglich fix gebuchte »Flug zum Mond« zu ersetzen. Die für die Ersatzfähigkeit angeführte Gleichwertigkeit der Zerstörung eines Luxusgutes und des Zunichtemachens einer spezifischen immateriellen Genussmöglichkeit (Beispiel: Seidenschal und Opernkarte jeweils im Wert von 150 €)[91] ist im Hinblick auf die grundsätzliche Nichtersatzfähigkeit von Nichtvermögensschäden ebenfalls fraglich. Es geht dabei möglicherweise nicht nur darum, dass Nichtvermögensschäden grundsätzlich schwierig zu bemessen sind. Zu analysieren wäre vielmehr auch, ob die »Feindseligkeit«[92] des deutschen Schadensersatzrechts gegenüber dem Geldersatz für Nichtvermögensschäden auch darauf beruht, den Schädiger vor für ihn nicht vorhersehbaren Schadenshöhen zu schützen. Bei der Verletzung von Rechtsgütern und Rechten besteht für den Schädiger immerhin eine gewisse Vorhersehbarkeit infolge der Schutzrichtung der ihn treffenden Verkehrssicherungspflichten und der Begrenzung auf den Vermögenswert der geschützten Rechtsgüter und Rechte. Es besteht also doch ein Unterschied, ob der Schädiger schuldhaft ein Luxusgut beschädigt und dessen Wert zu ersetzen hat oder ob er wegen der Verletzung einer Person (primärer Schaden) auch für damit zusammenhängende Nichtvermögensschäden haften soll. Auch ist fraglich, wie die Abgrenzung zu denjenigen Fällen gelingen soll, in denen Aufwendungen für eine (ebenfalls) zeitlich befristete Nutzungsmöglichkeit (z. B. Pacht eines Jagdreviers für einen Monat oder für ein Jahr) getätigt wurden, für die die Rechtsprechung und h. L. die Ersatzfähigkeit verneint.[93] Die hinter der Begrenztheit des § 253 steckende gesetzgeberische Wertung spricht dafür, die Ersatzfähigkeit grundsätzlich[94] in allen Fällen zu verneinen, in denen die vereitelte Nutzungsmöglichkeit bloßen immateriellen Wert hat.[95] Dafür spricht

---

86   Nach der RegBegr. (BT-Drs. 14/6040, S. 144) sollte das Problem der Frustrierung von Aufwendungen einheitlich gelöst werden, was durch die Schaffung eines einheitlichen Tatbestandes im Schadensersatzrecht der §§ 280 ff. möglich sei.

87   *OLG Hamm* NJW 1998, 2292; Palandt/*Grüneberg*, § 249 Rn. 69 m.w.N.; Erman/*Ebert*, § 249 Rn. 66; *Förster*, JA 2015, 801, 807; die Ersatzfähigkeit bejahend für alle Fälle zeitlich beschränkter Nutzungsmöglichkeit Herberger/Martinek/*Rüßmann*, jurisPK-BGB, Band 2, 8. Aufl. 2017, § 251 Rn. 30 ff.

88   Staudinger/*Schiemann*, § 251 Rn. 103 (Musterfall der Kommerzialisierung).

89   Palandt/*Grüneberg*, § 249 Rn. 69.

90   Erman/*Ebert*, § 249 Rn. 66.

91   Argument und Beispiel von *Förster*, JA 2015, 801, 807.

92   *Kötz/Wagner*, Rn. 662.

93   BGHZ 55, 146.

94   Ausnahmen können sich aus dem besonderen Zweck der Haftungsnorm, insbesondere eines Schutzgesetzes ergeben. Etwas anderes gilt auch im Verhältnis von Vertragspartnern im Hinblick auf die Nichtgewährung einer vertraglich eingeräumten, zeitlich begrenzten und daher nicht nachholbaren Gebrauchsmöglichkeit, BGHZ 101, 325.

95   *Brand*, Schadensersatzrecht, S. 86; *Staake*, § 11 Rn. 29. Der durch die Theateraufführung vermittelte Genuss fällt nicht unter die in § 253 Abs. 2 aufgeführten Rechtsgüter. Stellt man auf die (Körper-)Verletzung des T ab, so ist der Nichtvermögensschaden (unterbliebener Genuss der Theateraufführung) vom Schutzzweck der §§ 823 Abs. 1, 253 Abs. 1 (Körperverletzung) nicht erfasst und deshalb auch nicht ersatzfähig.

auch die Konsistenz mit der richterrechtlichen Begrenzung der Ersatzfähigkeit des Nutzungsausfalls durch Sacheinwirkung auf solche Wirtschaftsgüter, die für die eigenwirtschaftliche Lebenshaltung des Geschädigten zentrale Bedeutung haben (→ Rn. 24).

c) Ersatz für nutzlos aufgewendete (Urlaubs-)Zeit

Die Ersatzfähigkeit nutzlos aufgewendeter **Urlaubszeit** ist für den **Reisevertrag** speziell in § 651 f Abs. 2[96] geregelt. Im außervertraglichen Haftungsrecht[97] ist entgangener Urlaub und Freizeit schlechthin als ein immaterieller Schaden[98] nicht ersatzfähig (vgl. § 253 Abs. 1).[99] Dies gilt auch für den (Frei-)Zeitaufwand, den ein Geschädigter zur Feststellung und Verfolgung zivilrechtlicher Schadensersatzansprüche aufwendet[100] (vgl. aber zum Ersatz eines entgangenen Gewinns § 252, → § 24 Rn. 33).[101]   **36**

Von der Ersatzfähigkeit nutzlos aufgewandter (Urlaubs-)Zeit ist das Problem zu unterscheiden, ob Aufwendungen schadensersatzfähig sind, die für eine Reise oder ein anderes Ereignis aufgewendet wurden und aufgrund des schädigenden Ereignisses nutzlos sind (vgl. → Rn. 26 ff.). Insoweit kann zwischen einer vertraglichen und einer außergesetzlichen Haftung zu differenzieren sein.[102]   **37**

II. Schadensersatz statt der Leistung

Das Schuldrechtsmodernisierungsgesetz hat in zahlreichen Vorschriften die Bezeichnung »**Schadensersatz statt der Leistung**« eingeführt.[103] In einigen Vorschriften hat der Gesetzgeber an der bisherigen Terminologie (**Schadensersatz wegen Nichterfüllung**) festgehalten: §§ 523 Abs. 2 S. 1, 524 Abs. 2 S. 2, 651 f Abs. 1. § 536 a Abs. 1 spricht nur von »Schadensersatz«. Schadensersatz wegen Nichterfüllung, Schadensersatz und Schadensersatz statt der Leistung haben in diesen Vorschriften aber die gleiche Bedeutung.[104]   **38**

Beim Anspruch auf Schadensersatz wegen Nichterfüllung kann der Gläubiger nach der Differenzhypothese verlangen, so gestellt zu werden, wie er stehen würde, wenn der Vertrag ordnungsgemäß erfüllt worden wäre. Da der Schadensersatz an die Stelle der Erfüllung treten soll, scheidet Schadensersatz in Form der Naturalrestitution nach   **39**

---

96 Die h. M. geht davon aus, dass § 651 f Abs. 2 einen Anspruch auf Ersatz eines immateriellen Schadens begründet, vgl. BGHZ 161, 389; BeckOK BGB/*Geib*, § 651 f Rn. 2, 17 m. w. N. Vgl. zur Berechnung des Anspruchs *ders.*, a. a. O., Rn. 19.

97 Eine analoge Anwendung des § 651 f Abs. 2 wird jedoch bei vertraglicher Haftung zugelassen, wenn das Vertragsinteresse wie beim Reisevertrag auf die Urlaubsgestaltung gerichtet ist (beispielsweise die Miete eines Ferienhauses, *BGH* NJW 1985, 906, oder eines Wohnmobiles, BGHZ 161, 389); vgl. auch *Brand*, Schadensersatzrecht, S. 85.

98 Vor der gesetzgeberischen Klarstellung durch § 651 f Abs. 2 bejahte der BGH unter bestimmten Voraussetzungen einen Vermögensschaden (BGHZ 63, 98: Vermögenswert für den Fall bejaht, dass es sich um einen Erholungsurlaub handelt, welcher der Erhaltung oder Wiedererlangung der Arbeitskraft dient, wenn der Urlaub durch Arbeitsleistung verdient oder durch besondere Aufwendungen für eine Ersatzkraft ermöglicht wird).

99 BGHZ 86, 212 (kann jedoch bei der Bemessung des Schmerzensgeldes berücksichtigt werden); 130, 128 (Yachtcharter); MüKoBGB/*Oetker*, Bd. 2, § 249 Rn. 95.

100 BGHZ 133, 155.

101 *OLG Karlsruhe* NJW-RR 1988, 954.

102 MüKoBGB/*Oetker*, Bd. 2, § 249 Rn. 94.

103 Davon kann der Schadensersatz neben der Leistung (§ 280 Abs. 1, 2) unterschieden werden.

104 Vgl. MüKoBGB/*Emmerich*, Bd. 2, Vor § 281 Rn. 1.

§ 249 grundsätzlich aus. Denn ein Anspruch auf Naturalherstellung würde in der Regel dem Erfüllungsanspruch gleich kommen, der in diesen Fällen nicht mehr gegeben ist (→ § 24 Rn. 28). Schadensersatz wegen Nichterfüllung bedeutet daher grundsätzlich Entschädigung in Geld nach § 251. Der Schaden berechnet sich nach der Wertdifferenz zwischen der Vermögenslage, die sich bei ordnungsgemäßer Vertragserfüllung ergeben hätte, und der Vermögenslage, die sich infolge der Nichterfüllung tatsächlich ergeben hat.[105]

III. Surrogationstheorie (Austauschtheorie) und Differenztheorie

40 Wenn der Schuldner eine Pflicht verletzt (vgl. § 280 Abs. 1), entsteht nach den §§ 281 bis 283 ein Anspruch auf Schadensersatz statt der Leistung (vgl. § 280 Abs. 3). Bei gegenseitigen Verträgen stellt sich das Problem, wie die Gegenleistung bei Ermittlung des Schadens zu berücksichtigen ist. Das Gesetz hat diese Frage nur in § 376 Abs. 2 HGB geregelt (Differenztheorie). Im Übrigen haben sich auf der Grundlage des alten Schuldrechts drei Theorien entwickelt.[106] Die Schuldrechtsreform hat den Streit nicht gelöst.

41 Nach der **Surrogationstheorie** tritt an die Stelle des unmöglichen Anspruchs ein Anspruch auf Schadensersatz (Surrogat = Ersatz). Davon unberührt bleibt der Anspruch auf die Gegenleistung bzw. die erbrachte Gegenleistung.

Anders verfährt die **Differenztheorie.** Sie verzichtet grundsätzlich auf die weitere Durchführung des gegenseitigen Vertrages. Der Gläubiger hat einen einheitlichen Ersatzanspruch wegen Nichterfüllung des gesamten Vertrages; dessen Inhalt ergibt sich aus der Differenz von Leistung und Gegenleistung. An die Stelle der beiderseitigen Erfüllungsansprüche tritt eine einseitige Geldforderung des ersatzberechtigten Gläubigers.

Nach der **abgeschwächten Differenztheorie** kann der Gläubiger grundsätzlich Schadensersatz in Höhe der Wertdifferenz (Differenztheorie) verlangen, jedoch in bestimmten Fallgruppen (Vorleistung des Gläubigers, besonderes Interesse an der Erbringung der Gegenleistung) nach der Surrogationstheorie vorgehen; im Fall des § 326 Abs. 1 S. 2 Hs. 2 a. F. (Erlöschen der beiderseitigen Leistungspflichten nach Ablauf der Nachfrist) kam nur ein Vorgehen nach der Differenztheorie in Betracht.[107]

42 Auch nach der Schuldrechtsreform besteht Streit. Nach der bisher überwiegenden Meinung[108] soll der Gläubiger grundsätzlich ein Wahlrecht zwischen der Differenz- und Surrogationstheorie haben: Er könne frei wählen, ob er (1) die Differenz zwischen Leistung und Gegenleistung vom Schuldner ersetzt verlangt oder (2) stattdessen vollen Schadensersatz für die pflichtverletzte Leistung verlangt und zur Gegenleistung weiterhin verpflichtet ist bzw. eine bereits geleistete Gegenleistung davon unberührt bleibt. Nach anderer Ansicht soll Schadensersatz bei §§ 281 f. nur nach der Surroga-

---

105 BGHZ (GS) 98, 212.
106 Vgl. dazu MüKoBGB/*Emmerich,* Bd. 2, Vor § 281 Rn. 13 ff.; *Betz,* JA 2006, 60 ff.
107 So *BGH* NJW 1994, 3351; 1999, 3115; ablehnend *Kaiser,* NJW 2001, 2425.
108 MüKoBGB/*Emmerich,* Bd. 2, Vor § 281 Rn. 17; Palandt/*Grüneberg,* § 281 Rn. 20; *Lorenz/Riehm,* Rn. 211, 214.

tionstheorie zu errechnen sein.[109] Nach einer dritten Ansicht ist Schadensersatz nur nach der Differenztheorie zu berechnen.[110]

Vertiefungshinweis: Differenz- oder Surrogationstheorie nach der Schuldrechtsreform   **43**
Das Schuldrechtsmodernisierungsgesetz hat den früheren (zum alten Recht) vertretenen Theorien bzw. deren Begründungsansätzen zum Teil den Boden entzogen. Die Schuldrechtsreform hat die frühere Alternativität von Schadensersatz und Rücktritt beseitigt und lässt nun beides nebeneinander (kumulativ) zu (vgl. § 325). Der erklärte Rücktritt wandelt – nach wie vor – das Schuldverhältnis in ein Rückgewährschuldverhältnis um. Nach § 275 Abs. 1 und § 326 Abs. 1 S. 1 erlöschen im Fall der Unmöglichkeit die Leistungs- und Gegenleistungspflicht. Nach § 281 Abs. 4 ist der Anspruch auf die Leistung ausgeschlossen, wenn der Gläubiger Schadensersatz verlangt. Aus dem Gegenseitigkeitsverhältnis von synallagmatischen Verträgen folgt, dass dann auch der Anspruch auf die Gegenleistung ausgeschlossen ist.[111] Das Geleistete kann nach Rücktrittsrecht zurückverlangt werden (§ 281 Abs. 5, § 283 S. 2). Auf dieser Grundlage ist die aufgeworfene Frage wie folgt zu beurteilen:
Ein Schadensersatzanspruch nach der Surrogationstheorie kommt nicht in Betracht, wenn der Gläubiger zuerst zurücktritt: Es entsteht ein Rückgewährschuldverhältnis, womit ein Austausch der Vertragsleistungen ausgeschlossen ist und gewährte Leistungen rückabzuwickeln sind. Es kann nur noch Schadensersatz in Form der Differenztheorie gefordert werden (§ 325).[112]
Verlangt der Gläubiger dagegen (nur) Schadensersatz, so kann er in jedem Fall nach der Differenztheorie vorgehen: Aus §§ 281 Abs. 5, 326 Abs. 4 folgt ein Anspruch auf Rückgewähr der (Vor-)Leistung des Gläubigers; nach § 280 Abs. 3 kann Schadensersatz nach der Differenztheorie verlangt werden.
Es stellt sich aber die Frage, ob der Gläubiger auch die Surrogationstheorie wählen kann, wenn er es bei der Vorleistung belassen will. Verzichtet der Gläubiger auf die Rückforderung der Gegenleistung wird der Schuldner verpflichtet, den Wert der von ihm geschuldeten, aber ausgebliebenen Leistung zuzüglich aller Folgeschäden zu ersetzen. Der Schuldner wird folglich entsprechend der Surrogationstheorie zum Schadensersatz verpflichtet.[113]

IV. »Großer« und »kleiner« Schadensersatz

Während die Differenz- und Surrogationstheorie die Gegenleistung bzw. den   **44** Anspruch auf die Gegenleistung bei der Ermittlung des Schadensersatzes berücksichtigen, hat die Unterscheidung zwischen dem **kleinen und großen Schadensersatz** einen anderen Ansatz: Es wird an die teilweise oder mangelhafte Leistung angeknüpft und deren Schicksal bei der Ermittlung des Schadensersatzes berücksichtigt.[114]

Der Gläubiger kann die mangelhafte Sache behalten und nur die Wertdifferenz zwischen mangelfreier und mangelhafter Leistung verlangen (Leistungsminderwert, kleiner Schadensersatz). Er kann aber auch die erhaltene Sachleistung zur Verfügung stellen bzw. deren Abnahme ablehnen und Schadensersatz statt der ganzen Leistung verlangen (großer Schadensersatz). Das Gesetz berücksichtigt diese Unterscheidung zwischen kleinem und großem Schadensersatz in § 281 Abs. 1 S. 3 und Abs. 5: »Schadensersatz statt der ganzen Leistung« meint den großen Schadensersatz. Dieser wird

---

109 Huber/Faust/*Faust*, § 3 Rn. 189.
110 *Ehmann/Sutschet*, Modernisiertes Schuldrecht, 2002, S. 114 f.; *Wilhelm*, JZ 2001, 861, 868; *Schwarze*, Jura 2002, 73, 81 f.
111 So zu Recht Palandt/*Grüneberg*, § 281 Rn. 52.
112 MüKoBGB/*Ernst*, Bd. 2, § 325 Rn. 6; vgl. auch MüKoBGB/*Emmerich*, Bd. 2, Vor § 281 Rn. 17 ff.
113 Vgl. Palandt/*Grüneberg*, § 281 Rn. 22 mit Verweis auf BGHZ 87, 156; *Looschelders*, SR AT, Rn. 645 ff.
114 Vgl. Huber/Faust/*Faust*, § 3 Rn. 187 f.

von besonderen Voraussetzungen abhängig gemacht. Im Übrigen ist der kleine Schadensersatz gemeint.

V. Mangel- und Mangelfolgeschaden

45 Im Sachmängelgewährleistungsrecht des Kauf- und Werkvertragsrechts stellte sich früher die Frage nach der Abgrenzung zwischen **Mangel- und Mangelfolgeschaden**.[115] Mit der Schuldrechtsreform hat sich diese Abgrenzung nicht erledigt. Sie stellt sich aber in einem etwas anderen Zusammenhang dar: Während nach altem Recht zwischen zwei Schadensarten (Mangel- und Mangelfolgeschaden) zu unterscheiden war und der sog. Verzögerungsschaden eine besondere Rolle spielte, regelt § 280 jetzt drei Schadenskategorien:

1. Einfacher Schadensersatz (§ 280 Abs. 1);
2. Schadensersatz wegen Verzögerung der Leistung (§ 280 Abs. 2);
3. Schadensersatz statt der Leistung (§ 280 Abs. 3; § 311a Abs. 2, der eine eigenständige Anspruchsgrundlage ist).[116]

46 Der Gesetzgeber geht zwar davon aus, dass der einfache Schaden (§ 280 Abs. 1) dem alten Mangelfolgeschaden und der Schaden statt der Leistung (§ 280 Abs. 3) dem Mangelschaden entspricht.[117] Zutreffenderweise ist wie folgt abzugrenzen:

1. § 280 Abs. 3 und § 311a Abs. 2 erfassen die Schäden, die gerade auf der Nichtleistung oder Nichterfüllung beruhen. Das sind Schäden, die bei nachträglicher Erfüllung nicht entstanden wären.
2. §§ 280 Abs. 2, 286 erfassen die Schäden, die gerade auf der Verzögerung der Leistung (verspätete Nutzbarkeit der Sache) beruhen und durch eine nachträgliche Erfüllung nicht verhindert werden können. Sie sind nur unter den Voraussetzungen des § 286 ersatzfähig.
3. § 280 Abs. 1 erfasst die Schäden, die gerade auf der Nicht- oder Schlechtleistung beruhen und durch eine nachträgliche Erfüllung nicht mehr verhindert werden können, ausgenommen die Verzögerungsschäden, die nur unter den Voraussetzungen des §§ 280 Abs. 2, 286 ersatzfähig sind.

47 **Vertiefungshinweis:** Abgrenzung von einfachem Schadensersatz, Schadensersatz wegen Verzögerung und Schadensersatz statt der Leistung (Mangel- und Mangelfolgeschaden)

Mit Rücksicht auf den (neuen) Gesetzeswortlaut stellt sich die Frage, wie der volle Nichterfüllungsschaden auf die Anspruchsgrundlagen des § 280 Abs. 1, § 280 Abs. 2 und § 280 Abs. 3 aufzuteilen ist.
Im Fall des § 311a Abs. 2 ergibt sich dieses Abgrenzungsproblem und die Frage nach der Aufteilung eines Anspruchs auf mehrere Anspruchsgrundlagen nicht. Die Pflichtverletzung i. S. des § 280 Abs. 1 fällt mit dem anfänglichen Leistungshindernis i. S. des § 311a Abs. 2 und 1 zusammen. Der daraus entstehende Schaden i. S. des § 280 Abs. 1 ist mit dem Schadensersatz statt der Leistung i. S. des § 311a Abs. 2 S. 1

---

115 Vgl. zu den sich aus der Abgrenzung von Mangel- und Mangelfolgeschaden ergebenden Problemen RegBegr., BT-Drs. 14/6040, S. 133.

116 Dabei erfasst § 280 Abs. 3 i. V. m. § 281 den Fall der Schlechtleistung bei möglicher Nacherfüllung, § 311a Abs. 2 den Fall der Schlechterfüllung bei anfänglich unmöglicher Nacherfüllung und § 280 Abs. 3 i. V. m. § 283 die Schlechterfüllung bei nachträglich unmöglicher Nacherfüllung.

117 Vgl. RegBegr., BT-Drs. 14/6040, S. 224: »Der Entwurf übernimmt im Wesentlichen die Ergebnisse der Rechtsprechung zum Schadensersatz.« Kritisch dazu Dauner-Lieb/Heidel/Lepa/Ring/*Dauner-Lieb*, § 2 Rn. 36.

identisch. § 311a Abs. 2 ist als speziellere Bestimmung (vor § 280 Abs. 1) anzuwenden.[118] Verzug setzt die Möglichkeit der Leistung voraus und kann wegen anfänglicher Unmöglichkeit nicht eintreten.

Die Abgrenzung zwischen § 280 Abs. 1 und § 280 Abs. 3 erfolgt (in erster Linie) dynamisch zeitlich, nicht (starr) gegenständlich sachlich nach Schadenspositionen.[119] (a) § 280 Abs. 3 regelt den **Schadensersatz statt der Leistung**; das sind die Schäden, die deshalb ent- oder bestehen, weil der Schuldner nicht mehr zu leisten braucht bzw. weil er nicht mehr leisten kann. Die Leistungspflicht des Schuldners oder die Leistungsberechtigung des Gläubigers entfällt dann, wenn der Gläubiger Schadensersatz verlangt (§ 281 Abs. 4), die Nacherfüllung unmöglich wird (§§ 275, 283) oder die Leistung durch den Schuldner nicht mehr zumutbar ist (§ 282). Schadensersatz statt der Leistung setzt damit den Wegfall des Erfüllungsanspruchs voraus. Die Schäden sind dadurch gekennzeichnet, dass sie durch (Nach-)Erfüllung noch hätten verhindert werden können und gerade kausal durch die Nichterfüllung herbeigeführt werden. (b) Im Gegensatz dazu steht der **Schadensersatz neben der** (noch möglichen) **Leistung**. Er ist nach § 280 Abs. 1 zu ersetzen und setzt das Fortbestehen der (Nach-)Erfüllungs-pflicht des Schuldners voraus. Alle Schäden, die neben der noch möglichen Leistungsverpflichtung entstehen, fallen unter § 280 Abs. 1. Diese Schäden sind dadurch gekennzeichnet, dass sie durch Nacherfüllung nicht mehr verhindert werden können, sie bestehen also auch dann, wenn noch nacherfüllt wird.

§ 280 Abs. 2 erfasst den sog. Verzögerungsschaden. Zum Verzögerungsschaden gehört der Schaden, der dem Gläubiger auch dann entsteht, wenn es nachträglich doch noch zu der (verzögerten) Leistung kommt (z. B. Zinsverluste, Rechtsverfolgungskosten, bereits entgangener Gewinn wegen Produktionsausfalls, Kosten der Ersatzbeschaffung während der Dauer des Verzuges). Der geschädigte Gläubiger hat nicht die Wahl zwischen mehreren Anspruchsgrundlagen: Er muss den Verzögerungsschaden auf §§ 280 Abs. 2, 286 stützen und kann ihn nicht in den allgemeinen Nichterfüllungsschaden (§ 280 Abs. 3: Schadensersatz statt der Leistung) mit einbeziehen.[120] Auch auf § 280 Abs. 1 kann der Verzögerungsschaden nicht gestützt werden, weil §§ 280 Abs. 2, 286 zusätzliche Voraussetzungen enthalten.[121]

VI. Positives und negatives Interesse

Bei vertraglichen, vertragsähnlichen oder im Zusammenhang mit Verträgen stehenden Schadensersatzansprüchen kann zwischen positivem und negativem Interesse unterschieden werden. Das Gesetz benutzt diese Begriffe allerdings nicht. Ob ein Schadensersatzanspruch auf das positive oder negative Interesse gerichtet ist, richtet sich nach dem konkreten, den Anspruch begründenden Umstand. **48**

Das **positive Interesse** (auch Erfüllungsschaden oder Erfüllungsinteresse genannt) ist ein Schaden, der entsteht, weil der Vertragspartner seine Verpflichtung nicht (ordnungsgemäß) erfüllt.[122] Der Geschädigte muss deshalb so gestellt werden, wie er stehen würde, wenn ordnungsgemäß erfüllt worden wäre. Die hypothetische Lage (i. S. der Differenzhypothese) ist die Lage bei ordnungsgemäßer Erfüllung, die reale Lage die bei pflichtwidriger Erfüllung.

Beispiel: Der Käufer kauft im Supermarkt des V verdorbenen Fisch und erleidet dadurch eine Gesundheitsverletzung. Nach §§ 433, 434 Abs. 1 S. 1, 437 Nr. 3 i. V. m. § 280 Abs. 1 kann K den aus der Pflichtverletzung entstandenen Schaden verlangen. Pflichtverletzung ist die Lieferung verdorbenen Fisches.

118 Vgl. MüKoBGB/*Ernst*, Bd. 2, § 311a Rn. 65 und 89.
119 Vgl. MüKoBGB/*Ernst*, Bd. 2, § 280 Rn. 69ff.; *Lorenz*, NJW 2002, 2497, 2500.
120 Huber/Faust/*Faust*, § 3 Rn. 183ff.; *Lorenz/Riehm*, Rn. 287ff.; Dauner-Lieb/Heidel/Lepa/Ring/ *Dauner-Lieb*, § 2 Rn. 39ff.
121 Vgl. Huber/Faust/*Faust*, § 3 Rn. 185; *Lorenz/Riehm*, Rn. 288; Dauner-Lieb/Heidel/Lepa/Ring/ *Dauner-Lieb*, § 2 Rn. 38.
122 Vgl. BGHZ 188, 78 (Umfang des gegen einen Dritten gerichteten Schadensersatzanspruchs des arglistig getäuschten Käufers gemäß § 823 Abs. 2 i. V. m. § 263 StGB).

Deshalb kann er den daraus entstandenen Schaden verlangen (z. B. Arztkosten) und muss so gestellt werden, wie er stehen würde, wenn V den Fisch ordnungsgemäß geliefert hätte (hypothetische Lage).

49 Das **negative Interesse** (auch **Vertrauensschaden** oder Vertrauensinteresse) stellt den Schaden dar, der dadurch entsteht, dass der Vertragspartner auf die Gültigkeit einer Erklärung (oder eines Geschäftes) vertraut. Der Geschädigte ist so zu stellen, wie er stehen würde, wenn er auf die Gültigkeit der (vermeintlich wirksamen) Erklärung (des Schädigers) nicht vertraut hätte. Die reale Vermögenslage des Geschädigten (unwirksame Erklärung) wird mit der hypothetischen Vermögenslage verglichen, die darin besteht, dass der Vertrag nicht zustande gekommen wäre und der Geschädigte von dem ungültigen Rechtsgeschäft nichts gehört hätte.

> **Beispiel:** Käufer K und Verkäufer V schließen einen Kaufvertrag. Dadurch unterlässt V den Abschluss eines Kaufvertrages mit D, der dem V einen geringeren Gewinn erbracht hätte. Zur Abwicklung des Geschäftes entstehen dem V Versandkosten. Später ficht K den Vertrag wegen Inhaltsirrtums berechtigterweise an (§§ 119 Abs. 1 Alt. 1, 142 Abs. 1).
> V kann Schadensersatz aus § 122 Abs. 1 verlangen. Er ist so zu stellen, wie er stünde, wenn er nicht auf die Gültigkeit des Vertrages vertraut hätte (negatives Interesse). Die hypothetische Lage ist die, die bestünde, wenn V den Kaufvertrag mit K nicht abgeschlossen hätte. Dann hätte er einen Kaufvertrag mit D geschlossen, einen (kleineren[123]) Gewinn erwirtschaftet und die Versandkosten nicht aufwenden müssen. Das negative Interesse beläuft sich also auf den entgangenen (kleineren) Gewinn und die Versandkosten.

50 Das negative Interesse kann geringer oder höher sein als das positive Interesse. Bei § 122 und § 179 Abs. 2 begrenzt das Gesetz die Verpflichtung zum Ersatz des negativen Interesses auf das positive Interesse als Höchstbetrag. Diese Begrenzung gilt aber nicht schlechthin für jeden Schadensersatzanspruch, der auf das negative Interesse gerichtet ist. Wenn z. B. aus c. i. c. der Vertrauensschaden zu ersetzen ist, so wird der zu ersetzende Schaden nicht durch das Erfüllungsinteresse begrenzt.[124]

51 **Fall:** K schließt mit V einen schriftlichen Kaufvertrag über ein Fahrrad (Wert: 250 €) zum Preis von 300 € ab. Da K sich verschrieben hat – er will für 250 € kaufen –, ficht K seine Erklärung wegen Erklärungsirrtums wirksam an. V hat mit Rücksicht auf den Kaufvertrag mit K zwischenzeitlich ein Kaufangebot des D für 350 € abgelehnt. Beim Vertragsschluss mit K sind dem V Porto- und Schreibkosten in Höhe von 10 € entstanden. Diese Beträge verlangt er von K. Zu Recht?

Lösung: V hat gegen K einen Anspruch auf Schadensersatz aus § 122 Abs. 1.

1. Infolge wirksamer Anfechtung (§§ 119 Abs. 1 Alt. 2, 143 Abs. 1) liegt eine angefochtene Willenserklärung i. S. des § 122 Abs. 1 vor. Ein Anspruchsausschluss nach § 122 Abs. 2 kommt nicht in Betracht.

2. K hat dem V deshalb den Schaden zu ersetzen, den dieser dadurch erleidet, dass er auf die Gültigkeit der Erklärung vertraut (negatives Interesse), jedoch nicht über den Betrag des Interesses hinaus, welches er an der Gültigkeit der Erklärung hat (positives Interesse).

   a) Zu ersetzen ist grundsätzlich das negative Interesse. V ist so zu stellen, wie er stünde, wenn er auf die Gültigkeit der Erklärung (des K) nicht vertraut hätte. Dann hätte er mit D kontrahiert und dabei 100 € Gewinn gemacht. Die Porto- und Schreibkosten in Höhe von 10 € wären ihm nicht entstanden.

   b) Das zu ersetzende Interesse wird aber durch das sog. positive Interesse begrenzt. Dafür ist zu prüfen, wie V bei Gültigkeit der Erklärung stünde. Diese Begrenzung des Schadensersatzes durch das

---

123 Ausnahmsweise kann das negative Interesse auch die Höhe des positiven Interesses erreichen, vgl. BGHZ 188, 78.

124 Eine Ausnahme besteht in den Fällen, die eine mit § 122 vergleichbare Interessenlage aufweisen (vgl. *BGH* NJW 1983, 442, 444; Staudinger/*Medicus*, 12. Aufl. 1983, § 249 Rn. 25).

positive Interesse ist für jeden einzelnen Schadensposten vorzunehmen; es ist nicht insgesamt zu saldieren.
- Bei Gültigkeit des Vertrages hätte V 50 € Gewinn erzielt; er kann deshalb statt 100 € nur 50 € verlangen.
- Das negative Interesse erfasst auch die 10 € Porto- und Schreibkosten (vgl. vorstehend). Diese Kosten hätte er auch bei Gültigkeit des Vertrages aufwenden müssen. Deshalb sind sie ersatzfähig.
c) Der zu ersetzende Schaden beträgt also 60 €.

VII. Unmittelbarer und mittelbarer Schaden – unmittelbar und mittelbar Geschädigter

Die Unterscheidung zwischen dem unmittelbar und mittelbar Geschädigten und dem **52** unmittelbaren und mittelbaren Schaden ist von großer Bedeutung. Bei der Unterscheidung zwischen dem unmittelbar und mittelbar Geschädigten geht es um die Frage der Anspruchsberechtigung, die Unterscheidung zwischen dem unmittelbaren und mittelbaren Schaden betrifft den Umfang der Schadensersatzpflicht.

Unmittelbar Geschädigter ist der Gläubiger der verletzten Pflicht oder derjenige, in **53** dessen Person ein (deliktischer) Schadensersatzanspruch erfüllt ist. Das ist z. B. derjenige, dessen Rechtsgut oder Recht i. S. des § 823 Abs. 1 (§§ 824, 825) verletzt worden oder der Opfer einer Schutzgesetzverletzung (etwa Strafgesetz) i. S. des § 823 Abs. 2 ist. Dies kann auch ein in einer Kausalkette nur mittelbar Betroffener sein. Dagegen fehlt beim **mittelbar Geschädigten** eine derartige Rechts-, Rechtsgut- oder Schutzgesetzverletzung; vielmehr hat der mittelbar Geschädigte nur einen Schaden erlitten, der durch die Verletzung eines Rechtes oder Rechtsgutes eines Dritten entstanden ist (sog. primärer Vermögensschaden).

Anspruchsberechtigt ist grundsätzlich nur der unmittelbar Geschädigte. Verletzter und Geschädigter müssen dieselben Personen sein (sog. »**Tatbestandsprinzip**«, **Dogma des Gläubigerinteresses**).[125] Der unmittelbar Geschädigte kann den ihm selbst entstandenen Schaden ersetzt verlangen (sog. Gläubigerinteresse). Der mittelbar Geschädigte kann seinen Schaden (sog. Drittschaden) mangels Anspruchsgrundlage grundsätzlich nicht ersetzt verlangen; er hat nur ausnahmsweise einen eigenen Schadensersatzanspruch (§§ 618 Abs. 3, 701, 844f.).

Beispiele:
- G ist am Körper verletzt worden. Der Arbeitgeber A muss Entgeltfortzahlung leisten und erleidet dadurch eine Vermögensminderung. Als unmittelbar Geschädigter kann aber nur G einen Anspruch auf Ersatz seines (normativen) Schadens geltend machen (der nach § 6 EntgFG kraft Gesetzes auf den Arbeitgeber übergeht). A ist lediglich an seinem Vermögen geschädigt und hat in diesem Fall keinen deliktischen Schadensersatzanspruch aus eigenem Recht.
- Die Mutter M wird getötet. Dadurch entgeht dem (unterhaltsberechtigten) Kind K der Unterhaltsanspruch. Nur M ist unmittelbar Geschädigte, kann allerdings ihren Anspruch aus § 823 Abs. 1 nicht mehr geltend machen. Nach allgemeinen deliktischen Grundsätzen kann das Kind K als bloß mittelbar (an seinem Vermögen) Geschädigter eigentlich keinen deliktischen Anspruch geltend machen (vgl. aber zu §§ 844f. → § 20 Rn. 8ff.).

---

125 MüKoBGB/*Oetker*, Bd. 2, § 249 Rn. 280; Staudinger/*Schiemann*, Vor §§ 249–254 Rn. 49, § 249 Rn. 240; *Deutsch/Ahrens*, Rn. 623.

Die mangelnde Ersatzfähigkeit eines Drittschadens soll das Risiko des handelnden Schädigers in überschaubaren Grenzen halten. Andernfalls würde die Gefahr einer uferlosen Haftung entstehen, welche für den Wirtschaftsverkehr lähmend wäre.[126]

54 Zu ersetzen ist der »dadurch entstehende Schaden« (§ 823 Abs. 1); das sind sowohl der unmittelbare als auch der mittelbare Schaden.[127] **Unmittelbarer Schaden** ist die nachteilige Veränderung, die am verletzten Recht oder Rechtsgut selbst entstanden ist (z. B. Kosten zur Wiederherstellung des geschädigten Rechts[-gutes], merkantiler Minderwert). **Mittelbare Schäden** sind die durch das schädigende Ereignis verursachten sonstigen Einbußen (z. B. entgangener Gewinn, Nutzungsausfälle).[128] Die Ersatzfähigkeit mittelbarer Schäden ist eine Frage der haftungsausfüllenden Kausalität und Zurechnung.

Beispiel: S wird am Körper verletzt, kann seinen Beruf nicht mehr ausüben, muss den Beruf wechseln (Umschulung) und hat dadurch verminderte Arbeitseinkünfte. Die zur Beseitigung der Verletzung des Körpers entstehenden Kosten (Krankenbehandlung, Arztkosten usw.) stellen den unmittelbaren Schaden dar, also die Kosten, die zur Wiederherstellung des ursprünglichen Zustandes erforderlich sind (schadensrechtliches Pendant zur ersten Rechtsgutverletzung). Die Kosten für die Umschulung und ein etwaiger Minderverdienst sind die weiteren Folgen der ersten Rechtsgutverletzung; als mittelbarer Schaden sind auch sie zu ersetzen; es gelten die allgemeinen Zurechnungsgrundsätze.

VIII. Zusammenfassung

55

Arten von Schäden
1. Vermögens- und Nichtvermögensschaden
a) Ersatz des Vermögens- und Nichtvermögensschadens
– Grundsätzlich Ersatz durch Naturalrestitution (§ 249 Abs. 1) oder durch den zur Herstellung erforderlichen Geldbetrag (§§ 249 Abs. 2, 250) (→ Rn. 17).
– Grundsätzlich kann nur der Vermögensschaden durch eine Entschädigung in Geld (§ 251) ersetzt werden (→ § 24 Rn. 27); Nichtvermögensschäden nur ausnahmsweise: § 253 (→ § 24 Rn. 37 ff.).
b) Abgrenzung des Vermögens- vom Nichtvermögensschaden
– Kommerzialisierungsgedanke: Der entzogene Vorteil kann gegen Geld erworben werden oder es ist ein Markt dafür vorhanden (vgl. → Rn. 19).
– Frustrationsgedanke: Aufwendungen sind ein ersatzfähiger Schaden, wenn sie wegen des Schadensfalles fehlgeschlagen, also nutzlos geworden sind (vgl. → Rn. 20).
– Bedarfsschaden: Ein Bedarf, der durch das zum Ersatz verpflichtende Ereignis geschaffen wird, stellt einen Schaden dar, unabhängig davon, welche Mittel der Verletzte zur Deckung des Bedarfs aufwendet (vgl. → Rn. 21).
c) Einzelfälle
– Entgangene Nutzungen oder Gebrauchsvorteile sind ein ersatzfähiger Vermögensschaden:
– bei Lebensgütern, deren ständige Verfügbarkeit für die eigenwirtschaftliche Lebenshaltung von zentraler Bedeutung ist (z. B. Pkw, Wohnraum)
– und wenn der Geschädigte die Sache nutzen will und kann (vgl. → Rn. 23 f.).

---

126 Vgl. *Lange/Schiemann*, § 8 I 1, S. 456.
127 Vgl. Motive II, S. 18 = *Mugdan* II, S. 10 (Motive).
128 Vgl. Palandt/*Grüneberg*, Vorb v § 249 Rn. 15.

- Fehlgeschlagene Aufwendungen sind ein ersatzfähiger Vermögensschaden:
  - wenn der Schadensersatzanspruch auf den Vertrauensschaden gerichtet ist; z. B. bei c. i. c. oder § 823 Abs. 2 i. V. m. § 263 StGB.
  - darüber hinaus nur als Schaden statt der Leistung, wenn die Rentabilitätsvermutung eingreift (vgl. → Rn. 29 ff.).
  - § 284.
  - Ersatz für nutzlos aufgewendete Urlaubszeit als Nichtvermögensschaden nur im Reisevertragsrecht (§ 651 f Abs. 2) (→ Rn. 36 f.).
2. Schadensersatz statt der Leistung (Schadensersatz wegen Nichterfüllung)
   Der Geschädigte muss so gestellt werden, wie er stünde, wenn der Vertrag ordnungsgemäß erfüllt worden wäre. Der Schadensersatz ist auf Entschädigung in Geld (§ 251) gerichtet. Naturalrestitution (§ 249) scheidet aus, weil der Schadensersatz an die Stelle der Erfüllung tritt (→ Rn. 38 f.).
3. Surrogations- und Differenztheorie
   Die Theorien betreffen das Problem, wie bei gegenseitigen Verträgen die Gegenleistung bei Ermittlung des Schadens zu berücksichtigen ist.
   - Surrogationstheorie: An die Stelle des unmöglichen Anspruchs tritt ein Anspruch auf Schadensersatz (Surrogat). Der Anspruch auf die (erbrachte) Gegenleistung bleibt unberührt (→ Rn. 41).
   - Differenztheorie: Gläubiger hat einen einheitlichen Ersatzanspruch wegen Nichterfüllung des gesamten Vertrages; an die Stelle der beiderseitigen Erfüllungsansprüche tritt eine einseitige Geldforderung des ersatzberechtigten Gläubigers (→ Rn. 41).
   - P: Differenz- oder Surrogationstheorie nach der Schuldrechtsreform (→ Rn. 42 f.).
4. Großer und kleiner Schadensersatz (→ Rn. 44)
   - Kleiner Schadensersatz: Gläubiger behält mangelhafte Sache und verlangt nur Wertdifferenz zwischen mangelfreier und mangelhafter Leistung.
   - Großer Schadensersatz: Gläubiger gibt mangelhafte Sache zurück und verlangt Schadensersatz statt der ganzen Leistung (vgl. § 281 Abs. 1 S. 3 und Abs. 5).
5. Positives und negatives Interesse
   - Positives Interesse (Erfüllungsschaden oder -interesse): Schaden, der dadurch entsteht, dass der Vertragspartner seine Verpflichtung nicht ordnungsgemäß erfüllt. Der Geschädigte muss deshalb so gestellt werden, wie er bei ordnungsgemäßer Vertragserfüllung stünde (→ Rn. 48).
   - Negatives Interesse (Vertrauensschaden oder -interesse): Schaden, der dadurch entsteht, dass der Vertragspartner auf die Gültigkeit eines Geschäftes vertraut. Der Geschädigte ist so zu stellen, wie er stünde, wenn er auf die Gültigkeit des Geschäftes nicht vertraut hätte oder wenn er von dem Geschäft nichts gehört hätte (z. B. §§ 122, 179 Abs. 2; vgl. → Rn. 49).

§ 24. Zu ersetzender Schaden: Art und Umfang der Schadensersatzpflicht (§§ 249 bis 253)

Die §§ 249 ff. regeln Art, Inhalt und Umfang der Schadensersatzleistung. Sie setzen   **1** voraus, dass ein haftungsbegründender Tatbestand erfüllt ist. Die §§ 249 ff. betreffen ausschließlich die Haftungsausfüllung im Rahmen der Rechtsfolge.

A. Grundsätze des Schadensersatzrechts

2 Das Schadensersatzrecht des BGB geht von folgenden drei wesentlichen **Grundsätzen** aus.[1]

1. **Grundsatz der Totalreparation** = Vollständiger Schadensausgleich für den Geschädigten.[2, 3]
2. **Grundsatz der Wirtschaftlichkeit** = der wirtschaftlich vernünftigste Weg der Schadensbeseitigung ist zu wählen.[4]
3. **Verbot einer Überkompensation** oder **Bereicherungsverbot** = kein Ausgleich über die Wiederherstellung des ursprünglichen Zustandes hinaus und keine Bereicherung des Geschädigten.[5]

Diese schadensrechtlichen Grundsätze lassen sich nicht isoliert verwirklichen, sondern stehen zueinander in Wechselbeziehung.[6]

3 Die §§ 249 bis 253 lassen sich wie folgt systematisieren:

---

1 Vgl. dazu die RegBegr. zum Zweiten Gesetz zur Änderung schadensersatzrechtlicher Vorschriften, BT-Drs. 14/7752, S. 13; BGHZ 154, 395 m.w.N.
2 Eine Ausnahme davon besteht im Arbeitsrecht nach den Grundsätzen des innerbetrieblichen Schadensausgleichs (früher Grundsätze der gefahrgeneigten Arbeit, vgl. → § 19 Rn. 27f.).
3 Schon der erste Entwurf verwarf eine Abstufung des Umfangs der Schadensersatzpflicht nach Art oder Grad des Verschuldens (vgl. *Mugdan* II, S. 10 [Motive]).
4 BGHZ 162, 161; BGHZ 155, 1; *BGH* NJW 2008, 915; *BGH* NJW 2013, 1149 (konkreter Aufwand für Mietwagen oder Taxen im Vergleich zur pauschalen Nutzungsausfallentschädigung).
5 BGHZ 162, 161; BGHZ 154, 395.
6 BGHZ 181, 242.

Den §§ 249 ff. liegt die Unterscheidung zwischen Integritätsinteresse und Wert- oder   4
Summeninteresse zugrunde. Naturalrestitution hat dabei Vorrang vor der Kompen-
sation; Grenze der Naturalrestitution ist die Unmöglichkeit, das Ungenügen und die
Unverhältnismäßigkeit der Herstellung.

B. Herstellung in Natur oder durch Geldersatz (Integritätsinteresse)

§ 249 Abs. 1 und Abs. 2 und § 250 sind auf Wiederherstellung gerichtet und erfassen   5
das **Integritätsinteresse** (vgl. dagegen zum sog. Summen- oder Wertinteresse
→ Rn. 26). Zu ersetzen sind die Herstellungskosten als besondere Art der Naturalrestitution. §§ 249 Abs. 2, 250 knüpfen nicht den Verkehrswert der Sache an. Entscheidend ist der Betrag, der zur Herstellung des gleichwertigen Zustandes erforderlich ist.
Voraussetzung für den Ersatz des Integritätsinteresses ist, dass die Wiederherstellung
(noch) möglich ist (arg. § 251).

Beispiele:

– Reparaturkosten, auch Gutachter- und Abschleppkosten, Arzt-, Krankenhaus- und Heilungskosten.
– Kosten für eine der beschädigten bzw. zerstörten Sache gleichwertigen Sache (Ersatzbeschaffung, vgl.
  → Rn. 18), Ersatz der Kosten für die Miete einer Ersatzsache.[7]

I. Naturalrestitution (§ 249 Abs. 1)

Nach § 249 Abs. 1 muss der Schädiger den Zustand herstellen, der ohne das schadens-   6
begründende Ereignis bestehen würde. Diese Norm enthält den Grundsatz der **Naturalrestitution.** Der Herstellungsanspruch ist nicht auf die Herstellung eines identi-
schen Zustandes gerichtet und auch nicht auf die Wiederherstellung der beschädigten
Sache beschränkt, sondern besteht in umfassenderer Weise darin, den Zustand herzustellen, der – wirtschaftlich gesehen – der Lage entspricht, die ohne das Schadensereignis bestehen würde.[8]

Voraussetzung dafür ist, dass die Restitution noch möglich ist (arg. § 251 Abs. 1). Dies
ist bei dem Verlust vertretbarer Sachen nicht mehr der Fall, wenn der Geschädigte eine
Ersatzbeschaffung selbst vorgenommen hat. Der Geschädigte ist dann auf einen Geld-
ausgleich beschränkt.[9]

Beispiele:

– Der Herstellungsanspruch kann darauf gerichtet sein, eine entzogene Sache herauszugeben oder einen
  Vertrag aufzuheben oder bei Abschluss eines Darlehensvertrages aufgrund Täuschung[10] den Darlehensgeber wirtschaftlich möglichst so zu stellen, als habe er das Darlehen nicht ausbezahlt.
– Bei Beschädigung eines Kfz würde Naturalrestitution i. S. des § 249 Abs. 1 bedeuten, dass der Schädiger den Kfz-Schaden beseitigt. Nach der Rspr. stellt aber auch die Beschaffung eines gleichwertigen
  Ersatzwagens einen Fall der Naturalrestitution dar.[11] Der Geschädigte könnte deshalb auch die Beschaffung einer gleichwertigen Ersatzsache verlangen.

---

7 BGHZ (GS) 98, 212.
8 BGHZ 115, 375; BGHZ 125, 56 jeweils m. w. N.
9 *BGH* NJW 2008, 2430.
10 BGHZ 161, 361 und *BGH* VersR 2015, 75 (jeweils Erschleichung eines Wohnungsbauförderungsdarlehens durch Falschangaben; Schaden bereits im Vertragsschluss, d. h. in der Belastung mit der
   »ungewollten« Verpflichtung).
11 BGHZ 181, 242; BGHZ 162, 161; BGHZ 154, 395; BGHZ 115, 375; BGHZ 115, 364; *BGH* NJW
   2008, 1941; vgl. dazu → Rn. 18.

- Bei Zerstörung eines Unikates (nachgebautes Modell des Torpedobootes »Dachs« der Bundesmarine) ist Naturalrestitution i. S. des § 249 Abs. 1 und Abs. 2 nicht möglich; es kommt nur eine Kompensation durch Geldentschädigung (§ 251 Abs. 1) in Höhe des Verkehrswertes der zerstörten Sache in Betracht.[12]
- Geschädigter erwirbt zum Ersatz eines unberechtigt veräußerten Aktienpakets »neue« Aktien. Es unterliegt nicht der Disposition des Geschädigten zu bestimmen, dass das Deckungsgeschäft nicht zugunsten des Schädigers wirken solle.[13]
- Naturalrestitution für einen durch fehlerhafte Beratung geschädigten Kapitalanleger durch Geldersatz in Höhe des für den Erwerb der Kapitalanlage aufgewandten Geldbetrages (unter Anrechnung des Erlöses aus der Veräußerung der Anlage).[14]
- Abschleppen eines unbefugt auf einem Privatparkplatz abgestellten Fahrzeugs als Naturalrestitution durch Beseitigung der Folgen einer verbotenen Eigenmacht.[15]

7 Für die Naturalrestitution kommt es nicht darauf an, ob der Schaden materieller oder immaterieller Art ist. Jedoch ist in Fällen eines immateriellen Schadens die Wiederherstellung häufig unmöglich (§ 251 Abs. 1 Alt. 1).

Beispiele:

- Erleidet ein Kind bei der Geburt durch einen Behandlungsfehler des Geburtshelfers einen schweren Hirnschaden, der zum weitgehenden Verlust der Wahrnehmungs- und Empfindungsfähigkeit führt, so liegt in der dadurch bedingten Zerstörung der Persönlichkeit ein immaterieller Schaden, der durch eine Geldentschädigung nach § 253 Abs. 2 auszugleichen ist[16] (→ Rn. 39 ff.).
- Nach § 249 Abs. 1 kann dagegen der Widerruf oder die Berichtigung einer unrichtigen Veröffentlichung **(Tatsachenbehauptung)** verlangt werden (Die Naturalrestitution von Nichtvermögensschäden i. S. der §§ 249 f. ist unabhängig von § 253 Abs. 1, der nur für die Entschädigung in Geld gilt, §§ 251 f.; vgl. → Rn. 27). Dagegen ist eine Naturalrestitution durch Widerruf bei ehrverletzenden **Werturteilen** nicht möglich (vgl. → § 16 Rn. 65).

II. Für Herstellung erforderlicher Geldbetrag (§ 249 Abs. 2)

8 Ist wegen Beschädigung einer Sache oder Verletzung einer Person Schadensersatz zu leisten, so kann der Gläubiger statt der Herstellung durch den Schädiger den **zur Herstellung erforderlichen Geldbetrag** verlangen (§ 249 Abs. 2 S. 1). § 249 Abs. 2 S. 2 enthält eine Sonderregelung für den Ersatz der Umsatzsteuer.

1. Allgemeines

9 Zweck der Regelung ist es, dem Geschädigten zu ersparen, das verletzte Rechtsgut dem Schädiger zur Wiederherstellung (§ 249 Abs. 1) anvertrauen zu müssen.[17] Der Geldanspruch des § 249 Abs. 2 ist eine **besondere Art des Herstellungsan-**

---

12 BGHZ 92, 85; kritisch zum Erfordernis des Vermögensschadens im BGH-Fall *Lange/Schiemann*, § 2 I 2 a aa, S. 52.

13 *BGH* NJW 2008, 2430.

14 *BGH* NJW 2013, 450.

15 *BGH* NJW 2014, 3727 (Erstattungsfähigkeit in Höhe der ortsüblichen Kosten); *BGH* NJW 2012, 528 (Kosten der – vorgelagerten – Parkraumüberwachung sind nicht erstattungsfähig); zur GoA *BGH* NJW 2016, 2407.

16 So der LS von BGHZ 120, 1.

17 *Mugdan* II, S. 1235 (Denkschrift): »[...] dem Geschädigten billigerweise nicht zugemutet werden, [...] oft zweifelhafte Einwirkung auf seine Person oder auf die Sache dem Ersatzpflichtigen ohne Weiteres zu gestatten.«

spruchs.[18] Dabei handelt es sich um einen Fall der Ersetzungsbefugnis: Grundsätzlich ist der Schadensersatzanspruch des Geschädigten auf Herstellung durch den Schädiger gerichtet (§ 249 Abs. 1). Diesen Anspruchsinhalt kann der Geschädigte durch den zur Herstellung erforderlichen Geldbetrag ersetzen (§ 249 Abs. 2 S. 1).

Zu ersetzen ist der »erforderliche« Geldbetrag.[19] Die **Erforderlichkeit** bestimmt sich nach objektiven Kriterien. Entscheidend ist eine Wirtschaftlichkeitsprüfung der in Betracht kommenden Abrechnungsmöglichkeiten. Der Geschädigte muss bei mehreren zum Schadensausgleich führenden Möglichkeiten grundsätzlich diejenige wählen, die den geringsten Aufwand erfordert **(Wirtschaftlichkeitsgebot).**[20] Dabei muss der Geschädigte allerdings nicht zugunsten des Schädigers sparen; es sind vielmehr die Aufwendungen nach § 249 Abs. 2 S. 1 zu ersetzen, die vom Standpunkt eines verständigen, wirtschaftlich denkenden Menschen in der Lage des Geschädigten zur Behebung des Schadens zweckmäßig und angemessen erscheinen.[21] Im Rahmen dieser sog. **subjektbezogenen Schadensbetrachtung** ist Rücksicht auf die spezielle Situation des Geschädigten, insbesondere auf seine individuellen Erkenntnis- und Einflussmöglichkeiten sowie auf die möglicherweise gerade für ihn bestehenden Schwierigkeiten einer Schadensrestitution in Eigenregie zu nehmen. 10

§ 249 Abs. 2 gilt auch für immaterielle Schäden, also Beeinträchtigungen, die nicht vermögensmäßig messbar sind (vgl. zur Abgrenzung → § 23 Rn. 17 ff.). § 253 Abs. 1 steht dem nicht entgegen: Zum einen erfasst diese Vorschrift nur die »Entschädigung in Geld«, nicht aber den Fall des Geldersatzes zur Wiederherstellung i. S. des § 249 Abs. 2. Zum anderen wird eine Kommerzialisierung immaterieller Güter, dem § 253 Abs. 1 entgegenwirken will, dadurch verhindert, dass der Geschädigte hinsichtlich des Geldbetrages zur Wiederherstellung immaterieller Beeinträchtigungen nicht über die Freiheit zur Disposition verfügt (vgl. → Rn. 13). 11

Beispiel: Der durch Verbreitung unwahrer Tatsachen Rufgeschädigte kann vom Schädiger Widerruf dieser Tatsachen verlangen (§ 249 Abs. 1) oder den Geldbetrag, den er (der Geschädigte) benötigt, um die unwahren Tatsachen selbst (etwa durch eine Zeitungsannonce) klar zu stellen (§ 249 Abs. 2).

2. Dispositionsfreiheit des Geschädigten

Der Geschädigte hat bei der Beschädigung einer Sache[22] grundsätzlich **Dispositionsfreiheit**; d. h. er ist in der Verwendung des Geldbetrages frei, der zur Herstellung nach 12

---

18 *BGH* NJW 1972, 1800, 1801 m. w. N.
19 Nach gefestigter Rspr. gehören zu den dem Verletzten nach § 249 zu ersetzenden Heilungskosten auch die Aufwendungen, die dadurch entstehen, dass der Verletzte von nahen Angehörigen im Krankenhaus besucht wird (Verdienstausfall des Besuchenden; die für solche Besuche aufgewendeten Fahrtkosten; nicht dagegen Aufwendungen an Zeit, die sich nicht konkret in der Vermögenssphäre niederschlagen; BGHZ 106, 28).
20 BGHZ 115, 364 m. w. N.; kritisch dazu MüKoBGB/*Oetker,* Bd. 2, § 249 Rn. 385 f.
21 *BGH* NJW-RR 2017, 918 (Ersatzfähiger Aufwand für Reinigung ölverunreinigter Verkehrsflächen); *BGH* NJW 2012, 50 (Geschädigter muss sich bei konkreter Schadensabrechnung Werksangehörigenrabatt anrechnen lassen); *BGH* NJW 2007, 3782; BGHZ 115, 364 m.w.N.; *BGH* NJW 2005, 1041 (zur Erforderlichkeit der Anmietung eines Ersatzfahrzeuges zu einem Unfallersatztarif); *BGH* NJW 2006, 360 ff.; 1506 f.; 1726 ff. (Erforderlichkeit verneint nach sofortiger Übersendung einer Tabelle mit Vergleichsmietwagentarifen durch Versicherer); BGHZ 168, 168; *BGH* NJW 2006, 2106 ff.; 2621 ff.; hierzu auch *Wagner,* NJW 2006, 2289 ff.
22 Siehe dagegen zur Bemessung der Schadensersatzansprüche gegen den Werkunternehmer bei Werkmängeln *BGH* NJW 2018, 1463.

§ 249 Abs. 2 verlangt werden kann. Er kann diesen Betrag zur tatsächlichen Wiederherstellung der beschädigten Sache verwenden (konkrete Schadensberechnung), oder er verlangt bloß fiktive Wiederherstellungskosten und lässt die beschädigte Sache unrepariert (abstrakte Schadensberechnung).[23]

13 Von dieser Dispositionsfreiheit bestehen aber **Ausnahmen:**

– Bei Verletzung einer Person können keine fiktiven Heilungskosten verlangt werden.[24] Der Verletzte kann die zur »Wiederherstellung« erforderlichen Kosten nur insoweit verlangen, als sie auch tatsächlich anfallen; der zur Herstellung gezahlte Geldbetrag ist somit zweckgebunden. Will der Geschädigte die Heilbehandlung nicht durchführen lassen, so verlangt er in Wahrheit eine Entschädigung (Kompensation) für fortdauernde Beeinträchtigung seiner Gesundheit. Dafür gewährt das Gesetz aber nur unter den Voraussetzungen und im Umfang des § 253 Ersatz.[25]

– Sachfolgeschäden (Sachverständigenkosten, Kosten für die Anmietung einer Ersatzsache während der Dauer der Reparatur des Sachschadens) können nur konkret nach ihrem tatsächlichen Anfall, nicht aber fiktiv oder abstrakt abgerechnet werden.[26]

– Fiktive Umsatzsteuer kann nach § 249 Abs. 2 S. 1 nicht liquidiert werden (§ 249 Abs. 2 S. 2; vgl. → Rn. 24).

– Fiktive Reparaturkosten für die Beschädigung eines Kfz kann der Geschädigte maximal in Höhe des Wiederbeschaffungsaufwandes verlangen; das ist die Differenz zwischen Wiederbeschaffungswert und Restwert des beschädigten Kfz.[27] Die tatsächlichen Reparaturkosten, die der Geschädigte verlangen kann, können aber höher sein (vgl. → Rn. 19 ff.). Der Geschädigte kann keine fiktive Abrechnung in Höhe der vom Sachverständigen ermittelten Reparaturkosten verlangen, wenn er die Reparatur sach- und fachgerecht zu niedrigeren Bruttokosten hat durchführen lassen.[28]

3. Voraussetzung: Möglichkeit der Herstellung

14 § 249 Abs. 2 ist auf das Integritätsinteresse gerichtet und setzt – wie auch § 249 Abs. 1 – voraus, dass die **Wiederherstellung (noch) möglich** ist, d. h. im Zeitpunkt der Leistung des für die Herstellung erforderlichen Betrages (prozessual: letzte mündliche Tat-

---

23 St. Rspr., vgl. jüngst *BGH* VersR 2009, 1130 (Anspruch auf fiktive Reparaturkosten trotz Schadensbeseitigung durch Reparatur eines später erfolgten versicherten Zweitschadens). Zur grundsätzlich bestehenden Befugnis des Geschädigten nach der Abrechnung fiktiver Kosten zur konkreten Schadensabrechnung überzugehen BGHZ 169, 263; *BGH* NJW 2012, 50; zur Begrenzung auf konkret entstandene Reparaturkosten *BGH* NJW 2014, 535.

24 BGHZ 97, 14 (LS): »Der Verletzte kann Zahlung der für eine Operation (hier: Narbenkorrektur) erforderlichen Kosten nur verlangen, wenn er die Absicht hat, die Operation durchführen zu lassen.« Vgl. auch BGHZ 63, 295.

25 Vgl. BGHZ 97, 14; MüKoBGB/*Oetker*, Bd. 2, § 249 Rn. 380f.

26 Der Geschädigte genügt seiner Darlegungslast zur Höhe der Sachverständigenkosten regelmäßig durch Vorlage einer von ihm beglichenen Rechnung des von ihm zur Schadensbegutachtung in Anspruch genommenen Sachverständigen; *BGH* VersR 2016, 1387. *BGH* NJW 2017, 1875 (Sachverständigenvergütung in Höhe der üblichen Vergütung gem. § 632 Abs. 2 bei sofortiger Abtretung des Schadensersatzanspruchs und Fehlen einer Preisvereinbarung).

27 BGHZ 162, 170 m. w. N. und dazu *Schiemann/Haug*, VersR 2006, 160ff.

28 *BGH* VersR 2014, 214.

sachenverhandlung) muss eine Naturalrestitution noch möglich sein.[29] Das Integritätsinteresse kann nur so lange gefordert werden, wie der Geschädigte zur Instandsetzung der beschädigten Sache auch noch in der Lage ist.[30]

Eine Ausnahme macht die Rechtsprechung im Bereich der Kraftfahrzeugschäden. Der zur Herstellung erforderliche Geldbetrag kann ausnahmsweise auch dann verlangt werden, wenn der Geschädigte das beschädigte Kfz unrepariert vor Zahlung des zur Herstellung erforderlichen Betrages veräußert; es wird auf fiktiver Reparaturkostenbasis abgerechnet.[31, 32]   **15**

Beispiel: K begehrt Ersatz für die Beschädigung eines Kfz. Als Schaden macht er die Reparaturkosten geltend, die ein Sachverständiger geschätzt hat. Tatsächlich lässt K sein Auto nicht reparieren, sondern gibt es beim Kauf eines Neuwagens in Zahlung. Der Schädiger meint, er sei nur zum Ersatz tatsächlich aufgewendeter Reparaturkosten, nicht aber fiktiver Instandsetzungskosten verpflichtet (BGHZ 66, 239).
Der BGH bestätigt, dass es dem Geschädigten nach § 249 Abs. 2 S. 1 (früher § 249 S. 2) freistehe, den zur Wiederherstellung erforderlichen Betrag tatsächlich zur Reparatur oder anderweitig zu verwenden (Dispositionsfreiheit). Der Anspruch auf Ersatz der Reparaturkosten setzt nicht den Willen des Geschädigten zur Reparatur voraus. Der Geschädigte verliert den Anspruch auf Ersatz der Instandsetzungskosten (§ 249 Abs. 2) also nicht schon deshalb, weil er sich die Instandsetzung unmöglich macht, indem er das Kraftfahrzeug veräußert. Die durch die Zahlung auszugleichende Reparaturbedürftigkeit hat sich unmittelbar im Vermögen des Geschädigten niedergeschlagen, weil etwa der Verkaufspreis niedriger ausgefallen ist. Tatsächlich ist das Kraftfahrzeug unfallbedingt weniger wert. Der Geschädigte kann billigerweise nicht anders gestellt werden als derjenige, der nach Erhalt des für die Instandsetzung erforderlichen Betrages die beschädigte Sache weiter gebraucht.

Vertiefungshinweis: Beschädigung eines Grundstückes oder Hauses   **16**
Davon abweichend entschied der BGH für die Beschädigung eines Grundstückes bzw. Hauses. Zunächst verneinte der BGH[33] einen Anspruch aus § 249 Abs. 2 (§ 249 S. 2 a. F.), wenn der geschädigte Eigentümer das beschädigte Grundstück veräußert, bevor er den zur Herstellung erforderlichen Betrag vom Schädiger erhalten hat; insofern setzt der Anspruch aus § 249 Abs. 2 die Möglichkeit der Herstellung zur Zeit der Anspruchsstellung bzw. der letzten mündlichen Tatsachenverhandlung voraus. Diese Rspr. gab der BGH später teilweise auf:[34] »Wird das Eigentum an einem beschädigten Grundstück übertragen, so erlischt der Anspruch aus § 249 S. 2 [a. F., jetzt § 249 Abs. 2] auf Zahlung des zur Herstellung erforderlichen Geldbetrages dann nicht, wenn er spätestens mit Wirksamwerden der Eigentumsübertragung an den Erwerber des Grundstücks abgetreten wird.« Wird der Schadensersatzanspruch mit der Veräußerung abgetreten, so kann die Ersatzleistung nach wie vor dem Herstellungsinteresse dienen. Die Verfolgung des Herstellungsinteresses kann nun nicht mehr der Geschädigte, sondern dessen Rechtsnachfolger betreiben. Dies entspricht der Rechtslage bei einer Gesamtrechtsnachfolge, bei welcher der Rechtsnachfolger in den entstandenen Herstellungsanspruch einrückt.

---

29 BGHZ 66, 239; BGHZ 81, 385 m.w.N.; BGHZ 147, 320; MüKoBGB/*Oetker*, Bd. 2, § 249 Rn. 365. Einschränkend BGHZ 81, 385: »Mindestens ursprünglich muss die Wiederherstellung möglich gewesen sein, denn sonst kann der Geldbetrag nicht zur Herstellung »erforderlich« sein.«
30 BGHZ 66, 239.
31 BGHZ 66, 239. Für die Erweiterung dieser Ausnahme auf andere Sachen *OLG Hamm* NJW-RR 1999, 253 (für alle Fälle des § 249 Abs. 2 S. 1); MüKoBGB/*Oetker*, Bd. 2, § 249 Rn. 367 m.w.N.
32 In diesem Fall verdrängt der Grundsatz der Dispositionsfreiheit des Geschädigten die für §§ 249f. erforderliche »Möglichkeit der Naturalrestitution« sowie die Maßgeblichkeit des Zeitpunktes der letzten mündlichen Verhandlung für die Schadensberechnung.
33 BGHZ 81, 385.
34 BGHZ 147, 320.

4. § 249 Abs. 2 S. 1 und Beschädigung eines Kfz

17 Bei der Beschädigung einer Sache hat der Geschädigte im Rahmen des § 249 Abs. 2 zwei Möglichkeiten:

1. Er kann die erforderlichen Kosten für die Reparatur der beschädigten Sache verlangen (zuzüglich einer etwaigen Ausgleichszahlung für den merkantilen Minderwert[35]).
2. Er kann die erforderlichen Kosten für die Beschaffung einer gleichwertigen Ersatzsache fordern (abzüglich des Restwerts des beschädigten Kfz).

18 Nach der Ansicht des BGH ist – neben der Reparatur – die (gleichwertige) **Ersatzbeschaffung** eine Form der Naturalrestitution i. S. des § 249 Abs. 1.[36] Es kann deshalb nach § 249 Abs. 2 der für die Reparatur oder die Ersatzbeschaffung erforderliche Geldbetrag verlangt werden. Begründung des BGH: Das Ziel der Restitution beschränke sich nicht auf die Wiederherstellung der beschädigten Sache; es bestehe in umfassender Weise gemäß § 249 Abs. 2 S. 1 darin, den Zustand herzustellen, welcher – wirtschaftlich gesehen – der ohne das Schadensereignis bestehenden Lage entspreche.[37] Der Geschädigte kann grundsätzlich nach § 249 Abs. 2 S. 1 wählen und entweder die Reparaturkosten oder die Kosten der Ersatzbeschaffung eines gleichwertigen Gegenstandes ersetzt verlangen.

19 Der Geschädigte kann die Reparaturkosten, wenn sie tatsächlich angefallen sind, auch dann verlangen, wenn sie die Kosten der Ersatzbeschaffung übersteigen. Grenze (wie dogmatischer Anknüpfungspunkt) ist die »Erforderlichkeit« i. S. des § 249 Abs. 2 S. 1.[38] Bei der Beschädigung eines Kfz ist in der Rechtsprechung anerkannt, dass **Reparaturkosten** bis zu 130 % des **Wiederbeschaffungswertes** verlangt werden können (sog. **Integritätszuschlag**, vgl. → Rn. 20).[39]

20 **Vertiefungshinweis:** Naturalrestitution und Beschädigung eines Kfz

Bei der **Beschädigung eines Kfz**[40] sind folgende Werte von Bedeutung:

- die Kosten der Reparatur einschließlich des merkantilen Minderwertes der reparierten Sache,
- der Wiederbeschaffungswert (volle Kosten der Ersatzbeschaffung ohne Abzug des Restwertes des beschädigten Kfz),
- Wiederbeschaffungsaufwand (Wiederbeschaffungswert abzüglich des Restwertes des beschädigten Kfz, jeweils Bruttowerte soweit keine Vorsteuerabzugsberechtigung).

---

35 BGHZ 181, 242.

36 BGHZ 115, 364 m.w.N.; BGHZ 154, 395; BGHZ 181, 242; a. A. die Literatur: MüKoBGB/*Oetker*, Bd. 2, § 251 Rn. 10 f., 41 ff.; *Medicus/Petersen*, BR, Rn. 817 ff.: Die Wiederbeschaffung ist keine Form der Naturalrestitution nach § 249, sondern ein Fall der Geldentschädigung nach § 251. Vgl. aber die Denkschrift (*Mugdan* II, S. 1235 [Denkschrift]), welche die Beschaffung einer neuen Sache (statt der Herstellung der beschädigten) im Zusammenhang mit dem zur Herstellung erforderlichen Geldbetrag (§ 249 Abs. 2) erörtert.

37 BGHZ 115, 364 m.w.N. (str.); *BGH* VersR 2017, 56 (Ersetzungsbefugnis erlaubt grundsätzlich Kfz-Veräußerung zum vom Sachverständigen ermittelten regionalen Restwert).

38 BGHZ 115, 364 m.w.N. A. A. die Literatur (vgl. → Rn. 18 Fn. 35), die das Problem in § 251 Abs. 2 S. 1 und die Unverhältnismäßigkeit der Herstellungsaufwendungen einordnet. In BGHZ 154, 395 bezeichnet der BGH die 130 %-Rechtsprechung als Ausnahme zur Unverhältnismäßigkeitsgrenze.

39 *BGH* NJW 2008, 437; BGHZ 162, 161. Die 130 %-Grenze gilt auch für gewerblich genutzte Kfz, vgl. *BGH* NJW 1999, 500.

40 Zur (ggf. anteiligen) Erstattungsfähigkeit des Rückstufungsschadens in der Kfz-Kaskoversicherung *BGH* NJW 2018, 1598.

Bei Kraftfahrzeugen hat die Rechtsprechung folgende Richtwerte herausgebildet:[41] Die Reparaturkosten werden bis zu 130% des Wiederbeschaffungswertes ersetzt.[42] Voraussetzung ist, dass der Geschädigte das Fahrzeug weiter selbst benutzen will[43] und eine Reparatur nachweislich fachgerecht und vollständig durchführt (also keine fiktive Abrechnung und insoweit keine Dispositionsmöglichkeit des Geschädigten).[44] Andernfalls nämlich zeigt der Geschädigte kein hinreichendes Interesse an der Integrität des Fahrzeuges, sodass er den Integritätszuschlag von bis zu 30% nicht verlangen kann.

Übersteigen die Reparaturkosten 130% des Wiederbeschaffungswertes, ist die Instandsetzung in aller Regel unvernünftig. Deshalb kann in einem solchen Fall der Geschädigte nur die Wiederbeschaffungskosten verlangen.[45] Die Reparaturkosten werden dabei nicht in einen vom Schädiger auszugleichenden Teil in Höhe von 130% des Wiederbeschaffungswertes und den Teil, der die 130% des Wiederbeschaffungswertes übersteigt, aufgespalten.[46, 47] Fiktive Reparaturkosten kann der Geschädigte auch nur bis zu den Kosten der Ersatzbeschaffung (Wiederbeschaffungswert unter Abzug des Restwertes) verlangen.[48]

Die den Wiederbeschaffungswert übersteigenden Reparaturkosten (auf Sachverständigenbasis) kann der Geschädigte nur verlangen, wenn er die Reparatur tatsächlich durchführen lässt bzw. wenn er die Absicht hat, das Kfz tatsächlich zu reparieren.[49] Entsprechend kann der Geschädigte, dessen neuer Pkw (Faustregel: bis zu einer Fahrleistung von 1000 km) erheblich beschädigt worden ist, anstelle der niedrigeren Kosten für eine Reparatur die höheren Kosten für die Beschaffung einer gleichwertigen Ersatzsache nur dann abrechnen, wenn er tatsächlich ein fabrikneues Ersatzfahrzeug kauft.[50] Begründung des BGH: Ausschlaggebender Gesichtspunkt für die Erstattung der im Vergleich zum Reparaturaufwand höheren und damit an sich unwirtschaftlichen Ersatzbeschaffungskosten ist das besondere Interesse des Geschädigten am Eigentum und an der Nutzung eines Neufahrzeugs. Der erhöhte Schadensausgleich zum Schutz dieses besonderen Interesses des Geschädigten ist aber nur dann gerecht-

21

---

41 BGHZ 162, 161; BGHZ 162, 170; BGHZ 115, 364 (vollständig abgedruckt); BGHZ 115, 375; *BGH* NJW 1991, 1618 jeweils m.w.N. Vgl. zur Schadensberechnung bei Zerstörung oder Beschädigung einer Sache, insbes. eines Fahrzeuges Palandt/*Grüneberg*, § 249 Rn. 21ff.

42 Der BGH zieht den Wiederbeschaffungswert als Vergleichsmaßstab heran und den Restwert nicht ab. Begründet wird dies mit dem Massenphänomen der Kfz-Unfälle und dem Interesse einer möglichst einfachen und praktikablen Handhabung der Schadensabwicklung (BGHZ 115, 364; BGHZ 115, 375).

43 Nach der Rechtsprechung bringt der Geschädigte sein Integritätsinteresse hinreichend zum Ausdruck, wenn er das Fahrzeug nach der Reparatur über einen Zeitraum von sechs Monaten nutzt, vgl. *BGH* NJW 2008, 437, 438. Dagegen sind entstandene Reparaturkosten bis zur Höhe des Wiederbeschaffungswerts auch dann zu ersetzen, wenn der Geschädigte sofort nach der Reparatur ein anderes Fahrzeug erwirbt; vgl. *BGH* VersR 2007, 372.

44 Vgl. BGHZ 162, 161; *BGH* NJW 2012, 52 (Unterschreiten der 130%-Grenze durch fachgerechte Reparatur unter Verwendung von Gebrauchtteilen). Nach BGHZ 154, 395 ist die Qualität der Reparatur jedoch so lange ohne Bedeutung, wie die geschätzten Reparaturkosten den Wiederbeschaffungswert nicht übersteigen. Zu der fiktiven Reparaturkostenabrechnung beim Totalschaden vgl. *Meinel*, ZfS 2009, 669.

45 *BGH* NJW 2007, 2917.

46 BGHZ 115, 375.

47 Andernfalls würde ein Anreiz zu wirtschaftlich unsinnigen Reparaturen geschaffen, an deren Kosten sich der Schädiger zu beteiligen hätte, was zu einer dem Gebot der wirtschaftlichen Vernunft zuwiderlaufenden Aufblähung von Ersatzleistung bei der Schadensregulierung im Kfz-Bereich und zu einer vom Zweck des Schadensausgleichs nicht gebotenen Belastung des Schädigers führen würde. Dem darf durch die Rechtsprechung nicht Vorschub geleistet werden (so BGHZ 115, 375).

48 BGHZ 155, 1 m.w.N. Hat der Geschädigte aber ohne überobligationsmäßige Anstrengungen bei der Veräußerung des Unfallwagens einen Erlös erzielt, der den geschätzten Restwert übersteigt, so muss der Geschädigte sich die Anrechnung dieses höheren Erlöses gefallen lassen (*BGH* NJW 1992, 903).

49 BGHZ 154, 395; BGHZ 162, 161; *BGH* VersR 2010, 363.

50 BGHZ 181, 242.

fertigt, wenn der Geschädigte im konkreten Einzelfall tatsächlich ein solches Neu-wagen-Interesse hat und dieses durch den Kauf eines Neufahrzeugs nachweist.[51]

22 **Vertiefungshinweis:** Kfz-Schaden und Änderung der Reparaturabsicht des Geschädigten
Nur bei einer tatsächlich ausgeführten Reparatur kann der Geschädigte die Herstellungskosten verlan-gen, die den Wiederbeschaffungswert um 30% übersteigen. Ist der Schadensersatz auf Grundlage der Reparaturkosten geleistet worden und sieht der Geschädigte später von der Reparatur doch ab, so kann der Schädiger vom Geschädigten Herausgabe des Betrages verlangen, um den die Ersatzleistung den Wiederbeschaffungswert übersteigt. Anspruchsgrundlage ist § 812 Abs. 1 S. 2 Alt. 2[52] (Verwendung des geleisteten Schadensersatzes zur Reparatur als ein mit dem Inhalt des Rechtsgeschäftes bezweckter Er-folg; vgl. → § 10 Rn. 54 ff.) oder § 812 Abs. 1 S. 2 Alt. 1 (Wegfall des Rechtsgrundes für Ersatz der [höhe-ren] Reparaturkosten bei Aufgabe der Reparaturabsicht; vgl. → § 10 Rn. 50 ff.). Entschließt sich der Geschä-digte sich nachträglich zur Reparatur, so kann er den Integritätszuschlag nachfordern.[53]

23 Lässt der Geschädigte die Reparatur eines Kfz in einer fremden Werkstatt durchfüh-ren, weil die Herstellungskosten (§ 249 Abs. 2 S. 1) im Vergleich zum Wiederbeschaf-fungswert den vermeintlich geringeren Aufwand darstellen, dann können die Repara-turkosten auch dann ersetzt verlangt werden, wenn sie die Grenze der Erforderlichkeit (130%, vgl. → Rn. 19 f.) übersteigen. Eigentlich fehlt es in diesem Fall an der Erforder-lichkeit der Herstellungs- bzw. Reparaturkosten (vgl. § 249 Abs. 2 S. 1), sodass an sich nur der Wiederbeschaffungswert verlangt werden kann. Der Geschädigte kann jedoch ausnahmsweise die erhöhten (unverhältnismäßigen) Reparaturkosten verlangen, weil der Schädiger grundsätzlich das sog. **Werkstatt- und Prognoserisiko** trägt.[54]

Beispiel: A lässt seinen beschädigten Pkw (Wert: 1.000 €) in der Werkstatt des W reparieren. Die veran-schlagten Reparaturkosten von 1.100 € werden jedoch um 400 € überschritten, weil sich während der Reparatur herausstellt, dass umfangreichere Reparaturarbeiten erforderlich sind. Obwohl die Reparatur-kosten eigentlich nicht ersetzt verlangt werden können (§ 249 Abs. 2 S. 1: Erforderlichkeit [Rechtspre-chung]; § 251 Abs. 2 S. 1: Unverhältnismäßigkeit [Literatur]), ist in diesem Fall eine Ausnahme zu machen: Der Schädiger trägt das Werkstatt- und Prognoserisiko und ist deshalb zum Ersatz von 1.500 € (§ 249 Abs. 2 S. 1) verpflichtet.

Außerhalb des Kfz-Bereichs ist die Problematik des Werkstatt- und Prognoserisikos bei § 251 Abs. 2 und der »Unverhältnismäßigkeit« zu erörtern.[55] Es liegt eigentlich ein Missverhältnis zwischen Reparaturkosten (§ 249 Abs. 2 S. 1) und Wertinteresse (§ 251) vor, bei dem nur das Summen- oder Wertinteresse verlangt werden kann (§ 251 Abs. 2). Weil das Risiko zu Lasten des Schädigers geht, kann der Geschädigte ausnahmsweise die unverhältnismäßigen Reparaturkosten verlangen.

5. Umsatzsteuer (§ 249 Abs. 2 S. 2)

24 Nur die tatsächlich anfallende Umsatzsteuer ist zu ersetzen.[56] Fiktive **Umsatzsteuer** kann nicht liquidiert werden (§ 249 Abs. 2 S. 2). Der Gesetzgeber des Zweiten Gesetzes zur Änderung schadensersatzrechtlicher Vorschriften[57] wollte den Grundgedanken

51 BGHZ 181, 242 mit Nachweisen zur Gegenansicht.
52 So MüKoBGB/*Oetker*, Bd. 2, § 251 Rn. 45; vgl. auch Soergel/*Mertens*, 12. Aufl. 1990, § 251 Rn. 12.
53 MüKoBGB/*Oetker*, Bd. 2, § 251 Rn. 45.
54 BGHZ 115, 364; *BGH* NJW 1972, 1800, 1801 f.; *Medicus/Petersen*, BR, Rn. 820.
55 Dies gilt auch für die Lehre, welche die Problematik des Integritätsinteresses bei Kfz (130%) in § 251 Abs. 2 einordnet.
56 *BGH* NJW 2014, 2874 (BRD als Geschädigte).
57 Zweites Gesetz zur Änderung schadensersatzrechtlicher Vorschriften vom 19.7.2002, BGBl. I, S. 2674.

einer konkreten Schadensberechnung stärker in den Mittelpunkt rücken und damit die Gefahr einer Überkompensation verringern.[58] Es handelt sich um einen nicht analogiefähigen, weil systemwidrigen Ausschlusstatbestand.[59]

III. Geld für Herstellung nach Fristsetzung (§ 250)

In anderen Fällen als der Körperverletzung oder der Sachbeschädigung (§ 249 Abs. 2) **25** und wenn der Anspruch auf Naturalrestitution nicht ausnahmsweise unmittelbar auf Geldzahlung gerichtet ist,[60] kann der Geschädigte den für die Herstellung erforderlichen Geldbetrag erst dann verlangen, wenn der Schädiger trotz Fristsetzung mit Ablehnungsandrohung die Naturalherstellung (§ 249 Abs. 1) nicht rechtzeitig vornimmt. Wenn die Frist ergebnislos abläuft, hat der Geschädigte nur noch einen Anspruch auf Geldersatz und nicht mehr auf Naturalrestitution (§ 250 S. 2). § 250 erfasst – wie § 249 – das Integritätsinteresse: Zu ersetzen ist der zur Herstellung erforderliche Geldbetrag. Voraussetzung dafür ist, dass die Wiederherstellung noch möglich ist (vgl. → Rn. 14).

Beispiele:

– G wird durch die Täuschung des S dazu veranlasst, dem D ein Darlehen zu geben. Dieses kann G nicht wieder zurückerlangen. G kann deshalb von S Schadensersatz nach § 826 verlangen (vgl. → § 17 Rn. 22 ff.). Dieser Anspruch ist auf Naturalrestitution gerichtet (§ 249 Abs. 1); er besteht in der Befreiung von der Verbindlichkeit (also Schuldübernahme oder Leistung an G als Dritter [§ 267]). Kommt S dem nicht nach, so muss G eine Frist mit Ablehnungsandrohung bestimmen und ist mit deren Ablauf nach § 250 berechtigt, den zur Tilgung der Verbindlichkeit erforderlichen Geldbetrag zu verlangen (= den zur Herstellung erforderlichen Geldbetrag). Mit diesem kann G die Schuld selbst tilgen.

– S äußert sich über G ehrverletzend. G verlangt daraufhin den Widerruf der ehrverletzenden Äußerung (§ 249 Abs. 1) und setzt auch eine Frist mit der Bestimmung, dass er nach Ablauf der Frist die Herstellung ablehne. Nach Fristablauf gibt G selbst ein Zeitungsinserat zur Richtigstellung auf. Die Inseratskosten kann G von S nach § 250 S. 2 ersetzt verlangen. Versteht man den Begriff »Verletzung einer Person« (§ 249 Abs. 2 S. 1) weit und sieht auch die Freiheit und das Persönlichkeitsrecht als erfasst an,[61] so kann allerdings schon nach § 249 Abs. 2 S. 1 der zur Herstellung erforderliche Betrag (Inseratskosten) verlangt werden.

C. Entschädigung in Geld gemäß § 251 (Wert- oder Summeninteresse)

Bei der Entschädigung in Geld gemäß § 251 kommt es nicht auf die Kosten der Herstellung an (vgl. zum Integritätsinteresse → Rn. 5), sondern entscheidend ist allein die Vermögenseinbuße, das sog. **Wert- oder Summeninteresse.** Es ist allein die eingetretene Vermögensminderung zu ersetzen. Der Vermögensschaden wird nach der Differenzmethode bestimmt: Es ist ein rechnerischer Vergleich zwischen der Vermögenslage, die durch das schädigende Ereignis tatsächlich eingetreten ist (reale Lage), und derjenigen vorzunehmen, die sich ohne dieses Ereignis ergeben hätte (hypothetische

---

58 RegBegr. zum Zweiten Gesetz zur Änderung schadensersatzrechtlicher Vorschriften, BT-Drs. 14/7752, S. 13. Vgl. *Kötz/Wagner,* Rn. 673.

59 BGHZ 196, 190 (nicht angefallene allgemeine Kostenfaktoren wie Sozialabgaben und Lohnnebenkosten sind daher als Bestandteil der erforderlichen Reparaturkosten im Rahmen der fiktiven Schadensabrechnung zu ersetzen).

60 *BGH* NJW 2013, 450.

61 Vgl. MüKoBGB/*Oetker,* Bd. 2, § 249 Rn. 364.

Lage). Zusätzlich können entsprechend dem Schutzzweck der Haftung und der Ausgleichsfunktion des Schadensersatzes die Rechnungsposten, die in die Differenzbilanz einzusetzen sind, wertend zu bestimmen sein; insoweit ist die Differenzmethode normativ gebunden.[62]

27 Nur bei einem **Vermögensschaden** kann eine Entschädigung in Geld verlangt werden (§§ 251 f.). Deshalb ist gesondert zu prüfen, ob der Schaden, den der Geschädigte geltend macht, einen Vermögensschaden darstellt (vgl. zur Abgrenzung des Vermögens- zum Nichtvermögensschaden → § 23 Rn. 17 ff.). Begründung:

- Nach § 253 Abs. 1 kommt eine »Entschädigung in Geld« im Falle eines Nicht-Vermögensschadens grundsätzlich nicht in Betracht. Damit wird auf § 251 (»in Geld zu entschädigen«) Bezug genommen (vgl. den Wortlaut von § 251 und § 253). Dagegen sprechen § 249 Abs. 2 und § 250 von »zur Herstellung erforderlichen Geldbetrag« bzw. »Ersatz in Geld« und bringen durch ihren Wortlaut zum Ausdruck, dass sie von § 253 Abs. 1 nicht erfasst sind.

28 § 251 Abs. 1 kommt zur Anwendung, wenn die Herstellung unmöglich oder ungenügend ist. Unmöglichkeit i. S. des § 251 Abs. 1 Alt. 1 erfasst grundsätzlich alle Erscheinungsformen der **Unmöglichkeit** i. S. des § 275.[63] Worauf die Unmöglichkeit zurückzuführen ist, kommt es nicht an, ebenso wenig auf ein Verschulden.

Beispiele:
- Zerstörung einer unvertretbaren Sache.[64]
- § 281 und § 283 sind ausschließlich auf Geldersatz gerichtet, weil die Herstellung eine Erfüllung bedeuten würde, die aber ausgeschlossen ist (vgl. § 281 Abs. 4; vgl. → § 23 Rn. 43);[65] ebenso § 839.

29 Wenn die Herstellung zwar möglich ist, aber den vom Geschädigten erlittenen wirtschaftlichen Nachteil nicht voll ausgleicht, ist die **Herstellung ungenügend,** und es kann Geldentschädigung nach § 251 Abs. 1 Alt. 2 verlangt werden. Das ist z. B. beim **merkantilen Minderwert** eines technisch einwandfrei reparierten Unfallwagens der Fall.

Beispiele:
- Die Parteien streiten darum, ob das Kfz des K, das Z beschädigt hat, trotz ordnungsgemäß ausgeführter Reparatur noch einen Minderwert aufweist, den Z ebenfalls zu erstatten hat. K schätzt den Minderwert auf 3.000 € und weist zur Begründung darauf hin, dass der Wagen erheblich beschädigt worden sei. Ein solcher Wagen werde im Handel unbeschadet der Reparatur erheblich geringer bewertet als ein unfallfrei gefahrener Wagen (BGHZ 35, 396).
Begründet ist ein Anspruch des K gegen Z aus § 823 Abs. 1. (1) Dieser ist auf Naturalrestitution gerichtet (§ 249 Abs. 1). Stattdessen kann K auch die zur Herstellung erforderlichen Aufwendungen verlangen (§ 249 Abs. 2 S. 1). (2) Wegen des Minderwertes des Kfz könnte die Herstellung zur Entschädigung des Gläubigers nicht genügend sein (§ 251 Abs. 1 Alt. 2). Die h. M. steht auf dem Standpunkt, dass ein durch einen Unfall erheblich beschädigter Kraftwagen im Verkehr geringer bewertet wird als ein unfallfrei gefahrener Wagen; diese Minderbewertung folgt daraus, dass ein beschädigter und reparierter Wagen regelmäßig eine größere Schadensanfälligkeit aufweist, ohne dass der Zusammenhang neuer Schäden mit dem Unfall oder einer unzureichenden Reparatur im Einzelfall nachweisbar zu sein braucht.[66] Diese Wertdifferenz stellt einen Schaden des Eigentümers auch dann dar, wenn der techni-

---

62 BGHZ (GS) 98, 212 für entgangene Nutzungen.
63 Palandt/*Grüneberg*, § 251 Rn. 3.
64 BGHZ 92, 85.
65 Vgl. Palandt/*Grüneberg,* § 251 Rn. 3; MüKoBGB/*Oetker,* Bd. 2, § 251 Rn. 6.
66 Vgl. BGHZ 35, 396; *Armbrüster,* JuS 2007, 411, 416.

sche Schaden ordnungsgemäß behoben wird. Die Erstattungsfähigkeit dieses merkantilen Minderwertes führt nach Auffassung des BGH nicht zu einer unangemessenen Bereicherung des Geschädigten, da der Wert dieses Wagens nach der allgemeinen Verkehrsauffassung geringer ist als der eines unfallfrei gefahrenen Wagens. Durch die Entscheidung des Geschädigten, das Kfz weiter zu benutzen, soll und kann der Schädiger nicht entlastet werden. Dieser merkantile Minderwert (§ 251 Abs. 1 Alt. 2) kann neben den Anspruch auf Naturalrestitution (§ 249 Abs. 2) auch dann treten, wenn der Eigentümer das Kfz weiter benutzt. (3) K kann deshalb neben den Reparaturkosten auch den merkantilen Minderwert ersetzt verlangen (§ 251 Abs. 1 Alt. 2).

– Eine Reparatur kann dem Geschädigten wegen des Umfangs des Schadens nicht zugemutet werden (sog. unechter Totalschaden bei neuem Kfz).[67]
– Die technisch mögliche Herstellung würde unzumutbar lange dauern.[68]

Ist die Herstellung nur mit **unverhältnismäßigen Aufwendungen** möglich, so kann   **30** nach § 251 Abs. 2 eine Geldentschädigung geleistet werden. Unverhältnismäßigkeit ist aus dem Wertvergleich zwischen den zur Herstellung erforderlichen Kosten und dem Wert des geschädigten Gegenstandes zu bestimmen. Die Unverhältnismäßigkeitsgrenze hängt vom Gewicht des Integritätsinteresses des Geschädigten ab und lässt sich nicht einheitlich bestimmen.[69]

Beispiel: In der Literatur[70] wird die 130 %-Rechtsprechung nicht in § 249 Abs. 2 S. 1, sondern in § 251 Abs. 2 eingeordnet (vgl. → Rn. 19 f.): Übersteigen die Reparaturkosten den Wiederbeschaffungswert um 30 %, so liegt ein Fall der Unverhältnismäßigkeit i. S. des § 251 Abs. 2 vor, und der Schädiger braucht nur eine Entschädigung in Geld in Höhe des Wiederbeschaffungswertes (unter Anrechnung des Restwertes) zu zahlen.

Kann bei der Prüfung der Unverhältnismäßigkeit (§ 251 Abs. 2) den Herstellungskosten kein Vermögenswert gegenübergestellt werden (immaterielle Schäden, Schäden an einer Person), so ist § 251 Abs. 2 S. 1 nicht anwendbar. Die Grenze der Herstellungskosten bestimmt sich dann nach § 242.[71]

Soweit Herstellung (Naturalrestitution) nach § 249 Abs. 1 nicht möglich oder zur Ent-   **31** schädigung des Gläubigers nicht genügend ist, kann der Geschädigte gemäß § 251 Abs. 1 eine Entschädigung in Geld verlangen; die Rechte des Geschädigten werden also eingeschränkt.

Wenn die Herstellung nur mit unverhältnismäßigem Aufwand möglich ist (§ 251 Abs. 2 S. 1), kann der Ersatzpflichtige statt der Herstellung nach § 249 den Gläubiger in Geld entschädigen. Während § 249 Abs. 2 eine Ersetzungsbefugnis des Geschädigten normiert, begründet § 251 Abs. 2 eine Ersetzungsbefugnis für den Schädiger im Fall der Unverhältnismäßigkeit der Herstellung. Entsprechend dem Grundsatz von Treu und Glauben (§ 242) hat das Integritätsinteresse des Geschädigten zurückzutreten, wenn dieses vom Schädiger ein unzumutbares Opfer verlangen würde.

---

67 Palandt/*Grüneberg,* § 249 Rn. 23, § 251 Rn. 4.
68 RGZ 76, 146.
69 MüKoBGB/*Oetker,* Bd. 2, § 251 Rn. 38 m. w. N.
70 Vgl. MüKoBGB/*Oetker,* Bd. 2, § 251 Rn. 10 f.
71 MüKoBGB/*Oetker,* Bd. 2, § 251 Rn. 48 m. w. N.; str. vgl. BGHZ 63, 295. Sieht man § 251 Abs. 2 S. 1 als Ausfluss von Treu und Glauben an, so erübrigt sich die Streitfrage (vgl. *Mugdan* II, S. 513 [Protokolle]: »[…] erforderten es die Grundsätze von Treu und Glauben, dass dem Schuldner nicht durch die Wiederherstellung unverhältnismäßige Opfer auferlegt würden, während eine angemessene Geldleistung zur Ausgleichung des Schadens genüge.«; BGHZ 63, 295).

32 Mit § 253 Abs. 1 wird zugleich klargestellt, dass das sog. **Affektionsinteresse** (Liebhaberwert) oder der Wert einer besonderen Vorliebe als immaterieller Schaden grundsätzlich nicht ersatzfähig sind.[72] Eine Ausnahme enthält § 251 Abs. 2 S. 2,[73] wonach die aus der Heilbehandlung eines verletzten Tieres entstandenen Aufwendungen nicht bereits dann unverhältnismäßig sind, wenn sie dessen Wert erheblich übersteigen.[74] Mit dieser Vorschrift wird dem Affektionsinteresse des Tierhalters an der Wiederherstellung seines Tieres im Rahmen des § 251 Abs. 2 teilweise Rechnung getragen. Im Fall der Verletzung eines Tieres bei unverhältnismäßig hohen Heilbehandlungskosten kann der Schädiger den Geschädigten nicht gem. § 251 Abs. 2 S. 1 auf Wertersatz in Geld verweisen; er schuldet dem Geschädigten vielmehr – in Ausnahme von dieser Vorschrift – Ersatz der noch als verhältnismäßig zu erachtenden Tierbehandlungskosten.[75]

D. Entgangener Gewinn (§ 252)

33 Zum ersatzfähigen Schaden gehört auch der **entgangene Gewinn** (§ 252 S. 1). Davon erfasst sind alle Vermögensvorteile, die der Geschädigte ohne das schädigende Ereignis erwirtschaftet hätte (erwirtschafteter Gewinn als hypothetisches Ereignis i. S. der Differenztheorie). Darin liegt ein mittelbarer Schaden (vgl. → § 23 Rn. 54).[76]

Beispiele:
– Gewinn aus einem entgangenen Ersatzgeschäft;
– Arbeitsentgelt eines unselbstständig beschäftigten Arbeitnehmers;
– Gewinnminderung des selbstständigen Unternehmers, die anhand des Betriebsergebnisses konkret festzustellen ist.

34 § 252 S. 2 enthält eine Beweiserleichterung,[77] weil der Nachweis eines entgangenen Gewinns für den Gläubiger im Einzelfall sehr schwierig sein kann. Der Gläubiger muss die Umstände darlegen, aus denen der Gewinn mit Wahrscheinlichkeit erwartet werden konnte; dann wird vermutet, dass der Gewinn auch erzielt worden wäre; die so untermauerte Wahrscheinlichkeit der Gewinnerwartung genügt.[78] Der Schuldner kann die Vermutung widerlegen, wenn er nachweist, dass der Gewinn aus einem anderen Grund doch nicht eingetreten wäre.

---

72 *Mugdan* II, S. 12 (Motive); *Mugdan* II, S. 515 (Protokolle); *OLG München* NJW-RR 1991, 477; *LG Hamburg* NJW-RR 2000, 653.

73 Eingefügt durch Gesetz zur Verbesserung der Rechtsstellung des Tieres im bürgerlichen Recht vom 20. 8. 1990; vgl. RegBegr., BT-Drs. 11/5463, S. 1 f., 4 (siehe Art. 1 Nr. 3 des Entwurfs), 6 f.

74 Zur Ermittlung der noch verhältnismäßigen Heilbehandlungskosten bedarf es stets einer wertenden Gesamtbetrachtung aller Umstände des konkreten Einzelfalls, *BGH* VersR 2016, 60.

75 *BGH* VersR 2016, 60.

76 Das BGB knüpft an die romanistische Unterscheidung zwischen dem positiven Schaden (damnum emergens) und dem negativen Gewinn (lucrum cessans) an. Weil das BGB für beide Schadensarten keine unterschiedlichen Regelungen enthält, hat die Unterscheidung wenig Bedeutung (vgl. *Lange/Schiemann*, § 2 II, S. 57 ff. m. w. N.).

77 In der Lehre wird von einer abstrakt-typisierenden Schadensberechnung gesprochen (vgl. die Nachweise bei *Lange/Schiemann*, § 6 X 6, S. 346). A. A. *Lange/Schiemann*, § 6 XI 2b, S. 365 für eine Erleichterung des Beweises des konkreten Schadens und gegen die Verwendung des Begriffes »abstrakt«.

78 *BGH* NJW 2012, 2266 (Nach dem gewöhnlichen Lauf der Dinge besteht die Wahrscheinlichkeit, dass sich ein zur Verfügung stehender Geldbetrag zumindest in Höhe des gesetzlichen Zinssatzes von 4 % verzinst).

Der Geschädigte kann den entgangenen Gewinn auf zwei Arten berechnen. **35**

1. **Konkrete Methode:** Der Geschädigte weist nach, dass ihm durch das schädigende Ereignis ein konkret bezifferbarer Gewinn entgangen ist.

2. **Abstrakte Methode** (§ 252 S. 2): Der Geschädigte legt dar, dass ein Gewinn nach dem gewöhnlichen Lauf der Dinge mit Wahrscheinlichkeit erwartet werden konnte. Es wird dann vermutet, dass dieser Gewinn erzielt worden wäre. Der Schädiger kann dies widerlegen und darlegen, dass der Geschädigte im konkreten Fall einen geringeren oder gar keinen Gewinn erzielt hätte. Insoweit ist auch diese Schadensberechnung konkret.[79]

§ 252 S. 2 ist eine Ausgestaltung des § 287 ZPO. Nach § 287 Abs. 1 S. 1 ZPO entscheidet das Gericht unter Würdigung aller Umstände nach freier Überzeugung, wenn unter den Parteien streitig ist, ob ein Schaden entstanden ist und wie hoch sich der Schaden oder ein zu ersetzendes Interesse beläuft. **36**

E. Immaterieller Schaden (§ 253)

Die geltende Fassung des § 253 geht auf das Zweite Schadensrechtsänderungsgesetz von 2002[80] zurück. § 253 Abs. 1 übernimmt den § 253 S. 1 a. F.; § 253 Abs. 2 die Regelung des § 847 a. F. in das allgemeine Schuldrecht. **37**

I. § 253 Abs. 1

Bei **ideellen Schäden** kann Naturalrestitution oder der zur Herstellung erforderliche Betrag (§§ 249 Abs. 2, 250) verlangt werden. § 253 Abs. 1 steht dem nicht entgegen (vgl. → Rn. 7). **38**

Eine Entschädigung in Geld (§ 251) kann aber grundsätzlich nur dann gefordert werden, wenn der Schaden des Geschädigten einen **Vermögensschaden** (= in Geld messbare Beeinträchtigung) darstellt (§ 253 Abs. 1). Die grundsätzliche Beschränkung des Geldersatzes auf Vermögensschäden soll den Ersatz auf Interesseneinbußen begrenzen, die an objektiven Maßstäben gemessen werden können; eine Bemessung des Schadensersatzes nach unkontrollierbaren subjektiven Wertschätzungen soll vermieden werden.[81] Der historische Gesetzgeber sah es als Widerspruch zur allgemeinen Auffassung an, immaterielle Lebensgüter mit Vermögensgütern gleich zu stellen und den **immateriellen Schaden** (Nichtvermögensschaden) mit Geld auszugleichen.[82]

Beispiele für Nichtvermögensschäden:[83]

– Körperliche Schmerzen, seelische Unlustgefühle, Unbehagen, Bedrückung, Wesensänderung, Schmälerung der Lebensfreude, nervliche Belastung durch anhaltende Todesangst, Beeinträchtigung der Vor-

---

79 So zu Recht MüKoBGB/*Oetker*, Bd. 2, § 252 Rn. 45.

80 Zweites Gesetz zur Änderung schadensersatzrechtlicher Vorschriften vom 19.7.2002, BGBl. I, S. 2674.

81 Vgl. *Mugdan* II, S. 12 (Motive).

82 *Mugdan* II, S. 517 (Protokolle). Man sah die Gefahr, dass »die schlechteren Elemente Vorteil ziehen, Gewinnsucht, Eigennutz und Begehrlichkeit […] gesteigert und aus unlauteren Motiven zahlreiche schikanöse Prozesse angestrengt [würden]«. Außerdem sah man die Berechnung der Höhe des Schadens als problematisch an.

83 Vgl. MüKoBGB/*Oetker*, Bd. 2, § 253 Rn. 9.

freude auf ein Ereignis, Geräusch- und Geruchsimmissionen, Beeinträchtigung des Affektionsinteresses (Liebhaberwert);
– Zerstörung der Persönlichkeit bei schwerstgeschädigtem Unfallopfer.

39 Ein Nichtvermögensschaden ist nur in den im Gesetz geregelten Fällen in Geld ersatzfähig, z. B.: § 253 Abs. 2, § 651 f Abs. 2, Verletzung des allgemeinen Persönlichkeitsrechts (abgeleitet aus Art. 1, 2 GG; vgl. → § 16 Rn. 66 ff.)[84], §§ 15 Abs. 2 S. 1, 21 Abs. 2 S. 3 AGG[85].

II. § 253 Abs. 2

40 Nach dem Zweiten Schadensrechtsänderungsgesetz von 2002 enthält das BGB jetzt mit § 253 Abs. 2 (im allgemeinen Schuldrecht) eine allgemeine Regelung für den **Ersatz immaterieller Schäden** (sog. Schmerzensgeld).[86] Die Ersatzfähigkeit immaterieller Schäden aus der Verletzung der genannten Rechtsgüter ist nicht auf deliktische Schadensersatzansprüche beschränkt, sondern erfasst auch die vertragliche Haftung und die Haftung aus Gefährdungshaftung (nur klarstellend § 11 S. 2 StVG). Die frühere restriktive historische Grundsatzentscheidung der §§ 253, 847 a. F. war mit den heutigen Verhältnissen und Wertvorstellungen nicht mehr in Übereinstimmung zu bringen; unter Ausgleichsgesichtspunkten ist Ersatz eines immateriellen Schadens auch außerhalb der deliktischen Verschuldenshaftung zu gewähren.[87]

1. Bedeutung

41 § 253 Abs. 2 ist – anders als § 847 a. F.[88] – keine selbstständige Anspruchsgrundlage, sondern setzt einen tatbestandlich erfüllten Schadensersatzanspruch voraus.[89] Ersatz für einen immateriellen Schaden wird aber nur ausnahmsweise (vgl. § 253 Abs. 1) gewährt, wenn zusätzlich zu dem bestehenden Schadensersatzanspruch besondere Merkmale (Verletzung bestimmter Rechtsgüter) erfüllt sind. Insoweit steht § 253 Abs. 2 zwischen einer selbstständigen Anspruchsgrundlage und einer bloßen Rechtsfolgenbestimmung und stellt ein Verbindungsglied zwischen einem tatbestandlich erfüllten Schadensersatzanspruch und der in § 253 Abs. 2 normierten Ersatzfähigkeit eines immateriellen Schadens dar.[90]

2. Voraussetzungen des § 253 Abs. 2

42 Der Tatbestand setzt nicht einen seiner Art und Dauer erheblichen Schaden oder eine vorsätzliche Verletzung voraus.[91] Es bleibt nach wie vor der Rechtsprechung überlas-

---

84 *OLG Frankfurt* NJW 2013, 75 (auch unter Geltung der am 1. 8. 2002 in Kraft getretenen Neufassung des § 253).
85 Vgl. *OLG Stuttgart* VersR 2012, 329.
86 Vgl. *Neuner,* JuS 2013, 577. Zur Terminologie *Brand,* Schadensersatzrecht, S. 91 f.
87 Vgl. die RegBegr. zum Zweiten Gesetz zur Änderung schadensersatzrechtlicher Vorschriften vom 19. 7. 2002, BT-Drs. 14/7752, S. 11.
88 Palandt/*Thomas,* 61. Aufl. 2002, § 847 Rn. 1.
89 BGHZ 168, 161.
90 Vgl. BeckOK BGB/*Spindler,* § 253 Rn. 9: Anspruch auf Schmerzensgeld nunmehr als Teil der Schadensberechnung.
91 Der Regierungsentwurf (BT-Drs. 14/7752, S. 6 und 25 f.) enthielt noch eine ausdrückliche Bagatellklausel für Verletzungen, die einen geringen, nur vorübergehenden Einfluss auf das Allgemeinbefin-

sen, bei Bagatellfällen einen Anspruch auf immateriellen Schadensersatz auszuschließen.[92]

Die Voraussetzungen des § 253 Abs. 2 sind:

1. Es muss ein Anspruch auf Schadensersatz tatbestandlich erfüllt sein. Es kommt nicht auf den Haftungsgrund an; von § 253 Abs. 2 erfasst sind Verschuldens-, Gefährdungshaftung sowie vertragliche und vertragsähnliche Schadensersatzhaftung.
2. Die Schadensersatzhaftung fußt auf der Verletzung bestimmter, in § 253 Abs. 2 aufgeführter Rechtsgüter.[93]

Obwohl in § 253 Abs. 2 nicht genannt, kann auch bei **Verletzung des allgemeinen** **43** **Persönlichkeitsrechts** nach wie vor immaterieller Schadensersatz verlangt werden. Dieser Anspruch bei Persönlichkeitsrechtsverletzung ist von der Änderung des § 253 unberührt geblieben; er hat seine Grundlage in Art. 1 und 2 Abs. 1 GG (→ § 16 Rn. 66 ff.).[94]

3. Rechtsfolge: Ersatz immateriellen Schadens

Zu ersetzen sind immaterielle Schäden, also Einbußen am körperlichen oder seelischen **44** Wohlbefinden. Nach § 253 Abs. 2 kann eine »billige Entschädigung in Geld« verlangt werden. Ein immaterieller Schaden kann nicht unmittelbar in Geld beziffert werden. Wie die Höhe des immateriellen Schadensersatzes (Schmerzensgeldes) zu berechnen ist, hängt maßgeblich davon ab, welche **Funktionen** der Anspruch auf immateriellen Schadensersatz hat:[95]

- **Ausgleichsfunktion:** Der immaterielle Schadensersatz (das Schmerzensgeld) soll Einbußen am Wohlbefinden ausgleichen. Er soll dem Verletzten dazu dienen, sich mit dem Geld, das er vom Schädiger erhält, wieder einen erhöhten Lebensgenuss zu verschaffen.
- **Genugtuungs- und Sühnefunktion:** Der immaterielle Schadensersatz (das Schmerzensgeld) soll der Genugtuung des Verletzten dienen. Diese Genugtuungsfunktion hat für die Schmerzensgeldbemessung im Falle der verschuldensunabhängigen Haftung[96] und nach vordringender Lehre auch im Falle von (einfacher) Fahrlässigkeit[97] keine Bedeutung. Der immaterielle Schadensersatz ist aber jedenfalls bei vorsätzlichen Rechtsgutverletzungen[98] und auch bei grober Fahrlässigkeit[99] zu berücksichtigen.

---

den haben (§ 253 Abs. 2 Nr. 2 RegE: »[…] der Schaden unter Berücksichtigung seiner Art und Dauer nicht unerheblich ist.«)
92 Vgl. die Beschlussempfehlung und Bericht des Rechtsausschusses, BT-Drs. 14/8780, S. 21.
93 Dabei muss die Verletzung dieser Rechtsgüter nicht unbedingt Tatbestandsmerkmal der besonderen Schadensersatzanspruchsgrundlage sein.
94 Vgl. RegBegr., BT-Drs. 14/7752, S. 24 f.; aus der Fallbearbeitung: *Kiehnle,* JuS 2006, 418 ff. (erfundene Todesanzeige).
95 *BGH (Vereinigte Große Senate)* VersR 2017, 180; seit BGHZ 18, 149 (Großer Senat für Zivilsachen). Vgl. BeckOK BGB/*Spindler,* § 253 Rn. 13 ff.
96 So RegBegr. zum Zweiten Gesetz zur Änderung schadensersatzrechtlicher Vorschriften vom 19.7.2002, BT-Drs. 14/7752, S. 14 f.
97 *Kötz/Wagner,* Rn. 705 f.; Palandt/*Grüneberg,* § 253 Rn. 4.
98 BGHZ 128, 117; *BGH* NJW 1996, 1591.
99 Palandt/*Grüneberg,* § 253 Rn. 4.

– Beim allgemeinen Persönlichkeitsrecht hat der auf Art. 1 und 2 Abs. 1 GG gestützte Anspruch auf immateriellen Schadensersatz, der kein Schmerzensgeldanspruch ist, auch eine **Präventivfunktion.**[100]

45   Die Entschädigung muss der Billigkeit entsprechen. Deshalb sind bei der Bemessung alle Umstände des Einzelfalles zu berücksichtigen (z. B. wirtschaftliche Situation des Geschädigten und Schädigers, Grad des Verschuldens des Schädigers usw.)[101]. Die (Gerichts-)Praxis orientiert sich bei Personenschäden als Ausgangspunkt an sog. Schmerzensgeldtabellen.[102]

46   Bei einer Klage auf Zahlung von Schmerzensgeld muss der Geldbetrag entgegen dem Bestimmtheitsgebot des § 253 Abs. 2 Nr. 2 ZPO nicht beziffert werden. Ein sog. **unbezifferter Klageantrag** ist (ausnahmsweise) zulässig, wenn der Kläger den anspruchsbegründenden Sachverhalt sowie ausreichend Tatsachen für die Bemessung des Anspruchs vorträgt.[103] Die Angabe eines Mindestbetrages begrenzt das Ermessen des Gerichts nach unten; nach oben ist das Ermessen des Gerichts hingegen nur dann begrenzt, wenn der Kläger eine Obergrenze angibt und damit erkennen läßt, dass er die Ausübung des Ermessens nur bis zur Höhe des genannten Betrages begehre.[104, 105]

III. Zusammenfassung

47

Immaterieller Schadensersatz (sog. Schmerzensgeld, § 253 Abs. 2)

§ 253 Abs. 2 ist keine selbstständige Anspruchsgrundlage und auch kein bloßer Rechnungsposten des Gesamtschadens, sondern Bindeglied zwischen Anspruchsgrundlage und Rechtsfolgenanordnung (→ Rn. 40).
 Zitierweise: z. B. § 823 Abs. 1 i. V. m. § 253 Abs. 2
 	
 I. Voraussetzungen
   1. Tatbestandlich erfüllter Schadensersatzanspruch
      Unabhängig von der Art des Haftungsgrundes: Verschuldenshaftung, Gefährdungshaftung, Vertragshaftung
   2. Verletzung des Körpers, der Gesundheit, der Freiheit, der sexuellen Selbstbestimmung
  II. Rechtsfolge
   1. Ersatz des immateriellen Schadens

100 BGHZ 128, 1 »Caroline von Monaco«; *BVerfG* NJW 2000, 2187; BGHZ 199, 237 (Geldentschädigung wegen Verletzung des allgemeinen Persönlichkeitsrechts mittels Internet nicht generell höher als mittels Print-Medien).

101 BGHZ 212, 48 Vereinigte Große Senate (insbes. zur Berücksichtigung der wirtschaftlichen Verhältnisse der Beteiligten); BGHZ 138, 388;. Auch ein verzögerndes Regulierungsverhalten des Schädigers bzw. dessen Haftpflichtversicherers kann für die Bemessung des Schmerzensgeldes relevant sein: *OLG Naumburg* VersR 2004, 1423; *OLG Saarbrücken* NJW 2011, 933.

102 Vgl. *Kötz/Wagner,* Rn. 715 ff.; umfassend *Jaeger/Luckey,* Schmerzensgeld, 9. Aufl. 2018. – Der Schmerzensgeldanspruch ist frei übertragbar und vererblich (anders früher gem. § 847 Abs. 1 S. 2 a. F., der durch Gesetz vom 14. 3. 1990, BGBl. I, S. 478, aufgehoben wurde). Der früher praktizierte unwürdige »Wettlauf gegen die Zeit« der Angehörigen eines lebensgefährlich Verletzten soll dadurch vermieden werden.

103 BGHZ 132, 341; BGHZ 140, 335.

104 BGHZ 132, 341.

105 Klageantrag: »Der Beklagte wird verurteilt, an den Kläger ein angemessenes, der Höhe nach in das Ermessen des Gerichts gestelltes Schmerzensgeld zu zahlen«.

2. Bemessung (»billige Entschädigung in Geld«) entsprechend den Funktionen des § 253 Abs. 2 (→ Rn. 44):
   a) Ausgleichsfunktion
   b) Genugtuungs- und Sühnefunktion

Der auf Art. 1 und 2 Abs. 1 GG gestützte Anspruch auf immateriellen Schadensersatz wegen Verletzung des allgemeinen Persönlichkeitsrechts hat auch Präventionsfunktion.

F. Konkrete und abstrakte Schadensberechnung

Grundsätzlich wird der zur Herstellung erforderliche Geldbetrag oder die Geldent- **48** schädigung »**konkret**« berechnet, d. h. danach, welche Einbuße der Geschädigte im einzelnen Fall tatsächlich erlitten hat. Diese konkrete Schadensberechnung bereitet Schwierigkeiten, z. B. weil hypothetische Abläufe einzubeziehen sind; sie zwingt Kaufleute dazu, im Rechtsstreit ihre Bücher und Kalkulation offen zu legen.

Der Geschädigte kann daher in bestimmten Fällen seinen Schaden »**abstrakt**« berech- **49** nen, d. h. ohne Berücksichtigung der besonderen Umstände des Schadensverlaufs im Einzelfall. Bei der abstrakten Berechnung kommt es nicht auf die tatsächlich eingetretenen, rechnerisch feststellbaren Einbußen an, sondern es ist von vorgegebenen Werten auszugehen. Im Handelsverkehr ist die abstrakte Berechnung gebräuchlich. Ein gesetzlicher Fall der abstrakten Schadensberechnung ist § 376 Abs. 2 HGB. Es entspricht z. B. dem regelmäßigen Verlauf im Handelsverkehr, dass der Kaufmann Geschäfte im Rahmen seines Gewerbes tätigt und daraus Gewinne erzielt. Der Kaufmann, der wegen der Nichtbelieferung der gekauften Ware Schadensersatz fordern kann (§ 280 Abs. 3 i. V. m. § 281 oder § 283), kann deshalb auch ohne einen Deckungskauf die Differenz verlangen, die sich aus dem Vertragspreis und dem Wiederverkaufspreis ergeben würde.

Auch in anderen Bereichen des Schadensersatzrechts wird die abstrakte Schadens- **50** berechnung zugelassen, wie z. B. bei dem Verlust von Gebrauchsvorteilen. Beim Nutzungsausfall von Kraftfahrzeugen wird die Schadensberechnung pauschaliert.

Beispiele:
- § 252 S. 2; vgl. dazu → Rn. 34 ff.
- § 288 Abs. 1 und Abs. 2 bestimmt für den Verzug, dass eine Geldschuld für das Jahr mit 5 bzw. 8 Prozentpunkte über dem Basiszinssatz zu verzinsen ist. Diesen Betrag erhält der Gläubiger selbst dann, wenn er keine Zinseinbuße erlitten hat. Dieser Zinssatz ist ein Mindestzinssatz; eine konkrete Berechnung zuungunsten des Geschädigten unterhalb dieses Zinssatzes ist ausgeschlossen.
- Der Geschädigte, der die beschädigte Sache nicht reparieren lassen will, kann als den zur Herstellung »erforderlichen Geldbetrag« (§ 249 Abs. 2 S. 1) den Betrag verlangen, der für eine Reparatur an eine Fachwerkstatt zu zahlen wäre.[106] Umsatzsteuer kann er dann allerdings nicht verlangen (vgl. § 249 Abs. 2 S. 2).

---

106 Überblick von *Schönewolf*, ZfS 2017, 544.

G. Zusammenfassung

51

Zu ersetzender Schaden (§§ 249 ff.)

I. §§ 249, 250: Integritätsinteresse

   1. § 249 Abs. 1: Naturalrestitution durch den Schädiger

     Es ist der Zustand herzustellen, der – wirtschaftlich gesehen – der Lage entspricht, die ohne das Schadensereignis bestehen würde (z. B. auch Beschaffung einer gleichwertigen Ersatzsache) (vgl. → Rn. 6).

   2. § 249 Abs. 2 und § 250 S. 2: Geldersatz in Höhe der zur möglichen Herstellung erforderlichen Kosten

     Geschädigter kann grundsätzlich zwischen Reparaturkosten und Kosten der Ersatzbeschaffung eines gleichwertigen Gegenstandes wählen.

     a) Anwendungsfälle:
       – § 249 Abs. 2 S. 1: Bei Körperverletzung oder Sachbeschädigung
       – § 250: In anderen Fällen als Körperverletzung oder Sachbeschädigung nach Fristsetzung und Ablehnungsandrohung

     b) Voraussetzung: Möglichkeit der Herstellung
       – Grenze: Erforderlichkeit (§ 249 Abs. 2 S. 1) (→ Rn. 10)
       – Ersatz fiktiver Herstellungskosten möglich, d. h. konkrete und abstrakte Schadensberechnung (→ Rn. 12)
       – Ausnahmen: keine fiktiven Heilungskosten, Sachfolgeschäden, Umsatzsteuer (§ 249 Abs. 2 S. 2) (→ Rn. 13)
       – Sonderfall: Fiktive Reparaturkosten trotz Veräußerung des beschädigten Kfz (→ Rn. 15)
       – Bei der Beschädigung eines Kfz können Reparaturkosten grundsätzlich bis zu 130 % des Wiederbeschaffungswertes ohne Berücksichtigung des Restwertes verlangt werden (Rspr.). Ein höherer Betrag ist nur zu ersetzen, wenn sich das Prognose- und Werkstattrisiko verwirklicht, das der Schädiger trägt (→ Rn. 19 ff., 23).

II. §§ 251 f.: Wert- oder Summeninteresse

   1. Geldentschädigung (§ 251)

     Zu ersetzen ist die Differenz zwischen dem hypothetischen Wert des Vermögens ohne Schädigung und der realen Vermögenslage, d. h. die Vermögenseinbuße.

     – Voraussetzung: Vermögensschaden (→ Rn. 27)
     – Herstellung unmöglich (§ 251 Abs. 1 Alt. 1), ungenügend (Alt. 2; z. B. merkantiler Minderwert eines Unfall-Kfz) oder nur bei unverhältnismäßigen Aufwendungen möglich (Abs. 2) (→ Rn. 28 ff.)

   2. Entgangener Gewinn (§ 252)

     a) Klarstellung durch § 252 S. 1: Erzielter Gewinn als hypothetisches Ereignis i. S. der Differenztheorie (→ Rn. 33)

     b) Berechnung des entgangenen Gewinns (→ Rn. 35):
       – Konkrete Methode
       – Abstrakte Methode (§ 252 S. 2 als Ausgestaltung des § 287 ZPO) (→ Rn. 36)

§ 25. Zurechnung

A. Haftungsausfüllende Zurechnung

I. Überblick

Der Schädiger hat nur für den Schaden einzustehen, der ihm zugerechnet werden **1**
kann. Entscheidend ist dabei der Zusammenhang zwischen der Pflichtverletzung bzw.
Rechts-(gut-)verletzung und dem Schaden. Dabei geht es um die sog. **haftungsausfül-**
lende Zurechnung, die von der haftungsbegründenden Zurechnung zu unterscheiden
ist (vgl. → § 16 Rn. 126 f., 188 ff.).

Nach dem Gesetzeswortlaut (»der daraus entstehende Schaden«, vgl. §§ 280 Abs. 1, **2**
823 Abs. 1)[1] reicht ein bloß natürlicher **Kausalzusammenhang** aus (vgl. zur Bedin-
gungstheorie bzw. conditio sine qua non-Formel → § 16 Rn. 128). Um zu verhindern,
dass der zu ersetzende Schaden uferlos wird, hat man nach Kriterien gesucht, die eine
Grenze ziehen, bis zu der dem Verursacher die Folgen seines Verhaltens zuzurechnen
sind (vgl. → § 16 Rn. 135 ff.). Es ist deshalb im Rahmen des Zurechnungszusammen-
hangs neben der Kausalität i. S. der conditio sine qua non-Formel die **Adäquanz**[2] sowie der **Schutzzweck der Norm** zu prüfen.[3] Im Zusammenhang mit einer Pflichtverletzung (z. B. § 280 oder Verkehrssicherungspflicht im Rahmen von § 823 Abs. 1) ist zu
prüfen, ob der Schaden, der durch die Verletzung der Pflicht adäquat verursacht worden ist, innerhalb des geschützten Interessenbereichs liegt.[4]

Fall (BGHZ 59, 286; 75, 230): Fangprämie B wird im Kaufhaus der K von einem Angestellten beim **3**
Diebstahl von Werkzeugen entdeckt. K zahlt daraufhin ihrem Angestellten eine Belohnung von 25 €
entsprechend einer ihm vorher gegebenen Zusage. K verlangt von B Ersatz dieser Fangprämie, 100 €
anteiligen Kostenersatz für Schutzmaßnahmen (anteiliges Gehalt für den Kaufhausdetektiv, Fernseh-
kamera, Spiegel) sowie 10 € für Bearbeitungskosten (Porto, Telefon und Papier). Zu Recht?

Lösung: K könnte einen Anspruch aus § 823 Abs. 1 wegen Verletzung des Eigentums oder des berechtigten Besitzes (bei Eigentumsvorbehalt) haben. Fraglich ist, welche Schadensposten ersatzfähig sind.

1. Die **allgemeinen Vorbeugekosten** (anteilige Kosten für Detektiv und Überwachungskamera usw.)
   werden vom Schutzzweck des § 823 Abs. 1 nicht erfasst. Sie dienen nicht der Verhinderung oder der
   Abwehr eines bevorstehenden konkreten Eingriffs, sondern sollen das Eigentum allgemein gegen
   Diebe sicher machen. Der auf die einzelne Rechtsgutverletzung entfallende Anteil der aufgewendeten
   Kosten lässt sich nicht ermitteln; dies ist aber Voraussetzung für eine Schadenszurechnung.[5]
2. **Allgemeine Bearbeitungskosten:** Der BGH versagt auch die Erstattung von Auslagen für Porto, Tele-
   fon und Papier (allgemeine Verwaltungskosten). Soweit diese Auslagen für die Einleitung eines Straf-

---

1 Vgl. Motive II, S. 18: »Die selbstverständliche Voraussetzung für jeden Schadensersatzanspruch ist,
  dass der Schaden, dessen Ersatz verlangt wird, im Kausalzusammenhange mit derjenigen Handlung
  oder Unterlassung des Verpflichteten steht, welche den Anspruch begründet.«
2 Vgl. § 215 E II: Die Ersatzpflicht wegen Nichterfüllung einer Verbindlichkeit erstreckt sich nicht auf
  den Schaden, dessen Entstehung nach den Umständen, welche der Schuldner kannte oder kennen
  musste, außerhalb des Bereiches der Wahrscheinlichkeit lag.« Vgl. *Mugdan* II, S. 511 (Protokolle).
3 Vgl. *Musielak*, JA 2013, 241.
4 *BGH* NJW 2012, 2964 (Zurechnungszusammenhang verneint für Folgeschäden, soweit sie ab einem
  gewissen Zeitpunkt durch eine neurotische Begehrenshaltung geprägt sind).
5 Vgl. BGHZ 59, 286.

verfahrens entstanden sind, liegen sie außerhalb des Schutzbereichs der Schadensersatznorm: Der Eigentumsschutz erstreckt sich nicht auf die Verwirklichung des Strafanspruchs.[6]

Soweit der Inhaber Sachauslagen zur Verfolgung seiner zivilrechtlichen Ansprüche geltend macht, besteht zwar grundsätzlich ein materiellrechtlicher Erstattungsanspruch. Für die selbstständige klageweise Geltendmachung fehlt aber das Rechtsschutzbedürfnis, da diese Auslagen im Kostenfestsetzungsverfahren (§§ 103 f. ZPO) durchgesetzt werden können.[7]

3. **Fangprämie:** Die Fangprämie weist einen konkreten Bezug zum Diebstahl auf, weil gerade der von B begangene Diebstahl dazu geführt hat, die Fangprämie auszuzahlen. Die Fangprämie ist daher nach h. M. grundsätzlich erstattungsfähig.[8] Der BGH hält grundsätzlich nur eine Prämie bis zu 50 DM (im Jahr 1979) für vertretbar und differenziert darüber hinaus nach dem Wert der entwendeten Güter.[9]

4. Folgt man der h. M., kann K von B Zahlung von 25 € verlangen.

Weitere Beispiele:

– Ersatzfähig sind als Kosten der Störungsbeseitigung auch die Kosten zur Vorbereitung des Abschleppvorgangs eines unberechtigt geparkten Kfz, nicht aber die Kosten die lediglich der Störungsfeststellung dienen, wie etwa Kosten der Parkraumüberwachung.[10]

– Der Schädiger hat grundsätzlich auch für eine psychische Fehlverarbeitung als haftungsausfüllende Folgewirkung eines Unfallgeschehens einzustehen. Der Zurechnungszusammenhang ist aber unter Schutzzweckgesichtspunkten ausnahmsweise dann zu verneinen, wenn der Geschädigte den Unfall in neurotischem Streben nach Versorgung und Sicherheit lediglich zum Anlass nimmt, den Schwierigkeiten und Belastungen des Erwerbslebens auszuweichen.[11]

– Eine Zurechnung kann auch dann ausscheiden, wenn das Schadensereignis ganz geringfügig ist (Bagatelle).

II. Sonderfragen

4 Bei der »hypothetischen Kausalität« und dem »rechtmäßigen Alternativverhalten« geht es um die Frage, ob der Schädiger dadurch entlastet wird, dass der Schaden aufgrund einer anderen Ursache oder auch bei recht- oder pflichtgemäßem Verhalten eingetreten wäre.[12] Gesetzliche Regelungen zur hypothetischen Kausalität enthalten die §§ 287 S. 2 Hs. 2 und 848 Hs. 2, zum rechtmäßigen Alternativverhaltens die §§ 831 Abs. 1 S. 2 (vgl. → § 18 Rn. 13), 832 Abs. 1 S. 2, 833 S. 2, 834 S. 2, 836 Abs. 1 S. 2.

Beispiele:

– Schadensanlage: Das durch einen Unfall zerstörte Auto wäre durch einen Kabelbrand wenig später auch zerstört worden.

– Eingreifen Dritter: G wird bei einem Autounfall verletzt, weil S auf das Auto des G auffährt. Wäre S nicht auf den G aufgefahren, so hätte dies der nachfolgende D getan und den gleichen Schaden herbeigeführt.

– Naturereignis: Der Wagen des E wird infolge eines von S verschuldeten Unfalls beschädigt. E lässt den Wagen abschleppen und stellt ihn in seine Garage. In der darauffolgenden Nacht setzt ein Blitz die Garage in Brand. Das Auto brennt vollständig aus.

---

6 BGHZ 75, 230.

7 BGHZ 75, 230.

8 Vgl. Palandt/*Grüneberg*, § 249 Rn. 63 m. w. N. Nicht erstattungsfähig sind hingegen mangels Kausalität die Kosten für die Überwachung eines Parkplatzes hinsichtlich unberechtigten Parkens, *BGH* NJW 2012, 528; *BGH* VersR 2015, 466.

9 BGHZ 75, 230.

10 *BGH* NJW 2012, 528; → § 24 Rn. 6.

11 *BGH* VersR 2015, 590; BGHZ 132, 341; BGHZ 137, 142.

12 Vgl. *Musielak*, JA 2013, 241.

– Verhalten des Geschädigten: S zerstört aus Unachtsamkeit den Fernseher des G. Diesen wollte G am nächsten Tag zum Sperrmüll geben.
– Verhalten des Schädigers: Auch wenn S mit seinem Kfz ordnungsgemäß gefahren wäre, hätte er den Unfall mit dem Geschädigten G nicht vermeiden können (rechtmäßiges Alternativverhalten als Unterfall der hypothetischen Kausalität).

Die hypothetische Kausalität und das rechtmäßige Alternativverhalten betreffen Probleme der Zurechnung, nicht der Kausalität im natürlichen Sinne:[13] Ein konkreter Schaden ist durch den Schädiger kausal (i. S. der conditio sine qua non-Formel) herbeigeführt worden; denkt man das schädigende Ereignis weg, so entfällt zunächst auch der konkrete Schaden.[14] Die Reserveursache hat sich nicht ausgewirkt. Es stellt sich dennoch die Frage, ob die (wertende) Zurechnung des Schadens nicht deshalb auszuschließen ist, weil der Schaden zeitlich später auch ohne das schädigende Verhalten des Schädigers oder auch bei rechtmäßigem Verhalten des Schädigers eingetreten wäre.   5

1. Hypothetische Kausalität

Bei der Schadenszurechnung stellt sich die Frage, ob sich der Schädiger[15] darauf berufen kann, dass der Schaden ganz oder teilweise auch ohne sein Verhalten aufgrund einer anderen Ursache (Reserveursache) entstanden wäre (**hypothetische oder überholende Kausalität**).[16] Es ist zwischen den unmittelbaren Objektschäden und den Dauer- und mittelbaren Folgeschäden zu unterscheiden.[17]   6

Bei **unmittelbaren Objektschäden** schließt das hypothetische Ereignis die Schadenszurechnung nicht aus. Der (Erst-)Schädiger haftet für den von ihm verursachten Schaden (vgl. aber zur Schadensanlage → Rn. 9).   7

Beispiel: B zerstört bei Bauarbeiten ein Fernmeldekabel des K. K verlegt deshalb an anderer Stelle neue Kabel und verlangt dafür von B Schadensersatz. B wendet ein, die Verlegung neuer Kabel an anderer Stelle hätte nach jedem anderen Schadensfall auch vorgenommen werden müssen und die entstandenen Kosten verursacht (BGHZ 125, 56, 61 f.; vgl. auch BGHZ 29, 207, 215).
B zerstört rechtswidrig und schuldhaft das Eigentum des K und ist deshalb zum Ersatz des daraus entstehenden Schadens verpflichtet (vgl. § 823 Abs. 1 a. E.). (a) Der Anspruch ist grundsätzlich auf Naturalrestitution gerichtet (§ 249 Abs. 1). (b) Bei der Beschädigung einer Sache kann der Geschädigte den für die Herstellung erforderlichen Geldbetrag verlangen (§ 249 Abs. 2 S. 1). Weil der Herstellungsanspruch (§ 249 Abs. 1) nicht auf die Wiederherstellung der beschädigten Sache selbst beschränkt, sondern in umfassenderer Weise darauf gerichtet ist, einen wirtschaftlich gleichwertigen Zustand wiederherzustellen und dies auch die Verlegung der Kabel an anderer Stelle erfasst, kann K auch die Kosten für diese Verlegung der Kabel an anderer Stelle verlangen. Dass die Verlegung an anderer Stelle wirtschaftlich unvernünftig wäre (Kriterium der Erforderlichkeit, vgl. → § 24 Rn. 10), ist nicht ersichtlich.[18] (c) Dieser Schaden ist durch die Eigentumsverletzung kausal i. S. der conditio sine qua non-Formel verursacht worden und dem B auch zuzurechnen. Unbeachtlich ist der Einwand des B, die alten Leitungen würden bei jedem an-

---

13 BGHZ 104, 355 m. w. N.
14 Vgl. etwa *BGH* NJW 1967, 551, 551 f.
15 Zur Beweislast des Schädigers z. B. *BGH* NJW 2016, 3522 (hypothetischer Kausalverlauf bei einer – mangels wirksamer Einwilligung – rechtswidrig ausgeführten Operation).
16 Dogmatischer Ansatzpunkt ist (nach der Rechtsprechung) die Schadensberechnung. Kritisch MüKoBGB/*Oetker*, Bd. 2, § 249 Rn. 208.
17 BGHZ 29, 207; BGHZ 125, 56; *BGH* DB 1979, 352; Palandt/*Grüneberg*, Vorb v § 249 Rn. 55 ff.; *Larenz*, SR I, § 30 I, S. 525; *Medicus/Petersen*, BR, Rn. 850 f.; a. A. *Lange/Schiemann*, § 4 VII und VIII, S. 188 ff.; *Grunsky*, Jura 1979, 57, 64; differenzierend *Deutsch*, Allgemeines Haftungsrecht, Rn. 179 ff.
18 Vgl. zum Gebot der Wirtschaftlichkeit i. S. des § 249 Abs. 2 S. 1 BGHZ 115, 364, 368 f. sowie → § 24 Rn. 10.

deren Schadensfall auch an anderer Stelle verlegt werden. Eine spätere Beschädigung ist als eine Reserveursache ohne rechtliche Bedeutung: Hypothetische Ereignisse, die zu einem späteren Zeitpunkt aus anderem Anlass eintreten und die gleichen Kosten (Schäden) auslösen, haben grundsätzlich bei der Zurechnung außer Betracht zu bleiben. (d) B ist deshalb zum Ersatz der Herstellungskosten verpflichtet.

8 Dagegen ist bei **Dauerschäden und (mittelbaren) Folgeschäden** (z. B. entgangenen Nutzungen, Verlust laufender Einkünfte und entgangenem Gewinn) das hypothetische Ereignis zu berücksichtigen. Der Schädiger braucht nur für den bis zum Zeitpunkt des Eintritts der Reserveursache entstehenden Schaden aufzukommen.[19]

Beispiel: Dem K wird infolge Denunziationen des B fristlos gekündigt. Deshalb verlangt K von B Ersatz für den Verlust zukünftiger laufender Einkünfte. B wendet ein, dass dem K ein Jahr später sowieso gekündigt worden wäre, weil die Abteilung, in der K beschäftigt war, aufgelöst und allen Arbeitnehmern (rechtswirksam) betriebsbedingt gekündigt worden ist (BGHZ 10, 6; *BGH* LM BGB § 249 [Ba] Nr. 23). Welche Ansprüche hat K gegen B?
K kann von B Schadensersatz aus § 826 verlangen, weil B den K vorsätzlich sittenwidrig geschädigt hat. (a) Der Schaden besteht im Verlust der laufenden Einkünfte (vgl. Differenzhypothese). (b) Es stellt sich die Frage, inwieweit die Tatsache, dass dem K sowieso ein Jahr später rechtswirksam gekündigt worden wäre (Reserveursache), schadensrechtlich zu berücksichtigen ist. Nach dem BGH kann der Schaden nur ermittelt werden, wenn die Stellung des Geschädigten im Erwerbsleben und die Verdienstmöglichkeiten berücksichtigt werden, die ohne die schädigende Handlung und den Verlust der früheren Berufsposition in Zukunft bestanden haben würden. Es muss hypothetisch ermittelt werden, welche Einnahmen ein Schadensersatzgläubiger ohne den Verlust seiner Stellung in einem bestimmten Zeitraum gehabt hätte. Dabei sind günstige und ungünstige Entwicklungen zu berücksichtigen. Der hypothetische Ursachenzusammenhang muss zur Überzeugung des Richters feststehen. Da feststeht, dass dem K ein Jahr später sowieso gekündigt worden wäre, kann der Geschädigte Schadensersatz nur bis zum Zeitpunkt der (hypothetischen) Kündigung verlangen, nicht aber darüber hinaus.[20]

2. Schadensanlage

9 Bei hypothetischer Betrachtung nachträglich auftretender Umstände können nach der Rechtsprechung und h. L. schadensrechtlich nur berücksichtigt werden, wenn sie der Sache als **Schadensanlage** im Zeitpunkt der Schädigung bereits innewohnten und binnen kurzem denselben Schaden herbeigeführt hätten.[21] Hat das beschädigte Rechtsgut schon eine Schadensanlage, wird dem (Erst-)Schädiger nur der Nachteil zugerechnet, der nicht durch die Schadensanlage bedingt ist (z. B. Schaden wegen des früheren Eintritts der Rechtsgutverletzung als bei Realisierung der Schadensanlage). Insofern beschränkt die Schadensanlage die Zurechnung einer Rechts-(gut-)verletzung oder eines Schadens.[22]

Beispiele:

– Zur Anlegung einer Brandgasse (im Jahr 1944) lässt die Stadt B das Vorder- und Hinterhaus des K abreißen, obwohl nach der öffentlich-rechtlichen Verfügung der B nur das Vorderhaus abgerissen werden soll. Allerdings ist auch das Hinterhaus zum Abbruch bestimmt, bei Erlass der Verfügung durch B ist

---

19 Ob einschränkende Voraussetzungen bestehen (wie etwa eine Schadensanlage im Zeitpunkt des schädigenden Ereignisses), ist umstritten (vgl. BGHZ 10, 6).
20 Die Berücksichtigung hypothetischer Ursachen für zukünftige Dauerschäden wird vom BGH jedenfalls dann bejaht, wenn der hypothetische Ursachenzusammenhang an Umstände anknüpft, die schon zur Zeit des schädigenden Ereignisses in der Person des Schadensersatzgläubigers selbst liegen (BGHZ 10, 6).
21 BGHZ 125, 56.
22 Früher sah die Rechtsprechung in der Schadensanlage ein Problem der Schadensberechnung (vgl. BGHZ 29, 207).

aber vergessen worden, dieses in die Abrissverfügung mit einzubeziehen. K verlangt von B Schadensersatz. B wendet ein, dass das Hinterhaus sowieso abgerissen worden wäre (BGHZ 20, 275, 280 »Brandgasse«).

Als Anspruchsgrundlage ist § 839 BGB i.V. m. Art. 131 WRV (Art. 34 GG) einschlägig (rechtswidriger Abbruch der Hinterhauses). Zu ersetzen ist der daraus entstehende Schaden. Dies könnte der Wert des abgerissenen Hinterhauses sein. Das Hinterhaus ist im Zeitpunkt des schadenstiftenden Ereignisses »anfällig« für einen späteren Abriss und damit mit einer Schadensanlage behaftet, die real vorhanden ist. Der Abbruch des Hinterhauses (reale Lage) kann deshalb die Vermögenslage des K nicht mehr beeinträchtigen, weil dieses wegen der Schadensanlage »nichts mehr wert« ist (hypothetische Vermögenslage). K hat deshalb keinen Schadensersatzanspruch gegen B.

– Infolge unsachgemäßer Baggerarbeiten stürzt ein Haus ein. Dieses Haus wäre auch ohne die Baggerarbeiten, infolge bereits vorhandener, im Krieg durch Fliegerbomben hervorgerufener Schäden, wenn auch zeitlich später, eingestürzt (*BGH* MDR 1952, 214).
  Im haftungsausfüllenden Tatbestand des § 823 Abs. 1 stellt sich die Frage nach dem Umfang des Schadens. Die tatsächlich wirksam gewordene Schadensursache (Baggerarbeiten) trifft auf ein bereits im Wert gemindertes Schadensobjekt. Deshalb kann der Geschädigte keinen vollen Schadensersatz verlangen. Vielmehr muss der Schädiger nur insoweit Schadensersatz leisten, als dem Geschädigten durch die vorzeitige Verwirklichung der Schadensanlage ein Verlust erwachsen ist. Also: Schadensersatz »für den zu frühen Schaden«.

– »Fernmeldekabel«-Fall, Sachverhalt → Rn. 7. Im Fall ist streitig, ob K zur Beseitigung der Kabel (wegen erloschenen Fernmelderechts) verpflichtet gewesen wäre (§ 1004). Dann hätten die Kabel ohnehin verlegt werden müssen und wären mit einer Schadensanlage behaftet gewesen; diese hätte die Zurechnung des Schadens ausgeschlossen. Weil der Beseitigungsanspruch aber verjährt ist, liegt eine Schadensanlage nicht vor. Der Schaden ist damit dem Schädiger zuzurechnen.

3. Rechtmäßiges Alternativverhalten

Eine besondere Fallgruppe der »hypothetischen Kausalität« stellen die Fälle des **recht-** 10 **mäßigen Alternativverhaltens** dar.[23] Der Schädiger beruft sich darauf, dass der eingetretene Schaden auch bei rechtmäßigem Verhalten entstanden wäre. Der Einwand rechtmäßigen Alternativverhaltens ist grundsätzlich relevant und schließt eine Schadenszurechnung aus. Dogmatischer Ansatzpunkt für den Ausschluss der Haftung ist der Schutzzweck der Haftungsnorm (Pflichtwidrigkeitszusammenhang):[24] Schäden, die auch bei rechtmäßigem Verhalten eingetreten wären, werden vom Schutzzweck der Haftungsnorm regelmäßig nicht erfasst.

Beispiele:

– Der behandelnde Arzt wird vom Patienten auf Schadensersatz in Anspruch genommen, weil sich ein Risiko verwirklicht hat, über das der Patient nicht aufgeklärt worden ist. Eine Schadenszurechnung (haftungsausfüllender Tatbestand) scheidet aus, wenn der Patient bei ordnungsgemäßer Aufklärung über die Risiken des Eingriffs seine Einwilligung ebenfalls erteilt hätte (BGHZ 90, 103; die Beweislast hierfür trägt der Schädiger[25]).

– Bei Einwilligung in eine Operation nur durch den Chefarzt ist der Einwand (hypothetisch möglichen) rechtmäßigen Alternativverhaltens, dass der Patient auch mit der Vornahme des Eingriffs durch einen anderen Operateur einverstanden gewesen wäre, nicht erheblich, weil dies dem Schutzzweck des Einwilligungserfordernisses bei ärztlichen Eingriffen widerspricht (*BGH* VersR 2016, 1191).

---

23 Zur dogmatischen Einordnung vgl. *Musielak*, JA 2013, 241; *Looschelders*, SR AT, Rn. 997.
24 Vgl. *Medicus/Petersen*, BR, Rn. 852.
25 BGHZ 192, 298. Ablehnend dagegen unter Berufung auf einen weiten Schutzzweck der ärztlichen Aufklärung *Musielak*, JA 2013, 241; *Brox/Walker*, Schuldrecht AT, § 30 Rn. 16.

11 **Fall (BAGE 35, 179; *BAG* NJW 1984, 2846):** A verpflichtet sich gegenüber dem Unternehmer B, am 1.10. eine Stelle bei B anzutreten. Es wird eine Probezeit von drei Monaten vereinbart. Kurz vor dem 1.10. teilt A mit, er wolle Geschäftsführer bei seinem bisherigen Arbeitgeber V bleiben und werde seine Stelle bei B nicht antreten. Um die von A nicht angetretene Stelle besetzen zu können, muss B vier Zeitungsinserate aufgeben. Die Kosten hierfür verlangt B von A. A beruft sich darauf, er hätte ohnehin das Arbeitsverhältnis während der Probezeit wieder kündigen können, und im Falle dieser rechtmäßigen Kündigung wären die Inseratskosten auch angefallen.

Lösung:

1. A tritt seine Stelle der Kündigungsfrist zuwider nicht an und begeht schuldhaft eine Pflichtverletzung (§ 280 Abs. 1). Er ist dem B deshalb aus §§ 611, 280 Abs. 1 und Abs. 3, 281 Abs. 1 und Abs. 2 Alt. 1 (Arbeitsvertragsbruch wegen Nichtantritt der Arbeit) zum Schadensersatz verpflichtet (haftungsbegründender Tatbestand).
2. Zu ersetzen ist der aus der Pflichtverletzung entstehende Schaden (vgl. § 280 Abs. 1 S. 1 a. E., haftungsausfüllender Tatbestand).
   a) Ohne die Pflichtverletzung hätte B die Inseratskosten nicht aufwenden müssen (conditio sine qua non-Formel).
   b) Fraglich ist der Schutzzweck der Norm. Der Schaden (Inseratskosten) müsste in den Schutzbereich der verletzten Vertragsnorm (Nichtantritt der Arbeit bzw. Nichteinhaltung der Kündigungsfrist) fallen. Der Schutzzweck der arbeitsvertraglichen Kündigungsfrist beschränkt sich darauf, beiden Parteien einen ausreichenden Zeitraum zu gewährleisten, um die Voraussetzungen für einen Anschlussvertrag zu schaffen.[26] Die Pflicht zur Einhaltung der Kündigungsfrist soll nicht vor Schäden bewahren, die der Arbeitgeber sowieso hätte aufwenden müssen. Deshalb sind nur die Schäden zu ersetzen, die durch die vorzeitige Beendigung des Vertrages entstehen und bei vertragsmäßiger Einhaltung der Kündigungsfrist nicht entstanden wären.[27] Nicht erfasst sind die Schäden, die auch bei rechtmäßigem Verhalten entstanden wären. Dies trifft auf Werbekosten (regelmäßig) zu, weil sie auch bei rechtmäßiger Kündigung entstanden wären, nur zeitlich später. Dass wegen des Vertragsbruchs zusätzliche oder besondere Inseratskosten entstanden sind, die bei rechtmäßiger Kündigung nicht entstanden wären, ist nicht vorgetragen worden.
3. B hat keinen Schadensersatzanspruch gegen A.

4. Zusammenfassung

12

Sonderfragen der Zurechnung
Im Rahmen der haftungsausfüllenden Kausalität (Zusammenhang zwischen der Pflichtverletzung bzw. Rechts-(gut-)verletzung und dem Schaden) 1. Hypothetische Kausalität Der Schaden wäre ganz oder teilweise auch ohne das Verhalten des Schädigers aufgrund einer anderen Ursache entstanden. Bei unmittelbaren Objektschäden schließt das hypothetische Ereignis die Schadenszurechnung nicht aus. Bei Dauerschäden und Folgeschäden (z. B. entgangenen Nutzungen, Verlust laufender Einkünfte und entgangenem Gewinn) ist das hypothetische Ereignis zu berücksichtigen (→ Rn. 7 f.). 2. Schadensanlage Der (Erst-)Schädiger haftet nur für den nicht durch die Schadensanlage bedingten Nachteil (→ Rn. 9).

---

26 *BAG* NJW 1984, 2846, 2847.
27 Dies ist der sog. Verfrühungsschaden, also der Schaden, der wegen verfrühter Beendigung des Arbeitsvertrages entsteht und bei späterer rechtmäßiger Kündigung nicht eingetreten wäre.

3. Rechtmäßiges Alternativverhalten
Schäden, die auch bei rechtmäßigem Verhalten entstanden wären, werden vom Schutzzweck der Haftungsnorm grundsätzlich nicht erfasst (→ Rn. 10).

B. Vorteilsausgleichung

In Schadensfällen kann es vorkommen, dass der Geschädigte infolge des schädigenden **13** Ereignisses nicht nur Nachteile erleidet, sondern auch Vorteile erlangt. Es stellt sich die Frage, ob diese Vorteile schadensmindernd zu berücksichtigen sind (**Vorteilsausgleichung**, sog. compensatio lucri et damni).

Beispiel: »Ein Jockey überanstrengt gegen das ausdrückliche Verbot des Eigentümers das Rennpferd. Er gewinnt den Preis, aber das Pferd geht ein.«[28] Der Jockey ist zum Schadensersatz (Wert des Pferdes) verpflichtet (§§ 280, 823 Abs. 1). Fraglich ist, ob sich der Eigentümer die Siegprämie auf seinen Anspruch schadensmindernd anrechnen lassen muss.[29]

Bei rein natürlicher Betrachtung (conditio sine qua non-Formel) mindert der erlangte Vorteil den eingetretenen Schaden. Diese Rechtsfolge ist aber wertungsmäßig nicht (immer) haltbar. Ob ein Vorteil schadensmindernd zu berücksichtigen ist, erfordert deshalb eine wertende Entscheidung.

Vertiefungshinweis: Berücksichtigung der Vorteilsausgleichung bei § 249 Abs. 2 und § 251 **14** Die Frage der Vorteilsausgleichung wird vor allem relevant, wenn es um den Ersatz des zur Wiederherstellung erforderlichen Geldbetrages (§ 249 Abs. 2) geht; dieser Geldbetrag kann in Höhe des erlangten Vorteils zu mindern sein. Bei § 251 Abs. 1 (Wert- oder Summeninteresse) könnte der erlangte Vermögensvorteil bei der Berechnung der Höhe des Vermögensschadens zu berücksichtigen sein; beim Vergleich der realen mit der hypothetischen Vermögenslage liegt eine um den Vorteil geminderte Differenz der Vermögenswerte vor; bei Anwendung der Differenzhypothese (vgl. dazu → § 23 Rn. 8) würden diese Vorteile die Höhe des Schadens von vornherein mindern.

Das Gesetz enthält keine allgemeine Regel zur Vorteilsausgleichung, sondern nur we- **15** nige Einzelbestimmungen (z. B. §§ 642 Abs. 2, 843 Abs. 4). Im Übrigen hat der Gesetzgeber die Beantwortung dieser Frage der Wissenschaft und Praxis überlassen.[30] Die Rechtsprechung[31] berücksichtigt Vorteile bei der Berechnung des Schadens unter den Voraussetzungen, dass

1. der Vorteil mit dem schädigenden Ereignis in einem adäquaten Kausalzusammenhang steht und
2. die Berücksichtigung des Vorteils dem Geschädigten zumutbar ist und den Schädiger nicht unangemessen entlastet; dafür ist der Zweck des Schadensersatzanspruchs und der Vorteilsgewährung mit Rücksicht auf die gesamte Interessenlage maßgeblich.

---

28 Originalfall nach *Heck,* Grundriß des Schuldrechts, Nachdruck 1974, S. 49 f.
29 Nach *Heck* (Grundriß des Schuldrechts, Nachdruck 1974, S. 50) ist die Siegprämie schadensmindernd anzurechnen.
30 Motive II, 18 f.
31 BGHZ 10, 107; 49, 56; BGHZ 91, 206; *BGH* NJW 2007, 3130, 3132 m.w.N.; zur Berücksichtigung von Steuervorteilen *BGH* NJW-RR 2013, 611; BGHZ 201, 45 (Vorteil der Vorsteuerabzugsberechtigung).

Der Rechtsgedanke der Vorteilsausgleichung folgt aus dem Grundsatz von Treu und Glauben (§ 242).[32] Er führt dazu, dass der zu ersetzende Schaden automatisch in Höhe des erlangten Vorteils herabgesetzt wird. Im Folgenden werden die **wichtigsten Fallgruppen** aufgeführt.

I. Leistungen Dritter

16   In zahlreichen Normen ist bestimmt, dass die **Unterhaltsleistung** eines Dritten den Anspruch des Geschädigten nicht ausschließt (§§ 843 Abs. 4, 844 Abs. 2, 618 Abs. 3, § 9 Abs. 2 ProdHaftG, § 13 Abs. 2 StVG). Dem ist der allgemeine Rechtsgedanke zu entnehmen, dass Leistungen eines Unterhaltspflichtigen nach ihrem Zweck den Schädiger nicht entlasten sollen.[33] Es findet also keine Vorteilsausgleichung statt, wenn dem Geschädigten Unterhalt geleistet und damit der Schaden eigentlich rein rechnerisch ausgeglichen wird.

17   Eine andere wichtige Fallgruppe ist die **Entgeltfortzahlung** des Arbeitgebers an den Arbeitnehmer. Die Entgeltfortzahlungsansprüche sollen den Arbeitnehmer schützen und nicht den Schädiger entlasten, der die Arbeitsunfähigkeit (schuldhaft) verursacht hat. Deshalb wird das fortgezahlte Entgelt nicht auf den (Erwerbs-)-Schaden angerechnet. Der Vorteil der Entgeltsfortzahlung mindert also den Schaden nicht.[34]

Beispiel: Der Angestellte A wird von dem Lieferwagen des verkehrswidrig fahrenden B angefahren und verletzt. A ist einen Monat arbeitsunfähig; sein Arbeitgeber G zahlt das Gehalt weiter. Kann A von B Ersatz des Verdienstausfalls für die Zeit der Arbeitsunfähigkeit verlangen?
(1) B ist aus § 7 Abs. 1 StVG sowie § 823 Abs. 1 zum Schadensersatz verpflichtet. Davon erfasst ist auch der Verdienstausfall (vgl. § 252). Die gesetzliche Entgeltfortzahlung schließt den Schaden nicht aus. Die Entgeltfortzahlung soll den Arbeitnehmer schützen und ihm zugute kommen, nicht aber den Schädiger entlasten. Entsprechend dem Zweck der Entgeltfortzahlung kommt eine Vorteilsausgleichung nicht in Betracht. (2) Infolge der Entgeltfortzahlung tritt aber eine Legalzession ein (§ 6 EFZG), sodass A nicht mehr anspruchsberechtigt (aktivlegitimiert) ist. Diese Legalzession belegt, dass eine Vorteilsausgleichung gesetzlich nicht gewollt ist.

18   Bestimmte **Leistungen Dritter, die der Geschädigte regelmäßig »erkauft« hat,** werden nicht als Vorteil auf den Schadensersatzanspruch schadensmindernd angerechnet:
–   Leistungen aus der Sozialversicherung (§ 116 SGB X);
–   Leistungen aus einer privaten Lebens- oder Unfallversicherung oder aus einer Schadensversicherung (Feuer, Diebstahl, Kfz-Kaskoversicherung[35]).

Beim Anfall einer **Erbschaft** ist zu differenzieren. Der Stammwert der Erbschaft ist grundsätzlich nicht anzurechnen, wenn der Hinterbliebene sie später erworben hätte.[36] Dagegen sind die Erträgnisse der Erbschaft nach der h. M. bis zum späteren Zeitpunkt des voraussichtlichen sonstigen Anfalls der Erbschaft grundsätzlich schadensmindernd anzurechnen.[37]

---

32 BGHZ 91, 206.
33 BGHZ 9, 179.
34 Vgl. BGHZ 43, 378.
35 *BGH* VersR 2009, 1130.
36 BGHZ 8, 325; vgl. zu den Ausnahmen BeckOK BGB/*Flume*, § 249 Rn. 357.
37 MüKoBGB/*Oetker*, Bd. 2, § 249 Rn. 271 f. m. w. N. zur herrschenden und abweichenden Meinung sowie zu Ausnahmen.

Werden von einem Dritten aus Anlass des Schadensfalles freiwillig Leistungen erbracht **19** (z. B. **Schenkung**), so will der Dritte damit regelmäßig nicht den Schädiger entlasten. Auch diese Leistungen sind nicht als Vorteil anrechnungsfähig.

> **Fall (BGHZ 49, 56):** Nach dem Auszug verweigert der Mieter M, die vertraglich geschuldeten Schönheitsreparaturen auszuführen. Daraufhin verlangt Vermieter V von M Schadensersatz für die unterbliebenen Schönheitsreparaturen. V vermietet die Wohnung an den neuen Mieter D, der entsprechend einer vertraglichen Vereinbarung die Schönheitsinstandsetzung auf eigene Kosten vornimmt. M wendet nun die schon ausgeführten Schönheitsreparaturen durch D ein.

Lösung:
1. V kann von M Schadensersatz statt der Leistung aus §§ 535, 280 Abs. 1 und Abs. 3 i.V. m. § 281 Abs. 1 verlangen.[38]
   a) M erbringt die Schönheitsreparaturen nicht wie geschuldet (§ 281 Abs. 1).
   b) Eine Fristsetzung ist wegen endgültiger und ernsthafter Leistungsverweigerung entbehrlich (vgl. § 281 Abs. 2 Alt. 1).
   c) Mit dem Schadensersatzverlangen ist der Anspruch auf Leistung ausgeschlossen.
2. Deshalb schuldet M Schadensersatz statt der Leistung.
   a) Der Schaden besteht (hier im Zeitpunkt des Schadensersatzverlangens) entsprechend der Differenzhypothese in der Nichtrenovierung der Wohnung. Dafür kann V nach § 251 Abs. 1 (wegen § 281 Abs. 4, Unmöglichkeit der Herstellung) eine Entschädigung in Geld verlangen; die unterbliebene Renovierung begründet zugleich einen Vermögensschaden (Kommerzialisierungsgedanke).
   b) Fraglich ist, ob der Schaden infolge der Renovierung durch D entfallen ist. Ob eine spätere Beseitigung des Schadens den einmal entstandenen Schadensersatzanspruch beeinflusst, richtet sich nach den Grundsätzen der Vorteilsausgleichung.
      aa) Erforderlich ist ein adäquater Zusammenhang zwischen Vorteil und schädigendem Ereignis. Daran könnten hier schon Zweifel bestehen: D könnte deshalb renovieren, weil er sich aufgrund seines Mietvertrages dem V gegenüber dazu verpflichtet hat (Abbruch der Kausalität aufgrund selbstständigen Entschlusses eines Dritten). Auf die Frage der adäquaten Kausalität kommt es aber nicht allein an.
      bb) Darüber hinaus darf die Vorteilsausgleichung unter Berücksichtigung aller Umstände nicht unbillig sein. Die Renovierung beruht auf einer vertraglichen Vereinbarung zwischen D und V, die den M nichts angeht. V hat D als neuen Mieter gewonnen, und beide handeln nur im eigenen Interesse und nicht zur Entlastung des M. Die Renovierung durch D zugunsten des M zu berücksichtigen, wäre deshalb unbillig und bedeutete eine nicht zu rechtfertigende Begünstigung des M. Deshalb kommt eine Vorteilsausgleichung nicht in Betracht.
      cc) V erfüllt durch die Beibringung eines Nachmieters auch keine ihm nach § 254 Abs. 2 S. 1 Alt. 2 obliegende Schadensminderungspflicht; eine derartige Pflicht besteht hier nicht. Auch insoweit lässt sich eine Vorteilsausgleichung nicht begründen.
3. M ist deshalb zum Ersatz des Summeninteresses für die Renovierung verpflichtet.

II. Ersparte Aufwendungen

Ersparte Aufwendungen, die mit dem Schadensereignis in adäquatem Ursachen- **20** zusammenhang stehen, sind dem Geschädigten grundsätzlich als Vorteil anzurechnen. Dies gilt nicht, wenn die Ersparnis auf einem objektiv nicht zumutbaren Verzicht beruht.

---

38 Die endgültige Erfüllungsverweigerung ist kein Sonderfall des Verzugs, sondern eine positive Forderungsverletzung (BGHZ 49, 56).

Beispiele:

- Bei einem unfallbedingten Krankenhaus- oder Kuraufenthalt sind die ersparten häuslichen Verpflegungskosten (ca. 10 € täglich) auf den Erwerbsschaden (§ 252 S. 1) anzurechnen (*OLG Hamm* NJW-RR 2001, 456).
- Bei der Anmietung eines Ersatzfahrzeuges erspart der Geschädigte Eigenaufwendungen für seinen Pkw, insbesondere die Abnutzung seines eigenen Fahrzeugs. Diese Eigenersparnisse muss er sich anrechnen lassen. Der Vorteil wird ausgeglichen, indem auf die Mietwagenkosten ein pauschalierter Satz von 3 %[39] bis ca. 15 %[40] angerechnet wird.[41]

21 **Fall (vgl. BGHZ 91, 206):** B erstellt für K ein Reihenhaus. Die einzubauenden Wärmeschutzfassaden erweisen sich nachträglich als mangelhaft. Nachdem K dem B eine Frist zur Beseitigung des Mangels gesetzt hat, verlangt er von B die Kosten für die Beseitigung des Mangels. B wendet ein, eine Mängelbeseitigung erfordere eine Fassadenerneuerung, die höherwertiger als die vertraglich geschuldete Leistung sei, und bringe dem K deshalb beträchtliche Vermögensvorteile, die er (B) dem K nicht schulde. Wie ist die Rechtslage?

Lösung:

1. K hat, wenn er den Mangel beseitigen lässt[42], einen Anspruch aus §§ 633 Abs. 1 und Abs. 2 S. 1, 634 Nr. 2, 637 Abs. 1 (Abs. 3) auf Ersatz der Mangelbeseitigungskosten. Es liegt ein Werkmangel i. S. des § 633 Abs. 2 S. 1 vor. K setzt eine Nachfrist, die B verstreichen lässt. Damit ist der haftungsbegründende Tatbestand erfüllt.
2. B ist deshalb zum Ersatz der Kosten für die Beseitigung des Mangels verpflichtet, nach § 637 Abs. 3 zur Vorschussleistung[43]; davon erfasst sind die Kosten für die höherwertige Fassade, weil nur diese zur Mängelbeseitigung führt.
   Fraglich ist aber, ob sich K einen erlangten Vorteil anspruchsmindernd anrechnen lassen muss. Ob ein durch das schädigende Ereignis erlangter Vorteil anspruchsmindernde Bedeutung hat, richtet sich nach den Grundsätzen der Vorteilsausgleichung. Im Vertragsrecht sind nur diejenigen Vorteile anzurechnen, die der Auftraggeber allein durch die Gewährleistung außerhalb bestehender vertraglicher Verpflichtung des Auftragnehmers erlangt. Anzurechnen sind diejenigen (Mehr-)Kosten, die der Unternehmer bei der Nacherfüllung erbringen muss und die vertraglich nicht vorgesehen waren (sog. »Ohnehin-« oder **»Sowieso-Kosten«**[44]); denn der Unternehmer soll nicht mit den Kosten belastet werden, die er nach dem Vertrag nicht zu erbringen hat. Keine Vorteilsausgleichung findet dagegen statt, wenn gerade ein bestimmter Erfolg unabhängig von der Art seiner Erreichung geschuldet wird und sich der Unternehmer sonst seiner werkvertraglichen Haftung für den vereinbarten Erfolg entziehen würde, denn in diesem Fall trägt der Unternehmer das Risiko zusätzlich erforderlicher Arbeiten und Kosten.
   Weil B nur zum Einbau eines bestimmten Wärmeschutzsystems verpflichtet ist und den Einbau eines anderen nur gegen einen höheren Preis vornehmen würde, muss sich K die Mehrkosten für das neue System anspruchsmindernd anrechnen lassen.
3. Das Schadensersatzbegehren ist nicht im vollen Umfang begründet.

---

39 Vgl. *OLG Nürnberg* NJW-RR 2002, 528.
40 Vgl. *OLG München* VersR 1970, 67.
41 Vgl. BeckOK BGB/*Flume*, § 249 Rn. 156 – In jüngerer Zeit wird die Eigenersparnis wegen der technischen Verbesserungen im Kfz-Bereich eher zurückhaltend bewertet.
42 *BGH* NJW 2018, 1463. Wenn der Besteller dagegen das Werk behält und den Mangel nicht beseitigen lässt, kann er im Rahmen eines Schadensersatzanspruchs statt der Leistung (kleiner Schadensersatz) gegen den Unternehmer gemäß §§ 634 Nr. 4, 280, 281 seinen Schaden nicht nach den fiktiven Mängelbeseitigungskosten bemessen *(Aufgabe der bisherigen Rechtsprechung)*.
43 *BGH* NJW 2018, 1463.
44 Vgl. zu den sog. »Sowieso-Kosten« Palandt/*Sprau*, § 635 Rn. 7; BeckOK BGB/*Flume*, § 249 Rn. 337.

III. Eigene Leistungen des Geschädigten

Mindert der Geschädigte durch **eigene Leistungen** den entstehenden Schaden, so ist 22 diese Eigenleistung schadensmindernd anzurechnen, wenn diese Eigenleistung nach der Schadensminderungsobliegenheit des § 254 Abs. 2 geboten und zumutbar ist. Der Geschädigte erfüllt dann durch seine Eigenleistung nur seine Schadensminderungsobliegenheit gemäß § 254 Abs. 2. Dagegen sind überpflichtmäßige Anstrengungen des Geschädigten nicht anzurechnen.[45]

Beispiel: Der selbstständige Unternehmer U wird bei einem Unfall am Körper verletzt. Durch seine krankheitsbedingte Abwesenheit entgeht ihm ein Gewinn von 1.500 €. Durch zusätzliche Wochenend- und Freizeitarbeit kann U aber nach seiner Genesung 1.500 € Gewinn zusätzlich erwirtschaften. Weil diese Mehrleistung im Rahmen des § 254 Abs. 2 nicht geboten und erforderlich ist, mindert der nachträglich erwirtschaftete Gewinn nicht den ersatzfähigen Schaden (1.500 € entgangener Gewinn, § 252 S. 1).

IV. Neu für alt

Wenn Schadensersatz in Form von Naturalrestitution (§ 249 Abs. 1) oder eines zur 23 Herstellung einer Sache erforderlichen Geldbetrages (§ 249 Abs. 2 S. 1) zu leisten ist, kann die Herstellung zu einer Werterhöhung der Sache führen. Dies ist typischerweise bei Sachen der Fall, die durch Gebrauch oder Zeitdauer im Wert gesunken oder schon vorher schadhaft sind. Der Schädiger ist dann zwar zur Herstellung bzw. zur Leistung des dazu erforderlichen Geldbetrages verpflichtet (§ 249 Abs. 1 oder Abs. 2 S. 1); der Geschädigte muss sich aber die Werterhöhung anrechnen lassen, also den Wertunterschied zwischen der hergestellten neuwertigen und der gebrauchten (abgenutzten) Sache.[46] Bei einem weiten Verständnis des Rechtsinstituts der Vorteilsausgleichung, wonach der Vorteil nicht unmittelbar durch die schädigende Handlung entstanden sein muss, ist auch der Abzug »neu für alt« erfasst.[47]

Beispiele:

– S beschmiert die schon etwas vergilbte Hauswand des K mit einer Spraydose. K kann nach §§ 823 Abs. 1, 249 Abs. 2 S. 1 den zur Herstellung des Anstrichs erforderlichen Geldbetrag verlangen. Dieser stellt die Kosten zum Neuanstrich der Wand dar (nicht die Kosten zur Herstellung eines vergilbten Anstrichs). Dadurch bekommt die Hauswand aber im Vergleich zur vergilbten Wand einen höheren Wert. Diesen Vorteil muss sich K (im Rahmen des Zumutbaren) anrechnen lassen. Insoweit ist sein Schadensersatzanspruch gemindert.

– Die durch eine Eigentumsverletzung verursachte Wertsteigerung des Grundstückes (eine durch Denkmalschutz bedingte Baubeschränkung fällt weg) ist schadensmindernd zu berücksichtigen. Der Geschädigte würde sonst begünstigt, weil er die Herstellungskosten und den vorteilhaften Wegfall der Baubeschränkung erhielte. Der Schädiger wird bei Anrechnung des erlangten Vorteils nicht unbillig entlastet; die Entlastung von der Schadensersatzpflicht beruht letztendlich auf der Zufälligkeit der weggefallenen Baubeschränkung (*BGH* NJW 1988, 1837).

Unzumutbar ist die Anrechnung aus neu für alt und sich ergebender Vorteile nicht 24 schon dann, wenn dem Geschädigten eine Ausgabe aufgezwungen wird, die er sonst nicht gemacht hätte, weil sich die Ausbesserung oder Herstellung der beschädigten

---

45 BGHZ 55, 329; BGHZ 58, 174; MüKoBGB/*Oetker*, Bd. 2, § 249 Rn. 273 m. w. N.
46 Vgl. BGHZ 30, 29.
47 BGHZ 30, 29; Palandt/*Grüneberg*, Vorb v § 249 Rn. 97; für Einordnung als Problem der Schadensbemessung MüKoBGB/*Oetker*, Bd. 2, § 249 Rn. 348 ff.; *Brand*, Schadensersatzrecht, S. 108 f. m. w. N.

Sache nur in einer gegenüber dem Zustand zurzeit der Schädigung werterhöhenden Art durchführen lässt; den anzurechnenden Aufwendungen steht nämlich der Wertzuwachs der Sache gegenüber.[48]

V. Zusammenfassung

25

Vorteilsausgleichung

I. Voraussetzungen für schadensmindernde Berücksichtigung von Vorteilen
   1. Adäquater Kausalzusammenhang zwischen Vorteil und schädigendem Ereignis
   2. Wertung: Ausgleichung muss dem Geschädigten zumutbar sein und darf den Schädiger nicht unangemessen entlasten.
II. Fallgruppen
   1. Bei Leistungen Dritter (z. B. Unterhaltsleistung, Entgeltfortzahlung, Versicherungsleistungen, Erbschaft, Schenkung) findet grundsätzlich keine Vorteilsausgleichung statt (z. B. § 843 Abs. 4; → Rn. 16).
   2. Bei ersparten Aufwendungen (z. B. ersparte häusliche Verpflegungskosten bei Krankenhausaufenthalt, Abnutzung des eigenen Pkw bei Anmietung eines Ersatz-Pkw) findet eine Vorteilsausgleichung statt (→ Rn. 20).
     – P: »Sowieso-Kosten« bei Mängelbeseitigung (→ Rn. 21)
   3. Vorteilsausgleichung bei eigenen, nach § 254 Abs. 2 gebotenen Leistungen des Geschädigten; nicht bei überpflichtmäßigen Anstrengungen (→ Rn. 22).
   4. Vorteilsausgleichung bei »neu für alt«
     Geschädigter muss sich den Wertunterschied zwischen neuwertiger und gebrauchter (abgenutzter) Sache anrechnen lassen (→ Rn. 23 f.).

§ 26. Drittschadensliquidation

A. Problemstellung

1 Grundsätzlich kann nur der unmittelbar Geschädigte seinen Schaden geltend machen (Dogma des Gläubigerinteresses). Nur der unmittelbar Geschädigte, nicht der mittelbar Geschädigte hat einen Schadensersatzanspruch (vgl. → § 23 Rn. 53). In bestimmten Konstellationen kann derjenige, in dessen Person ein Schadensersatzanspruch (haftungsbegründend) erfüllt ist, keinen Schaden erleiden (= unmittelbar »Geschädigter«), jedoch ein anderer geschädigt sein, der aber keinen Anspruch auf Schadensersatz hat (= mittelbar Geschädigter). Der unmittelbar »Geschädigte« hat einen Anspruch, aber keinen Schaden, und der mittelbar Geschädigte hat einen Schaden, aber keinen Anspruch.

Die **Schadensverlagerung** von dem unmittelbar auf den mittelbar Geschädigten kann für den Schädiger **zufällig** sein und auf Gründen beruhen, aus denen der Schädiger keine Vorteile ziehen soll; sie könnten zu einer ungerechtfertigten Entlastung des Schädigers führen.[1] Um dies zu vermeiden, lassen Rechtsprechung und Lehre ausnahmsweise (als Ausnahme zur Ersatzberechtigung nur des unmittelbar Geschädigten) eine Liquidation des Drittschadens durch den unmittelbar »Geschädigten« im Interesse

---

48 BGHZ 30, 29.

1 Insoweit steht die Drittschadensliquidation der Vorteilsausgleichung nahe (vgl. → § 25 Rn. 13 ff.).

des Dritten in bestimmten Fällen zu (sog. **Drittschadensliquidation**):[2, 3] Der unmittelbar »Geschädigte« macht den Schaden des mittelbar Geschädigten geltend und verlangt Leistung an sich[4] oder gleich an den Dritten[5] oder tritt den Schadensersatzanspruch an den Dritten ab (§ 285).

Prüfungstechnisch ergeben sich folgende Konsequenzen: Es wird der haftungsbegründende Tatbestand in der Person des unmittelbar »Geschädigten«, der haftungsausfüllende Tatbestand in der Person des mittelbar Geschädigten geprüft.[6] Der Dritte muss sich (zu seinen Lasten) alle Einwendungen entgegenhalten lassen, die der Schädiger gegen den unmittelbar »Geschädigten« hat (z. B. Mitverschulden). Außerdem ist sein eigenes Verschulden (des mittelbar Geschädigten und das seiner Gehilfen) nach vertraglichen Rechtsgrundsätzen (§§ 254, 278) zu berücksichtigen (Kumulation der Einwendungen).[7]

Die Liquidation eines Drittschadens darf aber nicht zu einer Vermehrung der vom Verletzer zu befriedigenden Geschädigten und damit zu einer Erweiterung der nach Gesetz oder Vertrag begründeten Schadensersatzpflicht führen. Das Schadensersatzrisiko darf für den potenziellen Schädiger nicht unüberschaubar sein. Deshalb ist die Drittschadensliquidation auf die Fälle beschränkt, bei denen nur ein einziger Schaden entstanden ist, der, wenn der Anspruchsberechtigte auch der Träger des geschützten Rechtsgutes wäre, in dessen Person entstanden wäre; der Dritte tritt statt des Anspruchsberechtigten als Geschädigter auf.[8] Unter diesen Voraussetzungen wird das Dogma des Gläubigerinteresses (ausschließliche Ersatzberechtigung des unmittelbar Geschädigten und Risikobegrenzung für den potenziellen Schädiger) gewahrt.

Eine Schadensverlagerung liegt in folgenden Fallgruppen vor, welche die Rechtsprechung und Literatur (gewohnheitsrechtlich) anerkannt haben (vertiefend → Rn. 9 ff.):[9]

1. Mittelbare Stellvertretung,
2. Treuhand,[10]

---

2 Die Ersatzberechtigung des Verletzten für Besuchskosten naher Angehöriger während seiner Krankenhausbehandlung (der mit Krankenhausbesuchen naher Angehöriger verbundene Verdienstausfall und Fahrtenaufwand) stellt infolge der von der Rspr. geforderten Voraussetzungen (insbesondere der medizinischen Notwendigkeit für die Gesundung des Verletzten; *BGH* NJW 1991, 2340; BGHZ 106, 28) keine Ausnahme vom Dogma des Gläubigerinteresses dar (Staudinger/*Schiemann,* Vor §§ 249–254 Rn. 56; vgl. → § 23 Rn. 53).

3 Die Frage, ob und unter welchen Voraussetzungen ein Ersatzanspruch sich auch auf den einem Dritten entstandenen Schaden erstreckt, wurde der Wissenschaft überlassen (*Mugdan* II, S. 518 [Protokolle]).

4 *BGH* NJW 2016, 1089; der Anspruch auf Leistung an den unmittelbar Geschädigten ist nur ausnahmsweise zu versagen, wenn der Schuldner einwendet (und beweist), dass aufgrund besonderer Umstände der mittelbar Geschädigte im Ergebnis keinen Ersatz erlangen würde.

5 *BGH* NJW 1989, 3099.

6 Der zu ersetzende Schaden ist nicht durch den Schaden begrenzt, der ohne die Schadensverlagerung bei dem Gläubiger (Vertragspartner) entstanden wäre (*Medicus/Petersen,* BR, Rn. 838).

7 *BGH* NJW 1972, 289; *Goerth,* JA 2005, 28, 29; BeckOK BGB/*Schubert,* 50. Ed. 2015, § 249 Rn. 157. Insoweit werden der Vertrag mit Schutzwirkung zugunsten Dritter und die Drittschadensliquidation gleich behandelt.

8 BGHZ 40, 91.

9 Vgl. den Überblick zu den Fallgruppen bei BGHZ 40, 91; BGHZ 181, 12, lässt offen, ob die genannten Fallgruppen abschließend sind; vgl. auch *Goerth,* JA 2005, 28, 29 ff. Nach verbreiteter Ansicht sind die Fallgruppen nicht abschließend; vgl. *Looschelders,* SR AT, Rn. 1026 m.w.N.

10 BGHZ 181, 12; *BGH* NJW 1998, 1864. Es besteht im Schrifttum Uneinigkeit, ob die Treuhandfälle eine eigene Fallgruppe (vgl. *Brand,* Schadensersatzrecht, S. 49) oder nur einen Unterfall der Fallgruppe mittelbarer Stellvertretung bilden (vgl. Palandt/*Grüneberg,* Vorb v § 249 Rn. 108).

3. Obligatorische Entlastung aufgrund einer Gefahrtragungsregel,
4. Obhut für fremde Sachen,
5. Vereinbarung der Parteien.[11]

B. Abgrenzung zum Vertrag mit Schutzwirkung für Dritte

5   Hat der Dritte (mittelbar Geschädigte) einen eigenen Anspruch gegen den Schädiger, so besteht für eine Drittschadensliquidation kein Bedürfnis. Weil der **Vertrag mit Schutzwirkung für Dritte**[12] dem Dritten einen eigenen Schadensersatzanspruch gewährt, verdrängt er die Drittschadensliquidation. Deshalb ist der Vertrag mit Schutzwirkung für Dritte vorrangig zu prüfen.[13]

6   Entscheidendes Abgrenzungskriterium ist, dass bei der Drittschadensliquidation eine (zufällige) Verlagerung des Schadens stattfindet, während beim Vertrag mit Schutzwirkung für Dritte eine Vermehrung (Kumulierung) des Schadensersatzrisikos für den Schädiger vorliegt. Bei der Drittschadensliquidation geht es um den Ersatz desselben Schadens; der Dritte tritt statt des Anspruchsberechtigten auf (vgl. → Rn. 3).[14, 15] Beim Vertrag mit Schutzwirkung für Dritte tritt zum Schaden des Vertragspartners ein Schaden des Dritten hinzu oder kann hinzutreten; der Dritte tritt neben und nicht statt des Anspruchsberechtigten auf.

Eine Abgrenzung nach dem beeinträchtigten Rechtsgut (Drittschadensliquidation bei Sach- und Vermögensschäden, Vertrag mit Schutzwirkung für Dritte bei Körperschäden) haben Rechtsprechung und Literatur abgelehnt.[16] Ob ein bestimmter Schaden beim Vertrag mit Schutzwirkung für Dritte ersatzfähig ist, ist eine Frage des Schutzzwecks und des Einzelfalles.

7   Der konstruktive Unterschied zwischen dem Vertrag mit Schutzwirkung für Dritte und der Drittschadensliquidation lässt sich wie folgt beschreiben: Bei der Drittschadensliquidation wird der Schaden zur Anspruchsgrundlage gezogen: Der Anspruchsinhaber macht den Schaden des Dritten geltend. Beim Vertrag mit Schutzwirkung für Dritte wird die Anspruchsgrundlage zum Schaden gezogen: Der Geschädigte erhält einen eigenen Schadensersatzanspruch.[17]

---

11 In diesem Fall vereinbaren die Vertragsparteien, dass der Schaden aus der Person eines Dritten berechnet werden soll, statt aus der Person des Vertragspartners (*BGH* NJW 1974, 502). Zu prüfen ist dann aber, ob nicht ein vorrangiger Vertrag mit Schutzwirkung zugunsten Dritter vorliegt (Auslegung der Vereinbarung; vgl. Staudinger/*Schiemann*, Vor §§ 249–254 Rn. 68; *Brand*, Schadensersatzrecht, S. 48).

12 Zur st. Rspr. über die Voraussetzungen des Vertrages mit Schutzwirkung für Dritte vgl. *BGH* VersR 2017, 839 m.w.N.; zur Abgrenzung von Vertrag mit Schutzwirkung zugunsten Dritter und Drittschadensliquidation, *Hübner/Sagan*, JA 2013, 741.

13 Vgl. auch *Brand*, Schadensersatzrecht, S. 47.

14 BGHZ 40, 91.

15 Deshalb kommt es auch bei der Drittschadensliquidation – im Gegensatz zum Vertrag mit Schutzwirkung für Dritte – nicht darauf an, dass der Schädiger mit einer Haftung gegenüber dem Dritten rechnen muss (vgl. → Rn. 8).

16 BGHZ 49, 350; *BGH* NJW 1968, 1929, 1931; *Lange/Schiemann*, § 8 IV, S. 482.

17 *Medicus/Petersen*, BR, Rn. 839; MüKoBGB/*Oetker*, Bd. 2, § 249 Rn. 294; aus der Fallbearbeitung: *Laukemann*, JA 2006, 606 ff.

Fall (BGHZ 49, 350): M mietet von V Geschäftsräume in dessen Haus. V veräußert das Hausgrund- **8**
stück an K. Danach kommt es wegen einer (gefahrbegründenden) Rauchrohröffnung, die schon bei
Mietvertragsschluss vorhanden und für K nicht erkennbar war, zu einem Brand. Dabei werden in dem
Geschäft auch Waren des Dritten D zerstört, die dort lagern. D verlangt von K Schadensersatz.

Lösung:

I. D könnte gegen K einen Anspruch aus §§ 535, 536a Abs. 1 Alt. 1, 578, 566 Abs. 1 i.V. m. Vertrag mit
   Schutzwirkung zugunsten Dritter haben.
   1. Die vorhandene Rauchrohröffnung stellt einen Mietmangel i. S. des § 536 Abs. 1 S. 1 dar. Der Man-
      gel liegt bei Überlassung vor. § 536a Abs. 1 Alt. 1 begründet eine verschuldensunabhängige Garan-
      tiehaftung.
   2. Fraglich ist aber, ob aus § 536a Abs. 1 D berechtigt und K verpflichtet ist.
      a) K ist als Erwerber in die Rechtsstellung des V eingetreten (§§ 578, 566 Abs. 1; »Kauf bricht nicht
         Miete«). Damit tritt K auch in eine bestehende Garantiehaftung aus § 536a Abs. 1 Alt. 1 ein.
         Der Erwerber haftet für Schäden, die nach dem Eigentumswechsel eingetreten sind; für Schä-
         den vor dem Eigentumswechsel haftet allein der Veräußerer.
      b) D selbst ist nicht Partei des Mietvertrages. Er könnte aber mietvertragliche (Sekundär-)Ansprü-
         che erheben, wenn die Voraussetzungen des Vertrages mit Schutzwirkung zugunsten Dritter
         erfüllt sind.
         aa) Leistungsnähe. D ist bestimmungsgemäß mit der mietvertraglichen Leistung (mangelfreie
             Gewährung von Mieträumen) in Berührung gekommen und ist den daraus resultierenden
             Gefahren ebenso ausgesetzt wie der Mieter M. Auch Sachschäden sind in die Schutzwir-
             kung einbezogen. Deshalb muss dem D der gleiche Schutz zugute kommen wie dem Gläu-
             biger M selbst.
         bb) Einbeziehungsinteresse. M schuldet dem D Schutz und Fürsorge für die in seinem Geschäft
             eingelagerten Waren, er ist ihm fürsorge- und obhutspflichtig (»Wohl-und-Wehe-For-
             mel«).[18]
         cc) Erkennbarkeit des geschützten Personenkreises. Dass M Waren Dritter in seinem Geschäft
             lagert, ist für den Vermieter V erkennbar. V muss damit rechnen, dass eingelagerte Waren
             im Eigentum Dritter stehen (z. B. aufgrund einer Sicherungsübereignung oder eines Eigen-
             tumsvorbehaltes); dies ist im Geschäftsverkehr üblich und wird vom Zweck des Mietvertra-
             ges erfasst.
         dd) Schutzwürdigkeit des Dritten. D ist auch schutzwürdig, weil er keinen eigenen (vertrag-
             lichen) Anspruch hat. Mit K steht er in keinem vertraglichen Verhältnis. D hat auch keinen
             vertraglichen Anspruch gegen M (etwa § 280 [Pflichtverletzung]), weil M kein Verschulden
             trifft; Untermiete und damit § 536a Abs. 1 Alt. 1 (Garantiehaftung) liegen nicht vor.[19] Ein
             deliktischer Anspruch, der auch gegen K mangels Verletzung einer Verkehrssicherungs-

---

18 BGHZ 49, 350. Zwischenzeitlich hat der BGH anerkannt, dass die personale Fürsorgepflicht im Ver-
    hältnis des Vertragsgläubiger zum Dritten keine notwendige Voraussetzung für den Vertrag mit
    Schutzwirkung für Dritte ist (*BGH* NJW 2001, 3115, 3116). Gegenläufige Interessen von Gläubiger
    und Drittem stehen einem Vertrag mit Schutzwirkung für Dritte nicht entgegen (BGHZ 127, 378;
    BGH NJW 2002, 1196, 1997). Es wird auf die Drittbezogenheit der Leistung entsprechend dem Ver-
    tragszweck, auf das Verhältnis des Dritten zum Leistungsgegenstand und auf das objektive Schutz-
    und Sicherheitsbedürfnis abgestellt (MüKoBGB/*Gottwald*, Bd. 2, § 328 Rn. 170 f.).
19 Vgl. zum Schutzbedürfnis BGHZ 70, 327: Dort hat der BGH einen Anspruch des Untermieters ge-
    gen den Vermieter aus Vertrag mit Schutzwirkung für Dritte abgelehnt, weil dem Untermieter das
    erforderliche Schutzbedürfnis für diesen Anspruch fehle. Der Untermieter habe einen eigenen ver-
    traglichen Anspruch gegen den Hauptmieter (= Untervermieter). Für die Zubilligung eines eigenen
    vertraglichen Anspruchs gegen den Vermieter bestehe weder Raum noch ein Bedürfnis, wenn der
    Geschädigte seinerseits eigene vertragliche Ansprüche gleichen Inhalts habe, wenn auch gegen einen
    anderen Schuldner.

pflicht und mangels Verschuldens nicht gegeben ist, wäre nicht ausreichend, weil er andere Voraussetzungen als vertragliche Ansprüche hat.[20]

    c) Damit liegen die Voraussetzungen des Vertrages mit Schutzwirkung für Dritte vor.

3. Der Schadensersatzanspruch des D ist begründet.

II. Ein Teil der Literatur[21] wendet ein, es liege eine typische Schadensverlagerung vor, denn die gesamte Ware hätte dem Mieter gehören können; dass sie auch im Eigentum eines Dritten stehen, sei zufällig und daher kalkulatorisch bedeutungslos. Außerdem sei zweifelhaft, ob der Dritte bestimmungsgemäß in den Schutzbereich des Mietvertrages einbezogen sei.[22] Hält man die Einwände für begründet, so sind die Voraussetzungen der Drittschadensliquidation zu prüfen:

1. Lehnt man einen Vertrag mit Schutzwirkung für Dritte ab, hätte D zwar einen Schaden, aber keinen Anspruch. M hätte einen Anspruch, aber keinen Schaden.

2. Es liegt eine zufällige Schadensverlagerung vor (vgl. vorstehend).

3. Deshalb kann M den Schaden des D liquidieren, also an sich oder an D einklagen oder den Anspruch an D abtreten (§ 285).

C. Die wichtigsten Fallgruppen der Drittschadensliquidation

I. Mittelbare Stellvertretung

9 Der **mittelbare Stellvertreter** schließt einen Vertrag im eigenen Namen, aber im Auftrag und auf Rechnung eines Dritten ab. Entsteht dem Auftraggeber ein Schaden, so kann der mittelbare Stellvertreter diesen Schaden seines Auftraggebers geltend machen (vgl. § 392 Abs. 2 HGB).[23] Der mittelbare Stellvertreter selbst hat keinen Schaden erlitten, weil in seiner Person kein Haftungstatbestand erfüllt ist oder er vom Auftraggeber nach § 670 Ersatz seiner Aufwendungen verlangen kann.

Beispiel: G benötigt bestimmte Bauteile für seine Produktion. Deshalb beauftragt er den Agenten S, diese Ware einzukaufen. S schließt mit dem Hersteller V einen Kaufvertrag im eigenen Namen ab. V liefert mangelhafte Teile, die G nicht für seine Produktion verwenden kann. Dadurch entsteht dem G ein Produktionsausfallschaden. Wer kann von wem Schadensersatz verlangen?

(1) Ein Anspruch des G gegen V oder gegen S auf Ersatz des Produktionsausfallschadens kommt nicht in Betracht. (a) Zwischen G und V besteht keine Vertragsbeziehung, weil keine Stellvertretung vorliegt (vgl. § 164 Abs. 1). (b) Ein Anspruch des G gegen V aus § 823 Abs. 1 scheitert an der fehlenden Rechtsgutverletzung. (2) Ein Anspruch des G gegen S aus §§ 662, 280 Abs. 1 kommt nicht in Frage, weil den S weder ein eigenes Verschulden trifft noch er sich das Verschulden des V anrechnen lassen muss (§ 278); S schuldet nicht die Herstellung, und V ist als Hersteller nicht Erfüllungsgehilfe des S gegenüber G. (3) S hat gegen V einen Anspruch auf Schadensersatz aus §§ 650 S. 1, 433, 434 Abs. 1 S. 1, 437 Nr. 3, 280 Abs. 1. (a) Zwischen S und V besteht ein Kaufvertrag, weil S im eigenen Namen gehandelt hat. Es liegt ein Sachmangel i. S. des § 434 Abs. 1 S. 1 bei Gefahrübergang vor. Das Verschulden des V wird vermutet (vgl. § 280 Abs. 1 S. 2). (b) Deshalb könnte V zum Ersatz des daraus entstandenen Schadens verpflichtet sein (zur Abgrenzung von § 280 Abs. 3 vgl. → § 23 Rn. 46 f.). Jedoch ist dem S kein Schaden entstanden; es liegt auch kein Haftungsschaden vor, weil S dem G mangels Verschuldens nicht auf Schadensersatz haftet. (3) Jedoch könnte S den Schaden des G nach den Grundsätzen der Drittschadensliquidation liquidieren. Dies setzt eine Schadensverlagerung voraus, die eine Enthaftung des Schädigers als unbillig erscheinen lässt. Im Fall tritt der Schaden nur deshalb beim nicht anspruchsberechtigten G auf, weil G den S einschaltet und S im eigenen Namen handelt; diese Zufälligkeit soll nicht zugunsten des Schädigers V

---

20 Vgl. MüKoBGB/*Gottwald*, Bd. 2, § 328 Rn. 188.

21 Vgl. *Medicus/Petersen*, BR, Rn. 842.

22 In BGHZ 70, 327 übt der BGH Kritik daran, dass der Untermieter bestimmungsgemäß den Mietgebrauch anstelle des Mieters ausübt, ohne diese Frage aber zu entscheiden.

23 Vgl. hierzu auch die Protokolle (*Mugdan* II, S. 518 [Protokolle]).

gehen. Dementsprechend ist in den Fällen mittelbarer Stellvertretung eine sog. Drittschadensliquidation anerkannt. S kann den Schaden des G von V ersetzt verlangen, oder G kann sich den Anspruch von S abtreten lassen.

Abwandlung: Anders wäre der Fall zu lösen, wenn V Erfüllungsgehilfe des S wäre. (1) Dann hat G einen Anspruch aus §§ 662, 280 Abs. 1, 278 gegen S auf Ersatz des Produktionsschadens. (2) S hat gegen V einen Ersatzanspruch aus § 280 Abs. 1 auf Ersatz des sog. Haftungsschadens (= Schadensersatzverpflichtung des S gegenüber G). (3) Für einen Rückgriff auf die Drittschadensliquidation besteht dann kein Bedürfnis.

II. Obligatorische Gefahrentlastung

Eine **obligatorische Gefahrentlastung** tritt in kauf- und werkvertraglichen Fallkonstellationen auf.[24] Der an sich schadensersatzberechtigte (Sachleistungs-)Schuldner hat nur deshalb keinen Schaden erlitten, weil er bei der Beschädigung oder Zerstörung der geschuldeten Sache durch den Schädiger seinem Gläubiger gegenüber, insbesondere aufgrund einer Gefahrtragungsregel (z. B. § 447) frei wird; der geschädigte Gläubiger dagegen hat zwar einen Schaden, weil er die Gegenleistung erbringen muss, ohne den Vertragsgegenstand zu bekommen, er hat aber keinen eigenen Anspruch gegen den Schädiger.   10

Fall: K bestellt bei V eine Ware. V übergibt die Ware auf Verlangen des K dem T zum Transport zum Wohnsitz des K. Während des Transportes verschwindet die Ware spurlos. V verlangt von K Bezahlung der Ware. Kann V oder K von T Ersatz verlangen?   11

Lösung:

I. Anspruch des V gegen T?
   1. V könnte von T Schadensersatz aus § 280 Abs. 1 i. V. m. Beförderungsvertrag (§ 631) verlangen.
      a) T überwacht die Ware nicht ordnungsgemäß und begeht damit eine Pflichtverletzung i. S. des § 280 Abs. 1. Verschulden wird vermutet (§ 280 Abs. 1 S. 2).
      b) Deshalb ist T zum Ersatz des aus der Pflichtverletzung entstandenen Schadens verpflichtet. Jedoch erleidet V keinen Schaden: Hypothetische wie reale Lage weichen nicht voneinander ab (Differenzhypothese). Zwar ist die Ware real verloren bzw. wäre hypothetisch durch Übereignung an K verloren gegangen; jedoch hat (real) und hätte V (hypothetisch) den Kaufpreisanspruch gegen K:
         aa) Der Kaufpreisanspruch ist entstanden (§ 433 Abs. 2).
         bb) Er ist nicht nach §§ 275 Abs. 1, 326 Abs. 1 S. 1 Hs. 1 erloschen. (1) Zwar ist die Ware durch Ablieferung bei T konkretisiert worden (§ 243 Abs. 2, Schickschuld). (2) Der Anspruch auf Lieferung der Ware ist wegen Verlustes unmöglich und damit nach § 275 Abs. 1 erloschen (Fall nachträglicher subjektiver Unmöglichkeit). (3) Jedoch erlischt der Kaufpreisanspruch nach § 326 Abs. 1 S. 1 Hs. 1 ausnahmsweise nicht bzw. diese Regelung wird verdrängt, weil die Preisgefahr auf den Käufer übergegangen ist und er deshalb den Kaufpreis zahlen muss, ohne den Kaufgegenstand zu erhalten (§ 447 Abs. 1). V hat auf Verlangen des K die verkaufte Sache an einen anderen Ort als den Erfüllungsort (vgl. § 269 Abs. 1: im Zweifel Wohnsitz bzw. Niederlassung des Schuldners) gesandt und bei der Transportperson abgeliefert. Damit ist die Preisgefahr auf K übergegangen. Der Kaufpreisanspruch ist nicht erloschen.
         cc) Weil V nach wie vor Inhaber des Kaufpreisanspruchs ist, hat er keinen Schaden erlitten.

---

24 Vgl. *BGH* NJW 1968, 1929; *BGH* VersR 2016, 734 (Drittschadensliquidation des Auftraggebers von Architektenleistungen für seinem Pächter entstandene Mängelbeseitigungskosten).

2. Ein Anspruch aus § 823 Abs. 1 (Eigentumsverletzung) ist zwar tatbestandlich erfüllt; es fehlt aber ein Schaden (vgl. vorstehend).

II. Anspruch des K gegen T

1. K hat keinen vertraglichen Anspruch gegen T. Ein Vertrag mit Schutzwirkung für Dritte liegt nicht vor. Jedoch hat K einen Schaden, weil die reale Lage (Kaufpreiszahlungspflicht ohne Erhalt der Ware) und hypothetische Lage (Kaufpreiszahlungspflicht gegen Erhalt der Ware) voneinander abweichen.

2. Ein Anspruch aus § 823 Abs. 1 scheidet mangels Rechtsgutverletzung aus. K ist weder Eigentümer noch Besitzer der Ware. Das Vermögen wird durch § 823 Abs. 1 nicht geschützt (sog. primärer Vermögensschaden).

III. Drittschadensliquidation

1. Jedoch könnte V den Schaden des K gegenüber T geltend machen. Dies ist in Fällen der obligatorischen Gefahrentlastung anerkannt. Voraussetzung ist eine Schadensverlagerung. Hier tritt ein und derselbe Schaden (Verlust der Ware) bei K und nicht bei V ein; es liegt damit eine Schadensverlagerung und keine Schadenshäufung vor. In diesem Fall ist es gerechtfertigt, eine Ausnahme vom Grundsatz der Ersatzberechtigung nur des unmittelbar Geschädigten zu machen, weil die Schadensverlagerung den Schädiger T sonst unbilligerweise entlasten würde.

2. V kann deshalb den Schaden des K liquidieren oder den Anspruch nach § 285 an K abtreten.

III. Obhut für fremde Sachen

12 Jemand hat eine Sache für den Eigentümer in **Obhut.** Wenn sein Vertragspartner, mit dem er einen Vertrag in Bezug auf die Sache schließt, oder dessen Hilfspersonen die Sache beschädigt, kann er den Ersatzanspruch wegen der Sache geltend machen.[25, 26]

Beispiel: Frau F leiht sich von ihrer Freundin E einen Pelzmantel und gibt ihn in der Theatergarderobe bei der zuverlässigen Beschäftigten B ab. Nach der Aufführung ist der Pelzmantel spurlos verschwunden, weil B einen Moment unaufmerksam gewesen ist (leichte Fahrlässigkeit). Schadensersatzpflicht des Theaters T?
(1) Ansprüche der F gegen T? (a) F hat zwar gegen T einen Anspruch aus §§ 688, 275, 280 Abs. 1 und Abs. 3, 283 (Verwahrungsvertrag, Unmöglichkeit der Herausgabe des Mantels) auf Schadensersatz statt der Leistung. F selbst hat aber keinen Schaden: Sie ist gegenüber E von der Verpflichtung zur Rückgabe (§ 604 Abs. 1) freigeworden; eine Schadensersatzverpflichtung der F gegenüber E aus §§ 604 Abs. 1, 280 Abs. 1 und Abs. 3, 283 scheidet mangels Verschuldens der F (§ 280 Abs. 1 S. 2) und des bloß leicht fahrlässigen Handelns des T bzw. der B (§ 278 S. 1)[27] aus. (b) Ein Anspruch aus § 831 Abs. 1 (Verletzung des berechtigten Besitzes) scheitert an der Exkulpation des T und am fehlenden Schaden (vgl. vorstehend). (2) Ansprüche der E gegen T? (a) E hat keinen vertraglichen Anspruch gegen T. (b) Infrage kommt ein Anspruch aus § 831 Abs. 1. Zwar hat B eine rechtswidrige Eigentumsverletzung begangen. Jedoch kann sich T exkulpieren (§ 831 Abs. 1 S. 2). E hat deshalb keinen Anspruch, aber einen Schaden. (3) Jedoch kann F den Schaden der E liquidieren. Es liegt eine Verlagerung ein und desselben Schadens von F auf E vor. Daraus soll der Schädiger T keine Vorteile ziehen. Deshalb kann F Ersatz des der E entstandenen Schadens an sich selbst oder direkt an die E verlangen, oder E kann sich den Anspruch auf Schadensersatz abtreten lassen (§ 285). (4) Davon unberührt bleiben Ansprüche aus § 823 Abs. 1 gegen B. B und T haften als Gesamtschuldner (§ 840 Abs. 1).

---

25 Vgl. Staudinger/*Schiemann*, Vor §§ 249–254 Rn. 72 f.; *Goerth*, JA 2005, 28, 29.

26 § 701 erkennt ausdrücklich einen eigenen Anspruch des Gastes gegen den Gastwirt an, auch wenn er nicht Eigentümer der eingebrachten Sachen ist. Insoweit stellt § 701 einen gesetzlich geregelten Fall der Drittschadensliquidation dar.

27 Bei der Verschuldenszurechnung des § 278 kommt es darauf an, was von dem Schuldner selbst zu erwarten ist; der Schuldner bestimmt den Sorgfaltsmaßstab. Haftet der Schuldner nur für Vorsatz und grobe Fahrlässigkeit (z. B. § 599), so muss er sich ein leicht fahrlässiges Verhalten des Erfüllungsgehilfen nicht zurechnen lassen (vgl. MüKoBGB/*Grundmann*, Bd. 2, § 278 Rn. 49 m. w. N.).

Eine Drittschadensliquidation soll nach der Rechtsprechung und Lehre auch dann in 13
Betracht kommen, wenn der geschädigte Dritte einen eigenen deliktischen Schadensersatzanspruch hat (im Beispiel: E gegen T aus § 823 Abs. 1 oder § 831).[28] Es liegt zwar
auch in diesem Fall eine Schadensverlagerung vor; jedoch führt sie eigentlich nicht zu
einer unbilligen Entlastung des Schädigers.

D. Zusammenfassung

Drittschadensliquidation	

I. Begriff
Zufällige Verlagerung des Schadens vom an sich Schadensersatzberechtigten, der aber keinen Schaden erlitten hat, auf einen mittelbar geschädigten Dritten, der aber keine Anspruchsgrundlage hat.
Der Schaden des mittelbar geschädigten Dritten wird zur Anspruchsgrundlage gezogen; der Anspruchsinhaber macht den Schaden des Dritten geltend.
II. Abgrenzung zum Vertrag mit Schutzwirkung für Dritte (→ Rn. 5 ff.)
  – Drittschadensliquidation: Zufällige Verlagerung des Schadens
  – Vertrag mit Schutzwirkung für Dritte: Vermehrung (Kumulierung) des Schadensersatzrisikos für den Schädiger
  Beim Vertrag mit Schutzwirkung für Dritte wird die Anspruchsgrundlage zum Schaden gezogen. Der geschädigte Dritte erhält einen eigenen Schadensersatzanspruch.
  Der Vertrag mit Schutzwirkung für Dritte schließt daher eine Drittschadensliquidation aus.
III. Fallgruppen der Drittschadensliquidation
  – Mittelbare Stellvertretung (→ Rn. 9)
  – Obligatorische Gefahrentlastung (→ Rn. 10)
  – Obhutsfälle (→ Rn. 12)
IV. Rechtsfolgen (→ Rn. 1)
  – Der Anspruchsberechtigte macht den Schaden des mittelbar geschädigten Dritten geltend und verlangt Zahlung an sich oder an den Dritten, oder
  – der mittelbar Geschädigte lässt sich den Schadensersatzanspruch abtreten (§ 285).
	14

§ 27. Haftungsbeschränkungen

Eine **Haftungsbeschränkung** kann zu einem Ausschluss der Haftung oder einer um- 1
fang- bzw. summenmäßigen Beschränkung einer Schadensersatzverpflichtung führen.
Sie kann auf Gesetz oder Vertrag beruhen.[1]

---

28 So *BGH* NJW 1985, 2411; MüKoBGB/*Oetker*, Bd. 2, § 249 Rn. 293; Staudinger/*Schiemann*, Vor
§§ 249–254 Rn. 72; Palandt/*Grüneberg*, Vorb v § 249 Rn. 106; *Verweyen*, Jura 2006, 571, 572; zweifelnd *Medicus*, Schuldrecht I, Allgemeiner Teil, 19. Aufl. 2010, Rn. 654.

1 Zu Haftungsprivilegierungen bei der Schadensersatzhaftung vgl. *Walker*, JuS 2015, 865; *Grigoleit*,
VersR 2018, 769; *Bruns*, VersR 2018, 789.

A. Gesetzliche Haftungsbeschränkungen

2 Grundsätzlich hat der Schuldner Vorsatz und (jede) Fahrlässigkeit zu vertreten. Jedoch kann der **Verschuldensmaßstab** verändert und damit eine mildere Haftung bestimmt werden (§ 276 Abs. 1 S. 1).

Beispiele:

- Nach den §§ 104 f. SGB VII ist die Haftung des Unternehmers gegenüber den in seinem Unternehmen tätigen Versicherten bei Arbeitsunfällen auf **Vorsatz** beschränkt. Anwendbar ist die Haftungsprivilegierung auch bei fremdnütziger Pannenhilfe durch Anschieben eines Kfz.[2]
- Organmitglieder und besondere Vertreter eines Vereins, die für den Verein unentgeltlich tätig sind oder für ihre Tätigkeit eine Vergütung erhalten, die 720 Euro jährlich nicht übersteigt, haften dem Verein oder einem anderen Vereinsmitglied für einen bei der Wahrnehmung ihrer Pflichten verursachten Schaden nur bei **Vorsatz oder grober Fahrlässigkeit**; die Beweislast für Vorsatz oder grobe Fahrlässigkeit trifft den Verein bzw. das geschädigte Vereinsmitglied (§ 31a).
- Nur für **Vorsatz und grobe Fahrlässigkeit** haften der Schenker (§ 521), der Verleiher (§ 599), der Schuldner im Annahmeverzug des Gläubigers (§ 300 Abs. 1) und der Geschäftsführer ohne Auftrag bei der Gefahrenabwehr (§ 680). Ebenfalls nur für Vorsatz und grobe Fahrlässigkeit haftet das Vereinsmitglied (im Innenverhältnis zum Verein), wenn sich bei der Durchführung satzungsgemäßer Aufgaben eine damit typischerweise verbundene Gefahr verwirklicht;[3] die Haftung für grobe Fahrlässigkeit bleibt auch im Falle von unentgeltlicher Tätigkeit bestehen.[4]
- Nur für **Vorsatz, grobe Fahrlässigkeit und für eigenübliche Sorgfalt** haften der unentgeltliche Verwahrer (§ 690), die Gesellschafter bei Erfüllung ihrer Pflichten aus dem Gesellschaftsvertrag (§ 708),[5] der Ehegatte bei Erfüllung der sich aus dem ehelichen Verhältnis ergebenden Verpflichtungen (§ 1359),[6] der eingetragene Lebenspartner bei der Erfüllung der sich aus dem lebenspartnerschaftlichen Verhältnis ergebenden Verpflichtungen (§ 4 LPartG),[7] die Eltern gegenüber dem Kind bei der Ausübung der elterlichen Sorge (§ 1664 Abs. 1)[8] sowie der Vorerbe gegenüber dem Nacherben (§ 2131). Dass in allen diesen Fällen auch für grobe Fahrlässigkeit gehaftet wird, bestimmt § 277.

Die gesetzlichen Haftungsbeschränkungen schlagen auf eine **konkurrierende deliktische Haftung** aus derselben Handlung mit dem Ergebnis durch, dass auch aus Delikt nicht strenger gehaftet wird (vgl. → § 1 Rn. 11). Der BGH hat aber eine analoge Anwendung der gesetzlichen Haftungsbeschränkungen für Verträge auf die deliktische Haftung im Rahmen unentgeltlicher (Nachbarschafts-)Hilfe abgelehnt.[9]

3 Bei der **Gefährdungshaftung** ist die Schadensersatzpflicht in der Regel auf bestimmte **Haftungshöchstsummen** begrenzt.

---

2 *OLG Oldenburg* VersR 2016, 461; *OLG Düsseldorf* r + s 2012, 462.

3 *BGH* VersR 2005, 1088.

4 BGHZ 89, 153; *BGH* NJW-RR 2012, 280.

5 Keine Anwendung im Straßenverkehr, BGHZ 46, 313; *BGH* NJW 2009, 1482, 1483.

6 Keine Anwendung im Straßenverkehr (BGHZ 53, 352; BGHZ 61, 101; BGHZ 63, 51) und bei sonstigem Unfall mit einem motorgetriebenen Fahrzeug (*BGH* NJW 2009, 1875 f., Unfall beim Wasserski), wohl aber bei sonstiger gemeinsamer Ausübung von Freizeitsport.

7 Keine Anwendung im Straßenverkehr, Palandt/*Brudermüller*, § 4 Rn. 2.

8 § 1664 findet auch dann Anwendung, wenn die Pflichtverletzung der Eltern in einer Verletzung ihrer Aufsichtspflicht – außerhalb der Teilnahme am Straßenverkehr – liegt, *OLG Karlsruhe* NZV 2008, 511; *OLG Hamm* VersR 2016, 465 (Sorgfaltspflichten der Eltern beim Grillen zum Schutz von Kindern). § 1664 begründet eine Haftungserleichterung für die Eltern und ist – nach h. M., vgl. *BGH* BeckRS 2014, 22839 – eigene Anspruchsgrundlage des Kindes auf Schadensersatz gegenüber den Eltern (Doppelfunktion).

9 *BGH* VersR 2016, 1264; *Spallino*, VersR 2016, 1224; vgl. dazu *Grigoleit*, VersR 2018, 769.

Beispiele:

- §§ 12, 18 StVG für die Haftung des Halters und des Führers eines Kfz.
- § 10 ProdHaftG für den ersatzpflichtigen Hersteller.
- § 15 UmweltHaftG für Ersatzpflicht wegen Umwelteinwirkung.
- § 88 AMG für die Haftung des pharmazeutischen Unternehmers.

Vertiefungshinweis: Haftungsprivileg des Unternehmers und der Arbeitskollegen bei Arbeitsunfällen   **4**

1. Arbeitsunfälle stellen besondere Schadensfälle dar, bei deren Lösung sozialversicherungsrechtliche Normen (SGB) berücksichtigt werden müssen. Es können Ansprüche gegen die Gesetzliche Unfallversicherung entstehen, die das allgemeine zivilrechtliche Haftungssystem verdrängen. Das Schadensausgleichssystem der gesetzlichen Unfallversicherung beruht auf dem Gedanken der »Haftungsersetzung durch Versicherungsschutz«. Die Verdrängung des zivilrechtlichen Haftungssystems soll vornehmlich dem Betriebsfrieden dienen, der durch die Geltendmachung etwaiger Schadensersatzansprüche gestört wäre.[10] Dabei ist zwischen Personen- und Sachschäden zu differenzieren.

2. Gemäß § 104 Abs. 1 SGB VII sind Ansprüche der Versicherten (Definition des Versicherten in § 2 SGB VII) sowie seiner Angehörigen und Hinterbliebenen gegenüber dem Unternehmer (Arbeitgeber) für Personenschäden ausgeschlossen. Personenschaden in diesem Sinne ist auch jeder mittelbare Vermögensschaden als Folge der Körperverletzung oder Tötung sowie der immaterielle Schaden (Schmerzensgeld), obwohl die Leistungen der Sozialversicherungsträger dieses nicht umfassen.[11] Nicht anwendbar ist der Haftungsausschluss jedoch auf Schockschäden der Angehörigen.[12] Für den Fall, dass der Personenschaden nicht allein vom haftungsprivilegierten Arbeitgeber, sondern von einem Dritten mitverursacht wird, besteht für den Anteil, den der Arbeitgeber ohne Haftungsprivilegierung hätte tragen müssen, kein Anspruch gegen den Dritten. Der Dritte haftet somit im Außenverhältnis so, wie er im Innenverhältnis der Gesamtschuldner zur Schadenstragung verpflichtet ist.[13] Das Haftungsprivileg entfällt, wenn der Arbeitsunfall vorsätzlich oder auf einem nach § 8 Abs. 2 Nr. 1 bis 4 SGB VII versicherten Weg herbeigeführt wurde.

3. Nach § 105 Abs. 1 SGB VII sind auch die Personenschadensersatzansprüche gegen einen in demselben Betrieb tätigen Betriebsangehörigen ausgeschlossen. Andernfalls würde der Arbeitgeber neben den Beiträgen der Unfallversicherung auch noch über den innerbetrieblichen Schadenausgleich den Schaden zu tragen haben. Das Ziel des Gesetzgebers, die Haftung durch einen Versicherungsschutz zu ersetzen, würde sonst unterlaufen.[14] Ausgenommen ist wiederum der vorsätzlich oder auf dem versicherten Weg herbeigeführte Versicherungsfall.

4. Die Haftungsprivilegien der §§ 104 und 105 SGB VII gelten gemäß § 106 Abs. 1 SGB VII auch für Ausbildungsunfälle (Schulunfälle[15] etc.). Sie gelten auch unternehmensübergreifend bei vorübergehenden betrieblichen Tätigkeiten von Schädiger und Geschädigtem auf einer gemeinsamen Betriebsstätte (§ 106 Abs. 3 SGB VII; Grundlage ist die Gefahrengemeinschaft).[16]

5. Für Sachschäden[17] ist das SGB VII generell nicht anwendbar, sodass hier nach allgemeinen Haftungsregeln zu verfahren ist.[18] Im Verhältnis Arbeitnehmer-Arbeitgeber gelten allerdings die arbeitsrechtlichen

---

10 ErfK/*Rolfs*, § 104 SGB VII Rn. 1.

11 *BGH* MDR 2012, 462; ErfK/*Rolfs*, § 104 SGB VII Rn. 15.

12 Der *BGH* hat festgestellt, dass § 105 Abs. 1 SGB VII – Gleiches dürfte für § 104 Abs. 1 gelten –, nicht auf Schockschäden von Angehörigen anwendbar ist, da diese keine Versicherungsfälle i. S. des § 7 SGB VII darstellen (Arbeitsunfall oder Berufskrankheit), sondern nur mittelbar mit diesen zusammenhängen: *BGH* VersR 2007, 803; a. A. noch *OLG Celle* VersR 1988, 67.

13 ErfK/*Rolfs*, § 104 SGB VII Rn. 20.

14 ErfK/*Rolfs*, § 105 SGB VII Rn. 1.

15 *BGH* NJW 2009, 681 (Schneeballwurf auf Mitschüler nach Schulschluss).

16 *BGH* VersR 2013, 460 (zum Begriff der Betriebsstätte).

17 Zur Reichweite des Begriffs »Personenschaden« im Sinne von §§ 104, 105 SGB VII siehe in diesem Vertiefungshinweis unter → Rn. 4.

18 Schaub/*Linck*, ArbR-HdB, § 59 Rn. 60.

Grundsätze des innerbetrieblichen Schadensausgleichs, die die Arbeitnehmerhaftung beschränken (vgl. → § 19 Rn. 28). Diese Grundsätze gelten jedoch nicht im Verhältnis des schädigenden Arbeitnehmers zu Dritten (auch nicht zu Arbeitskollegen). Hier erlangt der im Außenverhältnis verpflichtete Arbeitnehmer einen Freistellungsanspruch gegen seinen Arbeitgeber, soweit der Arbeitgeber bei einer Schädigung seiner Rechtsgüter verpflichtet wäre, den Schaden selbst zu tragen.[19]

6. § 110 SGB VII enthält wie § 116 SGB X eine Legalzession der Schadensersatzforderung des Versicherten an den Sozialversicherungsträger, wenn dieser eine Leistung erbringt und eine Haftungsprivilegierung des Schädigers nicht gegeben ist. Vorsätzliches Handeln im Sinne des § 110 Abs. 1 SGB VII setzt Wissen und Wollen des rechtswidrigen Erfolges voraus.[20]

7. Nach § 108 SGB VII sind die Zivilgerichte bei Entscheidungen über die in den §§ 104–107 SGB VII genannten Ansprüche hinsichtlich der Frage, ob ein Versicherungsfall vorliegt, in welchem Umfang Leistungen zu erbringen sind, und ob der Unfallversicherungsträger zuständig ist, an unanfechtbare Entscheidungen der Unfallversicherungsträger und der Sozialgerichte gebunden. Die Bindungswirkung erstreckt sich auch auf die Entscheidung, ob der Verletzte den Unfall als Versicherter aufgrund eines Beschäftigungsverhältnisses im Sinne von § 2 Abs. 1 Nr. 1 oder Abs. 2 S. 1 SGB VII erlitten hat und welchem Betrieb der Unfall zuzurechnen ist.[21] Die Zivilgerichte haben die Bindungswirkung von Amts wegen zu berücksichtigen.[22]

B. Vertragliche Haftungsbeschränkungen

5 Die Parteien können die Haftung durch Vertrag im Voraus ausschließen oder einschränken (Vertragsfreiheit). Dem vertraglichen Haftungsausschluss sind aber durch das Gesetz **Grenzen** gesetzt: Nicht möglich ist der vorherige Ausschluss der Haftung für Vorsatz (§ 276 Abs. 3). Dagegen ist der Ausschluss der Haftung für Vorsatz des Erfüllungsgehilfen möglich (vgl. § 278 S. 2). Nach § 309 Nr. 7 und 8 sind bestimmte Haftungsausschlüsse in Allgemeinen Geschäftsbedingungen unzulässig. Die Verjährung kann bei Haftung wegen Vorsatzes nicht im Voraus durch Rechtsgeschäft erleichtert werden (vgl. § 202 Abs. 1). Beim Verbrauchsgüterkauf ist § 476 besonders zu beachten. Einzelne Gefährdungshaftungstatbestände können überhaupt nicht ausgeschlossen oder nur beschränkt abbedungen werden (z. B. die Haftung des Kfz-Halters bei der entgeltlichen Beförderung nach § 8 a S. 1 StVG).

6 Eine rechtsgeschäftliche Haftungsbeschränkung kann grundsätzlich formfrei und auch **konkludent** vereinbart werden. In Betracht kommt auch eine rechtsgeschäftliche Haftungsbeschränkung auf Grund **ergänzender Vertragsauslegung** gem. § 242. Allerdings sind an eine stillschweigende Haftungsbeschränkung oder eine entsprechende ergänzende Vertragsauslegung strenge Anforderungen zu stellen. Allein der Umstand, dass jemand aus Gefälligkeit oder unentgeltlich handelt, reicht für eine rechtsgeschäftliche Haftungsbeschränkung nicht aus.[23] Die Rechtsprechung nimmt einen stillschweigenden bzw. vertragsergänzenden Haftungsausschluss sehr zurückhaltend und nur unter besonderen Umständen an. Erforderlich ist grundsätzlich, dass der Schädiger

---

19 Vgl. die Rechtsprechungsnachweise bei Schaub/*Linck*, ArbR-HdB, § 59 Rn. 60.
20 *BGH* NJW 2009, 681.
21 *BGH* NJW 2013, 2031. Keine Bindung besteht dagegen hinsichtlich der Frage, ob Versicherte mehrerer Unternehmen auf einer gemeinsamen Betriebsstätte gearbeitet haben (*BGH* VersR 2013, 460) sowie hinsichtlich der Unternehmenszuordnung bei erlaubter Arbeitnehmerüberlassung (*BGH* r + s 2015, 46; *BGH* NJW 2015, 940).
22 *BGH* VersR 2008, 820, 821; *BGH* VersR 2017, 1014 (auch hinsichtlich gestörter Gesamtschuld).
23 BGHZ 43, 72; *BGH* VersR 2016, 1264; *Spallino*, VersR 2016, 1224.

keinen Haftpflichtversicherungsschutz genießt,[24] für ihn ein nicht hinzunehmendes Haftungsrisiko bestehen würde und darüber hinaus besondere Umstände vorliegen, die im konkreten Fall einen Haftungsverzicht als besonders nahe liegend erscheinen lassen.[25]

Beispiele:

- Ein konkludenter Haftungsausschluss mit einem *gewerblichen* Kfz-Händler ist bei der Probefahrt eines Kfz anzunehmen, wenn ein Kaufinteressent durch leichte Fahrlässigkeit aufgrund fahrtechnischen Fehlverhaltens einen Sach- oder Personenschaden verursacht. Der BGH hat einen Haftungsausschluss (und nicht nur eine Schadensminderung im Rahmen des § 254) bei der Schadensersatzhaftung aus §§ 280, 311 Abs. 2 (cic) und § 823 angenommen.[26] Bei Kaufverhandlungen unter *Privatpersonen* ist ein konkludenter Haftungsausschluss für leichte Fahrlässigkeit nicht anzunehmen.[27] Die Haftungsfreistellung des Mieters in einem gewerblichen Kfz-Mietvertrag nach Art der Vollkaskoversicherung gegen Entgelt darf nur entsprechend § 81 VVG eingeschränkt werden.[28]
- Keine konkludente Haftungsbeschränkung bei Gefälligkeit eines nicht haftpflichtversicherten Nachbarn bei hinnehmbarem Haftungsrisiko (*BGH* VersR 2016, 1264, Gartenbewässerung).

Eine Haftungsbeschränkung ist grundsätzlich eng und damit zu Lasten des von der Haftungsbeschränkung Begünstigten auszulegen. Bei Vereinbarung durch Allgemeinen Geschäftsbedingungen gehen verbleibende Zweifel nach der Unklarheitsregel (§ 305 c Abs. 2) zu Lasten des Verwenders. **7**

Eine vollständige Haftungsfreistellung (und nicht nur eine Schadensminderung im Rahmen des § 254) nimmt der BGH an, wenn bei einem **sportlichen Kampfspiel** eine Verletzung durch regelgerechtes oder nur geringfügig regelwidriges Verhalten verursacht wird (vgl. → § 16 Rn. 167 ff.). Eine solche Verletzung nehme jeder Spieler bewusst in Kauf. Es verstoße daher gegen den Grundsatz von Treu und Glauben, den durch ein regelgerechtes Verhalten entstandenen Schaden auf einen anderen abzuwälzen, weil der Geschädigte ebenso gut in die Lage hätte kommen können, in der sich nun der Schädiger befindet und sich dann ebenfalls gegen eine Inanspruchnahme wehren würde.[29] Im Falle regelgerechten Verhaltens wird zutreffend bereits mangels einer Sorgfaltspflichtverletzung der Tatbestand einer unerlaubten Handlung verneint.[30] **8**

Im Arbeitsrecht hat die Rechtsprechung eine Haftungsmilderung für die Schadenshaftung des Arbeitnehmers gegenüber dem Arbeitgeber (nicht nur bei gefahrgeneigter Arbeit) anerkannt. Diese Grundsätze gelten aber nicht für Ansprüche Dritter (vgl. zu den Grundsätzen über den innerbetrieblichen Schadensausgleich → § 19 Rn. 28). **9**

---

24 BGHZ 152, 391; *BGH* NJW 2009, 1482.
25 *BGH* NJW 2009, 1482 (Annahme einer wechselseitigen Haftungsbeschränkung im Wege ergänzender Auslegung einer Vereinbarung über das Anmieten und Führen eines Mietwagens im Ausland); *BGH* VersR 2016, 1264 (keine konkludente Haftungsbeschränkung bei Gefälligkeit unter Nachbarn bei hinnehmbarem Haftungsrisiko, hier: Gartenbewässerung).
26 *BGH* NJW 1979, 643; 1980, 1681.
27 *OLG Köln* NJW 1996, 1288.
28 BGHZ 181, 179; BGHZ 191, 150.
29 BGHZ 63, 140; BGHZ 154, 316 (Autorennen); *BGH* NJW 2008, 1591 (Autorennen: kein Haftungsausschluss bei bestehendem Versicherungsschutz); *BGH* NJW 2010, 537 (Fußballspiel). In der Begründung unzureichend *OLG Frankfurt* VersR 2016, 615, das – ungeachtet der Frage bestehenden Versicherungsschutzes – bei einvernehmlichem Motorradfahren im Pulk im öffentlichen Verkehr einen konkludenten Haftungsausschluss annimmt.
30 *BGH* NJW 2010, 537 (Fußballspiel).

C. Zusammenfassung

10

Haftungsbeschränkungen

I. Eine gesetzliche oder vertragliche Haftungsbeschränkung kann die Haftung ausschließen oder die Schadensersatzpflicht umfang- oder summenmäßig beschränken.
II. Gesetzliche Haftungsbeschränkungen (→ Rn. 2 ff.)
   1. Hinsichtlich des Verschuldensmaßstabes (z. B. Haftung des Schuldners im Annahmeverzug nur für Vorsatz und grobe Fahrlässigkeit gemäß § 300 Abs. 1)
   2. Hinsichtlich der Haftungssumme (z. B. § 12 StVG)
III. Vertragliche Haftungsbeschränkungen
   1. Vertraglicher Haftungsausschluss (z. B. für Vorsatz, vgl. §§ 276 Abs. 3, 278 S. 2; → Rn. 5)
   2. Grundsätzlich formfrei; auch stillschweigend möglich, aber nur ausnahmsweise anzunehmen (→ Rn. 6)
     – P: Allgemeine Geschäftsbedingungen (→ Rn. 5, 7)

§ 28. Mitverursachung und Mitverschulden (§ 254)

A. Grundlagen

1 Wenn der Geschädigte selbst daran mitgewirkt hat, dass der Schaden entstanden ist oder dass der Schaden sich vergrößert hat, kann die Schadensersatzpflicht des Schädigers gemindert sein oder sogar entfallen. Dies bestimmt § 254 Abs. 1 und Abs. 2 S. 1 **(Mitverschulden)**. Die Vorschrift stellt nach h. M. eine Ausprägung des Grundsatzes von Treu und Glauben dar: Der Geschädigte, der für die Entstehung oder Entwicklung eines Schadens mitverantwortlich ist, würde gegen das Verbot des venire contra factum proprium verstoßen, wenn er gleichwohl einen Dritten allein für den Schaden verantwortlich machen würde.[1] § 254 liegt der allgemeine Rechtsgedanke zugrunde, dass der Geschädigte für jeden Schaden mitverantwortlich ist, bei dessen Entstehung er in zurechenbarer Weise mitgewirkt hat[2] (Gleichbehandlung von Schädiger und Geschädigtem;[3] Spiegel zur Haftungsbegründung[4]).

2 § 254 ist keine selbstständige Anspruchsgrundlage, sondern eine von Amts wegen zu prüfende **Einwendung** gegenüber dem Schadensersatzanspruch. Er ist im Zusammenhang mit dem Umfang der Schadensersatzpflicht bei der Haftungsausfüllung, nicht dagegen beim »Verschulden« des Schädigers (Haftungsbegründung) zu prüfen. Die **Beweislast** für ein Mitverschulden des Geschädigten und dessen Kausalität trägt der auf Schadensersatz in Anspruch genommene Ersatzpflichtige.

§ 17 StVG verdrängt in seinem Anwendungsbereich § 254 (→ § 21 Rn. 31).

---

1 Z. B. BGHZ 76, 216; BGHZ 135, 235; Palandt/*Grüneberg,* § 254 Rn. 1.
2 BGHZ 52, 166. Vgl. auch *Looschelders,* Die Mitverantwortlichkeit des Geschädigten im Privatrecht, 1999, S. 145 ff., der unter Berufung auf den Gleichbehandlungsgrundsatz auf die Verantwortlichkeit auch des Geschädigten für die Folgen seines eigenen Verhaltens abstellt.
3 *Looschelders,* SR AT, Rn. 1096.
4 Kötz/*Wagner,* Rn. 744.

§ 9 StVG erweitert die Regelung des § 254 für den Fall des Sachschadens einer Person, die nicht von der spezielleren Regelung des § 17 StVG erfasst wird (Nicht-Halter und Nicht-Fahrer): dem Geschädigten wird das Verschulden desjenigen, der die tatsächliche Gewalt über die Sache ausübt, wie eigenes Verschulden zugerechnet.

B. Voraussetzungen der Mitverantwortlichkeit

§ 254 Abs. 1 regelt die Mitverantwortlichkeit des Geschädigten bei der Entstehung **3** eines Schadens. § 254 Abs. 2 S. 1 konkretisiert die Regelung von Abs. 1 klarstellend für zwei Fälle des Unterlassungsverschuldens[5]:

– Der Geschädigte hat es unterlassen, den Ersatzpflichtigen auf die Gefahr eines ungewöhnlich hohen Schadens aufmerksam zu machen, die der Schuldner weder kannte noch kennen musste (Warnpflicht).
– Der Geschädigte hat es schuldhaft unterlassen, den Schaden abzuwenden oder zu mindern (Schadensabwendungs- oder Schadensminderungspflicht).[6]

Erforderlich ist die **Zurechnungsfähigkeit des Geschädigten** (§§ 827 bis 829; vgl. **4** → § 16 Rn. 172). Nur wenn der Geschädigte zum Zeitpunkt der Entstehung des Schadens überhaupt zurechnungsfähig ist, kann und muss er für sein Verhalten einstehen.[7]

§ 254 setzt zwingend die **Mitverursachung des Schadens** durch den Geschädigten voraus. **5** In Fällen mitwirkender höherer Gewalt ist § 254 nicht zu Lasten des Geschädigten anwendbar.[8] Das Verhalten des Geschädigten muss für die Entstehung oder Entwicklung des Schadens (mit-)ursächlich i. S. der Äquivalenz- und Adäquanztheorie gewesen sein.

Voraussetzung ist weiter, dass der Geschädigte den Schaden »**mitverschuldet**« hat. Da **6** die Rechtsordnung eine Selbstschädigung nicht verbietet, geht es im Rahmen von § 254 nicht um ein Verschulden gegenüber Dritten oder der Allgemeinheit i. S. einer rechtswidrigen und schuldhaften Verletzung einer gegenüber einem anderen oder gegenüber der Allgemeinheit bestehenden Rechtspflicht. Vielmehr bezeichnet § 254 ein **Verschulden gegen sich selbst**: Es geht um einen Verstoß gegen die Sorgfalt, die jedem ordentlichen und verständigen Menschen obliegt, um sich selbst vor Schaden zu bewahren.[9] Es ist deshalb zu prüfen, (1) welchen eigenverantwortlichen Sorgfaltspflichten der Geschädigte unterliegt[10] und (2) ob der Geschädigte dagegen verstoßen hat. Bei der Be-

---

5 *BGH* NJW-RR 2009, 175.
6 Vgl. dazu z. B. *BGH* NJW 2017, 2182; BGHZ 183, 21; *BGH* VersR 2015, 861 (grundsätzlich zulässiger Verweis durch den Haftpflichtversicherer des Schädigers auf eine günstigere Reparaturmöglichkeit in einer »freien Fachwerkstatt«); *BGH* NJW 2013, 2817 (bei fiktiver Schadensabrechnung durch Geschädigten kann der Verweis noch im Rechtsstreit erfolgen); *BGH* NJW 2010, 2722 (Verweis auf günstigere Verwertungsmöglichkeit für ein Unfallfahrzeug); *BGH* NJW 2009, 58 (Anmietung eines Ersatzfahrzeugs zu einem überhöhten Preis).
7 Vgl. Palandt/*Grüneberg*, § 254 Rn. 9.
8 BGHZ 61, 144; BGHZ 135, 235.
9 BGHZ 9, 316; *BGH* NJW-RR 2006, 965, 966. Zutreffend wird insoweit von einer »Obliegenheit gegen sich selbst« gesprochen als die Verletzung der Obliegenheit – anders als die Verletzung einer Rechtspflicht – den Geschädigten nicht haftpflichtig macht, sondern seine eigene Rechtsposition verschlechtert (durch Kürzung oder Wegfall seines Schadensersatzanspruchs).
10 *BGH* NJW 2014, 2493 (Nichttragen eines Helms durch Radfahrer begründet jedenfalls bei Unfällen bis zum Jahre 2011 kein Mitverschulden); *BGH* VersR 2015, 590 (Verweigerung einer zumutbaren Therapie kann Mitverschulden begründen).

stimmung der Sorgfalt eines ordentlichen und verständigen Menschen in der konkreten Situation wird grundsätzlich[11] auf die allgemeine Verkehrsauffassung abgestellt.[12] Dabei ist auch zu prüfen, ob eine Obliegenheit zur Vermeidung des Schadens durch den Geschädigten auch im Verhältnis zum Schädiger angemessen ist.[13] Ein Verschulden, das für die Haftungsbegründung (nur) gesetzlich vermutet wird, begründet kein Mitverschulden.[14] Auch bei einem mitursächlichen Verhalten des Geschädigten kann[15] trotz Normverstoßes ein Mitverschulden wegen eines begrenzten Schutzzwecks der verletzten Norm ausgeschlossen sein.[16]

7   § 254[17] ist auch dann anzuwenden, wenn den Geschädigten kein Verschulden trifft, er aber kraft gesetzlicher Bestimmungen für den verursachten Schaden auch ohne Verschulden einstehen müsste **(Gefährdungshaftung).** Ein **geschädigter Kfz-Halter**[18] muss sich deshalb die mitwirkender Betriebsgefahr seines Kfz (vgl. → § 21 Rn. 35 f.) entgegenhalten lassen, ohne Rücksicht darauf, aus welchem Grund der Schädiger haftet (Verschuldens- oder Gefährdungshaftung).[19] Die **Anrechnung der Betriebsgefahr** kann entfallen, wenn die im Vordergrund stehende Schadensursache ein grob verkehrswidriges Verhalten darstellt (s. auch → Rn. 8).[20] Der **Fahrer eines Kfz,** der nicht zugleich Halter desselben ist, muss sich die (einfache) Betriebsgefahr des Fahrzeugs nur dann zurechnen lassen, wenn er seinerseits für Verschulden nach § 823 oder für vermutetes Verschulden nach § 18 StVG haftet.[21] Entsprechendes gilt grundsätzlich auch für die **Berücksichtigung der Tiergefahr.**[22] Der Zurechnung der (bloßen) Tiergefahr als Mitverursachung (des nur aus Gefährdung oder aus vermutetem Verschulden Haftenden) steht gegenüber einem aus Verschulden haftenden Schädiger allerdings

---

11 Vgl. aber die (zutreffend enger) auf Fußballvereine bezogene Beurteilung BGHZ 211, 375 (kein Mitverschulden eines Fußballvereins durch Nichteinlegung eines Rechtsmittels gegen seine Verurteilung zu einer Geldstrafe, weil ein Fußballspielzuschauer Sprengkörper zündete) und dazu *Mäsch,* JuS 2017, 261.

12 Zur Ausstrahlungswirkung des Verbots der Diskriminierung von Menschen mit Behinderungen (Art. 3 Abs. 3 S. 2 GG) bei Beurteilung von zivilrechtlichem Mitverschulden *BVerfG* NJW 2016, 3014 (insbesondere zur Frage, ob eine allgemeine Verkehrsauffassung in der Weise besteht, dass ein Behinderter den vorhandenen Beckengurt eines Rollstuhls auch bei eigenständiger Fahrt im öffentlichen Straßenverkehr zum eigenen Schutz anzulegen hat); vgl. auch *BVerfG* NJW 2016, 3013.

13 BGHZ 211, 375 (kein Mitverschulden eines Fußballvereins durch ungenügende, oberflächliche Kontrolle beim Betreten des Stadions im Verhältnis zu einem Fußballspielzuschauer, der Sprengkörper zündet) und dazu *Mäsch,* JuS 2017, 261.

14 *BGH* NJW 2012, 2425 m. w. N.

15 Im Rahmen des Mitverschuldens werden die Schutzzweckgesichtspunkte weniger streng als im Rahmen der Haftungsbegründung beachtet. Es kann also die Mitursächlichkeit eines Verhaltens unter Umständen auch dann zu Lasten des Geschädigten berücksichtigt werden, wenn der Schutzzweck der verletzten Norm – bezogen auf die Haftungsbegründung – nicht berührt wäre. Vgl. *BGH* VersR 2007, 557; *OLG Frankfurt* NJW-RR 2016, 226.

16 Z. B. *OLG Saarbrücken* NJW-RR 2015, 798 (Verbot der Benutzung des Radweges in der »falschen« Richtung dient nicht dem Schutz des Einbiege- und Querverkehrs).

17 Im Verhältnis von Haltern und Fahrern mehrerer Kfz greift § 17 StVG; beachte auch § 17 Abs. 4 StVG.

18 Nicht aber ein vom Halter personenverschiedener Eigentümer, *BGH* VersR 2007, 1387; *LG Stuttgart* VersR 2016, 1268.

19 BGHZ 6, 319; BGHZ 12, 124.

20 *BGH* VersR 2014, 80 m. w. N. (Fußgängerin mit einer Blutalkoholkonzentration von 1,75 ‰ wird beim Überqueren einer Straße angefahren).

21 *BGH* VersR 2010, 268 mit Anm. *Looschelders,* S. 272; vgl. auch BGHZ 173, 182.

22 *BGH* VersR 2016, 1068; *OLG Koblenz* NJW-RR 2016, 474 (Haftungsverteilung bei Verletzung eines im Galopp überholenden Reiters durch Auskeilen des überholten Pferdes).

der Rechtsgedanke des § 840 Abs. 3 entgegen (Analogie).[23] Jedoch – dies mag auf den ersten Blick überraschend erscheinen – ist § 840 Abs. 3 analog nicht zugunsten eines Geschädigten anwendbar, der nur gemäß StVG aus Gefährdung oder aus vermutetem Verschulden haftet.[24] Denn dies würde dem umfassenden Schutzzweck der StVG-Haftung widersprechen, der insbesondere darin zum Ausdruck kommt, dass der Einwand der Unabwendbarkeit des Ereignisses (§ 17 Abs. 3 StVG) nur im Verhältnis der nach StVG (oder nach gleichgestellten Sonderregimen) Haftenden zur Anwendung kommt.[25]

C. Rechtsfolgen der Mitverantwortlichkeit

Die Mitverantwortlichkeit des Geschädigten führt zu einer **Kürzung** oder (abhängig   8
von besonderen Umständen) zum **Wegfall** seines Schadensersatzanspruches gegen den Schädiger. Bestand und Umfang der Schadensersatzpflicht des Schädigers hängen »von den Umständen, insbesondere davon ab, inwieweit der Schaden vorwiegend von dem einen oder dem anderen Teil verursacht worden ist«. Es kommt in erster Linie auf das Maß der beiderseitigen Verursachung und zusätzlich auf den Grad des beiderseitigen Verschuldens an. Die für die Abwägung maßgebenden Umstände müssen feststehen, d. h. unstreitig, zugestanden oder bewiesen sein.[26] Bei Beteiligung von Kfz ist die sog. Betriebsgefahr mit zu berücksichtigen, wenn sie dem Schädiger oder Geschädigten zurechenbar ist (→ § 21 Rn. 35 f.).

Mitverursachung und Mitverschulden des Schädigers und des Geschädigten sind gegeneinander abzuwägen und auf diese Weise die vom Schädiger zu tragende Haftungsquote zu ermitteln. Folge dieser **Abwägung** kann eine Schadensminderung **(Quotelung)**, ein Ausschluss der Haftung des Schädigers (»Mitverschulden« des Geschädigten von 100 %[27]) sowie einen volle Haftpflicht des Schädigers (»Mitverschulden« des Geschädigten von 0 %)[28] sein. Im letzten Fall liegt zwar tatbestandlich ein Mitverschulden des Geschädigten vor, dieses wird aber als so gering erachtet, dass es keine Anspruchskürzung nach sich zieht.

Fall (*BGH* NJW 1965, 1708): F will an einer unübersichtlichen Stelle die Straße überqueren. Er muss   9
warten, weil auf der Straße starker Verkehr herrscht. H fährt mit seinem LKW auf dieser Straße. Als ein
Omnibus, der links abbiegen will, zur Straßenmitte hin anhält, fährt H am rechten Straßenrand weiter,
ohne aber den Gehweg zu befahren. Die Aufbauten seines LKW ragen einige cm in den Gehweg hinein
und verletzen F, der zwar noch auf dem Gehweg, aber direkt an der Bordsteinkante steht. Kann F den
gesamten Schaden von H ersetzt verlangen?

---

23 *BGH* VersR 2016, 1068. Kritisch MükoBGB/*Wagner*, Bd. 6, § 840 Rn. 21.

24 *BGH* VersR 2016, 60; BGHZ 187, 86.

25 Vgl. BGHZ 187, 86 (mit dem zusätzlichen Argument, dass die typische Tiergefahr zu ihrer Verwirklichung keiner menschlichen Einwirkung bedarf, wohingegen die von einem Kfz ausgehende Gefahr regelmäßig erst durch menschliches Handeln zur Wirkung gelangt).

26 *BGH* NJW 2014, 217.

27 *BGH* VersR 2013, 1322 (im Falle der Verletzung einer Verkehrssicherungspflicht allenfalls, wenn das Handeln des Geschädigten von einer ganz besonderen, schlechthin unverständlichen Sorglosigkeit gekennzeichnet ist).

28 *BGH* VersR 2018, 108; *BGH* NJW 2018, 1751 (keine anspruchsmindernde Berücksichtigung eines fahrlässigen Verhaltens des Geschädigten bei direktem Schädigungsvorsatz des Schädigers im Rahmen von § 826 oder § 823 Abs. 2 i. V. m. § 263 Abs. 1 StGB).

Lösung:

I. F hat gegen H einen Anspruch aus § 7 Abs. 1 StVG (Halterhaftung). Die haftungsbegründenden Voraussetzungen des § 7 Abs. 1 StVG sind erfüllt; Ausschlussgründe kommen nicht in Betracht. Fraglich ist der Umfang der bestehenden Schadensersatzpflicht. Der Anspruch könnte durch ein Mitverschulden des F gemindert sein (§ 9 StVG i. V. m. § 254 Abs. 1).

1. An der Verschuldensfähigkeit des F zur Zeit des schädigenden Ereignisses bestehen keine Zweifel (§§ 827 ff.).

2. Der Geschädigte muss den haftungsbegründenden Tatbestand mit herbeiführen. Im vorliegenden Fall besteht das Verhalten des F im nahen Herantreten an die äußerste Kante des Gehweges. Dies ist adäquat kausal für den Unfall.

3. Der Geschädigte muss schuldhaft gehandelt haben. Voraussetzung dafür ist kein Verschulden gegen Dritte i. S. des § 276, sondern dass er in vorwerfbarer Weise gegen seine eigenen Interessen verstößt (»Verschulden gegen sich selbst«). Zwar kann sich ein Fußgänger auf dem Gehweg grundsätzlich sicher fühlen. Wer aber so nahe an die Straße herantritt, dass ein Kontakt mit Fahrzeugen nahe liegt, hat entweder vorher nach Fahrzeugen Ausschau zu halten, die ihm gefährlich werden können, oder darf nur so nahe an die Fahrbahn herantreten, dass eine Gefahr erst gar nicht entsteht. Gegen diese eigenübliche Sorgfaltspflicht verstößt F.

4. Die Ersatzpflicht und der Umfang des von H zu leistenden Ersatzes hängen nach § 254 Abs. 1 »von den Umständen, insbesondere davon ab, inwieweit der Schaden vorwiegend von dem einen oder dem anderen Teil verursacht worden ist«. Dabei ist in erster Linie nach dem Maß der Verursachung abzuwägen (Abwägung der beiderseitigen Verursachungsbeiträge). Maßgebend sind die Umstände des Einzelfalles. Wenn, wie hier, an der Entstehung des Schadens ein Kfz beteiligt ist, ist dem Halter und dem Fahrer bei der Abwägung die Betriebsgefahr des Kfz als Verursachungsbeitrag anzulasten. Der BGH[29] hat in dem vorliegenden Fall einen Verursachungsanteil des F in Höhe von 60 % angenommen, sodass der F 60 % seines eigenen Schadens tragen muss und deshalb nur einen Schadensersatzanspruch in Höhe von 40 % des Schadens hat.

II. Für einen Anspruch aus § 823 Abs. 1 (Körper- und Gesundheitsverletzung) gilt Entsprechendes.

D. Zurechnung des Mitverschuldens Dritter

10   § 254 Abs. 2 S. 2 bestimmt: »Die Vorschrift des § 278 findet entsprechende Anwendung«. Geregelt wird, ob und inwieweit dem Geschädigten ein **Mitverschulden Dritter** zugerechnet wird. Die unglückliche Formulierung der Vorschrift hat zu manchen Streitfragen Anlass gegeben.

I. Anwendungsbereich

11   Nach dem Wortlaut des § 254 Abs. 2 S. 2 könnte mit »die Vorschrift« nur die Bestimmung des § 254 Abs. 2 S. 1 (Verletzung der Schadensabwendungs- und Schadensminderungspflicht) gemeint sein. Nach allgemeiner Meinung aber wird die Vorschrift als selbstständiger Absatz 3 gelesen, der sich sowohl auf Abs. 1 als auch auf Abs. 2 S. 1 bezieht. Dies folgt schon daraus, dass § 254 Abs. 2 S. 1 nur ein Anwendungsfall des (allgemeinen) § 254 Abs. 1 ist.

---

29 *BGH* NJW 1965, 1708.

II. Anwendungsvoraussetzungen

Nach h. M. handelt es sich um eine **Rechtsgrundverweisung,** nicht um eine Rechtsfolgenverweisung.[30] Voraussetzung für die Anwendung des § 278 ist daher, dass zwischen dem Schädiger und dem Geschädigten schon im Zeitpunkt der Schadensentstehung eine vertragliche Beziehung oder eine sonstige rechtliche Sonderbeziehung besteht, wie sie für § 278 – im Gegensatz zu § 831 (vgl. → § 1 Rn. 14 ff.) – erforderlich ist. Das bedeutet, dass im Zeitpunkt der Schädigung ein Schuldverhältnis oder eine vergleichbare rechtliche Sonderverbindung zwischen Schädiger und Geschädigtem bestanden haben muss.[31] Ausreichend ist, wenn eine ursächlich gesetzte unerlaubte Handlung einen Schaden bereits verursacht hat und damit die Schadensentstehung auf den Weg gebracht worden ist.[32]   **12**

Ist dies nicht gegeben, so ist nicht § 278, sondern § 831 entsprechend anzuwenden. Der Geschädigte hat sich dann ein Mitverschulden von Verrichtungsgehilfen anrechnen zu lassen, wenn ihm der Entlastungsbeweis (§ 831 Abs. 1 S. 2) nicht gelingt. § 254 Abs. 2 S. 2 ist deshalb wie folgt zu lesen: »Die Vorschriften der §§ 278, 831 finden entsprechende Anwendung.«[33] Entsprechendes gilt – allerdings ohne Entlastungsmöglichkeit – für Organe (§ 31).   **13**

Beispiel: Eine Stiftung muss sich auf einen Anspruch aus Amtspflichtverletzung gegen die Stiftungsaufsicht (§ 839 i. V. m. Art. 34 GG) ein mitwirkendes Verschulden des (früheren) Vorstandes, für den sie nach §§ 86, 31 haftet, nach § 254 anspruchsmindernd anrechnen lassen (BGHZ 68, 142).

Fall (*BGH* NJW 1968, 1323): Das Kind K fällt von einem unzureichend gesicherten Balkon. Es verlangt von dem (sonst immer ordnungsgemäß handelnden) Hausverwalter H und dem Eigentümer E Ersatz der Heilbehandlungskosten. Diese wenden ein, dass der Vater (Mieter) seine Aufsichtspflicht verletzt hat, was auch zutrifft. Wie ist die Rechtslage?   **14**

Lösung:

I. Anspruch des K gegen H
1. §§ 675, 611, 280 Abs. 1 i. V. m. Vertrag mit Schutzwirkung für Dritte (Hausverwaltervertrag)?[34]
   a) Zwischen E und H besteht ein Hausverwaltervertrag (§§ 675 Abs. 1, 611). Dieser entfaltet Schutzwirkung für die Bewohner. Diese sind bestimmungsgemäß mit der Verwalterleistung in Berührung gekommen; der Hauseigentümer hat für die Sicherheit (»Wohl und Wehe«) der Mieter einzustehen; die Einbeziehung der Bewohner in den Schutzbereich des Hausverwaltervertrages ist dem H auch erkennbar; K ist schutzbedürftig. Es liegt eine Pflichtverletzung vor (unzureichende Instandhaltung des Gebäudes). Das Verschulden wird gem. § 280 Abs. 1 S. 2 vermutet. Aus §§ 675, 611, 280 Abs. 1 folgt deshalb eine Schadensersatzpflicht des H.
   b) Jedoch muss sich K das Mitverschulden seines Vaters anrechnen lassen (§§ 278, 254 Abs. 2 S. 2, 254 Abs. 1). Der Vater ist gesetzlicher Vertreter des K und verletzt seine Aufsichtspflicht

---

30 BGHZ 73, 190; Palandt/*Grüneberg*, § 254 Rn. 48; MüKoBGB/*Oetker*, Bd. 2, § 254 Rn. 128 f.
31 BGHZ 1, 248.
32 *BGH* VersR 2018, 108 (für Haftung aus § 826); BGHZ 5, 378.
33 Vgl. dazu Palandt/*Grüneberg*, § 254 Rn. 48 m. w. N.; a. A. *Gernhuber*, AcP 152 (1952/53), 69 ff.; *Lange/Schiemann*, § 10 XI 6, S. 605 ff. (differenzierend zwischen Erfüllungsgehilfen, gesetzlichem Vertreter und Vertrag mit Schutzwirkung für Dritte). Diese Ansicht will im Rahmen des § 254 immer § 278 entsprechend anwenden (Rechtsfolgenverweisung), auch wenn vorher noch kein Schuldverhältnis bestanden hat. Für die Anrechnung des Handelns eines Verrichtungsgehilfen nach § 831 besteht nach dieser Ansicht kein Bedürfnis.
34 Zur Rechtsnatur des Hausverwaltervertrages siehe *OLG Köln* NJWE-MietR 1997, 63.

schuldhaft. Zwischen K und H besteht zudem durch den Hausverwaltervertrag eine für § 278 erforderliche Sonderverbindung mit Schutzwirkung für den K.[35]

 c) K hat einen geminderten Schadensersatzanspruch.

 2. § 823 Abs. 1 (Verkehrspflichtverletzung) (+) Die Anspruchshöhe ist entsprechend dem Mitverschulden des Vaters zu mindern (§§ 278 S. 1, 254 Abs. 2 S. 2, 254 Abs. 1).[36]

II. Anspruch des K gegen E

 1. § 535, 536a Abs. 1 i.V.m. Vertrag mit Schutzwirkung zugunsten Dritter?

  a) Haftungsbegründender Tatbestand: Zwischen dem Vater und E besteht ein wirksamer Mietvertrag. In dessen Schutzbereich sind die Angehörigen des Mieters einbezogen (Vertrag mit Schutzwirkung zugunsten des K). Ein (unterstellt anfänglicher) Mietmangel (unzureichend gesicherter Balkon) liegt vor. Daraus erwächst dem K ein Schadensersatzanspruch aus § 536a Abs. 1 Alt. 1 (Garantiehaftung).

  b) Haftungsausfüllender Tatbestand: Jedoch muss sich K das Mitverschulden des Vaters anspruchsmindernd anrechnen lassen (§§ 278 S. 1, 254 Abs. 2 S. 2, 254 Abs. 1). Für die erforderliche Sonderbeziehung zwischen Schädiger und Geschädigtem gilt das vorstehend Gesagte entsprechend. Deshalb mindert das Mitverschulden des Vaters den Schadensersatzanspruch des K.

 2. § 831 Abs. 1 (–), weil sich E exkulpieren kann.

 3. § 823 Abs. 1 (–), weil dem E keine Verkehrspflichtverletzung (Organisationspflichtverletzung, vgl. → § 16 Rn. 111ff.) vorzuwerfen ist.

III. Ergebnis

E und H haften als Gesamtschuldner auf die um das Mitverschulden des Vaters geminderten Kosten der Heilbehandlung.

15   **Vertiefungshinweis:** Mitverschulden eines Kindes und des gesetzlichen Vertreters

Für das **Mitverschulden eines Kindes** ist Verschuldensfähigkeit (§§ 827, 828) erforderlich. Ist das Kind nicht verschuldensfähig, so scheidet eine Schadensminderung insoweit aus. Dann stellt sich die Frage, inwieweit das **Mitverschulden des gesetzlichen Vertreters** bei dem Schadensersatzanspruch des Kindes anzurechnen ist. Es geht hier praktisch um die Frage, inwieweit einem verletzten Kind entgegengehalten werden kann, seine Eltern hätten ihre Aufsichtspflicht verletzt und dadurch den Schaden mitzuverantworten.

Der BGH wendet die obigen Grundsätze an: Wenn kein Schuldverhältnis bestand, kommt § 278 nicht zur Anwendung. § 831 gilt nicht für gesetzliche Vertreter. Das Kind braucht sich daher eine Anspruchsminderung nicht gefallen zu lassen. Anders aber, wenn ein Schuldverhältnis besteht, wobei keine strengen Anforderungen gestellt werden; es genügt eine schuldrechtsähnliche Sonderverbindung. In einem solchen Fall wird der Anspruch des Kindes je nach Mitverschulden des gesetzlichen Vertreters gemindert.

> **Fall (BGHZ 103, 338 »Spielplatz«-Fall):** Der zweijährige K fällt von einer nicht ordnungsgemäß abgesicherten Rutsche eines Kinderspielplatzes und wird erheblich verletzt, als der Vater V einen Moment unaufmerksam ist. Er verlangt von der Stadt Schadensersatz. Diese wendet ein, K müsse sich schadensmindernd anrechnen lassen, dass der Vater das Kind nicht genug beaufsichtigt habe.

Lösung: K kann von der Stadt Schadensersatz aus § 823 Abs. 1 (Körper- und Gesundheitsverletzung) verlangen.

1. Eine Anspruchskürzung nach den Grundsätzen der gestörten Gesamtschuld kommt in Fällen einer gesetzlichen Haftungsbeschränkung (§ 1664) nicht in Betracht (vgl. → § 19 Rn. 25).

---

35   Der Vertrag mit Schutzwirkung für Dritte begründet für den Dritten zu seinem Vorteil (Sekundär-) Ansprüche. Aus dem Grundsatz der Gleichbehandlung folgt, dass der Dritte sich zu seinen Lasten das Verschulden seines Erfüllungsgehilfen oder gesetzlichen Vertreters anrechnen lassen muss (*BGH* NJW 1968, 1323 f. m. w. N.).

36   Abweichend *Medicus/Petersen*, BR, Rn. 871, nach dem die Schutzwirkung des Vertrages nicht schaden darf, wenn ein Ersatzanspruch des Kindes schon nach Deliktsrecht begründet wäre.

2. K könnte sich aber eine Mitverantwortung des Vaters nach §§ 254 Abs. 2 S. 2, 278 S. 1 schadensmindernd anrechnen lassen müssen. § 254 Abs. 2 S. 2 erfasst auch den Fall des § 254 Abs. 1 und stellt eine Rechtsgrundverweisung dar (h. M.). Deshalb ist der Tatbestand des § 278 S. 1 zu prüfen.[37]

a) Der Vater ist gesetzlicher Vertreter des K (vgl. §§ 1626, 1629 Abs. 1 S. 1).

b) Es müsste im Augenblick des Unfalls ein Schuldverhältnis oder ein ähnliches Sonderverhältnis zwischen dem Schädiger und dem Geschädigten bestehen. (aa) Ein Benutzungsverhältnis zwischen K und der Stadt begründet kein für § 278 S. 1 erforderliches Sonderverhältnis. Es fehlt an den entsprechenden Willenserklärungen der Parteien; die auf dem Spielplatz aufgestellte Schildtafel, die den zugelassenen Personenkreis bezeichnet, begründet keine Sonderverbindung. Auch das Bestehen einer öffentlich-rechtlichen Benutzungssatzung reicht nicht aus. (bb) Die Schadensentstehung ist auch noch nicht auf den Weg gebracht worden;[38] allein das Bestehen einer Gefahr begründet keine Schadensersatzpflicht i. S. des § 823 Abs. 1, die eine Sonderverbindung zwischen den Parteien entstehen ließe. Weil es an einer Sonderbeziehung zwischen K und der Stadt fehlt, kommt eine Zurechnung der Mitverursachung durch den Vater V nicht in Betracht.

3. K kann deshalb von der Stadt Schadensersatz im vollen Umfang verlangen.

Vertiefungshinweis: Haftungseinheit   16

Sind an einem Schadensfall mehrere Schädiger beteiligt, so stellt sich die Frage, wie eine Schadensteilung im Rahmen des Mitverschuldens (§ 254) vorzunehmen ist. In den Fällen des § 830 Abs. 1 S. 1 und Abs. 2 (Mittäter, Anstifter, Gehilfe; vgl. → § 19 Rn. 3 ff.) wird eine Gesamtschau vorgenommen.[39]

Bei der Nebentäterschaft vertritt der BGH eine kombinierte Lösung.[40, 41]

Anders entscheidet der BGH bei (Schmerzensgeld und) der sog. **Haftungseinheit**.[42] Sie liegt vor, wenn sich die Ursachenbeiträge verschiedener Schädiger nur in ein und demselben unfallbedingten Umstand auswirken, der dann erst mit dem dem Geschädigten zuzurechnenden Ursachenverlauf zusammentrifft und mit ihm vereinigt zum Schadenseintritt führt.[43] Die Rechtsfigur der »Haftungseinheit« führt zu einer Anrechnung des Mitverschuldens Dritter. Das (schuldhafte) Verhalten eines Dritten wird dem Geschädigten zugerechnet. Dadurch entsteht eine Haftungseinheit (Geschädigter und Dritter), auf die im Rahmen des Schadensausgleichs eine gemeinsame Quote entsprechend ihrem (gemeinsamen) Verantwortungsanteil entfällt. In diesen Fällen besteht kein Anlass, den Schadensanteil des Geschädigten durch die Gesamtschau einzuschränken; im Wesentlichen identische Verursachungsfaktoren sollen nicht zum Nachteil des Schädigers doppelt in Ansatz gebracht werden. Die Grundsätze der Haftungseinheit dürfen aber nicht die Grundsätze der Haftung bei Nebentäterschaft und der Haftung für Dritte (§§ 31, 278, 830, 831) umgehen.

---

37 § 278 wird im Rahmen des Mitverschuldens geprüft (haftungsausfüllender Tatbestand). Vgl. zum Anwendungsbereich des § 278 bei Vertrag und Delikt → § 1 Rn. 14 ff.

38 BGHZ 5, 378.

39 Der Tatbeitrag jedes Schädigers wird dem anderen zugerechnet; der sich daraus ergebende Gesamtbetrag der Schädiger wird dem Beitrag des Geschädigten gegenübergestellt und so die Haftungsquote nach § 254 ermittelt.

40 Mehrere Schädiger haften als Gesamtschuldner (§ 840) auf den Schaden, gekürzt um die Mitverschuldensquote des Geschädigten (Gesamtschau); jedoch kann der Geschädigte von jedem Schädiger nur den Betrag verlangen, der seiner Verursachungsquote bei einer Einzelabwägung (im Verhältnis des einzelnen Schädigers zum Geschädigten) entspricht; vgl. auch Palandt/*Grüneberg*, § 254 Rn. 69 f.

41 Grundlegend BGHZ 30, 203; vgl. auch BGHZ 61, 351; *BGH* NJW 2006, 896; *BGH* NJW 2011, 292. Beispiel nach BGHZ 30, 203: An einem Schadensfall (3.000 €) sind der Geschädigte A und die Schädiger B und C zu gleichen Anteilen beteiligt. A kann von B und C als Gesamtschuldner 2/3 des Schadens verlangen (2.000 €), jedoch den B und C für sich nur auf 1/2 des Schadens in Anspruch nehmen (1.500 €). Begründung: (1) B und C haften als Gesamtschuldner auf Schadensersatz unter Anrechnung der Mitverursachungsquote des A, also auf 2/3 des Schadens (2.000 €, Gesamtschau). (2) Jedoch kann A von jedem Schädiger nur den Betrag verlangen, der sich bei einer Einzelbetrachtung ergibt: Weil die Schadensbeiträge von A und B gleich hoch sind, kann A von B nur 1/2 des Schadensbetrages verlangen (1.500 €). Das Gleiche gilt für C.

42 Vgl. Staudinger/*Schiemann*, § 254 Rn. 141 ff. m. w. N.

43 Vgl. BGHZ 54, 283.

Beispiele für eine Haftungseinheit aus rechtlichem Grund:

– Kfz-Halter und Kfz-Führer (vgl. → § 22 Rn. 23);[44]
– Schuldner und Erfüllungsgehilfen (§ 278);[45]
– Geschäftsherr und Verrichtungsgehilfen (§ 831).[46]

Beispiele für eine Haftungseinheit aus tatsächlichem Grund:

– Unfallverursachung durch Geschädigten, ihn kontrollierende Polizisten und ein in die Personengruppe hinein fahrenden Kfz-Fahrer (BGHZ 61, 213).
– Haftungseinheit zwischen Vermieter von Räumlichkeiten für die Instandsetzung von Kfz, die für diesen Zweck ungeeignet waren, und einem Arbeiter, der infolge von Schweißarbeiten an einem Kfz einen Brand verursacht, gegenüber einem bei der Brandbekämpfung geschädigten Angehörigen der Feuerwehr, den ein Mitverschulden trifft (*BGH* NJW 1996, 2646).

E. Zusammenfassung

17

Mitverursachung und Mitverschulden (§ 254)

I. Mitverschulden (§ 254) ist eine von Amts wegen zu prüfende Einwendung gegen einen Schadensersatzanspruch.
II. Mitverschulden des Geschädigten
 1. § 254 begründet eine Obliegenheit des Geschädigten.
 2. Mit Verschulden i.S. des § 254 ist ein Verschulden gegen sich selbst gemeint, d.h. ein Verstoß gegen die Sorgfalt, die jedem ordentlichen und verständigen Menschen obliegt, um sich vor Schäden zu bewahren (→ Rn. 6).
 3. Formen des Mitverschuldens
  a) Mitverursachung (§ 254 Abs. 1)
  b) Unterlassungsverschulden:
   – Warnpflicht (§ 254 Abs. 2 S. 1 Alt. 1)
   – Schadensabwendungs- oder Schadensminderungspflicht (§ 254 Abs. 2 S. 1 Alt. 2)
 4. Rechtsfolge (→ Rn. 8)
  Die Schadensersatzpflicht hängt »von den Umständen, insbesondere davon ab, inwieweit der Schaden vorwiegend von dem einen oder dem anderen Teil verursacht worden ist« (§ 254 Abs. 1). Es kommt in erster Linie auf das Maß der beiderseitigen Verursachung und daneben auf den Grad des beiderseitigen Verschuldens an; beim Kfz-Betrieb ist die sog. Betriebsgefahr mit zu berücksichtigen.
III. Mitverschulden eines Dritten (§ 254 Abs. 2 S. 2)
 1. § 254 Abs. 2 S. 2 ist als selbstständiger Absatz 3 zu lesen: Er bezieht sich auf § 254 Abs. 1 und Abs. 2 S. 1 (→ Rn. 11).
 2. § 254 Abs. 2 S. 2 ist wie folgt zu lesen: »Die Vorschriften der §§ 278, 831 finden entsprechende Anwendung.«
  a) § 254 Abs. 2 S. 2 ist eine Rechtsgrundverweisung (h.M.) auf § 278: Zwischen Schädiger und Geschädigtem muss zur Zeit der Schädigung eine rechtliche Sonderbeziehung bestehen (→ Rn. 12).
  b) Andernfalls ist § 831 entsprechend anzuwenden. Der Geschädigte muss sich ein Mitverschulden des Verrichtungsgehilfen anrechnen lassen, wenn ihm der Entlastungsbeweis (§ 831 Abs. 1 S. 2) nicht gelingt (→ Rn. 13).
 3. P: Mitverschulden des gesetzlichen Vertreters (→ Rn. 15)

---

44 *BGH* NJW 1966, 1262.
45 BGHZ 6, 3.
46 BGHZ 6, 3.

Paragraphenregister

Fußnoten in Klammern kennzeichnen eine Nennung der Norm ausschließlich in der Fußnote;
Fußnoten ohne Klammern kennzeichnen eine Nennung der Norm in Text und Fußnote.

BGB §§	§/Rn.	BGB §§	§/Rn.	BGB §§	§/Rn.
167	13/13	215	10/45	251	16/38
170	13/54	218	10/45 Fn.		20/6
170 ff.	10/15	227	4/45		23/2, 9, 39, 55
	13/6, 48		16/157, 164		24/3, 5, 6, 7, 18
171	13/42 (Fn.), 46,	228	16/164		(Fn.), 19 (Fn.),
	54	229	16/164		23 Fn., 26, 27, 28,
172	13/42 (Fn.), 46,	241	1/1		29, 30 Fn., 31, 32,
	48, 54 Fn.		3/6, 16		38, 51
173	13/54		4/16		25/14, 19
177	5/32		12/66	251 f.	23/9, 17
	8/7		16/134		24/7, 27, 51
	10/75	241a	3/5, 6, 9, 10, 11,	252	5/42
	13/13		12 Fn., 17		16/5
177 ff.	5/2		12/27		20/3, 6
179	5/2, 32		15/14		23/19, 36
	8/7	242	5/64		24/3, 33, 34, 35,
	13/13, 82		6/13		36, 50, 51
	23/1, 50, 55		8/2 (Fn.)		25/17, 20, 22
182	5/28		10/27, 29 (Fn.),	252 f.	20/6
184	2/17		38 Fn., 43, 47, 48,	253 a. F.	5/39 (Fn.)
	5/28		49		16/66 Fn.
	11/37		11/36, 64		24/37
185	11/29 Fn., 30, 31,		12/62, 63	253	1/7 (Fn.), 31, 32
	37, 38, 47, 55,		13/46 (Fn.)		5/39
	57 Fn., 58		15/7		16/5, 11, 51, 69,
	13/17, 30		16/146 (Fn.), 166,		72, 154
	16/118 (Fn.)		167		20/11, 14
187	10/45		20/13 Fn.		21/29, 43, 47, 74
188	10/45		24/30, 31		23/17, 19, 20,
194	10/45 (Fn.)		25/15		34 Fn., 35 Fn., 36,
195 a. F.	11/21 (Fn.)		27/6		55
195	1/7 (Fn.), 9, 10,	243	26/11		24/3, 7, 11, 13, 27,
	28, 32	249 bis 253	24/3		32, 37, 38, 39, 40,
	5/95	249 a. F.	24/16		41, 42 Fn., 43, 44,
	10/45, 47	249	1/15		47
	11/21		5/13, 66	254	4/15
	12/64		8/10 Fn., 14		5/15 (Fn.), 44, 46,
	16/20, 24		12/62		47, 49 (Fn.), 50, 72
	17/31		16/3, 5, 11, 70, 74,		8/21, 30 (Fn.)
	20/16, 19		101, 154		12/62
196	12/64		20/5, 6		16/1, 146 (Fn.),
199	1/9, 10, 30, 32		22/29		152, 153, 155, 166,
	5/95		23/2, 3, 5, 7, 8, 9,		167
	10/45, 47		23, 39, 55		17/8 (Fn.), 11
	11/21 Fn.		25/7 Fn., 14, 23		(Fn.), 16 (Fn.), 18
	12/64	249 f.	23/9, 17		18/31, 37
	16/24		24/7, 15 (Fn.)		19/25, 26, 28
	17/31	249 ff.	5/73, 78		20/12, 13
	20/16, 19 Fn.		8/20		21/7
	23/11		15/3		22/21 (Fn.),
202	27/5		16/94		30 Fn., 31 Fn., 32,
203	20/17, 19		20/1, 6		33, 34, 40, 41, 42,
204	12/64		23/1, 3		47 (Fn.), 49
209	20/17		24/1, 4, 51		23/3, 7
214	1/28	250	23/55		25/19, 22, 25
	10/44, 49		24/3, 5, 25, 27, 38,		26/2
	17/17		51		27/6, 8

VVG §§	§/Rn.
43 ff.	8/32
	13/69 (Fn.)
81	27/6
82	8/30
86	15/5
	23/16
90	8/30
100	22/47
115	15/4, 5 (Fn.)
	22/46, 47 Fn.
115 ff.	22/43
159	13/74 (Fn.)
179	8/32 Fn.

WEG §§	§/Rn.
34	21/2 (Fn.)

WG Art.	§/Rn.
89	12/71

WHG §§	§/Rn.
22	22/18

WpHG §§	§/Rn.
32 a. F.	17/7
37a	1/8 (Fn.)

WRV Art.	§/Rn.
131	25/9

ZPO §§	§/Rn.
91	23/7 Fn.
93	8/26
103 f.	25/3
114	23/24 (Fn.)
172	16/59
253	12/44
	24/46
261	12/44
286	16/127 (Fn.)

ZPO §§	§/Rn.
286	19/3
	22/38
	23/1 (Fn.)
287	16/127 (Fn.)
	22/71
	23/1 (Fn.)
	24/36, 51
308	24/46
580	16/64 (Fn.)
690	12/64
696	12/44
767	23/10
771	11/71
808 ff.	11/71
888	16/40

Sachregister

Die fett gesetzten Zahlen verweisen auf die Paragraphen, die mageren auf die Randnummern des Buches.